抚宁政协志

（1982—2021）

《抚宁政协志》编纂委员会 编

燕山大学出版社

·秦皇岛·

图书在版编目（CIP）数据

抚宁政协志：1982—2021 / 《抚宁政协志》编纂委员会编．—秦皇岛：燕山大学出版社，2024.1
ISBN 978-7-5761-0646-6

I. ①抚… II. ①抚… III. ①中国人民政治协商会议—地方委员会—概况—抚宁县 IV. ①D235.224

中国国家版本馆 CIP 数据核字（2024）第 040621 号

抚宁政协志（1982—2021）
FUNING ZHENGXIE ZHI（1982—2021）
《抚宁政协志》编纂委员会 编

出 版 人：陈　玉
责任编辑：朱红波　　策划编辑：朱红波
责任印制：吴　波　　封面设计：朱玉慧
出版发行：燕山大学出版社 YANSHAN UNIVERSITY PRESS　　电　　话：0335-8387555
地　　址：河北省秦皇岛市河北大街西段 438 号　　邮政编码：066004
印　　刷：秦皇岛墨缘彩印有限公司　　经　　销：全国新华书店

开　　本：889mm×1194mm　1/16　　印　　张：42.25　　插　　页：44
版　　次：2024 年 1 月第 1 版　　印　　次：2024 年 1 月第 1 次印刷
书　　号：ISBN 978-7-5761-0646-6　　字　　数：1036 千字
定　　价：380.00 元

《抚宁政协志》编纂委员会

（2019 年 5 月—2021 年 7 月）

主　　任　张　岐

副 主 任　刘大江　朱　颖　王海银　李维宝　赵永红

　　　　　徐秋阳　付　强　呼贵礼

委　　员　张玉敏　李向光　杨　杰　郑海芹　刘　伟

《抚宁政协志》编纂委员会

（2021 年 7 月—2022 年 12 月）

主　　任　关金一　王会民

副 主 任　刘　昕　徐秋阳　李维宝　赵永红　王　华

　　　　　马国成

委　　员　杨　杰　李向光　郑海芹　刘　伟　裴琳琳

　　　　　陈丽娜

《抚宁政协志》编辑部

主　　编　张　岐　关金一　王会民

副 主 编　呼贵礼（执行）　马国成

编　　辑　孙　敏　陈志坚　张晓华　杨洪武

工作人员　陈　涛　潘俊波　赵媛媛　卢伟波　吴光辉

　　　　　周　涛　孙伟荣　马　慧　袭　寅　郭　靖

　　　　　李洪新　王　泽

《抚宁政协志》专家评审委员会

主　任	陈星光	秦皇岛市抚宁区地方志办公室主任
副主任	魏学志	秦皇岛市抚宁区地方志办公室副主任
成　员	李淑萍	秦皇岛市地方志办公室主任
	曹子辉	秦皇岛市地方志办公室综合科科长
	杨敬宝	秦皇岛市地方志办公室编研科科长
	范沙沙	国家方志馆秦皇岛分馆副馆长
	李利锋	秦皇岛市政协文史馆馆员 秦皇岛市抚宁区档案馆原馆长
	贺海峰	秦皇岛市抚宁区政府办公室党组成员 秦皇岛市抚宁区地方志办公室原主任
	孙春涛	秦皇岛市抚宁区应急局副局长 原抚宁县地方志办公室主任

◎ 抚宁县（区）标志（2021 年摄）

◎ 抚宁区大新寨镇境内鹰不落山至罗家沟段长城（2005 年摄）

◎ 抚宁南戴河海滨浴场（2010 年摄）

◎ 抚宁紫金山森林公园（2021 年摄）

◎ 1982年2月12日，在县政协一届一次会议上主席团执行主席胡顺作报告

◎ 1982年2月12日，在县政协一届一次会议上主席团执行主席姚恩惠致开幕词

◎ 1985年4月22日，县委书记胡顺在县政协二届二次会议上讲话

◎ 1985 年 4 月 22 日，县政协主席刘惠廷（前排左五）在县政协二届二次会议上致开幕词

◎ 1986 年 3 月 20 日，县委书记张力（前排中）在县政协二届三次会议上讲话

◎ 1987 年 4 月 20 日，县政协主席张浩成在县政协三届一次会议闭幕会上讲话

◎ 1990 年 4 月 13 日，县政协四届一次会议开幕

◎ 1990 年 4 月 13 日，县委书记訾瑞亭在县政协四届一次会议上讲话

◎ 1990 年 4 月 16 日，县政协主席傅振东在县政协四届一次会议闭幕会上讲话

◎ 1990 年 4 月 16 日，县政协四届一次会议通过选举办法

◎ 1991 年 4 月 4 日，县政协四届二次会议分组讨论会议文件

◎ 1993 年 2 月 15 日，县政协五届一次会议开幕

◎ 1993 年 2 月 18 日，县政协主席苏洪珊在县政协五届一次会议闭幕会上讲话

◎ 1996 年 3 月 20 日，县委书记田永生在县政协五届四次会议上讲话

◎ 2003 年 3 月 14 日，县政协七届一次会议开幕

◎ 2003 年 3 月 14 日，县政协主席王连成在县政协七届一次会议主席台上

◎ 2008 年 3 月 4 日，县政协主席顾昌和在县政协八届二次会议闭幕会上讲话

◎ 2008年3月4日，县委书记柴志国（左二），县政协主席顾昌和（左三），县委常委、县政府党组副书记肖瑞江（左一），县委常委、县委办公室主任武建光（左四）参加县政协八届二次会议工建交组讨论

◎ 2009年2月11日，县委书记柴志国在县政协八届三次会议上讲话

◎ 2011 年 4 月 7 日，县政协八届五次会议开幕

◎ 2012 年 2 月 14 日，县政协主席顾昌和在县政协九届一次会议上作常务委员会工作报告

◎ 2013 年 3 月 30 日，县政协九届二次会议开幕

◎ 2014 年 2 月 19 日，县委书记赵景阳在县政协九届三次会议主席台上

◎ 2016 年 4 月 11 日，区政协一届一次会议开幕

◎ 2016 年 4 月 12 日，区政协主席张岐在区政协一届一次会议闭幕会上讲话

◎ 2017 年 2 月 25 日，区政协二届一次会议开幕

◎ 2020 年 1 月 17 日，区委书记孙志川在区政协二届四次会议上讲话

◎ 2020 年 1 月 17 日，区政协主席张岐在区政协二届四次会议上作常务委员会工作报告

◎ 2017 年 7 月 14 日，区政协主席张岐（左四）主持召开区政协二届二次常委会议，听取区智慧城市和平安抚宁建设工作开展情况汇报，副主席王海银（左三）、赵永红（右二）、徐秋阳（左二），党组成员付强（右一），秘书长呼贵礼（左一）出席。区委常委、区委宣传部部长、区政府党组成员关金一（右三）应邀出席会议

◎ 2020 年 5 月 19 日，区政协召开政协系统开展“聚力量、防疫情、促发展”活动动员视频会议，区政协主席张岐（左三）主持，副主席王海银（左四）、李维宝（左二）、赵永红（右二）、徐秋阳（左一），党组成员付强（右一），秘书长呼贵礼（台下左二）出席

◎ 2020 年 9 月 5 日，区委召开政协工作会议，区委书记孙志川（左四），区委副书记、区政府代区长郭继东（右三），区委副书记袁会民（左三），区人大常委会主任肖瑞江（右二），区政协主席张岐（左二），区委常委、统战部部长朱颖（右一），区委常委、组织部部长刘大江（左一）在主席台上

◎ 2021 年 7 月 13 日，区政协三届一次会议开幕

◎ 2021 年 7 月 13 日，区委书记张立红（右七），区政府区长郭继东（右六），区政协主席候选人关金一（右八），区政协副主席候选人李维宝（右九）、赵永红（右十）、徐秋阳（右十一）、王华（右十二），区政协秘书长候选人马国成（右十三）看望出席区政协三届一次会议的政协委员

◎ 2021 年 7 月 13 日，区委书记张立红在区政协三届一次会议上讲话

◎ 2021 年 7 月 14 日，区政协主席关金一在区政协三届一次会议闭幕会上讲话

抚宁县（区）历届政协主席

胡　顺
（县一届）

刘惠廷
（县二届）

张浩成
（县三届）

傅振东
（县四届）

苏洪珊
（县五、六届）

王连成
（县六、七届）

顾昌和
（县八、九届）

张　岐
（县九届，区一、二届）

关金一
（区三届）

抚宁县（区）历届政协副主席

姚恩惠
（县一届）

刘志成
（县一、二届）

黑俊义
（县一届）

赵振基
（县一、二、三届）

刘伯华
（县一、二届）

赵国栋
（县二、三届）

李广明
（县二、三届）

杜志仁
（县二、三、四届）

王匡时
（县二、三、四届）

抚宁县（区）历届政协副主席

刘玉洁
（县二、三届）

白润泉
（县四届）

李瑞林
（县四届）

李成岩
（县四、五、六届）

郑庆魁
（县四、五届）

顾昌和
（县五、七届）

侯玉璋
（县五、六届）

杨雨顺
（县五、六届）

李占义
（县六、七届）

抚宁县（区）历届政协副主席

肖明地
（县六届）

陆志飞
（县六、七、八届）

李志佳
（县六、七、八届）

张宝森
（县六届）

刘树林
（县七届）

高金峰
（县七、八、九届，区一届）

李英伟
（县八、九届，区一届）

马利华
（县八、九届，区一届）

赵永红
（县九届，区一、二、三届）

抚宁县（区）历届政协副主席、领导成员

付　强
（县九届，区一、二届政协党组成员）

王海银
（区二届政协副主席）

李维宝
（区二、三届政协副主席）

徐秋阳
（区二、三届政协副主席）

刘大江
（区二届政协党组副书记）

朱　颖
（区二届政协党组副书记）

刘　昕
（区三届政协党组副书记）

王　华
（区三届政协副主席）

出席政协抚宁县五届二次会议的县领导与政协常委合影 1994.3.11

◎ 1994 年 3 月 11 日，出席县政协五届二次会议的县领导与县政协五届委员会常务委员合影

政协抚宁县第六届委员会主席、副主席、秘书长及常委合影 1998.2.18

◎ 1998 年 2 月 18 日，县政协第六届委员会主席、副主席、秘书长及常务委员合影

出席政协抚宁县六届五次会议的县领导与政协常委联络组组长工作组组长合影 2002年3月14日

◎ 2002 年 3 月 14 日，县委书记田永生（前排左七）等县领导与卸任县政协主席苏洪珊（前排左六）、新任主席王连成（前排左五）及政协常委、联络组组长、工作组组长合影

政协抚宁县第七届委员会主席、副主席、秘书长及常委合影

2003 年 3 月 16 日

◎ 2003 年 3 月 16 日，县政协第七届委员会主席、副主席、秘书长及常务委员合影

◎ 2012 年 1 月 6 日，县政协第八届委员会常务委员合影

◎ 2012 年 2 月 16 日，县政协第九届委员会常务委员合影

◎ 2017 年 2 月 27 日，区政协第二届委员会常务委员合影

◎ 2021 年 7 月 14 日，区政协第三届委员会常务委员合影

◎ 1982 年 2 月 14 日，出席县政协一届一次会议县领导与全体政协委员合影

◎ 1985 年 4 月 24 日，出席县政协二届二次会议的县领导与全体政协委员合影

◎ 1989 年 3 月 5 日，出席县政协三届一次会议的县领导与全体政协委员合影

◎ 1993 年 2 月 18 日，出席县政协五届一次会议的县领导与全体政协委员合影

◎ 1998 年 2 月 15 日，出席县政协六届一次会议的县领导与全体政协委员合影

◎ 2003 年 3 月 16 日，出席县政协七届一次会议的县领导与全体政协委员合影

© 2017 年 2 月 27 日，出席区政协二届一次会议的区领导与全体政协委员合影

© 2021 年 7 月 14 日，出席区政协三届一次会议的区领导与全体政协委员合影

◎ 2021 年 3 月 9 日，区政协主席张岐（左五）主持《抚宁政协志》编委会会议，讨论征求意见稿，副主席王海银（左六）、李维宝（左四）、赵永红（左七）、徐秋阳（左三），秘书长呼贵礼（左二）和编辑部成员出席

◎ 2022 年 7 月 28 日，秦皇岛市抚宁区地方志办公室组织召开《抚宁政协志》稿专家评审会议

◎ 2021 年 6 月 9 日，《抚宁政协志》编委会、编辑部成员及工作人员合影

前排左起 付　强 王　华 赵永红 张晓华 王海银 张　岐 孙　敏 陈志坚 李维宝 徐秋阳 呼贵礼

后排左起 杨　杰 吴光辉 陈　涛 潘俊波 马　慧 赵媛媛 刘　伟 李向光 郑海琴 裴琳琳 袭　寅 卢伟波 孙伟荣 李洪新 王　泽

◎ 位于金山大街2号的抚宁区政协办公楼（2021年摄）

序

73年前，在中国人民争取独立和人民解放取得历史性胜利的凯歌声中，中国人民政治协商会议这一植根于中华民族文化沃壤的政治组织诞生了。也正是在新中国的曙光喷薄而出之际，中国共产党顺应历史大势、时代大势、发展大势，团结各方，开启了协商建国、共创伟业的新纪元。40年前，中国人民政治协商会议抚宁县委员会建立；7年前，中国人民政治协商会议秦皇岛市抚宁区委员会宣告成立。《抚宁政协志》正是依托这一宏阔的背景，循着这样一条鲜明的红线，全景式、分镜头、有重点地记述了抚宁政协事业发展的每一段历程、每一件大事、每一次创新、每一个变化。通览这部志书，仿佛置身于那些远去的历史章节，感受抚宁在新中国成立初期，特别是中共十一届三中全会以后改革开放40余年及至中国特色社会主义进入新时代以来政治、经济、社会、文化、生态文明建设等方面走过的历程、发生的变化、取得的成效。尤其是历届政协在中共抚宁县（区）委的坚强领导下，在县（区）政府及社会各界的支持配合下，在全体委员的共同努力下，围绕“团结、民主”两大主题，聚焦中心，服务大局，认真履行“政治协商、民主监督、参政议政”三大职能，不断探索创新、与时俱进，不断解放思想、开拓进取，不断踔厉奋发、笃行不怠，为助力抚宁在不同历史时期实现不同发展目标，不断凝聚共识，建言资政，发挥了专门协商机构的独特作用，抚宁政协事业不断续写新的篇章。

2022年是实现“十四五”规划的重要一年，是中国共产党团结带领全国各族人民朝着第二个百年奋斗目标奋发进取之年，更是在中国共产党历史上具有重大意义的一年，中共二十大即将胜利召开。同时，2022年是抚宁区全面贯彻区三次党代会精神，开创新时代抚宁“二次创业、振兴崛起”新局面，全面建设“实力、活力、美丽、绿色、文明、幸福、平安”新抚宁的关键之年。在同心建设“七个新抚宁”、携手奋进新时代的赶考路上，区委区政府将不忘初心、牢记使命，继续团结带领全区人民，同心同德，勠力奋斗。在这个新的历史进程中，区政协使命光荣，责任重大。

志乃信史，志载盛世。我们坚信，《抚宁政协志》的出版，不仅是抚宁方志事业上的一件大事，而且透过这部志书，会让抚宁人民从中发现抚宁发展的历史秘诀，以便更好地总结经验、观照现实。同时，我们也坚信，三届区政协必将认真总结经验，继续弘扬传统，不断开拓创新，为助力建设“七个新抚宁”而继续奋斗，书写抚宁政协事业新的篇章。

中共秦皇岛市抚宁区委书记　　　　秦皇岛市抚宁区人民政府区长

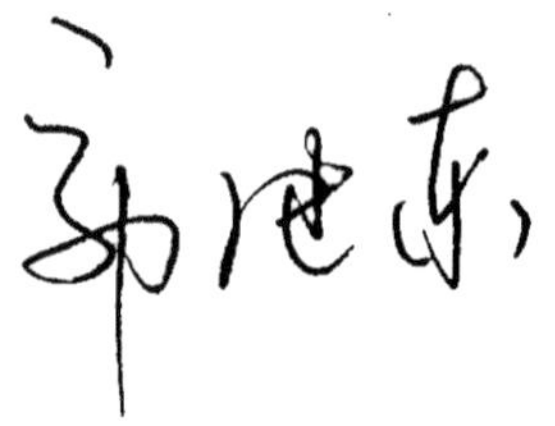

2022年10月

凡　例

一、本志编纂坚持以马克思列宁主义、毛泽东思想、邓小平理论、“三个代表”重要思想、科学发展观、习近平新时代中国特色社会主义思想为指导，坚持辩证唯物主义和历史唯物主义的立场、观点和方法，遵循实事求是的基本原则，记述中国人民政治协商会议河北省抚宁县（区）委员会的工作历程，反映人民政协制度在县（区）经济社会发展中的地位和作用。

二、本志为通志，上限起于1982年2月县政协一届一次会议，下限至2021年7月区政协三届一次会议。

三、本志因抚宁县2015年8月撤县设区，县政协过渡为区政协，故志书名称为《抚宁政协志》。

四、本志采用板块条目体，分板块、类目、目、子目4个层次。首设概述、大事记，主体志设全体委员会议、政协委员、政协机构、政协主席会议和常委会会议、政协履职、政协提案、政协文史、政协党建8个板块，篇末设人物、附录、编后记。

五、本志采用述、记、志、传、图、表、录等体裁，以志为主，照片除“政协文史”板块外集中置于文前。

六、本志主要采用记述体，使用规范的现代语体文，只记事实，不作评论。全书前设概述，各板块下设综述，类目下设无题序。概述、综述、无题序采用策论文体，有述有议。大事记采用编年体，辅以记事本末体。

七、本志除引文外，一律使用第三人称，所记地域、机构、团体、组织、会议、法律文件等称谓以当时名称为准，首次使用全称，之后一般均使用规范简称。如：中国人民政治协商会议河北省抚宁县委员会、中国人民政治协商会议河北省秦皇岛市抚宁区委员会，简称“县（区）政协”；中国共产党抚宁县（区）委员会、抚宁县（区）人民政府，简称县（区）委、县（区）政府，省市亦同。“党”即中国共产党、“党员”即中国共产党党员，“团员”即中国共产主义青年团团员。各民主党派的称谓亦同，如：中国民主同盟简称民盟。

八、本志采用公元纪年。所涉清代及其以前记述采用帝王年号纪年，同时括注公元纪年。

九、本志用字以国家语言文字工作委员会1986年修订后发布的《简化字总表》为准，用词以2016年9月商务印书馆出版的《现代汉语词典》（第七版）为准，标点符号以国家质量监督检验检疫总局、国家标准化管理委员会2011年12月30日联合发布的《标点符号用法》（GB/T 15834—2011）为准，数字书写以国家质量监督检验检疫总局、国家标准化管理委员会2011年7月29日发布的国家标准《出版物上数字用法》（GB/T 15835—2011）为准。

十、本志计量单位一般按照国家技术监督局1993年发布的国家标准《量和单位》的规定执行，同时尊重历史原貌，合理使用亩、斤、里等市制单位。

十一、本志资料主要来源于区档案馆馆存县（区）政协档案资料、两部《抚宁县志》（1990年版和2010年版）、《中国共产党抚宁县组织史资料》、《抚宁年鉴》、《抚宁县人民代表大会志》、《抚宁时报》及区政协现存档案资料、部分口碑资料。入志资料均经过甄选、考证核实，不再注明出处。

十二、本志史实遵循中共十九届六中全会通过的《中共中央关于党的百年奋斗重大成就和历史经验的决议》记述。

目　录

概　述

70 多年前，在中国历史大转折的关头，人民政协应运而生，完成了建立中华人民共和国的使命，为中华民族作出了历史性的贡献。

中国人民政治协商会议这一中国特色政治组织和民主形式，凝结着中国共产党和中国人民的政治智慧。它是中国共产党把马克思列宁主义统一战线理论、政党理论、民主政治理论同中国具体实践相结合的伟大创造，是中国共产党同各民主党派和无党派人士、各人民团体和各民族各界人士风雨同舟、团结奋斗的伟大成果。

人民政协走过了 70 多年的历程。70 多年来，在中国共产党领导下，人民政协伴随着共和国的成长，留下了光辉足迹。人民政协作为中国人民爱国统一战线组织、中国共产党领导的多党合作和政治协商的重要机构、我国政治生活中发扬社会主义民主的重要形式，高举爱国主义、社会主义旗帜，围绕党和国家工作大局，履行政治协商、民主监督、参政议政职能，广泛团结海内外一切热爱祖国的中华儿女，为国家富强、人民幸福和促进祖国统一、扩大对外交往，作出了重要贡献，发挥着越来越重要的作用。

抚宁政协于 1982 年 2 月建立，2015 年 8 月抚宁撤县设区后，设政协秦皇岛市抚宁区委员会。县（区）政协不仅见证了抚宁这块沃土在新中国成立初期、改革开放和社会主义现代化建设时期以及中国特色社会主义进入新时代以来，取得的成就和发生的变革，而且始终发挥着政协的独特制度优势与职能作用，为抚宁的经济社会发展助力赋能，书写出光辉的篇章。

恢复建立人民政协

1978 年 12 月召开的中共十一届三中全会，开辟了我国改革开放和社会主义现代化建设的新时期。1980 年 8 月，中国人民政治协商会议五届三次会议宣布，历史上的人民民主统一战线在社会主义和爱国主义的基础上，发展成为爱国统一战线。根据《中国人民政治协商会议章程》规定和唐山地委的指示，中共抚宁县委决定成立中国人民政治协商会议抚宁县委员会筹备领导小组，并于 1982 年 2 月 12 日召开了政协抚宁县第一届委员会第一次会议。这次会议，既标志着人民政协继代行人民代表大会职权后中断近 28 年重新恢复建立，也标志着人民政协开启了全面拨乱反正、改革发展的新征程。尤其是全国政协五届二次会议上，担任第五届全国政协主席的邓小平同志以其罕有的政治威望和巨大的政治勇气，在全面领导冲破“两个凡是”禁锢束缚，以实践是检验真理的唯一标准这条马克思主义基本原则，在广泛凝聚统一战线各方面共识的基础上，对新中国成立 30 年来我国社会阶级状况的变化作出科学论断，即工农联盟将在社会主义现代化建设的新的基础上更加巩固和发展；广大知识分子已成为工人阶级的一部分，各兄弟民族已经结成了社会主义的团结友爱、互助合作的新型民族关系；资本家阶级中的绝大多数人已经改造成为社会主义社会中自食其力的劳动者；各民主党派已经成为各自所联系的一部分社会主义劳动者和一部分拥护社会主义的爱国者的政治联盟，是在中国共产党领导下为社会主义服务的政治力量；台湾同胞、港澳同胞和海外侨胞心向祖国，爱国主义觉悟不断提高。我国的统一战线已经成为工人阶级领导的工农联盟为基础的社会主义劳动者和拥护社会主义的爱国者的广泛联盟。我国开始进入以实现“四个现代化”建设为中心的新的历史时期，统一战线进入一个新的历史发展阶段。这些科学论断既标志着人民政协工作的重心全面转移到为社会主义现代化建设服务上来，更为恢复建立的抚宁县政协发挥职能作用、卓有成效地开展工作指明了方向，提供了遵循。政协抚宁县第一届委员会第一次全体会议召开时，改革开放已进入第四个年度。这次会议主要呈现以下特点：一是首次由大会主席团执行主席作开幕词；二是由大会主席团执行主席作会议报告。同时鉴于政协抚宁县委员会刚刚恢复建立，以“会议报告”名称形式，主要就当时国际国内形势进行全面阐述；就全县1981年以来贯彻中央经济、政治方面重大决策，特别是贯彻党的十一届六中全会精神情况进行全面阐述；就成立人民政协的目的、意义，人民政协的性质定位以及在新的历史时期人民政协担负的历史任务进行明确阐释。重点就发扬民主、搞好政治协商、协助党和政府抓好统战政策落实、推动组织委员学习、做好文史资料征编、开展对台宣传等方面提出具体安排建议。

人民政协恢复建立并举行第一次全体会议后的6月，即召开了第二次全体会议。此次全会除听取全国、省委及县委统战工作会议精神外，还听取第一次会议提案处理和第二次会议提案审查情况报告，列席人大会议并听取《政府工作报告》及其他重要报告。表明政协工作在探索中逐步积累经验，政协会议程序初步规范，委员列席人大会议成为重要内容。此次会议同时表明，人民政协作为统一战线组织，做好统战工作既是主要任务，也是20世纪80年代初各级政协系统贯彻中共中央有关落实各党派、知识分子、民族、侨务、宗教、起义投诚人员及原工商业者等统战政策的重要内容，具有鲜明的时代特征。

1983年3月20日，政协抚宁县第一届三次全体会议在抚宁县城召开。这次会议是抚宁县人民政协成立一年之后召开的，同时政协第六届全国委员会第一次会议也于1983年6月胜利召开，既标志着抚宁县政协工作全面开启新的征程，也标志着人民政协工作贯彻全国政协会议精神，把落实统战政策作为拨乱反正、开创政协工作新局面的重点任务，并贯穿任期始终，成为首届政协带有明显时代印记的工作亮点。与此同时，学习作为政协的传统优势在新一届政协建立伊始就得到彰显，以学习贯彻中共十二大精神、学习新宪法、参与全国政协章程草案修改，将组织学习与参观实践相结合，为强化思想政治引领，提高委员政治业务素质，增强委员的责任意识与荣誉感，拓宽委员视野，通过参观考察实践明晓履职特点，进一步知情明政，积累了经验，探索了路子。

1983年10月28—30日，中国人民政治协商会议抚宁县第一届委员会第四次全体会议召开，除以全体会议形式集中学习全国政协六届二次会议精神、学习全国政协《关于进一步认真学习〈邓小平文选〉的通知》等文件精神外，政协主席首次在政协全会闭幕时发表讲话，对政协工作以及委员履职提出明确要求。至此，恢复建立的抚宁县一届政协完成了恢复建立任务和任期三年一届的各项工作目标，标志着抚宁政协的各项事业发展开始逐步进入规范化轨道，为二届县政协的各项工作开展奠定了基础。

在探索前行中不断创新

1984 年 5 月 25—31 日，政协抚宁县第二届委员会第一次全体会议在抚宁县城召开。此次政协全体会议是县政协建立之后第一次换届，选举产生新一届政协主席、副主席和常务委员。按照上级部署，提前一年进行换届，也是秦唐分家后抚宁县隶属秦皇岛市辖后的第一次政协全体会议。第二届政协抚宁县委员会任期仍是 3 年。

1985 年 4 月 22—24 日，政协抚宁县第二届委员会第二次全体会议在抚宁县城召开。这次会议第一次听取讨论县委主要领导讲话。至此，县（区）委主要领导在政协全体会议开幕式上发表讲话成为制度惯例沿袭固定下来，彰显了加强党对人民政协工作的领导；第一次听取市政协有关领导到会讲话及传达全国两会精神，体现了市县政协联动的特点。

1986 年 3 月 20—22 日，政协抚宁县第二届委员会第三次全体会议在抚宁县城举行。此次会议突出的亮点是：经请示抚宁县委和市政协同意，改革全体会议开法，体现充分发扬民主，在县人代会之前 5 天召开政协全体会议，把讨论县政府拟定人代会审议通过的《政府工作报告》及其他重要报告列为政协全体会议重要议程，提前发给与会政协委员充分阅读后在会上进行讨论，再将所提意见和建议经整理形成文字材料送交人代会秘书处，供县政府及有关部门修改完善报告时参考，充分体现了政协政治协商于决策之前，有效增强了委员参政议政责任感，也有利于党政领导及部门负责人直接听取委员的意见、建议，完善党委政府的决策。这项改革在全市、全省乃至全国开了先河，引起上级政协热情关注。1987 年年初市政协即将抚宁改革政协全体会议与人大会议分头召开的做法批转全市各县区政协，并参照此办法召开了市政协六届四次全体会议；河北省政协领导来信予以称赞，并指示省政协在《工作通讯》上予以刊登；全国政协对此予以高度评价，称此项创新是对政协工作制度的一项根本改革。大连市、烟台市、沅江县等市县政协纷纷取经，学习此项改革经验做法。

改革一直处于进行时，没有停步。抚宁县二届政协在对政协全体会议进行改革收到良好效果的基础上，继续探索创新，以问题为导向，从实际出发，对常委会会议与主席会议开法又进行了探索与创新。在常委会协商内容上，变以往事无巨细为突出重点、大事，着眼关系全县的重要事务和两个文明建设方面，增强主题性；在会议形式上，变领导报告型为常委们广泛发言型，突出民主性；在会议成果转化上，变以往由政协整理与专报党委政府领导及有关部门为邀请县党政负责人亲临会议，直接听取常委们的意见建议，增强互动性。此项改革受到省市政协高度重视，分别以《工作通讯》《情况反映》予以刊发。与此同时，对主席会议开法也进行相应的改革，即在协商议题的内容上进行科学把关，对不必要提交常委会会议协商的议题列为主席会议议题，事先呈报各位主席研阅，增强了主席会议协商的针对性。

积极有效探索加强政治协商和民主监督的渠道、内容、层次与形式，是二届政协工作创新改革的又一亮点。在协商层次上，确定政协对县委、县人大、县政府；政协工作组（委）对局、区、乡；政协委员对所在单位，理顺县委、人大、政府、政协 4 个方面关系。在协商形式上探索出 6 种形式，即民主协商会、意见听取会、情况通报会、会商办公、访贤问能、办理提案，初步提出协商内容7项、民主监督内容3项，并将探索总结出来的经验做法形成县委、县政府《关于建立健全政治协商制度的意见》《关于进一步加强人民政协工作的决定》等制度化成果，推动县、局、基层单位三级协商网络的形成建立，为政协有效发挥三大职能作用的制度成熟定型作了积极而富有创造性的有益探索与尝试。

1987年4月17—20日，抚宁县政协第三届第一次全体会议召开。此次会议对二届县政协在政治协商与民主监督方面进行的改革创新进行了充分总结，并给予充分肯定，对巩固和实践改革成果，推动改革成果形成制度化、更加成熟定型，发挥了作用，丰富了人民政协协商内容、形式、层次在基层的创新创造实践。政协全体会议开在人大会议之前的做法一直实行至五届政协全体会议召开之前。在巩固改革成果的基础上，三届政协又对换届会议进行了改革，先于换届的人代会9天召开政协换届会议，把“一府两院”的人事安排拿到换届后的县政协第一次常委会上进行专题协商，县委书记和县委常委亲临政协常委会，公布“一府两院”主要领导候选人名单，直接听取政协常委们的意见。在提案办理上，也进行了大胆尝试改革，即为了有效解决提案转办时间长、委员与领导不见面的问题，三届政协在一次全体会议上，组织6位委员以大会集中提意见形式，将主要提案于全会上提出，由县政府常务副县长在全会上当面解答，既让委员们能够通过全会平台与政府领导面对面进行沟通，交流意见，又让委员们充分了解政府领导对委员所提意见建议的态度，让领导充分了解委员们所关心的热点、难点问题；既让委员们通过政府领导对提案的解答，进一步增强对全县大局、宏观决策的了解，从而引导其自觉站位全局、关注大局，又让委员们增强委员的主体意识、责任意识，激发提出高质量提案的积极性、主动性、创造性。与此同时，不失时机拓宽协商监督的范围、层级，第一次邀请县直与区直（镇）主要负责人列席政协全体会议，并成为一种制度沿袭至今，同时进一步扩大了政协的影响力。三届一次全会后，县政协主席、副主席参加县委常委会会议和县政府常务会议，直接参与党政领导机关对全县大事的协商和决策，并成为一项制度固化传承至今。三届政协全会闭会期间，县委、县政府主要领导及相关领导经常到政协机关征求意见，应邀向县政协常委介绍或通报全县主要工作情况，在强化协商于决策施政之中、之后，丰富完善县委决策与政府施政思路举措，有效提升委员知情明政透明度，增强委员协商监督的针对性、有效性等方面发挥了重要作用。

1988年，中共十三大提出加强社会主义民主政治建设，积极推动政治体制改革。1989年1月，中共中央批转《政协全国委员会关于政治协商民主监督的暂行规定》（以下简称《暂行规定》），这是人民政协历史上关于履行职能的第一个制度性文件。同年年底，中共中央又颁发了《关于坚持和完善中国共产党领导的多党合作和政治协商制度的意见》，成为新时期坚持和完善中国共产党领导的多党合作和政治协商制度的理论依据和实施准则。从此，人民政协工作走上了制度化、规范化、程序化轨道。

1989年3月2—5日，政协抚宁县第三届委员会第三次全体会议在抚宁县城召开。会议充分学习和讨论《中共抚宁县委关于加强政治协商和民主监督的若干规定》，深入落实全国政协《暂行规定》。全会将每季召开一次常委会会议、每月召开一次主席会议确定为长期坚持的一项制度。同时明确主席会议重点围绕全县中心工作研拟常委会议题，为常委会会议召开作好议题与协商等各项准备。此次政协全会第一天，县委召集区、乡（镇）党委书记，县直单位主要领导参加会议，将此次政协年度例会与县委政协工作会议合并召开，也是首次召开县委政协工作会议，充分体现了县委对政协工作的重视和对人民政协的领导。同时，县委政府领导首次专门抽出半天时间入界别组参加讨论，面对面进行民主协商。自此，县（区）级领导在政协全体会议期间入界别组参加讨论，成为一种制度惯例并始终坚持。

组织委员进行大会发言始于六届全国政协恢复发言制度，而抚宁县政协建立委员大会发言制度始于三届政协。特别是在县政协三届二次全会上，经过会前周密组织、深入调查、精心研究，组织委员撰写大会发言，尤其以三届二次会议上《关于发展乡镇企业的建议》和三届三次全会上《关于中小学教育问题的几点建议》等发言，不仅引起较大反响，而且在实践中推动了乡镇企业的快速发展和中小学教育条件的极大改善。

1990 年 4 月 13—16 日，政协抚宁县第四届委员会第一次全体会议与全县统战、政协工作会议合并召开，对于当时抵制国际反共浪潮、坚持社会主义道路、坚持中国共产党领导的多党合作和政治协商制度这一基本政治制度、坚持以经济建设为中心指导思想，具有重大特殊历史意义。

四届县政协继续改革创新，在扩大广泛协商与民主监督，尤其是在基层的实践上不懈探索。四届县政协探索建立了专门委员会制度，并在各专门委员会下设委员活动组，如经济科技委员会下设了财贸委员活动组、农业科技活动组、工建交活动组等，充分发挥了专门委员会在组织调研、外出考察、对口协商、建言献策等方面的作用，不仅增强了专委会及活动组的履职功能，也极大地调动了委员参政议政的热情。经县政协四届三次常委会协商确定，调整和组建学习、提案工作和经济科技、宣教文卫、文史资料征集、社会法治、海外联谊等 6 个专门委员会，下设 8 个活动小组，从组织上保证对口协商的经常化、规范化。同时，健全完善工作制度，以制度保证专门委员会等职能作用的有效运作和良好发挥，相继出台《专门委员会组织通则》、各专门委员会《工作简则》、《常务委员会工作规则》、《提案工作试行条例》、《县政府各工作部门与县政协各专门委员会互相联系的暂行办法》等。县四届政协文史资料征集委员会组织老委员撰写回忆录，于 1990、1991 年两年共刊印 5 期《抚宁文史资料》，并着手《抚宁文史资料第一辑》的编辑出版与印刷工作，开启了政协文史工作的新篇章。四届县政协还注重发挥顾问和离休干部的作用，在换届之后即召开历届政协主席、副主席、主任座谈会，听取意见及建议，同时于年底走访慰问每位离休老领导、科室离退休同志，这一传统传承至今。

开启一届五年任期模式

1982 年 2 月抚宁县恢复建立政协时，从一届至四届政协每届任期为 3 年。自五届县政协开始进入每届任期为 5 年的时期，与全国及省市政协每届任期一致，在政协全体会议召开时间节点上基本趋于一致。抚宁县政协第五届委员会第一次会议于 1993 年 2 月 15—18 日在抚宁县城召开。全国政协第八届委员会第一次全体会议于 1993 年 3 月 3 日召开。为与修订后的《宪法》

内容相衔接，适应新形势对人民政协工作的新要求，反映各级政协履行职能的新成果，第八、九届全国政协三次修改《中国人民政治协商会议章程》，拓展了人民政协的性质和职能。在关于人民政协性质的表述中增加了“是中国共产党领导的多党合作和政治协商的重要机构”和“是我国政治生活中发扬社会主义民主的重要形式”，在关于人民政协职能的表述上，在政治协商、民主监督之后增加了“参政议政”。中共中央转发了《政协全国委员会关于政治协商民主监督参政议政的规定》，确立了要协商于决策之前和决策执行过程之中的原则，把“对国家宪法法律和法规的实施情况”纳入民主监督的范畴。同时建立了反映社情民意的工作机制，有效解决人民政协更好地联系群众、代表人民利益的问题，体现人民政协的宗旨，夯实政协工作的群众基础。

自县政协五届二次全体会议开始，对委员大会发言由界别组讨论期间改为列入全体会议开幕当天上午会议重要内容之一，与县委主要领导讲话、政协常委会工作报告、提案工作报告一并作为主要议程，目的是既方便特邀各位县级领导和列席会议的乡镇及县直部门负责人直接听取委员大会发言，了解委员关注的热点、难点问题，当面听取意见和建议。同时委员大会发言质量高低、选题是否紧扣党委政府中心工作或重点工作、主题是否鲜明突出、揭示问题是否抓住关键、对策建议是否切实可行，既反映委员自身理论业务素质水平，也体现政协参政议政的水平。自此，历届政协都高度重视委员大会发言，不仅召开主席会议、常委会会议以及各种座谈会议协商确定大会发言选题内容，而且及早准备，组织委员围绕选题开展深入调查研究，明确专人撰写，再组织力量反复修改，精心打磨，始终立足宏观大局、小切口入手，力求情况清楚，说理透彻，建言精准，引起与会领导的关注和与会人员的共鸣，成为历届历次全体会议的独特亮点和政协建言的金字招牌。

县委直接交派政协承担调研任务，始于五届县政协。1994 年，县委安排县政协就全县推行股份合作制情况开展调查研究。县政协领受任务后，明确由一名副主席牵头，会同县体改办有关人员组成专门调研组，对已实行股份合作制的石门寨镇华坪水泥厂等 3 家企业进行调研，并与有关乡镇党政领导进行座谈，在基本摸清全县情况后，又赴省内外有关市县区进行学习考察，形成《关于在全县乡镇企业中推行股份合作制的建议》。县委专门召开常委会听取政协工作汇报，对政协的建议予以充分肯定，并依此作出决定，将推行股份合作制改革作为产权制度改革的重要举措，于 1995 年大力推行。一方面体现了县委对县政协的充分信任和高度重视，另一方面体现了县政协坚决听从县委的召唤，出色完成县委交派的任务，同时也体现了政协智力密集、人才荟萃的独特优势，为以后政协更加自觉地围绕中心、服务大局开展工作增添了动力。

为扩大政协影响，自五届县政协始加大宣传力度，首次专门购置宣传工具，每次常委会会议及较大活动都安排专人录像，并在县电视台播放。同时首次在县电视台开办了《政协委员提案系列报道》；首次开辟《政协委员风采》专题节目；首次召开政协宣传工作会议，并邀请县委宣传部、广播电视局负责人参加，组建专兼职通讯员队伍。1994 年，抚宁县政协在全国、省、市各类报刊刊发稿件 20 余篇，省、市电视台播出 4 篇。

为拓宽参政议政渠道，落实全国政协关于建立社情民意机制的要求，五届县政协于 1995 年实行了委员社情民意反映卡制度，制定了《实施办法》，由县政协组织力量对委员反映的社情民意信息进行综合整理，以《内部信息》印发送交县党政领导和有关部门参阅。六届县政协继续推行并完善规范社情民意反映卡制度，将其作为提案工作的重要补充，发挥其“直通车”的作用，有效搭建党政领导与委员沟通联系的“桥梁”，仅1998年就收到委员社情民意反映卡41份，整理上报县党政领导29份。同年10月，市政协在抚宁县召开县区政协秘书长联席会，抚宁县政协在会上介绍推行社情民意反映卡制度的做法与经验。2001年，全国政协九届十四次常委会会议专题研究了社情民意反映工作。同年7月六届县政协相继召开主席会议、联络组长会议、工作组长会议进行安排部署，并于11月下旬召开县直单位负责人参加的有关座谈会，有针对性地搜集社情民意。2007年8月1日，八届县政协下发了《关于进一步做好反映社情民意工作的通知》，对委员撰写社情民意的原则、内容、撰写要求进行明确规范。2015年，区政协坚持运用社情民意信息汇集民智、建言献策，着力畅通社情民意监督渠道，制定出台《反映社情民意信息规则》。这些措施都有力推动了社情民意工作机制的落实，并成为一项常态化工作机制持续至今，受到党政领导的关注与肯定，并经常进行批示，促进了有关问题的解决，发挥了社情民意信息的民主监督和建言资政作用。

从五届县政协到二届区政协，即从1993年至2021年，任期五年一届的历届政协在接续总结继承上届政协探索创造积累的工作经验基础上，也不断创造积累新的工作经验，成为人民政协事业不断向前发展的宝贵财富、不断开创新局面的重要基础。

学习机制随人民政协建立相伴而生，成为人民政协的传统和优势，也是凝聚共识的重要政治基础。抚宁县政协建立伊始就率先成立了学习委员会，组织机关干部和全体委员学习党的十一届三中全会以来历次党的代表大会和历次全会精神；学习邓小平理论、“三个代表”重要思想、科学发展观和习近平新时代中国特色社会主义思想；学习中共中央关于统战工作理论、加强和改进人民政协工作的决定、政协章程以及中共中央和省、市、县（区）及全国政协关于加强政协工作方面的意见；学习中共中央作出的一系列重大决策部署；学习县（区）历次党代会及全会精神等，以此统一思想，提高认识，强化思想政治引领，更好地凝聚共识、聚同化异，切实提高思想政治站位，在学习方式上不断创新，通过开展一系列的主题活动深化学习；把学习作为第一议题，逐步形成以党组理论中心组学习为龙头、以领导领学辅导为引领、以常委学习为牵动、以工作组与活动组学习为经常、以开展专题学习为重点的一系列常态化制度机制，不断打造学习型机关和学习型政协，“书香政协”氛围不断浓厚。

协商机制从二届县政协开始，对协商内容、协商形式、协商程序等一直在创新改革，特别是在全体会议协商方面，探索走出协商于决策之前的成功之路。随着全国政协全体会议较人大会议提前两天召开，政协委员列席人大会议形成制度，五届县政协全体会议开始参照全国政协会议的开法，较人大会议提前一天召开，并沿袭至今。同时，历届政协历次全体会议作为协商的龙头地位日益巩固，总体协商的内容趋于稳定，县（区）委主要领导在开幕式上讲话，以及听取政协常委会工作报告、提案工作报告、委员大会发言等，日益成为历届历次政协全体会议开幕当天议程中的规定动作。每季召开一次常委会会议开展专题协商，每月召开一次主席会议开展重点协商已成为历届历次政协全体会议闭会期间的常态化协商机制日益成熟定型，同时，制订年度协商计划报县（区）委批准同意，重大事项和活动向县（区）委报告成为一种机制性制度得到贯彻执行。

以组织委员开展视察活动实施民主监督是历届政协在历次全会闭会期间的重要履职活动。同时，民主监督的形式与内容逐步拓展，一方面加强社情民意信息反馈工作，开展主动监督；另一方面，党委政府及有关部门开展重大活动时主动邀请政协委员进行民主监督，如法检部门聘请政协委员做监督员，纪检部门聘请有关委员参与行风评议等。

不断完善调查研究机制，抚宁县政协建立之初在探索发挥委员主体作用，履行政治协商、民主监督职能，组织委员撰写提案与社情民意信息，围绕中心服务大局方面，就始终高度重视调查研究工作。一方面，历届县（区）政协利用主席会议、主席办公会或政协常委会会议，围绕县（区）委政府年度重点工作及关注的重点问题，研究议定调研课题，由专委会牵头，适时召开各联络组、活动组、工作组组长会议，安排部署调研工作。各联络组、活动组及工作组不仅主动领题，而且结合实际自觉选题开展调研，形成调研成果后上报县（区）政协。对课题选得精当、调研情况翔实、问题查找精准、分析说理透彻、对策建议可行、具有参谋价值的调研成果经政协常委会进一步充分协商，反复修改完善后报县（区）委、县（区）政府。对关乎全县（区）经济社会发展的重大课题，县（区）政协责成一名副主席牵头，有关部门配合，通过选取典型调研，召开各层次座谈会调研，赴先进地区考察学习调研等方式，形成考察调研报告，再经县（区）政协常委会讨论协商，修改完善，不仅提高了调研质量，而且许多调研成果经县（区）委常委会研议后批转有关部门及乡镇执行，政协建言资政的作用有效发挥，成为县（区）委、县（区）政府参谋辅助决策的重要助手。这种调研的传统与机制经发扬与创新，日益传承与完善，成为历届政协履行职能、发挥专门协商机构作用的重要途径。

坚持在围绕中心服务大局中履职尽责

1982年2月抚宁县政协成立，时值党的十一届三中全会之后，党和国家的工作重心开始向以经济建设为中心转移。对于抚宁而言，贯彻落实十一届三中全会精神是全县的中心大局工作。而对于刚刚成立的抚宁县政协而言，在履职经验比较缺乏的情况下，组织委员学习视察、了解县情与县委、县政府正在开展的重点工作，以此帮助委员站位全县工作全局，理解把握党的路线方针政策在基层的贯彻实施情况，通过视察座谈，提出意见建议，是刚刚成立的抚宁县政协在围绕中心服务大局中的尝试与探索。尤其是作为来自基层一线的政协工作组，根据本组特点开展活动，在政治协商与民主监督方面发挥独特作用。其中科学技术工作组开展农业生产科研项目攻关，文教工作组贯彻党的十二大精神，把工作重点转移到教育工作“战略重点”上来，不仅为活跃政协工作增光添彩，而且为全县中心工作献计出力，作出贡献。

1984年是国家实施全面经济体制改革的第一年。同时，秦皇岛市被列为全国14个沿海开放城市之一。县二届政协立足这一形势，围绕中共中央提出的“坚定不移、慎重初战、务求必胜”的方针，坚持从搞活开放大局出发，自觉服从和服务于以经济建设为中心，组织委员就加快农业发展、大力发展板栗生产、抓好山区小流域治理、迎接农村产业结构改革，以及赴县第一化肥厂、水泥厂、通用机械厂考察调研、支持商品生产等中心工作开展履职活动。

1985年是国家全面实施“七五”计划的第一年，是党的十二大提出的5年内实现财政经济、党风和社会风气根本好转的关键之年，政协着眼服从服务于党的总任务和总目标，为“四化”建设服务，为改革和开发服务，为完成三大历史任务服务，组织委员围绕促进粮食生产、搞好教育体制改革、发展商品生产等中心工作开展履职活动。

1987—1989年是全面贯彻落实党的十三大及十三届三中全会精神，以深化改革、扩大开放、治理整顿为重点，以统一祖国、振兴中华为目标，紧紧围绕县委、县政府中心任务以及人民群众普遍关心的问题开展政协工作，重点围绕全县治理整顿、深化改革、两个文明建设、思想教育等重大问题开展高层次协商，围绕党政领导关心、部门关心、人民群众关心的问题开展调研履职。

1990—1992年是全县改革开放和经济建设以及其他各项事业跨越发展的3年，是邓小平同志发表南方重要谈话后经济建设再掀新高潮的时期。四届县政协自觉从全县经济发展的战略高度研究政协工作的思路，围绕全县经济发展布局安排政协工作计划，印发《政协抚宁县委员会关于为抚宁经济建设服务的意见》《政协抚宁县委员会关于解放思想、更新观念，为改革开放和经济建设服务的意见》，发挥政协联系面广的优势，积极开展外引内联工作，与有关大专院校、科研单位建立联谊关系，赴外地收集信息、洽谈项目，邀请北京、天津研究所来抚宁举行经济项目信息发布会，并创办《信息服务》专刊，为社会提供信息300多条，为全县引进生产项目。在开展政治协商与民主监督方面，围绕全县改革、经济建设和精神文明建设等重大宏观战略问题，就《抚宁县国民经济社会发展十年规划和“八五”计划（草案）》、农村宅基地和闲散地有偿使用，以及城建、住房制度改革等方面进行协商讨论，围绕强化农业基础地位、加速发展乡镇企业、大力发展第三产业、办好农村合作基金会等重大问题组织调研。

1993—1997年是以邓小平建设有中国特色社会主义理论为指导，贯彻中共十四大和十四届三中、四中、五中、六中全会精神的5年，也是全县深化改革、扩大开放步伐，社会主义市场经济体制逐步建立的5年。其间，1993年县委县政府提出制定奔小康规划，1994年提出向省内经济强县和小康目标挺进，1995年研究制定《抚宁县国民经济和社会发展第九个五年计划和2010年长期规划》，1996年全面实施“九五”计划、为实现跨世纪中长期奋斗目标奠基，1997年抚宁县建成小康县。五届政协紧紧围绕县委县政府提出的上述中心工作和目标任务，认真履行三大职能，有力助推了中心工作的开展。

1993年，五届县政协召开常委扩大会议，就《抚宁县住房制度改革实施方案》《抚宁县奔小康规划讨论稿》《中共抚宁县委关于强化扩大开放加快发展的实施意见》等重大议题进行协商讨论，提出的修改建议大部分被县委县政府采纳；就关于解决北部贫困山区农民口粮问题、关于推动全县农业更好地进入市场经济、关于减轻农民税费负担等课题组织开展调研；其中关于推动全县农业更好地进入市场经济的四点建议，县委以抚发〔1993〕35号文件批转各乡镇和县直有关单位研究借鉴。

1994年，就全县引进外资工作、经济工作、南戴河开发建设等进行专题协商和重点协商；

就发展“两高一优”农业、加强全县经纪人队伍建设、发展个体私营经济、推行股份合作制等课题开展调查研究，紧扣了全县经济发展中的重点与难点工作。

1995年是“八五”计划的最后一年，也是抚宁县奔小康、建强县的关键一年。为确保1997年建成小康县，并进入省内经济“十强”县，五届县政协就《抚宁县国民经济和社会发展第九个五年计划和2010年长期规划（草案）》《抚宁县学山东奔小康建强县赶荣城规划》等重大宏观议题进行专题协商；就进一步办好全县农村合作基金会，组织委员外出考察，提出建议；就全县国有工业生产经营情况及今后发展，组织委员深入县造纸厂等7家企业进行调查，提交调查报告呈报县委县政府。县政府据此建议案作出1996年重点抓好县造纸厂总投资9000万元、年产3万吨白板纸项目，骊骅淀粉有限公司总投资5500万元淀粉葡萄糖项目，县化肥厂总投资5200万元、年产6000吨二甲基甲酰胺项目的重大决策；就农林牧渔股份合作制发展情况，组织委员对石门寨等8个乡镇13个村的情况开展调查，向县委县政府提交调查报告，县政府据此制定了《关于大力发展农林牧渔股份合作制的意见》。

1996年是全县小康建设的攻坚之年，关系到1997年能否建成小康县，是全县经济工作的重中之重。为此，五届县政协紧密聚焦小康建设这个重点，以各乡镇政协联络组为主，机关全体同志参加，上下结合，协商联动，对全县11个乡镇的小康建设进展情况及存在问题进行全面考察，形成《关于加强乡镇小康建设的建议》，并经政协五届二十一次常委扩大会议进行协商讨论后，提交县委县政府，引起县委县政府的高度重视，召开县委常委会会议进行研究吸纳。

1997年是国家历史发展上非常重要的一年，香港即将回归祖国，中共十五大也要胜利召开，同时抚宁要按省委要求如期建成小康县。对此，五届县政协自觉站位宏观大局，围绕学习贯彻中共十四届六中全会《决议》精神，积极推进精神文明建设；围绕小康县建设、突出产业产品结构调整等中心工作，开展调查研究和视察考察，协助县委县政府作出正确决策，为保持政治安定和社会稳定尽心竭智。

1998—2002年，是六届县政协任期的5年，又恰逢世纪之交的重要历史时期。5年间，六届县政协深入贯彻中共十五大及十五届三中、四中、五中全会精神，针对1998年亚洲金融危机和国内洪涝灾害、市场乏力等因素的影响，按照县委关于开展“讲政治、顾大局、保增长、作贡献”活动的要求，围绕推进农业产业化经营、加大企业改制和招商引资力度、认真实施“十百千”工程，组织委员开展履职活动。重点就非公有制经济发展、二轮土地承包、扩大水稻前茬利用、加强县城容貌环境建设等课题开展调研视察、考察活动，形成一批有价值、有分量的建言资政成果。

1999年是实现跨世纪伟大目标进程中具有特殊意义的一年，是中华人民共和国成立50周年，也是人民政协成立50周年，澳门即将回归祖国。六届县政协组织委员会同相关部门，就经济社会发展中的重要事项和人民群众关注的热点问题，开展调研视察活动23次。鉴于1999年是农村二轮土地承包的起始年，是全县人民政治经济和社会生活中的一件大事，关系到党的农村政策的进一步落实，六届县政协向县委、县政府提交了《关于进一步稳定完善农村土地、果树承包责任制的建议》，经县委农工部予以转发。又根据县委县政府出台的农村二轮土地承包初步方案进行有针对性的调查研究，形成《关于在农村第二轮土地承包工作中应注意的问题及建议》，为县委完善方案发挥了积极作用。同时，就如何实现农业增产增收，组织委员赴山东等地考察，向县政府送交《关于引进无土栽培技术和板栗节水技术的建议》；就县城环境保护中存在的问题，组织委员视察秦燕化工有限公司等 4 家企业，提出意见建议，推动可持续发展。

2000 年是世纪交替之年，既要实现“九五”计划目标，又要谋划“十五”计划蓝图，为 21 世纪发展奠定坚实基础。特别是中国加入世贸组织的谈判进入关键阶段，对于抚宁而言，应对新机遇、新挑战，是各项工作的重中之重。六届县政协从服从服务于全县工作大局出发，围绕经济结构调整、推进农业产业化、国企改革、旅游开发、县城和农村小城镇建设、发展非公有制经济等重要问题开展履职活动，重点就《抚宁县国民经济和社会发展第十个五年计划和 2010 年远景规划》进行专题民主协商；就县城长征路改造进行论证协商；就推动全县畜牧养殖业再上一个新台阶、加强县城建设、社会治安综合治理等重大课题组织视察和考察，提出意见和建议。

2001 年是进入新世纪的第一年，也是抚宁县实施“十五”计划的开局之年。六届县政协围绕经济结构战略性调整、体制创新和科技创新、扩大开放、培育壮大新的增长点等重大课题，积极开展形式多样的履职活动。重点就扩大对外开放招商引资进行专题协商；就加快全县农业结构调整步伐进行调研论证协商。同时，注重发挥政协联络组、工作组作用，开展调研视察活动 46 次，形成《县乡两级农业科技队伍建设亟待加强》《发展旅游事业繁荣地方经济》等调研成果，直接助推了相关问题的解决，起到了重要的丰富党委决策、拾遗补阙的作用。

2002 年是中国进入新世纪、新千年后收获重大喜悦的一年，这一年中国历时 16 年艰苦谈判终于成功加入世贸组织，标志着改革开放以来快速发展的中国进一步融入全球经济，进一步融入全球大家庭，开放的国度进一步展示了开放的胸襟和开放的气度，以无比的勇气与气魄开始热情地拥抱世界。同时，北京申奥成功、国际 APEC 会议在上海举行，古老的中华民族被激发出喷涌的爱国热情，极大地振奋了民族精神和自豪感，是新千年中最值得铭记、最激荡士气、最鼓舞和凝聚人心的三件大事。之于抚宁，面对入世可谓机遇与困难并存、希望与挑战同在。县委明确提出抚宁县加快经济社会发展的主攻方向是：加快农业结构调整步伐，促进农民增收；大力招商引资，强化项目建设，培植发展后劲；大力发展个体私营经济，壮大县域经济总体实力；加快旅游事业发展，打造县域经济新亮点；强化城镇建设，为加快发展和提高人民生活质量提供载体；推进公益事业发展，完善社会保障机制等 6 个方面。同时，秦皇岛市委将 2002 年确定为“招商引资年”。围绕市委及县委确定的中心工作，六届县政协运用全体会议大会发言、常委会会议专题协商和视察调研、提案及社情民意等形式开展履职，建言献策，助力全县经济社会发展取得更大成绩。

2003—2006 年是七届县政协任职的 4 年，是坚持以邓小平理论为指导，贯彻“三个代表”重要思想和中共十六大及十六届三中、四中全会精神的4年，也是围绕贯彻实施县委提出的“三线富民、八业强县”战略、全面建设小康社会、推动县域经济跨越发展的 4 年。

2003 年，七届县政协牢固树立以经济建设为中心的思想，围绕全县大政方针以及经济社会发展中的重要问题开展协商议政，积极参与宏观决策。七届一次全体会议期间，组织委员就全县农业和农村工作、城乡基础教育发展、长城保护与开发等问题作大会发言；就防治“非典”疫情开展重点协商；就全县农业科技推广体系建设、畜牧养殖业发展、北部山区生态经济林建设等方面开展专项视察与专题调研活动。

2004年，县委提出把发展作为主旋律，把解放和发展社会生产力、促进富民强县作为首要任务，坚定不移实施“三线富民、八业强县”发展战略。对此，七届县政协坚决响应县委的号召，主动聚焦经济建设，组织委员对全县水泥、造纸、玻纤企业发展情况进行专项视察；对全县近三年来农民增收问题进行专题调研；就实施的村村通工程和全县煤矿安全生产工作开展视察监督。

2005年，县委就继续实施“三线富民、八业强县”发展战略强调了“两个不变”，即工作思路不变、工作重心不变，继续加速农业结构调整，全力实施项目建设，努力维护社会稳定，实现经济社会跨越式发展。七届县政协围绕县委提出的工作思路和工作重心，以贯彻中共十六届四中全会和胡锦涛同志在庆祝人民政协成立55周年大会上讲话精神为重点，着眼构建和谐社会，切实发挥政协三大职能。就文明生态村创建、县城集中供热供气、畜牧养殖业疫病防治、加快发展农民专业合作组织等开展专项视察。

2006年是“十一五”规划的开局年，县委十届四次全会确立了“在科学发展观统领下，坚持科学发展、提速发展、和谐发展”的工作主题和“努力扩大经济总量，推进社会主义新农村建设，加快县城和小城镇建设步伐，推动社会和谐进步”等六大任务。七届县政协围绕县委确定的工作主题和重点任务，扎实开展履职活动，专题就全县板栗产业发展、扩大“三线”产业规模效益、发展壮大民营经济、提高农民组织化程度等开展调研视察活动。

2007—2011年是八届县政协履职的5年，处于抚宁县建设沿海经济社会发展强县的关键时期。八届县政协把加快发展、服务大局作为重要原则和基本内容；把县委、县政府的工作目标作为根本任务，据此安排政协工作计划；把县委、县政府工作重点和难点作为政协常委会调研的重点课题；把围绕发展建言献策、反映社情民意、开展提案办理作为委员参政议政、民主监督的重要途径，政协工作服务大局观念全面提升。

2007年，县委十一届三次全会确立了建设沿海经济社会发展强县的总体发展思路和发展目标，实现这一目标需要团结一切力量，调动一切积极因素，利用一切资源，同心同德，共同奋斗。同时，县委明确提出坚持政协主要领导列席县委常委会会议制度，县政协副主席列席县政府常务会议制度，重要工作向县政协通报制度，充分发挥政协在重大决策中的协商监督作用。为此，八届县政协把促进县域经济又好又快发展作为履职第一要务，集中力量，深入调研。针对《政府工作报告》中提出全县要突出发展棚室蔬菜，年内抓好9个乡镇、25个百亩以上棚室蔬菜园区建设的目标任务，八届县政协组织力量利用一个半月时间，深入抚宁镇等3个乡镇和县农牧水产局，对全县棚室蔬菜园区建设情况进行专题调研；又深入上官营等4类典型村同干群座谈；同时在棚菜种植专业户中开展问卷调查活动，并进行深入调研论证，形成《关于加快棚室蔬菜园区建设的意见和建议》呈报县委县政府，县委县政府主要领导分别批示，并予以批转，为推进全县棚室蔬菜园区建设发挥了有力的助推作用。同时，八届县政协切实发挥恢复建立的乡镇联络组作用，就肉鸡产业发展、新型农村合作医疗等问题开展视察活动。协助市政协就县域经济发展、项目建设、企业规范化建设与管理等问题开展联动调研视察活动。

2008年，县委十一届四次全会暨全县经济工作会议作出开展“学霸州、比发展、争进位、建强县”活动的决定，标志着抚宁经济社会发展处在新的历史起点上。八届县政继续唱响围绕中心、服务大局，为促进县域经济又好又快发展主旋律，深入贯彻落实科学发展观和中共十七大及十七届三中全会精神，按照县委“突破跨越、赶超进位”的目标要求，以全会整体协商、常委会专题协商、精选课题重点协商为履职形式，就“加强首秦工业园建设，力促县域经济又好又快发展”“关于加强县城自来水建设的建议”等6个方面，组织委员进行大会发言；就国际金融危机爆发后如何应对，召开常委会会议开展专题协商；就民营企业如何走出困境等问题开展专题调研；就农村剩余劳动力转移等热点问题进行重点监督；对省委七届三次全会提出的“一年一大步、三年大变样”工作，采取专项视察、外出考察的方式开展专题民主监督，为建设“宜居、宜业、宜游”新抚宁提供参考。

2009年是中华人民共和国成立60周年，也是人民政协成立60周年。同时，受国际金融危机影响，抚宁县改革发展也面临着重大挑战。县委提出要积极应对国内外经济形势发展变化带来的困难和挑战，坚持以工业为主导，以农业为基础，以旅游服务业为支柱，扎实推进“城镇化、新型工业化、农业产业化”进程，确保县域经济平稳较快增长，着力构建与市区一体化的经济社会发展格局，坚定不移建设富庶文明和谐、宜居宜业宜游新抚宁的发展战略、思路等目标任务。对此，八届县政协提出“三个必须”，即必须把工作思路定向在服务大局、干在实处、发挥优势上；必须把工作目标定位在推动发展、解决问题、取得实效上；必须把工作作风定格在贴近实际、贴近百姓、贴近委员上的指导思想，在广大委员中广泛开展“献一策、联一业、扶一村、帮一户、践一诺”的“五个一”主题实践活动，为实现“三保”（保增长、保民生、保稳定）积极建言。县八届三次全会期间，组织委员就全县农民增收、县城基础设施建设、发展农业产业化龙头企业等问题进行大会发言；围绕全县城镇三年大变样开展专题协商；就县城规划布局、长城旅游开发、节能减排等6项课题开展专题调研和视察。

2010年，县委提出要坚持以科学发展观为指导，统筹城乡总揽经济社会发展全局，确保全省统筹城乡发展试点县创建成功起步的目标任务。对此，八届县政协充分利用全体会议、常委会会议和主席会议政治协商形式，在八届四次全会期间，对《政府工作报告》及其他报告以主题发言形式进行整体协商，提出各类意见建议139条，创新汇集《委员建言精粹》，呈报县委县政府领导；就全县新型农村社会养老保险试点工作和编制“十二五”规划召开常委会进行专题协商；围绕新民居建设和土地储备两项重点工作，以实地调查、走访座谈和外出考察方式进行专题调研；就“三农”工作有关裸地菜发展、板栗基地建设、农产品加工项目等开展专项视察。

2011年是抚宁县实施“十二五”规划的开局之年，也是建设沿海经济社会发展强县的关键一年。县委提出全力实施“工业强县”“旅游立县”“市县一体化”三大战略，建设宜居宜业宜游、富庶文明和谐新抚宁。对此，八届县政协以常委会会议形式就沿海经济强县建设、加快县域经济发展等重大事项进行专题协商；以主席会议形式就《抚宁县文化发展规划纲要（草案）》

等进行重点协商；以提案督办形式就县造纸厂改制等开展办理协商；以调研形式就乡村旅游工作等开展建言资政；围绕沅康纸业、县城集中供热、污水处理厂等重点项目积极开展联系帮扶活动，为推动项目建设取得实质性进展发挥了重要作用。

2012—2015年是九届政协的任期，因2015年8月经国务院批准，抚宁区划调整，撤县设区，本届任期为4年。

2012年是九届县政协的开局之年，也是全县遭遇宏观经济下行和重大洪涝灾害的一年。县九届政协坚持以促进全县经济持续快速发展为第一要务，紧紧围绕县委县政府重大决策部署，深入调查研究，认真协商议政，切实履行职能。围绕整顿城镇乱建乱占行为、加快推进土地流转、促进农村经济发展、整合旅游资源推进产业发展等事关全县经济社会发展方面的战略性问题进行大会发言；就杜庄工业聚集区、抚宁经济开发区、葡萄酒产业聚集区建设等重大事项开展专题协商；就粮食储备、流通情况等重点问题开展专项协商。

2013年是全面贯彻落实中共十八大精神的开局之年，是继续大力实施“工业强县”“旅游立县”“市县一体化”三大战略，建设沿海强县的关键之年。县委十二届二次全会提出要加快建设“实力、平安、生态、和谐”抚宁，建设“宜居宜业宜游”“富庶文明和谐”的滨海强县，为全面建成小康社会奠定基础。九届县政协围绕县域经济提速发展这一主题，对全县助保金贷款、财政和经济运行情况进行专题协商；以县北部山区旅游综合大开发为题开展专题调研，向县委县政府提交了《关于加快实施北部山区旅游综合大开发的构想建议》；就全面提升城乡一体化水平、生猪产业化发展、紫金山公园建设和污水处理厂生产运营情况等课题开展专项视察。

2014年是全面贯彻落实中共十八大和十八届二中、三中全会精神的开局之年，是实施“十三五”规划承前启后的关键一年，也是抚宁为全面建成小康社会夯实基础、增创优势、提速发展的一年。九届县政协坚持“围绕核心、聚力凝心、服务大局、服务群众”工作主线，在协商议政中助推发展，就抚宁经济开发区建设和全县经济运行情况进行专题协商；围绕推进城乡一体化，就全县农村面貌改造提升进行重点协商；为实施旅游带动战略献计出力，以北部山区综合大开发为着力点，对全县乡村旅游发展开展专项视察；围绕农业产业化发展，将小江蔬菜专业合作社作为切口，组织力量开展专题调研等。

在新时代砥砺奋进的抚宁区政协

2015年8月抚宁撤县建区，同年12月，经请示秦皇岛市政协批准同意，政协抚宁县委员会改称政协秦皇岛市抚宁区委员会并挂牌成立。2016年是一届抚宁区政协任职年。2017年区政协换届，二届区政协任职四年半时间。2021年7月，区政协根据上级要求，提前半年多换届，开启三届区政协任期。

2015年—2021年7月，是全国各族人民认真贯彻中共十八大和十九大以及历次中央全会精神，坚持以习近平新时代中国特色社会主义思想为指导，统筹“五位一体”总体布局，协调推进“四个全面”战略布局，满怀豪情实现第一个百年奋斗目标，全面建成小康社会的关键时期，也是人民政协认真学习贯彻习近平总书记关于加强和改进人民政协工作的重要思想和中央政协工作会议精神，增强“四个意识”，坚定“四个自信”，做到“两个维护”，坚持围绕团结和民主两大主题，坚持继承和创新有机结合，发挥专门协商机构作用，在建言资政和凝聚共识上双向发力，切实担负起把中共中央的决策部署和对人民政协工作的要求落实下去，把海内外中华儿女实现中华民族伟大复兴中国梦的智慧和力量凝聚起来的政治责任，推动各项工作取得新进展，全面展现新时代人民政协新面貌新气象的时期。

之于抚宁而言，2015 年—2021 年 7 月，既是抚宁经历区划调整、撤县设区的转折期，也是抚宁顺应由县变区新变化、顺应经济社会发展进入新常态、新时代，逐步走出各种困境，发展思路与发展战略逐步完善调整，全面开启抚宁“二次创业、振兴崛起”由蓄势向起势演进的重要时期。在这一充满变化、充满挑战，又充满奋斗激情的重要时期，抚宁区政协始终坚持以中共秦皇岛市抚宁区委领导为第一遵循，同频同振、同欲同向、同心同德，始终围绕区委区政府的决策部署，聚焦中心工作任务，紧扣和保障改善民生，切实发挥专门协商机构作用，为助推沿海强区、幸福骊城建设，贡献政协智慧，展示政协作为，书写政协篇章。

2015 年，县委十二届五次全会和全县经济工作会议确定了全县 2015 年工作思路和目标任务，即突出经济建设、法治建设、作风建设“三条主线”，以超常举措抓创新、抓项目、抓环境、抓治理、抓干部、抓落实，实现经济转型升级、突破发展。对此，九届县政协以“崇尚实干、服务大局”为指导思想，立足助推全面深化改革、实现“十二五”规划圆满收官，围绕加强项目载体平台建设，对经济开发区建设进行专项视察；高度关注传统产业、农业特色主导产业和文化产业发展，开展专题协商与重点协商；围绕农村改革，对农村土地流转问题进行专题调研；针对村委会换届选举和社会治安综合治理，召开主席会议进行重点协商，

2016 年是抚宁撤县设区后的第一年，也是实施“十三五”规划的开局之年，还是区划调整后抚宁谱写新篇章的起步年，抚宁区第一次党代会提出建设“安定团结、风清气正、经济发展、和谐宜居”新抚宁的目标导向和“创新发展、区域合作”的发展路径，确定了“强化基层基础工作，凝心聚力抓发展，铁面无私抓治理，提振干部群众精气神”的核心思路与核心举措，特别是发出实施“二次创业”的动员令。区政协根据区委确立的重大发展目标，统筹政协工作布局，立足经济建设和社会治理“两个主战场”，扎实开展履职活动。着眼打造实力新抚宁，围绕第一要务当参谋，为“十三五”强势开局助力。就推动传统产业改造升级，组织委员深入造纸企业调研，召开发改、环保、工信等部门座谈会研议协商，形成《关于全区造纸产业发展情况的调查》，呈报区委区政府。就区委作出的与秦皇岛经济技术开发区开展全域深度合作、对接京津协同发展两大战略决策，召开专题协商会，开展专项视察。就农村综合改革、财政体制改革和投融资体制改革等关键领域开展专项调研；着眼打造宜居新抚宁，围绕补齐短板建良言，为城市发展新区建设倾力。就撤县建区后抚宁城市区基础设施短板突出等问题在市政协全会上作了题为《以行政区划调整为契机，推进城市经济社会发展》的发言，引发热烈反响，同时组织委员提交了《关于加快推进抚宁撤县设区后相关遗留问题解决进程的建议》等 7 件提案，引起市委高度重视，责成市委督查室亲自承办；着眼打造美丽新抚宁，围绕生态文明动实招，为狠

抓环境治理出力。动员委员撰写农村环境整治方面的提案7件，列为重点提案进行督办。就城市垃圾处理、美丽乡村建设组织专项视察；着眼打造和谐新抚宁，投身社会治理主战场，为抓好社会建设聚力。召开主席会议，针对社会各界普遍关注的新一中、四中、镇中、二小搬迁，初、高中教育资源整合工作进行重点协商。就城区15万吨自来水厂建设、妇幼保健院改扩建等民生工程开展专项视察。向全体委员发出倡议书，投身治理“双违”，并召开常委会会议专题协商。就整治信访秩序除召开主席会议重点协商外，还按区委要求认真做好包案督访、接访等工作；着眼打造“激情新抚宁”，围绕发挥委员作用，为传递激情接力。一届区政协在全体委员中开展了“我为打造五个新抚宁作贡献”活动，全体委员热烈响应，投资技改项目、投身农村环境治理、参与信访维稳、参加抗洪抢险等急难险重工作。

2017年，区二次党代会确立了“生态优先、创新发展、区域协作、跨越提升”的发展战略和打造“沿海强区、魅力骊城和现代化新兴城区”的目标定位，是新一届区委站位历史新起点、擘画抚宁发展新蓝图，领航抚宁开启新时代二次创业新征程的开局之年，也是二届区政协围绕区委政府中心工作，砥砺奋进、主动作为的一年，更是以一流业绩迎接、宣传、贯彻中共十九大精神的重要一年。二届区政协紧贴区委决策部署，紧跟全区发展导向，以中心工作为第一重心，围绕“聚集民意，聚集民智”、围绕团结和民主两大主题，充分发挥职能、主体、平台作用，尽心竭力，主动担当，奋发作为。充分利用全会平台，广泛凝聚创业共识，组织委员围绕加强与市开发区深度合作、发展现代高效农业等6个课题进行大会发言；就全区规划体系建设、打造特色农业之区等7个重大课题开展专题协商；就地表水厂建设、生活垃圾全资源处理利用等重点民生工程，以现场考察形式开展对口协商。区政协党组班子成员积极投身现有企业转型升级、信访维稳攻坚、创建文明城市、迎接旅发大会等中心工作，并重点承担了骊骅淀粉技改、造纸产业联盟建立、总投资68亿元抽水蓄能电站重大项目和南旅集团改革发展稳定等关乎全局的重点工作。

2018年是贯彻中共十九大精神的开局之年、全面建成小康社会的关键之年，也是推进抚宁二次创业加压加力之年。二届区政协以中共十九大精神为统领，深入贯彻省委九届五次、六次全会，市委十二届二次全会和区委二届二次全会精神，以打造“三区两城”(“五业支撑”的新兴制造之区、“三线主导”的特色农业之区、“三点一线”的文化旅游之区和“产城互融共生”的集聚发展之城、“生态人文独特”的文明宜居之城）三年行动计划和开展“八项攻坚会战活动”为引领，在培育强化增长新动能、构建统筹联动新格局、建设生态宜居新家园、拓展经济发展新空间、增进人民生活新福祉等方面，认真履行政协职能，就推进园区建设、破解项目落地难题等10个方面组织委员进行大会发言；就项目园区带动攻坚、大气治污染治理攻坚等10个议题开展专题协商和重点协商；就土地收储、园区道路基础设施、棚户区改造等重点工作开展对口协商、联动协商、集体面商，拓展协商方式。同时就梁家湾整体搬迁、创建国家卫生城市、构建城市监管大格局等工作组织委员视察，开展专题调研。

2019年是中华人民共和国成立70周年，也是人民政协成立70周年，还是决战决胜全面建成小康社会的关键之年，更是贯彻落实中央、省市经济工作会议和区委二届三次全会精神，强力推进抚宁“二次创业、振兴崛起”至关重要的一年，区政协围绕区委确立的打造“沿海强区、幸福骊城”目标定位和“生态优先、创新驱动、产业强区、城乡统筹”发展战略，坚持以习近平新时代中国特色社会主义思想为指导，以全面贯彻中共十九大以及十九届二中、三中、四中全会和中央政协工作会议精神为主轴，以迎接庆祝新中国成立70周年暨人民政协成立70周年为主线，以全面加强政协系统党的建设，发挥专门协商机构作用为主责，以贯彻区委二届三次全会精神为主题，以凝聚共识和建言资政为主业，统筹开展“不忘初心，牢记使命”主题教育，解放思想大讨论和“三深化、三提升”活动，为助力新时代抚宁“二次创业、振兴崛起”新征程，贡献政协智慧和力量。围绕贯彻新发展理念，聚焦“四大发展战略”和“六大攻坚行动”，就体制机制人才创新、抽水蓄能电站重大项目、实施乡村振兴夯基行动等开展精深调研、导向调研、对策调研；就破解民营企业融资难等10个课题组织大会发言；就“传统产业依托园区转型升级”等7个课题开展专题协商、对口协商，为助推“六大攻坚行动”建言献策。

2020年是全面建成小康社会和“十三五”规划的收官之年，也是抚宁二次创业振兴崛起由蓄势向起势转变的关键之年，更是遭遇了新冠疫情突发，全力打好抗击新冠疫情阻击战、总体战的特殊之年。二届区政协一方面坚决响应党中央和省市区委关于抗击新冠疫情的一系列决策部署，第一时间领导带头下沉分包小区卡点执守，第一时间向全体委员发出倡议向武汉捐款捐物，第一时间按照省政协要求全力开展“聚力量、防疫情、促发展”活动；另一方面，围绕贯彻落实区委二届四次全会、五次全会暨全区经济工作会议精神，紧密聚焦“三个定位”（全市先进智造先行区、全市生态功能支撑区、全市全域旅游示范区）、“四大战略”、“六大行动”和“三创四建”活动，着眼助推产业强区攻坚、城市扩容提质、乡村振兴夯基、生态环境优化、社会治理提升、保障改善民生，重点瞄准实施项目建设“3060”工程、第三产业发展、园区拓展、营商环境优化、棚区路网建设及旧城改造、农业高质量发展等重大发展改革与民生事项，综合运用全体会议整体协商、常委会会议专题协商、主席会议重点协商等方式，加强前瞻协商，充分运用视察、提案督办、社情民意等办理协商方式，融合对口协商、界别协商、面对面协商、座谈协商等方式，加强议政性协商监督；切实发挥好专委会基础性作用，加大调研力度，打造调研精品，加强献策性建议协商。

纵观1982年抚宁县恢复建立人民政协至抚宁撤县建区二届政协履职以来的发展历程，无论是历届县政协还是区政协，都始终坚持党对人民政协的领导；坚持加强政协系统党的建设；坚持强化思想政治引领；坚持人民政协性质定位；坚持聚焦党委政府中心工作，助推发展履行职能；坚持以人民为中心思想，紧扣保障和改善民生强化民主监督；坚持凝聚共识与建言资政双向发力；坚持发挥学习传统优势；坚持在继承中创新、在创新中继承；坚持不断加强自身建设，特别是政治建设；坚持充分发挥委员主体作用，创新构建多层履职平台；坚持开展具有政协特色的各项活动，活跃文史宣传工作，使政协事业不断开创新局面、攀上新台阶、书写新篇章。

40年来，抚宁政协在中共抚宁县（区）委的坚强领导下，认真贯彻党中央和省市委关于加强人民政协工作的各项决定、决策，充分发挥统一战线组织的作用，围绕团结和民主两大主题，团结一切力量，调动一切积极因素，为推进“四个现代化”建设、改革开放、经济发展，建设经济强县、滨海强县、“沿海强区、魅力骊城和现代化城区”、“沿海强区、幸福骊城”广泛凝聚共识，汇聚力量；充分发挥政治组织作用，强化思想政治引领，在开展整党、平反冤假错案，组织学习中共十一届三中全会以来历次中共党代会精神及历届全会精神，开展“三讲”、“三个代表”、科学发展观、群众路线、“三严三实”、“两学一做”、“不忘初心、牢记使命”等主题实践教育活动中，始终与中共中央保持高度一致，增强“四个意识”，坚定“四个自信”，做到“两个维护”；充分发挥专门协商机构作用，创新协商方式，完善协商程序，健全协商机制，使全体会议总体协商、常委会会议专题协商、主席会议重点协商等机制化、规范化，同时立足实际探索完善对口协商、界别协商、座谈协商、联动协商等有效形式，不断增强协商效果；充分发挥调查研究建言资政作用，围绕党委政府确定的中心工作和人民群众关心的民生热点和实事，结合视察考察，开展专题调研，为党委决策、政府施政提供参谋服务，成为党委政府的重要助手；充分发挥委员的主体作用，以乡镇联络组、工作组、活动组为抓手，组织开展卓有成效的视察、调研、撰写提案、社情民意以及政协组织的各项活动，委员们立足一岗双责，履职尽责，主动作为，展示了一代代委员为抚宁发展建功立业、为抚宁和谐稳定出力助力的良好风采；充分发挥政协党组把方向、管大局、抓落实的作用，切实加强政协党组、机关党组、机关支部思想建设、政治建设、组织建设、作风建设、纪律建设和廉洁建设，严格落实全面从严治党主体责任和一岗双责，严格执行民主集中制和各种党纪、规章，严格落实“八项规定”及其实施细则，全面加强政协系统党的建设。

2021 年是党和国家历史上具有里程碑意义的一年，是“十四五”规划的开局之年，也是全面建设社会主义现代化国家的启航之年。2021 年 7 月，根据省市委安排，抚宁区政协胜利完成换届工作。三届区政协已接过二届区政协的接力棒，全面贯彻落实中共十九大以及十九届二中、三中、四中、五中、六中全会精神，按照三届区委的要求，围绕贯彻区三次党代会精神，正以饱满的热情、奋进的姿态、有为的担当，为建设“实力、活力、美丽、绿色、文明、幸福、平安”新抚宁而踔厉奋发，笃行奋斗，继续书写抚宁政协更加灿烂的篇章！

大　事　记

1982 年

2 月 12—14 日，中国人民政治协商会议抚宁县第一届委员会第一次会议在县城召开，应出席会议委员 63 名，实到 59 名。会议选举胡顺为县政协主席，姚恩惠、刘志成、黑俊义、赵振基、刘伯华为副主席，选举常务委员 15 名。

2 月 14 日，县政协召开第一次主席会议和一届一次常委会会议。协商通过副主席名次排列，主席、副主席工作分工；拟定工作组简则、办公制度、工作组划分及组长人选；建立学习委员会；决定成立科学技术、文化教育、医药卫生、综合 4 个工作组。

是月，县政协在县城东大街 9 号（县委对门）办公。

3 月 25 日，经县委批准，县政协建立党组，胡顺任党组书记。

4 月 2 日，经县委批准，县政协建立机关党支部。

5 月 12 日，县政协召开各界人士座谈会，学习讨论《中华人民共和国宪法修改草案》。

6 月 10—16 日，县政协一届二次会议在县城召开，应出席会议委员 63 名，实到 47 名。

9 月 24 日，县政协和县委统战部联合举行中秋节台属座谈会，县政协主席胡顺出席并讲话。

10 月 26—27 日，县政协召开农艺师、兽医师、工程师参加的农业科技人员献计献策座谈会。

11 月 1—2 日，县政协召开工业系统委员并邀请工程师、助理工程师参加的以“如何加快抚宁县工业发展，实现翻两番”为题的座谈会。会上提出 27 条意见和建议。

11 月 9 日，县政协建立组织联络科、宣传教育科，1988 年 12 月撤销。

11 月，县政协、县人大组织 21 名政协委员、人大代表视察全县教育工作。

12 月 21 日，县政协苏兰茹委员参加河北省各界人士为“四化”服务经验交流大会，并介绍经验。

1983 年

1 月 21 日，县政协在县政府四楼会议室举行春节茶话会，43 名各界人士代表参加会议。县政协主席胡顺向与会人员介绍 1982 年全县各条战线工作成就。

3 月 20—26 日，县政协一届三次会议在县城召开，应出席会议委员 69 名，实到 59 名。

5 月 18 日，县政协、县经委联合召开工建交系统 53 名知识分子参加的座谈会，县委副书记、县人大常委会主任潘汝耕，副县长兼县经委主任阎玉琢，县政协副主席刘志成出席并讲话。与会人员就落实知识分子政策、繁荣科技事业、促进经济发展提出 17 个方面的意见和建议。

7 月 18—20 日，县政协召开全体委员学习会，参观考察秦皇岛市有关企业、北戴河海滨旅游业发展情况，听取县委副书记、县人大常委会主任潘汝耕，县政协主席胡顺和副主席刘志成讲话。

7 月 25 日，河北省政协副主席陆志国、秦皇岛市政协主席赵衡来抚宁县政协指导工作。县委副书记、县人大常委会主任潘汝耕，县政协副主席刘志成等接待。

8 月 20 日，河北省政协副主席徐瑞林一行 3 人到抚宁县政协指导工作。县政协主席胡顺、副主席刘志成，办公室主任董国贤汇报工作。

9 月 21 日，县政协迁至察院口 3 号（县经委院内）办公。

10 月 28—30 日，县政协在县城召开一届四次会议，应出席会议委员 68 名，实到 68 名。

12 月 26 日，县委书记、县政协主席胡顺主持召开县政协一届十一次常委会会议，研究县委关于县政协机构改革问题，经协商同意刘惠廷等 9 人为县政协新领导班子成员（待提请县政协二届一次会议选举产生）。

是年，县政协、县委统战部为在历次运动中受到错误处理的 11 名政协委员落实政策。

1984 年

1 月 3 日，刘惠廷任县政协党组书记。

1 月 26 日，县政协与县委统战部联合举行全县各条战线代表和各界知名人士参加的迎春座谈会，县委书记胡顺向与会人员介绍全县 1983 年所取得的成绩。

2 月 18 日，县政协邀请各界知名人士参加茶话会，为县政协征集文史资料献计献策，举人荐才。县政协党组副书记赵国栋、县政协副主席刘伯华分别就文史资料征集工作讲话。

2 月 20 日，县政协与县经委联合举行工建交系统工程技术人员献计献策座谈会。与会人员对全县经济建设、机构设置、落实知识分子政策 3 个方面提出 16 条建议。代理县长王世祥出席并讲话。

3 月，县政协以“建议和意见”的形式，向县政府提交了开创农业生产新局面、建立综合贸易信息服务公司和支持县联社体制改革的建议。

4 月 10 日，县政协创办的《抚宁文史资料》印发第 1 期。

5 月 25—31 日，县政协二届一次会议在县城召开，应出席会议委员 73 名，实到 69 名。会议选举刘惠廷为县政协主席，赵国栋、刘志成、赵振基、李广明、刘伯华、杜志仁、王匡时、刘玉洁（女）为副主席，选举常务委员 23 名。

6 月 5 日，县政协迁至县政府礼堂前二楼办公；9 月，迁入县人大、县政协办公楼楼办公（县城东街，县委院对门）。

8 月 24 日，县政协召开二届三次主席会议，传达胡耀邦同志视察抚宁县的指示和县委贯彻落实意见。

9 月 23 日，市政协副主席赵铭到抚宁调研，并召开工商界代表人士座谈会。

1984 年 10 月—1985 年 7 月，县政协机关开展整党活动。

1985 年

2 月 1 日，县政协召开二届四次常委会会议，学习《中共中央、国务院关于进一步活跃农村经济的十项政策》，传达习仲勋等中央领导在中央统战部、全国政协召开的沿海开放城市和经济特区统战、政协工作座谈会议上的讲话。

2月7日，县政协、县委统战部、县委对台办公室联合举行有56名各界人士代表参加的迎春茶话会。县委副书记李运午介绍1984年全县各条战线工作成就。

3月15日，县委召开全县统战、政协工作会议。县政协主席刘惠廷传达上级会议精神，县委副书记侯金来在会议上讲话。

4月22—24日，县政协二届二次会议在县城召开，应出席会议委员107名，实到91名。

8月27日，省政协副主席杜竞一到抚宁县视察，县领导王世祥、李运午、刘惠廷等接待。

8月30日，县政协与县委统战部联合举办教师代表座谈会，庆祝第一个教师节，与会的17位代表就全县的教育体制、教学方法改革等方面提出意见和建议。

9月4—8日，县政协副主席李广明参加省政协召开的提案工作经验交流会议，并在会上作了题为《我们把办理和落实委员提案工作作为政协一项重要工作来抓》的发言。

9月19日，市政协副主席李雨时到县政协视察，县政协主席刘惠廷等接待。

9月27日，县政协、县委统战部、县委对台办公室联合举行有24名台属代表参加的“迎中秋、庆国庆”座谈会。县委副书记侯金来到会讲话。

12月15日，县政协副主席李广明出席市政协召开的政协工作经验交流会，并在会议上介绍了《充分发挥工作组作用，进一步活跃政协工作》的经验。

12月16日，县政协主席刘惠廷率县政协委员和各界人士代表17人参加秦皇岛市“各界人士为改革开放服务经验交流会”，王景曜、杜志仁、倪倩华、郑庆魁、潘义川在会上发言。

1986年

1月25日，县政协主席刘惠廷、副主席赵国栋，统战部副部长马山林向县委常委会汇报统战、政协工作情况。县委常委会会议就改善和加强对统战政协工作提出6点意见。

2月17日，秦皇岛市政协《情况通报》刊登《抚宁县委提出加强统战、政协工作领导的措施》。

2月20日，《河北政协通讯》第一期刊登《使政治协商、民主监督走向经常化、制度化——抚宁县委、县政府提出十项措施》。

3月20—22日，县政协二届三次会议在县城召开，应出席会议委员109名，实到94名。会议先于县八届人大三次会议4天召开，并扩大列席人员范围。

6月19日，河北省政协副秘书长曾昭余等在秦皇岛市政协秘书长于广渤等陪同下，到县政协调研，听取县政协副主席赵国栋、刘志成、李广明工作汇报。

6月30日，《河北政协通讯》第4期刊登《政协抚宁县委员会为充分发挥民主，把政协全会开在人代会之前》一文。

7月26日，市委统战部部长赵瑞新到抚宁县政协检查工作，县政协副主席刘志成、赵振基接待并汇报工作。

10月，县政协组织医药卫生界委员开展医疗咨询服务活动。县政协副主席赵振基、刘玉洁带领8名主治医生到大新寨区进行为期7天的医疗服务，接治各类患者340多人次，并举办医学讲座3次。

12月30日，县政协被省政协确定为与省政协建立大事快报制度单位。

1987年

1月27日，县政协举行迎新春座谈会，县委书记张力，副书记李运午、侯金来，县委常委、宣传部部长苏洪珊出席并讲话。

3月10日，《河北政协通讯》第2期刊登县政协《重视和支持政协工作的县委书记》一文。

4月11日，县政协召开二届十四次常委会会议，协商讨论建立政协区（镇）联络组。

4月17—20日，县政协三届一次会议在县城召开，应出席会议委员130名，实到107名。会议选举张浩成为县政协主席，赵国栋、赵振基、李广明、杜志仁、王匡时、刘玉洁（女）为副主席，选举常务委员16名。

4月27日，县政协三届一次常委会会议讨论协商县第九届人大常委会和“一府两院”组成人员候选人；讨论通过《区（镇）政协联络组工作试行条例》，并报请县委批转。县委书记张力，县委常委、组织部部长邸有出席会议。

5月14日，县政协召开第一次政协联络组组长会议。

5月15日，经县委研究决定，调整县政协党组，张浩成任党组书记。

7月20日，抚宁县政协《关于建立区（镇）政协联络组情况的报告》被市政协转发。

8月21日，县委在政协召开座谈会，商讨加强政治协商和民主监督的意见。县委书记张力，副书记李运午，县政协主席张浩成，常务副县长傅春奎，县政协副主席杜志仁出席，县直有关部、委、办、局的负责人参加会议。会议议定县委在决策重大问题前委托县政协进行调查研究，提出意见和建议。

9月30日，政协全国委员会研究室《工作通讯》第5期刊登河北省政协总结基层政协改革全会召开办法的经验，肯定抚宁县政协全委会先于县人代会召开的做法。

12月9日，县政协常委、县文化馆副馆长郑庆魁出席河北省第三次各界人士为两个文明建设服务经验交流会议。

12月29日，抚宁县统战理论研究会成立，县政协副主席赵国栋、赵振基、杜志仁被聘为顾问。

是年，县政协委员郑庆魁、潘义川、郭志满、聂庆平被市委、市政府授予“劳动模范”称号。

1988年

1月25日，县政协主席张浩成，副主席杜志仁和城内19名政协委员参加县政府召开的协商座谈会。听取县政府1987年工作总结和1988年工作设想。

2月7—9日，县政协三届二次会议在县城召开，应出席会议委员130名，实到112名。会议选举黄润忠为县政协秘书长。

4月28日，县委召开协商会议，邀请县政协部分委员和县人大代表商讨《关于组织实施沿海地区经济发展战略的意见》。与会县政协委员提出73条意见和建议。

5月12日，县委书记菅瑞亭、县政协主席张浩成、县政府常务副县长傅春奎为落实县政协关于解决徐山口小学危房的建议，带领县文教局、财政局负责人到杜庄乡研究解决办法。

5月10日—6月30日，县政协机关开展“端正党风，做合格党员”大讨论活动。

7月19—20日，县政协召开三届六次常委会会议，协商讨论县政府关于《抚宁县发展外向型经济规划纲要的实施方案》，审议通过县政协《关于发展林业生产的几点建议》等事宜。

7月25日，抚宁县海外联谊会成立。侯金来、傅春奎、单明礼任名誉会长，赵国栋、李其成、赵振基任顾问，马山林任会长，有关方面21人组成理事会。

10月，县政协组织医药卫生界委员开展医疗咨询服务活动。县政协副主席赵振基、刘玉洁带领杜忠、赵寿山、魏朝君、惠雅雯、李景尧等县内名医到台营区开展医疗咨询服务，接治各类患者217人次；为当地医务人员讲授肝炎的预防、诊断和治疗；为台营光荣院的老人检查身体。

11月15—16日，市政协主席赵铭、秘书长于广渤到抚宁检查工作，先后到海阳、留守营、城关等区（镇），听取政协联络组汇报。县政协主席张浩成、副主席赵国栋陪同。

12月19日，抚宁县召开第二届归国华侨联合代表大会。大会选举产生新一届侨联委员会，蔡东权任主席，李兰英任副主席，韩际春、杨玉梅、杨国顺为委员。

12月，县政协设立宣教文卫联络科、经济技术联络科、社会法治联络科。

1989年

3月2—5日，县政协三届三次会议在县城召开，应出席会议委员139名，实到93名。

5月25日，市政协副主席谭伯宇带领市政协农业工作组一行14人来抚宁考察洋河灌渠、桃孟干渠水利工程。县政府副县长陈才、县政协副主席李广明陪同。

8月21日，县委、县政府召开部分政协委员和县人大代表参加的座谈会，听取对县委、县政府廉政建设方面的意见。县委书记菅瑞亭主持会议，县政协副主席刘玉洁及10名委员参加会议。

11月13日，县政协三届十三次常委会（扩大）会议协商讨论县委、县政府《关于进一步完善家庭联产承包责任制情况的意见》，县委书记菅瑞亭到会听取意见。

1990年

2月17日，县委召开各界人士座谈会，学习中共中央《关于坚持和完善中国共产党领导的多党合作和政治协商制度的意见》。县政协主席张浩成主持会议，县委副书记侯金来，县委常委、宣传部部长苏洪珊，县政协副主席赵振基、刘玉洁出席。

4 月 13—16 日，县政协四届一次会议和全县统战政协工作会议在县城召开，应出席会议委员 158 名，实到 135 名。会议选举傅振东为县政协主席，白润泉、杜志仁、王匡时、李瑞林、李成岩、郑庆魁为副主席，张九龄为秘书长，选举常务委员 25 名。

4 月 23 日，县委研究决定，调整县政协党组，傅振东任党组书记。

4 月 27 日，县政协召开四届一次常委会会议。会议协商县委提出的县人大和“一府两院”组成人员候选人。

6 月 12—15 日，县政协主席傅振东等参加市政协在北戴河召开的政协工作会议。县政协副主席白润泉介绍县政协提高协商、监督质量的做法。离任主席张浩成介绍做好政协工作的体会。

11 月 5 日，县政协、县委统战部、县委宣传部联合举行“抚宁县统一战线、人民政协理论政策知识竞赛”。赛后组成抚宁县代表队于 13 日参加全市的统战政协理论政策知识竞赛。抚宁县代表队在全市 17 个代表队的角逐中荣登榜首。

11 月 27 日，县政协召开四届四次常委会会议。会议审议通过《政协抚宁县委员会关于进一步加强中小学德育工作的建议》《政协抚宁县委员会关于政协联络组工作试行条例的（讨论稿）》；传达市政协关于各级政协协助党委纠正行业不正之风的部署。

是年，县政协被县委、县政府评为文明单位。

1991 年

1 月 17 日，县政协四届五次常委会会议协商讨论《抚宁县国民经济和社会发展第八个五年计划及十年规划草案》。

4 月 2—6 日，全县统战政协工作会议和县政协四届二次会议合并在县城召开，应出席会议委员 164 名，实到 162 名。会议补选王向春为县政协秘书长。

7 月 9 日，县政协四届八次常委会（扩大）会议协商《抚宁县农村宅基地和村内空闲地有偿使用的实施方案》《抚宁县农村宅基地和空闲地有偿使用试行办法》，提出 22 条意见和建议。

7 月 12—14 日，县委副书记侯金来、县政协主席傅振东参加中共河北省委召开的全省政协工作会议。侯金来在会上作题为《加强和改善对政协工作的领导，充分发挥政协主要职能作用》的发言。

11 月 6 日，县政协召开四届九次常委会（扩大）会议，商讨《关于农村社会化服务的调查报告》《关于减轻农民负担的几点建议》；通过《政协抚宁县委员会提案工作试行条例》《关于表彰奖励优秀政协提案和提案办理先进单位、先进个人的暂行办法》《政协抚宁县委员会关于为经济建设服务的意见》。

11 月 29 日，县委召开全县政协工作会议，传达《中共抚宁县委关于切实加强政协工作的决定》。县委书记菅瑞亭和县长骆志强分别代表县委和县政府讲话。

是年，《抚宁文史资料》第一辑印刷出版。

是年，县政协被县委、县政府评为文明单位。

1992 年

2 月 23—25 日，县政协四届三次会议在县城召开，应出席会议委员 165 名，实到 151 名。

4 月 20 日，市政协副主席谭伯宇带领部分市政协委员考察抚宁县农村社会化服务体系建设，县政府副县长陈才、县政协副主席杜志仁等陪同。

6 月 8 日，县委、县政府、县政协联合召开第一次政协提案交办和提案办理先进单位表彰会，县委农工部、县政府办、县民政局、县环保局受到表彰，县委副书记侯金来、常务副县长杜彦祥、县政协副主席白润泉出席会议。

10 月 23 日，县政协召开四届十三次常委会（扩大）会议，决定将县政协《关于进一步加强全县农村社会化服务工作的建议（草案）》送交县委。

12 月 23 日，以省政协副主席、省民建主委余振中为团长，省民进主委刘振华为副团长的驻河北省全国政协委员一行 8 人来抚宁县视察，听取县委书记訾瑞亭关于全县改革开放情况的汇报，县委常委、县旅游局局长聂春友关于南戴河海滨开发建设情况的汇报。参观南戴河二小区开发情况和信峰造纸厂、京岛汽车改装厂的生产经营情况。

是年，县政协被县委、县政府评为文明单位。

1993 年

2 月 15—18 日，县政协五届一次会议在县城召开。应出席委员 156 名，实到 125 名。会议选举苏洪珊为县政协主席，顾昌和、李成岩、郑庆魁为副主席，王向春为秘书长，选举常务委员 22 名。

3 月 10 日，经县委研究决定，调整县政协党组，苏洪珊任党组书记。

4 月 12 日—5 月 12 日，县政协主席苏洪珊、副主席顾昌和带队，会同县物价局组成 10 人调查组，深入 6 个乡镇、9 个行政村、17 个县直单位，就农民负担中的社会收费、摊派、罚款情况进行专题调查，并向县委、县政府提出关于减轻农民收费的几点建议。

7 月 12 日，县政协召开五届三次常委会会议，协商讨论《抚宁县住房制度改革实施方案》，并提出修改补充意见；讨论通过县政协《关于农业如何走向市场经济的建议》。

11 月 11 日，县委召开政协工作会议，县委、县政府、县政协领导出席会议。乡镇党委书记，主管统战、政协工作的副书记、宣传部部长，县直单位一把手，县政协常委、联络组组长，共 180 多人参加会议。县委书记訾瑞亭、常务副县长郁和平、县政协主席苏洪珊分别讲话。

12 月 18 日，县政协召开五届五次常委会会议，听取县政府关于“分税制”改革情况的通报，协商讨论《抚宁县奔小康规划（讨论稿）》，并提出意见和建议。

12月25日，县政协在机关三楼会议室召开纪念毛泽东诞辰100周年座谈会。历届县政协主席、离退休老干部，部分政协常委和机关各科室负责人参加会议。

是年，县政协被县委、县政府评为文明单位。

1994年

1月13日，县政协召开协商座谈会，协商讨论《中共抚宁县委关于强化改革扩大开放加快发展的实施意见（讨论稿）》。县委书记菅瑞亭到会并讲话。

2月，《抚宁文史资料》第二辑印刷出版。

3月8—11日，县政协五届二次会议在县城召开，应出席会议委员159名，实到124名。会议补选陈庆昆为县政协秘书长，增选常务委员3名。

4月1日，县政协召开五届七次常委会会议，会议就全县引进外资工作进行协商讨论。听取关于南戴河开发建设情况的通报。就加快南戴河开发建设进行讨论协商，提出具体意见和建议。

7月28日，县政协主席苏洪珊带队视察曹东庄乡“两高一优”（高产、高效、优质）农业，向县委提交《关于曹东庄乡发展“两高一优”农业的考察报告》，提出全县发展“两高一优”农业中的思路和做法。

9月，县政协召开私营企业家代表和个体经济者代表座谈会，根据座谈会的呼声、反映，县政协进行进一步调查后，召开五届九次常委会会议，提出《关于加快发展个体私营经济的建议》，并送交县委、县政府。

9—12月，县政协主席苏洪珊牵头的调查组，对全县推行股份合作制情况进行调查，并到外地进行学习考察，提出《关于在全县乡镇企业中推行股份合作制的建议》，并向县委常委会作专题汇报。

是年，县政协被县委、县政府评为文明单位。

1995年

3月15—17日，县政协五届三次会议在县城召开，应出席会议委员161名，实到134名。

3月28日，县政协召开五届二十三次主席会议，研究议定把农村实行土地流转机制和教育工作列为年度重点调研课题。

4月，为加强对青少年的爱国主义教育，县政协组织委员深入全县部分中小学校进行视察调研，提出《关于进一步贯彻落实〈爱国主义教育实施纲要〉的意见和建议》。

4月14日，市政协副主席骆志强带领部分市政协委员和市民政局等有关部门负责人到抚宁县考察扶贫工作。县政协主席苏洪珊等陪同。

4月18日，市政协副主席赖在抗、原副主席孙学海带领市政协教育界委员一行12人到抚宁县视察《爱国主义教育实施纲要》贯彻落实情况。县政协主席苏洪珊等陪同。

5月，县政协对石门寨、留守营等8个乡镇13个村的农林牧渔股份合作制情况进行调查，向县委、县政府提交《关于农林牧渔股份合作制情况的调查的建议》。

8月13日，省政协主席李文珊一行5人在市政协主席朱桂英陪同下，视察抚宁县西河南乡朝鲜族村。县政协主席苏洪珊等接待。

9月27日，县政协召开五届十五次常委会会议，讨论通过《政协抚宁县委员会关于政治协商、民主监督、参政议政的实施办法》。

是年，县政协被县委、县政府评为文明单位。

1996年

3月20—22日，县政协五届四次会议在县城召开，应出席会议委员161名，实到129名。会议增选侯玉璋为县政协副主席，增选常务委员4名。

3月，在县政协五届四次会议上，与会委员协商讨论《抚宁县国民经济和社会发展“九五”计划及2010年长远规划（草案）》，并提出意见和建议。

6月10—13日，县政协和县人大联合组织人大代表和政协委员对全县环保工作进行视察。县政协主席苏洪珊任团长，县人大常委会副主任彭景春、副县长李开江、县政协副主席侯玉璋等参加视察。

6月14日，县政协召开五届二十次常委会（扩大）会议，讨论全县农林业科技队伍建设问题，并向县政府提交《关于加强县乡（镇）村农林业科技队伍建设的建议》。

7月2日，县政协五届五次会议在县城召开，应出席会议委员163名，实到130名。会议表彰19名在两个文明建设中作出突出贡献的政协委员，增选杨雨顺为县政协副主席。

10月25日，县政协五届二十一次常委会（扩大）会议讨论全县小康建设问题，向县委、县政府提交《关于加强乡镇小康建设的建议》。

11月，县政协与县人大联合视察全县文化事业发展情况，向县委提交《关于视察全县文化事业发展情况的报告》，就解决全县文化事业发展中的主要问题提出意见和建议。

是年，《抚宁文史资料》第三辑印刷出版。

是年，县政协被县委、县政府评为文明单位。

1997年

2月23—25日，县政协五届六次会议在县城召开，应出席会议委员156名，实到115名。政协委员以收看中央电视台实况转播、召开座谈会等形式，悼念邓小平同志，缅怀其丰功伟绩。

4月28日，县政协召开五届二十四次常委会会议，认真学习江泽民同志在中纪委八次会议上的重要讲话；协商讨论县政协与县委宣传部关于精神文明建设的调研工作。在深入调研基础上，向县委提交《关于加强全县精神文明建设的几点建议》。

5月1日，县政协、县人大办公楼开工建设，次年4月13日竣工，建筑面积4151平方米。地址：金山大街2号（县政府院内）。5月，县政协搬入新址办公。

6月24日，县政协召开各界人士喜迎香港回归座谈会。县政协副主席侯玉璋报告香港回归的历史过程，县政协主席苏洪珊发表讲话。

是年，县政协组织机关全体干部职工系统学习“建设中国特色社会主义理论”。

是年，县政协被县委、县政府评为文明单位。

1998年

2月14—18日，县政协六届一次会议在县城召开，应出席会议委员144人，实到129人。会议选举苏洪珊为县政协主席，侯玉璋、杨雨顺、李成岩、李占义、肖明地为副主席，陈庆昆为秘书长，选举常务委员32名。

4月30日，县政协组织召开非公有制经济代表人士座谈会。县政协主席苏洪珊主持会议，县政协副主席侯玉璋、李成岩、李占义出席，县委书记田永生、县长邢留逮到会听取发言并讲话。20多位非公有制经济代表人士应邀参加会议，就全县非公有制经济发展提出意见和建议。

5月26—27日，县政协在机关三楼会议室举办县六届政协新委员学习班，59名新委员参加学习培训。

6月30日，县政协召开六届二次常委会会议，审议通过《政协抚宁县委员会关于进一步稳定完善农村土地、果树承包责任制的建议》；协商通过《政协抚宁县委员会关于在委员中继续开展为“两个文明”建设做贡献活动的通知》和《政协抚宁县委员会关于进一步推行委员社情民意反映卡制度的意见》。

7月21日，县政协组织部分驻抚宁的市政协委员视察南戴河旅游开发区，对南戴河旅游开发工作提出建议。

1999年

2月，《抚宁文史资料》第四辑印刷出版。

3月4—6日，县政协六届二次会议在县城召开，应出席会议委员154名，实到148名。

6月25日，县政协六届八次常委会会议召开。会议分别听取县公安局、县检察院、县法院、县司法局的工作汇报，就政法部门发挥职能作用、加强隐蔽战线对敌斗争、严厉打击刑事犯罪活动、深入开展反腐败斗争、实行社会治安综合治理、提高政法队伍素质等方面进行协商讨论，并提出具体意见和建议。

9月20日，县政协在抚宁会堂召开纪念人民政协成立50周年大会。县政协主席苏洪珊回顾人民政协50年来的光辉历程，总结县政协成立17年的主要工作。县委书记田永生到会讲话。

10月13日，县政协召开六届九次常委会会议，会议围绕人民政协的性质、地位、职能和发展历程，进行专题理论研讨。这次会议既是纪念人民政协成立50周年的一项重要内容，也是县政协成立以来开展的首次政协理论研讨活动。

12月10日，县政协举行迎澳门回归报告会。

是年，县政协被河北省政协评为宣传工作先进单位。

2000年

2月15—17日，县政协六届三次会议在县城召开，应出席会议委员156名，实到132名。会议确认王素霞为县政协秘书长，增补常务委员1名。

3月中旬—5月中旬，按照县委的安排，在县政协领导班子和领导干部中开展“讲学习、讲政治、讲正气”的“三讲”教育活动。

6月14日，县政协召开六届十二次常委会会议。会议按照全省政协工作会议精神和“三讲”教育要求，就加强党对政协工作的领导，履行主要职能的规范化、制度化等进行协商。会议同时学习《中共河北省委关于进一步做好跨世纪人民政协工作的决定》、《中共抚宁县委关于加强政治协商、民主监督和参政议政的若干规定》（征求意见稿）；印发《抚宁县政协领导班子党性党风问题整改方案》。

9月7日，县政协召开六届十三次常委会会议。会议就《抚宁县国民经济和社会发展“十五”计划和2010年远景规划》进行协商。县政府县长邢留建、常务副县长卢守杰和有关部门负责人应邀出席会议。

10月25日，县委召开全县政协工作会议。县委书记田永生，县政协主席苏洪珊，县委常委、常务副县长卢守杰分别在会议上讲话。

12月，《抚宁文史资料》第五辑印刷出版。

是年，县政协被县委、县政府评为文明单位。

2001年

1月15—17日，县政协六届四次会议在县城召开，应出席会议委员159名，实到132名。

2—10月，按照县委的部署，在县政协领导班子和机关各科室开展“三个代表”重要思想学习教育活动。

6月7日，县政协召开六届十六次常委会会议，就全县加大招商引资力度，营造良好的招商环境，发挥现有外商投资企业辐射带动作用，确保招商引资有利于县域经济发展等问题进行民主协商。县政府副县长吕若军应邀参加会议。

9月5日，县政协召开六届十七次常委会会议，对《关于加快全县农业产业结构调整步伐的建议》进行讨论协商。

10月19日，县政协在县政府招待所会议室召开各界人士为两个文明建设作贡献经验交流暨表彰大会。县委书记田永生，县政协主席苏洪珊，县委副书记刘平，县委常委、常务副县长卢守杰等领导出席会议。

是年，县政协在全省政协系统新闻宣传工作中荣获三等奖。

是年，县政协被县委、县政府评为文明单位。

2002 年

3 月，县委研究决定，王连成任县政协党组书记。

3 月 12—14 日，县政协六届五次会议在县城召开，应出席会议委员 164 名，实到 158 名。会议补选王连成为县政协主席，陆志飞、李志佳、张宝森为副主席。

4 月，根据县、乡镇机构改革实施意见，经县委研究撤销政协乡镇联络组。

5 月，经县政协主席会议研究，启动《抚宁长城》画册摄影工作。

6 月 13 日，县政协主席王连成、副主席李占义带领部分委员视察祖山森林公园进山路抚宁段，副县长肖明地陪同。

6 月 19 日，县政协召开六届二十次常委会会议，讨论协商全县农村税费改革情况，向县委、县政府提出改革建议。

是年，县政协获省政协文史资料工作二等奖。

是年，县政协被县委、县政府评为文明单位。

2003 年

3 月 13—16 日，县政协七届一次会议在县城召开，应出席会议委员 160 名，实到 160 名。会议选举王连成为县政协主席，李占义、李志佳、陆志飞、刘树林、高金峰为副主席，刘秀才为秘书长，选举常务委员 31 名。

5 月 13 日，县政协召开七届二次主席会议，县政协医药卫生工作组的全体委员应邀出席会议。会议听取县政府副县长吕若军关于全县“非典”肺炎综合防治工作情况的汇报，委员们就有关问题提出意见和建议。

7 月 3 日，县政协学习文史资料委员会召开会议，商定用 3～4 年时间编辑出版《抚宁长城》一书，全方位展示抚宁长城风貌，促进长城资源保护、开发利用、服务于全县经济建设。

9 月 23 日，县政协召开七届一次常委会会议，审议通过《政协抚宁县委员会常务委员会议事规则》《关于加强全县社会治安综合治理工作的意见和建议》。

12 月 9 日，在中共秦皇岛市委召开的全市各界人士为全面建设小康社会作贡献表彰大会上，县政协常委、县交通局副局长李维宝，县政协常委、县房地产开发公司总经理傅仁华，县政协海外联谊组组长、县教育局教研室副主任张进明，县政协委员、县中医院副院长赵永红，县政协委员、京东调味品厂厂长尹秀清等 5 人受到市委表彰。

是年，县政协被县委、县政府评为文明单位。

是年，县政协被市委、市政府评为文明单位。

2004 年

2 月 11—12 日，县政协七届二次会议在县城召开，应出席会议委员 176 名，实到 173 名。

3 月 5 日，县政协医疗卫生工作组委员到台营镇开展义诊活动，发放宣传单 1200 多份，免费诊疗 300 人次，免费提供价值 2000 多元的药品。

3 月 8 日，县委、县政府、县政协印发《关于表彰提案承办先进单位的通报》，对县委组织部、县教育局、县建设局、县交通局、县财政局、县文体局 6 个承办单位予以表彰。

4 月 8—9 日，市政协副主席冯国华到抚宁县对农民增收问题进行专题调研。县政协主席王连成、县政府副县长杨志有及有关部门负责人陪同。

4 月 21 日，市政协副主席霍兴文带领市政协委员到抚宁县调研农村医疗卫生情况。县政协主席王连成、副主席李占义等陪同。

5 月 13 日，县政协主席王连成，副主席李占义、刘树林、高金峰和部分政协委员对关于拆除大礼堂及解决一小学生上放学出入难建议的提案进行重点跟踪督办。

7 月 9 日，县政协主席王连成、副主席刘树林同部分政协委员跟踪督办《对当前全县蔬菜产业发展的几点建议》提案办理情况。

7 月 28 日，市政协副主席、统战部部长苏斐华，市黄埔同学会会长尹明铮一行，在县政协副主席、统战部部长李志佳等陪同下，看望台胞张维桢先生。

8 月 21 日，胡锦涛同志对抚宁县石门寨镇英武山村党支部书记、县政协委员李家庚的先进事迹作出批示："李家庚同志的事迹十分感人，他是千千万万农村基层干部的优秀代表。"

8 月 21 日，省政协副主席王建忠到董家口长城和板厂峪长城砖窑遗址进行视察调研，对抚宁县保护开发长城旅游资源，大力发展绿色旅游、环保旅游给予充分肯定。

9 月 9 日，县政协召开七届三次常委会会议，协商决定对优秀政协委员李家庚进行表彰并号召向李家庚学习。

是年，县政协被市政府评为 2002—2003 年度文明单位。

2005 年

1 月 25—26 日，县政协七届三次会议在县城召开，应出席会议委员 187 名，实到 179 名。

2 月上旬—6 月中旬，县政协开展保持共产党员先进性教育活动。

3 月 5 日，县政协举行先进事迹报告会，邀请县政协委员、石门寨镇英武山村党支部书记李家庚，县政协委员、驻操营镇龙泉庄党支部书记温守文作先进事迹报告。县政协机关全体人员和部分离退休老干部参加报告会。

3月9日，县政协在开展保持共产党员先进性教育活动中，举行革命传统教育报告会。机关全体党员和县直部分政协委员聆听县政协原主席、离休老干部刘惠廷作革命传统教育报告。

5月23日，在市政协二楼会议室召开《抚宁长城》画册出版座谈会。市政协副主席、秦皇岛海文化研究会会长、市摄影家协会名誉会长高国祥主持会议。《抚宁长城》画册主编、抚宁县政协副主席李占义介绍画册拍摄和编撰情况。中国长城学会副会长兼秘书长董耀会，省政协常委、秦皇岛碣石学会会长李书和，市政协副主席范怀良及市摄影家协会、作家协会、长城学会的领导和专家出席会议。

8月初，县政协组织部分政协委员对县城集中供热供气工程建设情况进行调研，并向县政府提交《关于做好县城集中供热供气工作的建议》。

9月上旬，县政协组织部分委员视察全县畜牧养殖业及疫病防治工作，向县委、县政府提交《关于加快发展农民专业合作经济组织的建议》。

是年，由县政协组织编纂的《抚宁长城》画册出版发行。

2006年

1月17—18日，县政协七届四次会议在县城召开，应出席会议委员190名，实到183名。

3月24日，县政协召开七届六次常委会会议，协商通过《政协抚宁县委员会关于贯彻落实〈中共中央关于加强人民政协工作的意见〉的决定》。

3月，经县委研究决定，县政协七届六次常委会会议协商通过，在全县11个乡镇恢复设立政协联络组，联络组为实职正科级单位。

5月10日，市政协副主席周卫东、李彦良等一行10人到抚宁县调研职业教育发展情况。县政协主席王连成等陪同。

5月19日，县政协七届五次会议在县城召开，应出席会议委员197名，实到181名。会议选举顾昌和为县政协副主席，增选县政协常务委员2名。

7月初，县政协组织部分委员视察北部山区板栗生产和管理情况，就全县板栗产业发展、销售、深加工等问题向县委、县政府提交《关于对全县板栗产业进行视察的情况报告》。

是年，县政协被市委、市政府评为2004—2005年度文明单位标兵。

2007年

5月，县委研究决定，调整县政协党组，顾昌和任党组书记。

5月16—18日，县政协八届一次会议在县城召开，应出席会议委员193名，实到193名。会议选举顾昌和为县政协主席，李志佳、陆志飞、高金峰、李英伟为副主席，刘秀才为秘书长，选举常务委员38名。

6月28日，市政协副主席张士邦到秦皇岛骊骅淀粉股份有限公司调研。市政协秘书长唐家君、县政协主席顾昌和陪同调研。

8月31日，县政协主席顾昌和带领部分委员对全县农产品贮藏加工企业进行视察，并向县委、县政府提交《关于对全县农产品贮藏加工的视察报告》。

9月19日，县政协组织部分政协委员对县城自来水建设与管理工作进行专题调研，并向县政府提交《关于县城自来水建设与管理的调研报告》。

10月，县政协组织部分委员对全县棚室蔬菜园区建设进行专题调研，并向县委、县政府提交《关于加快棚室蔬菜园区建设的意见和建议》。县委书记柴志国，县长李文阁分别对调研报告作出批示，县委转发了县政协的建议。

是年，县政协被县委、县政府评为文明单位。

2008年

3月3—4日，县政协八届二次会议在县城召开，应出席会议委员193名，实到193名。

5月15日，四川省汶川地区发生“5•12”大地震后，县政协委员响应党和政府的号召，向灾区捐款196.29万元，其中政协委员、蔡庄煤矿矿长刘江华捐款100万元。

6月20日，县政协召开八届五次常委会会议，对南戴河旅游区内人造河干流段、洋河口段综合治理情况和相关问题进行协商议政。

11月11日，县政协召开八届六次常委会会议，就国际金融危机影响下的全县经济运行情况和项目建设情况进行专题协商，提出9条适合全县实际的应对危机办法和措施。

12月3日，县政协召开部分委员参加的座谈会，专题就抚宁县文化发展《纲要》进行协商议政，为全县文化事业发展建言献策。

是年，县政协被市委、市政府评为2005—2007年度文明单位标兵。

2009年

2月11—12日，县政协八届三次会议在县城召开，应出席会议委员194名，实到194名，会议补选马利华为县政协副主席。

2月，县政协设立提案工作科。

3月24日，县政协召开乡村旅游发展专题座谈会。县政协主席顾昌和、副主席李志佳和部分政协委员参加，县政府县长助理王立刚和政府办、县旅游局负责人应邀参加会议。会议确定把乡镇旅游情况作为年内重点调研课题之一。

3—7月，在县政协领导班子和党员领导干部、全体委员中深入开展学习实践科学发展观活动。

4月9日，市政协常务副主席田永生、秘书长唐家君到抚宁县政协听取并检查“五个一”活动开展情况。

6月26日，县政协召开八届九次常委会会议，会议根据县政府关于“城镇面貌三年大变样”工作情况的通报，就县城老旧小区改造、集中供热、物流中心建设、污水处理等城市建设问题提出协商意见。

7月，县政协以二次土地调编为契机，就县城总体规划用地布局，提出到2020年末，城市发展应确立“北优”“南拓”“西进”“东控”的发展方向，将县紫金山和洋河作为县城的城中山、城中河来打造，高标准做好城市发展规划，城市建设要突出人文特色等意见和建议。

10月21日，县政协在抚宁一中举办县政协委员捐助2009年度优秀中考生助学金发放仪式。县政协主席顾昌和、捐资委员代表及有关部门的负责人参加。

2010年

1月19—20日，县政协八届四次会议在县城召开，应出席会议委员196名，实到196名。

4月23日，市政协常务副主席田永生、秘书长唐家君等一行8人到抚宁县调研“推进农村建设，促进农民致富”工作。县委副书记石兆旭，县政府副县长杨志有，县政协副主席李志佳、高金峰、李英伟陪同调研。

6月20日，《抚宁名胜》一书出版发行。该书以摄影纪实手法图文并茂地展示抚宁境内的人文自然景观和厚重的历史文化。

10月14日，县政协主席顾昌和、副主席李志佳带领部分政协委员视察全县板栗基地建设情况。副县长杨志有和有关部门负责人陪同。

11月12日，县政协八届十二次常委会会议对全县新型农村社会养老保险试点工作进行重点协商。

12月8日，县政协八届十三次常委会会议就全县“十二五”规划的编制进行专题协商。

是年，县政协组织有关人员编辑出版了抚宁县台胞张维桢先生回忆录《长城那边是故乡》。此书的出版发行进一步增进了家乡人民与台胞之间的感情和了解。

是年，县政协被市政协评为全市政协系统“五个一”活动先进集体。

是年，县政协被秦皇岛市委、市政府评为2008—2009年度文明单位标兵。

2011年

4月7—8日，县政协八届五次会议在县城召开，应出席会议委员201名，实到201名。

6月11日，县政协召开八届十六次常委会会议。会议听取县沿海开放开发工作和食品安全工作情况的汇报，提出加大对企业的扶持力度，抓好项目落地工作，放宽重点项目准入机制，简化审批手续和优化投资环境等建议；对食品安全工作，提出要加强对食品生产、加工、包装、运输、储存、检验和销售各环节的检查等具体建议。

8月，县政协对全县水利基础设施建设情况进行专项调研，对发现的水利设施老化毁损严重、河道堤防抗洪能力差、水利基础设施管理责权不明、水利建设维护资金投入不足等问题提出意见和建议。

8月5日，省政协副主席、省社会科学院院长王刚带领省政协视察团在市领导王亚洲、闻德生，县领导李文阁、顾昌和、黄悦华等陪同下，对抚宁县食品安全工作进行视察调研。

12月14日，县政协主席顾昌和、副主席马利华带领部分政协委员视察县人民医院病房楼改扩建工程建设情况。副县长黄悦华等陪同。

2012年

2月13—16日，县政协九届一次会议在县城召开，应出席会议委员209名，实到209名。会议选举顾昌和为县政协主席，高金峰、李英伟、马利华、赵永红为副主席，刘秀才为秘书长，选举常务委员41名。

3月10—11日，县政协举办第九届政协委员培训班，87名新委员参加培训。

3月14日，县政协召开提案交办会，确定《关于加强紫金山公园管理和使用》《在县城增建一所新小学》《农村需建立规范的生活垃圾处理点》等6件提案为县委、县政府领导重点阅批提案。

5月，县政协组织部分委员和相关人员，对全县蔬菜产业情况进行专题调研，并形成调研报告，提交县委、县政府。

8月15日，市政协副主席闻德生带领调研组到抚宁县调研“以创建国家公共文化服务体系示范区为契机，推进全市公共文化服务提质工程”活动开展情况。县政协主席顾昌和、副主席马利华参加调研，县政府副县长黄悦华汇报活动开展情况。

11月28日，县政协召开九届三次常委会会议，学习中共十八大报告，听取十八大报告专题辅导。各工作组组长、各乡镇活动组和机关科室负责人列席会议。

12月27日，县政协九届二次主席会议专门听取全县粮食储备、流通情况汇报，对对全县粮食生产、粮食储备和流通监管工作提出希望要求。

是年，抚宁县部分地区发生严重洪涝灾害，县政协委员先后帮助疏散转移受灾群众2000余人，补修受毁河坝、道路2000多米，桥梁12座，累计捐款13万元。累计帮扶困难群众135户，帮扶资金116万元。

是年，县政协被市委、市政府评为2010—2011年度文明单位标兵。

2013年

3月29—31日，县政协九届二次会议在县城召开，应出席会议委员219名，实到214名。

5月18日，县政协召开九届五次常委会会议，听取全县基础教育工作汇报，提出加大财政投入、强化师资力量、创新办学模式等建议。

5 月 30 日，县政协组织部分委员对全县生猪产业化发展情况进行视察，并就全县生猪产业化情况与相关企业和部门负责人进行座谈讨论。

6 月 20 日，市政协副主席霍兴文带领部分市政协委员到抚宁县视察与北戴河相邻的近海岸海域环境综合整治工作情况。县委副书记、县长石兆旭，县政协主席顾昌和陪同视察。

6 月，县政协组织部分政协委员和有关科室人员对县北部山区旅游综合开发情况进行专题调研。并向县委、县政府提交《关于加快实施北部山区旅游综合大开发的构想建议》。

9 月 4 日，县政协召开九届六次常委会会议，听取全县城乡一体化建设情况的汇报，提出制定和完善城乡规划和各专项规划、调整产业结构布局、加大园区建设力度、抓好小城镇及配套设施建设等建议。

9 月，县政协副主席马利华带领部分政协委员和相关提案人对《关于促进养老体系的发展，打造中高端养老产业》和《关于建议抚宁县骊城中心幼儿园校门整改》提案进行督办。

10 月 17 日，市政协党组副书记石千峰带领部分市政协委员对抚宁县历史文化旅游资源开发工作进行调研。县政协主席顾昌和、副县长李维宝、县政协副主席马利华等陪同调研。

2014 年

1 月 15 日，县委副书记肖凤利、县政协主席顾昌和到抚宁镇慰问低保户、五保户、优抚对象和老党员。

2 月 19—20 日，县政协九届三次会议在县城召开，应出席会议委员 219 名，实到 192 人。

2—9 月，在县政协机关开展党的群众路线教育实践活动。

5 月 14 日，县政协主席顾昌和带领部分县政协委员视察城区交通安全执法情况。县委常委、副县长关金一陪同。

5 月 22 日，省委党的群众路线教育实践活动第十一督导组组长、省政协原副主席王玉梅一行 6 人，到抚宁县调研指导党的群众路线教育实践活动。县领导赵景阳、石兆旭、肖瑞江、顾昌和、张捍东、冯宝珍、朱永久等陪同。

5 月 27 日，县政协主席顾昌和、副主席李英伟带领部分县政协委员视察全县水利工程建设情况，副县长杨占起陪同。

5 月，县政协以北部山区综合大开发为着力点，组织部分政协委员对乡村旅游发展情况进行视察。

9 月 25 日，县政协主席顾昌和、副主席李英伟带领部分政协委员对全县公路建设情况进行视察。副县长杨占起等陪同。

11 月 11 日，抚宁县召开纪念抗日战争胜利 70 周年暨长城抗战纪念活动策划方案座谈会。县委副书记、县长石兆旭，县委常委、宣传部部长郝炜，县人大常委会副主任吕若军，县政协副主席马利华等出席。中国长城学会副会长、中国文物保护基金会长城保护专项基金管委会主任董耀会应邀出席会议。

是年，在开展党的群众路线教育实践活动中，县政协边整边改，制定完善《抚宁县政协关于改进工作作风密切联系群众的规定》《抚宁县政协关于加强和改进调查研究工作的实施办法》等13项规章制度。

是年，县政协被市委、市政府评为2012—2013年文明单位标兵。

2015年

1月，张岐任县政协党组书记。

1月27—28日，县政协九届四次会议在县城召开，应出席会议委员222名，实到201名。会议补选张岐为县政协主席。

4月17日，县政协召开九届十四次常委会会议，听取重点项目建设情况汇报，就抚宁经济开发区建设和全县经济运行情况进行专题协商。

5月，县政协主席张岐、党组成员付强带领部分政协委员对农业综合开发项目建设情况进行视察。

5月，政协机关开展"三严三实"专题教育活动。

5—8月，县政协组织委员对农村土地流转情况进行专题调研，提出加强政策宣传、依法规范流转程序、以基地建设为抓手、做大做强农业产业化龙头企业等建议。

7月2日，县人大常委会主任肖瑞江、县政协主席张岐带领县人大、政协联合视察组，对全县农产品加工项目进行视察。县人大常委会副主任吕若军、陈尚双，县政协副主席马利华参加。

7月16日，县政协召开九届十五次常委会会议，听取全县"五大"特色主导产业发展情况汇报。提出加快现代农业发展步伐、明确发展思路、科学制定发展规划、提高农业产业化管理水平等建议。

8月，区政协主席张岐、政协提案委及提案人对《关于加大小餐饮综合整治力度的建议》的提案进行跟踪督办，区政府领导黄悦华和有关部门负责人陪同。

11月，区政协组织部分政协委员视察水利基础设施建设情况。对水利工程除险加固、河道垃圾清理、饮水安全、近岸海域环境整治等方面的工作提出意见和建议。

12月29日，中共秦皇岛市抚宁区委发文，抚宁撤县设区后，原政协抚宁县委员会更名为政协秦皇岛市抚宁区委员会，届次从第一届开始。原政协抚宁县第九届委员会委员，资格继续有效，过渡为区政协第一届委员会委员，所属界别不变。原政协抚宁县第九届委员会常务委员会，过渡为政协抚宁区第一届委员会常务委员会，不再进行选举。原政协抚宁县第九届委员会主席、副主席、秘书长和科室负责人职务名称也相应变更，不再重新选举任命。

2016年

2月，在市政协十二届四次全委会议上，区政协提交《关于加快推进抚宁撤县设区后相关遗留问题解决进程的建议》等 7 项提案，得到市委、市政府的高度重视。

4 月，区政协开展“学党章党规、学系列讲话，做合格党员”学习教育活动。

4 月 11—12 日，中国人民政治协商会议秦皇岛市抚宁区第一届委员会第一次会议在抚宁城区召开，应出席会议委员 183 名，实到 177 名。

5 月 5 日，区政协一届一次主席会议针对社会各界普遍关心的新一中、四中、镇中、二小搬迁，初高中资源整合工作，听取专题汇报，提出意见和建议。

6 月 28 日，区政协主席张岐带领部分政协委员对洋河下游城区段治理情况进行视察，对工程进度提出意见和建议。

7 月 27 日，区政协主席张岐、副主席赵永红带领提案委员会部分成员及提案人，对《加快培育电商产业，助推区域经济发展》的提案进行跟踪督办，副区长李维宝和商务局负责人陪同。

8 月 12 日，区政协召开一届二次常委会会议，听取集中整治“双违”专项行动工作开展情况汇报并提出意见和建议。会议协商决定区政协党组成员呼贵礼任区政协第一届委员会秘书长。

8月，区政协组织部分政协委员就事关市区一体、干部群众多年期盼的宁海大道工程建设情况进行专项视察。委员们从确保工程建设质量、筹集建设资金、做好征地拆迁的后续工作、着力打造“最美公路”等 4 个方面提出意见和建议。

11 月 3 日，区政协召开一届三次常委会会议，听取区政府就对接京津冀协同发展情况的通报。

11 月，区政协组织部分委员对京津冀产业园棚户区改造项目与抚宁经济开发区北部工业园区土地收储、建设融资、园区规划、基础设施建设等情况开展专项视察，并提出意见和建议。

是年，区政协被市委、市政府评为 2014—2015 年度文明单位标兵。

2017 年

2 月 24—27 日，区政协二届一次会议在城区召开，应出席会议委员 183 名，实到 183 名。会议选举张岐为区政协主席，王海银、赵永红、徐秋阳为副主席，呼贵礼为秘书长，选举常务委员 36 名。

3 月 30 日，区政协二届一次常委会会议协商通过《关于在委员中开展“三讲三比”主题实践活动的决定》。

4 月，区政协系统深入开展“树牢四个意识、坚定政治立场”“学用党内法规、严守纪律规矩”“强化使命担当、压实治党责任”（简称“三项活动”）的活动。

6 月 27 日，区政协副主席赵永红、徐秋阳，区政协秘书长呼贵礼带领提案成员和提案人，对《进一步推进城市公交运营发展的建议》提案进行重点督办，促进抚宁城区与市主城区一体化工作。

7—11 月，区政协组织部分委员和有关科室人员对城区公共用水情况开展调查，并向区委、区政府提交《关于抚宁城区公共用水情况的调查报告》。

2018 年

1 月 31 日—2 月 1 日，区政协二届二次全委会议在城区召开，应出席会议委员 183 名，实到 183 名。

4 月 13 日，区政协组织部分政协常委及委员视察冰塘峪文化旅游、抽水蓄能电站、抚宁经济开发区北部工业园区等重点项目建设情况。区政协主席张岐，副主席王海银、赵永红、徐秋阳，党组成员付强，秘书长呼贵礼和政府副区长朱志伟等参加视察活动。

5 月 29 日，市政协副主席郑泉带队就“加强企业家队伍建设，培育壮大市场主体”到抚宁进行专题调研。区政协主席张岐、副区长杨为民陪同调研。

9 月 6 日，区政协召开学习习近平总书记关于加强和改进人民政协工作的重要思想理论研讨会。区政协党组班子成员及机关副科级以上干部、各民主党派抚宁支部负责人、区直工作组及乡镇活动组组长参加。

10 月 11 日，区政协召开《关于完善城区公共交通的建议》提案办理工作座谈会。副区长朱志伟及区交通运输局、区城管局、区公安局与交警大队的负责人应邀参加。与会政协委员就城区公交建设，特别是国道 102 线实现通公交目标等问题提出意见和建议。

10 月，区政协主席张岐在秦皇岛市政协十三届七次常委会上作了《抚宁八大沟田园综合体项目的实践探索与思考》的发言。

11 月 12 日，区政协副主席王海银带领部分政协委员视察全区保障安居工程和棚户区改造工程建设情况。

2019 年

1 月 20—21 日，区政协二届三次会议在城区召开，应出席会议委员 188 名，实到 188 名。

5 月 14 日，经区委、区政府同意，区政协主席会议研究决定，自 2019 年 5 月起，启动《抚宁政协志》编纂工作。

5 月 15 日，市政协副主席郑泉带队就“补齐园区建设短板，促进项目建设”课题到抚宁进行专项调研。区政府党组成员、开发区党工委副书记、管委会副主任李刚，区政协副主席王海银，抚宁葡萄酒产业园区主任王立忠，区政协秘书长呼贵礼等陪同调研。

6 月 21 日，区政协副主席徐秋阳参加全市政协系统工作经验交流会，并作了《把加强和改进政协调查研究作为提升履职能力的一项基础性工作》的经验介绍。

8 月 1 日，区政协主席张岐、副主席徐秋阳带领部分政协委员，以视察的方式对《关于加快城市公交综合枢纽建设，建立智慧公交体系的建议》的提案进行跟踪督办。抚宁城区公共交通事业的发展是政协委员始终关注的焦点，区政协连续三年将公共交通方面内容的提案列为重点督办提案。

9 月 18 日，市政协副主席赵方带领部分市政协委员到抚宁北部山区调研山区水资源保护与利用情况。区政协主席张岐，区政府副区长王华，区政协副主席王海银、徐秋阳及区水务局负责人陪同调研。

9 月 20 日，区政协举办庆祝中华人民共和国成立 70 周年暨人民政协成立 70 周年书画展。区委书记孙志川，副书记袁会民，区人大常委会主任肖瑞江，区政协主席张岐，区委常委、组织部部长、统战部部长刘大江，区政协领导王海银、李维宝、赵永红、徐秋阳等区领导出席开幕式并观看书画展。

9 月，区政协副主席徐秋阳在市政协专题协商会上作了《抓好农产品深加工，培育战略品牌》的交流发言。

9—11 月，为全面贯彻落实习近平总书记重要讲话和党中央决策部署，按照省、市、区委的安排，区政协系统深入开展“不忘初心、牢记使命”主题教育实践活动。

11 月 13 日，区政协主席张岐、秘书长呼贵礼参加市政协组织的政协系统党的建设暨学习习近平总书记关于加强和改进人民政协工作理论研讨会。张岐作题为《持续在“加强”和“改进”上下功夫，把政协制度优势转化为治理效能》的发言。

2020 年

1 月 17—18 日，区政协二届四次会议在城区召开，应出席会议委员 186 名，实到 179 名。会议增选李维宝为区政协副主席，补选常务委员 7 名。

2 月 2 日，区政协向全区各级政协组织、政协各参加单位、广大政协委员、政协机关全体干部发出《关于抚宁新型冠状病毒肺炎疫情防控工作的倡议书》，并制定了区政协抗击新冠疫情防控工作实施方案。

2 月 2—26 日，区政协机关干部职工和离退休老干部向奋战在防疫一线的工作人员和武汉慈善总会捐款 5700 元，政协委员捐款 42 万余元，捐物折款 18 万余元。

4 月 14 日，区政协主席张岐、副主席徐秋阳、秘书长呼贵礼带领部分政协委员对全区春耕备耕生产情况进行专项视察。

4 月 28 日，区政协成立开展“聚力量、防疫情、促发展”活动领导小组，区政协主席张岐任组长，副主席王海银、李维宝、赵永红、徐秋阳任副组长。领导小组下设办公室，同时成立宣传、综合、督导三个活动小组。

5 月 19 日，区政协以视频形式召开全区政协系统开展“聚力量、防疫情、促发展”活动动员会，区政协主席、党组书记张岐作动员讲话。

6 月初，区政协主席张岐，副主席王海银、李维宝、赵永红、徐秋阳分别深入华云纸业、凡南彩色包装有限公司、东齐纸制品有限公司和振虹门窗有限公司、小江蔬菜专业合作社等企业进行调研视察，现场协调指导解决疫情中企业遇到的各种问题，督导“聚、防、促”活动的开展。

7 月 17 日，市政协副主席李彪、市政协财经委主任李家才带领市发改委、工信局等市直有关部门、单位负责人以及民革市委、民盟市委、民建市委、民进市委、农工党市委、九三学社市委负责人到抚宁区调研“完善产业链条、打造企业集群，促进全市经济高质量发展”情况，并视察重点项目建设。区委副书记、区政府代区长郭继东，区政协主席张岐，区政府副区长杨为民，区政协副主席徐秋阳等陪同。

9月5日，区委召开政协工作会议，学习贯彻中央和省市委政协工作会议精神。区委书记孙志川发表讲话，区委副书记、代区长郭继东主持会议，区委副书记袁会民解读《区委关于新时代加强和改进人民政协工作的落实措施》，区政协主席张岐传达中央和省市委政协工作会议精神，区人大常委会主任肖瑞江，区委常委、统战部部长朱颖，区委常委、组织部部长刘大江，区政协副主席王海银、李维宝、赵永红、徐秋阳、党组成员付强和秘书长呼贵礼出席会议，区直有关部门负责人、各乡镇党委书记和政协乡镇活动组、区直工作组组长参加会议。

9月14日，区政协主席张岐参加省政协基层工作经验交流会议，并作题为《关于加强基层政协委员队伍建设的一些思考》的书面发言。该文在省政协机关刊物《乡音》杂志上发表。

9月，《河北省政协七十年记述》一书刊登了抚宁区政协委员惠旭、杨立群、刘吉平、徐明哲关于庆祝人民政协成立70周年的征文4篇。

11月19日，区政协副主席王海银，秘书长呼贵礼带队，组织部分市、区两级政协委员对基层社会治理工作进行专题调研。

2021年

2月5日，区政协二届五次会议在城区召开，应出席会议委员186名，实到183名。为了加强新冠疫情防控，会议设置主会场和7个分会场。

6月，关金一任区政协党组书记。

7月13—14日，区政协三届一次会议在城区召开，会议应出席委员204名，实到204名。为了加强对新冠疫情防控，会议设置主会场和1个分会场。会议选举关金一为区政协主席，李维宝、赵永红、徐秋阳、王华为副主席，马国成为秘书长，选举常务委员36名。

全体委员会议

政协全体委员会议（简称政协全委会议），是政协组织围绕团结和民主两大主题，履行政治协商、民主监督、参政议政职能的最高形式。开好政协全委会议，是政协委员会每年最重要的工作任务。

1981 年 9 月，中共抚宁县委根据《中国人民政治协商会议章程》规定和唐山地委指示，决定成立中国人民政治协商会议抚宁县委员会筹备领导小组。1982 年 2 月 12 日，中国人民政治协商会议抚宁县第一届委员会第一次会议召开，至2021 年7 月，共召开9 届38 次县政协全体会议，3 届 7 次区政协全体会议。至此，政协委员会全体会议作为政治协商的最高组织形式和政治功能进一步充分体现和释放；会议的组织形式日益完备、程序日渐完善、协商制度日趋成熟和定型。

综观抚宁县（区）政协委员会全体会议的召开，经历了 1982—1990 年每届任期 3 年到之后 5 年的变化；历次全委会议由每年年初或年中及稍后召开逐步固化为年初（第一季度内）召开的变化；由 1986 年二届政协委员会全体会议开在县人民代表大会之前若干天，到 1993 年五届始与县人民代表大会相继同时召开的变化历程。历届政协全体会议议程基本包括听取县（区）委领导讲话、政协常务委员会工作报告、提案工作报告及提案审查情况报告、委员大会发言、委员分组讨论发言、政治决议、提案表彰、政协主席闭幕会议讲话等方面，其中政协换届全体会议议程还包括选举议程。从政协全体会议职能职责看，主要围绕县（区）委年度重点中心工作、思路、战略等大事进行政治协商，就常委会一年来的工作及下步工作思路、重点安排进行讨论协商，对经协商后达成的共识建议以政治决议的形式予以确定，就县（区）委领导的讲话精神进行贯彻部署，提出明确要求。

纵观 1982 年以来的政协历届历次全体会议，在发挥政治协商整体功能上体现充分，在广泛凝聚思想政治共识上体现鲜明，在民主监督、建言资政上体现责任担当。既鲜明昭示了历届抚宁县（区）委、政府在贯彻党的十一届三中全会以来的路线、方针、政策的坚定自觉；又鲜明昭示了历届抚宁县（区）委、政府从县（区）情实际出发制定的发展战略、发展思路、发展举措以及取得的成效；更鲜明昭示了历届抚宁县（区）政协党组在历届县（区）委的坚强领导下，坚定不移围绕县（区）委工作中心、大局，围绕团结和民主两大主题，围绕县（区）重点民生事业，扎实履职、发挥职能作用的履职实践。

1982 年 2 月 12 日，中国人民政治协商会议抚宁县第一届委员会第一次会议召开，既标志着作为社会主义基本政治制度在抚宁县的恢复建立，也标志着人民政协作为国家体制、作为中国共产党领导的实现各民族、各民主党派、无党派民主人士、各人民团体、各界爱国人士团结合作的统一战线组织，作为推进国家治理体系和治理能力现代化的重要组成部分在抚宁县的确立与实施。尤其是经过粉碎“四人帮”结束十年“文革”动乱，国家在政治经济生活上的拨乱反正，通过召开中共十一届三中全会，确立了以经济建设为中心，坚持改革开放、坚持四项基本原则的党的基本路线，基本方针与政策确立了未来时期的总任务是经济建设，总目标是实现四个现代化，在政治上需要巩固安定团结的政治局面，需要团结一切可以团结的力量，调动一切可以调动的积极因素，恢复建立人民政协意义重大而深远。基层人民政协同样担负着中国共产党与人民赋予的时代任务与历史使命，并随时代发展而不断丰富与完善，具有鲜明的时代特征和履责印记。而自人民政协在基层恢复建立之后，其政协全体会议就始终发挥着政治协商的主渠道作用，与常委会会议、主席会议一道构成人民政协政治协商的重要功能，并发挥着重要龙头作用。

抚宁县政协全体会议在二届三次会议上对会议的召开方法与形式作了一次大胆创新与改革，针对以往政协全体会议在县人代会前一天召开，会议期间列席人代会不利于实现协商在决策之前等欠缺，于1986年3月召开二届三次全体会议时征得中共抚宁县委和市政协同意，在县人代会之前5天召开政协全体会议，不再列席人代会，而把讨论县政府将要提交人代会审议通过的若干报告列为政协全体会议的重要议程，较好实现了全县大政方针协商在决策之前，为充分发扬民主创造了条件，有效增强了委员参政议政的责任感，促进了党委、政府的科学决策、民主决策。此项改革在全市、全省和全国开创了政协、人大两个会议分头召开的先河，市政协循此例召开了政协六届四次全体会议，省政协《工作通讯》刊登了抚宁的做法，全国政协对抚宁的做法予以高度肯定，认为是对政协工作制度的一项根本改革。此后三届一次、二次、三次政协全体会议至四届三次政协全体会议始终坚持这一开法，重点就全县发展战略、规划布局、重大措施、重要人事任免在决策前进行协商讨论。从五届政协一次全体会议始，县政协全体会议在县人代会前一天召开，同时列席人大会议，变以往提前听取政府工作通报，进行协商讨论，改为列席会议，听取《政府工作报告》及其他报告，并延续下来。

政协委员会全体会议作为政协组织履行政治协商的重要平台载体，作为龙头，在发挥政协组织独特政治功能与优势、探索完善社会主义基本政治制度等方面具有举足轻重的地位与作用。从1982年始至2021年止，先后经历11次换届。政协换届工作是政协委员会全体会议承担的一项重要职能，通过召开政协全体会议，根据政协章程规定，完成政协按届次实现政协领导班子及其常委会的更替交接，根据形势与发展需要实现委员构成调整，新老委员变更优化，对加强和改善人民政协工作具有夯基固本的稳定作用，对保持政协工作的连续性、推动政协工作不断开创新局面、完善充实政协组织新鲜血液具有重要作用。

政协常委会工作报告、提案工作情况报告、提案审查情况报告，是政协全体会议开展政治协商的重要组成部分，也是主要内容之一。历届常委会报告由常委会委托主席或副主席向全体会议报告，主要报告过去一年（换届时报告过去3年或5年）常委会开展的各项工作，对新一年（换届时对今后几年）工作提出安排意见。提案工作是政协开展工作的重要形式，是委员履行职责的重要手段。历届提案工作情况报告、提案审查情况报告均由常委会委托一名副主席向全体会议报告，主要报告过去一年提案工作开展情况及取得的成效、存在的不足及下步工作构想。

政治决议是对历届政协全体会议开展政治协商取得成果的高度概括与凝炼，也是历届政协全体会议的灵魂所在；既对会议结晶进行总结提炼，又对会议精神实质进行高度凝缩。对全体委员提出号召要求，是政协全体会议开展政治协商的重要政治成果。

历届政协全体会议开幕时县（区）委书记（或副书记）都代表县（区）委发表重要讲话，充分体现县（区）委领导对政协全体会议的高度重视，将政协全体会议的召开作为全县（区）人民政治生活中的一件大事。领导的讲话从县（区）委的层面对政协工作给予肯定，对过去一年（或几年）全县（区）的工作进行政情通报，对发展形势进行预估研判，对今后政协工作提出希望和要求，为政协开展工作指明方向。

历届政协全体会议闭幕时，政协主席代表政协发表讲话，明形势、交任务、提要求，充分体现人民政协在党的领导下聚焦党委、政府中心工作，紧扣改善民生，创新工作方式方法，动员政协组织、机关干部、全体委员与时俱进，锐意开拓，不断书写政协事业新篇章。

县政协全体委员会议

1982 年 2 月，根据《中国人民政治协商会议章程》规定，召开中国人民政治协商会议抚宁县第一届委员会第一次全体会议。从此，掀开了抚宁县人民政协事业的新篇章。在上级政协的指导下，在中共抚宁县委的领导下，抚宁县历届、历次政协全委会议如期召开，顺利完成各次会议的议程。充分发挥人民政协实现各民族、各民主党派、无党派民主人士、各人民团体、各界爱国人士团结合作的统一战线组织作用和围绕党和政府的中心工作，履行政治协商、民主监督和参政议政的职能，充分凸显了人民政协在不同历史时期所发挥的独特的、不可替代的作用。

县政协第一届全体委员会议

一届一次会议 根据《中国人民政治协商会议章程》规定和唐山地委的指示，1981 年 9 月，中共抚宁县委决定建立县人民政协组织，成立县人民政协筹备领导小组。县人民政协筹备领导小组经与各方协商，从全县农业、工业、交通、财贸、文教、卫生等各条战线确定政协委员 63 名。1982 年 2 月 12—14 日，县政协一届一次会议在县城召开，应出席会议委员 63 名，出席 59 名。

主席团（主席团成员 21 人，以姓氏笔画为序）

马山林　王匡时　史殿权　刘　健　刘玉杰（女）　刘志成　刘伯华　毕再昌
张士尊　张浩成　金光明　林国政　胡　顺　姚恩惠　赵　宝　赵国栋　赵振基
傅振东　黑俊义　董国贤　潘汝耕

秘书长　董国贤（兼）

会议议程 会议听取县政协一届一次会议主席团执行主席姚恩惠致开幕词；听取、讨论并通过主席团执行主席胡顺所作的县政协一届一次会议报告；选举产生县政协第一届委员会主席、副主席、常务委员；审议通过县政协一届一次会议提案审查报告；讨论通过县政协一届一次会议决议。

工作报告 1982 年 2 月 12 日，县政协一届一次会议主席团执行主席胡顺向县政协一届一次会议作报告。报告陈述：当前国际形势继续朝着有利于人民的方向发展。反对霸权主义、维护世界和平是中国对外政策的总方针，也是国际反霸斗争的战略全局。国内形势蓬勃向上，局面喜人。1981 年全国农业虽然有几个省受灾，但总产接近历史最高水平；由于贯彻调整、改革、整顿、提高的方针，轻工业有较大发展，其他工业和财政收支情况也收到较好效果。

全县经济调整和政治思想工作出现新的局面。在政治方面，进一步批判林彪、“四人帮”

的极“左”路线，落实党的各项政策，平反冤假错案；在党员干部中，特别是在领导干部中，开展学《党内政治生活的若干准则》见行动的活动，进行党规党法教育，开展批评与自我批评；大张旗鼓地开展“学雷锋，树新风”和“五讲四美”活动，一些地方和单位形成讲文明、讲礼貌的良好社会风尚。在农业方面，全县夺得农业较好收成。工业战线坚持以调整为中心，推广经济责任制，开展增产节约运动，使工业生产获得可喜的成果，工业总产值完成计划的111.30%。财贸、文教卫生、科技等各条战线，也都取得新战绩，作出新贡献。

人民政协是在中国共产党领导下，实现各民族、各民主党派、无党派民主人士、各人民团体、各界爱国人士团结合作的统一战线组织。人民政治协商会议，第一是人民，第二是政治，第三是协商。人民，在社会主义时期，包括各民族、工农兵学商、各民主党派、无党派民主人士等，要有各方面的代表组成，体现其广泛性。政治，表明人民政协不是文化组织，不是群众组织、体育组织、科技组织，而是政治组织。协商，就是在互相尊重的基础上，就国家大事、国家的大政方针进行平等协商，提出建议。人民政协作为统一战线组织，在社会主义革命和社会主义建设中发挥重要作用。

在新的历史时期，人民政协的工作更多，作用更大，任务更重。它的方针和任务就是调动一切积极因素，化消极因素为积极因素，团结一切可以团结的力量，同心同德，群策群力，为维护和发展安定团结的政治局面、搞好国民经济调整、建设现代化的社会主义强国，为台湾回归祖国、实现祖国统一大业而共同奋斗。

关于人民政协的具体工作，邓小平在全国五届政协二次会议开幕词中指出，人民政协是发扬人民民主、联系各方面人民群众的一个重要组织。发扬民主，搞好政治协商是人民政协的主要任务。协商的主要形式是按照政协章程规定，适时召开全体委员会、常务委员会，以及各界人士参加的座谈会，就有关国家、省、地以及全县的大政方针、政治生活、“四化”建设中的重大问题，进行充分讨论、商议、沟通情况，听取委员和各界人士的意见和建议。县政协要协助党和政府抓好全面落实右派分子政策、知识分子政策、民族政策、侨务政策、宗教政策、起义投诚人员政策以及原工商业者政策。把党的各项统战政策落到实处，维护安定团结的局面，促进“四化”建设的发展。

实现四个现代化，是一场根本改变国家经济和技术落后面貌的伟大革命，人民政协要进一步组织和推动全体委员、各界人士学习马列主义、毛泽东思想，学习党的各项方针政策，学习科学技术，钻研业务知识；发扬理论联系实际的学风；坚持一切从实际出发、实事求是的思想路线。为党的利益、人民的利益，敢于正视现实，敢于坚持真理，把思想和行动统一到四个现代化建设的中心任务上来。

抚宁县绝大部分地区是革命老根据地，革命史料比较丰富，要做好对文史资料的征集、整理、编辑工作。在抓好革命史料征集工作的同时，也要抓好有关经济、技术、文化等方面的史料征集工作。

要动员各方面力量，开展对台宣传。县政协要做好对台湾同胞、港澳同胞和海外侨胞爱国人士的团结争取和接待工作。通过多种形式，宣传党的方针政策，宣传大陆的形势，欢迎他们回大陆探亲访友、参观访问，并提供方便，激发在台同胞思乡怀旧之情；要以去台人员在大陆亲属的政治待遇、生活待遇的提高为素材，组织力量撰写稿件，在媒体上发表。为台湾早日回归祖国，实现祖国统一大业作出应有贡献。

政治决议 1982年2月14日，县政协一届一次会议讨论通过决议。决议认为，四个现代化是当前最大的政治，也是摆在全党和全国各族人民面前最根本的任务，县人民政协组织要紧紧围绕现代化建设这个中心，把各项工作做得更好。决议指出，进入新的历史时期，统一战线仍然是建设社会主义强国的一个重要法宝。人民政协作为统一战线的重要组织，要努力巩固和扩大爱国统一战线，调动一切积极因素，团结一切可以团结的力量，为建设现代化的社会主义强国、完成祖国统一大业和保卫世界和平而奋斗。决议要求，全体政协委员要坚持四项基本原则，认真学习马列主义、毛泽东思想，把思想和行动统一到党的正确路线上来；要发扬社会主义民主，搞好政治协商，团结各界人士为“四化”建设服务；要深入群众，广泛听取和收集各界人士的意见，积极提出意见和建议，协助党和政府做好各项工作，突出做好落实政策工作，为实现新时期的总任务发挥积极作用。决议号召，全县各族人民和各界人士认真贯彻党的十一届三中全会以来的路线、方针和政策，在县委领导下，同心同德，群策群力，搞好社会主义物质文明建设和精神文明建设，为完成县人民政协首次会议提出的各项任务贡献力量。

一届二次会议 1982年6月10—16日，县政协一届二次会议在县城召开，应出席会议委员63名，出席47名。

会议议程 会议听取县政协副主席姚恩惠传达全国和省委统战工作会议精神；听取县委统战部负责人传达县委统战工作会议精神；听取和审议县政协副主席刘志成所作的县政协一届一次会议以来提案处理情况和一届二次会议提案审查情况报告；列席县七届人大三次会议，听取和讨论常务副县长胡顺所作的《政府工作报告》及其他报告；学习讨论《中华人民共和国宪法修改草案》；通过《政协抚宁县委员会常委会关于学习讨论〈中华人民共和国宪法修改草案〉的决定》；审议通过县政协一届二次会议决议。

政治决议 1982年6月16日，县政协一届二次会议审议通过决议。决议认为，县政协一届二次会议对《政府工作报告》及其他报告表示赞同；对全国和省统战会议精神感到鼓舞。认为统一战线在夺取政权时期是党的三大法宝之一，在建设“四化”的新时期仍然是党的一大法宝，表示坚决贯彻落实全国统战工作会议精神和县委部署，推动全县统战工作进一步开展。决议指出，与会委员对县政协在履行政治协商、促进全县“四化”建设和“两个文明”建设、维护社会稳定方面所做的工作予以肯定；对提案处理情况和提案审查情况的报告表示满意。决议号召，县政协各工作组、各人民团体及各界爱国人士，在县委领导下，团结一致，振奋精神，努力工作，为完成全县1982年的各项工作任务努力奋斗。

一届三次会议 1983年3月20—26日，县政协一届三次会议在县城召开，应出席会议委员69名，出席59名。

会议议程 会议听取县政协副主席黑俊义致开幕词；听取和审议县政协副主席姚恩惠所作的县政协常委会工作报告；列席县七届人大四次会议，听取和讨论县长赵保华所作的《政府工作报告》及其他报告；听取和审议县政协副主席刘志成所作的县政协一届二次会议以来提案处理情况报告；审议通过一届三次会议提案审查情况报告（书面）；审议通过县政协一届三次会议决议；传达贯彻省各界人士为“四化”服务经验交流会议精神。

工作报告 1983 年 3 月 20 日，县政协副主席姚恩惠向县政协一届三次会议报告工作。报告陈述：县政协在中共十二大确定的“长期共存、互相监督”“肝胆相照、荣辱与共”方针指导下，在县委正确领导和有关部门的大力支援下，各项工作取得很大进展。

县政协组织委员收听、收看十二大实况广播和录像，为每个委员增订有关刊载十二大文件的报纸；召开常委会会议，用两天时间，集中学习；向委员增发《中国共产党第十二次全国代表大会文件汇编》。1982 年 11 月县政协和县人大常委会，邀请县委宣传部、县文教局、团县委、县物资局等单位负责人参加，对农村教育工作进行联合视察；与县人大联合举行有商业、供销、粮食等部门职工代表参加的财贸座谈会；召开有关农业生产和工业生产问题的座谈会，为进一步发展全县工农业生产和教育事业献计献策。

1982 年全国人大常委会公布《中华人民共和国宪法修改草案》，县政协把宪法修改草案发至委员每人一本，组织认真学习和讨论；组织全体委员参与全国政协章程修改草案的修改工作，并根据各自的认识提出修改意见。

一年来，县政协召开 2 次全体委员会议、7 次常务委员会议、16 次主席办公会议，以及 20 多次各界有关人士参加的座谈会议，对国家大政方针和全县政治生活、“四化”建设及人民生活中的重大问题进行协商。全体委员列席县人民代表大会，对全县重大问题和决策，直接参与协商和讨论。2 次全体委员会议共收到委员及委员所联系的各界人士提案 136 件，经过与有关部门协商或直接转办，全部结案。共接待委员和各界人士的来信来访 60 多人次。信访案件全部办理完毕，做到件件有答复。

一年来，共组织 4 次视察和 2 次外地参观活动。其中 4 月全体常务委员视察小所各庄村林果生产、大山头村多种经营和县造纸厂、县棉织厂的轻工生产情况；5 月县政协与县人大联合视察城关、台营和牛头崖 3 个农贸市场以及 20 多个企业；9 月县政协 4 名副主席带队视察小所各庄和南新庄 2 个村的林果和副业生产；11 月县政协与县人大联合视察中小学教育和农民业余教育，及时向有关部门提出改进意见。县政协还组织瞻仰毛主席纪念堂和中南海故居，参观东陵、西陵、天下第一关等名胜古迹及大黑汀水库、秦皇岛海港、燕塞湖等现代建设工程，受到形象化的爱国主义教育。

县政协 4 个工作组在政治协商、帮助党政机关开展工作方面发挥重要作用。科学技术工作组以 24 个科研攻关项目为突破口，开展课题攻关；文教工作组组织内地视察和外地学习参观，把外地的好经验、好做法，借鉴到全县中小学教育、农民业余教育以及其他文化活动中。

经县政协常委会会议讨论通过，增补政协委员 7 名。县政协与委员之间加强联系，一年来召开各种会议 50 多次，与委员来往信件近 1000 人次，向委员寄发文件达 30 多种。常务委员会对工作在基层或各种岗位上的委员普遍走访一遍，对部分委员走访多次。接待委员来访，倾听他们的呼声和反映，尽量帮助解决实际问题。县政协印发《会讯》，作为上下沟通情况、互通情报、交流思想和工作经验的内部阅读文件。

县政协副主席刘伯华、常务委员毕再昌带头撰写革命回忆录。全体委员积极行动，文史资料征集工作初见成效。县政协与统战部3次举行台属代表会和座谈会，学习宣传有关对台方针政策，学习《廖承志致蒋经国先生信》，全县台属以及海外侨胞家属对和平统一祖国重要意义的认识更深，树立起统一必成的信心。

县政协增设组织联络科和宣传教育科，办公人员达7人，并增加1名驻会副主席。县政协接待省民委和省音协组织的少数民族创作代表团来抚宁体验生活，参与全县重大活动。

政治决议 1983年3月26日，县政协一届三次会议审议通过决议。决议认为，县政协一届三次会议对《政府工作报告》及其他报告表示赞同，对县政协常务委员会的工作表示满意。对苏兰茹委员传达的省各界人士为“四化”建设服务经验交流大会精神感到鼓舞，表示要向河北省各界先进代表学习，为全县“两个文明”建设增添新的光彩。决议指出，中共十二大为人民政协工作指明了方向，全国人大五届五次会议诞生的新宪法是开展活动的准则，全国政协五届五次会议制定的政协章程对人民政协工作提出了新的要求，要认真学习，深刻领会，并在实际工作中逐条落实。决议号召，全县各界人士在中共抚宁县委领导下，同心协力，充分发挥自己的才能和智慧，为全县工农业生产和“两个文明”建设献计献策，为完成全县1983年各项工作任务而努力奋斗！

一届四次会议 1983年10月28—30日，县政协一届四次会议在县城召开，应出席会议委员68名，出席68名。

会议议程 会议传达贯彻全国政协六届委员会常务委员会第二次会议精神；学习全国政协《关于进一步认真学习〈邓小平文选〉的通知》；传达学习胡耀邦同志在视察青海、甘肃时的讲话；学习全国政协六届委员会常委会第二次会议通过的《关于严厉打击刑事犯罪活动的决议》；列席县七届人大五次会议；听取和讨论副县长刘惠廷所作的《关于严厉打击刑事犯罪活动情况的报告》；传达市各界人士为“两个文明”建设服务经验交流会议精神；审议通过县政协一届四次会议决议；听取县政协主席胡顺在闭幕会上的讲话。

领导讲话 1983年10月30日，县政协主席胡顺在县政协一届四次会议闭幕会上发表讲话。胡顺指出，县政协一届四次会议开得很好，充满了团结、民主气氛，达到了预期目的。胡顺强调，《邓小平文选》是建设有中国特色的社会主义的大纲，是党的方针、路线、政策的理论基础，是实现“四化”和各项任务的正确指针，是毛泽东思想的继承和发展。政协组织要把学习《邓小平文选》作为今后一个时期的重要任务来抓，结合学习十一届三中全会以来中共中央有关统一战线和人民政协的重要指示、中央领导同志的有关论述、全国政协六届一次会议文件，进行一次统一战线理论和政策的再学习、再教育。县政协要按照全国政协常委会的要求，对政协委员的政策落实情况进行一次检查，协助督促有关部门解决存在的问题；协助有关部门加强知识分子工作，调动知识分子积极性，发挥他们在“四化”建设中的作用。县政协各工作组要积极开展活动，围绕县工、农业生产及群众关心的问题，开展专题调查研究，提出建议和意见。胡顺要求，县政协一届四次会议闭幕后，各位委员要向所在单位领导、职工群众广泛宣传会议精神，扩大会议影响；同时以身作则，用实际行动带动周围群众、本行业知识界人士，共同为“两个文明”建设作出新贡献。

政治决议 1983年10月30日，县政协一届四次会议审议通过决议。决议认为，县政协一届四次会议拥护县七届人大五次会议选举的市人大代表，表示坚决贯彻落实《关于严厉打击刑事犯罪活动情况的报告》和全国政协六届常务委员会第二次会议精神，认真学习全国政协《关于进一步认真学习〈邓小平文选〉的通知》和胡耀邦同志的讲话。决议指出，与会委员深受秦皇岛市各界人士为“两个文明”建设服务经验交流会议精神鼓舞，表示向先进代表学习，把自己的全部知识和专长，贡献给全县的建设事业。决议号召，全县各界人士动员起来，在中共抚宁县委领导下，高举爱国旗帜，振作精神，振兴河北，振兴秦皇岛，为开创全县“两个文明”建设新局面而努力奋斗！

县政协第二届全体委员会议

二届一次会议 1984年5月25—31日，县政协二届一次会议在县城召开，应出席会议委员73名，出席69名。

主席团 （主席团成员19人，以姓氏笔画为序）

马山林　王　云　王立新　王永秋　王匡时　史殿权　刘玉洁（女）　刘志成
刘伯华　刘惠廷　毕再昌　朱焕文（女）　李广明　李振纲　杜志仁　金光明
赵国栋　赵振基　董国贤

秘书长 董国贤（兼）

会议议程 会议听取和讨论县政协二届一次会议主席团常务主席刘惠廷所致的开幕词；学习贯彻六届全国人大二次会议和全国政协六届二次会议精神；列席县八届人大一次会议，听取和讨论代理县长王世祥所作的《政府工作报告》及其他报告；审议通过县政协副主席赵振基所作的二届一次会议提案审查情况报告；审议通过县政协二届一次会议决议；选举县政协第二届委员会主席、副主席和常务委员。

领导讲话 1984年5月26日，县政协二届一次会议主席团常务主席刘惠廷在县政协二届一次会议上致开幕词。刘惠廷指出，按规定，县政协应到1985年2月换届。遵照党中央、省、市委的部署，抚宁县已经进行了机构改革和经济体制改革，为适应体制变化和机构改革后形势发展的需要，根据上级决定，县人大和政协提前于今年换届。一届县政协在过去的两年中做了大量工作，特别是积极参加了县大政方针的协商和讨论；并经过调查研究，对县“两个文明”建设和其他各项工作提出许多宝贵意见和建议，充分发挥民主监督作用，对促进全县现代化建设和爱国统一战线发展，作出了应有贡献。

刘惠廷强调，中国人民政治协商会议，是中国共产党领导下的有广泛代表性的爱国统一战线的组织，但由于长期以来“左”的错误影响，低估、轻视人民政协地位和作用的思想并没有清除。必须清楚地认识到，人民政协在实现社会主义现代化建设新的历史时期，对于发展安定团结的政治局面、促进“四化”建设和祖国统一发挥着极其重要的作用，人民政协在新的历史时期肩负的任务十分光荣而艰巨。

刘惠廷希望，县政协全体政协委员和各界人士团结起来，在中共抚宁县委领导下，发扬统一战线工作的政治协商、民主监督、合作共事、广交朋友和自我教育的优良传统和作风，认真履行新的政协章程，团结一切可以团结的力量，调动一切积极因素，积极开创政协工作新局面，为“四化”建设、完成祖国统一大业、反对霸权主义和维护世界和平作出更大贡献，以优异成绩迎接新中国成立 35 周年。

政治决议 1984 年 5 月 31 日，县政协二届一次会议审议通过决议。决议认为，县政协二届一次会议选举产生的新一届委员会具有更广泛的代表性；政协会议开幕词《政府工作报告》及其他大会报告、领导的讲话符合实际；大会主席团给不再担任二届委员会委员的上届委员发致敬信，完全符合各界人士的愿望。决议指出，与会委员认真学习六届全国人大二次会议和全国政协六届二次会议文件和邓颖超主席的讲话，一致拥护着重抓好体制改革和对外开放两件重大决策。决议要求，县政协二届委员会任期的三年要加强对统战理论的学习和统战政策的宣传教育工作；搞好政治协商和民主监督；认真落实政策；高举爱国主义旗帜，为早日实现祖国和平统一努力奋斗。决议号召，全体委员和各界人士在中共抚宁县委领导下，振奋精神，解放思想，立志改革，锐意进取，为振兴河北、振兴秦皇岛、夺取全县“两个文明”建设的新胜利作出新贡献，用新的成绩迎接新中国成立 35 周年。

二届二次会议 1985 年 4 月 22—25 日，县政协二届二次会议在县城召开，应出席会议委员 107 名，出席 91 名。

会议议程 会议听取和讨论县政协主席刘惠廷所致的开幕词，市政协副主席赵铭、县委书记胡顺的讲话；听取和讨论市政协副主席张遐昌传达全国六届人大三次会议和全国政协六届三次会议精神；听取和讨论县政协副主席赵振基所作的县政协常委会工作报告；听取和审议提案委员会副主任毕再昌所作的二届一次会议以来提案办理情况报告；审议通过大会副秘书长李学勤所作的二届二次会议提案审查情况报告；列席县八届人大二次会议，听取和讨论县长王世祥所作的《政府工作报告》和其他报告；审议通过县政协二届二次会议决议；听取县政协副主席刘伯华所致的闭幕词。

工作报告 1985 年 4 月 22 日，县政协副主席赵振基向县政协二届二次会议报告工作。报告陈述：县政协在县委的领导和市政协的指导下，人民政协工作和统战工作都出现前所未有的好形势。在对内搞活经济、对外进一步开放和经济体制改革的新形势下，县政协紧密围绕以经济建设为中心的三大任务，充分发挥人民政协政治协商和民主监督的职能作用，积极为全县的两个文明建设献策出力。

一年来，县政协举行 5 次常务委员会议，传达贯彻县委有关会议精神，协商处理日常会务，就全县体制改革和经济开发、两个文明建设、落实政策等大事沟通情况，进行讨论协商，提出意见和建议。县政协 7 个工作组组织委员和各界人士，围绕全县体制改革、经济开发、文化教育、统一战线工作和群众关心的重大问题，多次组织座谈协商、调查研究、咨询服务、考察参观，向县委、县政府和有关部门提出许多兴利除弊的意见和建议。全年有 7 名委员光荣加入中国共产党，3 名委员被提拔为本单位的领导干部。

二届一次会议期间，县政协收到 74 件提案，全部办理完结。与此同时，热情接待委员和各界人士的来信来访，对他们的意见和要求，都及时和有关部门进行协商，认真办理。

1984 年 11 月，县政协在北京参加沿海开放城市和经济特区统战、政协工作座谈会后，召开二届四次常委会（扩大）会议，传达贯彻座谈会精神。县委召开有各区、乡党委主管党务的副书记、宣传（统战）委员、县直各单位负责人等 200 多人参加的全县统战、政协工作会议，安排部署新时期全县的统战、政协工作。

县政协下大力狠抓落实统战政策，对学有专长的委员安排使用不当的，及时建议县委和有关部门予以调整。对 27 名党外知识分子逐人填表登记，具体了解对落实政策的意见和要求。对其中 11 名党外知识分子提出的 14 条意见和要求，专门召开主席会议，确定专人办理。14 个问题除 1 件因现行政策制约不能解决及时向委员本人说明情况取得谅解外，其他 13 件都得到解决。

县政协把实现祖国和平统一列入重要议事日程，增设对台和侨务工作组，开展对台和侨务工作，同“三胞”及其家属广交朋友，增进海峡两岸各阶层人士之间的交往和了解，为引进外资和先进技术搭桥铺路。

县政协组织委员学习《邓小平文选》《陈云文稿》中的部分文章，《中共中央关于整党的决定》，邓颖超主席在全国政协六届二次会议上的讲话，六届全国人大二次会议上的《政府工作报告》《中共中央关于经济体制改革的决定》，党中央和国务院有关进一步开放沿海城市的文件以及中英关于香港问题的协议等。组织委员收听市政协副主席陈桂芬去深圳、珠海等地参观学习和市委副书记、市长顾二熊访问日本情况的录音报告。组织部分委员、常委和中级知识分子去承德、沈阳、大连、北镇、锦西、绥中等市、县参观学习，提高为“两个文明”建设服务的本领，为实现中华民族振兴贡献聪明才智。

县政协二届一次常委会会议决定由两位副主席分管，宣传教育科具体负责文史资料工作。1984 年 10 月，印发《关于加强文史资料征集工作，健全组织机构的意见》，11 月，印发《文史资料征集提纲》。一年来，共收到文史稿件 30 多篇，编辑出版《抚宁文史资料》期刊，一年来印发 4 期，刊出 6 篇稿件，15000 多字。全县发行省文史读物的数量在全省名列前茅，县政协应邀出席省政协文史资料工作座谈会，介绍抚宁抓文史读物发行工作的体会。

县政协加强机关自身建设，选调干部，充实新生力量，机关干部队伍人数增加到 22 人，各方面的工作力量得到进一步增强。建立健全并执行各种会议、工作、学习、生活制度。通过整党，机关全体党员的素质有新的提高。随着边整边改，进一步健全各项规章制度，机关工作出现前所未有的新气象。

领导讲话 1985 年 4 月 22 日，县委书记胡顺在县政协二届二次会议上发表讲话。胡顺指出，县政协二届二次会议是在国家实施全面经济体制改革的第一年，经济建设已走上符合中国国情的新路子，出现持续稳定、协调发展的大好形势下召开的。1984 年，全县政治、经济形势大好，经济体制改革和经济开发迈出可喜的一步，工农业生产和其他各条战线取得很大成绩，人民生活继续得到改善，安定团结的政治局面日益巩固，整党工作健康开展。这些成绩的取得，是同抚宁县爱国统一战线和县人民政协工作分不开的，是同各位委员、各界人士的辛勤工作分不开的。县政协面对秦皇岛市被列为全国 14 个沿海开放城市的新形势，紧密围绕人民政协的根本任务，坚持从搞活、开放大局出发，自觉服从和服务于以经济建设为中心的三大任务，积极参加全县大政方针的协商讨论，以高度的爱国热忱和主人翁责任感，提出许多兴利除弊的建议，很好地发挥了人民政协的政治协商和民主监督的职能作用，为加强全县人民的大团结，巩固、发展和壮大爱国统一战线，推动全县开放、搞活和改革以及其他各项工作作出了很大贡献。胡顺强调，1985 年是“六五”计划的最后一年，是贯彻执行中共中央关于经济体制改革的决定的第一年。县政协要充分认识人民政协在新时期的地位和作用，积极为开放、搞活和改革服务，进一步发扬统一战线的优良传统和作风。胡顺相信，各位委员一定会更加奋发图强，亲密合作，群策群力，创新务实，把各项大事办好，为发展最广泛的爱国统一战线，为开放、搞活和改革以及“两个文明”建设作出新的贡献。

1985 年 4 月 22 日，县政协主席刘惠廷在县政协第二届委员会第二次会议上致开幕词。刘惠廷指出，县政协二届二次会议应邀出席的有市政协领导，住抚宁县的省、市政协委员，县委、县人大、县政府、县纪委的领导及县政协离休的老领导。会议主要议程是听取和审议县政协常委会工作报告和其他报告，列席县八届人大二次会议，听取和讨论县《政府工作报告》及其他报告。刘惠廷强调，县政协二届二次会议是回顾一年来工作的总结大会；是投身开放、搞活和改革的动员大会；是知情出力、出谋献策的大会。刘惠廷希望，全体政协委员以主人翁的姿态，发扬统一战线的传统和作风，解放思想，畅所欲言，广开言路，广开才路，紧紧围绕经济建设和体制改革这个中心，以创新务实、奋力争先的精神，把会议开好，为进一步发展爱国统一战线，开创人民政协工作新局面，为“两个文明”建设作出新贡献。

政治决议　1985 年 4 月 25 日，县政协二届二次会议审议通过决议。决议认为，县政协二届二次会议对县委书记胡顺、市政协副主席赵铭和其他领导的讲话，政协会议开幕词概括总结全县政协工作经验，对县政协工作给予高度评价和充分肯定，对人民政协在新时期的任务提出新的要求，是对政协工作的有力支持和鞭策，必将起到重要推动作用。决议指出，会议对《政府工作报告》及其他报告表示一致拥护，坚决贯彻落实；对全国政协委员、市政协副主席张遐昌所作六届全国人大三次会议和全国政协六届三次会议精神的传达报告表示认真学习领会。决议号召，全县各界人士积极动员起来，在中共抚宁县委领导下，彻底清除“左”的思想影响，认真坚持“长期共存，互相监督”“肝胆相照，荣辱与共”的方针，进一步扩大爱国统一战线，继续发扬人民政协的优良传统和作风，为开创政协工作的新局面，为全县开放、搞活和改革，实现三大任务作出新的贡献。

二届三次会议　1986 年 3 月 20—22 日，县政协二届三次会议在县城召开，应出席会议委员 109 名，出席 94 名。

会议议程　会议听取和讨论县政协主席刘惠廷所致的开幕词、县委书记张力的讲话；听取和讨论并通过县政协副主席刘伯华所作的县政协常委会工作报告；听取和审议县政协副主席赵振基所作的二届二次会议以来提案工作情况报告；审议通过提案委员会副主任毕再昌所作的二届三次会议提案审查情况报告；协商和讨论拟召开的县八届人大三次会议《政府工作报告》（讨论稿）和其他报告（讨论稿）；增选县政协第二届委员会常务委员；审议通过县政协二届三次会议政治决议。

工作报告 1986年3月20日，县政协副主席刘伯华向县政协二届三次会议报告工作。报告陈述：县政协在县委的领导和市政协的指导下，在各有关部门的大力支持下，努力发挥全体委员和机关工作人员的积极性、主动性和创造性，紧密围绕新时期人民政协的根本任务以及县委和县政府的中心工作，积极开展活动，各项工作都有新的进展。

一年来，县政协利用会议、广播等多种形式，深入进行党的统战理论、方针、政策和人民政协的地位、性质、职能、作用的宣传教育；通过召开例会、组织座谈、实地考察、提出提案等多种方法，发动全体委员和各界人士为全县改革和开发等项工作进言献策；采取认真阅卷、及时转递、随时催办、严格把关、加强回访等措施，认真办理委员提案；会同有关部门，继续落实统战政策，加强对台宣传工作；从总结提高、调整组织结构等方面，不断加强工作组的工作；运用分散自学与小组集中学习相结合、学习文件与座谈相结合、学习理论与参观考察相结合的方法，积极组织和推动委员的学习。在爱国主义旗帜下，团结各方面人士，努力进行各类史料的挖掘和整理，使文史资料工作有新的进展。随着整党工作的进行，进一步加强县政协机关建设，建立健全各项制度，努力转变工作作风，不断改进工作方法，机关面貌发生新的变化。

一年来县政协召开各种类型的座谈协商会8次，提出意见和建议81条，为县委、县政府和有关部门决策全县大事、改进工作起到积极作用。各工作组共开展各类活动12次，考察20个单位和专业户，总结成功经验，提出意见和建议，做各级党政领导的参谋和助手。县政协组织委员开展咨询服务活动，每位委员都会同有关人员一起，深入一个乡、村或一个单位去蹲点，言传身教，推广新技术，把科学技术转化为现实生产力。1985年6月，县政协组织卫生界政协委员赵振基、刘玉洁、苏红楼、魏朝君、赵寿山、郑淑云、惠雅文、李景尧等8位名医组成医疗咨询服务小组，深入台营乡开展为期一周的服务活动，接待患者900多人次，为光荣院、敬老院的40多位老人检查身体。1985年入冬之后，农业科技工作组委员杜志仁、毕再昌、郭喜瑞、周瑞安与农业局技术人才一起，用冬闲时间对县、区、乡农技人员和重点户层层进行“讲师团”培训，并动手编写地膜花生和水稻栽培小册子，印发4000册，推送代销农业技术日历1万多本，全县受到培训的农民群众达9万人。

一年来，县政协委员在单位和当地党政统一领导下，自觉宣传、贯彻党的各项方针、政策，满怀爱国激情，振奋精神，努力工作，积极为全县开发、搞活和改革出实力、献良策，绝大多数委员都成为本单位的骨干力量，受到上级或本单位各种形式的表彰和奖励。有9名委员加入中国共产党组织，13名委员光荣出席秦皇岛市各界人士为改革和开放服务经验交流会。

县政协从1985年9月起，设立委员阅读文件日。随后，又将原规定的每月20日阅文日改为常委和各工作组组长学习日，组织大家定期学习有关文件。县政协向县委提出建立健全制度，使政治协商、民主监督逐步走向经常化、制度化的10条建议，县委非常重视，经县委常委会研究，采纳上述建议，并同县政府联合印发《中共抚宁县委、抚宁县政府关于建立健全政治协商制度的意见》，下发全县各级党政部门。

领导讲话 1986年3月20日，县委书记张力在县政协二届三次会议上发表讲话。张力指出，县政协二届三次会议是在国家全面实施“七五”计划的第一年，经济改革不断深入进行，国民经济出现持续、稳定、协调发展的大好形势下召开的，又是在党的十二大提出的五年内实现财政经济、党风和社会风气根本好转的关键时刻召开的。1985年，全县政治、经济形势是新中国成立以来最好的时期之一。农村在《中共中央、国务院关于进一步活跃农村经济的十项政策》文件指引下，经过改革和探索找到了建设社会主义现代化农村的路子，开创了新局面，取得了新成就；县区两级整党已经完成，乡和乡属企业与农村整党正在进行；社会治安、社会风气明显好转。这是全县人民共同奋斗的结果，是与各位委员、各位同志和各界爱国人士辛勤劳动、刻苦努力分不开的。张力强调，1986年抚宁县主要任务是深入贯彻党的十二大和中国共产党全国代表会议精神，强化思想政治工作，团结奋斗，再展宏图；巩固、消化、完善、扩大各条战线改革成果，进一步促进全县经济持续、稳定、协调发展；以端正党风为重点，搞好整党，巩固整党成果，加强民主与法制建设，实现党风和社会风气的根本好转，使全县各项工作出现新的振兴局面。县政协要充分发挥人民政协的职能作用，加强政治协商、民主监督；进一步做好团结工作，使爱国统一战线真正起到调动千军万马的作用；全体委员要在县精神文明建设中发挥更大作用，为实现党风和社会风气根本好转贡献力量。张力希望，各级党委要提高对统战、政协工作的认识，加强和改善党对统战、政协工作的领导，把统战政协工作列入议事日程。全县共产党员、各界爱国人士和全县各族人民紧密团结起来，以务实创新和开拓前进的精神，为实现祖国统一大业，振兴中华；为振兴抚宁经济，实现党风和社会风气的根本好转而奋斗。

1986年3月20日，县政协主席刘惠廷在县政协二届三次会议上致开幕词。刘惠廷指出，县政协二届三次会议应邀出席的有住抚宁县的省、市政协委员，县委、县人大、县政府、县纪律检查委员会的领导，县工商联负责人及县政协离休的老领导。会议主要议程是听取和审议县政协常委会工作报告和其他报告，列席县八届人大三次会议，听取和讨论县《政府工作报告》及其他报告，增选县政协二届委员会常委。刘惠廷强调，县政协二届三次会议是在全县经济体制改革深入进行、工农业生产蓬勃发展的大好形势下召开的。新形势下，县政协的任务是深入贯彻中国共产党全国代表会议精神，“团结奋斗，再展宏图”，坚持“两个文明”一起抓的方针，本着中央提出的“巩固、消化、补充、改善”的指导原则，积极推动各项改革顺利进行，加强和改善思想政治工作，尽快实现党风和社会风气的根本好转。为适应新形势和新任务的需要，不断加强和改善政协工作，把政协工作推向前进，大家要认真听取和审议政协常务委员会的工作报告，对县政协一年来的工作进行全面总结和回顾，提高认识，开阔思路，在新形势下做好统战、政协工作。认真讨论县政府工作报告和和1986年国民经济计划等报告，共商全县大事，献计献策，更好地发挥政治协商和民主监督的重要职能作用。刘惠廷希望，全体政协委员要以主人翁的姿态和对人民高度负责的精神，紧紧围绕“四化”建设、各项改革以及实现党风和社会风气的根本好转这个中心任务，以创新务实、奋力争先、实事求是的精神，把会议开好，为进一步巩固和发展爱国统一战线，开创人民政协工作新局面作出更大贡献。

政治决议 1986年3月22日，县政协二届三次会议审议通过决议。决议认为，县政协二届三次会议一致同意县委书记张力和其他领导的讲话、政协会议开幕词、县政协常务委员会工作报告、提案办理情况和提案审查情况报告。讲话概括全县大好形势、县政协工作，对县政协提出新的任务和要求，对今后各项工作起到重要的推动作用。决议指出，《政府工作报告》（讨论稿）和其他报告（讨论稿），符合实际情况，委员表示完全赞同，同时提出一些中肯的意见和建议。决议号召，全体委员和各界人士，在中共抚宁县委的统一领导下，高举爱国主义旗帜，继续贯彻执行"长期共存，互相监督""肝胆相照，荣辱与共"的方针，不断扩大全县爱国统一战线，进一步发扬人民政协的优良传统和作风，改进工作方法，为加快全县两个文明建设和党风、社会风气根本好转，完成三大历史任务作出更加出色的贡献。

县政协第三届全体委员会议

三届一次会议 1987年4月17—20日，县政协三届一次会议在县城召开，应出席会议委员130名，出席107名。

主席团 （主席团成员23人，以姓氏笔画为序）

马山林　王　云　王立新　王匡时　王永秋　吕晓岚　刘玉洁（女）　刘松林
毕再昌　孙广田　杜志仁　李广明　李兰英（女）　李成岩　张浩成　金光明
单家章　岳秀茹（女）　祝玉勤　赵国栋　赵振基　倪倩华　黄润忠

秘书长 黄润忠

会议议程 会议听取和讨论市政协副主席赵铭的讲话；听取和讨论县委书记张力所作《全党和各界人士团结起来　为开创抚宁县政协工作新局面而奋斗》的讲话；听取和审议县政协三届一次会议主席团常务主席李广明所作的县政协二届常委会任期工作情况介绍；审议通过提案审查委员会副主任张九龄所作的三届一次会议提案审查情况报告；协商讨论县九届人大一次会议《政府工作报告》和其他报告；听取常务副县长傅春奎所作的三届一次会议提案解答报告；听取和讨论委员建议发言；选举产生县政协第三届委员会主席、副主席和常务委员；审议通过县政协三届一次会议政治决议；听取县政协主席张浩成在闭幕会上的讲话。

工作报告 1987年4月17日，县政协三届一次会议主席团常务主席李广明向三届一次会议作二届常委会任期工作情况介绍。县政协二届常委会在县委的领导和市政协的指导下，组织全体委员和工作人员遵照政协章程，紧密围绕党和政府的中心工作，开展政治协商和民主监督，使县政协工作更加活跃。

把加强政治协商和民主监督作为开展政协工作的主要课题，协助县委、县政府摸索经验，建立制度。形成三个层次，即县政协对县委、县人大、县政府，政协工作组（委）对局、区、乡，政协委员对本单位的协商和监督。理顺县委、县人大、县政府、县政协4个方面的关系。摸索出民主协商会、意见听取会、情况通报、会商办公、访贤问能、办理提案6种形式。提出10项主要内容，其中属于协商方面的7项，属于监督方面的3项。县委、县政府印发《关于建立健全政治协商制度的意见》《关于进一步加强人民政协工作的决定》等重要文件，使县级的协商和监督向制度化、经常化迈进一大步。1986年，县委、县政府及有关部门向县政协进行不同形式的协商达30多次。三年中，召开3次全委会、14次常委会（扩大）会、32次主席会、6次有部分委员和各界人士参加的大型座谈协商会，发动政协委员和各界人士为全县的开发、改革和两个文明建设献计献策，共提出意见和建议190多条，为县党政领导机关正确决策全县大政方针起到重要作用。《抚宁县2000年经济技术社会总体发展战略》形成初稿后，县政协及时召开有30多人参加的常委会（扩大）会议，对初稿进行认真讨论。与会人员从6个方面提出100多条修改意见。三年中，各工作组通过座谈协商、实地考察等多种形式向有关局提出17个方面的意见和建议，为有关单位正确决策大事和改进工作起到积极作用。三年中，委员共提出248件提案，全部办复。

1986年3月，县政协召开二届三次全委会，征得中共抚宁县委和市政协的同意，对会议的开法进行改革，在县人代会之前5天召开县政协全委会议，不再列席人代会，而把讨论县政府将要提交人代会审议通过的几个报告列为全委会议的重要议程，事先把报告文稿发给与会委员进行阅读和思考，作好讨论发言准备，事后将大家提出的意见和建议及时整理出文字材料送交人代会秘书处，供县政府和有关部门修改报告和改进工作参考。市政协把这次改革的做法批转到全市各县、区政协，省政协领导称赞抚宁县政协有“从实际出发，大胆创新的精神”，并在省政协《工作通讯》上刊登抚宁的具体做法；全国政协称抚宁县政协的做法是对政协工作制度的一项根本改革。大连市、烟台市、沅江县等兄弟市、县政协均拟推广这一做法。

1986年下半年开始，县政协对常委会的开法进行改革：协商内容由大事小事混在一起协商，改为以大事为主，重点协商；常委会会议由领导报告型改为常委们广泛发言的民主型。县党政负责人亲临会议，改转递意见为直接听取意见。对此，市政协在《情况反映》上印发消息；省政协在《工作通讯》上全文刊登这一做法。

三年来，县政协各工作组召开座谈协商会25次，提出意见和建议121条。开展实地考察、专题调查24次，考察和调查63个单位和专业户，提出35条有价值的建议。

县政协专门召开主席会议、常委会（扩大）会议和对台侨务工作组会议，学习中共中央办公厅有关文件，统一思想，会同县委统战部举办统战理论培训班，对全县的“三胞”眷属进行全面摸底，逐户建档立卡。组织“三胞”眷属中的县政协委员进行考察参观，征集对外宣传稿件，撰写《抚宁天马湖》《家乡稻谷香》等文章，制作两集有70多幅彩色照片的《骊城集锦》，寄给在外亲友。对于回大陆探亲访友的“三胞”，则与有关部门一起热情接待，同他们促膝谈心，宣传党和国家的有关方针、政策，勉励他们为统一祖国、振兴中华积极贡献力量。

大会发言　县政协三届一次会议上，毕再昌委员作《对发展我县种植业建议》的发言，提出狠抓发展种植业战略措施的建议。马秀祥委员作《振兴建筑业市场，充分发挥建筑业优势》、倪倩华委员作《要切实加强中小学师资队伍建设》、李景春委员作《就政府工作报告谈谈个人两点建议》、王立新委员作《坚持四项基本原则，搞好青少年精神文明》、杜忠委员作《我县卫生事业发展的几点建议》的发言。6位委员的建议发言，让县党政领导直接听取委员和各界人士的呼声。

领导讲话 1987年4月17日，县委书记张力在县政协三届一次会议上作题为《全党和各界人士团结起来，为开创抚宁县政协工作新局面而奋斗》的讲话。张力指出，几年来县政协在政治生活和社会生活中发挥了积极主动的政治协商、民主监督作用；在“两个文明”建设中，发挥了“综合性人才库”作用；在爱国统一战线上发挥了人民政协“联系面广”的作用。这些工作成绩，充分说明人民政协是中国共产党领导下的统一战线的最好、最重要的组织形式；是健全和完善社会主义民主的重要阵地；是党的得力助手和参谋。要充分发挥人民政协政治协商和民主监督的职能，在全县形成三级协商监督网络：一级是指县委、县人大、县政府与县政协之间；二级是指县直各委办局、区、乡党政机关与县政协的委（科）、工作组、联络组之间；三级是指厂校店院村与本单位政协委员之间。县政协党组书记和区（镇）政协联络组组长分别列席县委常委和区（镇）党委有关会议；县政协正、副主席参加有关的县委扩大会议和县长办公会议；县政协常委或常委中的专业人员可列席县人大有关常委会会议。各级党政领导机关在决定大政方针或重大事项前应邀请有关政协委员和各界有关人士进行民主讨论，党政领导出席会议，主持协商。县委、县政府有关部门和区、乡的有关文件、资料在报送县委、县政府的同时，要送县政协参阅。政协组织应主动争取党委的领导。张力强调，坚持党对政协工作的领导，是一项不可动摇的原则。要在全县范围内开展统战理论、政策和人民政协性质、任务、地位、作用的宣传教育；要把政协工作列入党委的议事日程，各级党政领导干部带头广交、深交党外朋友，经常听取他们的意见和建议，扎扎实实地为他们解决实际问题。张力希望，进一步加强政协机关建设，全县共产党员、政协委员、各界人士团结起来，为统一祖国、振兴中华、建设家乡、开创政协工作新局面而奋斗。

1987年4月20日，县政协主席张浩成在县政协三届一次会议闭幕会上发表讲话。张浩成指出，县政协三届一次会议是一次立足改革、探索新路的实践会议。实践证明，先于人代会召开政协换届全委会议的路子是可行的；讨论人代会的几个报告，时间安排比过去延长，有利于充分发挥民主；邀请各区（镇）和县直各单位主要负责人列席会议，听取县委书记有针对性讲话很有必要。县政协三届一次会议是参政议事的献策会议。会上各路人才济济一堂，想全局，议大事，对全县经济技术、社会发展及群众生活等重大问题广泛商讨，进言献策，提出许多中肯意见和积极建议，为领导决策提供了重要依据。三届一次会议又是发展大好形势的促进会议。大家讲成绩欢欣鼓舞，谈任务信心百倍，纷纷表示一定出色完成1987年各项工作任务。张浩成强调，1987年是执行“七五”计划的第二年，县政协工作的主要任务就是以统一祖国、振兴中华为总目标，发展海内外最广泛的爱国统一战线，为推动“一国两制”方针的实施服务；发扬爱国的传统和智力优势，为促进改革、开放和“两个文明”建设服务；完善和发展中国共产党领导下的多党合作，为促进社会主义民主和法制建设服务。为实现上述任务，要组织推动委员和各界人士开展学习活动，进一步加强自我教育；要加强政治协商和民主监督，充分发挥政协的主要职能作用；要加强政协工作组的工作，更好地发挥政协“综合性人才库”的作用；要积极开展海外联谊工作，为统一祖国，加快经济建设服务；要搞好政协机关建设，为把政协工作推向前进创造条件。张浩成代表政协新一届领导成员表示，在任期的三年，决心在县委的领导和上级政协的指导下，同全体委员和各界人士一道，解放思想，大胆探索，振奋精神，积极工作，把政协工作推向前进，为实现抚宁“七五”计划，为统一祖国、振兴中华贡献力量。

政治决议 1987年4月20日，县政协三届一次会议审议通过决议。决议认为，县政协三届一次会议选举产生的县政协新一届领导成员，是进一步巩固和发展全县政协工作的组织保证。县委书记张力、市政协副主席赵铭和其他领导的讲话，县政协常委会工作任期情况介绍，充分肯定县政协几年来的工作，对政协委员和各界人士提出新的要求和希望，是对县政协和全体委员以及各界人士的鼓舞和鞭策。决议指出，《政府工作报告》和其他报告符合实际情况，得到与会委员的一致赞同，并就实际工作和报告内容提出具体意见和建议。决议强调，县政协第三届委员会任期的三年，是四个现代化建设飞跃发展的三年，是政协工作承上启下至关重要的三年。县政协的主要任务，就是以统一祖国、振兴中华为总目标，发展海内外最广泛的爱国统一战线，为推动“一国两制”基本国策的实施服务；为促进改革、开发和“两个文明”建设服务；为促进社会主义民主和法制建设服务。决议号召，全体委员和各界人士要在中共抚宁县委的领导和上级政协的指导下，进一步解放思想，振奋精神，同心同德，艰苦奋斗，开拓前进，努力为进一步开创全县政协工作新局面，为统一祖国、振兴中华作出新贡献。

三届二次会议 1988年2月7—9日，县政协三届二次会议在县城召开，应出席会议委员130名，出席112名。

会议议程 会议听取和讨论县政协副主席杜志仁所致的开幕词；听取和讨论市政协副主席赵铭的讲话；听取和讨论县委副书记李运午的讲话；听取和讨论县委副书记、县长骆志强的讲话；听取和讨论并通过县政协副主席李广明所作的县政协常委会工作报告；听取和审议县政协副主席赵振基所作的三届一次会议以来提案工作情况报告；审议通过提案委员会三届二次会议提案审查情况报告（书面）；协商讨论即将召开的县九届人大二次会议《政府工作报告》和其他报告；听取常务副县长傅春奎所作的三届二次会议提案解答报告；选举县政协秘书长；审议通过县政协三届二次会议决议。

工作报告 1988年2月7日，县政协副主席李广明向县政协三届二次会议报告工作。报告陈述：县政协在县委的领导和上级政协的指导下，在全县各有关部门和单位的大力支持下，依靠全体委员和各界人士，紧密围绕党和政府的中心工作，积极开展各项活动，较好地发挥政治协商、民主监督的职能，使县政协工作日趋活跃。

1987年，县政协三届一次全委会议先于县人代会9天召开，在县人代会召开的第二天，县政协召开三届一次常委会会议，把“一府两院”的人事安排列为专题进行协商，收到预期的效果。县政府领导在全委会上解答提案，委员听到领导机关对主要提案的答复意见，进一步引导和促进委员想全局、议大事。县政协召开的全委会和常委扩大会议，邀请县直和区（镇）主要负责人列席会议，把协商和监督的议题透明化，进一步扩大政协的影响，为开展政协工作疏通渠道，铺平道路。

县政协把组织委员学习，作为提高委员素质，更好地进行政治协商、民主监督的重要措施，凡是党和国家的重要会议和决策部署，学委会都认真研究，拿出贯彻落实的意见。县政协为每位委员订阅《人民政协报》和全国政协学委会编印的《学习参考资料》。县政协复制中共十三大报告的辅导录音 8 讲 19 本，在委员和机关工作人员学习时播放，使大家开阔思路，加深对文件精神的理解。

加强委员典型事迹的总结和宣传。郑庆魁常委 1987 年参加国家艺术学科重点科研项目“民间文学集成”和“中国民族民间器乐曲集成河北卷”的领导和编辑工作，出版的《抚宁县民间文学集成》，获得省级集体三等长城奖。潘义川委员担任县畜牧水产局副局长后，成立水产养殖场，建造对虾、扇贝人工育苗室。填补河北省海水养殖的一项空白，受到省、市有关部门的表彰。倪倩华委员热爱教育事业，致力教学改革，为党的教育事业作出突出贡献。1987 年县政协总结杜志仁、郑庆魁、潘义川、齐凌云、王景曜、王云等 13 位委员的典型事迹，他们出席省、市第三次各界人士为两个文明建设服务经验交流大会。

三届一次会议以后，县政协举行常委会会议 4 次，主席会议 8 次。政协主席、副主席多次参加县委常委会会议和县政府政务会议和其他重要会议，协商县政协内部的大事，参与全县大事的协商和决策。县政协全年开展专题调查和考察活动 20 次，通过各种形式提出建议和意见 282 条，其中有 100 多条被采纳。收到委员提案 144 件，全部办复。

县政协在全县 8 区 1 镇设置 9 个政协联络组，联络组、工作组共开展各类活动 34 次，其中实地考察 7 次，专题调查 13 次，学习总结 6 次，协商研讨 4 次，咨询服务 4 次。全县 130 名政协委员在各自岗位都肩负一定的工作任务，60% 的委员是各级各单位负责人，财贸金融工作组的王云常委听到农民反映县内粮油合同定购“三挂钩”的化肥、柴油数量比省、市规定的少，农民很有意见。他就此为题，结合自己的工作，及时进行调查，向政协汇报调查情况和建议，经过有关副主席审阅后，立即打印转送县政府及有关部门，县政府随即召集有关部门进行研究，并给县政协作出书面答复，决定执行“按照合同定购，农民每向国家交售 100 公斤贸易粮，奖售平价化肥 12 公斤、柴油 6 公斤”的新规定，对此，广大群众十分满意，社会反响很好。

县政协把做好“三胞”眷属及海外联谊工作列为政协整个工作的重要议程。海外联谊工作组组织委员认真学习党的统战政策，发动大家通过书信等形式与海外亲友保持联系，介绍大陆社会主义制度的优越性以及家乡的新变化。同时他们还积极参加各项改革和两个文明建设，成为本单位的骨干力量。

领导讲话 1988 年 2 月 7 日，县委副书记李运午在县政协三届二次会议上发表讲话。李运午指出，1987 年抚宁县以经济建设为中心，在经济体制改革、党政分开、党风党纪建设、社会主义精神文明建设等方面，迈出了重要步伐，全县政治经济形势是好的。县政协以不断深化改革的精神开好政协全委会，把换届的政协全委会议开在换届的县人代会之前；主动参与县大政方针协商和监督；县政协各工作组、联络组紧密围绕“一个中心，两个基本点”开展活动；全体委员为改革和两个文明建设竭忠尽智，作出了新贡献。李运午强调，为全面贯彻落实党的十三大精神，把政协工作推向前进，要深刻认识社会主义初级阶段人民政协所处的重要地位；充分发挥人民政协的政治协商、民主监督的职能作用；切实加强党对人民政协的领导，从县委本身做起，认真贯彻落实《关于进一步加强人民政协工作的决定》，各级党委和党政领导干部为政协工作提供方便，给予支持。李运午希望，进一步加强政协自身建设，政协机关和政协委员中的共产党员要做学习党的方针、路线、政策的模范；政协工作组、联络组的工作要创新；全体政协委员、各界人士共同携起手来为改革和“两个文明”建设贡献力量。

政治决议 1988年2月9日，县政协三届二次会议审议通过决议。决议认为，县政协三届二次会议的召开对于巩固和发展全县大好形势，深化改革、稳定经济，加强社会主义民主政治和社会主义精神文明建设，具有重要的意义。市政协副主席赵铭，县委副书记李运午，县委副书记、县长骆志强的讲话，会议开幕词，县政协常务委员会工作报告，提案办理情况和提案审查情况报告符合实际，得到与会委员的一致拥护和赞同。

决议指出，即将召开的县人大九届二次会议的《政府工作报告》和其他报告符合实际，报告中所提出的目标、任务和措施，对于发展全县各项事业将起到重要推动作用。决议强调，中共十三大是一次具有重大历史意义和深远影响的会议。十三大报告为中国社会主义初级阶段的各项工作指明了方向，对人民政协工作提出了更高的要求。与会委员要认真学习、深入宣传十三大精神和党在新时期的统一战线理论以及人民政协的性质、地位、任务和作用，不断增强做好人民政协工作的自觉性。决议号召，全体委员和各界人士要在中共十三大精神的指引下，在中共抚宁县委的领导和上级政协的指导下，高举建设有中国特色社会主义旗帜，高举祖国统一和振兴中华的爱国主义旗帜，团结一致，自重自强，努力探索，开拓前进，紧密围绕“一个中心，两个基本点”发挥政协的政治协商、民主监督作用，为全县改革开放和“两个文明”建设作出新贡献。

三届三次会议 1989年3月2—5日，县政协三届三次会议在县城召开，应出席会议委员139名，出席93名。

会议议程 会议听取和讨论市政协主席赵铭在县政协政三届三次会议上的讲话；听取和讨论县委书记訾瑞亭的讲话；听取和讨论县长骆志强的讲话；学习和讨论《中共抚宁县委关于加强政治协商和民主监督的若干规定》；听取和审议县政协副主席李广明所作的县政协常委会工作报告；听取和审议县政协副主席赵振基所作的三届二次会议以来提案工作情况报告；审议通过提案委员会三届三次会议提案审查情况报告（书面）；听取和讨论委员建议发言；协商和讨论即将召开的县九届人大三次会议《政府工作报告》及其他报告；听取常务副县长傅春奎所作的三届三次会议提案解答报告；审议通过县政协三届三次会议决议；听取县政协主席张浩成在闭幕会上的讲话。

工作报告 1989年3月2日，县政协副主席李广明向县政协三届三次会议报告工作。报告陈述：县政协在县委的领导和上级政协的指导下，认真组织全体委员、各界人士和机关工作人员，紧密围绕“一个中心，两个基本点”积极开展各项活动，进一步发挥人民政协政治协商和民主监督的职能作用，各项工作都有新进展。

坚持利用多条渠道，履行协商监督职能。县政协三届二次全委会议，先于县人代会22天召开。委员们对拟提请人代会审议的《政府工作报告》和其他报告，进行认真研讨，提出112条意见和建议，经过大会秘书处归纳整理，转送给县人大及有关部门。会议期间，县委、县政府领导与委员平等协商对话，沟通思想，交换意见，共商大事。县政协坚持每季召开一次常委会会议，商讨《关于抚宁县发展外向型经济规划纲要和实施方案》，贯彻中共十三届三中全会精神，《关于发展林业生产的几点建议》《关于发展全县乡镇企业的几点建议》等重要建议案。坚持每月召开一次主席会议，围绕全县的中心工作，为常委会会议参政议政选议题、作准备，协商决策政协会务等重大问题。

三届二次全委会议以来，县政协提案工作委员会进一步加强提案工作，对于收到的89件提案逐一审查、登记、分类，并及时递转，落实承办单位，已全部办复。

一年中县政协主席、副主席列席县委常委会会议及其他重要会议、县政府常务会议及政务会议40多次，直接参与全县阶段性工作部署、经济社会发展战略、各项改革方案、人事安排与变动以及群众生活重大问题大政方针的研讨和决策。县委、县政府召开5次意见听取会，邀请县政协有关副主席、常委和委员到会，帮助党政领导机关和有关部门兴利除弊，改进工作。

一年中县政协工作组、联络组开展各类活动25次，其中实地考察、专题调查10次。农业科技工作组有关委员在主管副主席的带领下，到大新寨、台营、驻操营3个区和王家沟、麻姑营、柳各庄、黄土营4个乡进行调查研究，提出《关于发展林业生产的几点建议》。工业工作组在主管副主席的指导下，先去山东淄博市、河北盐山县、蠡县学习取经，又同乡镇企业局负责人到留守营、台营、卢王庄、海阳等区乡（镇）进行深入调查，提出《关于发展全县乡镇企业的几点建议》。财贸金融工作组提出《关于发展南戴河旅游事业的几点建议》。文教体育工作组关于全县山区教育的考察和杜庄乡中、小学办学情况的考察，海阳联络组关于海阳中心卫生院管理情况的考察，曹东庄联络组、石门寨联络组关于本地乡间公路状况的考察等调研活动得到各方支持，调研结果得到领导重视。文教体育工作组在考察杜庄乡中、小学教育时，发现徐山口小学校舍年久失修，随时都有坍塌的危险。考察组如实反映情况，并向县长提出急速解决徐山口小学危房的专项建议，县委、县政府对此极为重视，县委书记、常务副县长随即会同县政协主席和县文教局、财政局的主要负责人赶赴现场，研究具体措施，使问题很快得到解决，校舍提前20天竣工并交付使用。

海外联谊工作组组织委员认真学习党的对台政策，学习有关台湾和国际形势的讲话材料，参观秦皇岛市经济开发区、秦港码头、耀华厂浮法玻璃生产线，感受新变化。县政协会同县委对台办公室和统战部等部门，积极热情地做好接待工作，宣传党和国家对台对外政策，沟通思想，联络感情。

县政协组织委员认真学习社会主义初级阶段的理论、基本路线和方针政策，学习统战、政协的基本知识。为每位委员订阅《人民政协报》以及全国政协学委会编印的《学习参考资料》。与60多个市（区）、县政协建立密切的情况交流关系，认真学习和研究兄弟市（区）、县政协寄来的各种资料，组织部分委员、组长和机关工作人员到卢龙县、昌黎县、青龙满族自治县、海港区、北戴河区及省外市县（区）政协走访学习。为适应全县撤区扩乡新体制的需要，县政协适时调整区、乡（镇）联络组，增补8名委员，调整机关工作机构，将原来的“两科一室”改设为“三科一室”，使各方面的关系进一步得到理顺，为活跃政协工作提供了组织基础。

大会发言　县政协三届三次会议上，县政协副主席杜志仁作《加强农业领导，发展粮油生产的建议》的发言。发言建议加强领导，重新认识农业的战略地位；确保粮油作物种植面积；搞好农田水利建设，增加投入；整建科技推广系统，实现科学种田。杨华堂委员作《关于加强我县环保工作的几点建议》、陈丽霞委员作《关于加强和改进我县思想政治工作的几点建议》、齐凌云委员作《关于中小学教育问题的几点建议》的发言。

领导讲话　1989 年 3 月 2 日，县委书记菅瑞亭在县政协三届三次会议上发表讲话。菅瑞亭指出，县政协三届三次会议既是政协的一次例会，也是县委召开的政协工作会议。各区、乡（镇）和县直单位主要负责人参加会议，目的是进一步提高与会人员认识，使政治协商、民主监督经常化、制度化，充分发挥人民政协的职能作用，为振兴抚宁、开创政协工作新局面作出积极贡献。菅瑞亭指出，1988 年抚宁县工农业生产稳步发展，财政总收入增长，党的思想组织建设、社会主义民主法制建设得到加强，文教卫生、科学技术、计划生育等方面工作取得很大成绩。县政协围绕县委中心任务，为推动改革和“两个文明”建设把发挥政治协商、民主监督职能作用作为中心环节，把事关全县大政方针的重大问题作为政治协商、民主监督的主要内容；县政协工作组、联络组活动愈加活跃充实，工作的深度和广度都有新的进展；全体委员和各界人士在各自岗位上尽心竭智，为“两个文明”建设贡献自己才智，促进了社会生产力的发展。菅瑞亭强调，为全面贯彻中共十三届三中全会精神，把政协工作做得更好，要深刻认识人民政协的性质、地位、任务和作用；充分发挥政协职能，促进民主政治建设；全面加强党对人民政协工作的领导，把政协工作列入党委议事日程，每半年至少检查、研究一次统战政协工作，指定一名县委副书记、一名县政府副县长和办公室主任分管。菅瑞亭希望，全体政协委员、各界人士和全县人民，要以经济建设为中心，为推进各项事业的发展，开创政协工作新局面，参政议政，守职尽责，行使权利，发挥专长，建言献策，创新务实，工作取得新成绩，作出新贡献。

1989 年 3 月 5 日，县政协主席张浩成在县政协三届三次会议闭幕会上发表讲话。张浩成指出，由于县委对政协工作很重视，县政协三届三次会议第一天，县委就召集区、乡（镇）党委书记，县直单位主要领导参加会议，明确政协三届三次会议既是政协的例会，也是一次政协工作会议，同时专门作出《关于加强政治协商和民主监督的若干规定》（以下简称《若干规定》）；会议坚持以往改革经验，在县人代会之前召开，委员有充裕时间，对《政府工作报告》和其他报告进行讨论与协商，提出意见和建议，使会议开成了一次决策全县大政方针的高层次协商会；会上县委、县政府领导专门利用半天到讨论组，同委员一起就治理整顿、深入改革、“两个文明”建设、思想教育、群众生活等重大问题进行民主协商、平等对话、有来有往，该说的，委员都说了，该答的，领导都答了。委员们感到很满意，会议很成功。张浩成强调，1989 年县政协要围绕贯彻落实中共十三届三中全会精神，治理经济环境，整顿经济秩序，全面深化改革，强化以农业为基础的地位，把农业生产、特别是粮食生产搞上去发挥职能作用。政协各科、室，各工作组、联络组及全体委员要紧密围绕中心，为经济建设服务；要贯彻执行县委《若干规定》，协助县委和政府把《若干规定》逐项落到实处，逐步实现政治协商、民主监督的经常化、制度化；要加强工作组、联络组工作，围绕党政关心、部门关心、群众关心的重大问题，深入调查研究，丰富活动内容，探索新经验；要开展学习和宣传活动，为政协发挥职能作用创造条件；要学习对台对外方针政策，掌握联谊原则，对回大陆探亲访友的去台人员和“三胞”及其眷属，本着“以诚相待”的精神，与有关部门配合，做好接待工作。张浩成希望，进一步加强政协机关建设，政协机关工作人员加强政治、业务和文化学习，树立为政协和委员履行职责服务的思想，发扬廉洁奉公、办事严谨的作风，增强想大局、顾整体的观念，以适应新形势、新任务的需要。

政治决议 1989 年 3 月 5 日，县政协三届三次会议审议通过决议。决议认为，县政协三届三次会议是在中共十三届三中全会精神指引下召开的，对于推动全县各项事业发展具有重要意义。市、县领导的讲话从理论和实践的结合上，阐明现阶段人民政协的性质、地位、任务和作用；提出加强政协工作的具体措施；肯定县政协的工作，对全体委员和各界人士为全县各项改革和“两个文明”建设所作的贡献给予很高的评价，并提出殷切希望，进一步增强全体委员、各界人士的光荣感和责任感，以及在新形势下做好政协工作的信心和决心。决议强调，《关于加强政治协商和民主监督的若干规定》是县委进一步加强政协工作所采取的重要措施，必将推动政治协商、民主监督逐步走向经常化、制度化。决议指出，会议赞同县政协常务委员会工作报告、提案工作情况和提案审查情况报告。《政府工作报告》和其他报告征求意见稿符合实际，委员表示坚决贯彻落实，并就实际工作中存在的问题和报告内容提出意见和建议。决议号召，全体委员和各界人士在中共抚宁县委的领导下，继续深入学习、贯彻中共十三届三中全会精神，高举社会主义和爱国主义两面旗帜，坚定不移地贯彻执行中国共产党在社会主义初级阶段的基本路线，紧密围绕党和政府的中心任务，开拓创新，勤奋工作，为促进治理整顿、深化改革以及“两个文明”建设的健康发展，为振兴中华、统一祖国作出新贡献。

县政协第四届全体委员会议

四届一次会议 1990 年 4 月 13—16 日，县政协四届一次会议在县城召开，应出席会议委员 158 名，出席 135 名。

主席团 （主席团成员 25 人，以姓氏笔画为序）

马山林　王立群　王永秋　王匡时　白润泉　刘松林　孙英杰　吕晓岚　杜志仁
李兰英（女）　李成岩　李景尧　李瑞林　张九龄　郑庆魁　金光明
陈丽霞（女）　岳秀茹（女）　单家璋　殷良生　倪倩华　郭喜瑞　董文瑾
傅振东　蔡东权

秘书长 张九龄

会议议程 会议学习《中共中央关于坚持和完善中国共产党领导的多党合作和政治协商制度的意见》；听取和讨论县委书记菅瑞亭在县政协四届一次会议上的讲话；听取和讨论县长骆志强的讲话；听取和审议县政协四届一次会议主席团常务主席杜志仁所作的县政协三届常委会任期工作情况介绍；讨论即将召开的县人大十届一次会议《政府工作报告》及其他报告（征求意见稿）；审议通过主席团常务主席郑庆魁所作的四届一次会议提案审查情况报告；听取副县长陈

才所作的提案解答报告；选举产生县政协四届委员会主席、副主席、秘书长和常务委员；审议通过县政协四届一次会议决议；听取县政协主席傅振东在闭幕会上的讲话。

工作报告 1990年4月13日，县政协四届一次会议主席团常务主席杜志仁向四届一次会议作三届常委会任期工作情况介绍。县政协第三届常委会在县委的领导和上级政协的指导下，以经济建设为中心，坚持四项基本原则，坚持改革开放，以统一祖国、振兴中华为目标，紧密围绕党和政府的中心任务以及人民群众普遍关心的问题开展活动，使各项工作稳步推进。

发挥政协整体功能作用，提高协商监督质量。县政协的全体委员会议、常务委员会议、主席会议是履行政治协商、民主监督基本职能的主要形式。县政协坚持全委会先于县人代会召开，坚持协商于决策之前，除出席会议的委员外，历次全委会都请县直各单位和区镇乡党委的主要负责人列席会议，县委书记、县长到会讲话。县党政主要领导与委员围绕全县治理整顿、深化改革、两个文明建设、思想教育、群众生活等重大问题，进行高层次的协商对话，各界委员围绕《政府工作报告》和全县人民普遍关心的重大问题，通过大会发言提出意见和建议，县长在会上作提案解答报告。改变过去“会上提，会后转，委员与领导不见面”的现象，调动委员提出高质量提案的积极性。

把开好常委会、提高会议质量作为搞好政治协商、民主监督的重要环节。常委会召开前搞调研，完成调查报告初稿，提交政协常委会再行协商、研讨论证，形成建议案，请有关部门领导和专业人员参与论证。《关于加强农村思想政治工作的几点建议》调查草稿脱稿后，邀请县委宣传部部长、县武装部政委以及县妇联、团县委等主要负责人参加政协常委会，共同研讨、论证、修订，使意见的说服力更强。三年来，县政协共实地考察、专题调查40多次，考察和调查50多个单位，提出70多条有价值的建议，为党政领导正确决策提供翔实可靠的依据。1987年，县政协考察省内外的一些单位，写出《关于如何把全县粮食生产搞上去的几点意见》，并形成建议案，报送县委和市政协。县委列为全县农村工作会议的主要内容，市政协把这个《意见》推荐给市委。围绕部门关心的问题，开展调查研究，出台《承包使酒厂出现了活力》《关于发展南戴河旅游事业的几点建议》《糖酒公司在竞争中前进有新招》《关于对全县山区教育的考察报告》等调研意见，为全县各部门开展工作提出建议和改进办法。县政协常委王云提出的关于解决粮油定购“三挂钩”办法的调查情况和建议及文教体育工作组考察杜庄乡中小学后提出的《急速解决徐山口小学危房的建议》，主席审阅商定后，立即转送县委、县政府及有关部门，很快得到解决。

在县委、县政府联合印发的《关于建立健全政治协商制度的意见》和县委《关于进一步加强人民政协工作的决定》的基础上，1989年2月，县委又作出《关于加强政治协商和民主监督的若干规定》，对协商监督的原则、内容、形式、层次、程序以及保证措施等作出具体规定，为政治协商、民主监督工作实现制度化、经常化推进一步。

县政协把祖国统一和海外联谊工作列入日程，确定一名副主席分管，有关科具体抓。在县委统筹安排下，有关主席专门接待政协委员亲属中的5名在台湾党政军界、工商界有影响的台胞，增进友谊，深化感情。

县政协组织全体工作人员学习马列主义、毛泽东思想；进行形势、政策、党的基本路线、民主与法治教育；加强统战、政协基本知识学习，使机关全体工作人员思想、政治、业务和服务素质进一步提高。政协机关将原“一室两科”扩展为“一室三科”，明确办公室和各科的职责范围。进一步健全、完善机关11项制度，加强与省内外60多个兄弟市、县、区政协的联系，吸取他们的宝贵经验，改进县政协的工作。

领导讲话 1990年4月13日，县委书记菅瑞亭在县政协四届一次会议上发表讲话。

菅瑞亭指出，县政协四届一次会议既是政协的一次例会，又是全县统战、政协工作会议。会议的召开，对进一步贯彻落实《中共中央关于坚持和完善中国共产党领导的多党合作和政治协商制度的意见》，贯彻落实中共十三届四中、五中、六中全会精神，调动全县各界人士的积极性，完成90年代第一年的各项工作任务，将起到积极的推动作用。菅瑞亭强调，近一个时期，帝国主义又一次发动了反共反社会主义浪潮，波及几个社会主义国家。究竟社会主义好不好，中国能不能走资本主义道路，新中国成立40年来社会主义建设事业取得的成就，就能清楚地证明，没有共产党就没有新中国，只有社会主义才能救中国，才能发展中国。中国必须坚定不移走社会主义道路。中国共产党领导的多党合作和政治协商制度是中国的基本政治制度，它根本不同于资本主义国家的多党制或两党制，也不同于一些社会主义国家的一党制。中国的各民主党派既不是在野党，也不是反对党，而是接受中共领导、同中共通力合作、共同致力于社会主义建设的亲密友党，是参政党。政府有关部门安排民主党派成员和无党派人士担任实职，是实行多党合作的一项重要内容。全县32个行政局中，只有4名党外副局长，占应安排名额的12.5%，县委要求到年底，要达到三分之一以上。全县160名政协委员，涉及20个界别，具有广泛代表性。政协委员是各行各业的行家里手，人民政协是个高层次的“智力库”。他们为抚宁发展建设和群众关心的生产生活问题，提出兴利除弊的建设性意见、建议及提案数千条，为县委、县政府决策的科学化、民主化，繁荣抚宁经济发挥了重要作用。菅瑞亭希望，县政协及全体委员继续发扬优良传统，坚持以经济建设为中心的指导思想，充分发挥人民政协“智力库”和整体功能作用，积极开展政治协商和民主监督活动。继续发扬直言勇谏的优良传统，共图祖国昌盛，共图抚宁繁荣。继续发扬自我教育、自我改造的优良传统，不断学习、提高参政议政能力，携起手来，把各项事情办好，渡过当前的经济难关。

1990年4月16日，县政协主席傅振东在县政协四届一次会议闭幕会上发表讲话。傅振东指出，县政协四届一次会议坚持在县人代会之前召开，体现协商于决策之前的原则。会上政协委员以主人翁责任感参政议政，县委、县人大、县政府、县纪检会、县武装部、县法院、县检察院的领导及县委统战部负责人由始至终亲临会议，县直单位和乡、镇党委负责人出席统战政协工作会议，这对做好统战政协工作起到很大推动作用。四届县政协任期的主要任务是在中共抚宁县委领导下，认真贯彻中共十三届四中、五中、六中全会精神和《中共中央关于坚持和完善中国共产党领导的多党合作和政治协商制度的意见》，团结和调动全体委员和各界人士的积极性，同心同德，齐心协力，为促进抚宁治理整顿和深化改革，促进政治上安定团结，经济上持续、稳定、协调发展，作出更大贡献。傅振东强调，1990年，县政协要把学习和贯彻《中共中央关于坚持和完善中国共产党领导的多党合作和政治协商制度的意见》及县委实施意见作为重要任务，完善落实有关政治协商、民主监督的各项制度、规定，为政协委员参政议政创造良好条件，开辟畅通渠道；要紧紧围绕治理整顿和深化改革这个中心开展活动，选一两个调研题目，深入调查研究，写出有价值、有分量的报告，向党委、政府进言献策；要加强与有关部门的对口联系，开展多形式、多层次、多渠道的活动。要组织有关委员认真学习，广泛开展海外联谊活动；要抓紧抢救文史资料，发动各界人士撰写文史稿件，力争本年筛出更多成品。傅振东表示，政协机关要加强自身建设，加强与委员和各界人士的联系，把政协机关办成“委员之家”，为委员更好地参政议政创造条件，开辟畅通渠道；机关工作人员要加强学习，提高政治业务素质，发扬艰苦奋斗优良传统，团结紧张，勤政清廉，务实创新，提高工作效率。

政治决议　1990年4月16日，县政协四届一次会议审议通过决议。决议认为，县政协四届一次会议对于进一步贯彻《中共中央关于坚持和完善中国共产党领导的多党合作和政治协商制度的意见》，调动全县各方面人士的积极性，齐心协力，克服困难，推动全县政治经济和社会的进一步稳定发展，具有重要的意义。会议选举产生的县政协新一届领导成员，为进一步巩固和发展县政协工作大好形势，提供可靠的组织保证。决议强调，人民政协是实行共产党领导的多党合作和政治协商制度的重要组织形式，充分发挥人民政协的作用，为政协委员和各界人士更好地参政议政创造了条件。县委书记菅瑞亭和其他领导的讲话，深刻阐述了关于坚持和完善中国共产党领导的多党合作和政治协商制度的重要现实意义和深远的历史意义；提出加强政协工作的具体意见；充分肯定了县政协第三届委员会的工作，并对四届委员会提出殷切希望。决议指出，县政协常务委员会工作报告、提案审查情况报告、《政府工作报告》和其他报告，符合县情，鼓舞人心，催人奋进。实现国家政治、经济、社会的进一步稳定发展，是当前全国人民的中心任务，也是人民政协的中心任务，要紧紧围绕这个中心任务，积极履行政治协商、民主监督的基本职能，开展各项工作。决议号召，全体委员和各界人士在中共抚宁县委的领导下和上级政协的指导下，在中共十三届四中、五中和六中全会及《中共中央关于坚持和完善中国共产党领导的多党合作和政治协商制度的意见》精神指引下，高举社会主义和爱国主义旗帜，振奋精神，增强信心，同心同德，努力工作，为维护和发展安定团结的政治局面，完成治理整顿任务，推动社会主义事业和祖国统一大业而奋斗。

四届二次会议　1991年4月2—6日，全县统战政协工作会议和县政协四届二次会议在县城召开，应出席会议委员164名，出席162名。

会议议程　会议听取和讨论县委书记菅瑞亭所作《认真贯彻全国和省、市统战工作会议精神 努力开创全县统战政协工作的新局面》的讲话；听取和审议并通过县政协副主席王匡时所作的县政协常委会工作报告；听取审议县政协副主席白润泉所作的四届一次会议以来提案办理情况报告；审议通过提案委员会四届二次会议提案审查情况报告（书面）；协商讨论全县国民经济和社会发展十年规划和“八五”计划草案；协商讨论县政府工作通报和其他工作通报；听取和讨论委员大会发言；听取副县长王一鸣所作的提案解答报告；选举增补县政协常务委员、秘书长；审议通过县政协四届二次会议决议；听取县政协主席傅振东在闭幕会上的讲话。

工作报告 1991年4月3日，县政协副主席王匡时向县政协四届二次会议报告工作。报告陈述：县政协在县委的领导和上级政协的指导下，在全县有关部门和单位的支持下，依靠全体委员和各界人士，认真贯彻落实全国统战工作会议精神和《中共中央关于坚持和完善中国共产党领导的多党合作和政治协商制度的意见》，紧密围绕县委、县政府的中心工作，发挥人民政协政治协商、民主监督的职能作用，使县政协工作日趋活跃。

围绕大事要事全力搞好协商，县政协对拟提请人代会审议的《政府工作报告》和其他报告，对人大及一府两院领导人选进行广泛、深入的协商和研讨，提出一些很有价值的意见和建议。召开6次政协常委会会议和11次主席会议，参与全县的大政方针及县委、县政府中心工作的协商和决策。

围绕热点问题积极参政议政，县政协由一位副主席带队，邀请县委农经部、县人行、县农行、县信用联社等有关单位负责人参加，对全县已建立合作基金会的25个乡镇进行普遍调查和重点抽查。之后又到张家口地区和赤城、怀来两县进行学习考察。向县委提出关于进一步办好合作基金会的建议，县委将建议批转给各乡镇党委，改善了合作基金的管理，基金会股金从2480万元增加到2683万元。针对全县中小学德育工作存在的薄弱环节，县政协组织部分委员会同县教委负责人，对王家沟、卢王庄、抚宁镇、牛头崖等8所中小学的德育工作，采取专题抽样调查，还实地考察玉田县中小学德育工作，形成关于进一步加强全县中小学德育工作的建议，受到县委、县政府的充分肯定。县政协深入大新寨、石门寨、留守营3镇7村，广泛听取各方面意见，形成加强农村社会治安综合治理的建议，经主席会议协商送交县委。

围绕难点问题履行监督职能，县政协常委听取县纪检会关于纠正行业不正之风和办案情况的通报，县公安局、检察院关于严厉打击刑事犯罪和经济犯罪情况的通报，向全体委员印发行业不正之风情况调查表。各联络组共收集揭摆涉及公安、电力、工商、税务、文教等7个系统的23个方面的问题，经整理后分别报送县纠风领导小组和市政协，为搞好纠风工作，密切党和政府同人民群众的关系作出努力。

县政协经济科技委员会考察玉米地膜覆盖情况，进行跟踪比较鉴别，又赴山东考察后，引进一万多斤玉米优种，在全县建立基地。工建交活动小组对锰钢公司的经营管理、石门寨地区小煤矿的煤质和安全生产进行考察。提案工作委员会收到67位委员的127件提案，有关部门已全部办复。

县政协宣教文卫委员会参加县委宣传部、县教委、县文化局组织的活动，与县卫生局进行对口协商，进行中小学德育工作调查，参与县政府和县卫生局赴大连金州学习考察初级卫生保健工作，写出考察报告；学习委员会组织委员学习选编辅导材料，收听有关录音，培训新委员；文史资料征集委员会刊印三期《抚宁文史资料》；社会法制海外联谊委员会组织委员学习中央对台工作有关方针政策，收听台湾最新形势的报告录音。县政协大新寨联络组创造跨乡镇开展活动的新经验；海阳联络组会同海阳镇人大主席团对海阳四街道路进行考察。

四届一次会议以来，县政协编发了12期政协会讯，调整和组建学习、提案工作和经济科技、宣教文卫、文史资料征集、社会法制海外联谊6个专门委员会，下设8个活动小组，从组织上保证对口协商的经常化、规范化。对机关干部作适当调整，提拔选任正、副科长，选调干部，充实政协机关。采取学习会、组织参观、印发材料、给委员订阅政协报和培训新委员等形式，组织委员及时学习，交流思想，沟通情况。出台《专门委员会组织通则》、各专门委员会《工作简则》、《常务委员会工作规则》、《县政府各工作部门与县政协各专门委员会互相联系的暂行办法》等，修订《政协联络组工作试行条例》、常务委员会的学习制度，使机关工作更加规范化、制度化。

大会发言 县政协四届二次会议上，李成岩副主席作《关于发展我县工业生产的两点建议》的大会发言。建议加速适销对路产品的发展，理顺关系，改革工业管理体制。王瑞金委员作《加强农业科技的推广工作》、倪倩华委员作《大力提高中小学教育质量》、张玉琴委员作《呼吁各级领导和全社会都应重视和支持妇幼卫生保健工作》、王立新委员作《根治赌博公害，净化社会风气》、张连弼委员作《强化科学研究，振兴抚宁经济》的大会发言。6名委员作的大会发言，有的提出县域经济发展、社会进步的思路；有的针对县政府的一些薄弱环节献计献策；有的反映群众呼声强烈和亟待解决的问题，这些意见和建议，在修订县十年规划和“八五”计划时被采纳，并在实际工作中得到落实。

领导讲话 1991年4月2日，县委书记菅瑞亭在全县统战政协工作会议上发表《认真贯彻全国和省、市统战工作会议精神，努力开创我县统战政协工作新局面》的讲话。菅瑞亭指出，县委召开全县统战政协工作会议，主要任务是学习、贯彻中央和省、市委统战工作会议精神，提高全党对统战工作的认识，进一步加强抚宁县的统战工作，使统战工作更好地为“四化”建设服务。菅瑞亭强调，全县各级党委要从党的事业的全局高度、从建设有中国特色社会主义的高度认识做好新时期统一战线工作的重要性、必要性和长期性，切实克服一切轻视统战工作的思想认识，纠正“上边热、基层冷”“党外热、党内冷”的倾向，牢固树立统战工作必须认真抓、经常抓、长期抓的思想，不断发展和巩固新时期的爱国统一战线。要把学习、宣传党的统一战线理论、方针和政策作为一项长期的战略任务，作为党在政治上的一项基本建设，结合学习马列主义基本理论，学好统一战线的理论、方针和政策，理解和掌握主要观点。各级党委要切实加强对统战工作的领导，密切联系党外人士，充分发挥人民政协的职能作用，把政治协商、民主监督纳入党政决策程序。在安排党外干部到政府工作部门担任实职的工作有一个新的进展，到1991年年底前要达到应安排部门的三分之一。要进一步做好海外统战工作，做好“三胞”回乡探亲的接待工作，外资、台资的引进工作。要认真贯彻党的宗教政策，促进社会安定团结，党和政府尊重和保护宗教信仰自由，也坚决取缔、打击非法的宗教活动，不允许任何人利用宗教反对四项基本原则和制造民族分裂。菅瑞亭希望，通过统战工作会议，大家的认识要有一个新的提高，实际工作有一个更大的突破，全县统一战线工作有一个更大的发展。

1991年4月6日，县政协主席傅振东在县政协四届二次会议闭幕会上发表讲话。傅振东指出，县政协四届二次会议是与县委统战政协会议合并召开的，会议既是一次统战政策的学习会，一次贯彻《中共中央关于坚持和完善中国共产党领导的多党合作和政治协商制度的意见》再动员会；也是一次发挥政协整体功能，开展高层次协商，团结、民主、求实、鼓劲的会议。傅振东强调，1991 年是实施十年规划和“八五”计划的第一年，是打基础的一年。政协组织和各位委员要团结全县各族各界人民以中共十三届七中全会精神为指针，深入贯彻全国统战工作会议和全国政协七届四次会议精神，落实县委七届四次全委会议和农村工作会议所提出的任务，为抚宁经济发展，人民生活奔小康目标献计出力，作出贡献。政协组织和委员要在参加县经济大合唱中抓住十年规划和“八五”计划实施中的重大事项、事关国民经济和社会发展中的全面问题和其他突出问题开展视察、专题调查、重点抽查、协商论证，尽忠言、献良策，当好县委参谋。要围绕“三关心”问题和热点、难点问题实施民主监督，做经济大合唱的主角，直接从事经济工作的委员责无旁贷，从事上层建筑工作的委员也应为经济基础服务。各位委员要按照“长期共存、互相监督、肝胆相照、荣辱与共”的方针，不断增强统战观念、民主意识和协商意识；各专门委员会要开展好经常性活动，不但成为联系委员和各界人士的桥梁和纽带，而且应成为与对口单位进行联系的工作枢纽；委员活动小组、联络组要围绕党的中心任务选择题目，组织活动，落实计划；各个委组、各位委员要深入调查研究，提出有价值、有分量的意见和建议，发挥政协委员联系面广，特别是海外联谊活动小组委员的优势，积极开展外向型联系，为经济建设引进项目、资金、技术和人才牵线搭桥。傅振东希望，每位委员都要牢牢坚持四项基本原则，刻苦钻研科学技术和业务，提高自身政治业务素质；要在各自岗位积极工作、尽职尽责、务实创新，使自己成为本部门、本行业的专家和能手；要深入群众，了解民情、反映民意，提高参政议政能力。政协机关工作人员要认真学习统战理论、方针和政策，牢固树立为委员服务的思想，把县政协建成“委员和各界人士的家”。

政治决议　1991 年 4 月 6 日，县政协四届二次会议审议通过决议。决议认为，县政协四届二次会议本着民主、求实、团结、鼓劲的精神，对县十年规划和“八五”计划草案、1991 年的大政方针和政协工作进行认真协商座谈，研究讨论，对党政领导决策全县大事和政协工作的进一步发展，起到积极的推动作用。决议强调，与会委员参加全县统战政协工作会议，听取和讨论全国、省、市统战工作会议精神，江泽民同志的讲话，中共中央《关于加强统一战线工作的通知》，县委《关于进一步加强统战工作的意见》，县领导的讲话，表示决不辜负县委、县政府的期望和全县各族各界人民的重托，将再接再厉，奋发进取，为党为人民作出新贡献。决议指出，县政协常务委员会工作报告、提案办理情况和提案审查情况报告实事求是，《国民经济和社会发展十年规划和“八五”计划草案》和县政府、县法院、县检察院以及计划、财政工作通报得到与会委员的赞同，表示为全县的经济腾飞，在本世纪末实现翻两番、奔小康的宏伟目标而奋斗。决议号召，县政协各个组织和全体政协委员，在中共十三届七中全会精神指引下，旗帜鲜明地坚持四项基本原则，反对资产阶级自由化；以经济建设为中心，坚持改革开放，促进十年规划和“八五”计划的实施；推进社会主义民主和法制建设，维护国家和社会的稳定。全体委员在中共抚宁县委的领导和上级政协的指导下，努力工作，在振兴中华、统一祖国的伟大事业中作出更大的贡献。

四届三次会议　1992 年 2 月 23—25 日，县政协四届三次会议在县城召开，应出席会议委员 165 名，出席 151 名。

会议议程 会议听取和讨论县委书记菅瑞亭在县政协四届三次会议上的讲话，听取和审议县政协副主席杜志所作的县政协常委会工作报告，听取和审议县政协副主席白润泉所作的四届二次会议以来提案办理情况报告，审议通过提案委员会四届三次会议提案审查情况报告，听取和讨论县长骆志强所作的政府工作通报及其他工作通报，讨论通过县政协四届三次会议决议，听取县政协主席傅振东在闭幕会上的讲话。

工作报告 1992 年 2 月 23 日，县政协副主席杜志仁向县政协四届三次会议报告工作。报告陈述：县政协在县委的领导和市政协的指导下，深入学习和贯彻中共十三届七中全会精神、《中共中央关于坚持和完善共产党领导的多党合作和政治协商制度的意见》以及全国统战工作会议和省、市政协工作会议精神，发挥人民政协政治协商、民主监督的作用，为全县政治稳定、经济繁荣作出积极贡献。

县政协召开主席会议、常委会会议深入学习贯彻全国统战工作会议和省、市委政协工作会议精神，组织全体委员开展统战政协理论政策的学习竞赛，发动委员参加《人民政协报》举办的“999 杯统战知识竞赛”，有 61 名委员取得较好成绩。

县政协坚持先于县人代会召开全委会议，在会前组织委员围绕县国民经济十年规划和“八五”计划草案，搞好调查，动员委员为县国民经济十年规划和“八五”计划的制订和实施进言献策，委员们提出 52 条意见和建议，6 名委员的发言在修订县十年规划和“八五”计划时被采纳，并在实际工作中得到落实。县政协召开 6 次主席会议、3 次常委会会议，集中协商全县重大事项。视察全县光荣院、敬老院后，向县政府提交《政协抚宁县委员会关于办好光荣院、敬老院的几点建议》，《建议》提出的 7 个方面问题全部被采纳。

县政协常委会会议协商《抚宁县试行农村宅基地和村内空闲地有偿使用的实施方案》及《试行办法》，向县委、县政府提出《关于农村社会化服务的调查报告》和《关于减轻农民负担的几点建议》，为党政领导决策提供参考。

县政协围绕党委、政府中心工作，组织 21 次调查，形成调查报告、意见、建议材料 6 份。为贯彻落实 1990 年国务院《关于切实减轻农民负担的通知》精神，县政协由一名副主席负责，组织部分委员，邀请农工部、农委等单位的负责人，用 22 天时间深入 4 个乡镇、9 个村、30 个农户进行深入调查，提出《关于农村社会化服务情况的调查报告》和《关于减轻农民负担的几点建议》。经济科技委员会对县第二化肥厂的经营管理情况进行调查，宣教文卫委员会针对全面提高教育质量问题，赴锦州市锦州中学参观考察，学习委员会组织收听收看有关录音、录像，文史资料征集委员会刊印 3 期《抚宁文史资料》，并做好《抚宁文史资料》第一辑的编辑出版印刷工作。提案工作委员会，对四届二次会议以来立案的 110 件提案已办完 108 件，其余 2 件正在办理。

县政协两名副主席带领委员走出去学习，广交朋友，收集信息，召开全县 18 个乡镇和县直经企单位、有关政协联络组组长 80 多人参加的经济信息发布会，邀请北京、天津及所辖区的教授、专家在会上发布信息，将收集的 272 条经济项目信息印发，有 30 多个项目达成洽谈意向。

通过学习会、组织参观、印发材料、收听收看录音录像，使全体委员和工作人员思想素质有新提高。县政协与80多个市（区）、县政协建立友好交往平台，相互交换资料、相互联系沟通。为加强政协联络组建设，县政协召开专门座谈会，政协主席、联络组组长、机关科室负责人参加会议，县委、市政协有关领导亲临座谈会听取汇报发言，指导改进思路，明确工作方向，推动政协联络组巩固和完善。

领导讲话 1992年2月25日，县委书记菅瑞亭在县政协四届三次会议闭幕会上发表讲话。菅瑞亭指出，1991年全县党的建设明显加强；精神文明建设取得新的进展；治理整顿、改革开放不断深化；全县经济开始走向持续、稳定、协调发展的轨道；许多部门工作跨入全国和省、市先进行列。这是全县人民积极工作和辛勤劳动的结果，也是各位委员、各位同志创造性的辛勤工作的结果。菅瑞亭强调，当今世界格局的根本特征是社会主义和资本主义两种制度的共存与斗争，国际反动势力搞“和平演变”，策划社会动乱，挑起各种矛盾，制造分裂，妄图颠覆社会主义制度。县政协及全体委员要认清形势，加强学习，广泛宣传，立场坚定，旗帜鲜明，反对资产阶级自由化，抵御国内外敌对势力搞“和平演变”的图谋。要发挥桥梁和纽带作用，及时沟通县委、县政府与不同利益结构、不同阶层之间的意见，团结更多的人，化解和处理矛盾，增强全县人民的大团结。县委、县政府、县政协都要为政协委员参政议政疏通渠道，创造气氛，使各方面意见、要求、批评和建议都能充分反映出来。政协委员在参政议政中要坦诚直言，做到“知无不言，言无不尽”。县委、县政府及有关部门对政协及政协委员的意见和批评、建议要高度重视，力争件件有着落。通过大力发挥政协及政协委员的作用，推进社会主义民主建设。菅瑞亭希望，县政协及各专门委员会开展好调查、考察活动，为县委、县政府决策提供咨询；积极参与“经济大合唱”，为“科技兴抚”出谋划策；发挥人才聚集及联系面广的优势，开展广揽和推荐人才、智力开发、科技示范和经济技术咨询活动，为开发新技术产业和发展外向型经济牵线搭桥。

1992年2月25日，县政协主席傅振东在县政协四届三次会议闭幕会上发表讲话。傅振东指出，县政协四届三次会议开得很成功，与会委员以主人翁责任感和实事求是的科学态度直言敢谏、参政议政，使会议开成了团结、民主、求实、鼓劲的会议，全方位、高层次的政治协商会议。傅振东强调，1992年县政协要深入贯彻中共中央工作会议和中共十三届八中全会精神，全力服务于县经济建设，县政协各专门委员会和乡镇联络组要发挥自身优势，围绕新情况、新问题开展咨询服务、献计献策；要充分发挥政协组织“智囊团”“人才库”的作用，引进信息、培训人才、当好参谋，协助政府改进工作；每位委员都要做贯彻两会精神的主角，要把全部精力倾注到搞好工农业生产上去。要强化协商监督职能作用，继续贯彻落实《中共中央关于坚持和完善中国共产党领导的多党合作和政治协商制度的意见》，全国政协关于政治协商、民主监督的《暂行规定》及县委的《若干规定》，努力完善制度，营造良好气氛和运转机制，确保协商和监督经常化、制度化、规范化。发挥好政协例会的协商主渠道作用，强化政协整体功能。政协全会、常委会和主席会是政协组织抓大事、议大事的主渠道，是发挥整体功能的主要场所，要提高例会质量，丰富例会协商内容，拓展协商深度。要进一步活跃专门委员会的工作，各专门委员会的对口联系、对口协商不能停留在口头上，必须落实到行动上。傅振东希望，各位政协委员要自觉学习党的路线、方针和政策，深化对爱国主义、社会主义的认识，增强坚持四项基本原则、反对资产阶级自由化、抵制和平演变的自觉性；在工作岗位上要勤奋钻研，掌握本行业的科学文化知识，成为本部门、本行业的专家和能手；要廉洁自律，反对不正之风，从实际出发，实事求是，反对说空话、大话、假话，要深入实际，了解民情，广交朋友。政协机关工作人员要努力提高思想业务素质，提高工作效率，把“委员和各界人士之家”办得更上一层楼。

政治决议 1992 年 2 月 25 日，县政协四届三次会议审议通过决议。决议认为，县政协四届三次会议是在全国人民认真贯彻中共中央工作会议和中共十三届八中全会精神、经济建设蓬勃发展、统战政协工作不断开创新局面的形势下召开的。会议对推动全县改革开放和各项建设事业的发展，进一步提高政协工作的质量，起到巨大的作用。决议指出，会议赞同县政协常务委员会工作报告和提案工作情况报告，赞同县政府工作通报及其他工作通报，并结合全县实际情况提出一些合理、可行的建议。认为县政府应根据委员提出的意见和建议，适当调整和修正，确保全县国民经济和财政工作跃上新台阶。决议强调，县政协各个组织和全体政协委员，在中共十三届八中全会精神指引下，坚持“一个中心，两个基本点”，促进十年规划和“八五”计划的实施，推进社会主义民主和法治建设，反对资产阶级自由化，抵制资本主义的“和平演变”，维护国家和社会的稳定。全体委员继续认真学习贯彻中共中央关于统战政协工作的一系列指示，贯彻落实县委关于加强政协工作的有关决定、规定和意见，团结全县各界人士，积极参政议政，充分发挥协商、监督作用，不断为党为人民作出新贡献。决议号召，县政协各个组织和全体政协委员，在中共抚宁县委的领导和上级政协的指导下，振奋精神，努力工作，务实创新，为繁荣经济，促进全县工农业和其他各项事业的发展，实现振兴中华、统一祖国的伟大事业作出更大的贡献。

县政协第五届全体委员会议

五届一次会议 1993 年 2 月 15—18 日，县政协五届一次会议在县城召开，应出席会议委员 156 名，出席 125 名。

主席团 （主席团成员 24 人，以姓氏笔画为序）

王向春　王瑞金　孙焕仁　杜克谦　杜静红（女）　李成岩　李述善　张仲青
张志坚　张焕彪　苏洪珊　陈　光（女）　陈丽霞（女）　杨　志　郑庆魁
赵志卿　胡建军　顾昌和　倪倩华　高尚民　郭丽春（女）　郭喜瑞　蔡东权
戴新武

秘书长 王向春

会议议程 会议听取和讨论县政协五届一次会议主席团常务主席顾昌和所致开幕词；听取和讨论县委副书记侯金来的讲话；听取和审议主席团常务主席李成岩所作的县政协四届常委会工作报告；表彰优秀提案；列席县十一届人大一次会议，听取和讨论代理县长田永生所作的《政府工作报告》和其他报告；选举县政协第五届委员会主席、副主席、秘书长和常务委员；审议通过五届一次会议提案审查情况报告；讨论通过县政协五届一次会议决议；听取县政协主席苏洪珊在闭幕会上的讲话。

工作报告 1993年2月15日，县政协五届一次会议主席团常务主席李成岩向五届一次会议报告四届常委会工作。报告陈述：县政协在县委的领导和上级政协的指导下，在各有关部门大力支持下，紧密围绕县委、县政府的中心工作，为“两个文明”建设积极开展各项活动，使县政协各项工作取得新的进展。

三年来，县政协全面系统地学习《中共中央关于坚持和完善中国共产党领导的多党合作和政治协商制度的意见》和《关于加强统一战线工作的通知》，县政协主席会议、常委会会议、全委会议安排专题辅导、收听录音、印发学习资料，会同县委宣传部、统战部，在全县范围和政协委员中开展统战、政协理论政策的学习竞赛，宣传统战、政协理论政策知识，扩大统一战线和人民政协的影响。

为促进中共中央《意见》和全国、省、市统战工作会议精神在全县的贯彻落实，县委邀请县政协有关主席和委员及各界人士座谈；制定学习贯彻中共中央《意见》的实施意见，筹备并召开全县政协工作会议，作出《切实加强政协工作的决定》。各级党委普遍加强对政协工作的领导，各级政府增强与政协进行协商、接受民主监督的自觉性，为政协工作的顺利开展创造良好的社会环境。

县政协围绕县委和县政府的重点工作，组织委员搞调查、考察等活动30次，向县委、县政府及其有关部门递交建议和建议案5件，建议和意见、内部信息6件。召开3次全委会议、14次常委会（扩大）会议、27次主席会议、3次有部分委员和各界人士参加的大型座谈协商会议，共提出建议和意见250条，为县委、县政府决策起到重要作用。县政协有关主席还应邀参加县委常委会会议、政府常务会议，直接参与有关大政方针的研究制定。

县政协重视委员提案工作，制定《抚宁县第四届委员会提案工作试行条例》，联合下发《中共抚宁县委、抚宁县人民政府、政协抚宁县委员会关于表彰奖励优秀提案和提案办理先进单位、先进个人的暂行办法》；召开第一次提案工作表彰会议。三年中委员们提出311件提案，其中《关于进一步办好合作基金会的建议》《关于减轻农民负担的几点建议》《关于进一步加强全县农业社会化服务的建议案》《关于进一步加强全县中小学德育工作的建议》等提案引起有关部门重视，列入县委、县政府规划。

积极开展海外联谊工作，县政协坚持每年给“台胞”寄送贺年片，把《抚宁县地名志》、抚宁县民间唢呐录音带寄给台湾的抚宁同乡会。县政协领导亲自出面，接待、看望来大陆探亲的政协委员亲属，与有关部门共接待“三胞”27人次。海外“三胞”资助家乡办学，联合办厂，投入70万美元。县政协邀请北京、天津研究所，在本县举行经济项目信息发布会。会上县政协把收集的信息，筛选270多条打印发给与会80名乡镇和县直经企单位的领导，并创办《信息服务》专刊，为社会提供信息300多条。

全体政协委员在各自的岗位上努力工作，有1名政协委员获得“五一劳动奖章”，1名委员被评为省特级教师，2名委员继续评为市级拔尖人才；有22名委员被评为市、县级先进工作者、优秀共产党员；有3名委员为救灾、助学、助亚运会捐款物折款计28000元。海阳电器安装队的戴新武委员，几年中上缴利税50多万元。

进一步加强自身建设，县政协认真学习贯彻中共中央统战、政协会议精神，学习贯彻中共十三届七中全会和中共十四大会议精神，学习邓小平南方重要谈话和江泽民同志在中共中央党校的重要讲话以及“七一”讲话。通过新闻报道和《抚宁政协会讯》等形式，宣传委员的突出贡献，增加委员的光荣感、责任感和使命感。调整建立县政协专门委员会，制定《政协抚宁县第四届委员会专门委员会组织通则》，各专门委员会分别制定工作简则，加强与对口部门的联系，使对口联系和协商监督全面开展起来，为高层次协商监督发挥应有的作用。

领导讲话 1993年2月15日，县委副书记侯金来在县政协五届一次会议上发表讲话。侯金来指出，县政协四届任期的三年，全县改革开放和经济建设以及其他各项事业取得了令人瞩目的成绩，这与全县广大干部和各界群众的努力是分不开的，也是与县政协发挥政治协商、民主监督的职能作用，政协委员主动、创造性地开展工作，始终把服务经济建设作为各项工作的出发点和落脚点，主动与各级党委、政府同台唱戏，紧紧围绕社会治安综合治理、行业廉政建设等人民群众普遍关心的热点问题，发挥职能作用分不开的。侯金来强调，中共抚宁县第八次代表大会确立了加快改革开放和经济建设步伐，争取早日跃入省内经济强县行列，力争使各项主要经济指标在全省140个市、县的排列中由现在的三十几位，均跃入前二十位行列的任务和奋斗目标。为此，县政协要深入学习十四大精神，用邓小平建设有中国特色社会主义理论武装头脑，充分发挥政协的优势，积极为经济建设贡献力量；为县引进信息、项目、人才和技术，发展高新技术产业和外向型经济牵线搭桥；积极参政议政，帮助和监督各级党委、政府改进工作。侯金来希望，各级党委、政府及有关部门要对政协的意见、批评和建议认真办理，做到件件有答复、事事有回音、办理有结果、落实有效益。要组织政协委员协助党和政府及有关部门做好台胞台属工作，关心“三胞”眷属的生产生活，解决各种实际问题，为促进祖国和平统一作出贡献。

1993年2月18日，县政协主席苏洪珊在县政协五届一次会议闭幕会上发表讲话。苏洪珊指出，县政协五届一次会议是政协委员行使民主权利、参政议政的会议，是总结经验、开创政协工作新局面的动员会议，也是进一步发展抚宁县大好形势的促进会议。抚宁县第八次党代表大会提出了全县早日进入省内经济强县行列的总体构想，到“八五”末，抚宁县工农业生产总值要达到26亿元，国民生产总值达到11亿元，提前五年实现翻两番。实现这一目标，全体政协委员要精诚团结，齐心协力，动员社会各界，为实现全县城乡安定团结，经济再上一个台阶，作出应有贡献。苏洪珊强调，在改革开放，经济建设突飞猛进、飞速发展的年代，各位委员要发扬理论联系实际的学风，努力学习马列主义、毛泽东思想，学习时事政策和现代科学文化知识；要紧紧围绕经济建设这个中心参政议政，同县委、县政府合唱“一台戏”；要认真贯彻执行县委、县政府印发的政治协商、民主监督的有关文件，调动一切积极因素，广泛联系社会各界，创造安定团结的社会和政治环境；要努力做好海外联谊工作，加强与有关部门的联系与合作，宣传统一祖国的方针政策、抚宁县改革开放的大好形势和投资优惠政策，广交五湖四海朋友，引进东南西北资才，做好招商引资、牵线搭桥工作。苏洪珊希望，全体委员和各界人士要解放思想，大胆探索，振奋精神，积极工作，把政协工作不断推向前进，为实现县委第八次党代会提出的各项任务，为统一祖国、振兴中华贡献力量。

政治决议 1993 年 2 月 18 日，县政协五届一次会议审议通过决议。决议认为，县政协五届一次会议是对全县 1993 年大政方针和政协工作献计献策的会议。会议对于推动全县改革开放不断向纵深发展和进一步做好新形势下的政协工作，起到十分重要的作用。新选举产生的县政协领导成员，为进一步巩固和发展县政协工作大好形势提供了可靠组织保证。决议指出，县委副书记侯金来的讲话充分肯定了县政协工作，提出新形势下加强政协工作的意见和要求，与会委员表示绝不辜负领导期望和全县人民重托，为使全县经济跨入省先进行列，发展民主政治建设贡献智慧和力量。委员们对县政协三年工作表示满意，对县政府工作报告和其他报告感到符合实际，深受鼓舞，并提出中肯的意见和建议。决议强调，县政协各个组织和全体委员，要认真学习贯彻中共十四大精神，投身到抚宁县跃入全省经济强县实践中去，认真学习贯彻中共中央关于统战政协工作的方针、政策和省、市、县有关统战政协工作的决定、规定和意见，不断提高参政议政素质，充分发挥人民政协的职能作用。决议号召，县政协各个组织和全体政协委员，在中共抚宁县委的领导和上级政协的指导下，高举社会主义和爱国主义旗帜，同心同德，努力工作，朝着宏伟的目标奋勇前进，在振兴中华、统一祖国的伟大事业中作出更大的贡献。

五届二次会议 1994 年 3 月 8—11 日，县政协五届二次会议在县城召开，应出席会议委员 159 名，出席 124 名。

会议议程 会议听取和讨论县委书记营瑞亭在县政协五届二次会议上的讲话；听取和审议县政协副主席顾昌和所作的县政协常委会工作报告；听取和审议县政协副主席郑庆魁所作的五届一次会议以来提案办理情况报告；审议通过提案委员会五届二次会议提案审查情况报告（书面）；听取常务副县长郁和平所作的五届二次会议提案解答报告；听取和讨论县长田永生所作的政府工作通报和其他工作通报；审议和通过县政协第五届委员会关于在政协委员中开展为“两个文明”建设作贡献活动的决定；听取和讨论委员大会发言；补选县政协第五届委员会秘书长，增选常务委员；审议通过县政协五届二次会议决议；听取县政协主席苏洪珊在闭幕会上的讲话。

工作报告 1994 年 3 月 8 日，县政协副主席顾昌和向县政协五届二次会议报告工作。报告陈述：县政协以邓小平建设有中国特色的社会主义理论为指导，贯彻中共十四大和十四届三中全会精神，在县委的领导和市政协的指导下，认真履行基本职能，为加快改革开放步伐、促进全县经济腾飞和各项事业进步作出积极的贡献。

一年来，县政协围绕全县深化改革、扩大开放的重要问题和重大决策进行专题协商。县政协常委扩大会议协商讨论《抚宁县住房制度改革实施方案》《抚宁县奔小康规划讨论稿》《中共抚宁县委关于强化改革扩大开放加快发展的实施意见》，县委书记营瑞亭等领导到会听取意见。

一年来，县政协围绕党委、政府的中心工作和人民群众关心的热点、难点问题，选择带有全局性或超前性的课题进行调查研究。县政协有关主席带领财贸金融工作组的部分委员到台营镇、麻姑营乡的 6 个村进行调查座谈，向县政府提交关于解决北部贫困山区农民口粮问题的三点建议。县政府对这些建议非常重视，拨款 7 万元，从救灾款中挤出 5 万元，发放到农民手中，使农民的口粮困难得到解决。县政协组织农业科技组部分委员到南方有关市、县进行学习和考察，深入全县不同类型的乡镇进行调查，邀请有关部门的负责人和专业人士进行反复研讨和论证，向县委、县政府提交关于推动全县农业更好地进入市场经济的四点建议。县委对这些建议非常重视，要求各乡镇及有关单位认真研究和借鉴。县政协有关主席带队，与县物价局组成10人调查组，就农民负担中的社会收费、罚款、摊派情况，深入6个乡镇、9个村进行调查，走访17个县直单位，向县委提出《关于减轻向农民收费的几点建议》。

一年来县政协组织文教体育工作组调查中小学“小四门”教学情况，组织医药卫生工作组调查全县初级卫生保健工作情况，并赴山东省招远市进行学习考察，提出考察报告。县政协医药卫生工作组视察南戴河旅游区的环境卫生及食品卫生情况，农业科技工作组考察田各庄乡的水稻前茬利用、北寨乡的霜仙红晚桃新品种和短枝红星苹果的生产情况，留守营联络组视察镇办企业，文教体育工作组视察榆关镇、西河南乡的4所中小学，与30多名教师进行座谈，医药卫生工作组视察台营、牛头崖、北寨、榆关4个乡镇卫生院，了解卫生院存在的困难和问题，倾听广大基层医务工作者的呼声和反映。党群政法工作组视察担负着全县安置首批移民任务95%的西河南乡，社会法制海外联谊委员会配合县委统战部、台办做好来抚宁县探亲访友的三胞接待工作。文史资料征集委员会积极进行核稿、征稿，抓紧进行《抚宁文史资料》第二辑的出版准备工作。各联络组围绕当地党委和政府的中心工作提出意见和建议100余条，推动当地的两个文明建设，提高人民政协在广大群众心目中的地位。

加强自身建设，县政协领导成员认真学习《邓小平文选》第三卷，向全体委员发出学习《邓小平文选》第三卷的通知。针对换届后新委员较多的实际，举办新委员培训班，系统学习统战政协理论，由老委员介绍经验，使新委员增长知识，增强做好政协工作的光荣感和责任感。

大会发言　县政协五届二次会议上，王瑞金委员作《加强农村科普工作思考与建议》的大会发言，提出要对科普工作形成共识，完善和健全科普网络，加强科普知识培训，加强新技术推广，贯彻实施《农业技术推广法》，建立健全各级农业技术推广机构，完善服务体系。李占纯委员作《采取得力措施，扶持边远山区脱贫致富》、郭喜瑞委员作《发展我县两高一优种植业的见解》、倪倩华委员作《对我县教育事业热门话题的思考与策略》、王立新委员作《深入普及行政诉讼法，进一步提高行政执法水平》、张殿忠委员作《我县预防保健工作的简析和建议》、高尚民委员作《深化企业改革，增强企业活力》的大会发言。7位委员就全县农业、工业、科技、教育、卫生、社会治安等问题作大会发言，提出的意见和建议被有关部门采纳，在实际工作中得到贯彻落实。

领导讲话　1994年3月8日，县委书记菅瑞亭在县政协五届二次会议上发表讲话。菅瑞亭指出，1993年，全县坚持以邓小平建设有中国特色社会主义理论为指针，贯彻落实党的基本路线，坚持在改革中求发展，全县以经济建设为中心的各项事业上了一个新台阶；党的建设、精神文明、社会主义民主与法制建设、科技、文化、教育、卫生、计划生育等方面的工作取得了显著成绩。这些成绩的取得，是与县政协的作用分不开的。菅瑞亭强调，1994年县委八届二次全委扩大会议确定了全县工作的总体构想和奋斗目标。实现这个目标，除了需要各级党委和政府的扎实努力，还要依靠人民政协及全体委员继续深入学习《邓小平文选》第三卷，进一步解放思想，更新观念，更好地履行政治协商、民主监督的职能；县政协要紧紧围绕改革、开放和发展三大主题，搞好调查、考察、研讨、论证活动，为县委、县政府宏观决策提供科学依据；要积极引进信息、项目、资金、技术和人才，为经济建设牵线搭桥；在“科技兴农”“科技兴工”中发挥“智囊团”“人才库”作用；政协组织要帮助县委、县政府多做协调关系、化解矛盾、反映民意、增进共识的工作；帮助、监督党委、政府改进工作、提高效率，增进与人民群众联系，促进社会稳定；协助党委和政府及有关部门做好台胞台属工作。訾瑞亭相信，通过政协五届二次会议，抚宁县人民政协工作一定会越做越好，以经济建设为中心的各项事业一定会登上一个新的更大的台阶。

1994 年 3 月 11 日，县政协主席苏洪珊在县政协五届二次会议闭幕会上发表讲话。苏洪珊指出，县政协五届二次会议前相继召开了主席会议、常委会会议，研究会议准备工作；各专门委员会、工作组、联络组组织全体委员开展各种形式的调查研究和视察活动，为会议期间参政议政和提案工作打下基础；县委、县政府主要领导亲临大会，听取委员的意见和建议，体现党政领导对委员的高度重视和浓厚的民主气氛；会议作出政协委员为“两个文明”建设作贡献的决定，进一步明确政协工作的方向；会议开得很成功。苏洪珊强调，县委八届二次全委（扩大）会议提出了 1994 年全县的根本任务和奋斗目标。为确保目标实现，县政协要继续高举爱国主义和社会主义两面旗帜，紧紧围绕经济建设这个中心，认真履行政治协商、民主监督这一基本职能，进一步活跃政协工作。要认真学习《邓小平文选》第三卷，以观念更新促进为经济建设服务水平的提高。政协各个组织要强化为经济建设服务的意识，积极组织委员开展为经济建设服务的各项活动。各位委员积极投身经济建设的主战场，扎实工作，做本部门、本单位、本行业的带头人。要协助县委、县政府多做协调关系、化解矛盾、反映民意、增进共识的工作。要搞好政协内部各组成单位、常委、委员的团结，增进同知识分子、民族宗教代表人士、台港澳同胞的团结与合作。做好“三胞”联谊工作。苏洪珊希望，每位政协委员都要树立光荣感、责任感，“自尊、自重、自强、自立”，严格要求自己，克服低标准、凑合过日子思想，发挥实干兴县、实干兴业精神，勇于开拓进取，努力开创政协工作新局面。

政治决议 1994 年 3 月 11 日，县政协五届二次会议审议通过决议。决议认为，县委书记訾瑞亭的讲话充分肯定了县政协的工作成绩，对政协工作提出新的任务和更高的要求，委员表示绝不辜负领导的期望和人民的重托。决议指出，政府工作通报和其他工作通报对工作的总结实事求是，全县各项建设和改革开放的总体思路、奋斗目标和主要任务切实可行；措施积极，鼓舞人心。决议认为，县政协常务委员会工作报告、提案办理情况和提案审查报告得到委员的一致拥护和赞成。县政协履行政治协商、民主监督的职能，紧紧围绕经济建设这个中心，发挥统一战线组织的功能，推进全县改革开放和经济发展，加强社会主义精神文明建设和民主法制建设工作卓有成效，作出积极贡献。决议强调，全县改革开放和现代化建设正处在一个关键时期，参加县政协的各人民团体、各族各界人士，齐心协力，多做工作；履行好政治协商、民主监督的职能，进一步加强自身建设，适应社会主义市场经济体制建设和社会主义民主政治的需要，为加快全县改革开放和现代化建设，不断开创工作新局面。决议号召，县政协各专门委员会、工作组、联络组和全体委员，在中共十四届三中全会精神鼓舞下，在中共抚宁县委的领导下，要解放思想，更新观念，开拓创新，为建设经济强县、振兴中华、统一祖国、夺取社会主义现代化建设的新胜利而努力奋斗。

五届三次会议 1995 年 3 月 15—17 日，县政协五届三次会议在县城召开，应出席会议委员 161 名，出席 134 名。

会议议程 会议听取和讨论县委书记田永生在县政协五届三次会议上的讲话（县委副书记胡纯惠代读）；听取和审议县政协副主席李成岩所作的县政协常委会工作报告；听取审议县政协副主席郑庆魁所作的五届二次会议以来提案办理情况报告；审议通过提案委员会五届三次会议提案审查情况报告（书面）；列席县十一届人大三次会议，听取和讨论代理县长郁和平所作的《政府工作报告》及其他报告；听取和讨论委员大会发言；审议并通过县政协五届三次会议决议；听取县政协主席苏洪珊在闭幕会上的讲话。

工作报告 1995 年 3 月 15 日，县政协副主席李成岩向县政协五届三次会议报告工作。报告陈述：在县委的领导和市政协的指导下，县政协高举社会主义和爱国主义旗帜，以邓小平建设有中国特色社会主义理论为指导，认真贯彻执行党的基本路线，紧密围绕全县改革开放和经济建设的大局，履行政治协商、民主监督、参政议政的职能，为抓住机遇、深化改革、扩大开放、促进发展、保持稳定作出应有的贡献。

县政协认真履行政治协商、民主监督、参政议政的职能，通过常委会会议和主席会议，听取关于全县引进外资工作、县政府上半年经济工作、南戴河开发建设工作、社会治安综合治理和“扫黄打非”工作等方面的情况通报，并就这些方面的工作进行认真的讨论，提出一些切实可行的意见。召开专题协商座谈会议，听取有关委员对全县党风和廉政建设、反腐败斗争的呼声和反映。为县委、县政府及有关部门更好地开展工作起到积极作用。

开展调查、视察、考察活动，县政协组织部分委员视察县城天马大街拓宽改造工程的拆迁情况，农业科技工作组视察曹东庄乡“两高一优”农业，党群政法工作组视察驻操营镇葫芦套沟村的移民安置情况，财贸金融工作组针对全县经纪人队伍日益壮大、缺乏统一引导和管理的现状进行调查，并提出意见和建议。石门寨联络组视察镇属 5 家骨干企业，牛头崖联络组视察农业生产情况，驻操营联络组视察煤矿安全生产情况，并向镇党委、政府提出意见和建议。

一年来，县政协加强对提案工作的领导，先后在 4 次主席会上研究提案工作。全年立案的 106 件提案已全部办完，其中被承办部门采纳并落实的 51 件，占 48.11%；被有关部门采纳并列入有关计划或规划的 31 件，占 29.25%。县政协有关副主席亲自带领部分委员和县文化局的负责人到外省市和邻近县进行考察，向县委、县政府提交《关于文化工作的建议》。县委决定在县城新区建一座达标的图书馆，投资 60 万元买下县电影公司办公楼作为图书馆使用，实现县图书馆达标。

关于发展全县个体私营经济的调查，县政协召开私营企业家代表座谈会和个体经营者代表座谈会，并到县直一些部门调查核实有关情况，提出《关于加快发展个体私营经济的建议》，送交县委、县政府，得到重视和采纳。

关于推行股份合作制的调查，县政协由副主席牵头，会同县体改办的有关人员组成专门调查组，对已经实行股份合作制的石门寨镇华坪水泥厂、黄土营乡龙泉庄村抗磨材料厂、南戴河远东兴辰有限公司3家企业进行调查，提出《关于在全县乡镇企业中推行股份合作制的建议》。县委对这个建议案给予充分肯定。

加大宣传力度，每次常委会会议和较大的活动，都由专人录像，及时在县电视台播放。县电视台陆续播放《政协委员提案系列报道》，电视台开辟《政协委员风采》专题节目、录制播放34名委员的事迹。各位委员、宣传报道员围绕县政协的各项工作和委员们的先进事迹在全国、省、市各类报刊上稿20余篇，省、市电台播出4篇，使县政协的知名度越来越高，社会影响不断扩大。

文史资料征集委员会完成《抚宁文史资料》第二辑的编辑出版工作。社会法制海外联谊委员会积极配合县委统战部和台办做好回乡探亲三胞的接待工作，并于中秋节与县委台办联合举行台属奔小康座谈会。县政协在建立健全机关各项制度、加强老干部服务工作、扩大县政协联系等方面也做了大量有益的工作。

大会发言 县政协五届三次会议上，马啃宇委员作《采取有效措施确保农业稳定发展》的大会发言，提出充实、加强、稳定农业科技推广队伍，加强农业科技投入，建立“产、加、销”一条龙服务网络，加速科技成果转化，提高劳动者素质，建立农业科技发展协调制度的建议。孙树双委员作《采取措施，加大力度，将我县粮食生产提高到新水平》、马秀祥委员作《适应社会主义市场经济的发展，切实搞好城镇的规划和管理》、王春璞委员作《医德医风需要综合治理》、张仲青委员作《小康县建设中有关教育的几个问题》、马壮委员作《市场经济意识泛化现象应引起重视》、刘勉委员作《狠抓关键环节，加快小康建设》、李居中委员作《发展“两高一优”农业是建设经济强县的保障》、孙柳林委员作《关于加速发展我县非公有制经济的建议》的大会发言。9位委员就全县农业、城镇规划、教育、医药卫生、非公有制经济等问题提出的意见和建议被有关部门研究、采纳，在实际工作中得到贯彻落实。

领导讲话 1995年3月15日，县委书记田永生在县政协五届三次会议上发表讲话。田永生指出，1994年，全县坚持以邓小平建设有中国特色社会主义理论为指针，正确处理改革、开放、发展、稳定的关系，以经济建设为中心的各项事业取得了新进展；党的建设、精神文明、社会主义民主与法制建设、科技、文化、教育、卫生、计划生育等方面的工作取得了显著成绩。这是与县政协和全体政协委员的努力分不开的。田永生强调，为确保1997年把抚宁建成小康县，进入省内经济“十强”县的目标，除了各级党委、政府的扎实努力外，人民政协是一支不可忽视的力量。为更好地发挥人民政协在建强县、奔小康中的积极作用，要把学习《邓小平文选》和中共十四届三中、四中全会精神作为一件大事来抓。各级政协组织要从自身特点出发，发挥社会联系面广的优势，为招商引资、扩大开放穿针引线，铺路搭桥；发挥“人才库”的优势，发现人才、举荐人才、开发人才和引进人才；发挥智力优势，开展智力开发、技术培训、咨询服务、科技示范等项活动；要巩固和发展与大专院校、科研单位的交往与合作，促进县高新技术和外向型经济发展。要积极协助县委、县政府做沟通情况、协调关系、理顺情绪、化解矛盾、反映民意、增进共识、凝聚人心和团结的工作。帮助、监督各级党委、政府改进工作，增强与人民群众的联系，使各种矛盾、问题和社会不安定因素解决在初始阶段。协助党委和政府做好台胞台属工作，解决实际问题，为促进祖国和平统一作出贡献。田永生相信，抚宁县人民政协工作一定会越做越好，职能作用一定会得以充分发挥，以经济建设为中心的各项事业一定会登上一个新台阶。

1995 年 3 月 17 日，县政协主席苏洪珊在县政协五届三次会议闭幕会上发表讲话。苏洪珊指出，县政协五届三次会议是一次议改革、谋发展、鼓实劲、献良策的大会，是一次保稳定、促团结、增共识、群策群力、同心同德的大会，大会获得圆满成功。苏洪珊强调，1995 年处于完成“八五”计划，准备“九五”计划，承上启下、继往开来的关键时刻。县政协的工作要紧紧围绕经济建设这个中心，发挥自身的特点和优势，认真履行职能，积极参政议政，实现政治协商制度化、经常化、规范化、程序化。民主监督围绕中央重要方针政策的贯彻落实、地方重要决策的贯彻实施、群众反映强烈的问题，通过全体会议、常委会会议和主席会议，组织视察、调查和考察，达到既坚持原则、敢于监督，又注意方法、善于监督。参政议政做到委员们提出的意见和建议具有较强的针对性、合理性、可操作性、超前性，为委员创造民主、团结、和谐的气氛，鼓励委员发表意见。苏洪珊希望，全体政协委员要在中共抚宁县委领导下，高举爱国主义和社会主义两面旗帜，同全县人民一道，同心同德，励精图治，创新务实，开拓进取，为早日实现建设经济强县的宏伟目标，创造更加辉煌的业绩，谱写更加壮丽的篇章。

政治决议 1995 年 3 月 17 日，县政协五届三次会议审议通过决议。决议认为，县委书记田永生的讲话充分肯定了县政协一年来的工作，对做好新时期政协和统战工作提出更新更高的要求。会议赞同县政协常务委员会工作报告、提案工作情况和提案审查情况报告，认为政协委员为两个文明建设作贡献活动取得很好的成效。决议指出，《政府工作报告》及其他报告实事求是，1995 年的奋斗目标、各项措施振奋人心、切实可行。与会委员就抑制通货膨胀、加快小康建设、加强农业、深化产权制度改革、加大开放力度、推动科技进步、发展文教卫生事业、搞好社会治安综合治理、反腐倡廉提出具有建设性的意见。决议号召，县政协各专门委员会、工作组、联络组和全体政协委员，要在中共抚宁县委领导下，在中共十四届三中、四中全会和全国两会精神鼓舞下，高举爱国主义和社会主义旗帜，团结一切可以团结的力量，同心同德，为促进全县国民经济的持续、快速、健康发展和社会全面进步而努力奋斗。

五届四次会议 1996 年 3 月 20—22 日，县政协五届四次会议在县城召开，应出席会议委员 161 名，出席 129 名。

会议议程 会议听取和讨论县委书记田永生在县政协五届四次会议上的讲话；听取和审议县政协副主席李成岩所作的县政协常委会工作报告；听取审议县政协副主席郑庆魁所作的五届三次会议以来提案工作情况报告；审议通过提案委员会五届四次会议提案审查情况报告（书面）；讨论、协商《抚宁县国民经济和社会发展第九个五年计划及 2010 年长期规划（草案）》的报告和其他报告；听取和讨论委员大会发言；增选县政协副主席、常务委员；表彰优秀提案；

审议通过县政协五届四次会议决议；听取县政协主席苏洪珊在闭幕会上的讲话。

工作报告 1996年3月20日，县政协副主席李成岩向县政协五届四次会议报告工作。报告陈述：县政协在县委的领导和市政协的指导下，以邓小平建设有中国特色的社会主义理论和党的基本路线为指导，高举社会主义和爱国主义两面旗帜，紧密围绕全县中心工作，认真履行政治协商、民主监督、参政议政的主要职能，为全县的改革开放、经济建设和社会进步作出积极贡献。

县政协不断加强政治协商、民主监督，提高参政议政水平。县政常委会会议协商讨论县政府提交的《抚宁县国民经济和社会发展第九个五年计划及2010年长期规划（草案）》，县政协部分委员协商讨论《抚宁县学山东奔小康建强县赶荣城规划》，文教体育工作组深入深河、牛头崖、西河南、驻操营、杜庄等乡镇的中小学校进行视察、考察，宣教文卫委员会积极参与全县“普九”验收工作，农业科技工作组考察曹东庄乡利用日光温室大棚的空闲季节养鲇鱼、田各庄乡郗各庄村试种珍珠高粱、下庄乡齐各庄村水稻抛秧新技术试验，医药卫生工作组考察上徐各庄卫生院和马家峪卫生保健站，县政协部分委员和县委农工部、有关乡镇的负责人赴湖南省常德市、桃源县和本省有关市、县考察，向县委、县政府提出加强乡镇合作基金会规范化管理的建议。一年中，县政协还多次组织委员视察县城骊城大街、迎宾路南段建设工程和县城引水工程。

县政协各联络组围绕本地经济建设和人民群众普遍关心的重大问题，开展各种内容的视察、考察等活动。石门寨联络组围绕全镇小康建设开展视察活动，台营联络组学习考察曹东庄乡发展养殖业的经验，曹东庄联络组调查民办教师工资问题，驻操营联络组视察地方道路建设和扶贫工作，向镇党委、镇政府提出一些可行意见和建议。

拓宽参政议政渠道，做好反映社情民意工作。县政协把委员的社情民意进行综合整理后，以《内部信息》印发，送交县党政领导和有关部门参阅。县造纸厂葛树林委员针对县磷肥厂排放有毒气体危害当地群众健康提出建议，县长郁和平、副县长孙峰以及经贸局、环保局的负责同志亲自到县磷肥厂检查指导，限期解决污染问题。县磷肥厂组织科技人员和一线工人攻关，并从葫芦岛市锌厂专门请来专家帮助治理，使问题得到较好解决。

县政协工建交工作组部分委员在有关副主席的带领下，对县经贸局所属的县造纸厂、淀粉葡萄糖厂、化肥厂、磷肥厂、棉织厂、通用机械厂、酒厂等7家企业进行调查，提出《关于全县国有工业生产经营情况调查和今后发展国有工业的建议》，经县政协常委会会议通过后，送交县委、县政府。县政协经济科技委员会和农业科技工作组的部分委员对石门寨、牛头崖、留守营、西河南、卢王庄、榆关、驻操营、大新寨等8个乡镇、13个村的农林牧渔股份合作制情况进行调查，向县委、县政府提交《关于农林牧渔股份合作制情况的调查和建议》。县委、县政府研究制定了《关于大力发展农林牧渔股份合作制的意见》，并从提高股份合作制的认识，明确范围、形式、原则，加强制度建设和领导力量等方面作出安排。

县政协五届三次会议后，共收到提案116件，全部立案，送交县委有关部门办理的11件，县政府有关部门办理的103件，县人大、县法院办理的各1件。1件由提案人撤回，到1995年9月底全部办复。

加强自身建设，提高参政议政水平。县政协把邓小平建设有中国特色的社会主义理论的学习当作头等大事来抓；在全国学习孔繁森事迹的热潮中，发出《关于开展向孔繁森学习活动的通知》；针对李登辉访美及其一系列分裂祖国的言行，组织海外联谊工作组的委员学习《人民日报》评论员文章、党的对台工作方针和两岸关系的有关资料；通过各条渠道、各种形式，大力宣传人民政协的性质、地位和作用；宣传党的统战、政协理论知识；进一步加强与县委宣传部和县电台、电视台的联系；及时、迅速地报道政协的重要会议、重大活动和委员的先进事迹，进一步扩大政协的社会影响。

县政协社会法制海外联谊委员会积极开展联谊工作，配合县委统战部接待来抚宁探亲的“三胞”，并经常走访“三胞”眷属委员，关心和支持他们的工作与生活。文史资料征集委员会发动社会各方面力量，深入挖掘县内重要史料，《抚宁文史资料选辑》第三辑组稿工作已经完成。

大会发言 县政协五届四次会议上，张弼廷委员作《实施素质教育是中华民族的千秋大业》的大会发言，提出实施素质教育要做好宣传舆论工作，取得社会共识；建立评估体系和制定明确的办学目标；建设一支有较高素质的领导班子和教师队伍；增加经济投入，改善育人环境；改革制度，改革教材教法的建议。王晓光委员作《积极稳妥地推动土地流转，因地制宜地抓好土地适度规模经营》、张志坚委员作《抓投入，上管理，努力提高工业经济的运行质量和效益》、马哨宇委员作《对我县果树生产的几点建议》、陈晓峰委员作《正视现实，找准差距，振奋精神，再图发展》、陈国权委员作《加大农机市场整顿力度，解决农资专营问题》、李忠文委员作《扶贫工作亟待改革》、韩雪夫委员作《加强县城精神文明建设的几点建议》的大会发言。8位委员就实施素质教育、农村土地流转、农资市场整顿、林果业生产、扶贫、精神文明建设等问题提出的意见和建议被有关部门研究、采纳，在实际工作中得到贯彻落实。

领导讲话 1996年3月20日，县委书记田永生在县政协五届四次会议上发表讲话。田永生指出，“八五”期间，全县综合经济实力明显增强，国内生产总值平均年递增30%，提前6年实现翻两番目标；党的建设、精神文明建设、民主与法制建设、计划生育、科技、教育、文化、卫生、社会治安综合治理等工作也都取得显著成效。这些成绩是全县人民共同奋斗的结果，也是与政协组织和政协委员的不懈努力、真抓实干分不开的。田永生强调，“九五”期间，县域经济总体目标是到2000年，全县国内生产总值要比1980年翻四番，达到60亿元，年均递增26%；工农业总产值120亿元，年均递增26%；固定资产累计投入40亿元，比“八五”期间增长15%；财政收入2亿元，年均递增10%；农民人均纯收入4000元，年均递增19%。1996年是实施“九五”计划的第一年，政协组织要紧紧围绕实现“两个转变”（经济体制从传统的计划经济向社会主义市场经济转变，经济增长方式从粗放型向集约型转变）参政议政，献计出力；紧紧围绕“两手抓，两手都要硬”的方针，大力加强社会主义精神文明建设，参政议政，献计出力；紧紧围绕实施“鱼水工程”，维护全县稳定和政治安定参政议政，献计出力。田永生希望，各级党委要采取有力措施，加强和改善对政协工作的领导，及时提出指导性意见；要真正把政治协商、民主监督、参政议政纳入领导机关决策程序，坚持重要问题决策之前协商，决策执行过程中协商。政协组织要根据县委《关于进一步加强人民政协工作若干问题的决定》，制定相应的配套措施；政协委员要通过学习，进一步坚定政治方向、政治立场、政治观点，遵守政治纪律，增强政治鉴别力和政治敏锐性，提高把握大局、分析问题、解决问题能力，为奔小康、建强县作出更大贡献。

1996年3月22日，县政协主席苏洪珊在县政协第五届委员会第四次会议闭幕会上发表讲话。苏洪珊指出，1996年是“九五”计划的开局之年，是奔小康、建强县的关键一年。县政协要为完成“九五”计划及2010年长期规划第一年的各项任务，促进经济持续、快速、健康发展和社会全面进步作出新贡献。苏洪珊强调，政协工作必须讲政治，政协组织和政协委员要增强共产党是执政党观念，坚定不移坚持中国共产党的领导；增强“中心”观念，紧紧围绕经济建设这个中心，抓大事、议大事，把经济搞上去；增强全局观念，了解全局，把握全局，服务全局，切实把政协工作置于全县工作的大局之中。县政协各级组织和委员要讲团结，自觉建立同人民群众的鱼水关系，同群众同呼吸、共命运，坚持群众观点，走群众路线，及时反映各界群众的呼声。苏洪珊希望，各位委员要积极投身经济建设主战场，为经济建设和社会发展出力；努力做好本职工作，成为业务骨干、行家里手；要发挥政协委员知识密集的优势，在经济咨询、技术服务、提供信息等方面做实实在在的工作；要加强海外联谊工作，引进资金和项目，为经济发展多作贡献；要进一步开展学习孔繁森活动，提倡奉献精神，为“两个文明”建设作贡献。

政治决议 1996年3月22日，县政协五届四次会议审议通过决议。决议认为，县委书记田永生的讲话对县政协一年来的工作给予充分肯定，对做好县政协全年的工作提出重要意见和更高要求，体现出县委对政协工作的重视和支持。决议指出，县政协常务委员会工作报告、提案工作情况和提案审查情况报告实事求是，得到委员的赞成和拥护。“九五”计划和2010年长期规划鼓舞人心，措施可行，委员表示赞同。并就加强农业基础地位和农村工作；推进经济体制和经济增长方式转变；加快改革开放步伐，促进经济与社会协调发展；加强城镇建设和环境保护；推动科技、教育、卫生等各项事业进步；以及加强社会主义精神文明建设和民主法制建设，搞好社会治安综合治理，维护稳定等方面，提出许多建设性的意见和建议。决议强调，1996年是全县实施“九五”计划的第一年，是为实施跨世纪中长期战略规划打基础的一年。县政协及县政协各参加单位和全体政协委员，要在中共抚宁县委的领导下，继续高举社会主义和爱国主义旗帜，进一步增强政治责任感和历史使命感，为完成全县“九五”计划和2010年长期规划确定的第一年的任务而努力奋斗！

五届五次会议 1996年7月2日，县政协五届五次会议在县城召开，应出席会议委员163名，出席130名。

会议议程 大会发言，交流政协委员为“两个文明”建设作贡献经验；表彰在全县“两个文明”建设中作出突出贡献的先进政协委员；增选县政协副主席；听取县委副书记侯金来、县政协主席苏洪珊在县政协五届五次会议上的讲话。

大会发言 县政协五届五次会议上，7名政协委员作大会发言，交流为两个文明建设作贡献的经验。牛头崖政协联络组组长、程会书委员作《一个转变，三个加强是做好政协联络组工作的关键》的发言，介绍做好政协联络组工作要转变观念，增强责任感；加强学习，提高自身素质；加强团结，发挥委员作用；要加强党的领导，处理好有为与有位的关系。冯利民委员作《潜心养殖业，造福众乡亲》、李忠海委员作《从医的道路是我无怨无悔的选择》、杨秋华委员作《艰苦创业，为发展农村经济作贡献》的经验介绍，进行大会交流。

领导讲话　1996年7月2日，县委副书记侯金来在县政协五届五次会议上发表讲话。侯金来指出，县政协五届五次会议，委员们交流了为全县“两个文明”建设作贡献的经验，对作出突出贡献的委员进行了表彰，会议很成功，很有促进作用。侯金来强调，纵观上半年经济运行态势，抚宁县经济基本处于低质运行状态。为使经济工作尽快走出低谷，重现生机，县委、县政府将带领全县人民加大改革力度，努力开拓进取，同时需要政协组织和委员充分发挥联系面广的优势，积极宣传产权制度改革的目的，帮助职工认清改革不是向职工转嫁危机，而是通过改革搞活企业；打消职工思想顾虑，消除误解；形成人人理解改革、全力支持改革、自觉服从改革的局面。政协委员要通过各种渠道向外界广泛宣传抚宁县优越的区位、资源优势，良好的基础条件和优惠政策，让外地尽可能多地了解抚宁；要为招商引资牵线搭桥，联系合作伙伴，及时提供信息，更多地引进资金、项目、技术和人才。侯金来希望，政协组织和委员要深入调查分析，帮助党和政府排查出当前群众最不满意、最有意见、最影响党群关系的问题，向党政有关部门提出解决问题的办法和措施，促进难点热点问题得到及时有效的解决，为全县“两个文明”建设作出新的更大贡献。

1996年7月2日，县政协主席苏洪珊在县政协五届五次会议上发表讲话。苏洪珊指出，自县政协五届二次会议作出《关于在委员中开展为“两个文明”建设作贡献的决定》以来，全体委员满腔热忱地投入这一活动，自我加压、负重奋进，为“两个文明”建设作出了贡献。会上有7位委员介绍经验，19位委员受到表彰。县委对委员所做的大量工作和取得的可喜成绩给予充分肯定，同时就会后工作提出了新的要求。苏洪珊强调，每位委员都要学习马列主义、毛泽东思想、邓小平建设有中国特色的社会主义理论，学习统战政协理论，学习社会主义市场经济知识、法律知识、科技知识，此外，还应当学一点哲学，学一点历史，有精力还可以看一些中外文学名著，要结合工作需要，在某一方面有较深造诣，不能什么都浅尝辄止。要正确处理本职工作与参政议政的关系，既要努力完成本职工作，又要积极主动地参加政协组织的各种协商、监督和参政议政活动，为“两个文明”建设作贡献。苏洪珊要求，政协委员要时刻代表群众利益，倾听群众呼声，反映群众意愿和要求。政协组织要建立稳定的信息队伍，聘请部分参政议政能力强、具有代表性的委员担任特约信息员，县政协办公室明确专人负责信息收集、汇总、反映工作；县政协定期向每位委员发“委员社情民意反映卡”，每位委员每年至少报1～2条信息；政协各工作组组长、联络组组长和机关人员要在政协全委会、常委会，各种视察、调查和考察活动中了解、收集和反映信息，及时把群众的意愿和要求向有关部门反馈。

五届六次会议　1997年2月23—25日，县政协五届六次会议在县城召开，应出席会议委员156名，出席115名。

会议议程　会议听取和讨论县委书记田永生在县政协五届六次会议上的讲话；听取和审议县政协副主席侯玉璋所作的县政协常委会工作报告；听取和审议县政协副主席杨雨顺所作的五

届四次会议以来提案工作情况报告；审议通过提案委员会五届六次会议提案审查情况报告（书面）；列席县十一届人大五次会议，听取和讨论县长郁和平所作的《政府工作报告》及其他报告；听取和讨论委员大会发言；表彰优秀提案；审议通过县政协五届六次会议决议；听取县政协主席苏洪珊在闭幕会上的讲话。

工作报告　1997 年 2 月 23 日，县政协副主席侯玉璋向县政协五届六次会议报告工作。报告陈述：县政协以邓小平建设有中国特色的社会主义理论和中共十四届五中、六中全会精神为指导，紧紧围绕经济建设这个中心，认真履行政治协商、民主监督、参政议政职能，广泛团结各界人士，为推动全县的改革开放和经济建设，加强社会主义精神文明与民主法制建设，巩固和发展爱国统一战线，作出积极努力，工作取得新的进展。

一年来，县政协常委会选择全县“两个文明”建设和群众关心的重要问题，有计划地进行协商讨论。向县委、县政府提交《关于加强全县乡（镇）村农林业科技队伍建设的建议》《关于加强乡镇小康建设的建议》。

加强和改进视察、考察工作。县政协和县人大联合组织有关代表和委员组成视察团，对全县的环境保护工作、全县文化事业发展情况进行视察，以县人大、县政协的名义向县政府提交视察报告，就解决全县文化事业发展中的主要问题提出意见和建议。农业科技工作组考察果树生产情况和几项主栽作物品种长势情况；文教体育工作组考察实施素质教育情况；医药卫生工作组考察乡村一体化办医工作；党群政法工作组视察县城精神文明建设情况等。视察、考察后都形成报告，县政协分别以《建议和意见》《内部信息》等形式予以刊发，送交县党政领导和有关部门。县党政领导给予高度重视，县委主管书记、县长参加、听取考察情况的汇报，提出改进意见和措施。党群政法工作组关于县城精神文明建设的视察报告提交后，县委办公室协调县建设局、县交通局、县广电局、县公安交警大队、抚宁镇等有关单位共同研究，提出切实可行的解决措施。政协各乡镇联络组也对小康建设、扶贫、减轻农民负担等项工作进行考察、视察。

一年来，常委会认真贯彻落实全国政协和省政协《提案工作条例》精神，稳定提案数量，提高提案质量。1996 年的 112 件提案中，委员联名提案 8 件，人民团体提案 1 件，工作组和联络组提案 4 件，提案质量有明显提高。大多数提案做到有事实、有分析、有解决问题的具体办法。特别是人民团体提案和以工作组、联络组名义提出的集体提案，由于提出前经过慎重考虑，并经过大量调查研究和广泛吸纳各界群众意见，更具有科学性和可行性。

一年来，县政协继续组织委员学习邓小平建设有中国特色社会主义理论和有关统战、政协知识，学习中共十四届六中全会精神，认真领会全会的《决议》精神实质。组织部分常委和党群政法工作组的委员收看《加强社会主义精神文明建设是一项重大战略任务》和《求是》杂志《社会主义精神文明建设的指导思想和奋斗目标》的报告录像。县政协继五届四次会议选举 1 名副主席和 4 名常委后，加开五届五次会议，增选 1 名副主席，同时对各专门委员会组成人员进行调整，使之更加合理、高效。加强机关内部建设，每周安排半天学习理论、时事政治和上级有关文件，不断提高机关工作人员的政治业务素质。县政协文史资料征集委员会完成《抚宁文史资料选辑》第三辑的编印、出版工作。社会法制海外联谊委员会积极开展联谊工作，不断加强与“三胞”及其眷属的交往。委员为两个文明建设作贡献活动取得显著成绩，在县政协五届五次全委会上有19名委员受到表彰，5位委员在大会上发言，介绍工作经验。

大会发言 县政协五届六次会议上，温素清委员作《围绕提高人的素质，加强思想道德建设》的大会发言，建议要坚持用邓小平建设有中国特色社会主义理论武装、教育全县党员、干部和人民群众，要加强爱国主义和艰苦创业精神教育，要以为人民服务为核心、集体主义为原则，加强社会公德、职业道德、家庭美德教育，要坚持遵守法律教育。倪倩华委员作《加大力度夯实“两基”，保证优先发展教育》、孙维国委员作《我县林果业生产存在的问题及对策》、郭丽春委员作《加强社会治安综合治理，从优化社会细胞做起》、王龙印委员作《精神文明建设重在投入》、林志义委员作《加强自身建设，为抚宁经济腾飞保驾护航》的大会发言。6位委员就全县思想道德建设、林果业生产、基础教育、社会治安综合治理等问题作大会发言，提出的意见和建议被有关部门研究、采纳，在实际工作中得到贯彻落实。

领导讲话 1997年2月23日，县委书记田永生在县政协五届六次会议上发表讲话。田永生指出，1996年，县政协召开全委会，对《抚宁县国民经济和社会发展“九五”计划及2010年长期规划（草案）》及其他报告（草案）进行协商讨论，提出很多建设性、指导性的意见和建议，促进县委、县政府决策的科学化、民主化。政协委员积极投身经济建设主战场，为奔小康、建强县献计献策，建功立业。面对企业改制和农村土地调整新矛盾，帮助党委和政府做大量宣传解释、协调关系、化解矛盾工作。政协组织积极开展海外联谊活动，为促进祖国和平统一作出积极努力。田永生强调，1997年，按照省委部署，抚宁县建成小康县。为实现小康县目标，政协组织和全体政协委员深入学习中共十四届六中全会《决议》精神，学习邓小平有关精神文明建设的论述，积极投身精神文明建设活动中去，就当前精神文明建设的有关问题深入探讨和调查研究，多提宝贵的意见和建议；政协组织要围绕小康县建设开展调查研究、视察考察、参政议政，为县委、县政府宏观决策提供意见和建议；要把调整产业产品结构作为参政议政的重要内容，深入经济工作，搞好调查研究，提出有参考价值的意见和建议，解决经济结构不合理、效益不理想问题；要积极协助县委和政府加强同社会各阶层、各人民团体的联系，做好思想政治工作，及时反映社会各界的呼声和反映，帮助党和政府作出正确决策，保持政治安定和社会稳定，为实现小康县目标创造良好氛围。田永生希望，各级党委要进一步改善对政协工作的领导，及时提出指导性意见，坚持重大问题在决策前和执行过程中与政协组织进行政治协商，广泛征求意见，主动接受民主监督，确保政协组织真正发挥参政议政作用。政协组织和政协委员要继续深入学习邓小平建设有中国特色社会主义理论，学习党的路线、方针、政策，学习政协有关知识，提高政治素质；同时钻研本职业务知识，增长才干，增强本领，提高分析问题和解决问题能力，为党委和政府多出好主意，多提好建议。

1997年2月25日，县政协主席苏洪珊在县政协五届六次会议闭幕会上发表讲话。苏洪珊指出，几年来，县政协在县委领导、上级政协指导和县政府支持下，认真履行职能，为抚宁县改革开放和各项事业发展献计出力，作出了积极贡献。1997年是政协组织满届之年，在承前启后、继往开来的一年，要“突出重点，总结经验，秣马厉兵，再攀高峰”，使政协工作不断开创新局面。苏洪珊强调，1998 年县政协面临换届，一部分委员因年龄或工作变动失去界别代表性，将退出委员岗位，要防止因此产生松劲情绪。每位委员都要以“只争朝夕”的精神做好本届工作，自觉地把社会荣誉同社会责任结合在一起，积极参加政协活动，在人民政协的神圣讲坛上，献计出力，再创佳绩。要紧紧围绕县委、县政府中心工作，“围绕中心转，照着职能干”，紧扣县委和政府工作中心，同唱一台戏。要做好稳定工作，促进大团结、大联合，关注改革发展中出现的深层次矛盾，积极参与“安宁工程”，巩固发展安定团结政治局面。要推进政协履行职能规范化、制度化建设，努力提高协商质量和参政议政整体水平。苏洪珊希望，政协机关干部要进一步提高思想、政治和业务素质，增强爱岗敬业意识，增强工作主动性和奉献精神，做到思想过硬，作风扎实，精神饱满，积极向上，为政协工作跨上新台阶奠定坚实思想政治基础。

政治决议 1997 年 2 月 25 日，县政协五届六次会议审议通过决议。决议指出，县政协五届六次会议期间，与会委员以座谈、收看中央电视台实况转播等形式，沉痛悼念邓小平，深切缅怀邓小平的丰功伟绩。决心继承邓小平遗志，更加紧密地团结在以江泽民同志为核心的党中央周围，为建设有中国特色的社会主义而努力奋斗！决议认为，县委书记田永生的讲话对一年来县政协和全体政协委员所做的工作给予充分肯定，并就政协组织今后如何更好地发挥职能作用提出新的要求，体现县委对政协工作的重视与支持，对于开创全县政协工作新局面，具有重要的指导意义，县政协各组织和政协委员要认真贯彻落实。决议指出，与会委员赞成和拥护政协常务委员会工作报告、提案工作情况和提案审查情况报告。认为《政府工作报告》和其他报告对成绩的总结符合实际，指出前进中的问题和困难实事求是，提出的工作指导思想、奋斗目标、工作任务和各项措施切实可行，催人奋进。决议强调，1997 年县政协要继续坚持以邓小平建设有中国特色社会主义理论和党的基本路线为指导，认真贯彻中共十四届五中、六中全会精神和县委八届八次全会精神，紧紧围绕全县工作大局和中心工作，切实有效地履行政协的主要职能，为全县的改革开放和社会主义现代化建设献计出力；要牢牢把握民主和团结两大主题，积极协助党委和政府做好统一思想、增进共识、协调关系、化解矛盾的工作，努力维护全县安定团结的政治局面；要以香港回归祖国为契机，加强海内外联谊，巩固和发展最广泛的爱国统一战线；要加强自身建设，为 1998 年换届奠定良好基础。决议号召，县政协各组织和全体政协委员，继续高举爱国主义和社会主义两面旗帜，在中共抚宁县委的领导下，“把握大局，再接再厉，同心同德，开拓前进”，把县政协的各项工作继续推向前进，以优异成绩迎接香港回归和中共十五大召开。

县政协第六届全体委员会议

六届一次会议 1998 年 2 月 14—18 日，县政协六届一次会议在县城召开，应出席会议委员 144 名，出席 129 名。

主席团 （主席团成员 32 人，以姓氏笔画为序）

马哨宇　王瑞金　田雨林　冯云祥　冯利民　刘贵杰　孙柳林　任玉荣（女）

苏志安　苏洪珊　肖明地　杜克谦　陈　光（女）　陈庆昆　陈丽霞（女）

杨　义　杨雨顺　李占义　李成岩　李述善　张永志　张庆选　张仲青　张志坚

邵耀庭　金永强　胡建军　唐福利　侯玉璋　高尚民　高金峰　高宝荣

秘书长　陈庆昆

会议议程　会议听取和讨论县委书记田永生在县政协六届一次会议上的讲话；听取和审议县政协六届一次会议主席团常务主席侯玉璋所作的县政协五届常委会工作报告；听取和审议县政协六届一次会议主席团常务主席杨雨顺所作的五届一次会议以来提案工作情况报告；审议通过提案审查委员会六届一次会议提案审查情况报告（书面）；列席县十二届人大一次会议，听取和讨论代理县长邢留逮所作的《政府工作报告》及其他报告；听取和讨论委员大会发言；选举产生县政协第六届委员会主席、副主席、秘书长和常务委员；审议并通过县政协六届一次会议决议；听取县政协主席苏洪珊在闭幕会上的讲话。

工作报告　1998 年 2 月 15 日，县政协六届一次会议主席团常务主席侯玉璋向六届一次会议报告五届常委会工作。报告陈述：县政协在县委的领导和上级政协的指导下，坚持以邓小平理论和党的基本路线为指导，围绕经济建设这个中心，服从和服务于“抓住机遇、深化改革、扩大开放、促进发展、保持稳定”的大局，认真履行政治协商、民主监督、参政议政职能，各项工作取得新的进展。

五年来，县政协共召开 6 次全委会议，26 次常委会会议，48 次主席会议，对《抚宁县国民经济和社会发展第九个五年计划和 2010 年长期规划》《抚宁县奔小康规划》《抚宁县学山东奔小康建强县赶荣城规划》《中共抚宁县委关于强化改革扩大开放加快发展的实施意见》《抚宁县住房制度改革实施方案》、历年度《政府工作报告》、“检法”两院工作报告及计划与财政报告等进行协商讨论，提出很多有价值的意见和建议，得到县党政领导机关的重视和采纳。

县政协本着量力而行、超前、实效的原则，向县委、县政府提交《关于推动全县农业更好地进入市场经济的建议》《关于减轻向农民收费的几点建议》《关于文化工作的建议》《关于加快发展全县个体私营经济的建议》《关于在全县乡镇企业中推行股份合作制的建议》《关于全县国有工业生产经营情况调查和今后发展国有工业的建议》《关于大力发展农林牧渔股份合作制的建议》《关于加强全县乡镇（村）农林业科技队伍建设的建议》《关于加强乡镇小康建设的建议》《关于加强全县精神文明建设的几点建议》等。这些建议案得到县委、县政府的高度重视，在县委常委会会议、县政府常务会议或其他有关重要会议上进行认真的研究，提出切实可行的解决办法。

县政协各委、组围绕全县各项事业开展调查、视察与考察活动 100 余次，提交报告 30 余份，以建议和意见、内部信息等形式予以印发，送交县党政领导及有关部门。为进一步加大视察力度，增强视察实效，县政协与县人大联合视察全县文化事业发展情况，以县人大和县政协两家的名义分别向县委、县政府提交报告，使文化馆、图书馆等问题得到较好的解决。

五届一次会议以来，县政协共收到委员提案 481 件，经提案委员会审查立案 471 件，全部办复。为加强提案工作，县政协通过采取拓宽提案征集渠道、重要提案请县委政府领导批办、召开办案协调会、表彰优秀提案和提案办理工作先进单位及完善提案工作制度等一系列行之有效的措施，抓出一批对全县工作有影响的重要提案，取得较好的经济效益和社会效益。

县政协把委员学习作为一项主要任务来抓，重点学习马列主义、毛泽东思想和邓小平理论，学习新时期统战政协理论知识和上级政协的有关重要会议精神；在委员中开展学习孔繁森、李善勋活动。在搞好委员学习的同时，加大宣传力度。县政协的每次重大活动和重要会议都及时在县电台、电视台作宣传报道，在县电视台举办《政协委员风采》《县政协五年工作回眸》等专题节目，广泛宣传委员的先进事迹和政协的主要工作成果，扩大政协的社会影响。

五年来，县政协社会法制海外联谊委员会积极开展海外联谊工作，扩大同“三胞”及其眷属的交往，积极协助县委统战部做好回乡探亲“三胞”的接待工作。学习、文史委员会完成《抚宁文史资料》二、三辑的编印、出版。县政协还通过召开纪念抗日战争胜利五十周年座谈会、迎香港回归座谈会、各界人士春节座谈会等形式，进一步搞好统一战线内部的团结与合作，为维护全县安定团结的政治局面作出积极的贡献。

大会发言 县政协六届一次会议上，邵耀庭委员作《增强素质，从严治警，为经济建设保驾护航》的大会发言，提出建立政法队伍内部违法违纪的预防机制，用制度管人；把住领导关口，管好排头兵；接受各界监督，树立良好形象，严惩害群之马的建议。孙柳林委员作《加大力度，促进非公有制经济健康发展》、孙树双委员作《加强农资市场管理，促进农业增产增收》、杨立华委员作《集万民之力，兴千秋伟业》、于印满委员作《再鼓一把劲，确保小康建设的巩固与发展》、王春璞委员作《关于加强传染性皮肤病及性病管理的几点建议》的大会发言，6位委员就从严治警、发展非公有制经济、加强农资市场管理和加强传染性皮肤病及性病等问题作大会发言，提出意见和建议。

领导讲话 1998年2月15日，县委书记田永生在县政协六届一次会议上发表讲话。田永生指出，县政协六届一次会议是在全县认真学习贯彻中共十五大精神、努力建设经济强县、推进社会全面进步的形势下召开的，是一次民主、团结、求实、奋进的大会；是一次承前启后、继往开来的大会。五届县政协紧紧围绕县委、县政府中心工作，想大事、议大事、抓大事，组织委员进行调查研究，开展视察、考察活动，及时反映社情民意，提供来自基层的真实情况和有价值的意见和建议，促进党政领导机关实现决策民主化、科学化；县政协及各位委员大力开展宣传教育、牵线搭桥、咨询服务和联谊活动，促进县对内对外开放的发展；大力开展“光彩事业”，为贫困地区脱贫致富出主意，办实事；针对社会热点、难点问题，协助党委、政府化解矛盾，凝聚人心，增进共识，为社会安定团结作出贡献。田永生强调，六届县政协任期的五年，是全面贯彻落实党的十五大精神、高标准完成“九五”计划、实现跨世纪战略任务至关重要的五年。各级政协组织和全体政协委员要把学习邓小平理论作为一项长期任务，运用多种形式、多种渠道，有计划、有组织地系统学习，完整、准确地掌握其理论的科学体系、基本观点和精神实质。紧密联系政协工作实际，用邓小平理论统领工作全局，不断解决新课题，谋求新发展。要继续推进农业产业化经营，促进农村经济全面发展，抓好工业结构战略性调整，加强重点项目建设，调整和完善所有制结构，推动企业产权制度改革。县政协要紧紧围绕重点工业项目建设做文章，围绕农业产业化建设参政议政，围绕产权制度改革献计出力。本着“知无不言，言无不尽”的精神，及时向县委、县政府提出自己的意见和建议，以便把改革的方案搞得更科学、更完善、更切合实际。田永生希望，县政协及全体委员要认真贯彻“长期共存、互相监督、肝胆相照、荣辱与共”的方针，协助党委和政府正确处理新形势下人民内部的各种矛盾，沟通思想、理顺关系、化解矛盾、凝聚人心。围绕社会治安综合治理、减轻农民负担、纠正行业不正之风等人民群众普遍关心的热点问题开展调研和视察、检查活动，把各方面意见、要求、批评和建议反映上来，帮助党和政府及时消除不稳定因素，巩固和发展政治安定、社会稳定的政治局面。

1998年2月18日，县政协主席苏洪珊在县政协六届一次会议闭幕会上发表讲话。苏洪珊指出，县政协五届委员会及其常委会在上级政协的指导和中共抚宁县委的领导下，在县政府及其有关部门的支持下，高举爱国主义和社会主义两面旗帜，把握大局，参政议政，取得了显著成绩，为六届政协工作奠定了坚实基础。六届政协工作总的指导思想和基本任务是以党的十五大精神和党的基本路线为指导，牢牢把握团结和民主两大主题，围绕县委、县政府中心工作，切实履行政治协商、民主监督、参政议政的职能，把政协工作全面推向21世纪，为建设经济强县和精神文明强县作出贡献。苏洪珊强调，根据政协工作的指导思想和基本任务，六届政协要把学习邓小平理论作为一项长期的任务，紧密联系政协工作实际，用邓小平理论统领全局，大胆探索，着眼实践，解决新课题，谋求新发展，把人民政协事业推向前进。要紧密围绕党委和政府的中心工作，特别是就全县改革开放、经济发展、社会进步等方面的重大问题积极参政议政，从宏观上献计献策；选择群众关心的热点难点问题，了解和反映社情民意，为领导决策提供依据；拓展民主监督渠道、形式和方法，使民主监督有新的进展。要在履行职能、参政议政中充分发扬民主、广泛听取各方面意见，集思广益，推进决策的民主化、科学化，在微观服务中调动各方面人才的积极性，广泛开展智力开发、技术培训、科技扶贫、咨询服务等活动，办实事、办好事。苏洪珊表示，县政协将积极协助党委、政府多做协调关系、化解矛盾、理顺情绪的工作，及时了解党委的工作思路和意图，围绕党委和政府中心工作履行政协职能。对党委关于加强政协工作的各项指示和要求，认真贯彻执行。经常主动地向党委请示、汇报工作，取得党委对政协工作的重视和了解，加强对政协工作的领导。

政治决议 1998年2月18日，县政协六届一次会议审议通过决议。决议指出，县政协六届一次会议听取并讨论县委书记田永生讲话、县政协常务委员会工作报告和提案工作情况的报告，列席县十二届人大一次会议，听取并协商讨论政府工作报告和其他报告。选举产生新一届县政协领导成员。会议充满团结、民主、求实、奋进的气氛。决议认为，政府工作报告对过去五年工作成绩的估价恰如其分，对基本经验的总结和对问题的分析符合实际，提出的今后工作指导思想、奋斗目标和各项措施切实可行，催人奋进。县政协第五届委员会在上级政协的指导和县委的领导下，认真履行政治协商、民主监督、参政议政的主要职能，取得卓有成效的成绩，为推进全县的改革开放、经济发展和社会全面进步作出积极的贡献，为六届政协开展工作奠定坚实的基础。决议强调，县政协第六届委员会任期的五年，是处在世纪之交、实现“九五”计划和2010年长期规划的重要历史时期。县政协各组织和政协委员，以中共十五大精神为指导，紧紧围绕党委和政府的中心工作，积极主动地献计献策。高举爱国主义和社会主义两面旗帜，巩固和发展新时期广泛的爱国统一战线。从维护广大人民群众根本利益出发，做好化解矛盾、增进共识、凝聚人心、维护稳定的工作。充分利用香港回归祖国的有利条件，进一步做好海外联谊工作，为推进祖国统一大业作出新的贡献。决议号召，县政协各级组织和政协委员，在中共抚宁县委的领导下，全面贯彻落实中共十五大精神，团结一致，艰苦奋斗，抓住机遇，开拓进取，为建设富强、民主、文明的现代化抚宁而努力奋斗。

六届二次会议 1999 年 3 月 4—6 日，县政协六届二次会议在县城召开，应出席会议委员 154 名，出席 148 名。

会议议程 会议听取和讨论县委书记田永生在县政协六届二次会议上的讲话；听取和审议县政协副主席杨雨顺所作的县政协常委会工作报告；审议提案委员会六届一次会议以来提案工作情况报告（书面）；审议通过县政协副主席杨雨顺所作的六届二次会议提案审查情况报告；列席县十二届人大二次会议，听取和讨论县长邢留逮所作的《政府工作报告》及其他报告；听取和讨论委员大会发言；增选县政协常务委员；审议通过县政协六届二次会议决议；听取县政协主席苏洪珊在闭幕会上的讲话。

工作报告 1999 年 3 月 4 日，县政协副主席杨雨顺向县政协六届二次会议报告工作。报告陈述：县政协高举邓小平理论伟大旗帜，深入贯彻党的十五大精神，在县委的领导下，围绕经济建设这个中心，发挥优势，履行职能，为全县改革开放和社会主义现代化建设作出应有贡献。

认真履行政治协商职能。县委通过县政协召开专题协商会，就县级领导成员调整方案征求各人民团体和各界代表人士的意见，实行民主协商。对“一府两院”的工作报告、财政和计划报告进行充分讨论协商。县政协常委会会议对《政府工作报告》进行讨论协商，提出许多重要的修改意见，受到县政府重视，许多建议被采纳。

民主监督力度不断加大。六届一次会议以来，县政协共收到提案 40 件，全部立案，并全部办复。收到委员社情民意反映卡 41 份，向县领导机关编报 29 份。市政协在抚宁召开县、区政协秘书长联席会议上，县政协介绍推行社情民意反映卡制度的做法和经验。

参政议政水平明显提高。县政协对非公有制经济发展情况进行调研，同时召开专题协商会，并邀请县委、县政府主要领导到会听取意见。县政协领导去福建闽侯县、浙江鄞县考察非公有制经济工作，向县委、县政府提交考察报告；会同县委农工部在对全县 11 个乡镇、50 个村深入调查基础上，赴青龙、迁安等地学习考察，起草《关于进一步稳定完善农村土地、果树承包责任制的建议》；县政协组织农业科技界委员深入不同类型的乡镇、村，对水稻前茬利用情况进行调研视察，向县政府提交《关于扩大水稻前茬利用的建议》；组织委员对县城建设规划、环境卫生、绿化美化三个方面进行考察，撰写《关于加强县城容貌环境建设的建议》。县政协组织重点调研、考察、视察活动 12 次，其中包括对辽宁海城企业改制、西安农村卫生医疗改制和张家港市精神文明建设经验的考察和学习，对农作物主栽品种定向情况的调研，中小学“两基”迎检准备工作视察等，所提意见和建议都引起县领导的重视，较好地履行了参政议政职能。

自身建设取得新的进展。县政协认真学习邓小平理论和党的十五大精神，不断加强自身思想、作风和组织建设。县政协机关深入开展社会主义、爱国主义和人民政协优良传统与作风教育，制定和完善各项制度，充实中青年工作人员，提高办事效率和服务水平。举办新委员培训班，组织学习统战政协理论，并颁发《政协委员手册》。县电视台在《抚宁新闻》栏目中播放16名委员的先进事迹，在社会上引起较大反响。文史资料征集到稿件28篇，约8万字，完成《抚宁文史资料》第四辑的编辑工作。

大会发言 县政协六届二次会议上，张志坚委员作《立足建设，强化管理，进一步改善县城居民生活环境》的大会发言，提出进一步增强县城建设紧迫感；制定完善规划；加强日常管护；彻底解决群众关注的热点难点问题；学习借鉴外地经验；多渠道筹措资金，确保各项具体工作落实到位的建议。马利华委员作《转变思想观念，拓宽城建资金》、田雨林委员作《抚宁县城区环境现状及防治》、郭丽春委员作《提高公民素质，增强城镇建设意识》、高尚民委员作《加强县城绿化美化管理，为县城居民创造优美的生活环境》、张建伟委员作《启动阴阳入城工程，解决县城居民用水》、李成岩委员作《关于福州市闽侯县、宁波市鄞县非公有制经济发展情况的介绍》、杨庆祝委员作《个体私营经济现状及发展对策》、王佐礼委员作《开发当地资源，振兴农村经济》、张正本委员作《解放思想，转变观念，大力发展个体私营经济》、谷印祥委员作《浅谈山区个体私营经济的发展》、孙柳林委员作《我县非公有制经济发展中存在的问题及对策》、杨志委员作《从关内第一集谈对繁荣我县集贸市场的几点建议》、李忠文委员作《关于恢复台营仔猪市场的几点建议》大会发言。14位委员围绕县城居民环境、解决县城居民用水、拓宽城建资金渠道、发展个体私营经济、恢复台营仔猪市场和繁荣集贸市场等方面问题作大会发言，为发展县域经济改善民生建言献策。

领导讲话 1999年3月4日，县委书记田永生在县政协六届二次会议上发表讲话。田永生指出，1998年面对亚洲金融危机和国内水灾、市场乏力等因素影响，全县人民积极开展“讲政治、顾大局、保增长、作贡献”活动，大力推进农业产业化经营，不断加大企业改制和招商引资力度，认真实施“十百千”工程，进一步优化产业产品结构，强化企业内部管理，积极发展旅游、商贸、运输等第三产业，使全县经济持续快速发展，如期实现小康县目标。县政协紧紧围绕县委、县政府中心工作，积极发挥自身优势，认真履行职能进言献策，做了大量有益的工作。田永生强调，1999年是新中国成立50周年，人民政协成立50周年，澳门将回到祖国怀抱。县委九届二次全委扩大会议确定了全县工作的总体构想和奋斗目标。完成1999年的工作任务，县政协及各位委员要坚持不断地学习邓小平理论，学习十五届三中全会精神，继续为做好第二轮土地承包献计献策；要积极推进农业现代化建设，在科技兴农、龙头企业建设、水利改革方面建言出计；为招商引资、项目建设穿针引线，为旅游发展作贡献；帮助县委、县政府围绕农村群众关注的热点、难点问题，积极开展调研活动，协助县委政府做好农村稳定工作。田永生希望，各级党委、政府把政协工作摆上议事日程。政协组织和政协委员要不断加强自身学习，按照中央要求，开展“三讲”教育，大兴学习调研之风，在政治原则问题上保持清醒头脑。团结一致，努力奋斗，为推动县域经济和社会发展，实现第二次跨越的宏伟目标贡献力量。

1999年3月6日，县政协主席苏洪珊在县政协六届二次会议闭幕会上发表讲话。苏洪珊指出，1998 年县政协工作所取得的成绩和进展是全体政协委员和各族各界人士共同努力的结果，也是县委、县政府的重视和支持、社会各方面密切配合的结果。苏洪珊强调，1999 年是国家发展史上具有特殊意义的一年，是抚宁县实现第二次跨越宏伟目标的关键一年，改革、发展、稳定的任务繁重而又艰巨。县政协要力戒形式主义，紧紧围绕党委、政府中心工作，调查研究，进言献策；要做到尽职而不越位、帮忙而不添乱、切实而不表面；要进一步充实、完善、健全有关制度，形成有章可循、有法可依的局面；要大兴调查研究之风，紧扣党委、政府中心工作，抓住重点，群众普遍关心的热点、难点，选择调研题目，形成高质量调查报告，提高调研成果的科学性和可行性；要加强与有关部门联系，使调研成果落到实处，见到实效。苏洪珊希望，每个政协委员都要把学习摆在重要位置，不仅要学习理论，还要学习现代经济知识、科技知识和历史知识，不断拓宽知识领域；要严格要求自己，自强、自立、自警、自重；要带头廉洁从政、遵纪守法；密切联系群众，及时反映他们的意见和呼声，多做协调关系、化解矛盾、增进共识、加强团结的工作。

政治决议 1999 年 3 月 6 日，县政协六届二次会议审议通过决议。决议指出，县政协六届二次会议听取并讨论了县委书记田永生的讲话，讨论并同意县政协常务委员会工作报告、提案工作情况报告，与会委员列席县十二届人大二次会议。决议认为，县政协在县委的领导和市政协的指导下，以邓小平理论和党的基本路线、基本方针为指导，认真贯彻中共十五大、十五届三中全会精神，牢牢把握团结和民主两大主题，紧紧围绕全县的中心工作，切实履行政治协商、民主监督、参政议政的主要职能，为实现全县跨世纪的宏伟目标，为两个文明建设和民主法制建设，作出积极贡献。决议赞同《政府工作报告》和其他报告，认为报告对成绩的估价和存在问题的分析恰如其分，实事求是；提出的 1999 年工作的总体要求和目标任务，重点突出，措施得力，切实可行。与会委员对全县改革开放、现代化建设中的重大问题，以及群众普遍关心的热点、难点问题积极建言献策，提出许多建设性的意见和建议。决议强调，1999 年是实现跨世纪伟大目标进程中具有特殊意义的一年。县政协各组织和全体委员，要以邓小平理论和党的基本路线为指导，深入贯彻落实十五大、十五届三中全会精神，紧紧围绕全县中心工作，切实有效地履行政协的主要职能，为全县改革开放和现代化建设献计出力，开创政协工作新局面。决议号召，县政协各级组织和全体委员，要高举邓小平理论伟大旗帜，紧紧团结在以江泽民同志为核心的中共中央周围，在中共抚宁县委的领导下，团结一致，艰苦奋斗，求真务实，开拓进取，为迎接建国和人民政协成立 50 周年，为实现抚宁经济和社会发展的第二次跨越而努力工作。

六届三次会议 2000 年 2 月 15—17 日，县政协六届三次会议在县城召开，应出席会议委员 156 名，出席 132 名。

会议议程 会议听取和讨论县委书记田永生在县政协六届三次会议上所作的题为《团结一致，开拓进取，为实现 2000 年工作目标而努力奋斗》的讲话；听取和审议县政协副主席侯玉璋所作的县政协常委会工作报告；审议提案委员会六届二次会议以来提案工作情况报告（书面）；审议通过县政协副主席杨雨顺所作的六届三次会议提案审查情况报告；列席县十二届人大三次会议，听取和讨论县长邢留逮所作的《政府工作报告》及其他工作报告；听取和讨论委员大会发言；增补县政协常务委员；审议并通过县政协六届三次会议决议；听取县政协主席苏洪珊在闭幕会上的讲话。

工作报告 2000年2月15日，县政协副主席侯玉璋向县政协六届三次会议报告工作。报告陈述：县政协在县委的领导和上级政协的指导下，高举邓小平理论伟大旗帜，认真贯彻落实中共十五大和十五届三中、四中全会精神，围绕经济建设这个中心，履行政治协商、民主监督、参政议政职能，为促进改革发展、维护社会稳定作出应有贡献。

围绕中心，服务大局，搞好对重大问题的协商。一年来，县政协召开常委会会议6次，主席会议7次，以及多次专题协商会，就全县改革开放、现代化建设中的重大问题，认真协商监督。县政协六届五次常委会会议，对《政府工作报告》及其他报告，进行充分讨论协商，提出意见和建议；召开专门会议，围绕县城环境建设和非公有制经济发展组织大会发言。组织部分政协委员、机关工作人员和台属台胞参加声讨以美国为首的北约轰炸中国驻南斯拉夫大使馆、批驳李登辉的“两国论”和揭批“法轮功”邪教组织的三场集会。

关注热点，调研视察，为全县改革开放和经济建设建言献计。县政协开展调研视察活动23次，向县委、县政府提交《关于进一步稳定完善农村土地、果树承包责任制的建议》《关于在农村第二轮土地承包工作中应注意的问题及建议》，在完善全县二轮土地承包方案中起到积极作用。

县政协组织农业科技组委员同大新寨镇领导和有关专业户，赴山东济南、泰安考察无土栽培、板栗节水灌溉技术，向县政府送交《关于引进无土栽培技术和板栗节水技术的建议》；组织部分委员视察秦燕化工有限公司、县淀粉厂、炼油厂、留守营豪峰纸厂等单位的污水处理设施；开展对中小学教育、102国道绿色通道工程、海水养殖、县农贸市场建设、龙虎庄公墓筹建工作等调研视察活动；县政协部分委员应邀参加县供电局、县广电局、县交通局、县劳动人事局、县公安局等部门召开的行风建设座谈会，对这些单位、部门的工作提出意见和建议。

六届二次会议以来，县政协收到提案110件，全部办复。收到社情民意反映卡39份，编报29份，起到下情上达、民主监督作用。

加强联谊，扩大交往，巩固发展爱国统一战线。县政协召开全县200多名各界人士出席的迎春茶话会，中秋节期间，召开台胞台属和部分政协委员参加的座谈会，召开县政协委员参加的纪念人民政协成立50周年大会，举行迎澳门回归报告会。继续在台属侨胞中开展写一封家信、办一件好事、联系一个项目的“三个一”活动，引导他们参与支持祖国大陆建设，为发展两岸关系作出不懈的努力。

县政协编印的《抚宁文史资料》第四辑印发到县政协委员、全县各中小学和全国100多个友好单位，在存史资政、加强联系、扩大交往中发挥积极作用。

加强县政协委员队伍和政协机关建设。县政协组织常务委员收看国家经贸委关于当前经济形势报告的录像，围绕人民政协的性质、地位、职能开展专题理论研讨活动，印发委员学习材料4期，在县电视台《政协委员风采》栏目中播放8名委员的先进事迹。县政协荣获全省政协系统文史资料先进单位、宣传工作先进单位称号。在机关建设中，结合“三讲”教育，学习邓小平新时期人民政协理论、江泽民同志在庆祝人民政协成立50周年大会上的讲话，学习党的基本路线，提高机关工作人员的思想和理论素质。健全完善各项规章制度，规范工作程序和工作人员的行为。

大会发言 县政协六届三次会议上，田雨林委员作《调整种植结构，推广节水措施，确保2000年全县水稻获得好收成》的大会发言，提出调整种植结构，因地制宜推广水改旱和节水栽培的几项措施。马哨宇委员作《加强产业化龙头企业建设，促进农村经济发展》、王瑞金委员作《加强农村科普，坚持科技兴农》、张建伟委员作《改变农田水利投资机制，深化水利产权制度改革》、潘玉川委员作《发展我县水产养殖业的几点建议》、孙海委员作《如何使我县果品生产再上新台阶》、于印满委员作《强化服务，助农增收》、杨庆祝委员作《加强和改善对农业和农村工作的领导》的大会发言。8位委员围绕农业和农村工作的专题发言引起与会党政领导的高度重视，县委办公室以《情况交流》期刊及时向各乡镇、管理区和县直有关单位转发。发言对深化农村改革、发展农村经济、增加农民收入、维护农村稳定起到促进作用，受到乡镇、管理区和村级干部欢迎。

领导讲话 2000年2月15日，县委书记田永生在县政协六届三次会议上发表《团结一致，开拓进取，为实现2000年工作目标而努力奋斗》的讲话。田永生指出，1999年全县完成国民生产总值34.70亿元，比上年增长11.10%；财政收入实现历史性跨越，达到2.04亿元，同比增长8.72%。清理整顿农村合作基金、开展第二轮土地承包等项工作达到预期效果。党的建设、民主法制建设、精神文明建设、维护社会稳定等方面都取得新成就。县政协适时组织抗议以美国为首的北约袭击我驻南使馆的野蛮暴行、反对李登辉所谓“两国论”和揭批“法轮功”歪理邪说三大斗争取得决定性胜利。围绕农村二轮土地承包、企业污水治理、紫金山建设与管理开展调查、考察和视察，建言献策。积极参与肉鸡产业化发展工作，促进养殖业发展，为全县改革、发展、稳定作出积极贡献。田永生强调，2000年是世纪交替之年，既要实现“九五”计划目标，又要谋划“十五”计划蓝图，为21世纪的发展奠定坚实基础。为巩固和发展各项工作成果，把政协工作推向前进，县政协要服从服务于工作大局，就经济结构性调整、推进农业产业化、国有企业改革、旅游开发、县城和农村小城镇建设、发展非公有制经济等重要问题，建言献策，为全县经济大发展发挥积极作用。要组织好各种调查、考察、视察活动，围绕当前经济建设中热点、难点问题选准角度，确定题目，深入实际，认真调查研究，搞好科学论证，提出意见和建议。要多渠道、多形式地了解和反映人民群众对“十五”计划的意见和要求，使其更加完善、切合实际。要高举民主和团结的旗帜，协助党委、政府做好协调关系、化解矛盾的工作，维护安定团结的政治局面。要充分发挥自身优势，加强对外联谊，宣传“一国两制”方针的成功实践，开展促进祖国统一、反对分裂祖国活动，为和平统一大业贡献力量。田永生希望，各级党委切实加强对政协工作的领导，把政协工作纳入党委的议事日程，定期研究部署，支持政协组织和政协委员履行职责，参政议政，民主监督。政协组织要不断加强自身建设，积极参加“两个文明”建设，提高参政议政水平，使政协工作迈出新的更大的步伐。

2000年2月17日，县政协主席苏洪珊在县政协六届三次会议闭幕会上发表讲话。苏洪珊指出，2000年是世纪交替之年，是实现“九五”计划和本世纪发展目标的最后一年，改革、发展、稳定的任务繁重而艰巨。县政协要以邓小平理论为指导，深入贯彻中共十五届三中、四中全会精神，充分发挥政协优势，认真履行政协职能，开创政协工作新局面。苏洪珊强调，2000年县政协要充分利用人民政协在长期实践中创造的工作形式，如各种会议、专题调研、视察考察、专题研讨、反映社情民意等，发挥政协参加单位的作用，积极为他们发表意见创造条件，调动他们参政议政的积极性。要努力提高委员素质，增强学习紧迫感，加强政治理论、业务知识和其他专门知识的学习，努力提高政治业务素质。要旗帜鲜明、立场坚定地反对民族分裂和各种邪教活动，实现社会的稳定和国家的长治久安。要发挥委员个体作用，从全县经济建设和社会发展的大局出发，联系本专业工作实际，就某个问题发表真知灼见，提出切实可行的意见和建议。继续开展“撰写一份高质量提案，反映一条有价值信息，报送一份社情民意卡，联系一个项目，引进一笔资金”为主要内容的为“两个文明”作贡献活动。各工作组、联络组要把分散的委员组织起来，特别是把分散在农村的委员组织起来，适时开展力所能及的活动，并把活动情况向县政协报告。苏洪珊希望，政协机关工作人员要牢牢树立为委员服务、为政协履行职能服务的意识，在工作中从严要求，讲质量、讲效率、讲规范、讲协作，成为政协工作内行。要努力克服困难，改善后勤保障工作，保证政协工作顺利开展，把政协机关真正办成委员之家。

政治决议 2000年2月17日，县政协六届三次会议审议通过决议。决议指出，县委书记田永生的讲话充分肯定县政协的工作，并提出更高的要求。会议同意县政协常务委员会工作报告、提案工作情况和提案审查情况报告，同意报告中提出的2000年工作指导思想和各项任务，对常务委员会的工作表示满意。决议赞同《政府工作报告》以及其他报告，认为报告对工作成绩的总结实事求是，对问题的分析符合实际，提出的2000年工作指导思想清晰，目标任务和措施切实可行。与会委员在协商讨论中就全县的改革开放和现代化建设中的问题提出意见和建议。决议强调，2000年是世纪交替之年，全县深化改革、促进发展、保持稳定的任务相当繁重。县政协组织和全县政协委员、各界人士在中共抚宁县委的领导下，坚持以党的基本理论和基本路线为指导，全面贯彻落实党的十五大和十五届三中全会、四中全会精神，围绕全县工作大局，调查研究，参政议政，为开创政协工作新局面，为促进改革开放和现代化建设、维护社会稳定作出新的更大的贡献。

六届四次会议 2001年1月15—17日，县政协六届四次会议在县城召开。应出席会议委员159名，出席132名。

会议议程 会议听取和讨论县委书记田永生在县政协六届四次会议上的讲话；听取和审议县政协副主席侯玉璋所作的县政协常委会工作报告；听取和审议县政协副主席杨雨顺所作的六届三次会议以来提案工作情况报告；审议通过提案委员会六届四次会议提案审查情况报告（书面）；列席县十二届人大四次会议，听取和讨论县长邢留建所作的《政府工作报告》及其他报告；听取和讨论委员大会发言；审议通过县政协六届四次会议决议；听取县政协主席苏洪珊在闭幕会上所作的题为《贯彻“三个代表”重要思想，努力做好新时期政协工作》的讲话。

工作报告 2001年1月15日，县政协副主席侯玉璋向县政协六届四次会议报告工作。报告陈述：县政协高举邓小平理论伟大旗帜，以党的十五大和十五届四中、五中全会精神为指导，在县委的领导和市政协的指导下，认真履行政治协商、作民主监督、参政议政职能，扎实推进各项工作，为全县改革开放和社会主义现代化建设作出积极贡献。

采取有力措施，规范工作程序。经商请县委、县政府同意，县政治协商协调小组进行充实和调整，明确一名县委副书记、一名常务副县长负责联系政协工作；县政协主席列席县委常委会会议、副主席列席政府常务会议。县委召开政协工作会议，要求各级各部门坚持和完善中国共产党领导的多党合作和政治协商制度，支持配合政协组织和委员参政议政。印发县委《关于进一步加强政治协商、民主监督、参政议政的若干规定》，对政治协商、民主监督、参政议政的原则、内容、形式以及保证措施等都作出明确规定。

围绕重大问题，搞好民主协商。县政协对全县的大政方针以及政治、经济、文化和社会生活中的重大问题，通过常委会会议、主席会议、全委会议和专题协商会，在决策之前和决策执行过程中进行协商。六届三次全会期间，委员们围绕农业和农村工作专题发言。六届十三次常委扩大会议就《抚宁县国民经济和社会发展第十个五年计划和2010年远景规划（讨论稿）》进行民主协商，提出许多意见和建议。

深入调查研究，积极建言献计。县政协组织相关委员利用4天时间视察9个乡镇的畜牧业生产情况，向县政府提交《关于推动全县畜牧养殖业再上一个新台阶的建议》；对11个乡镇、3个管理区的42所初中进行为期三天的视察活动，向县政府送交《关于视察解决初中入学高峰问题的报告》，为缓解并彻底解决初中入学高峰提供参考意见。通过委员提案、反映社情民意等各种渠道，就县城建设与管理提出意见和建议。县政协和各联络组、工作组共开展调查、视察、考察活动52次。积极参与交通、公安、环保、城建等部门的行风评议活动，拓展参政议政的领域和空间。

六届三次会议以来，县政协收到提案112件，经审查立案110件，已全部办复，满意率达到100%。向党政机关编报社情民意35份。对“建议建设县农业科技示范园区”“建立健全县信息网络”等6件重点提案进行跟踪督办，县政府根据考察报告中的建议和科技兴农的需要，筹资100万元，建起县第一个农业科技示范园。县政协以发动委员填报社情民意反映卡为主，通过调查研究、参加会议、走访委员等多种渠道，收集、整理、综合、编报来自各方面的社情民意，与委员提案互为补充，收到较好的效果。

县政协领导班子和领导干部参加以讲学习、讲政治、讲正气为主要内容的县级“三讲”教育。县政协机关组织4次由主席、副主席作主题发言的学习活动，参加人员扩大到全体政协常委、联络组和工作组组长。通过印发学习资料、录制播放10名政协委员先进事迹专题片等形式，树立典型，增强委员做好本职工作和履行职能的责任感。

县政协通过举行台湾问题与两岸关系报告会、台属中秋座谈会、台胞接待活动，宣传“和平统一、一国两制”方针，反对分裂祖国阴谋，扩大同海内外人士的交往。

大会发言 县政协六届三次会议上，郭丽春委员作《把握“三个关系”，建设文明县城》的大会发言，提出建设文明县城要把握建设、管理与教育的关系，文明单位建设与全社会开展文明建设活动的关系，政府办事与群众办事的关系。程会书委员作《关于农村社会主义精神文明建设的思考与建议》、张庆选委员作《规划建设抚宁县文化艺术中心势在必行》、杨立华委员作《关于实施素质教育的现状与建议》、张仲青委员作《关于我县初中入学高峰面临的形势、问题及建议》、阎巨伟委员作《关于乡村卫生组织一体化管理的建议》、赵敬东委员作《关于我县广电事业发展的建议》、陈丽霞委员作《充分发挥工人阶级在社会主义精神文明建设中的作用》、邵耀庭委员作《贯彻“三个代表”思想提高政法干警素质》、胡瑞东委员作《关于纠正行业不正之风的建议》的大会发言。10 名委员围绕加强社会主义精神文明建设、实施素质教育、乡村卫生组织管理、纠正行业不正之风、在政法干警队伍贯彻“三个代表”重要思想作主题突出、内容丰富的大会发言，使党政领导广泛接触各界人士，直接听取政协委员的意见和要求，为开好政协全委会议积累了经验。

领导讲话 2001 年 1 月 15 日，县委书记田永生在县政协六届四次会议上发表讲话。田永生指出，2000 年全县预计完成国民生产总值 33.90 亿元，比上年增长 9%；财政收入达到 21653 万元，同比增长 6.40%。党的建设、社会主义民主与法制、精神文明、科技、文化、教育、卫生、计划生育等方面都取得显著成就。县政协围绕县委、县政府中心工作，组织委员、社会各界广泛参与县第十个五年计划编制工作；就养殖业、县城和紫金山建设与管理、初中入学高峰、社会治安综合治理等问题开展专题调研；对全县畜牧业生产，特别是肉鸡产业化进行调查研究，建言献策，参政议政，做了大量工作。田永生强调，2001 年是新世纪开局年、起步年，是实现“十五”计划目标的基础年。为使县政协工作迈上一个新台阶，为全县改革、发展、稳定作出新贡献，县政协要围绕经济结构战略性调整、体制创新、科技创新、扩大开放、培育壮大新的增长点开展调研、视察、考察活动，深入研究，拿出切实可行的办法。县政协要加强同政协委员、社会各界的联系，征求他们的意见和建议，组织政协委员开展视察调研考察活动，对热点、难点问题提出有参考价值的建议意见，对宪法法律实施和国家机关的工作进行经常性监督，推进民主政治建设和依法治县工作深入开展。县政协要组织广大政协委员深入群众，倾听群众的呼声反映，及时向县委、县政府反映社情民意，帮助党委和政府做群众的思想政治工作，加强沟通、消除隔阂、理顺情绪、凝聚人心，维护社会稳定。田永生希望，各级党委和政府要深化对政协工作的认识，做到重大问题协商于决策之前，形成“不协商、不决策”“先协商、后决策”的工作格局；县政协各个组织要从实际出发，制定落实计划及相关配套措施；要加强政协自身建设，提高理论修养，提高参政议政水平，更好地履行政协职能；各位委员、各界人士为建设经济强县，实现“十五”计划的宏伟目标努力奋斗。

2001 年 1 月 17 日，县政协主席苏洪珊在县政协六届四次会议闭幕会上发表《贯彻“三个代表”重要思想，努力做好新时期的政协工作》的讲话。苏洪珊指出，县委对县政协六届四次会议很重视，领导亲自到会看望委员，出席会议，参加专题讨论，听取委员意见，共商发展大计。县委书记田永生在开幕会上讲话，充分肯定政协工作，并对大家提出新的希望和要求，希望大家认真落实。苏洪珊强调，“三个代表”重要思想是人民政协工作的行动指南，认真学习和贯彻“三个代表”重要思想，对于政协组织更好地围绕大局，履行职能，发挥作用，为改革、发展、稳定将产生深远影响。县政协要以促进社会生产力发展为前提，抓住经济建设中的突出问题，组织委员和各界人士建言立论，献计出力。要做先进文化的传播者和精神文明建设的促进派，继承和发扬中华民族的优秀文化传统，抵御西方敌对势力的渗透和国内腐朽落后的文化侵蚀。要坚持为人民服务的宗旨，从维护人民群众根本利益出发，协助党政做好协调关系、理顺情绪、化解矛盾、稳定人心工作。政协组织要发挥联系广泛的特点和优势，加强各族各界群众的团结，调动一切积极因素，为“两个文明”建设作贡献。要发扬民主，努力为政协委员、各人民团体和各族各界人士发表意见提供条件，营造知无不言、言无不尽，融洽和谐、生动活泼的局面。苏洪珊希望，全体政协委员在各自岗位积极主动地工作，改变个别委员存在的得过且过、当一天和尚撞一天钟的状态；要在前进中开拓，在开拓中前进，坚持正确的，改正错误的，抛弃过时的，创造新鲜的，全面改进政协工作。

政治决议 2001年1月17日，县政协六届四次会议审议通过决议。决议认为，县政协六届四次会议是在全县人民全面贯彻中共十五届五中全会精神的形势下召开的，对于推动全县经济和社会事业全面进步，为“十五”计划开好局、起好步，加快建设经济强县步伐，进一步做好新世纪的政协工作，起到十分重要的作用。县委书记田永生的讲话，充分肯定县政协一年来的工作，提出加强政协工作的具体意见和殷切希望。决议同意县政协常务委员会工作报告、提案工作情况和提案审查报告，认为，县政协常务委员会认真履行政治协商、民主监督、参政议政的主要职能，各项工作取得新的进展，为全县的改革开放和现代化建设作出积极的贡献。决议认为，《政府工作报告》及其他报告对“九五”期间全县改革和发展成就的估价实事求是，对困难和问题的分析客观实在；县“十五”计划和2010年远景规划鼓舞人心，措施可行。委员就全县经济、政治、社会生活中的问题，建言献策，提出许多建设性意见和建议。决议强调，2001年是进入新世纪的第一年，也是抚宁县实施“十五”计划的开局年，县政协和全体政协委员、参加政协的各人民团体、各界人士，努力学习邓小平理论和江泽民关于“三个代表”的重要思想，坚持党的基本路线，更好地履行政协职能，为加快全县改革开放和各项事业的发展，齐心协力，多做工作，不断开创工作的新局面。决议号召，县政协和全体政协委员、各人民团体、各界人士，在中共抚宁县委的领导下，高举爱国主义和社会主义两面旗帜，坚持党的基本路线，按照县“十五”计划确定的宏伟目标，同心同德，团结奋进，开拓创新，扎实工作，为完成新世纪开局年的各项任务，为建设一个繁荣昌盛的抚宁作出新的更大的贡献。

六届五次会议 2002年3月12—14日，县政协六届五次会议在县城召开，应出席会议委员164名，出席158名。

会议议程 会议听取和讨论县委书记田永生在县政协六届五次会议上的讲话；听取和审议县政协副主席杨雨顺所作的县政协常委会工作报告；听取和审议县政协副主席陆志飞所作的六届四次会议以来提案工作情况报告；审议通过县政协办公室主任刘秀才所作的六届五次会议提案审查情况报告；列席县十二届人大五次会议，听取和讨论常务副县长卢守杰所作的《政府工作报告》及其他报告；听取和讨论委员大会发言；补选县政协六届委员会主席、副主席；审议并通过县政协六届五次会议决议；听取县政协主席王连成在闭幕会上的讲话。

工作报告 2002年3月12日，县政协副主席杨雨顺向县政协六届五次会议报告工作。报告陈述：县政协坚持以邓小平理论为指导，努力实践“三个代表”重要思想，认真贯彻党的十五大和十五届五中、六中全会精神，在县委的领导和市政协的指导下，切实履行政治协商、民主监督、参政议政职能，为推进改革开放和社会主义现代化建设作出应有贡献。

围绕重大问题履行协商监督职能，服从和服务于全县工作大局。县政协通过常委会会议、主席会议、全委会议和专题协商会，对全县的大政方针以及政治、经济、文化和社会生活中的重大问题，在决策之前和决策执行过程中进行协商监督。县政协六届十四次常委会对县政府工作报告提前进行民主协商。六届四次全会期间，全体委员对县政府工作报告以及其他重要报告，提出意见和建议，10名委员围绕加强社会主义精神文明建设进行大会发言，使党政领导直接听取政协委员的意见和要求。

县政协关注县城紫金山公园的建设与管理。组织有关委员听取县民政局关于紫金山迁坟工作汇报，视察龙虎庄公墓建设，公园规划区内的1100多座坟头全部迁往龙虎庄公墓和其他墓地或就地平毁，使紫金山公园建设中的一大难点问题得到解决。

为加快抚宁对外开放进程，推动县域经济发展，县政协常委会会议听取县政府关于扩大对外开放、招商引资工作的通报，提交《关于进一步做好招商引资工作的建议》，得到县政府重视和采纳。

深入开展调研视察活动，为促进全县经济发展和社会进步献计出力。县政协组织农业科技工作组委员和农口县直部门负责人，对全县农业结构调整情况进行调研，去唐山市乐亭县学习考察，形成《关于加快全县农业结构调整步伐的建议》，受到县委、县政府肯定和乡镇基层干部群众欢迎。

县政协和各联络组、工作组组织开展调研视察活动46次。留守营镇联络组对农村种养业进行调研，牛头崖镇联络组对全镇社会治安状况深入调研，石门寨镇联络组视察全镇农业结构调整情况，台营镇联络组考察旱作农业的现状和发展前景，并提出建议。

农业科技工作组以社情民意反映卡形式，向县委、县政府提交《县乡两级农业科技队伍建设亟待加强》的建议；海外联谊工作组听取县招商局工作汇报，实地考察县淀粉有限公司、农业科技示范园和南戴河养殖场等重点企业，召开台胞侨眷中秋座谈会；医药卫生工作组视察县计划生育工作；部分委员参加执法部门行风评议活动，配合《公民道德建设实施纲要》的贯彻落实。

六届四次会议以来，县政协收到提案78件，立案77件，已全部办复完毕。收到委员反映的社情民意42份，向党政部门编报36份。

加强政协自身建设。结合县乡两级“三个代表”重要思想学习教育活动，对部分农村委员进行座谈走访；继续开展政协委员为两个文明建设作贡献活动，录制6名优秀政协委员电视专题片，在县电视台《政协委员风采》栏目播放；召开各界人士为两个文明建设作贡献经验交流暨表彰大会。县政协机关干部职工，系统学习邓小平人民政协理论，江泽民“七一”讲话，观看形势教育、警示教育录像片，提高政治素质和理论水平。

大会发言 县政协六届五次会议上，孙海委员作《面对入世挑战，谈我县林果产业的战略调整》的大会发言，提出宏观林果产业结构调整要突出发展板栗，提倡板栗下山入地；突出发展杨树产业，培植新经济增长点，实现杨树出河入川；突出发展晚桃，建成晚桃基地。潘义川委员作《关于抚宁县畜牧业发展的建议》、孙柳林委员作《我县非公有制经济发展中存在的问题及思考》、张林臣委员作《科学规划，管建并重，加快我县小城镇建设步伐》、单满委员作《关于加强环境保护的几点建议》的大会发言。5位委员围绕调整林果产业结构、畜牧业发展、非公有制经济、小城镇建设和环境保护等方面建言献策。

领导讲话 2002年3月12日，县委书记田永生在县政协六届五次会议上发表讲话。田永生指出，2001年，抚宁县国内生产总值达到36.08亿元，财政收入25163万元，农民人均纯收入2765元，分别比上年增长4.60%、16.20%和4.40%，各项事业稳步前进。这些成绩是全县人民共同努力、顽强拼搏的结果，其中包含政协组织、各界人士的智慧和心血。田永生强调，2002年，抚宁县以经济建设为中心的各项工作任务异常艰巨。但机遇与困难共存、希望与挑战同在。客观形势要求，各位委员要加强学习马列主义、毛泽东思想、邓小平理论和“三个代表”重要思想，加深对党的路线和大政方针的理解，深钻细研WTO知识和市场经济理论，深化对时代特征、发展趋势的研究。学习中联系新形势、新特点，增强危机感、紧迫感和竞争、创新、发展意识；联系思想实际，更新观念换脑筋；联系市场走势和本县优势及潜力，打开思路，扬长补短，加快发展。要抓住重点，调查研究，主动为县委、县政府进言献计，破解难题，多出主意，多想办法，帮助打开思路，完善举措，闯出经济社会发展新路。要进一步增强政治责任心，关心全县的改革、开放、稳定与发展，做到坦诚陈言、畅所欲言。同时不断提高自身素质，继续做好民族、宗教、侨务工作，推进祖国和平统一大业。田永生希望，各位委员充分利用各自有利条件，在招商引资，引进资金、项目、技术和人才方面作贡献。全县各级各部门要为政协工作营造宽松和谐的环境，全力支持政协履行各项职能，在新形势下更好地发挥作用。

2002年3月14日，县政协主席王连成在县政协六届五次会议上发表讲话。王连成指出，2002年是六届县政协的最后一年。过去的四年，以苏洪珊为主席的县政协领导班子及常委会，在县委领导下、县政府及有关部门的支持下，尽职尽责，履行职能，为县域经济建设和社会发展贡献了力量。王连成强调，新的一年抚宁县确定了跨越式发展目标，这需要全县人民同心协力、矢志不移地奋斗。县政协要深入学习邓小平理论和“三个代表”重要思想，紧密结合政协工作实际，解决好履行协商、监督、参政议政职能中的理论政策问题，提高参政议政能力和水平。要围绕县委、县政府2002年工作目标，选择事关全局课题，就群众关心的热点、难点问题，主动提建议，实施民主监督；对关系经济发展、社会事业进步和稳定问题，开展专题调研和考察，主动参政议政，献计献策；要根据党委和政府工作大局，政协自身特点和优势，协商问题做到反映情况真实，分析问题客观，提出建议可行；民主监督力求切中要害，抓住根本，做到兴利除弊；参政参到点子上，议政议到根本处。王连成希望，县政协开拓工作思路，坚持发展的观点，在继承、借鉴以往工作经验基础上勇于实践，大胆创新；继续推进履行职能规范化、制度化建设。政协机关要继续坚持“内强素质，外塑形象，以务实求地位，以作为求重视，以自强求支持，以创新求发展”的工作宗旨，加强理论学习，为委员履行职能提供良好保障，确保机关工作高效运行。

政治决议 2002年3月14日，县政协六届五次会议审议通过决议。决议认为，县委书记田永生的讲话对县政协所做的工作给予充分肯定，并就政协组织更好地发挥职能作用提出新的要求，充分体现县委对政协工作的重视与支持，对于全面开创县政协工作新局面，具有重要指导意义。决议同意县政协常务委员会工作报告、提案工作和提案审查情况报告，认为县政协围绕中心、服务大局，切实履行政治协商、民主监督、参政议政职能，为全县改革开放和现代化建设作出应有的贡献。决议指出，与会委员们列席县十二届人大五次会议，协商讨论《政府工作报告》以及其他报告。认为《政府工作报告》提出2002年工作的指导思想、奋斗目标、主要任务和各项措施可行，催人奋进。与会委员紧紧围绕全县工作的重点和群众关心的热点问题献计献策，提出建设性的意见和建议。决议认为，会议经过充分准备，反复酝酿协商，补选县政协第六届委员会主席和副主席，为进一步开展政协工作提供组织保证。决议强调，2002年是抚宁发展进程中非常重要的一年，县政协组织带领全县政协委员继续以邓小平理论和江泽民“三个代表”重要思想为指导，深入贯彻中共十五届五中、六中全会精神，牢牢把握民主和团结两大主题，进一步履行好政治协商、民主监督、参政议政职能，努力创造出无愧于时代、无愧于人民的新业绩。决议号召，县政协组织和全体政协委员，继续高举爱国主义和社会主义两面旗帜，在中共抚宁县委的领导下，“认清形势、服务大局、与时俱进、开拓创新”，把县政协的各项工作继续推向前进，以优异的成绩迎接中共十六大的召开。

县政协第七届全体委员会议

七届一次会议 2003年3月13—16日，县政协七届一次会议在县城召开，应出席会议委员160名，出席160名。

主席团 （主席团成员38名，以姓氏笔画为序）

马文正　王凤清（女）　王连成　王　侠（女）　王宝生　成和昌　刘江华
刘秀才　刘树林　刘贵杰　刘家成　孙柳林　杨立华　杨继平　李占义　李志佳
李述善　李维宝　张永智　张志坚　张敬波　陆志飞　陈　光（女）　金永强
金镇一　赵　平　赵崇新　赵敬东（女）　祖述春　徐彦春　高金峰　高宝荣
殷淑艳（女）　唐福利　黄汝民　韩雪夫　惠　群　傅仁华

秘书长 刘秀才

会议议程 会议听取和讨论县委书记在县政协七届一次会议开幕时的讲话；听取和审议县政协七届一次会议主席团常务主席李志佳所作的县政协六届常委会工作报告；听取和审议县政协七届一次会议主席团常务主席县陆志飞所作的六届一次会议以来提案工作情况报告；审议通过县政协秘书长刘秀才所作的七届一次会议提案审查情况报告；列席县十三届人大一次会议，听取和讨论代理县长刘晓平所作的《政府工作报告》及其他报告；听取和讨论委员大会发言；

选举产生县政协第七届委员会主席、副主席、秘书长和常务委员；审议并通过县政协七届一次会议决议；听取县政协主席王连成在闭幕大会上的讲话。

工作报告 2003年3月14日，县政协七届一次会议主席团常务主席李志佳向七届一次会议报告六届常委会工作。报告陈述：政协抚宁县第六届委员会任期的五年，恰逢世纪之交的重要历史时期。五年来，县政协高举邓小平理论伟大旗帜，全面贯彻“三个代表”重要思想，在县委领导和市政协的指导帮助下，团结带领全体委员，履行政治协商、民主监督、参政议政的主要职能，较好地完成各项工作任务。

县政协坚持全委会议、常委会会议、主席会议和专题协商会议等例会制度，对全县政治、经济、文化和社会生活中的重要问题，在决策之前进行民主协商和监督。每年一度的全委会议，委员们对县政府工作报告和其他重要报告进行协商讨论，提出修改意见。六届十三次常委扩大会议就《抚宁县国民经济和社会发展第十个五年计划和2010年远景规划》提出修改意见；六届十六次常委会会议听取县政府关于扩大对外开放和招商引资工作的通报后，向县政府提交《关于进一步做好招商引资工作的建议》，均受到县委、县政府的重视和采纳。

县政协广泛关注农业产业结构调整和教育、科技、社会生活等各个领域的热点难点问题，先后向县委、县政府提交《关于水稻前茬利用的建议》《关于初中入学高峰问题的报告》《关于加快全县农业结构调整的建议》等，为党政部门工作和科学决策提供参考和依据。对基础教育、卫生防疫、旅游环保、龙头企业建设中的重要问题进行视察考察。在对全县11个乡镇、50个村专题调研和赴青龙、迁安学习考察的基础上，向县委、县政府提交《关于进一步稳定完善农村土地果树承包责任制的建议》。对县委、县政府出台的农村二轮土地承包初步方案，再次调查研究，座谈论证，向县委提交《关于在农村第二轮土地承包工作中应注意的问题及建议》。会同县委农工部、县财政局，对安徽、江苏农村税费配套改革情况进行考察，并向县委、县政府提交考察报告；随后，又深入抚宁镇、台营、下庄等8个乡镇、管区调查研究，对所属的13个村税费改革后的收支情况进行重点剖析，广泛听取各方面的意见，形成《关于解决全县农村税费改革后存在问题的建议》，提交给县委、县政府。

六届一次会议至五次全会期间，共收到提案404件，立案401件，均已按规定程序和时限办复，满意率达到100%。五年来，共收到委员反映的社情民意189份，向党政有关部门整理编报131份。2002年年初，县政协制定《关于进一步加强社情民意反映工作的意见》，提出新的工作思路和具体措施，使社情民意反映工作出现新的进展。

组织台胞台属和部分政协委员出席中秋座谈会，游览董家口长城，观光赏月，谈古论今，抒发爱祖国、爱家乡、盼统一的真挚情感。1999年1月，主持召开全县200多名各界人士参加的迎春茶话会。在纪念人民政协成立50周年大会上，县党政领导和政协委员欢聚一堂，回顾人民政协50年的光辉历程，总结县政协成立17年来的工作和经验，提出面向新世纪的奋斗目标。文史资料征集工作进展顺利，《抚宁文史资料》第四、五辑已编印出书。编撰《抚宁县长城专集》工作全面启动，已拍摄照片2100多幅，其中49幅在《河北画报》2002年第九期刊载。春节期间，与县文化局、财政局联合举办“抚宁县长城摄影展”。在县电视台开辟《政协委员风采》栏目，共播放50名优秀政协委员的事迹。在三胞眷属中开展写一封家信、办一件好事、联系一个项目的“三个一”活动，引导他们参与支持家乡经济建设。

五年来，县政协始终把深入学习邓小平理论、全面贯彻“三个代表”重要思想放在自身建设的首位。六届九次常委会会议结合政协工作实际，对邓小平新时期统一战线和人民政协理论进行专题研讨。2000年县委召开政协工作会议，印发县委《关于进一步加强政治协商、民主监督、参政议政的若干规定》。2001年召开各界人士为两个文明建设作贡献经验交流暨表彰大会，对25名优秀政协委员进行表彰奖励。2002年县政协领导班子及中层干部进行较大调整，乡镇政协联络组撤销，同时调整充实各专委会、工作组和机关科室的组成人员，建立完善各项规章制度，各乡镇由宣传部长负责联系政协工作，从而使政协整体工作顺利衔接，步入正轨。

大会发言 县政协七届一次会议上，刘稳委员作《关于解决我县农村税费改革后存在问题的建议》的大会发言，解决农村税费改革后存在的问题，建议撤并行政村，减少村级干部指数，缩减开支；提倡县乡干部到村任职，提高村级干部整体素质；调整农村中小学校布局，合理利用教师资源；深化农村教育体制改革，努力提高教学质量；取消面向农村各种摊派、收费和达标升级活动；建立规范的村级财务管理制度；清理乡村债权债务。赵敬东委员作《深化教育改革，优化教育环境，确保我县基础教育健康快速发展》、金永强委员作《紧紧抓住省修建长城旅游公路的契机下大力保护、开发我县长城资源》、杨继平委员作《适应新形势，迎接新挑战，调整农业结构，增加农民收入》、孙海委员作《发展绿色食品，构筑农村经济发展新优势》的大会发言。5位委员围绕解决农村税费改革后存在的问题、基础教育、保护开发长城旅游资源、调整农业结构、发展绿色食品作了主题鲜明、重点突出、针对性强的大会发言，在全会上下引起较好反响。

领导讲话 2003年3月14日，县委书记在县政协七届一次会议上发表讲话。讲话指出，六届县政协在中共抚宁县委领导下，主动争取县政府及社会各界的支持，探索世纪之交形势下政协工作新思路、新方法，充分发挥委员主体作用，围绕县委、县政府中心工作，牢牢把握团结和民主两大主题，认真履行政治协商、民主监督、参政议政职能，创造性地开展工作，为全县经济和社会事业发展作出了应有贡献，并为七届县政协工作奠定了坚实基础，提供了宝贵经验。讲话强调，中共十六大描绘了中国未来发展的宏伟蓝图，也为做好新世纪新阶段政协工作指明了方向。深入学习贯彻中共十六大精神，是当前和今后一个时期的首要政治任务，县政协必须把学习贯彻十六大精神，同学习马列主义、毛泽东思想和邓小平理论结合起来，同学习“三个代表”重要思想、统一战线方针政策结合起来，发扬理论联系实际学风，在围绕主题、把握灵魂、抓住精髓、学以致用和狠抓落实上下功夫。政协组织和各位委员要围绕推动县域经济跨越式发展这个中心和大局，增强责任感和使命感，自觉树立自己的形象，努力做好本职工作。要与时俱进，不断探索协商监督的新方式和新途径，拓展参政议政的新领域，促进履行职能的规范化、制度化。要帮助党委、政府做工作，努力化解矛盾，避免引发不安定因素。要牢牢把握团结和民主两大主题，广泛参与社会活动，与各界人士沟通思想，交流感情，做维护安定团结的表率。讲话表示，县委将一如既往地重视支持政协工作，认真贯彻执行党的统一战线政策，及时部署指导政协工作，切实做到协商于决策之前，监督于实施之中，重要工作多让政协参与，多听政协意见。对政协委员的视察调研活动给予最大方便和支持，对政协提案，各级各部门要认真对待，提高办案质量，严格依照规定程序和时限予以答复，做到件件有回音，事事有着落。讲话希望，与会政协委员、各界人士群策群力，尽职尽责，以负责的精神开好会议，对县大政方针和政协工作建言献策，为实现小康社会目标、开创各项工作新局面作出贡献。

2003 年 3 月 16 日，县政协主席王连成在县政协七届一次会议闭幕会上发表讲话。王连成指出，县政协七届一次会议是一次与时俱进、继往开来的大会。县委对会议召开高度重视，领导亲临大会，并发表重要讲话，对六届政协工作给予高度评价和充分肯定，对七届政协提出中肯希望和要求。王连成强调，以十六大精神为指导，全面建设小康社会，是七届政协面临的艰巨而光荣的任务，政协工作要围绕中心，充分发挥联系面广的优势，积极为县域经济发展建言献策；要充分发挥自身智能优势，在经济发展中发挥示范带头作用；要充分发挥与外界交往广泛的优势，在招商引资中贡献力量。政协组织和政协委员要紧紧围绕保稳定、促发展实施政治协商和民主监督，对重大问题决策，充分发表见解，及时提出合理化建议，以确保决策的科学性。要针对热点、难点问题，及时建言献策，以促进问题解决。对弱势群体要予以广泛关注和更多关心，满腔热情地参与扶贫济困送温暖活动，帮助弱势群体摆脱困难，渡过难关，化解社会不稳定因素。王连成希望，各位委员勤奋学习，勤于思考和实践，不断更新知识，切实提高自己思想理论水平，提高政治敏锐性和坚定性，提高参政议政的能力和水平。要用率先解放思想的实际行动，感染和带动自己所联系层面的群众换脑筋，用全社会的思想再解放、观念再更新，推动经济和社会事业跨越式发展。

政治决议 2003 年 3 月 16 日，县政协七届一次会议审议通过决议。决议认为，县委书记的讲话对六届政协五年来的主要工作给予充分肯定，并就七届政协更好地履行职能，提出具体意见，充分体现了县委对政协工作的高度重视与支持，对全面推进政协的各项工作具有十分重要的指导意义。决议赞同县政协常务委员会工作报告、提案工作和提案审查情况报告，认为县政协第六届委员会切实履行政治协商、民主监督、参政议政职能，为全县改革开放、经济发展和社会全面进步作出积极贡献；县六届政协总结的经验以及所提出的建议，对七届县政协具有重要的指导作用。决议指出，与会委员列席县十三届人大一次会议，协商讨论《政府工作报告》及其他重要报告，认为《政府工作报告》中所提出的今后工作的指导思想、奋斗目标和各项措施切实可行，催人奋进。委员提出的意见和建议，希望有关部门研究采纳。会议选举产生的新一届政协领导成员为进一步强化政协工作提供组织保证。决议强调，县政协第七届委员会任期的五年，是全面推进全县小康社会建设的重要时期。县政协组织和全体委员要高举邓小平理论伟大旗帜，深入学习贯彻落实党的十六大精神和“三个代表”重要思想，认真履行职能，积极参政议政，为全面建设小康社会，加快推进全县改革、发展步伐作出积极贡献。决议号召，县政协组织和全体政协委员，继续高举爱国主义和社会主义两面旗帜，在中共抚宁县委的领导下，与时俱进、开拓创新，围绕中心、服务大局，全面推进政协的各项工作，为实现十六大提出的各项目标而努力奋斗。

七届二次会议　2004年2月11—12日，县政协七届二次会议在县城召开，应出席会议委员176名，出席173名。

会议议程　会议听取和讨论县委书记在县政协七届二次会议上的讲话；听取和审议县政协副主席李志佳所作的县政协常委会工作报告；听取和审议县政协副主席陆志飞所作的七届一次会议以来提案工作情况报告；审议通过县政协秘书长刘秀才所作的七届二次会议提案审查情况报告；列席县十三届人大二次会议，听取和讨论县长刘晓平所作的《政府工作报告》及其他报告；听取和讨论委员大会发言；补选县政协常务委员；审议并通过《关于表彰优秀政协提案的决定》；审议通过县政协七届二次会议决议；听取县政协主席王连成在闭幕会上的讲话。

工作报告　2004年2月11日，县政协副主席李志佳向县政协七届二次会议报告工作。报告陈述：县政协高举邓小平理论伟大旗帜，全面贯彻“三个代表”重要思想，在县委的正确领导和市政协的指导帮助下，团结带领全体委员，围绕中心，服务大局，认真履行政治协商、民主监督、参政议政职能，全力推进各项工作，为全县改革开放、经济发展和社会全面进步作出应有贡献。

以经济建设为中心，围绕全县大政方针以及经济和社会发展中的重要问题协商议政，积极参与宏观决策。县政协七届一次全委会议期间，委员们协商讨论县政府工作报告及其他报告，就全县农业和农村工作、城乡基础教育、长城保护与开发、解决农村税费改革后存在问题进行大会发言。2003年春季，全国突发“非典”疫情，县内也出现“非典”确诊病例，县政协举行七届二次主席会议，邀请医药卫生界委员参加，听取县政府领导关于全县“非典”防治工作情况的通报，提出改进工作的意见。对县城护城河改造方案进行分析论证，履行协商监督职能，促进护城河改造工程尽快开工。

县政协深入开展调研视察考察活动，组织部分委员听取县综治委、公安局、检察院、法院、司法局的情况汇报，分别到抚宁镇、留守营、牛头崖、台营等6个镇，召开政协委员、部分村干部座谈会，并赴昌黎、卢龙两县进行学习考察，向县委、县政府提交《关于进一步加强全县社会治安综合治理工作的建议》。组织农业科技组委员对全县农业科技推广体系建设进行专题调研，深入榆关、茶棚等4个乡镇，召开乡镇主管领导，相关政协委员，农业、林业、畜牧站负责人和农业龙头企业代表参加的座谈会，邀请县农口各局负责人和技术人员进行分析论证，对做好农技推广工作达成共识。县政协对全县畜牧养殖业发展情况进行视察，向县政府提交《关于全县畜牧养殖业生产情况的考察报告》。对全县城乡中小学基础教育发展情况进行视察，向县委、县政府提交《关于对全县基础教育工作视察情况的报告》。

七届一次会议以来，县政协收到委员提案103件，立案95件，全部办复完毕。收到社情民意30条，及时反映基层情况和群众的意见和要求。对《抓住省修建长城旅游公路的契机，下大力保护和开发全县长城资源》1号提案落实情况进行跟踪督办，形成《关于对长城保护与开发工作的视察报告》，正式成立县长城保护与开发利用工作领导小组，县政府印发《关于进一步加强长城及附属建筑物保护工作的意见》。

县政协继续在县电视台开辟《政协委员风采》栏目，播放徐彦春、赵永红、尹秀清等10名委员的事迹。在做好《抚宁文史资料》第六辑文稿征集工作的同时，重点抓好《抚宁长城纪实》的编辑工作。县政协文史委、县文化局等单位联合举办“抚宁长城摄影图片展览”。《河北画报》第4期刊发《董家口长城》专刊。《河北长城游》一书中介绍抚宁7处长城景点，为全县山区旅游业和生态建设营造有利的发展环境。

加强政协自身组织、思想和作风建设。县政协对5个专门委员会、7个工作组及组成人员进行充实调整。换届后84名新委员系统地学习人民政协的有关知识，制定《政协抚宁县委员会常务委员会议事规则》，就会议考勤等方面提出具体的要求。县政协机关工作人员学习理论和相关知识，开展“树正气、讲团结、求发展”教育活动，工作热情、工作效率和为委员服务水平有明显提高。

大会发言 县政协七届二次会议上，祖述春委员作《关于进一步加强社会治安综合治理工作的建议》的大会发言，建议对社会治安综合治理工作继续保持严打整治的高压态势，发挥政法机关的主力军作用；加强农村基层组织建设，发挥农村治安防范第一线作用；加强农村矛盾纠纷排查调处工作，发挥乡镇在排查调解中的作用；以“四五”普法为载体，深入开展法律法规宣传教育活动；加强对社会治安综合治理工作的领导。马永杰委员作《适应新形势，加强和改进农业科技推广工作》、孙柳林委员作《进一步优化环境，促进我县非公有制经济健康发展》、赵英红委员作《发展畜牧养殖业，增收致富奔小康》、曹新成委员作《立足长远，扎实推进，做好山区板栗发展产业的大文章》、王金茹委员作《抓住机遇，乘势而上，建蔬菜强乡》的大会发言。6位委员就搞好社会治安综合治理、加强农业科技推广工作和畜牧养殖业、板栗产业、非公有制经济发展等问题作大会发言，受到政协委员和领导的重视和肯定。

领导讲话 2004年2月11日，县委书记在县政协七届二次会议上发表讲话。讲话指出，2004年县委、县政府将继续深入实施“三线富民、八业强县”的发展战略，把解决“三农”问题作为全党工作的重中之重，加速农业结构战略性调整进程，加大投资拉动力度，维护社会稳定，实现城乡经济社会跨越式发展目标。新的形势和任务，为政协履行职能提供了广阔的领域和空间，对政协工作提出了更高的要求。讲话强调，随着中国加入世贸组织和社会主义市场经济体制的建立，传统的思维方式、利益关系、价值取向发生很大变化，要组织政协委员和工作人员认真学习马列主义、毛泽东思想、邓小平理论和“三个代表”重要思想，学习中共十六届三中全会精神，学习国际政治、经济、文化和相关科技知识及管理经验，用科学的理论和先进的知识武装头脑，指导实践，积极应对新形势。各级各部门要充分认识政协工作的重要性，支持和参与政协开展的各项活动，自觉接受民主监督。要不负众望，爱岗敬业，认真履行委员职责，积极参加政协活动。各专委会、工作组要组织好日常活动，加强与委员的联系，发挥好桥梁纽带作用。县政协既要从大政方针和宏观决策上为县委、县政府当好参谋，又要为县域经济和各项社会事业多办实事，搞好服务，围绕“三线富民，八业强县”发展战略，进行专题调研、专题议政、专题对话，提出切实可行建议，供党政部门决策和工作参考；要发挥人才优势，开展技术创新和内引外联活动，推进项目建设和招商引资工作；要广泛关注社会热点难点问题，积极探索解决问题的方法和途径，多做理顺情绪、协调关系、化解矛盾、凝聚人心的工作；要做好民族、宗教、侨务工作，落实相应政策，维护信教人员合法权益；扩大与港澳台胞及其眷属的交往与联系，团结海内外爱国人士，致力于两岸和平统一和祖国建设发展大业。讲话表示，县委、县政府要主动把重大问题交政协协商，坚持协商于决策之前，监督于实施之中；一如既往地帮助县政协解决工作中实际问题，研究采纳政协提出的意见和建议。各级各部门必须认真对待政协调研、视察、考察活动，做好提案承办工作。乡镇党委要加强对政协工作领导，让农村委员更好发挥作用。在全县形成党委重视、政府支持、政协主动、部门配合的政协工作环境。

2004年2月12日，县政协主席王连成在县政协七届二次会议闭幕会上发表讲话。王连成指出，胡锦涛同志在中纪委第三次全体会议讲话中强调，要始终坚持求真务实，全面科学地判断形势，抓住机遇，迎接挑战，把加快发展的立足点放到真抓实干上。县政协和全体委员要认真学习，深刻领会，把求真务实精神体现和落实到政协各项工作中去，见诸行动，取得成效。王连成强调，政协组织和委员要发挥自身优势，协助党委政府化解矛盾，理顺情绪，切实把人民的利益实现好、发展好、保护好。同时对弄虚作假、虚报浮夸、以权谋私等形式主义和官僚主义进行民主监督。积极参与行风评议活动，促进党政机关和职能部门提高工作效率，增强为人民服务观念，务求工作实效。要紧紧围绕县委、县政府统一部署，从县情实际出发，坚持量力而行，精心组织，合理安排，务求实效，切忌讲排场、走过场，提倡讲实话、办实事、务实效。王连成希望，政协委员要珍惜荣誉，爱岗敬业，努力做好本职工作，以实际行动赢得社会各界和人民群众的信任和尊重。各专委会、工作组要尽职尽责，组织开展各项活动，总结交流经验，发挥委员作用，实现履行职能的规范化、制度化、经常化，使政协日常工作真正落实到位。

政治决议　2004年2月12日，县政协七届二次会议审议通过决议。决议指出，县政协七届二次会议听取并讨论县委书记的重要讲话，听取并审议县政协常务委员会工作报告、县政协提案工作情况报告。与会委员列席县十三届人大二次会议，听取并协商讨论《政府工作报告》和其他报告。会议取得圆满成功，是一次团结的大会、民主的大会、奋进的大会。决议认为，《政府工作报告》根据新形势新任务的要求，对2003年全县各项事业发展作出实事求是的总结，对2004年国民经济和社会发展作出全面部署，指出继续前进的方向，体现全县人民的根本利益和共同愿望。委员们对“三线富民、八业强县”发展战略充满信心，表示进一步增强紧迫感和责任感，坚持把发展作为强县富民和履行职能的第一要务，为实现全县经济跨越式发展作出新的贡献。决议要求，县政协七届委员会要全面贯彻党的十六大和十六届三中全会精神，以“三个代表”重要思想统领县政协的各项工作，突出团结和民主两大主题，密切联系各界人士，体察民情，关注民生，反映民意，协助党委和政府做好协调关系、化解矛盾的工作。始终坚持围绕中心、服务大局的工作方针，切实履行政协职能，为促进全县社会主义物质文明、政治文明和精神文明建设贡献力量。决议号召，全体委员和各界人士高举邓小平理论和“三个代表”重要思想的伟大旗帜，紧密团结在以胡锦涛同志为总书记的党中央周围，在中共抚宁县委的领导下，求真务实，建言献计，调动一切积极因素，团结一切可以团结的力量，为实现全面建设小康社会的宏伟目标而努力奋斗。

七届三次会议　2005年1月25—26日，县政协七届三次会议在县城召开，应出席会议委员 187 名，出席 179 名。

会议议程 会议听取和讨论县委书记在县政协七届三次会议上的讲话；听取和审议县政协副主席李志佳所作的县政协常委会工作报告；听取和审议县政协副主席陆志飞所作的七届二次会议以来提案工作情况报告；列席县十三届人大三次会议，听取和讨论县长刘晓平所作的《政府工作报告》及其他报告；听取和讨论委员大会发言；补选县政协常务委员；审议并通过《关于表彰优秀政协提案的决定》；审议通过县政协秘书长刘秀才所作的七届三次会议提案审查情况报告；审议通过县政协七届三次会议决议；听取县政协主席王连成在闭幕会上的讲话。

工作报告 2005 年 1 月 25 日，县政协副主席李志佳向县政协七届三次会议报告工作。报告陈述：2004 年，县政协紧紧围绕经济建设这个中心，服务于改革发展稳定的大局，就全县经济社会发展中的重要问题，通过政协全委会议和开展调研视察活动，认真协商议政，积极建言献策，切实履行政协职能。县政协七届二次全会期间，委员们以高度负责的精神，协商讨论政府工作报告和其他重要报告，并提出修改意见。6 位委员就社会治安综合治理、农业科技推广和非公有制经济发展等问题进行大会发言，在全会内外引起积极反响。

县政协组织部分委员对全县水泥、造纸、玻璃纤维企业发展情况进行视察，听取县经贸局的情况介绍，实地察看石门寨二水一分厂、驻操营长城水泥厂、留守营丰满纸业有限公司、牛头崖速竣玻璃纤维厂等 10 家企业，并与厂长、经理座谈，以视察报告的形式，向县委、县政府提出加快企业改制进程、提升经营管理水平、加强行业协会建设等建议。县政协常委会组成人员视察全县村村通公路工程建设情况，对近三年来全县农民增收问题进行专题调研，对继续全力推进“三线富民”发展战略、加大农业投入、发展民营企业、组织劳务输出、加强农村基层组织建设等问题，进行深入探讨，达成共识。对全县煤矿安全生产工作进行视察，听取县煤管局的工作汇报。视察全县长城保护工作情况，向县委、县政府提交《关于视察抚宁县长城保护工作落实情况的报告》。对《关于拆除大礼堂及拓宽一小门前至长征路路面，用于建设休闲活动场所和解决一小学生上放学出入难问题的建议》1 号提案督办落实、对长征路游园规划设计方案进行论证并提出建议。对板栗深加工、北部山区集雨水窖建设等问题进行视察。

2004 年县政协七届二次全会以来，收到委员提案 82 件，经审查立案 79 件。截至 9 月底，79 件提案已全部办复完毕。一年来编印《政协工作》简报 9 期，通过县电视台《政协委员风采》栏目，宣传赵崇新、杨立华、张子学等 8 名委员先进事迹。

政协新章程颁布后，采取印发学习资料、收看辅导录像等形式，组织全体委员和机关干部，认真学习。党的十六届四中全会召开后，就加强党的执政能力建设对人民政协提出的新要求，在机关干部中展开大讨论。政协常委会会议集中学习胡锦涛同志和省、市委领导对李家庚先进事迹的重要批示，通过县政协《关于授予李家庚同志优秀政协委员荣誉称号的决定》和《关于开展向李家庚同志学习的决定》，号召全体委员向李家庚学习。县政协领导分别参加项目建设、联系重点村、民主议政日、文明生态村建设等项工作，帮助协调解决各种问题，密切党群干群关系，深受基层干部群众的欢迎。

大会发言 县政协七届三次会议上，刘稳委员作《关于我县农民增收的现状、制约因素和对策》的大会发言，对实现农民增收提出确保农村政策稳定，营造良好的农民增收环境；加快农业结构调整，全力推进“三线富民”发展战略；加大对农业的投入，巩固农业的基础地位；发展民营企业，抓好劳务输出；加快小城镇建设，缩小城乡差别；切实加强对农村工作的领导，对农民增收提供坚强有力的组织保障的意见和建议。张斌委员作《健全网络，完善体系，切实做好劳务输出工作》、郑海波委员作《关于我县玻璃纤维产业发展中存在的问题和建议》、韩春生委员作《优化公路环境，确保公安路畅通》、祖述春委员作《切实加强“两网”建设，确保全县人民用药安全》、李国林委员作《关于农村基层组织建设工作的思考》的大会发言。6位委员就农民增收、玻璃纤维产业发展、公路畅通、人民用药安全和农村基层组织建设等问题的发言，受到政协委员和领导的重视和肯定，在全会内外引起积极反响。

领导讲话　2005年1月25日，县委书记在县政协七届三次会议上发表讲话。讲话指出，2004年，抚宁县实施“三线富民、八业强县”的发展战略，完成生产总值52.10亿元，比上年增长18.80%；财政收入达到4.20亿元，同比增长18.40%；农民人均纯收入3217元，比上年增长7.20%；各项工作均取得较大成绩。2005年，将继续以经济建设为中心，深入实施“三线富民、八业强县”发展战略，加速农业结构调整，全力实施项目建设，努力维护社会稳定，实现经济社会跨越式发展。讲话强调，县政协要把学习“三个代表”重要思想同学习邓小平理论结合起来，同学习贯彻中共十六大和十六届四中全会精神结合起来，同学习统战政协理论结合起来，不断研究新情况、总结新经验、解决新问题，开创政协新局面。要围绕推进县委决策科学化、民主化，抓好决策前和决策过程中的政治协商；围绕热点问题，扎实有效地开展民主监督；围绕县委、县政府重点工作，开展专题调研和考察活动；利用政协优势，开展技术创新和外引内联活动，积极引进人才、资金、技术、项目，提高对内对外开放水平。要高举爱国主义、社会主义旗帜，继续把团结各界、凝聚人心的工作摆在更加突出位置；本着“肝胆相照、荣辱与共”的精神，信守“求同存异、体谅包容”的原则，加强同各界人士的联系和沟通，实现全社会最广泛的团结，形成富民强县的强大合力。要进一步发挥关注民生、参与国是、致力发展、奉献社会的主动性、创造性，积极投身建设小康社会的宏伟事业；政协机关进一步改进工作作风、提升服务水平、严格管理机制、提高工作效率，把政协建成真正的委员之家，充满生机与活力，团结、民主、务实、高效的工作集体。讲话希望，各级党委要把政协工作纳入议事日程，主动把重大问题交政协协商，重要工作请政协参与，难点问题听政协意见；一如既往地帮助政协解决工作中实际问题，研究采纳政协提出的意见和建议。各级各部门必须认真对待政协调研、视察、考察活动，做好提案承办工作。政协组织要自觉接受党委领导，及时请示汇报工作，贯彻执行党委重大决策和工作部署，形成全县上下同心协力的良好工作环境。

2005年1月26日，县政协主席王连成在县政协七届三次会议闭幕会上发表《履行职能，建言献计，在构建社会主义和谐社会中发挥应有作用》的讲话。王连成指出，2005年县政协要认真学习贯彻中共十六届四中全会精神和胡锦涛同志在庆祝人民政协成立55周年大会上的讲话，高举团结和民主两大旗帜，切实履行政治协商、民主监督、参政议政职能，广泛联系各界人士和人民群众，为构建社会主义和谐社会建言献计。王连成强调，县政协要围绕经济建设这个中心，服务于党委、政府工作大局，积极履行政协职能。在政治协商方面广开言路，集思广益，使协商更有成效；在民主监督方面探索新思路、新举措，建立健全民主监督的方法和机制；在参政议政方面保持特色，注重质量，为促进发展积极建言献计。在调研考察活动中围绕重大事项和热点难点问题，充分了解情况，反复论证，提出有针对性和可操作性的意见和建议，供党委、政府决策参考。要进一步加强同所在界别群众的联系，深入基层，深入群众，反映社情民意，使党委和政府的各项决策更好地体现人民群众的根本利益。要把维护稳定摆在政协工作突出位置，协助党委和政府多做协调关系、化解矛盾、理顺情绪、鼓舞士气的工作，促进社会政治安定，人民安居乐业。王连成希望，政协组织进一步发扬社会主义民主，努力营造和谐融洽的民主氛围，为构建经济与社会、城镇与乡村、人与自然相协调的社会主义和谐社会而努力。

政治决议 2005 年 1 月 26 日，县政协七届三次会议审议通过决议。决议指出，县政协七届三次会议听取并讨论县委书记的讲话，听取和审议并通过县政协常委会工作报告、提案工作情况报告，列席县十三届人大三次会议，听取并协商讨论《政府工作报告》和其他报告。全体委员认真履行职能，积极参政议政，就促进全县经济发展和社会全面进步、进一步做好政协工作等问题提出许多好的意见和建议。决议认为，《政府工作报告》对过去一年工作的总结实事求是，确定的奋斗目标切实可行，令人鼓舞。委员们对实现今年的发展目标充满信心，表示进一步增强紧迫感和责任感，坚持把发展作为履行职能的第一要务，为实现县域经济和社会各项事业跨越式发展作出新的贡献。决议要求，县政协和全体委员以邓小平理论和“三个代表”重要思想为指导，全面贯彻落实党的十六届四中全会决定和胡锦涛同志在人民政协成立 55 周年庆祝大会上的讲话精神，牢牢把握团结和民主两大主题，围绕中心，服务大局，履行职能，建言献计，不断开创县政协工作新局面。决议号召，全体政协委员和各界人士要紧密地团结在以胡锦涛为总书记的党中央周围，高举邓小平理论伟大旗帜，努力实践“三个代表”重要思想，抢抓机遇，奋发进取，同心同德，努力工作，为加快发展、全面建设小康社会而努力奋斗。

七届四次会议 2006 年 1 月 17—18 日，县政协七届四次会议在县城召开，应出席会议委员 190 名，出席 183 名。

会议议程 会议听取和讨论县委书记在县政协七届四次会议上的讲话；听取和审议县政协副主席李志佳所作的县政协常委会工作报告；听取和审议县政协副主席陆志飞所作的七届三次会议以来提案工作情况报告；列席县十三届人大四次会议，听取和讨论县长刘晓平所作的《政府工作报告》及其他报告；听取和讨论委员大会发言；审议并通过县政协《关于表彰优秀提案的决定》；审议并通过县政协秘书长刘秀才所作的七届四次会议提案审查情况报告；审议通过县政协七届四次会议决议；听取县政协主席王连成在闭幕会上的讲话。

工作报告 2006 年 1 月 17 日，县政协副主席李志佳向县政协七届四次会议报告工作。报告陈述：县政协七届三次全会期间，委员们以高度负责的精神，协商讨论县政府工作报告和其他重要报告，并提出修改意见。6 位委员就促进农民增收、组织劳务输出、治理公路交通环境等问题，以大会发言的形式建言立论。县政协紧紧围绕全县经济社会发展中的重要事项，组织开展 21 次调研视察活动。先后对县铁矿开采加工情况、全县文明生态村创建工作、县城集中供热供气工程建设情况进行调研，提出意见和建议。对畜牧养殖业疫病防治工作，委员们建议进一步提高认识，加强防治队伍建设，逐步增加经费投入，建立专项基金，实现畜牧养殖业疫病防治的经常化、制度化。就加快农民组织化进程，促进农业增效、农民增收，加强农村建设问题，向县委、县政府提交《关于加快发展农民专业合作经济组织的建议》。针对县城社区建设、涉农执法等问题进行调研视察，提出相关意见和建议。

在履行职能工作中，县政协工建交、文教体、医药卫生等工作组和台营、大新寨、留守营等活动组，认真组织委员开展活动，积极建言献策，较好地发挥政协组织应有的作用。县政协委员、石门寨镇英武山村党支部书记李家庚，在身患重病的情况下，带领村民共同致富。县政协委员、驻操营镇龙泉庄村党支部书记温守文，身有残疾志更坚，为大力发展板栗产业、富民强村作出突出贡献。县政协委员、留守营镇北街村养猪专业户郭贺明，倡导建立养猪协会，以“六统一分”的形式实行自我管理和服务，探索出一条养猪产业协会稳步发展的新路子。

七届三次会议以来，县政协共收到委员提案100件，经审查立案97件，截至2004年10月底已全部办复完毕。全年共收到社情民意30条，向有关部门编报10条，及时反映基层情况和人民群众的意见和要求。

继续在县电视台开辟《政协委员风采》栏目，播放李家庚、韩春生、焦艳秋等8名委员的先进事迹。在做好《抚宁文史资料》第六辑文稿征集和《抚宁长城》出版发行工作的同时，参与市有关部门组织拍摄编撰《秦皇岛长城》一书。

按照县委统一安排部署，县政协领导分别参加创建文明生态村、民主议政日、联系后进村等阶段性中心工作，协调关系，化解矛盾，帮助解决实际问题。部分政协委员受聘担任一些部门和单位的行风监督员、督导员、人民陪审员等社会职务，较好地履行监督职能。

2005年2月上旬至6月中旬，县政协机关参加全县第一批保持共产党员先进性教育活动。认真学习《保持共产党员先进性教育读本》等必读篇目；听取先进事迹报告，开展谈心活动；针对个人思想工作实际，积极制定落实整改措施。通过开展先进性教育活动，机关党员干部理想信念更加坚定，政治思想水平和业务素质得到提高，工作作风进一步转变。

大会发言 县政协七届四次会议上，杨继平委员作《继续推进“三线富民”发展战略，不断提升我县农业综合生产能力》的大会发言，对提升农业综合生产能力提出继续强力推进农业产业结构的战略性调整，探索新型农业支持保障体系，积极推行小额信用贷款的意见和建议。赵英红委员作《采取有力措施，促进畜牧养殖业健康发展》、张福成委员作《依法规范采矿行为，保护生态平衡和文化遗产》、武艳茹委员作《关于加快民营经济发展的思考与建议》、孙海委员作《关于县城绿化的建议》、韩春生委员作《加强公路养护工作，巩固发展农村公路建设成果》、曹新成委员作《加快发展农民专业合作组织，为“三线富民”发展战略保驾护航》的大会发言。7位委员的发言，受到与会领导和全体委员的高度重视。

领导讲话 2006年1月17日，县委书记在县政协七届四次会议上发表《团结奋进，共谋发展，继续把我县政协工作提高到新的水平》的讲话。讲话指出，县委十届四次全委会确立了“在科学发展观统领下，坚持科学发展、提速发展、和谐发展”的工作主题和“努力扩大经济总量，推进社会主义新农村建设，加快县城和小城镇建设步伐，推动社会和谐进步，保持社会政治稳定，推动党建工作再上新台阶”的六大任务。讲话强调，做好2006年工作，政协组织及政协委员要进一步发扬围绕中心、服务大局、关注民生、致力发展的传统，把加速发展贯穿到履行职能的各个环节中去，自觉按照科学发展观的要求，精心筛选党委政府重视、人民群众关注、政协有能力做的事情，深入调查、认真研究、科学论证，为党委科学决策提出切实可行的意见建议；要继续坚持大团结、大联合的工作方针，巩固和发展爱国统一战线，团结一切可以团结的力量，为建设和谐抚宁提供广泛的力量支持；要坚持民主协商、求同存异的原则，坚持把发扬民主与加强团结有机结合起来，以发扬民主促进各方面紧密团结；发挥政协各个界别的纽带作用，加强同社会各阶层、各族各界人士的联系与沟通，吸纳和汇聚一切有益的智慧和力量，为全县经济社会的协调可持续发展发挥积极作用；要大胆探索政协履行职能的多种形式，完善政治协商制度，严格协商程序，注重成果转化；要把政协参与、支持、服务与监督有机统一起来，积极探索新形势下民主监督的特点和规律，强化民主监督作用；要积极为委员参政议政搭建平台，畅通民主渠道，提高参政质量；为推进民主政治建设，建设和谐抚宁提供政治保证。讲话希望，各位委员要加强学习，提高自身综合素质，提高参政议政水平。政协委员和政协机关的共产党员，要自觉实践“三个代表”重要思想，真心实意同党外人士交朋友，虚心听取意见和建议，成为合作共事的模范、发扬民主的模范、廉洁奉公的模范。要大兴学习之风、调查研究之风、求真务实之风，健全工作制度，激活工作机制，提高服务水平，不断开创政协工作新局面。

2006年1月18日，县政协主席王连成在县政协七届四次会议闭幕会上发表讲话。王连成指出，2006年县政协工作，要突出发展这个主题，以促进发展为己任，围绕县委、县政府中心工作和工作部署，认真做好协商监督、参政议政工作。要牢固树立亲民、为民、富民、安民的思想，抓住关系群众切身利益问题，开展调查、视察活动，撰写提案，收集反馈社情民意，提出意见和建议。王连成强调，政协工作要突出团结和民主两大主题，把协调关系、化解矛盾，调动一切积极因素，维护安定团结的社会环境，作为政协促进和服务发展的重要内容。王连成希望，全体政协委员要加强学习，提高自身素质，既在本职岗位上建功立业，又充分履行委员职责，深入各界群众之中，关心群众生活，体察群众情绪，听取群众意见，反映群众呼声，为群众做好事、办实事。所有政协常委、委员都应该有宽阔的胸怀和良好的形象，既要善于做好本界别群众工作，又要善于团结其他界别群众，把各方面群众团结起来，把各种力量凝聚起来，共同致力于和谐社会建设和祖国振兴大业。

政治决议 2006年1月18日，县政协七届三次会议审议通过决议。决议认为，县委书记的讲话，对一年来县政协所做的工作给予充分肯定，并就政协组织如何更好地发挥职能作用提出新的要求，充分体现了县委对政协工作的重视与支持，对于进一步做好政协工作具有重要指导意义。决议赞同县政协常务委员会工作报告、提案工作情况和提案审查情况报告。认为县政协常委会履行政治协商、民主监督、参政议政职能，各项工作取得新的进展，为全县改革开放和现代化建设作出积极贡献。同意常务委员会关于2006年工作的指导思想和安排。决议指出，委员们列席县十三届人大四次会议，协商讨论《政府工作报告》及其他报告。认为《政府工作报告》对过去一年工作的总结实事求是，确定的2006年奋斗目标，切实可行，催人奋进。委员们紧紧围绕全县工作的重点和群众关心的热点问题献计献策，提出建设性的意见和建议。决议强调，2006年是实施“十一五”规划的开局年，县政协和全体委员要以邓小平理论和“三个代表”重要思想为指导，全面贯彻落实党的十六届五中全会精神，坚持以经济建设为中心，把维护人民群众的根本利益作为政协工作的出发点落脚点，履行职能，建言献计，不断开创全县政协工作新局面。决议号召，县政协和全体政协委员要继续高举爱国主义和社会主义两面旗帜，在中共抚宁县委的领导下，围绕中心，服务大局，同心同德，扎实工作，为加快富民强县进程、全面建设小康社会而努力奋斗。

七届五次会议 2006年5月19日，县政协七届五次会议在县城召开，应出席会议委员197名，出席181名。

会议议程 会议补选县政协常务委员；宣读县政协副主席候选人建议名单；介绍副主席候选人简历；审议通过选举办法；选举县政协副主席。

县政协第八届全体委员会议

八届一次会议 2007年5月16—18日，县政协八届一次会议在县城召开，应出席会议委员193名，出席193名。

主席团 （主席团成员45名，以姓氏笔画为序）

马文正　马永杰　马洪顺　王宝生　王海银　仇文仲　仇占华　尹秀清（女）
成和昌　刘秀才　刘贵杰　孙秀彦　孙　海　杨玉良　杨立华　杨秀娟（女）
杨忠坡　李志佳　李英伟　李述善　李维宝　何立生　张子学　张志坚　张敬波
陆志飞　陈亚平（女）　陈劲草（女）　金镇一　孟凡忠　赵永红　赵崇新
赵敬东（女）　耿守位　聂庆平　顾昌和　徐秋阳　徐彦春　郭贺明　高金峰
黄汝民　韩春生　韩雪夫　温守文　蘧恒彬

秘书长 刘秀才

会议议程 会议听取和讨论县委书记在县政协八届一次会议上所作的题为《发挥优势，履行职能，为建设沿海经济社会发展强县而努力奋斗》的报告；听取和审议县政协八届一次会议主席团常务主席李志佳所作的县政协七届常委会工作报告；听取和审议县政协八届一次会议主席团常务主席陆志飞所作的七届一次会议以来提案工作情况报告；审议并通过县政协秘书长刘秀才所作的八届一次会议提案审查情况报告；列席县十四届人大一次会议，听取和讨论代理县长李文阁所作的《政府工作报告》及其他报告；听取和讨论委员大会发言；选举产生县政协第八届委员会主席、副主席、秘书长和常务委员；审议通过县政协八届一次会议决议；听取县政协主席顾昌和在闭幕会上的讲话。

工作报告 2007年5月16日，县政协八届一次会议主席团常务主席李志佳向八届一次会议报告七届常委会工作。报告陈述：七届一次会议以来，县政协在县委的领导和社会各界的支持下，高举邓小平理论和“三个代表”重要思想伟大旗帜，深入贯彻《中共中央关于加强人民政协工作的意见》精神，牢牢把握团结和民主两大主题，切实履行人民政协政治协商、民主监督、参政议政职能，各项工作取得新进展。

认真贯彻落实《中共中央关于加强人民政协工作的意见》（以下简称《意见》）。县政协七届十六次主席会议和七届六次常委会会议集中学习《意见》，下发《关于学习贯彻〈意见〉的通知》和《关于贯彻落实〈意见〉的决定》，并把《意见》作为委员集中学习和机关干部教育的一项重要内容。各乡镇联络组、县直工作组分别组织开展各种形式的学习活动。

围绕经济建设，组织开展协商议政活动。县政协全委会议期间，委员们协商讨论县政府工作报告和其他重要报告，并提出修改意见和建议。19 名政协委员就全县农业和农村工作、社会治安综合治理、长城保护与开发等问题作大会发言。组织农业科技组委员视察 7 个畜牧业养殖场，听取县畜牧水产局的工作汇报；对全县水泥、造纸、玻璃纤维三个产业进行视察，听取县经贸局、有关乡镇负责人的工作汇报；视察10家企业，对全县铁矿开采加工情况进行专题调研；对全县板栗产业发展情况进行视察，向县委、县政府提交《关于对全县板栗产业进行视察的情况报告》。七届一次全会以来，调研视察总数达到 47 次，相应报告和建议均受到重视和采纳。

七届一次全会以来，县政协收到委员提案 370 件，经审查立案 351 件，均已全部办复完毕。收到社情民意信息 102 件，编报发送 46 件。

县政协对全委会议、常委会会议和专题调研视察活动及时进行宣传报道。县电视台继续开办《政协委员风采》栏目，播放韩春生、武士安等 30 名委员的先进事迹。编印《政协工作》简报 36 期。历时 4 年编撰的《抚宁长城》一书出版发行，《抚宁名胜》编撰工作全面启动。

县政协机关深入扎实地开展保持共产党员先进性教育活动，组织党员干部集中收看任长霞等 10 名优秀共产党员先进事迹和反腐倡廉教育专题片，请政协老主席刘惠廷作传统报告，李家庚、温守文作先进事迹报告，推动机关的各项建设。修改完善机关有关工作制度，使机关各项工作更加规范，工作质量和效率进一步提高。

大会发言 县政协八届一次会议上，温守文委员作《提升农业产业化水平，推进社会主义新农村建设》的大会发言，对推进县农业产业化提出强化农业产业基地建设，着力提升农民组织化程度，力促农产品加工实现新突破的意见和建议。王明星委员作《发展养猪产业，促进农民增收》、曹新成委员作《加强农业生产技能培训，提高农民增收致富能力》、陈亚平委员作《关于加强县城规划建设和管理的建议》、徐彦春委员作《关于在县城增建一所小学的建议》、聂春良委员作《加强社会管理，促进和谐稳定》的大会发言。6 名委员就提升农业产业化水平、发展养猪、农民增收、县城建设和管理等问题的发言，受到与会领导的高度重视，在社会上引起积极反响。

领导讲话 2007 年 5 月 16 日，县委书记在县政协八届一次会议上发表《发挥优势，履行职能，为建设沿海经济社会发展强县而努力奋斗》的讲话。讲话指出，县委十一届三次全委会议确定了建设沿海经济社会发展强县的总体发展思路和发展目标，实现这些目标，需要政协委员继续发挥优势，团结社会各界，履行职能，凝聚力量、多作贡献。讲话强调，全县各级政协组织要服从服务于发展大局，创造性地开展工作，为经济发展作出应有贡献。要牢牢把握团结和民主两大主题，把团结各界、凝聚人心作为重要任务，在协调关系、化解矛盾、理顺情绪、维护稳定方面有所作为。政协委员要努力学习，加强自身修养，提高理论水平、政策水平和处理问题能力。政协机关要加强自身建设，密切同政协委员、社会各界人士及人民群众的联系。要发挥政协各专门委员会作用，加强与政府各部门的联系。讲话表示，县委继续坚持政协主要领导列席县委常委会会议制度，县政协副主席列席县政府常务会议制度，重要工作向县政协通报制度，充分发挥政协在重大决策过程中的协商监督作用。各级各部门自觉接受政协的民主监督，积极支持政协组织开展调查、视察、评议等活动。继续加大对政协工作的宣传力度，及时报道政协的重要活动，宣传政协委员爱岗敬业的先进事迹，努力形成关心支持政协工作的社会氛围。

2007 年 5 月 18 日，县政协主席顾昌和在县政协八届一次会议闭幕会上发表讲话。顾昌和指出，县政协八届一次会议开得很成功，是一次民主和谐、团结鼓劲的大会，一次承前启后、继往开来的大会，一次凝聚力量、催人奋进的大会。顾昌和强调，县政协第八届委员会任期的五年，要把加快发展、服务大局作为政协工作的重要原则和基本内容；把党委、政府的工作目标当作政协工作的根本任务；根据党委、政府的中心任务安排政协工作计划；把党委、政府工作重点和难点作为政协常委会调研的重点课题；把围绕发展建言献策、反映社情民意、开展提案建议作为政协委员参政议政、民主监督的重要途径，全面提升政协工作的大局观念。县政协新老委员要始终坚持团结和民主两大主题，扩大联谊，广交朋友，从政协委员的界别组成和特点出发，努力加强与各界人士的沟通联系；认真研究当前社会结构和统一战线内部出现的新情况、新变化，最大限度地把一切可以团结的力量团结起来。要高度关注民生，积极反映民意，维护好人民群众的切身利益。要积极组织开展政协委员的学习培训活动，全面提高政协委员的参政议政水平，引导政协委员正确处理荣誉与责任的关系，自觉遵守政协章程，认真履行自身职责，督促政协委员所在单位积极为委员履行职责创造条件，在时间、经费等方面给予支持保障。顾昌和表示，要继续加强政协领导班子建设，开展机关作风整顿，完善各项工作制度，提高工作水平和效率。要认真开展学习培训，使机关干部在理论水平、协调能力和调研写作能力等方面实现新的提高。要大力加强思想政治工作，发挥各专门委员会作用，在履行职能上尽职尽责。认真总结推广各联络组、工作组开展政协工作的好经验、好典型，加强宣传工作，使更多的人了解政协、了解委员，增强政协的社会影响力。

政治决议　2007 年 5 月 18 日，县政协八届一次会议审议通过决议。决议指出，县政协八届一次会议听取和讨论县委书记的讲话，听取和审议并通过县政协常务委员会工作报告、提案工作报告；选举产生新一届县政协领导机构；列席县十四届人大一次会议。认为县委对七届县政协工作给予充分肯定，对新一届县政协工作提出具体要求，充分体现了县委对政协工作的重视与支持，对做好今后政协工作具有十分重要的指导意义。决议指出，四年多来，县政协及其常委会切实履行政治协商、民主监督、参政议政职能，为促进全县经济发展和社会全面进步作出积极贡献。会议赞同《政府工作报告》和其他报告。认为《政府工作报告》对过去工作的总结客观全面，今后工作思路清晰，工作目标催人奋进、鼓舞人心，各项措施切实可行。会议选举产生八届县政协领导班子，有较强的组织领导能力，年龄知识结构合理，为更好地履行协商议政职能提供坚强的组织保证。决议强调，县政协第八届委员会任期的五年，是全面落实县“十一五”规划的重要时期。县政协和全体委员要紧密团结在以胡锦涛为总书记的党中央周围，深入学习贯彻落实党的十六大和十六届五中、六中全会精神，坚持把促进发展作为履行职能的第一要务，全面推进政协的各项工作，为建设沿海经济社会发展强县作出新贡献。

八届二次会议 2008 年 3 月 3—4 日，县政协八届二次会议在县城召开，应出席会议委员 193 名，出席 193 名。

会议议程 会议听取和讨论县委书记柴志国在县政协八届二次会议上所作的题为《明确目标，凝聚力量，为建设沿海经济社会发展强县而团结奋斗》的讲话；听取和审议县政协副主席李志佳所作的县政协常委会工作报告；听取和审议县政协副主席陆志飞所作的八届一次会议以来提案工作情况报告；列席县十四届人大二次会议，听取和讨论县长李文阁所作的《政府工作报告》及其他报告；听取和讨论委员大会发言；审议并通过《政协抚宁县委员会关于表彰优秀提案的决定》；审议并通过县政协秘书长刘秀才所作的八届二次会议提案审查情况报告；审议并通过县政协八届二次会议决议；听取县政协主席顾昌和在闭幕会上的讲话。

工作报告 2008 年 3 月 3 日，县政协副主席李志佳向县政协八届二次会议报告工作。报告陈述：县政协始终把加强学习作为提高委员素质的一项重要举措。换届后，对全县政协委员进行集中培训。党的十七大召开期间，组织机关干部职工认真收看大会盛况。专门召开有常委会组成人员参加，各乡镇联络组、县直工作组组长和机关全体工作人员列席的县政协八届三次常委会会议。会上党的十七大代表、县政协委员、石门寨镇英武山村党支部书记李家庚介绍十七大盛况，县委宣讲团成员就十七大报告作专题辅导。各乡镇联络组、县直工作组分别以各种形式开展学习活动。

一年来，县政协通过全委会、常委会、主席会对全县大政方针以及政治、经济、文化和社会生活中的重大问题积极开展协商活动。县政协八届一次全会期间，委员们以高度负责的态度，协商讨论县政府工作报告和其他重要报告，并提出修改意见。6 名政协委员就发展养猪产业促进农民增收、在县城增建一所小学等问题作大会发言。县政协八届二次常委会会议听取县政府关于全县农业工作情况的通报，提出中肯的意见和建议。

八届一次会议以来，政协组织部分委员到抚宁镇、茶棚乡、牛头崖镇和县农牧水产局对全县棚室蔬菜园区建设进行专题调研；到秦皇岛燕山板栗食品有限公司、京东调味品厂、河北宏都实业集团有限公司和秦皇岛成财食品有限公司进行视察；听取县看守所、拘留所、县公安局的工作汇报；察看坟坨糕点厂、宏都集团、县食品厂等部分食品生产经营企业，观看食品安全工作资料录像片；听取县政府主管领导的情况汇报。向党委、政府提交相关意见和建议。

八届一次会议以来，县政协收到委员提案 176 件，审查立案 169 件。下发《关于进一步做好反映社情民意工作的通知》，编报《非物质文化遗产亟待保护和抢救》《建议上级有关部门加强“村村通”公路管护工作，提高公路使用效能》《建议尽快健全完善肉鸡养殖协会》等 13 件社情民意，及时反映群众的意见和呼声。

县政协八届二次常委会会议审议通过《关于在全体政协委员中深入开展“树形象、展风采、做合格政协委员”教育实践活动的实施方案》，从2007年9月到2008年12月，在全体委员中开展“树形象、展风采、做合格政协委员”教育实践活动。政协委员张鹤珊多年来守护长城，任劳任怨，2007年12月23日中央电视台10频道《讲述》栏目以“古长城下的誓言”为题讲述他的事迹。

县政协机关建设中，组织机关干部职工认真学习邓小平理论和“三个代表”重要思想、中共十七大报告、统一战线理论和人民政协的基本知识。落实工作岗位责任制，把全年的工作目标分解到科室和各联络组、工作组，责任到人，确保各项工作的有序开展。

在县电视台继续开办《政协委员风采》栏目，播放孙志华、赵玉柱、孟凡忠等10位政协委员的先进事迹。编印《政协工作》7期，《抚宁名胜》大型画册编撰工作取得明显进展，县政协文史资料工作被河北省政协评为二等奖，《抚宁长城》画册荣获河北省九届政协文史资料工作优秀成果二等奖。46名政协委员和2名机关工作人员分别受到省、市、县级表彰奖励。

大会发言 县政协八届二次会议上，杨洪武委员作《加强首秦工业园建设、力促县域经济又好又快发展》的大会发言，提出秦工业园建设定位要明确，发展思路要清晰；要高起点，高标准建设园区；要加强管理，提高园区服务水平；要解决瓶颈问题，拓宽园区发展空间的意见和建议。孙海委员作《关于加强县城自来水建设的建议》、孟凡忠委员作《创新机制，加强建设，努力打造县域优秀师资队伍》、王明星委员作《创新矛盾纠纷调解机制、构筑社会和谐稳定格局》、陈劲草委员作《加强文化建设，构建特色文化名县》的大会发言，赵永红委员作《发展抚宁中医事业，建设现代中医医院》、袁晓彬委员作《健全社会听证制度，促进抚宁更好更快发展》、陈亚平委员作《加强洋河水库及其上游水源地的保护工作，造福子孙后代》的书面发言。委员的发言建立在充分调研的基础上，既有前瞻性，又有可操作性，得到县委、县政府及有关部门的重视和采纳，反映效果良好。

领导讲话 2008年3月3日，县委书记柴志国在县政协八届二次会议上发表《明确目标，凝聚力量，为建设沿海经济社会发展强县而团结奋斗》的讲话。柴志国指出，中共抚宁县十一届四次全委会暨全县经济工作会议，作出开展“学霸州、比发展、争进位、建强县”活动的决定，提出通过3年努力，缩小与先进地区差距，跃进全省“30强”行列，5年跃进全省“20强”行列的预期目标。在建设沿海经济社会发展强县的新征程上，人民政协的地位和作用不可替代。柴志国强调，在建设沿海经济社会发展强县的新征程上，县政协及全体委员要牢牢把握团结和民主两大主题，全面履行政治协商、民主监督、参政议政职能，充分发挥政协人才荟萃、智力密集的优势，为党委、政府科学民主决策提供参考依据；充分发挥团结各方的优势，加强同社会各阶层的联系与沟通，促进各界人士的大团结、大联合，营造平等友爱、和谐融洽的社会环境，为改革发展稳定的顺利推进减少阻力、增加动力、增强合力。柴志国表示，政协工作是党的全局工作的重要组成部分。县委将进一步加强和改善对政协工作的领导，一如既往支持政协依照章程，独立负责、协调一致地开展工作。党政有关部门要把政协的民主监督作为促进工作、改进作风的重要手段，切实加强与政协工作的联系和配合，为政协开展工作创造良好条件，为履行职能提供必要的物质保障。柴志国希望，县政协要加强自身建设，提高协商和参政议政能力，推进履行职能的规范化、制度化建设，探索民主监督的新形式、参政议政的新途径。政协委员要更新观念，强化责任，注重实践，联系群众，珍惜人民给予的荣誉，当好人民利益代表。政协机关要加强干部队伍建设，加强机关内部管理，使政协机关成为团结民主、务实高效的工作集体。

2008年3月4日，县政协主席顾昌和在县政协八届二次会议闭幕会上发表讲话。顾昌和指出，2008年，抚宁县经济社会发展处在新的起点上，面对新形势、新挑战，全体委员唯有团结奋进，以饱满的热情、昂扬的斗志、创新的精神，才能不断开创政协工作新局面。顾昌和强调，县政协工作要自觉服从服务于全县党政工作大局，坚持把服务发展、促进发展作为履行职能的第一要务，把议政为民作为出发点和落脚点。全体委员把项目建设作为履行职责、推进县域经济发展的一项至关重要工作，发挥联系广泛的优势，利用各种渠道和途径，为项目建设牵线搭桥。县政协要把各方面人士凝聚起来，促进大团结，实现大和谐，推动社会各界在经济社会发展中创新创业；利用政协大舞台，协调方方面面力量，协助各级党委、政府加强社会主义民主政治建设，积极营造宽松、和谐、融洽、民主的氛围；本着民主协商、平等议事和求同存异、体谅包容的原则，重视加强与政协委员和各界人士的联系，听取他们的意见，鼓励他们讲真话、讲实话，做到知无不言、言无不尽。要继承和发扬政协工作优良传统，努力提高履行职能的水平和实效，紧紧围绕全县政治、经济、文化和社会生活中的重要问题，组织好全委会、常委会、主席会和专题协商会，增强协商的计划性和主动性，提高协商质量；要组织委员广泛参与县政协活动，坚持把专题调研、提案和反映社情民意三项工作放在突出位置，夯实政协工作基础；要充分发挥政协委员主体作用、专委会等工作机构作用和界别作用，以专委会为依托、界别为纽带、委员为主体，加强联系，开展经常性活动，促进政协工作规范有序、生动活泼、富有成效。顾昌和表示，县政协要认真学习邓小平理论和“三个代表”重要思想，学习科学发展观和统战理论，准确把握政治协商、民主监督、参政议政的科学内涵和本质要求，把握政协工作的正确方向；要积极为政协委员参政议政创造条件，搭建平台；要全方位加强机关建设，努力打造一支思想作风硬、业务素质强的干部队伍。

政治决议　2008年3月4日，县政协八届二次会议审议通过决议。决议指出，县政协八届二次会议听取和讨论县委书记柴志国的讲话，听取并审议县政协常委会工作报告和提案工作情况报告。列席县十四届人大二次会议，听取并协商《政府工作报告》和其他报告。认为县政协及其常委会认真贯彻党的十七大精神，牢牢把握团结和民主两大主题，切实履行政治协商、民主监督、参政议政职能，为促进全县经济发展和社会全面进步作出积极贡献。决议赞同《政府工作报告》，认为《政府工作报告》对过去一年全县发展成就的总结和问题的分析是实事求是的；提出的今年的工作目标思路清晰，措施切实可行。委员们表示进一步增强紧迫感和责任感，坚持把促进发展作为履行职能的第一要务，为建设沿海经济社会发展强县作出新贡献。决议要求，县政协和全体委员要以邓小平理论和“三个代表”重要思想为指导，全面学习贯彻落实党的十七大精神，牢牢把握团结和民主两大主题，围绕中心，服务大局，履行职能，建言献计，不断开创全县政协工作新局面。决议号召，全体政协委员和各界人士要紧密地团结在以胡锦涛同志为总书记的党中央周围，高举中国特色社会主义伟大旗帜，切实做好履行职能的各项工作，为全面建设小康社会而努力奋斗。

八届三次会议 2009年2月11—12日，县政协八届三次会议在县城召开，应出席会议委员194名，出席194名。

会议议程 会议听取和讨论县委书记柴志国在县政协八届三次会议上所作的题为《同舟共济谋发展，齐心协力铸辉煌》的讲话；听取和审议县政协副主席李志佳所作的县政协常委会工作报告；听取和审议县政协副主席李英伟所作的八届二次会议以来提案工作情况报告；列席县十四届人大三次会议，听取和讨论县长李文阁所作的《政府工作报告》及其他报告；听取和讨论委员大会发言；补选县政协副主席；审议并通过《政协抚宁县委员会关于表彰优秀提案的决定》；审议并通过提案委员会八届三次会议提案审查情况报告（书面）；审议并通过县政协八届三次会议政治决议；听取县政协主席顾昌和在县政协闭幕会上发表的《以科学发展观统领政协工作，为促进县域经济社会平稳较快发展贡献力量》的讲话。

工作报告 2009年2月11日，县政协副主席李志佳向县政协八届三次会议报告工作。报告陈述：2008年，县政协围绕县委、县政府的中心工作，就全县经济社会发展中的重要问题和人民群众关注的热点问题，以全委会议、常委会会议、主席会议等形式，认真开展协商活动，广泛征求各方面意见，积极建言献策。政协八届二次会议期间，组织委员以大会发言、小组讨论、撰写提案和反映社情民意等形式，对《政府工作报告》及其他重要报告，进行广泛的协商讨论，杨洪武等5名政协委员的大会发言和赵永红等3名委员的书面发言，得到县委、县政府及有关部门的重视和采纳。县政协八届五次常委会会议，对县南戴河景区人造河干流段、洋河口段综合整治情况和相关问题进行协商议政；县政协组织不同界别委员对《抚宁县文化发展规划纲要（2008—2017）》进行协商议政；针对部分地区成龄板栗树减产现象，县政府及时召开板栗生产座谈会，县林业局、板栗种植重点镇和种植大户代表到会交流。

县政协先后对农资市场管理、农副产品销售、农村剩余劳动力转移三个热点问题进行监督。提出进一步加大宣传力度，让更多的人认识到劳务输出的优势，拓宽劳务输出渠道，为农村剩余劳动力转移提供广阔空间等建议。

针对县城基础设施建设，组织开展专项视察；在南戴河环境秩序综合整治视察活动中，进行专题座谈；93名政协委员分别担任精神文明建设监督员、食品药品监督员、警风警纪监督员、人民陪审员和行风评议代表，发挥民主监督的作用，促进全县行风建设和社会风气的好转。

八届二次全会以来，县政协共收到委员提案130件，立案交办123件，已全部办结，其综合满意率、按时办结率均达100%。对《关于全面推动城镇居民医疗保险工作的建议》《关于加强县城自来水供应的建议》等6件提案进行跟踪督办，收到很好的效果。

县政协组织部分委员先后对5个乡镇、11家有代表性的民营企业进行走访调查，并分别与8个县直相关部门进行座谈讨论，提出切实可行的意见建议。从“校长队伍建设”“基础教育”“职业教育”三个方面着手，对全县教育今后如何发展进行系统调研，提出相应的对策措施。县政协共收到社情民意30件，以社情民意形式，整理编发24件。政协各基层单位，提出47条合理化意见建议，为县域经济社会发展作出积极贡献。

2008年奥运会期间，4名机关干部分别参加县平安工作队和南戴河暑期工作。县政协领导主动参与全县重大问题的决策和重点建设项目工作，先后分包了文明生态村、重点企业、大项目、后进村、贫困村、防汛等工作，配合县委、县政府的重点工作。

组织有关人员对全县名胜古迹进行调查，搜集历史资料194份，完成18个名胜专辑外景照片的拍摄、编辑工作。完成《抚宁县志》1982年至2006年间政协资料的收集、整理工作。在外联方面，以文件交换的形式进行工作交流，达到取长补短、共同提高的目的。

县政协把加强政治学习放在重要位置，组织机关干部职工认真学习邓小平理论、“三个代表”重要思想、中共十七大报告、统一战线理论和人民政协的基本知识。在全体政协委员中组织开展“树形象、展风采、做合格政协委员”教育实践活动，涌现出带头发展“三线”产业、主动为民服务、领办创办民营企业、带动周边群众致富的优秀政协委员30名。杨忠坡等10名优秀政协委员的先进事迹先后在市报、市电视台、抚宁时报、抚宁电视台等媒体播出，引起积极反响。

县政协医药卫生组、文教体组、农业科技组分别组织委员到14个乡镇、管区的30多个村庄，开展为群众送医药、送科技、送文化下乡活动，服务群众1200多人次，累计捐款50多万元。2008年四川省汶川地区发生强烈地震后，政协委员共向四川灾区捐款196万元，捐赠物资折合人民币40多万元。

2008年，县政协机关有2人被评为优秀共产党员，7人分别被省、市、县评为单项工作先进个人，机关荣获省宣传发行工作三等奖。

大会发言　县政协八届三次会议上，曹新成委员作《加快基础设施建设，构建生态宜居抚宁》的大会发言，提出加快城市基础设施建设要完善规划体系编制，制订科学的实施计划；多渠道筹措建设资金，保障资金供给；加强道路建设，打造畅通、方便、快捷的城市道路网；狠抓城市绿化工作，提升城市品位；抓好城市供排水、污水处理设施建设；加强强弱电管线工程建设；推进燃气和热力事业发展的意见和建议。冯志勇委员作《关于农民增收问题的调查与思考》、刘小阁委员作《关于我县高中阶段教育发展的建议》、郭树成委员作《营造有利环境，促进中小企业发展》、孙海委员作《关于大力发展农业产业化龙头企业的几点建议》、纪立军委员作《加强城市管理，推进我县综合行政执法工作》、马爱华委员作《抢抓机遇，乘势而上，把绿色果品产业做大做强》的大会发言。7位委员分别就农民增收、县城基础设施建设、发展农业产业化龙头企业、中小企业发展等问题作的大会发言立意高远，有理有据，提出的意见和建议可操作性强，得到与会人员充分肯定。

领导讲话　2009年2月11日，县委书记柴志国在县政协八届三次会议上发表《同舟共济谋发展，齐心协力铸辉煌》的讲话。柴志国指出，2008年，抚宁县围绕“突破跨越，赶超进位”发展战略，狠抓项目和园区、农业三条富民主线建设，积极发展休闲旅游产业，实现地区生产总值119.60亿元，完成财政收入13.97亿元，城镇居民人均可支配收入、农民人均纯收入分别达到14366元和5476元，全县上下形成了风正、气顺、心齐、劲足的浓厚氛围，广大干部群众的精神面貌焕然一新。柴志国强调，2009年，各级政协组织要坚持以科学发展观为统领，牢牢抓住经济建设这个中心，聚精会神搞建设、一心一意谋发展，把政协履行职能的着力点放在对经济发展趋势的把握上，放在对统筹兼顾、科学发展的思考上，放在对党委和政府关注的大事、要事的对策研究上，多谋发展之计，多献发展之策。要继续坚持大团结、大联合的工作方针，把实现、维护、发展最广大人民的根本利益作为工作的出发点和落脚点，把关注民生、保障民生、改善民生作为履行职能的重要内容，搞好参政议政，协助党委切实解决好人民群众最关心、最直接、最现实的利益问题。广大政协委员要深入实际、深入基层、深入群众，倾听群众呼声，反映群众愿望，促进各项惠民政策落到实处，促进和谐抚宁建设。各级政协组织要自觉接受党委领导。政协机关工作人员加强政治理论和业务知识学习，提高思想政治素质和政策理论水平，提高调研能力、协调能力、组织能力和办事能力。政协组织中的共产党员，要充分发挥先锋模范作用，带头遵守政协章程，继承和发扬党的统一战线、政治协商的优良传统，广交、深交党外朋友，努力成为合作共事模范、发扬民主模范和廉洁奉公模范。柴志国表示，县委将进一步加强和改进对政协工作的领导。继续坚持县政协主要领导列席常委会会议制度，县人大、县政府召开的重要会议，邀请政协有关负责人列席；坚持把政治协商纳入党委决策程序，重大问题和重大举措，协商在党委决策之前、人大通过之前、政府实施之前；县委、县政府根据需要，适时向政协通报情况；要重视政协干部队伍建设，加强政协干部队伍培养和使用力度；全县上下大力营造团结一致搞建设、群策群力促发展、同心同德干事业的浓厚氛围，全面开创抚宁科学发展、和谐发展的新局面。

2009年2月12日，县政协主席顾昌和在县政协八届三次会议闭幕会上发表《以科学发展观统领政协工作，为促进县域经济社会平稳较快发展贡献力量》的讲话。顾昌和指出，2009年，受国际金融危机影响，抚宁县改革发展面临重大挑战。做好2009年的工作，任务艰巨，责任重大。县政协和全体委员要紧紧围绕县委、县政府确定的工作重点，坚定不移贯彻落实科学发展观，为促进县域经济社会平稳较快发展献计出力。顾昌和强调，政协工作要进一步解放思想、扎实工作，放到全县发展的大局中去思考、去研究、去把握，主动服务发展，积极参与发展，全力支持发展，在推进科学发展中有所作为、有所成就、有所创造。要围绕中心服务大局，着眼政协职能，发挥政协独特优势，狠抓各项工作落实。要抓住事关全局的战略重点、人民群众关注的热点及迫切需要解决的难点问题，积极协助党委、政府做好重大决策、重点工作部署的前期调研和协商建言，促进党政决策科学化、民主化，力争在推动发展上有新突破，在解决问题上有新进展。政协提出的意见建议力求说得对、说得准、说得有价值，做到参政参到点子上，议政议到关键处，力争在取得实效上有新收获。政协各联络组、工作组要选择党委政府关心、人民群众关注的问题，深入基层，调查研究，掌握第一手资料；要贴近百姓，走群众路线，想群众所想，急群众所急，为群众排忧解难；要贴近委员，关心委员生活，帮助解决实际问题。顾昌和希望，全体政协委员要加强学习，与时俱进，进一步增强创业的勇气、创新的锐气、创优的志气，牢记岗位职责、社会职责，爱岗敬业、无私奉献，为促进抚宁县科学发展建功立业。

政治决议 2009年2月12日，县政协八届三次会议审议通过政治决议。决议指出，县政协八届三次会议深入贯彻党的十七大和十七届三中全会精神，全面落实科学发展观，围绕“突破跨越、赶超进位”发展战略，切实履行政治协商、民主监督、参政议政职能，共商全县改革发展稳定大计，是一次团结鼓劲、开拓进取、与时俱进的大会。决议认为，县委、县政府对会议高度重视，县委书记柴志国的讲话，对县政协一年来的工作给予充分肯定，并就进一步做好今后政协工作提出殷切希望。县政协常委会工作报告和提案工作情况报告，充分反映县政协牢牢把握团结和民主两大主题，认真履行政协职能，为构建社会主义和谐社会作出积极贡献。决议指出，与会委员们列席县十四届人大三次会议，听取并讨论《政府工作报告》和其他报告，一致认为，《政府工作报告》实事求是，2009年工作思路清晰、目标明确、措施切实可行。同时，与会委员就巩固农业基础地位、扶持发展民营中小企业、促进教育事业发展等方面，提出一些有针对性的意见和建议。决议要求，县政协和全体委员要紧紧围绕县委、县政府的中心工作，深入调查研究，积极建言献策。关注民生，反映民意，多为群众办好事、解难事。切实加强人民政协的自身建设，大力推进履行职能的制度化、规范化、程序化，不断开创县政协工作新局面。决议号召，全体政协委员和各界人士要紧密团结在以胡锦涛同志为总书记的党中央周围，高举中国特色社会主义伟大旗帜，全面贯彻落实科学发展观，同心同德，群策群力，扎实工作，为建设沿海经济社会发展强县作出新的更大的贡献。

八届四次会议 2010年1月19—20日，县政协八届四次会议在县城召开，应出席会议委员196名，出席196名。

会议议程 会议听取和讨论县委书记柴志国在县政协八届四次会议上所作的题为《认真履行职责，促进跨越发展，以科学发展观为统领推动政协工作再上新台阶》的讲话；听取和审议并通过县政协副主席高金峰所作的县政协常委会工作报告；听取和审议县政协副主席李志佳所作的八届三次会议以来提案工作情况报告；列席县十四届人大四次会议，听取和讨论县长李文阁《政府工作报告》及其他报告；小组专题讨论委员发言；表彰优秀政协提案；审议并通过提案委员会八届四次会议提案审查情况报告（书面）；审议并通过县政协八届四次会议政治决议；听取县政协主席顾昌和在闭幕会上的讲话。

工作报告 2010年1月19日，县政协副主席高金峰向县政协八届四次会议报告工作。报告陈述：2009年是中华人民共和国成立60周年，也是人民政协成立60周年。在县委的正确领导下，县政协坚持以邓小平理论和“三个代表”重要思想为指导，深入学习实践科学发展观，切实履行政治协商、民主监督、参政议政职能，广泛开展“献一策、联一业、扶一村、帮一户、践一诺”即“五个一”主题实践活动，各项工作取得新成绩。

利用全委会整体协商。县政协八届三次全会期间，7名委员分别就全县农民增收、县城基础设施建设、发展农业产业化龙头企业等问题作大会发言。会后，将委员们的51条意见建议进行归纳梳理，报送县委、县政府主要领导。县政协八届九次常委会专题视察县城建设工作情况，八届十次常委会会议听取县2009年1—9月财政预算执行情况汇报。

2009年县政协系统有86名政协委员担任行风建设监督员、食品药品监督员、精神文明建设监督员、警风警纪监督员、人民陪审员等社会职务，形成8份民主监督建议书。

县政协针对全县板栗产业发展中出现的一些亟待解决的问题，开展专项调研；组织部分委员视察深河乡项目建设情况；对县城集中供热和污水处理开展专项视察；针对全县农田水利建设中存在的设施老化、建设维护资金不足开展视察，提出转变观念，积极引导，加大水利建设执法宣传力度等建议。

八届三次会议以来，县政协收到委员提案127件，立案124件。收到各联络组、工作组反映的社会热点信息22条。利用调研视察考察时与委员接触交流的机会，收集各方面的意见建议，归纳整理有关信息16条。八届三次会议期间未予立案的3件提案，转为社情民意信息，以社情民意的形式编发各有关部门。

参与党政中心工作，围绕沅泰纸业、县城集中供热工程、污水处理厂建设等重点项目，县政协主席、各位副主席积极主动做好联系帮扶工作，协调解决项目建设中出现的实际困难和问题。

县政协通过《抚宁新闻》和《抚宁时报》及时报道政协活动，在县电视台开办的《政协委员风采》栏目中，重点宣传报道李文忠、徐彦春、李新华等10名委员的先进事迹。编印《政协工作》简报8期，历时四年多编撰的《抚宁名胜》一书，于2009年年底基本完成文字组稿及摄影工作。

在联谊工作中，积极加强与市政协的工作联系，配合市政协开展生态农业发展情况调研，积极参加市政协组织的主席联谊会和秘书长联席会。圆满完成市政协和各兄弟市县区政协领导来抚宁的接待任务。

深入开展学习实践科学发展观活动，查找自身存在的不足，进一步增强落实科学发展观的自觉性和坚定性。积极开展“五个一”主题实践活动，加强领导，深入动员，督导检查，强化宣传，确保“五个一”活动真正落到实处。县政协及乡镇联络组、县直工作组深入开展“献一策”“联一业”活动，确定18个村作为“扶一村”活动联系点，帮助解决创建资金68万多元，以技术服务形式帮扶434户，以捐助资金形式帮扶306户，为县一中30名品学兼优新生捐助助学金6万元。开展“送科技、送法律、送文化、送医药”下乡活动，发放实用技术资料6000多份，赠送价值3000多元的药品；为困难群众提供帮助。

加强思想理论建设，组织学习中共十七大精神。加强政协机关建设，落实工作岗位责任制，把全年的工作目标分解到科室和各联络组、工作组，责任到人。增设提案工作科，有力促进县政协提案工作的规范化、制度化、程序化建设。一年中，县政协机关及个人分别获得省、市、县级优秀奖励8次和15人次。

大会发言 县政协八届四次会议上，孙杰、杨玉良、赵崇新、刘稳、韩少勇、温守文、林国政、张文柱、梁兴栋、纪立军、马爱华、曹新成、郭树成、王明星、张福宽、魏凤芹、邸锦华、耿守位、赵玉辉、张鹤珊、李家庚、杨立华、尹秀清、赵永红、郝向春、杨红等26名委员就教育、文化旅游、三农、医药卫生等方面作专题发言，大家从不同层面、不同角度进诤言、献良策，先后提出各类意见建议139条，汇集成《委员建言精粹》，呈报县领导和相关部门。

领导讲话 2010年1月19日，县委书记柴志国在县政协八届四次会议上发表《认真履职尽责，促进跨越发展，以科学发展观为统领推动政协工作再上新台阶》的讲话。柴志国指出，2009年，县域经济在困难面前实现平稳较快发展，县政协认真履行政治协商、民主监督、参政议政职能，为抚宁改革开放和社会各项事业发展作出了积极贡献。2010年全县工作任务是坚持以科学发展观为指导，统筹城乡总揽经济社会发展全局，以工业为主导，以农业为基础，以旅游服务业为支柱，积极构建与市区一体化经济社会发展格局，确保全省统筹城乡发展试点县创建成功起步，“十一五”各项目标任务圆满完成，重点工作在全省考核取得好的成绩，实现“3年进入省30强”阶段目标。柴志国强调，做好2010年工作，各级政协组织和全体政协委员要把发展作为履行职能的第一要务，围绕旅游、项目与园区建设、城镇面貌三年大变样、节能减排等全县重点工作，做到政治协商从发展着眼，民主监督为发展助力，参政议政为发展服务。县政协要着眼于新的实践和新的发展，不断探索民主监督的新途径、新方法、新机制，把参与、支持、服务、监督有机统一起来，做到在参与中支持，在支持中服务，在服务中监督，推动各项工作有效落实。发挥政协渠道通畅、联系广泛的优势，多形式、多渠道、多领域地扩大与社会各界人士的联系和接触，求同存异，增进共识，共同推动社会发展。县政协在履职过程中把反映群众呼声和意愿作为政协工作的重要内容，把关心群众疾苦、解决民生问题作为政协工作的重要职责，鼓励和引导政协委员充分发挥自身特长，广泛参与送医送药、扶贫帮困、社区服务等社会公益活动，努力为基层群众排忧解难。柴志国希望，县政协要把学习贯彻中共十七届四中全会精神和《政协章程》《中共中央关于进一步加强人民政协工作的意见》相结合，拓展创新参政议政内容，探索民主监督的有效途径和措施；引导政协委员争当服务大局、创新创业、终身学习的表率；企业和工商界的政协委员，要在强化自主创新、注重节能减排、促进和谐发展等方面走在前列，率先垂范，为人民政协增光添彩。柴志国表示，县委将一如既往地重视政协工作，加强和改善对政协工作的领导，坚持和完善政协领导参加有关重要会议制度，定期向政协通报经济建设和社会发展情况；尊重、保障和不断扩大政协委员的知情权、参与权、监督权；政协党组要发挥在政协中的领导核心作用，把党的重大决策和县委工作部署贯彻到政协全部工作中去；县直各部门和各乡镇、管理区、街道办事处要积极支持政协工作，对政协组织的视察、调研活动，给予协助，对政协提案意见和建议，认真办理，抓好落实。

2010年1月20日，县政协主席顾昌和在县政协八届四次会议闭幕会上发表讲话。顾昌和表示，2010年，县政协组织和全体政协委员要紧紧围绕县委、县政府中心工作，求真务实，扎实工作，不断增强工作实效，力争在科学发展上有新思路，在服务大局上有新作为，在自身建设上有新提高，充分发挥人民政协职能作用，为促进县域经济社会科学发展作出新贡献。顾昌和强调，县政协要进一步增强大局意识，做到与党委、政府思想上同心、目标上同向、行动上同步。全体政协委员围绕县委、县政府中心工作多提因势利导、扬长避短建议，雪中送炭、趋利避害建议，意识超前、开拓创新建议。始终牢记委员职责、岗位职责和社会职责，做诚实守信的倡导者、创新创业的先行者、社会文明的传播者，在经济社会发展中展现风采。要充分发挥团结各界、联系广泛的优势，建立健全政协与各界人士的工作沟通、信息互通制度；要发挥委员主体作用，加强与委员的联系，拓展委员知情明政、建言献策的途径；要保持同广大群众的密切联系，及时宣传大政方针，反映社情民意，团结和聚集广泛社会力量，共建美好明天。要创新履行职能的形式，畅通反映民意的渠道，真心实意为人民群众办实事、解难事、做好事，推动有关部门妥善处理群众最关心、最迫切、最需要解决的问题；协助党委政府处理好新形势下的人民内部矛盾，积极做好协调关系特别是各阶层之间关系，化解矛盾特别是经济利益矛盾，努力把社会矛盾解决在萌芽状态。顾昌和希望，各位政协委员要珍惜自己的荣誉，始终不忘干事创业这一使命，始终不忘为人民谋利益这一责任。切实增强履行职能的使命感、紧迫感，充分发挥在本职工作中的模范作用和界别群众中的代表作用。争当勤于学习的模范、履行职责的模范、敬业奉献的模范，以良好的岗位形象为政协组织增光添彩。

政治决议　2010 年 1 月 20 日，县政协八届四次会议审议通过政治决议。决议指出，县政协八届四次会议围绕全县经济社会发展和民生问题，共商改革发展稳定大计，是一次团结奋进、民主和谐、共谋发展的大会。会议听取并讨论县委书记柴志国的讲话。会议认为，县领导的讲话充分肯定县政协一年来的工作，提出加强政协工作的具体意见和殷切希望。与会委员表示，决不辜负县领导的期望和全县人民的重托，坚持围绕中心，服务大局，为促进全县经济社会发展作出新贡献。决议同意县政协常务委员会工作报告、提案工作情况和提案审查情况报告。认为过去的一年，县政协及其常委会全面贯彻落实中共十七大、十七届四中全会精神，切实履行政治协商、民主监督、参政议政职能，为构建和谐抚宁发挥不可替代的作用。决议赞同《政府工作报告》及其他报告，认为《政府工作报告》对 2009 年工作的总结实事求是，对存在问题的分析深刻中肯，2010 年工作的指导思想明确，目标和措施切实可行。讨论中，委员就推进城乡一体化、促进工业园区建设、发展农业龙头企业等问题，提出许多建设性的意见和建议。决议强调，县政协和全体委员要紧紧围绕县委、县政府的中心工作，深入调查研究，积极建言献策。关注民生，反映民意，多为群众办好事、解难事，努力维护社会安定团结的政治局面，更加深入、扎实、活跃地开展政协工作，切实加强人民政协的自身建设，不断开创政协工作新局面。决议号召，2010 年县政协组织要深入贯彻落实党的十七大精神，高举中国特色社会主义伟大旗帜，深入贯彻落实科学发展观，振奋精神，扎实工作，为构建“宜居宜业宜游、富庶文明和谐”的新抚宁作出更大的贡献。

八届五次会议　2011 年 4 月 7—8 日，县政协八届五次会议在县城召开，应出席会议委员 201 名，出席 201 名。

会议议程　会议听取和讨论县委书记柴志国在县政协八届五次会议上所作的题为《集贤汇智谋发展，同心协力促和谐，在新的历史起点上奋力推动抚宁又好又快发展》的讲话；听取和审议县政协副主席高金峰所作的县政协常委会工作报告；听取和审议县政协副主席李志佳所作的八届四次会议以来提案工作情况报告；列席县十四届人大五次会议，听取和讨论县长李文阁《政府工作报告》及其他报告；开展小组专题讨论；表彰优秀政协提案；审议并通过提案委员会八届五次会议提案审查情况报告（书面）；审议并通过县政协八届五次会议政治决议；听取县政协主席顾昌和在闭幕会上的讲话。

工作报告　2011 年 4 月 7 日，县政协副主席高金峰向县政协八届五次会议报告工作。报告陈述：2010 年，县政协在中共抚宁县委的正确领导和县政府及各职能部门的大力支持下，坚持以邓小平理论和“三个代表”重要思想为指导，贯彻落实科学发展观，积极履行政治协商、民主监督、参政议政职能，各项工作取得明显实效。

县政协把全委会议、常委会会议、主席会议作为政治协商的主要形式，议政建言。八届四次全会期间，委员们尽职尽责，对《政府工作报告》及其他报告进行整体协商，先后提出各类意见建议 139 条，汇集成《委员建言精粹》，呈报县领导和相关部门。

发挥常委会作用，对全县新型农村社会养老保险试点工作进行重点协商，就“十二五”规划的科学编制进行专题协商。县政协八届十一次主席会议，专门听取县人劳社保局关于全县农村剩余劳动力转移就业工作的情况汇报，提出有建设性的意见和建议。

推荐 102 名政协委员担任行风建设监督员、精神文明建设监督员、食品药品监督员、警风警纪监督员和人民陪审员等职。县政协联合政府督查室，对金融系统服务地方经济建设工作进行民主监督。

选择新民居建设和做好土地储备工作作为调研课题，通过实地调查、走访座谈和外出考察等多种形式，归纳整理合理化意见建议 10 条。八届四次全会以来，重点从裸地菜发展和板栗基地建设入手，积极开展视察活动，探讨如何促进农民增收的问题。撰写《关于裸地菜发展情况的视察报告》和《关于板栗基地建设情况的视察报告》，为党政决策提供参考。

八届四次全会以来，收到委员提案 120 件，经审查立案 115 件。对重点提案采取由主席、副主席牵头跟踪督办的方法，促进提案的工作落实。发挥政协各乡镇联络组、县直工作组的作用，深入了解社会问题，密切关注群众呼声，先后收集热点信息37条；收集各方面的意见建议，归纳整理有关信息 19 条；均以社情民意的形式编发各相关部门。

县政协通过《抚宁新闻》和《抚宁时报》及时对全委会议、常委会会议和调研视察活动进行宣传报道，扩大社会影响。继续在县电视台开办《政协委员风采》栏目，重点宣传报道纪立军等 10 名委员的先进事迹。编印《政协工作》简报 11 期，向党政部门和全体委员及时通报政协工作的开展情况。

县政协历时 5 年多完成《抚宁名胜》一书的编撰工作，已出版发行。编辑出版县台胞张维桢老先生的自传回忆录《长城那边是故乡》，此书的发行不仅增进了家乡人民与台胞间的感情和了解，而且还有收存史料的价值。

县政协积极参加市政协组织的主席联谊会和秘书长联席会，加强与市其他县区政协的联系交往，完成外地政协来抚宁参观交流的接待任务，并组织政协委员和机关干部到兄弟市、县政协考察学习。

深入开展创先争优活动，组织党员到昌黎五峰山参观，亲身感受李大钊生前进行革命、生活的艰苦环境，回顾党的历史，接受党性教育。七一前夕，组织全体党员开展了重温入党誓词活动，组织机关党员干部和政协委员积极参加“关爱空巢老人”活动，使老人们感受到党和政府的温暖，体会到社会的关爱。

继续开展“五个一”主题实践活动，蘧恒彬、郑海波等 12 名委员被评为先进个人。县乡两级政协组织，完成13项专题调研，提交调研报告11篇，提出合理化建议154条；开展21项视察活动，提交视察报告14篇，提出意见建议79条。青海玉树发生地震，舟曲、汶川发生泥石流等自然灾害时，委员们心系灾区，先后捐款159万元。

加强思想基础建设，组织机关干部职工认真学习邓小平理论、“三个代表”重要思想、中共十七大精神、政协统战理论知识；加强政协机关建设，落实工作岗位责任制，把全年的工作目标分解到科室，责任到人；加强基层政协组织建设，坚持每年一次的走访委员，为委员履行职能搭建平台；认真落实了乡镇（街道）联络组长、县直工作组长上站制度，强化基层政协组织作用的发挥，收到显著成效。

大会发言 县政协八届五次会议上，以小组专题讨论形式，委员就全县产业聚集区建设、发展循环经济、义务教育、旅游立县、“三农”工作、医药卫生、县城建设、节能减排、行政管理等方面发言，各抒己见，提出意见和建议89条，汇总成《委员建言精粹》，报县领导和相关部门。

领导讲话 2011年4月7日，县委书记柴志国在县政协八届五次会议上发表《集贤汇智谋发展，同心协力促和谐，在新的历史起点上奋力推动抚宁又好又快发展》的讲话。柴志国指出，2011年是抚宁县实施“十二五”发展规划的开局之年。“十二五”时期，全县工作的总体要求是以邓小平理论和“三个代表”重要思想为指导，深入贯彻落实科学发展观，全力实施“工业强县”“旅游立县”“市县一体化”三大战略，建设宜居宜业宜游、富庶文明和谐新抚宁。实现这些发展目标，是全县各级各部门中心任务，也是政协义不容辞的责任。柴志国强调，各级政协组织和全体政协委员要发挥人才荟萃、智力密集的特点和优势，坚持围绕中心、服务大局，把履行职能的着力点放在对抚宁发展趋势的把握上，放在统筹兼顾、科学发展的思考上，放在党委、政府关注的大事、要事对策的研究上，抓住全省推进沿海开放开发重大机遇，全力把抚宁打造成工业强县、休闲旅游大县、沿海经济发展重点县，在推动抚宁科学发展上实现新作为。各级政协组织和全体政协委员发挥包容各界、联系广泛的特点和优势，积极做好发扬民主、增进团结、化解矛盾工作，着力促进社会各阶层和谐相处；通过提案、视察、民主评议、反映社情民意等渠道，开展积极有效的监督，促进相关问题解决，营造团结干事、共同奋斗的氛围，在促进和谐抚宁建设上做出新成效。柴志国希望，各级政协组织和全体政协委员要发挥与时俱进、开拓创新的特点和优势，学习实践科学发展观，把握政协工作的正确方向；加强制度建设，推动政协工作的制度化、规范化、程序化；加强作风建设，大兴密切联系群众、求真务实、艰苦奋斗之风；加强队伍建设，强化对委员的服务管理，鼓励引导委员施展才华，建功立业。在加强自身建设上取得新突破。

2011年4月8日，县政协主席顾昌和在县政协八届五次会议闭幕会上发表讲话。顾昌和指出，2011年是抚宁县全面实施“十二五”发展规划的开局之年，县政协要紧紧抓住沿海地区开发开放的新契机，坚持以科学发展观为统领，牢牢把握团结和民主两大主题，认真履行政治协商、民主监督、参政议政职能，为全面建设“宜居宜业宜游、富庶文明和谐”新抚宁作出更大贡献。顾昌和表示，县政协要把促进科学发展作为政协履行职能的第一要务，围绕县委、县政府总体发展思路、目标任务要求，多立发展之论，多献务实之策；政协委员要利用各种机会、各种场合向外推介抚宁，引进项目，吸纳资金，积极谋划新项目、大项目，为经济发展作贡献。要把服从和服务于党政中心工作作为政协履行职能的前提，把县委、县政府的重大工作部署、重大政策出台和群众关心的热点问题列入全年工作当中，尽心、尽力、尽责地履行政协职能；把制约发展的不利因素、招商引资的瓶颈问题作为履行职能的重点，扎实开展调研视察，力促问题妥善解决。县政协要把实现和维护人民群众根本利益作为履行职能的出发点和落脚点，高度关注民生保障和改善，促进解决人民群众最现实的利益问题。要把构建社会主义和谐社会作为政协履行职能的重要内容，在和谐企业、和谐社区、和谐家庭、和谐社会创建中，运用正确思想和模范行动感染人、带动人；发挥政协委员优势，多做“上情下达、下情上达”工作，沟通思想、凝聚人心工作，协调关系、化解矛盾工作，使党委、政府的各项决策和部署成为人民群众的自觉行动。顾昌和希望，各位委员要围绕县委、县政府确定的发展思路，真抓实干，奋发进取，履行职能，参政议政，为实现县域经济在全省沿海经济隆起带中加速崛起而团结奋斗。

政治决议 2011 年 4 月 8 日，县政协八届五次会议审议通过政治决议。决议指出，县政协八届五次会议听取和讨论县委书记柴志国的讲话，认为讲话分析全县经济社会发展面临的新机遇新挑战，明确全县经济社会发展的主要任务和目标要求，深入实施“工业强县”“旅游立县”“市县一体化”三大战略，朝着“宜居宜业宜游、富庶文明和谐”新抚宁目标前进，具有重要指导意义。讲话充分肯定县政协为完成“十一五”目标任务作出的积极贡献，并对做好政协工作提出明确要求，体现了县委对政协工作的高度重视。委员们深感使命光荣、责任重大，表示要把讲话精神贯彻落实到各项工作中去。决议赞同《政府工作报告》及其他报告，赞同《抚宁县国民经济和社会发展第十二个五年规划纲要（草案）》。认为《政府工作报告》对全县“十一五”及 2010 年工作的总结实事求是，对存在问题的分析深刻中肯，提出的“十二五”发展目标切实可行，符合科学发展观的要求，体现全县人民的共同心愿，是一个总揽全局、鼓舞人心的报告。委员就制定和实施“十二五”规划，提出积极的意见和建议。决议指出，会议听取并审议县政协常务委员工作报告和提案工作情况报告，认为，在过去的一年里，县政协认真履行职能，切实发挥协调关系、汇聚力量、建言献策、服务大局的作用，为全面推进科学发展、促进民生改善、维护社会和谐作出应有贡献。决议强调，2011 年是“十二五”发展的开局之年，也是全县建设沿海经济社会发展强县的关键一年。县政协紧紧围绕推动科学发展主题和加快转变经济发展方式主线，充分发挥人才荟萃、智力密集的优势，认真履行职能，全体委员要同心同德，切实增强责任感和使命感，进一步加强自身建设，大力推进政协履行职能的制度化、规范化、程序化，不断提高参政议政、建言献策水平，以实际行动为人民政协事业增光添彩。决议号召，县政协和全体政协委员，要继续高举中国特色社会主义伟大旗帜，深入贯彻落实科学发展观，牢牢把握团结和民主两大主题，认真履行政治协商、民主监督、参政议政职能，为推动抚宁发展新跨越、开创抚宁历史新篇章而努力奋斗。

县政协第九届全体委员会议

九届一次会议 2012 年 2 月 13—16 日，县政协九届一次会议在县城召开，应出席会议委员209名，出席209名。

主席团 （主席团成员47名，以姓氏笔画为序）

马永杰　马利华　马洪顺　王胜林　王首军　仇文仲　仇占华　尹秀清（女）
付忠民　吕　立　刘庆斌　刘秀才　刘国平　齐晓晖（女）　孙　海　纪立军
杨玉良　杨立荣　杨秀娟（女）　杨继平　李英伟　李铁芳　李智苹（女）
何立生　张子学　张志坚　张鸿飞　张春友　张敬波　陈亚平（女）
陈劲草（女）　金镇一　郑海波　孟凡忠　赵玉生　赵永红　耿守位　聂庆平
顾昌和　夏雪岭　徐彦春　郭贺明　高金峰　温守文　魏宝江　魏振标　蘧恒彬

秘书长　刘秀才

会议议程　会议听取和讨论县委书记柴志国所作的题为《围绕中心，服务大局，努力推动抚宁在新起点上实现新跨越》的讲话；听取和审议县政协九届一次会议主席团常务主席顾昌和所作的县政协八届常委会工作报告；听取和审议县政协九届一次会议主席团常务主席高金峰所作的八届一次会议以来提案工作情况报告；列席县十五届人大一次会议，听取和讨论代理县长石兆旭所作的《政府工作报告》及其他报告；听取和讨论委员大会发言；选举产生县政协第九届委员会主席、副主席、秘书长和常务委员；表彰优秀政协提案；审议通过提案审查委员会九届一次会议提案审查情况报告；审议通过县政协九届一次会议决议。

工作报告　2012年2月14日，县政协九届一次会议主席团常务主席顾昌和向九届一次会议报告县政协八届常委会工作。报告陈述：五年来，县政协在县委的正确领导下，以邓小平理论和“三个代表”重要思想为指导，以科学发展观为统领，团结和带领全体政协委员，认真履行政治协商、民主监督、参政议政职能，为建设沿海经济社会发展强县作出积极贡献。

五年来，县政协常委会坚持把思想政治建设放在首位，深入贯彻《中共中央关于加强人民政协工作的意见》和胡锦涛同志在庆祝人民政协成立60周年大会上的讲话精神，组织全体委员和机关干部认真学习，深刻领会。围绕县委提出的“突破跨越、赶超进位”发展思路，深入实施“工业强县”“旅游立县”“市县一体化”发展战略，全面建设“宜居宜业宜游、富庶文明和谐”的滨海强县，通过召开主席会、常委会等形式认真组织贯彻落实，切实把思想认识统一到县委的决策部署上来，推动政协事业全面发展。

围绕群众普遍关心的问题，协助党委政府做好解疑释惑、理顺情绪、化解矛盾的工作。加强与人大的团结协作，密切配合，形成合力，共同维护全县政通人和、共谋发展的大好局面。

围绕中心，创新思路，有效履行政治协商职能，在每年召开的政协全体会议上，有21名委员就县城增建一所小学、养猪业发展、工业园区建设等方面作大会发言，并围绕关系全县经济社会发展的一些重大问题与县主管领导和各职能部门一把手进行面对面的商讨，提出意见和建议357条，对科学制定“十二五”规划和促进全县经济社会快速发展起到积极作用。

县政协常委会会议分别就改善民营经济发展环境、沿海经济发展、推进城镇“三年大变样”等项工作进行重点协商，提出意见建议97条。县政协主席会议就“两河”改造、《抚宁县文化发展规划纲要（草案）》、食品安全工作、县财政预决算执行情况和农村剩余劳动力转移就业等问题进行讨论协商，向县委、县政府提交相应的建议，得到认真采纳和落实。

五年来，全体政协委员围绕县域经济、政治、文化、社会和生态文明建设积极撰写提案666件，经审查立案637件。截至2011年年底，八届政协提案已全部办复，办理满意率达到100%。八届一次全会以来，共编撰社情民意信息108期，已先后转呈县委、县政府及有关部门。其中，《学校利用假期集中补课值得关注》《分配到北部山区教师食宿问题值得关注》《县城自来水水源地保护工作亟待加强》3件社情民意县领导作出重要批示，有关部门认真采纳、积极落实。

政协委员中有157人分别担任行政执法部门监督员、人民陪审员和行风评议代表等职，他们积极参加各项评议监督活动，较好地发挥民主监督作用，促进全县行风建设和社会风气的好转。

八届一次全会以来，县政协分别对板栗产业发展、棚室蔬菜园区建设、裸地菜发展、农产品贮藏加工等农业方面的问题进行专题调研，提交调研报告8篇。组织有关委员和县建设局、城管办负责人赴河北省霸州市和浙江省富阳市、桐庐县，学习考察城管综合执法工作，撰写《关于赴河北、浙江等省市学习考察城市管理领域综合行政执法工作的报告》，为建设新抚宁提供参考。对南戴河环境综合整治、县医院门诊病房楼改扩建工程、深河园区建设、板栗示范基地建设等24个焦点问题进行视察，委员所提的意见建议，引起相关部门重视。

县政协积极参与县委、县政府的中心工作。围绕沅泰纸业、县城集中供热工程、污水处理厂建设等重点项目，积极开展联系帮扶活动；政协领导还参与了全县重大问题的决策和重点建设项目，分包文明生态村、民营企业、大项目等，有效地配合县委、县政府的重点工作。

县政协通过《抚宁新闻》和《抚宁时报》及时报道政协工作活动，扩大社会影响。在县电视台开办的《政协委员风采》栏目中，宣传报道李文忠、徐彦春、李新华等50名委员的先进事迹，为展示委员风采搭建平台，为社会了解政协开辟一个便捷的窗口。编印《政协工作》简报43期，历时5年多编撰完成《抚宁名胜》一书，并于2010年7月出版发行。与统战部一起编辑出版台胞张维桢老先生的自传回忆录《长城那边是故乡》，完成《抚宁县志》1979年至2002年间政协资料的收集、整理工作。

在政协委员中开展“树形象、展风采、做合格政协委员”教育实践活动，涌现出带头发展“三线”产业，主动为民服务；领办创办民营企业，带动周边群众致富；爱岗敬业，出色完成本职工作；扶贫济困，积极帮助弱势群体的优秀政协委员30名。温守文等10名优秀政协委员的先进事迹先后在市报、市电视台、抚宁时报、抚宁电视台等媒体刊发播出，引起积极反响。

按市政协安排，从2009年4月开始，在全体委员中深入开展“献一策、联一业、扶一村、帮一户、践一诺”即“五个一”主题实践活动。三年中，共完成49项专题调研，提交视察报告65篇，提出意见建议531条；联系重点企业39个，所属委员企业新上加工项目63个，解决剩余劳动力3036人。帮扶后进村、贫困村和文明生态村共52个，先后帮助协调解决资金186万元。为山区学校翻修校舍，添置电教设备，捐助困难学生和孤寡老人，帮助贫困村庄修公路建广场，累计折款220多万元。在抚宁“4•12”山火中，全县各界政协委员，主动参与，以各种方式支援山火的扑救会战，将食品、药品、衣物和灭火工具等送到救火现场，积极提供救护车、农用车等用于后勤保障和运送食品物资，并为电子对抗旅、河北武警等单位领导和记者30多人提供住宿，还组织发动群众210多人巡查山林、监视火情。在青海玉树地震，舟曲、汶川发生泥石流等自然灾害时，委员们积极捐款捐物，为灾区人民奉献爱心，先后捐款315万元，捐赠物资折合人民币101万元。

强化履职，完善机制，提高自身建设水平。坚持利用周末集中学习，完善各项规章制度，加强机关建设，调整充实机关科室人员，提高工作效率和服务水平。

大会发言 县政协九届一次会议上，邸锦华委员作《强化服务意识，优化发展环境，实现抚宁经济快速发展》的大会发言，提出努力突破三个制约，为项目推进扫除障碍；继续完善四项制度，为项目建设营造良好氛围；着力推进五项工作，为项目建设提供强有力保障的建议。刘庆斌委员作《下大力度彻底整治城镇乱建乱占行为》、王志伟委员作《加快推进土地流转，促进农村经济发展》、张晓宇委员作《关于增设县城农副产品市场的建议》、宋景昌委员作《充分整合旅游资源，推进旅游产业发展》、郭树成委员作《关于提升我县玻纤产业的建议》、赵英红委员作《关于加强我县水利基础设施建设的建议》的大会发言。7位委员就协商讨论《政府工作报告》及其他报告，围绕整治城镇乱建乱占行为、加快推进土地流转促进农村经济发展、整合旅游资源推进旅游产业发展等事关全县经济社会发展方面的战略性问题进行大会发言，并提出建议176条。其中《下大力度彻底整治城镇乱建乱占行为》《加快推进土地流转 促进农村经济发展》两篇大会发言得到县委主要领导的首肯，并批示相关职能部门抓好落实。

领导讲话 2012年2月14日，县委书记柴志国在县政协九届一次会议上发表《围绕中心，服务大局，努力推动抚宁在新起点上实现新跨越》的讲话。柴志国指出，八届县政协的工作是卓有成效的，县委是满意的。未来五年，是抚宁立足新起点、实现新跨越的关键时期。抚宁县第十二次党代会提出了深入实施“工业强县”“旅游立县”“市县一体化”三大战略，统筹推进新型工业化、新型城镇化和农业现代化建设，大力加强生态环保、文化建设、改善民生等工作，全面建设“宜居宜业宜游”“富庶文明和谐”滨海强县目标。新任务为政协发挥作用提供了更加宽阔的舞台。柴志国希望，政协组织要认真学习中共十七届六中全会和省、市党代会精神，进一步规范政治协商、民主监督、参政议政的程序，深化对政协工作特点和规律的认识，积极探索新形势下履行职能的新思路、新方法、新举措，增强政协工作的生命力、创造力和影响力。要努力提高政协委员的思想政治素质、政策理论水平和履行职责能力。加强政协机关思想、组织、作风、制度和干部队伍建设，积极推进学习型、服务型、创新型、和谐型机关建设。要把服务大局作为履职的第一抓手，发扬传统、发挥优势，争创业绩、争作贡献。针对全县总体思路建言献策，与全县人民共谋大计；围绕加快发展和加速转型双重任务竭智尽力，提出具有前瞻性、创造性、建设性的意见和建议，为县委、县政府决策提供依据；致力创优发展环境积极作为，对影响全县发展环境的突出问题，深入研究，力促解决。要高度关注民生，通过各种形式和渠道，了解群众的愿望和诉求，倾听不同阶层的意见和建议，洞察改革发展中出现的矛盾和问题。积极开展扶危济困、捐资助学和送温暖献爱心等活动，与县委、县政府一道，把事关民生的各项工作做好。柴志国表示，全县各级党组织要把政协工作摆上重要位置，把政治协商纳入决策程序，强化民主监督；重视和加强政协班子、干部队伍建设，加强政协干部的培养、选拔、交流和使用；加大对政协工作、政协活动，以及参政议政成果的宣传，扩大社会影响，形成有利于政协事业发展的氛围。

政治决议 2012年2月16日，县政协九届一次会议审议通过决议。决议指出，县政协九届一次会议认真学习讨论县委书记柴志国的讲话，认为讲话充分肯定了八届县政协在为促进全县经济社会发展中作出的积极贡献，对做好九届政协工作提出明确要求，体现了中共抚宁县委对政协工作的高度重视。委员们深感使命光荣、责任重大，表示要把讲话精神贯彻落实到各项工作中去。会议协商讨论并赞同《政府工作报告》及其他报告，认为《政府工作报告》对工作成绩的总结实事求是，对存在问题的分析深刻中肯，谋划未来五年的指导思想明确，奋斗目标鼓舞人心，今后工作构想和建议切实可行。决议指出，会议听取并审议县政协常务委员会工作报告和提案工作报告，认为八届县政协认真履行职能，为全面推进科学发展、促进民生改善、维护社会和谐作出应有贡献。对九届政协工作的建议，符合政协工作实际，切实可行。会议选举产生县政协第九届委员会主席、副主席、秘书长和常务委员，充分反映了全体政协委员的意愿。决议强调，九届县政协任期的五年，是全县实现经济社会发展历史性跨越、全面建设小康社会的加速期，是调整经济结构、转变发展方式的攻坚期。县政协和全体政协委员，要以促进全县经济社会持续快速发展为第一要务，紧紧围绕县委、县政府的重大战略决策和重要工作部署，深入调查研究，认真协商议政，切实履行职能。要坚持以人为本，为解决好人民群众最关心、最直接、最现实的利益问题资政建言、贡献力量。要坚持把维护社会和谐稳定作为政协工作的重要职责，充分调动各方面的积极因素，为促进全县经济社会发展凝聚强大力量。决议号召，县政协和全体政协委员要在中共抚宁县委的领导下，高举中国特色社会主义伟大旗帜，深入贯彻落实科学发展观，牢牢把握团结和民主两大主题，认真履行政治协商、民主监督、参政议政职能，同心同德，群策群力，以优异成绩迎接党的第十八次全国代表大会胜利召开。

九届二次会议 2013年3月29—31日，县政协九届二次会议在县城召开，应出席会议委员219名，出席214名。

会议议程 会议听取和讨论县委书记柴志国所作的题为《团结拼搏，与时俱进，不断开创政协工作新局面》的讲话；听取和审议县政协主席顾昌和所作的县政协常委会工作报告；听取和审议政协副主席赵永红所作的九届一次会议以来提案工作情况报告；列席县十五届人大二次会议，听取和讨论县长石兆旭所作的《政府工作报告》及其他报告；听取和讨论委员大会发言；表彰优秀政协提案；审议通过县政协秘书长刘秀才所作的九届二次会议提案审查情况报告；审议通过县政协九届二次会议政治决议；听取县政协主席顾昌和在闭幕会上的讲话。

工作报告 2013年3月30日，县政协主席顾昌和向县政协九届二次会议报告工作。报告陈述：县政协在县委的正确领导下，以邓小平理论和“三个代表”重要思想为指导，认真学习党的十八大精神，深入贯彻落实科学发展观，各项职能在工作实践中得以彰显。

发挥优势，在协商建言中助推发展。九届一次全会期间，委员们协商讨论《政府工作报告》及其他重要报告，围绕整治城镇乱建乱占行为、加快推进土地流转、促进农村经济发展等战略性问题，进行大会发言，并提出建议176条。

县政协就杜庄工业聚集区、抚宁经济开发区、葡萄酒产业聚集区建设，社会治安防控体系建设和全县经济运行情况进行专题协商。针对全县经济运行情况，提出要坚定发展信心，勇挑发展重担，着眼经济发展大局尽职尽责，多做有益工作，为全县经济发展多作贡献。县政协九届二次主席会议专门听取县粮食储备、流通情况汇报，建议要提高粮食安全意识，确保粮食储备和质量安全，把粮食产业真正做成全县的优势产业。

县政协九届一次会议以来，委员们提交提案154件，立案151件。至2012年10月底，所立提案全部办复完毕，满意和基本满意率达到99.30%。

围绕项目落实实施专项监督。县政协组织委员对县兴龙仓储物流项目进行视察，听取运营管理情况汇报；围绕交通秩序整治、社会治安、园区建设、居民用水安全等热点难点问题，积极撰写各类社情民意信息29条。

以促进农村经济发展为重点，对全县蔬菜产业进行专题调研，向县委、县政府提交《关于蔬菜产业发展情况的调研报告》。以推进社会健康发展为目标，对全县学前儿童教育、农村医疗卫生体系建设、高庄中心敬老院和民政事业服务中心进行视察，并提出建议。

以保障人民利益为出发点，对保障性安居工程和农村公路建设情况进行视察。建议要以民为本，提高农村公路管理养护水平，延长公路使用年限。

县政协领导班子成员在做好履行职能工作的同时，牵头抓葡萄酒产业园区等重点项目建设，协调解决矛盾，妥善处理问题；在文明生态村创建、扶贫开发对口帮扶等工作中，承担具体任务的组织实施。

政协基层组织深入厂矿、企业和农村，开展调研视察活动，并撰写《加大安全生产监管》《建立完善失地农民保障体系》《近岸海域环境整治》等调研视察报告33篇，提出有针对性意见建议113条，为党委政府科学决策提供参考依据。

委员们立足现有条件，想方设法上项目。政协委员新上项目23个，增加就业岗位800多个。先后有6名委员率先创办小额贷款公司和典当行，为县域内的中小企业、个体工商户等群体加快发展提供信贷支持。2012年8月初洪涝救灾中，委员们先后帮助疏散转移受灾群众2000余人，补修受毁河坝、道路2000多延长米、桥涵12座，累计捐款13万元。委员们通过帮扶、助学、济困等多种形式，累计帮扶困难群众135户，帮扶资金116万元，彰显出委员们强烈的社会责任感。

党的十八大开幕之际，县政协专门下发《关于认真学习贯彻中国共产党第十八次全国代表大会精神的通知》，对全体委员学习贯彻十八大精神作出具体安排部署，提出明确要求。九届政协委员调整后，对新委员进行培训。通过新闻媒体及时对全委会议、常委会会议和调研视察活动进行宣传报道，继续在县电视台开办《政协委员风采》栏目，重点宣传报道郝向春等7名委员的先进事迹，为展示委员风采搭建平台。

以制度建设为抓手，完善机关工作等制度。以深入开展“创先争优”“学习型党组织建设”活动为契机，切实加强县政协机关的思想、组织、作风建设和党风廉政建设，使工作效率和服务水平得到进一步提升。

大会发言 县政协九届二次会议上，郑海波委员作《扎扎实实优化发展环境，力促“工业强县”见实效》的大会发言，提出扭住“工业强县”中心不放，调结构转方式，挖掘创新整合资源，确保招商引资见成效，改善和优化投资环境的建议。张晓宇委员作《关于加强洋河河道管理的建议》、王恒委员作《做好紫金山公园建设管理这篇大文章》、李智苹委员作《对解决医疗纠纷问题的几点建议》、冯占和委员作《对城区营运电动三轮车加强管理的建议》、马秀艳委员作《规范物业管理，提升县城品位》、曹新成委员作《坚决整治城市街头小广告》的大会发言。委员们以高度的政治责任感和认真负责的态度，协商讨论政府工作报告及其他重要报告，围绕优化发展环境、加强洋河河道管理、紫金山公园建设、规范物业管理等方面进行的大会专题发言，得到领导的重视和有关部门研究采纳。

领导讲话 2013 年 3 月 30 日，县委书记柴志国在县政协九届二次会议上发表《团结拼搏，与时俱进，不断开创政协工作新局面》的讲话。柴志国指出，2012 年县政协紧紧围绕县委、县政府的决策部署，高举民主和团结两大旗帜，切实加强自身建设，认真履行政治协商、民主监督、参政议政职能，锐意进取，主动作为，作出了积极贡献。柴志国强调，2013 年县政协和全体政协委员要站在战略和全局的高度，深刻认识人民政协的性质、地位和作用，增强做好政协工作的使命感和责任感，畅通民主渠道，凝聚各方力量，调动一切积极因素，巩固安定团结、共谋发展的大好形势，开创抚宁经济社会科学发展、跨越发展的新局面。政协委员要以加快发展为第一要务，发挥优势，积极搞好内引外联，在招商引资、项目建设、发展民营经济等方面牵线搭桥，在发展经济中当先锋。要带头遵纪守法，维护稳定，为发展减阻力，增助力，形成合力，在维稳中当中坚。要开展有针对性、时效性调查研究，提出有深度、有见地、有分量的意见和建议，在工作中当高参。柴志国希望，各级党委要把政协工作摆在更加重要的位置，积极支持政协组织依照章程独立负责、协调一致地开展政治协商、民主监督、参政议政工作。政协党组作为党在政协中的派出机构，肩负实现党对政协领导的重任，各民主党派、人民团体和各界人士，要自觉接受党的领导，使县委主张成为各方面的共识。要加强对政协干部的培养、使用和交流，增强政协工作活力，扩大影响力，共同营造有利于政协开展工作的良好环境。

2013 年 3 月 31 日，县政协主席顾昌和在县政协九届二次会议闭幕会上发表讲话。顾昌和指出，2013 年县政协的任务是以十八大精神为统领，在中共抚宁县委领导下，团结和依靠全体政协委员，认真履行职能，积极投身全面建成小康社会，全力促进发展，真情关注民生，努力服务社会，为推动全县各项事业发展作出新贡献。顾昌和强调，学习是人民政协永恒的主题，县政协及全体委员要认真学习中共十八大精神，把学习十八大精神与学习县委十二届二次会议精神结合起来，把十八大对人民政协工作的新思想、新观点、新举措落到实处，用科学的理论指导实践，推动工作。要坚持以服务发展为第一要务，协商议题的确定、调研课题的选择、视察内容的安排，都要突出科学发展、率先发展、和谐发展，在稳增长、调结构、攻重点、抓改革、优环境等方面，进行深层次思考，多提出切实可行的意见和建议，把政协履职的重点定格在促进经济社会发展的大方向上。要坚持履职为民的原则，身怀爱民之心，善谋富民之策，恪守利民之责，始终不渝促进和谐社会建设。要把群众意愿作为第一信号，把群众满意作为第一需求，诚心诚意为群众办实事、做好事、解难事。参政议政、建言献策，既要锦上添花，又要雪中送炭，做到想群众所想，急群众所急，与群众心心相印。要敢于直面经济社会发展的热点难点问题，揭露损害群众利益的不正之风，大胆履行民主监督职能，维护群众切身利益。顾昌和希望，政协组织及全体委员要始终保持昂扬向上的精神状态，锐意进取的工作态度，说真话、办实事、求实效的务实作风。要积极探索履行职能的新途径、新方法，力求做到超前谋划，服务主动而不被动；找准位置，工作到位而不越位；注重协商，工作同心而不离心。使政协组织真正成为全体委员履行职能的大舞台，成为委员志相同、情相连、共同学习、共同提高的大家庭。

政治决议　2013 年 3 月 31 日，县政协九届二次会议审议通过政治决议。决议认为，县委书记柴志国在县政协九届二次会议上的讲话，充分肯定了政协 2012 年为全县经济社会发展作出的积极贡献，并对新形势下做好政协工作提出希望和要求，充分体现了县委对政协工作的高度重视，对进一步发挥好政协优势、开创政协工作新局面，具有十分重要的指导意义。会议协商讨论并赞同《政府工作报告》及其他报告，与会委员对过去一年全县经济社会发展的成就给予充分肯定，对完成《政府工作报告》中提出的各项工作任务充满信心。决议指出，与会委员听取并审议县政协常务委员会工作报告和提案工作情况报告，认为县政协为全县经济社会科学发展、跨越发展，促进社会和谐稳定作出积极贡献。常委会提出的 2013 年工作总体要求和部署切实可行，要抓好贯彻落实。决议强调，2013 年是全县全面贯彻落实党的十八大精神、全面加快小康社会建设的重要一年，全县各级政协组织和政协委员要深入学习贯彻党的十八大精神，进一步增强使命感和责任感，紧密联系政协工作实际，围绕全县中心工作，坚持加强学习，切实提高政协委员的业务水平和思想认识水平；坚持服务发展，切实履行政治协商职能；坚持和谐共进，切实履行民主监督职能；坚持工作创新，切实履行参政议政职能；坚持团结民主，切实增强人民政协的感召力和凝聚力；坚持加强自身建设，切实提高政协履职水平，不断开创政协工作新局面。决议号召，县政协和全体政协委员，要深入贯彻落实好党的十八大会议精神，高举爱国主义、社会主义伟大旗帜，牢牢把握民主和团结两大主题，围绕中心，认真履职，为抚宁的发展作出新的更大的贡献。

九届三次会议　2014 年 2 月 19—20 日，县政协九届三次会议在县城召开，应出席会议委员 219 名，出席 192 名。

会议议程　会议听取和讨论县委书记赵景阳所作的题为《建言献策谋发展，协调监督聚合力，全力推动抚宁提速发展绿色崛起》的讲话；听取和审议县政协副主席高金峰所作的县政协常委会工作报告；听取和审议县政协副主席赵永红所作的九届二次会议以来提案办理情况报告；列席县十五届人大三次会议，听取和讨论县长石兆旭所作的《政府工作报告》及其他报告；听取和讨论委员大会发言；增补九届县政协常务委员；表彰优秀政协提案；审议通过县政协秘书长刘秀才所作的九届三次会议提案审查情况报告；审议通过县政协九届三次会议政治决议；听取县政协主席顾昌和所作的题为《同心聚合正能量，协力共圆新梦想》的讲话。

工作报告　2014 年 2 月 19 日，县政协副主席高金峰向县政协九届三次会议报告工作。报告陈述：过去的一年，县政协在中共抚宁县委的正确领导下，以深入学习贯彻党的十八大精神为主线，牢牢把握团结和民主两大主题，组织并带领全体委员紧紧围绕经济社会发展这个重心，认真履行政治协商、民主监督、参政议政职能，为抚宁的发展作出积极贡献。

九届二次全会期间，委员们以高度的政治责任感和认真负责的态度，协商讨论《政府工作报告》及其他重要报告；围绕优化发展环境、加强洋河河道管理、紫金山公园建设、规范物业管理等方面进行大会专题发言；针对全县经济建设、招商引资、完善城市基础设施方面的主要问题，提出许多建设性意见，发挥议政、资政、协政作用。

围绕县域经济提速发展这个主题，对全县助保金贷款、财政和经济运行情况进行专题协商。以县北部山区旅游综合大开发为题进行专题调研，向县委、县政府提交《关于加快实施北部山区旅游综合大开发的构想建议》。针对县土地管理使用工作情况，九届六次主席会议进行认真协商，提出加大土地执法巡查力度，做好土地整治、置换工作，提高土地利用率等意见建议。

把关注民生福祉作为政协工作的出发点和落脚点。九届政协第五次常委会专门听取全县基础教育工作汇报，提出学校规划布局要与城镇规划建设相结合，加大教育资金投入，改善办学条件，缓解教育失衡现象；在职业教育视察中提出加大财政投入力度、强化师资力量、创新办学模式等建议，得到教育部门采纳。

县政协组织委员就全县生猪产业化发展情况、城乡居民社会养老保险工作情况、紫金山公园建设和污水处理厂生产运营情况进行视察，提出有针对性的建议。

九届二次全会以来，全体政协委员提交提案 141 件，收到民意信息 27 条，多次组织委员参加县委和各部门举办的民主评议活动，专门组织部分政协委员对县农牧水产局、水务局、林业局的工作进行民主评议，切实履行民主监督职能，有效地推进各部门工作的提升和作风的转变。

按照县委要求，就全县的重点工作、努力方向及环境保护两个方面的问题进行专题调研，提交《在新的考评体系下推进抚宁发展的几点建议》《全县环境质量及应对措施》和《关于全县近岸海域环境综合整治情况》3 篇报告。引导动员基层政协委员深入农村、厂矿企业、学校开展各项调研视察活动，先后撰写调研视察报告 18 篇。

扩大对外联系交往，加强与市政协及省内外各地政协的联系沟通，积极向外推介抚宁、宣传抚宁。组织市、县政协委员对全县农村道路建设情况进行联合视察。完成内蒙古通辽科左中旗政协来抚宁县考察的接待任务。通过《抚宁新闻》和《抚宁时报》及时对全委会议、常委会会议和调研视察活动进行宣传报道，继续在县电视台开办《政协委员风采》栏目，为展示委员风采搭建了平台，也为社会了解政协组织开辟一个便捷的窗口。

强化政协机关思想政治建设，把建设学习型政协机关作为一项重要工作来抓；强化制度建设，坚决落实中央八项规定，建立健全岗位责任制，完善机关办公、招待、会议、车辆使用、财务管理、领导干部带班、值班等一系列规章制度，强化机关履行职能的规范化、制度化、程序化建设。

大会发言 县政协九届三次会议上，张晓宇委员作《关于加快北部山区旅游开发的建议》的大会发言，提出北部山区旅游开发要高标准规划，有序开发，分步实施；政策扶持，监管并重；多渠道筹措资金，建立多元开发投资模式；找准定位，推出特色；生态保护优先，强化环境治理；重视设施配套，增强服务效能的大会发言。纪立军委员作《加快县城改造提升步伐》、杨秀娟委员作《关于促进小微企业发展的几点建议》、王首军委员作《对我县新型农村合作医疗工作的看法及建议》、王恒委员作《对县城区违法建设清理整顿的建议》、徐彦春委员作《破解职业教育瓶颈，助推县域经济发展》、赵玉辉委员作《加强群众文化休闲活动场所的完善与管理》的大会发言。7位委员就加快北部山区旅游开发、县城面貌改造提升、城区违建清理整顿等提出建议，得到有关部门的重视和采纳。

领导讲话　2014年2月19日，县委书记赵景阳在县政协九届三次会议上发表《建言献策谋发展，协调监督聚合力，全力推动抚宁提速发展绿色崛起》的讲话。赵景阳指出，2014年是全面贯彻落实中共十八大和十八届二中、三中全会精神的开局之年，是实施“十二五”规划承前启后的关键一年，也是抚宁为全面建成小康社会夯实基础、增创优势、提速发展的一年。县政协和全体政协委员要围绕县委确定的目标任务，立足自身优势，全力发挥协调关系、汇聚力量的作用，加强与各团体、各阶层代表人士的联系，围绕经济运行、项目建设、招商引资等工作，排解消极情绪、化解误会隔阂，为经济社会发展减少阻力、凝聚合力、增强动力。赵景阳强调，县政协要充分发挥联系群众的桥梁纽带作用，紧扣征地拆迁、社会保障等热点工作，多做解疑释惑、理顺情绪、协调关系、化解矛盾工作，引导群众增强大局意识，树立文明新风，营造和谐稳定的社会环境；要积极投身全县重点工作，勇挑重担、共促发展，持续推动项目建设早签约、早落地；要围绕县委、县政府的决策部署，开展调研视察、政治协商，把人民群众的意愿和智慧凝聚到全县发展的大局中来，推动县委、县政府的决策部署转化为社会各界的共识共为；政协委员中的企业家要树立创大业、干大事的勇气和决心，带头做大做强实业，为抚宁提速发展建功立业。赵景阳相信，全体政协委员将以自己的经验、学识和影响参与到全县建设发展之中，围绕中心、服务大局，不仅要有自己的事业和追求，还要有更高的眼界和胸怀，始终把国家和群众的利益摆在更加重要的位置，坚持真理，勇于直言，通过卓有成效的履职成果，助力中国梦早日实现。要切实把政治荣誉和社会责任统一起来，不图虚名，不辱使命，以自己模范言行影响他人和社会，树立政协委员良好形象，当好抚宁提速发展、和谐稳定的中流砥柱。

2014年2月20日，县政协主席顾昌和在县政协九届三次会议闭幕会上发表《同心聚合正能量，协力共圆新梦想》的讲话。顾昌和指出，全面建成小康社会是中华民族的“中国梦”，是全县人民的强烈愿望和共同任务，也是政协的光荣使命和重大责任。县政协要以服务大局的更高境界、履行职能的更高标准，开拓进取、务实重行，再创政协工作新业绩。顾昌和强调，县政协要围绕学习贯彻中共十八届三中全会精神，与县委、县政府的工作同频共振、同步相随，聚合正能量、传递正能量、诠释正能量，真正做到县委、县政府工作推进到哪里，政协的工作就跟进到哪里，正能量就传递到哪里。县政协及全体委员要充分发挥联系广泛、渠道畅通的优势，坚持“围绕核心、聚力凝心、服务大局、服务群众”的工作主线，与县委、县政府唱响“一个调”，拧成“一股绳”，下好“一盘棋”，做到思想上同心，声音上同调，行动上同步。让政协委员走进群众，健全“上情下达，下请上传”机制，使政协真正成为党委、政府和老百姓之间的连心桥。要站在讲政治高度，密切关注民情、民意、民生，做到参政为民着想，议政为民谋利，监督为民谋权。倾听群众呼声，体察民间实情，关心群众疾苦，当好群众的“知心人”“代言人”。通过集中走访、扶贫助困、捐资助学等各种形式，真心诚意帮助群众办实事、解难事、做好事，当好群众“贴心人”。顾昌和希望，政协委员要牢记宗旨，珍视荣誉，身体力行，履职尽责。认真落实中共中央八项规定，大力弘扬求真务实作风，力戒虚名，注重实际；力戒漂浮，注重实效；力戒空谈，注重实干。改进调研视察方式，敢于讲真话，善于讲实话，乐于讲民话。敢于触及社会热点、矛盾焦点、问题难点，多发真诚之声，多提有用之言，使所立之论、所建之言、所献之策更具针对性、时效性，为政协事业增光添彩。

政治决议 2014 年 2 月 20 日，县政协九届三次会议审议通过政治决议。决议认为，县委书记赵景阳在县政协九届三次会议上的讲话，充分肯定了县政协及政协委员为推动科学发展、跨越式发展和各项事业进步作出的积极贡献，明确指出县政协工作的努力方向和主要任务，体现了县委对政协工作的高度重视和对政协委员的殷切期望。会议协商讨论《政府工作报告》及其他报告，与会委员对政府过去一年的工作给予充分肯定，对完成 2014 年的工作目标充满信心。决议指出，会议听取并审议县政协常务委员会工作报告和提案工作情况报告。认为县政协在县委的正确领导和县政府的大力支持下，紧紧围绕全县工作大局，牢牢把握团结和民主两大主题，突出发展与和谐两大任务，认真履行政治协商、民主监督、参政议政职能，为推动经济社会发展贡献了智慧和力量。县政协九届常委会提出的 2014 年总体工作要求切实可行，要认真抓好落实。决议强调，2014 年是深入贯彻落实中共十八届三中全会精神、全面深化改革的重要一年。全县各级政协组织和政协委员要深入学习贯彻中共十八届三中全会精神，以改革创新为主题，以转变发展方式为主线，切实把思想和行动统一到县委、县政府的决策上来，紧密联系政协工作实际，围绕全县中心工作，坚持加强学习，切实提高政协委员的业务水平和思想认识水平；坚持服务发展，切实履行政治协商职能；坚持和谐共进，切实履行民主监督职能；坚持工作创新，切实履行参政议政职能；坚持团结民主，切实增强人民政协的感召力和凝聚力；坚持加强自身建设，切实提高政协履职水平，不断开创政协工作新局面。决议号召，县政协和全体政协委员，要在中共抚宁县委的正确领导下，深入贯彻落实中共十八大和十八届三中全会精神，抢抓机遇，振奋精神，同心协力，开拓奋进，为全县提速发展、绿色崛起，实现全面建成小康社会的宏伟目标而努力奋斗。

九届四次会议 2015 年 1 月 27—28 日，县政协九届四次会议在县城召开，应出席会议委员 222 名，出席 201 名。

会议议程 会议听取和讨论县委书记赵景阳所作的题为《站位新起点，服务新常态，不断汇聚抚宁提速发展正能量》的讲话；听取和审议县政协副主席赵永红所作的县政协常委会工作报告；听取和审议县政协秘书长刘秀才所作的九届三次会议以来提案工作情况报告；列席县十五届人大四次会议，听取和讨论县长石兆旭所作的《政府工作报告》及其他报告；听取和讨论委员大会发言；补选县政协九届委员会主席；表彰优秀政协提案；审议通过提案委员会九届四次会议提案审查情况报告（书面）；审议通过县政协九届四次会议政治决议；县政协主席张岐作题为《践行群众路线，打造亲民政协》的讲话。

工作报告 2015年1月27日，县政协副主席赵永红向县政协九届四次会议报告工作。报告陈述：县政协在县委的正确领导下，高举爱国主义和社会主义旗帜，牢牢把握团结和民主两大主题，紧紧围绕县委、县政府的中心工作，在助推全县经济社会发展中献计出力，在改善民生中积极作为，在促进和谐稳定中发挥作用，在转变作风中强基固本。

围绕中心，服务大局。县政协先后两次召开主席会议、常委会会议，就抚宁经济开发区建设和全县经济运行情况进行专题协商，助推全县经济持续平稳发展。就全县农村面貌改造提升进行专题协商，为促进城市功能的完善和人居环境的改善起到推动作用。

为旅游带动战略实施献计出力，以北部山区综合大开发为着力点，对全县乡村旅游发展进行专项视察；围绕农业产业化发展调研视察，将小江蔬菜专业合作社作为专项课题，总结出农业经营管理模式的新经验；对特色蔬菜产业发展视察，提出提高蔬菜产业附加值，增加农民收入建议。

打造经济发展软环境，对全县政务中心运行情况进行视察，建议狠抓项目进厅审批办理；对全县交通秩序整治工作，提出科学规划城市交通建设、增设交通监控设施及标识、加大对酒后驾车等严重交通违法行为的惩治力度等建议。对本县“东三区”大气污染综合治理、安全生产和洋河改造工作进行视察，提出高度重视粉尘污染整治工作，严格控制源头污染；尽快制定并实施洋河河道治理总体规划，规范工程建设标准，落实管理职责，建立长效管理运行机制。对全县公路建设进行视察，提出加强道路养护管理、加大对超载超限车辆的检查治理力度等6条建议。对全县广电网络工作进行视察，就广电网络全覆盖、专网建设等问题提出具体的建设性意见。

县政协九届三次会议以来收到108件提案，均在规定时限内办复完毕。全年共收集整理民意信息26条，有重点地编发8条民意信息，报送县委、县政府及相关部门。组织委员积极参加各类评议活动。利用抚宁电台、电视台和《抚宁时报》及时对全委会议、常委会会议和调研视察活动进行宣传报道。在县电视台继续开办《政协委员风采》栏目，利用《秦皇岛日报》和市电视台，先后宣传报道郭大为等5名政协委员的先进事迹。

按照省、市、县委的统一安排部署，县政协认真组织开展党的群众路线教育实践活动，聚焦查摆和解决“四风”问题，通过座谈会、寄发信函、设立意见箱等形式，敞开大门征求意见，共收集意见333条，梳理汇总成27条具体问题。按照边学边改、边查边改、边整边改的要求，对存在的一些突出问题立即进行整改，清退超标办公用房，堵塞公款吃喝、公车私用漏洞。

以整风的精神组织召开民主生活会，坚持边整改边健全制度，分别制定和修订《抚宁县政协关于改进工作作风密切联系群众的规定》《抚宁县政协关于加强和改进调查研究工作的实施办法》等13项规章制度，进一步提高县政协工作的制度化、规范化和程序化水平。

大会发言 县政协九届四次会议上，刘增志委员作《抓紧开发石门寨连接线，积极打造生态休闲廊道》的大会发言，提出承秦高速石门寨连接线是一条造福北部山区群众的富民大道，要科学确定其功能定位，合理确定功能分区，规划先行综合施策的建议。仇文仲委员作《调整优化产业结构，推进中小企业转型升级》、徐彦春委员作《加快县城教育资源布局调整的建议》、赵玉辉委员作《加强群众文化休闲活动场所完善与管理的建议》、安立柱委员作《加快县城市政路网建设与完善管理的几点建议》的大会发言。5位委员就打造生态休闲廊道、中小企业转型升级、教育资源布局调整、文化休闲活动场所和市政路网建设完善与管理的发言，引起领导和有关部门重视，被有关部门研究采纳。

领导讲话 2015年1月27日，县委书记赵景阳在县政协九届四次会议上发表《站位新起点，服务新常态，不断汇聚抚宁提速发展正能量》的讲话。赵景阳指出，县委十二届五次全会和全县经济工作会议确定了全县2015年工作思路和目标任务，核心是突出“经济建设、法治建设、作风建设”三条主线，以超常举措抓创新、抓项目、抓环境、抓治理、抓干部、抓落实，实现经济转型升级、突破发展。各级政协组织和广大政协委员要立足大局，发挥优势，主动引领发展、服务发展、促进发展，为经济稳中有进、社会和谐进步作出贡献。赵景阳希望，县政协及全体委员要深入审视抚宁面临的发展态势，准确把握县委、县政府决策意图和工作思路，进一步创新观念，提升境界，解放思想，凝心聚力，与县委、县政府和拍共振，把大抓经济、大抓发展的信号传递下去。围绕制约经济发展的关键难题，开展调查思考，寻找破解之谜，带头建言献策，化解难题。在招商引资、招财引智方面牵线搭桥，带头服务发展，贡献力量。政协组织和政协委员要做好发扬民主、推进法治、增进团结工作，自觉学法、守法、用法，推动党委、政府提高依法执政水平。要通过政协提案、委员视察、民主评议、反映社情民意等渠道，对党委政府关注、群众反映强烈的问题进行有效监督，尤其是对项目拆迁补偿、农民工工资、村“两委”换届等热点问题，加大监督力度，促进问题解决，营造同心同德、干事创业的浓厚氛围。赵景阳相信，广大政协委员将主动适应新形势、顺应新常态、把握新要求、完成新使命；把政治荣誉、岗位职责和社会责任统一起来，不图虚名、不负众望；把自身学识、本领、财富和影响力全部投入抚宁发展建设当中；要更好地发挥“维护核心、反映民心、凝聚人心”作用；深化群众路线教育实践活动成果，以模范言行影响他人和社会，以抓铁有痕的作风履职尽责，树立政协委员良好形象，当好提速发展、和谐稳定的中流砥柱。

2015年1月28日，县政协主席张岐在县政协九届四次会议闭幕会上发表《践行群众路线，打造亲民政协》的讲话。张岐指出，县政协九届四次会议是一次凝聚力量、共谋发展、振奋精神、催人奋进的大会。2015年县委确定的工作主题是“崇尚实干、狠抓落实”。落实到政协工作，就是服务大局，巩固和扩大教育实践活动成果，打造亲民政协。张岐强调，2015年县政协及全体委员要把群众当亲人，与群众交朋友，从情感上贴近群众，与群众交心谈心，讲真话、讲实话、讲心里话，多听群众的意见和想法，及时了解和掌握群众思想认识的困惑点、利益关系交织点、矛盾问题易发点，与群众打成一片。增强政协会议和有关工作的开放力度，请群众走进政协，让群众与政协委员一起交流互动，实现政协事业发展与群众关注良性互动。县政协及全体委员要发挥联系广泛的优势，积极协助党委、政府多做统一思想、凝聚人心的工作，最大限度减少社会不和谐因素，汇聚起攻坚克难、奋力前行的发展合力。要发挥人才荟萃优势，选择事关经济社会发展的重大战略课题，深入研究，积极协商议政，建言献策。发挥位置超脱的优势，对影响改革发展、影响群众利益的人和事，勇于监督，敢于直言，更好地发挥政协民主监督作用。张岐希望，全体政协委员要帮助群众开创思路，找项目，拓宽致富渠道，农业科技界委员可帮助农民提高发展高产优质现代农业本领，经济、企业界委员帮助群众引进项目、筹措资金，做好市场对接，打开销售渠道，做到“帮民富”。要为群众营造敢讲话、讲真话的民主环境，引导群众对自身利益诉求通过政协平台，理性、合法、有序地表达，做到“畅民意”。要组织倡导政协委员每年为群众办成一件实事，解决一个问题，经常性开展捐资助学、扶贫帮困、送医药、送科技、送文化下乡活动，做到“解民忧”，树立政协组织及政协委员在群众中的良好形象。

政治决议 2015 年 1 月 28 日，县政协九届四次会议审议通过政治决议。决议认为，县委书记赵景阳在县政协九届四次开幕大会上的讲话，充分肯定了县政协创新履职、服务大局，推进委员积极作为取得显著成效，对新形势下如何充分发挥政协民主协商作用提出新的更高要求。会议协商讨论《政府工作报告》及其他报告，委员们对过去一年取得的成就给予充分肯定，对实现今年的工作目标充满信心。听取并审议县政协常务委员会工作报告和提案工作情况报告，认为县政协认真履行政治协商、民主监督、参政议政职能，为助推全县经济社会发展作出积极贡献。会议补选政协抚宁县第九届委员会主席，为进一步开展政协工作提供组织保证。决议指出，2015 年是全面深化改革的重要一年，全县各级政协组织和政协委员，要认真贯彻党的十八届三中、四中全会精神，忠实履职、服务大局、务实创新、和谐共进，为全面深化改革，推进法治抚宁建设献计出力。要增强服务改革的责任意识和使命意识，选择事关全县全面深化改革和转型跨越发展的重大问题，深入调研视察，积极献计出力；要坚持履职为民宗旨，察百姓情、建惠民言、办利民事；要充分发扬民主，广泛凝聚社会各界的智慧力量，营造齐心协力共谋发展的浓厚氛围；要增强法治意识，切实提高运用法治思维和法治方式推进履职能力建设，教育引导全体政协委员增强法治理念，树立法治信仰，争做社会主义法治模范践行者；要加强政协自身建设，强化学习、改进作风、提升素质，不断提高政协履职能力和水平，积极为全县全面深化改革、推动科学发展贡献智慧和力量。决议要求，县政协和全体政协委员要巩固党的群众路线教育实践活动成果，深入贯彻中央和省、市、县委关于密切联系群众、改进工作作风、厉行勤俭节约、反对铺张浪费的规定和要求，大兴调查研究之风，大兴求真务实之风，大兴艰苦奋斗之风，努力争做发扬民主的模范、为民服务的模范、清正廉洁的模范。决议号召，县政协和全体政协委员要在中共抚宁县委的正确领导下，团结一心、奋发有为，以饱满的政治热情、昂扬的精神状态，协调关系、汇聚力量、建言献策、服务大局，为全县提速发展、绿色崛起，实现全面建成小康社会的宏伟目标而努力奋斗。

区政协全体委员会议

2015 年，经国务院批复，抚宁县撤县设区。2016 年 4 月，召开区政协一届一次会议。为了与其他县、区政协届、次同步，2017 年 2 月召开区政协二届一次会议。截至 2021 年 7 月召开区政协三届一次会议，区政协共召开 3 届 7 次全委会议。并在区委领导和上级政协指导下，圆满完成历次政协全委会议的各项议程。几年来，区政协坚持以习近平新时代中国特色社会主义思想为指导，以全面加强政协系统党的建设为统领，以深入学习贯彻习近平总书记关于加强和改进人民政协工作的重要思想为主线，围绕区委提出的“二次创业、振兴崛起”目标，聚焦重点工作，坚定不移地树牢增强“四个意识”，坚定“四个自信”，做到“两个维护”，坚定不移地执行党的路线方针政策和区委决策部署，不断提升履职能力，努力为“二次创业”贡献政协智慧，为“振兴崛起”提供政协方案，为推动发展书写“政协篇章”。

区政协第一届全体委员会议

一届一次会议 2016年4月11—12日，区政协一届一次会议在城区召开，应出席会议委员183名，出席177名。

会议议程 会议听取和讨论区委书记所作的题为《凝心聚力谋发展，奋发作为谱新篇》的讲话；听取和审议区政协主席张岐所作的区政协常委会工作报告；听取和审议区政协副主席赵永红所作的2015年度提案工作情况报告；列席区一届人大一次会议，听取和讨论区长焦大伟所作的《政府工作报告》及其他报告；听取和讨论委员大会发言；表彰优秀政协提案；审议通过区政协秘书长刘秀才所作的一届一次会议提案审查情况报告；审议通过区政协一届一次会议政治决议；听取区政协主席张岐在闭幕会上的讲话。

工作报告 2016年4月11日，区政协主席张岐向区政协一届一次会议报告工作。报告陈述：2015年是抚宁发展历程不平凡的一年，也是政协发展史上经历撤县设区重大变革的一年。区政协在区委的正确领导下，牢牢把握团结和民主两大主题，紧紧围绕发展、稳定这个重心，履职尽责，为抚宁的发展稳定作出积极贡献。

区政协坚持以习近平总书记系列重要讲话精神为统领，坚持把政策理论学习放在首位。组织党组一班人和政协机关，认真学习中共十八届三中、四中、五中全会及省、市、区委的全会精神，切实增强道路自信、理论自信和制度自信。结合学习习近平总书记在纪念人民政协成立65周年大会上的讲话，认真研究新常态下政协工作面临的新形势、新任务，探索如何运用科学理论指导工作、解决问题的途径与办法。

认真开展解放思想大讨论活动。围绕区委确立的“立足新区划、谋划新定位、追求新发展”这一主题，深入开展解放思想大讨论。集中学习《习近平谈治国理政》《中国共产党章程》《中国共产党党员干部纪律处分条例》和《廉洁自律准则》等经典篇目，政协各位领导积极深入基层搞调查研究，撰写调研报告5篇，提出抚宁今后如何发展的意见建议28条。

扎实开展“三严三实”专题教育。区政协召开党组、党支部专题民主生活会，开展面对面的批评与自我批评，提升党组一班人和机关党员干部的道德修养、律己意识和谋事能力。

以经济社会发展为主线，围绕项目建设，履职建言。组织政协委员对经济开发区建设进行专项视察，与区人大联合对农产品加工项目进行视察，强调要立足全区特色，加快农业龙头企业建设，提高农业企业知名度和产品的竞争力。

关注产业发展，针对玻纤产业现状，提出确立玻纤产业发展定位和产品的发展方向，在农业综合开发项目建设视察中，提出抓好后续项目及建后管理工作，在“五大”特色主导产业的发展上，政协专门召开常委会会议；在文化产业发展方面，政协召开主席会议进行专题协商。

围绕农村改革，政协常委会组织专门力量，对农村土地流转进行专题调研，对水利基础设施建设开展专题视察。围绕社会管理，召开两次主席会议，专题听取村委会换届选举工作情况和社会治安综合治理工作汇报。对乡镇卫生院和村卫生室基础设施建设，提出加大投入力度，提高基层医务人员整体素质，助推民间养老服务业发展。建议着眼市场需求，超前谋划，切实推进康养产业发展。

切实增强提案办理监督实效，对立案的119件提案均在规定时限内办复完毕。区政协共收集整理社情民意信息29条，有重点地编发《社情民意》6期，为党政领导解决实际问题提供重要参考。

持续推进财政预算决算的民主监督。对2015年财政运行情况开展民主监督。推选30多位政协委员担任行风评议员、特约监察员和人民陪审员等社会公职，组织委员参加行政执法、综合管理、社会服务等单位和部门的民主评议活动，强化各相关领域工作的民主监督，取得积极成效。

以团结和民主为主题，凝聚力量。政协领导班子成员直接参与重点项目建设，政协委员立足工作岗位，各尽所能、各展其才，通过多种方式组织参加爱心助学、送医送药、扶贫济困、为农服务、助岗就业等社会公益活动，全年印发《政协工作》8期，及时通报政协工作动态。在电视台继续开办《政协委员风采》栏目，先后宣传报道刘洪涛、殷佐海等6名政协委员的先进事迹，为展示委员风采搭建平台。配合市政协完成《秦皇岛名村名镇》收集整理工作，其中抚宁有3个乡镇18个村入选。

认真落实《中国共产党党组工作条例》，制定政协党组会议制度、党组中心组学习制度、党组例会制度和党组议事规则。按照政协章程和《政协委员管理办法》及时对委员进行调整，增强政协工作活力。修订完善机关办公、招待、会议、车辆使用、财务管理、领导干部带班、值班等一系列规章制度，规范机关工作流程，提升保障能力，确保机关高效运转。

大会发言　区政协一届一次会议上，吕立委员作《加快抚宁经济开发区建设，打造抚宁产业兴区战略航母》的发言，对撤县设区后的新变化，如何找准抚宁区未来发展的着力点、发力点，走好产业兴区之路提出具体建议。郧大为委员作《加快土地流转步伐，稳步推进农业适度规模经营》、宋玉玲委员作《大力发展职业教育，夯实大众创业基础》、王首军委员作《发展远程医疗，惠及百姓就医》、张晓宇委员作《加快培育电商产业，助推区域经济发展》的发言。5位委员就撤县设区后抚宁的经济社会发展开良方，献良策，会议上反响较大，并受到区委、区政府的重视。

领导讲话　2016年4月11日，区委书记在区政协一届一次会议上发表《凝心聚力谋发展，奋发作为谱新篇》的讲话。讲话指出，2016年是实施“十三五”规划的开局之年，各级政协组织和广大政协委员要认真学习区委第一次党代会和区委一届一次全会精神，强化责任感和使命感，立足本职，开拓进取，奋发有为，为建设安定团结、风清气正、经济发展、和谐宜居新抚宁提供助力。讲话强调，各级政协组织和广大政协委员要在思想、步调、口径、行动上与中央保持高度一致，发挥联系面广、贴近基层的优势，凝聚发展共识。要加强与工商界的联谊，为招商引资、招财引智牵线搭桥；要发挥人才荟萃，智力密集优势，围绕产业优化升级、新型城镇化、美丽乡村建设等课题，向区委、区政府积极建言献策，助力发展。区政协组织和政协委员面对推进“双违”整治、加强基层治理等决策部署，要加强正面引导，多做释疑解惑、协调关系工作，凝聚正能量。围绕解决基层基础工作、社会治理方面突出问题，为党委、政府创新社会治理、推进依法治区提供决策依据。要紧扣保障和改善民生，倾听群众呼声，把事关民生的教育医疗、社保就业、扶贫养老、生态保护等问题，作为参政议政重要课题，加强监督，办好利民事。讲话希望政协组织和政协委员，站在讲政治的高度，认真落实省市部署的机关作风整顿，提高机关队伍精气神，转变作风焕发活力。要深入学习贯彻习近平总书记系列重要讲话精神，引导干部队伍增强政治意识、大局意识、核心意识和看齐意识，提升政治素养和履职能力，干出实绩，为全区发展稳定民生各项事业作出新贡献。

2016 年 4 月 12 日，区政协主席张岐在区政协一届委员会第一次会议闭幕会上发表讲话。张岐指出，2016 年，区政协要把区委一届一次全会确定的任务目标作为履职的主战场，以更加饱满的热情、奋发昂扬的斗志、夙兴夜寐的作风、务实创新的态度、善作善成的精神，在建设安定团结、风清气正、经济发展、和谐宜居新抚宁伟业中，体现新作为，创造新业绩，作出新贡献。张岐强调，每位政协委员都要增强政治意识、大局意识、责任意识、看齐意识。把思想统一到区委决策部署上，一切行动听指挥，统一行动、统一步调、统一口径、统一意志；一切工作的出发点和落脚点都围绕区委确定的工作中心展开；自觉聚焦发展，凝心聚力，在经济转型发展、协同发展上大有作为；带头严守政治纪律，加强学习、开拓创新、干事创业，汇聚起建设新抚宁强大合力。每位政协委员都积极投身项目建设主战场，切实担当责任，全力聚焦发展，服务发展；要投身社会治理主战场，打赢整治社会环境这场硬仗，发挥政协桥梁纽带作用和特别优势，运用法治思想和法治方法，主动协调社会关系，与党委政府一道，共同营造团结一心、攻坚克难的强大氛围。张岐希望，政协组织和政协委员要强化学习能力建设，不断更新观念，丰富学识，增长才干，与时俱进；强化履职能力建设，坚持把虚事当作实事来抓，把实事当作硬事来做，把硬事当作急事来办，做到解放思想大胆干，抓紧时间赶快干，步步为营扎实干；强化作风建设，在适应新常态、引领新常态上转作风、激活力、提素质、出实绩，做一个百姓称道的合格政协委员，用实际行动擦亮政协牌子，为建设“安定团结、风清气正、经济发展、和谐宜居”新抚宁作出贡献。

政治决议 2016 年 4 月 12 日，区政协一届一次会议审议通过政治决议。决议认为，区委书记的讲话，对政协 2015 年的工作给予充分肯定，充分体现了区委对政协工作的高度重视和大力支持。会议对协商讨论的《政府工作报告》及其他报告给予充分的肯定，对实现今年的工作目标充满信心。决议认为，区政协常务委员会工作报告和提案工作报告，牢牢把握团结和民主两大主题，紧紧围绕全区的工作重心，充分发挥协调关系、汇聚力量、建言献策、服务大局的作用，认真履行政治协商、民主监督、参政议政职能，为促进全区经济社会发展作出积极贡献。

决议强调，2016年是全面实施“十三五”规划强势开局之年，是区划调整后抚宁谱写新篇章的起步之年，也是创新发展方式、深化社会治理的首战之年。全区“十三五”时期经济社会发展的指导思想、战略定位、发展目标和各项举措，符合全区实际，是指导全区未来五年经济社会发展的纲领和指南，经过认真实施，必将顺利实现全区“两个提前翻番”和全面建成小康社会的宏伟目标。决议要求，区政协和全体政协委员要以党的十八届五中全会精神为指导，牢牢把握团结和民主两大主题，围绕区委一届一次全会确定的目标任务，认真履行政协职能，多做献计出力、服务改革的工作，多作贡献才智、助力发展的工作，多做化解矛盾、促进和谐的工作，为全力推进抚宁各项事业的发展贡献智慧和力量。决议号召，区政协和全体政协委员要在中共秦皇岛市抚宁区委的坚强领导下，同心同德、奋发进取、扎实工作，努力开创政协工作的新局面，为建设“安定团结、风清气正、经济发展、和谐宜居”的新抚宁而努力奋斗。

区政协第二届全体委员会议

二届一次会议 2017年2月25—27日，区政协二届一次会议在城区召开，应出席会议委员共183名，出席183名。

主席团 （主席团成员36名，以姓氏笔画为序）

马福东 王立新 王胜林 王首军 王海银 仇文仲 仇占华 尹春海 付 强
冯占和 邬大为 刘永柱 刘庆斌 刘彦保 刘增志 纪立军 李艳君（女）
李智苹（女） 李新华 杨玉良 张子学 张红韫（女） 张志坚 张 岐
张宏玉（女） 张鸿飞 陈劲草（女） 呼贵礼 宗志高 赵永红 胡再良
徐秋阳 高加民 郭爱莲（女） 曹新成 啜惠生

秘书长 呼贵礼

会议议程 会议听取和讨论区委书记所作的题为《凝聚发展正能量，助力创业新征程》的讲话；听取和审议区政协二届一次会议主席团常务主席张岐所作的区政协一届常委会工作报告；听取和审议区政协二届一次会议主席团常务主席徐秋阳所作的2012年九届一次会议以来提案工作情况报告；列席区二届人大一次会议，听取和讨论区长焦大伟所作的《政府工作报告》及其他报告；听取和讨论委员大会发言；选举产生区政协第二届委员会主席、副主席、秘书长和常务委员；表彰优秀政协提案；审议通过提案审查委员会二届一次会议提案审查情况报告（书面）；审议通过区政协二届一次会议决议；听取区政协主席张岐在闭幕会上的讲话。

工作报告 2017年2月25日，区政协主席张岐向区政协二届一次会议报告工作。报告陈述：五年来，在区（县）委的坚强领导下，区（县）政协坚持以马列主义、毛泽东思想、邓小平理论、“三个代表”重要思想、科学发展观为指导，深入贯彻落实中共十八大和习近平总书记系列重要讲话精神，牢牢把握团结和民主两大主题，紧紧围绕区（县）委、区（县）政府确定的中心工作进行民主协商，开展调研、视察、考察活动，对群众关心的热点、难点问题和民生实事，进行民主监督，提出合理化、建设性的意见、建议。

区（县）政协坚持把学习作为第一议题，系统学习习近平总书记系列重要讲话、党章、政协章程、政协理论及法律、法规等。紧密联系政协实际，扎实开展党的群众路线教育实践活动、“三严三实”专题教育、“两学一做”学习教育，边学边改，注重发挥党组的核心领导作用和委员中的中共党员先锋模范作用。

充分运用政协全委会议这一整体协商平台，使其成为政协最全面、最集中履行政治协商职能的形式。五年来组织5次全会大会发言，提交发言材料31篇，发言反响热烈，引发共鸣。

精心组织开展广泛多层次的协商议政活动，召开21次常委会会议、21次主席会议，提出建设性意见、建议218条。进行15次专题协商和13次重点协商，涉及产业规划、项目建设、园区发展、“五大特色”主导产业、农村基层组织建设、文教卫生、生态保护与修复、经济运行等方面，取得较好效果。

区政协始终把凝聚广泛共识落实到履职全过程，通过开展视察、调研、提案督办和座谈讨论等活动，主动与社会各界沟通交流。利用征求意见箱、QQ邮箱征集各类意见、建议37条，起到增进共识、聚集合力、推动工作的作用。

扎实开展专题调研。先后7次专题调研，向区委、区政府提交《关于加快实施北部山区旅游综合大开发的构想建议》的调研报告、《关于全区蔬菜产业发展情况和秦皇岛小江蔬菜专业合作社发展现状》的调研报告，为区委、区政府决策提供参考依据。

政协班子成员主动投身经济建设主战场，人人联系重点项目，政协委员认真履行“一岗双责”，在政协工作中履职尽责，在本职岗位上建功立业，在界别群众中示范引领。

五年来，区（县）政协组织开展35次专项视察，提出意见建议169条，提交提案600件，立案590件，转作社情民意10件。对涉及群众切身利益、关注度高的17件重点提案，由政协主席、副主席领衔督办。

区（县）政协针对保障性安居工程、农村医疗服务体系和乡村卫生院（室）建设、远程医学、养老服务体系、城乡居民社会养老保险等重点民生工程，开展视察考察活动，提出意见、建议96条，有效促进民生工程建设的顺利开展。

改进民主监督方式，坚持问题导向，对正在实施的重大民生项目开展调研性监督。安排委员参加各部门、各单位召开的述职评议、行风评议，市政府对抚宁的依法行政考核；参加区（县）检察院、法院、国土局、总工会等单位民主生活会；参加法院及检察院公开日、司法公开新闻发布会及农业科技示范园区土地区片价格听证会等活动。委员们履行民主监督职责，讲真话，陈实情，建良言。

采取点题调研、定向约商、走访委员、深入界别群众的方法，5年来收集整理民意信息128条，有重点地编发《社情民意》51期，得到区（县）委、区（县）政府领导和有关部门的高度重视。

围绕发挥委员主体作用，健全规章制度，规范委员管理。5年间，调整委员6次、7人，增补委员21人。因违纪违法撤销委员资格3人。2015年区划调整，移交海港区、北戴河区委员39人。

切实加强机关建设，狠抓机关学习，全力打造学习型机关。活跃文史工作，在对外推介抚宁、招商引资中发挥作用。积极参与编辑出版《河北文史资料全书·秦皇岛卷》等书籍，在更高层次、更宽领域扩大抚宁的知名度。在新闻媒体开办《政协委员风采》栏目，报道政协委员22人。

报告回顾，2016年区政协围绕“经济建设和社会治理”两个主战场，组织力量，多次深入造纸企业现场调研，召开3轮座谈会，提出6项具体建议。区政协召开常委会会议听取区政府就对接京津协同发展情况的通报，并组织部分委员对抚宁经济开发区北部工业园区土地收储、建设融资开展专项视察，提出意见建议。

针对抚宁撤县设区后城市基础设施建设落后滞后，水、电、路、讯以及城市管网、污水处理等功能不配套的短板问题，在市政协全委会议上，区政协作题为《以行政区划调整为契机，推进城市经济社会发展》的大会发言，引起市委的高度重视，责成市委督查室承办。区政协组织委员就干部群众多年期盼的宁海大道工程建设情况进行专项视察，从着力打造“最美公路”提出建设性意见。

动员委员撰写提案，共收集有关农村环境整治的提案7件，并列为重点提案进行督办。针对社会各界普遍关注的新一中、四中、镇中、二小搬迁，初、高中教育资源整合工作，召开主席会议专题听取进展情况，提出意见建议。召开主席会议专题听取水务部门关于城区15万吨自来水厂建设情况的汇报，召开政协常委会会议，专题听取集中整治“双违”专项行动情况，专题协商信访工作，提出合理化意见、建议。

区政协在全体委员中深入开展“我为打造‘五个新抚宁’作贡献”活动。委员们积极投资技改项目，新增投资1.60亿元，新上项目20个，增加就业岗位400余个；积极投身农村环境治理，积极参加急难险重工作，在抗洪抢险中，委员们出动车辆20余台次，义务提供道路救援80次，捐款捐物20余万元，赢得社会各界和人民群众的赞誉。

大会发言 区政协二届一次会议上，曹新成委员作《坚定不移走区域合作发展道路，借势发展，借帆远航》、邬大为委员作《坚持园区发展模式，大力发展现代高效农业》、纪立军委员作《大手笔谋划推进洋河景观带建设，打造生态绿色休闲吸睛区宜居区》、宋向军委员作《围绕体制机制创新，破除人才培养选拔使用引进障碍》、何吉委员作《大力统筹城乡发展，打造全区域美丽乡村》、李红军委员作《以教育布局调整为契机，加强教育教学管理，全面提升教育教学质量》的发言。6位委员从加强与市开发区深度合作、发展现代高效农业、打造洋河景观休闲宜居吸睛区、美丽乡村建设、人才强区和教育资源布局调整等方面为区委区政府决策施政建言献策。

领导讲话 2017年2月25日，区委书记在区政协二届一次会议上发表《凝聚发展正能量，助力创业新征程》的讲话。讲话指出，区第二次党代会提出了树立以“生态优先、创新发展、区域协作、跨越提升”为发展导向，全面开启抚宁二次创业新征程，力争提前建成小康社会的奋斗目标。新一届区政协和广大政协委员要为助力抚宁二次创业，全面建设魅力抚宁、活力抚宁、宜居抚宁、和谐抚宁，作出更大贡献。讲话强调，区政协及全体委员要聚焦持续推进京津冀协同发展，为经济发展建言献策。要重点围绕深化平安抚宁建设，为营造和谐稳定的社会环境贡献力量。要发挥人脉资源优势，为招商引智发挥作用。政协组织及政协委员要积极倾听社情民意，及时了解、反映不同社会群体的利益诉求，努力维护群众合法权益；当好“监督员”，协助党委政府做好改善民生各项工作，督促落实好民生实事和重点民生提案，解决实际问题，当好“连心桥”；充分发挥扎根基层、联系群众的天然优势，协助党委政府多做春风化雨、释疑解惑工作，排忧解难、协调关系、化解矛盾工作。讲话希望，区政协要加强干部队伍思想、作风、能力建设，建设创新型、务实型、担当型、有为型、和谐型人民政协，造就政治坚定、敢于担当、作风优良、学识丰富、业务熟练、勇于创新的干部队伍。政协委员不断增强政治把握能力、调查研究能力、联系群众能力、合作共事能力。

2017年2月27日，区政协主席张岐在区政协二届委一次会议闭幕会上发表讲话。张岐指出，区政协二届一次会议，在充分酝酿、认真协商基础上，选举产生了二届区政协领导班子和常委会。新一届政协将在区委的坚强领导和区人大、区政府的大力支持下，紧紧围绕区第二次党代会确定的目标，坚持以打造“责任政协”的理念谋划工作，以打造“务实政协”的思路引领工作，以打造“活力政协”的举措推动工作，努力开创政协工作新局面。张岐强调，区政协要切实增强政治意识，把学习贯彻中共十八届六中全会、省第九次党代会、市委十一届十次全会和区第二次党代会精神作为重要政治任务，把思想和行动统一到党代会确定的目标任务上，把党代会精神转化为行动的先导、谋划工作的思路、推动工作的动力和服务经济社会发展的能力。要切实增强大局意识，坚持发展第一要务不动摇，深入贯彻“创新、协调、绿色、开放、共享”发展理念，紧扣区委实施抚宁二次创业新征程主线，开展协商议政和调研视察，助推重大政策措施落实，重点项目推进。要切实增强群众意识，把关注民生、保障民生、改善民生作为履职重点，围绕群众住房、就医、就业、社保、收入等民生领域热点问题资政建言，使政协工作更加贴近基层实际，更加符合社会需求，更加体现群众意愿。要切实增强责任意识，严格落实管党治党主体责任，定期向党委汇报工作，严格执行密切联系群众、批评和自我批评、民主集中制等各项规定要求，严肃党内政治生活，严守党内政治纪律和政治规矩，自觉接受组织和群众监督。要切实增强担当意识，坚持讲政治、顾大局、守纪律，努力做政治坚定、能力过硬、作风优良、奋发有为的领导集体。张岐希望，全体政协委员要严格遵守政协章程，加强学习，积极参加政协各种活动，当选的政协常委要发挥模范带头作用，区政协要多层次、有针对性地进行委员培训，不断提高委员政治把握能力、调查研究能力、联系群众能力、合作共事能力，推动政协事业开创新局面。

政治决议 2017年2月27日，区政协二届一次会议审议通过决议。决议认为，区委书记的讲话，充分体现了区委对政协工作的高度重视和大力支持。委员对《政府工作报告》及其他报告给予充分的肯定，对今后全区的工作目标充满信心。认为区政协常务委员会工作报告和提案工作报告，牢牢把握团结和民主两大主题，紧紧围绕全区的工作重心，充分发挥协调关系、汇聚力量、建言献策、服务大局的作用，认真履行了政治协商、民主监督、参政议政的职能，为促进全区经济社会发展作出积极贡献。决议认为，全区经济社会发展的指导思想、战略定位、目标导向、发展路径和各项举措，符合抚宁实际。经过认真实施，必将跨越过去、创造历史，缔造新的辉煌，必将顺利实现全区“两个提前翻番”和全面建成小康社会的宏伟目标。决议要求，区政协和全体政协委员，以党的十八届六中全会精神为指导，牢牢把握团结和民主两大主题，围绕区第二次党代会确定的目标任务，认真履行政协职能，多做献计出力、服务改革的工作，多作贡献才智、助力发展的工作，多做化解矛盾、促进和谐的工作，为打造“沿海强区、魅力骊城”贡献智慧和力量。决议号召，区政协和全体政协委员，在中共秦皇岛市抚宁区委的坚强领导下，同心同德、奋发进取、扎实工作，努力开创政协工作的新局面，为全面开启抚宁二次创业新征程，建设“实力抚宁、魅力抚宁、活力抚宁、宜居抚宁、和谐抚宁”而努力奋斗。

二届二次会议 2018 年 1 月 31 日至 2 月 1 日，区政协二届二次会议在城区召开，应出席会议委员 183 名，出席 183 名。

会议议程 会议听取和讨论区委书记所作的《站位大局，建言献策，为加快抚宁二次创业进程凝心聚力》的讲话；听取和审议区政协主席张岐所作的区政协常委会工作报告；听取和审议区政协副主席徐秋阳所作的二届一次会议以来提案工作情况报告；列席区二届人大二次会议，听取和讨论区长焦大伟所作的《政府工作报告》及其他报告；听取和讨论委员大会发言；表彰优秀政协提案；审议通过区政协秘书长呼贵礼所作的二届二次会议提案审查情况报告；审议通过区政协二届二次会议政治决议；听取区政协主席张岐所作的题为《站位新时代，担负新使命，为奋力开启新时代二次创业新征程担当实干》的讲话。

工作报告 2018 年 1 月 31 日，区政协主席张岐向区政协二届二次会议报告工作。报告陈述：在区委的坚强领导和区政府的大力支持下，区政协紧贴区委决策部署，以中心工作为第一重心，围绕“聚集民意、聚集民智”、团结和民主两大主题，充分发挥职能作用，为助力开启新时代二次创业新征程，打造“沿海强区、魅力骊城和现代化新兴城区”尽心竭力，主动担当，奋发作为。

区政协以迎接、宣传、贯彻中共十九大精神为主线，以深化“两学一做”学习教育常态化、制度化为载体，把学习、宣传、贯彻十九大精神作为第一党课、第一政治必修课和首要政治任务，坚持领导干部带头学习、宣讲、贯彻；机关工作人员系统学习、深钻细研、笃做实做；全体委员热情参与、入心入脑、学思践悟。把政治忠诚、政治担当、政治自律作为党组会议、理论中心组学习、主席碰头会议、支部会议的第一议题，坚持发挥主体责任，经常自我剖析、相互批评、落实整改。

一年来，区政协把握宏观，谋划大事；关注微观，倾情民生。利用政协二届一次会议重大平台，围绕区二次党代会精神，有 6 名委员就加强与市开发区深度合作、发展现代高效农业、打造洋河景观吸睛区等问题进行大会发言。2017 年，区政协安排 6 次主席会议、4 次常委会会议，专题就全区规划体系建设、大气污染防治、打造特色农业之区、既有企业转型升级等重大课题开展专题协商，提出意见、建议 54 条，区政协站位服务区委中心工作大局，按照区委部署要求，党组班子成员全部参与了重点承担骊骅淀粉技改、造纸产业联盟建立、总投资 80 亿元抽水蓄能电站重大项目和南旅集团改革发展稳定等关乎全局的工作。全体机关干部全部参与分包老旧小区创城、全民洗城、后进村转化等中心工作，为助力二次创业作出贡献。区政协成立调研专班，先后召开3次座谈会、4次对口协商会、2次县区对接沟通会、5次工作部署会，制发1万份调查问卷，经梳理形成《关于城区公共用水情况的调查》，呈报区委政府，为决策提供重要参考。

优化选择课题，探索民主监督形式，增强民主监督实效。2017年共安排10次专项视察活动，内容涵盖美丽乡村建设、造林绿化、物业管理、教育资源整合、旅发大会项目等方面。安排10项重点提案，内容确定上涵盖经济建设和社会治理两大主战场，关注文化强区、旅游片区建设、农村经济发展、粉浆污染治理等方面。

区政协把党组班子建设、机关建设和委员队伍建设牢牢抓在手上。在党组班子建设上，将贯彻落实党纪党规和条例准则作为重点，努力营造风清气正、团结和谐、奋发作为的政治生态。在政协机关建设上，以支部建设为龙头，从政治建设、思想建设、作风建设入手，抓系统学习，提升理论业务素养；抓作风纪律整顿，提高工作效能效率；抓大兴调查研究，提升建言献策本领，努力打造素质过硬的机关团队。在委员队伍建设上，区政协多措并举，对委员进行有针对性培训。区政协建立政协党组班子成员联系常委、常委联系委员制度，加强与委员的联系沟通，进行点对点培训。利用常委会会议，对常委进行政治理论与业务知识培训。在全体委员中创新开展“讲学习，比素质；讲政治，比担当；讲奉献，比业绩”的“三讲三比”主题实践活动，有效增强委员履职能力。在打击整治“双违”活动中，区政协向全体委员发出倡议书，带头做到无双违，带头为群众做好宣传解释工作，并全部签订承诺书。在开展创城工作、应对旅游高峰、参与“三大会战”、迎接旅发大会等重点工作中，全体委员立足本职，认真履行一岗双责，展示新时代的委员风采，为助力二次创业作出应有的贡献。

大会发言 区政协二届二次会议上，屈志伟委员作《加快北部工业园区建设，搭建优质高效项目引资承接平台》、宗志高委员作《加大新兴智造产业培育力度》、谭绍波委员作《关于我区造纸产业园区建设的想法和建议》、温源委员作《推进既有洽谈项目落地》、郧大为委员作《强特色，促融合，全面建设“特色农业之区”》、倪慧琴委员作《加强农村基层组织建设，为乡村振兴提供坚强组织保障》、张晶委员作《适应未来城市扩容建设，进一步完善城区教育布局》、李智苹委员作《发展传统中医医学，创建中医药建设知名强区》的发言。8位委员就推进园区建设、破解项目落地难题、加快造纸产业转型升级、打造特色农业产业之区、城区建设布局、农村基层组织建设和发展中医药建设等提出了较高质量的意见和建议。

领导讲话 2018年1月31日，区委书记在区政协二届二次会议上发表《站位大局，建言献策，为加快抚宁二次创业凝心聚力》的讲话。讲话指出，区委二届二次全会对2018年全区工作的总体思路、攻坚重点、保障措施作出了明确部署。区政协及全体委员要深刻领会区委二届二次全会精神，站位大局、建言献策，担当履职、实干作为，在新的一年展现新的风貌，干出新的业绩，凝聚新的合力。讲话强调，区委将一如既往地重视、支持政协工作，把政协工作纳入党委、政府议事日程，同中心工作统一研究，统一部署，在制定重大决策和重要工作部署时，及时向政协党组通报情况，支持政协履行民主监督职能，接受民主监督。各级政协组织要与区委在思想上同心同德、目标上同心同向、行动上同心同行。区政协要紧紧围绕“三区两城”行动计划、“八项攻坚会战”方案部署，选择课题，调查研究，大胆建言；有计划、有组织地开展多种形式的民主监督，反映真实情况，指出问题短板，提出批评意见；调动一切积极因素，凝聚推动发展的正能量；积极支持社会管理创新，把维护社会和谐稳定摆在突出位置，增加和谐因素，减少不稳定因素，推进抚宁二次创业进程。讲话希望，政协机关要以政治建设为统领，开展“不忘初心、牢记使命”主题教育，履行好管党治党主体责任，严格落实民主集中制，推动全面治党向纵深发展；政协委员要自觉践行社会主义核心价值观，按照“懂政协、会协商、善议政”要求，发挥在本职工作中的带头作用、政协工作中的主体作用、在界别群众中的代表作用，树立政协委员良好形象。

2018 年 2 月 1 日，区政协主席张岐在区政协二届二次会议闭幕会上发表《站位新时代，担负新使命，为奋力开启新时代二次创业新征程担当实干》的讲话。张岐指出，区政协二届二次会议是一次高举旗帜、团结奋进的大会，一次凝聚共识、汇聚力量的大会，一次奋进新时代、开启新征程、谱写新篇章的大会。2018 年区政协要以中共十九大精神为统领，深入贯彻区委二届二次全会精神，以“三区两城”三年行动计划和“八项攻坚会战”实施方案为引领，进一步站位大局、建言献策，担当履职、实干作为，展现新风貌、干出新业绩、凝聚新合力。张岐强调，政协委员要始终坚持党的集中统一领导，牢固树立“四个意识”，坚定中国特色社会主义道路、理论、制度和文化“四个自信”。努力在本职工作领域建功立业、创先争优、多作贡献，发挥岗位作用；不图虚名，不慕虚位，不负重托，发挥职能作用；对待本职工作和政协工作“两手抓、两手硬”“两不误、两促进”，发挥“双重”作用。要把履行义务和行使权力统一起来，正确处理两者关系，决不能只使用权力而不履行义务。要发扬政协组织传统，做善学习的委员；把勤于观察问题融入履职全过程，做勤观察的委员；养成勤调研、深调研习惯，不经调研不建言，不经调研不立论，做会调研的委员；协商议政观点鲜明，问题抓准，与人为善，做懂议政的委员。要正确理解为谁履职、为谁尽责、为谁服务，以实际行动爱民、亲民、利民、安民、护民。忧患人民的忧患，做维护群众利益的忠实代表。要加强自己的政治修养、道德修养、知识修养、能力修养，严守政治纪律和政治规矩，在履职中不牟取私利，在生产经营中不违法乱纪，在行为规范上不越雷池半步，用实际行动擦亮政协委员的“金字招牌”。张岐希望，全体政协委员要始终保持居安思危、续写荣光的心劲，逢山开路、遇水架桥的闯劲，水滴石穿、绳断木锯的韧劲，因时而变、随时而制的巧劲，永不懈怠、奋力前进，在打造“沿海强区、魅力骊城和现代化新兴城区”中作贡献、谱新章。

政治决议　2018 年 2 月 1 日，区政协二届二次会议审议通过决议。决议认为，区政协二届二次会议是一次凝聚人心、汇聚共识、集聚力量的大会，一次民主团结、求实奋进、昂扬斗志的大会。区委对政协二届一次会议以来的工作给予充分肯定，对今后工作提出了更高的要求和希望，充分体现了区委对政协工作的高度重视和大力支持。决议对区政协第二届委员会常务委员会的工作报告和提案工作情况的报告予以充分肯定。认为区政协在区委的坚强领导和区人大、区政府及各职能部门的大力支持配合下，认真履行政治协商、民主监督、参政议政的职能，切实发挥协调关系、汇聚力量、建言献策、服务大局的作用，全面完成二届一次会议确定的各项任务，实现二届政协工作的良好开局，为促进全区经济社会发展续写政协新篇章。决议强调，

2018是全面贯彻落实中共十九大精神的开局之年，是抚宁奋力开启新时代二次创业新征程的关键之年。区政协要认真贯彻落实中共十九大关于人民政协工作的新要求，站在新起点、紧扣新要求、围绕新任务、助力新创业，以助推“三区两城”建设和“八项攻坚会战”为主线，为打造“沿海强区、魅力骊城和现代化新兴城区”，决战决胜全面建成小康社会，贡献政协智慧和力量。决议要求，区政协和全体政协委员要以习近平新时代中国特色社会主义思想为指引，牢牢把握团结和民主两大主题，紧紧围绕区委二届二次全会确定的目标任务，认真履行政协职能，开展调查研究，深入协商议政，强化民主监督，多做献计出力、服务改革的工作，多做贡献才智、助力发展的工作，多做化解矛盾、促进和谐的工作，为促进全区经济社会持续健康发展、加快“三区两城”建设步伐、助力“八项攻坚会战”贡献智慧和力量。决议号召，区政协和全体政协委员要紧密团结在以习近平同志为核心的中共中央周围，坚持以习近平新时代中国特色社会主义思想为指引，在中共秦皇岛市抚宁区委的坚强领导下，不忘初心、牢记使命，同心同德、扎实工作，站位大局、建言献策，努力开创政协工作的新局面，为助推新时代抚宁二次创业进程，建设“沿海强区、魅力骊城和现代化新兴城区”而不懈奋斗。

二届三次会议 2019年1月20—21日，区政协二届三次会议在城区召开，应出席会议委员188名，出席188名。

会议议程 会议听取和讨论区委书记孙志川所作的题为《在凝心聚力上发力，在建言资政上用力，为建设“沿海强区、幸福骊城”贡献新力量》的讲话；听取和审议区政协主席张岐所作的区政协常委会工作报告；听取和审议区政协副主席徐秋阳所作的二届二次会议以来提案工作情况报告；列席区二届人大三次会议，听取和讨论代理区长付顺义所作的《政府工作报告》及其他报告；听取和讨论委员大会发言；表彰优秀政协提案；审议通过提案委员会二届三次会议提案审查情况报告（书面）；审议通过区政协二届三次会议政治决议；听取区政协主席张岐在闭幕会上所作的《牢记区委重托，更好担当履职》的讲话。

工作报告 2019年1月20日，区政协主席张岐向区政协二届三次会议报告工作。报告陈述：在区委的坚强领导下，区政协坚持以习近平新时代中国特色社会主义思想和中共十九大精神为指引，以全面加强政协系统党的建设为统领，以深化学习贯彻习近平总书记关于加强和改进人民政协工作的重要思想为主线，围绕区委提出的“二次创业、振兴崛起”目标，聚焦“七项重点工作”，紧扣保障和改善民生，着力加强“两支队伍建设”，切实发挥重要协商渠道和专门协商机构作用，为区“二次创业”贡献政协智慧，为“振兴崛起”提供政协方案，为推动发展书写“政协答卷”。

一年来，区政协把学习贯彻习近平新时代中国特色社会主义思想和中共十九大精神作为统揽政协工作的“红线”，以党组理论中心组学习为龙头、政协常委会学习为带动、机关支部学习和机关干部学习为常态，建立健全学习组织体系。创办刊发《理论学习文萃》20期。把学习宣传贯彻习近平总书记关于加强和改进人民政协工作的重要思想作为“主轴”，区政协党组成员分别带队深入8个乡镇活动组和7个界别组，利用一个多月时间开展集中宣讲。组织机关干部、政协常委、全体政协委员和在抚宁工作的市政协委员参加省政协组织的3次理论学习专题辅导视频讲座和1次文件宣讲辅导视频会议，累计参训人员500余人次。组织召开理论研讨会，共有27人撰写理论研讨文章。组织辑印《习近平总书记关于加强和改进人民政协工作的重要思想专题摘编》《习近平总书记关于加强和改进人民政协工作的重要思想资料汇编》，印发全体委员。

统筹推进区政协系统党的全面建设。突出抓好党组建设。着眼坚持党对政协工作的全面领导，充分发挥党组核心作用，牢固树立“四个意识”，坚定“四个自信”，做到“四个服从”，确保“两个维护”，坚决做到与以习近平同志为核心的中共中央保持高度一致。抓好常委会建设，突出抓好常委会会议规则、常委会会议纪律等制度落实，强化常委会会议考勤考核。加强机关支部建设。指导督促机关支部认真落实“三会一课”制度，支部组织力、引领力、凝聚力明显增强。

着力加强“两支队伍”建设。区政协全面加强委员履职能力和政协机关服务能力建设。研究制定出台《关于建立党组成员联系常委、常委联系委员的制度》《关于加强政协常委会会议纪律的意见》《关于加强对政协委员履职绩效考核的实施办法》等制度，严格落实会议签到和书面请假备案、委员参加视察调研和提案督办座谈点评考核制度。全会闭会期间，充分发挥区直工作组和乡镇活动组组长作用，开展富有各自特色的委员活动。完善机关工作制度、学习制度，在提升参谋服务、综合协调和工作效能上下功夫。

坚持把全委会议作为协商议政的重要平台，就推进园区建设、破解项目落地难题、加快造纸产业转型升级、完善城区教育布局等方面提出意见建议180余条。召开常委会、主席会议，分别就项目园区带动攻坚、贫困人口精准脱贫、大气污染治理攻坚、创建国家森林城市等事关全区发展大局的议题进行协商，形成广泛共识。全年组织召开常委型协商、专题型协商、对口协商、界别协商等各类议政活动20多次，向区委政府报送协商报告9篇，对指导推动全区工作发挥献策作用。

坚持问题导向，突出监督重点，围绕全区重大民生事业和重点工程建设开展专项视察。年内安排10项专项视察活动，重点围绕抽水蓄能电站项目及梁家湾整体搬迁、旅游道路提升、创建国家卫生城市、燃气热力管网改造扩容、便民市场体系等重大项目建设和民生实事开展视察，以视察报告方式及时反映真实情况，提出针对性意见建议。区委书记孙志川就《构建城管大格局》一文作出批示，要求政府及有关部门研究借鉴。区政协把提案办理作为发挥民主监督作用的重要举措，作为发挥委员主体作用的重要平台，全年立提案147件。筛选增加城区公厕、完善城区公共交通、加强妇幼保健能力建设等10件重点提案，由主席、副主席领衔，邀请政府领导共同参与督办。

区政协领导主动投身经济建设主战场，深入一线排忧解难，全力协助区委政府做好项目园区建设、传统产业升级、招商引资、精准扶贫等工作。广大委员认真履行“一岗双责”，在参与支持主导产业发展、重点工程建设、实体经济培育、农村环境整治、打击“双违”、开展志愿服务等方面，身体力行，主动作为，成为全区经济社会发展的重要力量。

大会发言 区政协二届三次会议上，区政协委员高加民、杨立群、何吉、屈志伟、郇大为、张晶、赵永红、纪立军、郝志猛、宗志高、刘永柱、刘树静、胡秀英、曹英、徐立群等分别就破解民营企业融资难、改善农村人居环境、实施乡村振兴战略、加快城区路网建设、推进城乡义务教育一体化、深化卫生体制改革、打造兔耳山休闲旅游产业高地、发展全域旅游、建设地域文化承载平台和加强人民调解工作等方面作会议发言，提出了具体的意见和建议，积极建言献策，认真履行委员职责。

领导讲话 2019年1月20日，区委书记孙志川在区政协二届三次会议上发表《在凝心聚力上发力，在建言资政上用力，为建设“沿海强区、幸福骊城”贡献新力量》的讲话。孙志川指出，2019年是中华人民共和国成立70周年，是全面建成小康社会的关键一年，区委、区政府要突出抓好项目园区建设、城市扩容提质、乡村振兴战略、生态环境优化、社会治理提升和党建创优争先工作。区政协组织和广大政协委员要切实发挥职能作用，在帮助区委、区政府凝心聚力上更好发力，在建言资政上再立新功。孙志川强调，做好2019年区政协工作，区政协党组要在政协系统发挥“统揽全局，协调各方”的作用，加强政治、思想、组织、纪律和作风建设，把制度建设贯穿其中；要以成立政协机关党组为契机，实现政协系统党的组织建设全覆盖、党的工作全覆盖；要发挥政协机关党支部和界别临时党支部战斗堡垒作用和党员先锋模范作用；加强委员队伍和机关队伍建设，提升委员政治思想素质、建言资政能力和机关队伍的参谋服务、协调保障水平，确保政协事业实现新突破。区政协要把贯彻落实区委二届三次全会精神作为一项政治任务，采取多种形式，组织委员学习领会、统一思想、提高认识、凝聚共识、汇聚力量。政协委员要深入基层，深入社区，宣传区委二届三次会议精神，传导激情、振奋精神、鼓舞斗志、凝聚力量。孙志川希望，区政协班子成员要继续发挥表率作用，听从区委召唤，积极投身经济社会发展各项事业，提务实之策，出实招好招，建良言诤言；政协委员要立足一岗双责，既在本职岗位立新功，又积极参加政协组织的各项活动和学习培训，为建设“沿海强区、幸福骊城”贡献才智和力量。

2019年1月21日，区政协主席张岐在区政协二届三次会议闭幕会上发表《牢记区委重托，更好担当履职》的讲话。张岐指出，做好2019年工作，深入落实区委二届三次全会和孙志川书记在区政协二届三次会议上的讲话精神，区政协要进一步凝心聚力，汇聚共识，积聚力量，助力实现区委二届三次全会确定的目标任务。张岐强调，区政协必须在加强理论武装、坚定政治方向上下功夫，深入学习习近平新时代中国特色社会主义思想，确保政协工作在讲政治、顾大局、明方向、落实责任方面保持正确方向；在加强党的建设、推动政协工作上下功夫，贯彻落实区委《关于加强新时代全区政协系统党的建设工作的实施意见》的要求，做到区政协一切重要工作在区委领导下展开；在加强思想政治引领、坚持双向发力上下功夫，团结引导政协委员增强“四个意识”、坚定“四个自信”，积极作为，凝聚起推动改革开放的磅礴力量。区政协必须围绕产业强区的热点问题，在立足大局中凝聚智慧；围绕创造高品质生活的热点问题，在服务大局中凝聚力量；围绕解决群众关切的难点问题，在融入大局中凝聚人心。要围绕庆祝新中国和人民政协成立70周年开展系列活动，为各界人士增进友谊、促进融合、强化共识搭好平台，加强团结联谊；围绕落实习近平总书记在民营企业座谈会上的讲话精神，助力优化营商环境，促进政企互动和沟通交流，推进共建合作；充分利用自身优势，深入基层，联系群众，协助区委、区政府做好统一思想、增进团结、提振士气工作，发挥桥梁纽带作用。张岐希望，通过依托全国政协培训基地集中培训、年度培训、界别组培训、编发理论学习文萃等形式开展学习培训，解决政协委员“应知”问题；把调查研究作为提升能力的基础，提高“听、看、写、说、悟”能力，着力解决政协委员“应会”问题；进一步加强委员走访、联络、服务和管理，做实关注、关心、关爱委员工作，着力解决政协委员“应该”问题。展现委员履职有为、为民有责、发展有位的时代风采。

政治决议 2019年1月21日，区政协二届三次会议审议通过决议。决议指出，区政协二届三次会议与会委员以高度的责任感和使命感，紧紧围绕全区经济、政治、文化、社会、生态文明建设中的重要问题，事关群众切身利益的现实问题，认真履行职责，广泛协商讨论，积极建言献策。全体委员赞同区委书记孙志川的讲话、区政府工作报告及其他报告。审议通过区政协常委会工作报告和提案工作情况报告。决议强调，2019年是中华人民共和国70华诞，也是人民政协成立70周年，更是决战决胜全面建成小康社会的关键一年。全区政协组织和全体政协委员以深入学习贯彻习近平总书记关于加强和改进人民政协工作的重要思想为主题，坚持把协商民主贯穿于政协履职全过程和各方面，认真履行政治协商、民主监督、参政议政职能，奋进新时代，展现新作为，凝聚新共识，为强力推动抚宁“二次创业、振兴崛起”贡献政协智慧和力量。决议要求，全区政协系统要以党的建设为统领，认真贯彻落实《关于全面加强新时代全区政协系统党的建设工作的实施意见》，全面加强政治建设、思想建设、组织建设、作风建设，把制度建设贯穿其中，统筹抓好常委会、专委会和委员队伍建设，鼓励和支持政协委员在本职岗位和政协工作中“双责担当、双责奉献”，着力构建勤奋敬业的工作常态、奋发有为的精神状态、风清气正的政治生态。决议号召，全区政协委员要更加紧密地团结在以习近平同志为核心的中共中央周围，高举中国特色社会主义伟大旗帜，以习近平新时代中国特色社会主义思想为指导，在中共秦皇岛市抚宁区委的坚强领导下，认真贯彻落实区委二届三次全会精神，不忘初心、牢记使命，履职尽责、砥砺奋进，以优异成绩向新中国和人民政协成立70周年献礼。

二届四次会议 2020年1月17—18日，区政协二届四次会议在城区召开，应出席会议委员186名，出席179名。

会议议程 会议听取和讨论区委书记孙志川所作的题为《不忘初心担使命，建言献策助发展，为抚宁二次创业振兴崛起新征程贡献新力量》的讲话；听取和审议区政协主席张岐所作的区政协常委会工作报告；听取和审议区政协副主席徐秋阳所作的二届三次会议以来提案工作情况报告；列席区二届人大四次会议，听取和讨论区长付顺义所作的《政府工作报告》及其他报告；听取和讨论委员大会发言；表彰优秀政协提案；补选区政协副主席，增补常务委员；审议通过提案委员会二届四次会议提案审查情况报告（书面）；审议通过区政协二届四次会议政治决议；听取区政协主席张岐在闭幕会上所作的《奋进新时代，再展新作为》的讲话。

工作报告 2020年1月17日，区政协主席张岐向区政协二届四次会议报告工作。报告陈述：在区委的坚强领导和上级政协的指导下，区政协坚持以习近平新时代中国特色社会主义思想为指引，以贯彻落实区委二届三次全会精神为主题，统筹开展“不忘初心、牢记使命”主题教育、解放思想大讨论、“三深化、三提升”活动，为助力抚宁“二次创业、振兴崛起”新征程贡献了政协智慧和力量。

区政协始终把学习作为政协工作的首要任务，扎实开展“不忘初心、牢记使命”主题教育和解放思想大讨论活动。结合迎接庆祝新中国成立70周年暨人民政协成立70周年，举办“壮丽70年、奋斗新时代”书画展、政协全会掠影展和纪念征文、委员专题座谈等活动，启动编修《抚宁政协志》。坚持党组会议、主席会议、常委会会议第一议题为学习制度。

区政协紧紧围绕实施“生态优先、创新驱动、产业强区、城乡统筹”发展战略，开展前瞻性调研视察；紧扣协调发展，就实施乡村振兴夯基行动、统筹城乡发展开展导向性调研；紧扣绿色发展，就实施水质提升行动、大气污染治理、创建全国卫生城市等开展监督性调研；紧扣开放发展，就加强区域合作、大力招商引资、打造区域旅游高地等开展对策性调研；紧扣共享发展，就城区与市主城区互联互通、城区供热供水供气及垃圾处理、加强骊城大街综合整治等开展跟踪性调研，为区委政府支招献策。

区政协坚持和完善全委会议整体协商、常委会会议专题协商、主席会议重点协商、专委会议对口协商工作运行机制，构建以区委加强领导、政府大力支持、政协积极搭台、各界别协同配合为框架的协商民主新格局。在政协二届三次会议上，16名区政协委员作大会或书面发言；组织召开4次常委型协商议政会，开展专题协商；召开3次对口协商会，2次界别协商会，建真言、出实招、谋良策、增共识。

准确把握政协工作角色定位，主动投身经济建设主战场。区政协班子成员身体力行，包重点企业、重点项目、重点乡村、重点街道。政协委员围绕区委区政府决策部署，充分发挥自身优势，认真履行“一岗双责”，一大批政协委员成为爱岗敬业标兵、履职尽责精英、转型发展先锋、诚信经营典范、引领致富能手、热心公益楷模。

调查研究求真务实。采取主席领衔、专委会领题，调研与走访相结合、集中座谈与个别调查相衔接，深入调查分析，广泛协商论证，形成9篇调研报告。

履职创新求真务实。班子成员集体视察开发区项目建设，到一线建言资政。主席会议专题听取经济运行情况汇报，就发展壮大工业经济建务实之言。围绕农村乡医队伍建设、规范家政服务业管理、农民专业合作组织建设等课题，走访农村乡医、到市局咨询、与农村经纪人座谈等形式，查实情，查症结。

大力弘扬求真务实、抓铁留痕、协商民主的作风。围绕落实区委政府开展的全民创卫、集中拆违、河长制与路长制、信访、企业、农村集体经济等包联工作部署，区政协领导坚持第一时间抓贯彻落实，第一时间入村入企，第一时间督导指导。

坚持把政协履职的触角和末梢延伸到人民群众中间，就农村厕所改造、洁净煤推广、棚户区改造等基层民众关心的话题，发挥乡镇活动组作用，通过民情走访、民意恳谈、专项调查，向区委区政府报送“关于紫金山公园坟茔外迁的建议”等社情民意信息6条。

坚持把提案工作作为一项全局性工作部署推进，区委区政府主要领导以上率下、亲力亲为。区长付顺义亲自批示《关于因地制宜，着力打造特色产业的建议》等10个重点提案，各承办单位多措并举，使“认真办、主动办、自觉办、尽力办”成为办理提案工作的自觉行动和普遍行为。

区政协党组以更高的政治站位把牢党建工作方向，认真贯彻落实中办及省市区委办公厅（室）《关于加强新时代政协系统党的建设的意见》，成立了政协机关党组，落实了全委会议期间界别建立临时党支部规定。

持续推进“两学一做”学习教育常态化制度化，扎实开展“不忘初心、牢记使命”主题教育，切实引导政协组织中的中共党员不忘信仰本真、不忘党员本色、不忘公仆本分。推动委员主动履职。打造“学习型、服务型、效能型”政协机关，提高工作效率。

大会发言 区政协二届四次会议上，程光委员作《积极探索我区社区治理新途径，助力建设幸福骊城》、刘树静委员作《深化行政审批制度改革，助力抚宁二次创业振兴崛起》、张旭冉委员作《深入挖掘完善“五亮”工作法经验价值与实践价值，全面提升党员教育管理服务水平》、李瑞红委员作《打造特色农业品牌，推动农业提质增效》、高加民委员作《加快抚宁经济开发区建设，打造经济高质量发展承载平台》、郭爱莲委员作《加快推进我区教育信息化迫在眉睫》、郝志猛委员作《加快我区农村公路提档升级，助力乡村振兴发展》、宗志高委员作《倾力打造宽松环境，助力小微企业发展》、尹春海委员作《充分发挥政协协商平台作用，助力抚宁二次创业振兴崛起》、李智苹委员作《传承精华，守正创新，让中医药资源助推“健康抚宁”建设》的发言。10名委员就加强社区治理、深化行政审批制度改革、优化营商环境、加强党员教育管理、打造特色农业品牌、加快经济开发区建设、推进教育信息化等问题提出具体意见和建议，提交了委员履职的合格答卷。

领导讲话 2020年1月17日，区委书记孙志川在区政协二届四次会议上发表《不忘初心担使命，建言献策助发展，为抚宁二次创业振兴崛起新征程贡献力量》的讲话。孙志川指出，2020年是全民建成小康社会和“十三五”规划的收官之年，也是抚宁二次创业振兴崛起由蓄势向起势转变的关键之年。区政协和政协委员要坚持以习近平新时代中国特色社会主义思想为统揽，把思想和行动统一到党中央、省市委和区委二届四次全会的部署要求上来，增强履行使命的政治自觉、思想自觉和行动自觉，发挥优势，把积极性和创造性调动起来，在抚宁“二次创业、振兴崛起”的新征程中彰显“政协作为”，写好“政协篇章”。孙志川强调，各级政协组织和政协委员要充分发挥独特优势，为改革发展稳定事业出谋划策，找准协商议政的切入点和着力点，提高政治协商、调研视察、民主监督、建言资政的针对性和时效性。在完善机制、提升质量、营造氛围上用心用力，坚持党委会同政府、政协制订年度协商计划，完善协商于决策之前和决策实施之中的落实机制，对规定需要政协协商的事项，必须经协商后提交决策实施，并对协商的范围、原则、程序作出规定。各级政协组织要把凝聚共识作为中心环节，坚持理论武装，树牢“四个意识”，坚定“四个自信”，做到“两个维护”，努力使政协成为坚持和加强党对各项工作领导的重要阵地，用党的创新理论团结教育引导各界代表人士的重要平台，在共同思想政治基础上化解矛盾和凝聚共识的重要渠道。政协委员要把政治责任“扛”起来，把做到“两个维护”作为责任担当的首要任务，在政治立场上不含糊、政治原则上不动摇，关键时刻靠得住、站出来、敢发声。要把履职能力“强”起来，发挥扎根基层，联系群众优势，协助党委、政府多做春风化雨、释疑解惑工作，排忧解难，理顺情绪工作，协调关系，化解矛盾工作。把服务管理“优”起来，尊重委员民主权利，为委员履职尽责提供保障；对不履行职责的委员给予提醒和相应处理。孙志川希望，全区各级党委要全面落实《中共中央关于坚持和完善中国特色社会主义制度、推进国家治理体系和治理能力现代化若干重大问题的决定》《中共中央关于新时代加强和改进人民政协工作的意见》精神，确保政协始终在党的领导下主动负责，协调一致开展工作。以党的政治建设为统领，推进政协各项建设；以党的建设为引领推进政协机关建设，为抚宁“二次创业、振兴崛起”作出新贡献。

2020 年 1 月 18 日，区政协主席张岐在区政协二届四次会议闭幕会上发表《奋进新时代，再展新作为》的讲话。张岐指出，区政协二届四次会议是一次集思广益、广泛协商的大会，一次发扬民主、共谋发展的大会，一次团结鼓劲、催人奋进的大会，充分彰显了习近平新时代中国特色社会主义民主政治的生机与活力。2020 年区政协要在中共秦皇岛市抚宁区委的领导下，把握政治方向之“舵”，高扬服务发展之“帆”，挥动协商民主之“桨”，凝聚团结民主之“力”，勇于在新时代追梦，持续在新时代奋进，努力做好政协工作。张岐强调，区政协和政协委员要坚持以习近平新时代中国特色社会主义思想为统揽，坚定理想信念，坚守赤诚之心，与中国共产党同心同力、同向同行；树牢“四个意识”，坚定“四个自信”，坚决做到“两个维护”，围绕中心开展工作，围绕民生履行职责，围绕共同目标完成任务；把政协党的建设摆在首要位置，贯彻落实区委《关于加强新时代全区政协党的建设工作的实施意见》，夯实基础抓党建，坚固党建之要，实现党的领导对政协工作全覆盖。政协组织和政协委员要围绕打赢“六大攻坚战”、实施乡村振兴、推动经济高质量发展等课题，调查研究，精准论证，聚焦发展献出“金点子”；要凝聚智慧、汇聚力量，深入探究问题，提出务实建议，力求协商在需要时、监督在关键处、议政在点子上，汇聚智慧发出“好声音”；要团结一切可以团结的力量，争取一切可以争取的资源，调动一切可以调动的积极因素，凝心聚力画出“同心圆”，汇聚起促进抚宁赶超跨越发展新动能。政协组织和政协委员要强化“功成必定有我的使命担当”，用实际行动彰显“党委有号召、政协有行动、委员有作为”的大局意识，诠释以人民为中心的委员责任，确保小康路上一户不少，在决胜全面建成小康社会中担当作为，真正让群众“住上好房子，过上好日子，养成好习惯，形成好风气”；要坚定人民立场，坚守民生情怀，推动幼有所育、学有所教、劳有所得、病有所医、老有所养、住有所居、弱有所扶，在促进民生改善中尽心尽力。张岐希望，政协委员要时刻牢记委员身份，坚持高标准、严要求，积极践行社会主义核心价值观，模范遵守宪法法律及政协章程，用高尚的人格感召人，热忱的服务团结人，务实的作风影响人，在委员作用彰显中锤炼品行，为建设“沿海强区、幸福骊城”树立委员良好形象。

政治决议 2020 年 1 月 18 日，区政协二届四次会议审议通过政治决议。决议认为，区委书记孙志川的讲话，对于全区上下进一步统一思想和行动，广泛汇聚各方智慧和力量，推进抚宁“二次创业、振兴崛起”，开创“沿海强区、幸福骊城”建设新局面，不断推进人民政协事业健康发展，具有重要的指导意义。《政府工作报告》及其他报告，对 2019 年工作总结实事求是，部署的2020年工作思路清晰、重点突出、措施有力。区政协常委会工作报告和提案工作情况报告，反映了区政协2019年的全面工作，明确提出了2020年的主要任务，体现了人民政协围绕中心、服务大局的责任担当。决议指出，全区政协组织和全体政协委员坚持以习近平新时代中国特色社会主义思想为指引，认真履行政治协商、民主监督、参政议政职能，凝心聚力、建言资政、服务大局，为坚实打好“三大攻坚战”，着力实施“六大行动”，贡献了政协智慧和力量。决议强调，2020年是全面建成小康社会和“十三五”规划的收官之年，全区各级政协组织、政协各参加单位和全体政协委员要始终坚持党的集中统一领导，夯实从严治党主体责任，确保政协工作的正确政治方向。围绕贯彻落实区委二届四次全会暨经济工作会议精神，发挥人民政协大团结大联合组织的作用，广泛凝心聚力，自觉用习近平新时代中国特色社会主义思想武装头脑、指导实践、推动工作，增强“四个意识”，坚定“四个自信”，做到“两个维护”，增进“四个认同”，坚决同以习近平同志为核心的中共中央保持高度一致，坚定不移地维护中共秦皇岛市抚宁区委的全面领导。决议号召，全区各级政协组织和全体政协委员要更加紧密地团结在以习近平同志为核心的中共中央周围，高举中国特色社会主义伟大旗帜，以习近平新时代中国特色社会主义思想为指导，以推进国家治理体系和治理能力现代化建设为动力牵引，在中共秦皇岛市抚宁区委的坚强领导下，认真贯彻落实区委二届四次全会精神，不忘初心、牢记使命，履职尽责、砥砺奋进，为决战决胜全面建成小康社会贡献政协力量。

二届五次会议　2021年2月5日，区政协二届五次会议在城区和各乡镇以视频形式召开，应出席主会场和7个分会场会议委员186名，出席183名。

会议议程　会议听取和讨论市人大常委会副主任、区委书记孙志川所作的《保持昂扬锐气，接续不懈奋斗，同心书写建设现代化沿海强区、幸福骊城新华章》的讲话；听取和审议区政协主席张岐所作的区政协常委会工作报告；听取和审议区政协副主席李维宝所作的二届四次会议以来提案工作情况报告；讨论委员大会书面发言；表彰优秀政协提案；审议并通过提案委员会二届四次会议提案审查情况报告（书面）；审议通过区政协二届五次会议政治决议；听取区政协主席张岐在闭幕会上所作的《以高质量履职，服务高质量发展》的讲话。

工作报告　2021年2月5日，区政协主席张岐向区政协二届五次会议报告工作。报告陈述：2020年面对新冠疫情严重冲击与挑战，在以习近平同志为核心的中共中央坚强领导下，全国各族人民众志成城，同心战疫，夺取了抗击新冠疫情的伟大战略成果，胜利实现全面建成小康社会、“十三五”规划和决胜脱贫攻坚三个圆满收官。

区政协紧跟中央和省市区委部署，以习近平新时代中国特色社会主义思想为指引，认真贯彻落实中共十九大和十九届二中、三中、四中、五中全会精神，自觉增强“四个意识”，坚定“四个自信”，做到“两个维护”。以贯彻区委二届四次会议为中心，以开展“聚力量、防疫请、促发展”为载体，推动政协各项工作。区政协首次参加全省基层政协工作经验交流会，并作了《坚持三个始终 加强政协委员队伍建设》的发言；首次在省政协机关刊物《乡音》杂志上发表署名理论文章《关于对基层政协委员队伍建设的一些思考》，并有5名委员抗疫事迹在《乡音》杂志上陆续刊发。

突出做好防控疫情工作，区政协始终坚持把强化思想政治引领放在首位，在第一时间向广大政协委员发出倡议，动员全体委员自觉响应党委政府号召，自觉投身同心抗击疫情的伟大斗争，通过大力宣传委员在统筹推进常态化疫情防控和经济社会发展中的典型事迹，弘扬正能量，激发干事热情。在抗疫斗争中，政协委员共捐款 42 万余元。

区政协从 5 月初到 7 月底，扎实开展了“聚防促”活动，通过视频会议动员、党组班子成员深入各区直工作组和乡镇活动组进行宣讲，把思想政治共识凝聚到党中央和省市区委关于统筹推进常态化疫情防控和经济社会发展上来，并采取分工包组、包片、包企业及社区、学校、商店等形式，助力复工复产、复学复课、复商复市。

突出助力经济社会发展，着力强化委员责任担当。区政协一方面组织医药卫生界委员全力以赴奋战在抗击疫情一线，另一方面充分整合政协班子成员力量，分包区直工作组、乡镇活动组和企业、商超、学校，组织开展行之有效的调研视察活动，助力区委政府工作实施。

着力发挥全会总体协商作用。围绕促发展、补短板、强弱项精准建言，区政协 10 名委员就加强社区治理、深化行政审批制度改革、优化营商环境、加强党员教育管理等问题进行大会发言，提出具体意见和建议。

着力发挥常委会专题协商作用。重点围绕生态优先战略、产业强区战略、乡村振兴攻坚战略，组织常委调研，运用互动面商的形式，进行专题协商，共向区委政府提交意见建议 100 余条。

着力发挥主席会议重点协商作用。就“十四五”规划编制、全区国土空间规划布局调整、经济开发区工作开展、基层公共卫生事业发展、城区供热暨路网畅通工程和经济运行情况进行重点协商，提出有效建议 40 余条，增强了协商的全局性。

着力发挥视察监督作用。对农村人居环境整治、造林绿化、联合办学、装备制造、美丽乡村建设、城区供水工程、“四好”农村公路建设和棚户区改造，组织各界委员采取现场踏查、座谈讨论，提出意见和建议 70 余条，增强了民主监督的针对性。

着力发挥提案办理协商作用。就民营企业家队伍建设、增加农村果树水利资源投入、加强农村文化建设、规范农村集贸市场、社区治理和教育信息化等提案，采取主席、副主席领衔，邀请政府主管领导参加，以现场踏查、座谈协商等方式进行督办。

加强自身建设。区委召开政协工作会议，研究制定《关于新时代加强和改进人民政协工作的落实措施》，加强政协党组力量，增加机关工作人员，切实解决基础薄弱问题。

加强政协系统党的建设。认真落实重大事项向区委请示报告制度，统筹落实全会及重大活动期间在界别建立临时党支部，做到党的工作全覆盖。

加强政协常委会建设。进一步完善常委会会议事规则，坚持把常委会学习作为第一议题，紧跟中央重大决策部署，切实搞好理论武装。

加强专门委员会建设。坚持年初制定专委会工作计划和定期上站培训制度。支持抚宁城区基础设施与主城区互联互通等课题与市政协农业农村委、财经委及市各民主党派开展联动协商，强化了专委会“专”的职能。

加强书香政协建设。坚持把学习放在优先位置，把理论创新宣传抓在手上，严格落实学习计划、理论研讨、领导带头讲党课等制度，办好内刊《理论学习文萃》。整理辑印“聚力量、防疫情、促发展”活动集锦。加大政协文史资料丛书整理编辑，已编印内部资料文史丛书《公文漫谈》《旅游纪事》。

大会发言 区政协二届五次会议上，屈志伟委员作《持续完善基础设施建设，提高城市综合承载能力》、李惠颖委员作《加快补齐短板弱项，加强基本卫生健康服务体系建设》、何吉委员作《多措并举，加快生姜特色产业发展》、张晶委员作《多角度发力，全面提高中小学校教学质量》、张晓宇委员作《提振城乡消费市场，促进经济稳定发展》、温源委员作《抓好“拆迁建管”，促进经济开发区建设提速增质创新》、祖述臣委员作《抓好医养结合，推进康养产业发展》、安立柱委员作《突显特色，差异化发展全域旅游》、白智民委员作《破解瓶颈，加快推进留守营产业园区建设》、薛强委员作《创新社会治理，为“十四五”规划顺利实施提供坚强保障》的大会书面发言。10位委员就基础设施建设、基本卫生健康服务、中小学教学质量、城乡消费市场、创新社会治理等问题提出书面建议。

领导讲话 2021年2月5日，市人大常委会副主任、区委书记孙志川在区政协二届五次会议上发表《保持昂扬锐气，接续不懈奋斗，同心书写建设现代化沿海强区、幸福骊城新华章》的讲话。孙志川指出，2020年是抚宁发展历程中极不平凡的一年。面对突如其来的新冠疫情，全区上下统筹疫情防控和经济社会发展，以项目建设为核心要义，扎实做好“六稳”“六保”工作，深入推进“三创四建”“六大行动”，经济社会发展在疫情冲击中实现逆势上扬，主要经济指标始终在全市保持领先，抚宁区荣获“全国村庄清洁行动先进县”“河北省优化营商环境推动高质量发展先进县（市、区）”“河北省慢性病综合防控示范区”等称号，商事制度改革获国务院办公厅通报表彰。这些成绩的取得，是全区干部群众努力的结果，也是全体政协委员围绕中心扎实履职、服务大局倾情奉献、紧扣民生建言献策的结果。孙志川强调，2021年是中国共产党成立100周年，未来五年和2021年发展目标任务是继续坚定推进“二次创业、振兴崛起”时代征程，深入实施“三区定位”“四大战略”“六大行动”重大部署，推动现代化沿海强区幸福骊城建设迈上新台阶。为此区政协要发挥好凝聚共识的主阵地作用，进一步建立健全党组成员联系非党委员、非党委员联系各界群众的制度，大力弘扬正能量，大力唱响正气歌，广泛凝聚全面建设现代化沿海强区幸福骊城的强大力量。要切实发挥好专门协商机构作用，制定专门协商工作计划，扩大协商范围，创新协商方式，规范协商程序，为区委、区政府当好参谋助手。全体政协委员要履职尽责，勇于担当。要加强学习，提升自身政治理论素养和业务能力，增强“四个意识”，坚定“四个自信”，做到“两个维护”。要把委员身份作为一种政治责任，严守底线，严格修身，严于律己，克己奉公，遵纪守法。孙志川希望，各位委员要不忘二次创业初心，牢记振兴崛起使命，为奋力开创现代化沿海强区幸福骊城建设新局面，以优异成绩向党的百年华诞献礼作出新的更大贡献。

2021年2月5日，区政协主席张岐在区政协二届五次会议闭幕会上发表《以高质量履职，服务高质量发展》的讲话。张岐指出，区政协二届五次会议是一次凝聚人心、凝聚共识、凝聚力量、高举旗帜、团结民主、求实奋进的大会。区委对做好新时代人民政协工作，助力抚宁“二次创业、振兴崛起”时代征程，发挥政协专门协商机构作用，强化委员责任担当，提出殷切希望和更高要求，为政协工作指明了方向。张岐强调，党的全面领导是做好政协工作的根本遵循，区政协要切实增强贯彻落实党的全面领导的思想自觉、政治自觉和行动自觉，坚决贯彻落实中央和省市区委的决策部署，用更高的标准推进区政协系统党的思想建设、政治建设、组织建设，切实发挥党员在政治引领、发扬民主、凝聚共识、合作共事等方面的模范作用，努力以“两个全覆盖”，保障党对政协工作全面领导的落实落细。要围绕区委政府的重大决策部署，积极开展协商议政、精准建言献策，着力增强协商议政的互动交流，有来有往，良性互动，层层深入，真正“商”出办法、“商”出共识。要注重从整体上、系统上谋划和推进凝聚共识工作，通过建立谈心谈话、委员讲堂等工作机制，贯彻凝聚共识；通过开展调研、视察、协商、提案督办等日常工作，贯穿凝聚共识；通过委员联系界别群众，贯通凝聚共识。形成从党内到党外、从常委到委员、从委员到界别群众的凝聚共识格局。张岐表示，区政协要坚持一流标准，强化一线意识，在更高层次、更高水平上推进政协自身建设。要抓住制度建设这个“牛鼻子”，完善政协系统党的建设、履职工作、组织管理和内部运行等制度机制。把专门委员会工作放在区政协工作全局中部署，切实发挥专委会基础作用。要强化委员责任担当，发挥委员在政协工作中的主体作用、本职工作中的带头作用、界别群众中的代表作用。提高政协干部贯彻新发展理念、服务新发展格局的能力。

政治决议 2021年2月5日，区政协二届五次会议审议通过政治决议。决议认为，区政协二届五次会议是一次凝聚共识、凝聚智慧、凝聚力量，团结民主、务实奋进、共襄伟业的会议。市人大常委会副主任、区委书记孙志川的讲话，对于全区上下进一步统一思想和行动，推进抚宁“二次创业、振兴崛起”，开创现代化“沿海强区、幸福骊城”建设新局面，具有重要的指导意义。《政府工作报告》及其他报告，对2020年工作总结实事求是，部署的2021年工作思路清晰、重点突出、措施有力。政协常委会工作报告和提案工作情况报告，充分体现了人民政协为促进全区经济社会发展作出的积极贡献。决议指出，2020年是极不平凡的一年，区委坚定不移把人民生命安全和身体健康放在最高位置，政协组织和政协委员积极响应区委政府号召，闻令而动，自觉投身抗疫斗争，体现了责任担当，谱写了人民政协为人民的瑰丽篇章。决议强调，2021年是中国共产党成立100周年，是“十四五”规划的开局之年，也是抚宁全面建设现代化“沿海强区、幸福骊城”的关键之年。全区政协组织和全体政协委员要坚持以习近平新时代中国特色社会主义思想为指导，深入贯彻落实中共十九大和十九届二中、三中、四中、五中全会和中央经济工作会、农村工作会以及省市区委全会精神，发挥人民政协大团结大联合组织的作用，广泛凝心聚力，自觉用习近平新时代中国特色社会主义思想武装头脑、指导实践、推动工作，增强“四个意识”，坚定“四个自信”，做到“两个维护”，增进“四个认同”，坚决同以习近平同志为核心的中共中央保持高度一致，坚定不移地维护中共秦皇岛市抚宁区委的全面领导。决议号召，全区各级政协组织和全体政协委员要更加紧密地团结在以习近平同志为核心的中共中央周围，高举中国特色社会主义伟大旗帜，在中共秦皇岛市抚宁区委的坚强领导下，认真贯彻落实区委二届五次、六次全会精神，同心同德，同向同行，凝聚共识，建言资政，扎实工作，拼搏进取，为建设现代化“沿海强区、幸福骊城”作出新的更大贡献。

区政协第三届全体委员会议

三届一次会议 2021年7月13—14日，区政协三届一次会议在城区召开，应出席会议委员204名，出席204名。

主席团 （主席团成员42名，以姓氏笔画为序）

马国成　王　帅（女）　王　华　王友军　王军奇　王进坤　卢华伟
刘　伟（女）　刘　华（女）　刘　奇（女）　刘吉平　关金一
孙静平（女）　李向光（女）　李维宝　杨　杰　杨玉良　肖长江
张建顺　陈佳佳（女）　尚志民　周　斌　周泽辉　周爱东（女）
周雅静（女）　郑海芹（女）　郑鹏鸣　屈志伟　赵永红　赵海强
聂　聪　徐明哲　徐秋阳　郭丽萍（女）　郭爱莲（女）　章铁英（女）
董守旺　傅慈燊　释宗恩　温月梅（女）　蔡玉忠　潘　雪（女）

秘书长 马国成

会议议程 区委书记张立红，区委副书记、区长郭继东等领导出席会议，并参加委员小组讨论。会议听取和讨论区委书记张立红所作的《同心书写“十四五”，携手共建新抚宁》的讲话；审议批准区政协三届一次会议主席团常务主席徐秋阳所作的区政协二届常委会工作报告；审议批准区政协三届一次会议主席团常务主席李维宝所作的提案工作报告；听取并协商区长郭继东所作的《政府工作报告》及其他报告；选举产生区政协第三届委员会主席、副主席、秘书长和常务委员；审议通过区政协三届一次会议政治决议；听取区政协主席关金一在闭幕会上所作的《奋进“十四五”，谱写新篇章》的讲话。

工作报告 2021年7月13日，区政协三届一次会议主席团常务主席徐秋阳向区政协三届一次会议报告区政协二届常委会工作。报告陈述：2017年以来的近五年，是区政协坚持以习近平新时代中国特色社会主义思想为指导，全面深入学习贯彻党的十九大及十九届历次全会精神，围绕贯彻落实区二次党代会及区委二届历次全会精神，紧贴区委确立的“三区定位”“四大战略”“六大行动”履职尽责的五年；是学习贯彻习近平总书记关于加强和改进人民政协工作重要思想和中央及省市区委政协工作会议精神，全面加强政协系统党的建设，自觉站立决策咨询、凝聚共识、建言资政和国家治理“四个一线”，充分发挥政协重要协商渠道和专门协商机构作用的五年；也是区政协立足新方位、站位新时代、担负新使命、展示新作为、书写新答卷的五年。

近五年来，区政协始终坚持党的全面领导，切实履行思想政治引领之责。政协党组坚持把学懂弄通做实习近平新时代中国特色社会主义思想作为统领政协工作的总纲，持之以恒推动学习习近平新时代中国特色社会主义思想，学习党的十九大及十九届二中、三中、四中和五中全会精神，共组织各种集中学习200余次，分片包组宣讲140余次。区政协党组先后在政协系统开展了“三讲三比”（讲学习、比素质，讲政治、比担当，讲履职、比奉献）、党的建设暨学习习近平总书记关于加强和改进人民政协工作的重要思想理论研讨会、庆祝新中国成立70周年华诞暨人民政协成立70周年书画展、开展“聚防促”（聚力量、防疫情、促发展）等重大活动。就落实区政协常委会会议室条件改善、组织编修《抚宁政协志》等事项，呈报区委政府后组织实施，并得到切实解决。

区政协始终坚持围绕区委政府中心工作履行职责，充分发挥专门协商机构作用。一是坚持发挥全委会议总体协商龙头作用，围绕大事协商议政。先后就加强与市开发区合作、围绕推进园区建设、破解民营企业融资难、围绕促发展补短板强弱项等议题，在全委会议上进行大会发言，收到良好效果。二是坚持发挥常委会会议专题协商作用，围绕要事协商议政。先后就撤县建区后全区规划体系建设、项目建设攻坚、扫黑除恶专项斗争、乡村振兴夯基行动、生态优先战略等课题进行专题协商，增强了协商的战略性、精准性。三是坚持发挥主席会议重点协商启智作用，围绕重点问题协商议政。先后围绕地表水厂建设、土地收储、公共卫生和医疗服务、进行有针对性协商。四是坚持发挥民主监督协商作用，运用视察和提案督办开展协商监督。先后围绕美丽乡村建设、重大民生事项和重点工程建设、城区供热供水供气及垃圾处理、骊城大街综合整治、农村人居环境整治、农村厕所改造、加快城区公共交通枢纽建设、规范城区早市管理等议题，开展提案督办活动。五是坚持搞好调查研究，发挥政协献智献策作用。围绕城区公共用水情况、构建城市监管大格局、开展全民健身活动、就业创业、居民养老、玻纤产业发展、医院改革、农村基层社会治理、医保资金管理、工会费用收缴及管理等课题开展了调研，为区委政府决策施政提供有益参考。五年间直报区委政府社情民意信息调研文章33篇，得到区委政府领导批示16篇。六是坚持参与全区重点工作，为全区经济社会发展殚精竭智。区政协一名副主席长期负责区重点大项目——抚宁抽水蓄能电站项目的接续推进，一名副主席专职负责参与南旅集团改制工作，一名副主席负责人民医院搬迁项目，各位主席还承担分包信访重点人、退役军人、后进村转化、小区及乡镇疫情防控和创城创卫、农村“两委”换届等工作，把协商监督之责寓于重点工作协调推进之中，将建言资政之职融于具体工作开拓进取之中。

区政协始终坚持加强自身建设，有效提升“两支队伍”能力素质。围绕打造“效能机关”“书香政协”，突出加强政协党组、机关党组、机关党支部和常委会、政协委员队伍建设。一是以加强政协系统党的建设为统领，着力加强政协党组、机关党组和机关党支部建设。二是以开展特色履职活动为平台，创新“两支队伍”建设方式。三是以健全完善制度为抓手，加强常委会和机关队伍建设。制定并完善了《常委会会议事规则》《常委会纪律》《常委会第一议题学习》及常委撰写书面发言材料、常委参会签到等制度。重新制定并完善机关学习、车辆管理、财务管理等制度。

报告对区政协会后五年工作提出坚守“打牢团结奋斗共同思想政治基础”的定力，增强建成现代化“沿海强区、幸福骊城”的动力，汇聚“更好发挥专门协商机构作用”的合力，发挥“国家治理体系重要组成部分”的效力，激发“干出新时代人民政协新样子”的活力等五条意见。

领导讲话 2021年7月13日，区委书记张立红在区政协三届一次会议上发表《同心书写“十四五”，携手共建新抚宁》的讲话。张立红指出，区政协三届一次会议是全区人民政治生活中的一件大事，是充分发扬民主、广泛凝聚共识、群策群力推动抚宁高质量发展的一次盛会，区委向大会的召开表示热烈的祝贺和诚挚的问候。过去五年圆满完成了“十三五”规划、全面建成小康社会目标任务。这期间取得的所有成绩，凝聚了二届政协班子及全体政协委员的倾情助力与付出，饱含着二届政协班子及全体政协委员的智慧与心血。张立红强调，区第三次党代会明确“十四五”时期是抚宁建设现代化沿海强区幸福骊城起步加速的五年，区委坚持一张蓝图绘到底，提出了未来五年建设现代化实力、活力、美丽、绿色、幸福、文明、平安“七个新抚宁”重要部署，这既是全区工作的重点，也是政协工作的方向。区政协要紧紧围绕“七个新抚宁”，充分发挥“政治协商、民主监督、参政议政”三大职能，全面助力书写建设现代化沿海强区幸福骊城政协新篇章。第一，全区政协组织和广大政协委员要深入学习贯彻习近平新时代中国特色社会主义思想，不断增进对中国共产党和中国特色社会主义的政治认同、思想认同、理论认同和情感认同，切实增强“四个意识”，坚定“四个自信”，做到“两个维护”，全面打牢团结奋斗的思想政治基础。第二，全区政协组织和广大政协委员要认真贯彻落实区第三次党代会精神，围绕中心服务大局，坚持做到区委区政府决策部署到哪里，政协工作就跟进到哪里；区委区政府的中心工作推进到哪里，参政议政就覆盖到哪里，充分发挥政协“人才库”“智能团”作用，围绕推动抚宁高质量发展，实施“四大战略”，积极履职尽责，主动担当作为。第三，要充分发挥人民政协凝聚共识、凝聚智慧、凝聚力量、凝聚人心的重要作用，聚焦改革发展稳定的敏感点、风险点、关切点和经济社会发展中的重大问题，察实情、建诤言、谋良策，聚焦大事政治协商，关注时事参政议政，紧盯要事民主监督。第四，要完善协商于决策之前和决策实施之中的落实机制，丰富有事好协商、众人的事众人商量的制度实践，按照协商于民、协商为民的要求，进一步发挥“专门协商机构”在基层社会治理中的作用。张立红表示，区委将进一步加强对政协工作的全面领导，坚持把政协工作纳入总体布局和重要议事日程，充分发挥政协党组把方向、管大局、保落实的重要作用，确保把党中央大政方针、决策部署和省市区委要求不折不扣落实到政协工作全过程。张立红希望，政协委员作为各党派团体和各族各界代表人士，要认真践行习近平总书记提出的“懂政协、会协商、善议政，守纪律、讲规矩、重品行”的要求，加强能力建设，为推动经济社会高质量发展、建设现代化沿海强区幸福骊城作出新的更大贡献。

2021 年 7 月 14 日，区政协主席关金一在区政协三届一次会议闭幕会上发表《奋进“十四五”，谱写新篇章》的讲话。关金一指出，区政协三届一次会议是在全区上下深入贯彻中共十九届五中全会精神，扎实开展党史学习教育，全面落实中共抚宁区委二届五次、六次全会工作部署的重要阶段召开的一次大会。区委对区政协三届一次会议高度重视，区委书记张立红在开幕式上的讲话，对区政协过去近五年来的工作进行了充分肯定；区委、人大、政府及有关部门的领导出席了会议，与委员们交流互动；全体委员以饱满的政治热情和强烈的责任担当，讨论区政府工作报告，审议二届区政协常委会工作报告及提案工作报告；选举了新一届政协主席、副主席、秘书长和常务委员。关金一强调，会后五年是“十四五”规划实施之年。区政协坚持正确的政治方向，围绕区委区政府决策部署，始终坚持以人民为中心，不忘初心、牢记使命，尽心尽力担负起“落实下去、凝聚起来”的政治责任，继续推动政协工作在发展中创新，在创新中前进。第一，要始终听党话、跟党走，把党的领导内化于心、外化于行，自觉以党的旗帜为旗帜，以党的意志为意志，以党的使命为使命，最大程度把界别群众凝聚到党的周围，夯实党在基层的执政基础和群众基础。第二，全体政协委员要按照区委区政府的决策部署，在“跟进、贴近、说准、干实”上下功夫，着力把政协的智力优势转化为奋进“十四五”开启新征程的强大动力。在全区大局下谋划蓝图，在大势中推进工作，在大事上助力发展。多做统领引导之事，多进可信可行之言，多聚同心同行之力，在服务全局中作为，在改革发展中助力，使政协工作既为一域争先，又为全局添瓦。第三，政协委员要以奉献担当，凭作为领跑，用尽职尽责、用心用力的意志，甘于无私奉献，践行双岗职责，在各个岗位上干一流工作，创一流业绩，不断诠释对党的忠诚、对人民的赤诚、对政协事业的热诚。要引导委员把政治荣誉与社会责任统一起来，养成大局至上的政治境界、奉献至上的思想境界、事业至上的工作境界、品位至上的生活境界，始终如一心系发展、情系民生、德润人心，在一言一行中彰显政协委员的良好修养和浩然正气，充分展现新时代委员风采。关金一希望，区政协全体委员要在区委的坚强领导下，同心协力，开拓奋进，努力干出政协工作新样子，在全面建设现代化“实力、活力、美丽、绿色、文明、幸福、平安新抚宁”的征程中再立新功、再展宏图、再创佳绩。

政治决议　2021 年 7 月 14 日，区政协三届一次会议审议通过政治决议。决议指出，区政协三届一次会议于 2021 年 7 月 13—14 日在抚宁城区召开。区委书记张立红，区委副书记、区长郭继东等领导出席会议，参加委员小组讨论，与委员共商改革发展大计。会议听取和讨论了区委书记张立红作的重要讲话；审议批准区政协常委会工作报告、提案工作报告；听取并协商区政府工作报告及其他重要报告，并提出意见建议。决议认为，近五年来，面对多重压力叠加的复杂外部环境，特别是突如其来的新冠疫情的严重冲击，在区委的坚强领导下，二届区政协及其常务委员会认真贯彻落实中共中央、省市区委关于加强和改进新时代人民政协工作部署要求，着力加强党的全面领导，加强思想政治引领；着力发挥专门协商机构作用，助力抚宁发展提速；着力提高民主监督实效，助推民生福祉改善；着力多层次凝聚共识，汇聚新时代人民政协正能量；着力积极投身抗疫斗争，促进全面复工复产；着力加强政协“两支队伍”建设，推进履职提质增效，为抚宁区高质量发展作出了新贡献。决议指出，2021 年是中国共产党成立 100 周年，是奋进“十四五”、逐梦新征程的开局之年。区政协要高举习近平新时代中国特色社会主义思想伟大旗帜，全面贯彻中共十九大和十九届二中、三中、四中、五中全会及习近平总书记“七一”重要讲话精神，贯彻落实中央、省市区委政协工作会议精神，按照区委“七个聚焦”的总要求，发挥专门协商机构作用，紧扣统筹推进常态化疫情防控和经济社会发展工作履职尽责、凝心聚力，全力以赴谋新篇、开新局。决议要求，做好今后区政协的工作，要加强政治建设，把党对政协工作的领导落到实处，进一步巩固共同思想政治基础；发挥专门协商机构作用，将人民政协制度优势转化为治理效能；切实履行三大职能，围绕全区中心任务献计出力；深化基层协商工作，推动协商民主广泛多层制度化发展，引导全区各界人士把思想和行动统一到中央大政方针和区委决策部署上来；积极搭建团结联谊载体，广泛凝聚共识，进一步强化同各界别、各社会阶层、各人民团体、无党派人士的联系合作；加强新时代政协队伍建设，促进抚宁政协事业创新发展。决议号召，全区各级政协组织、政协各参加单位和政协委员要更加紧密地团结在以习近平同志为核心的中共中央周围，高举中国特色社会主义伟大旗帜，在区委的坚强领导下，增强“四个意识”，坚定“四个自信”，做到“两个维护”，凝心聚力、团结奋进，为建设现代化“实力、活力、美丽、绿色、幸福、文明、平安新抚宁”，贡献政协智慧和力量。

政 协 委 员

人民政协是中国共产党领导的多党派合作的统一战线组织，是由中国共产党、各民主党派、无党派人士、人民团体、各少数民族和各界的代表，香港特别行政区同胞、澳门特别行政区同胞、台湾同胞和归国侨胞的代表以及特别邀请的人士组成的政治组织。政协委员是由各民主党派、各人民团体、各参加单位按一定比例，经过协商酝酿、提名推荐、考察考核等民主程序，并报党委审定批准，经政协主席会议研究讨论、政协常委会会议协商通过产生的，具有界别代表性、基层广泛性、政治荣誉性等特点。

抚宁县政协成立于1982年，历经9届。2015年8月，抚宁撤县设区，县政协随之过渡为区政协，至2021年历经3届。抚宁县政协成立以来，委员的构成随时代变化，界别构成、委员结构（年龄、文化程度、行业等）也随之发生变化，委员应具备的条件更趋具体、规范化。从界别构成看，县一届政协只有14个界别，二届增至18个，三届17个，四届20个，五届19个，六届24个，七届21个，界别数量基本是逐年增加的趋势；从县八届政协至区二届政协，界别队伍、界别数量基本趋于稳定，分别为党群政法、工建交、农业科技、商贸金融、文教体育、医药卫生、海外联谊7个界别。委员界别调整基本遵循形势发展需要，与党委、政府历年中心工作、发展战略目标相协调。从委员增补变化（届中、届末）看，县政协二届委员届中增补着眼扩大知识界人数，侧重科技人员和个体户、联合体；1987年三届县政协为建立政协乡镇联络组，加强海外联谊，增加了有关领导、三胞眷属和农村委员；1990年四届县政协注重吸收敢于创新务实、成绩显著、年富力强的中青年为政协委员；1993年五届县政协适当增加了经济科技、经济管理人才，体现政协人才密集优势，注重从农村选择威望较高、议政能力较强者，海外联谊更加注重选择在国内外影响较大、本人热心政协工作的优秀者；1998年六届县政协着眼体现大团结、大联合，着眼委员自身素质，着眼强化统一战线，涵盖各方面、各界别、各层次，充分体现广泛性与代表性；2003年七届县政协侧重经济、文教卫生、民族宗教等界别，并根据县、乡机构改革后各乡镇不设政协联络组的实际，每个乡镇安排宣传部长作为政协委员、乡镇政协活动召集人；2012年九届县政协委员提名推荐侧重农业、经济、文化、教育、卫生、民族宗教等界别委员；2015年8月，抚宁撤县设区，有4个乡镇的39名县政协委员移交海港区和北戴河区，其余过渡为抚宁区政协一届委员。2017年二届区政协委员因抚宁撤县设区后新成立了农工党、民进党、民盟、民革、民建、九三学社等民主党派抚宁支部，在非中共党员110名委员中，民主党派抚宁支部负责人吸纳为二届区政协委员。一至六届县政协均设立了特邀委员。从委员协商酝酿、提名推荐程序看，自1993年县政协五届一次会议始，中共党员委员提名由县（区）委组织部门负责，非中共党员委员提名由县（区）委统战部门负责，并均由统战部门汇总后征求组织部与政协党组的意见，形成建议名单，报县（区）委审核批准，再履行相关民主程序。2017年，中共中央及省、市、区委就做好政协换届工作出台了一系列指导意见，全面加强对委员资格的审核把关，特别是加强了对非公经济界、社会新阶层委员的资格审核，进一步确保了委员的政治素质。

县政协委员

自1982年至2015年，抚宁县产生9届县政协委员。这些委员来自各党派、各人民团体、社会各界、各阶层、各参加单位，其中妇女委员和少数民族委员占有一定比例。各届委员均经过基层提名推荐、组织考察考核，党委审定、政协主席会议和常委会会议讨论通过而产生；并根据形势发展，在届中、届末不断进行调整补充。界别代表性是政协委员的显著特征。县一届政协委员 14 个界别，二届政协 18 个界别，三届政协 17 个界别，以后各届逐渐趋于稳定。委员名额、人选及界别的设置，年龄、男女比例、民族、党派、知识结构等充分体现政协是中国人民爱国统一战线组织，是中国共产党领导的多党合作和政治协商的重要机构。

县政协委员构成

县政协第一届委员会委员构成 1981 年 9 月，抚宁县委决定成立县政协筹备领导小组，筹建县政协组织。由县委有关部门同县内各系统、各方面上下反复酝酿、沟通，提出县一届政协委员推荐名单，经县政协筹备领导小组同意，确定县一届政协委员。由县政协筹备领导小组发邀请函，邀请政协委员参加县政协一届一次会议。1982 年 2 月，县政协一届一次会议召开。县政协一届委员会委员 63 名，其中男委员 55 名，女委员 8 名。委员中中共党员 20 名，占委员总数的 32%；非中共党员 43 名，占 68%。委员分布 14 个界别，分别是：人民团体 3 名（工会、共青团、妇联），卫生界 7 名，农技界 5 名，县委 4 名，少数民族 2 名（朝鲜族、回族），教育界 8 名，科技界 8 名，农民 8 名，文艺界 2 名，工人 3 名，财贸 3 名，侨眷 3 名，体育界 1 名，特邀 6 名。届中根据形势发展、委员的代表性和影响力，增补委员 7 名，调出 2 名。1984 年届末有委员 68 名，其中男委员 59 名，女委员 9 名。委员中党员 21 名，占 31%；非党员 47 名，占 69%。年龄最大的 71 岁，最小的 27 岁，平均年龄 50.47 岁，其中 60 岁以上 7 名，35 ～ 59 岁 57 名，35 岁以下 4 名。文化程度：大专以上 9 名，中专 15 名，高中以下 44 名。有中级知识分子 16 名。委员分布 14 个界别，分别是：党、政 9 名，民革 2 名，工会 1 名，共青团 1 名，妇联 1 名，教育 9 名，科技 17 名，文化艺术 2 名，农林 6 名，体育 1 名，医药卫生 8 名，少数民族 2 名，财贸 6 名，台属侨属 3 名。

县政协第二届委员会委员构成 1984 年 3 月，县政协、县委统战部按照上级关于县级政协应于 1984 年 5 月底前完成换届工作的指示精神和县委关于县政协做好换届人事安排的具体要求，通过按界别和主管部门进行协商，基层组织推荐，与各界人士座谈，广泛征求意见，反复酝酿，形成了县政协二届委员建议名单。5 月，县政协一届第三十三次主席会议、第十四次常委会会议协商决定县政协二届委员会的参加单位、委员名额和人选。县政协二届委员会委员 73 名，比上届增加 7%，其中一届委员保留 47 名，新增委员 26 名。男委员 63 名，女委员 10 名。中共党员 25 名，占委员总数的 34%；非中共党员 48 名，占 66%。委员分布工会、共青团、妇联、卫生界、农技界、县委、少数民族（朝鲜族、回族、满族）、教育界、科技界、农民、文艺界、工人、财贸、侨眷、体育界、特邀 16 个界别。委员中具有大、中专文化水平和专业知识的委员 36 名，占委员总数的 49%，其中具有专业技术职称的中级知识分子 18 名，占委员总数的 25%。委员中不仅有各条战线具有专业知识和实践经验的中年骨干，而且有各条战线做出显著成绩的青年委员。届中县政协常委会会议研究增补委员名额，补缺界别，并向市政协请示报告。经推荐，

1985年4月，县政协二届五次常委会会议协商决定新增委员34名，随后于1985年6月、1986年3月，又增补委员2名，1987年届末有委员109名。其中男委员94名，女委员15名；汉族委员106名，少数民族委员3名。年龄结构：25岁以下3名，26～45岁36名，46～60岁64名，61岁以上6名。文化程度：大专以上20名，中专、高中32名，初中28名，小学29名。构成：领导干部26名，一般干部46名，职工37名；有民主人士78名。新增宗教和民间艺术2个界别，二届政协委员达18个界别。

县政协第三届委员会委员构成 1987年3月县政协二届第三十二次主席会议、4月县政协二届第十四次常委会会议协商决定，县政协三届委员安排的原则是有利于大团结、大统一和"一国两制"构想的贯彻。为建立政协乡镇联络组，加强海外联谊工作，在县政协三届委员中适当增加区有关领导、三胞眷属和农村委员名额；对县政协二届委员中因调离工作岗位而失去代表性的委员，已离休、退休，或受党员比例限制的委员，有其他原因不宜继续安排的委员22名调下，保留87名，新增43名。县政协三届委员会委员130名，其中男委员117名，女委员13名。委员中中共党员46名，占委员总数的35%；非中共党员84名，占65%。年龄最大的75岁，最小的23岁，平均年龄48岁。具有大中专文化委员46名，初、高中文化委员51名，小学文化委员33名。有各类中级知识分子19名，中小学教师6名，助理工程师5名，技术员4名。委员分布17个界别。届中撤区扩乡，对没有政协委员的乡增补政协委员，1988年4月至1990年2月增补13名委员。到1990年届末，县政协共有委员143名。其中男委员127名，女委员16名；汉族委员140名，少数民族委员3名。年龄结构：25岁以下6名，26～45岁45名，46～60岁79名，61岁以上13名。文化程度：大专以上21名，中专、高中47名，初中40名，小学35名。委员构成：领导干部42名，一般干部45名，职工56名。委员中民主人士50名，委员分布17个界别。

县政协第四届委员会委员构成 1990年3月，经县政协换届领导小组研究，并报县委批准，县政协三届第十五次常委会会议协商决定，县政协换届工作中对三届委员本着大部分不动、部分调整的精神，对已经或接近离休、退休年龄的委员，是中共党员的一般不再安排，非中共党员并在全县比较有影响的适当保留；原系非中共人士，后已加入中国共产党的委员，因党内外比例限制，不再安排；对原系某一系统、某一行业代表，因已调离原系统、原行业，失去代表性的委员，可予以调整；对个别不热心政协工作，基本不参加政协组织活动的委员进行调整。新增补的委员主要应在有调下委员的系统、需增补委员的地方、部门中协商增补。新增委员本人应坚持四项基本原则，有一定文化、技术水平，在本系统、本单位有一定名望，有参政议政能力。并特别注意吸收敢于创新务实、工作成绩显著、年富力强的中青年。县政协四届委员会委员158名，其中男委员143名，女委员15名。委员中中共党员61名，占委员总数的39%；非中共党员97名，占61%。委员平均年龄46岁，比上届下降2岁。有专业技术职称委员70名，其中具有中级以上职称委员39名。委员分布20个界别。届中增补委员12名，委员达170名，其中男委员154名，女委员16名；汉族委员166名，少数民族委员4名。年龄结构：25岁以下2名，26～45岁64名，46～60岁95名，61岁以上9名。文化程度：大专以上33名，中专、高中 56 名，初中 49 名，小学 32 名。委员构成：领导干部 61 名，一般干部 67 名，职工 42 名。委员中民主人士 100 名。到 1993 年届末，委员退休 2 名，辞职 1 名，取消资格 1 名，病故 1 名，实有委员 165 名。

县政协第五届委员会委员构成 1992 年 12 月，根据省、市、县委有关政协换届工作的指示，县政协四届第二十七次主席会议、第十四次常委会会议协商决定，政协换届工作贯彻党的十四大精神，坚持大团结、大统一构想，在五届政协委员中适当增加经济科技、经济管理人才，从农村中选择威望较高、议政能力强者，海外联谊方面选择在国内外影响较大、本人热心政协工作的优秀者。对四届已经离、退休的委员，达到或接近离、退休年龄的委员调下，但对个别界别或某方面的个别代表人物，如宗教界人士、起义投诚人员、具有高级技术职称的老委员、长期与中国共产党合作的非中共人士，一时又无合适人选接替的，可作为特殊情况予以保留。对任期内调动工作或失去代表性的委员调下，但个别确实因工作需要非安排不可的，可由新的界别推荐留任。任期内加入中国共产党的委员调下。政协委员和人大代表、上级和下级委员之间一般不交叉兼职。新进和留任的委员必须坚持四项基本原则，拥护党的基本路线；有较高的参政议政能力，是一个界别中有突出贡献、有影响、有作为、有活动能力且符合年龄要求的各界代表人物。委员的产生，党内的由县委组织部提名，党外的由县委统战部提名，建议名单由统战部汇总，在征求组织部、政协党组意见后，报县委审定，然后按政协章程规定，履行民主程序。县政协五届委员会委员 156 名，其中男委员 138 名，女委员 18 名。委员中中共党员 62 名，占委员总数的 40%；非中共党员 94 名，占委员总数的 60%。委员分布 19 个界别。委员中年龄最大的 75 岁，最小的 22 岁，平均年龄 45.20 岁，比上届下降 1.20 岁。具有大专以上文化程度的 51 名，中专、高中文化的 57 名，初中以下文化的 48 名；有各类技术职称的 70 名，其中高级职称的 7 名，中级职称的 27 名，初级职称的 36 名。届中部分委员离休、退休，个别委员因工作变动失去代表性不再任职，有的乡镇领导经政协常委会会议协商决定为新委员。届末委员仍为156名，其中男委员 137 名，女委员 19名；汉族委员 153 名，少数民族委员 3 名。年龄结构：25 岁以下 1 名，26 ～ 45 岁 76 名，46 ～ 60 岁 69 名，61 岁以上 10 名。文化程度：大专以上 52 名，中专、高中 52 名，初中 36 名，小学 16 名。委员构成：领导干部 54 名，一般干部 66 名，职工 36 名。委员中民主人士 92 名。

县政协第六届委员会委员构成 1997 年 12 月县政协五届第四十七次主席会议、1998 年 2 月第二十六次常委扩大会议协商决定，县政协换届工作以邓小平建设有中国特色的社会主义理论和党的基本路线为指导，认真贯彻党的十五大精神，把热心政协工作、又有较强参政议政能力的人员选进政协队伍。对上届委员要保留一定比例，对男 58 岁、女 53 岁以上者原则上不予保留，如确需保留，可作为特殊情况对待；对担任领导职务的委员，已不在工作一线的不予保留；对政协工作不热心或参政议政能力较差的不予保留；对失去代表性的不予保留。县政协六届委员会委员 144 名，其中留任委员 79 名，新增委员 65 名。男委员 123 名，女委员 21 名。委员中中共党员 58 名，占 40%；非中共党员 86 名，占 60%。汉族委员 141 名，少数民族委员 3 名。委员中 40 岁以下 42 名，41 ～ 50 岁 64 名，51 ～ 56 岁 36 名，57 岁以上 2 名，平均年龄 46.70 岁。

委员中大专以上文化程度的66名，占46%；中专文化程度的22名，占15%；高中文化的22名，占15%；高中以下文化的34名，占24%。委员分布中国共产党、工会、共青团、妇联、工商联、经济界、文化艺术、科学技术、农林水牧、教育、体育、新闻、医药卫生、交通运输、非公有制经济、少数民族、宗教、归侨、科技协会、社会科学、乡镇企业、三资企业、台属、特邀24个界别。届末有委员164名，其中男委员142名，女委员22名；汉族委员161名，少数民族委员3名。年龄结构：26～45岁82名，46～60岁80名，61岁以上2名。文化程度：大专以上70名，中专、高中45名，初中32名，小学17名。委员构成：领导干部75名，一般干部40名，职工49名。委员中民主人士107名。

县政协第七届委员会委员构成 2003年1月县政协六届第二十一次常委会会议、3月第三十五次主席会议协商，并经政协党组报县委批准，七届政协委员安排坚持广泛协商、注意界别、兼顾地域、统筹安排、全面考虑的原则。根据七届政协委员初定的人数，推荐选拔在兼顾各行各业、各人民团体的同时，侧重经济、文教卫生、民族宗教等各个界别的代表人士。鉴于县、乡机构改革后各乡镇不设政协联络组组长的实际，七届政协委员中安排一名乡镇宣传部长，作为各乡镇政协活动的组织召集人。七届政协委员的年龄一般不超过57岁，但党外老委员中个别资深望重、有较大影响的应继续留任。县政协七届委员会委员160名，其中留任委员76名，新增委员84名。男委员127名，女委员33名。委员中中共党员64名，占委员总数的40%；非中共党员96名，占委员总数的60%。少数民族委员6名，其中满族4名，回族1名，朝鲜族1名。委员分布中国共产党、九三学社、工会、共青团、妇联、工商联、经济界、文化艺术、科学技术、农林水利、教育、体育、新闻、医药卫生、少数民族、宗教、归侨、科学技术学会、社会科学、台胞台属、无党派21个界别，参加单位81个。委员中年龄最大的60岁，最小的26岁，平均年龄43.81岁。具有大专以上文化程度的83名，中专、高中文化的46名，初中以下文化程度的31名。委员中具有各类专业技术职称的77名，占委员总数的48.13%，其中高级职称的19名，中级职称的47名，初级职称的11名，知识结构比上届明显提高。

县政协第八届委员会委员构成 2007年5月，县政协七届第二十二次主席会议、第八次常委会会议协商，县政协八届委员会委员193名，其中男委员152名，女委员41名。委员中中共党员82名，占委员总数的43%；非中共党员111名，占委员总数的57%。少数民族委员5名，其中满族4名，朝鲜族1名。委员中年龄最小的26岁，最大的63岁，30岁以下3名，31～40岁39名，41～50岁的102名，51岁以上的49名。具有大专以上文化程度的109名，中专、高中文化的57名，初中及以下文化程度的27名。有各类专业技术职称的81名。留任委员110名，新增委员83名。

县政协第九届委员会委员构成 2012年1月，县政协八届第十五次主席会议、第十七次常委会会议协商，并经政协党组报县委批准，县政协九届委员调整坚持广泛协商、注意界别、统筹安排、全面考虑的原则。根据九届政协委员初定的人数，各级各部门共同协商，把政治思想坚定、工作有成就、群众中有影响、参政议政能力较强并热衷于政协工作的优秀人士推荐到政协组织。推荐提名在兼顾各行各业、各人民团体的同时，侧重农业、经济、文化、教育、卫生、民族宗教等各个界别的代表人士。九届政协委员有公职身份的年龄男不超过53岁、女不超过48岁；办理了离、退休手续和已确定提前离岗的委员不再安排；未满离、退休年龄，但失去工作能力、生活不能自理或有问题的不安排。县政协九届委员会委员209名，其中男委员153名，女委员56名。委员中中共党员88名，占委员总数的42%；非中共党员121名，占委员总数的58%。少数民族委员3名，其中满族2名，朝鲜族1名。委员中年龄最大的67岁，最小的23岁。具有大专以上文化程度的133名，中专、高中及以下文化程度的76名。届末有委员222名。

县政协委员简况

1982—2015年县政协产生9届委员，各届委员的姓名、性别、年龄（出生年月）、民族、政治面貌、工作单位及职务、职称等基本情况，以一览表的形式予以记述。

1982—1984年政协抚宁县第一届委员会委员一览表

姓名	性别	年龄	民族	政治面貌	工作单位	职务职称	备注
马山林	男	48	汉族	党员	县委统战部	副部长	
马秀祥	男	45	汉族		县计委	工程师	
马自和	男	41	汉族		大新寨社中	教师	
马绍曾	男	49	汉族	党员	县民政局	局长	
王　云	男	58	汉族		留守营中心粮站	粮管员	1982.12 增补
王永秋	男	65	汉族	民革	海阳公社范庄村	离休教师	1982.12 增补
王宝玉	男	47	汉族		矿山机械厂	副厂长	
王匡时	男	51	汉族		抚宁二中	副校长	
王景曜	男	55	汉族		县水利局	副股长、助理工程师	
史殿权	男	43	汉族		县水泥厂	车间主任	
古泰丰	男	46	汉族		县气象站	助工	1982.06 调出
朱伯乔	男	56	汉族	党员	坟坨社中	校长	
朱焕文	女	48	汉族	党员	县妇联会	副主任	
孙筠清	女	57	汉族		七里涧小学	幼儿教师	
刘　杰	男	57	汉族		县税务局	股长	1982.12 增补
刘　青	男	46	汉族	党员	县政策研究室	干部	1982.12 增补
刘玉洁	女	54	汉族		县妇幼保健所	主治医师	
刘志成	男	55	汉族	党员	县政协、县工业局	副主席、局长	
刘伯华	男	65	汉族		县政协、县商业局	副主席、副局长	
刘　健	男	55	汉族	党员	县科学技术协会	主席	
毕再昌	男	50	汉族		县农业局	副局长、农艺师	
吕晓岚	男	53	汉族		县副食品公司	股长	
汤立才	男	45	汉族		县政府、县林业局	副县长、农艺师	1983.10 调出
杜志仁	男	54	汉族		县农业局	农艺师	
杜采云	女	36	汉族		下庄公社万庄	妇代会主任	
易扬坤	女	47	汉族		县拖修厂	工程师	
陈向弟	男	46	汉族		渤海公社西河南	水稻技术员	
陈克本	男	61	汉族	民革	黄土营公社黄土营	农民	
陈希曾	男	57	汉族	党员	县总工会	副主席	
杨守志	男	47	汉族		县体委	教练员	
杨家骥	男	62	汉族		城关一小	教师	
杨耀忠	男	52	汉族	党员	县供销社	副主任	1982.12 增补
李兰英	女	45	汉族		抚宁一中	教师	
李启乾	男	55	汉族		台营分院	中医师	
李杰臣	男	55	汉族		牛头崖分院	医师	

（续表）

姓名	性别	年龄	民族	政治面貌	工作单位	职务职称	备注
李绍斯	男	50	汉族		县电影公司	副经理	
李雨珍	男	52	汉族		石门寨社中	教导主任	
李家义	男	41	汉族		县电力局	助工	
李景尧	男	44	汉族		县医院	主治医师	
邵长源	男	56	汉族		石门寨营业所	副主任	
谷玉祥	男	47	回族		海阳供销处	干部	
苏兰茹	男	57	汉族		宋庄公社卫生院	中医师	
林国政	男	26	汉族		茶棚公社小所庄	果树技术员	
赵庆来	男	32	汉族	党员	团县委	副书记	
赵国扬	男	28	汉族	党员	吕良峪公社俞各庄	党支部书记	
赵振基	男	62	汉族		县政协、县卫生局	副主席、副局长	
倪倩华	男	53	汉族		县文教局教研室	副主任	
郑庆魁	男	42	汉族		县文化馆群艺组	组长	省音协会员
郑淑云	女	42	汉族		县医院	主治医师	1982.12 增补
金光明	男	47	朝鲜族		西河南朝鲜族小学	负责人	
张东奎	男	58	汉族		枣园公社南新庄	党支部书记	
张树图	男	42	汉族		县通用机械厂	股长、助工	
张宝珍	女	40	汉族	党员	上庄坨公社车厂	党支部书记	
胡　顺	男	52	汉族	党员	县政协、县委、县政府	主席、副书记、副县长	
祝玉勤	男	48	汉族	党员	县委宣传部	副部长	
姚恩惠	男	63	汉族	党员	县政协、县委统战部	副主席、部长	
郭喜瑞	男	48	汉族		留守营工委农技推广站	副站长	
袁淑芬	女	33	汉族		马家峪公社殷陈庄	生产队长	
康乃兴	男	39	汉族		县第一化肥厂	电工	
崔智仁	男	52	汉族	党员	县交通局	副局长、工程师	
黑俊义	男	59	汉族	党员	县政协、县科委	副主席、主任	
董国贤	男	52	汉族	党员	县政协办公室	主任	
董树林	男	70	汉族		留守营北街	退休教师	
韩继春	男	39	汉族		榆关公社后庄	农民	
彭景春	男	43	汉族	党员	县政府	副县长	1982.12 增补
惠迎甲	男	52	汉族		下庄社中	校长	
樊博石	男	56	汉族		抚宁一中	教师	
潘义川	男	36	汉族		县水产局	股长、助工	
潘成钦	男	49	汉族	党员	宋庄公社潘官营	党支部书记	
魏朝君	男	51	汉族	党员	县卫生学校	副主任、主治医师	

1984—1987 年政协抚宁县第二届委员会委员一览表

姓名	性别	年龄	民族	文化程度	政治面貌	工作单位	职务职称	备注
马山林	男	50	汉族	中师	党员	县委统战部	副部长	
马自和	男	43	汉族	初中		大新寨小学	教师	
马秀祥	男	46	汉族	大专		县设计室	副主任、工程师	
王　云	男	59	汉族	高中		留守营粮站	粮管员	
王永秋	男	66	汉族	高中	民革	海阳镇范庄村	离休教师	
王立新	男	21	汉族	中专	团员	团县委	副书记	
王匡时	男	53	汉族	大学		县政协	副主席	
王宝昌	男	52	汉族	初中		县林业局	副站长、助理农艺师	
王景曜	男	57	汉族	中专		县水利局	股长、助理工程师	
史殿权	男	45	汉族	高小		县水泥厂	车间主任	
刘长旭	男	59	汉族	初小		牛头崖乡药马坊村		
刘玉洁	女	56	汉族	中专		县政协	副主席	

（续表）

姓名	性别	年龄	民族	文化程度	政治面貌	工作单位	职务职称	备注
刘志成	男	56	汉族	初中	党员	县政协	副主席	
刘伯华	男	66	汉族	初中		县政协	副主席	
刘　杰	男	59	汉族	高中		县税务局	股长	
刘惠廷	男	58	汉族	初中	党员	县政协	主席	
毕再昌	男	52	汉族	大学	党员	县农业局	副局长、农艺师	
孙庆祥	男	47	汉族	高小		黄土营乡黄土营村		
孙　铸	男	55	汉族	初中	党员	县法律顾问处	律师	
孙筠清	女	59	汉族	初中		留守营七里涧小学	教师	
吕晓岚	男	55	汉族	高中		县调味品公司	经理	
朱焕文	女	50	汉族	初中	党员	县妇联会	主任	
李广明	男	55	汉族	初中	党员	县政协	副主席	
李印朴	男	40	汉族	大学		县通用机械厂	助理工程师	
李兰英	女	47	汉族	师专		县一中	教师	
李东鹏	男	22	汉族	初中	团员	田各庄乡李家堡子		
李杰臣	男	57	汉族	初中		牛头崖分院	医师	
李宝林	男	53	汉族	初中	党员	县财政局	副局长、会计师	
李绍斯	男	52	汉族	初师		县电影公司	副经理、技师	1985.04 辞职
李家义	男	43	汉族	大学		县电力局	副股长、工程师	
李振纲	男	55	汉族	高中	党员	县科协	主席	
李景尧	男	46	汉族	中专		县卫生局	主治医师	
李景春	男	45	汉族	大学	党员	县经委	副科长、统计师	
陈丽霞	女	34	汉族	中专	党员	县总工会	副主席	
苏兰茹	男	59	汉族	初中		宋庄乡卫生院	主治中医师	
苏红楼	男	41	汉族	大专	党员	县卫生局	副局长、医师	
邵长源	男	58	汉族	高中		石门寨营业所	副主任	
杨守志	男	49	汉族	大学		县体委	二级教练	
杨耀宗	男	53	汉族	初中	党员	县供销社监理会	副主任	
杜志仁	男	56	汉族	中专		县政协	副主席、农艺师	
杜采云	女	35	汉族	高小		下庄乡万庄妇代会	主任	
张九龄	男	50	汉族	初中	党员	县民政局	副局长	
张　丹	女	49	汉族	中专		县烟酒公司门市部	副主任	
张东奎	男	60	汉族	初小	党员	枣园乡南新庄村	党支部书记	
张宗义	男	41	汉族	大学		县酒厂	助理工程师	
张宝珍	女	42	汉族	高小	党员	上庄坨乡车厂村	党支部书记	
张　富	男	43	汉族	高中		县个体协会	主任	
邱纯启	男	38	汉族	大学		县林业局	副股长、助理工程师	
周允恭	男	59	汉族	大学		坟坨中学	教师	
易阳坤	女	49	汉族	中专	党员	县拖修厂	工程师	
金光明	男	49	朝鲜族	中师		西河南朝鲜族小学	教导主任	
郑庆魁	男	44	汉族	中专		县文化馆	群艺组长	
郑淑云	女	44	汉族	大专		县医院	儿科主任、主治医师	
武连臣	男	50	汉族	初中		县防疫站监测科	副主任、主管医师	
单家璋	男	53	汉族	高小		西河南乡东小村		
祝玉勤	男	50	汉族	小学	党员	县委宣传部	副部长	
赵庆来	男	34	汉族	初中	党员	县工商局	副局长	
赵国栋	男	54	汉族	初中	党员	县政协	副主席	
赵振基	男	65	汉族	初中		县政协	副主席、主管医师	
倪倩华	男	55	汉族	高中	党员	县文教局教研室	副主任	
郭喜瑞	男	50	汉族	中专		留守营农技站	副站长、农艺师	
康乃兴	男	41	汉族	初中		县第一化肥厂	电工	

（续表）

姓名	性别	年龄	民族	文化程度	政治面貌	工作单位	职务职称	备注
崔智仁	男	54	汉族	中专	党员	县交通局	工程师	
韩庆祝	男	23	汉族	高中	团员	曹东庄乡下官营村		
韩际春	男	41	汉族	高中		榆关乡后庄村		
董克强	男	66	汉族	初师		马家峪乡马庄		
董树林	男	72	汉族	初中		留守营乡北街村		
董国贤	男	53	汉族	初中	党员	县政协办公室	主任	
葛树林	男	39	满族	大学		县造纸厂	技术员	
潘义川	男	38	汉族	中专		县畜牧水产局	副股长、助理工程师	
潘成钦	男	51	汉族	初小	党员	宋庄乡潘官营村	党支部委员	
樊博石	男	58	汉族	大学		抚宁一中	教师	
魏朝军	男	53	汉族	初中	党员	县卫生学校	副校长、主治医师	
马　权	男	54	汉族	初中		石门寨镇北斜街	农民	市天主教爱委会委员
马振兴	男	44	汉族	小学		城关镇泊海寨村		包山专业户
于剑萍	男	52	汉族	高中		县文化馆	馆员	
王心镜	女	46	汉族	中专	党员	石门寨镇水泥厂	副厂长	乡镇企业
王正民	男	32	汉族	初小		岚山村	村主任	棚菜专业户
王兴利	男	54	汉族	初中		海阳镇海阳三村		侨眷
邓庆久	男	47	汉族	初中	党员	县经委	副主任、助理工程师	
印纯民	男	42	汉族	初小		海阳镇大里营村		专业户
刘玉舫	女	25	汉族	中师		县幼儿园	教师	
孙秉贤	男	41	汉族	大学		县第二化肥厂	助理工程师	
许国利	男	41	汉族	初小		留守营乡前韩家林村		台属
齐凌云	男	52	汉族	后师		抚宁二中	副教导主任	
谷玉祥	男	50	回族	高小		海阳供销处糕点厂	厂长	
宋　利	男	39	汉族	高小		县交通局汽车队	工人	归侨
张秀桥	男	54	汉族	高小		石门寨供销社	股长	
李　英	男	39	汉族	高中		抚宁镇河潮营村		台属
陈国权	男	47	汉族	初中		县商业局办公室	副主任	
侯秉贵	男	32	汉族	高小		石岭村煤矿	矿长	
赵寿山	男	59	汉族	高中		县卫生学校	副校长	市政协委员
呼树民	男	59	汉族	高中		县畜牧水产局兽医站	站长、畜牧兽医师	
周瑞安	男	48	汉族	大学		县农业局技术站	副站长、助理工程师	
茹桂芝	女	35	汉族	初中		抚宁城关一小	教师	
聂绍庚	男	57	汉族	初中		枣园乡都寨村		台属
聂庆平	男	36	汉族	高小		枣园乡都寨村		
徐庆祥	男	45	汉族	高中		坟坨乡坟坨村		专业户
党国生	男	45	汉族	高中		抚宁四中	中教五级	
阎巨玮	女	31	汉族	初中		县医院	护士	
崔占春	男	63	汉族	高小		下庄乡万庄村		民间艺人
董义勇	男	51	汉族	高小		留守营供销社	副股长	
殷良生	男	40	汉族	大学		县酒厂		
曹国伟	男	43	汉族	大学		抚宁一中	副校长	
惠雅文	女	46	汉族	大学		县医院	主治医师	
穆向东	男	38	汉族	高中		县体委	篮球教练	
霍振胜	男	47	汉族	初中		台营乡吴庄	个协分会主任	专业户
黄润忠	男	46	汉族	高小	党员	县政协办公室	主任	1985.06 增补
刘松林	男	54	汉族	高小		县工商联	主任委员	1986.03 增补

1987—1990 年政协抚宁县第三届委员会委员一览表

姓名	性别	年龄	民族	文化程度	政治面貌	工作单位及职务	职称	备注
马　权	男	46	汉族	初中		石门寨镇北斜街农民		市天主教爱委会委员
马山林	男	53	汉族	中专	党员	县委统战部部长		
马友祥	男	35	汉族	初中		县医药公司股长		
马自和	男	46	汉族	初中		大新寨小学教师		
马秀祥	男	49	汉族	大专	党员	县设计室副主任	工程师	
马振兴	男	46	汉族	小学		城关镇渤海寨村		农村专业户
马啃宇	男	28	汉族	大专		县科委		
方桂兰	女	50	汉族	高小		龚家楼村妇代会主任		养貂专业户
王　云	男	62	汉族	高中		留守营粮站粮管员		全国优秀粮管员
王　耀	男	49	汉族	高中		留守营塑料厂	助理工程师	
王心镜	女	49	汉族	中专	党员	石门寨镇水泥厂副厂长		
王立新	男	24	汉族	中专	党员	团县委书记		
王正民	男	34	汉族	小学		东新寨乡岚山村		包山专业户
王永秋	男	69	汉族	高中	民革	海阳镇范庄村离休教师		
王兴利	男	56	汉族	初中		海阳镇三村		侨属
王匡时	男	56	汉族	大学		县政协副主席		
王宝昌	男	55	汉族	初中	党员	县林业局股长	助理工程师	
王宝顺	男	36	汉族	中专		县水泵厂厂长	技术员	
王培堉	男	42	汉族	大学		抚宁一中教师	中教五级	
王景曜	男	60	汉族	中专		县水利局股长	助理工程师	
仇占华	男	24	汉族	中专	团员	县城建环保局副股长		
印纯民	男	44	汉族	初小		海阳镇大里营村		蔬菜专业户
齐凌云	男	55	汉族	后师	党员	抚宁二中教导处副主任		
许　恩	男	75	汉族	小学		留守营乡前韩家林村		台属
刘长旭	男	62	汉族	初小		牛头崖乡药马坊村		种粮专业户
刘玉洁	女	58	汉族	中专		县政协副主席		
刘玉舫	女	27	汉族	中师		县幼儿园教师		
刘占英	男	51	汉族	小学		县通用机械厂副科长		
刘松林	男	54	汉族	高小		县工商联主任		
吕晓岚	男	58	汉族	高中		县副食品公司经理		
毕再昌	男	55	汉族	大学	党员	县农业局副局长	农艺师	
朱洪昌	男	52	汉族	小学	党员	县政协驻操营（区）联络组组长		
孙　志	男	33	汉族	高中		留守营变压器厂厂长		
孙　敏	男	53	汉族	初中	党员	城关镇副书记、县政协城关（镇）联络组组长		
孙　铸	男	58	汉族	初中	党员	县第一律师事务所		
孙广田	男	58	汉族	中专	党员	县政协留守营（区）联络组组长		
宋　利	男	41	汉族	高小		县交通局汽车队		归侨
杜　忠	男	44	汉族	大专	党员	县卫生局副局长	医师	
杜化民	男	51	汉族	高小		牛兰甸乡大曹各寨村		台属
杜志仁	男	59	汉族	中专		县政协副主席		
杜采云	女	38	汉族	高小		下庄乡万庄妇代会主任		
杨逢时	男	58	汉族	高小		上徐各庄村		养殖专业户
杨华堂	男	47	汉族	高小		坟坨新华钢窗厂厂长		市劳模
杨春杰	男	41	汉族	大学		县水泥厂科长	技术员	
杨耀宗	男	56	汉族	初中	党员	县联社监事会副主任		
李　英	男	41	汉族	高中		城关镇河潮营村		台属

（续表）

姓名	性别	年龄	民族	文化程度	政治面貌	工作单位及职务	职称	备注
李广明	男	58	汉族	初中	党员	县政协副主席		
李子贵	男	56	汉族	初中	党员	县政协海阳（区）联络组组长		
李兰英	女	50	汉族	大专		抚宁一中教师		侨属
李东鹏	男	25	汉族	初中	团员	田各庄乡李家堡子村		
李成岩	男	45	汉族	大学		县经委副主任	会计师	
李述善	男	33	汉族	初中		县邮局		台属
李宝林	男	56	汉族	中专		县财政局副局长	会计师	
李家义	男	46	汉族	大学	党员	县电力局股长	工程师	
李振纲	男	58	汉族	高中	党员	县科协调研员		
李景尧	男	49	汉族	中专		留守营分院医生	主治医师	
李景春	男	47	汉族	大学	党员	县经委科长	统计师	
苏兰茹	男	62	汉族	初中		宋庄乡七里涧诊所	主治医师	卫生院退休
谷玉祥	男	52	回族	高小		海阳供销社		
张　富	男	46	汉族	高中		县个体协会副主任		
张九龄	男	54	汉族	初中	党员	县民政局副局长		
张东奎	男	63	汉族	初小	党员	枣园乡南新庄村		乡养虾场
张进明	男	42	汉族	高中	党员	吕良峪乡中教导主任		台属
张秀桥	男	56	汉族	高小		石门寨采购站站长		
张金玉	男	51	汉族	高小		北寨乡南寨村		专业户
张宝珍	女	45	汉族	高小	党员	上庄坨乡车厂村党支部书记		
张浩成	男	56	汉族	初中	党员	县政协主席		
张彩霞	女	23	汉族	高中		留守营乡樊各北村教师		
陆敬芝	女	25	汉族	高中		鲁庄乡卢峰口村		县三八红旗手
陈丽霞	女	37	汉族	中专	党员	县总工会副主席		
陈宝巨	男	50	汉族	高小		吕良峪乡陈庄村		科学种植
陈国权	男	49	汉族	初中		县商业局办公室副主任		
郑庆魁	男	47	汉族	中专		县文化馆副馆长		
郑宝来	男	39	汉族	高小		抚宁县燕山食品厂股长		
郑淑云	女	47	汉族	大专		县医院小儿科主任	主治医师	
单世昌	男	52	汉族	大学	党员	县委宣传部副部长		
单家璋	男	56	汉族	高小		西河南乡东河南村		养貂专业户
岳秀茹	女	37	汉族	初中	党员	县妇联会主任		
易扬坤	女	53	汉族	中专	党员	县拖修厂办公室主任	工程师	
呼树民	男	61	汉族	高中		县畜牧水产局	兽医师	
周允恭	男	62	汉族	大学		坟坨中学教师	中教五级	
周天喜	男	42	汉族	高小		麻姑营乡干涧村		科学种植
周瑞安	男	50	汉族	大学		台营区农技站	助理农艺师	
金　松	男	51	汉族	中专	党员	县政协城关（区）联络组组长		
金光明	男	52	朝鲜族	中师		西河南朝鲜族小学主任		
金润深	男	57	汉族	初中	党员	县政协榆关区、牛头崖联络组组长		1988.04 牛头崖任职
祝玉勤	男	54	汉族	初中	党员	县科协主席		
赵永太	男	34	汉族	初中		留守营乡山上营村		养鸡专业户
赵占成	男	47	汉族	初中		卢王庄乡卢王庄村		承包商店
赵寿山	男	61	汉族	高中		县卫生学校副校长	主治医师	
赵志卿	男	44	汉族	中专		县乡镇企业局副股长		
赵国栋	男	57	汉族	初中	党员	县政协副主席		
赵振基	男	68	汉族	初中		县政协副主席		

（续表）

姓名	性别	年龄	民族	文化程度	政治面貌	工作单位及职务	职称	备注
赵晓兰	女	24	汉族	高中		田各庄乡中街村		市三八红旗手
茹桂芝	女	37	汉族	初中		城关一小教师		
侯庆权	男	43	汉族	初中	党员	黄土营乡娃娃峪村副主任		市劳模
侯秉贵	男	34	汉族	初中		上庄坨乡石岭煤矿矿长		
侯福阳	男	44	汉族	初中		海阳镇范庄村		养殖专业户
高恩铭	男	55	汉族	初中	党员	县政协石门寨（区）联络组组长		
郭志满	男	45	汉族	高小	党员	樊各南村造纸厂厂长		市劳模
郭喜瑞	男	55	汉族	中专		县农业局技术站副站长	农艺师	
闫巨玮	女	33	汉族	初中		县医院妇产科护士长		
聂庆平	男	38	汉族	高小		枣园乡都寨村		养鸡专业户
聂绍庚	男	50	汉族			枣园乡都寨村		台属
倪倩华	男	58	汉族	中专	党员	县文教局教研室副主任	小教三级	
徐庆祥	男	47	汉族	高中		坟坨乡坟坨村		蔬菜专业户
徐继连	男	55	汉族	小学	党员	县政协大新寨（区）联络组组长		
党国生	男	47	汉族	大学		抚宁四中教师	中教五级	
殷良生	男	42	汉族	大学		县酒厂副厂长		
黄润忠	男	48	汉族	高小	党员	县政协办公室主任		
曹国伟	男	45	汉族	大学	党员	抚宁一中校长	中教五级	
崔占春	男	63	汉族	高小		下庄乡万庄村		民间艺人
崔智仁	男	56	汉族	中专	党员	县交通局副局长	工程师	
董义勇	男	53	汉族	高小		县工商联副主任		
董克强	男	69	汉族	初中		马家峪乡中退休教师		台属
董育才	男	52	汉族	大专		县工商银行副股长		
董树林	男	75	汉族	初中		留守营乡北街村退休教师		台属
韩庆祝	男	26	汉族	高中		曹东庄乡下官营村		
韩际春	男	44	汉族	高中		榆关乡后庄村		侨属
韩景孝	男	40	汉族	高小		宋庄乡沿沟屯村		台属
惠寅甲	男	33	汉族	高小		县百货公司副经理		先进工作者
惠雅文	女	43	汉族	大学		县医院医生	主治医师	
葛树林	男	42	满族	大学	党员	县造纸厂科长	技术员	
翟振兴	男	52	汉族	高中	党员	台营区委副书记、县政协台营区联络组组长		
潘义川	男	41	汉族	中专	党员	县畜牧水产局副局长		
潘成钦	男	54	汉族	小学	党员	宋庄乡潘官营村		
薛志鹏	男	39	汉族	中专		海阳针织服装厂厂长		
穆向东	男	40	汉族	高中		县体校教师		
霍振胜	男	49	汉族	初中		台营乡个协分会主任		
魏朝君	男	56	汉族	初中	党员	县中医院副院长	主治医师	
王佩文	男	40	汉族	高中	党员	县政协曹东庄联络组组长		1988.04 增补
李春山	男	56	汉族	初中	党员	县政协榆关联络组组长		1988.04 增补
曹文贵	男	51	汉族	小学		拦马庄乡兽医站站长		1988.04 增补
赵长久	男	34	汉族	初中		深河石矿矿长		1988.04 增补
李文兴	男	37	汉族	初中		曹东庄林业站站长		1988.04 增补
焦仲军	男	36	汉族	初中		杜庄乡焦庄村村主任		1988.04 增补
张宝利	男	48	汉族	小学		姚周寨乡北张庄村农民		1988.04 增补
杨士儒	男	55	汉族	小学	党员	县政协台营联络组组长		1988.07 增补
祖秉和	男	51	汉族	高中	党员	县政协留守营联络组组长		1990.02 增补
马安会	男	51	汉族	高中	党员	县政协牛头崖联络组组长		1990.02 增补
陈彦荣	男	46	汉族	初中	党员	县政协海阳联络组组长		1990.02 增补

（续表）

姓名	性别	年龄	民族	文化程度	政治面貌	工作单位及职务	职称	备注
张连弼	男	57	汉族	初中	党员	县政协驻操营联络组组长		1990.02 增补
李宪福	男	51	汉族	初中	党员	县政协榆关联络组组长		1989.03 增补

1990—1993 年政协抚宁县第四届委员会委员一览表

姓名	性别	年龄	民族	文化程度	政治面貌	工作单位及职务	职称	备注
刘松林	男	58	汉族	高小		县工商联主任	会计师	
岳秀茹	女	40	汉族	中专	党员	县妇联主任		
陈丽霞	女	40	汉族	大专	党员	县总工会副主席		
刘　勉	男	53	汉族	中专	党员	县委宣传部副部长		
仇占华	男	27	汉族	大专		县土管局	助理规划师	
孙焕仁	男	49	汉族	高中	党员	县旅游局副局长	助理经济师	
金　顺	男	42	汉族	高中	党员	县政府办公室副主任		
王立群	男	32	汉族	大学	党员	团县委书记		
傅振东	男	55	汉族	初中	党员	县政协主席		
李瑞林	男	55	汉族	初中	党员	县政协副主席		
张九龄	男	56	汉族	初中	党员	县政协秘书长		
王立新	男	27	汉族	大专	党员	县法院副院长		
卢佑春	男	37	汉族	中专	党员	县检察院副检察长		
赵秋香	女	39	汉族	大专	党员	县司法局副局长	助理工程师	
孙连侠	男	46	汉族	中专	党员	县公安局副局长		
白润泉	男	55	汉族	中专	党员	县政协副主席		
倪倩华	男	61	汉族	大专	党员	县文教局督导员	中教高级	
曹国伟	男	48	汉族	大学	党员	抚宁一中校长	中教高级	
王匡时	男	59	汉族	大学		县政协副主席		
郑庆魁	男	50	汉族	中专		县政协副主席	馆员	
齐凌云	男	57	汉族	中师	党员	抚宁二中教导处主任	中教高级	
刘玉舫	女	30	汉族	中专		县幼儿园教师	幼教一级	
党国生	男	50	汉族	大学		抚宁四中教师	中教高级	
王培堉	男	47	汉族	大学		抚宁一中教师	中教高级	
穆向东	男	43	汉族	高中		县体委教练		
唐家君	男	34	汉族	大专	党员	县文联副主席	编辑	
杜　忠	男	47	汉族	大专	党员	县卫生局副局长	主管医师	
郑淑云	女	49	汉族	大专		县中医院儿科主任	主治医师	
惠雅文	女	51	汉族	大学		县医院内三科主任	主治医师	
阎巨玮	女	38	汉族	初中		县中医院总护士长	护师	
马有祥	男	38	汉族	初中		县医药公司股长		
赵维玲	女	52	汉族	中专		县医院妇产科主任	主治医师	
张玉琴	女	52	汉族	初中	党员	县妇幼保健所所长		
李春明	男	44	汉族	初中	党员	县计划生育委员会副主任		
郭喜瑞	男	54	汉族	中专		县农业局技术站站长	农艺师	
潘义川	男	44	汉族	中专	党员	县畜牧水产局副局长	工程师	
马哨宇	男	31	汉族	大专		县科委副主任	助理农艺师	
杜志仁	男	62	汉族	中专		县政协副主席	农艺师	
杨喜林	男	53	汉族	大专	党员	县农业局副局长	农艺师	
陈庆昆	男	48	汉族	大学	党员	县林业局副局长	工程师	
王瑞金	男	43	汉族	中专	党员	县科协主席	工程师	
惠寅甲	男	35	汉族	初中		县百货公司副经理		
陈国权	男	52	汉族	初中		县商业局办公室副主任		
董育才	男	55	汉族	大专		县工商行副股长	经济师	

（续表）

姓名	性别	年龄	民族	文化程度	政治面貌	工作单位及职务	职称	备注
黄润忠	男	51	汉族	高中	党员	县保险公司经理		
胡建昌	男	33	汉族	大专		县税务局股长	助理经济师	
赵庆来	男	39	汉族	中专	党员	县工商局副局长		
赵　平	男	36	汉族	大专	党员	县人行副行长	经济师	
孙　杰	男	50	汉族	初中	党员	县粮食局股长	经济师	
李宝林	男	59	汉族	高中	党员	县财政局副局长	经济师	
吕晓岚	男	60	汉族	高中		县供销社离休干部	经济师	
李家义	男	49	汉族	大学	党员	县电力公司副经理	工程师	
赵志卿	男	48	汉族	中专		县经委生产科负责人	助理经济师	
李成岩	男	49	汉族	大学		县政协副主席	会计师	
李景春	男	50	汉族	大学	党员	县工业局生产科科长	统计师	
刘占英	男	54	汉族	小学		县锰钢公司设备部副主任		
杨春杰	男	44	汉族	大学		县第一水泥厂副厂长	工程师	
殷良生	男	45	汉族	大学		县酒厂副厂长	工程师	
葛树林	男	45	满族	大学	党员	县造纸厂设备处处长	工程师	
马秀祥	男	51	汉族	大学	党员	县建委设计室主任	高级工程师	
孙英杰	男	40	汉族	初中		县第二化肥厂副主任		
王春田	男	50	汉族	小学		县农机厂车间主任		
邵耀庭	男	41	汉族	大专		县交通局干部	助理经济师	
齐宗盛	男	44	汉族	初中	党员	县地矿局副局长	助理工程师	
刘建民	男	37	汉族	大专	党员	县乡镇企业局副局长	技术员	
金国会	男	36	汉族	中专	党员	县二轻总公司副总经理	助理经济师	
王国成	男	40	汉族	初中		县淀粉葡萄糖厂人保科科长		
马山林	男	56	汉族	中专	党员	县委统战部部长		
李兰英	女	53	汉族	大专		抚宁一中教师		侨属
张进明	男	46	汉族	大专	党员	吕良峪乡中教导主任		台属
杜化民	男	54	汉族	高小		大新寨镇大曹各寨农民		台属
董克强	男	72	汉族	中专		马家峪中学离休教师		台属
李述善	男	39	汉族	初中		县邮电局职工	助理工程师	台属
李　英	男	43	汉族	高中		抚宁镇河潮营村农民		台属
聂少庚	男	61	汉族	初中		牛头崖镇都寨村农民		台属
王兴利	男	58	汉族	初中		海阳镇三村农民		侨属
韩际春	男	48	汉族	高中		榆关镇后庄村农民		侨属
宋　利	男	44	汉族	高小		县交通局车队工人		归侨
韩景孝	男	43	汉族	高小		留守营镇沿沟屯村农民		台属
曹文贵	男	53	汉族	小学		拦马庄乡兽医站站长		台 属
董洪良	男	50	汉族	初中		留守营镇北街村农民		台属
蔡东权	男	54	汉族	大学	党员	县侨联主席		归侨台胞
董文瑾	男	70	汉族	高中		黄埔同学会抚宁组组长		
王永秋	男	72	汉族	高中	民革	海阳小学离休教师		
徐继连	男	58	汉族	高中	党员	县政协大新寨联络组组长		
张金玉	男	54	汉族	高小		北寨乡南寨村农民		
石金俭	男	41	汉族	初中		大新寨供销社会计	会计员	
陈洪志	男	52	汉族	高小	党员	双岭乡程家沟村农民		
杨士儒	男	55	汉族	小学	党员	县政协台营联络组组长		
陈宝巨	男	51	汉族	初中		台营镇陈庄村农民		
周天玺	男	45	汉族	高小		麻姑营乡干涧村农民		
霍振胜	男	56	汉族	小学		台营个体协会副会长		
周瑞安	男	53	汉族	大学		台营农技站站长	农艺师	

（续表）

姓名	性别	年龄	民族	文化程度	政治面貌	工作单位及职务	职称	备注
柳汉林	男	58	汉族	高小		麻姑营乡柳各庄村村主任		
王佩文	男	42	汉族	高中	党员	县政协曹东庄联络组组长		1991.01 辞职
韩庆祝	男	29	汉族	高中		曹东庄乡下官营村农民		
李文兴	男	39	汉族	初中		茶棚乡林业站站长	助理农艺师	1991.04 撤职
孙汝财	男	41	汉族	初中		曹东庄乡西石河村兽医	技术员	
李延文	男	41	汉族	初中		茶棚卫生院院长	医师	
孙　敏	男	56	汉族	初中	党员	县政协城关联络组组长		
马振兴	男	49	汉族	小学		抚宁镇渤海寨村农民		农机专业户
杜采云	女	42	汉族	高小	党员	下庄乡计生办副主任		
崔占春	男	66	汉族	高小		下庄乡万庄村农民		民间艺人
茹桂芝	女	40	汉族	初中		抚宁镇一小教师		
杨华堂	男	50	汉族	高小	党员	新华钢窗厂厂长		市劳模
李东鹏	男	26	汉族	高中	团员	田各庄乡李家堡子农民	助理农艺师	
徐庆祥	男	50	汉族	高中		坟坨乡坟坨村农民		蔬菜专业户
刘佩霞	女	41	汉族	初中	党员	抚宁镇妇联主任		全国三八红旗手、优秀妇女干部
朱云长	男	25	汉族	高中	团员	坟坨乡团委书记		
高云良	男	48	汉族	初中		田各庄乡郝各庄村农民		县基督教协会会长
祖秉和	男	51	汉族	高中	党员	县政协留守营、牛头崖联络组组长		1991.05 任牛头崖联络组组长
李景尧	男	52	汉族	中专		留守营分院院长	主治医师	
张彩霞	女	27	汉族	高中		留守营镇樊各北村教师		
郑宝来	男	43	汉族	初中		燕山食品厂副厂长	技术员	
金光明	男	54	朝鲜族	中师		朝鲜族小学主任		
赵永太	男	37	汉族	初中		留守营镇山上营村农民	技术员	
郭志满	男	49	汉族	高中	党员	樊各南造纸厂副厂长	高级工程师	
单家璋	男	57	汉族	高小		西河南乡东小村农民		
董义勇	男	56	汉族	高小		留守营供销社副主任		县工商联副主任
苏兰茹	男	65	汉族	高中		七里涧诊所退休医生	主治医师	
冯　满	男	32	汉族	中专		西河南乡副乡长		
郑　宝	男	52	汉族	中专	党员	留守营中学校长	小教高级	
马安会	男	51	汉族	初中	党员	县政协牛头崖联络组组长		
聂庆平	男	41	汉族	初中		牛头崖镇都寨村农民		养鸡专业户、市劳模
赵占成	男	49	汉族	初中		卢王庄乡卢王庄村农民		
王宝顺	男	41	汉族	中专		县水泵厂副厂长	助理工程师	
杨　志	男	40	汉族	大专		牛头崖镇副镇长		
李金胜	男	40	汉族	初中		卢王庄小学教师		全国优秀教师、省少先队优秀辅导员
常泰金	男	47	汉族	初中		牛头崖镇西陆庄村农民		
李宪福	男	52	汉族	初中	党员	县政协榆关联络组组长		
王正民	男	38	汉族	高小		榆关镇岚山村农民		包荒山专业户
杨逢时	男	60	汉族	高小		上徐各庄村农民		养殖专业户
郁志林	男	26	汉族	高中	党员	榆关镇团委书记		
魏玉成	男	55	汉族	中专		榆关卫生院医生	主治医师	
武俊杰	男	48	汉族	高中		上徐各庄乡经委会计	助理会计师	

（续表）

姓名	性别	年龄	民族	文化程度	政治面貌	工作单位及职务	职称	备注
张雨中	男	53	汉族	中师	党员	冯庄中学校长		
陈彦荣	男	46	汉族	初中	党员	县政协海阳联络组组长		
印纯民	男	46	汉族	小学		海阳镇大里营村农民		
侯福阳	男	46	汉族	初中		海阳镇范庄村农民		
张宝利	男	50	汉族	小学		姚周寨乡北张庄村农民		
赵长久	男	36	汉族	初中		深河石矿矿长		
焦仲军	男	38	汉族	初中		杜庄乡焦庄村村主任		
刘益珍	男	52	汉族	高小	党员	海阳分院医生	医师	
杨绍纯	男	41	汉族	中专		杜庄农业站副站长	助理农艺师	
谷玉祥	男	55	回族	高小		海阳供销社退休职工		
戴新武	男	33	汉族	高中		海阳电气安装公司经理		
高恩铭	男	58	汉族	初中	党员	县政协石门寨联络组组长		
马　权	男	50	汉族	初中		石门寨镇北斜街村农民		市天主教爱委会委员
王心镜	女	51	汉族	中专	党员	石门寨第一水泥厂副厂长	工程师	
侯秉贵	男	37	汉族	初中	党员	上庄坨乡石岭村农民		
王明复	男	50	汉族	中师		上庄坨小学教导主任	小教高级	
费宝铁	男	34	汉族	初中	党员	石门寨镇北林子村村主任		
刘永春	男	38	汉族	初中		石门寨小学教师	中教三级	国家级优秀体育教师
张连弼	男	57	汉族	初中	党员	县政协驻操营联络组组长		
刘耀平	男	50	汉族	高小		驻操营供销社职工		
王桂根	男	48	汉族	初中		黄土营乡王铁庄村农民		
钱百萃	男	53	汉族	中专		义院口村村办厂厂长		
王百义	男	51	汉族	小学		驻操营镇平顶峪村农民		
赵万利	男	56	汉族	高小	党员	县政协留守营联络组组长		1991.04 任职
高国忠	男	46	汉族	初中	党员	县政协大新寨联络组组长		1991.11 任职
刘　勉	男	51	汉族	初中	党员	县政协曹东庄联络组组长		1991.01 任职
李占纯	男	54	汉族	中专	党员	县政协驻操营联络组组长		1992.04 任职
孟长旭	男	45	汉族	高中	党员	县政协石门寨联络组组长		1992.04 任职
宁凤云	男	50	汉族	中专	党员	县政协海阳联络组组长		1992.07 任职
武　庆	男	58	汉族		党员	县政协大新寨联络组组长		1990.08 任职
王向春	男	55	汉族	初师	党员	县政协办公室主任		1990.08 任职
王瑞东	男	55	汉族	中师	党员	县政协科长		1990.08 任职
傅衍生	男	42	汉族	中专	党员	县政协科长		1990.08 任职
王晓光	男	43	汉族	中专	党员	县政协科长		1990.08 任职
王迎新	女	44	汉族	初中		大新寨郭家场村农民		1990.11 任职、台属

1993—1998 年政协抚宁县第五届委员会委员一览表

姓名	性别	出生年月	民族	政治面貌	文化程度	工作单位及职务	职称	备注
苏洪珊	男	1946.01	汉族	党员	大专	县政协主席		
傅衍生	男	1948.02	汉族	党员	中专	县政协社会法制科科长		
陈丽霞	女	1950.11	汉族	党员	大专	县总工会副主席		
刘　勉	男	1937.01	汉族	党员	中专	县委宣传部副部长兼文明办主任		
孙焕仁	男	1941.01	汉族	党员	高中	县旅游局副局长	经济师	
张振录	男	1962.09	汉族	党员	大专	县检察院		
李春明	男	1946.09	汉族	党员	初中	县移民办公室主任		
王立新	男	1963.10	汉族	党员	大专	县法院副院长		
王凤强	男	1946.03	汉族	党员	大专	县委政法委副书记		

（续表）

姓名	性别	出生年月	民族	政治面貌	文化程度	工作单位及职务	职称	备注
王向春	男	1935.08	汉族	党员	中专	县政协秘书长		
郭丽春	女	1952.03	汉族	党员	大专	县妇联副主任		
孙柳林	男	1949.10	汉族	党员	中专	县工商联主任	助理经济师	
李成岩	男	1941.04	汉族	群众	大学	县政协副主席	会计师	
张志坚	男	1961.05	汉族	群众	大学	县经委财务科科长	助理会计师	
杨春杰	男	1944.07	汉族	党员	大学	县第一水泥厂副厂长	工程师	
殷良生	男	1945.10	汉族	群众	大学	县酒厂副厂长	工程师	
葛树林	男	1945.10	满族	党员	大学	县造纸厂厂长助理	工程师	
杜学华	女	1958.08	满族	群众	高中	县棉织厂车间主任		
杜静红	女	1946.10	汉族	群众	大学	县锰钢公司技术部主任	工程师	
马秀祥	男	1939	汉族	党员	大专	县建委副主任	高级工程师	
杨宇明	男	1952.06	汉族	群众	高中	市政工程公司经理		
陈　光	女	1957.05	汉族	群众	大专	县环保局副局长	助理工程师	
王宝顺	男	1949.09	汉族	群众	中专	县水泵厂副厂长	助理工程师	
赵志卿	男	1942.04	汉族	群众	中专	县土管局副局长	助理工程师	
仇占华	男	1965.08	汉族	群众	中专	县土管局	助理规划师	
邵耀庭	男	1949.08	汉族	群众	大专	县交通局副局长	助理经济师	
齐宗盛	男	1945	汉族	党员	初中	县地矿局副局长	助理工程师	
高尚民	男	1951.04	汉族	群众	中专	县二轻工业局副局长	助理工程师	
胡建军	男	1951.04	汉族	群众	大专	县电缆厂厂长	助理工程师	
刘祥林	男	1943.08	汉族	党员	初中	县乡镇企业局副局长		
成和昌	男	1954.09	汉族	群众	中专	县供电局用电科		归侨
孙英杰	男	1949	汉族	群众	初中	县第二化肥厂车间主任		
刘　成	男	1951.10	汉族	群众	高中	县淀粉厂办公室副主任	助理经济师	
马文山	男	1959.08	汉族	群众	高中	县第二水泥厂副科长		
翟　华	男	1955.01	汉族	群众	高中	县通用机械厂车间主任		
陈亚萍	女	1963.06	汉族	群众	大学	县计量局干部	助理工程师	
倪倩华	男	1929.04	汉族	党员	大专	县教委督导员副主任	中教高级	
蒋顺强	男	1955.08	汉族	群众	大专	县第二中学教师	中教二级	
魏广镇	男	1955.07	汉族	群众	大专	县第三中学教导副主任	中教二级	
张弼庭	男	1937.04	汉族	党员	大学	县教委副主任		
赵庆生	男	1938.12	汉族	群众	大专	县农技中学教师	中教一级	
张仲青	男	1947.10	汉族	群众	大学	县第一中学教师	中教二级	
党国生	男	1940.03	汉族	群众	大学	县职中教师	中教高级	
唐家君	男	1956.09	汉族	党员	大专	县文联副主席	编辑	
郑庆魁	男	1940.01	汉族	群众	中专	县政协副主席、副馆长	馆员	
王龙印	男	1949.08	汉族	群众	大专	县体委副主任		
杨立华	男	1953.03	汉族	群众	大学	县教委教研室	中教一级	
王瑞东	男	1935.10	汉族	党员	中专	县政协宣教科科长		
杜克谦	男	1951.11	汉族	群众	中专	县卫生局副局长	中医师	
郑淑云	女	1941.11	汉族	群众	大学	县妇幼保健所	主治医师	
王春璞	女	1951.02	汉族	群众	大专	县医院医生	医师	
高腾辉	女	1955.07	汉族	群众	初中	县医院护士	护师	
张殿忠	男	1962.11	汉族	群众	大专	县防疫站科主任	流行病医师	
阎巨玮	女	1953.02	汉族	群众	初中	县中医院护士长	护师	
林志义	男	1964.06	汉族	群众	大学	县中医院医生	中医师	
高　俭	男	1938.07	汉族	党员	初中	县医药公司经理	经济师	
王玉华	女	1950	汉族	党员	大专	县计生委副主任		
李忠海	男	1939.01	汉族	党员	中专	县中医院内科主任	主治医师	
郭喜瑞	男	1936.05	汉族	群众	中专	县农业局技术站站长	农艺师	

（续表）

姓名	性别	出生年月	民族	政治面貌	文化程度	工作单位及职务	职称	备注
杨喜林	男	1937.07	汉族	党员	大专	县农业局副局长	农艺师	
刘贵杰	男	1962	汉族	群众	大学	县水利局股长	助理工程师	
王瑞金	男	1947.01	汉族	党员	中专	县科协主席	工程师	
倪印林	男	1947	汉族	群众	初中	县畜牧兽医站副主任	助理兽医师	
孙　敏	男	1948.01	汉族	党员	大专	县委农工部副部长		
潘义川	男	1946.03	汉族	党员	大专	县畜牧水产局副局长		
孙维国	男	1941.08	汉族	群众	大专	县林业局干部	农艺师	
孙树双	男	1961.06	汉族	群众	大专	县农业局干部		
陈庆昆	男	1942.08	汉族	党员	大学	县政协办公室主任	工程师	
王晓光	男	1947.05	汉族	党员	中专	县政协经济科科长		
马哨宇	男	1959	汉族	群众	大专	县科委副主任	助理农艺师	
陈国权	男	1938.07	汉族	群众	初中	县商业局办公室副主任		
黄润忠	男	1939.08	汉族	党员	高小	县保险公司书记、经理	经济师	
赵　平	男	1954.01	汉族	党员	大专	县人行副行长	经济师	
尚春生	男	1955.03	汉族	群众	高中	县社招待所经理		
马利华	男	1955.10	汉族	党员	大专	县财政局副局长	会计师	
马志英	男	1943.12	汉族	党员	高中	县税务局副局长	助理经济师	
李继臣	男	1955.03	汉族	党员	大专	县工商局副局长		
孙　杰	男	1940.02	汉族	党员	初中	县粮食局股长	经济师	
张进明	男	1944.05	汉族	党员	大专	县教委干部		
李述善	男	1951.02	汉族	群众	高中	县邮电局职工	助理工程师	
鲁云杰	男	1954.07	汉族	党员	中专	县政府外事办公室主任	助理工程师	
蔡东权	男	1936.12	汉族	党员	中专	县水利局股长侨联主席		
董克强	男	1917	汉族	群众	中专	坟坨乡退休教师		
李　英	男	1945.09	汉族	群众	初中	河潮营村		
董文瑾	男	1919.12	汉族	群众	初中	黄埔同学会抚宁组负责人		
韩继春	男	1941	汉族	群众	高中	榆关镇后庄村		
韩景孝	男	1947.04	汉族	群众	高小	留守营镇沿沟屯村		
董洪良	男	1940.04	汉族	群众	初中	留守营镇北街村		
聂　林	男	1949.05	汉族	群众	高中	牛头崖镇都寨村		
顾昌和	男	1956.04	汉族	党员	大专	县政协副主席县委统战部部长		
张焕彪	男	1937.11	汉族	党员	中专	县委统战部副部长		
杨庆祝	男	1946.06	汉族	党员	初中	县政协城关联络组组长		
杜彩云	女	1949	汉族	党员	高小	下庄乡计生委		
崔占春	男	1923	汉族	群众	高小	下庄乡万庄村农民		吹歌艺术家
杨志新	男	1959	汉族	群众	高中	坟坨乡新华钢窗厂副厂长		
李东鹏	男	1963.09	汉族	群众	初中	李家堡子团支部书记	助理农艺师	
王明翠	女	1956.04	汉族	群众	高中	田各庄乡中街妇联主任		
高云良	男	1942.05	汉族	群众	高中	县基督教爱国会会长		郡各庄农民
傅尚敏	男	1941.07	汉族	群众	大专	抚宁镇中校长		
赵秉谦	男	1941.07	汉族	党员	中师	抚宁镇一小校长		
公克勤	男	1962.06	汉族	群众	大专	京岛汽车改装厂副厂长		南望庄村
刘　耀	男	1937.08	汉族	群众	初中	秦皇岛秦燕化工总经理	高级经济师	
赵万利	男	1935.05	汉族	党员	高小	县政协留守营联络组组长		
郑宝来	男	1947.12	汉族	群众	初中	燕山食品厂副厂长	技术员	
金光明	男	1936.05	朝鲜族	群众	中专	朝鲜族小学主任	小教高级	
陈晓峰	男	1955.03	汉族	党员	中专	抚宁县信峰加工纸厂厂长	经济师	
张铁成	男	1952.05	汉族	党员	大专	县政协留守营联络组组长		1993.02 任职
孙艺功	男	1961.09	汉族	群众	高中	艺工电焊机厂厂长		潘官营村
张大兴	男	1952	汉族	群众	高中	张各庄中学食品厂厂长		

（续表）

姓名	性别	出生年月	民族	政治面貌	文化程度	工作单位及职务	职称	备注
祖秉和	男	1939.12	汉族	党员	高中	县政协牛头崖联络组组长		
聂庆平	男	1949.05	汉族	群众	初中	牛头崖镇都寨村农民		养鸡专业户
杨　志	男	1950.09	汉族	群众	大专	卢王庄乡副乡长		
李金胜	男	1950.03	汉族	党员	初中	卢王庄乡小学教师	小教一级	全国优秀教师 省优秀辅导员
常泰金	男	1943.07	汉族	群众	初中	牛头崖镇西陆庄村农民		花卉专业户
张凤兰	女	1949	汉族		初中	卢王庄村妇联主任		
程会书	男	1946.12	汉族	党员	高中	县政协牛头崖联络组组长		1993.02 任职
李宪福	男	1938.10	汉族	党员	大专	县政协榆关联络组组长		
王正民	男	1952.02	汉族	群众	高小	榆关镇岚山村农民		种植专业户
杨逢时	男	1930.07	汉族	群众	小学	上徐各庄村农民		养殖专业户
武俊杰	男	1942.05	汉族	群众	中专	上徐各庄乡经委	助理会计师	
刘　勉	男	1941.03	汉族	党员	初中	县政协曹东庄联络组组长		
韩庆祝	男	1961.11	汉族	群众	高中	曹东庄乡下官营村农民	农业技术员	
孙汝财	男	1949.07	汉族	群众	初中	曹东庄乡西石河村兽医	技术员	
李延文	男	1949.09	汉族	群众	初中	茶棚乡卫生院院长	医师	
张云臣	男	1943.01	汉族	党员	高小	县政协台营联络组组长		
陈宝巨	男	1939.10	汉族	群众	初中	台营镇陈庄村农民		
周天玺	男	1945.07	汉族	群众	高小	麻姑营乡干涧村农民		
周瑞安	男	1937.10	汉族	群众	大学	台营农技站站长	农艺师	
高国忠	男	1945.11	汉族	党员	中专	县政协大新寨联络组组长		
张金玉	男	1936	汉族	群众	高小	北寨乡南寨村农民		果树专业户
石金俭	男	1949.09	汉族	群众	初中	大新寨供销社股长	会计员	
杜化民	男	1936.02	汉族	群众	高小	大曹各寨村农民		台属
王迎新	女	1948	汉族	群众	初中	双岭乡郭家场村		台属
宁凤云	男	1942.11	汉族	党员	中专	县政协海阳联络组组长		
印纯民	男	1944	汉族	群众	小学	海阳镇大里营村农民		蔬菜专业户
侯福阳	男	1944	汉族	群众	初中	海阳镇范庄村农民		果树专业户
王永秋	男	1918.09	汉族	民革	高中	海阳镇范庄村退休教师		民革成员
杨茂林	男	1948	汉族	党员	初中	杜庄乡王庄村石矿矿长		
阚丽萍	女	1970.02	汉族	团员	中专	杜庄乡团委书记		
戴新武	男	1957.02	汉族	群众	高中	兴秦实业有限公司经理	助理工程师	姚周寨乡
韩凤祥	男	1946.02	汉族	党员	初中	腰占庄村党支部书记		
赵长久	男	1954.11	汉族	群众	初中	深河乡石矿矿长		
刘益珍	男	1938.03	汉族	党员	高小	海阳分院医生	医师	
杨秋华	女	1958.08	汉族	群众	初中	深河泥刀厂厂长		
孟长旭	男	1947.09	汉族	党员	高中	县政协石门寨联络组组长		
马　权	男	1940.08	汉族	群众	初中	石门寨北斜街农民		市天主教爱 委会委员
王心镜	女	1939.10	汉族	党员	中专	石门寨一水泥厂副厂长	工程师	
侯秉贵	男	1953.12	汉族	党员	初中	石岭村煤矿矿长	助理经济师	
王明复	男	1941.11	汉族	群众	中师	上庄坨小学教导主任	高级教师	
刘永春	男	1951.01	汉族	群众	初中	石门寨小学体育教师	中教三级	
刘守仁	男	1950.05	汉族	党员	初中	县政协石门寨联络组组长		1993.02 任职
李占纯	男	1938.11	汉族	党员	中专	县政协驻操营联络组组长		
刘耀平	男	1940	汉族	群众	高小	驻操营供销社职工		
王桂根	男	1942	汉族	群众	中专	黄土营乡王铁庄村农民		
钱百萃	男	1937.07	汉族	群众	中专	义院口村村办厂厂长		
王百义	男	1939.02	汉族	群众	小学	平顶峪村农民		
杨晓文	男	1954.07	汉族	党员	中专	县政协宣教文卫科科长		

（续表）

姓名	性别	出生年月	民族	政治面貌	文化程度	工作单位及职务	职称	备注
李居中	男	1940.02	汉族	党员	初中	县政协留守营联络组组长		1993.07 任职
李杰峰	男	1953	汉族	党员	高中	县政协海阳联络组组长		1994.10 任职
韩雪夫	男	1956.08	汉族	党员	大专	县文化局局长	政工师	
马　壮	男	1965.11	汉族	党员	大学	团县委书记、牛头崖镇党委书记		
崔永斌	男	1953.01	汉族	党员	大专	县广电局副局长	工程师	
于志源	男	1953.06	汉族	党员	高中	县文化局副局长兼新华书店经理	经济师	
王素霞	女	1952.02	汉族	党员	中专	县政协法制联络科科长		
韩蕴慧	女	1957.03	汉族	群众	大专	县文化馆职员	馆员	
金永强	男	1955	满族	群众	大学	县旅游局副局长	馆员	研究生结业
陈满纯	男	1958.07	汉族	党员	高中	县政协榆关联络组组长		1995.05 任职
卢彦轩	男	1946.08	汉族	党员	高中	县政协留守营联络组组长		1995.05 任职
虞占海	男	1956.04	汉族	党员	高中	县政协驻操营联络组组长		1995.05 任职
侯玉璋	男	1943.03	汉族	党员	大学	县委统战部部长、县政协党组副书记		1996.03 任县政协副主席
于印满	男	1946.01	汉族	党员	高中	县政协茶棚联络组组长		1996.01 任职
冯利民	男	1947.09	汉族	群众	初中	抚宁县畜禽有限公司董事长	畜牧师	
陈志国	男	1947.12	汉族	党员	初中	县政协榆关联络组副组长		1996.01 任职
孙学信	男	1949.05	汉族	党员	中专	县政协留守营联络组副组长		1996.01 任职
李开友	男	1949.05	汉族	党员	高中	县政协深河联络组组长		1996.01 任职
李永森	男	1951.09	汉族	党员	高中	县政协驻操营联络组组长		1996.01 任职
李忠文	男	1948.09	汉族	党员	高中	县政协台营联络组组长		1996.01 任职
杨尊柱	男	1947.10	汉族	党员	初中	县政协城关联络组组长		1996.01 任职
张国来	男	1961.12	汉族	党员	大专	团县委书记		
唐福利	男	1955.06	汉族	群众	初中	牛头崖永兴汽车保养厂厂长	六级修理工	
章　勇	男	1947.03	汉族	党员	高中	县政协杜庄联络组组长		1996.01 任职
温素清	女	1951.02	汉族	党员	大专	县委宣传部副部长		
李　文	男	1938.12	汉族	党员	小学	台营镇钱庄村农民		台属
张金婵	女	1944.04	汉族	群众	初中	台营镇后麻达峪小学教师	小教高级	
王家骥	男	1940.04	汉族	党员	初中	榆关镇沙河村农民		个体照相
刘国平	男	1962.02	汉族	群众	高中	榆关水泥构件厂厂长	助理工程师	
杨　义	男	1957.09	汉族	群众	初中	抚宁炼油厂厂长		
肖明地	男	1953.05	汉族	群众	高中	县交通局副局长	助理工程师	
单　斌	男	1920.02	汉族	群众	大学	抚宁组组长		黄埔同学会
杨雨顺	男	1944.09	汉族	党员	高中	县政协副主席		1996.07 任职

1998—2003 年政协抚宁县第六届委员会委员一览表

姓名	性别	出生年月	民族	政治面貌	文化程度	工作单位及职务	职称	备注
苏洪珊	男	1946.01	汉族	党员	大学	县政协主席		
侯玉璋	男	1943.05	汉族	党员	大学	县政协副主席、县委统战部部长		
杨雨顺	男	1944.09	汉族	党员	高中	县政协副主席		
李成岩	男	1941.04	汉族	群众	大学	县政协副主席、县经贸局副局长	高级会计师	
李占义	男	1948.11	汉族	党员	大专	县政协副主席、县财政局局长		
肖明地	男	1953.05	汉族	群众	高中	县政协副主席、县交通局局长		
陈庆昆	男	1942.08	汉族	党员	大学	县政协秘书长	工程师	
傅衍生	男	1948.02	汉族	党员	中专	县政协办公室主任		
陈丽霞	女	1951.02	汉族	党员	大专	县总工会副主席		
温素清	女	1951.02	汉族	党员	大专	县委宣传部副部长、县文明办主任		
李春明	男	1946.09	汉族	党员	初中	县移民办主任		
郭丽春	女	1952.03	汉族	党员	大专	县妇联主席		

（续表）

姓名	性别	出生年月	民族	政治面貌	文化程度	工作单位及职务	职称	备注
苏志安	男	1951.10	汉族	党员	大学	县土管局副局长、城乡规划处主任		
孙柳林	男	1949.10	汉族	党员	中专	县工商联主任	助理经济师	
赵　平	男	1960.03	汉族	党员	大专	县公安局副局长		
邵耀庭	男	1949.08	汉族	群众	大专	县检察院副检察长	经济师	
赵秋香	女	1951.07	汉族	党员	大专	县司法局副局长		
张　友	男	1952.03	汉族	党员	大专	县法院副院长		
苗万华	男	1964.03	汉族	党员	大专	团县委书记		
冯云祥	男	1947.07	汉族	党员	大专	南戴河开发区党委副书记		
高宝荣	男	1954.08	汉族	党员	高中	南戴河高新技术产业园区副主任		
孙英杰	男	1949	汉族	群众	初中	县第二化肥厂车间主任		
胡建军	男	1951.04	汉族	群众	大专	县电缆厂厂长	助理工程师	
刘　成	男	1951.10	汉族	群众	高中	县淀粉厂劳资科科长		
周铁石	男	1956.10	汉族	群众	初中	县第二水泥厂厂长		
张永智	男	1966.05	汉族	群众	大学	县通用机械制造有限公司副总经理		
闫树志	男	1968.04	汉族	群众	大学	县锰钢公司技术干部	工程师	
于富祥	男	1950.02	汉族	党员	大专	首钢长白机械厂副厂长	经济师	
王　忠	男	1953.09	汉族	党员	大学	县计划局副局长、县城工业开发区副主任		
杨　义	男	1957.09	汉族	群众	初中	县炼油厂厂长		
张志坚	男	1961.05	汉族	群众	大学	县物资总公司副总经理	会计师	
陈　光	女	1957.05	汉族	群众	大专	县环保局副局长	工程师	
高尚民	男	1951.04	汉族	群众	中专	县二轻工业局副局长	工程师	
刘祥林	男	1943.08	汉族	党员	初中	县乡镇企业局副局长		
陈亚萍	女	1963.06	汉族	群众	大学	县计量局股长	工程师	
高金峰	男	1964.02	汉族	群众	大学	县建设局副局长	工程师	
傅仁华	男	1964.07	汉族	群众	高中	县房地产开发公司总经理	经济师	
李维宝	男	1966.07	汉族	群众	大专	县交通局养路费稽征站副站长	经济师	
张仲青	男	1947.10	汉族	群众	大学	县教育局副局长	中教一级	
王龙印	男	1949.08	汉族	群众	大学	县体育局副局长	一级教练	
杨立华	男	1953.03	汉族	群众	大学	县教育局教研室主任	中教高级	
韩蕴惠	女	1957.03	汉族	群众	大专	县文化馆职员	馆员	
崔永斌	男	1953.01	汉族	党员	大专	县广电局副局长	工程师	
韩雪夫	男	1956.08	汉族	党员	大专	县文化局局长	政工师	
张庆选	男	1964.07	汉族	群众	大学	县文联作协主席、《天马》刊物执行主编	三级作家	
田会春	男	1944.05	汉族	群众	大学	县第一中学教师	中教高级	
单　满	男	1967	汉族	群众	大专	县第一中学总务主任	中教二级	
袁义铭	男	1968.11	汉族	群众	大专	县第二中学教师	体育二级	
魏广镇	男	1955.07	汉族	群众	大专	县第三中学政务处主任	中教二级	
周兴亚	男	1944.11	汉族	群众	大学	县第四中学政教处主任	中教高级	
赵敬东	女	1963.02	汉族	群众	大学	县职教中心教务主任	中教一级	
金永强	男	1955.08	满族	群众	大学	县旅游局副局长	馆员	研究生结业
王素霞	女	1952.02	汉族	党员	中专	县政协秘书长		
杜克谦	男	1951.11	汉族	党员	大专	县卫生局副局长	主治医师	
王春璞	女	1951.02	汉族	群众	大学	县医院皮肤科主任	主治医师	
高腾辉	女	1955.07	汉族	群众	初中	县医院护士	护师	
闫巨玮	女	1953.02	汉族	群众	初中	县中医院护士长	护师	
林志义	男	1964.06	汉族	群众	大学	县中医院外科副主任	主治医师	
王建平	男	1957.12	汉族	群众	中专	县卫生防疫站干部	医师	

（续表）

姓名	性别	出生年月	民族	政治面貌	文化程度	工作单位及职务	职称	备注
刘建芳	男	1960.02	汉族	群众	大专	县医院脑外科主任	主治医师	
王瑞金	男	1947.01	汉族	党员	大专	县科协主席	工程师	
潘义川	男	1946.03	汉族	党员	大专	县畜牧水产局副局长	工程师	
张林臣	男	1948.11	汉族	党员	高中	县委农工部副部长		
孙树双	男	1961.06	汉族	群众	大专	县农业局技术站站长	农艺师	
黄亚新	男	1965.07	汉族	群众	大专	县畜牧水产局家畜改良站站长	助理农艺师	
田雨林	男	1942.11	汉族	群众	中专	县农业局副局长	农艺师	
孙　杰	女	1965.10	汉族	群众	大专	县林业局干部	助理工程师	
马哨宇	男	1959.01	汉族	群众	大专	县科技局副局长	工程师	
张建伟	男	1969.03	满族	群众	大专	县水利局副股长	助理工程师	
孙　海	男	1966.02	汉族	群众	大学	县政府农办干部	助理农艺师	
齐景山	男	1947.05	汉族	党员	中专	县种子公司副经理	农艺师	
王晓光	男	1947.05	汉族	党员	中专	县政协经济科科长		
马利华	男	1955.10	汉族	党员	大专	县财政局副局长	会计师	
赵　平	男	1954.01	汉族	党员	大专	县人行行长	经济师	
马志英	男	1943.12	汉族	党员	高中	县国税局书记	经济师	
李继臣	男	1955.03	汉族	党员	大专	县工商局副局长		
惠寅甲	男	1955.07	汉族	群众	初中	县商业总公司副总经理	助理经济师	
李天义	男	1964.06	汉族	群众	大学	县生产资料公司副经理	农艺师	
王宝宽	男	1942.03	汉族	党员	中专	县烟草专卖局局长	经济师	
张鸿飞	男	1963.12	汉族	群众	大专	县粮食局干部	技术员	
杨晓群	女	1969.10	汉族	群众	大专	县保险公司干部		
张进明	男	1944.05	汉族	党员	大专	县教育局教研室副主任	中教高级	台属
李述善	男	1951.02	汉族	群众	高中	县邮电局基建办主任	助理工程师	台属
鲁云杰	男	1954.07	汉族	党员	中专	县政府办副主任兼外事办主任	助理工程师	
李　英	男	1945.09	汉族	群众	初中	抚宁镇河潮营村村民		台属
韩景孝	男	1947.04	汉族	群众	高小	留守营镇沿沟屯村村民		台属
聂　林	男	1954.05	汉族	党员	高中	南戴河房地产开发公司经理		
成和昌	男	1954.09	汉族	群众	中专	县供电局职工、县侨联主席	助理工程师	归侨
张铁成	男	1952.02	汉族	党员	大专	县政协法制科科长		
单　斌	男	1920.02	汉族	群众	大专	抚宁联络小组负责人		黄埔同学会
任玉荣	女	1954.08	汉族	党员	中专	县委统战部副部长		
杨尊柱	男	1947.10	汉族	党员	初中	县政协抚宁镇联络组组长		
冯利民	男	1947.09	汉族	群众	初中	抚宁利民畜禽有限公司董事长		
仇文仲	男	1959.04	汉族	党员	高中	秦燕化工有限公司总经理	高级经济师	
高云良	男	1942.02	汉族	群众	高中	县基督教会长		邴各庄村民
杜兆武	男	1951.01	汉族	群众	初中	抚宁镇高庄村村主任		
刘翠芬	女	1962.07	汉族	群众	高中	抚宁镇范各庄村妇女主任		
孙学信	男	1948.08	汉族	党员	中专	县政协留守营镇联络组组长		
陈晓峰	男	1955.03	汉族	党员	中专	抚宁豪峰企业集团董事长兼总经理	经济师	
金太仁	男	1959.01	朝鲜族	群众	中师	朝鲜族小学教导主任	小教一级	
孙艺功	男	1961.09	汉族	群众	高中	潘官营艺工电焊机厂厂长		
张大兴	男	1952	汉族	党员	高中	留守营燕滨造纸厂厂长		
尹连才	男	1959.02	汉族	群众	初中	留守营镇宋庄村民		棚菜专业户
程会书	男	1946.12	汉族	党员	高中	县政协牛头崖镇联络组组长		
聂庆平	男	1949.05	汉族	群众	初中	牛头崖镇都寨村民		养鸡专业户
常泰金	男	1943.07	汉族	群众	初中	牛头崖镇西陆庄村民		养花专业户
张凤兰	女	1947	汉族	群众	初中	卢王庄村妇联主任		
唐福利	男	1955.06	汉族	群众	初中	牛头崖永兴汽车保养厂厂长	六级修理工	

（续表）

姓名	性别	出生年月	民族	政治面貌	文化程度	工作单位及职务	职称	备注
杨　志	男	1950.09	汉族	群众	大专	牛头崖镇信访办主任		
于印满	男	1946.01	汉族	党员	高中	县政协茶棚乡联络组组长		
殷淑艳	女	1962.01	汉族	群众	高中	茶棚乡西石河村民		养猪专业户
张廷宇	男	1953.02	汉族	群众	初中	茶棚乡曹西庄村民		大棚专业户
李运强	男	1955.03	汉族	党员	初中	茶棚乡茹大街村主任		
李忠文	男	1948.09	汉族	党员	高中	县政协台营镇联络组组长		
周天玺	男	1945.07	汉族	群众	高小	台营镇干涧村民		种植户
李玉儒	男	1952.04	汉族	群众	初小	台营镇康各庄村民		
刘玉环	女	1951.12	汉族	群众	中师	台营镇吕良峪中学教师	小教一级	
高国忠	男	1945.11	汉族	党员	中专	县政协大新寨镇联络组组长		
石金俭	男	1949.09	汉族	群众	初中	大新寨供销社副主任	助理会计师	
杜柏良	男	1951.09	汉族	群众	中专	大新寨兽医站站长	兽医师	
赵立勇	女	1959.01	汉族	群众	大专	大新寨镇北寨中学教师		
刘志国	男	1947.12	汉族	党员	初中	县政协榆关镇联络组副组长		
武俊杰	男	1942.05	汉族	群众	中专	榆关镇经委会计	助理会计师	
韩印昌	男	1959.09	汉族	群众	初中	榆关镇加油站站长		
马洪顺	男	1962.10	汉族	群众	高中	榆关镇大刘庄村民		运输专业户
傅中权	男	1965.06	汉族	群众	大专	榆关镇冯庄中学副主任	中教二级	
崔成奇	男	1957.04	汉族	群众	初中	榆关镇崔李庄村民		
李开友	男	1949.05	汉族	党员	中专	县政协深河乡联络组组长		
胡呈瑞	男	1949.01	汉族	群众	初中	深河乡韩兴庄村民		个体汽车修理
王宝民	男	1956.06	汉族	党员	初小	深河乡老岭沟村民		石英砂厂厂长
赵福忠	男	1962	汉族	群众	高中	深河乡义卜寨村民		基督教传道人
仇喜兴	男	1961	汉族	群众	大专	杜庄乡副乡长		
杨宝林	男	1948	汉族	党员	初中	杜庄乡王庄石矿矿长		
齐凤仙	女	1968.04	汉族	群众	初中	杜庄乡周庄村妇联主任		
刘贵杰	男	1962	汉族	群众	大学	石门寨镇副镇长	助理工程师	
侯秉贵	男	1953.12	汉族	党员	初中	石门寨镇石岭村治保主任	助理工程师	个体煤矿
刘永春	男	1951.05	汉族	群众	初中	石门寨小学教师	中教三级	
王俊杰	男	1951.05	汉族	党员	中专	石门寨镇北斜街党支部书记		
张敬波	男	1959.12	汉族	群众	初中	石门寨镇南关村民		天主教徒
何立生	男	1962.10	汉族	党员	高中	石门寨镇第二水泥厂厂长	工程师	
李永森	男	1950.09	汉族	党员	高中	县政协驻操营镇联络组组长		
王佐礼	男	1954.04	汉族	群众	初中	驻操营镇唐苏煤矿矿长		
吴　勇	男	1965.02	汉族	群众	初中	驻操营镇董家口村主任		
温国臣	男	1946.07	汉族	群众	初中	驻操营镇龙泉庄村五金厂厂长		
王连成	男	1950.09	汉族	党员	中专	县政协主席		2002.03 任职
陆志飞	男	1955.01	汉族	群众	大专	县政协副主席	中教一级	2002.03 任职
张宝森	男	1946.05	汉族	党员	初中	县政协副主席		2002.03 任职
李志佳	男	1961.09	汉族	党员	大学	县政协副主席		2002.03 任职
王健民	男	1962.11	汉族	党员	大专	信用联社主任	经济师	
刘长忠	男	1958.04	汉族	党员	大专	县国税局党组书记局长		
肖子平	男	1963.01	汉族	群众	中专	坟坨管理区管委副主任		
张　金	男	1962.02	汉族	群众	初中	县鑫雨包装厂厂长		
王海忠	男	1954.06	汉族	群众	高中	县侨联电脑服务中心负责人		
黄汝民	男	1961.09	汉族	群众	大学	县卫生局副局长兼妇幼保健院院长	主治医师	
张凯利	男	1963.01	汉族	党员		秦皇岛市凯利集团有限公司总经理		
刘秀才	男	1959.02	汉族	党员	高中	县政协办公室主任		

（续表）

姓名	性别	出生年月	民族	政治面貌	文化程度	工作单位及职务	职称	备注
赵恩来	男	1951.11	汉族	党员	大学	县气象局局长	气象工程师	1999.01 任职
张文举	男	1947.05	汉族	党员	高中	县政协石门寨镇联络组组长		1998.06 任职
武玉安	男	1947.07	汉族	党员	高中	县政协社会法制联络科科长	政工师	
亢云吉	男	1958.05	汉族	党员	大学	县政府办公室副主任		
刘家成	男	1956.12	汉族	党员	中专	秦皇岛市纸业有限公司总经理	经济师	
金耀华	男	1971.07	汉族	群众	高中	抚宁县鑫华造纸有限公司董事长		
马文正	男	1946.06	汉族	党员		抚宁紫金山干红葡萄酒有限公司总经理	工程师	国家级评酒委员
杨余田	男	1953.09	汉族	党员	中专	县政协榆关镇联络组副组长		1998.07 任职
吴　铎	男	1956.08	汉族	党员	高中	县政协杜庄乡联络组副组长		1998.07 任职
杨　玲	女	1955.11	汉族	群众	高中	秦皇岛市德龙水泥有限公司董事长兼经理		
孙有杰	男	1957.04	汉族	党员	大专	县政协宣教文卫联络科科长		
谷印祥	男	1962.08	汉族	党员	大专	县政协大新寨镇联络组副组长		1998.07 任职
胡瑞东	男	1972.03	汉族	党员	大专	团县委副书记		1999.01 任职
张正本	男	1945.09	汉族	党员	大专	县政协留守营镇联络组组长		1998.10 任职
宋成杰	男	1962.07	汉族	党员	大专	县电信局局长		
郭志满	男	1943.02	汉族	党员	高中	县丰满板纸有限公司总经理	高级工程师	
沈子良	男	1956.08	汉族	党员	大专	县邮政局局长	会计师	1999.01 任职
杨庆祝	男	1946.10	汉族	党员	高中	县政协抚宁镇联络组组长		1999.01 任职
李国辉	男	1958.10	汉族	党员	大专	星际大酒店经理		1999.01 任职
李红军	男	1965.10	汉族	群众	大学	县一中教学科研处主任	中教一级	
宋玉玲	女	1966.10	汉族	群众	大学	县二中物理教师	中教一级	

2003—2007 年政协抚宁县第七届委员会委员一览表

姓名	性别	出生年月	民族	政治面貌	文化程度	工作单位及职务	职称	备注
王连成	男	1950.09	汉族	党员	中专	县政协主席		
李占义	男	1948.11	汉族	党员	大专	县政协副主席、县财政局党组书记		
李志佳	男	1961.09	汉族	党员	大学	县政协副主席、县委统战部部长		
陆志飞	男	1955.01	汉族	群众	大专	县政协副主席、抚宁一中校长	中教一级	
刘树林	男	1948.02	汉族	党员	大专	县政协副主席		
高金峰	男	1964.02	汉族	群众	大学	县政协副主席	高级工程师	
孙柳林	男	1949.10	汉族	党员	中专	县工商联会长	助理经济师	
高宝荣	男	1954.08	汉族	党员	高中	南戴河高新技术产业园区副主任		
张秀娟	女	1964.07	汉族	党员	大学	县妇联主席		
刘秀才	男	1959.02	汉族	党员	高中	县政协秘书长、办公室主任		
张国来	男	1961.12	汉族	党员	大学	县总工会副主席		
逯　斌	男	1975.04	汉族	党员	大学	团县委书记		
张福成	男	1965.10	汉族	群众	大学	县国土局办公室主任兼财务科长		
徐兵役	男	1956.01	汉族	党员	大专	县公安局政委		
仇占华	男	1963.08	汉族	群众	大学	县检察院副科级检察员	工程师	
张　友	男	1952.03	汉族	党员	大专	县法院副院长		
章　凯	男	1967.02	汉族	党员	大专	县司法局办公室主任		
王凤清	女	1966.10	汉族	党员	大学	南戴河管委宣传部长		
安云录	男	1957.03	汉族	党员	高中	榆关派出所所长		
祖述春	男	1962.06	汉族	党员	大学	县药监局局长		
徐相森	男	1954.11	汉族	群众	中专	县民政局干部		
陈秋玲	女	1956.10	汉族	群众	高中	县计划生育局股长		
马文正	男	1946.06	汉族	党员	高中	县紫金山葡萄酒厂厂长	工程师	

（续表）

姓名	性别	出生年月	民族	政治面貌	文化程度	工作单位及职务	职称	备注
沈子良	男	1956.08	汉族	党员	大专	县邮政局局长		
杜学华	女	1958.06	满族	群众	高中	骊骅淀粉有限公司外贸办主任	助理工程师	
周铁石	男	1956.10	汉族	群众	初中	县第二水泥厂厂长		
张永智	男	1966.05	汉族	群众	大学	县通用机械公司副总经理		
杨　义	男	1957.09	汉族	群众	初中	县炼油厂厂长		
李维宝	男	1966.07	汉族	群众	大学	县交通局副局长	经济师	
李顺强	男	1966.03	汉族	群众	初中	县城工业开发区化工机械厂厂长		
陈　光	女	1957.05	汉族	群众	大专	县环保局副局长	工程师	
陈亚萍	女	1963.02	汉族	群众	大学	县质量技术监督局副局长	工程师	
傅仁华	男	1964.01	汉族	群众	大专	县房地产开发总公司总经理	工程师	
宋成杰	男	1962.07	汉族	党员	大专	河北网络通信公司抚宁分公司经理	助理工程师	
武艳茹	女	1966.11	汉族	群众	大专	县经济发展局办公室主任		
张葆庆	男	1950.04	汉族	群众	大专	县供电局太和寨变电站站长		
韩春生	男	1957.02	汉族	群众	中专	县交通局公路站站长	助理经济师	
惠　群	男	1950.04	汉族	党员	高中	抚宁水泥管材有限公司董事长	助理工程师	
韩雪夫	男	1956.08	汉族	党员	大专	县文化局局长	政工师	
赵敬东	女	1963.02	汉族	群众	硕士	县教育局副局长		研究生
杨立华	男	1953.04	汉族	群众	大学	县教育局教研室主任	中教高级	
韩蕴慧	女	1957.02	汉族	群众	大专	县文化馆副馆长	馆员	
杨洪武	男	1961.01	汉族	党员	大专	县广电局副局长	工艺美术师	
陈劲草	女	1968.03	汉族	群众	大专	县文联《天马》副主编	馆员	
赵子英	男	1954.12	汉族	党员	高中	县文管所所长	文博高级	
李红军	男	1965.10	汉族	群众	大学	县一中教学科研处主任	中教一级	
宋玉玲	女	1966.10	汉族	群众	大学	县二中物理教师	中教一级	
魏东兴	男	1969.08	汉族	群众	大学	县三中英语教师	中教一级	
焦艳秋	女	1965.10	汉族	群众	大学	县四中教师	中教二级	
金永强	男	1953.08	满族	群众	硕士	县旅游局副局长	馆员	研究生
丁丽玲	女	1972.10	回族	群众	大学	县体育局群体股股长	教练一级	
张春艳	女	1964.12	汉族	群众	大学	县一中教师	中教高级	
孙有杰	男	1957.04	汉族	党员	大专	县政协宣教科科长		
黄汝民	男	1961.07	汉族	群众	大学	县卫生局副局长兼妇幼保健院院长	副主任医师	
赵永红	男	1965.09	汉族	群众	大学	县中医院副院长兼外科主任	副主任医师	
高腾辉	女	1955.07	汉族	群众	初中	县医院护士	护师	
刘建芳	男	1960.02	汉族	群众	大学	县医院脑外科主任	主治医师	
武士安	男	1960.9	汉族	群众	大学	县中医院内科副主任	副主任医师	
闫巨玮	女	1953.02	汉族	群众	初中	县中医院总护士长	护师	
林志义	男	1964.06	汉族	群众	大学	县中医院外科副主任		
张子学	男	1965.03	汉族	群众	大学	县医院副院长	主治医师	
王春璞	女	1953.02	汉族	群众	大学	县医院皮肤科主任	副主任医师	
王建平	男	1957.12	汉族	群众	中专	县卫生防疫站干部	医师	
杨继平	男	1960.06	汉族	党员	大学	县农办主任	农艺师	
刘　稳	男	1963.02	汉族	党员	大学	县委农工部副部长		
孙　海	男	1966.02	汉族	群众	大学	县林业局副局长		
马永杰	男	1963.02	汉族	党员	大学	县科协主席	统计师	
赵恩来	男	1951.11	汉族	党员	大学	县气象局局长	气象工程师	
赵英红	女	1966.12	汉族	群众	大学	县畜牧水产局兽医站副站长	高级畜牧师	
邹付军	男	1966.07	汉族	群众	中专	县海洋局管理股股长	助理工程师	
赵崇新	男	1956.02	汉族	党员	大学	县农业局副局长	高级农艺师	

（续表）

姓名	性别	出生年月	民族	政治面貌	文化程度	工作单位及职务	职称	备注
孙树双	男	1961.06	汉族	群众	中专	县农业局技术站站长	高级农艺师	
陈国民	男	1958.06	汉族	群众	中专	县农业局植保站站长	高级农艺师	
孙　杰	女	1965.10	汉族	群众	大专	县林业局干部	林业工程师	
刘贵杰	男	1962.09	汉族	群众	大学	县水务局副局长	工程师	
张建伟	男	1969.03	满族	党员	大专	县水务局河道股股长	工程师	
张晓华	男	1952.05	汉族	党员	中专	县政协经济科科长	美术师	
赵　平	男	1954.01	汉族	党员	大专	县人行行长	经济师	
蘧恒彬	男	1958.09	汉族	党员	大专	县供销社主任	助理经济师	
张志坚	男	1961.05	汉族	群众	大专	县物资总公司副总经理	会计师	
王　侠	女	1967.10	汉族	群众	大学	县财政局副局长	会计师	
杨玉良	男	1967.09	汉族	群众	大专	县财政局预算股股长	会计师	
刘长忠	男	1958.04	汉族	党员	大学	县国税局局长	经济师	
杨文和	男	1956.01	汉族	党员	大专	县工商局副局长		
于永春	男	1962.12	满族	党员	大学	县联社主任	经济师	
惠寅甲	男	1955.12	汉族	群众	高中	县商业总公司副总经理	助理经济师	
李泽翠	女	1964.02	汉族	群众	大专	县烟草公司经理	经济师	
贲景瑞	男	1956.07	汉族	群众	大专	县物价局干部	经济师	
张鸿飞	男	1963.12	汉族	群众	大专	县粮食局业务科科长	助理工程师	
邓素君	女	1962.12	汉族	群众	大专	县地税局城关所股长		
张进明	男	1944.05	汉族	党员	大专	县教研室副主任	中教高级	
李述善	男	1954.01	汉族	群众	高中	县电信局基建办主任	助理工程师	
吴培智	男	1958.12	汉族	党员	中专	县民族宗教事务办公室主任		
李　英	女	1945.09	汉族	群众	初中	抚宁镇河潮营村村民		
聂　林	男	1953.04	汉族	党员	高中	广安建筑公司经理	工程师	
成和昌	男	1954.09	汉族	群众	中专	县供电公司农电检查班长、县侨联主席	助理经济师	
郭志强	男	1962.10	汉族	会员	中专	县国税局石门寨分局干部		九三学社
陈　文	男	1955.11	汉族	党员	大专	县政协法制科科长	助理会计师	
李国林	男	1962.02	汉族	党员	大专	抚宁镇宣传部部长		
仇文仲	男	1959.04	汉族	党员	高中	秦燕化工厂总经理	高级经济师	
杜兆武	男	1951.01	汉族	群众	初中	抚宁镇高庄村村主任		
刘翠芬	女	1962.01	汉族	党员	高中	抚宁镇范各庄村妇联主任		
郑海波	男	1962.08	汉族	群众	大专	光宇玻璃纤维有限公司总经理	高级工程师	
张秀梅	女	1963.12	汉族	群众	初中	田各庄管区朱各庄村民		养鸡专业户
张凯利	男	1963.11	汉族	党员	高中	凯利集团董事长兼总经理		
尹秀清	女	1956.10	汉族	群众	初中	下庄管区京东调味品厂厂长		
时荣环	女	1958.05	汉族	群众	高中	抚宁镇卫生院副院长	助产师	
孙洪平	男	1951.03	汉族	党员	中专	留守营镇副书记		
陈晓峰	男	1955.03	汉族	党员	中专	豪峰企业集团董事长兼总经理	经济师	
张大兴	男	1950.01	汉族	党员	高中	张各庄中学副校长	中教高级	
孙艺功	男	1961.09	汉族	群众	高中	艺工玻璃纤维有限公司董事长		
刘家成	男	1956.12	汉族	党员	初中	高光纸业有限公司总经理	经济师	
金耀华	男	1971.07	汉族	群众	高中	鑫华纸业有限公司董事长	经济师	
金镇一	男	1971.07	朝鲜族	群众	大专	留守营镇朝鲜族小学主任	小教高级	
尹连才	男	1959.02	汉族	群众	初中	留守营镇宋庄村村民		大棚专业户
党秀君	女	1972.04	汉族	党员	大学	牛头崖镇宣传部部长		
聂庆平	男	1949.05	汉族	群众	高中	牛头崖镇都寨村村民		养殖专业户
唐福利	男	1954.06	汉族	群众	初中	牛头崖镇永兴汽修厂厂长		
常泰金	男	1943.07	汉族	群众	初中	牛头崖镇西陆庄村村民		养花专业户
张立柱	男	1953.07	汉族	群众	小学	聚顺德饭庄经理	特一厨师	

（续表）

姓名	性别	出生年月	民族	政治面貌	文化程度	工作单位及职务	职称	备注
单和义	男	1955.10	汉族	群众	初中	牛头崖速俊玻璃纤维厂厂长		
赵成秋	男	1964.08	汉族	党员	初中	牛头崖友谊木器有限公司总经理		
王金茹	女	1968.12	汉族	党员	大专	茶棚乡宣传部部长		
殷淑艳	女	1963.01	汉族	群众	高中	茶棚乡西石河村村民	技术员	养猪专业户
张廷宇	男	1953.02	汉族	群众	高中	茶棚乡曹西庄村村民	农艺师	大棚专业户
殷国明	男	1968.02	汉族	群众	初中	茶棚乡小黄金山村村民	技术员	养羊专业户
张　斌	男	1977.10	汉族	党员	大专	台营镇宣传部部长		
刘玉环	女	1951.12	汉族	群众	中师	吕良峪中学教师	小教高级	
周天玺	男	1945.07	汉族	群众	高小	台营镇干涧村村民		
王宝生	男	1962.10	汉族	群众	高中	台营镇李各庄村民、县十大杰出青年		养猪专业户
王幼平	男	1964.03	汉族	群众	高中	台营镇牛角峪村村民、县拔尖人才		棚果推广
曹新成	男	1968.07	汉族	党员	大学	大新寨镇副书记、县政协大新寨镇联络组组长		
杜百良	男	1951.09	汉族	群众	中专	大新寨兽医站站长	兽医师	
赵立勇	女	1959.01	汉族	群众	大专	北寨中学主任	中教一级	
刘树林	男	1952.12	汉族	群众	初中	大新寨镇寨里庄村村民		
王树森	男	1958.01	汉族	党员	高中	榆关镇宣传部部长		
韩印昌	男	1962.01	汉族	群众	初中	佳兴纤维厂厂长		
刘树林	男	1949.09	汉族	党员	初中	榆关镇五王庄村村民		种植专业户
李新华	男	1964.09	汉族	群众	高中	榆关镇平市北村村民		养殖专业户
邓洪志	男	1957.07	汉族	党员	大专	深河乡宣传部部长		
王宝民	男	1956.05	汉族	党员	初中	燕南石英砂厂厂长		
刘忠民	男	1966.07	汉族	群众	初中	北庄河玻璃工艺加工厂厂长		
王　强	男	1961.05	汉族	群众	初中	深河乡西场村村民		养猪专业户
张东海	男	1950.12	汉族	党员	中专	杜庄乡党委副书记		
杨宝林	男	1948.10	汉族	党员	大专	杜庄乡王庄石矿矿长		
仇喜兴	男	1962.01	汉族	群众	大专	杜庄乡副乡长		
马淑爱	女	1952.06	汉族	群众	初中	杜庄乡杨庄村村民		种植专业户
王迎海	男	1964.08	汉族	党员	大专	石门寨镇宣传部部长		
侯秉贵	男	1953.01	汉族	党员	初中	杨蒋山煤矿矿长		
何立生	男	1962.10	汉族	党员	中专	石门寨第二水泥厂厂长	化工工程师	
张敬波	男	1959.10	汉族	群众	初中	石门寨镇柳条庄黏土矿矿长		天主教
尚颖慧	女	1972.04	汉族	群众	大学	石门寨镇中学教师	中教一级	
杨志明	男	1971.05	汉族	群众	初中	志明煤矿矿长		
侯利民	男	1947.07	汉族	群众	高中	石门寨镇水泥三分厂厂长		
杨振利	男	1973.01	汉族	党员	大专	驻操营镇宣传部部长		
刘江华	男	1956.06	汉族	群众	初中	蔡庄煤矿矿长		
王佐礼	男	1954.04	汉族	群众	初中	义院口东山煤矿矿长		
许国华	男	1954.01	汉族	群众	高中	板厂峪煤矿矿长		
杨丙成	男	1952.12	汉族	群众	初中	驻操营镇南关村村主任		养鹿专业户
徐　武	男	1964.10	汉族	党员	大学	县委组织部副部长	工程师	2004.01 任职
李　柱	男	1955.04	汉族	党员	高中	县工商联会长		2005.01 任职
黄俊久	男	1955.05	汉族	党员	大专	县明星房地产开发有限公司董事长	工程师	2004.01 任职
张永泉	男	1954.12	汉族	党员	大专	严峻玻纤制品有限公司总经理		2004.01 任职
李凤清	女	1976.02	汉族	群众	大专	县移动公司副经理	助理工程师	2004.01 任职
刘晓艳	女		汉族			茶棚乡学校教师		2004.01 任职
朱国鑫	男	1957.03	汉族	党员	大专	县种子公司经理兼站长	高级农艺师	2004.01 任职
朱国友	男	1955.04	汉族	党员	大专	县农工委副书记		2005.01 任职

（续表）

姓名	性别	出生年月	民族	政治面貌	文化程度	工作单位及职务	职称	备注
聂春良	男	1964.10	汉族	党员	大学	县统计局副局长		2005.01 任职
陈　刚	男	1969.09	满族	群众	大学	县中医院医生	主治医师	2005.01 任职
祖素云	女	1968.05	汉族	群众	大学	县医院内三科副主任	副主任医师	2004.01 任职
苏　津	女	1965.04	汉族	群众	大专	县中医院检验科副主任	主管检验师	2005.01 任职
王　权	男	1954.12	汉族	党员	大学	县人行行长		2005.01 任职
叶永琪	男	1958.01	汉族	党员	大学	县农村信用联社理事长	经济师	2005.01 任职
袁友忠	男	1965.01	汉族	党员	大学	秦皇岛银监分局抚宁办事处主任		2005.01 任职
郑栋才	男	1953.12	汉族	党员	大专	县国税局副局长		2005.01 任职
杨忠坡	男	1959.06	汉族	党员	大专	凡南彩色包装公司经理		2004.01 任职
郭树成	男	1954.12	汉族	党员	初中	康达食品、纤维公司董事长		2004.01 任职
郭玉昌	男	1966.09	汉族	群众	大专	秦皇岛丰满纸业有限公司总经理		2004.01 任职
冯志勇	男	1969.06	汉族	群众	高中	抚宁镇鲁庄村村主任		2005.01 任职
郭贺明	男	1962.06	汉族	群众	初中	留守营镇北街村养猪协会会长		2005.01 任职
肖春义	男	1963.07	汉族	群众	高中	茶棚乡西石河村经纪人		2005.01 任职
马永柱	男		汉族			茶棚乡曹西庄村村民		2005.01 任职
马树国	男	1964.08	汉族	党员	中专	台营镇马家坊村农业技术员	助理农艺师	2005.01 任职
武学林	男	1976.08	汉族	党员	大学	大新寨中心卫生院医生		2004.01 任职
张学文	男		汉族			台营镇北张各庄村村民		2004.01 任职
王家骥	男	1940.04	汉族	党员	初中	榆关镇沙河村村民	业余报道员	2004.01 任职
侯春华	男	1970.03	汉族	群众	初中	台营镇畜牧养殖服务中心经理		2005.01 任职
张兰田	男	1953.10	汉族	群众	高中	驻操营镇信用社干部		2004.01 任职
张鹤珊	男	1955.03	汉族	群众	初中	驻操营镇城子峪村村民		2004.01 任职
毛庭海	男	1964.04	汉族	党员	中专	驻操营镇蔡庄煤矿矿长		2005.01 任职
温守文	男	1950.11	汉族	党员	初中	驻操营镇龙泉庄村党支部书记		2005.01 任职
王云波	男	1968.04	汉族	民革	大学	石门寨镇马蹄岭煤矿矿长		2005.01 任职
李家庚	男	1962.05	汉族	党员	中专	石门寨镇英武山村党支部书记		2004.01 任职
赵玉柱	男	1961.01	汉族	党员	大专	蓝图实业公司董事长		2004.01 任职
马建华	男		汉族			石门寨镇鑫源煤矿矿长		2005.01 任职
刘晓波	女	1973.04	汉族	群众	大学	县一中教师	中教一级	2005.01 任职
李冬梅	女	1960.07	汉族	党员	中专	县政协抚宁镇联络组组长		2006.03 任职
赵贵森	男	1953.11	汉族	党员	中专	县政协茶棚乡联络组组长		2006.03 任职
陈志国	男	1960.12	汉族	党员	大专	县政协榆关镇联络组组长		2006.03 任职
徐　军	男	1956.09	汉族	党员	中专	县政协留守营镇联络组组长		2006.03 任职
张福宽	男	1959.11	汉族	党员	大专	县政协牛头崖镇联络组组长		2006.03 任职
张文柱	男	1960.07	汉族	党员	大专	县政协深河乡联络组组长		2006.03 任职
魏凤芹	女	1965.03	汉族	党员	大专	县政协杜庄乡联络组组长		2006.03 任职
邵晓峰	男	1956.11	汉族	党员	高中	县政协石门寨镇联络组组长		2006.03 任职
武宝泉	男	1954.10	汉族	党员	高中	县政协驻操营镇联络组组长		2006.03 任职
王明星	男	1963.12	汉族	党员	大专	县政协台营镇联络组组长		2006.03 任职
顾昌和	男	1956.04	汉族	党员	大专	县政协副主席		2006.05 任职
杨　林	男	1954.12	汉族	党员	高中	县政协榆关镇联络组组长		2007.04 任职

2007—2012 年政协抚宁县第八届委员会委员一览表

姓名	性别	出生年月	民族	政治面貌	文化程度	工作单位及职务	职称	备注
顾昌和	男	1956.04	汉族	党员	专科	县政协主席		
李志佳	男	1961.09	汉族	党员	大学	县政协副主席、县委统战部部长兼县总工会主席		
陆志飞	男	1955.01	汉族	群众	专科	县政协副主席	中教一级	
高金峰	男	1964.02	汉族	群众	本科	县政协副主席、县建设局副局长	高级工程师	
李英伟	男	1956.01	汉族	党员	专科	县政协副主席、县建设局局长		

（续表）

姓名	性别	出生年月	民族	政治面貌	文化程度	工作单位及职务	职称	备注
马利华	男	1955.10	汉族	党员	大学	县政协副主席、县财政局局长		2009.02 任职
刘秀才	男	1959.02	汉族	党员	高中	县政协秘书长、办公室主任		
蘧恒彬	男	1958.09	汉族	党员	专科	南戴河旅游度假区管委主任、党委书记		
王　军	男	1955.04	汉族	党员	大学	县总工会副主席		
王凤清	女	1966.10	汉族	党员	大学	南戴河旅游度假区管委宣传部长		
仇占华	男	1963.08	汉族	群众	大学	县检察院副科级检察员	工程师	
付忠民	男	1962.08	汉族	党员	大学	县公安局政委		
刘　稳	男	1963.02	汉族	党员	大学	县城关街道工委书记兼主任		
刘庆斌	男	1964.01	汉族	群众	大学	县法院执行局副局长		
李维宝	男	1966.07	汉族	群众	大学	县工商联会长	经济师	
陈秋玲	女	1956.10	汉族	群众	高中	县计划生育局股长		
杨　红	女	1964.10	汉族	党员	专科	县司法局副局长		
苏文爽	女	1977.03	汉族	党员	本科	团县委副书记		
高扬亚	男	1957.07	汉族	党员	大学	县人社局副局长、编办主任		
徐秋阳	男	1967.08	汉族	党员	大学	县委组织部副部长、县直党委书记		
聂春良	男	1964.10	汉族	党员	大学	县统计局副局长		
马秀艳	女	1968.04	汉族	党员	本科	县妇联副主席		
马文正	男	1946.06	汉族	党员	高中	县紫荆山葡萄酒厂厂长	评酒工程师	
王晓平	男	1956.01	汉族	党员	专科	县南戴河工业管理委员会主任		
王胜林	男	1966.06	汉族	群众	本科	县环保局污染控制站站长	环境工程师	
王淑珍	女	1973.06	汉族	群众	大学	县供电局生产技术科线路工程师	工程师	
纪立军	男	1973.10	汉族	群众	本科	县规划处设计室主任		
杜学华	女	1958.06	满族	群众	高中	县骊骅淀粉有限公司国际贸易部部长		
李顺强	男	1966.03	汉族	群众	初中	县城工业开发区化工机械厂厂长		
李凤清	女	1976.02	汉族	群众	专科	县移动公司副经理	助理工程师	
邸锦华	男	1964.11	汉族	党员	大学	县发展改革局副局长		
陈亚萍	女	1963.02	汉族	群众	大学	县质量技术监督局副局长		
张永智	男	1966.05	汉族	群众	大学	县通用机械公司副总经理		
张智勇	男	1950.03	汉族	党员	大学	市方圆玻璃有限公司董事长兼总经理	高级工程师	
周铁石	男	1956.10	汉族	群众	初中	县第二水泥厂厂长		
罗兴平	男	1964.08	汉族	群众	大学	县天马酒业总经理	工程师	
袁晓彬	男	1971.03	汉族	党员	大学	县安监局局长、煤炭事业管理处主任		
黄俊久	男	1955.05	汉族	党员	专科	县明星房地产开发有限公司董事长	工程师	
傅仁华	男	1964.01	汉族	群众	专科	县建设建筑有限责任公司董事长	工程师	
韩春生	男	1957.02	汉族	群众	中专	县交通局公路站站长	助理经济师	
孙秀彦	男	1953.04	汉族	党员	专科	首钢长白机械厂副总经理	工程师	
耿守位	男	1967.08	汉族	党员	中专	县骊骅淀粉有限公司副总经理		
韩雪夫	男	1956.08	汉族	党员	专科	县文体局局长	政工师	
王海潮	男	1966.10	汉族	群众	本科	县一中高二年级主任	中教高级	
付海莲	女	1977.04	汉族	群众	专科	县体育发展中心办公室主任		
杨立华	男	1953.04	汉族	群众	大学	县教育局教研室主任	中教高级	
杨洪武	男	1961.01	汉族	党员	专科	县广电局副局长	工艺美术师	
李红军	男	1965.10	汉族	群众	大学	县一中教学科研处主任	中教一级	
宋玉玲	女	1966.10	汉族	群众	大学	县职教中心教科处主任	中教一级	

（续表）

姓名	性别	出生年月	民族	政治面貌	文化程度	工作单位及职务	职称	备注
陈劲草	女	1968.03	汉族	群众	专科	县文联副主席	馆员	
赵敬东	女	1963.02	汉族	群众	研究生	县教育局副局长	中教高级	
赵子英	男	1954.12	汉族	党员	高中	县文管所所长	文博高级	
赵玉辉	男	1973.04	满族	群众	专科	县文化馆副馆长	馆员	
孟凡忠	男	1963.03	汉族	党员	大学	县二中副校长		
魏东兴	男	1969.08	汉族	群众	大学	县三中英语教师		
孙有杰	男	1957.04	汉族	党员	专科	县政协宣教科科长		
马永杰	男	1963.02	汉族	党员	大学	县科协主席	统计师	
杨继平	男	1960.06	汉族	党员	大学	县农办主任	农艺师	
孙　海	男	1966.02	汉族	群众	大学	县农办副主任		
夏雪岭	男	1967.07	汉族	群众	本科	县农牧水产局水产技术推广站站长	高级工程师	
孙　杰	女	1965.10	汉族	群众	专科	县林业局干部	林业工程师	
朱国鑫	男	1957.03	汉族	党员	专科	县种子公司经理兼站长	高级农艺师	
刘贵杰	男	1962.09	汉族	群众	本科	县水务局副局长	工程师	
肖广军	男	1964.11	汉族	党员	大学	县农工委农经局局长	农经师	
邹付军	男	1966.07	汉族	群众	中专	县海洋局管理股股长		
赵崇新	男	1956.02	汉族	党员	大学	县农牧水产局副局长	高级农艺师	
赵英红	女	1966.12	汉族	群众	大学	县农牧水产局兽医站副站长	高级畜牧师	
张春友	男	1964.10	汉族	群众	专科	县水务局股长	工程师	
张文财	男	1971.10	满族	党员	专科	县气象局副局长	气象工程师	
黄汝民	男	1961.07	汉族	群众	大学	县卫生局副科级干部	副主任医师	
马淑敏	女	1963.04	汉族	群众	专科	县医院副总护士长	护师	
王建平	男	1957.12	汉族	群众	中专	县卫生防疫站干部		
苏　津	女	1965.04	汉族	群众	专科	县中医院检验科副主任	检验师	
张连馥	女	1968.09	汉族	群众	本科	县卫生防疫站干部	医师	
张子学	男	1965.03	汉族	群众	本科	县医院副院长	副主任医师	
张学志	男	1968.03	汉族	群众	本科	县医院外一科副主任	主治医师	
赵永红	男	1965.09	汉族	群众	本科	县中医院副院长	副主任医师	
武士安	男	1960.09	汉族	群众	本科	县中医院内科主任	副主任医师	
祖述春	男	1962.06	汉族	党员	大学	县食品药品监督管理局局长、党组书记		
祖素云	女	1968.05	汉族	群众	本科	县医院内三科副主任	副主任医师	
郝向春	男	1965.08	汉族	党员	专科	县妇幼保健院院长		
王海银	男	1962.11	汉族	党员	大学	县供销社主任	馆员	
王　权	男	1954.12	汉族	党员	大学	县人行行长		
邓素君	女	1962.12	汉族	群众	专科	县地税局城关所股长		
刘树静	男	1964.04	汉族	党员	大学	县国税局副局长、党组成员		
宋德林	男	1956.06	汉族	党员	专科	县人保财险抚宁支公司经理		
宋建光	男	1967.11	满族	党员	专科	县农村信用联社主任		
杨玉良	男	1967.09	汉族	群众	专科	县财政局预算股股长	会计师	
张鸿飞	男	1963.12	汉族	群众	专科	县粮食局业务科科长	助理工程师	
张志坚	男	1961.05	汉族	群众	专科	县商务局副局长		
袁友忠	男	1965.01	汉族	党员	大学	秦皇岛银监分局抚宁办事处主任		
韩少勇	男	1970.08	汉族	党员	专科	县商务局投资促进科科长		
翟成文	男	1962.12	汉族	党员	大学	县工商局副局长、党组成员		
杨秀娟	女	1971.06	汉族	党员	大学	县委统战部副部长		
李　英	男	1945.09	汉族	群众	初中	抚宁镇河潮营村村民		台属
聂　林	男	1953.04	汉族	群众	高中	广安建筑公司经理	工程师	台属
成和昌	男	1954.09	汉族	群众	中专	县侨联主席	助理经济师	归侨

（续表）

姓名	性别	出生年月	民族	政治面貌	文化程度	工作单位及职务	职称	备注
呼云凤	男	1966.10	汉族	党员	大学	县政府办纪检组组长		
李述善	男	1954.01	汉族	群众	高中	县网通离岗干部	助理工程师	台属
陈　文	男	1955.11	汉族	党员	专科	县政协法制科科长	助理会计师	
张进明	男	1944.05	汉族	党员	专科	县教育局退休干部	中教高级	台属
李冬梅	女	1960.07	汉族	党员	中专	县政协抚宁镇联络组组长		
仇文仲	男	1959.04	汉族	党员	高中	秦燕化工厂总经理	高级经济师	
尹秀清	女	1956.10	汉族	群众	初中	京东调味品厂厂长		
冯志勇	男	1969.06	汉族	群众	高中	抚宁镇鲁庄村村主任		
刘翠芬	女	1962.01	汉族	党员	高中	坟坨管区范各庄村妇联主任		
刘彦宝	男	1971.11	汉族	群众	高中	田各庄扬晨农产品公司		
时荣环	女	1958.05	汉族	群众	高中	抚宁镇卫生院副院长	助产师	
周翠华	女	1960.06	汉族	群众	本科	抚宁镇中学教导处副主任	中教高级	
郑海波	男	1962.08	汉族	群众	专科	光宇玻璃纤维有限公司总经理	高级工程师	
徐彦春	男	1966.02	汉族	群众	专科	抚宁镇第一小学校长	小教高级	
邵晓峰	男	1956.11	汉族	党员	高中	县政协石门寨联络组组长		
马国强	男	1967.02	汉族	群众	初中	益民养殖有限公司场长		养殖
孙志明	男	1973.11	汉族	党员	专科	柳江医院院长		
李家庚	男	1962.05	汉族	党员	中专	石门寨镇英武山村党支部书记		
何立生	男	1962.10	汉族	党员	中专	石门寨镇第二水泥厂厂长		
赵国民	男	1956.05	汉族	群众	初中	石门寨镇北赵庄村村民		林果种植
张敬波	男	1959.12	汉族	群众	初中	石门寨镇北斜街天主教堂负责人		天主教
尚颖慧	女	1972.04	汉族	群众	本科	石门寨镇中工会主席	中教一级	
高振国	男	1967.08	汉族	群众	初中	石门寨镇傍水崖村村主任		运输专业户
张福宽	男	1959.11	汉族	党员	专科	县政协牛头崖镇联络组组长		
马秀芬	女	1964.08	汉族	党员	高中	秦抚电器商店经理		
李文忠	男	1955.06	汉族	群众	中专	老鸦窝村浪淘沙贝壳工艺制品厂厂长		
韩　勇	男	1971.09	汉族	群众	专科	金凯达玻璃纤维制品有限公司经理		
杜娅楠	女	1981.07	汉族	群众	专科	牛头崖镇卫生院护师	护师	
苏春荣	男	1972.11	汉族	群众	专科	太和寨中学教导处副主任	中教一级	
张立柱	男	1953.07	汉族	党员	小学	聚顺德饭庄经理	一级厨师	
聂庆平	男	1949.05	汉族	群众	高中	牛头崖镇都寨养殖场场长		养殖
常孟庚	男	1973.09	汉族	群众	专科	牛头崖镇西陆庄村村民		养花
杨　林	男	1954.12	汉族	党员	高中	县政协榆关镇联络组组长		
马洪顺	男	1962.10	汉族	群众	高中	市顺驰房地产开发有限公司总经理		
王家骥	男	1940.04	汉族	党员	初中	榆关镇沙河村村民		业余报道员
刘树林	男	1949.09	汉族	党员	初中	榆关镇五王庄村村民		种植
李新华	男	1964.09	汉族	群众	高中	榆关镇平市北村村民		养殖
苑淑珍	女	1964.03	汉族	群众	高中	佳兴玻纤有限公司总经理		
张建生	男	1957.06	汉族	党员	中专	榆关镇卫生院院长	主治医师	
张宝凤	女	1967.03	汉族	群众	本科	榆关镇中学教师	中教一级	
阎师德	男	1962.01	汉族	群众	初中	市鸿兴安装有限公司总经理		
徐　军	男	1956.09	汉族	党员	中专	县政协留守营镇联络组组长		
王亚东	男	1972.10	汉族	群众	高中	南戴河旅游度假区养殖场场长		
付作成	男	1960.07	汉族	党员	中专	恒达玻纤厂厂长		
孙志华	男	1956.04	汉族	党员	中专	桑园村农业试验场场长		
孙艺功	男	1961.09	汉族	群众	高中	艺工玻璃纤维有限公司董事长		
张大兴	男	1950.01	汉族	党员	高中	留守营镇文教干部		
杨忠坡	男	1959.06	汉族	党员	专科	凡南彩色包装公司经理	工程师	

（续表）

姓名	性别	出生年月	民族	政治面貌	文化程度	工作单位及职务	职称	备注
金镇一	男	1971.07	朝鲜族	群众	专科	留守营镇朝鲜族小学校长	小教高级	
郭树成	男	1954.12	汉族	党员	初中	康达食品、纤维公司董事长	技术员	
郭贺明	男	1962.06	汉族	群众	初中	留守营镇北街村养猪协会会长		
曹淑荣	女	1963.06	汉族	群众	高中	留守营镇七里涧村妇联主任		
赵贵森	男	1953.11	汉族	党员	中专	县政协茶棚乡联络组组长		
王益仙	女	1962.09	汉族	群众	初中	茶棚乡大所二村农民		养猪
王新文	男	1966.04	汉族	党员	中专	曹东庄供电营业站站长		
刘小阁	男	1966.07	汉族	群众	大学	茶棚乡中心校副校长	中教一级	
李　民	男	1969.09	汉族	群众	专科	曹东庄兽医站工人	高级工	
肖春义	男	1963.07	汉族	群众	高中	茶棚乡西石河村经纪人		经纪人
钟晓明	男	1963.02	汉族	群众	中专	茶棚乡上官营村村民		种植
王明星	男	1963.12	汉族	党员	专科	县政协台营镇联络组组长		
马凤侠	女	1966.02	汉族	群众	大学	麻姑营中学教师	中教一级	
马树国	男	1964.08	汉族	党员	中专	台营镇马家坊村农业技术员	助理农艺师	
王宝生	男	1962.10	汉族	群众	高中	台营镇李各庄村民、县十大杰出青年		养猪
王幼平	男	1964.03	汉族	群众	高中	台营镇牛角峪村村民、县拔尖人才		棚果推广
宋　艾	男	1955.11	汉族	党员	初中	铁山食品有限公司经理		
侯春华	男	1970.03	汉族	群众	初中	台营镇畜牧养殖服务中心经理		
韩红兴	男	1972.10	汉族	群众	初中	台营镇红兴面粉厂厂长		
曹新成	男	1968.07	汉族	党员	大学	县政协大新寨镇联络组组长		
王志永	男	1963.04	汉族	群众	高中	大新寨镇王家沟村村民		经纪人
刘树林	男	1952.12	汉族	群众	初中	大新寨镇寨里庄村村民		
赵立勇	女	1959.01	汉族	群众	专科	大新寨镇北寨中学主任		
徐东山	男	1969.03	汉族	群众	高中	大新寨镇界岭口村村民		肉鸡养殖
梁兴栋	男	1965.05	汉族	群众	初中	大新寨镇郭家场村村民		板栗种植
梁春红	女	1965.04	汉族	群众	高中	大新寨镇梁家湾村村民		苹果种植
韩　迎	男	1959.06	汉族	党员	高中	大新寨镇小河峪村党支部书记		
武宝泉	男	1954.10	汉族	党员	高中	县政协驻操营镇联络组组长		
王佐礼	男	1954.04	汉族	群众	初中	驻操营镇义院口村村民		板栗种植
许国华	男	1954.02	汉族	群众	高中	驻操营镇板厂峪景区董事长		
刘江华	男	1956.06	汉族	群众	高中	驻操营镇蔡庄煤矿矿长		
刘会颖	女	1964.03	汉族	群众	专科	驻操营镇中心幼儿园园长		
张鹤珊	男	1955.03	汉族	群众	初中	驻操营镇城子峪村村民		
郝宝山	男	1962.06	汉族	群众	初中	驻操营镇唐苏村村主任		
温守文	男	1950.11	汉族	党员	初中	驻操营镇龙泉庄村党支部书记		
张文柱	男	1960.07	汉族	党员	专科	县政协深河乡联络组组长		
王宝民	男	1959.05	汉族	党员	初中	燕南精制石英砂厂厂长		
刘忠民	男	1966.07	汉族	群众	高中	北庄河星兴玻璃厂总经理		
王　强	男	1966.08	汉族	群众	初中	深河乡北甸村村民		
方爱菊	女	1978.09	汉族	群众	专科	深河中学	中教二级	
张俊奎	男	1956.08	汉族	群众	高中	深河乡朱家峪村主任		板栗种植
王瑞新	男	1954.06	汉族	群众	初中	秦皇岛市瑞华玻璃有限公司董事长		
魏凤芹	女	1965.03	汉族	党员	专科	县政协杜庄乡联络组组长		
王庆军	男	1971.03	汉族	群众	本科	杜庄乡中学教师	中教一级	
赵春燕	女	1968.07	汉族	群众	初中	杜庄乡杨家山村海燕工艺品厂		
赵玉柱	男	1961.01	汉族	党员	专科	蓝图实业公司董事长		
赵树田	男	1948.01	汉族	党员	专科	幸达特种玻璃纤维有限责任公司董事长	经济师	

（续表）

姓名	性别	出生年月	民族	政治面貌	文化程度	工作单位及职务	职称	备注
胡玉莲	女	1971.05	汉族	群众	高中	杜庄乡西苏子峪村农民		养殖
董素彬	女	1962.04	汉族	群众	中师	杜庄乡北马庄村计生专干兼会计		

2012—2015年政协抚宁县第九届委员会委员一览表

姓名	性别	出生年月	民族	政治面貌	文化程度	工作单位及职务	备注
顾昌和	男	1956.04	汉族	党员	专科	县政协主席	
高金峰	男	1964.02	汉族	群众	本科	县政协副主席、县建设局副局长	
李英伟	男	1956.01	汉族	党员	专科	县政协副主席	
马利华	男	1955.10	汉族	党员	大学	县政协副主席	
赵永红	男	1965.09	汉族	群众	大学	县政协副主席、县中医院院长	
刘秀才	男	1959.02	汉族	党员	高中	县政协秘书长、办公室主任	
张玉敏	女	1968.10	汉族	党员	大学	县政协经济科科长	
李向光	女	1970.12	汉族	党员	大学	县政协法制科科长	
齐晓晖	女	1963.11	汉族	群众	大学	县政协提案科科长	
付忠民	男	1962.08	汉族	党员	大学	县公安局政委	
杨继平	男	1960.06	汉族	党员	大学	县残联理事长	
魏振标	男	1967.10	汉族	党员	大学	县委组织部副部长	
孙　海	男	1966.02	汉族	群众	大学	县监察局副局长、正科级监察员	
仇占华	男	1963.08	汉族	群众	大学	县检察院正科级检察员	
刘庆斌	男	1964.01	汉族	群众	大学	县法院副院长、正科级审判员	
杨　红	女	1964.10	汉族	党员	专科	县司法局副局长	
黄汝民	男	1961.07	汉族	党员	大学	县老干部局副局长	
马秀艳	女	1968.04	汉族	党员	大学	县总工会副主席	
曹新成	男	1968.07	汉族	党员	大学	县委宣传部副部长、县文明办主任	
范金茹	女	1965.04	汉族	党员	大学	县工商联主席	
周亚梅	女	1976.09	汉族	党员	大学	县妇联副主席	
王　恒	男	1986.04	汉族	党员	大学	团县委副书记	
宋向军	女	1972.07	汉族	党员	大学	县人力资源和社会保障局副局长	
赵会茹	女	1970.10	汉族	群众	大学	县人口和计划生育局发展规划股股长	
陈艳杰	女	1980.09	汉族	党员	专科	县民政局高庄中心敬老院副院长	
冯占和	男	1971.03	汉族	党员	本科	县公安局警务保障室主任	
徐彦春	男	1966.02	汉族	党员	大学	县教育局副科级督学	
孙兴基	男	1964.01	汉族	党员	大学	燕山网络北戴河新区分公司经理	
陈劲草	女	1968.03	汉族	群众	大学	县文联副主席	
付海莲	女	1977.04	汉族	党员	大学	县体育发展中心办公室主任	
宋玉玲	女	1966.10	汉族	群众	大学	县职教中心教科室主任	
赵玉辉	男	1973.04	满族	群众	专科	县文体局办公室主任	
赵铁芳	男	1962.02	汉族	党员	大学	县一中校长、党委书记	
孟凡忠	男	1963.03	汉族	党员	大学	县二中校长、党总支书记	
赵爱颖	女	1976.04	汉族	党员	研究生	县二中团委书记	
赵　珊	女	1967.10	汉族	群众	大学	县职教中心电大部教师	
刘颖红	女	1977.11	汉族	群众	大学	县文体局文化馆副馆长	
杨大海	男	1968.04	汉族	党员	大学	县文体局文物管理所所长	
蘧恒彬	男	1958.09	汉族	党员	专科	南戴河旅游度假区党委书记	
邸锦华	男	1964.11	汉族	党员	大学	县发展改革局副局长	
纪立军	男	1973.10	汉族	群众	大学	县规划局副局长	
王胜林	男	1966.06	汉族	群众	大学	县环保局副局长	
陈亚萍	女	1963.02	汉族	群众	大学	县质量技术监督局副局长	
王淑珍	女	1973.06	汉族	群众	大学	县供电公司营销部副主任	
李凤清	女	1976.02	汉族	群众	大学	县移动公司副经理	

（续表）

姓名	性别	出生年月	民族	政治面貌	文化程度	工作单位及职务	备注
耿守位	男	1967.08	汉族	党员	中专	秦皇岛骊骅淀粉股份有限公司党委副书记、工会主席	
张永智	男	1966.05	汉族	群众	大学	县通用机械公司副总经理	
李顺强	男	1966.03	汉族	群众	初中	县欧陆化工机械有限公司总经理	
黄俊久	男	1955.05	汉族	党员	专科	县明星房地产开发有限公司董事长	
傅仁华	男	1964.01	汉族	群众	专科	县建设建筑有限责任公司董事长	
罗兴平	男	1964.08	汉族	群众	大学	县天马酒业总经理	
张智勇	男	1950.03	汉族	党员	大学	市方圆玻璃有限公司董事长兼总经理	
周铁石	男	1956.10	汉族	群众	初中	石门寨镇潮水峪村村民	
安立柱	男	1974.10	汉族	群众	大学	县城管办副主任	
周晓东	男	1963.10	汉族	群众	专科	县交通运输局公路管理站养护股股长	
盛云霞	女	1955.09	汉族	群众	高中	抚宁华盛新纸业有限公司董事长	
李家强	男	1973.08	汉族	党员	专科	秦皇岛市玄通公路工程有限公司总经理	
姜志国	男	1962.10	汉族	群众	大学	河北金世纪建设有限公司董事长兼总经理	
陈志春	男	1957.01	汉族	党员	专科	河北天成化工抚宁分公司总经理	
刘　稳	男	1963.02	汉族	党员	大学	县委农工委书记	
马永杰	男	1963.02	汉族	党员	大学	县统计局局长	
刘贵杰	男	1962.09	汉族	群众	大学	县水务局副局长、移民办主任	
张春友	男	1964.10	汉族	群众	专科	县水务局副局长	
夏雪岭	男	1967.07	汉族	群众	大学	县农牧水产局水产技术推广站站长	
赵英红	女	1966.12	汉族	群众	大学	县农牧水产局兽医站副站长	
孙　杰	女	1965.10	汉族	群众	专科	县林业局总工程师	
邹付军	男	1966.07	汉族	群众	大学	县海洋局管理股股长	
张国来	男	1961.03	汉族	党员	大学	县科协主席	
朱国民	男	1970.02	汉族	党员	高中	抚宁县国民农副产品产销专业合作社	
李柏林	男	1979.05	汉族	群众	专科	秦皇岛市海洋牧场增养殖有限公司总经理	
郧大为	男	1979.11	汉族	党员	专科	秦皇岛小江蔬菜专业合作社理事长	
郝向春	男	1965.08	汉族	党员	专科	县卫生局副局长兼妇幼保健院院长	
刘铁银	男	1963.01	汉族	党员	双专科	县食品药品监督管理局局长、党组书记	
张子学	男	1965.03	汉族	群众	大学	县医院副院长	
王首军	男	1965.01	汉族	群众	研究生	县医院副院长	
马淑敏	女	1963.04	汉族	群众	专科	县医院总护士长	
张学志	男	1968.03	汉族	群众	大学	县医院外一科副主任	
祖素云	女	1968.05	汉族	群众	大学	县医院内三科副主任	
张连馥	女	1968.09	汉族	群众	大学	县卫生执法监督所干部	
武士安	男	1960.09	汉族	群众	大学	县中医院副院长兼内科主任	
李智苹	女	1970.10	汉族	群众	大学	县中医院副院长	
苏　津	女	1965.04	汉族	群众	专科	县中医院检验科副主任	
于冰娇	女	1965.12	汉族	群众	大学	县中医院妇产科主任	
王　宁	女	1980.01	汉族	群众	大学	县中医院外科护士长	
李惠颖	女	1977.04	汉族	党员	专科	县妇幼保健院院长助理兼保健部主任	
张志坚	男	1961.05	汉族	群众	大学	县商务局主任科员	
刘树静	男	1964.04	汉族	党员	大学	县国税局副局长、党组成员	
杨玉良	男	1967.09	汉族	群众	大学	县财政局副局长	
张鸿飞	男	1963.12	汉族	群众	大学	县粮食局副局长	
邓素君	女	1962.12	汉族	群众	专科	县地税局城关所征收股股长	
宋建光	男	1967.11	满族	党员	专科	县农村信用联社主任	
张晓宇	女	1973.09	汉族	党员	大学	县国资公司副总经理	
吕　立	男	1962.04	汉族	群众	大学	县工商局城关分局局长	
唐　波	男	1971.11	汉族	党员	大学	建行抚宁支行行长	

（续表）

姓名	性别	出生年月	民族	政治面貌	文化程度	工作单位及职务	备注
常文志	男	1972.11	汉族	党员	大学	人寿保险海港支公司经理	
李　娜	女	1969.08	汉族	群众	大学	平安财保抚宁支公司经理	
张永奎	男	1968.10	汉族	群众	大学	人寿财险抚宁支公司经理	
秦　明	男	1989.01	汉族	群众	专科	秦皇岛市海业商贸有限公司总经理	
赵爱群	男	1964.12	汉族	党员	大学	抚宁县投资促进中心主任	
马　英	男	1974.09	汉族	群众	专科	秦皇岛抚宁友谊商城有限公司经理	
孙春涛	男	1977.03	汉族	党员	大学	县政府办公室副主任	
杨秀娟	女	1971.06	汉族	党员	大学	县委统战部台办主任	
张红韫	女	1973.12	汉族	群众	大学	县一中办公室副主任	台属
成隆国	男	1981.01	汉族	群众	大学	抚宁供电分公司监察部职工	归侨
李　英	男	1945.09	汉族	群众	高中	抚宁镇河潮营村村民	台属
聂　林	男	1953.04	汉族	党员	高中	广安建筑公司	台属
王金星	男	1972.04	汉族	党员	大学	抚宁镇党委副书记	
仇文仲	男	1959.04	汉族	党员	大学	秦燕化工有限公司董事长	
郑海波	男	1962.08	汉族	群众	专科	光宇玻璃纤维有限公司总经理	
冯志勇	男	1969.06	汉族	党员	专科	抚宁镇鲁庄村党支部书记	
尹秀清	女	1956.10	汉族	群众	高中	京东调味品厂厂长	
周翠华	女	1960.06	汉族	群众	大学	骊城学区初级中学教导处副主任	
魏　娜	女	1974.01	汉族	党员	大学	骊城学区第一小学校长	
梁宝山	男	1972.02	汉族	党员	大学	抚宁镇中心卫生院院长	
李文革	男	1964.09	汉族	群众	初中	天马湖黄楼酒家总经理	
李彩民	男	1970.12	汉族	党员	初中	杨洛木村党支部书记兼村主任	
郭树成	男	1954.12	汉族	党员	高中	康达玻纤公司总经理	
金镇一	男	1971.07	朝鲜族	群众	专科	朝鲜族小学校长	
付作成	男	1960.07	汉族	党员	中专	一方玻纤制造有限公司总经理	
孙艺功	男	1963.09	汉族	党员	高中	艺工玻璃纤维有限公司董事长	
郭贺明	男	1962.06	汉族	群众	初中	留守营镇永顺昌园菌类种植专业户	
曹淑荣	女	1963.06	汉族	群众	高中	留守营镇七里涧村妇代会主任	
栗庆生	男	1961.03	汉族	党员	专科	凡南造纸厂厂长	
郭玉祥	男	1964.11	汉族	党员	初中	丰满纸业副总经理	
魏宝江	男	1966.05	汉族	党员	高中	市江鑫水产冷冻有限公司总经理	
杨金沅	男	1982.05	汉族	党员	专科	市恒裕房地产开发公司副经理	
刘振华	男	1961.02	汉族	党员	高中	华云纸业有限公司董事长	
范玉臣	男	1946.01	汉族	党员	初中	留守营镇前韩汽车维护厂厂长	
黄金利	男	1963.05	汉族	党员	高中	秦皇岛皇嘉建材有限公司总经理	
茹学军	男	1972.05	汉族	党员	高中	留守营镇人大主席、政协活动组组长	
张福宽	男	1959.11	汉族	党员	专科	牛头崖镇党委副书记	
马秀芬	女	1964.08	汉族	群众	高中	牛头崖镇秦抚电器商城经理	
李文忠	男	1955.08	汉族	群众	小学	牛头崖镇浪淘沙贝艺制品厂厂长	
杜娅楠	女	1981.07	汉族	群众	专科	牛头崖镇中心卫生院护师	
张立柱	男	1953.07	汉族	党员	初中	牛头崖镇聚顺德饭庄经理	
聂庆平	男	1949.05	汉族	群众	高中	牛头崖镇都寨养殖场场长	
常孟庚	男	1973.09	汉族	群众	中专	秦皇岛市常佳园林有限公司经理	
韩　勇	男	1971.07	汉族	群众	高中	秦皇岛市亿维玻纤制品有限公司经理	
张红艳	女	1976.04	汉族	群众	大学	牛头崖镇牛头崖小学教师	
张小五	男	1971.04	汉族	党员	初中	牛头崖镇渠子口村村主任	
赵丽敏	女	1972.01	汉族	党员	大学	茶棚乡党委副书记	
王益仙	女	1962.09	汉族	群众	初中	益仙巾帼养猪专业合作社理事长、巾帼服装厂总经理	
肖春义	男	1963.07	汉族	群众	高中	茶棚乡西石河村蔬菜经纪人	

（续表）

姓名	性别	出生年月	民族	政治面貌	文化程度	工作单位及职务	备注
于海艳	女	1974.02	汉族	群众	大学	茶棚学区初级中学主任	
安丙富	男	1959.12	汉族	党员	高中	茶棚乡后石河村党支部书记	
殷佐海	男	1972.02	汉族	党员	高中	抚宁县日昌升农作物种植专业合作社理事长	
王　明	男	1951.05	汉族	群众	小学	茶棚乡马各庄村石场矿长	
周绍清	男	1967.05	汉族	群众	小学	茶棚乡上官营村农欣蔬菜种植专业合作社理事长	
马凤侠	女	1966.02	汉族	群众	大学	台营学区初级中学副校长	
马树国	男	1964.08	汉族	群众	中专	台营镇农业技术服务站站长	
王幼平	男	1964.03	汉族	群众	高中	台营镇牛角峪村名优葡萄种植能手	
宋　艾	男	1955.12	汉族	党员	初中	台营镇铁山水产经理	
侯春华	男	1970.03	汉族	党员	高中	台营镇七村市场营销讲师	
韩红兴	男	1972.10	汉族	群众	高中	台营镇城里村村主任	
陈宏海	男	1980.01	汉族	群众	中专	台营镇石槽峪村村主任	
姜海川	男	1972.01	汉族	群众	初中	台营镇聚鑫源奶牛场场长	
钟铁华	男	1961.03	汉族	党员	初中	台营镇纪委书记、政协活动组组长	
王志勇	男	1963.04	汉族	群众	高中	大新寨金源板栗产销专业合作社理事长	
刘树林	男	1952.12	汉族	群众	初中	大新寨镇寨里庄果袋厂、保鲜袋厂厂长	
徐东山	男	1969.01	汉族	群众	高中	大新寨镇界岭口村养鸡大户	
梁兴栋	男	1965.05	汉族	群众	初中	大新寨镇郭家场村民（镇板栗土专家）	
梁春红	女	1965.04	汉	群众	高中	大新寨镇梁家湾村苹果种植大户	
韩　迎	男	1959.01	汉族	党员	高中	大新寨金富宁果品产销专业合作社理事长	
张　柏	男	1963.01	汉族	党员	高中	大新寨镇宣各寨村党支部书记、经纪人	
赵盘霞	女	1982.11	汉族	群众	大学	大新寨镇宣各寨小学教导处副主任	
刘增志	男	1970.06	汉族	党员	大学	大新寨镇党委副书记	
王志伟	男	1980.01	汉族	党员	大学	榆关镇党委副书记	
马洪顺	男	1962.10	汉族	群众	大学	秦皇岛顺驰房地产开发有限公司董事长	
李新华	男	1964.09	汉族	群众	高中	榆关镇平市北村村主任	
阎师德	男	1959.01	汉族	群众	高中	秦皇岛市鸿兴安装工程有限公司总经理	
刘国平	男	1962.01	汉族	党员	大学	秦皇岛市国兴驾校校长	
韩鹤林	男	1965.09	汉族	党员	中专	秦皇岛忠兴有限公司总经理	
李学凯	男	1955.09	汉族	党员	中专	秦皇岛市凯达建筑机械工程有限责任公司总经理	
周顺新	男	1966.01	汉族	群众	初中	榆关镇东周村村主任	
张洪玲	女	1980.09	汉族	群众	大学	榆关镇榆关小学教导处副主任	
邢亚明	男	1965.03	汉族	党员	大学	深河乡纪委书记	
王瑞新	男	1954.06	汉族	群众	高中	秦皇岛市瑞华玻璃有限公司董事长	
刘忠民	男	1966.07	汉族	群众	专科	深河乡北庄河铝合金门窗厂总经理	
王　强	男	1966.08	汉族	群众	初中	秦皇岛市开发区西场村村民	
张俊奎	男	1956.08	汉族	群众	高中	深河乡朱家峪村板栗种植带头人	
刘凤芝	女	1970.07	汉族	群众	中专	深河乡计生办财务人员	
刘大江	男	1972.08	汉族	群众	专科	秦皇岛佳盟精密铸造有限公司总经理	
魏凤芹	女	1965.03	汉族	党员	专科	杜庄镇纪委书记	
王庆军	男	1971.03	汉族	群众	大学	杜庄学区初级中学副主任	
赵春燕	女	1968.07	汉族	群众	高中	杜庄镇杨家山村海燕工艺品厂	
董素彬	女	1962.04	汉族	群众	中师	杜庄镇北马庄村妇女主任兼会计	
王　富	男	1956.05	汉族	党员	初中	杜庄镇徐家沟村党支部书记	
赵玉生	男	1966.12	汉族	党员	初中	秦皇岛兴龙仓储物流有限责任公司董事长	
刘立忠	男	1969.09	汉族	群众	本科	杜庄镇车庄村村主任	
李家庚	男	1962.05	汉族	党员	专科	石门寨镇英武山村党支部书记	
马国强	男	1967.02	汉族	群众	初中	抚宁县益民养殖有限责任公司场长	
何立生	男	1962.10	汉族	党员	高中	石门寨镇第二水泥厂厂长	

（续表）

姓名	性别	出生年月	民族	政治面貌	文化程度	工作单位及职务	备注
张敬波	男	1959.12	汉族	群众	初中	石门寨镇北斜街天主教堂负责人	天主教
尚颖慧	女	1972.04	汉族	群众	大学	石门寨镇镇中副校长	
孙志明	男	1973.11	汉族	党员	专科	柳江医院副院长	
高振国	男	1967.08	汉族	群众	初中	石门寨镇傍水崖村村主任、运输专业户	
王胜银	男	1952.10	汉族	党员	初中	石门寨镇北河村党支部书记兼村主任	
张克信	男	1958.10	汉族	群众	专科	秦皇岛信发畜牧有限公司董事长兼总经理	
董占武	男	1959.10	汉族	群众	高中	秦皇岛夏都菌业有限公司总经理	
张春生	男	1958.12	汉族	党员	高中	石门寨镇党委委员、政协活动组组长	
梅秀峰	男	1961.06	汉族	党员	专科	驻操营镇纪委书记	
王佐礼	男	1954.04	汉族	群众	初中	驻操营镇义院口村村民	
许国华	男	1954.01	汉族	群众	初中	驻操营镇板厂峪景区董事长	
刘江华	男	1956.06	汉族	群众	高中	蔡庄矿业集团董事长	
张鹤珊	男	1955.03	汉族	群众	高中	驻操营镇城子峪长城保护员	
郝宝山	男	1962.04	汉族	党员	初中	驻操营镇唐苏村党支部书记	
温守文	男	1950.11	汉族	党员	初中	驻操营镇龙泉庄村党支部书记	
凤翔武	男	1978.11	汉族	群众	初中	驻操营镇义院口村村民	
张洪杰	男	1978.02	汉族	党员	高中	驻操营镇九门口村党支部书记	
刘英杰	男	1958.06	汉族	党员	专科	县政协骊城街道联络组组长	
赵有礼	男	1956.05	汉族	党员	高中	骊城街道邱营社区党支部书记	
陈国勤	男	1957.04	汉族	群众	高中	宏光运输公司经理	
程云萍	女	1962.04	汉族	群众	初中	艾欣超市抚宁店经理	
王凤清	女	1966.10	汉族	党员	大学	县政协南戴河街道联络组组长	
刘彦宝	男	1971.11	汉族	民革	专科	南戴河旅游发展集团副总经理	民革党员
宋景昌	男	1970.02	汉族	群众	大学	南戴河管委副主任	
杨立荣	男	1962.09	汉族	群众	专科	抚宁县荣达科技小额贷款有限公司董事长	
刘凤波	女	1979.06	汉族	群众	专科	南戴河小峰水产经营部经理	
刘宇飞	女	1960.05	汉族	群众	大学	司法部南戴河干警培训中心主任	
张立君	男	1975.11	汉族	党员	大学	县农牧水产局总农艺师	
庞云超	男	1958.05	汉族	党员	高中	县林果科技服务中心主任	
贾文民	男	1972.04	汉族	党员	本科	抚宁一中教师	
王亚东	男	1972.10	汉族	群众	专科	本水宝龙园旅游实业有限公司经理	
杨金明	男	1977.12	汉族	群众	专科	燕赵都市报抚宁站站长	
刘红涛	男	1973.03	汉族	群众	中专	抚宁县爱先行助残协会会长	
周义民	男	1971.06	汉族	党员	专科	抚宁县广安建筑安装工程有限公司总经理	
李　颂	男	1988.11	汉族	党员	专科	前韩纸业有限公司总经理	
梁胜伟	男	1982.09	汉族	群众	高中	抚宁县晨伟商贸有限公司总经理	

区政协委员

2015 年撤县设区后，39 名政协委员随区划调整划走，其余 183 名委员过渡为区政协第一届委员，区政协第二届委员 183 名、第三届委员 204 名，至 2021 年共产生 3 届区政协委员。因抚宁撤县设区后成立了民进、民盟等民主党派抚宁支部，民主党派抚宁支部负责人吸纳为区政协委员。委员队伍构成基本趋于党群政法、工建交、农业科技、商贸金融、文教体育、医药卫生、海外联谊等 7 个界别组。

区政协委员构成

区政协第一届委员会委员 2015年8月，抚宁县撤县设区。39名县政协委员移送海港区、北戴河区，其余过渡为抚宁区政协委员。2016年3月经区政协主席会议和4月区政协常委会会议研究、协商，并报区委批准，区政协一届委员会委员183名，其中男委员135名，女委员48名。委员中中共党员86名，占委员总数的47%；非中共党员97名，占委员总数的53%。少数民族委员2名，其中满族1名，朝鲜族1名。委员中年龄最小的27岁，最大的71岁，30岁以下3名，31～40岁18名，41～50岁67名，51～60岁的83名，61岁以上的12名。具有大学本科及研究生文化程度的88名，专科文化程度的42名，高中、中专文化程度的35名，初中及以下文化程度的18名。届中撤销委员资格2名，病故1名。届末有委员180名。

区政协第二届委员会委员 2017年2月，区政协一届第七次主席会议、第四次常委会会议协商，并经区委批准，区政协二届委员会委员183名，其中上届委员留任61名，吸纳新委员122名。有男委员129名，女委员54名。委员中中共党员73名，占委员总数的40%；非中共党员110名（其中包括农工党4名、民进党4名、民盟3名、民革3名、民建2名、九三学社2名），占委员总数的60%。委员中少数民族委员4名（其中满族3名、朝鲜族1名）。委员中年龄最小的27岁，最大的72岁，30岁以下3名，31～40岁33名，41～50岁的102名，51～60岁的43名，61岁以上的2名。具有大学本科以上文化程度的116名，占委员总数的63%；本科以下文化程度的67名，占委员总数的37%。2017年9月，为突出界别优势，充分调动委员参政议政的积极性，更好地发挥界别在人民政协履行职能中的作用，区政协研究决定，将政协委员划分为党群政法、工建交、农业科技、医疗卫生、商贸金融、文教体、海外联谊7个界别组。界别组按委员工作性质打破乡镇活动组，将各乡镇的政协委员归入所属工作组，但基本保持原工作组界别。每个界别组设分管领导1人，为区政协领导班子成员；组长1人，副组长2人，负责本界别组开展活动的组织工作。届中因工作变动或健康原因辞去委员职务21名，新增委员25名。新增补的委员根据其从事工作等情况编入界别组活动。

区政协第三届委员会委员 2021年5月，区政协换届工作动员会后，区委统战部会同区委组织部、区政协党组，研究提出区政协三届委员会委员具体名额分配方案。各乡镇、骊城街道、开发区、区直各单位和各行业协会主管部门党组织按照分配方案上报区政协委员拟推荐人选，经多次沟通，充分酝酿，在综合考虑民族、地域、年龄和性别等情况的基础上，形成了初步人选名单，并逐人进行了联审考察。区委政协委员人选审核领导小组（五人小组+统战部长）对初步人选名单进行了审核，在征求同级政协党组意见后形成建议人选名单，并就建议名单进一步征求了民主党派、工商联和无党派人士的意见，最终形成了政协秦皇岛市抚宁区第三届委员会委员、常委建议人选名单。三届政协委员人选条件是热爱祖国，拥护中国共产党的领导和中国特色社会主义事业，在本届别中有代表性、有较大的社会影响力和较强的参政议政能力，有良好的道德品行和社会形象。区政协常委的任职年龄界限一般为60岁，57岁以上的一般不再继续提名；新提名的原则上要能干满一届。区政协委员的任职和提名年龄界限不高于区政协常委的年龄界限。区政协委员中，党员领导干部任期不超过2届，党外人士和党内专家学者任期一般不超过3届。委员确定原则是政协委员与区党代表、人大代表不交叉，区党代表、区人大代表一般由乡科级单位主要负责人担任，区政协委员人选一般由单位副职担任。政协委员具有广泛的代表性，既安排党政机关、群团组织、政府各组成部门的委员，又安排教体卫生、金融保险、台属侨胞等委员，既有农林科技的典型代表，又有非公经济人士和新社会阶层的创业新生力量的代表。同时对区内6个民主党派人士进行了安排，分别编进与其工作身份对应的区直工作组中。委员选择程序严谨、标准严格。突出人选政治标准，坚持道德品行要求，注重能力素质，把资格审查贯穿政协人事安排全过程。组织区直20家有关单位对委员人选进行资格联审，人选为非公经济人士的进行综合评价，坚决防止品行不端、素质不高，甚至有违法违纪的人员被推荐为政协委员。7月，经区政协二届三十一次主席会议、二届二十七次常委会会议协商确定，区政协三届委员会委员规模为208名，考虑到届中调整增补委员的需要，换届时安排204名，其中中共党员委员80名，占比39%；非中共党员124名，占比61%。女委员77名，男委员127名，分别占委员总数的38%和62%，女委员比例较上届提高了8个百分点；少数民族委员9名（其中满族8名、朝鲜族1名），占委员总数的4%。年龄构成：30岁以下的11名，31～40岁的51名，41～50岁的116名，51岁以上的26名，中间年龄段人员明显居多，年龄结构更加合理（35周岁以下1986年7月以后出生的青年委员33人，占比16%）。学历本科以上文化程度的133名，本科以下文化程度的71名，分别占委员总数的65%和35%。留任委员58名，吸纳新委员146名，分别占委员总数的28%和72%。

区政协委员简况

2015—2021年区政协3届委员的姓名、性别、出生年月、民族、政治面貌、文化程度、工作单位及职务、职称等基本情况，以一览表的形式予以记述。

2015—2017年政协秦皇岛市抚宁区第一届委员会委员一览表

姓名	性别	出生年月	民族	政治面貌	文化程度	工作单位及职务	备注
张　岐	男	1963.05	汉族	党员	研究生	区政协主席	
顾昌和	男	1956.04	汉族	党员	专科	区政协	
高金峰	男	1964.02	汉族	群众	本科	区政协副主席、区建设局副局长	
李英伟	男	1956.01	汉族	党员	专科	区政协副主席	
马利华	男	1955.10	汉族	党员	大学	区政协副主席	
赵永红	男	1965.09	汉族	群众	大学	区政协副主席、区人民医院院长	
刘秀才	男	1959.02	汉族	党员	高中	区政协秘书长、办公室主任	
张玉敏	女	1968.10	汉族	党员	大学	区政协经济科科长	
李向光	女	1970.12	汉族	党员	大学	区政协社会法制科科长	
齐晓晖	女	1963.11	汉族	群众	大学	区政协提案工作科	
付　强	男	1962.11	汉族	党员	大学	区政协党组成员	
付忠民	男	1962.08	汉族	党员	大学	区公安分局政委	
杨继平	男	1960.06	汉族	党员	大学	区残联理事长	
魏振标	男	1967.10	汉族	党员	大学	区委组织部常务副部长	
孙　海	男	1966.02	汉族	群众	大学	区监察局副局长、正科级监察员	
刘庆斌	男	1964.01	汉族	群众	大学	区总工会主任科员	
仇占华	男	1963.08	汉族	群众	大学	区检察院正科级检察员	

（续表）

姓名	性别	出生年月	民族	政治面貌	文化程度	工作单位及职务	备注
杨　红	女	1964.10	汉族	党员	专科	区司法局副局长	
黄汝民	男	1961.07	汉族	党员	大学	区老干部局副局长	
马秀艳	女	1968.04	汉族	党员	大学	区总工会副主席	
曹新成	男	1968.07	汉族	党员	大学	区委组织部副部长、县直机关党委书记	
范金茹	女	1965.04	汉族	党员	大学	区工商联主席	
周亚梅	女	1976.09	汉族	党员	大学	区妇联副主席	
王　恒	男	1986.04	汉族	党员	大学	榆关镇党委副书记、副镇长	
宋向军	女	1972.07	汉族	党员	大学	区人力资源和社会保障局副局长	
赵会茹	女	1970.10	汉族	群众	大学	区卫计局	
陈艳杰	女	1980.09	汉族	党员	专科	区民政局高庄中心敬老院副院长	
冯占和	男	1971.03	汉族	党员	大学	区公安分局警务保障室主任	
刘红涛	男	1973.03	汉族	群众	中专	区爱先行助残协会会长	
蘧恒彬	男	1958.09	汉族	党员	专科	南戴河旅游度假区	
邸锦华	男	1964.11	汉族	党员	大学	区发展改革局副局长	
纪立军	男	1973.10	汉族	群众	大学	区规划局副局长	
王胜林	男	1966.06	汉族	群众	大学	区环保局副局长	
陈亚萍	女	1963.02	汉族	群众	大学	区市场监督管理局主任科员	
王淑珍	女	1973.06	汉族	群众	大学	区供电公司营销部副主任	
耿守位	男	1967.08	汉族	党员	中专	秦皇岛骊骅淀粉有限公司党委副书记、工会主席	
李顺强	男	1966.03	汉族	群众	初中	欧路化工机械有限公司总经理	
黄俊久	男	1955.05	汉族	党员	专科	区明星房地产开发有限公司董事长	
傅仁华	男	1964.01	汉族	群众	专科	区建设建筑有限责任公司董事长	
罗兴平	男	1964.08	汉族	群众	大学	区天马集团董事长	
安立柱	男	1974.10	汉族	群众	大学	区城管办副主任	
周晓东	男	1963.10	汉族	群众	专科	区交通运输局公路管理站养护股股长	
盛云霞	女	1955.09	汉族	群众	高中	抚宁华盛新纸业有限公司董事长	
李家强	男	1973.08	汉族	党员	专科	秦皇岛市玄通公路工程有限公司总经理	
姜志国	男	1962.10	汉族	群众	大学	河北金世纪建设有限公司董事长兼总经理	
陈志春	男	1957.01	汉族	党员	专科	河北天成化工抚宁分公司总经理	
徐彦春	男	1966.02	汉族	党员	大学	区教育局副局长	
陈劲草	女	1968.03	汉族	群众	大学	区文联副主席	
付海莲	女	1977.04	汉族	党员	大学	区体育发展中心办公室主任	
宋玉玲	女	1966.10	汉族	群众	大学	区职教中心教科室主任	
赵玉辉	男	1973.04	满族	群众	专科	区文体局局长助理	
李铁芳	男	1962.02	汉族	党员	大学	区一中	
孟凡忠	男	1963.03	汉族	党员	大学	区二中校长、党总支书记	
赵爱颖	女	1976.04	汉族	党员	研究生	区二中团委书记	
刘颖红	女	1977.11	汉族	群众	大学	区文体局文化馆副馆长	
杨大海	男	1968.04	汉族	党员	大学	区文体局文物管理所所长	
贾文民	男	1972.04	汉族	党员	本科	区一中美术教师	
杨金明	男	1977.12	汉族	群众	专科	燕赵都市报抚宁站站长	
刘　稳	男	1963.02	汉族	党员	大学	区农工委常务副书记	
马永杰	男	1963.02	汉族	党员	大学	区统计局局长	
刘贵杰	男	1962.09	汉族	群众	大学	区水务局副局长、移民办主任	
张春友	男	1964.10	汉族	群众	专科	区水务局副局长	
贾雪岭	男	1967.07	汉族	群众	大学	北戴河新区	
赵英红	女	1966.12	汉族	群众	大学	区农牧水产局兽医站副站长	
邹付军	男	1966.07	汉族	群众	大学	区海洋局管理股股长	
张国来	男	1961.03	汉族	党员	大学	区科协主席	
朱国民	男	1970.02	汉族	党员	高中	抚宁区国民农副产品产销专业合作社	

（续表）

姓名	性别	出生年月	民族	政治面貌	文化程度	工作单位及职务	备注
郧大为	男	1979.11	汉族	党员	专科	秦皇岛小江蔬菜专业合作社理事长	
张立君	男	1975.11	汉族	党员	大学	区农牧水产局总农艺师	
庞云超	男	1958.05	汉族	党员	高中	区林果科技服务中心主任	
李柏林	男	1979.05	汉族	群众	专科	秦皇岛市海洋牧场增养殖有限公司总经理	
郝向春	男	1965.08	汉族	党员	专科	区卫计局副局长兼中医院院长	
刘铁银	男	1963.01	汉族	党员	双专科	区市场监督管理局党委书记	
张子学	男	1965.03	汉族	群众	大学	区妇幼保健院院长	
王首军	男	1965.01	汉族	群众	研究生	区人民医院副院长	
马淑敏	女	1963.04	汉族	群众	专科	区人民医院	
张学志	男	1968.03	汉族	群众	大学	区人民医院外一科副主任	
祖素云	女	1968.05	汉族	群众	大学	区人民医院内三科副主任	
张连馥	女	1968.09	汉族	群众	大学	区卫生执法监督所干部	
武士安	男	1960.09	汉族	群众	大学	区中医院副院长兼内科主任	
李智苹	女	1970.10	汉族	群众	大学	区中医院副院长	
苏　津	女	1965.04	汉族	群众	专科	区中医院检验科副主任	
于冰娇	女	1965.12	汉族	群众	大学	区中医院副产科主任	
王　宁	女	1980.01	汉族	群众	大学	区中医院外科护士长	
李惠颖	女	1977.04	汉族	党员	专科	区妇幼保健院副院长	
张志坚	男	1961.05	汉族	群众	大学	区商务局主任科员	
刘树静	男	1964.04	汉族	党员	大学	区国税局副局长、党组成员	
杨玉良	男	1967.09	汉族	群众	大学	区财政局副局长	
张鸿飞	男	1963.12	汉族	群众	大学	区粮食局副局长	
邓素君	女	1962.12	汉族	群众	专科	区地税局城关所征收股股长	
张晓宇	女	1973.09	汉族	党员	大学	区国资公司副总经理	
吕　立	男	1962.04	汉族	群众	大学	区市场监督管理局城关分局局长	
李　娜	女	1969.08	汉族	群众	大学	平安财保秦皇岛公司	
秦　明	男	1989.01	汉族	群众	专科	秦皇岛市海业商贸有限公司总经理	
张永奎	男	1968.10	汉族	群众	大学	人寿财险抚宁支公司经理	
赵爱群	男	1964.12	汉族	党员	大学	区投资促进中心主任	
马　英	男	1974.09	汉族	群众	专科	秦皇岛抚宁友谊商城有限公司经理	
梁胜伟	男	1982.09	汉族	群众	高中	区晨伟商贸有限公司总经理	
孙春涛	男	1977.03	汉族	党员	大学	区政府办公室副主任	
杨秀娟	女	1971.06	汉族	党员	大学	区委统战部主任科员	
张红韫	女	1973.12	汉族	群众	大学	区一中办公室主任	台属
成隆国	男	1981.01	汉族	群众	大学	抚宁供电分公司安全监察部职工	归侨
李　英	男	1945.09	汉族	群众	高中	抚宁镇河潮营村村民	台属
刘增志	男	1970.06	汉族	党员	大学	区委统战部常务副部长	
聂　林	男	1953.04	汉族	党员	高中	广安建筑公司	台属
王金星	男	1972.04	汉族	党员	大学	区水务局副局长	
仇文仲	男	1959.04	汉族	党员	大学	秦燕化工有限公司董事长	
郑海波	男	1962.08	汉族	群众	专科	光宇玻璃纤维有限公司总经理	
冯志勇	男	1969.06	汉族	党员	专科	抚宁镇鲁庄村党支部书记	2016.08 撤职
李彩民	男	1970.12	汉族	党员	初中	坟坨管区杨洛木村党支部书记兼村主任	
尹秀清	女	1956.10	汉族	群众	高中	京东调味品厂厂长	
周翠华	女	1960.06	汉族	群众	大学	骊城学区初级中学	
魏　娜	女	1974.01	汉族	党员	大学	骊城学区第一小学校长	
梁宝山	男	1972.02	汉族	党员	大学	抚宁镇中心卫生院院长	
李文革	男	1964.09	汉族	群众	初中	天马湖黄楼酒家总经理	
郭树成	男	1954.12	汉族	党员	高中	康达玻纤公司总经理	

（续表）

姓名	性别	出生年月	民族	政治面貌	文化程度	工作单位及职务	备注
金真一	男	1971.07	朝鲜族	群众	专科	北戴河新区朝鲜族小学校长	
付作成	男	1960.07	汉族	党员	中专	一方玻纤制造有限公司总经理	
孙艺功	男	1963.09	汉族	党员	高中	艺工玻璃纤维有限公司董事长	
郭贺明	男	1962.06	汉族	群众	初中	留守营镇永顺昌园菌类种植专业户	
曹淑荣	女	1963.06	汉族	群众	高中	留守营镇七里涧村妇代会主任	
栗庆生	男	1961.03	汉族	党员	专科	凡南造纸厂厂长	
郭玉祥	男	1964.11	汉族	党员	初中	丰满纸业副总经理	
魏宝江	男	1966.05	汉族	党员	高中	秦皇岛市江鑫水产冷冻有限公司总经理	
杨金沅	男	1982.05	汉族	党员	专科	秦皇岛市恒裕房地产开发公司副经理	
刘振华	男	1961.02	汉族	党员	高中	华云纸业有限公司董事长	
范玉臣	男	1946.01	汉族	党员	初中	留守营镇前韩汽车维护厂厂长	
黄金利	男	1963.05	汉族	党员	高中	秦皇岛黄嘉建材有限公司总经理	
茹学军	男	1972.05	汉族	党员	大学	坟坨管区工委书记	
李　颂	男	1988.11	汉族	党员	专科	前韩纸业有限公司总经理	
赵丽敏	女	1972.01	汉族	党员	大学	区交通运输局副主任科员	
王益仙	女	1962.09	汉族	群众	初中	益仙巾帼养猪合作社理事长、巾帼服装厂总经理	
肖春义	男	1963.07	汉族	群众	高中	茶棚乡西石河村蔬菜经济人	
于海艳	女	1974.02	汉族	群众	大学	茶棚学区初级中学主任	
安丙富	男	1959.12	汉族	党员	高中	茶棚乡后石河村党支部书记	
殷佐海	男	1972.02	汉族	党员	高中	区日升农作物种植专业合作社理事长	
王　明	男	1951.05	汉族	群众	小学	茶棚乡马各庄村石场矿长	
周绍清	男	1967.05	汉族	群众	小学	茶棚乡上官营村农欣蔬菜种植专业合作社理事长	2016.08 撤职
马凤侠	女	1966.02	汉族	群众	大学	台营学区初级中学副校长	
马树国	男	1964.08	汉族	群众	中专	台营镇农业技术服务站站长	
王幼平	男	1964.03	汉族	群众	高中	台营镇牛角峪村名优葡萄种植能手	
宋　艾	男	1955.12	汉族	党员	初中	台营镇铁山水产经理	
侯春华	男	1970.03	汉族	党员	高中	台营镇七村市场营销讲师	
韩红兴	男	1972.10	汉族	群众	高中	台营镇城里村村主任	
陈宏海	男	1980.01	汉族	群众	中专	台营镇石槽峪村村主任	
姜海川	男	1972.01	汉族	群众	初中	台营镇聚鑫源奶牛场场长	
钟铁华	男	1961.03	汉族	党员	初中	台营镇纪委书记	
王志勇	男	1963.04	汉族	群众	高中	大新寨金源板栗产销专业合作社理事长	
刘树林	男	1952.12	汉族	群众	初中	大新寨镇寨里庄果袋厂、保鲜袋厂厂长	
徐东山	男	1969.01	汉族	群众	高中	大新寨镇界岭口村养鸡大户	
梁兴栋	男	1965.05	汉族	群众	初中	大新寨镇郭家场村民（镇板栗土专家）	
梁春红	女	1965.04	汉族	群众	高中	大新寨镇梁家湾村苹果种植大户	
赵盘霞	女	1982.11	汉族	群众	大学	大新寨镇宣各寨小学教导处副主任	
韩　迎	男	1959.01	汉族	党员	高中	大新寨金富宁果品产销专业合作社理事长	
张　柏	男	1963.01	汉族	党员	高中	大新寨镇宣各寨村党支部书记、经纪人	
王志伟	男	1980.01	汉族	党员	大学	茶棚乡党委副书记（原榆关镇党委副书记）	
马洪顺	男	1962.10	汉族	群众	大学	秦皇岛顺驰房地产开发有限公司董事长	
李新华	男	1964.09	汉族	群众	高中	榆关镇平市北村村主任	
阎师德	男	1959.01	汉族	群众	高中	秦皇岛市鸿兴安装工程有限公司总经理	
刘国平	男	1962.01	汉族	党员	大学	秦皇岛市国兴驾校校长	
韩鹤林	男	1965.09	汉族	党员	中专	秦皇岛忠兴有限公司总经理	
李学凯	男	1955.09	汉族	党员	中专	秦皇岛市凯达建筑机械工程有限责任公司总经理	
周顺新	男	1966.01	汉族	群众	初中	榆关镇东周庄村村主任	
张洪玲	女	1980.09	汉族	群众	大学	榆关镇榆关小学教导处副主任	
邢亚明	男	1965.03	汉族	党员	大学	深河乡纪委书记	

（续表）

姓名	性别	出生年月	民族	政治面貌	文化程度	工作单位及职务	备注
王瑞新	男	1954.06	汉族	群众	高中	秦皇岛市瑞华玻璃有限公司董事长	
刘忠民	男	1966.07	汉族	群众	专科	深河乡北庄河铝合金门窗厂总经理	
王　强	男	1966.08	汉族	群众	初中	秦皇岛市开发区西场村村民	
张俊奎	男	1956.08	汉族	群众	高中	深河乡朱家裕村板栗种植带头人	
刘凤芝	女	1970.07	汉族	群众	中专	深河乡计生办财务人员	
刘大江	男	1972.08	汉族	群众	专科	秦皇岛佳盟精密铸造有限公司总经理	
刘英杰	男	1958.06	汉族	党员	专科	区政协骊城街道联络组组长	
赵友礼	男	1956.05	汉族	党员	高中	骊城街道邱营社区党支部书记	
陈国勤	男	1957.04	汉族	群众	高中	宏光运输有限公司经理（南街社区）	
程云萍	女	1962.04	汉族	群众	初中	艾欣超市抚宁店经理	
王凤清	女	1966.10	汉族	党员	大学	区政协南戴河街道联络组组长	
刘彦保	男	1971.11	汉族	民革	专科	南戴河旅游发展集团副总经理	民革党员
宋景昌	男	1970.02	汉族	群众	大学	南戴河管委副主任	
杨立荣	男	1962.09	汉族	群众	专科	抚宁县荣达科技小额贷款有限公司董事长	
刘凤波	女	1979.06	汉族	群众	专科	南戴河小峰水产经营部经理	
刘宇飞	女	1960.05	汉族	群众	大学	司法部南戴河干净培训中心主任	
王亚东	男	1972.10	汉族	群众	专科	本水宝龙园旅游实业有限公司经理	
周义民	男	1971.06	汉族	党员	专科	抚宁县广安建筑安装有限公司总经理	

2017—2021 年政协秦皇岛市抚宁区第二届委员会委员一览表

姓名	性别	出生年月	民族	党派	文化程度	技术职称	工作单位及职务	备注
张　岐	男	1963.05	汉族	党员	研究生		区政协主席	
王海银	男	1962.11	汉族	党员	大学	馆员	区政协副主席	
赵永红	男	1965.09	汉族		大学	主任医师	区政协副主席、区人民医院院长	
徐秋阳	男	1967.08	汉族	党员	大学		区政协副主席	
付　强	男	1962.11	汉族	党员	大学		区政协党组成员	
呼贵礼	男	1965.11	汉族	党员	本科		区政协秘书长兼办公室主任	
张玉敏	女	1968.12	汉族	党员	大学		区政协经济环境委员会主任	
李向光	女	1970.12	汉族	党员	大学		区政协法制委员会主任	
郑海芹	女	1971.02	汉族	党员	大学		区政协宣教文卫委员会主任	
刘　伟	女	1979.03	汉族	党员	大学		区政协提案工作委员会主任	
高加民	男	1972.12	汉族	党员	研究生		区委宣传部副部长	在职研究生
尹春海	男	1970.05	汉族	党员	大学		区纪委副书记	
薛　强	男	1966.03	汉族	党员	专科		区委政法委常务副书记	2019.01 增补
程　光	女	1971.05	汉族	党员	专科		区保密局副局长	
曹新成	男	1968.07	汉族	党员	本科		区民政局局长	
冯占和	男	1971.03	汉族	党员	大学		公安分局党委委员、警务保障室主任	
仇占华	男	1963.08	汉族		大学	规划工程师	区检察院控申科科长	
朱立鹏	男	1978.01	汉族	九三学社	研究生		区检察院反贪局副科长	硕士
啜惠生	男	1967.06	汉族		大学		区人民法院民庭庭长	
杨迎辉	男	1972.01	汉族	民革	大学		区人民法院副庭长	
曹　英	女	1977.02	汉族	民盟	大学		区司法局科员	
刘庆斌	男	1964.01	汉族		大学		区总工会主任科员	
张旭冉	女	1984.01	汉族	党员	研究生		团区委副书记、主任科员	硕士
周亚梅	女	1976.09	汉族	党员	大学		区妇联副主席	
宋向军	女	1972.07	汉族	党员	大学		区人社局副局长	
张振友	男	1969.11	汉族	党员	大学		区民政局办公室主任	
周淑芬	女	1971.11	汉族	民革	大学	政工师	河北韩柏律师事务所律师	

（续表）

姓名	性别	出生年月	民族	党派	文化程度	技术职称	工作单位及职务	备注
刘红涛	男	1973.03	汉族		专科		秦皇岛市爱先行公益服务中心负责人	
范金茹	女	1965.05	汉族	党员	大学		区工商联常务副主席	2020.01 辞职
王胜林	男	1966.08	汉族		本科		区环保局副局长	2020.01 辞职
纪立军	男	1973.10	汉族	农工	本科	高级工程师	区规划局副局长	农工民主党
常　虎	男	1974.05	汉族	党员	大学		区旅游局局长	
马　杰	女	1971.06	汉族	党员	大学	政工师	区国土资源局党委副书记	
郝志猛	男	1972.08	汉族	党员	大学	高级工程师	区交通运输局副科级干部	
白智民	男	1968.07	汉族	党员	专科		抚宁经济开发区副主任	
安立柱	男	1974.10	汉族	民进	专科		区城市管理综合执法局副局长	民主促进会
唐清杰	男	1973.05	汉族	党员	大学	工程师	区城乡建设管理局副局长	
宗志高	男	1977.09	汉族		专科	会计师	区发改局科长	
温　源	女	1976.06	汉族		大学	助理工程师	区招商局项目二科科长	
刘　芳	女	1984.12	汉族		本科	助理工程师	抚宁供电公司党务与团青管理中级师	
耿守位	男	1967.08	汉族	党员	中专		抚宁骊骅燃气有限公司总经理	
姜志国	男	1962.10	汉族		大学	高级工程师	河北金世纪建设有限公司董事长	
胡再良	男	1968.04	汉族	民建	本科	高级经济师	秦皇岛市三枫饲料加工有限公司董事长	民主建国会
李家强	男	1973.08	汉族	党员	大学	高级工程师	秦皇岛市玄通公路工程有限公司总经理	
刘振华	男	1961.02	汉族	党员	初中		抚宁华云纸业有限公司总经理	
李海民	男	1976.01	汉族	民进	大学	高级工程师	北戴河新区发展公司工程项目部经理	民主促进会
屈志伟	男	1977.10	汉族		大学	高级工程师	区城乡建设局副股长	
杨尊伟	男	1974.12	汉族		本科		区工商联副主任科员	2019.01 增补
杜胜强	男	1976.06	汉族		本科		区市场监督管理局经济检查分局分局长	2019.01 增补
何　吉	男	1975.06	汉族	党员	大学	农经师	区农工委副书记	
李瑞红	女	1973.05	汉族	党员	大学		区农牧水产局党委副书记	
胡秀英	女	1974.09	汉族	党员	大学	高级统计师、会计师	区统计局副局长	
郝立权	男	1969.06	汉族	党员	大学		区科协副主席	
张宏玉	女	1975.03	汉族	农工	大学	农艺师、农经师	区农牧水产局股长	农工民主党
徐晓静	女	1972.03	汉族	民建	大学		区林业局副主任科员	
卢学民	男	1978.07	汉族		大学	助理工程师	区水务局科员	
温全生	男	1971.12	汉族		中专		区科技局科员	
朱国民	男	1971.02	汉族		高中		抚宁国民果品经贸有限公司总经理	
郧大为	男	1979.11	汉族	党员	专科		秦皇岛小江蔬菜专业合作社理事长	
杨晓辉	女	1970.11	汉族		本科	农经师、注册会计师	区农牧水产局财计股副股长	
潘　雪	女	1990.06	汉族		本科	工程师、畜牧师	区生猪行业协会副会长	
李泽岩	女	1986.08	汉族		本科		秦皇岛市秦山农业科技发展有限公司	2019.01 增补
刘永柱	男	1962.09	汉族	党员	大学		区文体局局长	2020.01 辞职
康瑞梅	女	1973.06	汉族	党员	本科		区发改局副局长，区体育发展中心主任	

（续表）

姓名	性别	出生年月	民族	党派	文化程度	技术职称	工作单位及职务	备注
张　晶	女	1968.10	汉族	党员	大学	中教高级	区教育局教育督导室主任	
杨素梅	女	1966.10	汉族		本科	副研究馆员	区文体局文物管理所副所长	
董连吉	男	1978.10	汉族		专科		秦皇岛乡土文化传播有限公司总经理	鼓吹乐市级代表传承人
徐立群	男	1970.03	汉族	党员	大学		区体育发展中心副主任	
刘彦保	男	1971.11	汉族	民革	大学		南戴河旅游发展集团公司副总经理	
楚春山	男	1964.10	汉族	党员	专科	技师	燕山网络抚宁分公司经理	2020.01 辞职
徐明哲	男	1976.02	汉族		大学	中级记者	区广播电视台新闻部副主任	
王大铭	男	1966.04	汉族	民进	研究生		金珊阁书画苑院长	
郭爱莲	女	1968.08	汉族	民进	研究生	中教高级	区教师发展中心副主任	民主促进会
李爱红	女	1972.07	汉族	民建	大学	中教一级	区教师发展中心教研员	民主建国会
李红军	男	1965.10	汉族	党员	本科	中教高级	抚宁一中副校长	
刘中强	男	1981.11	汉族		本科	中小学一级教师	抚宁二中教师	
赵爱颖	女	1976.04	汉族	党员	研究生	中小学高级教师	抚宁二中团委书记	
吴玉薇	女	1963.07	汉族		本科	中小学高级教师	抚宁第四中学教师	
苏艳敏	女	1978.12	汉族		大学	中小学一级教师	抚宁职教中心教师	
金镇一	男	1971.07	朝鲜族	党员	本科	一级教师	北戴河新区朝鲜族小学校长	
贾文民	男	1972.04	汉族	党员	本科		抚宁一中教师、抚宁中国画学会会长	2019.01 增补
孙景富	男	1967.06	汉族		中专		新特商场经理、区书法家协会副主席	2019.01 增补
孙怀广	男	1972.05	汉族	党员	大学		区卫计局副局长	
张子学	男	1965.03	汉族		本科	主任医师	区妇幼保健院院长	
王首军	男	1965.01	汉族		医学硕士	主任医师	区人民医院副院长	
祖素云	女	1968.05	汉族		大学	副主任医师	区人民医院内三科副主任	
张学志	男	1968.03	汉族		本科	主任医师	区人民医院外一科主任	
李智苹	女	1970.10	汉族	农工	大学	高级经济师	区中医院副院长	农工民主党
李惠颖	女	1977.04	汉族	党员	本科	主治医师	区中医医院（区残疾人康复中心）专职副主任	
苏　津	女	1965.04	汉族		大学	主管检验师	区中医院副主任	
于冰娇	女	1965.12	汉族		本科	主任医师	区妇幼保健院医生	
张连馥	女	1968.09	汉族		本科	副主任医师	区卫计局科员	
刘吉平	男	1974.07	汉族	九三学社	本科	副主任医师	区人民医院外三科副主任	
祖述臣	男	1976.08	汉族	农工	本科	主治医师	区中医院脑病科主任	农工民主党
赵玉梅	女	1974.11	汉族	九三学社	本科	副主任医师	区人民医院超声科副主任	2019.01 增补
杨玉良	男	1967.09	汉族	民盟	大学	会计师	区财政局副局长	民主同盟
刘树静	男	1964.04	汉族	党员	专科		区国税局副局长	
张鸿飞	男	1963.12	汉族		大学		区发改局副局长	
张志坚	男	1961.05	汉族		大学		区发改局主任科员	2020.01 辞职
张晓宇	女	1973.09	汉族	党员	大学	经济师	区农开办副主任	
程海军	男	1970.03	汉族		高中	技工	区供销社科员	
杨立群	男	1974.07	汉族	党员	本科	经济师	抚宁联社党委书记	2019.01 增补
张永奎	男	1968.10	汉族		大学		中国人寿财险抚宁支公司经理	

（续表）

姓名	性别	出生年月	民族	党派	文化程度	技术职称	工作单位及职务	备注
赵　隽	女	1975.09	汉族		大学		区地税局办公室科员	
肖　南	男	1983.12	满族	党员	本科		秦皇岛市北广商贸有限公司董事长	
马福东	男	1959.10	汉族		高中		抚宁区城区美食城总经理	
杨会玉	女	1968.12	汉族		专科		秦皇岛京佰汽车销售有限公司董事长	
马　英	男	1974.09	汉族		专科		秦皇岛顶好众创空间科技发展有限公司董事长	
张建顺	男	1973.09	汉族		中专		抚宁顺兴电器广场有限公司总经理	
王凤侠	女	1969.01	汉族		中专		秦皇岛市资金商贸有限公司总经理	2019.01 增补
刘增志	男	1970.06	汉族	党员	大学		区委统战部常务副部长	2020.01 辞职
孙向前	男	1973.05	汉族	党员	大学		区政府办副主任	
蔡　红	女	1972.12	汉族		本科	助理会计师	区水务局科员	侨眷
李　英	男	1945.09	汉族		高中	助理工程师	抚宁镇河潮营村村民	台属
张红韫	女	1973.12	汉族	民盟	本科	中教高级	抚宁一中办公室主任	台属
董守旺	男	1975.05	汉族		大学	助理工程师	区环保局监察大队教导员	台属
陈洪峰	男	1978.05	汉族	党员	大学		抚宁镇党委副书记	2020.01 辞职
李志勇	男	1978.12	汉族	党员	大学		坟坨管理区工委副书记	2020.01 辞职
惠　旭	男	1980.08	汉族	党员	专科		下庄管理区工委副书记	2019.01 增补
王　辉	男	1977.09	汉族	党员	专科		田各庄管理区工委副书记	
宋玉春	女	1973.11	汉族		大学	中教高级	骊城学区第一小学副校长	
梁宝山	男	1972.02	汉族	党员	大学		抚宁镇中心卫生院院长	
仇文仲	男	1959.04	汉族	党员	大学		秦燕化工有限公司董事长	
靳庆军	男	1978.02	汉族		中专		秦皇岛市冠利食用菌有限公司总经理	
李文革	男	1964.09	汉族		初中		抚宁天马湖黄楼酒家总经理	2020.01 辞职
仇新华	男	1966.03	汉族		初中		抚宁镇政府科员	
亢林林	男	1980.09	汉族	党员	初中		坟坨管区任各庄村村主任	
张学军	男	1968.09	汉族		初中		抚宁绿都农产品专业合作社理事长	2020.01 辞职
刘　华	女	1969.06	汉族		高中	助理工程师	秦皇岛黑马广告有限公司负责人	
韩绍军	男	1974.03	汉族	党员	本科		留守营镇党委正科级组织员	2019.01 增补
孙艺功	男	1963.09	汉族	党员	高中		秦皇岛艺工农牧发展有限公司董事长	
卢志彬	男	1967.04	汉族	党员	初中		抚宁丰汇矩形管加工场总经理	
黄金利	男	1963.05	汉族	党员	高中		秦皇岛皇嘉建材有限公司总经理	
谭绍波	男	1974.12	汉族		初中		秦皇岛恒瑞纸业有限公司经理	
许志永	男	1967.01	汉族		高中		抚宁长城玻纤有限公司总经 理	
杨金鹏	男	1987.01	汉族		中专		秦皇岛凡南纸业有限公司职员	
赵峻岩	女	1972.08	汉族		大学	主治医师	留守营镇卫生院主治医师	
韩忠丽	女	1979.06	汉族		大学	中教一级	留守营镇官庄中学教学主任	
李艳君	女	1973.01	汉族		大学	中教高级	留守营学区赵庄中学教师	
常江波	男	1981.03	汉族		高中		抚宁县恒宇造纸厂副厂长	
刘旭东	男	1967.04	汉族		高中		留守营镇四和养殖场负责人	
冯春利	男	1969.01	汉族		初中		留守营镇北石义庄村村主任	
赵武利	男	1963.03	汉族		初中		留守营镇大赵庄村村主任	
释宗恩	男	1979.01	汉族		专科		抚宁区佛教协会会长	
陈海杰	男	1974.02	汉族	党员	本科		茶棚乡党委副书记	
殷佐海	男	1972.02	汉族	党员	高中		抚宁日昌升农作物种植专业合作社理事长	
于海艳	女	1974.02	汉族		本科		茶棚乡学区初级中学主任	
肖长江	男	1976.01	满族		大学	执业医师	茶棚乡卫生院院长	
李连振	男	1967.02	汉族		高中		抚宁区马各庄信诺矿业有限公司经理	

（续表）

姓名	性别	出生年月	民族	党派	文化程度	技术职称	工作单位及职务	备注
肖春义	男	1963.07	汉族		高中		茶棚乡蔬菜经纪人	
谢文伟	男	1971.09	汉族		初中		茶棚乡前白塔村村主任	
方　圆	男	1990.03	汉族	团员	专科		秦皇岛益农源农作物种植合作社理事长	
杜立新	男	1975.11	汉族	党员	大学	经济师	台营镇党委副书记	2020.01 辞职
陈学来	男	1962.04	汉族	党员	专科	技术员	台营镇陈庄村党支部书记	
吕学民	男	1962.12	汉族	党员	专科		台营镇毛各庄村党支部书记兼村主任	
张丽君	女	1974.01	汉族		大学	中教高级	台营镇吕良峪中学副校长	
刘永生	男	1973.06	汉族		专科	主治医师	台营镇卫生院副院长	
尚春华	男	1967.01	汉族		高中		台营镇台营四村村主任	2020.01 辞职
陈宏海	男	1980.01	汉族		中专		台营镇石槽峪村村主任	
张　飞	男	1973.08	汉族		中专		台营镇代家汀村村主任	2020.01 辞职
李　成	男	1968.01	汉族		高中		台营镇李各庄村村主任	
杨　阳	男	1977.10	汉族	党员	大学		大新寨镇党委副书记	
张　柏	男	1963.01	汉族	党员	高中		大新寨镇宣各寨村经纪人	
石中顺	男	1969.09	汉族		高中	中药师	大新寨镇中心卫生院农合办主任	
梁兴栋	男	1965.05	汉族		初中		大新寨镇郭家场村村民	
王志勇	男	1963.04	汉族		高中		大新寨镇金源板栗产销专营合作社理事长	
罗佳祥	男	1985.01	汉族		专科	安全员	秦皇岛壮业建筑安装工程有限公司施工员	
赵盘霞	女	1982.11	汉族		大学	中小学一级教师	大新寨学区宣各寨小学主任	
刘树林	男	1952.12	汉族		初中		大新寨镇寨里庄果袋厂厂长	
董丽华	女	1976.07	汉族	党员	大学		榆关镇党委副书记	
王友军	男	1974.10	汉族		专科	主治医师	榆关镇中心卫生院副院长	
赵建宏	男	1979.09	汉族		大学	中小学一级教师	榆关镇聂口小学副主任	
秦岩峰	男	1980.02	汉族		初中		榆关镇屹峰轮胎经销处	
迟桂玲	女	1964.07	汉族		中专		秦皇岛翔鹤煤炭经销有限公司总经理	
李新华	男	1964.09	汉族		中专		秦皇岛戴河绿化工程有限公司经理	
闫成东	男	1984.07	汉族		专科		秦皇岛鸿兴安装工程有限公司	
王　凯	男	1975.06	汉族	党员	专科		深河乡党委副书记	
郝红梅	女	1981.11	汉族		大学		深河乡食安办科员	
方宝华	男	1974.04	汉族		初中		秦皇岛和美养殖有限公司经理	
王立新	男	1967.03	汉族	党员	本科		秦皇岛开发区工委办副主任	
黄云祥	男	1972.11	汉族	党员	本科	高级工程师	秦皇岛长胜营养健康科技有限公司董事长	
王　磊	男	1982.12	汉族		本科	工程师	秦皇岛市宏业建筑工程有限公司	
徐良淑	男	1979.07	汉族		本科		河北信成联合科技开发有限公司 CEO	
刘大江	男	1972.08	汉族		专科		秦皇岛佳盟精密技术有限公司总经理	2019.01 增补
王秀英	女	1972.04	汉族	党员	本科		骊城街道办事处工委副书记	2020.01 辞职
杨维维	男	1982.09	汉族		初中		抚宁金顺货物运输有限公司总经理	
刘　伟	男	1965.06	汉族		初中		抚宁赛克电动车专卖店经理	
刘大伟	男	1964.09	汉族		大学	工程师	河北金姜生态农业发展有限公司董事长	
倪慧琴	女	1971.10	汉族	党员	本科	经济师	区委组织部常务副部长	2019.01 辞职
刘铁银	男	1963.01	汉族	党员	双专科		区市场监督管理局党委书记	2019.01 辞职
陈劲草	女	1968.03	汉族		大学		区文联副主席	2019.01 辞职
王　伟	男	1973.03	汉族		大专		秦皇岛市秦汉商贸总经理	2019.01 辞职
李兵兵	女	1975.05	汉族	党员	大专		下庄管理区工委副书记	2019.01 辞职
李　坤	男	1977.11	汉族	党员	大学		留守营镇党委副书记	2019.01 辞职
陈　昌	男	1966.05	满族	党员	大学	经济师	抚宁联社党委书记、董事长	2019.01 辞职
李维宝	男	1966．07	汉族		大学	经济师	区政协副主席	2019.11 增补

（续表）

姓名	性别	出生年月	民族	党派	文化程度	技术职称	工作单位及职务	备注
刘大江	男	1972.09	汉族	党员	本科		区委组织部部长、统战部部长、区政协党组副书记	2020.01 增补
董国勇	男	1967.11	汉族		本科	工程师	秦皇岛精工绿筑集成科技有限公司总经理	2020.01 增补
单英利	男	1965.11	汉族	党员	大学		区委统战部常务副部长、区工商联党组书记、区委台湾工作（区政府台湾事务）办公室主任、区民族宗教事务局局长	2020.01 增补
王军奇	男	1978.02	汉族	党员	大学		区工商联常务副主席	2020.01 增补
王　艳	女	1986.09	汉族	民进	研究生		区第一中学教师	2020.01 增补
刘　波	女	1973.03	汉族		大学		秦皇岛万事达电脑科技发展有限公司经理	2020.01 增补
孙振兴	男	1989.02	汉族	党员	大学		台营镇党委副书记	2020.01 增补
李　利	男	1978.05	汉族	党员	大学		抚宁镇党委副书记	2020.01 增补
张博然	男	1982.04	汉族	党员	大学		骊城街道办事处工委副书记	2020.01 增补
胡东华	男	1972.03	汉族	党员	大学		区公安分局交警大队教导员	2020.01 增补
崔俊芳	女	1977.01	汉族		大学		秦皇岛奥迅电梯公司经理	2020.01 增补
潘洪义	男	1967.08	汉族	党员	高中		河北宏都实业集团有限公司副董事长	2020.01 增补

2021 年政协秦皇岛市抚宁区第三届委员会委员一览表

姓名	性别	出生年月	民族	党派	文化程度	技术职称	工作单位及职务	备注
关金一	男	1969.12	满族	党员	大学		区政协主席	
刘　昕	男	1974.09	汉族	党员	大学		区委常委、统战部部长、区政协党组副书记（兼）	
李维宝	男	1965.07	汉族	无	大学		区政协副主席	
赵永红	男	1965.09	汉族	无	大学	主任医师	区政协副主席、人民医院院长	
徐秋阳	男	1967.08	汉族	党员	大学		区政协副主席	
王　华	男	1971.12	满族	党员	研究生		区政协副主席	
马国成	男	1965.11	汉族	党员	大学		区政协党组成员、机关党组书记，区政协秘书长、区政协经济环境委员会主任	
杨　杰	男	1971.12	汉族	党员	大学		区政协办公室主任	
李向光	女	1970.12	汉族	党员	大学		区政协社会法制委员会主任	
郑海芹	女	1971.02	汉族	党员	大学		区政协宣教文卫委员会主任	
刘　伟	女	1979.03	汉族	党员	大学		区政协提案工作委员会主任	
郑鹏鸣	男	1976.04	汉族	党员	本科		区委办副主任、区委研究室主任	
周泽辉	男	1975.12	汉族	党员	本科		区委组织部副部长	
卢华伟	男	1979.02	汉族	党员	大学		区纪委副书记、监委副主任、巡察办主任	
赵　军	男	1976.01	汉族	党员	本科		区委宣传部副部长、文明办主任	
王　敏	女	1978.12	汉族	党员	大学		区委政法委副书记	
宋泽民	男	1971.03	汉族	党员	大学		区公安分局党委委员、国保大队大队长	
胡东华	男	1972.03	汉族	党员	大学		公安分局交警大队教导员	
郭海燕	女	1986.10	汉族	党员	研究生		区检察院三级主任科员	
马欣琪	女	1993.02	汉族	无	本科		区检察院一级科员	
啜惠生	男	1967.06	汉族	无	本科		区人民法院民事审判第三庭庭长	
张继衡	男	1976.03	汉族	党员	本科		区人民法院综合办主任	
曹　英	女	1977.02	汉族	民盟	大学		区司法局办公室主任	
李兵兵	女	1975.05	汉族	党员	本科		区总工会副主席	
谢　健	男	1990.09	汉族	党员	本科		共青团抚宁区委副书记	
宋　倩	女	1977.05	汉族	党员	本科		区妇联副主席	
黄小丰	男	1976.10	汉族	党员	本科	助理经济师	区人社局就业服务中心主任	
张振友	男	1969.11	汉族	党员	本科		区民政局副局长	
祝晓光	女	1979.11	汉族	九三学社	本科		区委编办事业单位登记服务中心副主任	

（续表）

姓名	性别	出生年月	民族	党派	文化程度	技术职称	工作单位及职务	备注
周淑芬	女	1971.11	汉族	民革	大学	中级政工师	河北韩柏律师事务所律师	
刘红涛	男	1973.03	汉族	党员	专科		秦皇岛市爱先行公益服务中心负责人	
王军奇	男	1978.02	汉族	党员	大学		区工商联常务副主席	
方向军	女	1971.08	汉族	党员	本科	高级政工师	区政务服务中心主任	
王焕臣	男	1978.10	汉族	党员	大学		发改局党组成员、副局长	
章铁英	女	1975.12	汉族	民建	本科		区科工局经济运行股股长	
马　杰	女	1971.06	汉族	党员	大学	中级政工师	区自然资源和规划局副局长	
李倩芳	女	1972.04	汉族	民建		中级工程师	区自然资源规划局城乡规划管理股负责人	
唐清杰	男	1973.05	汉族	党员	大学	工程师	区住房和城乡建设管理局副局长	
屈志伟	男	1977.10	汉族	无	大学	高级工程师	区住房和城乡建设局城建股副股长	
白云鹏	男	1990.03	汉族	无	本科		区城管局人事财务股副股长	
赵丽敏	女	1972.01	汉族	党员	本科		区交通局党组成员、三级主任科员	
陈志国	男	1978.12	汉族	党员	本科	信息系统项目管理师	区应急局安全监察大队大队长	
李　刚	男	1977.06	汉族	党员	本科		市生态环境局抚宁区分局副局长	
刘　金	男	1979.07	汉族	党员	研究生		抚宁经济开发区经济发展服务局局长	
崔俊芳	女	1977.01	汉族	无	大学		秦皇岛奥迅电梯公司总经理	
王恩涛	男	1973.07	汉族	无	大专	助理工程师	骊骅淀粉股份有限公司糖一车间主任	
邹志国	男	1973.08	汉族	无	高中		曼国化工机械有限公司董事长	
蔡晓平	女	1976.03	汉族	无	大专		抚宁县千奥汇通有限公司总经理	
王　刚	男	1967.11	汉族	民盟	本科	高级工程师	区住建局房地产交易管理中心科员	
安　鹏	男	1982.04	汉族	无	大专		秦皇岛岳安通讯有限公司董事长	
傅慈燊	男	1991.11	汉族	无	大学		秦皇岛信发房地产开发有限公司总经理	
樊颖峰	男	1979.04	汉族	党员	大专		秦皇岛凯嘉建筑装饰工程有限公司抚宁分公司法人	
郭　松	男	1978.03	汉族	党员	大专		区政府办公室副主任	
胡秀英	女	1974.09	汉族	党员	大学	会计师、高级统计师	区统计局副局长	
周爱东	女	1974.04	汉族	党员	大学		区科协党组书记、主席	
赵常铭	男	1973.09	汉族	党员	大学		区农业农村局副局长	
王　帅	女	1984.01	汉族	无	大学		区防贫中心副主任	
卢学民	男	1978.07	汉族	无	本科	工程师	水务局工管股股长	
梁晓杰	女	1975.12	汉族	民进	本科	高级工程师	水务局科员	
赵海强	男	1980.01	汉族	无	本科	高级农艺师	区自然资源和规划局林果业综合服务中心主任	
李　川	男	1987.01	汉族	党员	大专		秦皇岛恒祥农业发展有限公司副总经理	
杨国华	男	1970.03	汉族	无	初中		秦皇岛果真好农业发展有限公司生产部经理	
潘　雪	女	1990.06	汉族	无	本科	电商工程师、初级畜牧师	区生猪行业协会副会长	
周　涛	男	1987.03	汉族	无	中专		抚宁香满园食品有限公司	
李洪杰	女	1981.02	满族	无	中专		留守营镇沿沟屯村生姜种植、加工户	
郭丽萍	女	1973.02	汉族	党员	本科		区文联主席	

（续表）

姓名	性别	出生年月	民族	党派	文化程度	技术职称	工作单位及职务	备注
徐立群	男	1970.03	汉族	党员	本科		区体育发展中心副主任	
赵嘉丽	女	1977.01	汉族	党员	本科	中小学高级教师	区教体局师教与人事股股长	
李玉军	男	1973.11	汉族	党员	大学		区文旅局副局长	
董丽军	女	1970.11	汉族	无	大专		区文旅局文化股科员	
徐明哲	男	1976.02	汉族	无	大学	中级记者	区融媒体中心副主任	
贾文民	男	1972.04	汉族	党员	本科		区第一中学教师、抚宁中国画学会会长	
王　艳	女	1986.09	汉族	民进	硕士	中小学一级教师	区第一中学教师	
赵爱颖	女	1976.04	汉族	党员	研究生	中小学高级教师	抚宁二中副主任	
刘中强	男	1981.11	汉族	无	本科	中小学一级教师	抚宁二中教师	
马　娜	女	1981.01	汉族	无	本科	中小学一级教师	抚宁二中教师	
李云波	女	1974.03	汉族	无	本科	中小学一级教师	区第四中学主任	
苏艳敏	女	1978.12	汉族	无	大学	中小学一级教师	抚宁职教中心教师	
郭爱莲	女	1968.08	汉族	民进	本科	中小学高级教师	教师发展中心副主任	
刘会宇	男	1972.06	汉族	无	大专		抚宁区燕山私立学校校长	
董连吉	男	1978.10	汉族	无	大专		秦皇岛乡土文化传播有限公司总经理	鼓吹乐传承人
徐国元	男	1966.04	汉族	民建	大专		秦皇岛紫县文化传播有限公司董事长	
孙景富	男	1967.06	汉族	无	中专		区书法家协会副主席	
刘彦保	男	1971.11	汉族	民革	大学		南戴河旅游发展集团公司副总经理	
孙静平	女	1974.01	汉族	无	大专		集雅文化传播有限公司设计总监	
王忠明	男	1977.03	汉族	党员	本科	中小学高级教师	榆关学区初级中学副校长	
刘　奇	女	1983.04	汉族	党员	本科		区红十字会专职副会长	
杜胜强	男	1976.06	汉族	党员	本科		区市场监督管理局经检分局分局长	
王玉东	男	1973.01	汉族	党员	本科		区医保局副局长	
刘吉平	男	1974.07	汉族	九三学社	本科	主任医师	区人民医院外三科副主任	
赵玉梅	女	1974.11	汉族	九三学社	本科	副主任医师	区人民医院功能科副主任	
贺小华	女	1975.11	汉族	无	本科	副主任医师	区人民医院 ICU 主任	
杜　玲	女	1973.05	汉族	无	本科	副主任医师	区人民医院检验科主任	
刘喜权	男	1973.12	汉族	无	本科	副主任医师	区人民医院外五科主任	
贾洪顺	男	1974.09	汉族	无	大学本科	副主任医师	区中医院骨伤科主任	
祖述臣	男	1976.08	汉族	农工	本科	副主任医师	区中医院脑病科主任	
陈志伟	男	1981.01	汉族	农工	研究生	副主任医师	区中医院糖尿病科副主任	
李　蕊	女	1976.04	汉族	无	本科	副主任护师	区中医院办公室主任	
陈　刚	男	1969.09	满族	无	本科	副主任医师	区妇幼保健院内科副主任	

（续表）

姓名	性别	出生年月	民族	党派	文化程度	技术职称	工作单位及职务	备注
暴瑞丽	女	1977.03	汉族	无	本科	副主任医师	区妇幼保健院儿科副主任	
聂　聪	男	1982.04	汉族	无	本科		区骊城医院负责人	
齐砚刚	男	1977.05	汉族	党员	本科		秦皇岛市顺德医疗器械有限公司董事长	
张　朋	男	1993.02	汉族	无	中专	医师	秦皇岛天巽医疗服务有限公司抚宁长征路口腔诊所	
张惠武	男	1968.01	汉族	党员	本科		区税务局党委委员	
贾　宁	男	1989.06	汉族	无	研究生		区税务局办公室科员	
蔡玉忠	男	1968.12	汉族	民革	大专	经济师	区投资促进服务中心副主任	
杨玉良	男	1967.09	汉族	民盟	本科	会计师	区审计局四级主任科员	
温月梅	女	1979.05	汉族	农工	本科	高级会计师	区财政局预算单位总会计	
王治刚	男	1967.04	汉族	无	中专		秦榆食品有限公司总经理	
刘　洋	男	1983.04	汉族	党员	本科		中国人民财产保险股份有限公司秦皇岛市抚宁支公司经理	
杨立群	男	1974.07	汉族	党员	本科	经济师	抚宁农村信用联社股份有限公司董事长	
刘泽浩	男	1987.06	汉族	无	本科		中国太平洋财产保险股份有限公司抚宁支公司经理	
肖　南	男	1983.12	满族	党员	本科		秦皇岛市北广商贸有限公司董事长	
杨会玉	女	1968.12	汉族	无	大专		秦皇岛京佰汽车销售有限公司董事长	
马　英	男	1974.09	汉族	无	大专		秦皇岛顶好众创空间科技发展有限公司董事长	
张建顺	男	1973.09	汉族	无	中专	正高级	抚宁顺兴电器广场有限公司总经理	
刘　波	女	1973.03	汉族	无	大学		秦皇岛万事达电脑科技发展有限公司经理	
吴军辉	男	1990.01	汉族	党员	大专		秦皇岛市紫源商贸有限公司	
周会武	男	1969.11	汉族	无	高中		秦皇岛金江通商贸有限公司经理	
杨学军	女	1967.05	汉族	无	高中		有家好商店烟酒商贸公司总经理	
周　斌	男	1974.07	汉族	党员	大学		区委统战部副部长	
张　爽	女	1975.02	汉族	党员	大学		区侨联秘书长	
卢　光	男	1978.05	汉族	党员	高中		秦味餐饮有限公司总经理	
蔡　红	女	1972.12	汉族	无	本科	助理会计师	区水务局科员	
张红榀	女	1973.12	汉族	民盟	本科	中学高级教师	抚宁一中办公室主任	台属
董守旺	男	1975.05	汉族	无	大学	助理工程师	区环保局监察大队教导员	台属
王瑞峰	男	1977.08	汉族	无	本科	高级工程师	河北广德监理公司经理	侨眷
周继伟	男	1980.12	汉族	党员	本科		抚宁镇党委副书记	
周雅静	女	1975.06	汉族	无	大专		融德市政总经理	
隋莉娅	女	1979.11	汉族	无	本科		亿通玻璃有限公司财务经理	
魏志峰	男	1978.08	汉族	党员	中专		抚宁镇魏庄村党支部书记兼村委会主任	
石素华	女	1980.03	汉族	党员	大专		田各庄中街村副主任	
尹新来	男	1969.01	汉族	无	初中		田各庄中街村村民	
李　伊	男	1982.10	汉	无	大专		京东调味品厂副董事长	
赵建飞	男	1973.06	满族	无	中专		抚宁镇齐各庄村村医	
崔纪中	男	1979.10	汉族	党员	本科		坟坨镇党委副书记	
李凤茹	女	1979.01	汉族	党员	本科		坟坨镇妇联专职副主席	
亢林林	男	1980.05	汉族	党员	大专		秦皇岛林安运输有限公司经理	
吴　杰	男	1982.12	汉族	无	本科	中小学一级教师	坟坨镇中心学校业务教师	
侯立红	女	1987.03	汉族	无	本科	主管护师	坟坨卫生院护士	

（续表）

姓名	性别	出生年月	民族	党派	文化程度	技术职称	工作单位及职务	备注
陈佳佳	女	1966.09	汉族	无	大专	设计师	秦皇岛孤竹园工艺品有限公司负责人	
孙桂芬	女	1977.04	汉族	党员	本科		留守营镇党委副书记	
李宏刚	男	1971.07	汉族	党员	高中		前韩宏嘉纸业	
白云龙	男	1984.06	汉族	党员	初中		抚宁区林源养殖场	
杨　立	男	1999.06	汉族	无	高中		留守营镇宋庄村花卉种植经纪人	
吕志忠	男	1973.07	汉族	无	初中		抚宁县黄义庄加油站	
金满意	男	1975.09	汉族	无	高中		秦皇岛市抚宁区满亿印刷包装厂	
张志刚	男	1973.02	汉族	无	中专		丰满板纸业有限公司车间主任	
释宗恩	男	1979.09	汉族	无	大学		抚宁区佛教协会会长	
潘　雷	男	1987.06	汉族	无	大专		潘官营村养殖、种植户	
李艳君	女	1973.10	汉族	无	大学	中教高级	留守营官庄中学校长	
杨淑茜	女	1992.05	汉族	无	高中	主治医师	留守营卫生院临床医生	
王丽环	女	1974.10	汉族	无	高中		抚宁县宏润房地产开发有限公司财务总监	
刘　佳	女	1988.03	汉族	无	初中	计算机中级	秦皇岛市艺工玻纤有限公司财务总监	
冯　颖	女	1982.03	汉族	无	初中	财务会计师	秦皇岛皇嘉建材有限公司副总经理	
张丽萍	女	1971.04	汉族	无	大专	助理会计师	秦皇岛凡南纸业有限公司财务总监	
李云亮	男	1987.11	汉族	党员	本科	建筑工程师	茶棚乡党委副书记	
窦艳君	女	1977.10	满族	无	大专		茶棚乡农业农村综合服务中心职员	
方　圆	男	1990.03	汉族	党员	大专		秦皇岛中硕农业科技开发有限公司总经理	
徐　猛	男	1982.01	汉族	无	中专		抚茶李特种养殖有限公司总经理	
肖　利	男	1982.10	汉族	无	高中		西部果乡家庭农场场长	
李连振	男	1967.02	汉族	无	初中		茶棚乡马各庄信诺矿业有限公司总经理	
肖长江	男	1976.01	满族	民盟	本科	医师	茶棚乡卫生院院长	
于海艳	女	1974.02	汉族	无	本科	中教高级	茶棚学区初级中学主任	
孙学兵	男	1980.12	汉族	党员	大学		台营镇党委副书记	
王　刚	男	1988.06	汉族	党员	本科		台营镇党委副书记	
梁胜伟	男	1982.09	汉族	党员	高中		台营镇干涧村村民	
尚志民	男	1987.10	汉族	无	大专		台营镇四村副主任	
汪　杰	男	1987.08	汉族	无	高中		台营镇代家汀村副主任	
张娜娜	女	1984.01	汉族	无	高中		台营镇黄土坎村种植户	
牛小军	男	1988.03	汉族	无	中专		台营镇平坊店村村民	
任　玫	女	1995.02	汉族	无	本科	护师	台营卫生院护士	
刘　杰	女	1978.01	汉族	无	本科	一级教师	台营镇中教师	
李中梁	男	1990.07	汉族	无	大专		台营镇巨各庄特种养殖	
侯春保	男	1979.02	汉族	党员	大学		大新寨镇副书记	
王进坤	男	1980.11	汉族	无	大专	信息系统项目管理师	大新寨镇林业站副站长	
孙佳男	男	1990.12	汉族	无	高中		大新寨镇王汉沟村种养殖大户	
张成龙	男	1986.01	汉族	党员	本科		大新寨镇桃小哥家庭农场	
张纪强	男	1972.08	汉族	无	高中		大新寨镇纪强养殖场	
罗佳祥	男	1985.01	汉族	无	大专		秦皇岛壮业建筑安装工程有限公司总经理	
单阁新	女	1968.05	汉族	无	高中	药剂师	大新寨镇卫生院工会主席	
张　悦	女	1989.03	汉族	无	本科	小教二级	大新寨学区北寨小学副主任	
付绍伟	男	1978.07	汉族	党员	大学		榆关镇党委副书记	
王友军	男	1974.10	汉族	无	大学	主治医师	榆关镇中心卫生院副院长	

（续表）

姓名	性别	出生年月	民族	党派	文化程度	技术职称	工作单位及职务	备注
赵建宏	男	1979.09	汉族	无	大学	中小学一级教师	榆关学区安庄小学副校长	
方宝华	男	1974.04	汉族	无	初中		榆关镇东旭庄村村民	
刘炯希	女	1995.09	汉族	党员	大学		国兴机动车检测有限公司总经理	
韩建鑫	男	1999.12	汉族	无	大学		鹤翔能源有限公司经理	
张友民	男	1974.07	汉族	无	初中		宸达运输有限公司经理	
王　乐	男	1990.04	汉族	无	初中		榆关镇贾庄村村民	
华翠艳	女	1977.03	汉族	无	大专		榆关镇政协秘书	
张博然	男	1982.04	汉族	党员	大学		骊城街道工委副书记	
洪　慧	女	1979.12	汉族	无	大学		骊城街道社区物业办主任	
赵立新	男	1974.12	汉族	无	大专		抚宁城关新盛汽修经理、抚宁爱国拥军联合会副会长	
赵　珈	女	1981.11	汉族	无	大学		抚宁城关卫生院办公室主任	
刘　华	女	1969.06	汉族	民建	大专		秦皇岛黑马广告有限公司总经理	
曹立斌	男	1971.02	汉族	无	大学	中小学高级教师	骊城学区第一小学副校长	
陈　伟	男	1976.06	汉族	党员	大专		骊城街道黄金庄村书记	
郭　杰	女	1976.12	汉族	民建	本科	中小学高级教师	北戴河新区枣园中学教师	
金震花	女	1976.03	朝鲜族	无	中专	计算机技师	北戴河新区朝鲜族村村委	
张敏莉	女	1989.05	汉族	党员	大学		秦皇岛经济技术开发区工委党建工作部综合科副科长	
何博超	女	1993.05	汉族	党员	大学	初级会计师	中共河北中铸爱军建设集团股份有限公司支部委员会书记、副总经理	
王　磊	男	1982.12	汉族	无	大学	建筑工程师	秦皇岛市宏业建筑工程有限公司法人	
吴　潇	女	1982.03	汉族	民进	研究生		秦皇岛开发区管委综合科副科长	

附1：驻抚宁县（区）的秦皇岛市政协委员

驻抚宁县的政协秦皇岛市第二届委员会委员一览表

姓　名	性别	年龄	民族	文化程度	党派	工作单位及职务	技术职称	备注
张殿士	男	39	汉族	高小	无	抚宁工商联主任		
周荣庭	男	43	汉族	初小	无	抚宁综合商店门市部负责人		
李辑五	男	66	汉族	大专	无	抚宁文化馆馆长		
甄友芹	男	50	汉族	大学	无	抚宁一中教员		
马祥庭	男	48	汉族	高小	无	台营医院中医		
潘荣坤	女	61	汉族	无	无	石门寨公社生产队长、市人委委员		
张天恩	男	57	汉族	小学	无	海阳公社社员		
翟秉钧	男	69	汉族	后师	无	牛头崖公社社员		

驻抚宁县的政协秦皇岛市第六届委员会委员一览表

姓名	性别	年龄	民族	文化程度	党派	工作单位及职务	技术职称	备注
朱焕文	女	48	汉族	初中	党员	抚宁县妇联主任		
宋会英	男	52	汉族	大专	无	抚宁杜庄苗圃负责人	工程师	
单丽华	女	46	汉族	大专	党员	抚宁二中教师		
王新英	女	48	汉族	大学	无	太和寨师范教师	讲师	

（续表）

姓名	性别	年龄	民族	文化程度	党派	工作单位及职务	技术职称	备注
赵寿山	男	56	汉族	初中	无	石门寨分院副院长	主治医师	
李福荣	女	23	汉族	初中	无	驻操营小学代课教师		
杨守志	男	49	汉族	大学	无	抚宁体委教练	二级教练	
朴太峰	男	30	朝鲜族	高中	党员	抚宁县西河南乡政府		
蔡东权	男	47	汉族	大学	党员	抚宁县水利局副股长、县侨联主席		
赵振基	男	64	汉族	高中	无	抚宁县政协副主席	主管医师	
杨玉清	男	40	汉族	初中	无	抚宁县前石河养殖户		1985.03 增补
赵国栋	男	55	汉族	初中	党员	抚宁县政协副主席		1985.03 增补
刘江华	男	29	汉族	高中	无	驻操营象棋厂厂长		1985.03 增补

驻抚宁县的政协秦皇岛市第七届委员会委员一览表

姓名	性别	年龄	民族	文化程度	党　派	工作单位及职务	技术职称	备注
贺　泽	男	45	汉族	初中	党员	抚宁造纸厂工会主席		
顾昌和	男	32	汉族	大专	党员	抚宁县团委书记		
岳秀茹	女	38	汉族	高中	党员	抚宁县妇联主任		
蔡东权	男	52	汉族	大学	党员	抚宁县侨联主席		
潘义川	男	42	汉族	中专	党员	抚宁县畜牧水产局副局长	助理工程师	
陆志飞	男	33	汉族	大专	无	抚宁一中教师		
赵寿山	男	61	汉族	初中	无	抚宁卫校校长	主治医师	
李连生	男	54	汉族	初中	党员	抚宁西湖啤酒厂厂长		
杨玉清	男	43	汉族	初中	无	抚宁县前石河养殖户		
文大元	男	53	朝鲜	高中	党员	抚宁县西河南朝鲜村党支部书记		
马山林	男	54	汉族	中专	党员	抚宁县委统战部部长		
赵振基	男	69	汉族	高中	无	抚宁县政协副主席	主管医师	
王新英	女	53	汉族	大学	党员	抚宁太和寨师范教师	高级讲师	
李成岩	男	50	汉族	大学	无	抚宁县政协副主席	会计师	1991.03 增补

驻抚宁县的政协秦皇岛市第八届委员会委员一览表

姓名	性别	年龄	民族	文化程度	党　派	工作单位及职务	技术职称	备 注
贺　泽	男	50	汉族	初中	党员	抚宁造纸厂工会主席	经济师	
岳秀茹	女	43	汉族	高中	党员	抚宁县妇联主任		
成和昌	男	39	汉族	中专	无	抚宁县供电局干部、县侨联主席		
陈晓峰	男	38	汉族	中专	党员	抚宁县留守营信峰加工纸厂厂长	经济师	
李成岩	男	52	汉族	大学	无	抚宁县政协副主席	会计师	
苏洪珊	男	48	汉族	大学	党员	抚宁县政协主席		
顾昌和	男	37	汉族	大专	党员	抚宁县政协副主席、县委统战部部长		
刘　耀	男	56	汉族	初中	无	秦燕化工有限公司总经理	高级经济师	
李健英	女	36	汉族	大专	无	抚宁师范学校教研组组长	讲师	

驻抚宁县的政协秦皇岛市第九届委员会委员一览表

姓名	性别	出生年月	民族	党派	文化程度	技术职称	工作单位及职务	备注
杨宝林	男	1948.07	汉族	党员	初中		抚宁县杜庄乡王庄白云石矿矿长	
成和昌	男	1954.09	汉族	无	中专	助理经济师	抚宁县供电局干部、县侨联主席	
马哨宇	男	1959.01	汉族	无	大专	农艺师	抚宁县科技局副局长	
杨　义	男	1957.09	汉族	无	高中		抚宁炼油厂董事长兼厂长	
陈晓峰	男	1955.04	汉族	党员	中专	经济师	秦皇岛市豪峰企业集团董事长兼总裁	
冯利民	男	1948.09	汉族	无	初中		抚宁县立民畜禽有限公司董事长	
金松寿	男	1950.11	朝鲜族	党员	高中		抚宁县留守营镇朝鲜族村党支部书记	
苏洪珊	男	1945.12	汉族	党员	大学		抚宁县政协主席	

（续表）

姓名	性别	出生年月	民族	党派	文化程度	技术职称	工作单位及职务	备注
李成岩	男	1942.11	汉族	无	大学	高级经济师	抚宁县政协副主席、县经贸局副局长	
侯玉璋	男	1943.03	汉族	党员	大学		抚宁县政协副主席、县委统战部部长	

驻抚宁县的政协秦皇岛市第十届委员会委员一览表

姓名	性别	出生年月	民族	党派	文化程度	技术职称	工作单位及职务	备注
王连成	男	1950.09	汉族	党员	中专		抚宁县政协主席	
李志佳	男	1961.09	汉族	党员	大学		抚宁县政协副主席、县委统战部部长、县总工会主席	
陆志飞	男	1955.01	汉族	群众	专科	中教一级	抚宁县政协副主席	
成和昌	男	1954.09	汉族	无	中专	助理经济师	抚宁县侨联主席	
栗庆生	男	1961.03	汉族	党员	专科		抚宁县慧峰纸业有限公司总经理	
王宪龙	男	1950.11	汉族	党员	专科		首钢长白机械厂厂长	
金松寿	男	1950.11	朝鲜	党员	高中		抚宁县留守营镇朝鲜族村党支部书记	
高金峰	男	1964.02	汉族	无	本科	高级工程师	抚宁县建设局副局长	
刘江华	男	1956.06	汉族	无	高中		抚宁蔡庄煤矿矿长	
郭玉昌	男	1966.09	汉族	无	大专		秦皇岛丰满纸业有限公司总经理	

驻抚宁县的政协秦皇岛市第十一届委员会委员一览表

姓名	性别	出生年月	民族	党派	文化程度	技术职称	工作单位及职务	备注
顾昌和	男	1956.04	汉族	党员	专科		抚宁县政协主席	
李志佳	男	1961.09	汉族	党员	大学		抚宁县政协副主席、县委统战部部长、县总工会主席	
高金峰	男	1964.02	汉族	无	本科	高级工程师	抚宁县政协副主席、县建设局副局长	
陆志飞	男	1955.01	汉族	群众	专科	中教一级	抚宁县政协副主席	
朱永久	男	1968.12	汉族	党员	本科		抚宁县委常委、组织部长、统战部长	
李维宝	男	1966.07	汉族	无	大学	经济师	抚宁县政府副县长	
杜志宏	男	1971.12	汉族	党员	本科		抚宁镇镇长	
成和昌	男	1954.09	汉族	群众	中专	助理经济师	抚宁县侨联主席	
杨忠坡	男	1959.06	汉族	党员	专科	工程师	秦皇岛凡南彩色包装有限公司总经理	
栗庆生	男	1961.03	汉族	党员	专科		抚宁县慧峰纸业有限公司总经理	
金镇一	男	1971.07	朝鲜族	党员	专科	小教高级	北戴河新区朝鲜族小学校长	
茹彩明	男	1951.08	汉族	无	高中	土建工程师	秦皇岛台头赢酒店有限公司董事长	
梁晓颖	女	1966.03	汉族	民盟	大学	高级会计师	秦皇岛浅野水泥总会计师	
单迎春	女	1973.02	汉族	无	硕士	高级讲师	秦皇岛外国语职业学院英语系教育系副主任	
俞　芳	女	1976.05	汉族	民革	研究生		秦皇岛市民族学校（北京回族分校）校长	
姜志国	男	1962.10	汉族	无	大学	高级建筑工程师	河北金世纪建设有限公司董事长兼总经理	
韩　庆	男	1966.10	汉族	党员	研究生	高级工程师	秦皇岛首秦金属材料有限公司总经理	

驻抚宁县的政协秦皇岛市第十二届委员会委员一览表

姓名	性别	出生年月	民族	党派	文化程度	技术职称	工作单位及职务	备注
顾昌和	男	1956.04	汉族	党员	专科		抚宁县政协主席	2015.01 免职
张　岐	男	1963.05	汉族	党员	研究生		抚宁县政协主席	2015.01 任职
高金峰	男	1964.02	汉族	无	本科	高级工程师	抚宁县政协副主席	
李维宝	男	1966.07	汉族	无	大学	经济师	抚宁县政府副县长	
鲁晓梅	女	1965.01	汉族	党员	大学		抚宁县妇联主席	
刘　超	男	1984.06	汉族	党员	大学		抚宁团县委书记	
杨忠坡	男	1959.06	汉族	党员	专科	工程师	秦皇岛沅泰纸业有限公司董事长	
张红韫	女	1973.12	汉族	无	大学		抚宁县一中办公室主任	

（续表）

姓名	性别	出生年月	民族	党派	文化程度	技术职称	工作单位及职务	备注
仇文仲	男	1959.04	汉族	党员	高中	高级经济师	抚宁县工业企业家协会副主席、秘书长	
王云波	男	1968.04	汉族	民革	大学		秦皇岛市马蹄岭矿业有限公司董事长、德易贸易有限公司董事长	
张　炜	男	1977.12	汉族	无	专科		秦皇岛方圆玻璃有限公司总经理	
张　崇	女	1982.12	汉族	党员	大学		抚宁县团委书记	2015.01 免职
胡再良	男	1968.04	汉族	民建	大学	高级经济师	中红三融集团有限公司副董事长、总裁	

驻抚宁区的政协秦皇岛市第十三届委员会委员一览表

姓名	性别	出生年月	民族	党派	文化程度	技术职称	工作单位及职务	备注
张　岐	男	1963.05	汉族	党员	研究生		抚宁区政协主席	
赵永红	男	1965.09	汉族	无	大学	主任医师	抚宁区政协副主席、区人民医院院长	
杨玉良	男	1967.09	汉族	民盟	大学	会计师	抚宁区财政局副局长	
纪立军	男	1973.10	汉族	农工	本科	高级工程师	抚宁区规划局副局长	
安立柱	男	1974.10	汉族	民进	专科		抚宁区城市管理综合执法局副局长	
杨　靖	女	1966.11	汉族	党员	大学		抚宁区委办公室常务副主任、区妇联主席	2020.01 辞职
刘　超	男	1984.06	汉族	党员	本科		共青团抚宁区委书记	2020.01 辞职
张红榅	女	1973.12	汉族	民盟	大学	中教高级	抚宁区一中办公室主任	
杨素梅	女	1966.10	汉族	无	本科	副研究馆员	抚宁区文体局文物管理所副所长	
郑海波	男	1962.08	汉族	无	专科		抚宁光宇玻璃纤维有限公司总经理	
李家强	男	1973.08	汉族	党员	大学	高级工程师	秦皇岛市玄通公路工程有限公司总经理	
胡再良	男	1968.04	汉族	民建	本科	高级经济师	秦皇岛市三枫饲料加工有限公司董事长	
单英利	男	1965.11	汉族	党员	大学		抚宁区委统战部常务副部长、区工商联党组书记、区委台湾工作（区政府台湾事务）办公室主任、区民族宗教事务局局长	2020.01 增补 2021.01 辞职
徐丽杰	女	1977.03	汉族	党员	本科		抚宁区妇联主席	2020.01 增补
张旭冉	女	1984.01	汉族	党员	研究生		共青团抚宁区委书记	2020.01 增补
岳云伟	男	1979.12	汉族	民革	研究生		抚宁区新扬农业总经理、秦皇岛卓建房地产开发有限公司董事长、秦皇岛保合保佳服务有限公司总经理	
朱　颖	女	1971.03	汉族	党员	大学		抚宁区委常委、统战部部长、区政府党组副书记、区政协党组副书记、三级调研员	2021.01 增补

驻抚宁区的政协秦皇岛市第十四届委员会委员一览表

姓名	性别	出生年月	民族	党派	文化程度	技术职称	工作单位及职务	备注
关金一	男	1970.02	满族	党员	大学		抚宁区政协党组书记、区政协主席	
刘　昕	男	1974.09	汉族	党员	大学	工程师	抚宁区委常委、统战部部长、区政协党组副书记	
张旭冉	女	1984.01	汉族	党员	研究生		共青团抚宁区委书记、一级主任科员	
徐丽杰	女	1977.03	汉族	党员	大学		抚宁区妇联党组书记、主席、一级主任科员	
李家强	男	1973.08	汉族	党员	本科	高级工程师	秦皇岛市玄通公路工程有限公司总经理	
赵永红	男	1965.09	汉族	无	大学	主任医师	抚宁区政协副主席、区人民医院院长	
纪立军	男	1973.10	汉族	农工	大学	高级工程师	抚宁区城乡规划发展中心副主任	农工党抚宁支委会副主任
胡再良	男	1968.04	汉族	民建	大学	高级经济师	秦皇岛市三晶农牧科技有限公司董事长	民建秦皇岛市委副主任
朱立鹏	男	1978.01	汉族	九三	研究生		抚宁区检察院第一检察部副主任	

（续表）

姓名	性别	出生年月	民族	党派	文化程度	技术职称	工作单位及职务	备注
刘吉平	男	1974.07	汉族	九三	大学	副主任医师	抚宁区人民医院外三科副主任	
徐明哲	男	1976.02	汉族	无	大学	记　者	抚宁区融媒体中心总工程师	
王　帅	女	1984.01	汉族	无	大学	中教一级	抚宁区防贫中心副主任	

附 2：驻抚宁县（区）的河北省政协委员

根据收集到资料，李钟泽等 7 人先后任省政协委员，出席省政协会议。

驻抚宁县（区）的政协河北省委员会委员一览表

姓名	性别	出生年月	民族	党派	文化程度	技术职称	工作单位及职务	备注
李钟泽	男	1916	朝鲜族	党员	小学		渤海公社副社长	第三、四、五届委员
王淑兰	女	1937.11	汉族	党员	小学		抚宁县渤海公社前朱建坨大队妇女突击队队长	第四届委员
王会博	男	1940	汉族	党员	初中		抚宁县董家口小学校长	第四届委员
朴泰峰	男	1954	朝鲜族	党员			抚宁县西河南乡政府副乡长	第六、七届委员
公伯祥	男	1940	汉族		中专	高级工程师	京岛汽车改装厂厂长	第七届委员
肖明地	男	1953.05	汉族		高中		抚宁县交通局局长	第八届委员
袁会民	男	1977.12	满族	党员	研究生		中共抚宁区委副书记共青团秦皇岛市委原书记	第十二届委员

政 协 机 构

人民政协从1949年9月21日诞生之日起，至1954年9月15日第一届全国人民代表大会召开，其组织形式由政协全体会议、全国委员会和常务委员会组成。一届全国人大一次会议闭幕后，其组织形式改为全国委员会和常务委员会，地方政协委员会组织形式循例设置。1949年10月18日，政协第一届全国委员会常务委员会第一次会议根据周恩来总理提议，决定设立政治法律、财政经济、文化教育、外交、国防、民族事务、华侨事务、宗教事务8个组。此后，根据形势发展和工作实际，全国政协及地方政协内设机构不断调整完善，并趋于成熟和定型。

抚宁县政协自1982年2月成立，2015年8月抚宁撤县设区后政协名称变更，至2021年7月，县（区）政协常务委员会作为人民政协履行职能的常设机构，由历届政协换届时召开的政协全体会议，按照政协章程有关规定，选举产生新一届政协主席、副主席、秘书长及常务委员，组成新一届政协常委会，履行政协全体会议闭会期间的职能职权。抚宁县政协一至三届常委会由主席、副主席、常务委员组成。1987年县政协第三届委员会届中选举秘书长1名。此后历届政协换届时均选举1名秘书长，作为政协常务委员会组成人员。

历届人民政协全体会议闭幕后，闭会期间的各项工作均在常务委员会领导下组织实施，履行年度政协工作要点，提交政协全体会议讨论的常委会工作报告、提案工作报告、政治决议等重要文稿；审议、讨论、通过有关事项民主程序；履行届中政协副主席、常委增补、调整民主程序；履行届中委员增补、任免、撤销委员资格等民主程序。围绕县（区）委重大决策部署、中心与重点工作、涉及全局性的重大经济社会发展议题，以召开议政性常委会会议和协商性专题会议开展专题协商，是人民政协发挥重要协商渠道和专门协商机构作用的重要平台载体。

抚宁县（区）政协的工作机构除提案工作委员会外，各专门委员会及乡镇政协机构随形势发展与工作需要而设立、调整。其中学习委员会于1982年设立，至1996年6月与文史资料征集委员会合并为学习文史资料征集委员会，至县政协七届委员会更名为学习文史资料委员会至今，其办事机构（内设机构）为宣教文卫联络科（2017年12月更名为宣教文卫委员会）；经济科技委员会于1990年8月经县委研究同意、县政协四届三次常务委员会研究决定设置，至2003年4月县政协七届委员会更名为经济资源环保委员会，2012年5月县政协九届委员会又更名为经济资源环保城建委员会，2017年3月因撤县设区，再次更名为经济环境专门委员会，其办事机构为经济技术联络科（2017年12月更名为经济环境委员会）；农业农村专门委员会于2017年3月设立，其办事机构为经济环境委员会；1990年8月经县委研究同意，县政协四届三次常务委员会研究决定设置社会法制海外联谊委员会，2017年3月更名为社会法制专门委员会，其办事机构为社会法制联络科（2017年12月更名为社会法制委员会）；1990年8月，县政协四届三次常务委员会研究决定设置宣教文卫（含体育）委员会，2003年4月县政协七届委员会更名为教科文卫体委员会，2017年3月顺应撤县设区实际，更名为宣教文卫专门委员会，其办事机构为宣教文卫联络科（宣教文卫委员会）。

机关工作部门，即政协内设机构也随形势发展变化而增设、调整和完善。除办公室外，1982年11月设立的宣传教育科和组织联络科，于1988年12月撤销，设立宣教文卫联络科、经济技术联络科、社会法制联络科。2009年2月增设提案工作科。2017年12月，顺应撤县设区变化及工作内容拓展，各科调整更名为委员会。

县（区）政协工作组经县（区）政协决定设立，原则上按界别、专门委员会对应设置。其名称也随界别、专门委员会变化而相应变更。1987年4月，县政协在区镇（1988年后为乡镇）设立联络组，至2002年3月撤销，设活动组。2006年3月，恢复乡镇联络组，2012年2月改为乡镇活动组至今。

政协机构的设立及更名变化，既反映了人民政协成立后性质定位、宗旨的不断确立与完善，也顺应了时代的发展变化，更揭示了人民政协始终立足“政治协商、民主监督、参政议政”三大职能，着眼“团结、民主”两大主题，围绕中心，服务大局这一职能定位，更好发挥政协平台作用，发挥政协独特政治优势，发挥重要协商渠道和专门协商机构作用，在立足聚共识和建言资政上双向发力，体现了人民政协与时俱进的发展品格。

常务委员会

县（区）政协委员会常务委员会由主席、副主席、党组成员、秘书长和常务委员组成。1982年2月，县政协一届一次会议召开，会议选出县政协主席、副主席、常务委员，组成县政协第一届常委会。至2015年1月，县政协九届四次会议，县政协共产生9届常委会。2015年8月，抚宁撤县设区，县政协常委会过渡为区政协常委会，至2021年7月，区政协产生3届常委会。县（区）政协常务委员会主持县（区）政协委员会会务；执行县（区）政协全体会议决议；县（区）政协全体会议闭会期间审议通过提交县（区）人民代表大会及其常务委员或县（区）人民政府的重要建议案；决定县（区）政协工作机构的设置和变动，并任免其领导成员。

县政协常务委员会

1982年2月至2015年1月，县政协共产生9届常委会。县政协第一、二、三届常委会均由政协主席、副主席和常务委员组成。1987年县政协第三届常委会，届中选举秘书长1人。自此至县政协第九届常委会均由政协主席、副主席、秘书长和常务委员组成。

政协常务委员会届中发生主席、副主席、秘书长、常务委员的增补和辞职，均履行法定民主程序。

县政协第一届常务委员会 1982年2月，县政协一届一次会议选举产生政协抚宁县第一届委员会主席1名，副主席5名，常务委员15名。

主　　席	胡　顺	1982.02—1984.05
副 主 席	姚恩惠	1982.02—1984.05
	刘志成	1982.02—1984.05
	黑俊义	1982.02—1984.05
	赵振基	1982.02—1984.05
	刘伯华	1982.02—1984.05

常务委员（按姓氏笔画为序）

马山林　1982.02—1984.05
王匡时　1982.02—1984.05
史殿权　1982.02—1984.05
毕再昌　1982.02—1984.05
刘　健　1982.02—1984.05
刘玉洁（女）1982.02—1984.05
刘志成　1982.02—1984.05
刘伯华　1982.02—1984.05
林国政　1982.02—1984.05
金光明　1982.02—1984.05
赵振基　1982.02—1984.05
胡　顺　1982.02—1984.05
姚恩慧　1982.02—1984.05
董国贤　1982.02—1984.05
黑俊义　1982.02—1984.05

县政协第二届常务委员会　1984 年 5 月，县政协二届一次会议选举产生政协抚宁县第二届委员会主席 1 名，副主席 8 名，常务委员 23 名。1986 年 3 月，县政协二届三次会议增补常委 2 名，辞去常委职务 1 名。

主　　席　刘惠廷　1984.05—1987.04
副 主 席　赵国栋　1984.05—1987.04
刘志成　1984.05—1987.04
赵振基　1984.05—1987.04
李广明　1984.05—1987.04
刘伯华　1984.05—1987.04
杜志仁　1984.05—1987.04
王匡时　1984.05—1987.04
刘玉洁（女）1984.05—1987.04

常务委员（按姓氏笔画为序）

马山林　1984.05—1987.04
王　云　1984.05—1987.04
王立新　1984.05—1987.04
王匡时　1984.05—1987.04
王宝昌　1984.05—1987.04
王景曜　1984.05—1987.04

史殿权　1984.05—1987.04
刘玉洁（女）1984.05—1987.04
刘志成　1984.05—1987.04
刘伯华　1984.05—1987.04
刘惠廷　1984.05—1987.04
毕再昌　1984.05—1987.04
吕晓岚　1984.05—1987.04
李广明　1984.05—1987.04
李家义　1984.05—1987.04
李振纲　1984.05—1987.04
杜志仁　1984.05—1987.04
张　富　1984.05—1987.04
金光明　1984.05—1987.04
郑庆魁　1984.05—1987.04
赵国栋　1984.05—1987.04
赵振基　1984.05—1987.04
董国贤　1984.05—1986.03
刘松林　1986.03—1987.04
黄润忠　1986.03—1987.04

县政协第三届常务委员会　1987 年 4 月，县政协三届一次会议选举产生政协抚宁县第三届委员会主席 1 名，副主席 6 名，常务委员 16 名。1988 年 2 月，县政协三届二次会议选举秘书长 1 名。

主　　席　张浩成　1987.04—1990.04
副 主 席　赵国栋　1987.04—1990.04
赵振基　1987.04—1990.04
李广明　1987.04—1990.04
杜志仁　1987.04—1990.04
王匡时　1987.04—1990.04
刘玉洁（女）1987.04—1990.04
秘 书 长　黄润忠　1988.02—1990.04
常务委员（按姓氏笔画为序）
马山林　1987.04—1990.04
王　云　1987.04—1990.04
王立新　1987.04—1990.04
王景曜　1987.04—1990.04

吕晓岚　1987.04—1990.04

刘松林　1987.04—1990.04

毕再昌　1987.04—1990.04

李兰英（女）1987.04—1990.04

李成岩　1987.04—1990.04

李景尧　1987.04—1990.04

金光明　1987.04—1990.04

单家璋　1987.04—1990.04

郑庆魁　1987.04—1990.04

祝玉勤　1987.04—1990.04

殷良生　1987.04—1990.04

黄润忠　1987.04—1990.04

县政协第四届常务委员会　1990年4月，县政协四届一次会议选举产生政协抚宁县第四届委员会主席1名，副主席6名，秘书长1名，常务委员25名。1991年4月，1名常务委员、秘书长去世；县政协四届二次会议补选秘书长1名，并为政协常务委员。

主　　席　傅振东　1990.04—1993.02

副 主 席　白润泉　1990.04—1993.02

杜志仁　1990.04—1993.02

王匡时　1990.04—1993.02

李瑞林　1990.04—1993.02

李成岩　1990.04—1993.02

郑庆魁　1990.04—1993.02

秘书长　　张九龄　1990.04—1991.04

王向春　1991.04—1993.02

常务委员（按姓氏笔画为序）

马山林　1990.04—1993.02

王立群　1990.04—1993.02

王永秋　1990.04—1993.02

王正民　1990.04—1993.02

王匡时　1990.04—1993.02

白润泉　1990.04—1993.02

刘松林　1990.04—1993.02

孙英杰　1990.04—1993.02

吕晓岚　1990.04—1993.02

杜志仁　1990.04—1993.02

李兰英（女）1990.04—1993.02
李成岩　1990.04—1993.02
李景尧　1990.04—1993.02
李瑞林　1990.04—1993.02
杨　志　1990.04—1993.02
张九龄　1990.04—1991.04
陈丽霞（女）1990.04—1993.02
郑庆魁　1990.04—1993.02
金光明　1990.04—1993.02
岳秀茹（女）1990.04—1993.02
赵志卿　1990.04—1993.02
胡建昌　1990.04—1993.02
郭喜瑞　1990.04—1993.02
殷良生　1990.04—1993.02
傅振东　1990.04—1993.02
王向春　1991.04—1993.02

县政协第五届常务委员会　1993 年 2 月，县政协五届一次会议选举产生政协抚宁县第五届委员会主席 1 名，副主席 3 名，秘书长 1 名，常务委员 22 名。1994 年 3 月，县政协五届二次会议 1 名秘书长辞职，补选秘书长 1 名；增选常务委员 3 名。1995 年 1 月，1 名副主席因工作变动不再任副主席职务。1996 年 3 月，县政协五届四次会议补选副主席 1 名，增选常务委员 4 名；7 月，五届五次会议增选副主席 1 名。

主　　席　苏洪珊　1993.02—1998.02
副 主 席　顾昌和　1993.02—1995.01
李成岩　1993.02—1998.02
郑庆魁　1993.02—1998.02
侯玉璋　1996.03—1998.02
杨雨顺　1996.07—1998.02
秘 书 长　王向春　1993.02—1994.03
陈庆昆　1994.03—1998.02
常务委员（按姓氏笔画为序）
王向春　1993.02—1996.03
王瑞金　1993.02—1998.02
孙柳林　1993.02—1998.02
孙焕仁　1993.02—1998.02
杜克谦　1993.02—1998.02

杜静红（女）1993.02—1998.02
李成岩　1993.02—1998.02
李述善　1993.02—1998.02
张仲青　1993.02—1998.02
张志坚　1993.02—1998.02
张焕彪　1993.02—1998.02
苏洪珊　1993.02—1998.02
陈　光（女）1993.02—1998.02
陈丽霞（女）1993.02—1998.02
杨　志　1993.02—1998.02
郑庆魁　1993.02—1998.02
赵志卿　1993.02—1998.02
胡建军　1993.02—1998.02
顾昌和　1993.02—1998.02
高尚民　1993.02—1998.02
郭喜瑞　1993.02—1996.03
戴新武　1993.02—1998.02
陈庆昆　1994.03—1998.02
马哨宇　1994.03—1998.02
金永强　1994.03—1998.02
肖明地　1996.03—1998.02
杨　义　1996.03—1998.02
唐福利　1996.03—1998.02
冯利民　1996.03—1998.02

县政协第六届常务委员会　1998 年 2 月，县政协六届一次会议选举产生政协抚宁县第六届委员会主席 1 名，副主席 5 名，秘书长 1 名，常务委员 32 名。1999 年 3 月，县政协六届六次常委会会议增选常务委员 1 名，并经县政协六届二次会议通过。1999 年 4 月，因年龄辞去秘书长职务 1 名；经县委研究，县政协六届七次常委会会议协商决定，任命秘书长 1 名，并提请县政协六届三次会议确认。2000 年 2 月，县政协六届三次会议确认秘书长 1 名；增补常务委员 1 名。2002 年 3 月，县政协主席和 3 名副主席提前离岗，1 名副主席因工作变动不再任职；县政协六届五次会议补选县政协主席 1 名，副主席 3 名。

主　　席　苏洪珊　1998.02—2002.03
　　　　　王连成　2002.03—2003.03
副 主 席　侯玉璋　1998.02—2002.03
　　　　　杨雨顺　1998.02—2002.03

李成岩　1998.02—2002.03

李占义　1998.02—2003.03

肖明地　1998.02—2002.03

陆志飞　2002.03—2003.03

李志佳　2002.03—2003.03

张宝森　2002.03—2003.03

秘 书 长　陈庆昆　1998.02—1999.04

王素霞（女）1999.04 —2002.06

常务委员（按姓氏笔画为序）

马哨宇　1998.02—2003.03

王瑞金　1998.02—2003.03

田雨林　1998.02—2003.03

冯云祥　1998.02—2003.03

冯利民　1998.02—2003.03

任玉荣（女）1998.02—2003.03

刘贵杰　1998.02—2003.03

孙柳林　1998.02—2003.03

苏志安　1998.02—2003.03

杜克谦　1998.02—2003.03

陈　光（女）1998.02—2003.03

陈丽霞（女）1998.02—2003.03

杨　义　1998.02—2003.03

李述善　1998.02—2003.03

张永智　1998.02—2003.03

张庆选　1998.02—2003.03

张仲青　1998.02—2003.03

张志坚　1998.02—2003.03

邵耀庭　1998.02—2003.03

金永强　1998.02—2003.03

胡建军　1998.02—2002.02

唐福利　1998.02—2003.03

高尚民　1998.02—2003.03

高金峰　1998.02—2003.03

高宝荣　1998.02—2003.03

马文正　1999.03—2003.03

傅仁华　2000.02—2003.03

县政协第七届常务委员会　2003 年 3 月，县政协七届一次会议选举产生政协抚宁县第七届委员会主席 1 名，副主席 5 名，秘书长 1 名，常务委员 31 名。2004 年 2 月，县政协七届二次会议增补常务委员 6 名，调下 3 名。2005 年 1 月，县政协七届三次会议增补常务委员 4 名。2006 年 1 月，县政协七届四次会议调下常务委员 1 名；5 月，七届五次会议增选县政协副主席 1 名，增补常务委员 2 名。

主　　席　王连成　2003.03—2007.05

副 主 席　李占义　2003.03—2007.05

李志佳　2003.03—2007.05

陆志飞　2003.03—2007.05

刘树林　2003.03—2007.05

高金峰　2003.03—2007.05

顾昌和　2006.05—2007.05

秘 书 长　刘秀才　2003.03—2007.05

常务委员（按姓氏笔画为序）

马文正　2003.03—2007.05

王凤清（女）2003.03—2007.05

王　侠（女）2003.03—2004.02

王宝生　2003.03—2007.05

成和昌　2003.03—2007.05

刘江华　2003.03—2007.05

刘贵杰　2003.03—2007.05

刘家成　2003.03—2007.05

孙柳林　2003.03—2004.02

陈　光（女）2003.03—2007.05

杨立华　2003.03—2007.05

杨继平　2003.03—2007.05

李述善　2003.03—2007.05

李维宝　2003.03—2007.05

张永智　2003.03—2007.05

张志坚　2003.03—2007.05

张敬波　2003.03—2007.05

金永强　2003.03—2007.05

金镇一　2003.03—2007.05

赵　平　2003.03—2004.02

赵崇新　2003.03—2007.05

赵敬东（女）2003.03—2007.05

祖述春　2003.03—2007.05

徐彦春　2003.03—2007.05

殷淑艳（女）2003.03—2007.05

唐福利　2003.03—2007.05

高宝荣　2003.03—2007.05

黄汝民　2003.03—2007.05

韩雪夫　2003.03—2007.05

惠　群　2003.03—2007.05

傅仁华　2003.03—2007.05

何立生　2004.02—2007.05

沈子良　2004.02—2006.01

徐　武　2004.02—2007.05

蘧恒彬　2004.02—2007.05

尹秀清（女）2004.02—2007.05

赵永红　2004.02—2007.05

宋成杰　2005.01—2007.05

周铁石　2005.01—2007.05

李　柱　2005.01—2007.05

韩春生　2005.01—2007.05

马永杰　2006.05—2007.05

杨忠坡　2006.05—2007.05

县政协第八届常务委员会　2007 年 5 月，县政协八届一次会议选举产生政协抚宁县第八届委员会主席 1 名，副主席 4 名，秘书长 1 名，常务委员 39 名。2008 年 11 月，1 名县政协副主席去世。2009 年 2 月，县政协八届三次会议补选副主席 1 名。

主　　席　顾昌和　2007.05—2012.02

副 主 席　李志佳　2007.05—2012.02

陆志飞　2007.05—2008.11

高金峰　2007.05—2012.02

李英伟　2007.05—2012.02

马利华　2009.02—2012.02

秘 书 长　刘秀才　2007.05—2012.02

常务委员（按姓氏笔画为序）

马文正　2007.05—2012.02

马永杰　2007.05—2012.02
马洪顺　2007.05—2012.02
王宝生　2007.05—2012.02
王海银　2007.05—2012.02
仇文仲　2007.05—2012.02
仇占华　2007.05—2012.02
尹秀清（女）2007.05—2012.02
成和昌　2007.05—2012.02
刘贵杰　2007.05—2012.02
孙　海　2007.05—2012.02
孙秀彦　2007.05—2012.02
杨玉良　2007.05—2012.02
杨立华　2007.05—2012.02
杨秀娟（女）2007.05—2012.02
杨忠坡　2007.05—2012.02
李述善　2007.05—2012.02
李维宝　2007.05—2012.02
何立生　2007.05—2012.02
张子学　2007.05—2012.02
张志坚　2007.05—2012.02
张敬波　2007.05—2012.02
陈亚萍（女）2007.05—2012.02
陈劲草（女）2007.05—2012.02
金镇一　2007.05—2012.02
孟凡忠　2007.05—2012.02
赵永红　2007.05—2012.02
赵崇新　2007.05—2012.02
赵敬东（女）2007.05—2012.02
耿守位　2007.05—2012.02
聂庆平　2007.05—2012.02
徐秋阳　2007.05—2012.02
徐彦春　2007.05—2012.02
郭贺明　2007.05—2012.02
黄汝民　2007.05—2012.02
韩春生　2007.05—2012.02

韩雪夫　2007.05—2012.02

温守文　2007.05—2012.02

蘧恒彬　2007.05—2012.02

县政协第九届常务委员会　2012 年 2 月，县政协九届一次会议选举产生政协抚宁县第九届委员会主席 1 名，副主席 4 名，秘书长 1 名，常务委员 41 名。2014 年 2 月，县政协九届三次会议增选常务委员 1 名。2015 年 1 月，县政协主席因年龄不再继续任职，县政协九届四次会议补选主席 1 名。

主　　席　顾昌和　2012.02—2015.01

张　岐　2015.01—2015.08

副 主 席　高金峰　2012.02—2015.08

李英伟　2012.02—2015.08

马利华　2012.02—2015.08

赵永红　2012.02—2015.08

秘 书 长　刘秀才　2012.02—2015.08

常务委员（按姓氏笔画为序）

马永杰　2012.02—2015.08

马洪顺　2012.02—2015.08

王胜林　2012.02—2015.08

王首军　2012.02—2015.08

仇文仲　2012.02—2015.08

仇占华　2012.02—2015.08

尹秀清（女）2012.02—2015.08

付忠民　2012.02—2015.08

吕　立　2012.02—2015.08

刘庆斌　2012.02—2015.08

刘国平　2012.02—2015.08

齐晓晖（女）2012.02—2015.08

孙　海　2012.02—2015.08

纪立军　2012.02—2015.08

杨玉良　2012.02—2015.08

杨立荣　2012.02—2015.08

杨秀娟（女）2012.02—2015.08

杨继平　2012.02—2015.08

李铁芳　2012.02—2015.08

李智苹（女）2012.02—2015.08

何立生　2012.02—2015.08

张子学　2012.02—2015.08

张志坚　2012.02—2015.08

张鸿飞　2012.02—2015.08

张春友　2012.02—2015.08

张敬波　2012.02—2015.08

陈亚萍（女）2012.02—2015.08

陈劲草（女）2012.02—2015.08

金镇一　2012.02—2015.08

郑海波　2012.02—2015.08

孟凡忠　2012.02—2015.08

赵玉生　2012.02—2015.08

耿守位　2012.02—2015.08

聂庆平　2012.02—2015.08

夏雪岭　2012.02—2015.08

徐彦春　2012.02—2015.08

郭贺明　2012.02—2015.08

温守文　2012.02—2015.08

魏宝江　2012.02—2015.08

魏振标　2012.02—2015.08

蘧恒彬　2012.02—2015.08

付　强　2014.02—2015.08

区政协常务委员会

2015 年 8 月，抚宁撤县设区。根据 2015 年 12 月 29 日中共秦皇岛市抚宁区委抚字〔2015〕20 号文件《关于区划调整后有关事项的批复》，抚宁撤县设区后原政协抚宁县第九届委员会常务委员会过渡为政协秦皇岛市抚宁区第一届委员会常务委员会，不再进行选举。原政协第九届委员会主席、副主席、秘书长、常务委员过渡为区政协的一届委员会主席、副主席、秘书长和常务委员。2017 年 2 月，区政协选举产生第二届常委会，至 2021 年 7 月，区政协三届一次会议召开，共产生 3 届常委会。各届常委会均由政协主席、副主席、秘书长和常务委员组成。

区政协第一届常务委员会　2015 年 8 月，区政协第一届常委会有主席 1 名、副主席 4 名，秘书长 1 名，常务委员 34 名。12 月，区政协 1 名副主席因年龄不再继续任职。2016 年 4 月，区政协召开一届一次会议。2016 年 8 月，区政协一届二次常委会协商决定，区政协 1 名副主席和秘书长因年龄不再继续任职，由区政协 1 名党组成员任区政协秘书长。

主　　席　张　岐　2015.08—2017.02

副 主 席　高金峰　2015.08—2017.02
　　　　　李英伟　2015.08—2016.08
　　　　　马利华　2015.08—2015.12
　　　　　赵永红　2015.08—2017.02
秘 书 长　刘秀才　2015.08—2016.08
　　　　　呼贵礼　2016.08—2017.02
常务委员（按姓氏笔画为序）
　　　　　马永杰　2015.08—2017.02
　　　　　王胜林　2015.08—2017.02
　　　　　王首军　2015.08—2017.02
　　　　　仇文仲　2015.08—2017.02
　　　　　仇占华　2015.08—2017.02
　　　　　尹秀清（女）2015.08—2017.02
　　　　　付忠民　2015.08—2017.02
　　　　　付　强　2015.08—2017.02
　　　　　吕　立　2015.08—2017.02
　　　　　刘庆斌　2015.08—2017.02
　　　　　刘国平　2015.08—2017.02
　　　　　孙　海　2015.08—2017.02
　　　　　纪立军　2015.08—2017.02
　　　　　杨玉良　2015.08—2017.02
　　　　　杨立荣　2015.08—2017.02
　　　　　杨秀娟（女）2015.08—2017.02
　　　　　杨继平　2015.08—2017.02
　　　　　李铁芳　2015.08—2017.02
　　　　　李智苹（女）2015.08—2017.02
　　　　　张子学　2015.08—2017.02
　　　　　张志坚　2015.08—2017.02
　　　　　张鸿飞　2015.08—2017.02
　　　　　张春友　2015.08—2017.02
　　　　　陈亚萍（女）2015.08—2017.02
　　　　　陈劲草（女）2015.08—2017.02
　　　　　金镇一　2015.08—2017.02
　　　　　郑海波　2015.08—2017.02
　　　　　孟凡忠　2015.08—2017.02

耿守位　2015.08—2017.02

夏雪岭　2015.08—2017.02

徐彦春　2015.08—2017.02

魏宝江　2015.08—2017.02

魏振标　2015.08—2017.02

蘧恒彬　2015.08—2017.02

区政协第二届常务委员会　2017年2月，区政协二届一次会议选举产生政协秦皇岛市抚宁区第二届委员会主席1名，副主席3名，秘书长1名，常务委员36名。2019年1月，区政协二届十一次常委会会议协商通过接受辞去常务委员职务2名。2020年1月，区政协二届四次会议增选区政协副主席1名，接受辞去常务委员职务5名，补选常务委员7名。

主　　席　张　岐　2017.02—2021.07

副 主 席　王海银　2017.02—2021.07

赵永红　2017.02—2021.07

徐秋阳　2017.02—2021.07

李维宝　2020.01—2021.07

秘 书 长　呼贵礼　2017.02—2021.07

常务委员（按姓氏笔画为序）

马福东　2017.02—2021.07

王立新　2017.02—2021.07

王胜林　2017.02—2020.01

王首军　2017.02—2021.07

王海银　2017.02—2021.07

仇文仲　2017.02—2021.07

仇占华　2017.02—2021.07

尹春海　2017.02—2021.07

付　强　2017.02—2021.07

冯占和　2017.02—2021.07

邬大为　2017.02—2021.07

刘永柱　2017.02—2020.01

刘庆斌　2017.02—2021.07

刘彦宝　2017.02—2021.07

刘增志　2017.02—2020.01

纪立军　2017.02—2021.07

李艳君（女）2017.02—2021.07

李智苹（女）2017.02—2021.07

李新华　2017.02—2019.01

杨玉良　2017.02—2021.07

张子学　2017.02—2021.07

张红韫（女）2017.02—2021.07

张志坚　2017.02—2020.01

张　岐　2017.02—2021.07

张红玉（女）2017.02—2021.07

张鸿飞　2017.02—2021.07

陈劲草（女）2017.02—2019.01

呼贵礼　2017.02—2021.07

宗志高　2017.02—2021.07

赵永红　2017.02—2021.07

胡再良　2017.02—2020.01

徐秋阳　2017.02—2021.07

高加民　2017.02—2021.07

郭爱莲（女）2017.02—2021.07

曹新成　2017.02—2021.07

啜惠生　2017.02—2021.07

刘大江　2020.01—2021.07

安立柱　2020.01—2021.07

张建顺　2020.01—2021.07

单英利　2020.01—2021.07

徐晓静（女）2020.01—2021.07

董国勇　2020.01—2021.07

薛　强　2020.01—2021.07

区政协第三届常务委员会　2021 年 7 月，区政协三届一次会议选举产生政协秦皇岛市抚宁区第三届委员会主席 1 名，副主席 4 名，秘书长 1 名，常务委员 36 名。

主　　席　关金一　2021.07—

副 主 席　李维宝　2021.07—

赵永红　2021.07—

徐秋阳　2021.07—

王　华　2021.07—

秘 书 长　马国成　2021.07—

常务委员（按姓氏笔画为序）

王　帅（女）2021.07—

王友军　2021.07—
王军奇　2021.07—
王进坤　2021.07—
卢华伟　2021.07—
刘　伟（女）2021.07—
刘　华（女）2021.07—
刘　奇（女）2021.07—
刘吉平　2021.07—
孙静平（女）2021.07—
李向光（女）2021.07—
杨　杰　2021.07—
杨玉良　2021.07—
肖长江　2021.07—
张建顺　2021.07—
陈佳佳（女）2021.07—
尚志民　2021.07—
周　斌　2021.07—
周泽辉　2021.07—
周爱东（女）2021.07—
周雅静（女）2021.07—
郑海芹（女）2021.07—
郑鹏明　2021.07—
屈志伟　2021.07—
赵海强　2021.07—
聂　聪　2021.07—
徐明哲　2021.07—
郭丽萍（女）2021.07—
郭爱莲（女）2021.07—
章铁英（女）2021.07—
董守旺　2021.07—
傅慈燊　2021.07—
释宗恩　2021.07—
温月梅（女）2021.07—
蔡玉忠　2021.07—
潘　雪（女）2021.07—

专门委员会

1982年，县政协第一届委员会设立提案审查委员会和学习委员会。1990年，县政协第四届委员会增设文史资料征集委员会、宣教文卫委员会、经济科技委员会、社会法制海外联谊委员会。1996年，县政协第五届委员会将学习委员会和文史资料征集委员会合并为学习文史资料委员会。2018年，区政协第二届委员会增设农业农村专门委员会。在40年政协工作中，根据形势发展，各专门委员会名称有所更换和调整。至2021年区政协第三届委员会，区政协设立的专门委员会有提案工作专门委员会、经济环境专门委员会、社会法制联谊专门委员会、宣教文卫专门委员会、农业农村专门委员会。各专门委员会设主任1人，副主任1～3人，委员若干人。各专门委员会完成政协主席会、常务委员会或全委会交办的工作；并主动与县（区）委、人大、政府及有关部门进行工作联系，就全县（区）政治、经济、科学技术、文化教育、医药卫生、民主法制、社会生活以及统一战线内部等方面的重要问题进行协商讨论，提出意见和建议。

提案工作专门委员会

1982年县政协设立政协提案审查委员会，1985年县政协二届二次会议后改设提案工作委员会，至2012年县政协九届一次会议均设立提案工作委员会。此后区政协设立3届提案工作委员会。提案工作委员会是在政协常委会会议和主席会议领导下负责提案工作的常设机构，每届任期与政协常务委员会任期相同。

县政协第一届委员会提案审查委员会　1982年2月，县政协一届一次会议预备会议通过提案审查委员会组成人员：

主　任　刘志成

副主任　毕再昌

委　员　马绍曾　史殿权　倪倩华

县政协第二届委员会提案审查委员会　1984年5月，县政协二届一次会议预备会议通过提案审查委员会组成人员：

主　任　赵振基

副主任　毕再昌　张九龄

委　员　王景曜　朱焕文　陈丽霞　倪倩华

1985年4月，县政协二届二次会议后，提案审查委员会改为提案工作委员会。

县政协第三届委员会提案工作委员会　1987年4月，县政协三届一次会议预备会议通过提案工作委员会组成人员：

主　任　赵振基

副主任　毕再昌　张九龄

委　员　王景曜　陈丽霞　岳秀茹　倪倩华

县政协第四届委员会提案工作委员会　1990年4月，县政协四届一次会议预备会议通过提案工作委员会组成人员：

主　任　郑庆魁

副主任　金　顺　倪倩华

委　员　吕晓岚　陈丽霞　杨喜林　赵秋香

1990年8月，县政协四届三次常委会会议协商决定调整提案工作委员会。调整后：

主　任　白润泉

副主任　金　顺　王向春

委　员　吕晓岚　陈丽霞　杨喜林　赵秋香

县政协第五届委员会提案工作委员会　1993年2月，县政协五届一次会议预备会议通过提案工作委员会组成人员：

主　任　郑庆魁

副主任　陈庆昆

委　员　张焕彪　陈丽霞　鲁云杰

1994年2月，县政协五届六次常委会会议协商决定调整提案工作委员会。调整后：

主　任　郑庆魁

副主任　王素霞　刘向华（聘）

委　员　张焕彪　陈丽霞　王晓光　杨晓文

1996年6月，县政协五届二十次常委会会议协商决定调整提案工作委员会。调整后：

主　任　杨雨顺（兼）

副主任　王素霞　刘秀才（聘）

委　员　张焕彪　陈丽霞　王晓光　杨晓文

县政协第六届委员会提案工作委员会　1998年2月，县政协六届一次会议预备会议通过提案工作委员会组成人员：

主　任　杨雨顺（兼）

副主任　王素霞

委　员　王晓光　任玉荣　陈丽霞

2002年6月，县政协六届二十次常委会会议研究决定调整提案工作委员会。调整后：

主　任　李占义（兼）

副主任　刘秀才

委　员　张晓华　王晓光　陈丽霞　任玉荣　李成彬（聘）周祥林（聘）　杨有志（聘）

县政协第七届委员会提案工作委员会　2003年3月，县政协七届一次会议预备会议通过提案工作委员会组成人员：

主　任　李占义（兼）

副主任　刘秀才

委　员　孙有杰　李成彬（聘）　吴培智　张国来　张晓华　陈　文　茹学军（聘）

2003 年 9 月，县政协七届一次常委会会议研究决定调整提案工作委员会。调整后：

主　任　刘树林（兼）

副主任　刘秀才

委　员　刘　稳　张　友　杨立华　李成彬（聘）　周祥林（聘）

2005 年 12 月，县政协七届五次常委会会议研究决定调整提案工作委员会。调整后：

主　任　陆志飞（兼）

副主任　刘秀才

委　员　刘　稳　张　友　杨立华　李成彬（聘）　李兆冀（聘）

县政协第八届委员会提案工作委员会　2007 年 5 月，县政协八届一次会议预备会议通过提案工作委员会组成人员：

主　任　陆志飞（兼）

副主任　陈　文

委　员　刘　稳　张志坚　呼云风　陈亚萍　赵永红　徐秋阳　韩雪夫

2007 年 6 月，县政协八届一次常委会会议协商调整提案工作委员会。调整后：

主　任　陆志飞（兼）

委　员　刘　稳　张志坚　呼云风　陈亚萍　赵永红　徐秋阳　韩雪夫

2009 年 2 月，县政协八届八次主席会议协商调整提案工作委员会。调整后：

主　任　李志佳（兼）

委　员　刘　稳　张志坚　呼云风　陈亚萍　赵永红　徐秋阳　韩雪夫

县政协第九届委员会提案工作委员会　2012 年 2 月，县政协九届一次会议主席团会议通过提案工作委员会组成人员：

主　任　马利华（兼）

副主任　刘秀才（兼）

委　员　孙春涛　刘　稳　郝向春　张志坚　陈亚萍　徐彦春　魏振标

2012 年 4 月，县政协九届一次常委会会议协商调整提案工作委员会。调整后：

主　任　马利华（兼）

副主任　齐晓晖（兼）

委　员　魏振标　孙春涛　刘　稳　郝向春　张志坚　陈亚萍　徐彦春

区政协第一届委员会提案工作委员会　2015 年 12 月，根据区政协党组《关于区划调整后有关事项的请示》及区委批复精神，区划调整后，县政协九届委员会提案工作委员会随之过渡为区政协一届委员会提案工作委员会。

区政协第二届委员会提案工作委员会　2017 年 2 月，区政协二届一次会议主席团会议通过提案工作委员会组成人员：

主　任　徐秋阳（兼）

副主任　呼贵礼（兼）　刘　伟（兼）

委　员　尹春海　孙向前　孙怀广　何　吉　张　晶　范金茹　康瑞梅　程　光

2019 年 3 月，区政协研究决定调整提案工作委员会。调整后：

主　任　刘　伟

委　员　尹春海　孙向前　孙怀广　何　吉　张　晶　范金茹　康瑞梅　程　光

区政协第三届委员会提案工作委员会

主　任　刘　伟

副主任　卢华伟　李兵兵

委　员　郭丽萍　王军奇　赵常铭　王玉东　张　爽　谢　健　温月梅　赵嘉丽

学习委员会

1982 年县政协一届一次常委会会议决定设立学习委员会，至 1993 年县政协设立 5 届学习委员会。1996 年县政协五届二十次常委会会议后，学习委员会和文史资料征集委员会合并为学习文史资料征集委员会。学习委员会是在政协常委会和主席会议领导下，组织委员进行经常性学习活动的机构，办事机构为宣教文卫联络科。

县政协第一届委员会学习委员会　1982 年 2 月，县政协一届一次常委会会议协商通过学习委员会人员：

主　任　姚恩惠

副主任　刘志成　黑俊义　赵振基　刘伯华

委　员　王匡时　刘　健　马山林　祝玉勤　董国贤

县政协第二届委员会学习委员会　1985 年 12 月，县政协二届八次常委会会议协商决定调整学习委员会。调整后：

主　任　刘伯华

副主任　马山林　王瑞东

委　员　李学勤　王向春

县政协第三届委员会学习委员会　1987 年 4 月，县政协三届一次常委会会议研究决定学习委员会成员：

主　任　王匡时

副主任　马山林　王瑞东

委　员　王向春　李学勤

县政协第四届委员会学习委员会

主　任　杜志仁

副主任　岳秀茹　王瑞东

委　员　刘　勉　王瑞金　孙　敏　陈国权

县政协第五届委员会学习委员会

主　任　杨晓文

副主任　　刘　勉

委　员　　孙柳林　陈国权　程会书　郭丽春

1994 年 4 月，县政协五届七次常委会会议协商决定韩雪夫任学习委员会副主任。

学习文史资料委员会

1990 年县政协四届三次常委会会议研究决定设置文史资料征集委员会，1996 年文史资料征集委员会与学习委员会合并为学习文史资料征集委员会。七届县政协改设学习文史资料委员会，至 2016 年区政协一届委员会。学习文史资料委员会是在政协常委会和主席会议领导下，组织委员学习，发动委员及各界人士撰写、征集、整理、编辑出版文史资料的机构。

县政协第四届委员会文史资料征集委员会　1990 年 8 月，县政协四届三次常委会会议研究决定设置文史资料征集委员会。

主　任　　郑庆魁

副主任　　王瑞东

委　员　　唐家君　张连弼　董文瑾

县政协第五届委员会文史资料征集委员会

主　任　　郑庆魁（兼）

副主任　　杨晓文

委　员　　邵耀庭　李继臣　唐家君

1994 年 4 月，县政协五届七次常委会会议决定金永强任文史资料征集委员会委员。

县政协第五届委员会学习文史资料征集委员会　1996 年 6 月，县政协五届二十次常委会会议研究决定学习委员会和文史资料征集委员会合并为学习文史资料征集委员会。

主　任　　郑庆魁（兼）

副主任　　温素清　金永强

县政协第六届委员会学习文史资料征集委员会

主　任　　孙有杰

委　员　　金永强　温素清　邵耀庭　李继臣

2002 年 6 月，县政协六届二十次常委会会议研究决定调整学习文史资料征集委员会。调整后：

主　任　　孙有杰

委　员　　金永强　温素清　邵耀庭　赵子英（聘）　程占新（聘）

县政协第七届委员会学习文史资料委员会

主　任　　孙有杰

委　员　　祖述春　张国来　金永强　杨洪武　赵子英

2005 年 12 月，县政协七届五次常委会会议决定调整学习文史资料委员会。调整后：

主　任　　孙有杰

委　员　　徐　武　张国来　金永强　杨洪武　赵子英

县政协第八届委员会学习文史资料委员会

主　任　　孙有杰

委　员　　杨洪武　赵子英　陈劲草　苏文爽

2009 年 2 月，经县政协八届八次主席会议协商，调整学习文史资料委员会。调整后：

主　任　　孙有杰

委　员　　杨洪武　赵子英　陈劲草　苏文爽

县政协第九届委员会学习文史资料委员会

主　任　　马利华（兼）

副主任　　孙有杰（兼）

委　员　　曹新成　孙兴基　陈劲草　赵 珊　刘颖红　张鹤珊

区政协第一届委员会学习文史资料委员会

主　任　　赵永红（兼）

副主任　　郑海芹（兼）

委　员　　曹新成　陈劲草　赵　珊　刘颖红

经济环境专门委员会

1990 年县政协四届三次常委会会议研究决定设置经济科技委员会，2003 年更名为经济资源环保委员会，后更名为经济资源环保城建委员会，至 2019 年区政协二届委员会设经济环境专门委员会。经济科技委员会是在县政协常委会和主席会议领导下，组织委员围绕改革开放和经济建设方面问题开展经常性活动的机构。

县政协第四届委员会经济科技委员会　1990 年 8 月，县政协四届三次常委会会议研究决定设置经济科技委员会。

主　任　　李成岩

副主任　　吕晓岚　郭喜瑞　王晓光

委　员　　刘建民　黄润忠　赵　平　李景春　金国会

县政协第五届委员会经济科技委员会

主　任　　李成岩（兼）

副主任　　王晓光　孙　敏

委　员　　高尚民　张志坚　马啃宇　王瑞金　郭喜瑞　黄润忠　杜静红

1994 年 4 月，县政协五届七次常委会会议协商决定马啃宇任经济科技委员会副主任。

1996 年 6 月，县政协五届二十次常委会会议研究决定，调整经济科技委员会。调整后：

主　任　　李成岩（兼）

副主任　　王晓光　孙　敏　马啃宇

委　员　　高尚民　张志坚　王瑞金　郭喜瑞　黄润忠　杜静红

县政协第六届委员会经济科技委员会

主　任　王晓光

委　员　王瑞金　赵　平　张志坚　田雨林

2002 年 6 月，县政协六届二十次常委会会议研究决定调整经济科技委员会。调整后：

主　任　张晓华

委　员　王瑞金　赵　平　张志坚　田雨林

县政协第七届委员会经济资源环保委员会　2003 年 4 月，县政协七届一次主席会议研究决定经济科技委员会更名为经济资源环保委员会。更名后：

主　任　张晓华

委　员　赵　平　杨继平　陈　光　张志坚　赵崇新　张永智

2005 年 12 月，县政协七届五次常委会会议决定调整经济资源环保委员会。调整后：

主　任　张晓华

委　员　蘧恒彬　杨继平　陈　光　张志坚　赵崇新　张永智

县政协第八届委员会经济资源环保委员会

主　任　李志佳（兼）

委　员　马文正　赵崇新　邸锦华　聂春良　王　权　杨继平　王胜林

2009 年 2 月，经县政协八届八次主席会议协商，调整经济资源环保委员会。调整后：

主　任　李志佳（兼）

委　员　马文正　赵崇新　杨秀娟　邸锦华　聂春良　王　权　杨继平　王胜林　成和昌

县政协第九届委员会经济资源环保城建委员会　2012 年 5 月，县政协研究决定，经济资源环保委员会更名为经济资源环保城建委员会。更名后：

主　任　李英伟（兼）

副主任　张玉敏（兼）

委　员　蘧恒彬　范金茹　张国来　邸锦华　纪立军　刘树静　杨玉良　王胜林　吕　立　夏雪岭　孙　杰

区政协第一届委员会经济资源环保城建委员会

主　任　李英伟（兼）

副主任　张玉敏（兼）

委　员　蘧恒彬　范金茹　张国来　邸锦华　纪立军　刘树静　杨玉良　王胜林　吕　立　夏雪岭

区政协第二届委员会经济环境专门委员会　2019 年 3 月，经区政协研究决定，区政协二届委员会设经济环境专门委员会。

主　任　张玉敏

副主任　潘俊波

委　员　尹　卫　卢艳奎　刘　金　姜立鹏　李国华　杨玉良　何金城　张丽斌

张淑杰　范金茹　黄剑宇

区政协第三届委员会经济环境专门委员会

主　任　马国成

副主任　刘　金　杜胜强

委　员　方向军　王焕臣　唐清杰　马　杰　李　刚　蔡玉忠　杨立群　亢林林

社会法制联谊专门委员会

1990年县政协设置社会法制海外联谊委员会，2019年区二届政协设置社会法制专门委员会，2021年区三届政协设置社会法制联谊专门委员会。社会法制海外联谊委员会是在县政协常委会和主席会议领导下，组织委员就民主法制和祖国统一、海外联谊、民族、宗教、侨务等方面进行政治协商、民主监督的机构。

县政协第四届委员会社会法制海外联谊委员会　1990年8月，县政协四届三次常委会会议研究决定设置社会法制海外联谊委员会。

主　任　李瑞林

副主任　王立群　傅衍生

委　员　王立新　李兰英　刘松林　蔡东权

县政协第五届委员会社会法制海外联谊委员会

主　任　顾昌和（兼）

副主任　付衍生　孙焕仁

委　员　王立新　张进明　杨庆祝　蔡东权

1994年4月，县政协五届七次常委会会议协商决定王素霞任社会法制海外联谊委员会副主任，鲁云杰任委员。

1996年6月，县政协五届二十次常委会会议研究决定调整社会法制海外联谊委员会。调整后：

主　任　侯玉璋（兼）

副主任　郭丽春　孙焕仁

委　员　王立新　张进明　杨庆祝　蔡东权　鲁云杰

县政协第六届委员会社会法制海外联谊委员会

主　任　侯玉璋（兼）

委　员　孙柳林　张进明　鲁云杰

2002年6月，县政协六届二十次常委会会议研究决定调整社会法制海外联谊委员会。调整后：

主　任　李志佳（兼）

委　员　孙柳林　张进明　鲁云杰

县政协第七届委员会社会法制联谊委员会

主　任　李志佳（兼）

委　员　孙柳林　陈　文　吴培智　张进明

2005 年 12 月，县政协七届五次常委会会议研究决定调整社会法制海外联谊委员会。调整后：

主　任　李志佳（兼）

委　员　陈　文　吴培智　张进明

县政协第八届委员会社会法制联谊委员会

主　任　李志佳（兼）

委　员　成和昌　杨秀娟

2009 年 2 月，县政协八届八次主席会议协商调整社会法制海外联谊委员会。调整后：

主　任　李英伟（兼）

委　员　陈　文　纪立军

县政协第九届委员会社会法制联谊委员会

主　任　李英伟（兼）

副主任　李向光（兼）

委　员　杨继平　孙　海　黄汝民　刘庆斌　杨　红　宋向军　安立柱　王　恒

区政协第一届委员会社会法制联谊委员会

主　任　李英伟（兼）

副主任　李向光（兼）

委　员　杨继平　孙　海　黄汝民　刘庆斌　杨　红　宋向军　安立柱　王　恒

区政协第二届委员会社会法制专门委员会　2019 年 3 月，区政协研究决定设置社会法制专门委员会。

主　任　李向光

委　员　白福利　吴木田　张建伟　张振友　张笑冬　陈志国　陈志强　周劲松　高加民　曾昭光　薛　强

区政协第三届委员会社会法制联谊专门委员会

副主任　周泽辉　周　斌

委　员　郑鹏鸣　赵　军　王　敏　张振友　黄小丰　宋　倩　张红韫　刘红涛

宣教文卫专门委员会

1990 年县政协设置宣教文卫（含体育）委员会，2019 年区政协设置宣教文卫专门委员会。宣教文卫委员会是在县政协常委会和主席会议领导下，组织委员开展活动的机构，办事机构为宣教文卫联络科。

县政协第四届委员会宣教文卫（含体育）委员会　1990 年 8 月，县政协四届三次常委会会议研究决定设置宣教文卫委员会。

主　任　王匡时

副主任　倪倩华　王瑞东

委　员　杜　忠　唐家君　齐凌云　曹国伟

县政协第五届委员会宣教文卫委员会

主　任　杨晓文

副主任　张弼庭　倪倩华

委　员　王玉华　高　俭　王龙印　杜克谦

1996 年 6 月，县政协五届二十次常委会会议研究决定调整宣教文卫委员会。调整后：

主　任　张仲青

副主任　杜克谦　张弼廷　韩雪夫

委　员　王玉华　高　俭　王龙印

县政协第六届委员会宣教文卫委员会

主　任　张仲青

委　员　韩雪夫　杜克谦　田会春　王龙印　崔永斌

2002 年 6 月，县政协六届二十次常委会会议研究决定调整宣教文卫委员会。调整后：

主　任　陆志飞（兼）

委　员　韩雪夫　张仲青　杜克谦　田会春　王龙印　崔永斌　李际达（聘）

县政协第七届委员会教科文卫体委员会

主　任　陆志飞（兼）

委　员　韩雪夫　马永杰　赵敬东　黄汝民　李红军

2005 年 12 月，县政协七届五次常委会会议决定调整教科文卫体委员会。调整后：

主　任　李占义（兼）

委　员　韩雪夫　马永杰　祖述春　赵敬东　黄汝民　李红军

县政协第八届委员会科教文卫体委员会

主　任　陆志飞（兼）

委　员　马永杰　赵敬东　赵永红　杨立华　孟凡忠　张子学　黄汝民

2009 年 2 月，县政协八届八次主席会议协商调整科教文卫体委员会。调整后：

主　任　李英伟（兼）

委　员　马永杰　赵敬东　赵永红　杨立华　孟凡忠　张子学　黄汝民

县政协第九届委员会教科文卫体委员会

主　任　马利华（兼）

副主任　孙有杰（兼）

委　员　李铁芳　孟凡忠　刘铁银　赵玉辉　张子学　李智苹　李慧颖　付海莲

区政协第一届委员会教科文卫体委员会

主　任　赵永红（兼）

副主任　郑海芹（兼）

委　员　李铁芳　孟凡忠　刘铁银　赵玉辉　张子学　李智苹　李慧颖　付海莲

区政协第二届委员会宣教文卫专门委员会　2019 年 3 月，区政协研究决定设置宣教文卫专门委员会。

主　任　郑海芹

副主任　赵媛媛

委　员　刘永柱　刘克民　李利锋　杨大海　张子学　张国胜　陈友宝　赵嘉丽　聂春阳　贾文民　郭丽萍

区政协第三届委员会宣教文卫专门委员会

主　任　郑海芹

副主任　郭爱莲　刘　奇

委　员　徐立群　李玉军　徐明哲　徐国元　王忠明　刘吉平　祖述臣　肖长江

农业农村专门委员会

2018年区二届政协增设农业农村专门委员会，其主任、副主任由经济环境专门委员会主任、副主任兼任。2021年区政协三届一次常委会会议审议通过设置农业农村专门委员及会组成人员。农业农村专门委员会是在县政协常委会和主席会议领导下，组织委员围绕三农方面问题开展活动的机构。

区政协第二届委员会农业农村专门委员会　2018年3月，根据全国、省、市政协有关要求，区政协增设农业农村专门委员会，主任、副主任由经济环境专门委员会主任、副主任兼任。2019年3月，区政协研究决定农业农村专门委员会组成人员。

主　任　张玉敏

副主任　潘俊波

委　员　王国壮　方宝华　田兆锋　刘　稳　李春柱　何　吉　汪志和　张立君　张春杰　孟凡杰　黄克民

区政协第三届委员会农业农村专门委员会

主　任　马国成

副主任　周爱东　赵常铭

委　员　胡秀英　王　帅　赵海强　梁晓杰　潘　雪　李　川　李　伊　杨　立

工作机构

1982年县政协成立后，为便于工作，根据政协章程的有关规定，县政协机关首先设立了办公室，随后设立宣传教育科、组织联络科，后发展为宣教文卫联络科、经济技术联络科、社会法制联络科，又增设提案工作科。2017年为适应撤县设区后新形势，将4个科室改建为委员会。县（区）政协在委员中划分若干工作组（活动组）、在乡镇（街道）设立联络组（活动组），组织委员开展政协活动，完成政协全委会和常委会设定的工作任务。

机关工作部门

1982年3月，县政协常委会决定在政协机关设立办公室，随后设立宣传教育科、组织联络科。1988年12月，宣传教育科、组织联络科撤销，设立宣教文卫联络科、经济技术联络科、社会法制联络科。2009年2月增设提案工作科。2015年8月，抚宁撤县设区。政协机关科室负责人职务名称相应变更。2017年12月，鉴于抚宁区政协工作机构设置与其他区不一致，为更好地适应形势要求，将区政协工作机构设置名称更名，除办公室名称不变外，其他4个科级机构名称分别改为经济环境委员会、社会法制委员会、宣教文卫委员会和提案工作委员会。

办公室 1982年3月设立。负责协助主席、副主席抓好机关行政管理工作；筹备召开政协全委会议、常委会会议、主席会议和相关协商会，组织落实会议决定的工作和活动；负责会议和平时文件及资料的起草、印发和档案管理，联系政协委员和各界人士工作；负责机关行政事务、财务管理、安全保卫、车辆管理等日常工作；协调机关科室之间的关系。

1982—2021年办公室主任、副主任一览表

职务	姓名	任职期限
主任	董国贤	1982.03—1985.05
	黄润忠	1985.05—1988.01
	王向春	1988.04—1991.04
	陈庆昆	1991.04—1994.03
	付衍生	1994.03—1999.03
	刘秀才	1999.03—2016.08
	呼贵礼	2016.08—2021.07
	杨　杰	2021.07—
副主任	王景武	1983.05—1983.07
	王向春	1985.12—1988.04
	李学勤	1988.04—1988.12
	王素霞	1989.03—1994.03
	马凤祥	1989.03—2002.06
	王立忠	1993.10—1998.06
	张晓华	1998.06—2002.05
	杨有志	2002.05—2008.04
	茹学军	2004.10—2009.07
	陈　涛	2008.12—2021.07
	裴琳琳	2009.07—2021.07

宣传教育科 1982年11月设立，1988年12月撤销。负责宣传报道政协重大活动和委员先进事迹；组织安排政协委员、常委和机关学习；征集、整理抚宁文史资料；征订报刊和刊物等工作。

1982—1988年宣传教育科科长、副科长一览表

职务	姓名	任职期限
科长	缺职	1982.11—1984.01
	贾铁业	1984.01—1988.12
副科长	王瑞东	1984.03—1988.12

组织联络科 1982年11月设立，1988年12月撤销。负责联系委员，接待来信来访，组织

参观视察，协助各工作组开展活动。

1982—1988 年组织联络科科长、副科长一览表

职务	姓名	任职期限
科长	缺职	1982.11—1985.04
	李瑞林	1985.04—1988.12
副科长	王瑞东	1984.01—1984.03
	李学勤	1984.03—1988.01
	傅衍生	1988.04—1988.12

经济环境委员会（经济技术联络科） 1988 年 12 月设立经济技术联络科，2017 年 12 月更名为经济环境委员会。负责经济环境委员会日常工作，组织指导农业科技工作组、工建交工作组、商贸金融工作组开展活动；就经济建设和环境相关问题进行调研、视察、考察，提出相应意见和建议；加强与农业、科技、工业、交通、国土资源、环境保护、商贸金融等界别委员的联系。

1988—2021 年经济环境委员会主任、副主任一览表

职务	姓名	任职期限
科长	李瑞林	1988.12—1990.04
	王晓光	1990.08—2002.06
	张晓华	2002.06—2008.03
	张玉敏	2008.04—2018.03
主任	张玉敏	2018.03—2020.06
	杨　杰	2020.06—2021.07
	马国成	2021.07—
副科长	傅衍生	1988.12—1990.08
	陈　文	1993.10—2002.06
	李向光	2004.10—2011.03
	潘俊波	2011.03—2018.03
副主任	潘俊波	2018.03—2021.07

社会法制委员会（社会法制联络科） 1988 年 12 月设立社会法制联络科，2017 年 12 月更名为社会法制委员会。负责社会法制委员会日常工作，组织指导党群政法、海外联谊工作组就社会法制、海外联谊、社会民生进行调研、视察、考察，提出意见建议；加强与党群、政法、民族、宗教、外事界别委员联系，负责“三胞”及其眷属和海外人士接待工作；负责考察、推荐政协委员，对委员履职情况组织考核、评议工作。

1988—2021 年社会法制委员会主任、副主任一览表

职务	姓名	任职期限
科长	缺职	1988.12—1989.03
	李学勤	1989.03—1990.08
	傅衍生	1990.08—1994.03
	王素霞	1994.03—1997.04
	张铁成	1997.04—2000.09
	武玉安	2000.09—2002.06
	陈　文	2002.06—2011.03
	李向光	2011.03—2018.03
主任	李向光	2018.03—2021.07
副科长	李学勤	1988.12—1989.03
	李　全	1990.08—2002.06
	马国权	2007.04—2015.07

宣教文卫委员会（宣教文卫联络科） 1988年12月撤销宣传教育科、组织联络科，设立宣教文卫联络科。2017年12月更名为宣教文卫委员会。负责宣教文卫委员会和学习文史资料委员会日常工作，组织指导文教体工作组、医药卫生工作组开展活动；就宣教文卫相关问题进行调研、视察、考察，提出相应意见和建议；加强与宣教文卫等界别委员的联系，宣传报道区政协重大活动和委员先进事迹；组织安排政协委员、常委和机关学习；征集、整理、编印《抚宁文史资料》；征订报刊和刊物。

1988—2021年宣教文卫委员会主任、副主任一览表

职务	姓名	任职期限
科长	贾铁业	1988.12—1990.08
	王瑞东	1990.08—1993.04
	杨晓文	1993.04—1997.03
	王素霞	1997.04—1999.06
	孙有杰	1999.06—2013.12
	郑海芹	2015.08—2018.03
主任	郑海芹	2018.03—2021.07
副科长	王瑞东	1988.12—1990.08
	杨晓文	1990.07—1993.04
	孙有杰	1993.10—1999.06
	张玉敏	1999.06—2008.04
	郑海芹	2008.04—2015.08
	赵媛媛	2015.08—2018.03
副主任	赵媛媛	2018.03—2021.07

提案工作委员会（提案工作科） 2009年2月设立提案工作科，2017年12月更名为提案工作委员会。负责提案委员会日常工作，完成提案的征集、审查、交办、督办和优秀提案及先进单位的表彰；社情民意的征集编报工作。

2009—2021年提案工作委员会主任、副主任一览表

职务	姓名	任职期限
科长	缺职	2009.02—2009.07
	茹学军	2009.07—2011.11
	齐晓晖	2012.03—2014.02
	呼贵礼	2015.04—2016.08
	刘　伟	2016.08—2018.03
主任	刘　伟	2018.03—2021.07
副科长	刘　伟	2009.07—2016.08
副主任	卢伟波	2019.05—2021.07

政协工作组

1982年县政协一届一次常委会决定设立4个工作组，至2015年县政协共设立9届工作组。2015—2021年区政协设立3届工作组。县（区）政协工作组在政协常委会领导下开展工作。

县政协第一届委员会工作组 1982年2月，县政协建立4个工作组。

科学技术工作组

组　长　刘　健

副组长　毕再昌　马秀祥　王宝玉

委　员　易阳坤　王景曜　李家义　张树图　古泰丰　崔智仁　汤立才　潘义川　杜志仁
郭喜瑞　张东奎　林国政　史殿权　康乃兴

文化教育工作组

组　长　王匡时

副组长　倪倩华　郑庆魁

委　员　孙�清　杨守志　李绍斯　金光明　樊伯石　惠迎甲　杨家骥　李雨珍　朱博乔
马自和　李兰英

医药卫生工作组

组　长　魏朝君

副组长　李景尧

委　员　刘玉洁　李杰臣　李启乾　苏兰茹

综合工作组

组　长　马山林

副组长　祝玉勤　朱焕文

委　员　陈克本　董树林　韩际春　陈希曾　赵庆来　马绍曾　陈向弟　张宝珍　杜彩云
袁淑芬　赵国扬　邵长源　吕晓岚　古玉祥　潘成钦

1982 年 12 月，县政协将原来的 4 个工作组改建为 7 个工作组。

农业科学技术工作组

组　长　刘　健

副组长　毕再昌

委　员　王景曜　杜志仁　汤立才　陈向弟　林国政　张东奎　郭喜瑞　潘义川

工建交工作组

组　长　彭景春

副组长　王宝玉　马秀祥

委　员　易阳坤　史殿权　李家义　张树图　康乃兴　崔智仁

农村工作组

组　长　刘　青

副组长　张宝珍

委　员　王永秋　杜彩云　陈克本　赵国扬　袁淑芬　董树林　韩际春　潘成钦

财贸工作组

组　长　杨耀宗

副组长　刘　杰

委　员　王　云　吕晓岚　谷玉祥　邵长源

文化教育工作组

组　长　王匡时

副组长　倪倩华　郑庆魁

委　员　马自和　朱伯乔　孙筠清　李兰英　李雨珍　李绍斯　金光明　杨守志　杨家骥　惠迎甲　樊伯石

医药卫生工作组

组　长　魏朝君

副组长　李景尧

委　员　刘玉洁　李杰臣　李启乾　苏兰茹　郑淑云

宣传工作组

组　长　马山林

副组长　祝玉勤　朱焕文

委　员　马绍曾　陈希曾　赵庆来

县政协第二届委员会工作组　1984 年 5 月，县政协建立 7 个工作组。

农业工作组

组　长　毕再昌

副组长　李振纲

委　员　邱纯启　王宝昌　李东鹏　韩庆祝　单家章　孙庆祥　刘长旭　潘成钦　张东奎　张宝珍　王景曜　杜彩云　潘义川　郭喜瑞　李广明　杜志仁

工建交工作组

组　长　李景春

副组长　马秀祥

委　员　李家义　易阳坤　崔智仁　李印朴　张宗义　葛树林　史殿权　康乃兴　刘志成

财贸工作组

组　长　杨耀宗

副组长　刘　杰

委　员　吕晓岚　赵庆来　邵长源　王　云　张　富　张　丹　李宝林　刘伯华

文化教育工作组

组　长　倪倩华

副组长　郑庆魁

委　员　李绍斯　杨守志　马自和　金光明　周允恭　孙筠情　樊伯石　王匡时　刘惠廷

医药卫生工作组

组　长　苏红楼

副组长　魏朝君

委　员　武连臣　李景尧　苏兰茹　郑淑云　李杰臣　刘玉洁　赵振基

法制和宣传工作组

组　长　朱焕文

副组长　张九龄

委　员　陈丽霞　孙　铸　王立新　祝玉勤　赵国栋

对台和侨务工作组

副组长　李兰英

委　员　马山林　董国贤　董克强　董树林　韩际春　王永秋

1985 年 4 月，县政协将原来的 7 个工作组调整为 10 个工作组。

农业科技工作组

组　长　毕再昌

副组长　李振纲

委　员　王宝昌　王景曜　潘义川　郭喜瑞　李广明　杜志仁　呼树民　周瑞安

工业交通工作组（1985 年 10 月改为工建交工作组）

组　长　邓庆久

副组长　李景春　马秀祥

委　员　李家义　易阳坤　崔智仁　李印朴　张宗义　史殿权　康乃兴　刘志成　宋　利　王心镜　殷良生　孙秉贤

商业供销工作组

组　长　杨耀宗

副组长　吕晓岚　陈国权

委　员　张　丹　董义勇　张秀桥　谷玉祥　王　云　刘伯华

教育工作组

组　长　倪倩华

副组长　曹国伟

委　员　樊伯石　马自和　金光明　周允恭　孙筠清　王匡时　党国生　齐凌云　茹桂芝　刘玉舫

医药卫生工作组

组　长　苏红楼

副组长　魏朝君

委　员　武连臣　李景尧　苏兰茹　郑淑云　李杰臣　刘玉洁　赵振基　赵寿山　惠雅文　闫巨玮

法制宣传工作组

组　长　朱焕文

副组长　张九龄

委　员　陈丽霞　孙　铸　王立新　祝玉勤　赵国栋

对台和侨务工作组

组　长　李兰英

副组长　董克强

委　员　马山林　董国贤　董树林　韩际春　王永秋　聂绍庚　李　英　许国利　王兴利

文化体育工作组

组　长　郑庆魁

副组长　杨守志

委　员　于剑平　穆向东　崔占春

财政金融工作组

组　长　李宝林

副组长　刘　杰

委　员　邵长源　赵庆来　张　富　霍振胜

农村工作组

组　长　张东奎

副组长　张宝珍　单家璋

委　员　李东鹏　韩庆祝　孙庆祥　杜彩云　刘长旭　潘成钦　印纯民　聂庆平　徐庆祥
马振兴　马　全　侯秉贵　王正民　刘惠廷

县政协第三届委员会工作组　1987 年 4 月，县政协建立 10 个工作组。

农业科技工作组

组　长　毕再昌

副组长　李振纲　马哨宇

委　员　王宝昌　王景曜　潘义川　郭喜瑞　呼树民　周瑞安　祝玉勤　杜志仁

工建交工作组

组　长　李成岩

副组长　李景春　马秀祥

委　员　李家义　易阳坤　崔智仁　葛树林　殷良生　仇占华　杨春杰　刘占英　张浩成

乡镇企业二轻工业工作组

组　长　赵志卿

副组长　杨华堂

委　员　郑宝来　郭志满　侯庆权　侯秉贵　王心镜　王宝顺　王　耀　孙　志　蒋志鹏
赵国栋

财贸金融工作组

组　长　杨耀宗

副组长　吕晓岚　陈国权

委　员　董义勇　张秀峤　王　云　刘松林　赵占成　惠寅甲　李宝林　张　富　霍振胜
董玉才　谷玉祥

文教体育工作组

组　长　倪倩华

副组长　曹国伟　齐凌云

委　员　马自和　周允恭　党国生　茹桂芝　刘玉舫　张彩霞　王培堉　郑庆魁　穆向东　崔占春　金光明　王匡时

医药卫生工作组

组　长　杜　忠

副组长　魏朝君

委　员　李景尧　苏兰茹　郑淑云　赵寿山　惠雅文　闫巨玮　马有祥　刘玉洁　赵振基

法制宣传工作组

组　长　张九龄

副组长　陈丽霞

委　员　单世昌　岳秀茹　孙　铸　王立新　黄润忠

海外联谊工作组

组　长　李兰英

副组长　董克强　张进明

委　员　董树林　韩际春　王永秋　聂绍庚　李　英　王兴利　宋　利　李述善　许　恩　韩景孝　杜化民　马山林

农村工作组

组　长　单家璋

副组长　张东奎　张宝珍

委　员　杜彩云　陆敬芝　刘长旭　潘成钦　印纯民　徐庆祥　马振兴　王正民　周天玺　陈宝巨　张金玉　马　权　韩庆祝　聂庆平　赵永太　侯福阳　杨丰时　李东鹏　赵晓兰　方桂兰　李广明

区（镇）工作组　1987年4月，县政协设立联络组长组。1988年4月，撤销联络组长组，设立区镇工作组。

组　长　孙广田

副组长　金润深

委　员　李子贵　金　松　孙　敏　高恩明　朱洪昌　徐继连　翟振兴

县政协第四届委员会工作组　1990年4月，县政协建立8个工作组。

农业科技工作组

组　长　陈庆昆（1990.04—1991.04）　王瑞金（1991.04任职）

副组长　郭喜瑞

委　员　潘义川　马哨宇　杜志仁　杨喜林

工建交工作组

组　长　李景春

副组长　马秀祥　金国会（1991.04 月任职）

委　员　李家义　刘占英　杨春杰　葛树林　殷良生　李成岩　孙英杰　王春田　邵耀庭　齐宗盛　王国成　赵志卿（1991 年 4 月，调至党群组）

二轻乡镇企业工作组（1991 年 4 月，并入工建交工作组）

组　长　金国会（1990.04—1991.04）

副组长　刘健民（1990.04—1991.04）

委　员　傅振东　王宝顺　杨华堂　郑宝来　郭志满　侯秉贵　王心镜

财贸金融工作组

组　长　黄润忠

副组长　吕晓岚　陈国权

委　员　惠寅甲　董玉才　胡建昌　赵庆来　赵　平　孙　杰　李宝林　董义勇　李瑞林

文教体育工作组

组　长　倪倩华

副组长　曹国伟　齐凌云

委　员　唐家君　党国生　刘玉舫　王培堉　穆向东　金光明　王匡时　郑庆魁

医药卫生工作组

组　长　杜　忠

副组长　李春明（1990.04—1991.04）　张玉琴（1991.04 任职）

委　员　李景尧　郑淑云　惠雅文　闫巨玮　马有祥　赵维玲

党群政法工作组

组　长　王立新

副组长　陈丽霞　刘　勉

委　员　刘松林　金　顺　仇占华　孙焕仁　王立群　卢佑春　岳秀茹　孙连侠　张九龄　白润泉　赵秋香

海外联谊工作组

组　长　李兰英

副组长　张进明　董克强

委　员　韩际春　王永秋　聂绍庚　李　英　王兴利　宋　利　李述善　韩景孝　杜化民　马山林　曹文贵　董洪良　蔡东权　董文瑾

县政协第五届委员会工作组　1993 年 2 月，县政协建立 7 个工作组。

党群政法工作组

组　长　王立新

副组长　王凤强

委　员　苏洪珊　傅衍生　陈丽霞　刘　勉　孙焕仁　张振录　李春明　王向春　郭丽春
　　　　孙柳林

工建交工作组

组　长　张志坚

副组长　马秀祥　刘祥林

委　员　李成岩　杨春杰　殷良生　葛树林　杜学华　杜静红　杨宇明　陈　光　王宝顺
　　　　赵志卿　仇占华　邵耀庭　齐宗盛　高尚民　胡建军　成和昌　孙英杰　刘　成
　　　　马文山　翟　华　陈亚萍

财贸金融工作组

组　长　黄润忠

副组长　陈国权

委　员　赵　平　尚春生　马利华　马志英　李继臣　孙　杰

农业科技工作组

组　长　王瑞金

副组长　杨喜林

委　员　郭喜瑞　刘贵杰　倪印林　孙　敏　潘义川　孙维国　孙树双　陈庆昆　王晓光
　　　　马哨宇

文教体工作组

组　长　倪倩华

副组长　张弼廷　唐家君

委　员　蒋顺强　魏广镇　赵庆生　张仲青　党国生　郑庆魁　王龙印　杨立华　王瑞东

医药卫生工作组

组　长　杜克谦

副组长　王玉华

委　员　郑淑云　王春璞　高腾辉　张殿忠　闫巨玮　林志义　高　俭　李忠海

海外联谊工作组

组　长　张进明

副组长　李述善

委　员　鲁云杰　蔡东权　董克强　李　英　董文瑾　韩际春　韩景孝　董洪良　聂　林
　　　　顾昌和　张焕彪

县政协第六届委员会工作组　1998 年 3 月，县政协建立 7 个工作组。2000 年 1 月，对 3 个工作组组长、副组长进行调整。2002 年 6 月，对 7 个工作组进行调整。

党群政法工作组

组　长　孙柳林

副组长　郭丽春　邵耀庭

委　员　苏洪珊　王连成　傅衍生　李春明　苏志安　赵　平　张　有　胡瑞东　冯云祥　高宝荣　刘秀才　王素霞　陈丽霞　温素青　赵秋香

海外联谊工作组

组　长　张进明

副组长　鲁云杰　李述善　吴培智（聘，2002.06 任职）

委　员　侯玉璋　李志佳　李　英　韩景孝　聂　林　成和昌　武玉安　任玉荣　亢云吉　单　斌

工建交工作组

组　长　张志坚（1998.03—2000.01）　李维宝（2000.01 任职）

副组长　高尚民　张永智

委　员　宋成杰　孙英杰　刘　成　周铁石　闫树志　于富祥　王　忠　马文正　杨　义　沈子良　高金峰　傅仁华　陈亚萍　陈　光　郭志满

农业科技工作组

组　长　王瑞金（1998.03—2002.06）　马哨宇（2002.06 任职）

副组长　马哨宇（1998.03—2002.06）　孙　海（2002.06 任职）

委　员　李成岩　张宝森　孙树双　张林臣　黄亚新　田雨林　张建伟　齐景山　赵恩来　王晓光　潘义川　孙　杰

财贸金融工作组

组　长　赵　平

副组长　王宝宽　马志英　张志坚（2000.01 任职）

委　员　李占义　马利华　李继臣　惠寅甲　李天义　张鸿飞　刘长忠　王健民　杨晓群

文教体工作组

组　长　张仲青（兼）（1988.03—2002.06）　韩雪夫（2002.06 任职）

副组长　韩雪夫（1998.03—2002.06）　王龙印

委　员　杨雨顺　陆志飞　杨立华　崔永斌　张庆选　田会春　单　满　袁义铭　魏广镇　周兴亚　金永强　王海忠　韩蕴惠　赵敬东

医药卫生工作组

组　长　杜克谦（1998.03—2000.01）　黄汝民（2000.01 任职）

副组长　王春璞　杜克谦（2000.01 任职）

委　员　林志义　王建平　刘建芳　孙有杰　闫巨玮　高腾辉

县政协第七届委员会工作组　2003 年 3 月，县政协建立 7 个工作组。2005 年 12 月，对各工作组进行调整。

党群政法工作组

组　长　孙柳林（2003.03—2005.12）　徐　武（2005.12 任职）

副组长　张秀娟　逯　斌

委　员　王连成　刘秀才　张国来　张福成　徐兵役　仇占华　张　友　章　凯　安云录
徐相森　李　柱　王凤清　陈秋玲　高宝荣

海外联谊工作组

组　长　张进明

副组长　成和昌　李述善

委　员　李志佳　李　英　聂　林　吴培智　郭志强　陈　文

工建交工作组

组　长　马文正

副组长　沈子良（2003.03—2005.12）　李维宝

委　员　高金峰　周铁石　张永智　杨　义　李顺强　傅仁华　宋成杰　张葆庆　韩春生
惠　群　黄俊久　张永泉　杜学华　陈　光　陈亚萍　李凤清　武艳茹

农业科技工作组

组　长　杨继平

副组长　孙　海　赵崇新

委　员　李占义　刘　稳　马永杰　赵恩来　邹付军　孙树双　陈国民　刘贵杰　张建伟
张晓华　朱国鑫　朱国友　聂春良　孙　杰　赵英红

商贸金融工作组

组　长　赵　平（2003.03—2004.02）　张志坚（2004.02—2005.12）
蘧恒彬（2005.12 任职）

副组长　张志坚（2003.03—2004.02）　蘧恒彬（2003.03—2005.12）
王　权（2005.12 任职）

委　员　李占义　刘长忠　杨文和　于永春　叶永琪　惠寅甲　张秀海　杨玉良　贲景瑞
张鸿飞　郑栋才　王　侠　李泽翠　袁友忠　邓素君

文教体工作组

组　长　韩雪夫

副组长　赵敬东　杨立华

委　员　陆志飞　杨洪武　赵子英　李红军　魏东兴　金永强　孙有杰　张春艳　焦艳秋
丁丽玲　韩蕴慧　陈劲草　宋玉玲　刘晓波

医药卫生工作组

组　长　黄汝民

副组长　赵永红　张子学　祖述春（2005.12 任职）

委　员　刘树林　林志义　王建平　刘建芳　闫巨玮　王春璞　高腾辉　武士安　陈　刚
祖素云　苏　津

县政协第八届委员会工作组　2007 年 6 月，县政协建立 7 个工作组。2010 年 7 月，县政协对工作组组长、副组长进行调整。

党群政法工作组

组　长　蘧恒彬（2007.05—2010.07）　杨继平（2010.07 任职）

副组长　徐秋阳　曹新成　刘　稳（2007.05—2010.07）　孙　海（2010.07 任职）

委　员　马秀艳　王　军　王凤清　仇占华　付忠民　李维宝　陈秋玲　杨　红　苏文爽　高扬亚　刘秀才

海外联谊工作组

组　长　呼云凤

副组长　杨秀娟　张进明

委　员　李述善　李　英　聂　林　成和昌　陈　文

工建交工作组

组　长　马文正

副组长　王小平　陈亚萍　王海银（2010.07 任职）

委　员　王胜林　王淑珍　纪立军　杜学华　李顺强　李凤清　邸锦华　张永智　张志勇　周铁石　罗兴平　袁晓彬　黄俊久　傅仁华　韩春生　孙秀彦　耿守位

农业科技工作组

组　长　杨继平（2007.05—2010.07）　刘　稳（2010.07 任职）

副组长　马永杰　赵崇新　孙　海（2007.05—2010.07）

委　员　夏雪岭　孙　杰　朱国鑫　刘贵生　肖广军　邹付军　赵英红　张春友　张文财　聂春良

商贸金融工作组

组　长　王海银（2007.05—2010.07）　张志坚（2010.07 任职）

副组长　王　权（2007.05—2010.07）　张志坚（2007.05—2010.07）　杨玉良（2010.07 任职）　刘树静（2010.07 任职）

委　员　邓素君　宋德林　宋建光　杨玉良　张鸿飞　袁友忠　韩少勇　翟成文

文教体工作组

组　长　韩雪夫

副组长　赵敬东　杨立华

委　员　王海潮　付海莲　杨洪武　李红军　宋玉玲　陈劲草　赵子英　赵玉辉　孟凡忠　魏东兴　孙有杰

医药卫生工作组

组　长　黄汝民（2007.05—2010.07）　郝向春（2010.07 任职）

副组长　赵永红　张子学　祖述春（2007.05—2010.07）

委　员　马淑敏　王建平　苏　津　张连馥　张学志　武士安　祖素云

县政协第九届委员会工作组　县政协设立 7 个工作组。

党群政法工作组

组　长　付忠民

副组长　魏振彪　杨继平

委　员　孙　海　仇占华　刘庆斌　杨　红　马秀艳　曹新成　范金茹　黄汝民　周亚梅
王　恒　宋向军　赵会茹　陈艳杰　冯占和

海外联谊工作组

组　长　孙春涛

副组长　杨秀娟

委　员　张红韫　成隆国　李　英　聂　林

工建交工作组

组　长　蘧恒彬

副组长　邸锦华　纪立军

委　员　王胜林　陈亚平　王淑珍　李凤清　耿守位　李顺强　张永智　黄俊久　张智勇
周铁石　安立柱　傅仁华　罗兴平　周晓东　杨立荣　盛云霞　李家强　姜志国
陈志春　周铁石

农业科技工作组

组　长　刘　稳

副组长　马永杰　刘贵杰

委　员　张春友　夏雪岭　赵英红　孙　杰　邹付军　张国来　朱国民　李柏林　郭大为

商贸金融工作组

组　长　张志坚

副组长　杨玉良　刘树静

委　员　张鸿飞　邓素君　宋建光　张晓宇　吕　立　唐　波　常文志　李　娜　张永奎
秦　明　赵爱群　马　英

文教体工作组

组　长　徐彦春

副组长　孙兴基

委　员　陈劲草　付海莲　宋玉玲　赵玉辉　李铁芳　孟凡忠　赵爱颖　赵　珊　刘颖红
杨大海

医药卫生工作组

组　长　郝向春

副组长　刘铁银

委　员　张子学　王首军　马淑敏　张学志　祖素云　张连馥　武士安　李智苹　苏　津
于冰娇　王　宁　李慧颖

区政协第一届委员会工作组　区政协设立 7 个工作组。

党群政法工作组

组　长　付忠民

副组长　杨继平　魏振彪

委　员　孙　海　仇占华　刘庆斌　杨　红　马秀艳　曹新成　黄汝民　周亚梅　王　恒　宋向军　赵会茹　范金茹　陈艳杰　冯占和　刘红涛

工建交工作组

组　长　蘧恒彬

副组长　邸锦华　纪立军

委　员　王胜林　陈亚萍　王淑珍　李顺强　安立柱　黄俊久　傅仁华　周晓东　耿守位　罗兴平　李家强　姜志国　盛云霞　陈志春

农业科技工作组

组　长　刘　稳

副组长　马永杰　刘贵杰

委　员　张春友　夏雪岭　赵英红　邹付军　张国来　朱国民　郭大为　张立君　庞云超　李柏林

医药卫生工作组

组　长　郝向春

副组长　刘铁银

委　员　张子学　王首军　马淑敏　张学志　祖素云　张连馥　武士安　李智苹　苏　津　于冰娇　王　宁　李慧颖

商贸金融工作组

组　长　张志坚

副组长　刘树静　杨玉良

委　员　张鸿飞　邓素君　吕　立　梁胜伟　李　娜　秦　明　张永奎　赵爱群　马　英　张晓宇

文教体工作组

组　长　徐彦春

委　员　陈劲草　付海莲　宋玉玲　李铁芳　孟凡忠　赵爱颖　贾文民　杨大海　杨金明　赵玉辉　刘颖红

海外联谊工作组

组　长　孙春涛

副组长　杨秀娟

委　员　张红韫　成隆国　李　英　刘增志　聂　林

区政协第二届委员会工作组　区政协设立 7 个工作组。

党群政法工作组

组　长　高加民　曹新成

副组长　尹春海　薛　强

委　员　程　光　曹新成　冯占和　仇占华　朱立鹏　啜惠生　杨迎辉　曹　英　刘庆斌　张旭冉　周亚梅　宋向军　张振友　周淑芬　刘红涛

工建交工作组

组　长　范金茹　常　虎

副组长　王胜林　纪立军　王军奇

委　员　常　虎　马　杰　郝志猛　白智民　安立柱　唐清杰　宗志高　温　源　刘　芳　耿守位　姜志国　胡再良　李家强　刘振华　李海民　屈志伟　杨尊伟　杜胜强

农业科技工作组

组　长　何　吉

副组长　李瑞红　胡秀英

委　员　郝立权　张宏玉　徐晓静　卢学民　温全生　朱国民　郭大为　杨晓辉　潘　雪　李泽岩

医药卫生工作组

组　长　孙怀广

副组长　张子学　王首军

委　员　祖素云　张学志　李智苹　李慧颖　苏　津　于冰娇　张连馥　刘吉平　祖述臣　赵玉梅

商贸金融工作组

组　长　杨玉良

副组长　刘树静　张鸿飞

委　员　张志坚　张晓宇　程海军　杨立群　张永奎　赵　隽　肖　南　马福东　杨会玉　马　英　张建顺　王凤侠

文教体工作组

组　长　刘永柱　高加民

副组长　康瑞梅　张　晶

委　员　杨素梅　董连吉　徐立群　刘彦保　楚春山　徐明哲　王大铭　郭爱莲　李爱红　李红军　刘中强　赵爱颖　吴玉薇　苏艳敏　金镇一　贾文民　孙景富

海外联谊工作组

组　长　刘增志　单英利

副组长　孙向前

委　员　蔡　红　李　英　张红辐　董守旺

区政协第三届委员会工作组　区政协设立 7 个工作组。

党群政法工作组

组　长　周泽辉

副组长　郑鹏鸣　卢华伟

委　员　赵　军　王　敏　宋泽民　胡东华　郭海燕　马欣琪　啜惠生　张继衡　曹　英
李兵兵　谢　健　宋　倩　黄小丰　张振友　祝晓光　周淑芬　刘红涛

工建交工作组

组　长　王军奇

副组长　方向军　王焕臣

委　员　章铁英　马　杰　李倩芳　唐清杰　屈志伟　白云鹏　赵丽敏　陈志国　李　刚
刘　金　崔俊芳　王恩涛　邹志国　蔡晓平　王　刚　安　鹏　傅慈燊　樊颖峰
郭　松

农业科技工作组

组　长　周爱东

副组长　胡秀英　赵常铭

委　员　王　帅　卢学民　梁晓杰　赵海强　李　川　杨国华　潘　雪　周　涛　李洪杰

文教体工作组

组　长　郭丽萍

副组长　李玉军　赵嘉丽

委　员　徐立群　董丽军　徐明哲　贾文民　王　艳　赵爱颖　刘中强　马　娜　李云波
苏艳敏　郭爱莲　刘会宇　董连吉　徐国元　孙景富　刘彦保　孙静平　王忠明

医药卫生工作组

组　长　刘　奇

副组长　王玉东　刘吉平

委　员　赵玉梅　贺小华　杜　玲　刘喜权　贾洪顺　祖述臣　陈志伟　李　蕊　陈　刚
暴瑞丽　聂　聪　齐砚刚　张　朋

商贸金融工作组

组　长　杨玉良

副组长　杜胜强　温月梅

委　员　蔡玉忠　张惠武　贾　宁　王治刚　刘　洋　杨立群　刘泽浩　肖　南　杨会玉
马　英　张建顺　刘　波　吴军辉　周会武　杨学军

海外联谊工作组

组　长　周　斌

副组长　张　爽　张红韫

委　员　卢　光　蔡　红　董守旺　王瑞峰

政协联络组（活动组）

1987—2021 年，县政协在各乡镇设立 7 届联络组，区政协设立 3 届联络组。

2009—2021 年，县（区）政协在骊城街道设立联络组。

2010—2017 年，县（区）政协在南戴河街道设立联络组。

政协乡镇联络组（活动组） 1987 年县政协在全县设 9 个区（镇）联络组，1988 年鉴于撤区扩乡，撤销县政协城关区、城关镇、榆关区、留守营区、海阳区、石门寨区 6 个区（镇）联络组，保留县政协大新寨、台营、驻操营联络组，新设县政协城关、榆关、留守营、海阳、石门寨、牛头崖、曹东庄联络组，全县分片设立 10 个联络组。1996 年县政协将分片设立的联络组改为县政协乡镇联络组，其中海阳联络组划归海港区管辖。2002 年根据县、乡镇机构改革实施意见，县政协乡镇联络组撤销。2003 年县政协设立乡镇活动组，乡镇党委宣传部部长为召集人。2006 年全县 11 个乡镇恢复设立联络组，为实职正科级单位。2011 年县政协乡镇联络组组长不再任职，县政协在乡镇明确联系人。2012 年县政协在乡镇设活动组。2015 年撤县设区后，县政协活动组改为区政协活动组。 2017 年区政协换届，乡镇党委副书记提名政协委员并担任活动组组长。乡镇政协联络组（活动组）在县（区）政协和所在乡镇党委领导下开展工作。

县政协第三届委员会区（镇）联络组 1987 年 4 月，县政协在全县 8 区 1 镇建 9 个政协联络组。1988 年 4 月，县政协在全县分片改设 10 个联络组。

县政协大新寨区联络组（1990 年 2 月，更名为县政协大新寨联络组，含大新寨镇、双岭乡、北寨乡）

组　长　徐继连（1987.04—1990.04）

委　员　马自和　杜化民　张金玉

县政协台营区联络组（1990 年 2 月，更名为县政协台营联络组，含台营镇、麻姑营乡）

组　长　翟振兴（1987.04—1990.04）　杨士儒（1988.07—1990.04）

副组长　刘松林

委　员　霍振胜　陈宝巨　周天玺　周瑞安　张进明

县政协城关区联络组（1988 年 4 月，与城关镇联络组合并，更名为县政协城关联络组，含抚宁镇、坟坨乡、下庄乡、田各庄乡）

组　长　金　松（1987.04—1989.07）　孙　敏（1989.07—1990.04）

副组长　杨华堂

委　员　杜彩云　徐庆祥　崔占春　韩庆祝　董克强　张　富　赵晓兰　周允恭　李东鹏　陆敬芝

县政协留守营区联络组（1988 年 4 月，更名为县政协留守营联络组，含留守营镇、西河南乡）

组　长　孙广田（1987.04—1990.02）　祖秉和（1990.02—1990.04）

副组长　单家璋　张东奎

委　员　董树林　王　云　金光明　潘成钦　李景尧　苏兰茹　郭志满　董义勇　韩景孝

赵永太　张彩霞　郑宝来　许　恩　聂庆平　聂少庚

县政协榆关区联络组（1988 年 4 月，更名为县政协榆关联络组，含榆关镇、上徐各庄乡）

组　长　金润深（1987.04—1988.04）　李春山（1988.04—1989.03）

李宪福（1989.03—1990.04）

委　员　刘长旭　王正民　韩际春　杨逢时　赵占成

县政协海阳区联络组（1988 年 4 月，更名为县政协海阳联络组，含海阳镇、杜庄乡、姚周寨乡、深河乡）

组　长　李子贵（1987.04—1990.02）　陈彦荣（1990.02—1990.04）

副组长　齐凌云

委　员　王永秋　谷玉祥　王兴利　侯福阳　印纯民

县政协石门寨区联络组（1988 年 4 月，更名为县政协石门寨联络组，含石门寨镇、上庄坨乡、拦马庄乡）

组　长　高恩铭（1987.04—1990.04）

副组长　张秀峤

委　员　马　权　王心镜　张宝珍　侯秉贵

县政协驻操营区联络组（1990 年 2 月，更名为县政协驻操营联络组，含驻操营镇、黄土营乡）

组　长　朱洪昌（1987.04—1990.02）　张连弼（1990.02—1990.04）

委　员　侯庆权　方桂兰

县政协城关镇联络组（1988 年 4 月撤销，与城关区联络组合并为城关联络组）

组长　孙　敏（1987.04—1988.04）

委　员　李　英　马振兴　茹桂芝

县政协牛头崖联络组（1988 年 4 月设立，含牛头崖镇、卢王庄乡）

组　长　金润深（1988.04—1990.02）　马安会（1990.02—1990.04）

委　员　张东奎　赵占成　王宝顺　刘长旭　聂庆平　聂少庚

县政协曹东庄联络组（1988 年 4 月设立，含曹东庄乡、茶棚乡）

组　长　王佩文（1988.04—1990.04）

委　员　韩庆祝　李文兴

县政协第四届委员会乡镇联络组　1990 年 4 月，县政协建 10 个政协联络组。

县政协城关联络组

组　长　孙　敏（1990.04—1993.02）

委　员　马振兴　茹桂芝　杜彩云　崔占春　徐庆祥　李东鹏　刘佩霞　朱云长　高云良

县政协榆关联络组

组　长　李宪福（1990.04—1993.02）

委　员　王正民　杨逢时　郁志林　魏玉成　武俊杰　张雨中

县政协留守营联络组

组　长　祖秉和（1990.04—1991.04）赵万利（1991.04—1993.02）

副组长　冯　满

委　员　苏兰茹　赵永太　张彩霞　郑　宝　单家璋

县政协牛头崖联络组

组　长　马安会（1990.04—1991.04）祖秉和（991.04—1993.02）

委　员　杨　志　赵占成　常泰金　李金胜　聂庆平

县政协海阳联络组

组　长　陈彦荣（1990.04—1992.07）宁凤云（1992.07—1993.02）

委　员　印纯民　张宝利　赵长久　侯福阳　焦仲军　刘益珍　杨绍纯　谷玉祥　戴新武

县政协石门寨联络组

组　长　高恩铭（1990.04—1992.04）孟长旭（1992.04—1993.02）

委　员　马　权　王明复　费宝铁　刘永春

县政协曹东庄联络组

组　长　王佩文（1990.04—1991.01）刘　勉（1991.05—1993.02）

委　员　韩庆祝　李文兴　孙汝财　李廷文

县政协大新寨联络组

组　长　徐继连（1990.04—1990.08）武　庆（1990.08—1991.11）
　　　　高国忠　1991.11—1993.02

委　员　张金玉　石金俭　陈洪志　王迎新

县政协台营联络组

组　长　翟振兴（1990.04—1990.07）杨士儒（1990.04—1993.02）

副组长　刘松林（1988.04—1990.04）

委　员　霍振胜　陈宝巨　周天玺　周瑞安　柳汉林

县政协驻操营联络组

组　长　张连弼（1990.04—1992.04）李占纯（1992.04—1993.02）

委　员　刘耀平　王桂根　钱百萃　王百义

县政协第五届委员会乡镇联络组　1993年2月，全县分片设10个县政协联络组。1996年1月，县政协将分片设的联络组改设县政协乡镇联络组。

县政协城关联络组（1996年1月，改设县政协抚宁镇联络组）

组　长　杨庆祝（1993.02—1996.01）杨尊柱（1996.01—1998.02）

委　员　杜彩云　崔占春　杨志新　李东鹏　王明翠　高云良　傅尚敏　赵秉谦　公克勤　刘　耀

县政协榆关联络组（1996年1月，改设县政协榆关镇联络组）

组　长　李宪福（1993.02—1995.05）陈满纯（1995.05—1996.01）

刘志国（1996.01—1998.02）

委　员　王正民　杨逢时　武俊杰

县政协留守营联络组（1996年1月，改设县政协留守营镇联络组）

组　长　赵万利（1993.02—1993.02）　张铁成（1993.02—1993.04）

李居中（1993.07—1995.05）　卢颜轩（1995.05—1996.01）

孙学信（1996.01—1998.02）

委　员　郑宝来　金光明　陈晓峰　孙艺功　张大兴

县政协牛头崖联络组（1996年1月，改设县政协牛头崖镇联络组）

组　长　祖秉和（1993.02—1993.02）　程会书（1993.02—1998.02）

委　员　聂庆平　杨　志　李金胜　常泰金　张凤兰

县政协海阳联络组（1996年1月撤销）

组　长　宁凤云（1993.02—1994.10）　李杰峰（1994.10—1996.01）

委　员　印纯民　侯福阳　王永秋　韩凤祥　刘益珍

县政协深河乡联络组（1996年1月设立）

组　长　李开友（1996.01—1998.02）

委　员　赵长久　杨秋华

县政协杜庄乡联络组（1996年1月设立）

组　长　章　勇（1996.01—1998.02）

委　员　杨茂林　阚丽萍　戴新武

县政协石门寨联络组（1996年1月，改设县政协石门寨镇联络组）

组　长　孟长旭（1993.02—1993.02）　刘守仁（1993.02—1998.02）

委　员　马　权　王心镜　侯秉贵　王明复　刘永春

县政协曹东庄联络组（1996年1月撤销）

组　长　刘　勉（1993.02—1996.01）

委　员　韩庆祝　孙汝财　李延文

县政协茶棚乡联络组（1996年1月设立）

组　长　于印满（1996.01—1998.02）

委　员　韩庆祝　孙汝财　李延文

县政协大新寨联络组（1996年1月，改设县政协大新寨镇联络组）

组　长　高国忠（1993.02—1998.02）

委　员　张金玉　石金俭　杜化民　王迎新

县政协台营联络组（1996年1月，改设县政协台营镇联络组）

组　长　张云臣（1993.02—1996.01）　李忠文（1996.01—1998.02）

委　员　陈宝巨　周天玺　周瑞安

县政协驻操营联络组（1996年1月，改设县政协驻操营镇联络组）

组　长　　李占纯（1993.02—1995.05）　虞占海（1995.05—1996.01）

　　　　　李永森（1996.01—1998.02）

委　员　　刘耀平　王桂根　钱百萃　王百义

县政协第六届委员会乡镇联络组　2002 年 3 月，县、乡机构改革，县政协乡镇联络组撤销。4 月，乡镇联络组组长职务撤销。

县政协抚宁镇联络组

组　长　　杨尊柱（1998.02—1999.01）　杨庆祝（1999.01—2002.04）

委　员　　冯利民　仇文仲　高云良　杜兆武　李国辉　肖子平　张凯利　张　金　刘翠芬

县政协茶棚乡联络组

组　长　　于印满（1998.02—2002.04）

委　员　　殷淑艳　张廷宇　李运强

县政协榆关镇联络组

组　长　　刘志国（1998.02—1998.07）

副组长　　杨余田（1998.07—2002.04）

委　员　　武俊杰　韩印昌　马洪顺　傅中权　崔成奇

县政协留守营镇联络组

组　长　　张正本（1998.10—2002.04）

副组长　　孙学信（1998.02—2002.04）

委　员　　陈晓峰　金太仁　孙艺功　张大兴　殷良才　刘家成　金耀华

县政协深河乡联络组

组　长　　李开友（1998.02—2002.04）

委　员　　胡呈瑞　王宝民　赵福忠

县政协杜庄乡联络组

组　长　　章　勇（1998.02—1998.07）

副组长　　吴　铎（1998.07—2002.04）

委　员　　仇喜兴　杨宝林　齐凤仙　杨　玲

县政协驻操营镇联络组

组　长　　李永森（1998.02—2002.04）

委　员　　王佐礼　吴　勇　温国臣

县政协台营镇联络组

组　长　　李忠文（1998.02—2002.04）

委　员　　周天玺　李玉儒　刘玉环

县政协牛头崖镇联络组

组　长　　程会书（1998.02—2002.04）

委　员　　聂庆平　常泰金　张凤兰　唐福利　杨　志

县政协石门寨镇联络组

组　长　刘守仁（1998.02—1998.06）　张文举（1998.06—2002.04）

委　员　刘贵杰　侯秉贵　王俊杰　张静波　刘永春　何立生

县政协大新寨镇联络组

组　长　高国忠（1998.02—1998.07）

副组长　谷印祥（1998.07—2002.04）

委　员　石金俭　杜百良　赵立勇

县政协第七届委员会乡镇活动组、联络组　2003年3月，县政协设立乡镇活动组，乡镇党委宣传部部长任活动组组长。2006年3月，全县11个乡镇恢复设立联络组，为实职正科级单位。

县政协抚宁镇活动组、联络组

组　长　李国林（2003.03—2006.03）　李冬梅（2006.03—2007.05）

委　员　仇文仲　杜兆武　刘翠芬　郑海波　张秀梅　张凯利　徐彦春　尹秀清　时荣环　冯志勇

县政协石门寨镇活动组、联络组

组　长　王迎海（2003.03—2006.03）　邵晓峰（2006.03—2007.05）

委　员　侯秉贵　何立生　张敬波　尚颖慧　杨志明　侯利民　王云波　王云波　李家庚　马建华

县政协牛头崖镇活动组、联络组

组　长　党秀君（2003.03—2006.03）　张福宽（2006.03—2007.05）

委　员　聂庆平　唐福利　常泰金　张立柱　单和义　赵成秋

县政协榆关镇活动组、联络组

组　长　王树森（2003.03—2006.03）　陈志国（2006.03—2007.04）

杨　林　2007.04—2007.05

委　员　韩印昌　刘树林　李新华　王家骥

县政协留守营镇活动组、联络组

组　长　孙洪平（2003.03—2006.03）　徐　军（2006.03—2007.05）

委　员　陈晓峰　张大兴　孙艺功　刘家成　金耀华　金镇一　尹连才　郭玉昌　郭贺明

县政协茶棚乡活动组、联络组

组　长　王金茹（2003.03—2006.03）　赵贵森（2006.03—2007.05）

委　员　殷淑艳　张廷宇　殷国明　刘晓艳　肖春义　马永柱

县政协台营镇活动组、联络组

组　长　张　斌（2003.03—2006.03）　王明星（2006.03—2007.05）

委　员　刘玉环　周天玺　王宝生　王幼平　张学文　马术国　侯春华

县政协大新寨镇活动组、联络组

组　长　曹新成（2003.03—2006.03）　曹新成（2006.03—2007.05）

委　员　杜百良　刘树林　赵立勇　武学林

驻操营镇活动组、联络组

组　长　杨振利（2003.03—2006.03）　武宝泉（2006.03—2007.05）

委　员　王佐礼　许国华　刘江华　杨丙成　张兰田　张鹤珊　毛庭海　温守文

县政协深河乡活动组、联络组

组　长　邓洪志（2003.03—2006.03）　张文柱（2006.03—2007.05）

委　员　王宝民　刘忠民　王　强

县政协杜庄乡活动组、联络组

组　长　张东海（2003.03—2006.03）　魏凤芹（2006.03—2007.05）

委　员　杨宝林　仇喜兴　马淑爱　赵玉柱

县政协第八届委员会乡镇联络组　2011 年 3 月，县政协乡镇联络组撤销。

县政协抚宁镇联络组

组　长　李冬梅（2007.05—2011.03）

委　员　仇文仲　尹秀清　冯志勇　刘翠芬　刘彦宝　时荣环　周翠华　郑海波　徐彦春

县政协石门寨镇联络组

组　长　邵晓峰（2007.05—2011.03）

委　员　马国强　孙志明　李家庚　何立生　赵国民　张敬波　高振国　尚慧颖

县政协牛头崖镇政协联络组

组　长　张福宽（2007.05—2011.03）

委　员　马秀芬　李文忠　韩　勇　杜亚楠　苏春荣　张立柱　聂庆平　常孟庚

县政协榆关镇联络组

组　长　杨　林（2007.05—2010.01）　崔阁平（2010.01—2011.03）

委　员　马洪顺　王家骥　刘树林　李新华　苑淑珍　张建生　张宝凤　闫师德

县政协留守营镇联络组

组　长　徐　军（2007.05—2011.03）

委　员　王亚东　付作成　孙志华　孙艺功　张大兴　杨忠坡　金镇一　郭树城　郭贺明
　　　　曹淑荣

县政协茶棚乡联络组

组　长　赵贵森（2007.05—2008.07）　缺职（2008.07—2009.07）
　　　　林国政（2009.07—2011.03）

委　员　王益仙　王新文　刘小阁　李　民　肖春义　钟晓明

县政协台营镇联络组

组　长　王明星（2007.05—2010.01）　钟铁华（2010.01—2011.03）

委　员　马凤侠　马树国　王宝生　王幼平　宋　艾　侯春华　韩红兴

县政协大新寨镇联络组

组　长　曹新成（2007.05—2008.04）　马爱华（2008.04—2011.03）

委　员　王志永　刘树林　赵立勇　徐东山　梁兴栋　梁春红　韩　迎

县政协驻操营镇联络组

组　长　武宝泉（2007.05—2010.01）　梅秀峰（2010.01—2011.03）

委　员　王佐礼　许国华　刘江华　刘会颖　张鹤珊　郝宝山　温守文

县政协深河乡联络组

组　长　张文柱（2007.05—2011.03）

委　员　王宝民　刘忠民　王　强　方爱菊　张俊奎　王瑞新

县政协杜庄乡联络组

组　长　魏凤芹（2007.05—2011.03）

委　员　王庆军　赵春燕　赵玉柱　赵树田　胡玉莲　董素彬

县政协第九届委员会乡镇活动组　2012 年 2 月，县政协在乡镇设立活动组。

县政协抚宁镇活动组

组　长　王金星（2012.02—2015.08）

委　员　仇文仲　郑海波　冯志勇　尹秀清　周翠华　魏　娜　梁宝山　李文革　李彩民

县政协留守营镇活动组

组　长　茹学军（2012.02—2015.08）

委　员　郭树成　金镇一　付作成　孙艺功　郭贺明　曹淑荣　栗庆生　郭玉祥　魏宝江　杨金沅　刘振华　范玉臣　黄金利

县政协牛头崖镇活动组

组　长　张福宽（2012.02—2015.08）

委　员　马秀芬　李文忠　杜娅楠　张立柱　聂庆平　常孟庚　韩　勇　张红艳　张小五

县政协茶棚乡活动组

组　长　赵丽敏（2012.02—2015.08）

委　员　王益仙　肖春义　于海艳　安丙富　殷左海　王　明　周绍清

县政协台营镇活动组

组　长　钟铁华（2012.02—2015.08）

委　员　马凤侠　马树国　王幼平　宋　艾　侯春华　韩红兴　陈宏海　姜海川

县政协大新寨镇活动组

组　长　刘增志（2012.02—2015.08）

委　员　王志勇　刘树林　徐东山　梁兴栋　梁春红　韩　迎　张　柏　赵盘霞

县政协榆关镇活动组

组　长　王志伟（2012.02—2015.08）

委　员　马洪顺　李新华　阎师德　刘国平　韩鹤林　李学凯　周顺新　张洪玲

县政协深河乡活动组

组　长　邢亚明（2012.02—2015.08）

委　员　王瑞新　刘忠民　王　强　张俊奎　刘凤芝　刘大江

县政协杜庄镇活动组

组　长　魏凤芹（2012.02—2015.08）

委　员　王庆军　赵春燕　董素彬　王　富　赵玉生　刘立忠

县政协石门寨镇活动组

组　长　张春生（2012.02—2015.08）

委　员　李家庚　马国强　何立生　张敬波　尚颖慧　孙志明　高振国　王胜银　张克信　董占武

县政协驻操营镇活动组

组　长　梅秀峰（2012.02—2015.08）

委　员　王佐礼　许国华　刘江华　张鹤珊　郝宝山　温守文　凤翔武　张洪杰

区政协第一届委员会乡镇活动组

区政协抚宁镇活动组

组　长　王金星（2015.08—2017.02）

委　员　仇文仲　郑海波　尹秀清　周翠华　魏　娜　梁宝山　李文革　李彩民

区政协留守营镇活动组

组　长　茹学军（2015.08—2017.02）

委　员　郭树成　金镇一　付作成　孙艺功　郭贺明　曹淑荣　栗庆生　郭玉祥　魏宝江　杨金沅　刘振华　范玉臣　黄金利　李　颂

区政协茶棚乡活动组

组　长　岳维春（2015.08—2017.02）

委　员　王益仙　肖春义　于海艳　安丙富　殷左海　王　明　赵丽敏

区政协台营镇活动组

组　长　钟铁华（2015.08—2017.02）

委　员　马凤侠　马树国　王幼平　宋　艾　侯春华　韩红兴　陈宏海　姜海川

区政协大新寨镇活动组

组　长　（空缺）

委　员　王志勇　刘树林　徐东山　梁兴栋　韩　迎　张　柏　赵盘霞

区政协榆关镇活动组

组　长　王志伟（2015.08—2017.02）

委　员　马洪顺　李新华　阎师德　刘国平　韩鹤林　李学凯　周顺新　张洪玲

区政协深河乡活动组

组　长　邢亚明（2015.08—2017.02）

委　员　王瑞新　刘忠民　王　强　张俊奎　刘凤芝　刘大江

区政协第二届委员会乡镇活动组　2017年2月，乡镇党委副书记任乡镇活动组组长。

区政协抚宁镇活动组

组　长　陈洪峰（2017.02—2020.01）　李　利（2020.01—2021.07）

委　员　李志勇　惠　旭　王　辉　宋玉春　梁宝山　仇文仲　靳庆军　李文革　仇新华　亢林林　张学军　刘　华

区政协留守营镇活动组

组　长　韩绍军（2017.02—2019.01）

委　员　孙艺功　卢志彬　黄金利　谭绍波　许志永　杨金鹏　赵峻岩　韩忠丽　李艳君　常江波　刘旭东　冯春利　赵武利　释宗恩

区政协茶棚乡活动组

组　长　陈海杰（2017.02—2021.07）

委　员　殷左海　于海艳　肖长江　李连振　肖春义　谢文伟　方　圆

区政协台营镇活动组

组　长　杜立新（2017.02—2020.01）　孙振兴（2020.01—2021.07）

委　员　陈学来　吕学民　张丽君　刘永生　尚春华　陈宏海　张　飞　李　成

区政协大新寨镇活动组

组　长　杨　阳（2017.02—2021.07）

委　员　张　柏　石中顺　梁兴栋　王志勇　罗佳祥　赵盘霞　刘树林

区政协榆关镇活动组

组　长　董丽华（2017.02—2021.07）

委　员　王友军　赵建宏　秦岩峰　迟桂玲　李新华　闫成东

区政协深河乡活动组

组　长　王　凯（2017.02—2021.07）

委　员　郝红梅　方宝华　王立新　黄云祥　王　磊　徐良淑　刘大江

区政协第三届委员会乡镇活动组（各组长任职时间为2021年8月）

抚宁镇活动组

组　长　周继伟

委　员　周雅静　隋莉娅　魏志峰　石素华　尹新来　李　尹　赵建飞

坟坨镇活动组

组　长　崔纪中

委　员　李凤茹　亢林林　吴　杰　侯立红　陈佳佳

留守营镇活动组

组　长　孙桂芬

委　员　李宏刚　白云龙　杨　立　吕志忠　金满意　张志刚　释宗恩　潘　雪　李艳君

杨淑茜　王丽环　刘　佳　冯　颖　张丽萍　郭　杰　金震花

茶棚乡活动组

组　长　李云亮

委　员　窦艳君　方　圆　徐　猛　肖　利　李连振　肖长江　于海艳

台营镇活动组

组　长　孙学兵

委　员　王　刚　梁胜伟　尚志民　汪　杰　张娜娜　牛小军　任　玫　刘　杰　李中梁

大新寨镇活动组

组　长　侯春保

委　员　王进坤　孙佳男　张成龙　张纪强　罗佳祥　单阁新　张　悦

榆关镇活动组

组　长　付绍伟

委　员　王友军　赵建宏　方宝华　刘炯希　韩建鑫　张友民　王　乐　华翠艳　张敏莉　何博超　王　磊　吴　潇

政协街道联络组（活动组） 2009 年，县政协在县城设立县政协骊城街道联络组，2010 年设立县政协南戴河街道联络组，2015 年更名为区政协街道联络组。2017 年，区政协骊城街道联络组改为活动组，南戴河街道联络组撤销。

县政协骊城街道联络组

组　长　刘英杰（2009.06—2015.08）

委　员　赵友礼　陈国勤　程云平

区政协第一届委员会骊城街道联络组

组　长　刘英杰（2015.08—2017.02）

委　员　赵友礼　陈国勤　程云平

区政协第二届委员会骊城街道活动组

组　长　王秀英（2017.02—2020.01）　张博然（2020.01—2021.07）

委　员　杨维维　刘　伟　刘大伟

区政协第三届委员会骊城街道活动组

组　长　张博然（2021.07—　）

委　员　洪　慧　赵立新　赵　珈　刘　华　曹立斌　陈　伟

县政协南戴河街道联络组

组　长　王凤清（2010.01—2015.08）

委　员　刘彦宝　宋景昌　杨立荣　刘风波　刘宇飞

区政协南戴河街道联络组

组　长　王凤清（2015.08—2017.02）

委　员　刘彦宝　宋景昌　杨立荣　刘风波　刘宇飞　王亚东　周义民

政协主席会议
和常委会会议

政协主席会议和常委会会议是《中国人民政治协商会议章程》规定政协组织的重要例会，是人民政协制度设计的重要组成部分，也是人民政协发挥重要协商渠道和专门协商机构作用的重要形式。

自1982年2月县政协一届一次主席会议、2015年10月区政协主席会议以来，历届县（区）政协都认真贯彻落实政协章程的有关规定，按时召开主席会议和常委会会议。其会议组织、主题设置、程序范式日愈规范，会议功能日愈明晰，会议成效日愈显著，围绕党委、政府中心工作开展重点协商、专题协商的制度日愈定性、成熟。

县（区）政协主席会议与常委会会议在执行政协章程规定的同时，根据工作需要增开次数，或根据内容以其他形式召开。特别是县政协成立之初，采取召开主席碰头会议、驻会主席会议以及临时主席会议的形式，就有关政协机关内部事务听取相关科室工作汇报或学习上级有关文件。在五届政协之前，县政协还建立了政协顾问制度，由上届主席或部分副主席担任政协顾问，在召开主席会议时邀请顾问出席会议，听取他们的意见和建议。二届县政协主席刘惠廷、三届县政协主席张浩成、四届县政协主席傅振东都曾担任过三、四、五届县政协顾问，这不仅很好地发挥了老领导的余热，而且很好地发挥了老领导的经验优势，为政协事业的发展尽智竭策、献计出力。

县（区）政协主席会议和常委会会议在职责、功能上既有共同点，又有异同点。其共同点是始终坚持把学习作为第一议题，使理论学习成为政协的独特传统和优势，坚持在第一时间学习党的理论创新成果，学习历次党代会及历次全会精神，做到及时跟进学习，搞好理论武装。认真传达贯彻中央、省市县（区）有关文件及会议精神，将其作为主席会议、常委会会议的政治任务；协商讨论县（区）政协年度工作要点及拟报县（区）委批准审定的协商计划事项；协商讨论召开政协全委会议有关委员调整、重大人事安排、重要会议材料、会议议程及日程安排等事项；协商讨论政协拟开展的重要活动议题等。

其异同点是县（区）政协主席会议可以政协名义向县（区）委、政府提出建议案；讨论决定政协常委会会议召开的日期、议程，审议提交政协常委会会议讨论的文件；研究决定委员视察、调查和参观等重要活动；研究决定各专门委员会工作事项；研究本届委员会委员调整及委员界别变更事宜，并提请常委会会议协商决定；受本届常务委员会委托，主持下一届第一次全委会议；研究主席、副主席、各专门委员会及各委（科）室提出的其他重要问题。在协商议题的选择设置上，突出围绕县（区）委、政府拟实施的重要决策，或带有前瞻性方向性重要决策、重要部署、重大问题又需在较小范围内开展协商讨论，如与秦皇岛经济开发区深度合作、国土空间规划调整、抚宁经济开发区体制机制建设等，通过召开主席会议进行重点协商，提出意见、建议。县（区）政协常委会会议组织实施政协章程规定的任务和县（区）政协全体委员会议所作出的有关决议；决定听取县（区）委、政府及有关部门的工作情况报告，并提出意见和建议；审议通过专门委员会的工作报告和涉及县（区）政协全局性工作的规则、条例和制度；决定县（区）政协机构的设置和变更，并任免其领导成员；协商决定下一届委员会的参加单位、委员名额、人选及本届委员会委员的增补事宜。在协商议题的设置选择上，更侧重全局性、重点性、综合性、议政性，如围绕完善家庭联产承包责任制、农村合作基金会并入农村信用社、农业产业化、乡村振兴夯基行动、污染防治攻坚、创建全国卫生城市等，并视情况组织常委先行外出考察、视察，听取县政府及有关部门工作汇报后，进行专题协商。自九届县政协至二届区政协以来，县（区）政协主席会议与常委会会议工作协商议题的选择设置日愈明晰，侧重点与角度日愈明确，尤其二届区政协常委会会议创新采取先行向党委通报协商议题及情况报告，要求每位常委都要事先研读并撰写发言材料上报区政协办公室，集中辑印成册，既克服了常委发言的随意性、简单化，又督促常委认真思考，增强履职尽责使命感，还提高了常委会专题协商的议政质量，积累保存了重要的议政资料，更好地发挥了政协“政治协商、民主监督、参政议政”的职能作用。

县政协主席会议和常委会会议

1982—2015 年，县政协召开 9 届 261 次主席会议，9 届 145 次常委会会议。会议把学习理论放在首位，认真搞好思想武装；及时传达贯彻中央、省市县有关文件及会议精神；协商讨论县政协年度工作要点及拟报县委批准审定的协商事项；协商讨论政协全委会议有关事项、政协拟开展的重要活动等。会议议题由主席、各位副主席、党组成员、秘书长提出，报经主席审定。县政协机关科室负责人列席会议。

县政协主席会议

自 1982 年县政协第一届委员会第一次主席会议至 2015 年县政协第九届委员会第十三次主席会议，县政协共召开 261 次主席会议。会议由政协主席、副主席、党组成员、秘书长组成，一般每两个月举行一次，有时临时召集或召开驻会主席会议、主席碰头会议。会议由主席或主席委托的副主席主持，县政协机关科室负责人列席会议。

县政协第一届委员会主席会议 1982 年 2 月—1984 年 5 月，县政协第一届委员会共召开 33 次主席会议。主席胡顺，副主席姚恩惠（驻会）、刘志成（驻会）、黑俊义、赵振基（驻会）、刘伯华（驻会）出席第一至第二十九次主席会议；副主席刘志成、赵振基、刘伯华及县政协负责人刘惠廷、赵国栋、李广明、杜志仁、王匡时、刘玉洁出席第三十至第三十三次主席会议；县政协科室负责人列席会议。

第一次主席（碰头）会议 1982 年 2 月 14 日召开，胡顺主持会议。会议商定主席、副主席名次排列，驻会主席名单，主席、副主席工作分工；讨论县政协工作组划分和工作制度；决定建立学习委员会，成立科学技术、文化教育、医药卫生、综合 4 个工作组。

第二次主席（碰头）会议 1982 年 2 月 15 日召开，胡顺主持会议。会议学习《统一战线仍是一大法宝》和《省政协工作安排意见》，听取胡顺介绍锦西政协活动情况、县政协办公室负责人介绍市政协工作经验，决定办理购买工作用车手续。

第三次主席（碰头）会议 1982 年 3 月 4 日召开，胡顺主持会议。会议研究县政协工作安排、县政协工作组工作和政协提案处理问题，听取县政协办公室工作汇报。

第四次主席（碰头）会议 1982年4月2—3日召开，姚恩惠主持会议。会议听取县政协办公室负责人参加地委统战部在卢龙召开的政协工作座谈会情况、走访省政协情况、县政协办公室工作情况汇报，审阅政协提案，研究县政协一届二次常委会会议时间、议题和县政协一届二次会议筹备工作。

第五次主席会议 1982年4月14日召开，姚恩惠主持会议。县委统战部负责人应邀出席会议。会议听取省政协委员王会博传达省政协四届四次会议精神，研究、安排县政协一届二次会议有关事宜。

第六次主席会议 1982年4月22日召开，姚恩惠主持会议。会议研究县政协常委会工作、政协工作组活动、委员学习、提案答复及配合有关部门开展打击经济犯罪问题。

第七次主席会议 1982年5月10日召开，姚恩惠主持会议。会议学习讨论宪法草案，确定与县人大开展联合视察的参加人员及有关事项。

第八次主席会议 1982年5月27日召开，姚恩惠主持会议。会议研究县政协一届二次会议筹备事宜、县政协一届三次常委会会议内容及邀请省政协委员列席县政协一届二次会议问题。6月7日，继续开会研究以上问题。

第九次主席会议 1982年6月15日召开，姚恩惠主持会议。会议研究苏兰茹委员事迹转发、政协委员提案处理、政协主席会议和常委会会议讨论的重大问题向县委提交报告、组织县政协常委参观学习问题，商定县政协工作组长座谈会、卫生组活动计划、县政协机关干部配备和汽车启封问题。

第十次主席会议 1982年6月25日召开，刘伯华主持会议。会议商定县政协参加县委党训班培训人员名单，决定县政协委员参观学习和办理车辆启封手续事项。

第十一次主席会议 1982年7月16日召开，刘伯华主持会议。会议研究召开政协委员座谈会及其他问题。

临时主席会议 1982年7月30日召开，姚恩惠主持会议。会议研究组织政协委员讨论政协章程修改草案问题。

第十二次主席会议 1982年8月6日召开，姚恩惠主持会议。会议研究组织政协委员学习政协章程修改草案问题，研究召开县政协工作组组长会、听取活动情况汇报问题，研究工作组组长、政协委员访问考察安排及机关行政工作。

第十三次主席会议 1982年9月12日召开，胡顺主持会议。会议总结到外地参观学习情况，并根据外地经验和本县实际，研究向县委汇报内容；会议提出增补县政协一届委员会委员、调整县政协工作组和机关增设组织联络科、宣传教育科的意见；研究县政协一届二次会议的提案处理问题。

第十四次主席会议 1982年10月19日召开，姚恩惠主持会议。会议研究县政协下步工作。

第十五次主席会议 1982年11月27日召开，胡顺主持会议。会议研究县政协机关设“两科一室”、增补政协委员、增设政协工作组问题，商定县政协一届六次常委会会议有关事宜、机关行政事宜。

第十六次主席会议 1983年1月4日召开，刘志成主持会议。会议听取刘伯华参加地委统战部关于政协工作会议情况、县政协办公室负责人走访县政协委员情况汇报，研究县政协一届三次会议准备工作。

第十七次主席（办公）会议 1983年2月5日召开，刘志成主持会议。会议讨论1982年县政协工作总结。

第十八次主席会议 1983年3月×日召开，刘志成主持会议。会议研究县政协一届三次会议议程、日程及提案处理情况报告。

第十九次主席（办公）会议 1983年4月22日召开，刘志成主持会议。会议听取刘伯华参加"唐山市召开文史资料工作会议"情况汇报，商讨县政协开展文史资料征集工作的具体办法。

第二十次主席会议 1983年5月12日召开，刘志成主持会议。会议研究县政协委员参观、县政协机关建房、汽车大修问题。

第二十一次主席（碰头）会议 1983年6月20日召开，刘志成主持会议。会议学习六届全国人大和全国政协会议文件，商定县政协参加市各界人士为"两个文明"建设服务经验交流会人员名单。

第二十二次主席（办公）会议 1983年7月11日召开，刘志成主持会议。会议听取刘志成传达市政协五届十二次常委扩大会议精神。

第二十三次主席（办公）会议 1983年7月27日召开，刘志成主持会议。会议安排县政协下步工作，研究政协委员提出的问题。

第二十四次主席（办公）会议 1983年8月24日召开，刘志成主持会议。会议学习《邓小平文选》，研究县政协工作组活动和机关建房问题。

第二十五次主席（办公）会议 1983年9月6日召开，刘志成主持会议。会议审查对政协提案的答复，研究县政协近期工作安排。

第二十六次主席（办公）会议 1983年10月7日召开，刘志成主持会议。会议研究县政协委员列席县人大会议有关问题和下步工作，商定县政协一届九次常委会会议时间、内容。

第二十七次主席（办公）会议 1983年11月21日召开，刘志成主持会议。会议听取刘志成参加省召开的市、县政协经验交流会情况汇报，研究贯彻省召开的市、县政协经验交流会议精神问题。

第二十八次主席（办公）会议 1983年12月8日召开，刘志成主持会议。会议听取赵振基传达市政协六届一次会议精神。

第二十九次主席会议 1983年12月26日召开，刘志成主持会议。会议研究召开各界人士座谈会有关事项。

第三十次主席会议 1984年1月4日召开，刘惠廷主持会议。会议学习文件，提高对政协工作的认识；商定县政协新班子组建后主席、副主席工作分工；研究机关机构设置、人事安排、科室工作分工；健全政协常委及机关学习、会议制度；安排春节前工作。

第三十一次主席会议 1984年1月28日召开，刘惠廷主持会议。会议研究县政协1984年工作要点和上半年学习安排。

第三十二次主席会议 1984年4月27日召开，刘惠廷主持会议。会议听取赵振基传达市政协六届三次常委会会议精神和市政协二季度工作安排，研究县政协二届一次会议准备工作，市政协经验交流会材料准备情况，商定县政协二届一次常委会会议召开时间。

第三十三次主席会议 1984年5月17日召开，刘惠廷主持会议。会议商定县政协二届一次会议议程、日程，主席团、秘书长、提案审查委员会主任、副主任、委员名单，政协工作组划分及组长人选，新增和保留委员名单及县政协二届一次常委会会议议题。

县政协第二届委员会主席会议 1984年5月—1987年4月，县政协第二届委员会共召开32次主席会议。政协主席刘惠廷（驻会），副主席赵国栋（驻会）、刘志成（驻会）、赵振基（驻会）、李广明（驻会）、刘伯华（驻会）、杜志仁、王匡时（驻会）、刘玉洁出席会议；县政协科室负责人列席会议。

二届一次驻会主席会议 1984年6月11日召开，刘惠廷主持会议。会议研究去承德参观学习事宜。

二届二次驻会主席会议 1984年6月16日召开，刘惠廷主持会议。统战部有关人员应邀出席会议。会议商定去承德参观学习具体安排。

第一次主席会议 1984年6月30日召开，刘惠廷主持会议。会议听取刘惠廷参加市委统战部学习班情况汇报，学习中央统战部658号文件。

第二次主席会议 1984年7月30日召开，刘惠廷主持会议。会议学习外地政协工作经验，研究改进政协工作；安排参加抗旱工作。

第三次主席会议 1984年8月8日召开，刘惠廷主持会议。会议听取刘惠廷传达县委常委扩大会议精神；听取县文教局、文明办、公安局、共青团负责人关于教改问题、文明单位建设情况、打击刑事犯罪和共青团活动情况汇报。

第四次主席会议 1984年8月24日召开，刘惠廷主持会议。会议听取刘惠廷传达胡耀邦同志视察抚宁所作指示和县委贯彻落实胡耀邦通知指示的意见。

二届三次驻会主席会议 1984年9月3日召开，刘惠廷主持会议。会议听取刘惠廷传达市委统战部会议精神，商讨县政协为开放服务的意见。

第五次主席会议 1984年9月26日召开，刘惠廷主持会议。会议研究报市政协经验交流会材料，报市委统战部理论文章，加强县政协文史资料工作的意见和落实知识分子政策问题。

第六次主席会议 1984年10月20日召开，刘惠廷主持会议。会议通过县政协工作组活动经验材料，学习中共十二届三中全会文件。

二届四次驻会主席会议 1984年11月20日召开，刘惠廷主持会议。会议研究县政协二届三次常委会会议有关材料。

第七次主席会议 1984年12月17日召开，刘惠廷主持会议。会议听取李广明传达市政协经验交流会议精神。

第八次主席会议 1985年1月10日召开，刘惠廷主持会议。会议通过县政协1984年工作总结，研究1985年工作安排。

第九次主席（扩大）会议 1985年1月21日召开，刘惠廷主持会议。县委统战部有关人员列席会议。会议听取刘惠廷传达市政协六届七次常委扩大会议精神。

第十次主席会议 1985年1月25日召开，刘惠廷主持会议。会议讨论县政协1985年工作要点，研究机关评比工作，听取县工资改革会议精神汇报。

驻会主席会议 1985年2月25日召开，刘惠廷主持会议。会议研究县政协工作组工作安排、参加文史座谈会人员名单、县政协机关办公用房调整等问题。

驻会主席会议 1985年3月28日召开，刘惠廷主持会议。会议研究县政协机关财务问题和县政协二届二次会议材料准备工作。

第十一次主席会议 1985年4月10—11日召开，刘惠廷主持会议。会议商讨县政协二届二次会议事宜，讨论会议材料、增补县政协二届委员会委员名单，审批县政协工作组工作计划。

第十二次主席会议 1985年5月11日召开，刘惠廷主持会议。会议研究县政协二届二次会议委员提案落实问题，讨论落实县委提出的有关知识分子政策问题，商定组织部分县政协常委去沈阳、大连、北镇等市、县参观学习事项。

驻会主席会议 1985年5月22日召开，刘惠廷主持会议。会议商定主席工作分工、去东陵参观事宜，市委统战部在抚宁办班、县政协配合问题，黄润忠任职、董国贤退居二线问题。

第十三次主席会议 1985年6月20日召开，刘惠廷主持会议。会议研究县政协二届六次常委会会议事宜，讨论通过机关有关制度，商定出席市政协、市委统战部召开的各界人士为改革和开放服务经验交流会议代表名单和机关干部休假问题。

第十四次主席会议 1985年8月19日召开，刘惠廷主持会议。会议听取县政协宣传教育科负责人传达县教育会议精神，研究县政协有关制度落实、参观旅游、落实提案、办公室人员调整等问题。

第十五次主席会议 1985年9月13日召开，刘惠廷主持会议。会议听取李广明传达省政协提案会议精神。

第十六次主席会议 1985年9月21日召开，刘惠廷主持会议。会议研究出席市各界人士为改革和开放服务经验交流会议材料，听取县政协办公室负责人传达县思想政治工作会议精神。

第十七次主席会议 1985年9月28日召开，刘惠廷主持会议。会议研究出席市政协提案座谈会材料，调整县政协机关办公用房及安排警卫、司机有关事项。

第十八次主席会议 1985年10月14日召开，刘惠廷主持会议。会议听取刘惠廷传达市政协六届十四次常委扩大会议精神。

第十九次主席会议 1985年11月12日召开，刘惠廷主持会议。会议研究讨论发展粮食生产的调查报告。

第二十次主席会议 1985年12月19日召开，刘惠廷主持会议。会议听取李广明传达省政协工作经验交流会议精神、刘惠廷传达市各界人士为改革开放服务经验交流会精神、县政协办公室负责人传达县老干部会议精神，研究会议精神的贯彻意见，通过县政协1985年工作总结，学习市政协学委会活动经验。

驻会主席会议 1985年12月23日召开，刘惠廷主持会议。会议讨论通过县政协1985年工作总结，研究1986年工作要点，商定县政协二届八次常委扩大会议事宜。

驻会主席会议 1986年1月6日召开，刘惠廷主持会议。会议研究向县委汇报省政协工作经验交流会问题。

驻会主席会议 1986年1月12日召开，刘惠廷主持会议。会议研究向县委汇报贯彻省政协工作经验交流会精神材料、县政协颁发工作证事宜，听取县政协宣传教育科负责人传达下乡工作会议精神。

驻会主席会议 1986年1月16日召开，刘惠廷主持会议。会议研究县政协委员春节座谈会事宜。

第二十一次主席会议 1986年1月28日召开，刘惠廷主持会议。会议听取刘惠廷介绍向县委汇报县政协贯彻落实省政协工作经验交流会精神及县委意见，安排召开县政协二届三次会议事宜，研究学习和宣传工作。

驻会主席会议 1986年2月21日召开，刘惠廷主持会议。会议研究增补县政协二届委员会委员事项。

第二十二次主席会议 1986年3月4日召开，刘惠廷主持会议。会议研究县政协二届三次会议筹备工作。

第二十三次主席会议 1986年3月13日召开，赵国栋主持会议。会议听取县政协办公室负责人参加市政协座谈会情况汇报。

驻会主席会议 1986年4月8日召开，刘惠廷主持会议。会议研究需县政协机关办理的政协委员提案。

第二十四次主席会议 1986年6月28日召开，赵国栋主持会议。会议协商讨论召开县政协二届十一次常委会会议议题。

第二十五次主席会议 1986年8月6日召开，赵振基主持会议。会议听取赵振基汇报市政协六届二十次常委会会议精神。

第二十六次主席会议 1986年8月18日召开，赵国栋主持会议。会议协商县政协二届十二次常委扩大会议议题和县政协换届准备工作。

第二十七次主席会议 1986年8月27日召开。赵国栋主持会议。会议研究庆祝第二个教师节活动事宜。

第二十八次主席会议 1986年10月4日召开，赵国栋主持会议。会议研究县政协二届十二次常委扩大会议有关问题。

第二十九次主席会议 1986年12月6日召开，赵国栋主持会议。会议研究县政协换届事宜。

第三十次主席会议 1987年1月22日召开，赵国栋主持会议。会议学习中共中央〔1987〕1号《把农村改革引向深入》文件，研究贯彻执行意见；听取赵国栋传达市政协召开的县、区政协主席座谈会情况；研究春节前召开政协委员座谈会事宜。

第三十一次主席会议 1987年3月3日召开，赵国栋主持会议。会议研究县政协换届人事安排、二届常委会任期工作总结，讨论为县委领导起草讲话稿问题。

第三十二次主席会议 1987年4月1日召开，赵国栋主持会议。会议商讨县政协三届一次会议、二届十四次常委会会议事宜，听取县政协办公室负责人汇报市政协主席赵铭来抚宁布置搞城乡一体化调查事项，商议刘伯华离休有关事宜。

县政协第三届委员会主席会议 1987年4月—1990年4月，县政协第三届委员会共召开36次主席会议。主席张浩成（驻会），副主席赵国栋（驻会）、赵振基（驻会）、李广明（驻会）、杜志仁（驻会）、王匡时（驻会）、刘玉洁，秘书长黄润忠（1988年2月任职）出席会议；县政协科室负责人列席会议。

第一次主席会议 1987年7月6日召开，张浩成主持会议。会议研究县政协三届二次常委会会议议题；讨论提高县政协区、镇联络组，县直工作组活动质量和参政议政水平议题；讨论政协机关办实事、办委员之家议题；商议机关工作制度。

主席临时会议 1987年7月15日召开，张浩成主持会议。会议听取参加市各界人士为两个文明建设服务经验交流会准备情况汇报。

第二次主席会议 1987年8月4日召开，张浩成主持会议。会议学习全国地方政协工作组工作会议精神，研究县政协工作组活动问题，商定县政协主席、副主席、科长、主任分别担任县政协9个工作组的联系人。

第三次主席会议 1987年9月2日召开，张浩成主持会议。会议研究拟参加市各界人士为两个文明建设服务经验交流会的15名代表典型材料。

第四次主席会议 1987年9月15日召开，张浩成主持会议。政协原副主席刘志成应邀出席会议。会议听取赵国栋传达市政协学习会议精神，杜志仁介绍去东北参观人参种植情况。

第五次主席会议 1987年10月12日召开，张浩成主持会议。会议听取张浩成赴东北参观学习情况汇报，李广明去遵化参观学习情况汇报。

第六次主席会议 1987年11月11日召开，张浩成主持会议。会议讨论县政协农业科技组撰写的《如何把我县粮食生产搞上去的几点意见》。

驻会主席会议 1987年12月1日召开，张浩成主持会议。会议学习全国政协常委会第十六次会议决议，研究贯彻中共十三大会议精神，推动县政协工作问题。

第七次主席会议 1987年12月9日召开，张浩成主持会议。刘志成应邀出席会议。会议研究1988年县政协工作。

第八次主席会议 1988年1月5日召开，张浩成主持会议。刘志成应邀出席会议。会议商议县政协三届二次会议事宜。

第九次主席会议 1988年2月2日召开，张浩成主持会议。刘志成应邀出席会议。会议听取县政协三届二次会议准备情况汇报。

第十次主席会议 1988年3月5日召开，张浩成主持会议。刘志成应邀出席会议。会议原则同意调整县政协区、镇联络组方案，待县委审批后提交政协常委会会议商定；同意县政协三届二次会议提案送县委、县政府办公室办理；研究明确县政协三届委员会秘书长职权范围。

第十一次主席会议 1988 年 4 月 7 日召开，张浩成主持会议。会议研究讨论县政协工作组、区镇联络组调整方案，增补县政协三届委员会委员名单，有关人事任免和县政协 1988 年调研课题；听取机关科室负责人工作汇报和工作安排；研究县政协各工作组 1988 年活动计划，明确围绕党政领导、有关部门和人民群众关心的问题开展活动；会议决定适当时机召开文史资料工作会议；会议还学习外地经验，改进政协工作方法；商讨需提请县政协三届五次常委会会议讨论的议题。

第十二次主席会议 1988 年 5 月 16 日召开，张浩成主持会议。会议学习秦发〔1988〕2 号文件《关于建立协商对话制度的意见》；讨论县政协常委会会议协商议事规则；听取赵国栋和县政协办公室负责人赴北戴河、海港区和卢龙、昌黎县政协学习走访情况汇报，王匡时关于锦西市第一高中、第六初中办学经验的介绍；商讨第三季度县政协常委会会议议题；听取县政协机关经费开支和基建筹备情况汇报。

第十三次主席会议 1988 年 6 月 6 日召开，张浩成主持会议。会议听取杜志仁参加市政协赴辽宁学习团参观学习，张浩成、李广明赴山东省淄博市参观学习政协工作和发展乡镇企业情况介绍。

第十四次主席会议 1988 年 7 月 8 日召开，张浩成主持会议。会议听取李广明传达市政协工作研讨会会议精神，商定县政协《关于发展林业生产的几点建议（讨论稿）》、增补县政协三届委员会委员建议名单和三届六次常委会会议议题。

第十五次主席会议 1988 年 8 月 9 日召开，张浩成主持会议。会议总结县政协三届六次常委会会议情况，研究县政协工作组、区镇联络组下半年工作，安排有关科室做好“三胞”联谊和接待工作。

第十六次主席会议 1988 年 9 月 17 日召开，张浩成主持会议。会议学习讨论省政协办公厅 35 号文件，议论县政协机关机构设置问题，听取主席、副主席、秘书长及科室正副职所联系的工作组工作情况汇报。

第十七次主席会议 1988 年 10 月 19 日召开，张浩成主持会议。会议研究县政协机关机构设置问题。

第十八次主席会议 1988 年 11 月 26 日召开，张浩成主持会议。会议商定县政协《关于发展乡镇企业的几点建议（讨论稿）》，协商县政协三届七次常委会会议议题。

第十九次主席会议 1988 年 12 月 7 日召开，张浩成主持会议。会议商定县政协机关科室干部调整意见。

驻会主席会议 1988 年 12 月 27 日召开，张浩成主持会议。会议研究县政协三届三次会议有关事项。

第二十次主席会议 1989 年 1 月 6 日召开，张浩成主持会议。会议研究县政协三届三次会议准备情况、春节前走访委员安排和机关科室工作。

第二十一次主席会议 1989年1月21日召开，张浩成主持会议。会议通过县政协1988年工作总结，协商县政协三届三次会议各项准备及拟提交县政协三届八次常委会会议有关材料。

第二十二次主席会议 1989年2月15日召开，张浩成主持会议。会议听取县政协三届三次会议各项准备情况汇报。

第二十三次主席会议 1989年3月18日召开，张浩成主持会议。会议研究落实县委《关于加强政治协商和民主监督的若干规定》，协商决定农村精神文明建设和企业承包为县政协1989年调研课题，总结县政协三届三次会议经验，制定政协工作组、联络组活动计划。

第二十四次主席会议 1989年3月27日召开，张浩成主持会议。会议研究县政协榆关联络组组长调整和机关科室干部调整问题。

驻会主席会议 1989年4月10日召开，张浩成主持会议。会议研究县政协工作组活动和调研课题落实问题。

第二十五次主席会议 1989年5月16日召开，张浩成主持会议。会议听取张浩成传达市政协《关于学习贯彻全国人大、全国政协七届二次会议精神的通知》，商定向政协委员和各工作组、联络组发出《关于学习贯彻全国人大、全国政协七届二次会议精神的通知》；听取政协文教组赴青龙考察情况汇报。

第二十六次主席会议 1989年6月14日召开，张浩成主持会议。会议学习讨论邓小平在接见首都戒严部队军以上干部时的讲话，商定召开县政协三届十次常委扩大会议议题。

第二十七次主席会议 1989年7月22日召开，张浩成主持会议。会议听取张浩成传达县委六届七次会议、赵振基传达市政协七届十六次常委扩大会议精神，听取赵国栋关于去锦西政协走访学习情况介绍，通报上半年机关财务情况，研究三季度县政协常委会会议议题、人事问题和下半年工作。

第二十八次主席会议 1989年8月9日召开，张浩成主持会议。会议研究市政协交办的农村精神文明建设调研课题。

驻会主席会议 1989年8月24日召开，张浩成主持会议。会议研究县政协换届问题。

第二十九次主席会议 1989年9月15日召开，赵国栋主持会议。县委统战部负责人列席会议。会议协商县政协四届委员会的参加单位、委员名额及县政协联络组、工作组的设置问题，协商讨论市政协交办的《关于农村开展精神文明建设情况的调研报告》和需提请县政协三届十二次常委会会议讨论通过的文件草稿。

第三十次主席会议 1989年10月16日召开，张浩成主持会议。会议学习江泽民同志在国庆四十周年纪念大会上的讲话和辅导文章。

第三十一次主席会议 1989年11月10日召开，张浩成主持会议。会议讨论关于完善农村土地、果树承包责任制意见。

第三十二次主席会议 1989年12月6日召开，张浩成主持会议。会议研究县委对每年每位农村政协委员参加活动发给误工补贴费40元的执行办法，决定按委员实际误工时间，每天发给2元误工补贴费；会议还研究了机关财务情况和县政协换届准备工作。

驻会主席会议 1989年12月22日召开，张浩成主持会议。会议听取赵国栋传达省政协在廊坊召开的第二次部分市、县、区政协参加的祖国统一、海外联谊工作经验交流会会议精神，李广明传达市政协和市委统战部召开的秦皇岛市第四次各界人士为“两个文明”建设作贡献经验交流会会议精神；研究县政协1989年工作总结；听取农村精神文明建设情况、各联络组活动情况汇报。

第三十三次主席会议 1990年1月20日召开，张浩成主持会议。会议研究县政协1990年工作计划和春节前走访政协委员问题。

第三十四次主席会议 1990年2月12日召开，张浩成主持会议。会议学习中央坚持多党合作和政治协商制度的意见，总结政协三届常委会任期情况，研究县政协联络组人员变动问题。

第三十五次主席会议 1990年3月12日召开，张浩成主持会议。县委统战部负责人应邀出席会议。会议商定县政协四届委员会委员名单。

第三十六次主席会议 1990年4月8日召开，张浩成主持会议。会议商定县政协四届一次会议各项准备工作。

县政协第四届委员会主席会议 1990年4月—1993年2月，县政协第四届委员会共召开27次主席会议。主席傅振东（驻会），副主席白润泉（驻会）、杜志仁（驻会）、王国时、李瑞林（驻会）、李成岩、郑庆魁，秘书长张九龄（至1991年4月）、王向春（1991年4月任职）出席会议；县政协科室负责人列席会议。

第一次主席会议 1990年4月18日召开，傅振东主持会议。会议商讨县政协工作组划分和组长人选，主席、副主席工作分工，下步工作安排，县政协四届一次常委会会议时间、内容。

第二次主席会议 1990年5月4日召开，傅振东主持会议。党组顾问、政协原主席张浩成应邀出席会议。会议听取县政协机关科室、政协工作组、乡镇联络组工作安排汇报，研究开设县政协新委员学习班问题，商定县政协1990年重点调研课题。

驻会主席会议 1990年5月14日召开，傅振东主持会议。张浩成应邀出席会议。会议研究建立县政协老委员联谊会、组织赴平泉走访、参加市政协研讨会、合作基金管理调研、新政协委员培训、市政协主席赵铭来抚宁调研等几项具体工作。

驻会主席会议 1990年6月16日召开，傅振东主持会议。张浩成应邀出席会议。会议研究县政协四届三次主席会议议题。

第三次主席会议 1990年6月18日召开，傅振东主持会议。会议通报县政协机关工作、工作组调整情况，听取赴平泉考察、老委员联谊情况汇报，研究组建县政协专门委员会问题和工作组活动安排。

第四次主席会议 1990年7月11日召开，傅振东主持会议。会议通报县政协党组成员名单，研究农业基金会调研问题、县政协机关人事任命事项、县政协四届二次常委会会议内容。

第五次主席会议 1990年8月9日召开，傅振东主持会议。会议研究机关人事调整、增补县政协四届委员会委员、建立专门委员会问题；审议县政协工建交工作组《关于进一步发展锰钢公司的建议》，决定将《建议》送交县政府；听取郑庆魁传达市政协提案工作座谈会精神；决定召开县政协四届三次常委会会议的有关事宜。

第六次主席会议 1990 年 9 月 5 日召开，傅振东主持会议。会议研究县政协常委学习、各专门委员会对口协商问题，听取各专门委员会组建情况汇报，审议各专门委员会工作简则，协商修改《县政协联络组工作试行条例（讨论稿)》，决定将讨论稿提交政协常委会会议讨论。

第七次主席会议 1990 年 9 月 28 日召开，傅振东主持会议。会议听取白润泉传达市政协七届十八次常委扩大会议和市政协关于“如何帮助党委抓好廉政建设纠正行业不正之风问题”的两个会议精神；协商县政协“学习贯彻全国统战工作会议精神，进一步做好政协工作”的意见；商议贯彻落实县委《关于加强政治协商和民主监督的若干规定》，加强县政府各工作部门与县政协各专门委员会相互联系的暂行办法；商定县政协四届四次常委会会议的有关事项。

临时主席会议 1990 年 10 月 29 日召开，白润泉主持会议。张浩成应邀出席会议。会议讨论参加市政协召开政协专门委员会的建立及作用研讨会有关事项。

第八次主席会议 1990 年 11 月 16 日召开，傅振东主持会议。会议审议县政协《关于进一步加强我县中小学德育工作的建议》；听取杜志仁关于县政协经济科技委员会部分委员赴山东考察花生、地膜玉米优种情况汇报，决定把考察情况报县委、县政府；听取各专门委员会活动计划实施情况和县政协协助县委、县政府抓好纠正行业不正之风情况汇报；听取李瑞林关于市政协海外联谊座谈会情况汇报；协商讨论县政协《提案工作试行条例（讨论稿)》，决定将《条例（讨论稿)》提交县政协四届四次常委会会议讨论；听取傅振东传达市政协召开的专门委员会研讨会议精神；商定县政协四届四次常委会会议有关事宜。

第九次主席会议 1991 年 1 月 8 日召开，傅振东主持会议。会议研究县政协 1990 年工作总结、1991 年工作要点和县政协四届二次会议准备情况，审议县政协社会法制海外联谊委员会《关于农村社会治安综合治理调查》，安排县政协春节前工作、机关工作，协商增补县政协四届委员会委员、调整联络组组长和召开四届五次常委会会议有关问题。

第十次主席会议 1991 年 2 月 6 日召开，傅振东主持会议。会议研究通过县政协四届二次会议安排及有关材料。

第十一次主席会议 1991 年 3 月 14 日召开，傅振东主持会议，张浩成出席会议。会议研究县政协四届二次会议筹备工作，商定统战、政协会议时间和县政协四届六次常委会会议时间。

第十二次主席会议 1991 年 4 月 20 日召开，傅振东主持会议。会议总结县政协四届二次会议情况，审议县政协乡镇联络组、工作组活动计划，研究县政协 1991 年调研课题、人事任免、工作组调整事项，协商县政协四届七次常委会会议议题、乡镇联络组工作经验交流会事项，总结县政协海阳镇联络组工作。

第十三次主席会议 1991 年 5 月 22 日召开，傅振东主持会议。会议听取县政协各乡镇联络组工作情况汇报，商讨县政协乡镇联络组工作座谈会筹备工作有关事项；听取杜志仁通报城镇容貌治理参赛单位动员会议精神；商定县政协 1991 年重点调研课题中关于县农村社会化服务和农民负担调查事项；商讨到外地学习政协提案工作和联络组工作的有关事项。

第十四次主席会议 1991 年 6 月 29 日召开，傅振东主持会议。会议听取白润泉、王匡时、杜志仁通报赴锦州考察提高教学质量情况，赴陕西、河南考察科技兴农、旱作农业和农村社会化服务情况，赴山东考察提案工作、联络组工作及政协围绕经济建设发挥职能作用情况；审议县政协四届八次常委会会议议题。

第十五次主席会议 1991年7月26日召开，傅振东主持会议。会议听取傅振东传达省委召开的全省政协工作会议、白润泉传达省政协北片提案工作经验交流会议和省对台工作会议精神，商讨市政协即将召开的政协工作研讨会发言内容和县政协经济科技委员会提出的《关于为经济建设服务的意见（初稿）》，商定县政协部分乡镇联络组组长兼任工商联分会主任问题。

第十六次主席会议 1991年9月11日召开，傅振东主持会议。县检察院检察长出席会议。会议听取县检察院关于上半年打击经济、刑事犯罪，法纪监所检查工作情况通报；听取县政协各专门委员会工作情况汇报；根据省政协工作会议精神，研究向县委汇报政协工作提纲以及提请县政协四届九次常委会会议讨论的文稿和有关事项；协商县政协大新寨镇联络组组长任免事项。

第十七次主席会议 1991年10月7日召开，傅振东主持会议。会议听取傅振东传达市政协会议、李瑞林传达省政协后勤工作会议精神，白润泉赴福建省闽侯县参观茉莉花节的情况介绍；商讨农村社会化服务、农民负担问题调查材料初稿；协商政协为经济建设服务安排意见、县政协四届九次常委会会议议题。

第十八次主席会议 1992年1月4日召开，傅振东主持会议。会议讨论县政协1991年工作总结、1992年工作要点，商讨《抚宁文史资料第一辑》出版事宜，协商县政协四届十次常委会会议议题、四届三次会议准备工作及县政协春节后活动安排。

第十九次主席会议 1992年3月30日召开，白润泉主持会议。会议听取白润泉传达市政协七届五次会议精神；听取李瑞林等赴枣强县学习发展乡镇企业情况介绍；协商通过1991年提案办理先进单位名单；商讨经济科技委员会工建交组对县第二化肥厂生产经营状况的考察报告，决定以《政协抚宁县委员会关于促进化肥厂生产发展的几点建议》的形式印送县政府；会议商讨对政协提案由县主管领导签批、主席分工包案的建议；协商县政协各乡镇联络组和专门委员会活动计划、重点调研课题、增补县政协四届委员会委员和人事调整事宜；协商文史资料稿酬暂行办法及县政协四届十一次常委会会议有关事项。

第二十次主席会议 1992年4月27日召开，傅振东主持会议。会议讨论通过县政协关于征集出版的文史资料稿酬的暂行规定，商定县政协各工作组外出活动计划，听取县政协办公室财务情况汇报。

第二十一次主席会议 1992年6月1日召开，傅振东主持会议。会议协商县政协与大厂回族自治县政协联合办经济实体有关事宜；听取县政协经济科技委员会赴江苏、浙江等地考察农业社会化服务情况的汇报；听取李瑞林关于县政协乡镇联络组活动情况汇报，议定召开乡镇联络组工作经验交流会议；协商决定将县政协曹东庄乡联络组《关于农业生产中几个问题的建议》以县政协《建议和意见》（第一期）的形式付印，并报送县政府及有关部门。

第二十二次主席会议 1992年7月9日召开，白润泉主持会议。会议听取白润泉传达市政协提案工作会议、郑庆魁传达市政协文史资料征集工作研讨会议精神，听取县政协各专门委员会上半年工作情况和下半年工作安排汇报，协商县政协四届十二次常委扩大会议有关事项。

第二十三次主席会议 1992年8月6日召开，傅振东主持会议。县移民安置办公室负责人参加会议。会议听取县移民安置办公室负责人关于桃林口水库库区移民迁建安置情况的汇报，协商安置方案，并提出意见和建议；听取县政协经济技术联络科关于县利用世界银行贷款进行农业开发情况介绍；商讨关于农村社会化服务调查的安排，确定调查的有关事项；听取县政协宣教文卫联络科关于宣传政协和县政协委员录像片的安排意见；商讨参加市政协研讨会的发言材料。

第二十四次主席会议 1992年8月31日召开，傅振东主持会议。副县长王一鸣，县规划处、建委负责人参加会议。会议协商县政府关于旧城改造、新区规划初步实施意见和《抚宁县城镇房屋拆迁管理办法》；听取王一鸣和有关负责人对规划方案、管理办法的介绍和说明，并进行讨论，提出意见和建议。

第二十五次主席会议 1992年10月10日召开，傅振东主持会议。常务副县长杜彦祥、县政府办公室负责人参加会议。会议通报政协委员提案办理情况，传达省、市政协有关会议精神，协商县政协四届十三次常委会会议时间、议题，研究关于农业社会化服务的建议案。傅振东讲话认为，县委、县政府及提案承办单位对提案工作比较重视，工作有成效，但也存在不足。建议政府尽快安排专人办理提案，对提案答复不理想的单位，可由主管县长牵头，让有关单位负责人汇报，共同研究，切实提高办案质量。县政协对提案的组织工作也有待加强。

第二十六次主席会议 1992年11月17日召开，傅振东主持会议。县委统战部负责人列席会议。会议协商县政协换届的指导思想、五届政协委员安排意见、关于政协换届的请示；协商讨论关于加强乡镇农业站、林业站问题，决定以县政协名义形成一份加强乡镇农、林两站的建议材料，刊载在县政协的《建议和意见》上，报送有关部门和领导。

第二十七次主席会议 1992年12月26日召开，傅振东主持会议。县政协党组副书记苏洪珊，党组成员、县委统战部部长顾昌和及统战部有关领导出席会议。会议协商讨论县政协四届委员会常务委员会工作报告；协商讨论县政协五届委员会参加单位、委员名额和人选，五届一次会议召开时间、地点、方法、列席人员名单，会议议程（草案）、日程（草案），主席团成员和秘书长建议名单，提案委员会主任、副主任、委员建议名单等政协换届事宜；协商县政协四届十四次常委会会议时间、议题；讨论县政协1992年工作总结和1993年工作要点；协商通过关于表彰优秀提案人的决定。

县政协第五届委员会主席会议 1993年2月—1998年2月，县政协第五届委员会共召开48次主席会议。主席苏洪珊，副主席顾昌和（至1995年1月）、李成岩、郑庆魁、侯玉璋（1996年3月任职）、杨雨顺（1996年7月任职），秘书长王向春（至1994年3月）、陈庆昆（1994年3月任职）出席会议；县政协科室负责人列席会议。

第一次主席会议 1993年3月12日召开，苏洪珊主持会议。党组顾问、县政协原副主席李瑞林，县政协原副主席杜志仁、王匡时应邀出席会议。会议听取县政协工作组、乡镇联络组、提案委员会1993年工作安排，协商为经济建设牵线搭桥、搞好服务、到外地参观学习问题，协商讨论县政协机关办经济实体和县政协各专门委员会有关活动事宜。

第二次主席会议　1993 年 3 月 26 日召开，苏洪珊主持会议。会议商量县政协各专门委员会主任、副主任和委员名单，协商讨论县政协五届委员会组织通则。

第三次主席会议　1993 年 6 月 12 日召开，苏洪珊主持会议。党组顾问、县政协原主席傅振东，党组顾问、县政协原副主席李瑞林应邀出席会议。会议协商减轻农民负担建议，听取顾昌和外出考察农业走向市场经济情况介绍、县政协金融财贸组关于台营等北部山区解决口粮问题情况介绍，协商县政协留守营镇联络组组长人选，协商确定县政协五届三次常委会会议议题。

第四次主席会议　1993 年 7 月 2 日召开，苏洪珊主持会议。会议协商抚宁县农业走向市场经济调研材料初稿，商讨县政协举办新委员培训班安排意见，协商讨论县政协关于出版发行《抚宁文史资料第二辑》的意见，商定县政协五届三次常委会会议时间、参加人员和议题。

第五次主席会议　1993 年 8 月 9 日召开，苏洪珊主持会议。傅振东、县政协原副主席白润泉应邀出席会议。会议学习市委关于政协工作的意见，研究机关档案管理、实现档案升级的意见。

第六次主席会议　1993 年 9 月 13 日召开，苏洪珊主持会议。会议研究与省、市政协联合视察问题，听取郑庆魁带领部分委员考察中小学音乐教学情况汇报，研究县政协有关科室人事任免，商定县政协五届四次常委会会议有关事宜。

第七次主席会议　1993 年 10 月 23 日召开，苏洪珊主持会议。傅振东、白润泉、李瑞林应邀出席会议。会议听取郑庆魁传达市政协提案工作会议精神，协商县政协关于加强县中小学音乐教学的建议，协商讨论苏洪珊将在县政协工作会议上的讲话稿。

第八次主席会议　1993 年 11 月 13 日召开，苏洪珊主持会议。白润泉、李瑞林应邀出席会议。会议学习中共中央关于学习《邓小平文选》的决定和江泽民同志的讲话，研究县政协机关学习《邓小平文选》、纪念毛泽东诞辰 100 周年活动安排，自查县政协领导班子思想作风建设中存在的问题。

第九次主席会议　1993 年 12 月 1 日召开，苏洪珊主持会议。傅振东、白润泉、李瑞林应邀出席会议。会议听取县政协机关科室 1993 年工作汇报和 1994 年工作设想，听取提案委员会加强提案工作的设想。

第十次主席会议　1993 年 12 月 8 日召开，苏洪珊主持会议。傅振东、白润泉、李瑞林应邀出席会议。会议听取苏洪珊传达市政协研讨会议精神，研究县政协 1993 年工作总结和 1994 年工作要点、农村卫生初级保健调研材料和走访委员事宜，协商确定县政协五届五次常委会会议时间、议题。

第十一次主席会议　1994 年 2 月 1 日召开，苏洪珊主持会议。傅振东应邀出席会议。会议传达市政协宣传工作会议精神，与会人员就加强县政协宣传工作进行研究，提出初步设想和安排意见；会议协商讨论县政协五届二次会议的议程和日程；商议有关会议材料；通过优秀提案人名单。

第十二次主席会议　1994 年 2 月 22 日召开，苏洪珊主持会议。傅振东、白润泉应邀出席会议。会议协商县政协五届六次常委会会议时间、议程和日程；讨论秘书长王向春的辞职申请，同意其由于年龄原因辞去秘书长职务的请求；协商通过补选秘书长、增选常委的候选人人选；

协商通过县政协五届委员会委员调整事宜；协商提出五届二次会议大会秘书处组成人员名单、常委主持会议分工名单；协商通过提案工作委员会调整事宜；协商决定机关科室有关人员的任免事宜。

第十三次主席会议 1994年3月24日召开，苏洪珊主持会议。会议研究县政协各乡镇联络组、各专门委员会、各工作组1994年活动计划，县政协机关经费的使用和管理问题；研究修订机关有关制度。

第十四次主席会议 1994年5月4日召开，苏洪珊主持会议。会议听取顾昌和传达市委统战工作会议精神，秘书长陈庆昆赴广东省增城市、湖北省宜昌市考察文化建设情况汇报；县政协常委、原秘书长王向春关于撰写县政协大事记的有关问题汇报；与会人员经过讨论，确定撰写大事记应遵循的原则。

第十五次主席会议 1994年5月21日召开，苏洪珊主持会议。傅振东、李瑞林应邀出席会议，县文化局、文化馆、电影公司负责人列席会议。会议协商讨论县政协《关于文化工作的几点建议（草案）》。《建议（草案）》是县政协组织有关委员和文化部门负责人赴广东省增城市、湖北省宜昌市以及邻近的卢龙县、宽城县学习考察和对本县文化情况进行调查研究的基础上形成的。与会人员对《建议（草案）》展开认真讨论，并提出补充和修改意见。

第十六次主席会议 1994年6月24日召开，苏洪珊主持会议。原秘书长王向春出席会议，县工商局负责人列席会议。会议听取顾昌和赴四川省重庆市考察经纪人队伍管理情况的汇报，认为发展壮大经纪人队伍，并进一步加强管理是十分必要的，县政协将对汇报内容进行修改和补充，并以建议案的形式送交县政府办理；会议听取县政协提案工作委员会负责人关于市政协组织各县区主管提案工作人员赴唐山市、保定市南市区和廊坊市香河县政协学习提案工作情况的汇报，决定提案工作委员会将专门召开会议，学习外地经验，查找不足，提出改进措施；苏洪珊对下步提案工作进行专门部署；会议还商定县政协机关车辆管理有关问题。

第十七次主席（扩大）会议 1994年7月21日召开，苏洪珊主持会议。傅振东应邀出席会议，县计委负责人、县政协乡镇联络组组长列席会议。会议听取县计委负责人通报县上半年经济工作情况，与会人员对经济工作取得的成绩给予充分肯定，同时就清理三角债、缓解资金紧张、加强企业内部管理和注重发展个体私营经济提出建议；会议商定关于开展个体和私营经济调研的有关问题，讨论了调研提纲、参与人员和时间安排。

第十八次主席会议 1994年9月13日召开，苏洪珊主持会议。傅振东应邀出席会议，县科协负责人列席会议。会议听取县政协农业科技组赴三河、乐亭、玉田三市县考察两高一优农业情况汇报、县政协提案工作委员会负责人传达市政协提案工作座谈会精神、县政协文史资料征集委员会负责人赴唐山、廊坊、张家口三市七县学习文史工作情况的汇报；会议讨论通过县政协《关于加快发展我县个体私营经济的建议（讨论稿）》；研究确定县政协五届九次常委会会议时间、地点和议题。

第十九次主席会议 1994年10月9日召开，苏洪珊主持会议。傅振东应邀出席会议，县体改办负责人列席会议。会议听取县乡镇企业股份合作制调查情况的汇报，讨论《关于在我县乡镇企业中推行股份制的建议（草案）》；学习全国政协主席李瑞环、全国政协提案委员会主任周绍铮在全国政协提案座谈会上的讲话；会议对县政协五届三次会议提案征集工作进行研究，协商了有关人事任免事项。

第二十次主席会议 1994年12月5日召开，苏洪珊主持会议。李瑞林应邀出席会议。会议讨论通过县政协1994年工作总结；与会人员学习省委办公厅转发省政协《关于全省各级政协参与扶贫工作的意见》的通知，并结合实际研究实施意见；学习市委关于学习中共十四届四中全会精神的通知；商定县政协五届十次常委会会议时间、议题。

第二十一次主席会议 1995年1月4日召开，苏洪珊主持会议。傅振东、李瑞林应邀出席会议。会议传达全国政协召开的地方政协工作经验交流会精神，安排春节前工作，听取县政协机关1994年财务开支情况汇报，研究1995年增收节支办法。

第二十二次主席会议 1995年2月23日召开，苏洪珊主持会议。傅振东、李瑞林、白润泉应邀出席会议。会议研究增补县政协五届委员会委员、五届三次会议事宜，商议会议有关材料，拟表彰为两个文明作出贡献的先进个人、优秀提案人、提案承办先进单位名单。

第二十三次主席会议 1995年3月28日召开，苏洪珊主持会议。傅振东、李瑞林应邀出席会议。会议讨论通过县政协各委员会、各工作组1995年活动计划，确定关于农村实行土地流转机制和县教育工作当前几个热点问题为当年重点调查课题，研究县政协五届三次会议提案交办会的召开时间和参加单位范围，讨论通过县政协委员社情民意反映卡实施办法，协商讨论有关专门委员会的充实调整问题。

第二十四次主席会议 会议时间无记载。苏洪珊主持会议。傅振东应邀出席会议。会议学习中共中央关于政协机构改革的通知和省委批转省政协党组关于解决各级政协政治协商、民主监督中几个主要问题的意见，研究爱国主义教育问题，传达县委反腐会议精神，安排开展学习孔繁森活动。

第二十五次主席会议 1995年5月26日召开，苏洪珊主持会议。傅振东、李瑞林应邀出席会议，机关全体工作人员列席会议。会议听取苏洪珊传达县委书记田永生在县机构改革动员大会上的讲话、陈庆昆传达县机构改革实施方案，通报县政协乡镇联络组组长变动情况，确定县政协五届十四次常委会会议议题。

第二十六次主席会议 1995年7月27日召开，苏洪珊主持会议。会议听取县政协科室负责人上半年委、组活动及文史、提案工作汇报，研究下半年工作计划的调整和落实问题。

第二十七次主席会议 1995年8月11日召开，苏洪珊主持会议。县委统战部负责人列席会议并传达全国、省、市统战工作会议精神，介绍县统战工作情况；会议学习省政协主席李文珊在省政协七届十一次常委会会议上的讲话。与会人员就政治协商、民主监督、参政议政纳入制度化、规范化、程序化轨道进行研究讨论。苏洪珊讲话建议，尽快建立几大家办公室主任、秘书长联席会议制度，以保证协商渠道畅通；要对有关工作制度进行一次清理，针对新的精神进行修改和完善；对成功的经验和做法进行系统的总结，以便研究县政协工作程序上的新思路。

第二十八次主席会议 1995年9月25日召开，苏洪珊主持会议。李瑞林应邀出席会议，县经委办公室负责人参加会议、县政协乡镇联络组组长列席会议。会议讨论县国营工业调查材料，县政协提案工作实施细则，关于政治协商、民主监督、参政议政有关规定的实施办法。

第二十九次主席会议 1995年10月26日召开，苏洪珊主持会议。县委农工部负责人列席会议。会议听取农工部负责人关于外地建立土地流转机制，办好合作基金会情况、股份合作制调查情况介绍。

第三十次主席会议 1995年11月22日召开，苏洪珊主持会议。会议商定县政协五届十六次常委会会议时间、议题，听取县政协法制科负责人传达市政协提案工作研讨会议精神，布置县政协各科室做好工作总结。

第三十一次主席会议 1995年12月29日召开，苏洪珊主持会议。会议讨论县政协工作总结，安排春节前工作及县政协五届四次会议准备工作。

第三十二次主席会议 1996年1月18日召开，苏洪珊主持会议。县委统战部负责人列席会议。会议通过县政协1996年工作要点，讨论县政协常委会工作报告、提案办理情况报告、五届四次会议有关事宜，研究县政协五届委员会委员调整事宜。

第三十三次主席会议 1996年3月12日召开，苏洪珊主持会议。县委统战部负责人列席会议。会议商定县政协五届四次会议事宜、县政协五届十八次常委会会议时间。

第三十四次主席会议 1996年4月5日召开，苏洪珊主持会议。会议通报县委关于增补杨雨顺为县政协委员、县政协副主席的建议，协商通过县政协各专门委员会、工作组、乡镇联络组1996年活动计划，确定以加强乡（镇）村农业科技队伍建设及搞好职业技术教育和素质教育两个方面内容作为县政协本年度重点调研课题。

第三十五次主席会议 1996年5月2日召开，苏洪珊主持会议。会议听取侯玉璋传达全国、省、市统战工作会议精神，会议决定调整县政协副主席、党组副书记、秘书长工作分工，研究县政协各专门委员会、县直工作组人员调整，研究部署县政协五届五次会议筹备工作。

第三十六次主席会议 1996年6月7日召开，苏洪珊主持会议。会议听取侯玉璋传达市宗教工作会议精神，介绍县宗教工作的形势与现状；协商讨论《关于加强我县乡（镇）村农林业科技队伍建设的建议（讨论稿）》；协商关于召开县政协五届五次会议和五届二十次常委会会议有关事宜。

第三十七次主席会议 1996年8月27日召开，苏洪珊主持会议。会议听取县政协各专门委员会关于1996年以来工作组活动情况的汇报、提案委员会关于县政协五届四次会议以来提案工作情况的汇报、县政协办公室关于机关财务开支情况的汇报；研究部署视察活动安排；决定从九月中旬开始组织各乡镇联络组对小康建设、减轻农民负担、扶贫等项工作进行一次视察，并提出意见和建议。

第三十八次主席会议 1996年10月17日召开，苏洪珊主持会议。会议讨论关于小康建设等项工作材料、县城精神文明建设调查报告，侯玉璋传达市委统战部人事会议精神，布置学习中共十四届六中全会精神。

第三十九次主席会议 1996年12月18日召开，苏洪珊主持会议。会议讨论省委关于机构改革的意见、县政协工作总结，听取苏洪珊传达市各界人士为两个文明建设服务经验交流会议精神，听取县政协机关财务情况汇报。

第四十次主席会议 1997年1月13日召开，苏洪珊主持会议。会议讨论通过县政协五届常委会工作、提案工作报告，安排春节前工作。

第四十一次主席会议 1997年3月7日召开，苏洪珊主持会议。会议商定县政协各工作组、乡镇联络组工作安排，政协机关重点调研课题。

第四十二次主席会议 1997年4月10日召开，苏洪珊主持会议。会议听取陈庆昆传达省纪委《关于狠刹利用公款吃喝玩乐歪风工作的实施意见》，与会人员对省纪委的《实施意见》表示坚决拥护和支持，并在今后工作中坚定不移贯彻执行；会议传达县委关于在县直和乡镇机关开展创建"三讲"文明机关活动会议精神，决定由机关支部出台具体方案，按县委意见分步骤实施，坚决防止走过场。

第四十三次主席会议 1997年7月9日召开，苏洪珊主持会议。会议学习叶选平副主席在全国政协八届二十一次常委会会议上的讲话和有关专门委员会负责人的讲话。苏洪珊作总结发言，强调叶选平副主席讲话提出的几条经验非常重要，要认真学习和领会；要求县政协各委员会和各工作组对五年来的工作进行一次认真总结，把实践活动上升到理性认识，作为今后工作的指导与借鉴。

第四十四次主席会议 1997年8月12日召开，苏洪珊主持会议。会议听取县政协各专门委员会五年来工作总结。苏洪珊总结县政协五年来工作的基本经验，强调做好政协工作要树立以经济建设为中心的指导思想，要争取党委支持，不断加强政协参政议政的制度建设，要充分发挥政协委员的作用，不断加强政协自身建设包括机关建设。

第四十五次主席会议 1997年9月24日召开，苏洪珊主持会议。机关全体人员列席会议。会议学习江泽民同志在中共第十五次全国代表大会上的政治报告和《人民日报》社论。

第四十六次主席会议 1997年10月16日召开，苏洪珊主持会议。县委统战部负责人列席会议。会议听取统战部负责人关于县政协五届届末委员情况介绍，协商讨论五届政协常委会工作报告、提案审查报告、大会发言等县政协六届一次会议准备工作。

第四十七次主席会议 1997年12月1日召开，苏洪珊主持会议。县委统战部负责人列席会议。会议听取讨论统战部负责人关于拟安排的县政协六届委员会委员情况介绍。

第四十八次主席会议 1998年2月召开，苏洪珊主持会议。县委统战部负责人列席会议。会议商定县政协六届委员会委员，政协主席、副主席、常务委员候选人名单，六届一次会议主席团成员、常务主席候选人名单，提案委员会及秘书处成员名单。

县政协第六届委员会主席会议 1998年2月—2003年3月，县政协第六届委员会共召开35次主席会议。主席苏洪珊（至2002年3月）、王连成（2002年3月任职），副主席侯玉璋（至2002年3月）、李成岩（至2002年3月）、杨雨顺（至2002年3月）、李占义、肖明地（至2002年3月）、陆志飞（2002年3月任职）、李志佳（2002年3月任职）、张宝森（2002年3月任职），秘书长陈庆昆（至1999年4月）、王素霞（1999年4月任职）出席会议；县政协科室负责人列席会议。

第一次主席会议 1998年3月6日召开，苏洪珊主持会议。会议明确主席、副主席工作分工，商定县政协各专门委员会、工作组组成人员名单及工作计划，确定县政协六届一次常委会会议时间、议题。

第二次主席会议 1998年5月19召开，苏洪珊主持会议。会议讨论《关于继续在委员中开展为两个文明建设做贡献活动的通知》《关于进一步加强推行委员社情民意反映卡的意见》，听取县政协学习文史委员会关于六届新委员培训班准备情况汇报。会议决定把反映社情民意工作扎实有效地开展起来。

第三次主席会议 1998年6月19日召开，苏洪珊主持会议。会议商定人事任免，县政协六届二次常委会会议时间、议题；讨论县政协《关于进一步稳定完善农村土地、果树承包责任制的意见》，建议将《意见》提交县政协六届二次常委会会议讨论通过。

第四次主席会议 1998年7月28日召开，苏洪珊主持会议。会议学习省政协办公厅印发的《10市政协主席座谈会纪要》，结合《纪要》要求，对县政协近年来工作进行回顾；听取县政协各专门委员会1998年1—7月工作进展情况汇报；研究下半年工作安排；履行县政协留守营镇联络组组长任职民主程序。

第五次主席会议 1998年8月27日召开，苏洪珊主持会议。会议协商通过县政协《关于扩大水稻前茬利用的建议》；听取并讨论县政协关于县城规划建设、绿化美化、环境卫生及卫生防疫情况的调研报告，决定将报告提交县政协六届三次常委会会议讨论通过；会议学习省政协提案工作会议文件，对提案工作和社情民意反映工作作出部署；决定9月11日召开县政协六届三次常委会会议，择机召开县政协乡镇联络组组长会议。

第六次主席会议 1998年11月6日召开，苏洪珊主持会议。会议听取苏洪珊赴福建省闽侯县和浙江省鄞县考察非公有制经济、县政协党群政法组赴张家港市考察精神文明建设、杨雨顺赴西安考察乡镇级医院情况汇报，认为上述地区的做法和经验值得学习和借鉴，决定将报告分别整理修改后，报送县委、县政府领导作为决策参考。

第七次主席会议 1998年12月10日召开，苏洪珊主持会议。会议讨论县政协1998年工作总结和1999年工作要点，并决定提交县政协六届四次常委会会议讨论通过；研究通过县政协《关于政协提案审查立案工作的实施办法》《关于跟踪督办政协提案的实施办法》《关于征集县政协六届二次会议提案的通知》；会议决定1998年12月18日召开县政协六届四次常委会会议。

第八次主席会议 1999年1月5日召开，苏洪珊主持会议。会议安排县政协春节前工作，协商人事任免和县政协六届五次常委会会议议题。

第九次主席会议 1999年3月23日召开，苏洪珊主持会议。会议通报人事任免；听取县政协专门委员会、工作组、乡镇联络组的工作计划及提案委员会工作情况汇报；研究决定县二轮土地承包工作、环境保护、初中生辍学、台营仔猪市场建设、政法队伍建设为当年重点调研课题和视察活动内容；为纪念人民政协成立50周年，决定召开一次政协理论研讨会。

第十次主席会议 1999年4月8日召开，苏洪珊主持会议。会议听取苏洪珊通报市政协会议精神，商定人事任免。

第十一次主席会议 1999年6月1日召开，苏洪珊主持会议。县政协常委张仲青、马哨宇、冯云祥、金永强，委员杨立华列席会议。会议听取县政协农业科技组赴山东济南、泰安市考察无土栽培、板栗节水技术，文教体组赴四川、江苏考察中小学素质教育，党群政法组赴大京九沿线考察旅游发展情况的报告，与会人员结合实际进行讨论，同意将三个报告整理后提交县政府及有关部门参考。会议决定召开县政协六届八次常委会会议有关事项。

第十二次主席会议 1999年7月13日召开，苏洪珊主持会议。会议协商县政协关于县二轮土地承包的调研报告，听取县政协提案工作情况汇报，学习省政协会议文件。

第十三次主席会议 1999年11月18日召开，苏洪珊主持会议。会议研究部署县政协六届三次会议提案征集工作和大会发言准备工作，《人民政协报》《乡音》杂志征订工作。

第十四次主席会议 1999年12月17日召开，苏洪珊主持会议。县委统战部负责人出席会议。会议研究县政协六届委员会委员、常委调整事宜，县政协1999年工作总结；安排下步工作。

第十五次主席会议 2000年2月29日召开，苏洪珊主持会议。会议确定县政协跟踪督办的重点提案、机关重点调研题目，研究县政协各工作组、乡镇联络组工作计划，听取社会治安综合治理考察情况汇报。

第十六至二十二次主席会议 2000年3—7月，按照上级部署，县政协领导班子和领导干部开展“三讲”（讲学习、讲政治、讲正气）教育活动。县政协主席会议和党组会议合并举行，以“三讲”为中心议题，解决党性党风方面的突出问题，制定整改措施，改进政协工作。

第二十三次主席会议 2000年7月27日召开，苏洪珊主持会议。县委统战部负责人列席会议。会议安排部署全县养殖业、初中入学高峰、县城建设3项调研视察工作；确定出席全省各界人士为两个文明建设服务经验交流暨表彰大会代表预选人。

第二十四次主席会议 2000年8月25日召开，苏洪珊主持会议。会议听取全县畜牧养殖业发展情况、农业科技示范园建设情况、县城建设、初中入学高峰情况报告，并进行协商讨论，决定将提出的意见和建议以社情民意、提案、建议等书面形式报送县委、县政府及相关部门。

第二十五次主席会议 2000年12月15日召开，苏洪珊主持会议。会议协商县政协六届四次会议材料。

第二十六次主席会议 2001年3月6日召开，苏洪珊主持会议。县政协各乡镇联络组组长、工作组组长列席会议。会议听取县政协各乡镇联络组、工作组汇报工作计划，确定重点提案，商定两个文明建设经验交流会议事宜。

第二十七次主席会议 2001年6月5日召开，苏洪珊主持会议。会议商定为两个文明建设作出贡献的政协委员表彰名单，研究召开表彰会议的有关准备，决定县政协六届十六次常委会会议时间、议题。

第二十八次主席会议 2001年7月18日召开，苏洪珊主持会议。县政协各乡镇联络组组长、工作组组长列席会议。会议研究社情民意反映工作，决定召开会议，进行专题研究部署；商定将农业产业结构调整作为县政协下半年重点调研课题；要求抓好对计划生育工作的视察；会议要求认真学习江泽民同志“七一”重要讲话。

第二十九次主席会议 2001年10月9日召开，苏洪珊主持会议。会议研究县政协筹备召开各界人士为两个文明建设作贡献经验交流暨表彰大会有关事宜。

第三十次主席会议 2001年11月9日召开，苏洪珊主持会议。会议协商讨论县政协六届五次会议准备工作，安排部署县政协常委会工作报告、提案工作报告起草事宜；议定县政协六届十八次常委会会议议题；决定将小城镇建设、旅游业发展、农业产业结构调整、发展个体经济、环境保护5个方面作为六届五次会议大会发言主要内容，并明确专题讨论的内容。

第三十一次主席会议 2001年12月28日召开，苏洪珊主持会议。会议研究县政协2001年工作总结、2002年工作要点，县政协六届四次会议提案工作报告。

第三十二次主席会议 2002年1月24日召开，苏洪珊主持会议。会议协商县政协六届五次会议事宜。

第三十三次主席会议 2002年4月26日召开，王连成主持会议。会议协商县政协主席、副主席工作分工，县政协各专门委员会、各工作组人员调整，研究下步工作。

第三十四次主席会议 2003年1月21日召开，王连成主持会议。县委统战部负责人列席会议。会议协商县政协七届一次会议有关事项，通过县政协常委会工作报告、提案工作报告，协商确定县政协七届委员会委员、表彰优秀提案决定、七届一次常委会会议时间。

第三十五次主席会议 2003年3月12日召开，王连成主持会议。会议协商县政协七届委员会常务委员、委员人事调整事宜，七届一次会议有关事项安排。

县政协第七届委员会主席会议 2003年3月—2007年5月，县政协第七届委员会共召开22次主席会议。主席王连成，副主席顾昌和（2006年5月任职）、李占义、李志佳、陆志飞、刘树林、高金峰，秘书长刘秀才出席会议；县政协科室负责人列席会议。

第一次主席会议 2003年4月8日召开，王连成主持会议。会议协商县政协各专门委员会人事调整，主席、副主席工作分工；商定调研课题、重点提案及提案承办先进单位。

第二次主席会议 2003年5月13日召开，王连成主持会议。副县长吕若军、赵宝义出席会议，县卫生局、建设局负责人列席会议。会议听取“非典”防治工作、护城河改造方案汇报，提出护城河改造应达到的标准和注意事项。王连成在总结中指出，抚宁县防治“非典”工作各级重视，机构健全，措施得力，落实到位，效果明显。护城河改造要彻底解决有害气体排放、排污、泄洪等方面存在的问题，同时注意妥善保护现有建筑景观。

第三次主席会议 2003年9月17日召开，王连成主持会议。会议通过《政协抚宁县委员会常务委员会议事规则》、社会治安综合治理建议，商定县政协七届二次会议发言材料、县政协七届常务委员调整及七届一次常委会会议有关事宜。

第四次主席会议 2003年10月29日召开，王连成主持会议。会议协商县政协七届二次会议筹备工作，增补县政协七届委员会委员工作；安排走访县政协委员事宜。

第五次主席会议 2003年12月25日召开，王连成主持会议。会议协商通过关于民主集中制制度的整改方案、县政协七届委员会个别委员调整名单，听取七届二次会议筹备情况汇报。

第六次主席会议 2004年1月8日召开，王连成主持会议。会议协商通过县政协七届二次会议有关事项、《关于表彰和奖励优秀政协提案的决定》，确定县政协七届二次常委会会议时间、议题。

第七次主席会议 2004年3月24日召开，王连成主持会议。会议研究确定2004年县政协专题调研、视察考察和重点提案督办的建议和提案，其中专题调研的有农村基础工作存在的主要问题及建议，开发建设董家口—板厂峪—车厂长城弧形旅游线路的建议，玻璃纤维产业发展现状及建议，小煤窑安全生产存在问题及建议；视察考察的有长城保护组织落实及开展工作情况，北部山区集雨水窖建设情况，护城河改造工程，水泥、造纸、玻璃纤维产业发展情况，盐业执法，城内交通管理，烟草行业经营管理；重点督办的有关于拆迁大礼堂、拓宽一小门前路、建休闲中心提案，引洋（河）入城、解决县城生产生活用水提案，加强对城乡网吧管理、严厉打击不法活动提案，全县蔬菜产业发展的几点建议提案。

第八次主席会议 2004年9月2日召开，王连成主持会议。会议宣读、学习中央、省委领导表彰石门寨镇英武山村党支部书记李家庚的批示、讲话，县委、县政协关于开展向李家庚学习的决定。

第九次主席会议 2004年10月12日召开，王连成主持会议。会议协商县政协七届三次会议专题发言题目、内容，走访委员事宜。

第十次主席会议 2004年12月16日召开，王连成主持会议。会议听取李志佳传达市政协工作会议、刘树林传达市政协提案工作会议精神；听取县政协科室负责人走访政协委员情况汇报。

第十一次主席会议 2005年1月11日召开，王连成主持会议。会议协商确定县政协七届三次会议有关事项，讨论通过常委会工作报告、提案工作报告，审议通过表彰优秀提案决定，协商通过七届委员会委员、常务委员调整名单和机关干部任免事项。

第十二次主席会议 2005年4月13日召开，王连成主持会议。会议协商确定农业税取消后基层政权面临问题及建议等7项提案列为年内调研课题，大礼堂空地及长征路带状公园规划建设等12项提案列为视察考察项目，加快热力公司向全城供暖步伐的建议等3项提案列为重点跟踪督办提案；会议确定县政协部分工作组、乡镇活动组组长调整事宜。

第十三次主席会议 2005年8月29日召开，王连成主持会议。会议协商确定陆志飞驻会后主席工作分工调整事宜、县政协七届五次常委会会议有关事宜。

第十四次主席会议 2005年10月14日召开，王连成主持会议。会议协商县政协七届四次会议大会发言内容；研究确定成立资料组，吸纳有关部门人员，走访县政协委员，完成发言内容准备。

第十五次主席会议 2005年12月27日召开，王连成主持会议。会议审议通过县政协七届四次会议有关材料，讨论县政协《关于加快发展农民专业合作经济组织的建议》，协商县政协七届委员会委员调整事宜。

第十六次主席会议 2006年3月22日召开，王连成主持会议。会议学习《中共中央关于加强人民政协工作的意见》，协商调整县政协七届委员会委员、增补常务委员名单、政协乡镇联络组恢复、11 名组长增补为政协委员，履行干部任职的民主程序，协商确定县政协七届六次常委会会议议程。王连成讲话指出，《中共中央关于加强人民政协工作的意见》意义重大，对党委、政府、政协的工作具有指导意义，要把学习它作为长期任务；会后县政协办公室要起草贯彻落实《中共中央关于加强人民政协工作的意见》的文件。

第十七次主席会议 2006 年 4 月 5 日召开，王连成主持会议。会议研究确定县政协 2006 年重点跟踪督办提案、专题调研课题，协商视察考察项目，通过县政协《贯彻落实〈中共中央关于加强人民政协工作的意见〉的决定》，听取县政协各科室工作安排汇报。

第十八次主席会议 2006 年 5 月 11 日召开，王连成主持会议。会议讨论增补县政协七届委员会委员、副主席候选人建议名单，确定县政协七届七次常委会会议时间、议程，协商七届五次会议时间、议程。

第十九次主席会议 2006 年 11 月 22 日召开，王连成主持会议。会议讨论通过县政协 2006 年工作总结和 2007 年工作要点，协商确定县政协八届一次会议发言人及发言题目，通报县政协委员对政协工作的意见和建议，确定优秀提案，协商确定委员风采人选，审议通过县政协《关于社会主义新农村建设的调研报告》。

第二十次主席会议 2007 年 1 月 8 日召开，王连成主持会议。会议听取李志佳汇报县委关于政协换届工作的意见，商定县政协八届委员会委员人数。

第二十一次主席会议 2007 年 4 月 17 日召开，王连成主持会议。会议协商县政协八届委员会委员名单，协商确定县政协八届一次会议有关事项，审议通过八届一次会议有关材料。

第二十二次主席会议 2007 年 5 月 10 日召开，王连成主持会议。会议商定县政协八届委员会委员、常务委员名单。

县政协第八届委员会主席会议 2007 年 5 月—2012 年 2 月，县政协第八届委员会共召开 15 次主席会议。主席顾昌和，副主席李志佳、陆志飞（至 2008 年 11 月）、高金峰、李英伟、马利华（2009 年 2 月任职），秘书长刘秀才出席会议；县政协科室负责人列席会议。

第一次主席会议 2007 年 5 月 29 日召开，顾昌和主持会议。会议商定主席、副主席工作分工，审议县政协各专门委员会、各工作组机构设置及组成人员，讨论 2007 年工作安排。

第二次主席会议 2007 年 8 月 30 日召开，顾昌和主持会议。会议商定县政协八届二次常委会会议有关事项，讨论在县政协委员中开展教育实践活动实施方案。

第三次主席会议 2007 年 10 月 11 日召开，顾昌和主持会议。会议商定县政协八届二次会议大会发言内容。

第四次主席会议 2008 年 1 月 8 日召开，顾昌和主持会议。会议商定县政协八届二次会议材料、大会发言内容，研究县政协 2008 年工作。

第五次主席会议 2008 年 3 月 20 日召开，顾昌和主持会议。会议商定县政协 2008 年重点工作。

第六次主席会议 2008 年 9 月 17 日召开，顾昌和主持会议。会议研究县政协八届三次会议大会发言题目及有关要求。

第七次主席会议 2009年1月8日召开，顾昌和主持会议。会议商定县政协八届三次会议有关事项、大会发言材料及发言人，履行干部任职民主协商程序。

第八次主席会议 2009年2月25日召开，顾昌和主持会议。会议商定主席、副主席工作分工，县政协各专门委员会组成人员调整，县政协2009年工作重点。

第九次主席会议 2009年12月28日召开，顾昌和主持会议。会议讨论协商县政协八届四次会议有关材料，协商确定县政协八届十一次常委会会议时间、议程。

第十次主席会议 2010年3月9日召开，顾昌和主持会议。会议协商确定县政协2010年工作要点。

第十一次主席会议 2010年4月20日召开，顾昌和主持会议。县人事劳动和社会保障局负责人列席会议。会议听取县农村剩余劳动力转移、企业招工、同工同酬、岗位培训等方面情况汇报。与会人员建议政府要制定完善农村人口转移和社会劳动保障相关制度，包括在户籍、儿童教育、失业、救济、医疗保险和退休养老等方面给予优惠政策，形成有利于农村劳动力转移的政策环境，促使剩余劳动力转移到城市之后能安心工作并安定下来。

第十二次主席会议 2010年7月13日召开，顾昌和主持会议。会议研究县政协八届委员会委员调整事宜，县直工作组组长、副组长人选。

第十三次主席会议 2011年3月16日召开，顾昌和主持会议。会议讨论协商县政协八届五次会议事项，协商确定八届十五次常委会会议时间、议程，研究县政协2011年重点工作。

第十四次主席会议 2011年12月29日召开，顾昌和主持会议。会议协商确定县政协九届工作组组长、副组长人选。

第十五次主席会议 2012年1月4日召开，顾昌和主持会议。会议协商确定县政协九届委员会委员名单、九届一次会议主席团组成人员建议名单；审议通过九届一次会议材料；协商确定大会发言材料及发言人，县政协八届十七次常委会会议时间、议程。

县政协第九届委员会主席会议 2012年2月—2015年8月，县政协第九届委员会共召开13次主席会议。主席顾昌和（至2015年1月）、张岐（2015年1月任职），副主席高金峰、李英伟、马利华、赵永红，党组成员付强（2014年2月任职），秘书长刘秀才出席会议；县政协科室负责人列席会议。

第一次主席会议 2012年3月7日召开，顾昌和主持会议。会议研究县政协2012年主要工作，商定主席、副主席工作分工。

第二次主席会议 2012年12月27日召开，顾昌和主持会议。县粮食局负责人列席会议。会议听取县粮食储备、流通情况汇报。会议建议加快县物流产业园区建设，尽快建成集粮食储备、粮油饲料加工、物流为一体的大型物流产业园；加强对储备粮的管理，保持储备粮常储常新，适当增加存粮量，确保充足粮食供应；加大本地粮源基地建设，可由粮食加工企业免费向种植户提供种子，并与种植户签订产销合同，提高农户种植积极性。

第三次主席会议 2013年2月19日召开，顾昌和主持会议。会议协商县政协九届二次会议材料，协商确定大会发言材料及发言人、县政协九届四次常委会会议时间。

第四次主席会议 2013 年 3 月 14 日召开，顾昌和主持会议。会议协商确定县政协 2013 年重点工作。

第五次主席会议 2013 年 6 月 21 日召开，顾昌和主持会议。县国资局负责人列席会议。会议听取县国资局关于县土地管理使用工作情况的汇报。顾昌和就土地管理工作提出要加大对国土资源法律法规的宣传力度，提高全社会的国土意识；加大土地执法巡查力度，监督并及时制止违法用地、违法建设行为；做好土地整治工作，整治节余出来的建设用地指标，用来满足工业化、城镇化发展用地需求；做好土地置换工作，挖掘现有土地存量，盘活农村闲置、低效土地。

第六次主席会议 2013 年 10 月 16 日召开，顾昌和主持会议。常务副县长卢爱兵出席，县政府办公室、建行负责人列席会议。会议听取县政府关于县中小企业助保金贷款工作开展情况的汇报，就县中小企业助保金贷款工作进行专题协商。会议建议认真总结前一阶段工作经验，完善助保金贷款工作程序和办法；提高助保金贷款使用率，使助保金贷款业务不断档；在逐步完善运作机制的同时，逐年增加助保金额度，扩大借贷规模；加大对中小企业诚信经营理念的引导，使其依法经营，诚实守信，不断提高信用等级，展现良好的企业素质和企业形象，把企业做大做强。

第七次主席会议 2013 年 12 月 20 日召开，顾昌和主持会议。会议协商县政协九届三次会议事宜，协商确定大会发言材料及发言人、县政协九届八次常委会会议时间。

第八次主席会议 2014 年 8 月 5 日召开，顾昌和主持会议。县委常委、副县长关金一出席，县城管局负责人列席会议。会议听取县城市管理工作开展情况汇报，就县城市管理工作情况进行专题协商。会议建议成立城市管理综合执法局，统筹规范城市管理行政处罚权限，明确管理职责、制定科学管理的城市管理综合执法体制；科学规划推进城中村改造工作，科学、合理、有序地推进城中村改造；在城市管理理念上要把“以人为本”作为执法理念，落实“规范引导、变堵为疏”的管理新思路；加大宣传力度，形成人人关心环境、人人治理环境、人人爱护环境的良好氛围。

第九次主席会议 2014 年 9 月 19 日召开，顾昌和主持会议。副县长史东杰出席，县人事劳动和社会保障局负责人列席会议。会议听取县城镇居民医疗保险工作情况汇报，并与医疗保险经办机构负责人座谈，对县城镇医疗保险工作情况所取得的成绩予以充分肯定。会议建议加大医疗保险扩面工作力度，依法督促企事业单位为职工办理医疗保险；加强监管力度，建立政府主导、部门联动、社会参与的监管长效机制；加大宣传力度，提高居民参保意识，扩大参保范围；加快城镇居民医疗保险和新型农村合作医疗制度并轨，让人民群众真正享受到医保制度的普惠性；完善医保政策，尝试将远程医疗会诊费用纳入医保的统筹管理范围，满足更多患者需求。会议还审议了政协有关规章制度。

第十次主席会议 2014 年 10 月 17 日召开，顾昌和主持会议。副县长史东杰出席，县人事劳动和社会保障局、县经济开发区负责人列席会议。会议听取县抚宁经济开发区建设及运行情况汇报，开发区负责人围绕开发区经济指标完成情况、产业发展、重点项目建设、土地储备、当前工作中存在的问题和下步工作想法等方面进行了汇报。会议建议县委、县政府要高度重视开发区建设工作，加大对开发区人力、物力、财力的支持，尽快解决机构编制问题；抓好整体规划，立足长远，结合实际，科学制定开发区长期规划和近期规划；做好土地储备工作，对闲置的土地、厂房进行调查摸底，将闲置的土地置换出来，使闲置资源再利用；抓好基础设施建设，完善开发区水、电、路、讯、排污等基础设施，营造设施齐全、整洁优美的投资环境。

第十一次主席会议 2015年1月14日召开，顾昌和主持会议。会议协商讨论县政协九届四次会议材料；协商确定大会发言材料及发言人，县政协九届十三次常委会会议时间、议程。

第十二次主席会议 2015年3月24日召开，张岐主持会议。县委常委、宣传部部长郝伟出席，县委宣传部负责人列席会议。会议听取县委宣传部就县文化产业发展情况进行的专题汇报，会议并建议加大力度，使文化产业成为县域经济的重要组成部分，更好地发挥其在加快经济发展方式转变和经济结构调整中的积极作用。

第十三次主席会议 2015年4月12日召开，张岐主持会议。副县长李维宝出席，县民政局负责人列席会议。会议听取县村委会班子换届情况介绍，并进行讨论，提出建议。

县政协常委会会议

自1982年县政协第一届委员会第一次常委会会议至2015年县政协第九届委员会第十五次常委会会议，县政协共召开145次常委会会议。会议由政协主席、副主席、党组成员、秘书长、常务委员组成，由主席或主席委托的副主席主持，一般每季度举行一次，有时根据需要临时召开，或为增大协商频次增开会议。会议议程和日程由主席会议决定，并提前一周发出预备通知。县政协机关科室负责人列席会议。

县政协第一届委员会常委会会议 1982年2月—1984年5月，县政协一届常委会共召开14次常委会会议。政协主席胡顺，副主席姚恩惠、刘志成、黑俊义、赵振基、刘伯华出席第一至十二次常委会会议；副主席刘志成、赵振基、刘伯华及县政协负责人刘惠廷、赵国栋、李广明、杜志仁、王匡时、刘玉洁出席第十三至十四次常委会会议；常务委员马山林、王匡时、史殿权、刘健、刘玉洁、毕再昌、金光明、林国政、董国贤参加第一至十四次常委会会议；县政协科室负责人列席会议。

第一次常委会会议 1982年2月14日召开，胡顺主持会议。会议宣布经县委批准的副主席名次排列和姚恩惠为驻会主席及经主席会议商定的主席、副主席工作分工，拟订县政协工作组简则、办公制度、县政协工作组划分及组长人选，决定建立政协抚宁县委员会学习委员会，成立科学技术、文化教育、医药卫生、综合等4个县政协工作组。

第二次常委会会议 1982年4月6—8日召开，胡顺主持会议。会议听取姚恩惠参加唐山地委在卢龙召开的政协工作座谈会情况汇报，研究确定县政协1982年工作安排、工作组编组，研究召开县政协一届二次会议问题，听取县政协办公室工作汇报、提案审查委员会提案处理情况报告，学习中共中央〔1982〕17号文件《全国统战会议纪要》和中央统战部副秘书长聂真《关于新时期人民政协的性质、特点与任务》的讲话，结合座谈讨论县政协工作，组织与会常委到本县小所庄、大山头、县造纸厂、县棉织厂参观视察。

第三次常委会会议 1982年6月9日召开，姚恩惠主持会议。会议听取县政协提案审查委员会关于县政协一届一次会议提案处理情况报告、县政协办公室工作汇报；学习有关文件，协商通过《县政协关于认真学习讨论〈宪法修改草案〉的决定》；商定印发苏兰茹委员坚持为患横贯性脊髓炎的子弟兵排长阎书生精心治疗护理的先进事迹。

第四次常委会（扩大）会议 1982年8月13—15日召开，姚恩惠主持会议。省政协委员李钟泽、王淑兰、王会博，县人大常委会副主任魏春阳、副县长汤立才出席会议。会议座谈学习《政协章程修改草案》的收获、心得和修改补充意见，随后把学习讨论情况以书面形式报省政协；会议座谈讨论廖承志副委员长给蒋经国先生的信。

第五次常委会会议 1982年9月13—14日召开，胡顺主持会议。李振纲列席会议。会议学习中共十二大文件，与会人员积极发言。胡顺发言指出，粉碎“四人帮”六年来抚宁县工农业生产发生的巨大变化，说明中共十一届三中全会以来的路线、方针、政策是正确的；希望与会人员及全体政协委员认真学习十二大文件，把认识统一到十二大精神上来，搞好两个文明建设，努力工作，开创政协工作新局面。

第六次常委会会议 1982年12月8—15日召开，胡顺主持会议。会议听取县政协办公室工作情况汇报；宣布经县委批准，县政协增设宣传教育科、组织联络科，增补刘志成副主席驻会；会议协商调整政协工作组及组长人选；讨论增补王云、王永秋、刘杰、刘青、杨耀宗、郑淑云、彭景春为县政协一届委员；学习讨论《宪法修改草案》和《政协章程修改草案》；会议期间与会委员用5天时间赴北京、易县等地参观学习。

第七次常委会会议 1983年1月22日召开，刘志成主持会议。会议协商关于召开县政协一届三次会议的时间及有关工作报告草案，审议通过县政协1983年工作安排。

第八次常委会会议 1983年3月20日召开，刘志成主持会议。会议听取县政协一届三次会议筹备情况汇报；商定会议议程、日程，大会秘书长、副秘书长及县政协常委分工问题。

第九次常委会会议 1983年10月14日召开，刘志成主持会议。会议听取县政协办公室工作汇报，传达市各界人士为“两个文明”建设服务经验交流会议精神，并商讨贯彻方法；讨论决定一届四次会议议程及列席县人大会议问题；选举出席市政协换届会议代表。

第十次常委会（扩大）会议 1983年12月17—20日召开，刘伯华主持会议。县政协各工作组正、副组长参加会议。会议听取刘志成传达省政协召开的市、县政协工作经验交流会议精神，赵振基传达市政协六届一次会议精神，与会人员去潘家口水库、大黑汀水库、引滦入津九号洞参观学习。

第十一次常委会会议 1983年12月26日召开，胡顺主持会议。会议研究县政协机构改革问题，协商同意刘惠廷、赵国栋、刘志成、赵振基、李广明、刘伯华、杜志仁、王匡时、刘玉洁为县政协新领导班子成员（待提请县政协二届一次全委会议选举产生）。

第十二次常委会会议 （略）

第十三次常委会（扩大）会议 1984年3月1—2日召开，刘惠廷主持会议。会议学习中共中央〔1984〕1 号文件；听取刘惠廷传达市政协六届二次常委会会议精神，县委工作会议及贯彻省委召开的市、县委书记会议精神；审议县政协 1984 年工作要点；参观《秦皇岛在前进》图片展览。

第十四次常委会会议 1984 年 5 月 7—8 日召开，刘伯华主持会议。会议听取审议刘惠廷所作的县政协一届三次会议以来工作报告、赵振基所作的提案处理情况报告，听取讨论赵国栋所作的县政协二届委员人事安排报告，协商决定召开县政协二届一次会议事宜。

县政协第二届委员会常委会会议 1984 年 5 月—1987 年 4 月，县政协二届常委会共召开 14 次常委会会议。政协主席刘惠廷，副主席赵国栋、刘志成、赵振基、李广明、刘伯华、杜志仁、王匡时、刘玉洁出席会议，常务委员马山林、王云、王立新、王宝昌、王景曜、史殿权、毕再昌、吕晓岚、李家义、李振纲、张富、金光明、郑庆魁、董国贤、刘松林（1986 年 3 月任职）、黄润忠（1986 年 3 月任职）参加会议；县政协科室负责人列席会议。

第一次常委会会议 1984 年 5 月 31 日召开，刘惠廷主持会议。会议通报县政协主席、副主席工作分工，例会制度，县政协机关机构设置（一室两科），科室职权范围；商定县政协工作组划分，正、副组长人选；安排下步工作。

第二次常委会（扩大）会议 1984 年 8 月 15 日召开，刘惠廷主持会议。会议学习中共中央统战部 658 号文件《关于加强经济特区和对外开放的沿海港口城市统一战线工作的通知》，听取刘惠廷报告县政协二届一次会议以来的工作，听取刘志成赴辽宁省参观学习汇报，研究县政协工作组工作。

第三次常委会（扩大）会议 1984 年 11 月 27—28 日召开，赵国栋主持会议。会议学习中共十二届三中全会文件，贯彻县委召开的区委书记会议精神，听取县政协二届二次常委会会议以来的工作汇报并商定下步工作。刘惠廷强调要抓好三中全会文件的学习，解决改革与农村无关的思想，积极发展商品生产，办好土地、果树承包期延长手续，搞好对各项工作的统筹安排。

第四次常委会（扩大）会议 1985 年 2 月 1—2 日召开，赵国栋主持会议。会议学习中共中央〔1985〕1 号文件；听取刘惠廷传达市政协六届七次常委扩大会议精神；贯彻中共中央统战部、全国政协召开的沿海开放城市和经济特区统战、政协工作座谈会议精神；商定县政协 1985 年工作要点；座谈讨论县政府党组对照检查征求意见稿，并把提出的意见和建议反馈给县政府。

第五次常委会会议 1985 年 4 月 16 日召开，刘惠廷主持会议。会议协商决定县政协二届二次会议时间、议程、日程、工作报告草案及工作组调整、组长人选、增补县政协二届委员和有关委员辞职问题。

第六次常委会会议 1985 年 6 月 28 日召开，刘惠廷主持会议。副县长赵恩章出席会议，政协原副主席姚恩惠、黑俊义应邀出席会议。会议听取赵恩章赴粤参观考察和抚宁县经济开发情况报告，听取县政协二届二次会议以来工作汇报，协商确定出席市政协、市委统战部召开的各界人士为改革和开放服务经验交流会议代表名单，协商县政协机关科室人事任免。

第七次常委会（扩大）会议 1985 年 10 月 21—22 日召开，赵国栋主持会议。姚恩惠、黑俊义应邀出席会议，县长王世祥出席会议，县政协各工作组正副组长、机关科室负责人参加会议。会议学习胡耀邦、邓小平、陈云、李先念在中共全国代表会议上的重要讲话，听取国务院财经领导小组副秘书长袁木关于学习全国党代会文件的录音报告；听取刘惠廷传达市政协六届十四次常委扩大会议精神；听取并讨论王世祥所作的全县当前经济体制改革情况介绍；会议经过讨论协商，通过《关于学习和贯彻中国共产党全国代表会议文件精神的决定》和《当前工作安排要点》。刘惠廷讲话希望全体政协委员和工作人员要认真学习全国党代会文件，政协要议政、要进一步端正指导思想。

第八次常委会（扩大）会议 1985年12月27—28日召开，赵国栋主持会议。姚恩惠、黑俊义应邀出席会议；各工作组正、副组长，机关科室负责人参加会议。会议由李广明、刘惠廷先后传达省政协第二次政协工作经验交流会议和市各界人士为改革和开放服务经验交流会议精神，刘伯华传达《全国政协学习工作会议纪要》和全国政协副秘书长陆平的讲话精神，与会人员联系工作实际展开讨论；会议商定县政协1985年工作总结和1986年工作要点；协商机关科室人事任免。刘惠廷讲话希望与会人员及全体政协委员加强学习，进一步提高觉悟，增长才干；在工作中充分发挥人民政协的职能作用；发挥人民政协“综合性人才库”的“整体功能”的作用。

第九次常委会会议 1986年3月10日召开，刘惠廷主持会议。会议讨论县政协常务委员会工作报告、提案办理情况报告，协商增补县政协二届委员会委员、增选常务委员名单，研究县政协二届三次会议准备工作。

第十次常委会会议 1986年3月21日召开，刘惠廷主持会议。会议听取县政协二届三次会议讨论情况及会议期间需解决的问题汇报。

第十一次常委会会议 1986年7月3—4日召开，赵国栋主持会议。县委书记张力，县委副书记、县长王世祥出席会议并讲话。会议学习中共中央〔1986〕7号、10号关于统一战线和政协工作的文件；听取赵国栋关于上半年县政协工作情况、刘志成关于县政协下半年工作安排汇报；协商讨论《抚宁县二〇〇〇年经济技术社会总体发展战略（征求意见稿）》，与会委员从《发展战略（征求意见稿）》的战略目标、战略思想、战略重点、战略对策等方面提出100多条中肯的意见和建议，并经综合整理印送给县党政领导参考。

第十二次常委会（扩大）会议 1986年10月9—10日召开，李广明主持会议。县委副书记、县长王世祥，县委副书记李运午出席会议、听取意见。县政协离休领导应邀出席会议，县人大和县直单位负责人，县政协工作组组长、科室负责人参加会议。会议学习讨论《中共中央关于社会主义精神文明建设指导方针的决定》；听取县法院、团县委、县教育局、县妇联负责人所作的关于青少年犯罪原因剖析、青少年思想状况调查的发言和县工商银行、新华书店负责人及青少年家长代表所作的关于加强青少年教育的经验介绍；会商贯彻《决定》精神，提出进一步加强青少年教育的建议和意见；李运午听取意见后作重要讲话。会后县政协把委员建议整理成《关于加强青少年教育应解决的几个问题》以及《建议和意见》印送给县委、县政府。

第十三次常委会（扩大）会议 1986年12月27日召开，李广明主持会议。县政协科室负责人参加会议。会议讨论县政协1986年工作总结和1987年换届设想及换届前工作安排。

第十四次常委会会议 1987年4月11日召开，赵国栋主持会议。会议决定县政协三届委员会委员名额为130名及委员名单；商定三届一次会议时间、议程、日程、主席团、秘书长建议名单；讨论提案工作委员会主任、副主任、委员名单；审议通过提案办理情况报告；讨论通过县政协二届常委会任期工作报告；商定从县政协三届一次会议起在全县8区1镇建立县政协联络组，讨论通过《县政协区、镇联络组工作试行条例（征求意见稿）》，拟提交县政协三届一次会议征求意见，再提请三届一次常委会会议正式协商通过，并报请县委批转。

县政协第三届委员会常委会会议 1987年4月—1990年4月，县政协三届常委会共召开16次常委会会议。政协主席张浩成，副主席赵国栋、赵振基、李广明、杜志仁、王匡时、刘玉洁，秘书长黄润忠（1988年2月任职）出席会议，常务委员马山林、王云、王立新、王景曜、吕晓岚、刘松林、毕再昌、李兰英、李成岩、李景尧、金光明、单家璋、郑庆魁、祝玉勤、殷良生参加会议；县政协科室负责人列席会议。

第一次常委会会议 1987年4月27日召开，赵国栋主持会议。县委书记张力，县委常委、组织部部长邸有出席会议、听取意见；县政协原副主席姚恩惠、刘志成、黑俊义应邀出席会议。会议商讨县委提出的县第九届人大常委会和“一府两院”负责人候选人建议名单，与会常委对个别人选提出批评和建议；会议通过本会年内工作要点；讨论通过《县政协区、镇联络组工作试行条例》；决定县政协学习委员会组成人员、各工作组委员，县政协区、镇联络组组长和副组长人选；明确主席、副主席工作分工。

第二次常委会（扩大）会议 1987年7月13—14日召开，张浩成主持会议。县长骆志强、常务副县长傅春奎出席会议；县政协区、镇联络组组长，机关科室科长、主任参加会议。会议听取骆志强介绍访日观感，傅春奎介绍全县“双增双节”运动情况，讨论中与会委员提出一些建议，经归纳印送给县政府；张浩成报告换届后县政协工作情况及第三季度工作意见。

第三次常委会会议 1987年11月12—13日召开，张浩成主持会议。县委副书记、县长骆志强，县委副书记李运午出席会议、听取意见；县人大有关部门、县委农村工作部、县粮食局、规划办负责人列席会议。会议学习中共十三大文件；商讨把全县粮食生产搞上去的意见并上报县委、县政府；会上李运午讲话，肯定县政协的《建议》，提议将把全县粮食生产高上去议题列为即将召开的全县三级干部会议主题；会议还商定县政协新年前后的工作。

第四次常委会（扩大）会议 1988年1月20日召开，张浩成、赵国栋分别主持会议。姚恩惠、刘志成、黑俊义应邀出席会议；县政协各工作组组长，区、镇联络组组长，机关科室科长、主任参加会议。会议商讨《县政协常务委员会工作报告（草案）》及提案办理情况报告草案，协商县政协三届二次会议议程、日程、秘书长名单，协商人事任免、三届政协秘书长人选，讨论通过县政协1988年工作计划。

第五次常委会会议 1988年4月8日召开，张浩成主持会议。机关离退休人员列席会议。会议协商决定撤区扩乡后县政协乡镇联络组的设置、工作组的调整方案，协商决定增补7名县政协三届委员会委员，协商决定机关科室人事任免，确定1988年县政协调研课题。

第六次常委会（扩大）会议 1988年7月19—20日召开，张浩成主持会议。县委书记菅瑞亭到会指导；县长骆志强、副县长陈才及县直有关单位负责人出席；已离休的县政协原主席、副主席应邀出席会议；县政协工作组、联络组组长，机关科室科长、主任参加会议。会议听取并讨论骆志强关于《抚宁县发展外向型经济规划纲要和实施方案（征求意见稿）》的报告，与会人员在充分肯定成绩的同时提出5个方面的意见和建议；会议审议通过县政协《关于发展林业生产的几点建议》；学习讨论《政协全国委员会常务委员会工作规则》；协商决定增补县政协委员；任免县政协台营区联络组组长；听取讨论赵国栋关于县政协前段工作情况和下步工作任务的报告。

第七次常委会（扩大）会议 1988年12月12—13日召开，张浩成主持会议。县委副书记、县长骆志强，县委副书记李运午，常务副县长傅春奎到会听取意见；县委农经部、县政府办公室、乡企局负责人及县政协工业工作组委员参加会议；已离休的县政协原主席、副主席应邀出席会议；县政协工作组、联络组组长，机关科室科长、主任参加会议。会议学习中共十三届三中全会文件，收听袁木辅导录音，听取傅春奎关于抚宁县治理经济环境、整顿经济秩序情况介绍，协商讨论县政协《关于发展我县乡镇企业的几点建议》，协商决定县政协机关两科一室改为三科一室并明确职权范围、主要任务，协商通过机关科室人事安排。

第八次常委会（扩大）会议 1989年1月27日召开，张浩成主持会议。县政协工作组、联络组组长，机关科室科长、主任参加会议。会议讨论通过县政协1989年工作要点，协商县政协三届三次会议议程、日程（草案）、时间、人员，审议县政协《第三届委员会工作报告（草案）》、县政协提案工作委员会《关于三届二次会议以来提案工作情况的报告（草案）》，商定常务委员主持会议分工、秘书长名单及大会发言，研讨大会期间县党政领导与委员协商对话问题。

第九次常委会（临时）会议 1989年3月27日召开，张浩成主持会议。会上张浩成传达中共抚宁县委关于县政协乡镇联络组组长职务为正科级的决定，协商决定增补县政协三届委员会委员及县政协机关干部和榆关联络组组长任免事项。

第十次常委会（扩大）会议 1989年6月19日召开，张浩成主持会议。县委副书记李运午到会听取意见；县委农村工作部负责人出席会议；县政协机关离休干部应邀出席会议；机关科室负责人，县政协工作组、联络组组长参加会议。会议学习讨论《邓小平接见首都戒严部队军以上干部时的讲话》和李鹏、姚依林在中共中央、国务院召开的各部门负责人会议上的讲话，听取讨论农村双层经营管理体制情况的通报和进一步完善承包责任制的意见。张浩成讲话希望各位委员认真学习邓小平的重要讲话，做好宣传疏导工作，稳定形势，稳定大局；坚持四项基本原则，坚持“一个中心，两个基本点”，坚持改革开放，扎扎实实做好各项工作；充分发挥政协政治协商、民主监督的职能作用。

第十一次常委会会议 1989年7月26日召开，张浩成主持会议。会议学习中共十三届四中全会文件，听取张浩成传达县委六届七次全委扩大会议精神，与会委员一致表示，坚决拥护中共十三届四中全会的各项决定和邓小平的重要讲话，拥护以江泽民为总书记的新的中央领导集体，拥护对赵紫阳所犯严重错误的组织处理决定；在政治上、思想上、行动上同中国共产党保持一致；拥护和执行党在社会主义初级阶段的基本路线，坚持“一个中心，两个基本点”，坚持四项基本原则，反对资产阶级自由化。委员们还就评定职称、分配不公、文化市场等方面的问题进行了剖析，提出了建议。会议协商决定县政协联络组组长任免和下半年工作安排。

第十二次常委会（扩大）会议 1989年9月26日召开，张浩成主持会议。县委常委、宣传部部长苏洪珊，县委常委、县武装部政委李福平出席会议；团县委书记、县妇联主任、县政协法制宣传工作组部分委员、各联络组组长、机关科室负责人参加会议。会议审议县政协《关于加强农村思想政治工作的几点建议》，决定修改后作为提案报送县委。

第十三次常委会（扩大）会议 1989年11月13日召开，张浩成主持会议。县委书记营瑞亭，县委常委、办公室主任王殿起出席会议；县委农经部负责人、榆关镇农业技术顾问齐芳廷、县政协委员张东奎应邀到会；县政协联络组组长、机关科室负责人参加会议。会议学习中共十三届五中全会公报；听取县农村家庭联产承包责任制情况通报；讨论《县委、县政府关于进一步完善家庭联产承包责任制情况的意见（讨论稿）》，并提出修改意见。

第十四次常委会会议 1990年2月20日召开，张浩成主持会议。会议学习讨论中共中央《关于加强和完善中国共产党领导的多党合作和政治协商制度的意见》，讨论通过县政协1990年工作要点（草案）、县政协常务委员会工作情况介绍；协商增补县政协三届委员会委员；任免县政协留守营、牛头崖、海阳、驻操营联络组组长。

第十五次常委会会议 1990年3月15日召开，张浩成主持会议。县委统战部负责人作《中共抚宁县委统战部关于四届政协委员安排情况的说明》；会议商定县政协四届委员会委员名额，商定去、留委员方案；决定召开联络组组长会议，做好调整委员工作。

第十六次常委会会议 1990年4月9日召开，张浩成主持会议。会议协商通过县委推荐的傅振东、白润泉、李瑞林为四届政协委员，原定的2名政协委员因工作变动不再安排的决定；商定县政协四届一次会议日期、议程、日程、大会主席团秘书长建议名单；协商通过县政协三届三次会议以来提案办理情况报告（草案）；决定县政协代理秘书长人选。

县政协第四届委员会常委会会议 1990年4月—1993年2月，县政协四届常委会共召开14次常委会会议。政协主席傅振东，副主席白润泉、杜志仁、王匡时、李瑞林、李成岩、郑庆魁，秘书长张九龄（至1991年4月）、王向春（1991年4月任职）出席会议，常务委员马山林、王立群、王永秋、王正民、刘松林、孙英杰、吕晓岚、李兰英、李景尧、杨志、金光明、陈丽霞、岳秀茹、赵志卿、胡建昌、郭喜瑞、殷良生参加会议；县政协科室负责人列席会议。

第一次常委会会议 1990年4月27日召开，傅振东主持会议。县委书记营瑞亭，副书记侯金来，县委常委、组织部部长郁和平出席会议。会议协商县委提出的县人大和“一府两院”组成人员候选人建议名单，与会委员同意县委提出的建议名单，但提出下届人选候选人应注意提高妇女、青年、科技、少数民族界的比例和提高候选人文化水平的建议；会议商定县政协工作组划分及正、副组长人选；通报主席、副主席工作分工；商定常委学习事宜和机关科室职权范围；傅振东作总结讲话。

第二次常委会会议 1990年7月23日召开，傅振东主持会议。县委副书记侯金来、副县长陈才到会听取意见；县委农工部、县农办、人行、农行、信用联社负责人列席会议。会议审议通过县政协《关于进一步办好合作基金会的几点建议（草稿）》，决定将《建议》报县委、县政府，侯金来、陈才肯定县政协的《建议》；会议协商通过《政协抚宁县委员会常务委员会工作规则（讨论稿）》；协商决定有关人事任免；通报县政协党组成员。

第三次常委会会议 1990年8月16日召开，傅振东主持会议。会议协商决定人事调整、增补5名县政协四届委员会委员，协商通过《县政协四届委员会专门委员会组织通则》，决定建立提案工作、学习、文史资料征集、经济科技、宣教文卫（含体育）、社会法制海外联谊6个专门委员会并确定各专门委员会组成人员，传达学习中发〔1990〕10号文件和江泽民同志在全国统战工作会议上的讲话。

第四次常委会会议 1990年11月27日召开，傅振东主持会议。县委副书记侯金来、副县长胡纯惠到会听取意见，县委宣传部、县教委负责人列席会议。会议审议由王匡时、郑庆魁率领文教组对抚宁县8所中小学德育教育的抽样调查和赴外地考察后形成的《政协抚宁县委员会关于进一步加强我县中小学德育教育工作的建议》，决定作为建议案报送县委、县政府；会议协商通过《抚宁县人民政府、政协抚宁县委员会关于加强县政府各工作部门和县政协各专门委员会相互联系的暂行办法（讨论稿）》《政协抚宁县委员会政协联络组工作试行条例（讨论稿）》《政协抚宁县委员会提案工作试行条例（讨论稿）》；听取白润泉传达市政协七届十次常委扩大会精神，讨论通过《政协抚宁县委员会学习贯彻全国统战工作会议精神，进一步做好我县政协工作（讨论稿）》；讨论决定政协常委学习日变动意见；听取李瑞林通报市政协协助党委纠正行业不正之风的部署、县该项工作进度情况；协商决定增补县政协四届委员会委员名单。

第五次常委会会议 1991年1月17日召开，傅振东主持会议。县委副书记苏洪珊、副县长柳瑞山到会听取意见，县计委负责人、县政协乡镇联络组组长列席会议。会议协商研讨《抚宁县国民经济和社会发展第八个五年计划和十年规划（草案）》，协商通过《政协抚宁县委员会1990年工作总结》《政协抚宁县委员会1991年工作要点》和春节前工作安排，商定增补四届政协委员及调整个别联络组组长。

第六次常委会会议 1991年3月19日召开，傅振东主持会议。会议协商召开县政协四届二次会议日期；协商通过四届常务委员会工作报告（草案），提案办理情况报告（草案）；商定四届二次会议议程和日程等文件草案；根据张九龄秘书长因病不能坚持工作的要求，酝酿协商在四届二次会议上增补县政协常委、秘书长候选人；商定四届二次会议常务委员主持大会分工名单和秘书处组成人员名单。

第七次常委会（扩大）会议 1991年4月29日召开，傅振东主持会议。县政协各乡镇联络组组长参加会议。会议审议县政协各专门委员会、活动小组、联络组1991年活动安排计划，商定县政协1991年重点调研课题，协商决定增补县政协四届委员会委员，协商人事任免和活动小组的委员调整。

第八次常委会（扩大）会议 1991年7月9日召开，傅振东主持会议。县委副书记苏洪珊、副县长杜彦祥到会听取意见；县委政法委、县委农工部、县农委、土管局等有关部门负责人，县政协各乡镇联络组组长参加会议。会议协商讨论《抚宁县试行农村宅基地和村内空闲地有偿使用的实施方案》《抚宁县试行农村宅基地和村内空闲地有偿使用试行办法》，与会人员提出22条意见和建议，经综合后报送县政府。

第九次常委会（扩大）会议 1991年11月6日召开，傅振东主持会议。县委副书记、县长骆志强，县委副书记侯金来、副县长傅勇到会听取意见；县政协各乡镇联络组组长，县委农工部、县财办、农委、乡企局、粮食局负责人参加会议。会议听取县乡镇企业局负责人《关于我县乡镇企业“85、1510”工程的说明》；协商讨论县政协1991年重点调研课题《关于农村社会化服务的调查报告》和《关于减轻农民负担的几点建议》，决定将这两份材料分别送县委、县政府；决定印发传达省市政协工作会议精神；讨论通过《政协抚宁县委员会提案工作试行条例》《关于表彰奖励优秀政协提案和提案办理先进单位、先进个人的暂行办法》；决定增补四届政协委员和协商有关人事任免。

第十次常委会（扩大）会议 1992年1月16日召开，傅振东主持会议。县政协各乡镇联络组组长、机关科室负责人参加会议。会议协商讨论县政协1991年工作总结和1992年工作要点，县政协四届三次会议议程、日程，常委会工作报告、提案办理情况报告及有关事宜；讨论通过优秀提案候选人名单。

第十一次常委会（扩大）会议 1992年4月7日召开，傅振东主持会议。县政协各乡镇联络组组长、机关科室负责人参加会议。会议听取白润泉传达市政协七届五次会议精神，审议1992年县政协各专门委员会、各乡镇联络组活动计划，确定县政协1992年重点调研课题，协商人事任免、增补县政协四届委员会委员，议定县政协常委会的集中学习与常委会结合进行。

第十二次常委会（扩大）会议 1992年7月24日召开，傅振东主持会议。常务副县长杜彦祥出席；县政府办公室、县委农工部、县建委负责人到会通报情况，听取意见；县政协各乡镇联络组组长、机关科室负责人参加会议。会议听取县政府《关于上半年改革开放和经济发展情况的通报》和县委农工部《关于减轻农民负担的几点建议》办理情况即《抚宁县人民政府关于减轻农民负担工作的情况汇报》；协商讨论《抚宁县住房制度改革实施方案（讨论稿）》，委员们提出一些补充修改意见，经综合整理送县政府；会议学习邓小平南方谈话和江泽民在中央党校的讲话，与会委员进一步统一思想认识，增强贯彻执行党的基本路线的自觉性。会议决定增补县政协四届委员会委员、协商了人事任免。傅振东就贯彻落实“谈话”和“讲话”精神，围绕经济建设、发挥政协职能作用讲了体会。

第十三次常委会（扩大）会议 1992年10月23日召开，傅振东主持会议。县委副书记苏洪珊出席会议，县委农工部、县农委负责人到会听取意见，县政协各乡镇联络组组长、农业科技组有关委员、机关科室负责人参加会议。会议协商讨论县农村社会化服务问题，决定将县政协提出的《关于进一步加强我县农业社会化服务工作的建议案（草案）》报送县委；会议学习讨论中共十四大会议精神。傅振东要求各位常委、各位联络组组长要认真学习，把十四大精神作为今后工作指导方针，并准备在常委会上交流学习体会。

第十四次常委会会议 1992年12月30日召开，傅振东主持会议。县政协党组副书记苏洪珊，党组成员、县委统战部部长顾昌和，县委统战部有关负责人出席会议。会议听取县委统战部负责人关于县政协五届委员会参加单位、五届委员安排的说明，商定五届委员148名及有关换届的各项工作，商讨县政协四届常委会三年来的工作报告（讨论稿），协商通过1992年工作总结和1993年工作要点，审议县政协各专门委员会工作报告。傅振东在总结讲话中回顾，四届政协历时3年，召开14次常委会会议，完成了历史使命，工作有所发展、有所创新。1993年将举行县政协五届一次会议，有部分常委将不再担任委员和常委，希望大家对此有正确认识，在力所能及情况下为政协继续出力。

县政协第五届委员会常委会会议 1993年2月—1998年2月，县政协五届常委会共召开26次常委会会议。政协主席苏洪珊，副主席顾昌和（至1995年1月）、李成岩、郑庆魁、侯玉璋（1996年3月任职）、杨雨顺（1996年7月任职），秘书长王向春（至1994年3月）、陈庆昆（1994年3月任职）出席会议，常务委员王瑞金、孙柳林、孙焕仁、杜克谦、杜静红、李述善、张仲青、张志坚、张焕彪、陈光、陈丽霞、杨志、赵志卿、胡建军、高尚民、郭喜瑞、戴新武、马哨宇（1994年3月任职）、金永强（1994年3月任职）、肖明地（1996年3月任职）、杨义（1996年3月任职）、唐福利（1996年3月任职）、冯利民（1996年3月任职）参加会议；县政协科室负责人列席会议。

第一次常委会会议 1993年2月18日召开，苏洪珊主持会议。会议讨论决定县政协五届常委会仍执行上届常委会制定的《政协抚宁县委员会常务委员会工作规则》，苏洪珊通报主席、副主席工作分工，协商任免县政协乡镇联络组组长、县直工作组组长。

第二次常委会会议 1993年4月7日召开，苏洪珊主持会议。党组顾问、县政协原主席傅振东，党组顾问、县政协原副主席李瑞林，县政协原副主席白润泉、王匡时应邀出席会议；县政协各乡镇联络组组长列席会议。会议学习全国政协八届一次会议有关文件，通报县政协提案工作委员会和各科（组）1993年主要活动安排，商定县政协1993年重点调研课题，协商决定有关人事任免和增补县政协五届委员会委员名单，商定县政协各专门委员会设置和主任、副主任人选。

第三次常委会会议 1993年7月12日召开，苏洪珊主持会议。傅振东、李瑞林应邀出席会议，副县长李开江出席，县委统战部、县房改领导小组负责人、县政协各乡镇联络组组长列席会议。会议协商讨论《抚宁县住房制度改革实施方案》，并提出修改补充意见；讨论县政协《关于农业如何走向市场经济的意见》，并提出建议；协商增补县政协五届委员会委员、任免留守营联络组组长；学习李瑞环在全国政协八届二次常委会上的讲话。

第四次常委会会议 1993年10月4日召开，顾昌和主持会议。傅振东应邀出席会议，县政协各乡镇联络组组长列席会议。会议学习中共中央反腐败斗争文件，讨论决定县政协贯彻落实问题；协商决定机关人事任免。苏洪珊在会上讲话指出，加强党风廉政建设，坚持不懈地开展反腐败斗争，是摆在全党面前的一项紧迫而重大的政治任务，也是全县人民瞩目的一件大事。各位常委和委员都要积极投身到反腐败斗争中来，加强学习，统一思想，提高反腐倡廉的自觉性；要在反腐败斗争中充分发挥政协的职能作用；要进行反腐倡廉的教育，加强政协机关建设，为夺取反腐败斗争的新胜利作出贡献。

第五次常委会会议 1993年12月18日召开，苏洪珊主持会议。常务副县长郁和平到会听取意见，县计委、财政局负责人到会通报情况。傅振东、李瑞林、白润泉应邀出席会议，县政协各乡镇联络组、工作组组长列席会议。会议听取县政府关于“分税制”改革情况的通报；协商《抚宁县奔小康规划（讨论稿）》，并提出意见和建议；商定县政协1993年工作总结和1994年工作要点。

第六次常委会会议 1994年2月26日召开，苏洪珊主持会议。傅振东应邀出席会议。会议传达县委八届二次全委扩大会议精神，苏洪珊传达全会通过的《关于加强改革扩大开放加快经济发展的实施意见》，顾昌和传达县委书记菅瑞亭在全会上的讲话；会议协商县政协五届二次会议召开的时间、议程和日程；协商通过县政协常委会工作报告、提案工作委员会关于五届一次会议以来提案办理情况的报告；协商决定有关人事安排，同意王向春辞去秘书长职务；苏洪珊就提案工作和开好五届二次会议的有关事宜向与会常委提出希望和要求。

第七次常委会会议 1994年4月1日召开，顾昌和主持会议。傅振东、白润泉应邀出席会议，副县长聂春友出席，县政府办公室、对外开放办、经贸局负责人到会通报有关情况。会议听取通报县中外合资、引进外资情况，并进行讨论，常委对县利用外资工作取得的成绩给予肯定，对存在的问题提出意见和建议；会议听取关于南戴河开发建设情况通报，并协商讨论，提出意见和建议；会议学习全国政协八届二次会议精神和市政协会议精神；协商有关专门委员会主任、副主任人选；苏洪珊通报1994年县政协重点调研课题和为"两个文明"作贡献活动有关情况，并作总结发言。

第八次常委会会议 1994年6月20日召开，苏洪珊主持会议。傅振东应邀出席会议，县国税局、文化局负责人到会听取意见、建议，县政协各工作组、乡镇联络组组长列席会议。会议听取国税局负责人新税制讲座和文化局负责人宣读县政协《关于文化工作的几点建议（草案）》，与会人员进行协商和讨论，提出了补充和修改意见；会议还听取各联络组为"两个文明"建设作贡献活动情况的汇报。

第九次常委会会议 1994年9月21日召开，苏洪珊主持会议。傅振东应邀出席会议，副县长聂春友、李开江出席，南戴河工委、办事处、旅游局、旅游度假区管委会、旅游开发公司、高新技术产业园区负责人列席会议。会议听取南戴河工委、办事处领导及旅游局、旅游度假区管委会、旅游开发公司、高新技术产业园区负责人关于几年来南戴河开发建设情况的通报，与会常委对南戴河开发建设取得的成绩给予高度评价，对开发建设中遇到的困难和1994年旅游收入大幅度下降的原因进行客观分析，对如何摆脱被动局面提出意见和建议；会议还讨论通过《关于发展壮大个体私营经济的建议》。

第十次常委会会议 1994年12月15日召开，苏洪珊主持会议。傅振东应邀出席会议，县委副书记胡纯惠出席，县委政法委、法院、检察院、公安局、司法局、文化局负责人到会通报有关情况，县政协各乡镇联络组组长列席会议。会议听取县委政法委负责人关于全县社会治安综合治理情况通报，县文化局负责人关于全县扫黄打非情况通报。出席会议的县政协常委和联络组组长对有关问题提出意见和建议。胡纯惠表示，县委将责成有关部门尽快落实大家提出的意见和建议。会议还研究通过县政协1994年工作总结，协商人事任免。苏洪珊布置了县政协近期工作。

临时增开常委会会议 1995年1月24日召开，苏洪珊主持会议。县委副书记、县长田永生，县委常委、组织部部长刘平到会听取意见；傅振东应邀出席会议。会议协商县政府县长、副县长人事任免；听取刘平通报市委批准田永生任中共抚宁县委书记，郁和平任县长，聂春友任常务副县长，顾昌和任副县长、不再担任县政协副主席、县委统战部部长职务的决定；与会人员一致拥护市委决定。田永生讲话，感谢全县干部群众对自己的信任；决心严于律己，加强廉政建设；团结全县人民把抚宁的事情办好；按市委要求尽快把抚宁建成经济强县。

第十一次常委会会议 1995 年 2 月 25 日召开，苏洪珊主持会议。傅振东、李瑞林、白润泉应邀出席会议。会议协商决定县政协五届委员会委员调整、五届三次会议事宜，协商表彰为两个文明作贡献先进个人、优秀提案人、提案办理先进单位名单。

第十二次常委会会议 （略）

第十三次常委会会议 1995 年 3 月 16 日召开，苏洪珊主持会议。县政协各乡镇联络组组长、工作组组长列席会议。会议听取各组讨论情况汇报，通过县政协五届三次会议提案审查报告、五届三次会议决议（草案）。

第十四次常委会会议 1995 年 7 月 7 日召开，苏洪珊主持会议。傅振东应邀出席会议，县政协各乡镇联络组组长列席会议。会议收看中央党校教授关于经济体制改革的报告，通过政协委员社情民意反映卡试行办法，协商增补县政协五届委员会委员、任免联络组组长事宜。

第十五次常委会会议 1995 年 9 月 27 日召开，苏洪珊主持会议。副县长孙峰出席，县经贸局负责人、县政协各乡镇联络组组长列席会议。会议审议县政协《关于政治协商、民主监督、参政议政的实施办法》《关于提案工作实施细则》，审议通过县政协《关于国有工业生产经营情况调查和今后发展国有工业的建议》。

第十六次常委会（扩大）会议 1995 年 11 月 28 日召开，苏洪珊主持会议。县委书记田永生、县长郁和平、副县长聂春友出席会议，县政府办公室、计划局负责人到会听取意见。会议邀请高级工程师、县建委副主任马秀祥，经济师、县粮食局股长孙杰，县教委副主任张弼庭，助理经济师、县交通局副局长邵耀庭，县计生委副主任王玉华，县政协各乡镇联络组组长参加会议。会议讨论协商《抚宁县“九五”计划和 2010 年长远规划》。

第十七次常委会会议 1996 年 1 月 26 日召开，苏洪珊主持会议。县委统战部负责人列席会议。会议协商决定县政协五届委员会委员调整、各乡镇联络组组长调整事项，讨论通过县政协 1995 年工作总结和 1996 年工作要点、县政协常委会工作报告和提案报告，协商通过召开县政协五届四次会议决定。

第十八次常委会会议 1996 年 3 月 18 日召开，苏洪珊主持会议。县委统战部负责人列席会议。会议通过王向春、郭喜瑞辞去县政协常务委员职务的请求，拟增补五届政协委员名单，增选副主席和常务委员选举办法；讨论通过县委推荐的副主席、常务委员候选人建议名单。

第十九次常委会会议 1996 年 3 月 21 日召开，苏洪珊主持会议。县政协各乡镇联络组组长列席会议。会议听取县政协五届四次会议讨论情况汇报，讨论提案审查报告、五届四次会议决议。

第二十次常委会（扩大）会议 1996 年 6 月 14 日召开，苏洪珊主持会议。副县长张汉书出席，有关县长助理、县编办、县林业局负责人、县政协各乡镇联络组组长参加会议。会议协商通过县政协《关于加强我县乡（镇）村农林业科技队伍建设的建议》，与会人员对《建议》提出一些补充和修改意见；协商通过杨雨顺为县政协五届委员、五届副主席候选人；协商通过有关专门委员会和工作组调整事宜；协商通过县政协五届五次会议有关事项及表彰在两个文明建设中作出突出贡献的委员名单。

第二十一次常委会（扩大）会议 1996年10月25日召开，杨雨顺主持会议。县委副书记胡纯惠出席，县委农工部负责人、县政协各乡镇联络组组长参加会议。会议传达《中共秦皇岛市委关于学习贯彻党的十四届六中全会精神的安排意见》，安排县政协机关和全体委员的学习；会议听取农工部负责人介绍全县小康建设情况，协商通过向县委、县政府提交的《关于加强乡镇小康建设的建议》；胡纯惠要求与会人员要以小康建设统揽乡镇工作全局，抓住难点，突出重点，同心协力，把抚宁如期建成小康县。

第二十二次常委会（扩大）会议 1997年1月22日召开，苏洪珊主持会议。县政协各乡镇联络组组长参加会议。会议商定县政协五届六次会议时间、议程、常委分工、秘书处组成人员名单，讨论常委会工作报告、提案工作报告、表彰优秀提案人名单。

第二十三次常委会会议 1997年2月25日召开，苏洪珊主持会议。县政府办公室、财政局、计划局负责人，县政协各乡镇联络组组长、工作组组长列席会议。会议讨论提案审查情况报告和常委会工作报告的决议，听取各组汇报讨论情况。

第二十四次常委会（扩大）会议 1997年4月28日召开，苏洪珊主持会议。县委副书记胡纯惠，县委常委、宣传部部长李华文出席；县委宣传部负责人到会听取意见；县政协各乡镇联络组组长参加会议。会议学习江泽民在中纪委八次会议上的讲话；协商县政协和县委宣传部关于精神文明建设的调研材料，向县委提交《关于加强全县精神文明建设的几点建议》；协商有关人事任免事宜。

第二十五次常委会（扩大）会议 1997年8月28日召开，苏洪珊主持会议。县政协各工作组组长、乡镇联络组组长参加会议。会议总结五届政协任期内的工作；杨雨顺作《围绕中心，服务大局，履行政协职能》的讲话；各专门委员会负责人从总结工作出发，分别发言。苏洪珊作总结讲话指出，本次常委会的主要目的就是总结县政协任期内的工作，肯定成绩，找出不足，把实践经验上升到理性认识，用以指导今后的工作。

第二十六次常委会（扩大）会议 1998年2月10日召开，苏洪珊主持会议。县政协党组成员、县财政局局长李占义出席会议，县委统战部负责人、县政协各乡镇联络组组长、机关科室负责人参加会议。会议协商讨论县政协五届常委会工作报告；审议通过提案工作报告；协商决定县政协六届委员会委员名单，主席、副主席、秘书长、常务委员人选建议名单。

县政协第六届委员会常委会会议 1998年2月—2003年3月，县政协六届常委会共召开21次常委会会议。政协主席苏洪珊（至2002年3月）、王连成（2002年3月任职），副主席侯玉璋（至2002年3月）、李成岩（至2002年3月）、杨雨顺（至2002年3月）、李占义、肖明地（至2002年3月）、陆志飞（2002年3月任职）、李志佳（2002年3月任职）、张宝森（2002

年3月任职），秘书长陈庆昆（至1999年4月）、王素霞（1999年4月任职）出席会议，常务委员马哨宇、王瑞金、田雨林、冯云祥、冯利民、任玉荣、刘贵杰、孙柳林、苏志安、杜克谦、陈光、陈丽霞、杨义、李述善 、张永智、张庆选、张仲青、张志坚、邵耀庭、金永强、胡建军、唐福利、高尚民、高金峰、高宝荣、马文正（1999年3月任职）、傅仁华（2000年2月任职）参加会议；县政协科室负责人列席会议。

第一次常委会会议 1998年3月17日召开，苏洪珊主持会议。县政协各乡镇联络组组长列席会议。会议讨论县政协关于加强常委会建设的若干规定；讨论通过关于增强素质、从严治警，关于依法征足用好教育费附加，关于加强农贸市场管理、促进农业增产征收3个建议案；协商增补县政协六届委员会委员；协商政协工作组、专门委员会设置及组成人员名单。

第二次常委会会议 1998年6月30日召开，苏洪珊主持会议。县委副书记张汉书，县委常委、农工部部长武建光，副县长赵宝义到会听取意见；县政协各乡镇联络组组长、机关科室负责人列席会议。会议协商《关于进一步稳定完善农村土地、果树承包责任制的建议（讨论稿）》，讨论关于在委员中继续开展为两个文明建设作贡献的意见、开展社情民意反映卡活动的意见，商定增补县政协六届委员会委员，协商通过人事任免。苏洪珊在总结发言中要求，全县政协委员要切实履行政治协商、民主监督、参政议政职能，积极反映社情民意，为全县土地、果树第二轮承包献计献策，为两个文明建设作出应有贡献。

第三次常委会会议 1998年9月11日召开，侯玉璋主持会议。副县长卢守杰出席；县建设局、城乡建设规划处、环保局、林业局、卫生局、爱卫会、文明办及抚宁镇负责人，县政协抚宁镇联络组组长列席会议。会议讨论关于县城规划、绿化、环境卫生状况调查报告，通过县政协《关于县城环境容貌建设的建议》，决定会后提交县政府作为决策参考；会议协商决定增补县政协委员事宜。

第四次常委会会议 1998年12月18日召开，苏洪珊主持会议。县政协乡镇联络组组长、工作组组长列席会议。会议回顾中共十一届三中全会以来统一战线和人民政协事业取得的光辉成就，总结县政协建立16年来的主要工作；通过县政协1998年工作总结和1999年工作要点；研究部署县政协提案工作。苏洪珊讲话要求全体委员、各联络组、工作组要认真总结一年来的工作，做好县政协六届二次会议准备工作，为抚宁经济社会发展二次跨越作出新贡献，迎接人民政协成立和新中国成立50周年。

第五次常委会会议 1999年1月6日召开，苏洪珊主持会议。县长邢留逮出席，县政府办公室负责人列席会议。会议协商政府工作报告、政协提案工作报告，县政协六届二次会议议程。

第六次常委会会议 1999年3月6日召开，苏洪珊主持会议。县政协各工作组组长、乡镇联络组组长列席会议。会议审议通过县政协提案工作报告和县政协六届二次会议决议草案。

第七次常委会会议 1999年4月9日召开，苏洪珊主持会议。会议决定增补县政协委员2名，协商决定机关人事任免，收看国家经贸委综合司司长马建堂《关于当前经济形势》的专题报告录像。

第八次常委会会议 1999年6月25日召开，苏洪珊主持会议。县委统战部、县委政法委、公安局、检察院、法院、司法局负责人，县政协乡镇联络组组长、工作组组长列席会议。会议听取县公安局、检察院、法院、司法局工作汇报，就政法部门发挥职能作用、加强隐蔽战线对敌斗争、严厉打击刑事犯罪活动、深入开展反腐败斗争、实行社会治安综合治理和政法队伍建设进行协商讨论；会议协商县政协机关宣教文卫联络科副科长人事任免。

第九次常委会会议 1999年10月13日召开，苏洪珊主持会议。常务副县长王连成出席会议，县政协各工作组组长、乡镇联络组组长列席会议。会议听取王连成通报县政协六届二次会议以来提案承办情况，与会人员进行认真讨论，对提案承办工作表示满意，并提出意见和建议；与会人员围绕人民政协的性质、地位、职能作用和发展历程，进行理论研讨，有9名人员在研讨会上发言，会议作为纪念人民政协成立50周年的一项活动；苏洪珊作总结讲话。

第十次常委会会议 2000年1月21日召开，苏洪珊主持会议。县长邢留逮出席，县政府办公室负责人到会听取意见。会议协商讨论《政府工作报告（征求意见稿）》。邢留逮讲话表示，认真研究采纳县政协常委们的意见，希望县政协和全体委员积极参政议政，帮助、支持政府工作。会议决定增补7名政协委员，安排部署了县政协六届三次会议筹备工作。

第十一次常委会会议 2000年2月17日召开，苏洪珊主持会议。县政协乡镇联络组组长、工作组组长列席会议。会议协商提案审查报告，听取各组讨论情况汇报。

第十二次常委会会议 2000年6月14日召开，苏洪珊主持会议。县委统战部、县安委会负责人，县政协各专委会主任、副主任，乡镇联络组组长、工作组组长列席会议。会议学习《中共河北省委关于进一步做好跨世纪人民政协工作的决定》；按照省政协工作会议精神和"三讲"教育的要求，就加强党对政协工作的领导、切实做好下半年政协工作进行民主协商；会议征求对县委《关于进一步加强政治协商、民主监督、参政议政的若干规定》讨论稿的意见；印发《抚宁县政协领导班子党性党风问题整改方案》。苏洪珊讲话希望与会人员全面贯彻全省政协会议精神，巩固"三讲"教育成果，不断加强政协领导班子、政协机关和委员的自身建设，深入调查研究，积极参政议政，扎扎实实做好下半年工作。

第十三次常委会（扩大）会议 2000年9月7日召开，苏洪珊主持会议。县长邢留逮、常务副县长卢守杰出席，县委统战部、县政府办公室、计划局、安委会负责人参加会议，县政协机关科室负责人、乡镇联络组组长、工作组组长列席会议。会议协商《抚宁县国民经济和社会发展"十五"计划和2010年远景规划》。邢留逮在听取大家发言后表示认真吸取所提意见和建议，对《发展计划和远景规划》作进一步修改。会议听取卢守杰通报县政府提案承办情况报告，对政府提案承办中的工作及成效表示满意。

第十四次常委会会议 2000年12月22日召开，苏洪珊主持会议。县委常委、常务副县长卢守杰出席，县政府办公室负责人列席会议。会议协商讨论《政府工作报告》；讨论通过县政协六届四次会议日程、议程、表彰优秀提案决定，县政协常委会工作报告、提案工作报告及其他准备事项；协商决定增补县政协六届委员会委员；协商通过人事任免事项；苏洪珊作总结讲话。

第十五次常委会会议 2001年1月17日召开，苏洪珊主持会议。县政协六届四次会议各讨论组组长，县公安局、法院、检察院负责人列席会议。会议听取县政协六届四次会议讨论情况汇报，审议提案审查报告，审议通过会议决议。

第十六次常委会会议 2001年6月7日召开，苏洪珊主持会议。副县长吕若军出席，县委统战部、县高管委、招商局负责人列席会议。会议听取吕若军关于《不断加快开放兴县战略步伐，努力提高招商引资质量和水平》的通报；听取侯玉璋、王素霞和统战部负责人传达中央统战工作会议精神及江泽民在全国统战工作会议上关于大力加强党的统一战线工作、为完成新世纪宏伟任务的讲话，李瑞环在与会议代表座谈时发表的关于牢牢把握大团结大联系的主题的讲话，王兆国关于认真学习贯彻江泽民重要讲话精神、全面推进新世纪的统战工作的讲话。会议就加大招商引资力度、营造良好招商环境、发挥现有外商投资企业辐射带动作用等问题进行民主协商。吕若军表示，认真研究采纳会议提出的意见和建议，进一步做好招商引资工作。

第十七次常委会会议 2001年9月5日召开，苏洪珊主持会议。副县长赵宝义出席；县政府办公室、农办、农业局、林业局、水务局、畜牧局、农业开发办公室负责人，县政协乡镇联络组组长列席会议。会议协商讨论县政协《关于加快我县农业产业结构调整步伐的建议》，与会人员认为《建议》对全县农业产业结构调整成绩的肯定恰如其分，分析存在问题和原因实事求是，决定经修改后提交县政府。赵宝义听取大家发言后表示，继续更新观念，强化领导，扎实有效地做好工作，使县农业产业结构调整取得更大进展。

第十八次常委会会议 2002年2月1日召开，苏洪珊主持会议。县委常委、组织部部长刘俊平出席，县政协各工作组组长、乡镇联络组组长列席会议。会议听取刘俊平关于市委提名补选县政协主席、副主席情况介绍，协商县政协六届五次会议有关事项，通过召开六届五次会议决定及议程、日程。

第十九次常委会会议 2002年3月14日召开，苏洪珊主持会议。会议各讨论组组长列席会议。会议听取县政协六届五次会议讨论情况汇报，审议通过提案审查报告。

第二十次常委会会议 2002年6月19日召开，王连成主持会议。县委副书记、常务副县长卢守杰出席，县委农工部、县财政局、农税局负责人到会听取意见。会议听取县财政局税费改革情况汇报，并进行讨论协商，与会常委对县财政局在税费改革方面所做的工作给予肯定。卢守杰在听取发言后，就农村税费改革的意义和相关配套改革问题讲了话。会议向县委、县政府提出税费改革建议，协商通过县政协机关科室、各专委会、工作组、联络组人事任免事项。

第二十一次常委会会议 2003年1月24日召开，王连成主持会议。县委统战部负责人列席会议。会议协商通过县政协七届一次会议召开时间、议程、日程，六届政协常委会工作报告，政协提案工作报告，七届委员会委员名单，大会主席团和常务主席及会议主持人名单，提案委员会成员名单，大会秘书处成员名单，表彰和奖励优秀提案的决定及提出提案截止时间。王连成代表各位主席向全体常委表示感谢，希望新老常委继续为政协工作尽职尽责，一如既往，作出新贡献。

县政协第七届委员会常委会会议 2003年3月—2007年5月，县政协七届常委会共召开8次常委会会议。政协主席王连成，副主席顾昌和（2006年5月任职）、李占义、李志佳、陆志飞、刘树林、高金峰，秘书长刘秀才出席会议，常务委员马文正、王凤清、王侠、王宝生、成和昌、刘江华、刘贵杰、刘家成、孙柳林、陈光、杨立华、杨继平、李述善、李维宝、张永智、张志坚、张敬波、金永强、金镇一、赵平、赵崇新、赵敬东、祖述春、徐彦春 殷淑艳、唐福利、高宝荣、黄汝民、韩雪夫、惠群、傅仁华、何立生（2004 年 2 月任职）、沈子良（2004 年 2 月任职）、徐武（2004 年 2 月任职）、蘧恒彬（2004 年 2 月任职）、尹秀清（2004 年 2 月任职）、赵永红（2004 年 2 月任职）、宋成杰（2005 年 1 月任职）、周铁石（2005 年 1 月任职）、李柱（2005 年 1 月任职）、韩春生（2005 年 1 月任职）、马永杰（2006 年 5 月任职）、杨忠坡（2006 年 5 月任职）参加会议；县政协科室负责人列席会议。

第一次常委会会议 2003 年 9 月 23 日召开，王连成主持会议。县委副书记、常务副县长卢守杰出席会议。会议听取县政府提案承办情况报告；审议通过《政协抚宁县委员会常务委员会议事规则》《关于加强全县社会治安综合治理工作的意见和建议》；协商县政协各专门委员会、各工作组人员调整事项，常务委员增补事项。

第二次常委会会议 2004 年 1 月 9 日召开，王连成主持会议。会议商定县政协七届二次会议各项准备工作；审议通过常委会工作报告、表彰决定、县政协七届委员会委员调整名单。

第三次常委会会议 2004 年 9 月 9 日召开，李占义主持会议。县政协乡镇活动组负责人列席会议。会议宣读、学习中共中央总书记胡锦涛、中共河北省委书记白克明对石门寨镇英武山村党支部书记李家庚先进事迹的批示，学习白克明、省委组织部部长付志方来抚宁县慰问“富民书记”李家庚和考察英武山村工作时的讲话；审议通过《关于授予李家庚同志“优秀政协委员”荣誉称号的决定》《关于开展向李家庚同志学习的决定》。会议号召政协委员学习李家庚立党为公、执政为民的本色，迎难而上、艰苦奋斗的精神，生命不息、拼搏不止的坚定信念，尽职尽责、联系群众的优良作风。王连成讲话指出，向李家庚学习，要认真领会领导重要批示的深刻内涵，保持良好的精神和工作状态，立足本职、注重实效，积极履行人民政协政治协商、民主监督、参政议政职能，为促进县域经济社会协调发展作出应有贡献。

第四次常委会会议 2005 年 1 月 14 日召开，王连成主持会议。会议协商确定县政协七届三次会议有关事项，讨论通过常委会工作报告、提案工作报告，审议通过表彰优秀提案决定，协商通过县政协七届委员会委员、常务委员调整名单和机关干部任免事项。

第五次常委会会议 2005 年 12 月 29 日召开，王连成主持会议。县委副书记、常务副县长卢守杰应邀出席会议。会议听取政府系统提案承办情况通报，审议通过县政协七届四次会议材料，协商通过县政协各专门委员会、工作组组成人员名单，通报县政协七届委员会委员变动情况。

第六次常委会会议 2006 年 3 月 24 日召开，王连成主持会议。会议听取县纪委工作通报，审议通过县政协七届委员调整、常务委员增补意见，履行乡镇联络组组长和政协机关干部任职民主程序，学习《中共中央关于加强人民政协工作的意见》。王连成讲话指出，县政协工作要更加自觉地服务于党委、政府第一要务，更加自觉地为构建社会主义和谐社会献计出力，更加自觉地发扬求是务实精神，更加自觉地坚持党的领导。

第七次常委会会议 2006 年 5 月 16 日召开，王连成主持会议。县委常委、组织部部长曹立新应邀出席会议。会议协商通过增补顾昌和为县政协七届委员、政协副主席候选人建议名单及选举办法，审议通过县政协七届五次会议时间、议程。

第八次常委会会议 2007年5月11日召开，王连成主持会议。会议协商确定县政协八届委员会委员名单，审议通过县政协八届一次会议材料，履行干部任职民主协商程序。

县政协第八届委员会常委会会议 2007年5月—2012年2月，县政协八届常委会共召开17次常委会会议。政协主席顾昌和，副主席李志佳、陆志飞（至2008年11月）、高金峰、李英伟、马利华（2009年2月任职），秘书长刘秀才出席会议，常务委员马文正、马永杰、马洪顺、王宝生、王海银、仇文仲、仇占华、尹秀清、成和昌、刘贵杰、孙海、孙秀彦、杨玉良、杨立华、杨秀娟、杨忠坡、李述善、李维宝、何立生、张子学、张敬波、陈亚萍、陈劲草、金镇一、孟凡忠、赵永红、赵崇新、赵敬东、耿守位、聂庆平、徐秋阳、郭贺明、黄汝民、韩春生、韩雪夫、温守文、蘧恒彬参加会议；县政协科室负责人列席会议。

第一次常委会会议 2007年6月12日召开，顾昌和主持会议。县政协乡镇联络组组长、部分私营企业政协委员列席会议。会议通报主席、副主席工作分工，安排2007年政协工作，通报机关科室、乡镇联络组、县直工作组2007年工作、活动安排，审议县政协各专门委员会、工作组组成人员名单，听取地方税务情况介绍和税务讲座。顾昌和在讲话中指出，本届县政协常委会要切实履行好协商议政职能，就必须广泛学习各方面知识，成为一个学习型的常委会；听取县地税局负责人讲授税务知识，使营造浓厚学习氛围有了良好开端；会后，常委会组成人员一定要把学习经济、政治、文化、社会、法律、历史等知识摆到突出位置，讲究学习方法，注重学习效果，不断提高参政议政能力和水平，在加强政协自身思想作风建设中发挥表率作用。

第二次常委会会议 2007年9月21日召开，顾昌和主持会议。县农办负责人出席会议。会议听取全县农业工作情况介绍，审议“树形象，展风采，做合格政协委员”实践活动实施方案。

第三次常委会会议 2007年12月4日召开，顾昌和主持会议。会议听取李家庚介绍中共十七次代表大会盛况，党校副校长、高级讲师周瑞锦对十七大文件的学习辅导，审议通过县政协《关于贯彻落实党的十七大精神的决定》。

第四次常委会会议 2008年2月27日召开，顾昌和主持会议。县政协乡镇联络组组长、县直工作组组长列席会议。会议协商通过县政协八届二次会议材料，履行干部职务调整民主协商程序。

第五次常委会会议 2008年6月20日召开，顾昌和主持会议。副县长杨志有出席，县水务局、发改委、国土资源局、财政局、规划处负责人列席会议。与会人员对人造河口和洋河口施工现场视察后，听取县水务局负责人对“两河”综合治理情况的汇报，常委们对工程进展情况给予充分肯定的同时，就工程规划建设、运作方式等普遍关注的问题提出了意见和建议。顾昌和讲话指出，县政府在资金紧张的情况下，通过“政府引导、市场化运作”的方式吸纳民间资金办公益事业，实现双赢的目的，为将来县城环境治理提供了良好的借鉴。“两河”改造好后，转换出的土地性质能否按想象的确定，应作进一步研究。各有关单位对“两河”工作应齐抓共管，互相协商，形成合力，力争达到事半功倍的效果。杨志有对常委们关注南戴河环境综合整治情况表示感谢，就大家普遍关注的土地置换、“两河”治理后的所属权、资金使用及土地分配收益等问题进行了解答；表示县政府力争把南戴河打造成集海洋、沙滩、河流、森林为一体的旅游观光城，并总结南戴河“两河”综合治理的经验教训，为将来县城内的洋河改造提供经验。会议还履行了干部任职民主协商程序。

第六次常委会会议 2008年11月11日召开，顾昌和主持会议。县政协乡镇联络组组长、县直工作组组长列席会议。会议听取《抚宁县2008年1—9月国民经济和社会发展计划执行情况》报告、《抚宁县关于全县项目建设工作报告》；会议就应对亚洲金融危机提出9条办法和措施。

第七次常委会会议 2009年1月9日召开，顾昌和主持会议。县政协乡镇联络组组长、县直工作组组长列席会议。会议讨论协商县政协八届三次会议材料，履行干部任职民主协商程序。

第八次常委会会议 2009年2月10日召开，顾昌和主持会议。会议审议通过县政协八届三次会议选举办法草案、副主席候选人建议名单，听取候选人简历介绍。

第九次常委会会议 2009年6月26日召开，顾昌和主持会议。县委常委、县政府副县长曹立新出席，县建设局、城管办、规划处、县城镇面貌大变样办公室负责人列席会议。会议视察县城镇面貌“三年大变样”工作情况，实地察看了老旧小区改造、污水处理厂配套管网、骊城大街物流中心、县城集中供热工程、县城供水管网改造、南戴河荷花湖公园改造等工程，听取县政府分管领导关于城镇面貌“三年大变样”工作进展情况的汇报。委员们认为，县“三年大变样”工作已取得初步成效，使城市功能得到进一步完善，城市品位得到进一步提升。在肯定成绩的同时，委员们还就高标准作好城市规划、城市建设突出人文特色等问题提出了意见建议。顾昌和讲话要求，各位常委要一如既往地关心支持县城镇面貌“三年大变样”工作，结合履行委员职能，积极建言献策。会议还履行了干部任职民主协商程序。

第十次常委会会议 2009年10月23日召开，顾昌和主持会议。县委常委、常务副县长肖瑞江出席；县政府办公室、财政局负责人，县政协县直工作组组长、乡镇联络组组长列席会议。会议听取县2009年1—9月份财政预算执行情况和县政府系统提案承办工作情况汇报，肖瑞江就县1—9月份财政收入情况和政府系统的提案办理情况作了说明，常委就两个报告进行了认真讨论。顾昌和讲话指出，土地问题是制约县经济发展的一个重要因素，要做好河滩、闲置厂房、农村闲置学校的土地清理、整合和置换工作，扩大商业用地，改善投资环境；要在优化外部发展环境的同时，为有实力、想扩张、想干事的企业老板和按国家政策已关停的小煤窑、小水泥、小造纸企业的厂长、经理，包装一些好的、适合经济发展的项目，既实现关停企业的转产升级，又避免本县资金外流；县政府要用好用活县的贷款，让贷款既产生应有效益，又不至增加企业负担。政协委员要在了解县财政税收情况的基础上，积极做好周围群众的解释工作，宣传应对金融危机采取的方法措施和已取得的成绩，发挥政协委员理顺情绪、化解矛盾的作用；对县政协八届四次全会的提案工作，要求各工作组和联络组组织好本组委员深入调研，提出更多有见解、有分量、有价值的意见和建议，为党委、政府决策提供参考。

第十一次常委会会议 2010年1月5日召开，顾昌和主持会议。县政协乡镇联络组组长、县直工作组组长列席会议。会议讨论协商县政协八届四次会议材料。

第十二次常委会会议 2010年11月12日召开，顾昌和主持会议。县人劳社保局负责人，县政协乡镇联络组组长、县直工作组组长列席会议。会议听取县人劳社保局关于县新型农村社会养老保险工作情况的汇报，履行干部任职民主协商程序。

第十三次常委会会议 2010 年 12 月 8 日召开，顾昌和主持会议。县发改局负责人，县政协乡镇联络组组长、县直工作组组长列席会议。会议就《抚宁县国民经济和社会发展第十二个五年规划纲要框架思路》（初稿 3）进行了专题协商。常委们听取县发改局关于县“十二五”发展的基础与形势、战略构想、主要任务、保障措施介绍，建议制定《“十二五”规划纲要》要坚持工业的主导地位，要在发展特色农产品的同时，关注传统产业，要注意发展公平教育，要加大对医疗机构的扶持，要充分利用县山、海、城等得天独厚的资源优势，实现山海呼应、协调发展。

第十四次常委会会议 2010 年 12 月 21 日召开，顾昌和主持会议。县委常委、常务副县长肖瑞江出席；县政府办公室、卫生局负责人，县政协医药卫生界部分委员，县政协乡镇联络组组长、县直工作组组长列席会议。会议听取县政府系统提案承办工作和县基层医药卫生体制改革工作情况的汇报，常委们对政府系统承办提案的工作表示满意。建议各级财政要加大对医疗卫生工作的投入，加强专业医务技术人员和基层卫生人才队伍建设，加强医药卫生基础设施建设，完善医保和新农合政策，发挥县级卫生院的龙头作用，加强对民营医院的监管力度，打造新型城市医疗卫生服务体系。肖瑞江介绍了县政府对医疗卫生体制改革的要求。顾昌和讲话要求充分认识深化基层医药卫生体制改革的重要性，做好对外宣传工作，将医改政策做到家喻户晓；要加大对医改单位的监督检查和业务指导，确保各项医改措施落到实处；加大对卫生系统的资金投入力度，加强医疗卫生队伍建设，提高医务人员的业务水平和医疗卫生服务的整体素质。

第十五次常委会会议 2011 年 3 月 18 日召开，顾昌和主持会议。县政协乡镇联络组组长、县直工作组组长列席会议。会议协商确定县政协八届五次会议时间，协商通过八届五次会议材料。

第十六次常委会会议 2011 年 6 月 11 日召开，顾昌和主持会议。副县长黄悦华出席，县沿海办公室负责人、县政协乡镇联系人、县直工作组组长列席会议。会议听取县沿海经济发展情况汇报、食品安全工作汇报。会议对企业提出加大扶持力度、抓好项目落地工作、放宽重点项目准入机制、简化审批手续和优化投资环境的建议，对食品安全工作提出加强对生产、加工、包装、运输、储存、检验和销售各环节的检查的建议。顾昌和讲话要求抓住沿海开放开发这个难得的机遇，全力抓好项目的规划和储备工作，将现有生产中低档产品的企业进行整合和包装，研发新的高端产品，实现企业升级；要对县土地使用情况进行一次全面调查，将农村闲置的土地置换出来，为项目建设储备用地资源；希望有资金有实力的政协委员积极上项目、办实体，在家乡干事创业；要发挥政协组织联系面广的优势，积极引进项目、吸纳资金，切实为全县经济发展贡献力量。食品安全涉及面广，责任重大，监管部门要加大监管力度，各级领导要亲自抓、亲自管、亲自查，要以高度的责任心和良好的职业道德为社会提供安全放心的产品。

第十七次常委会会议 2012 年 1 月 6 日召开，顾昌和主持会议。会议协商确定县政协九届委员会委员、县政协九届一次会议主席团成员建议名单，审议通过九届一次会议材料，履行干部任职民主协商程序。

县政协第九届委员会常委会会议 2012 年 2 月—2015 年 8 月，县政协九届常委会共召开 15 次常委会会议。政协主席顾昌和、张岐（2015 年 1 月任职），副主席高金峰、李英伟、马利华、赵永红，党组成员、常务委员付强（2014年2月任职），秘书长刘秀才出席会议，常务委员马永杰、马洪顺、王胜林、王首军、仇文仲、仇占华、尹秀清、付忠民、吕立、刘庆斌、刘国平、齐晓晖、孙海、纪立军、杨玉良、杨立荣、杨秀娟、杨继平、李铁芳、李智苹、何立生、张子学、张志坚、张鸿飞、张春友、张敬波、陈亚萍、陈劲草、金镇一、郑海波、孟凡忠、赵玉生、耿守位、聂庆平、夏雪岭、徐彦春、郭贺明、温守文、魏宝江、魏振标、蘧恒彬参加会议；县政协科室负责人列席会议。

第一次常委会会议 2012年4月18日召开，顾昌和主持会议。县委办公室、县委政法委、县公安局等部门负责人列席会议。会议听取县公安局关于全县社会治安防控体系建设情况汇报，协商通过增补县政协九届委员会委员名单，通过人事任免事项。

第二次常委会会议 2012年7月4日召开，顾昌和主持会议。副县长王东军（挂职）出席；杜庄工业聚集区、葡萄酒产业聚集区、抚宁经济开发区负责人，县政协各乡镇活动组组长、县直工作组组长列席会议。会议听取杜庄工业聚集区、葡萄酒产业聚集区和抚宁经济开发区建设发展情况汇报，肯定园区建设所取得的成绩，并对加快产业园区建设提出建议。

第三次常委会会议 2012年11月28日召开，顾昌和主持会议。县委常委、常务副县长卢爱兵出席会议，县政协各乡镇活动组组长、县直工作组组长列席会议。会议听取县1—10月份经济运行情况介绍，学习中共十八大报告，听取县委党校对十八大报告的专题辅导。

第四次常委会会议 2013年2月21日召开，顾昌和主持会议。会议审议县政协九届二次会议材料。

第五次常委会会议 2013年5月8日召开，顾昌和主持会议。县委常委、副县长武建光出席；县教育局负责人，县政协各乡镇活动组组长、县直工作组组长列席会议。会议听取县基础教育情况汇报，肯定基础教育取得的成绩，指出存在的问题，并提出加大财政投入、强化师资力量、创新办学模式等意见和建议。

第六次常委会会议 2013年9月4日召开，顾昌和主持会议。县委农工委负责人，县政协各乡镇活动组组长、县直工作组组长列席会议。会议听取县委农工委关于县城乡一体化建设情况汇报；提出制定和完善城乡规划及各专项规划、调整产业结构布局，加大园区建设力度，抓好小城镇及配套设施建设等建议。

第七次常委会会议 2013年12月11日召开，顾昌和主持会议。县政府办公室、发改局、财政局负责人，县政协各乡镇活动组组长、县直工作组组长列席会议。会议听取县2013年经济运行情况、财政收支情况、政协提案承办情况汇报。

第八次常委会会议 2013年12月25日召开，顾昌和主持会议。会议审议县政协九届三次会议材料。

第九次常委会会议 2014年2月18日召开，顾昌和主持会议。会议协商增补九届县政协委员名单，听取常务委员候选人简历介绍，审议通过常务委员候选人建议名单和选举办法，履行干部任免民主程序。

第十次常委会会议 2014年8月13日召开，顾昌和主持会议。县安监局负责人，县政协各乡镇活动组组长、县直工作组组长列席会议。会议听取县安全生产情况汇报，对安全生产工作提出建议；并协商对县政协第九届委员会委员进行调整。

第十一次常委会会议 2014年9月5日召开，顾昌和主持会议。县委常委、县委农工委书记胡瑞东出席会议，县政协各乡镇活动组、县直工作组组长列席会议。会议听取县农村面貌改造提升工作情况汇报，肯定农村面貌改造提升工作取得的成绩，指出存在的问题，并提出建议。

第十二次常委会会议 2014年12月19日召开，顾昌和主持会议。县委常委、常务副县长卢爱兵出席会议，县发改局负责人列席会议。会议听取县2014年经济运行情况和县政协九届三次会议提案承办情况汇报，并进行讨论，提出建议。

第十三次常委会会议 2015年1月20日召开，顾昌和主持会议。县政协各乡镇活动组组长、县直工作组组长、街道联络组组长列席会议。会议协商通过县政协九届四次会议材料、九届政协新任主席候选人建议名单。

第十四次常委会会议 2015年4月17日召开，张岐主持会议。县委常委、县政府党组副书记冯宝珍出席会议，县政协各乡镇活动组组长、县直工作组组长、街道联络组组长列席会议。会议听取县重点项目建设情况汇报，就县经济开发区建设和全县经济运行情况进行专题协商，并提出建议；会议审议通过《政协常委会会议事规则》和《政协主席会议事规则》。

第十五次常委会会议 2015年7月16日召开，张岐主持会议。副县长杨占起出席会议，县政协各乡镇活动组组长、县直工作组组长、街道联络组组长列席会议。会议听取县“五大”特色主导产业发展情况汇报，提出加快现代农业发展步伐、明确发展思路、科学制定发展规划、提高农业产业化管理水平建议；会议协商通过干部任免事项。

区政协主席会议和常委会会议

2015—2021年，区政协召开3届40次主席会议，3届33次常委会会议。会议内容涉及听取区委、区政府及有关部门工作情况报告并提出意见和建议，讨论协商政协全委会议日程、议程、常委会工作报告、政协委员调整、人事安排等，会议议题由主席、各位副主席、党组成员、秘书长提出，报经主席审定。区政协机关委室（科室）负责人列席会议。

区政协主席会议

自2015年区政协第一届委员会主席会议至2021年区政协第二届委员会第三十一次主席会议，区政协共召开40次主席会议。会议由主席、副主席、党组成员、秘书长组成，由主席或主席委托的副主席主持。

区政协第一届委员会主席会议 2015年8月—2017年2月，区政协第一届委员会共召开9次主席会议。主席张岐，副主席高金峰、李英伟（至2016年8月）、马利华（至2015年12月）、赵永红，党组成员付强，秘书长刘秀才（至2016年8月）、呼贵礼（2016年8月任职）出席会议；区政协科室负责人列席会议。

区政协主席会议 2015年10月23日召开，张岐主持会议。区委政法委负责人列席会议。会议听取区委政法委关于区社会管理综合治理情况汇报，并就新形势下如何进一步加强社会管理综合治理工作进行讨论，提出意见和建议。

区政协主席会议 2016年3月31日召开，张岐主持会议。会议通报区委会议精神，审议通过区政协一届一次会议有关事项。

第一次主席会议 2016年5月5日召开，张岐主持会议，副区长黄悦华出席会议。会议针对新一中、四中、镇中、二小搬迁，初、高中资源整合情况听取区教育资源整合工作汇报。与会人员就教育资源整合工作提出建议。张岐对教育资源整合工作给予充分肯定，强调要把优化整合中小学教育资源作为区委、区政府为民办实事的重要举措，统筹推进，加强管理，强化宣传，妥善做好富余教职工的安置工作，创新激励机制，促进教师合理流动。会议还协商通过区政协2016年工作要点。

第二次主席会议 2016年8月30日召开，张岐主持会议。副区长杨占起出席，区水务局负责人列席会议。会议听取水务局关于朱各庄地表水厂项目建设情况的汇报。与会人员对水厂项目建设工作进行讨论，并提出建议。张岐讲话希望水厂建设要科学合理，将水厂建设和后期运行管理统筹考虑，要有长远发展意识，汲取以往供水工程建设中的经验教训，使有限的投资发挥最大、最有效的社会效益。

第三次主席会议 2016年9月22日召开，张岐主持会议。副区长黄悦华出席，区城市综合执法局负责人列席会议。会议听取区城市容貌环境争创一流工作情况汇报，并提出对于下步工作加强组织领导，形成高效有力的运转体制；加大宣传教育力度，把整治行动变成全区人民的自觉行动；加强配合协作，形成齐抓共管的强大合力；加强队伍建设，建立完善城市管理长效机制的建议。

第四次主席会议 2016年10月18日召开，张岐主持会议。区政府办公室负责人、政府办党组成员、部分政协委员列席会议。会议听取抚宁区与秦皇岛经济技术开发区深度合作推进情况汇报。与会人员在充分讨论基础上提出加大宣传力度，凝聚共识，汇聚力量，形成推动合作的合力；把与开发区开展深度合作作为抚宁“十三五”规划强势开局的重要突破口；各单位明确工作目标，量化工作任务，细化工作职责，对失职渎职干部予以问责；抓好谋划项目的推进工作的建议。

第五次主席会议 2016年12月15日召开，张岐主持会议。区委常委、常务副区长冯宝珍出席，区政府办公室、发改局负责人列席会议。会议听取2016年截至第三季度区经济运行情况汇报，区政府提案承办情况汇报；冯宝珍介绍区2016年的经济形势。与会人员对经济工作提出抓投资，保用地，加快推进项目建设；强产业，抢机遇，促进经济发展提质增效；谋良策，统全局，保障经济平稳健康运行的建议。对提案工作提出要继续加大提案办理力度，积极探索提案办理协商落实的形式和举措，充分发挥提案工作在促进决策落实、政府施政过程中的作用的建议。

第六次主席会议 2016年12月29日召开，张岐主持会议。会议传达市委政协工作会议精神、区委关于贯彻落实市委政协工作会议精神的安排部署，听取区政协二届委员会委员调整情况、二届一次会议筹备情况汇报，学习中央、省经济会议精神。

第七次主席会议 2017年2月22日召开，张岐主持会议。区委统战部负责人列席会议。会议协商通过区政协二届委员会委员建议名单、二届一次会议主席团组成人员建议名单；审议大会材料；协商确定大会发言材料及发言人，一届四次常委会会议时间、议程。

区政协第二届委员会主席会议 2017年2月—2020年12月，区政协第二届委员会共召开31次主席会议。主席张岐，党组副书记刘大江（2019年12月—2020年8月），党组副书记朱颖（2020年8月任职），副主席王海银、李维宝（2020年1月任职）、赵永红、徐秋阳，党组成员付强，秘书长呼贵礼出席会议；区政协科室（委办）负责人列席会议。

第一次主席会议 2017年3月21日召开，张岐主持会议。会议研究讨论区政协领导班子成员工作分工建议；区政协2017年工作要点；区政协领导班子成员、秘书长联系常委，常委联系委员制度（草案）；区政协新委员培训实施方案（草案）；区政协在委员中开展“讲学习、比素质，讲政治、比担当，讲奉献、比业绩”活动的决定（草案）。

主席碰头会议 2017年4月17日召开，张岐主持会议。会议传达学习秦皇岛市两会精神，研究2017年区政协工作。

第二次主席会议 2017年6月29日召开，张岐主持会议。区委常委、宣传部部长、区政府党组成员关金一出席会议，区规划局负责人列席会议。会议听取区规划工作情况汇报，并进行讨论。会议提出加大规划刚性力度，加强部门协调，与市规划部门主动对接，把公共服务机构和设施纳入规划之中，以“美丽乡村”建设为契机，重点将学校改扩建项目等急需编制规划的村庄先行规划等建议。

第三次主席会议 2017年8月16日召开，张岐主持会议。副区长王佐琴出席会议，区农牧水产局负责人列席会议。会议听取区“特色农业之区”建设情况汇报及王佐琴关于区农业发展面临问题的介绍。与会人员对“特色农业之区”建设提出选准方向、搞好规划，政策推动、制订计划，完善考核、落实奖惩，加大农业新品种种植力度，重视品牌效应建议。

第四次主席会议 2017年8月31日召开，张岐主持会议。副区长朱志伟出席会议，区环保局负责人列席会议。会议听取区大气污染防治工作情况汇报，并就大气污染防治工作展开讨论，建议对大气污染防治工作提高认识、加强领导，形成合力、综合治理，突出重点、严格执法，提高能力、加强保障，强化考核、严格督查，推动各项防治任务的落实。

第五次主席会议 2017年9月26日召开，张岐主持会议。副区长杨为民出席会议，区工信局负责人列席会议。会议听取区现有企业转型升级工作情况汇报和杨为民对区重点项目转型升级的目标、方向、规模、具体措施进行的说明，与会人员进行了充分讨论。张岐对区企业转型升级工作提出解放思想、提高认识，加强领导、统筹规划，统一调度、形成合力，突出重点、关键发力，政策扶持、加大力度的建议。

第六次主席会议 2017年12月26日召开，张岐主持会议。会议协商讨论区政协二届二次会议有关材料。

第七次主席会议 2018年3月12日召开，张岐主持会议。会议研究讨论区政协2018年工作要点，确定区政协二届五次常委会会议时间。

第八次主席会议 2018年7月3日召开，张岐主持会议。副区长李志明出席会议，区委组织部、区民政局负责人列席会议。会议听取区村居“两委”换届工作情况汇报，与会人员进行充分讨论，并对村居“两委”换届工作提出建议。

第九次主席会议 2018年9月20日召开，张岐主持会议。区委常委、常务副区长关金一出席会议，区城建局、国土局、规划局、交通局、城管局、教育局、卫计局、商务局、经济开发区、留守营镇负责人列席会议。会议听取区“城市建设拓展”攻坚会战工作情况汇报和关金一关于区委、区政府对“城市建设拓展”攻坚会战工作情况介绍。与会人员进行充分讨论，提出大力加强园区建设，高起点、高品质进行棚户区改造和以洋河为中心，建设景观带，设计高端住宅，让“洋河”活起来的建议。

第十次主席会议 2018年11月6日召开，张岐主持会议。区委常委、政法委书记张晓，副区长、政法委第一副书记、公安分局局长赵秀光出席会议；区委政法委、纪委、组织部、宣传部、区公安分局、检察院、法院负责人列席会议。会议听取区扫黑除恶工作综合汇报和张晓就区扫黑除恶专项斗争开展情况的总结介绍。与会人员进行充分讨论，提出要充分认识扫黑除恶专项斗争的艰巨性和复杂性；明确重点，解决干警的后顾之忧；要联合办案，严厉打击涉黑涉恶犯罪行为；要形成合力，铲除涉黑涉恶的滋生土壤；建立长效机制，保持长治久安的建议。张岐作了提高政治站位，充分认识扫黑除恶专项斗争的重大意义；加大宣传力度，发动群众，采取多种打击方式；政协要大力支持扫黑除恶工作，政协委员要积极支持政法、公安部门工作，共同维护社会公平正义的讲话。

第十一次主席会议 2018年11月29日召开，张岐主持会议。副区长李志明出席会议，区民政局负责人列席会议。会议听取区扶贫攻坚工作情况汇报，并进行讨论。与会人员提出扶贫攻坚工作要跟踪问效，常抓不懈，摸清底数，有的放矢，对与贫困人口经济条件情况相似的群众，做好政策解释工作，扎实为民做实事，切实解决群众的实际困难等建议。张岐讲话指出，区委、区政府对扶贫工作重视到位，部署到位，做到了识别精准，施策有力，工作效果明显，群众满意度高。

第十二次主席会议 2019年1月15日召开，张岐主持会议。区委组织部、统战部负责人出席会议。会议协商区政协二届委员会委员调整事宜，协商讨论区政协二届三次会议有关材料及二届十一次常委会会议议程。

第十三次主席会议 2019年3月13日召开，张岐主持会议。政协党组会议和主席会议合并召开。会议学习《中共中央关于加强党的政治建设的意见》和习近平在中央党校中青年干部培训班开班仪式上的讲话，讨论通过区政协2019年工作要点、区政协各专委会成员名单。

第十四次主席会议 2019年5月16日召开，张岐主持会议。副区长王佐琴出席会议，区卫健局负责人列席会议。会议听取区创建国家卫生城市工作汇报，对创卫工作进行讨论，并建议创卫工作要加大宣传力度、增加财政投入，协调联动、齐抓共管，抓细抓小、落实责任。张岐讲话强调，对创卫工作要提高认识、统一思想，要突出工作重点、抓好督促落实，要明确各自职责、注重协调配合，加大督查力度、开展重点督查和常态督查，要提高管理水平、推动创卫工作良性发展。

第十五次主席会议 2019年6月13日召开，张岐主持会议。副区长李刚出席，区司法局负责人列席会议。会议听取区全民法制宣传情况汇报，对全民法制宣传情况进行讨论，并提出意见建议。

第十六次主席会议 2019年7月18日召开，张岐主持会议。区委常委、区政府党组副书记朱颖，区政协副主席提名候选人李维宝出席会议；区发改局、审批局、市场局、人社局、公安分局、税务局、财政局、金融办负责人列席会议。会议听取区优化营商环境工作情况汇报，与会人员提出意见和建议。张岐讲话指出，对优化营商环境工作要提高认识，加大政府协调管理力度，加大人员培训力度、在提高人员素质方面下功夫，要探索行政审批服务体制机制，进一步规范中介组织、营造“干净担当”的中介环境。

第十七次主席会议 2019年8月28日召开，张岐主持会议。区政协副主席提名候选人李维宝出席会议。会议履行李维宝任区政协副主席民主协商程序，协商讨论提请区政协二届十五次常委会会议审议材料及会议召开时间，协商讨论委员考核、培训、调整等事项。

第十八次主席会议 2019年11月19日召开，张岐主持会议。区政协副主席提名候选人李维宝，区委常委、常务副区长关金一出席会议；区政府办公室、发改局负责人列席会议。会议听取区经济运行和提案承办情况汇报，并进行讨论，与会人员建议区项目建设要突破传统观念制约、解放思想，加大招商引资、上大项目力度，完善各项举措、扎实推进产业园区建设，要加强政策研判、争取利好政策，强化征管措施、确保财政收入应收尽收。

第十九次主席会议 2020年1月10日召开，张岐主持会议。区委组织部负责人列席会议。会议履行干部任职民主程序，协商讨论区政协委员、常务委员调整事项，审议区政协二届四次会议有关材料。

第二十次主席会议 2020年1月17日召开，张岐主持会议。区政协二届四次会议各讨论组组长列席会议。会议听取各组讨论情况汇报；审议通过区政协二届四次会议选举办法（草案），选举总监票人、监票人、总计票人建议名单；审议通过补选政协副主席候选人建议名单、增补区政协常务委员候选人建议名单。

第二十一次主席会议 2020年3月31日召开，张岐主持会议。区政协机关副科级以上干部列席会议。会议学习3月27日中共中央政治局会议精神和3月22日全区安全生产、森林防火、大气污染防治工作会议精神，协商讨论区政协2020年工作要点和2020年民主协商和专题调研计划安排。会议要求与会人员深刻理解中共中央政治局会议精神，把思想和行动统一到党中央的决策和部署上；会议要求各委办积极谋划，做好安排，保证全年任务提早完成。

第二十二次主席会议 2020年5月21日召开，王海银主持会议。区委常委、常务副区长关金一出席会议，区发改局负责人列席会议。会议听取区“十四五”规划编制情况汇报。关金一介绍“十四五”规划是紧密结合抚宁实际、对谋划好未来五年抚宁发展具有战略意义的工作。会议建议编制“十四五”规划，要充分结合抚宁实际，围绕重大发展战略、产业发展方向，补短板强弱项，让重大项目成为规划的有力支撑；要立足抚宁 5 ～ 10 年的发展，广泛听取意见，提高“十四五”规划的系统性和前瞻性。

第二十三次主席会议 2020 年 5 月 28 日召开，张岐主持会议。区政府副区长朱志伟出席会议，区自然资源规划局负责人列席会议。会议听取区国土空间规划布局调整情况汇报，朱志伟对国土空间规划编制的背景和内容的介绍，与会人员提出意见和建议。张岐强调，要充分认识国土空间规划编制工作的重要意义；提高站位，高起点谋划、高效能推进、高质量编制；要各方配合，协调联动，明确工作重点，扎实稳妥推进；要广泛听取意见，引导委员建言献策，在规划编制中体现政协智慧和力量。

第二十四次主席会议 2020 年 6 月 3 日召开，张岐主持会议。区政府党组成员、抚宁经济开发区党工委副书记、管委副主任李刚出席会议。会议听取开发区工作情况汇报。会议建议开发区要珍惜节约土地资源；完善内部管理机制；加大基础设施建设，提高电力负荷承载力；要积极推行薪酬制度改革，完善人员编制管理；要重视小团组、点对点招商，以商招商；落实招商奖励政策，提高招商积极性，形成“人人招商”的局面。

第二十五次主席会议 2020 年 6 月 16 日召开，王海银主持会议。区卫健局、机关局负责人列席会议。会议听取区基层公共卫生事业发展情况汇报。会议建议要充分认识加强基层公共卫生服务建设的重要意义；认真总结疫情防控经验，提高基层公共卫生突发事件处理应对能力；要加大政府投入力度，统筹推进公共卫生管理服务工作；多措并举破解资金瓶颈，为基层公共卫生建设提供保障；要加大医护人员培训力度，加强人才队伍建设；加强宣传教育，进一步增强群众卫生安全意识。

第二十六次主席会议 2020 年 8 月 27 日召开，王海银主持会议。区政府副区长朱志伟出席会议，区住建局负责人列席会议。会议专项听取抚宁城区供热暨路网畅通工程进展情况汇报，区住建局针对热力工程规划编制、长输管线铺设、城区管网建设、换热站升级改造、老旧小区管网改造及路网畅通等方面进行了详细汇报。副区长朱志伟从热力工程改造的必要性、群众关心的供热质量及价格、今后发展方向等方面进行了介绍。会议建议，对城区供热暨路网畅通工程要着眼长远，科学规划，将民生工程办实办好；要加强领导，强化保障，确保工期；要多措并举，部门联动，全力推进；要注重质量，安全施工，严防隐患；要规划先行，建管并重，实行一张蓝图管到底；要建设真正的民心工程，保证改造后的供热质量。

第二十七次主席会议 2020 年 11 月 26 日召开，张岐主持会议。区政府常务副区长关金一出席会议，区政府办公室、区发改局负责人列席会议。会议专项听取区经济运行和提案承办工作情况汇报。会议建议要加大项目园区建设和招商引资方面的领导统筹力度，充分发挥产业项目审批领导小组的作用；要狠抓工业项目，重点发展现代工业经济和税源型经济；要加强项目园区建设，提高企业入驻门槛标准；要做好区“十四五”规划编制工作，把目光放长远；要加大对康养产业的支持力度，发展康养产业；承接京津旅游资源，带动衣食住行游各方面发展。对提案办理工作要做到提案办理与工作落实相统一，提高提案的办结率，对需长期办理的提案要持续关注、持续督办，尽早落实。

第二十八次主席会议 2021年1月22日召开，张岐主持会议。会议审议区政协二届五次会议常委会工作报告（草案）、提案工作报告（草案），会议议程、日程（草案），主持大会分工建议名单、秘书处成员建议名单，表彰优秀提案决定（草案）等有关材料；协商确定二届二十四次常委会会议议程及召开时间。

第二十九次主席会议 2021年4月7日召开，张岐主持会议。会议协商讨论区政协2021年工作要点。

第三十次主席会议 2021年5月27日召开，张岐主持会议。区政府党组成员，抚宁经济开发区党工委书记、管委主任刘松涛出席会议并作打造机械加工产业集群、培育园区产业支撑、园区承载平台建设工作情况汇报。与会人员就园区项目建设和招商引资工作提出意见和建议。张岐讲话建议对项目园区建设和招商引资工作进一步提高认识；做好招商引资全过程的服务和管理，帮助企业排忧解难；加大基础设施建设力度，积极利用利好政策，在土地、税收、减负方面加大政策支持力度，引导符合园区产业布局要求的中小企业入驻园区发展，强化产业的规模集聚效应。

第三十一次主席会议 2021年7月6日召开，张岐主持会议。区委统战部、区政协各委室负责人列席会议。会议协商确定区政协第三届委员会委员，区政协三届一次会议主席团组成人员建议名单，审议通过区政协三届一次全会有关材料，协商确定二届二十七次常委会会议召开的时间和议程。

区政协常委会会议

自2015年区政协第一届委员会常委会会议至2021年区政协第二届委员会第二十七次常委会会议，区政协共召开33次常委会会议。会议由政协主席、副主席、党组成员、秘书长、常务委员组成，由主席或主席委托的副主席主持，一般每季度举行一次。有时根据需要临时召开，或为增大协商频次增开。会议议程和日程由主席会议决定，并提前一周发出预备通知。

区政协第一届委员会常委会会议 2015年8月—2017年2月，区政协一届委员会召开次6次常委会会议。政协主席张岐，副主席高金峰、李英伟（至2016年8月）、马利华（至2015年12月）、赵永红，党组成员、常务委员付强，秘书长刘秀才（至2016年8月）、呼贵礼（2016年8月任职）出席会议，常务委员马永杰、马洪顺、王胜林、王首军、仇文仲、仇占华、尹秀清、付忠民、吕立、刘庆斌、刘国平、齐晓晖、孙海、纪立军、杨玉良、杨立荣、杨秀娟、杨继平、李铁芳、李智苹 、张子学、张志坚、张鸿飞、张春友、陈亚萍、陈劲草、金镇一、郑海波、孟凡忠、耿守位、夏雪岭、郭贺鸣、徐彦春、魏宝江、魏振标、蘧恒彬参加会议；区政协科室负责人列席会议。

区政协常委会会议 2015年12月11日召开，张岐主持会议。区委常委、常务副区长冯宝珍应邀出席会议，区政协各工作组组长、乡镇活动组组长、街道联络组组长列席会议。会议听取区2015年度1—10月份财政预算执行情况汇报、关于提案承办工作情况汇报，通报《中共政协秦皇岛市抚宁区委员会党组关于区划调整后有关事项的请示》。

区政协常委会会议 2016年4月5日召开，张岐主持会议。区直各工作组组长、乡镇活动组组长、街道联络组组长列席会议。会议审议区政协一届一次全委会议材料，传达会风会纪规定，通报有关事项。

第一次常委会会议 2016年5月10日召开，张岐主持会议。区信访局负责人应邀出席会议，区直工作组组长、乡镇活动组组长列席会议。会议听取区信访工作情况汇报。会议认为，信访工作是密切党和政府与广大人民群众联系的特殊桥梁和纽带。做好信访工作，影响重大，意义深远。张岐就信访形势强调，要健全机制，畅通信访渠道；坚持以群众为本，立足于解决问题；要依法规范信访工作和信访秩序，将工作制度和问责制度相结合；要加大宣传力度，从正面不断加大对信访法规政策的宣传，同时宣传对无理非访、恶意缠访、闹访等反面典型的依法处置情况，对有意图非访的群众产生震慑。

第二次常委会会议 2016年8月12日召开，张岐主持会议。区委常委、副区长关金一，区城市综合执法局负责人应邀出席会议；区政协区直工作组组长、乡镇活动组组长列席会议。会议听取抚宁区集中整治“双违”专项行动工作开展情况汇报，与会人员进行了充分讨论。会议建议集中整治“双违”专项行动工作要摸清底数，抓早抓小，加强源头管控；要健全机制，完善程序，建立日常执法与联合执法互为补充的工作机制；要统筹安排，协调配合，积极做好违建户的稳控工作，帮助解决实际困难，以赢得群众的理解和支持。会议协商决定，区政协秘书长刘秀才因年龄不再继续任职，由区政协党组成员呼贵礼任区政协秘书长；撤销周绍清、冯志勇政协委员资格。

第三次常委会会议 2016年11月3日召开，张岐主持会议。区委常委、常务副区长冯宝珍，区发改局、招商局负责人应邀出席会议；区政协区直工作组组长、乡镇活动组组长列席会议。会议听取抚宁区对接京津协同发展工作开展情况汇报，冯宝珍对抚宁区对接京津协同发展工作决策背景、思路和举措作了介绍，与会人员进行充分讨论并提出建议。张岐讲话对抚宁区对接京津协同发展工作给予充分肯定，强调要科学制定全区对接实施规划，强化组织领导，健全专业机构设置；要建立经常性走访联系机制，积极协调京津有关科研机构、专业院所、政策研究部门；采取邀请来抚定期授课方式，对全区科级干部进行培训，提高干部能力素质，或实行干部双向挂职交流，交朋友、增友谊。

第四次常委会会议 2017年2月22日召开，张岐主持会议。区委统战部负责人应邀出席会议，区政协区直工作组组长列席会议。会议协商确定区政协二届委员会委员、二届一次会议主席团组成人员建议名单，审议通过二届一次会议材料，履行干部任免民主协商程序。

区政协第二届委员会常委会会议 2017年2月—2021年7月，区政协二届常委会共召开27次常委会会议。政协主席张岐，党组副书记刘大江（2019年12月—2020年8月任职），党组副书记朱颖（2020年8月任职），副主席王海银、李维宝（2020年1月任职）、赵永红、徐秋阳，党组成员、常务委员付强，秘书长呼贵礼出席会议，常务委员马福东、王立新、王胜林（至2020年1月）、王首军、仇文仲、仇占华、尹春海、冯占和、邬大为、刘永柱（至2020年1月）、刘庆斌、刘彦宝、刘增志（至2020年1月）、纪立军、李艳君、李智苹、李新华（至2019年1

月）、杨玉良、张子学、张红韫、张志坚（至2020年1月）、张红玉、张鸿飞、陈劲草（至2019年1月）、宗志高、胡再良（至2020年1月）、高加民、郭爱莲、曹新成、啜惠生、刘大江（2020年1月任职）、安立柱（2020年1月任职）、张建顺（2020年1月任职）、单英利（2020年1月任职）、徐晓静（2020年1月任职）、董国勇（2020年1月任职）、薛强（2020年1月任职）参加会议；区政协科室（委办）负责人列席会议。

第一次常委会会议 2017年3月30日召开，王海银主持会议。会议通报区政协领导班子成员工作分工；区政协2017年工作要点；区政协领导班子成员、秘书长联系常委，常委联系委员制度；新委员培训实施方案；在委员中开展“讲学习、比素质，讲政治、比担当，讲奉献、比业绩”活动的决定。

第二次常委会会议 2017年7月14日召开，张岐主持会议。区委常委、宣传部部长、区政府党组成员关金一出席会议；区委政法委、城管局负责人，区政协各区直工作组组长、乡镇活动组组长列席会议。会议听取区智慧城市和平安抚宁建设工作开展情况汇报、关金一对区智慧城市和平安抚宁建设包含范畴的说明，与会人员进行讨论。张岐讲话强调要从讲政治的高度和提升执政能力的角度看待智慧城市和平安抚宁建设；要加强统筹协调，重视具体层面的工作，建立信息平台，构建“互联网+”模式，以互联网、App、微信、广电网络为载体，打造电子政务平台。

第三次常委会会议 2017年12月7日召开，徐秋阳主持会议。区政府办公室负责人，区政协各区直工作组组长、乡镇活动组组长列席会议。会议听取区2017年经济运行情况汇报。会议建议把抓项目建设作为全局性工作，全力以赴抓落实；完善产业园区基础设施建设，为加快园区基础设施建设和完善配套园区功能提供财力保障；以“京津冀协同发展，打造新首都经济圈”为契机，包装一批大项目、好项目；加大现有企业转型升级发展的力度，激发原有企业民间投资的信心与活力；强化财政收入征管措施，大力挖掘收入潜力，厉行节约，严防税收流失。会议听取政府系统关于政协二届一次全会以来提案承办情况的汇报，履行了相关民主协商程序。

第四次常委会会议 2018年1月25日召开，张岐主持会议。会议审议通过区政协二届二次会议有关材料，通报抚编批字〔2017〕5号文件，协商讨论委员组别调整事宜。

第五次常委会会议 2018年3月22日召开，赵永红主持会议。区政协各工作组组长、乡镇活动组组长列席会议。会议协商通过区政协2018年工作要点，通报区政协“解改提展”（解放思想、改进作风、提高效能、展示形象）大讨论活动实施方案，讨论通过新修改的区政协《政协常委会会议议事规则》和《政协常委会会议纪律》，履行干部任免职务民主协商程序。张岐讲话强调，政协常委要有一种使命感和责任感，积极投身到抚宁二次创业新征程当中；要坚定政治立场，进一步提高政治站位；要认真履职尽责，担当作为；要带头讲纪律、守规矩，真正发挥好政协常委的作用。

第六次常委会会议 2018年4月25日召开，王海银主持会议。副区长杨为民出席会议；区发改局、招商局和开发区负责人，区政协各区直工作组组长、乡镇活动组组长列席会议。会议分别听取发改局、招商局和开发区关于项目园区带动攻坚会战情况汇报。会议建议要进一步提高对项目园区建设和招商引资工作的认识；营造有利于项目园区建设的良好环境和氛围；要落实好容错机制，进一步加强社会治理，为项目园区建设和招商引资工作创造有利条件。会议以举手表决的方式协商通过了《关于区政协委员履职考核工作试行办法（草案）》。

第七次常委会会议 2018年8月2日召开，张岐主持会议。副区长王佐琴出席会议；区水务局负责人，各区直工作组组长、乡镇活动组组长列席会议。会议学习市政协主席郝占敏在市政协十三届六次常委会会议上的讲话，听取区洋河、戴河清理整治情况汇报和王佐琴对两河清理整治工作情况介绍。会议要求充分认识学习研讨“习近平总书记关于加强和改进人民政协工作重要思想”的重要意义，将学习研讨成果应用到实际履职中去。要强化河道保护意识，落实“河长制”，健全长效机制，引导群众共同参与河道保护。

第八次常委会会议 2018年11月1日召开，张岐主持会议。区林业局负责人，区政协各区直工作组组长、乡镇活动组组长列席会议。会议听取区创建国家森林城市工作情况汇报，建议创建国家森林城市工作要加强举措，保护森林，开发新项目，谋求可持续发展，动员全社会多种树、多造林，鼓励庭院种树、划定区域种树，扩大森林面积。

第九次常委会会议 2018年11月8日召开，张岐主持会议。副区长朱志伟出席会议；市环境保护局抚宁区分局负责人，区政协各区直工作组组长、乡镇活动组组长列席会议。会议听取区大气污染防治工作情况汇报、朱志伟对区大气污染防治工作的发言，与会人员进行讨论，并提出意见和建议。张岐讲话强调，环境保护不仅仅是环保部门的责任，而是全区各部门、全社会共同担负的责任；环保工作是党委统筹、人大监督、政府主导、政协支持的一项工作；区政协要在各方面全力支持环保工作，政协委员要一如既往地关心、关注、支持环保工作，营造良好的社会氛围。

第十次常委会会议 2018年12月7日召开，张岐主持会议。区委常委、副区长关金一出席会议；区发改局、建设局、城管局、工信局、科技局、行政审批局、开发区负责人，区政协各区直工作组组长、乡镇活动组组长列席会议。会议听取区“双创双服”工作情况汇报和关金一对“双创双服”工作情况的介绍，与会人员进行讨论，并提出建议。

第十一次常委会会议 2019年1月16日召开，张岐主持会议。区委组织部、统战部负责人出席会议，区政协各区直工作组组长、乡镇活动组组长列席会议。会议协商区政协二届委员调整事宜，协商讨论区政协二届三次会议有关材料。

第十二次常委会会议 2019年3月19日召开，张岐主持会议。区政协各区直工作组组长、乡镇活动组组长列席会议。会议学习《中共中央关于加强党的政治建设的意见》和区委书记孙志川在全区开展解放思想大讨论、“三深化三提升”活动暨实施“六大行动”动员大会上的讲话，讨论通过区政协2019年度工作要点，协商讨论各专委会成员名单。会上张岐强调，要坚定政治立场，进一步提高政治站位，认真履职尽责，担当作为；切实发挥专委会职能作用，进一步完善专委会职能设置，强化专委会履职实效。

第十三次常委会会议 2019年5月24日召开，张岐主持会议。副区长杨为民出席会议；区科技局、工业信息化局负责人，区政协各区直工作组组长、乡镇活动组组长列席会议。会议学习区委书记孙志川《解放思想、筑梦前行》文章，听取科技和工业信息化局关于传统产业依托园区转型升级发展情况汇报，履行干部任职民主协商程序。

第十四次常委会会议 2019年6月26日召开，王海银主持会议。区农业农村局负责人，区政协各区直工作组组长、乡镇活动组组长列席会议。会议学习《中共中央关于加强中国特色社会主义参政党建设的意见》；听取区农业农村局关于抚宁区乡村振兴夯基行动推进情况汇报，并提出意见建议。

第十五次常委会会议 2019年11月21日召开，徐秋阳主持会议。区政协领导李维宝、副区长王华出席会议；区水务局负责人，区政协各区直工作组组长、乡镇活动组组长列席会议。会议学习中共十九届四次全体会议公报，履行增补李维宝为区政协委员民主协商程序，听取区水务局关于抚宁区水质提升专项行动开展情况汇报。会议就水质提升专项行动提出建议。张岐讲话强调，要充分认识水质提升的重要意义，切实加大生态补水存量，履行河长职责，截污减排，让环境提升上来；切断工业和农业面污染源，实行严管共治，让权责更明确明晰；要加强宣传引导，让群众共同参与水质提升专项行动。

第十六次常委会会议 2019年11月26日召开，王海银主持会议。副区长朱志伟出席会议；区住建局、城管局负责人，区政协各区直工作组组长、乡镇活动组组长列席会议。会议学习传达中央和省委政协工作会议精神；听取区市政配套与市主城区互联互通工作情况汇报，并提出意见和建议。张岐讲话强调，对市政配套与市主城区互联互通工作要加强领导、科学统筹、分工协作、稳步推进，要注重工程质量、严防质量隐患，要顺应居民需求预期、逐步调整供水供暖价格；会议审议通过2018年区政协委员考核结果。

第十七次常委会会议 2020年1月10日召开，张岐主持会议。区委组织部负责人，区政协各乡镇活动组组长、区直工作组组长及机关委室负责人列席会议。会议审议通过区政协二届委员及常务委员调整相关事宜，审议通过二届四次会议有关材料。张岐就开好区政协二届四次会议，确保会议圆满成功强调几点意见。

第十八次常委会会议 2020年1月18日召开，张岐主持会议。区政协二届四次会议各讨论组组长列席会议。会议听取各组讨论情况汇报；审议通过区政协二届四次会议选举办法（草案），大会选举总监票人、监票人、总计票人建议名单，补选政协副主席候选人建议名单，增补常务委员候选人建议名单；审议通过区政协二届四次会议提案审查情况的报告（草案）；审议通过区政协二届四次会议政治决议（草案）。

第十九次常委会会议 2020年4月2日在网上召开。会议协商讨论区政协2020年工作要点。

第二十次常委会会议 2020年6月5日召开，王海银主持会议。区政府副区长王华出席会议；区水务局有关人员，区政协各区直工作组组长、乡镇活动组组长和政协机关各委室负责人列席会议。会议学习习近平总书记在两会期间重要讲话、十三届全国人大三次会议和全国政协十三届三次会议精神；听取区碧水行动工作情况汇报；研究讨论抚宁区区划调整初步方案，并提出意见和建议。张岐讲话强调，要充分认识碧水行动的重要意义；严格落实“河长制”，构建河流水库保护管理工作机制；要做好河道及两侧的清理整治工作；强化宣传，做到宣传教育到位、群众认识到位、工作落实到位；要坚持常抓不懈，确保河流两岸干净整洁、河道安全畅通。会议通过抚宁区区划调整初步方案。

第二十一次常委会会议 2020年6月18日召开，李维宝主持会议。区政府常务副区长关金一出席会议；区政府办公室负责人，区政协各区直工作组组长、乡镇活动组组长和政协机关各委室负责人列席会议。会议学习习近平总书记在专家学者座谈会上的讲话精神；听取区“三创四建”工作情况汇报，并提出意见和建议。

第二十二次常委会会议 2020年7月2日召开，赵永红主持会议。区政府常务副区长关金一出席会议；区发改局负责人，区政协各区直工作组组长、乡镇活动组组长和政协机关各委室负责人列席会议。会议学习传达习近平总书记在十九届中央政治局第二十次集体学习时的讲话《充分认识颁布实施民法典重大意义 依法更好保障人民合法权益》；听取区新兴产业发展情况汇报，并提出意见和建议；会议履行民主协商程序。

第二十三次常委会会议 2020年11月24日召开，徐秋阳主持会议。区政府副区长王华出席会议；区农业农村局负责人，区政协各区直工作组组长、乡镇活动组组长列席会议。会议学习习近平在中央全面依法治国工作会议上发表的重要讲话；听取区深化农村改革暨农业特色产业提质增效情况汇报，并提出意见和建议。张岐讲话强调，要充分认识农村改革的意义，加强农经队伍建设，促进村级经济组织发展壮大；要妥善解决农村农民承包土地面积不准确和土地边界划分不清晰问题，避免造成农民利益损失；要加强与基层群众的联系，维护好农民的利益，促进农民综合利益增长，推动农村全面深化改革。

第二十四次常委会会议 2021年1月22日召开，张岐主持会议。会议为区政协二届五次会议作准备，讨论通过会议有关材料。张岐讲话强调，要提高政治站位，充分认识会议的重要性；与会人员要做好新冠疫情的个人防护，科学规范佩戴口罩；要严肃会风会纪，确保开一个风清气正、团结鼓劲的大会。

第二十五次常委会会议 2021年2月25日召开，张岐主持会议。区委常委、统战部部长、区政协党组副书记朱颖出席会议。会议学习习近平在党史学习教育动员大会上的讲话，听取朱颖传达市委统战部关于县区政协换届时间调整有关精神，履行民主协商程序。

第二十六次常委会会议 2021年4月29日区政协常委会会议在网上常委群里召开。会议征求常委对区政协2021工作要点的意见。各位常委认真研阅文件，在群里发表意见，政协办公室汇总意见后对工作要点进行修改完善。

第二十七次常委会会议 2021年7月8日召开，张岐主持会议。区政协党组书记关金一出席会议，区委统战部、区政协各委室负责人列席会议。会议协商通过区政协第三届委员会委员和区政协三届一次会议主席团组成人员建议名单，审议通过区政协三届一次全会有关材料，履行民主协商程序。张岐讲话感谢各位常委5年来的辛勤工作和努力付出，感谢二届政协领导班子成员、全体政协委员和机关人员的全力支持和默契配合，祝愿新的政协领导班子，带领大家承前启后，继往开来，区政协工作再上新台阶。关金一发表讲话。

政协履职

政协委员是人民政协履职的主体，依据政协章程，按照政协职能，在各级党委的领导和政协的组织下，通过召开政协全委会议、政协常委会会议、组织视察考察、开展调研、民主监督及撰写提案等形式，立足“一岗双责”进行履职。1982年抚宁县政协建立至2021年7月，历届抚宁县（区）政协始终围绕中心、服务大局，聚焦党委政府中心工作，紧贴党委决策部署和政府施政重点，紧扣民生事业发展，开展形式多样、富有成效、具有时代特点的履职活动，委员履职主体作用充分发挥，为助力抚宁经济社会发展，广泛凝聚共识、汇聚力量、集中众智、建言献策。

政治协商是政协的一项重大职能，也是委员履职中充分体现协商与民主职能的重要形式，集中体现在历次政协全委会议召开全过程，通过听取党委领导重要讲话统一思想，听取政协常委会工作报告和提案工作报告，组织界别讨论，回顾过去，总结成绩及经验，对下步工作进行安排，集思广益，开展协商；委员结合全县（全区）经济社会发展在不同时期的重点、热点或难点，以大会发言形式与党委政府面对面协商议政，提出真知灼见；通过听取并讨论政府工作报告及其他报告，围绕主题进行协商讨论，集中建言资政，使协商贯通全会全过程，在协商中形成共识，在聚同中开展协商。政治协商同时还体现在突出抓好协商议题设置、聚焦党委政府中心工作、紧盯关键领域重大民生事项，切实发挥常委会专题协商、主席会议重点协商以及对口协商等履职活动中。

民主监督是政协的一项重要职能。组织委员开展视察活动是民主监督的重要形式，也是委员现场履职活动的重要体现。围绕党委政府开展的重点工作、中心工作，组织委员就工作进展情况、实施举措开展现场视察，进行民主监督，是委员履职的重要特点，也是民主监督的重要形式。同时，按照相关要求，组织委员经常性列席党委政府召开的民主生活会、开展行风评议、参与重大督导活动，接受司法部门邀请或聘请担任监督员等形式，有效发挥政协委员在民主监督中的履职作用。

参政议政是政协的又一项职能。组织委员外出考察学习，撰写考察报告，或确定一些典型课题，发挥专委会组织协调作用，开展专题调研，是发挥委员智力密集、人才荟萃优势，进行参政议政的重要形式。通过党委交题、政协领题式主动命题，围绕各个时期的重点工作，如实施家庭联产承包责任制、发展乡镇企业、农业产业化、农村合作基金会规范运作、教育事业发展等重大课题，由政协牵头组织委员及相关部门赴先进地区考察学习取经，结合抚宁实际组织委员开展调研、座谈等活动，形成具有较高质量的考察报告呈送党委，其中许多具有可操作性的建议被党委决策采纳，有的形成县（区）委政府文件下发乡镇及有关部门遵照执行，充分体现了委员履职中建真言、献良策，自觉参政议政的作为担当，也体现了委员履职的参谋辅助决策价值。

委员履职立足一岗双责，发挥界别作用，既主动参与政协组织的各项履职活动，也积极参加委员所在各参加单位或所在乡镇、村、社区组织的相关活动，在历届政协全会闭会期间，不仅积极履职，而且在本职岗位上建功立业，展示了委员的独特风采。

协商监督

1982—2021年，历届县（区）政协委员会，在上级政协的指导下，在中共抚宁县（区）委的领导下，高举团结、民主的旗帜，与各界人士密切合作，在不同的历史时期，围绕改革开放、两个文明建设、“五位一体”总体布局和“四个全面”战略布局，着眼政治、经济、社会、生态文明和党的建设的各个方面，除充分利用全委会整体协商外，还通过常委会会议协商、主席会议协商以及对口协商、界别协商和提案办理协商等多形式、多渠道开展专题协商活动。据不完全统计，1982—2021年，县（区）政协累计开展专题协商活动400多次，提出协商意见、建议2800多条，对稳定县（区）政治局面、促进经济和社会各项事业发展发挥了独特作用，贡献了政协智慧。

历届县（区）政协委员会认真履行民主监督职能，通过全体会议、常委会会议和主席会议提出有关民主监督的建议案；通过召开专题座谈会，深入基层调查研究、视察考察，参与行风评议，提交书面提案和社情民意反映卡等形式，提出监督的意见和建议；通过邀请政协主席、副主席和部分委员参加党委和政府的有关会议，参与重大事项的研究、讨论、决策，使政协委员在知情明政中凝聚共识、献策出力、建言资政。县（区）政协在履职中不断创新方法，拓宽监督渠道，完善民主监督内容。从提案交办到提案督办，从信访信件办理到社情民意反映卡“直通车”，从视察调研监督到参与行风监督评议，把民主监督活动贯穿到上上下下、方方面面。1982—2021年，累计提交提案4279件、社情民意反映卡1000余条，担任行风监督员的委员260多人次，从而实现了全方位的民主监督，充分发挥人民政协在经济和社会发展中的有力监督作用。

政治协商

县（区）政协在履行政治协商职能过程中，除开好政协全委会议，发挥整体协商作用外，在日常工作中还通过召开政协常委会会议、主席会议、对口协商会议、界别协商会议和提案办理等多种活动形式，开展政治协商活动。

县政协第一届委员会协商活动　一届县政协针对全县工农业生产、学校教育、农民教育、发挥工程技术人员作用等方面的情况，除召开政协全委会议进行整体协商外，还通过政协主席会议、政协常委会会议、对口协商会议等形式进行协商活动。届内共组织38次协商活动，提出协商意见、建议180多条。

1982年，县政协共召开7次常务委员会议、16次主席办公会议、20多次各界人士参加的座谈会，对国家大政方针和全县政治生活、“四化”建设及人民生活中的重大问题，进行协商讨论。接待委员和各界人士的来信来访60多人次。其中凡属重要或亟待解决的问题，都经过县政协主管副主席亲自审阅，对信访案件全部办理，做到件件有答复。是年，县政协针对小所各庄村林果生产、大山头村多种经营和县造纸厂、县棉织厂的生产情况，通过召开政协常委会会议、主席会议及时提出协商意见。县政协视察全县开展文明礼貌月活动、小学教育和农民业余教育情况后，对发现的问题提出协商意见。

1983年5月，县政协组织工业系统委员，特邀县内部分工程师、助理工程师，以座谈调研的形式，协商“如何加快工业发展，实现翻一番”，探讨全县工业发展问题。各位委员和工程师对全县工业生产如何发展提出对现有企业进行技术改造，提高产品质量；利用现有优势，发展新企业；加强企业管理，提高经济效益；加强对工业企业的组织领导，建议成立县工业科技顾问组；加强政策研究工作，进一步落实工程技术人员政策，调动科技人员积极性等27条有价值的协商意见和建议。10月14日，召开县政协一届九次常委会会议，对各界人士为“两个文明建设”服务提出协商建议。

县政协第二届委员会协商活动 1984—1986年，二届县政协注意不断探索、总结协商和监督的渠道、内容、层次、形式等，健全县政协对县委、县人大、县政府，政协工作组（委）对局、区、乡，政协委员对本单位3个层次的协商和监督。摸索出民主协商会、意见听取会、情况通报、会商办公、访贤问能、办理提案6种形式，协助县委、县政府起草并印发《关于建立健全政治协商制度的意见》和《关于进一步加强人民政协工作的决定》等重要文件，使县级的协商和监督向制度化、经常化迈进一大步。3年中组织协商活动55次，共提出意见和建议190多条。

1984年，县政协召开5次常务委员会议，就全县体制改革和经济开发、两个文明建设、落实政策等大事沟通情况，进行讨论协商，提出意见和建议。县政协主席、副主席多次参加县委、县政府的有关会议和活动，对全县改革和开发等多项工作的大政方针，直接参与协商和实施。县政协农业组提出“合理利用土壤资源，加快农业发展步伐”“在山区大力发展板栗生产”“搞好山区的小流域治理，迎接农村产业结构改革”等多项意见和建议；文化教育组深入山区调查走访大新寨区中小学教育工作情况，并针对该区经济条件差、办学存在一定困难的问题提出意见和建议；工建交组的委员到县第一化肥厂、水泥厂、印刷厂、通用机械厂进行参观考察，提出协商建议；财贸组围绕支持商品生产，深入一些专业户、个体户经营门店参观考察，提出协商建议；医药卫生组委员同县医疗卫生系统13名知识分子座谈，就全县医药卫生工作向县政府提出13条协商意见和建议。

1985年，县政协根据县委和县政府的中心任务，召开各种类型的座谈协商会8次，提出意见和建议81条。在第一个教师节前夕，县政协会同县委统战部联合召开教师代表座谈会，教育工作组的委员和教师代表，就如何搞好全县的教育体制改革和进一步发展全县教育战线的大好形势，进行深入讨论和广泛协商，提出意见和建议。商业供销、农业科技和农村3个工作组联合考察上庄坨乡车厂村，针对该村1000亩国有荒山管理不善问题，向县林业局提出产权国有不变、国家与村签订管理承包合同的建议，县林业局迅速派人与该村签订长达50年不变的管理承包合同。11月，县政协组织农业科技工作组的部分委员，邀请有关部门负责人参加，召开专题座谈会，对全县粮食生产的历史、现状、存在问题及其原因进行具体分析，并就解决存在问题、促进粮食生产的措施写出专题报告，提出抓好粮食生产的5条建议，报送县委、县政府和有关部门。是年，县政协参照外地经验，向县委提出建立健全制度，使政治协商、民主监督逐步走向经常化、制度化的10条建议，县委非常重视，均予采纳。

1986年1月，县委、县政府印发《关于建立健全政治协商制度的意见》，以正式文件下发全县各级党政部门。该意见规定了政治协商、民主监督的主要内容，协商的层次、具体方式等，同时明确了建立由主管县委副书记为组长的县政治协商协调小组。是年，县委、县政府及有关部门与县政协进行不同形式的协商30多次。对常委会的开法进行改革，把协商内容改为以大事为主、重点协商。7月3—4日，召开二届十一次常委会会议，县委书记张力，县委副书记、县长王世祥应邀出席会议并讲话。协商讨论《抚宁县二〇〇〇年经济技术社会总体发展战略（征求意见稿）》，与会委员从《发展战略（征求意见稿）》的战略目标、战略思想、战略重点、战略对策等方面提出100多条中肯的意见和建议。10月9—10日，召开二届十二次常委会会议，县委副书记、县长王世祥，县委副书记李运午到会指导，听取意见。会议学习讨论《中共中央关于社会主义精神文明建设指导方针的决定》；听取有关方面负责人所作的关于青少年犯罪原因剖析、青少年思想状况的调查发言和县工商银行、新华书店负责人及青少年家长代表所作的关于加强青少年教育的经验介绍；会后县政协把委员建议整理成《关于加强青少年教育应解决的几个问题》以及《建议和意见》印送给县委、县政府。

县政协第三届委员会协商活动 三届县政协针对县人代会有关人事安排、企业承包经营、沿海地区经济发展战略、粮食生产、外向型经济、农村改革、公费医疗管理等重大课题，通过政协主席会议、政协常委会会议、对口协商会议、界别协商等形式进行协商活动。届内共组织39次协商活动，提出协商意见、建议210多条。

1987年4月27日，县政协召开三届一次常委会会议，县委书记张力，县委常委、组织部部长邸有到会指导，听取意见，把“一府两院”的人事安排列为专题进行协商，就“一府两院”主要领导候选人名单，同政协常委有来有往地协商对话，直接听取意见。7月13—14日，县政协召开三届二次常委会（扩大）会议，县长骆志强、常务副县长傅春奎应邀出席会议。会议听取骆志强介绍访问日本观感、傅春奎介绍全县“双增双节”运动情况，听取县政协工建交工作组的《承包经营使酒厂出现活力》的调查情况汇报。会议对《关于全县公费医疗管理实施办法》《关于组织实施沿海地区经济发展战略的意见》等进行协商，听取了与会常委的建议。11月12—13日，县政协召开三届三次常委会会议，县委副书记、县长骆志强，县委副书记李运午到会指导，听取意见，商讨把全县粮食生产搞上去的意见并上报县委、县政府。会上李运午讲话，肯定县政协的建议，提议将议题列为即将召开的全县三级干部会议主题。1987年春季，县政协常委王云听到农民反映县内粮油合同定购“三挂钩”的化肥、柴油数量比省、市规定的少，农民有意见的情况，及时进行调查，写出调查情况和建议。经过主席会议审阅后，提出协商建议。

1988年7月19—20日，县政协召开三届六次常委会（扩大）会议，县委书记营瑞亭到会指导，县长骆志强、副县长陈才及县直有关单位负责人出席会议。会议听取并讨论骆志强关于《抚宁县发展外向型经济规划纲要和实施方案（征求意见稿）》的报告，与会人员在充分肯定成绩的同时提出5个方面的意见和建议；商讨《关于抚宁县发展外向型经济规划纲要和实施方案》及贯彻中共十三届三中全会精神，治理整顿、深化改革的安排；协商和通过县政协提出的《关于发展林业生产的几点建议》。12月12—13日，县政协召开三届七次常委会（扩大）会议，县委副书记、县长骆志强，县委副书记李运午，常务副县长傅春奎到会指导并听取意见。会议听取傅春奎关于抚宁县治理经济环境、整顿经济秩序情况介绍；协商讨论县政协《关于发展全县乡镇企业的几点建议》，为县委、县政府决策全县大事提出有分量、有价值的参考意见和建议。

1989年2月12日，县政协9名常委、委员参加县委、县政府召开的意见听取会，对县委、县政府准备召开的农村工作会议的讲话和文件进行协商讨论，委员们提出具体的意见和建议。是月，县委作出《关于加强政治协商和民主监督的若干规定》，对协商监督的原则、内容、形式、层次、程序以及保证措施等作出具体规定，进一步推进政治协商、民主监督工作制度化、经常化。3月18日，县政协召开三届二十三次主席会议，专题研究落实县委《关于加强政治协商和民主监督的若干规定》的具体措施。6月19日，县政协召开三届十次常委会（扩大）会议，县委副书记李运午到会指导并听取意见。会议听取讨论农村双层经营管理体制情况的通报和进一步完善承包责任制的意见。与会委员充分肯定县委、县政府贯彻落实中央、省、市农村工作会议精神所取得的成绩，对存在的问题提出中肯的意见和建议。9月26日，县政协召开三届十二次常委会（扩大）会议，县委常委、宣传部部长苏洪珊，县委常委、县武装部政委李福平到会指导。会议协商审议县政协《关于加强农村思想政治工作的几点建议》，并作为提案报送县委。9月29日，中共抚宁县委召开协商会议，听取对县党代会报告的意见。县政协组织6名常委、委员参加会议，委员们对县委书记菅瑞亭在《中共抚宁县第七次代表大会上的报告（草稿）》提出修改、补充意见。11月13日，县政协召开三届十三次常委会（扩大）会议，县委书记菅瑞亭，县委常委、办公室主任王殿起到会指导。会议听取全县农村家庭联产承包责任制情况通报；协商讨论《县委、县政府关于进一步完善家庭联产承包责任制情况的意见（讨论稿）》，并提出修改意见。

县政协第四届委员会协商活动 四届县政协针对全县人代会人事安排、乡镇农村合作基金会管理、中小学德育工作、《抚宁县国民经济和社会发展第八个五年计划和十年规划草案》、减轻农民负担、住房制度改革等情况进行协商议政。除召开政协全委会议进行整体协商外，还通过政协主席、政协常委会会议、对口协商会议等形式进行协商活动。届内共组织23次协商活动，提出协商意见、建议250多条。

1990年县政协召开6次政协常委会会议，参与县委、县政府中心工作的协商和决策。4月27日，县政协召开四届一次常委会会议，县委书记菅瑞亭，副书记侯金来，县委常委、组织部部长郁和平到会指导。会议协商县委提出的县人大和“一府两院”组成人员候选人建议名单。为了进一步治理经济环境、整顿经济秩序，根据委员的提案和农民群众对农村合作基金会管理问题的强烈反映，6月，由杜志仁副主席带队，邀请县委农工部、县人行、县农行、县信用联社等有关单位负责人对全县已建立农村合作基金会的25个乡镇进行调查，7月又到张家口地区进行学习考察，并邀请有关人士进行反复论证，广泛听取各方面的意见。在此基础上，7月23日，县政协召开四届二次常委会会议，专题协商农村合作基金会问题，县委副书记侯金来到会指导，副县长陈才到会听取意见。县委农工部、县农委、县人行、县农行、县信用联社负责人应邀出席。会议审议通过县政协《关于进一步办好农村合作基金会的几点建议（草稿）》，并将《建议》报县委、县政府，受到县委的高度重视，以县委文件将《建议》批转给各乡镇党委。9月13日，县政协主席傅振东，副主席李瑞林、李成岩，秘书长张九龄和财贸金融组全体委员到县保险公司，围绕争创保险先进县和纠正行业不正之风问题开展对口协商活动。针对全县中小学德育工作存在的薄弱环节，立足百年树人的根本大计，1990年9月上旬至10月上旬，县政协组织部分委员会同县教委负责人，在王匡时、郑庆魁两位副主席的带领下，对王家沟、卢王庄、抚宁镇、牛头崖等8所中小学的德育工作，采取多种方式进行专题抽样调查，并实地考察了玉田县中小学德育工作。通过研讨论证，对全县中小学德育工作提出四点建设性的改进意见。11月27日，县政协召开四届四次常委会会议，县委副书记侯金来到会指导，副县长胡纯惠到会听取意见。会议审议《政协抚宁县委员会关于进一步加强我县中小学德育教育工作的建议》，决定作为建议案报送县委、县政府。受到县委、县政府的充分肯定。农村社会治安综合治理是人民群众关心的热点问题，为实现农村社会治安根本好转，11月下旬至12月上旬，由李瑞林副主席带队，邀请县委政法委负责人参加，深入大新寨、石门寨、留守营3镇7村，广泛听取各方面意见，并组织有关委员进行座谈研讨，形成加强农村社会治安综合治理的建议，经主席会议协商决定送交县委。是年，县政协副主席白润泉在市政协召开的工作会议上介绍开展协商监督的经验。

1991年年初，县委下发《关于切实加强政协工作的决定》，并调整“县政治协商、民主监督协调小组”，进一步明确该小组的任务和作用。把协商大事列为主席会议和常委会会议的主要内容。1月17日，县政协召开四届五次常委会会议，县委副书记苏洪珊到会指导，副县长柳瑞山到会听取意见。会议协商研讨《抚宁县国民经济和社会发展第八个五年计划和十年规划草案》。7月9日，县政协召开四届八次常委会会议，县委副书记苏洪珊到会指导，副县长杜彦祥到会听取意见，县委政法委、县委农工部、县农委、县土管局等有关部门负责人参加会议。会议协商讨论《抚宁县试行农村宅基地和村内空闲地有偿使用的实施方案》《抚宁县试行农村宅基地和村内空闲地有偿使用试行办法》，与会人员提出22条意见和建议。11月6日，县政协召开四届九次常委会会议，县委副书记、县长骆志强，县委副书记侯金来、副县长傅勇到会指导，听取意见。县委农工部、县财办、县农委、县乡企局、县粮食局负责人应邀参加会议。会议协商讨论县政协《关于农村社会化服务的调查报告》和《关于减轻农民负担的几点建议》，决定将这两份材料分别送县委、县政府。1991年12月13日，县政协召开主席会议，协商讨论办好全县光荣院、敬老院问题，向县政府提出《政协抚宁县委员会关于办好光荣院、敬老院的几点建议》。县长和主管副县长亲自过问，12月27日县政府第42次常务会议把政协的《建议》列入议题，请县政协主管副主席到会听取意见。《建议》提出的7个方面问题全部得到采纳落实。

1992年6月1日，县政协召开主席会议，协商决定将政协曹东庄乡联络组《关于农业生产中几个问题的建议》以县政协《建议和意见》报送县政府及有关部门。7月24日，县政协召开四届十二次常委会（扩大）会议，常务副县长杜彦祥，县政府办公室、县委农工部、县建委负责人到会通报情况，听取意见。会议就全县上半年改革开放和经济发展、关于减轻农民负担、住房制度改革等情况进行协商议政，提出了具体意见和建议。8月，县政协四届十九次主席会议根据到县化肥厂的调查报告，向县政府提出关于促进县化肥厂生产发展的协商建议。8 月 6 日，县政协召开四届二十三次主席会议，就桃林口水库移民搬迁方案、关于县政府利用世界银行贷款进行农业开发情况听取有关部门汇报，提出协商建议。8 月 31 日，县政协召开四届二十四次主席会议，副县长王一鸣，县规划处、县建委负责人应邀参加。会议就县城新区规划和老区改造方案进行讨论，提出协商意见。是年，县政协还具体参与协商讨论了县委《关于进一步完善家庭果园的意见》《搞好三年小调整，解决人口增减矛盾的意见》等文件。

县政协第五届委员会协商活动 五届县政协针对全县经济社会发展、改革等重大课题，除召开政协全委会议进行整体协商外，还通过政协主席会议、政协常委会会议、对口协商会议等多种形式进行协商活动。届内共组织 42 次协商活动，提出协商意见、建议 300 多条。

1993 年 7 月 12 日，县政协召开五届三次常委会（扩大）会议，副县长李开江，县房改领导小组负责人应邀参加会议。协商讨论《抚宁县住房制度改革实施方案》。与会委员针对县住房制度改革工作，提出充分考虑职工的实际承受能力、新建住房要符合县城总体规划、制定与房改相关的政策等建议，得到县政府及主管部门的重视和采纳。会议还协商讨论了推动全县农业更好地进入市场经济问题，并向县委、县政府提交《关于推动全县农业更好地进入市场经济的建议》，县委以文件批转各乡镇和县直有关单位，要求各乡镇和有关单位认真研究和借鉴。12 月 18 日，县政协召开五届五次常委会（扩大）会议，常务副县长郁和平到会听取意见。协商讨论《抚宁县奔小康规划讨论稿》。会前各位常委和联络组组长都进行充分准备，认真阅读《规划》原文，并在调查研究基础上提出：按照中央农村工作会议精神，进一步稳定农村统分结合的双层经营体制；探索国营企业转换经营机制，建立现代企业制度；培育市场体系，发展专业批发市场；大力发展乡镇企业；制定招商引资的开放政策；增加科技投入；制定贫困山区脱贫致富的具体措施；提高教学质量，提高民办教师待遇；坚持“两手抓，两手都要硬”的方针，搞好社会治安综合治理，加强全县文化建设等创新发展思路和建议。县政府和有关部门根据委员的建议，对《规划》作出认真修改和补充。

1994 年，县政协围绕建立社会主义市场经济体制、深化改革、小康建设以及其他一些群众关注的重大问题，开展多层次的协商与监督。1 月，县政协召开有关常委和委员参加的协商座谈会，协商讨论《中共抚宁县委关于强化改革扩大开放加快发展的实施意见》，县委书记营瑞亭等县领导亲自到会听取委员意见。与会委员赞同县委《实施意见》，提出：深化农村改革，巩固和发展家庭联产承包责任制和统分结合的双层经营体制，建立健全土地使用权的流转机制；转换乡镇集体企业机制；办好南戴河火炬产业园区，增设旅游项目；充分利用科技人才；加强社会治安综合治理等方面的意见和建议。县委书记营瑞亭对委员的意见和建议充分肯定。委员们还就县第三中学的撤留和职工集资建房等方面的问题进行协商，提出意见和建议。4 月 1 日，县政协召开五届七次常委会会议，副县长聂春友参加，听取关于全县引进外资工作情况；9 月 21 日召开五届九次常委会会议，副县长聂春友、李开江参加，听取南戴河开发建设工作情况；12 月 15 日召开五届十次常委会会议，县委副书记胡纯惠到会指导，听取社会治安综合治理和“扫黄打非”工作等方面的情况通报。就这些方面的工作进行认真的协商讨论，提出切实可行的意见。

是年，先后提交《关于文化工作的建议》《关于加快发展全县个体私营经济的建议》《关于在全县乡镇企业中推行股份合作制的建议》。县委常委会会议专门听取政协的汇报，对县政协的建议给予充分肯定，决定1995年把产权制度改革包括推行股份合作制作为实现经济强县的主要措施来抓。

1995年，县政协通过召开常委会会议、主席会议和专题协商会等形式，围绕全县重要问题进行协商讨论。1月24日，县政协召开常委会会议，县委副书记、县长田永生，县委常委、组织部部长刘平到会指导，听取意见，县政协党组顾问傅振东应邀出席会议。会议协商县政府县长、副县长人事任免事项。5月，县政协党组向县委提交《关于解决县政协在行使协商监督职能中几个问题的意见》，提出将政治协商纳入各级党政机关的决策程序、建立联席协调会议制度、加强政协统战理论政策教育等建议。8月，县政协召开有部分委员参加的专题协商座谈会，协商讨论《抚宁县学山东奔小康建强县赶荣城规划》，与会委员在对《规划》给予肯定和支持的同时，提出补充和修改意见。为进一步明确人民政协的政治协商、民主监督、参政议政的内容，规范相关程序，9月27日，县政协五届十五次常委会讨论通过《政协抚宁县委员会关于政治协商、民主监督、参政议政的实施办法》，协商通过《关于国有工业生产经营情况调查和今后发展国有工业的意见》。11月28日，县政协召开五届十六次常委会会议，县委书记田永生到会指导，县长郁和平，副县长聂春友到会听取意见，协商讨论《抚宁县国民经济和社会发展第九个五年计划和2010年长期规划（草案）》，与会委员就《计划》与《规划》的指导思想、总体思路以及部分相关内容提出意见和建议。是年，县政协对建议的课题进行深入考察、调研，先后提出的《关于进一步贯彻落实〈爱国主义教育实施纲要〉的意见和建议》《关于加强乡镇合作基金会规范化管理的建议》《关于全县国有工业生产经营情况调查和今后发展国有工业的建议》《关于大力发展农林牧渔股份合作制的建议》均得到县委的肯定和县政府的支持。

1996年6月14日，县政协五届二十次常委会协商通过《关于加强全县乡镇（村）农林业科技队伍建设的建议》，县政府副县长张汉书及有关部门负责人参加。10月25日，县政协五届二十一次常委会协商通过《关于加强乡镇小康建设的建议》，县委副书记胡纯惠和县委农工部、小康办等有关部门负责人参加。

1997年4月28日，县政协召开五届二十四次常委会（扩大）会议，县委副书记胡纯惠，县委常委、宣传部部长李华文到会指导。会议协商县政协和县委宣传部关于精神文明建设的调研材料，向县委提交《关于加强全县精神文明建设的几点建议》。这些建议案得到县委、县政府的高度重视，在县委常委会会议、县政府常务会议上进行认真研究，提出切实可行的解决办法。

县政协第六届委员会协商活动　六届县政协针对全县经济社会发展、改革等重大课题，除召开政协全委会议进行整体协商外，还通过政协主席会议、政协常委会会议、对口协商会议等多种形式进行协商活动。届内共组织22次协商活动，提出协商意见、建议280多条。

1998年年初，县委通过县政协召开专题协商会，就县级领导成员调整方案征求各人民团体和各界代表人士的意见，进行民主协商。4月30日，县政协召开非公有制经济人士座谈会，协商非公有制经济发展问题。县委书记田永生，县长邢留建，县政协主席苏洪珊，县政协副主席侯玉璋、李成岩、李占义和县委办、县政府办、县委统战部、县工商联的负责人参加会议。20多位非公有制经济代表人士就发展非公有制经济的环境、政策等作了发言，县委书记、县长听取大家发言，并作了重要讲话。会后，县委出台关于大力发展非公有制经济的文件。6月30日，县政协召开六届二次常委会会议，县委副书记张汉书，县委常委、农工部部长武建光，副县长赵宝义到会指导，听取意见。会议协商《关于进一步稳定完善农村土地、果树承包责任制的建议（讨论稿）》。是年，县政协向县委、县政府提交了《关于水稻前茬利用的建议》《关于初中入学高峰问题的报告》《关于加快全县农业结构调整的建议》《关于进一步稳定完善农村土地果树承包责任制的建议》等协商建议。

1999年6月，县政协对县委、县政府出台的农村二轮土地承包初步方案，再次调查研究，座谈论证，就涉及的村民委员会换届、清理个别农户欠费欠税、小麦种植、调整自留地等问题，于7月13日主席会议研究后，向县委提交《关于在农村第二轮土地承包工作中应注意的问题及建议》，在完善全县二轮土地承包方案中发挥了积极作用。6月25日，县政协召开六届八次常委会会议，县委统战部、政法委，县公安局、检察院、法院、司法局负责人参加会议。会议听取县公安局、检察院、法院、司法局工作汇报，就政法部门发挥职能作用、加强隐蔽战线对敌斗争、严厉打击刑事犯罪活动、深入开展反腐败斗争、实行社会治安综合治理和政法队伍建设进行协商讨论。8月4日，县政协召开紫金山公园建设与管理协商座谈会。县政协主席苏洪珊主持会议，县建设局、林业局、土管局、财政局、城建规划处和抚宁镇的负责人参加。会议就公园的建设管理进行专题协商。是年，县委召开非公有制经济人士座谈会，采纳了县政协向党委提交的发展非公有制经济的有关建议；会后，建立县级领导干部联系私营经济人士制度，在个体私营企业中开展评选先进单位、先进工作者活动，同时成立县私营经济管理局，推动全县非公有制经济的发展。

2000年，县政协探索和研究县政协规范工作程序，商请县委、县政府同意，对县政治协商协调小组进行充实和调整。县委由一名副书记、县政府由一名常务副县长负责联系政协工作；县政协主席列席县委常委会会议、副主席列席政府常务会议的制度得到落实，进一步畅通了政协参与县委和县政府决策的渠道。9月7日，县政协六届十三次常委会（扩大）会议就《抚宁县国民经济和社会发展第十个五年计划和2010年远景规划（讨论稿）》进行民主协商。会议一致认为，《规划》总体思路清晰，发展目标明确，具有较强的宏观指导性和可操作性，反映了全县人民的意愿。同时，与会人员就《规划》编制的指导思想和原则以及经济建设和社会发展的主要目标和措施，提出许多意见和建议，得到县委、县政府的重视和采纳。10月25日，县委召开政协工作会议，会议要求各级各部门切实提高对政协工作的认识，支持配合政协组织和委员参政议政；印发县委《关于进一步加强政治协商、民主监督、参政议政的若干规定》。是年，县政协领导和相关委员出席县政府召开的县城长征路改造民主协商会，就工程的标准、规模、效益和配套设施建设坦陈己见，论证协商。

2001年，县政协在六届四次全委会议之前，召开六届十四次常委会会议，对县政府工作报告提前进行民主协商，使常委们有充分时间对政府工作建言献计。4月中旬，县政协组织有关委员专门听取县民政局关于紫金山迁坟工作的汇报，视察龙虎庄公墓建设，对相关事项进行讨论协商，促进迁坟工作顺利开展。到5月1日，紫金山公园规划区内的1100多座坟头全部迁往龙虎庄公墓和其他墓地或就地平毁，使紫金山公园建设中的一大难点问题基本得到解决。6月7日，县政协召开六届十六次常委会会议，听取县政府关于扩大对外开放招商引资工作的通报，对全县招商引资工作中存在的问题和原因进行认真分析。会后，向县政府提交《关于进一步做好招商引资工作的建议》，得到县政府的重视和采纳。9月5日，县政协六届十七次常委会会议对《关于加快全县农业产业结构调整步伐的建议》进行专题讨论协商，与会常委们经过认真讨论，一致认为切实可行。会后将《建议》提交县委、县政府。

2002年，针对实施农村税费改革出现的新问题，县政协在协商前进行调查、考察。9月，县政协会同县委农工部、县财政局，赴安徽、江苏就农村税费配套改革情况进行考察，并向县委、县政府提交考察报告；随后，又深入抚宁镇、台营、下庄等8个乡镇、管理区调查研究，对所属的13个村税费改革后的收支情况进行重点剖析，召开有乡镇领导、村级干部、农民和县直相关部门负责人参加的座谈会，广泛听取各方面的意见，形成《关于解决全县农村税费改革后存在问题的建议》，提交给县委、县政府，为农村税费改革后的财政支出安排和确保农村税费改革顺利进行提供协商意见。

县政协第七届委员会协商活动　七届县政协针对全县经济社会发展、改革等重大课题，除召开政协全委会议进行整体协商外，还通过政协主席、政协常委会会议、对口协商会议等多种形式进行协商活动。届内共组织24次协商活动，提出协商意见、建议160多条。

2003年，县政协常委会对大会发言中涉及全局性的重要事项，组织协商论证，向县委、县政府提交相应报告或建议，实现协商监督的专题化。在防治非典型肺炎期间，县政协七届二次主席会议专题听取县政府关于防治非典型肺炎的情况通报，通过协商提出改进意见。9月23日，县政协召开七届一次常委会会议，听取县政府常务副县长卢守杰关于县政协七届一次全委会以来提案承办工作的通报，协商重点提案的督办意见；协商通过《关于加强全县社会治安综合治理工作的意见和建议》；并审议通过《政协抚宁县委员会常务委员会议事规则》等。是年，县政协还对县护城河改造方案进行分析论证，提出建议，履行协商监督职能。

2004年9月9日，县政协召开七届三次常委会会议，学习中共中央总书记胡锦涛、中共河北省委书记白克明对李家庚先进事迹的批示，学习白克明、省委组织部部长付志方来抚宁县慰问“富民书记”李家庚和考察英武山村工作时的讲话；审议通过《关于授予李家庚同志“优秀政协委员”荣誉称号的决定》《关于开展向李家庚同志学习的决定》。是年，政协主席会议和常委会会议就《关于拆除大礼堂及拓宽一小门前至长征路面，用于建设休闲活动场所和解决一小学生上放学出入难问题的建议》和长城保护与开发等进行专题研究和协商议政。其中专题调研的建议有：农村基础工作存在的主要问题及建议，开发建设董家口—板厂峪—车厂长城弧形旅游线路的建议，玻璃纤维产业发展现状及建议，小煤窑安全生产存在问题及建议；视察考察：长城保护组织落实及开展工作情况，北部山区集雨水窖建设情况，护城河改造工程，水泥、造纸、玻璃纤维产业发展情况，盐业执法，城内交通管理，烟草行业经营管理；重点督办：关于拆迁大礼堂、拓宽一小门前路、建休闲中心的提案，引洋入城解决县城生产生活用水的提案，加强对城乡网吧管理、严厉打击不法活动的提案，全县蔬菜产业发展的几点建议的提案。

2005 年 3 月 15 日，县政协召开有部分委员参加的工作座谈会，专题研究年内重点调研、视察课题，为进行民主协商做好准备工作。11 月，就加强县城社区建设县政协召开了部分委员参加的专题座谈会，听取城关街道办事处的工作汇报，进行认真协商讨论后向县委、县政府提出了意见和建议。12 月，县政协召开县直农口各局和部分乡镇管理区负责人参加的专题协商座谈会，就建立完善专业合作经济组织、提高农民组织化程度进行专题协商，并形成共识。是月，县政协七届十五次主席会议讨论了县政协《关于加快发展农民专业合作经济组织的建议》，作为协商建议提交县委、县政府。

2006 年，县政协就《继续推进“三线富民”发展战略，不断提升全县农业综合生产能力》《采取有力措施，促进畜牧养殖业持续健康发展》《依法规范采矿行为，保护生态平衡和文化遗产》等议题进行专题协商。

县政协第八届委员会协商活动 八届县政协针对全县经济社会发展、改革等重大课题，除召开政协全委会议进行整体协商外，还通过政协主席会议、政协常委会会议、对口协商会议等多种形式进行协商活动。届内共组织 39 次协商活动，提出协商意见、建议 350 多条。

2007 年 9 月 21 日，县政协召开八届二次常委会会议，专题协商农业工作。会议听取县政府关于全县农业工作情况的通报。在充分肯定政府工作的同时，围绕农业扶持资金的使用、建立县级生猪人工授精总站、涉农企业融资难等方面问题提出意见和建议。这些意见和建议呈报县委、县政府有关领导后，引起高度重视。县委领导批示相关部门认真研究办理。县农牧水产局积极落实，主管领导亲自到县政协反馈落实情况。

2008 年，按照“少而精、专而深，出精品、求实效”的原则，广开言路，畅所欲言，积极协商议政。八届二次全委会后，县政协在广泛征求各方面意见的基础上，以主席会议的形式确定议政课题，并对其进行专题协商。6 月 20 日，县政协八届五次常委会会议，对县南戴河景区人造河干流段、洋河口段综合整治情况和相关问题进行协商议政。常委们一致认为，县委、县政府对“两河”的改造是符合县情、顺应民意的为民工程，是正确的，也是可行的。同时，着眼于南戴河的长远发展，对工程规划建设、土地置换等问题提出具体的意见建议。11 月 11 日，县政协召开八届六次常委会会议，就全县经济运行情况和项目建设情况进行专题协商。常委们从全县实际出发，就如何应对金融危机，促进县域经济又好又快发展，提出加强对国家宏观政策的研究，进一步改善投资环境，制定落实具体的优惠政策，为企业发展提供一个宽松和谐的环境氛围，在实现农民增收方面，特别关注盛果期板栗稳产增产问题，确保栗农增产增收，以改善居民居住环境为契机，发挥建筑地产业拉动消费作用等 9 条意见建议，以《政协工作》形式呈报县主要领导，引起高度重视。12 月 3 日，县政协组织不同界别委员对《抚宁县文化发展规划纲要（2008—2017）》协商议政。委员们围绕文化发展目标、加强农村基层文化建设、完善基础文化设施、强化人才队伍、保护和利用文化遗产等方面提出修改意见，得到有关方面的认可和采纳。

2009年，县政协在充分征求委员意见的基础上，按照前瞻性、针对性和实效性原则，精选议政课题进行专题协商。为进一步推进全县的“三年大变样”工作，6月26日县政协召开八届九次常委会会议，县委常委、副县长曹立新，县建设局、城管办、规划处、县城镇面貌大变样办公室负责人参加会议。常委们专题视察县城建设，实地察看县城老旧小区改造、集中供热、物流中心、污水处理配套管网、南戴河荷花湖公园改造等工程，听取县政府关于“城镇面貌三年大变样”工作情况的通报。常委们一致认为，通过“三年大变样”工作的开展，县城城市功能得到进一步完善，城市品位得到进一步提升。7月，县政协以二次土地调编工作为契机，就县城总体规划用地布局，在深入调查研究、充分论证的基础上，提出要合理确定县城总体规划用地布局，为县城的发展预留足够的空间，到规划期末（2020年）城市发展基本范围框架应以抚宁城区的城市空间生长为原则，遵循动态更新、跃迁生长、轴向填充、弹性推进的发展模式，通过“北优”“南拓”“西进”“东控”的发展方向，将县城的紫金山和洋河作为县城的城中山、城中河来打造，高标准作好城市发展规划、城市建设要突出人文特色等问题提出具体的意见建议。面对金融危机给县财政收入带来的不利影响，10月23日县政协召开八届十次常委会会议，县委常委、常务副县长肖瑞江，县政府办公室、财政局负责人应邀参加会议。听取县2009年1—9月份财政预算执行情况汇报。会议充分肯定县委、县政府在应对金融危机中所采取的有力措施和取得的成绩，并就进一步做好今后的财政工作提出意见。

2010年4月20日县政协召开八届十一次主席会议，专门听取人劳社保局关于全县农村剩余劳动力转移就业工作的情况汇报，会议认真分析全县农村剩余劳动力转移就业工作中存在的农民思想观念保守，县工业化、城镇化发展滞后等6个方面的问题，找出农民工专业技术缺乏、劳务输出工种杂乱、进入市场组织化程度低、县域内企业吸纳农村劳动力有限等7项原因。提出加强对农民工的培训；大力发展劳务输出经纪人队伍，做好内引外输工作，创立劳务输出品牌；加快推进工业化、城镇化进程，创造更多的就业岗位；支持、引导、鼓励那些有资金、有技术、有管理经验的外出务工人员回乡创业等12条建议。11月12日县政协召开八届十二次常委会会议，对全县新型农村社会养老保险试点工作进行专题协商，提出进一步完善新农保制度和相关的配套措施；重视基层农保机构建设；加强对新农保资金发放的监管等意见建议。12月8日县政协召开八届十三次常委会会议，就科学编制“十二五”规划进行专题协商。常委们从农业发展、工业项目、文化教育、医药卫生、社会事业等方面提出坚持工业的主导地位，抓紧县城工业聚集区建设，优化投资环境，吸引优秀项目入驻聚集区；推进农业产业化经营，做好农产品的销售、贮藏、深加工等项目；注意发展公平教育，实行优秀教师准入机制，提高教学水平，扩大教育成果；加大对医疗机构的扶持，进一步提升医疗服务水平；充分利用全县“山、海、城”等得天独厚的资源优势，全力打造南部沿海旅游产业带等修改意见，并得到县政府的采纳。12月21日县政协召开八届十四次常委会会议，县委常委、常务副县长肖瑞江，县政府办公室、卫生局负责人应邀参加会议。会议听取县政府系统提案承办工作和县基层医药卫生体制改革工作情况的汇报。对全县基层医药卫生体制改革进行专题协商，建议逐步加大对医疗卫生公益事业的投入，强化专业医务技术人才队伍建设，做好疾病的防治和民营医院的监管工作，引起相关部门的重视。

2011年，县政协着重就县委、县政府提出的重大议题和委员关注、群众关心的热点问题进行协商议政。6月11日，县政协召开八届十六次常委会会议，副县长黄悦华、县沿海办公室负责人应邀出席会议，听取县沿海开放开发工作和食品安全工作情况的汇报。常委会对县沿海开放开发工作给予充分的肯定，提出：要加大对企业的扶持力度，使其成为拉动地方经济的主力军；狠抓项目落实工作，对重点项目放宽准入机制，促使项目尽快落地；简化和减少项目审批手续，提高办事效率和服务质量，为企业发展创造宽松的环境；加速完善县工业园区基础配套设施建设，吸引具有竞争力的企业入园，促进园区快速发展。会议听取关于全县食品安全工作情况的汇报后，认为：食品安全涉及千家万户，事关百姓的健康安全和社会的和谐稳定，是一项重要的民生工程，建议进一步提高执法人员队伍建设和食品生产经营企业从业人员的自身素质；加大对违法活动的惩罚力度，加强对食品生产、加工、包装、运输、储存、检验和销售等各环节的检查，着眼源头治理，杜绝违法现象的发生；做好食品安全检查工作，特别是要加强对小食品、熟食、早点、儿童食品的安全检查，对流动摊贩、农村小卖点、旅游景区、学校、医院周边食品经营等重点区域摊点进行监管，提高食品准入门槛；对生产的农产品进行监督，在创建农产品特色品牌的同时，规范无公害农产品生产，保障农产品质量安全；加大宣传力度，提高全社会对食品安全的认识，增强公众自我保护意识和能力，营造安全、健康的食品生产流通环境。会议提出的协商建议得到县政府和相关部门的支持、采纳。

县政协第九届委员会协商活动 九届县政协针对全县经济社会发展、改革、民生改善等重大课题，除召开政协全委会议进行整体协商外，还通过政协主席会议、政协常委会会议、对口协商会议等多种形式进行协商活动。届内共组织42次协商活动，提出协商意见、建议218条。

2012年4月18日，县政协召开九届一次常委会会议，听取县公安局关于全县社会治安防控体系建设情况汇报，就社会治安防控体系建设进行专题协商。县委政法委、县公安局负责人应邀参加。7月4日县政协召开九届二次常委会会议，就杜庄工业聚集区、抚宁经济开发区、葡萄酒产业聚集区建设进行专题协商。副县长王东军、各园区负责人参加。11月28日，县政协召开九届三次常委会会议，就全县经济运行情况进行专题协商。会议提出：要创新机制、完善园区体制运行，着力破解融资、土地两大瓶颈，改善基础设施，优化周边环境，落实好优惠政策，加大招商引资力度；要坚定发展信心，勇挑发展重担，着眼经济发展大局尽职尽责，为全县经济发展多作贡献等意见和建议。常务副县长卢爱兵应邀出席会议。县政协九届二次主席会议专门听取县粮食储备、流通情况汇报，认为全县在粮食储备及流通方面取得可喜成绩，对全县粮食产业化发展给予高度赞赏，同时也对县粮食储备、流通监管工作以及粮食产业化发展提出殷切希望。建议要提高粮食安全意识，确保粮食储备和质量安全，加大检测和执法力度，多渠道解决粮食购销加工企业融资问题，建好粮油加工物流园区，实现粮食精深加工和多层次升值，把粮食产业真正做成全县的优势产业。

2013年5月、9月、12月，县政协分别召开九届五次、六次和七次常委会会议，围绕基础教育、县域经济提速发展、城乡一体化建设、全县助保金贷款、财政和经济运行情况进行专题协商。会议提出：加大对助保金业务的宣传力度，加强银行与企业之间的沟通协调，各职能部门要相互配合，及时发现和协调解决企业发展过程中出现的问题，确保助保金贷款助推作用的发挥；理性面对财政收支的严峻形势，加大财政资金监管、资金争取和调度力度，确保实现财政收支平衡；面对经济下行压力增大，抓牢做实重点项目、城镇建设、园区经济、教育事业等工作的整体推进等意见和建议。

2014 年 8 月 13 日，县政协召开九届十次常委会会议，听取县安全生产情况汇报，对安全生产工作进行协商讨论并提出建议。9 月 5 日，县政协召开九届十一次常委会会议，县委常委、县农工委书记胡瑞东应邀出席。会议听取县农村面貌改造提升工作情况汇报，并就农村面貌改造提升进行专题协商，提出统筹规划，着力优化居住环境，巩固整治成效，确保农村面貌从根本上得到改善提升。就强化城市环境容貌综合整治工作，听取全县城市管理工作汇报，并围绕城市绿化亮化、环卫、市容环境整治、休闲活动场所建设管理等问题提出意见建议。12 月 19 日县政协召开九届十二次常委会会议，县委常委、常务副县长卢爱兵，县发改局负责人应邀出席。会议听取县 2014 年经济运行情况和县政协九届三次全会提案承办情况汇报，并进行协商讨论，提出建议。

2015 年 3 月 24 日，县政协召开九届十二次主席会议，县政协主席张岐主持会议，县委常委、宣传部部长郝炜，有关部门负责人应邀参加。会议就文化产业发展进行专题协商。指出：文化产业与地域经济发展相融合，树立开拓创新发展理念，全面提升文化产业发展质量；乡村休闲旅游文化发展要注重规划编制，拓宽融资渠道，突出自身特色；加强综合管理，切实把乡村旅游做实、做大、做强。4 月 17 日，县政协九届十四次常委会专门协商重点项目建设，县委常委、县政府党组副书记冯宝珍应邀出席会议。会议围绕加强项目载体平台建设、科学确定功能定位、优化园区布局、抓好规划落实、优化投资环境、拓宽融资渠道、理顺机制体制等方面建言献策。针对玻纤产业现状，提出确立玻纤产业发展定位和产品的发展方向，着重提高自主创新能力，充分发挥玻纤协会的组织协调作用，提高生产工艺和装备水平；在农业综合开发项目建设中，提出抓好后续项目及建后管理工作，重点抓好项目资金管理使用、科技推广和典型宣传。7 月 16 日县政协召开九届十五次常委会会议，副县长杨占起应邀参加会议。听取县“五大”特色主导产业发展情况汇报，协商讨论加快现代农业发展步伐问题。在“五大”特色主导产业的发展上，提出加快现代农业发展步伐、明确发展思路、结合本地实际、科学制定发展规划、提高农业产业化管理水平、抓好基地建设、延伸产业链条、提高产品附加值等建议。

区政协第一届委员会协商活动　一届区政协针对全县经济社会发展、改革、民生改善等重大课题，除召开政协全委会议进行整体协商外，还通过政协主席会议、政协常委会会议、对口协商会议等多种形式进行协商活动。届内共组织 18 次协商活动，提出协商意见、建议 110 多条。

2015 年 12 月 11 日，区政协召开常委会会议，区政协主席张岐主持会议，区委常委、常务副区长冯宝珍应邀出席会议。会议听取区 2015 年度 1—10 月份财政预算执行情况汇报、关于提案承办工作情况汇报，并就有关问题进行协商。通报《中共政协秦皇岛市抚宁区委员会党组关于区划调整后有关事项的请示》。

2016年5月10日，区政协召开一届一次常委会会议，听取区信访工作情况汇报，专题协商信访工作。会议从全区实际出发，提出合理化意见建议。与此同时，各位班子成员按照区委包案督访、接访的统一安排部署，积极协调有关部门解决实际问题。8月12日召开一届二次常委会会议，区委常委、副区长关金一，区城市综合执法局负责人应邀出席会议。听取抚宁区集中整治“双违”专项行动工作开展情况汇报，与会人员进行了协商讨论。从加强组织领导、切实落实责任，加强配合协作、动员广泛参与，加强考核问责、严格工作纪律等方面提出意见和建议。8月17日，区政协组织部分提案委成员及重点提案人以座谈协商方式，在区招商局三楼会议室召开《加大政策扶持力度 吸引客商来抚投资》的提案督办会，区政府办、招商局、国土局、国税局、地税局、市场监督管理局、发改局、金融办等部门相关负责人应邀参加座谈协商。委员们提出：要充分利用好秦皇岛经济技术开发区抚宁园区的平台载体作用，加快健全理顺领导体制和工作机制，加大水电路信等配套基础设施建设与完善力度，先筑好巢，再引金凤凰。加强对国家、省、市有关财政、税费、土地、金融等方面政策的研究，及时了解相关政策动态，修订完善现行招商政策。在建设用地方面，探索由政府先建厂房后转租企业，再由企业购买的方式。积极盘活土地存量，解决用地指标问题；优化投资软硬环境。面对严峻的资源环境制约，破解环保瓶颈难题。加快产品尤其是工业产品的升级换代步伐，结合企业发展实际进行创新，以先进的技术保障产品的质量，大幅降低生产成本等。11月3日，区政协召开一届三次常委会会议，区委常委、常务副区长冯宝珍，区发改局、招商局负责人应邀出席会议。会议听取抚宁区对接京津协同发展工作开展情况汇报，冯宝珍对抚宁区对接京津协同发展工作决策背景、思路和举措作了介绍。与会人员进行协商讨论，并提出具体建议。针对社会各界普遍关注的新一中、四中、镇中、二小搬迁，初、高中教育资源整合工作，召开主席会议专题听取进展情况，提出意见建议；召开主席会议专题听取水务部门关于城区15万吨自来水厂建设情况的汇报，从充分认识水厂建设的必要性、把握“四个统筹”、树立长远观念、加强宣传等方面提出意见建议。

区政协第二届委员会协商活动 二届区政协针对全县经济社会发展、改革、民生改善等重大课题，除召开政协全委会议进行整体协商外，还通过政协主席、政协常委会会议、对口协商会议等多种形式进行协商活动。届内共组织54次协商活动，提出协商意见、建议260多条。

2017年，抓住重大关切问题，强化专题协商功能。区政协共召开6次主席会议、4次常委会会议，专题就全区规划体系建设、智慧城市、平安抚宁、大气污染防治、打造特色农业之区、既有企业转型升级、经济运行情况等重大课题开展专题协商，提出意见、建议54条，为区委政府决策提供重要参考。7月14日，区政协召开二届二次常委会会议，区委常委、宣传部部长、区政府党组成员关金一，区委政法委、城管局负责人应邀出席会议。听取区智慧城市和平安抚宁建设工作开展情况汇报，关金一就区智慧城市和平安抚宁建设包含的范畴作了说明。与会人员进行协商讨论并就智慧城市和平安抚宁建设工作建议采取灵活机制，加大力度，解决资金问题；要统筹协调，整合资源，稳步推进，量力而行；要拓宽智慧城市范畴，避免只重项目建设，轻视顶层设计；要加强宣传，动员全民参与。建立信息平台，构建“互联网+”模式，以互联网、App、微信、广电网络为载体，打造电子政务平台。12月7日，区政协召开二届三次常委会会议，听取区经济运行情况汇报。会议建议：把抓项目建设作为全局性工作，全力以赴抓落实，招大引强，做好项目储备，围绕军民融合配套产业、新能源新材料、住宅产业、文化旅游、健康养老等主导产业，抓好项目策划包装，重点发展现代化工业经济和税源型经济；完善产业园区基础设施建设，在加大政府投入的同时鼓励多种形式吸引民间资本，扩大融资渠道，为加快园区基础设施建设和完善配套园区功能提供财力保障；以“京津冀协同发展，打造新首都经济圈”为契机，包装一批大项目、好项目，为立项争资打下坚实基础；加大现有企业转型升级发展的力度，特别是造纸、玻纤、骊骅淀粉等传统产业的改造提升，激发原有企业民间投资的信心与活力；强化财政收入征管措施，大力挖掘收入潜力，厉行节约，加强税务稽查工作，强力规范和打击偷税、漏税和抗税行为，严防税收流失。区政协对地表水厂建设、洋河再生水厂建设、生活垃圾全资源处理利用、名医坐诊会诊等重点民生工程，组织界别专家型委员以现场考察形式，与相关责任部门进行对口协商，就有关技术问题进行协商讨论。增强协商的针对性、科学性、有效性。在企业转型升级、创建文明城市、迎接旅发大会等中心重点工作中，例如，骊骅淀粉技改、建立造纸产业联盟、总投资80亿元抽水蓄能电站重大项目等，按照区委部署要求，党组班子成员全部参与。区政协成立调研专班，先后召开3次座谈会、4次对口协商会、2次县区对接沟通会、5次工作部署会，发动机关全体工作人员，组织教育、公安、质监、商务、工信、水务、城管、建设、老干部局以及骊城街道、抚宁镇、下庄管理区等部门、单位和区职教中心的委员开展大规模走访，宣传区委区政府建设地表水厂的重大意义，宣讲城市公共用水价格调整的必要性，在统计部门的配合下，制发1万份调查问卷，经梳理形成《关于城区公共用水情况的调查》，呈报区委政府，为决策提供重要参考。

2018年，区政协召开议政性常委会会议5次、专题协商性主席会议4次，分别就项目园区带动攻坚、贫困人口精准脱贫、大气污染治理攻坚、创建国家森林城市等事关全区发展大局的议题进行协商，形成广泛共识。2018年4月25日召开二届六次常委会会议，副区长杨为民，区发改局、招商局和抚宁经济开发区负责人参加会议。听取发改局、招商局和抚宁经济开发区关于项目园区带动攻坚会战情况汇报。协商建议：要进一步提高对项目园区建设和招商引资工作的紧迫感、压力感和责任感；抓住破解土地指标、资金融通、园区规划和水电路网建设等瓶颈制约；营造有利于项目园区建设的良好环境和氛围，不断增强内生动力；为项目园区建设和招商引资工作创造有利条件。8月2日召开二届七次常委会会议，副区长王佐琴、区水务局负责人应邀出席会议。听取区洋河、戴河清理整治情况的汇报，王佐琴对洋河、戴河清理整治工作进行了补充介绍。协商建议：要强化河道保护意识，坚持政府监管和基层自治并重。认真落实“河长制”制度；要将清理整治搬迁与产业转型结合起来；要坚持常抓不懈，建立健全长效机制；要强化宣传，引导群众共同参与。11月1日，区政协召开二届八次常委会会议，听取区创建国家森林城市工作情况汇报。与会人员就巩固创森工作进行了充分的协商讨论，并提出建议。11月8日，区政协召开二届九次常委会会议，副区长朱志伟、市环境保护局抚宁分局负责人应邀出席会议，听取区大气污染防治工作情况汇报；朱志伟对区大气污染防治工作作补充发言。与会人员进行了协商讨论，并提出意见和建议。12 月 7 日，区政协召开二届十次常委会会议，区委常委、常务副区长关金一，区发改局、建设局、城管局、工信局、科技局、行政审批局、开发区负责人应邀出席会议，听取区“双创双服”工作情况汇报；关金一介绍“双创双服”工作取得的成绩和存在的不足；与会人员进行了协商讨论，并提出意见和建议。

2019 年，区政协紧紧围绕贯彻“五大”发展理念，着眼实施“生态优先、创新驱动、产业强区、城乡统筹”发展战略和“六大攻坚行动”，精心选题，精深调研，精准建言，组织召开 4 次常委会会议，重点就“传统产业依托园区转型升级发展”“全民法治宣传情况”等开展专题协商。3 月 19 日，二届十二次常委会会议学习《中共中央关于加强党的政治建设的意见》和区委书记孙志川在全区开展解放思想大讨论、“三深化三提升”活动暨实施“六大行动”动员大会上的讲话；协商讨论各专委会成员名单。进一步完善专委会职能设置，配齐配强专委会人员力量，以便更好发挥专委会功能，强化专委会履职实效。5 月 24 日，区政协召开二届十三次常委会会议，副区长杨为民，区科技局、工业信息化局负责人应邀出席会议，听取科技和工业信息化局关于传统产业依托园区转型升级发展情况汇报。建议充分认识传统产业依托园区转型升级的必要性和紧迫性，要加强领导、统筹规划、统一调度、突出重点、加大政策扶持力度。6 月 26 日，区政协召开二届十四次常委会会议。会议听取区农业农村局关于抚宁区乡村振兴夯基行动推进情况汇报，并提出意见建议。11 月 21 日，区政协召开二届十五次常委会会议，副区长王华、区水务局负责人应邀出席会议，听取区水务局关于抚宁区水质提升专项行动开展情况汇报。会议就水质提升专项行动建议实行全域统筹、规划先行，加强反应监测能力建设，继续改善农业面源污染。11 月 26 日，区政协召开二届十六次常委会会议，副区长朱志伟，区住建局、城管局负责人应邀出席会议，听取区市政配套与市主城区互联互通工作情况汇报，并提出意见和建议。此外还召开 3 次对口协商会，重点就“区物流业发展情况”“全区公共卫生和医疗服务”“农业产业化和农产品加工业发展”等开展协商议政；区政协副主席徐秋阳在市政协召开的专题协商座谈会上作了题为《抓好农产品深加工，培育知名品牌》的发言；召开 2 次界别协商会，就“城市河道综合整治”“城市便捷出行工程”开展协商，为助推“六大攻坚行动”建真言、出实招、谋良策、增共识。

2020 年，按照党中央和省市区委部署，围绕贯彻区委二届四次全会精神，统筹做好防控新冠疫情和政协工作，巩固深化“不忘初心、牢记使命”主题教育成果，聚焦党委政府中心任务开展协商议政。6 月 5 日，区政协召开二届二十次常委会会议，区政府副区长王华、区水务局相关人员应邀出席会议，听取区碧水行动工作情况汇报；协商讨论抚宁区区划调整初步方案。会议建议：要牢固树立创新、协调、绿色、开放、共享发展理念；提高居民自觉爱护环境的素质；要创新融资机制，建立政府投入为主、村民支持为辅，积极发挥社会支持建设公共设施的多元化投资机制和以村民为主体的公共设施运行维护管理机制，落实长效机制；要坚持问题导向，补齐短板，巩固整治成果，确保村庄环境干净、整洁，环境问题不反弹。会议协商同意抚宁区区划调整初步方案。6 月 18 日，区政协召开二届二十一次常委会会议，区政府常务副区长关金一、区政府办公室负责人应邀出席会议，听取区“三创四建”工作情况汇报。会议建议：继续加大力度，推动“三创四建”活动取得扎实成效；增强行政审批改革的创新性、突破性和引领性，大力推动审批事项全流程网上办理，构建网上网下一体化政务服务体系；大力推进各类科技创新平台建设，鼓励在校大学生进入抚宁区企业实习；进一步加大招商引资工作力度，特别是引进高新技术企业的力度；积极推动旅游业复工复产，政策上大力扶持。7月2日，区政协召开二届二十二次常委会会议，区政府常务副区长关金一、区发改局负责人应邀出席会议，听取区新兴产业发展情况汇报，履行民主协商程序。会议建议：实施规划引领，助推新兴产业落地；做到“以情招商”“以友招商”“以商招商”；完善招商引资奖励扶持政策，积极进行筑巢引凤，打造招商引资硬性条件；加大新兴技术人才队伍培养和引进；要加强园区建设，促进产业集聚；推进新兴产业的集聚式发展。11月24日，区政协召开二届二十三次常委会会议，区政府副区长王华、区农业农村局负责人应邀出席会议。会议听取区深化农村改革暨农业特色产业提质增效情况汇报。会议建议：狠抓农业园区建设，加强政策引导、加大招商引资力度，吸引京津冀农业龙头企业来抚宁投资建设现代农业园区；充分发挥财政资金“四两拨千斤”的作用；加大对特色农业投入的力度，把特色农业投入向产业的薄弱方向和基础设施建设倾斜，让政策和资金扶持效果落实；坚持因地制宜，避免同质竞争，优化农业产业产品结构和区域布局；政府要做好产业保姆式服务，出台一系列地方惠农的政策举措。

2021年，充分发挥政协常委会会议和主席会议的协商功能，强化会前知情明政，突出界别功能特色，围绕打造机械加工产业集群、培育园区产业支撑、园区承载平台建设、推进县管校聘工作召开主席会议、常委会会议专题协商。5月27日，区政协召开二届三十次主席会议，专项听取了全区打造机械加工产业集群、培育园区产业支撑、园区承载平台建设工作情况的汇报。区政协主席张岐，副主席王海银、李维宝、赵永红、徐秋阳，党组成员付强，秘书长呼贵礼出席会议。区政府党组成员，抚宁经济开发区党工委书记、管委主任刘松涛应邀出席会议。会议对抓好朱各庄搬迁工作，实施招商奖励、税收优惠政策，研究企业推出机制，提高服务意识，加大基础设施建设，提高电力负荷承载力等提出具体建议。

民主监督

政协的民主监督主要通过召开全委会议、常委会会议、主席办公会议以及有关各界人士参加的座谈会议和通过视察、调研活动以及行业风气监督等，对全县经济和社会发展及人民生活中的重大问题，进行协商监督。县政协认真做好委员和各界人士在协商监督中提出的意见、建议和提案的处理工作，对意见、建议、提案形成文字材料或报告，转交各级党委和政府以及有关部门处理，并随时跟踪督办、沟通情况，掌握解决和处理的情况。

县政协第一届委员会民主监督活动 1982—1983年，县政协协助党委和政府抓好统战政策的落实，逐步落实了右派分子政策、知识分子政策、民族政策、侨务政策、宗教政策、起义投诚人员政策以及原工商业者政策。县政协在工作中学习党的各项统战政策，不断提高政策水平，发挥协商监督作用。对来信来访热情接待，认真处理。来信来访中提出的问题，坚持实事求是的原则，对有政策规定的问题，催促有关部门按照党的政策研究解决；按照党的现行政策一时不能解决的问题，向信访群众做好说服解释工作。共收到委员及委员所联系的各界人士的提案133件，经过与有关部门协商或直接转办，全部结案，做到件件有着落。

县政协第二届委员会民主监督活动 1984年2月，县政协针对机构设置、知识分子政策等方面的问题，组织召开工建交组委员及工建交系统工程技术人员座谈会，县政府主要领导参加。委员及工程技术人员对全县经济建设、机构设置、落实知识分子政策3个方面提出16条建议，县政府都给予落实和满意答复。9月底，财贸组还会同有关部门，对全县原工商业者为发展农村经济服务的情况进行专题调查，为市、县政府做好这方面工作提供必要的参考。为了解《食品卫生法》的贯彻执行情况，医药卫生组集中考察县食品站等8个单位的食品卫生情况，在总结他们经验的基础上提出5条建议，对促进食品卫生工作起到监督和规范作用。在两个文明建设中，法制和宣传组结合部门工作的实际，通过举办各类培训班、广播讲座、组织发展商品生产报告团，参与精神文明建设和岗位责任制以及婚姻法贯彻执行情况的联查验收等活动，发挥积极作用。认真办理委员提案，热情接待来信来访。县政协把委员提案作为发扬社会主义民主、为两个文明建设献计献策的一种重要途径，逐件加以认真研究和办理，做到民主监督到位。

1985年，县政协通过召开例会、组织座谈、实地考察、提出提案等多种方法，发动全体委员和各界人士为全县改革和开放等项工作建言献策，为促进全县各项事业的发展贡献力量；采取认真阅卷、及时转递、随时催办、严格把关、加强回访等具体措施，认真办理委员提案，对促进全县两个文明建设起到积极作用。在第一个教师节前夕，县政协会同县委统战部联合召开教师代表座谈会，教育工作组的委员和教师代表，就如何搞好全县的教育体制改革和进一步发展全县教育战线的大好形势，进行深入讨论和广泛协商，提出意见和建议，及时反映给县委和县政府领导和有关部门。华北电业局原计划在本县留守营地区投资建一个日产50吨黄板纸的造纸厂，葛树林委员提出提案认为，这个地区已有大小造纸厂7家，再建造纸厂，势必造成当地原材料不足、用水紧张，引发造纸行业经济效益震荡，乡镇企业发展受阻。他建议不要批准这个计划。县政府经过调查研究，很快采纳此项建议，否决其建厂计划。

县政协第三届委员会民主监督活动 县政协三届委员会期间，为充分发挥县政协在全县各项工作中的监督作用，县委、县政府邀请县政协主席、副主席列席县委常委会会议、县政府常务会议等重要会议40多次，直接参与全县阶段性工作部署、经济社会发展战略、各项改革方案、人事安排与变动，以及群众生活重大问题等大政方针的研讨和决策，做到在知情中出力，在出力中更好地知情。县委、县政府共召开5次意见听取会，邀请县政协有关副主席、常委和委员到会，就县委和县政府年度工作要点、组织实施沿海地区经济发展战略的意见、全县治理整顿和深化改革的工作部署等重大问题征求意见，与会副主席、常委和委员如实反映社会各界的意见和要求，提出建议，帮助党政领导机关和有关部门兴利除弊，改进工作。例如：1987年县政协印发《建议和意见》，就委员提出的《关于1987年全县粮食定购实行化肥、柴油、定金三挂钩的奖励办法应与省市规定统一起来的建议》送县领导。1988年县政协针对全县林业发展中存在的问题，向县政府提出《关于发展林业生产的几点建议》。县政府及时在王家沟乡召开造林现场会，并转发县政协的建议。1989年8月，县委书记菅瑞亭主持召开部分政协委员和县人大代表参加的座谈会，听取对县委、县政府关于廉政建设方面的意见。县政协副主席刘玉洁及毕再昌、倪倩华、岳秀茹等10名委员参加。政协委员和人大代表对在职称评定、分房建房、用公款请客送礼等方面群众反映强烈的问题，提出24条意见和建议。是月，县长骆志强主持召开执法检查座谈会，县政协副主席赵振基及10名政协委员参加，听取情况通报，提出了意见和建议。学习并落实《中共抚宁县委关于加强政治协商和民主监督的若干规定》。各界委员围绕《政府工作报告》和全县人民普遍关心的重大问题，经过会前周密组织、深入调查、精心研究，通过会议讨论发言和大会发言提出意见和建议，三届二次会议上《关于发展乡镇企业的几点建议》和三届三次会上《关于中小学教育问题的几点建议》等，都引起很大反响，在实践中起到积极作用。从三届一次全委会开始，县政协将提案和意见综合摘编转交县政府，县长在会上作提案解答报告。改变过去“会上提，会后转，委员与领导不见面”的现象，调动起委员提出高质量提案的积极性，进一步提高了民主监督的效果。

县政协第四届委员会民主监督活动 1990—1993年县政协四届委员会按照县委、县政府联合印发的《关于建立健全政治协商制度的意见》和县委《关于进一步加强人民政协工作的决定》及1989年2月县委作出的《关于加强政治协商和民主监督的若干规定》精神，进一步推进政治协商、民主监督工作实现制度化、经常化。县委、县政府召开有关协商会议，书记、县长亲自到会，与委员共商全县大政方针，听取意见和建议。县政协发挥主动性，及时为党委落实民主监督制度提供参谋意见。把开好常委会、提高会议质量作为民主监督的重要环节。在年初确定全年调研题目时，首先考虑全年历次常委会的内容，使两者相吻合。例如：把全县粮食生产搞上去、发展乡镇企业等作为年初确定的调研课题，在常委会召开前先开展调研，重点题目还到县外、省外去考察，并组织本县区、镇、乡、村的有关人员开展座谈；完成调查报告初稿，提交政协常委会再行协商、研讨论证，形成建议案，请有关部门领导和专业人员参与论证。《关于加强农村思想政治工作的几点建议》调查草稿脱稿后，邀请县委宣传部部长、县武装部政委，以及县妇联、团县委等主要负责人参加政协常委会会议，共同研讨、论证、修订，使意见的说服力更强。县政协常委会与党政领导直接对话相结合，根据常委会会议的内容，请党委、政府有关领导到会听取意见，与常委们有来有往地对话，沟通情况，为解决实际问题创造条件，提高协商监督效果和会议质量。

1990年8月31日，县政协社会法制海外联谊委员会党群政法组委员听取县检察院、县公安局关于严打情况的通报。县政协副主席白润泉、杜志仁、李瑞林、李成岩、郑庆魁和部分政协常委出席会议。与县检察院、县公安局的负责人面对面地交流监督意见，共同分析研究解决问题的措施。

1991年，县政协从增强监督意识入手，主动围绕县委、县政府的工作部署，围绕难点问题履行监督职能，思考和寻找履行监督职能的方向和着力点。9月11日，县政协召开四届十六次主席会议，听取县检察院检察长杨雨霖关于打击经济、刑事犯罪和法纪监所检察的工作情况通报，并提出了监督意见。纠正行业不正之风，是人民群众普遍关心的难点问题，它既关系到党和政府的形象，也涉及群众的切身利益。是年，根据市政协和县委的要求，县政协积极参与这项工作，县政协常委会会议听取了县纪检会关于纠正行业不正之风和办案情况的通报，县政协部分委员听取了县公安局、检察院关于严厉打击刑事犯罪和经济犯罪情况的通报，为知情出力、实施监督提供条件。并召开联络组组长座谈会，学习李鹏、罗干关于纠风方面的重要讲话，进行思想发动，并向全体委员印发《行业不正之风情况调查表》。委员们按照县委的部署和县政协的统一安排，结合本地区、本单位的实际，深入调查行业不正之风的种种表现，履行监督职能。共收集揭摆涉及公安、电力、工商、税务、文教等7个系统的23个方面的问题，经整理后分别报送县纠风领导小组和市政协，为搞好纠风工作、密切党和政府同人民群众的关系作出努力。

1992年5月，县政协组织宣教文卫委员会委员，针对全县教学质量、教育人才状况深入开展调查研究、视察活动，形成《关于全县教育系统人才状况的调查报告》。县政协提交县委、县政府后，对于落实知识分子政策、解决教师队伍中存在的实际问题和提高教学质量都起到民主监督作用。

县政协第五届委员会民主监督活动　1993年4月，县政协主席苏洪珊、副主席顾昌和带队，组成10个调查组，深入6个乡镇、9个行政村、17个县直单位，对农民群众反映强烈的农民负担中的社会收费、罚款及摊派情况进行专题调查。在全面摸清情况的基础上，县政协针对存在的主要问题向县委、县政府提出4条建议，引起县委、县政府高度重视。县委、县政府随即出台关于减轻农民负担的文件。

1994年，县政协部分委员参加县纪律检查委员会、监察局召开的3次座谈会，对全县党风和廉政建设、反腐败斗争的情况提出意见和建议。县委政法委就全县政法队伍建设问题召开座谈会，听取政协委员意见。县公安局交通警察大队就全县交通管理问题召开座谈会，向委员通报工作情况，听取意见。在协商、监督座谈中，委员们秉公直言，实事求是地提出一些中肯、可行的意见和建议，为县委、县政府及有关部门更好地开展工作起到广泛的监督作用。

1995年4月，县政协针对全县落实《爱国主义教育实施纲要》存在的问题，组织政协委员深入乡镇、中小学校实地进行监督考察，提出6条建议，进一步推动全县开展爱国主义教育的经常化、制度化、规范化。

1996年6月，县政协通过深入调研，向县委、县政府提出《关于加强全县乡镇村农业、林业科技队伍建设的建议》。是年，县政协针对素质教育中存在的问题向县委、县政府提交《关于加强素质教育的建议》。

1997年4月，县政协与县委宣传部联合对全县精神文明建设状况进行调研，向县委提出建议，受到县委高度重视。是年，县政协调动各委员会、工作组、乡镇联络组的积极性，采取上下结合、协调联动的方法，全面实施民主监督工作。

县政协第六届委员会民主监督活动　1998年2月中旬召开的六届一次全委会议上，邵耀庭委员就政法系统发生的腐败问题提出从严治警，强化党内监督、人大的法律监督、政协的民主监督和人民群众的社会监督的建议，引起较大反响，收到较好的监督效果。通过改进和加强提案工作，拓宽民主监督渠道。进一步推行社情民意反映卡制度，对国家宪法、法律和法规的实施，重大方针政策的贯彻执行，国家机关及其工作人员的行为提出建议和批评，实行民主监督。

六届一次会议以来，县政协共收到提案40件，全部立案。办复的提案中，县政协坚持以提高提案质量和办理效果为目的，加大对办复提案的民主监督。1998年10月，市政协在抚宁召开县区政协秘书长联席会，抚宁县政协在会上介绍推行社情民意反映卡制度的做法和经验。

1999年，在县政协六届二次全委会议上，有6位委员就城市建设、环境污染与保护、城乡居民饮用水、农业生产用水安全问题分别作了大会发言，有理有据地指出了县城环境污染、城乡居民饮用水安全存在的具体问题，例如对淀粉厂、化工厂的污染源等问题提出了具体的监督建议。6月底，组织部分委员视察秦燕化工有限公司、县淀粉厂、炼油厂、留守营豪峰纸厂等单位的污水处理设施，与企业负责人交换意见，向县政府送交了视察报告。委员们的监督意见，得到县政府和有关单位的高度重视，会后采取了一系列措施，使这些问题逐步得到解决。是年，通过提案、社情民意反映等渠道，对实施农村土地二轮承包、企业改制、发展个体私营经济、规范社会保障和下岗职工再就业、推进教育文化科技事业发展、提高公民思想道德水平等方面，提出建设性意见。积极参政议政，县政协部分委员应邀参加县供电局、广播电视局、交通局、劳动人事局、公安局等部门召开的行业建设座谈会，对这些部门的工作提出意见和建议。1999年，共收到社情民意反映卡39份，编报29份，起到下情上达、民主监督、补充提案的作用。

2000年，县政协在调查研究基础上，通过委员提案、委员视察、反映社情民意等各种渠道，就县城建设与管理提出意见和建议。8月中旬，县政协组织部分常委和委员，并邀请县政府主管领导参加，视察县城集贸市场、长征路带状公园、紫金山公园，向县政府提出《关于切实加强县城建设的几点建议》。2000年10月25日，县委召开政协工作会议，县委、县政府、县政协领导出席会议并发表重要讲话，印发县委《关于进一步加强政治协商、民主监督、参政议政的若干规定》（以下简称《规定》）。《规定》对政治协商、民主监督、参政议政的原则、内容、形式、方法、层次、程序以及保证措施都作出明确规定。是年，县政协按照《规定》的要求，有计划、有准备地参与交通、公安、环保、城建等部门的行风评议活动，分别提出有针对性的监督意见，进一步拓展政协委员进行民主监督、参政议政的领域和空间。

2001年1月，在县政协六届四次会议上，政协委员胡瑞东就行业不正之风的种种问题提出从严管理教育、从源头加大治理力度、强化各种监督的具体建议。县政协为加强社情民意反映工作，7月中旬召开主席会议，之后又召开联络组组长、工作组组长会议，对社情民意反映工作进行专题部署，提出明确具体要求。11月下旬，县政协分别召开相关县直单位负责人参加的小城镇建设、个体私营经济发展、环保工作座谈会，有针对性地搜集和编报社情民意。到2001年年底，共收到委员反映的社情民意42份，向党政部门编报36份。县工商局接到台营镇政协联络组通过社情民意反映的台营工商所问题后，立即组织人员调查核实，并及时向县政协反馈调查结果。县农业局收到尹连才委员反映的劣质塑料薄膜给用户造成损失的社情民意后，主动向县政协通报专程赴生产厂家协商解决办法、赔偿消费者损失等承办落实情况。大多数反映社情民意的委员和单位对社情民意承办效果表示满意。

2002年年初，县政协制定《关于进一步加强社情民意反映工作的意见》，提出新的工作思路和具体措施，使社情民意反映工作出现新的进展。9月，县政协围绕农村税费改革，减轻农民负担，完善农村生产责任制，促进农村稳定发展，进行调查、考察，及时向县委、县政府提出协商监督的建议。

县政协第七届委员会民主监督活动 2003年3月县政协七届一次全委会闭幕后，及时会同县委、县政府召开提案交办会，将全会期间收到并立案的95件提案正式送交承办单位。9月中旬，对《抓住省修建长城旅游公路的契机，下大力保护和开发全县长城资源》1号提案落实情况进行跟踪督办，听取承办单位工作汇报，实地考察开发中的董家口、板厂峪长城景点，形成《关于对全县长城保护与开发工作的建议》报送县委、县政府。12月，县政府专门成立长城保护与开发利用工作领导小组，印发《关于进一步加强长城及附属建筑保护工作的意见》。

2004年，县政协对《关于拆除大礼堂及拓宽一小门前至长征路路面，解决一小学生上放学出入难问题的建议》《对当前全县蔬菜产业发展的几点建议》等重点提案进行跟踪督办和通报民主评议承办结果，有力促进提案的办复落实。在做好提案工作的同时，围绕全县中心工作和人民群众普遍关注的热点难点问题，通过政协例会、调研考察、委员走访等渠道，广泛征集社情民意，及时整理编发并报送党政有关部门，对一些政策措施的贯彻落实和部门工作进行民主监督。积极支持委员担任有关部门的行风监督员、督导员等社会职务，对行业和部门工作实行民主监督。

2005—2006年，县政协不断推进民主监督工作，努力创新监督形式，拓展监督内容，增强监督效果。探索运用民主评议形式，选择一两个政府职能部门，以常委会会议的形式进行民主评议。2006年3月，县政协七届六次常委会会议专题听取县纪委、监察局关于全县党风廉政建设情况的通报，就群众反映强烈的问题进行了咨询，并提出了意见和建议。继续坚持重点提案跟踪督办和优秀提案评比、表彰先进承办单位等好的做法。鼓励支持政协委员广泛参与民主评议、听证等社会监督活动，进一步促进全县行风建设和依法行政、司法公正工作。是年，县政协主席王连成在市政协召开的县区政协主席座谈会上就县级政协如何履行民主监督职能作了典型发言。

县政协第八届委员会民主监督活动 2007年9月19日，县政协组织部分委员对《县城自来水管理中的问题亟待解决》的提案进行跟踪督办。委员们参观卢龙县供水公司，实地察看新的水源地、供水厂和自来水公司，听取县水务局的情况汇报。座谈中，认真查找县自来水建设与管理工作中存在的突出问题，深入分析产生这些问题的主要原因，提出解决建议，向县政府提交《关于县城自来水建设与管理的调研报告》，得到县政府的高度重视。县政协还对《关于开展测土配方施肥，提高肥料利用率的建议》《关于建立健全农业保险的建议》等重点提案进行跟踪督办，有效地推动委员意见建议的落实。

2008年，县政协着眼全局，深化民主监督。就促进县域经济社会发展，精选课题，设计载体，把履行职能的侧重点放在农村。先后对农资市场管理、农副产品销售、农村剩余劳动力转移三个热点问题进行监督。在春耕之际，及时组织委员对县农资市场进行视察，提出各职能部门要高度重视农资市场建设与管理、严把农资市场准入关和质量关、杜绝坑农害农事件发生、保护农民利益等建议。为解决农副产品销售难问题，县政协对县千奥物流中心建设进行实地考察，认为该项目是县委、县政府强化为民服务的重要举措，也是县域经济长远发展的富民强县工程。希望有关部门认真搞好项目规划，进行多层次论证，使之更科学更完善，努力拓宽交易渠道，扩大贸易范围，力争使千奥物流中心成为全市乃至全省最大的农副产品物流城。针对如何转移农村剩余劳动力问题，组织委员到台营镇详细了解劳务输出情况，听取县人劳社保局和就业服务局负责人关于全县劳务输出、劳动力转移就业方面的情况汇报。在肯定工作的同时，就存在的问题提出进一步加大宣传力度，让更多的人认识到劳务输出的优势；搞好培训工作，提高劳动者素质；大力发展民营经济，增加就业岗位，拓宽劳务输出渠道，为农村剩余劳动力转移提供广阔空间等建议。“一年一大步，三年大变样”是省委七届三次全会提出的城市建设的目标要求。县政协从围绕中心、服务大局的角度出发，对县城基础设施建设、南戴河环境综合整治等问题，以委员视察、专题座谈为主要形式，开展专项监督，做到在知情中问政、在实施中监督。在县城基础设施建设方面，组织开展以路网建设和城市美化、绿化、亮化为主要内容的专项视察，查找在规划执行、县城建设管理维护、城中村改造、断头路打通、老街拓宽、小区环境治理等方面存在的问题，并提出相应的改进办法。在南戴河环境秩序综合整治视察活动中，委员们参观施工现场，进行专题座谈，认为南戴河建设发展必须有一个立足长远的高标准规划，保持规划实施的连续性和严肃性，加大对南戴河旅游业的开发，把南戴河建设成为有地方特色的现代旅游新城。政协委员中先后有93名委员分别担任精神文明建设监督员、食品药品监督员、警风警纪监督员、人民陪审员和行风评议代表等职，他们在各自的岗位上，认真履行职责，积极参加各项评议监督活动，较好地发挥民主监督的作用，促进全县行风建设和社会风气的好转。

2009年，推荐政协委员担任一些行业和部门的特邀监督员、行风评议员等社会职务，拓展民主监督渠道。政协系统共有86名政协委员担任行风建设监督员、食品药品监督员、精神文明建设监督员、警风警纪监督员、人民陪审员等社会职务，他们根据聘任部门的职能和工作特点，深入了解分析部门工作中存在的问题，确定监督重点，通过走访、座谈等形式，广泛收集各方面意见，及时向聘任部门反馈，形成8份民主监督建议书，为促进有关部门改进工作作风、提高工作效能发挥积极作用。10月29日，县政协就王强委员提出的《关于生猪养殖的建议》落实情况，实地查看了抚宁新农绿康种猪繁育有限公司和抚宁大自然养殖繁育种猪场两个极具特色的养殖企业，了解企业的生产经营情况，听取县农牧局关于建议承办落实情况和全县生猪产业发展情况的详细汇报。委员们一致认为，近几年全县的生猪养殖产业在县委、县政府的大力推动下，取得显著成效，正成为一项富民的朝阳产业，为农民增收和促进社会主义新农村建设作出积极贡献。针对目前生猪产业发展现状，委员们还就龙头企业发展、人工授精站布局、协会建设等方面提出意见和建议。

2010年8月，县政协联合政府督查室，对金融系统服务地方经济建设工作进行民主监督。委员们对各家金融机构始终秉承“服务地方经济，服务重点企业，服务抚宁人民”的宗旨给予高度肯定，指出要加强服务人员队伍建设，提高一线员工的业务水平和自身素质；继续加大对中小企业的支持力度，满足中小企业不断增长的资金需求；加强政银企之间的沟通与合作，建立经济金融信息沟通机制，畅通信息渠道；创新业务形式，增设低保、医疗、残疾人员专柜等，方便群众需要。各金融部门依据委员意见建议及时进行整改，其服务意识和工作效率明显提高。把与老百姓息息相关的重点工程，作为监督的切入点，组织委员实地察看一中、特教学校建设现场，听取县教育局关于迁建工作情况汇报，提出强化管理、确保迁建工程顺利进行、保证工程质量和施工安全等建议。是年，有 102 名政协委员担任行风建设监督员、精神文明建设监督员、食品药品监督员、警风警纪监督员和人民陪审员等职。根据聘任部门的工作职能和特点，深入了解工作中存在的问题，广泛收集各方面意见，形成 14 份民主监督建议书，及时反馈给聘任部门，较好地发挥了民主监督作用。

2011 年，县政协将落实政协委员建议工作作为监督重点，激发委员参政议政热情。孟凡忠委员提出的《关于治理学校及周边垃圾食品的建议》和张鹤珊、王佐礼委员提出的《董家口城子峪板厂峪长城设立路标指示牌的建议》，反映的问题关注民生，贴近百姓生活，反映多数群众的意愿，县政协对这两个建议进行重点跟踪督办，加大监督力度。县政协八届委员会采取形式多样的民主监督活动，将民主监督贯穿于履行职能的全过程，融于委员提案、特约监督和反映社情民意中，有效地提高了监督质量。如对加强抚宁交通秩序管理、建设多功能大新寨集贸市场、县造纸厂改制、农村教师住房难问题、开展测土配方施肥等 34 件提案进行督办，强化办理效果，确保委员所提建议落到实处。注重加强委员和群众的联系沟通，通过反映社情民意的形式，努力畅通群众反映利益诉求的渠道，全力搭建党委政府联系群众的平台。共编撰社情民意 108 期，已先后转呈县委、县政府及有关部门。其中，《学校利用假期集中补课值得关注》《分配到北部山区教师食宿问题值得关注》《县城自来水水源地保护工作亟待加强》3 件社情民意得到县领导批示，有关部门认真采纳、积极落实。采取特邀监督方式加强政协民主监督。在全体政协委员中先后共有 157 人分别担任行政执法部门监督员、人民陪审员和行风评议代表等职，他们在各自的岗位上，认真履行职能，积极参加各项评议监督活动，较好地发挥了民主监督作用，促进了全县行风建设和社会风气的好转。

县政协第九届委员会民主监督活动 2012 年，围绕项目落实实施专项监督，县政协组织委员对县兴龙仓储物流项目进行视察，听取运营管理情况汇报，并针对存在的缺乏专业人才、信息化程度不高、土地指标不足、经营范围较窄等问题，提出要有长远发展眼光、拓展经营思路、积极争取用地指标、加强内部管理、培养和引进专门人才等意见建议。县政协发挥人民政协联系面广、代表性强、渠道畅通等优势，围绕交通秩序整治、社会治安、园区建设、居民用水安全、道路维护等事关经济社会发展中的热点难点问题，积极撰写各类社情民意信息 29 条。县政协积极推荐政协委员担任各部门特邀监督员，通过听证、评审、检查、陪审、咨询等形式，对政府部门工作进行监督，提出具有针对性的意见和建议。县政协组织委员参加对县直行政执法、综合管理、社会服务等部门的民主评议活动，有力地促进了全县政风行风的改进。派委员参加维护社会稳定、社会矛盾大排查等工作，拓展监督层面和渠道。

2013 年，县政协针对群众关切的食品药品安全问题，组织委员对其进行专项监督，听取监督管理情况汇报，针对存在的执法人员和经费不足、食品摊贩管理难、餐饮服务人员专业知识和法律水平较低等问题，提出加强食品药品安全宣传，强化监管队伍建设，加大监督检查力度，开展违法违规专项治理活动，以确保食品药品的绝对安全。县政协充分发挥政协委员联系面广的优势，鼓励引导委员积极撰写各类社情民意信息，全年共收到社情民意信息27条，按精简文件要求，有重点地选择编发4件社情民意信息，转呈有关部门。推荐政协委员担任相关部门的特邀监督员、民主评议员、行风监督员和人民陪审员，并多次组织委员参加县委和各部门举办的民主评议活动。2013年年底，县政协根据县委的工作安排，专门组织部分政协委员对县农牧水产局、水务局、林业局的工作进行民主评议，切实履行民主监督职能，有效地推进了各部门工作效率的提升和作风的转变。

2014年，县政协进一步健全县委、县政府、政协共同交办督办提案机制，运用领导批办、视察督办、跟踪督办等方式，强化提案办理协商，充分发挥委员主体作用。县政协选择了《关于加强科技队伍建设》《关于目前农村专业合作社所遇问题和发展思路的建议》等6件提案作为重点提案，由政协领导牵头督办。使各提案承办单位真正把办理政协提案作为接受民主监督、改进工作作风的有效途径。是年，县政协组织委员积极参加各类评议活动。通过座谈会、情况通报会、问卷调查等形式，先后组织委员参加县直行政执法、综合管理、社会服务等单位和部门的民主评议活动。按县委要求，县政协派员参加县委、县政府、检察院、国土、交通、公安等单位党的群众路线教育实践活动征求意见座谈会和民主生活会，委员们坚持原则，讲真话、陈实情、进诤言，认真履行民主监督职责，在促进廉政建设、转变机关作风、开展依法行政、提高工作效能等方面起到积极作用。加强联系，凝聚合力，推进整体工作全面提升。

2015年，县政协主动参与民主监督与立法监督、行政监督、舆论监督等各种监督形式的协调与协作，切实提升依法执政、依法行政、依法办事的能力和水平，提高民主监督的针对性和实效性。着力畅通社情民意监督渠道，运用社情民意信息汇集民智、建言献策，制定出台《反映社情民意信息工作规则》，规范社情民意工作程序，为委员履职搭建平台。全年共收集整理民意信息29条，有重点地编发《社情民意》6期，为党政领导掌握社会动态、了解社情民意、解决实际问题提供重要参考。持续推进财政预算决算的民主监督，九届政协十六次常委会，对2015年财政运行情况开展民主监督。认为，财政运行总体正常，支出符合预算进度，民生支出得到优先保障，三公经费逐年下降，但受经济下行因素影响较为明显，仍存在收支不平衡、收入乏力等问题。指出，科学研判经济形势，紧紧抓住京津冀协同发展战略机遇，充分认识经济发展速度放缓的新常态，分析产业产值下降原因，群策群力抓投资、抓项目，加快培育形成新的增长动能。坚持提案视察督办，主席、副主席带领部分委员先后对涉及民生方面的重点提案《关于加大小餐饮综合整治力度的建议》《关于鼓励民间投资兴办养老服务业的建议》进行视察督办。特别是对小餐饮业的综合整治，委员们强调，必须加大整治监管力度，确保人民群众的饮食安全。继续实施特约监督，先后推选30多位政协委员担任行风评议员、特约监察员和人民陪审员等社会职务，组织委员参加行政执法、综合管理、社会服务等单位和部门的民主评议活动，参加重点案件的公诉审理，强化各相关领域工作的民主监督，取得积极成效。

区政协第一届委员会民主监督活动 2016年，区政协围绕履行监督职能，倾心关注热点，倾力聚焦难点，民主监督有新突破。改进民主监督方式。坚持问题导向，探索协商监督与专题调研相结合、通报情况与协商议政相结合的方法，就开展群众路线教育实践活动、落实“八项规定”、“解放思想大讨论”等开展建言监督，对政府职能部门履职尽责情况开展特邀监督，对正在实施的重大民生项目开展调研性监督，把监督工作渗透到行风建设、民生问题落实之中，增强民主监督的针对性、有效性。是年，区政协为了加大对提案落实的监督力度，选择一些重点提案进行跟踪督办。分别由主席、副主席牵头，邀请政府主管领导参加，召集提案人、承办单位和部分政协委员对重点提案进行联合督办。先后对园区建设、招商引资、中小企业发展、职业教育、文化产业及农村环境治理等方面的提案进行了重点督办，进一步加大了对提案建议的民主监督的力度。安排委员开展评议监督，先后参加了一些单位、部门召开的述职评议、行风评议和市政府对抚宁依法行政考核、新农合实施办法座谈会、教育督导评估验收座谈会。参加了检察院、法院、国土局、总工会等单位民主生活会和法院及检察院公开日、司法公开新闻发布会及农业科技示范园区土地区片价格听证会等活动。委员们认真履行民主监督职责，讲真话，陈实情，建良言。

区政协第二届委员会民主监督活动 2017年，区政协紧扣区委政府重大决策、年度重点工作和重要规划实施、重点项目建设，安排的专项视察活动较2016年增加4次，内容涵盖美丽乡村建设、造林绿化、物业管理、教育资源整合、旅发大会项目、北部工业园区基础设施、城区断头路贯通、发展城区公共交通和食品安全等方面。每次视察都留足充分时间座谈，发挥委员资政建言作用，面对面讨论问题，力求提出真知灼见，实现交流、交锋、交融。强化重点提案督办。2017年共安排10项重点提案，较2016年增加3项。在重点提案督办中，继续实行主席领办制，并把重点提案督办作为强化民主监督的重要形式，切实增强委员有序参与民主协商、参政议政、提升履职素养的重要平台，重办理实效，重成果转化。同时，在内容确定上涵盖经济建设和社会治理两大主战场，关注文化强区、旅游片区建设、农村经济发展、农业园区建设、特色小镇规划、小区物业管理、产业联合体建设、粉浆污染治理等方面。在督办形式上不拘一格，既有现场督办、提案人当面问询，又有座谈交流、开“诸葛会”商量，共同研究，相互启示，达到协商办理的效果。积极参与有关重大事项监督。接受有关部门邀请，组织委员就迎接国家教育均衡发展、文明城市创建、打击整治双违等事项进行民主监督，收到良好效果。

2018年，区政协紧扣民生，拓宽渠道，坚持问题导向，突出监督重点。围绕全区重大民生事业和重点工程建设开展专项视察，年内开展10项专项视察活动。重点围绕抽水蓄能电站项目及梁家湾整体搬迁、旅游道路提升、创建国家卫生城市、燃气热力管网改造扩容、便民市场体系等重大项目建设和民生实事开展视察，以视察报告方式及时反映真实情况，提出针对性意见建议，在破解难题、促进发展上出招献策。坚持调研是谋事之基、成事之基的理念，践行求真务实之风，围绕贯彻区二次党代会精神，精心谋题、科学选题，采取主席分包、委室领办、委员参与等形式，就推进重点项目建设、构建城市监管大格局、开展全民健身活动、就业创业、正确引导舆情等开展调研，为区委政府提供决策咨询服务。区委书记孙志川就《构建城管大格局》一文作出批示，要求政府及有关部门研究借鉴。区政协把提案办理作为发挥民主监督作用的重要举措，作为发挥委员主体作用的重要平台，着力引导，加强指导，强化督导。从群众反映问题集中的民生实事、难事中，筛选了增加城区公厕、完善城区公共交通、加强妇幼保健能力建设、加强“小饭桌”管理、巩固文明创建成果和人工降雨、防雹减灾等10件重点提案，由主席、副主席领衔，邀请政府领导共同参与督办。其中《区政协督办关于加强农村实用人才队伍建设和管理的建议的提案》被区委书记孙志川批示，要求有关部门研究办理。通过视察监督，使委员的提案建议均收到较好的办理效果。

2019年，区政协及其常委会牢固树立以人民为中心的发展理念，坚持把人民对美好生活的向往作为履职的出发点和落脚点，不忘初心，履职为民，切实做到言为民建、利为民谋、事为民做。就城乡公共卫生医疗事业发展、促进健康卫生县区建设、城乡教育一体化等议题，通过专项视察、民情走访、反馈社情民意信息、界别协商、提案督办等方式，替大众发声，为群众代言。农村人居环境整治是区委区政府十分关注的大事，区政协在组织委员进行集中视察的基础上，又专门组织力量进行调研，提出完善长效管理机制、加强规划编制、突出各自特色、提高思想认识等建议，引起区委区政府及有关部门的高度重视。坚持把政协履职的触角和末梢延伸到人民群众中间，就农村厕所改造、洁净煤推广、棚户区改造等基层民众关心的话题，向区委区政府报送社情民意信息6条，《城区部分街路公益广告有错字讹误影响抚宁形象》《应加大对域外抚宁籍人士的联谊联络》等2则社情民意信息得到付顺义区长的批示，指示有关部门改正，抓好落实；《关于紫金山公园坟茔外迁的建议》纳入区政府常务会议程，助推了问题的解决；《城区金山大街与迎宾路丁字路口行人过路难，易造成交通事故》得到区政府及有关部门重视，及时增派警力加强疏导。坚持把提案工作作为一项全局性工作部署推进，区委区政府主要领导以上率下、亲力亲为。区长付顺义亲自批示《关于因地制宜，着力打造特色产业的建议》等10个重点提案，区政协主席、副主席分别带领部分委员以视察的方式对有关重点提案进行督办，区政府相关副区长亲自参加现场视察和协商座谈会，并在督办中提出具体要求和建议，在提案办理工作中起到了示范引领作用。是年，《关于加快城区公共交通枢纽建设》《关于规范城区早市管理》《关于打通城区断头路的建议》等一批惠及广大民众切身利益的提案得到办理落实。

2020年，区政协紧扣改善民生加大民主监督力度。关注城区路网畅通工程，“四好农村公路”建设及73个重点村道路硬化工程。关注环境提升工程，如洋河流域绿化工程和农村无害化卫生厕所改造。关注并网配套工程，重点关注城区供水工程。关注民办学校建设、乡村小规模学校和乡镇寄宿制学校标准化建设等优质教育工程。关注老旧小区改造提升工程和棚户区改造项目等百姓安居工程。组织各界别委员采取现场踏查、座谈讨论、互动建言的方式，提出意见和建议70多条，增强了民主监督的针对性。区政协为了加大对提案落实的监督力度，选择6项重点提案进行跟踪督办。分别由主席、副主席牵头，邀请政府主管领导参加，召集提案人、承办单位和部分政协委员先后对关于加强农村文化建设、民营企业家队伍建设、社区治理、加快推进教育信息化、增加山区果树水利资源投入和加强农村集贸市场规范化管理等重点提案进行联合督办。

2021年，区政协主要通过提案督办和专项视察实施民主监督。区政协二届五次会议以来，围绕“完善道路交通标志线设置”“规范城区小区命名及门牌建设”“鼓励引导民间资本投入文化、民俗领域建设”“加强基本卫生健康服务体系建设”“加快骊城学区第一小学改扩建项目建设”等重点提案，采取主席、副主席领衔，邀请政府主管领导参加，以现场视察、座谈协商等方式进行督办。并对“天马大街西段道路打通”“农村公路危桥改造工程”“农副产品批发市场改造提升”“公共文化服务体系建设”“打造知名中高端特色山地康养旅游区”“高新技术企业发展”等工程项目进行专项视察。

视察调研

县政协自成立以来，立足自身职能定位，牢牢把握团结和民主两大主题，始终聚焦党委政府中心工作，服务全县（区）经济社会发展大局，紧跟时代发展步伐，紧密关注党委政府的重点工作、人民群众关心的热点难点问题以及民生实事，把调研视察作为政协履职的基本功，作为发挥委员主体作用的重要载体平台，列入重要工作日程，认真分析研究，制订工作计划安排，开展了形式多样、内容广泛的调查研究和视察考察活动。通过采取专题调研、视察，超前调研，外出考察，重点提案督办视察，与县人大联合视察等形式，广泛参与县（区）内涉及经济、政治、文化和社会生活中具有突出影响的重大事项和热点问题的政治协商、民主监督。在实施调研视察过程中同时把凝聚共识作为政协的重要职能，既组织广大委员围绕党委中心工作建言资政、献计出力，又鼓励和支持委员深入界别群众广泛凝聚共识、传播共识、宣传政策、解疑释惑，发挥好人民政协在共同思想政治基础上化解矛盾和凝聚共识重要渠道的作用。

1982—2021年，县（区）政协紧贴党委、政府确定的中心工作、重点工作，深入扎实开展调研、视察、考察活动，对群众普遍关心的热点、难点问题和民生实事，提出合理化、建设性的意见、建议。先后围绕“三农”工作、工业企业、乡镇企业、民营企业、商贸流通、项目建设、园区建设、生猪蔬菜板栗特色主导产业、农田水利基础设施、美丽乡村建设以及医疗卫生、创业就业、住房保障、文化教育、旅游业、公共服务设施建设、食品药品安全、城乡环境整治和精神文明建设等事项，累计组织开展800余次调研视察，提出意见建议2000余条。做到了建有用之言，献有用之策，出有效之力，办利民之事。

视察考察

县（区）政协始终把开展视察、考察活动作为人民政协履行职责的重要内容，列入工作日程，研究活动内容，制订活动计划，并按照计划完成年度的视察、考察活动。

县政协第一届委员会视察考察活动　一届县政协围绕工农业生产、开展文明礼貌月活动、教育工作、商品生产、商贸服务等工作的开展情况，组织政协委员进行视察活动。届内共组织视察、考察19次，提出意见、建议20多条。

1982年4月7日，县政协组织全体常务委员视察小所各庄村林果生产、大山头村多种经营和县造纸厂、县棉织厂的轻工生产情况，与当地领导协商交换意见。5月6—25日，县政协与县人大联合视察全县开展文明礼貌月以后的市场情况，县商业、供销、工商行政、税务、卫生等

26个单位的负责人参加。视察了城关、台营和牛头崖3个农贸市场以及20多个企业单位，通过视察，使委员看到开展文明礼貌月活动以后，全县市场脏、乱、差问题有显著好转。对发现的一些新问题向县委、县政府提出改进意见。9月11日，县政协副主席姚恩惠、刘志成、黑俊义、刘伯华及政协常委刘健分别到政协常委林国政和委员张东奎所在村视察。在南新庄村参观养鱼场、猪场、貂场、鸡场和人工养殖的珍珠样品。对该村的副业生产和农业生产非常满意。在小所庄村，看到该村在河北省果树研究所的帮助下，满山遍野的果树长势喜人，预计年产100万斤。视察组对该村干部、群众总结的“科学管果树，穷村走上富裕路”表示赞同，并鼓励两位委员继续为所在村做好各项工作。11月8—10日，县政协、县人大组成联合视察组，县政协委员、县人大代表21人参加，并邀请县委宣传部、团县委、县文教局、物资局负责人参加，视察全县的教育工作情况。视察组先后视察县教育主管部门、中小学、幼儿园和农民业余技术教育。视察后，就改善办学条件、提高教学质量等问题，向县委提交了视察报告。

1983年4月16—17日，县政协副主席刘志成、刘伯华带领财贸工作组委员视察县烟酒、百货及供销社的4个门市部和榆关供销社。委员们对商业、供销系统落实“关于发展城乡零售商业、服务业”的中央8号文件精神，积极开展工作表示满意，对存在问题提出意见和建议。5月21日，县政协副主席刘志成、黑俊义、刘伯华带领农村工作组的委员视察田各庄、邴各庄、程各庄、坟坨、卢王庄、南新庄等村的农业科技试验、示范和推广工作。实地查看地膜花生、地膜棉花、地膜土豆和水稻旱直播、旱育秧。委员们对科学种田的试验、示范给予充分肯定，并建议办好各种类型的农业综合服务公司，大力推行技术承包和技术指导责任制。10月31日，县政协工建交工作组视察了县通用机械厂、造纸厂、罐头厂、松涛针织厂等企业，在肯定取得成绩的同时提出了具体的意见和建议。是年，县政协还对马家峪公社中小学教育工作、知识分子政策落实情况、全县粮食征购入库工作进行考察、视察。

1984年3月30日，县政协负责人刘惠廷、赵国栋、李广明，县政协副主席刘伯华带领县政协财贸工作组委员视察曹东庄公社杨各庄大队和茶棚公社曹西庄大队发展商品生产情况。视察组听汇报、入农户、察看工副业生产现场，全面了解商品生产的具体情况，并与基层干部、群众交换意见。4月2日，县政协邀请县人大常委会、县政府有关负责人会同县政协文教工作组委员视察枣园公社教育改革和县农技中学的建设情况。县政协负责人刘惠廷、王国时，县人大常委会副主任魏春阳，县政府负责人高国祥和县教育局负责人参加视察活动。委员们认为，县农业技术中学是全县唯一的职业技术学校，无论从中等教育结构改革还是培养农业技术人才方面都具有重要意义。为此，视察组就县农技中学应增添设备、充实师资、提高教学质量等问题提出具体建议。

县政协第二届委员会视察考察活动　二届县政协围绕农业科技服务、农村个体户和联合体生产、工业生产、基层医疗卫生等工作的开展情况，组织政协委员进行视察活动。届内共组织视察、考察21次，提出意见、建议50多条。

1984年8月21—22日，县政协主席刘惠廷、副主席刘志成带领工建交工作组委员对县第一化肥厂和县水泥厂进行视察，分别听取两家企业负责人的情况汇报，参观企业生产车间。委员们对企业生产、经营情况满意，并就有关问题提出建议。是年，县政协农业科技工作组视察了后明山、滑石前、旧县等村的板栗生产情况和程各庄地膜花生、棉花的栽培情况。

1985年6月5—6日，县政协供销、农业科技、农村3个工作组的委员由杜志仁副主席带队，视察县政协委员聂庆平的养鸡场、枣园村的对虾繁殖场、车厂村的荒山归属及开发等情况。委员们通过视察、了解情况、组织座谈研讨等形式，撰写《委员视察农业科技工作的汇报》，总结科学技术为农业服务的经验，对农业结构调整和发展商品生产提出具体建议。同时，委员们还对车厂村境内国有荒山的归属和尽快解决都寨村个体联合体养鸡场的饲料供应问题提出建议并得到落实。6月21日，县政协主席刘惠廷、副主席赵国栋带领县政协法治宣传工作组会同县委政法委、县人大常委会政法科、县公安局、县法院、县检察院、县司法局的负责人参观考察县看守所。参观考察了监号内外的环境卫生和生活情况，听取看守所负责人关于对人犯管教情况的汇报。委员们认为，看守所既是监所，又是“学校”，建议解决好监号内的取暖设施、照明线路老化及院内道路维修等问题。7月11—13日，县政协工业交通工作组视察县页岩砖厂、石门寨镇水泥厂和南戴河旅游开发区。视察组与相关单位交换了意见和建议。9—11月，县政协各工作组先后考察了大新寨区王各庄和王汉沟村的农业生产情况、海阳镇服装厂和榆关玻璃纤维制品厂生产经营情况、上庄坨乡的教育工作情况、牛头崖分院和枣园乡卫生院的医疗卫生工作情况以及海阳光荣院和台营光荣院的管理服务情况。县政协副主席赵国栋、刘志成、赵振基、李广明、刘伯华、杜志仁、王匡时、刘玉洁分别参加了各工作组的考察活动。是年，县政协共开展16次考察活动，提出建议、意见71条。

1986年1月9—10日，县政协副主席刘伯华带领商业供销工作组部分委员考察全县糕点生产情况。考察组在县财办、商业局、供销联社负责人陪同下参观考察了全县6家糕点厂的生产经营情况，与企业交换了考察意见和建议。3月6日，县政协主席刘惠廷，副主席李广明带领部分委员考察县政协委员王正民承包的150亩荒山生产经营情况。并邀请了县水利局、林业局、财政局和东新寨乡的负责人参加。通过实地考察，对该户在生产经营中存在的技术、资金等问题就地协商解决。5月9日，县政协副主席赵国栋带领教育工作组委员考察留守营乡幼儿教育工作，县文教局负责人陪同考察。考察组肯定了该乡学前教育工作取得的成绩，并提出了具体建议。6月25日，县政协副主席赵国栋、赵振基带领对台侨务工作组委员参观考察南戴河旅游开发区、枣园乡对虾养殖场和县造纸厂，使委员们进一步了解全县经济社会的发展成就，更好地立足政协，面向海外，向海外的亲人做好宣传工作。10月16日，县政协副主席杜志仁带领县政协农业科技组、商业供销组和农村工作组到上庄坨乡车厂村开展考察咨询活动，实地帮助农民解决生产、生活中的一些具体困难，受到广大农民群众的欢迎。

县政协第三届委员会视察考察活动 三届县政协围绕海水养殖、水稻机械插秧、中小学校舍危房改造、农村科学种田等工作的开展情况，组织政协委员进行视察、考察活动。届内共组织视察、考察35次，提出意见、建议130多条，其中有价值的建议70多条。

1987年5月27日，县政协主席张浩成、副主席刘志成带领农业科技组委员视察西河南乡新立庄和宗杨村机械插秧及南戴河扇贝繁殖场。视察中，委员们同干部群众交换意见，并建议县政府大力宣传、推广机械插秧。7月24日，县政协医药卫生组视察全县贯彻执行《药品管理法》情况。视察组听取县卫生局和县医药公司负责人的汇报，参观医药公司对各类药剂的管理，委员们就进一步搞好药品管理工作交换意见。9月12日，县政协副主席刘志成带领工建交组委员到县造纸厂考察生产经营情况。委员们充分肯定了该厂通过新产品的开发、研究和储备，不断提高企业效益的做法，并与企业交换了考察意见。是月，县政协主席张浩成，副主席李广明、杜志仁带领部分委员到锦西、新民县学习考察政协工作及水稻、玉米栽培管理经验，于10月12日县政协三届五次主席会议专题研究考察情况，提出了具体的考察建议。是年，县政协还对留守营、坟坨等食品站的经营管理情况进行考察，对南戴河开发区的开发情况进行考察。

1988年4月25日，县政协副主席王匡时带领县政协文教体育工作组6位委员到杜庄乡考察中小学校危房情况。实地察看徐山口联办小学，听取有关部门负责人的情况汇报。考察后，向县政府提交《建议急速解决徐山口小学危房的建议》。该建议得到县委、县政府主要领导的高度重视。5月12日，县委书记菅瑞亭、县政协主席张浩成、县政府常务副县长傅春奎带领县文教局、财政局负责人到杜庄乡现场办公，解决了徐山口小学危房问题。6月28日，县政协副主席杜志仁带领县政协农业科技工作组的委员考察曹东庄村的地膜玉米、前石河村的地膜土豆+玉米带田、李官营村的地膜锦灯果、宋庄村的大棚黄瓜和上庄村的地膜西瓜种植。委员们对科学种田的尝试及取得的成果表示赞成，并形成考察报告，建议县政府和有关部门大力宣传、推广，促使农业增产，农民增收。9月23日，县政协副主席赵国栋、李广明带领财贸金融工作组4名委员到南戴河旅游开发区进行视察，并形成《关于发展南戴河旅游事业的几点建议》。该建议在11月份召开的县委常委会上，县政协作了专题汇报，县委常委会进行认真研究。

1989年1月，县政协文教体育工作组委员对台营、大新寨和驻操营三个山区的中小学教育进行考察，并就教学条件、教学质量、师资配备、教师待遇等问题形成比较详细的考察报告上报县委。6月4日，县政协农业科技工作组部分委员考察黑山嘴温泉养鱼和洋河口海水养殖情况。除与养殖单位交换意见外，考察组对洋河口海域污染问题向有关部门提出解决污染问题的建议。6月7日，县政协财贸工作组的委员到县糖酒公司考察后，撰写《县糖酒公司在竞争中前进有新招》的考察报告，并在县政协的《内部信息》刊登，肯定县糖酒公司经营改革的做法。6月12—13日，县政协工建交工作组的部分委员到全县水泥、造纸、化肥三个系统的部分企业考察国营工业企业的技术改造、企业承包和经济效益情况，并分别提出了意见和建议。8月15日，县政协副主席赵振基、刘玉洁带领医药卫生工作组部分委员参观考察南戴河旅游开发区建设和卫生情况。9月1—2日，县政协农村工作组19名委员先后参观考察了下庄村优质水稻、前石河村立体种植、小所各庄和康各庄的水稻旱种试点。9月28日，县政协农业科技组部分委员先后考察了台营、下庄和县原种场的主要水稻品种的栽培、管理及测产等情况。10月24日，县政协副主席王匡时带领文教体育工作组部分委员到西河南乡朝鲜族小学视察少数民族教育工作，县文教局负责人陪同。考察后形成《关于进一步办好朝鲜族学校的意见与建议》主送县政府。

县政协第四届委员会视察考察活动 四届县政协围绕工业企业生产、教育工作、商品煤矿安全生产等工作的开展情况，组织政协委员进行视察活动。届内共组织视察、考察39次，提出意见、建议100多条。

1990年6月25日，县政协副主席杜志仁带领财贸金融工作组部分委员和有关部门负责人到张家口市赤城县、怀安县学习考察“农村合作基金会”的经营管理情况。并于7月23日召开的县政协四届二次常委会会议审议通过了县政协《关于进一步办好合作基金会的几点建议》。7月2日，县政协工建交工作组部分委员考察秦皇岛锰钢产品有限公司，对该公司取得的成绩给予肯定，对存在的问题提出了建议。并于8月9日，县政协四届五次主席会议认真研究并通过了建议。8月10日，县政协副主席杜志仁带领农业科技组部分委员考察田各庄乡郈各庄、曹家堡子村的地膜玉米，委员们对科学种植给予肯定。9月11—14日，县政协副主席王匡时、郑庆魁带领文教体育工作组部分委员视察牛头崖、卢王庄、王家沟和城关第一小学以及抚宁镇的教育工作。9月14日，县政协副主席李瑞林带领部分委员考察海阳计新庄小学的校容校貌和德育教育情况。9月，县政协宣教文卫委员会先后参加县委宣传部、教委、文化局、卫生局组织的对口协商、进行中小学德育工作的调查和赴大连金州学习考察初级卫生保健工作等活动，分别写出考察报告，提出具体的建议。11月24日，县政协副主席李成岩带领县政协工建交工作组部分委员视察石门寨镇、上庄坨乡等5个集体和个体煤矿的质量和安全生产情况，并与相关企业负责人交换了加强安全生产的意见和建议。

1991年6月25日，县政协副主席王匡时带领部分委员到海阳镇砂轮厂、抚宁县海阳电气安装队等乡镇企业考察，对企业面临的困难和问题，考察后经主席会议研究，以《内部信息》印送县有关领导。9月6日，县政协副主席杜志仁带领农业科技组部分委员考察留守营镇张各前村100亩“太和1号”玉米收成、西河南乡良种场水稻新品种长势和品种对比试验、田各庄乡上茬小麦和下茬玉米的生产、杜庄乡大深港村杂果基地生产等情况。11月25—27日，县政协副主席李瑞林带领党群政法组部分委员并邀请县政府副县长王一鸣，共同视察西河南乡、北寨乡战马王的敬老院和台营、留守营、抚宁镇的光荣院。视察后，于12月13日县政协四届十八次主席会议专题研究了视察情况，提出了《政协抚宁县委员会关于办好光荣院、敬老院的几点建议》。县政府对县政协的建议十分重视，召开会议专题研究，对县政协提出的房屋修缮、细粮供应、平价煤供应和增加光荣院老人的公费医疗费用等建议全部落实。

1992年5月7日，县政协副主席王匡时带领医药卫生组部分委员视察县城环境卫生食品卫生。委员们对县城存在的脏乱差问题与相关单位交换了意见。6月19日，县政协副主席王匡时带领医药卫生组部分委员赴辽宁省锦县（今凌海市）学习考察城镇环境卫生管理经验。是年，县政协对农业水利建设和世界银行贷款使用情况进行考察，并进行协商论证。

县政协第五届委员会视察考察活动　五届县政协围绕南戴河旅游度假区环境卫生、桃林口水库移民安置、高产高效优质农业生产、减轻农民负担、《爱国主义教育实施纲要》实施情况、精神文明建设、环境保护等工作的开展情况，组织政协委员进行视察活动。届内共组织视察、考察73次，提出意见、建议170多条。

1993年，县政协副主席郑庆魁带领医药卫生工作组部分委员视察南戴河旅游区卫生情况。农业科技工作组部分委员考察田各庄乡水稻前茬利用和北寨乡霜仙红桃、短枝红星苹果的栽培和效果。

1994年1月7日，县政协社会法制海外联谊委员会组织部分委员视察西河南乡安置水库移民的工作情况。西河南乡是全县安置桃林口水库库区移民的试点，担负全县首批移民安置任务的95%。委员们通过座谈、走访、听取工作汇报，对该乡坚持高姿态、高风格、高标准和让移民留得下、稳得住、照顾好的移民安置工作给予充分肯定。7月28日，县政协主席苏洪珊、副主席顾昌和带领农业科技工作组委员，视察曹东庄乡“两高一优”（高产、高效、优质）农业，并向县委、县政府提交视察报告。12月，党群政法工作组视察驻操营镇葫芦套村的移民搬迁情况，就搬迁群众冬春的生产、生活问题向接收单位的海阳镇、姚周寨乡和拦马庄乡提出意见和建议。是年，文教体育工作组到榆关镇、西河南乡考察教育工作情况，参观4所中小学，与30多名教师进行座谈。医药卫生工作组到台营、牛头崖、北寨、榆关卫生院进行考察，并与医务人员进行座谈，交换考察意见。

1995年4月18—19日，县政协组织部分委员对全县实施《爱国主义教育实施纲要》情况进行考察。委员们听取县教委的工作汇报，深入深河乡、县一中、西河南乡中学和牛头崖小学进行实地考察。委员们对贯彻《爱国主义教育实施纲要》的措施及取得的成效给予肯定，同时对存在的活动开展不平衡，校内好、校外差；讲国情、国防教育少，艰苦朴素教育少；坚持不经常，没有较好的形成制度化、规范化等问题提出具体建议，并将建议提交县委、县政府。7月26日，县政协农业科技工作组部分委员考察曹东庄乡利用日光温室大棚的空闲季节养胡子鲇鱼、田各庄乡郇各庄村试种珍珠高粱新品种、下庄乡齐各庄村的水稻抛秧新技术试验等情况。委员们认为，这些新技术、新品种对于全县发展“两高一优”农业具有促进作用，应当积极推广。是年，县政协还分别对乡镇医疗卫生工作、县城骊城大街、迎宾路南段建设工程和县城引水工程进行视察、考察。

1996年6月10日，在县人大常委会副主任彭景春、县政协副主席侯玉带领下，县人大、县政协组成联合视察团对全县环境保护工作进行视察，县政府副县长李开江陪同。视察团听取县环保局负责人的工作汇报，深入县淀粉厂、第一水泥厂、造纸厂、石门寨第二水泥厂、燕山水泥厂、卢王庄造纸厂、南戴河海滨浴场、洋河口、人造河、留守营镇的豪峰造纸厂等企业、单位查看环境保护情况。视察后，对全县环境保护工作中存在的不容忽视的问题，视察团向县委、县政府提出建议。11月，县政协以落实中共十四届六中全会精神为契机，与县人大联合视察全县文化事业发展情况，以县人大和县政协两家的名义向县委、县政府提交报告，使文化馆、图书馆等问题得到较好的解决。

1997年3月8日，县政协财贸金融工作组委员在县政协副主席杨雨顺带领下，考察全县春耕生产所需农用生产资料准备情况。4月份，县政协主席苏洪珊，县委常委、宣传部部长李华文，县政协副主席侯玉璋带队，深入乡镇实地考察，了解全县精神文明建设的基本情况，提出5个方面的建议。

县政协第六届委员会视察考察活动 六届县政协围绕县城环境容貌规划建设、南戴河旅游度假区建设、中小学“两基”迎检工作、102国道绿色通道建设、中小学入学状况、全县畜牧业养殖生产等工作的开展情况，组织政协委员进行视察活动。届内共组织视察、考察100多次，提出意见、建议240多条。

1998年6月，县政协领导带领有关委员赴青龙、迁安等地学习考察，起草《关于进一步稳定完善农村土地、果树承包责任制的建议》，为全县土地二轮承包具体实施方案正式出台提供重要参考。7月，县政协组织部分市政协委员视察南戴河旅游开发区。参加视察的市政协委员有苏洪珊、李成岩、侯玉璋、成和昌、金松寿和县政协部分委员。南戴河开发区管委会负责人向委员们作全面汇报，并陪同视察旅游景区。市政协委员对南戴河旅游开发区的各项工作给予充分肯定，并对存在问题提出建议。针对全县城区建设速度快，但基础设施不配套、卫生条件差等问题，县政协8月下旬组织委员对县城建设规划、环境卫生、绿化美化三个方面进行考察，撰写《关于加强县城容貌环境建设的建议》，经六届三次常委会会议讨论协商提交县政府。是年，县政协还对辽宁海城企业改制、西安农村卫生医疗改制和张家港市精神文明建设经验进行考察和学习，对中小学"两基"迎检准备工作进行视察，所提意见和建议都引起县领导的重视。

1999年4月中旬，县政协副主席李成岩带队，组织农业科技组委员同大新寨镇领导和有关专业户赴山东济南、泰安考察无土栽培、板栗节水灌溉技术，向县政府送交《关于引进无土栽培技术和板栗节水技术的建议》，探索农业生产由粗放型经营向集约型经营转变的新途径。为加强环境建设与保护，造福子孙后代，实现可持续发展战略，针对县城环境保护中存在的问题，在县政协六届二次全委会议上，有6名委员就环境保护问题作了专题发言。6月29日，县政协主席苏洪珊，副主席杨雨顺、李成岩带领部分委员视察洋河胡各董拦水坝、秦燕化工有限公司、县淀粉厂、炼油厂、留守营豪峰纸厂等单位的污水处理设施。县政府副县长卢守杰陪同视察。视察组分别与企业负责人交换意见和建议。视察后向县政府送交视察报告，推动了抚宁洋河水系污染治理和县城污水处理厂的建设。是年，还对102国道绿色通道工程、海水养殖、龙虎庄公墓筹建工作进行视察活动。组织有关委员赴外地考察旅游开发、社会治安综合治理、财政改革等方面的工作。

2000年1月20日，县人大常委会和县政协组成联合视察组对县医院工作进行视察。县人大常委会主任侯金来，副主任王殿起、李开江，县政协主席苏洪珊、副主席杨雨顺及部分人大常委会委员、政协委员参加视察。视察组听取县卫生局和县医院负责人汇报后，对县医院的工作，特别是建立肿瘤专科病房楼的建设提出具体的建议。7月31—8月3日，县政协主席苏洪珊、副主席李成岩带领农业科技组委员，利用4天时间视察抚宁、牛头崖、留守营、榆关、台营、大新寨、茶棚、坟坨、田各庄9个乡镇、管理区的畜牧业生产情况，县政府副县长赵宝义陪同视察。之后向县政府提交《关于推动全县畜牧养殖业再上一个新台阶的建议》。县政府很快将该建议批转全县各乡镇、管理区和县直有关部门，要求结合当地实际，认真组织落实，促进全县养殖业发展和农业产业结构调整。8月9—11日，县政协副主席杨雨顺带领文教卫体组委员对县城和全县11个乡镇、3个管理区的42所初中进行为期三天的视察活动，详细了解初中入学高峰问题、学校采取的应急措施和长远规划，经与县教育局分析论证后，向县政府送交《关于视察解决初中入学高峰问题的报告》，为缓解并解决初中入学高峰、正常实施九年制义务教育提供参考意见。8 月 16 日，县政协主席苏洪珊，副主席侯玉璋、李成岩、李占义、肖明地带领党群政法组部分委员视察县城建设情况。县政府副县长卢守杰陪同视察。在察看紫金山公园、长征路及东侧带状公园和县城集贸市场后，向县政府提出《关于切实加强县城建设的几点建议》。

2001 年 8 月 1—10 日，县政协副主席李成岩、杨雨顺带领农业科技工作组委员和农口县直部门负责人，深入留守营、牛头崖、大新寨、深河等乡镇村，对全县农业结构调整情况进行调研，随后去唐山市乐亭县学习考察，在论证协商的基础上，形成《关于加快全县农业结构调整步伐的建议》，并提交给县委、县政府，作为决策和工作参考，受到县委、县政府肯定。

2002 年 5 月 22 日，县政协视察南戴河国际娱乐中心新上项目——中华荷园的建设情况。该园 2001 年 9 月动工，占地 600 亩，总投资 2600 万元，是环渤海地区规模最大、品种最全的荷花观赏园林。视察组对园区建设情况比较满意，并提出具体建议。6 月 13 日，县政协主席王连成、副主席李占义带领工建交组部分委员视察祖山森林公园东进山路抚宁段，副县长肖明地陪同视察。该路段途经石门寨、杜庄两个乡镇的 7 个村，全长 11.92 公里，由抚宁县交通局负责施工。视察组对施工进度、质量给予充分肯定。该路段的建成对旅游业的发展、沿途乡村经济建设和生态平衡具有重要的带动作用。是年还对基础教育、卫生防疫、旅游环保、龙头企业建设等工作进行视察考察。

县政协第七届委员会视察考察活动 七届县政协围绕畜牧业生产、南戴河暑期安全保卫、文化市场建设、长城保护与开发、县大礼堂拆除和建设、工业企业生产、农村公路建设、煤矿安全生产、新型农村合作医疗等工作的开展情况，组织政协委员进行视察活动。届内共组织视察、考察 90 多次，提出意见、建议 180 多条。

2003 年 7 月 8 日，县政协主席王连成、副主席刘树林带领农业科技组委员对全县畜牧养殖业发展情况进行考察，先后察看都寨村聂庆平种猪场、圈子营村白景民奶牛场、七里涧村郭玉强育肥猪场等 7 个畜牧业养殖场，并听取县畜牧局的工作汇报。考察后，向县政府提交《关于全县畜牧养殖业生产情况的考察报告》。7 月 9 日，县政协主席王连成，副主席李志佳、刘树林，秘书长刘秀才及党群政法组全体委员视察南戴河暑期的安全保卫工作。委员们察看并慰问了牛头崖交警二中队、南戴河交警支暑中队和南戴河公安分局干警，并听取县公安局的工作汇报。视察组对暑期安全保卫工作提出建议和要求。7 月 15 日，县政协副主席李占义带领科教文卫体工作组部分委员视察全县文化市场，就全县文化市场发展、文物保护工作进行检查，对存在的问题提出意见要求。7 月 24 日，县政协主席王连成，副主席李占义、刘树林带领部分政协委员对全县城乡中小学基础教育发展情况进行视察。视察组先后视察了杜庄中学、榆关镇中学，分别听取县教育局、乡镇领导、中心校及学校负责人的情况汇报。围绕全县基础教育现状，特别是农村税费改革和国务院《关于基础教育改革与发展的决定》颁布之后，就如何使全县的基础教育更快地适应新形势、新任务的要求，认真地进行讨论，并向县委、县政府提交《关于对全县基础教育工作视察情况的报告》。8 月，县政协副主席李占义带领提案委员会、教科文卫体委员会、学习文史资料委员会部分委员，联合对抚宁县长城保护与开发工作进行视察，副县长肖明地陪同视察活动。听取板厂峪长城旅游开发有限公司总经理许国华的情况介绍，县政府办负责人向委员们详细介绍了县长城保护与开发的现状及今后工作的设想。视察后委员们提出：要重视长城的保护与开发利用；建立长城保护与开发领导小组，指导和协调长城保护与开发中的重要事宜；尽快制订整体规划，以解决长城开发中存在的突出问题，形成科学有序的开发；处理好保护与开发的关系；要树立抢先开发意识，争取主动，防止被动；要加大宣传力度；总结董家口、板厂峪开发的经验教训等8条建议，形成《关于对长城保护与开发工作的视察报告》，并报送县党政领导和有关部门。12月17日成立抚宁县长城保护与开发利用工作领导小组，县政府印发《关于进一步加强长城及附属建筑物保护工作的意见》。

2004年3月23日，县政协主席王连成，副主席李志佳、刘树林带领党群政法、工建交、海外联谊等界别委员视察浅野水泥有限公司、首钢板材有限公司的生产、建设情况。5月13日，县政协主席王连成，副主席李占义、刘树林、高金峰带领部分政协委员视察拆除后的县大礼堂遗址，听取副县长赵宝义关于提案落实情况的汇报，并提出视察建议。5月25、26日和6月2日，县政协主席王连成，副主席刘树林、高金峰，秘书长刘秀才组织部分委员对全县水泥、造纸、玻璃纤维企业发展情况进行视察。委员们听取县经贸局的情况介绍，实地察看石门寨二水一分厂、驻操营长城水泥厂、留守营丰满纸业有限公司、牛头崖速竣玻璃纤维厂等10家企业，并与厂长、经理座谈，深入了解企业发展中存在的问题，以视察报告的形式，向县委、县政府提出加大支持力度、营造良好发展环境、加快企业改制进程、提升经营管理水平、加强行业协会建设等建议。6月30日，县政协主席王连成，副主席李志佳、刘树林、高金峰，秘书长刘秀才和部分常委视察全县村村通公路工程建设情况。常委们分两组深入全县各乡镇村村通工程施工现场，察看工程进度，了解存在问题和困难，然后听取县交通局的工作汇报。委员们对村村通工程取得的成效给予充分肯定，针对进展不平衡、质量不稳定和资金缺口大等问题，建议统筹规划，加快进度，保证质量，重点帮扶，切实把好事办好。11月初，县政协对全县煤矿安全生产工作进行视察。深入曹山煤矿、红星煤矿了解情况，听取矿长和一线工人对安全生产的意见，视察煤矿安全监测中心和矿山救护队，听取县煤管局的工作汇报。委员们建议加大监管密度，确保隐患排查整改到位，增强员工安全意识，进一步做好煤矿安全生产工作，让全县人民放心。11月23日，县政协副主席李占义带领部分政协常委、科教文卫体委员会、学习文史资料委员会的部分委员，视察全县长城保护工作情况，副县长吕若军陪同。委员们听取县政府关于长城保护工作落实情况的通报和有关村干部、长城保护员的情况反映，并进行座谈讨论。委员们对县政府工作表示满意，提出要切实提高对长城历史及现实意义的理解，增强自觉保护意识；进一步完善长城保护员制度，明确管理责任；树立抢先意识，严格界定边界；尽快制订整体规划，形成科学有序的保护开发等建议，向县委、县政府提交《关于视察抚宁县长城保护工作落实情况的报告》。12月初，对《关于拆除大礼堂及拓宽一小门前至长征路面，用于建设休闲活动场所和解决一小学生上放学出入难问题的建议》提案督办视察，对护城河改造工程、南商业街集市恢复完善、长征路绿化等问题进行视察。

2005年3月24日，县政协主席王连成、副主席刘树林带领部分委员视察农业生产资料市场，对全县农业生产资料市场的发展建设及存在问题，提出具体建议，副县长赵宝义陪同视察。

6月15日，县政协主席王连成、副主席李志佳和部分委员视察全县文明生态村创建工作。委员们深入抚宁镇钱金庄、牛头崖镇白玉庄和榆关镇石门村，察看村容村貌整治情况，听取有关部门负责人的工作汇报。建议在已取得成绩的基础上，建立长效机制，不断巩固创建成果；本着先易后难、逐步运作的原则，量力而行；不仅要改善农民的生活环境，还要注重人的整体素质的提高，切实加强农村精神文明建设。9月上旬，县政协副主席刘树林带领部分委员视察畜牧养殖业疫病防治工作。是年，县政协就加快农业产业化、专业化进程，促进农业增效、农民增收，加强农村建设等问题，广泛听取基层干部群众的意见和要求，年底前又召开县直农口各局和部分乡镇管区负责人参加的专题座谈会，就建立完善专业合作经济组织、提高农民组织化程度的问题达成共识，向县委、县政府提交《关于加快发展农民专业合作经济组织的建议》。

2006年7月，县政协副主席顾昌和、陆志飞带领部分委员到大新寨、台营和驻操营镇视察板栗产业发展情况。在听取各方意见的基础上向县政府提出要切实加强领导，积极推广新技术、发展新品种，打造抚宁县自己的品牌，加大对集雨水窖的资金投入，做好板栗贮藏和深加工等建议。8月25日，县政协主席王连成，副主席顾昌和、刘树林，秘书长刘秀才同部分委员对全县农村合作经济组织建设进行视察，副县长杨志有陪同视察。向县委、县政府报送《关于组建农村合作经济组织联合会的意见和建议》。9月7—8日，县政协主席王连成，副主席顾昌和、李志佳、刘树林同部分委员视察县工业项目建设情况，就深入实施“三线富民、八业强县”发展战略、做强做大工业企业、增强县域经济综合实力建言献策。9月14日，县政协视察全县新型农村合作医疗工作。听取全县“新农合”工作进展情况汇报，实地参观县新型农村合作医疗管理中心、榆关镇新型农村合作医疗办事处及卫生院，深入农户座谈走访。对存在问题，提出要增强农民自愿参加新型农村合作医疗的积极性；合理整合公共卫生资源，完善县、乡、村三级卫生体系建设；注意医疗安全，减少医疗事故发生；统筹规划，保证新型农村合作医疗工作的正常运转等建议，并报县委、县政府。是年，还就工业项目建设、浅海养殖监管、交通工作进行调研视察，提出相关的意见和建议。

县政协第八届委员会视察考察活动 八届县政协围绕全县农产品贮藏加工、公安系统正规化建设、食品安全、县城基础设施建设、工业园区建设、农田水利设施建设、新一中和特教学校建设等工作的开展情况，组织政协委员进行视察活动。届内共组织视察、考察100多次，提出意见、建议400多条。

2007年8月31日，县政协主席顾昌和带领部分委员在副县长杨志有的陪同下，就全县农产品贮藏加工情况到秦皇岛燕山板栗食品有限公司、京东调味品厂、河北宏都实业集团有限公司和秦皇岛成财食品有限公司进行视察，了解企业的建设发展和生产经营情况，听取企业负责人的情况介绍。委员们对企业发展中存在的贮藏加工能力相对较小、与农户之间联系不紧密等问题，提交以进一步做好招商引资、抓好企业与基地农户之间的利益链接等建议为主要内容的视察报告。11月7日，县政协视察县公安系统的正规化建设情况，观看县公安局正规化建设专题片，视察县看守所、拘留所，听取县公安局的工作汇报。委员们就进一步做好今后工作，提出加大对流窜作案人员的打击力度、规范协警人员行为、加强对居民住宅小区的治安管理、适当增加公安系统办公经费等建议。12月10日，县政协对全县的食品安全工作进行视察。委员们察看坟坨糕点厂、宏都集团、县食品厂等部分食品生产经营企业，观看食品安全工作资料录像片，听取县政府主管领导的情况汇报。针对部分群众食品安全意识薄弱、农村食品安全监管尚待加强等存在问题，提出建议，形成《关于食品安全工作的视察报告》提交县委、县政府。是年，县政协还对项目建设、新型农村合作医疗、古骊城遗址、企业规范化建设与管理等开展视察考察活动。

2008年3月20日，县政协主席顾昌和、秘书长刘秀才带领部分委员视察农资市场管理运营情况，县政府副县长黄悦华陪同视察。委员们先后视察县生产资料公司、天意庄稼医院、城关供销社、种子公司门市部、城关供销社刘庄村级综合服务站，听取县供销社、农牧水产局、工商局、物价局相关工作情况的汇报，提出加强识别假农资知识的宣传、加大市场监管力度、提高农资经营部门销售人员素质等意见和建议。4月10日，县政协组织部分委员视察南戴河旅游开发区环境秩序综合治理情况。委员们实地踏察宁海道、前进路、环海路和天马浴场改造施工现场，在听取南戴河管委负责人的情况汇报后，就南戴河综合整治乃至今后发展等方面，提出意见和建议。6月12日，县政协副主席陆志飞带领部分委员视察文化市场管理情况。委员们实地察看县城及南戴河部分网吧、音像店、图书店的经营与管理情况，听取县文化局的工作汇报。视察后，形成《关于文化市场管理工作情况的视察报告》。7月，县政协组织部分政协委员视察城市基础设施建设情况、千奥物流中心建设情况。委员们实地察看以路网建设和绿化、美化、亮化为主要内容的部分街路道路改造工程、绿化亮化工程、小区改造工程等城市基础设施。听取县建设局、南戴河管委、县城管办公室负责人关于近年来城市基础设施建设情况的汇报，并进行座谈讨论，提出意见和建议。县政协主席顾昌和，副主席高金峰、李志佳、李英伟参加活动，县政府副县长曹立新陪同视察。

2009年3月23日，世界气象日当天，县政协副主席李志佳和农业科技组部分政协委员视察县气象工作，并到大山头增雨火箭弹药库，察看弹药储备情况和安全保卫工作。4月13—14日，县政协主席顾昌和，副主席李志佳、李英伟，秘书长刘秀才分别带领机关科室有关人员，深入乡镇联络组、县直工作组，督导检查献一策、联一业（项）、扶一企（村）、帮一户、践一诺（简称“五个一”）活动。县政协领导就结合实际、精心谋划、突出重点、形成特色、注重实效、切忌走过场等分别提出要求。6月，县政协副主席李英伟带领部分委员视察深河乡项目建设情况，走访参观德力达装饰材料有限公司、秦伊铸造有限公司、瑞华玻璃有限公司，了解企业生产经营情况，提出在市开发区的辐射作用下，发挥区位优势，积极引进高科技项目，打造全县一流的工业园区等6项建议。9月9日，为使县城集中供热和污水处理两项惠民工程更好地惠及人民群众，县政协副主席李英伟带领部分委员开展专项视察。10月，针对全县农田水利建设中存在的设施老化、建设维护资金不足、技术力量相对薄弱、管理方式有待进一步完善等问题，县政协主席顾昌和、副主席李志佳带领部分委员进行专项视察活动，提出进一步重视农田水利基本建设工作，明确农田水利基本建设发展目标，多方筹措、拓宽水利建设资金来源渠道，加强管理，加大水利建设执法宣传力度等建议。

2010年8月11日，县政协副主席李志佳带领部分政协委员就金融机构服务地方经济情况进行视察，副县长高骥恩及人行负责人陪同。视察组一行首先实地察看农业发展银行、农村信用社、中国银行等7家金融机构网点，详细了解了各网点的运营及窗口服务情况。委员们提出继续加大对中小企业的支持力度，满足中小企业不断增长的资金需求等意见和建议。9月28日，县政协主席顾昌和、秘书长刘秀才带领部分委员视察裸地菜发展情况，副县长杨志有陪同视察。实地察看下庄管理区的生姜和茶棚乡大白菜的生产销售情况，提出发挥种植户的示范带动作用、进一步加强农村经纪人队伍建设、拓宽销售渠道、合理调整土地、做好土地流转工作、促进专业合作组织快速发展等意见和建议。是日，县政协副主席李英伟带领部分委员视察县一中、特教学校整体搬迁工程建设情况。委员们察看工程现场，听取县教育局关于工程建设情况的汇报，对两项工程建设提出具体建议，县委常委、副县长曹立新陪同视察。10月14日，县政协主席顾昌和、副主席李志佳带领部分委员对板栗示范基地建设进行视察，县政府副县长杨志有陪同视察。撰写了《关于板栗基地建设情况的视察报告》，为党政决策提供参考。

2011年6月22日，县政协副主席李英伟带领部分委员对县公安系统的平安抚宁建设情况进行视察。委员们察看县公安局、武警中队、看守所和拘留所的工作环境，观摩相关科室的实战演练，观看打黑除恶、平安建设的专题片，听取县公安局关于平安建设的工作汇报。委员们提出：在刑事犯罪、侦办大案要案等方面打击攻势要凌厉；在整治治安乱点、重点等问题治理要到位；治安防控规范化、科技化、社会化，治安防控体系要进一步健全完善；严控注重点，管控高危人群和危爆物品、稳控重点事件等工作重点要突出等意见建议。6月23日，县政协组织部分政协委员，对全县乡村旅游发展情况进行视察，委员们就全县乡村旅游发展中存在问题，提出意见建议。12月14日，县政协主席顾昌和、副主席马利华率领部分政协委员视察县人民医院门诊病房楼改扩建工程建设情况，副县长黄悦华陪同视察。实地察看门诊病房楼改扩建工程建设情况，了解门诊病房楼的设计及配套设施建设情况。座谈会上，大家一致认为，县医院门诊病房楼改扩建工程管理规范、质量优良，是全县重点工程建设项目，也是造福抚宁人民的民心工程。对于进一步完善全县医疗卫生体系，提高医疗卫生保障水平，满足广大人民群众看病就医的需要，具有十分重要的意义。同时，对医院病房布局规划、医院停车位等方面的问题提出意见和建议。

县政协第九届委员会视察考察活动 九届县政协围绕学前教育、农村公路建设、保障性安居工程建设、农村医疗卫生体系建设、城乡居民养老、职业教育、洋河河道治理、农业综合开发、经济开发区建设等工作的开展情况，组织政协委员进行视察活动。届内共组织视察、考察70多次，提出意见、建议300多条，其中专项视察35次，提出意见、建议169条。

2012年6月12日，县政协副主席赵永红、马利华带领部分政协委员对学前教育工作进行视察。视察组深入茶棚学区曹东庄中心幼儿园和县直幼儿园，察看幼儿教室、活动室、休息室及活动场地，详细了解幼儿园的办学条件、幼师队伍、幼儿教育、教学管理和后勤管理等方面的工作情况。委员们就政府投入、教师培训、幼儿园安全管理和转变教育理念等方面提出建议与意见。8月，县政协主席顾昌和、副主席李英伟带领部分政协委员对全县农村公路建设情况进行视察。委员们先后到坟坨管理区和牛头崖镇实地察看农村公路建设情况，听取县交通局关于农村公路建设和养护情况汇报。全县共有农村公路1702.48公里，路网密度在全省排名第一，实现全县交通网络化。委员们充分肯定全县公路建设的成绩，并针对存在的项目资金落实不及时、有的路段排水设施不健全、部分农村公路没有修建排水设施、防洪抗灾能力差、通而不畅现象时有发生、超载超限现象严重等问题提出具体建议。9月，县政协主席顾昌和、副主席李英伟带领部分政协委员对全县保障性安居工程建设情况进行专题视察，实地踏查金山西区、新立东区、紫金香苑等小区安居和项目建设情况，并进行座谈讨论。建议要以民为本，扩大保障性住房的受益面；要量质并重，把保障性安居工程建成优质工程、便民工程；推行阳光操作，按照公开透明原则，进一步完善分配机制，让这一民生工程惠及更多的中低收入者。是年，县政协对全县最大的仓储物流企业——秦皇岛市兴龙仓储物流有限责任公司进行视察，指出企业存在的4个问题，提出5条具体建议。县政协主席顾昌和，副主席赵永红、马利华带领部分政协委员对全县农村医疗卫生服务体系建设与发展情况进行专题视察，委员们针对农村医疗卫生发展资金不足、基层医疗技术人员短缺、结构不合理、技术力量薄弱、社区卫生服务中心在编制系统中不能设立、医疗纠纷调处机制不健全等存在的问题，提出意见和建议。

2013年5月，县政协主席顾昌和，副主席高金峰、马利华带领部分政协委员对近岸海域环境综合整治情况进行专题视察，实地踏查聚鑫颗粒厂、长城玻纤、人造河好马营段、县污水处理厂、金茂源纸业污水处理流程情况。视察后，向县委、县政府提交《全县环境质量及应对措施》和《关于全县近岸海域环境综合整治情况》2篇报告。9月，县政协副主席李英伟带领部分政协委员视察县紫金山公园建设情况。委员们实地察看紫金山公园东园及县城东南片区开发建设情况，听取县建设局关于紫金山公园建设情况的汇报。委员们对紫金山公园的规划、管理、定位、发展，提出加快公园后续建设进度，树立质量意识和精品意识，抓好绿化配套工程，建立健全长效管理机制的意见和建议。10月，县政协主席顾昌和、副主席马利华带领部分政协委员对县职业教育发展情况进行专题视察，县政府副县长黄悦华陪同。视察组实地察看职教中心实习实训基地、校园环境、教育教学情况等，观看职教中心工作专题片，听取汇报并进行座谈讨论。委员们对视察发现的问题提出意见和建议。12月31日，县政协主席顾昌和带领部分政协委员对县人民医院远程医学中心进行专题视察，县政府副县长黄悦华陪同视察。委员们建议做好宣传工作，扩大县人民医院的知名度和社会影响力；充分利用远程医学合作平台，扩大受惠人群，让患者得到及时诊治；政府相关职能部门要研究相应政策，将患者远程医学就诊费用纳入医保、农合报销范围。

2014年5月15日，县政协主席顾昌和，副主席赵永红、马利华带领部分政协委员对乡村旅游发展情况进行专题视察，副县长李维宝陪同。视察组现场实地观摩坟坨管区生态绿道中心广场、榆关镇华莹庄园、石门寨镇艺术家部落和傍水崖禅文化景区以及驻操营镇板厂峪景区，听取县旅游局汇报并进行座谈讨论。对全县乡村旅游发展提出科学编制旅游发展总体规划，充分考虑当地的自然资源、文化特性、市场需求和发展趋势，有序推进，逐步开发；完善基础设施建设，加强环境保护，探索经营理念，实行统一管理，提升服务管理水平，不断壮大旅游经济的建议。是月，县政协主席顾昌和、县政协党组成员付强带领部分政协委员对县公安交通安全执法工作进行专题视察，副县长李维宝陪同。委员们实地查看县城内主要街道及重点路段交通情况，听取县公安局关于全县公安交通安全执法工作汇报，并围绕交通安全问题进行座谈讨论。委员们对公安交通安全执法工作提出科学规划城市交通建设、增设交通监控设施及标识、加大对酒后驾车等严重交通违法行为的惩治力度、加强对电动三轮车管理等建议。是月，县政协主席顾昌和，副主席高金峰、李英伟带领部分政协委员视察县洋河河道治理工程，听取县水务局关于河道治理、县城自来水水源地保护等多项工程建设情况的详细汇报。对洋河改造工作提出制定并实施洋河河道治理总体规划，加大对水源地保护力度，多渠道筹措建设资金，规范工程建设标准，落实管理职责，建立长效管理运行机制。是月，县政协副主席高金峰、李英伟带领部分委员对县“东三区”大气污染综合治理、安全生产进行视察。委员们提出严格控制源头污染，力求标本兼治，完善安全监管网络体系，严厉打击各类非法、违法生产经营行为的建议。9月25日，县政协主席顾昌和、副主席李英伟带领部分政协委员对全县公路建设情况进行视察，副县长杨占起陪同视察活动。查看交通道路建设及道路改造情况，听取县交通局关于全县公路建设情况汇报，视察组提出加强道路养护管理、加大对超载超限车辆的检查治理力度、充分利用道路资源大力发展农村经济等6条建议。10月，县政协组织部分委员对全县政务中心运行情况进行视察，建议狠抓项目进厅审批办理，推进集中审批，优化和减少行政审批环节，严格落实限时办结制度，加快网上审批建设，完善基层便民服务中心建设，不断优化服务环境。

2015年5月，县政协主席张岐、党组成员付强带领部分政协委员对农业综合开发项目建设情况进行视察，副县长杨占起陪同。视察组实地查看驻操营镇现代农业综合开发示范区建设情况，听取县农开办关于农业综合开发项目建设情况汇报。对驻操营镇作为河北省首批现代农业综合开发示范区，充分利用农业综合开发平台，加强农业基础设施建设，培育区域优势主导产业，加快推进现代农业发展给予肯定。并建议提高工程质量，确保实施项目建设成为群众满意工程；确保项目资金按规定的范围使用，杜绝违法违纪行为；项目工程竣工验收后，要及时办理资产移交手续，明确产权归属和管护的责任主体，建立工程管护运行机制；抓好科技推广工作；抓好宣传推介工作，吸引龙头企业进驻，大力发展农产品精深加工项目，提高农产品附加值。县政协主席张岐、副主席马利华带领部分政协委员对大新寨镇乡村休闲旅游文化发展情况进行专题视察。委员们实地踏察界岭口村长城旅游文化、箭杆岭村古村风情、冰塘峪自然奇观以及小河峪乡村游等景区、景点，听取汇报并进行座谈讨论。委员们提出科学编制规划，合理开发资源；拓宽融资渠道，促进旅业融合；突出自身特色，加大宣传力度；加强综合管理，提升整体环境等建议。6月，县政协主席张岐、副主席李英伟带领部分委员对全县玻璃纤维产业发展情况进行专项视察。针对全县玻璃纤维产业存在的企业规模小、产品结构单一、创新研发能力差等问题，委员们提出具体的建议。是月，县政协主席张岐、副主席赵永红带领部分政协委员，对全县乡村卫生院（室）建设与发展情况进行专题视察。委员们对存在的卫生事业发展资金不足、乡镇卫生院人员缺乏、专业技术水平不高、医疗设备陈旧落后、部分医务人员缺乏工作积极性等问题，提出意见和建议。8月18日，政协主席张岐、政协提案委及提案人对南戴河韩庭阁饭店、小板凳火锅及区内老王小吃、昌黎饺子馆、川府麻辣烫等小餐饮单位进行视察，就进一步做好小餐饮综合整治工作提出意见和建议。10月，政协主席张岐、副主席高金峰带领部分政协委员就水利基础设施建设工作进行视察。建议政府加大对农村水利专项资金扶持力度，强化宣传引导，严禁向河道倾倒垃圾、不合理采砂等违法行为，提高管理水平，稳步推进农村饮水安全工程建设。是年，政协主席张岐带领部分政协委员对经济开发区建设运行情况进行视察。委员们就继续加大招商引资力度、改善投资环境等方面提出：园区建设发展要与城市建设、周边建设和项目规模相匹配，避免出现重复建设；结合京津冀协同发展战略，抓住契机，主动商洽、承接“高大上”项目；科学确定开发区功能定位，优化园区布局，提高规划建设标准；结合撤县设区机遇，尽快理顺体制机制，解决好抚宁经济开发区机构编制问题；充分发挥政府主导作用，抓协调联动，使项目尽快落地；强化服务，改善投资环境，创造优质的投资条件与环境，吸引项目企业进园；着力破解土地、资金、人才等瓶颈制约问题。

区政协第一届委员会视察考察活动 一届区政协围绕棚户区改造工程、北部工业园区建设、宁海大道建设、洋河城区段治理、美丽乡村建设、妇幼医院改扩建工程、京津冀产业园区棚户区改造等工作的开展情况，组织政协委员进行视察活动。届内共组织视察、考察12次，提出意见、建议140多条。

2016年5月20日，区政协党组成员付强带领部分政协委员对全区物流产业发展情况进行视察。视察组先后到中运物流有限公司大新寨分公司、抚宁区邮政局、秦皇岛云农商农业开发有限公司（创业大厦）视察物流产业发展情况，听取区商务局关于抚宁区商贸物流产业发展情况的汇报。委员们对全区在产业发展的提档升级、加大物流产业基础设施建设中，涌现出中运物流、国兴物流、鑫顺达物流、青满园物流、千奥物流等31家具有引导和示范作用的物流领军企业给予肯定，并针对全区物流产业发展现状提出建议。6月28日，区政协主席张岐带领部分政协委员对洋河下游城区段治理情况进行视察。委员们对施工进度提出具体的意见和建议。7月，区政协主席张岐、副主席高金峰带领部分政协就事关市区一体、干部群众多年期盼的宁海大道工程建设情况进行专项视察。委员们实地踏查抚昌黄至下庄管理区万庄洋河大桥道路工程建设情况，参观桥梁预制厂，听取副区长关金一关于宁海大道工程建设情况的汇报。宁海大道是连接秦皇岛中心城区、开发区、抚宁区的一条快速道路，是城市道路网主骨架的重要组成部分，起于抚昌黄公路，终点设在黄河道互通处，与黄河道、兴凯湖路相接。抚宁境内全长11.20公里，是抚宁区2016年12件民生实事之首。根据视察发现存在的主要问题，委员们提出确保工程建设质量，全力把牢工程质量关，将宁海大道（抚宁段）建设成为全市乃至全省城市公路的优质工程、样板工程、品牌示范工程等建议。9月，区政协主席张岐，副主席高金峰、赵永红带领部分政协委员对全区美丽乡村建设情况进行专项视察，委员们实地踏查大新寨镇小河峪村和留守营镇好马营村美丽乡村建设情况，听取区委农工委关于全区美丽乡村建设情况及农村环境治理提案办理情况的汇报，并就下一步工作提出意见和建议。10月，区政协主席张岐，副主席高金峰，区政协党组成员、秘书长呼贵礼带领部分政协委员对全区农村公路建设情况进行视察，听取区交通运输局负责人关于农村公路建设情况的汇报，委员们提出一些意见和建议。11月，区政协副主席赵永红带领部分政协委员到区妇幼保健院改扩建工程现场进行视察，副区长黄悦华陪同视察。视察组一行实地查看区妇幼保健院改扩建工程施工现场，详细了解改扩建工程建设情况。在随后召开的座谈会上，副区长黄悦华介绍了区政府将妇幼保健院改扩建工程确定为2016年为民办12件实事的背景以及区政府在协调推进过程中的做法。区卫计局和妇幼保健院就改扩建情况作详细的汇报和说明。视察组对妇幼保健院改扩建工程给予充分肯定。12月30日，区政协主席张岐，副主席高金峰，区政协党组成员、秘书长呼贵礼带领部分委员对区内京津冀产业园区棚户区改造项目的建设情况进行视察。产业园区朱各庄棚户区改造一期和邴各庄、大李官营村、小李官营村、刘家沟村棚户区改造二期建设截至9月30日完成2亿元贷款，流转土地1465.73亩，发放土地补偿款1.55亿元，朱各庄村308人办理了养老保险，建立全市首家棚户区改造货币化安置服务平台，已有286套商品房入驻平台。二期准备工作有序展开。视察后，委员们提出具体意见和建议。

区政协第二届委员会视察考察活动 二届区政协围绕美丽乡村建设、造林绿化、物业管理、教育资源整合、北部工业园区建设、城区断头路贯通、食品安全、抽水蓄能电站工程、创建国家卫生城市、便民市场建设、农村人居环境整治、农村“四好公路”建设、县医院整体搬迁工程等工作的开展情况，组织政协委员进行视察活动。届内共组织视察、考察30多次，提出意见、建议240多条。

2017年6月，区政协主席张岐到政协所包的林业局、农机局、化工厂等11处老旧小区家属院，实地督导检查创建文明城市工作开展情况。是月，区政协主席张岐、副主席王海银，区政协党组成员付强带领部分区政协委员就全区的造林绿化工作进行视察。视察组先后实地视察田各庄管理区邴各庄，宁海大道抚宁段两侧，京秦铁路、京津秦高速铁路留守营镇段两侧等处造林绿化情况，听取副区长王佐琴和林业局负责人关于全区造林绿化工作的情况汇报，并进行座谈讨论，提出6条具体建议。7月，区政协主席张岐、副主席王海银，区政协党组成员付强带领部分委员对全区美丽乡村建设情况进行视察。视察组先后实地视察茶棚乡南山村以及南山至坟坨管理区旧县村美丽乡村连接公路，坟坨管理区黄宝峪村和马庄、池庄道路两侧美丽乡村建设情况，听取副区长、区农工委书记王佐琴关于全区美丽乡村建设情况的介绍，并进行座谈讨论。9月，区政协主席张岐、副主席王海银，区政协党组成员付强带领部分委员对省旅发大会涉及的重点项目建设情况进行视察。视察组先后实地视察华侨城旅游度假区、祖山花海项目、花海大道项目建设情况，听取区文旅局、建设局、交通局和华侨城等相关单位主要负责人在各个节点对所包重点项目筹备情况的介绍，并进行座谈讨论，提出建设性的意见。11月，区政协副主席徐秋阳、赵永红带领部分委员视察“天马山现代农业产业园”的龙头企业仁轩酒庄有限公司，听取区现代农业园区建设情况的汇报，并就现代农业产业园区的内涵、怎样建设现代农业产业园区进行充分协商并提出建议。区政协副主席徐秋阳、区政协秘书长呼贵礼带领部分政协委员和提案人，实地踏查杨家燕山村、朱家燕山村粉浆水治理情况，并在随后的座谈中听取了抚宁环保分局、茶棚乡关于甘薯加工粉浆水整治情况的汇报。委员们充分肯定承办单位所做的大量工作和取得的成绩，同时提出具体的意见和建议。区政协主席张岐、副主席徐秋阳、秘书长呼贵礼带领提案委成员及提案人深入大新寨一道沟背牛顶和三道沟冰塘峪进行重点视察。委员们建议统筹五道沟片区旅游规划实施，将其打造成为抚宁区一张亮丽的文化名片。12月，区政协主席张岐、副主席徐秋阳、秘书长呼贵礼带队，组织部分政协委员就长城休闲游片区建设发展情况进行视察。视察组实地踏查河北历史文化名村界岭口，重点踏查罗汉洞至石碑沟段明长城复修工程。通过实地踏查，视察组认为，撤县设区后，抚宁现有长城达60多公里，而罗汉洞至石碑沟段系抚宁区境内重要的段落，也是精华段落。建议打造以明长城为文化内核的西北长城片区旅游新亮点。区政协主席张岐、副主席王海银、党组成员付强、秘书长呼贵礼带领部分委员对城区市政基础设施提升改造工程项目情况进行视察。重点视察西大街及北商业街西段断头路贯通工程，听取区城乡建设局有关负责人关于城区西北片区拆改及城区所涉11条断头路贯通工程实施的总体构想及工程进展情况，随后在区城乡建设局会议室召开座谈会，就有关事项进行讨论协商。委员们围绕资金缺口大、耕地占补平衡指标紧缺、加大项目整体协调力度等提出具体建议。

2018年4月13日，区政协组织部分政协常委及委员视察重点项目和园区建设情况，政协主席张岐，副主席王海银、赵永红、徐秋阳，党组成员付强，秘书长呼贵礼参加视察活动，副区长朱志伟陪同视察。委员们先后实地踏查抽水蓄能电站项目现场、冰塘峪文旅项目、抚宁经济开发区北部工业园区项目建设现场，听取有关重点项目进展情况介绍，并现场与常委和委员们进行互动交流。副区长朱志伟就2018年集中开工重点项目建设，特别是北部工业园区产业类项目及基础设施项目规划与开工情况进行总体介绍说明。区政协组织高规格的视察活动，表明区政协高度关注全区项目园区建设。总投资达75亿元的抽水蓄能电站项目，是近年来引进的重大战略性支撑项目，要举全区之力，集中搞好各项服务，全力推进项目如期开工，达产达效；冰塘峪文旅项目改造提升，是文旅项目中的一个亮点，应抓住有利时机，加快在建改造项目的建设进程，努力打造精品文旅项目品牌；加快北部工业园区既有道路设施建设进程，力争尽早使园区基础设施建设形成雏形，栽好梧桐树，引得凤凰来。要把精工绿筑项目作为入区项目的一个重要支点，推动项目建设如期建成；要强化统筹，注意筛选项目，着力引进产业类发展项目；要既抱西瓜，又捡芝麻，筹划建好小微企业园；要加大对开发区新招录人员的业务培训力度，着力培养懂项目、懂招商、懂谈判、懂审批等各类专业人才，全力提高园区工作人员的整体素质。5月9日，区政协副主席徐秋阳带领部分委员对全区幼儿园改扩建情况进行专项视察。同时，深入了解全区第三期学前教育三年行动计划实施情况。视察组实地踏查金山幼儿园、沿沟屯中心校幼儿园、大有幼儿园和骊城学区第二幼儿园，听取教育局汇报并进行座谈讨论。并围绕城区优质公办学前教育资源仍然不能完全满足适龄儿童入园需求、幼儿教师编制严重不足，民办幼儿园基础条件差、保教人员素质低、管理不规范、存在安全隐患等问题提出具体建议。5月29日，区政协副主席徐秋阳带领部分政协委员采取实地察看、听情况汇报、召开座谈会等形式，对城区便民市场体系建设情况进行专项视察。视察了城区现有5个菜市场，重点察看了在建的吉瑞便民菜市场。委员建议把便民市场体系建设纳入城市建设总体规划，从规划上为市场建设预留足够的空间，改善空间布局。逐步实现便民市场规范化管理，标准化运作。6月5日，区政协副主席徐秋阳及部分政协委员对《巩固文明城市创建成果 建立常态化管理机制》的提案进行重点视察督办，区政府副区长、公安分局局长赵秀光陪同视察。9月27日，由区政协主席张岐、副主席王海银带队，组织部分委员对城区燃气热力管网改造增容工程项目进行视察，并听取区城乡建设局关于项目建设情况的汇报，委员们就项目建设、管理及今后热力扩能谋划等问题进行充分讨论，提出一些意见和建议。10月17日，区政协副主席赵永红带领部分政协委员对全区创建国家卫生城市建设情况进行视察。视察中发现的主要问题主要是缺钱、缺人、缺沟通配合、缺宣传氛围等。委员们提出：强化领导，提高认识；加强宣传，深化全民创建意识；健全机制，推进创卫工作；精准发力，破解创建难点；理顺职能，建立健全管理长效机制等方面的具体建议。11月，区政协组织部分委员就《关于加快城区断头路贯通进程 完善城区路网结构的建议》重点提案进行视察督办。委员们结合听取介绍和自身感受，一致认为城区断头路问题既是历史遗留问题，体现“先天不足”，也是城区道路建设中的一大“顽疾”，影响城区居民出行，影响抚宁城区形象。在充分肯定工作的同时，委员们就城区断头路贯通工作提出具体建议。

2019年5月28日，区政协副主席赵永红、秘书长呼贵礼带领部分政协委员就农村人居环境整治情况进行视察，区委常委、区政府党组副书记朱颖陪同视察。实地视察抚宁镇大李庄村、下庄管理区下庄、高庄村农村人居环境整治情况，听取农业农村局关于全区农村人居环境整治情况汇报。针对存在的问题提出立足常态长效，建立完善整治工作机制；推动“多规合一”，分层推进环境治理；发挥党员先锋模范作用，丰富宣传教育载体，营造共建共享氛围等建议。6月27日，区政协副主席徐秋阳带领政协专委会委员和部分政协委员对全区公共卫生和医疗服务建设情况进行视察，副区长王佐琴陪同。针对存在的基层基础设施相对薄弱、专业医疗卫生技术人才短缺等问题，委员们提出加强对公共卫生和医疗服务体系建设的领导、加大投入、加强人才队伍建设、加大宣传力度等方面的建议。8月1日，区政协主席张岐、副主席徐秋阳带领部分委员，对加快城市公交综合枢纽建设进行视察。委员们实地踏查市公交运营五公司、102沿线公交站点设置及东南片区公交停车场站选址地，听取区交通运输局关于全区公共交通发展情况的汇报。委员们提出充分发挥政府的主导作用，保障公交发展的投入，建立合理的公交补贴补偿机制，进一步规范公交市场行为。在城市规划、建设的总体框架内，进行城市公共交通专项规划的编制，落实“公交优先”战略，做到城市规划建设到哪里，公交规划建设到哪里。进一步加强城区与乡镇间的路网联通，扩展公交服务范围，强化居住区与商业区、办公区、学校、医院等重点客流集聚点之间的公交衔接，减少公交盲区，提高公共交通路网运行效率，提高公共交通的吸引力，满足广大居民的出行需求。全面提升城市公交服务品质，深化智慧公交建设，推进“互联网+公交”的发展，完善多元化公交服务网络，实现公交线路、到站信息查询全覆盖。加强公交企业内部管理，切实提高公共交通的运行效率和服务水平。提高突发紧急事件的处置能力，确保在紧急状态下公共交通的安全运行，使公共交通成为居民最放心、最满意的首选出行方式。区政府要积极申请将全区公共交通基础设施建设纳入市区公交总体规划建设的大盘子，争取市政府在城市公共交通建设资金上向抚宁区倾斜，并积极筹措资金，加大公交建设投入力度等建议。

2020年4月14日，区政协主席张岐、副主席徐秋阳、秘书长呼贵礼带领部分政协委员对全区春耕备耕生产情况进行专项视察。实地察看种子公司门市部、抚宁镇食正源蔬菜种植大棚和榆关镇丰悦园种植合作社，听取区农业农村局关于春耕备耕生产情况的全面汇报，并进行座谈讨论。建议要针对疫情防控实际，了解群众春耕生产需求，指导农民了解掌握农业生产信息及市场价格等行情，做好春耕物资的保障、农业生产技术服务工作。抓好春播面积落实，及时兑现惠农政策。充分利用广播、电视、互联网等信息咨询传播载体，加强技术指导服务，播放和推送农业生产知识，解答农民春耕生产技术难题。并建议区农业农村局要加强与市场监管等部门的联系合作，加强农资市场监管，严格落实农资监管责任，努力克服疫情不利影响，坚持开展春季农资打假专项整治行动。要抓好重点项目建设，加大农业招商引资力度，加强区域农业合作与交流，积极引进新技术和优良品种、先进工艺设备，加大农产品深加工的力度，延长产业链，提升全区农业产业化发展水平。5月20日，区政协主席张岐、副主席徐秋阳、秘书长呼贵礼带领部分政协委员到中鼎特金粪污处理项目建设现场和坟坨管理区杨庄头村、抚宁镇三里杨庄等村视察农村人居环境整治工作，区委常委、区政府党组副书记朱颖陪同。委员们对全区农村人居环境整治工作中存在的困难与不足提出了解决的意见和建议。6月2日，区政协主席张岐、副主席赵永红带领部分政协委员对全区造林绿化工作进行专题视察。视察组一行先后来到坟坨管理区杨庄头村、茶棚乡肖各庄村、田各庄管理区郦各庄村、榆关镇平市北村造林绿化点，通过实地察看、听取汇报等方式，详细了解全区村庄绿化、高速及公路两侧绿化、河流绿化、生态林场建设等方面的情况，并进行座谈讨论。委员们针对存在的问题提出具体意见建议。6月17日，区政协主席张岐、政协副主席赵永红带领部分委员到奇石中学视察合作办学情况，区政府副区长王佐琴陪同。听取了区教育局主要负责人关于全区合作办学情况的介绍。与会委员就全区合作办学工作进行讨论，提出了建议。8月12日，区政协副主席徐秋阳、秘书长呼贵礼带领部分政协委员和专门委员会委员，对区内新型绿色装配式建筑产业集群的建设情况进行专门视察。抚宁经济开发区党工委书记、管委会主任刘松涛陪同。实地察看了佰兴金属结构有限公司、信焱优建装配式建筑科技有限公司等5个新型绿色装配式建筑企业，听取了抚宁经济开发区关于新型绿色装配式建筑产业集群建设情况的汇报，并进行了座谈讨论。委员们就建设中存在的装配式建筑产品类型较为单一、多数项目集中在装配式建筑领域、产业涉及面较窄、产品类型不全以及项目推进过程中存在的用地等问题提出了具体建议。9月3日，区政协副主席赵永红、秘书长呼贵礼带队，组织区政协委员专题视察全区“四好农村公路”建设工作。委员们针对存在的相关政策宣传力度不够、配套资金跟不上等问题提出了具体建议。10月20日，区政协副主席李维宝、赵永红、徐秋阳，秘书长呼贵礼带领部分政协委员视察区人民医院整体搬迁项目，区委常委、区政府副区长关金一陪同视察，并进行座谈讨论。10月23日，区政协副主席王海银带队，组织部分市、区政协委员就全区棚户区改造工程和保障性安居工程建设情况进行视察，区政府副区长朱志伟陪同视察。委员们实地查看了骊郡华府、西北片区棚户区改造一期和骊城御园等项目的施工情况，听取了项目建设情况汇报，委员们对区委、区政府的科学决策、区住建局的勇于担当、棚改工作产生的良好社会效应和经济效益给予充分肯定。11月4日，区政协副主席徐秋阳、秘书长呼贵礼带领部分政协委员深入北部山区大新寨镇王汉沟村、界岭口村，就美丽乡村建设情况进行视察，区政府副区长王华陪同视察。针对美丽乡村建设工作中存在的问题，委员们建议解决好思想认识问题，加大各级美丽乡村建设政策的宣传力度，让群众充分认识到农村的公益是全体村民的公益，是建设和维护的责任主体，努力形成人人关心支持美丽乡村建设的良好局面。11月17日，由区政协副主席王海银、秘书长呼贵礼带队，组织部分市、区两级政协委员就城区供水工程建设情况进行视察，区政府副区长朱志伟陪同视察。委员们实地查看了骊洋地表水厂工程的施工进展情况，听取了项目建设情况汇报，探讨了未来城区供水工作相关问题。委员们针对存在的问题提出区政府要加紧协调督促有关部门跑办完善相关手续，确保工程项目既高效推进，又依法合规；要让群众吃上“放心水”“方便水”；消除各类安全隐患，打造安全工程和廉政工程等意见和建议。

2021年6月2日，区政协副主席徐秋阳带领部分政协委员对全区农村公路危桥改造项目建设进行专题视察，先后视察了坟坨镇小李庄桥、五里铺桥，抚宁镇寒江峪桥、东城贯桥，台营镇小杨各庄桥，榆关镇朱家峪桥，区交通运输局主要负责人陪同。视察组根据工程的工期、进度和质量要求，从精心组织施工、用心监管质量、维护好建设成果等方面提出具体建议。

调查研究

县（区）政协始终把开展调查研究活动作为人民政协履职的重要内容，列入工作日程，研究活动内容，制订活动计划，并按照计划开展调研活动。

县政协第一届委员会调研活动 一届县政协针对农村土地承包责任制、农业社会化服务、工业企业发展等方面的工作，组织政协委员及工作人员开展调研活动。届内共开展活动7次，并形成相应的调研报告，累计提出调研建议30多条。

1983年6月8—9日，县政协农村工作组委员深入宋庄公社王庄大队和榆关公社沙河大队，对以落实农村家庭联产承包责任制为主要内容的农村政策情况进行调查研究。委员们深入大队、生产队、农户，详细了解实行家庭联产承包责任制后，极大地调动了农民生产积极性的情况，同时，对出现的一些村干部不负责任、农业社会化服务跟不上等新问题提出具体建议，并形成专题调查报告。9月28—10月7日，县政协、县委统战部为贯彻落实省政协、省委统战部关于为政协委员落实政策的通知精神，组织力量深入相关单位进行调查研究，先后为11名政协委员落实了政策。10月15日，县政协副主席刘志成带领县政协农村组的部分委员到田各庄公社程各庄大队、城关公社白果树大队调查落实“大包干”责任制（即家庭联产承包责任制）的情况。提出：农村实行家庭联产承包责任制后，仍然要加强领导，完善各类承包合同，合理设置大、小队干部，加强农业的产前、产中、产后的服务工作等建议。是年，县政协还对吕良峪公社小流域综合治理情况进行调查，并提出搞好山区小流域综合治理的具体建议。

1984年8月，农业科技工作组的委员先后到后明山、滑石前、旧县等村调研板栗生产情况，到程各庄调研地膜花生、棉花栽培情况。委员们认为。板栗生产适合全县山区栽植，地膜覆盖技术适合推广，都是发展商品生产的措施、增加农民收入的重要途径，并提出具体的调查建议。

县政协第二届委员会调研活动 二届县政协针对农村土地承包责任制、全县水泥企业生产、南戴河和背牛顶旅游开发、农业社会化服务等方面的工作，组织政协委员及工作人员开展调研活动。届内共开展活动9次，并形成相应的调研报告，累计提出调研建议40多条。

1985年7月11—13日，县政协副主席刘志成带领工业交通工作组的委员调研考察县页岩砖厂、石门寨镇水泥厂和县南戴河旅游开发区。详细考察两个工厂的生产、经营、效益情况，与企业负责人交换考察的建议。听取南戴河旅游开发区负责人的情况汇报，参观景区开发现场。委员们对旅游开发区的现状及规划提出3条具体建议。10月21—22日，县政协召开二届七次常委扩大会议，听取县政府县长王世祥关于全县农村经济体制改革情况的介绍，针对农村土地承包后出现的忽视粮食生产的现象，会议提出了初步的协商意见，并决定由县政协副主席李广明、杜志仁带领农业科技工作组和农村工作组的委员围绕全县农村产业结构调整和保护农民生产粮食的积极性进行专题调研。调研组深入3个乡镇和有关村队调查后又召开了县直10个有关部门负责人的座谈会，就全县粮食生产的历史、现状、发展趋势，存在的问题和改进措施进行了研讨，之后调研组形成了《关于全县粮食生产情况的调查报告》。11月12日，县政协二届十九次主席会议对该调查报告进行专题研究，决定将该调查报告修改后以县政协名义报送省市政协、县委县政府及有关单位。县委县政府采纳了县政协的建议。

1986年8月，县政协副主席赵国栋、刘志成、赵振基、杜志仁带领农业科技工作组委员调研考察北部山区陈庄、华庄的小流域治理和背牛顶旅游开发情况。委员们对山区防止水土流失、恢复自然生态开展的小流域治理工程给予充分肯定。并就山区旅游开发，使山区人民尽快富裕起来提出4个方面的具体建议。

县政协第三届委员会调研活动 三届县政协针对农村土地承包责任制、如何把粮食生产搞上去、国有企业改革、山区中小学教育、加强农村思想政治工作等方面的工作，组织政协委员及工作人员开展调研活动。届内共开展活动15次，并形成相应的调研报告，累计提出调研建议70多条。

1987年6月10日，县政协财贸工作组到留守营、坟坨食品站调研肉食品经营情况，委员们就有关生猪饲料粮的奖售政策等提出6条建议并送交县政府。7月，县政协工建交工作组部分委员深入县酒厂对该厂实行承包责任制情况进行调研，形成了《承包经营使酒厂出现了活力》的调研报告，并刊登在县政协《内部信息》上。8月，县政协组织力量参与县委组织的关于“牛头崖—留守营经济走廊”和“粮食生产”两个重大课题的调研活动，并履行县政协的监督职能。9月14日，县政协主席张浩成带领财贸金融组委员考察调研海阳供销社改革人事制度、改善经营管理和实行经营承包责任制的情况。考察后，委员们认为海阳供销社改革的方向对、路子顺、效果好。县政协建议县委、县政府在全县供销系统推广海阳供销社的经验。12月22日，县政协财贸金融组的委员到留守营、榆关中心粮站调研考察粮油定购完成情况。考察后，形成具体的建议和意见，提交县委、县政府。是年，县政协按照市政协的安排，从5月开始，组织各专门委员会的工作组就如何实现城乡一体化问题进行调查研究。通过召开不同类型的座谈会，深入相关单位和部门调查了解，形成了县政协《关于实现城乡一体化的调研报告》，并上报市政协。

1988 年 4 月 8 日，县政协三届五次常委会会议商定年内主要调研课题是如何发展全县的乡镇企业和林业生产。县政协工建交工作组和农业科技组委员分别围绕调研课题进行深入的调查研究，形成系统的调研报告。7 月 19 日，县政协三届六次常委会会议审议通过县政协《关于发展林业生产的几点建议》。7 月 25 日，县政府在王家沟召开的全县雨季造林现场会上传达了县政协的建议。12 月 12 日，县政协三届七次常委会会议审议通过县政协《关于发展乡镇企业的几点建议》。是年，县政协上报的《我们是怎样组织工作组开展调查的》经验材料被省政协内部刊物刊登。

1989 年 6 月 13—15 日，县政协副主席王匡时带领部分委员对海阳镇部分企业进行调研，形成有情况、有分析、有建议的调查报告，并送有关部门参考。8 月 11—15 日，县政协组织部分委员，组成农村思想政治工作调查组，在县政协主席张浩成、副主席赵国栋带领下到石门寨、留守营、抚宁 3 个镇和王家沟乡及樊各南、北斜街村进行调查。调查组召开 6 场座谈会、走访调查 50 人。了解农村思想政治工作中存在的问题及现状，形成调研报告后，向主席会议作专题汇报，经过专题论证形成县政协《关于加强农村思想政治工作的几点建议》提交到县委。

县政协第四届委员会调研活动 四届县政协针对农村合作基金会管理、减轻农民负担、农业社会化服务体系建设、中小学德育教育、初级卫生保健等方面的工作，组织政协委员及工作人员开展调研活动。届内共开展活动 11 次，并形成相应的调研报告，累计提出调研建议 60 多条。

1990 年 6 月，由杜志仁副主席带队，邀请县委农工部、县人行、县农行、县信用联社等有关单位负责人参加，对全县已建立合作基金会的 25 个乡镇进行普遍调查和重点抽查。之后又到张家口地区的赤城、怀来两县进行学习考察。在此基础上邀请有关人士进行反复论证，广泛听取各方面的意见，向县委提出《关于进一步办好合作基金会的建议》，县委的高度重视，以县委文件将此建议批转给各乡镇党委。为了深化农村改革，健全完善农村社会化服务体系和贯彻落实 1990 年国务院《关于切实减轻农民负担的通知》精神，政协常委会决定由杜志仁副主席主持，经济科技委员会负责，组织部分委员，邀请县委农工部、县农委等单位的负责人参加，7 月 29—8 月 20 日，用 22 天时间深入 4 个乡镇、9 个村、30 家农户进行深入调查研究。掌握大量第一手材料后，综合、归纳、整理调查情况，进行反复论证，广泛听取各方面意见，提出《关于农村社会化服务情况的调查报告》和《关于减轻农民负担的几点建议》。8 月，农业科技活动小组为促进全县农业发展，在县内调查的基础上，组织委员到外地学习考察玉米地膜覆盖情况，进行跟踪比较鉴别后提出建议。是年，县政协宣教文卫委员会先后参加县委宣传部、教委、文化局、卫生局组织的对口协商、进行中小学德育工作的调查和赴大连金州学习考察初级卫生保健工作等活动，分别写出考察报告，提出具体的建议。县政协副主席王匡时、郑庆魁、李瑞林带领部分委员先后抽样调查了 8 所中小学德育教育情况，并考察了玉田县中小学德育教育情况，形成了系统的调查报告。11 月 28 日，县政协四届四次常委会会议审议通过了县政协《关于进一步加强我县中小学德育工作的建议》，并决定将此建议作为县政协的建议案报送县委、县政府。

1991 年 8 月 21 日，县政协副主席郑庆魁带领部分委员到石门寨镇、海阳镇调查家庭财产保险情况，并针对群众的疑虑进行宣传解释工作。

1992年5月12—15日，县政协副主席王匡时带领县政协文教体育工作组部分委员到县教委、县一中、县职中以及驻操营镇、卢王庄乡调研考察教育人才现状和需求情况，随后去卢龙县中学、刘田庄中学进行考察学习。形成《关于对全县教育系统人才现状的调查报告》，报送县委常委、主管县长、政协常委。10月，针对农业社会化服务问题，由县政协副主席杜志仁带领部分委员，邀请县委农工部和县政府农委负责人，深入5个不同类型的乡镇和县直5个农口单位进行调查。起草针对性更强的建议案，经过主席会议和常务委员会议协商讨论后送交县委，得到县委的充分肯定。是年，县政协对桃林口水库移民搬迁情况、农村土地果树承包出现的新问题等进行深入调研，并进行协商论证。

县政协第五届委员会调研活动　五届县政协针对减轻农民负担、贫困山区农民生活、股份合作制改革、国有企业生产经营等方面的工作，组织政协委员及工作人员开展调研活动。届内开展活动27次，并形成相应的调研报告，累计提出调研建议130多条。

1993年4月12—5月12日，县政协主席苏洪珊、副主席顾昌和带领部分委员，会同县物价局组成10人调查组，深入不同生活水平的6个乡镇、9个行政村，并走访17个县直单位，就农民负担中的社会收费、罚款、摊派情况进行专题调查。同时，组织9个乡镇的政协联络组组长分别在9个乡镇的27个行政村进行相同内容的调查。初步调查清全县40多种涉及向农民收费项目的依据、数额以及农民的意见要求等。为此，县政协常委会进行专题讨论研究，提出：好事要办，量力而行；降低收费标准，加强管理使用；坚持从实际出发和自愿原则；严禁搭车摊派等具体建议。5月12日，县政协副主席顾昌和带领财贸金融工作组委员针对粮食价格改革后取消部分村的统销粮后出现的新情况，对台营、麻姑营有关村的农民吃粮难问题进行调查，向县政府提交关于解决北部贫困山区农民口粮问题的建议。县政府常务会议对这个建议进行专题研究，财政拨款7万元，从民政救灾款中拿出5万元，帮助群众解决口粮困难问题。7—10月，县政协副主席郑庆魁带领部分委员先后深入全县经济条件、地理环境不同的曹东庄、深河等4个乡镇8所中小学进行调查研究，了解中小学在音乐、体育、美术、劳技的课程开设及教学情况。委员们针对教师严重缺员、教学质量差、教材缺乏等问题提出5条具体建议。7月，县政协通过对农业市场的调查研究，经政协常委会讨论，向县委、县政府提交《关于推动全县农业更好地进入市场经济的建议》，以县委文件批转各乡镇和县直有关单位，要求各乡镇和有关单位认真研究和借鉴。

1994年9月，县政协根据县委的安排，县政协主席苏洪珊带领部分委员，会同县体改办组成专门调查组对全县股份合作制情况进行调查。调查组先后对已经实行股份合作制的石门寨镇华坪水泥厂、黄土营乡龙泉庄村抗磨材料厂和牛头崖镇南戴河远东兴辰有限公司3家企业进行调查，并与卢王庄乡、坟坨乡、留守营镇的党委书记、乡长、经委主任和有关企业厂长进行座谈。在县内调查的基础上，由县政协领导带队分别到丰南市、霸州市、蠡县和苏州市吴县等地进行学习考察，形成《关于在全县乡镇企业中推行股份合作制的建议》。提交县委后，县委常委会会议专门听取政协的汇报，对县政协的建议给予充分肯定，决定1995年把产权制度改革包括推行股份合作制作为实现经济强县的主要措施来抓。是年，县政协把如何加快个体私营经济列为年度重点调研课题。先后召开私营企业家代表座谈会和个体经营者代表座谈会，并深入有关部门和企业进行调研。经县政协常委会讨论，提出《关于加快发展全县个体私营经济的建议》，提交县委、县政府。是年，县政协财贸金融工作组根据全县经纪人队伍日益壮大但缺乏统一引导和管理的现状，对全县经纪人队伍情况进行调研，并带着问题到外地进行学习考察。县政协常委会经过讨论，提出《关于发展全县经纪人队伍的建议》。县政府研究后，出台《关于发展全县经纪人队伍的具体实施意见》，把经纪人队伍的发展与管理纳入正轨。

1995 年 5 月，县政协经济科技委员会和农业科技工作组的部分委员对全县农林牧渔股份合作制情况进行调查。委员们认为，农林牧渔股份合作制在发展农村经济中发挥明显优势和有较好的经济效益，是一项新生事物，具有较大的发展潜力和空间。调查发现，全县农林牧渔股份合作制尚处于发展初期，存在合作协议不完备、业务管理不规范、县乡有关部门服务跟不上、与市场衔接不紧凑等问题。经县政协主席会议研究讨论后，县政协向县委、县政府提交《关于大力发展农林牧渔股份合作制的建议》。是年，县委、县政府研究后制定了《关于大力发展农林牧渔股份合作制的意见》。9 月，县政协工建交工作组部分委员对县造纸厂、淀粉葡萄糖厂、化肥厂、磷肥厂、棉织厂、通用机械厂、酒厂 7 家企业进行调查。委员们对企业在激烈的市场竞争中取得的成绩予以肯定，同时对企业面临的困难和发展前景及企业自身存在的问题提出意见和建议。调查建议经政协常委会讨论后，县政协向县委、县政府提交《关于全县国有工业生产经营情况调查和今后发展国有工业的建议》。

1996 年 8 月 21 日，县政协主席苏洪珊、副主席杨雨顺带领部分委员到深河乡、茶棚乡、榆关镇、抚宁镇调研考察农业科技队伍建设和农业主栽作物的长势情况。县政协向县委、县政府提交《关于加强全县乡镇（村）农林业科技队伍建设的建议》和《关于加强乡镇小康建设的建议》。

1997 年 4 月，县政协与县委宣传部联合组织调查组对全县精神文明建设情况进行调查。县政协主席苏洪珊，县委常委、宣传部部长李华文，县政协副主席侯玉璋带队，深入乡镇实地考察。并分别召开党群政法系统政协委员、教育、执法部门、窗口行业及有关乡镇负责人参加的座谈会，了解全县精神文明建设的基本情况。委员们针对精神文明建设中领导重视不够、措施不力、投入不足以及在思想道德领域存在的拜金主义、享乐主义、唯利是图、损人利己等问题提出 5 个方面的建议，并经过县政协常委会讨论通过后，向县委、县政府提交《关于加强全县精神文明建设的几点建议》。

县政协第六届委员会调研活动　六届县政协针对非公有制经济发展、全县第二轮土地承包方案的建议、水稻前茬利用、全县农业产业结构调整等方面的工作，组织政协委员及工作人员开展调研活动。届内共开展活动 18 次，并形成相应的调研报告，累计提出调研建议 90 多条。

1998 年 4 月，县政协对全县非公有制经济发展情况进行调研后，针对非公有制经济规模小、经营粗放、科技含量低、激励措施不到位等问题召开专题协商会，邀请县委、县政府主要领导到会听取意见，县委及时转发了调研报告。为更好地贯彻落实党在农村的基本政策，为二轮土地承包献计献策，县政协在 1997 年会同县委农工部对全县 11 个乡镇、50 个村深入调查基础上，1998 年 6 月带领有关委员赴青龙、迁安等地学习考察，起草《关于进一步稳定完善农村土地、果树承包责任制的建议》，经六届二次常委会会议协商讨论修改后，报送县委、县政府。县委研究室在《调查研究》期刊全文转发这个建议，要求各乡镇和职能部门参阅，在农村基层干部和群众中产生较大反响，起到掌握政策、消除疑虑、稳定思想的作用，为全县土地二轮承包具体实施方案正式出台奠定基础。8月，县政协组织农业科技界委员深入不同类型的乡镇、村，对水稻前茬利用情况进行调研，邀请相关部门负责人和科技人员反复论证，向县政府提交《关于扩大水稻前茬利用的建议》，县政府及时批转主管部门研究落实。是年，县政协重点调研所提意见和建议都引起县领导的重视。

1999年，鉴于全县二轮土地承包开始后，遇到的新问题、新矛盾需要尽快解决，6月，县政协根据县委、县政府出台的农村二轮土地承包初步方案，有针对性地调查研究，形成《关于在农村第二轮土地承包工作中应注意的问题及建议》。

2001年8月1—10日，县政协副主席李成岩、杨雨顺带领农业科技工作组委员和农口县直部门负责人，深入留守营、牛头崖、大新寨、深河等乡镇村，对全县农业结构调整情况进行调研，随后去唐山市乐亭县学习考察，在论证协商的基础上，形成《关于加快全县农业结构调整步伐的建议》，正式提交给县委、县政府，作为决策和工作参考，加大全县农业结构调整工作力度，受到县委、县政府肯定和乡镇基层干部群众欢迎。

2002年，县政协广泛关注农业产业结构调整和教育、科技、社会生活等各个领域的热点难点问题，有针对性地进行调查研究。

县政协第七届委员会调研活动 七届县政协针对畜牧业生产、农业科技推广体系建设、农业专业合作社培育、山区集雨水窖建设、县城集中供热供气工程建设等方面的工作，组织政协委员及工作人员开展调研活动。届内共开展活动19次，形成相应的调研报告，累计提出调研建议90多条。

2003年8月，县政协主席王连成，副主席刘树林、李志佳、高金峰，秘书长刘秀才和党群政法组6位委员及有关科室负责人，对全县社会治安综合治理情况进行专题调研。分别听取县综治委、公安局、检察院、法院、司法局的情况汇报，到抚宁镇、留守营、牛头崖、台营等6个镇，分别组织召开政协委员、部分村干部座谈会，并赴昌黎、卢龙两县进行学习考察，向县委、县政府提交《关于进一步加强全县社会治安综合治理工作的建议》。9月，组织农业科技组委员对全县农业科技推广体系建设进行专题调研。深入榆关、茶棚等4个乡镇，召开乡镇主管领导，相关政协委员，农业、林业、畜牧站负责人和农业龙头企业代表参加的座谈会，邀请县农口各局领导和技术人员进行分析论证，对解决存在的问题、做好今后农技推广工作，达成共识。

2004年6月9日，县政协副主席李志佳带领部分委员深入台营、大新寨镇对山区集雨水窖工程建设情况进行调研。集雨水窖工程是解决山区、丘陵地区生产、生活缺水问题的有效措施。自2002年在北部山区启动该项工程以来，全县已建成集雨水窖4461座，在建500座。为了确保该项惠民工程落实好，使其发挥应有效益，县政协在调研基础上，针对存在的问题，向县政府提交《关于集雨水窖工程建设的意见和建议》。8月下旬至10月中旬，县政协采取座谈走访、抽样调查、召开涉农部门座谈会、听取相关乡村情况介绍等多种形式，对近三年来全县农民增收问题进行专题调研。委员们充分肯定以生猪养殖为主的畜牧养殖业、以棚室蔬菜为主的蔬菜种植业和板栗产业在促进农业增效和农民增收中发挥的重要作用。指出农业生产结构不尽合理、科技水平总体不高和部分村级组织缺乏凝聚力战斗力等制约因素。对继续全力推进“三线富民”发展战略、加大农业投入、发展民营企业、组织劳务输出、加强农村基层组织建设等问题，进行深入探讨，达成共识。对于重点问题，县政协总结调研成果，列为全委会议专题发言，推动问题解决。

2005年4月下旬，县政协主席王连成、副主席刘树林、秘书长刘秀才和部分委员对县铁矿开采加工情况进行专题调研。召开县工商、国土、林业、水务部门和榆关、田各庄等乡镇管理区负责人参加的座谈会，组织部分政协委员实地察看大新寨、榆关镇的采矿点和铁选厂，形成《关于全县铁矿开采加工情况的调研报告》，得到县政府的高度重视，并采取有效措施，及时遏制铁矿无序开采加工行为。8月初，县政协副主席刘树林带领部分委员对县城集中供热供气工程建设情况进行调研。委员们听取县国土局、秦皇岛骊骅淀粉股份有限公司的总体情况介绍，并进行座谈讨论，对县城集中供热供气工程取得的成绩给予充分肯定，提出意见和建议。向县政府提交《关于做好县城集中供热供气工作的建议》。

2006年7月，县政协副主席刘树林同部分委员对全县社会主义新农村建设进行专题调研。召开县委农工委、县农办、农业局、交通局等涉农部门参加的座谈会，针对有关问题进行讨论。组织部分政协委员深入留守营、杜庄、茶棚等乡镇，就新农村建设中存在的问题作深入的调查研究，征求乡镇主管领导、村干部、村民代表和民营企业的意见。委员们一致认为，在新农村建设中，要把发展农村经济、增加农民收入摆到更加突出的位置，切实抓出实效；要大力发展农村教育、文化、卫生事业，努力培育新型农民；要坚持统筹城乡发展，加大对“三农”的支持力度，解决好群众关心的重点难点问题；要坚持从实际情况出发，切忌盲目，搞形式主义；要搞好宣传工作，发挥典型示范作用，引导社会各界积极投身社会主义新农村建设。是年，还就工业项目建设、浅海养殖监管、交通工作进行调研，提出相关的意见和建议。

县政协第八届委员会调研活动 八届县政协针对棚室蔬菜园区建设、县城自来水工程建设、板栗生产、全县民营经济发展、长城旅游开发、县城总体规划布局、新民居建设等方面的工作，组织政协委员及工作人员开展调研活动。届内共开展活动20次，形成相应的调研报告，累计提出调研建议110多条。

2007年6月11—14日，县政协宣教科到北部山区对山区教师食宿等生活问题进行调研。针对山区教师食宿方面存在比较严重的问题，提出《分配到北部山区教师食宿问题值得关注》的建议，呈报县委、县政府、县政协领导后，引起高度重视，县长李文阁、县委副书记郭占鑫、县政协主席顾昌和、副县长曹立新分别作出批示，并使问题较快得到解决。围绕政府提出的全县年内抓好9个乡镇、25个百亩以上的棚室蔬菜园区建设计划。6月下旬至8月中旬，县政协组织部分委员到抚宁镇、茶棚乡、牛头崖镇和县农牧水产局，对全县棚室蔬菜园区建设进行专题调研，听取工作情况汇报；深入上官营、后石河、都寨、大李庄等棚室蔬菜典型村同干部群众进行座谈；在棚菜种植专业户中开展问卷调查活动。通过深入的调研论证，向县委、县政府提交《关于加快棚室蔬菜园区建设的意见和建议》。县委、县政府的主要领导分别作出批示，政府分管领导亲自主持召开专门会议进行研究部署。县委还专门将此建议转发全县各乡镇、管理区和县直各单位，要求对照本地区本部门工作实际深入研究，努力推进全县棚室蔬菜园区建设步伐，增加农民收入。9月19日，县政协组织县直部分委员对县城自来水建设与管理工作进行专题调研。调查后向县政府提交《关于县城自来水建设与管理的调研报告》。

2008年7月，县政协副主席李志佳、李英伟带领部分委员对全县民营经济发展进行调研，先后对5个乡镇、11家有代表性的民营企业进行走访调查，并分别与8个县直相关部门进行座谈讨论，对全县民营经济在发展中存在的一些急需解决的问题，提出意见建议。县委主要领导在调研报告上作出批示，要求各有关部门认真研究办理。是月，面对全县教育事业发展中存在的现实问题，县政协从“校长队伍建设”“基础教育”“职业教育”三个方面着手，对全县教育如何发展进行系统调研，针对上述三个方面，特别是“校长队伍建设”方面存在的问题，尖锐地指出其严重的后果和影响，提出相应的对策措施，并形成文字建议，为全县教育事业的发展积极建言献策。

2009年3月24日，县政协组织部分委员围绕县政协确定的重点调研课题召开乡村旅游发展专题座谈会，县政协主席顾昌和、副主席李志佳出席会议，县政府办公室及旅游局负责人应邀参加会议。6月，县政协针对全县板栗产业发展中出现的一些亟待解决的问题，县政协主席顾昌和、副主席李志佳带队开展专项调研。全县板栗产业快速发展，栽植面积32万亩，已完成嫁接20万亩，板栗产业已经成为台营、大新寨、驻操营等乡镇农民增加收入的重要途径。同时，也存在品种杂乱、管理技术偏低、水源缺乏、深加工企业少、储藏能力不足等问题。为此，向县委、县政府提出合理调整品种布局、不断提高群众管理技术水平、加强水利基础设施建设、发展储藏深加工项目、加大品牌宣传力度等意见建议。是月，县政协主席顾昌和、副主席李志佳带领部分委员对县乡村旅游工作，特别是长城旅游区建设问题进行专题调研。调查后县政协向县委、县政府提交《关于开发建设抚宁县长城休闲文化旅游区的建议》，提出利用全县长城资源丰富、文化内涵深厚等优势，设定重点区域，打造金字招牌；深挖文化内涵，提升旅游含量；强化宣传攻势，扩大影响效果；多方筹措资金，扩大来源渠道；突出长城保护，协调好开发与保护的关系等建议。7月，县政协副主席李英伟带队，以二次土地调编工作为契机，就县城总体规划用地布局，进行深入调查研究。提出到规划期末（2020年）城市发展基本范围框架应以抚宁城区的城市空间生长为原则，遵循动态更新、跃迁生长、轴向填充、弹性推进的发展模式，通过“北优”“南拓”“西进”“东控”的发展方向，将县城的紫金山和洋河作为县城的城中山、城中河来打造的建议。

2010年6、7月，县政协选择新民居建设和做好土地储备工作两项与县委、县政府中心工作相关的内容作为调研课题，组织委员通过实地调查、走访座谈和外出考察等多种形式，归纳整理合理化意见建议10条，形成《关于对全县新民居建设情况的调研报告》和《适时做好土地储备为全县经济和社会发展提供保障平台》两篇调研报告。县委主要领导对《关于对全县新民居建设情况的调研报告》作出“报告全面、准确、深刻，感谢政协委员对新民居工作的关心和支持，请农工委组织有关人员就报告提及问题专题研究，进一步完善工作思路，确保全县新民居、新农村、城乡统筹工作健康发展”的批示。

2011 年 8 月，县政协对水利基础设施建设问题进行重点调研。在调研过程中，发现全县水利基础设施存在着设施老化毁损严重，河道堤防抗洪能力差，水利基础设施管理责权不明、滞后，水资源浪费现象突出，人饮解困工程建设和管理薄弱，存在水土流失现象，水利建设维护资金投入不足等问题，为此，县政协提出建议：要提高认识，切实加强全县水利基础设施建设；创新思路，建立符合县情实际的水利基础设施管理机制；强化措施，深入开展节约用水工作；齐心协力，尽快实现人饮用水安全；治水保土，加强水土保持生态系统建设；因地制宜，进一步增加完善蓄水设施建设；多措并举，调动一切积极因素整合水利建设资金。

县政协第九届委员会调研活动 九届县政协针对全县蔬菜生产、近海环境整治、安全生产监管、山区旅游开发、秦皇岛小江蔬菜专业合作社经营、全县土地流转情况等方面的工作，组织政协委员及工作人员开展调研活动。届内共开展活动 12 次，形成相应的调研报告，累计提出调研建议 80 多条。

2012 年 5 月，县政协组织部分委员和有关人员对全县蔬菜产业进行专题调研。从 2002 年开始，县委、县政府把蔬菜生产作为农业的“三条主线”之一，作为调整农业结构、增加农民收入的重大措施。通过政策引导、项目扶持、技术提升、品牌创建、产销连接等措施，全县蔬菜产业快速发展。调查中同时也发现全县蔬菜生产仍然存在不容忽视的问题。调查后向县委、县政府提交《关于蔬菜产业发展情况的调研报告》。

2013 年 5 月 30 日，县政协组织部分政协委员对全县生猪产业化发展情况进行专题调研，实地踏查卜蜂猪业有限公司、高庄种公猪站、宏都养殖公司、宏都屠宰场，听取县农牧水产局关于全县生猪产业化发展情况的汇报，并进行座谈讨论。全县规模化水平显著提高，从 2007 年起连续 6 年生猪出栏突破百万头大关，进入国家“生猪调出大县”行列，2008 年被中国特色产业委员会授予“中国生猪之乡”称号，2010 年被确定为全国生猪标准化示范区。县内有日可屠宰生猪 6000 头的河北宏都实业集团和日可屠宰 4000 头的潘官营机械化屠宰有限公司两家大型屠宰企业。委员们针对资金、技术、养殖污染、动物疾病、市场等方面存在的问题，提出具体意见建议。是年，按照县委要求，结合上级制定的考核办法，就建立完善与科学发展观相适应的领导班子和领导干部考核体系、考评办法，县政协在认真调研基础上形成《在新的考评体系下推进抚宁发展的几点建议》专题调研报告提交给县委。县政协还以县北部山区旅游综合大开发为题进行专题调研，向县委、县政府提交《关于加快实施北部山区旅游综合大开发的构想建议》。

2014 年，围绕农业产业化发展进行调研，将小江蔬菜专业合作社作为专项课题，组织力量开展调研，形成《关于对秦皇岛小江蔬菜专业合作社的调研报告》，从中总结出农业经营管理模式的新经验，为全县农业产业化经营发展探索出一条新路子。在特色蔬菜产业发展的调研中，实地查看食用菌、地膜生姜等特色蔬菜产业，提出始终把蔬菜产业作为富民强农的重要基础产业，大力发展，培育地方区域品牌，强化特色蔬菜产后精深加工，提高蔬菜产业附加值，增加农民收入。

2015 年 6、7 月，县政协组织委员对全县土地流转情况展开专题调研，并形成专题调研报告。是年，县政协加强与市政协的联系，开展高层次视察调研活动，为抚宁发展建言。邀请市政协联谊会帮抚宁发展把脉，就撤县设区后遇到的相关问题进行专题调研，为抚宁改革发展和社会事业指路子、出点子、谋良策。

区政协第一届委员会调研活动 一届区政协针对近海环境整治、全区造纸产业发展等方面的工作，组织政协委员及工作人员开展调研活动。届内共开展活动 4 次，形成相应的调研报告，累计提出调研建议 20 多条。

2016 年，按照区委提出的“推动传统产业改造升级”的要求，区一届政协以政协常委会、主席会为牵引，就产业发展方向、发展重点、发展定位、发展布局谋划课题，开展专项调研活动。区政协组织力量，多次深入造纸企业现场调研，召开发改、环保、工信、规划、财政、税务、国土、电力等单位以及多家企业负责人参加的 3 轮座谈会，就全区造纸产业沿革现状、存在问题、形势分析、今后发展进行反复研讨，形成《关于全区造纸产业发展情况的调查》，提出了明确造纸产业发展定位、围绕改造升级关键发力、做大做强优势龙头企业、发挥政策导向引领作用、打造造纸产业发展平台和帮助企业解决现实问题等 6 项具体建议，呈报区委、区政府，得到区委、区政府领导的高度重视，对政协所提意见、建议进行研究落实。

区政协第二届委员会调研活动 二届区政协针对环境整治、县城公共用水、中小学师德建设、打造文化旅游之区、特色农业产业发展、医保资金使用、工会费用收缴使用、民营企业发展等方面的工作，组织政协委员及工作人员开展调研活动。届内共开展活动 18 次，形成相应的调研报告，累计提出调研建议 110 多条。

2017 年 7 月，根据区委领导指示，区政协承担“城区公共用水情况调查”课题。为高质量圆满完成任务，区政协成立调研专班，先后召开 3 次座谈会、4 次对口协商会、2 次县区对接沟通会、5 次工作部署会，发动机关全体工作人员，组织教育、公安、质监、商务、工信、水务、城管、建设、老干部局以及骊城街道、抚宁镇、下庄管理区等部门、单位和区职教中心的委员开展大规模走访，宣传区委区政府建设地表水厂的重大意义，宣讲城市公共用水价格调整的必要性，在统计部门的配合下，制发一万份调查问卷，经梳理形成《关于城区公共用水情况的调查》，呈报区委、区政府，为决策提供重要参考。12 月，区政协就社会普遍关注、家长十分关心的师德师风建设情况，组织部分政协委员通过实地走访部分学校、教师、家长，召开不同层次座谈会等形式，进行专题调研，形成《关于教师队伍师德师风建设情况的调研报告》。是年，区政协还围绕打造文化旅游之区、特色农业产业发展和信访维稳攻坚大会战进行专题调研，提出意见建议 27 条。

2018 年 8 月，区政协组织部分委员对全区全民健身情况进行调研。调研组对全区全民健身环境不断改善，全民健身组织机构不断健全，群众性体育活动丰富多彩，竞技体育实力稳步提升，给予充分肯定，并就存在的问题提出具体建议。10 月，区政协《关于对我区构建“大城管”格局工作的调研与思考》的调查报告上报区委，区委书记孙志川就“构建城管大格局”一文批示要求政府及有关部门研究借鉴。是年，区政协主席张岐以《抚宁区八大沟田园综合体项目建设的探索实践与思考》为题，在市政协十三届七次常委会上作专题发言，具体介绍了抚宁区八大沟田园综合体项目现状及前景的调研情况，充分认识到，发展田园综合体项目是落实习近平总书记关于“两山”理论，建设生态文明的生动实践。

2019 年，区政协先后组织部分委员深入企业、基层，在详细调研基础上撰写的《如何力促本土成长型企业破茧而生加速蝶变——来自秦皇岛曼国化工机械有限公司的调查与思考》和《关于加大对抚宁籍域外人才联谊对接的思考与建议》的调研文章，被区委书记孙志川阅批，责成有关部门研究办理。

2020 年 5 月，区政协副主席徐秋阳和政协专委会成员，与区大气办、生态环境分局联合，用近一个月时间，通过实地视察、座谈讨论等形式，对全区大气污染综合整治情况进行专项调研，并形成调研报告。报告就进一步健全工作体制机制，健全完善大气污染综合治理领导小组及成员单位的职能任务，编制完善污染源排放清单，强化管理责任，落实监管措施；积极倡导“人人关注环保、人人参与环保”的良好风尚；扎实推进全区大气污染综合治理走上规范化、法治化、常态化的发展轨道等方面提出建议。5 月 20 日，区政协副主席李维宝带领部分委员对全区医保基金管理和使用情况进行专题调研，副区长王佐琴陪同调研。委员们就建立健全医疗保险宣传长效机制，使医保政策不断深入人心，实行应保尽保，让城乡居民人人都享有基本医疗保障；建立健全完善医保基金使用管理制度，对使用标准进行规范化；组织建立专业的监督团队，对医疗基金使用、运作过程中的每一个环节加以监控，真正将监管工作落实到位等方面提出建议。6 月 17 日，区政协副主席王海银带领部分区政协委员对区工会经费的收缴及使用情况进行调研。委员们就加强工会经费的依法收缴使用，严格工会经费支出范围，控制支出结构，指导各单位工会按计划组织开展工会活动；要确保工会经费专款专用，严禁截留挪用，以切实发挥好资金的使用效益等方面提出建议。11 月 6 日，区政协秘书长呼贵礼带领部分政协委员，对华晟观光园和河口志先民俗文化展馆建设情况考察调研，委员们一致感到两家民俗文化展厅、展馆，虽然分别展出了近千余种实物，但从严格意义上的地域文化角度看，所收集展出的展品种类还不够全面，分类还不够科学系统，许多实物虽有实证价值，但普遍缺乏实物所创造产生的具体年代、具体用途、具体场景，给今人及后人参观了解带来难度。建议政府有关部门对两家民俗文化展厅、展馆所展实物，帮助进行进一步系统分类，帮助整理有关实物文字说明，设计实物展览空间布局，由政府及有关部门组织民间力量，对民俗文化实物进行进一步扩大征集，依托现代科技，将民俗文化与现代文化进行艺术嫁接，进一步有效增强民俗文化的传承力、影响力。11 月 19 日，区政协副主席王海银、秘书长呼贵礼带队，组织部分市、区两级政协委员对基层社会治理工作进行调研。针对全区基层社会治理存在的一些基层党组织战斗堡垒作用发挥不够好，治理社会化程度低，社会矛盾化解机制、诉调机制还不够有力，社会道德滑坡治理任务大等问题，政协委员在坚持党委统一领导、把社会治理作为一项主体责任、抓好乡村两级班子建设、加大法治宣传力度、大力开展普法宣传、凝聚社会正能量等方面提出意见建议。

海内外联谊

县（区）政协把海外联谊工作当作统战、政协工作一个重要的方面，把台湾同胞、港澳同胞和海外侨胞及其在大陆的眷属，作为统一祖国、振兴中华一支重要力量，千方百计做好各项工作，团结和调动各方面有利于祖国统一的进步人士，同心协力完成统一祖国、实现“四化”大业。1989年统计，全县在台湾、港澳和国外的“三胞”593人，其中在台湾的485人，在港澳和国外的108人。在大陆的“三胞”眷属1420人，其中有县政协委员15人。县政协把做好“三胞”眷属及海外联谊工作列为政协整个工作的重要议程，按照计划扎扎实实地开展工作，经常与“三胞”眷属中的委员保持联系，帮助他们解决出入境及工作、生活等方面的实际问题。通过召开联谊会、报告会、座谈会及参观考察等活动，以便使他们更好地向海外亲友宣传祖国的巨大发展变化。发动大家通过书信等形式与海外亲友保持联系，宣传党的“一国两制”等政策，介绍大陆社会主义制度的优越性，以及家乡的新变化。勉励大家宣传“和平统一、一国两制”的方针，反对分裂祖国的阴谋，为“统一祖国、振兴中华”多作贡献。县政协的对台、对外等统战政策，海外联谊工作以民主、团结为工作主线，团结一切可以团结的力量，调动一切积极因素，巩固和发展了广泛的爱国统一战线。

对内联谊主要指对兄弟市、县政协组织或有关单位的友好交往以及与政协组织系统内委员、各阶层人士的联系交往。有关资料记载，1982—1990年期间，县政协与省内外70多个单位开展横向联系。以后各届县（区）政协进一步扩大了友好往来范围。在友好往来过程中，县（区）政协围绕党委、政府的中心工作和政协的自身职责，着眼大局，服务大局，把联谊活动与履行职责紧密结合，把考察学习过程转化为履职过程。通过与友好单位就农业科技、农村改革、企业发展、产业结构调整、文教卫生、城市管理、社会治安综合管理和政协本职工作等进行了广泛的联谊交流互鉴，并把考察学习取得的经验与本地区的实际相结合，取长补短，为我所用，提出可行性的意见和建议，向党委、政府建言献策，有效发挥“他山之石”的作用。随着形势的发展变化，县（区）政协加强与不同阶层的联系，把政协工作向新的社会阶层延伸，向各类社会组织延伸，丰富扩大了内联内涵，有效扩大内联覆盖面，延伸内联触角。加强与政协委员之间、与社会各阶层之间的联系，不断扩大团结面，增强包容性，把各界人士“像石榴籽”那样团结凝聚在一起。加强纵横联谊沟通，形成更加广泛的爱国统一战线，借智借力，助推县（区）内经济和各项社会事业健康发展。

对（海）外联谊

县政协采取形势报告会、联谊会、组织参观、亲属通信、回乡省亲等多领域、多渠道、多形式、多层次地开展对台湾同胞、港澳同胞和海外侨胞的工作，努力开创统战政协工作新局面，发挥爱国统一战线组织的作用，为祖国统一大业贡献力量。

1982年，县政协与县委统战部举行3次台属代表会和座谈会，学习宣传有关对台方针政策。9月24—25日，在国庆节、中秋节来临之际，县政协和县委统战部联合召开台属和侨属代表座谈会，18 名代表参加。县委副书记、县政协主席胡顺，副主席姚恩惠、刘伯华，县人大常委会副主任魏春阳以及县委统战部、县政府办公室负责人参加座谈会。座谈会上学习《廖承志致蒋经国先生信》，并展开讨论。台属代表发言指出，这封信字字句句表达出大陆人民想说的话，也表达了在台人员的心声。年逾古稀的“三胞”代表姚惠林说：“我大儿子离开家乡 30 多年了，天天盼着他回来，他在台湾也天天想家。”与会人员畅谈党的十一届三中全会以来给农村带来的巨大变化，盼望台湾回归祖国，早日与亲人团聚。县政协主席胡顺在会上发表讲话。通过多次座谈会，使全县台属以及海外侨胞家属对和平统一祖国重要意义的认识更深，树立起统一必成的信心。

1984 年，县政协增设对台和侨务工作组，开展对台和侨务工作，围绕祖国和平统一进行座谈讨论，同“三胞”及其家属广交朋友，增进海峡两岸各阶层人士之间的交往和了解，为引进外资和先进技术搭桥铺路，为活跃县政协工作发挥了特有的作用。利用中秋节和春节等重大节日，会同县委统战部、县对台工作办公室及对台和侨务工作组等部门，走访慰问全县的台属，向他们宣传党的统战政策，征求他们的意见和要求，帮助他们解决在工作和生活中遇到的一些实际困难，使台属深受感动，纷纷表示，要同在台亲友加强联系，多做工作，为祖国统一大业贡献力量。县政协会同有关部门召开一次台属代表座谈会和一次有 3 名台属代表参加的各界人士迎春茶话会，请县委副书记侯金来和县政府县长王世祥到会作报告，进一步激发与会代表为统一祖国、振兴中华作贡献的积极性。县政协认真为他们落实有关政策，解除思想包袱，焕发了极大革命热情，自愿为建设祖国、统一祖国贡献力量。截至 1984 年年底，县政协会同有关部门，陆续为 11 名政协委员落实了相关政策。

1985 年，加强对台宣传工作，进一步调动委员们以及三胞眷属的积极性。2 月 7 日，县政协、县委统战部、县委对台工作办公室联合举办全县各界人士代表（56 人，其中包括台属代表）迎春茶话会，县委副书记李运午到会讲话。9 月 27 日，县政协、县委统战部、县委对台工作办公室联合举办“国庆”“中秋”台属代表座谈会。24 位台属代表应邀参加座谈会，县委、县人大常委会、县政府、县政协的主要领导出席会议，县委、县政协领导讲话，台属代表们畅所欲言。县政协从总结提高、调整组织结构、把握活动方向、改进工作方法等方面，不断加强海外联谊工作组的工作。运用分散自学与小组集中学习相结合、学习文件与座谈相结合、学习理论与参观考察相结合的方法，积极组织和推动委员的学习，激发委员们的爱国热情，增强为“四化”大业贡献才华的自觉性。

1986 年，县政协把做好“三胞”及其眷属工作，作为新时期人民政协工作的重要任务。抚宁县在台湾、港澳和海外的“三胞”，大都在政治上有影响、社会上有声望、经济上有实力、技术上有专长，县政协把他们作为统一祖国、振兴中华不可缺少的一支力量；把全县的“三胞”眷属作为县政协委员构成的重要组成部分，努力做好“三胞”及其眷属工作，为“一国两制”基本国策的逐步实施服务，为社会主义现代化建设服务。1986 年，全县有归侨 9 户 19 人，海外华侨 22 人分布在美、日、加、苏、澳、印尼和新加坡，侨眷 22 户 104 人，在港的 19 户 60 人，港属 31 户 121 人，去台人员 60 人，台属 85 户，其中有书信来往的 39 人。县政协专门召开主席会议、常委会（扩大）会议和对台侨务工作组会议，层层学习文件，统一思想，总结工作，部署任务。会同县委统战部举办有区、乡和县直单位主管统战工作的负责人参加的统战理论培训班，为进一步做好海外统战工作奠定思想基础。采取与县委对台办公室、县侨务办公室沟通情况，重点走访等方法，对全县的“三胞”眷属进行全面摸底，逐户建档立卡，为有针对性地开展工作打下基础。组织“三胞”眷属中的县政协委员进行考察参观，为他们做海外亲友工作提供实际情况。利用工作组活动机会，组织“三胞”眷属中的县政协委员到南戴河旅游开发区、枣园乡人工养殖对虾场、县造纸厂等单位进行考察参观，目睹耳闻这些单位的工作情况和长远发展规划。大家表示一定要把家乡的可喜变化转告给在外亲友，激励他们为祖国和平统一、振兴家乡经济多作贡献。通过文字和照片宣传抚宁现实情况。会同县委统战部、县委对台办、县侨务办公室联合组成对外宣传写作组，负责征集对外宣传稿件，撰写《抚宁天马湖》《家乡稻谷香》等文章，还制作两集有70多幅彩色照片的《骊城集锦》，寄给在外亲友。积极支持“三胞”眷属出外同亲友会面，热情接待“三胞”回大陆探亲访友。有“三胞”眷属委员要去香港与亲友会面，县政协就会同有关部门积极为其办理出境手续，安排家中生活，为他们早日与亲友会面提供方便。县政协委员董树林赴香港与在台湾胞弟董益浓会面时，如实介绍大陆家乡的巨大变化和共产党、人民政府的各项政策，使其弟深受感动，三十多年的疑虑顿消。表示回台湾后一定把家乡的一切情况一一介绍给在台人员，并表示愿意为家乡办些实事。对于回大陆探亲访友的“三胞”，则与有关部门一起热情接待，同他们促膝谈心，宣传党和国家的有关方针、政策，勉励他们为统一祖国、振兴中华积极贡献力量。在日常工作中，县政协注意解决“三胞”眷属在生活和工作中遇到的一些实际困难，做到急他们所急，帮他们所需。有患病的就及时前去慰问，协助安排治疗，出入院派车接送；有的住房有困难，就向有关部门呼吁，督促尽快解决，进一步调动起他们积极做好海外统战工作的积极性。台属董克强委员几年来为海峡两岸亲人沟通信息、接联关系，通过在台亲人为抚宁和卢龙两县的23户台属找到亲人。9月19日，县政协领导邀请海外联谊工作组委员召开联谊座谈会，张进明、李兰英、董克强等6名委员在会上发言，交流做好海外联谊工作，为统一祖国贡献力量的体会。参加活动的10名委员两年来与海外亲人书信往来56封，使海外亲人进一步了解祖国大陆的真实情况。与此同时，他们还积极参加各项改革和两个文明建设，成为本单位的骨干力量。有的农村委员搞起养殖业，为社会创造财富，为家庭增加收入，影响很好。10月5日，县政协与县委统战部、对台办公室联合举行台属中秋座谈会。县委、县人大、县政协、县纪检会的领导与参加会议的40名代表欢聚一堂，共度佳节。会议上5名代表介绍了在两个文明建设、促进台属与在台亲人联系中取得的成绩和经验。县委副书记侯金来到会讲话。

1988年，县政协海外联谊工作组组织委员认真学习党的对台政策，学习有关台湾和国际形势的讲话材料，认清海外当前形势背景，增强做好海外联谊工作的信心。并取得市政协的支持，走出去参观秦皇岛市经济技术开发区、秦港码头、耀华厂浮法玻璃生产线，参观秦皇岛市改革、开放的新成果，感受新变化。县政协会同县委对台办公室和统战部等部门，积极热情地做好接待工作，宣传党和国家对台对外政策，沟通思想，联络感情。“三胞”眷属中的委员在生产、生活中遇到实际困难时，帮助排忧解难。许恩委员的儿媳改嫁带走的两个孩子，回到许恩委员身边，因没有住房，老人很为难，来信要求帮助解决房基地。县政协及时找到有关部门，介绍情况，提出建议，并在留守营联络组的帮助下，使问题很快得到解决。1987—1988年，县政协接待旅游、探亲、洽谈业务的港商、外商、外宾8批，102人次。

1989年，县政协认真开展海外联谊工作，确定一名副主席分管，有关科室具体抓。组织委员学习，掌握党的有关对台对外方针政策。1989年北京发生“六四”风波后，县政协组织委员学习讨论中共中央领导的重要讲话和有关文件、报纸社论。使委员们提高认识，自觉同中共中央保持一致。并纷纷与海外及在台亲人通信联系，实事求是地介绍大陆情况，揭露谣言，促进安定团结，发挥积极作用。组织委员参观考察，开阔视野，了解乡情乡貌。关心“三胞”眷属中政协委员的生活和疾苦，做到经常走访、慰问，了解情况，帮助解决实际困难，调动委员做好祖国统一和海外联谊工作的积极性。在县委统筹安排下，县政协直接接待政协委员中的在台在外亲友33人。政协主席、副主席专门接待政协委员亲属中的5名在台湾党政军界、工商界（其中有原国民党空军少将、企业董事长、同乡会会长等）有影响的台胞，增进友谊，深化感情。县政协委员张进明的父亲张维桢先生，是台湾社会慈善医院院长，其医疗技术在台北颇有名气，在台胞中威信很高。在两次回乡探亲中，县政协以诚相待，深化乡情，消除疑虑，增进友谊。探亲期间，他为50多名医务工作者作学术报告，进行医术交流，增进两岸人民之间的感情。通过“三胞”眷属中政协委员的血缘关系联系海外“三胞”，增进情谊，培养亲情实感，为实现“一国两制”、祖国和平统一，起到不可替代的重要作用。1989年年底，县政协出席了省政协召开的祖国统一工作经验交流会。

1990年，社会法制海外联谊委员会组织委员学习中央对台工作有关方针政策，收听有关台湾最新形势的报告录音，为做好统战工作充实理论知识和政策知识。积极参与“三胞”的接待工作，1990年7月，台湾新竹县中学校长李国臣先生和台南市中等学校教务长张维屏先生回大陆探亲，县政协主席亲自安排，并组织有关负责人陪同参观山海关的天下第一关、老龙头、姜女庙、天马湖和县造纸厂，让他们看到中华民族的灿烂文化和家乡工农业生产的发展变化，增强他们对大陆各项事业的认同感，对和平统一 、“一国两制”的认识和理解。组织台胞亲属中的委员走出去参观，进行爱祖国、爱家乡教育，帮助他们解决工作安排和办理赴境外探亲手续，把党和政府的温暖送到他们的心坎上，调动海外联谊组委员的积极性，为促进海峡两岸人民往来付出心血和精力，为争取和平统一祖国做大量工作。

1991年，社会法制海外联谊委员会组织委员学习中央对台有关方针政策，收听录音报告，组织台属委员参观李大钊故居等活动，协同有关方面接待回乡探家“三胞”，宣传“一国两制”统一祖国的方针政策。是年，县政协、县委统战部、县对台办的负责人参加了省委统战部、省委对台办、省政协祖统会联合召开的对台湾河北同乡会联谊工作座谈会。

1992年，加强与在台“同乡会”的联系，向“同乡会”成员赠送富有地方特色的礼品，唤起在台人员思乡之情。县政协委员黄埔同学会联络员董文瑾为统一祖国，广交朋友、联络友谊，与在台同学通信15封，邮寄《纵横》杂志7本。海外联谊委员会在省市政协的帮助下，台胞邢洪勋先生在石门寨镇计划投资 181.82 万美元，建一座年产 30 万吨水泥厂，当年投资 65 万美元，为地方经济发展贡献力量。是年，河北省政协副主席黄岚等来抚宁县检查指导政协工作，充分肯定了县政协的对台工作。

1993 年，县政协通过走访、节日慰问、召开座谈会等多种形式，加强“三胞”及其眷属的联系，帮助他们解决各种生活中的困难，配合县委统战部、县台湾事务办公室做好回乡探亲的“三胞”接待工作，让他们感受到社会主义祖国的温暖，并有理有节地宣传“一国两制”科学构想的伟大意义。5 月 26—29 日，在县政协海外联谊组邀请回乡探亲的台北“抚宁同乡会”会长张维桢先生的联谊会上，县政协主席苏洪珊通报抚宁县近年的发展变化，欢迎张维桢先生回乡探亲和参加联谊会，并请张维桢先生代抚宁县政协向“抚宁同乡会”的各位同乡转达问候。同时，欢迎他们回乡观光旅游，兴办实业。张维桢先生据自己所见所闻，介绍台湾当局和台湾民众对祖国统一的各种认识，以及和平统一的有利因素和主要障碍。还介绍他对台湾工农业生产、环境保护、社会治安、青少年教育和利用外资等方面的看法。张维桢先生同委员们进行有来有往的座谈交流。座谈会后，县政协副主席顾昌和陪同张维桢先生参观承德市的旅游景区。

1994 年 9 月 19 日，县政协和县委台湾工作办公室联合举办台属奔小康座谈会。县政协副主席、统战部部长顾昌和主持会议。县委台湾工作办公室负责人、台属代表和政协联络组组长共 40 人参加会议。与会人员参观曹东庄乡上官营、西石河、茹大街等村的蓝狐、生猪、养鱼等养殖大户。听取县委农村工作部负责人关于全县农村奔小康建设情况及总体思路的介绍，使与会人员开阔眼界，拓宽思路，坚定奔小康的信心。县委副书记侯金来到会并讲话。会议通过《参加台属奔小康座谈会的全体代表致全县台属的倡议书》。

1995 年 2 月，县政协、县委统战部、县台办组织三胞眷属委员学习座谈江泽民同志关于祖国统一问题的重要讲话。

1996 年，针对李登辉访美及其一系列分裂祖国的言行，县政协和县委统战部共同组织海外联谊组的委员学习《人民日报》评论员文章、党的对台工作方针和两岸关系的有关资料，要求委员在大是大非问题上站稳立场，深刻揭露李登辉分裂祖国、大搞“台独”或“一中一台”的丑恶嘴脸，为维护祖国的完全统一多做有益工作。积极做好回乡探亲三胞的接待工作。

1997 年 6 月 8 日，县政协举办“迎香港回归”报告会，县政协委员和各界人士 200 多人参加报告会。24 日，县政协会同县委统战部举行抚宁县各界人士“喜迎香港回归”座谈会。县政协副主席、县委统战部部长侯玉璋主持会议，县政协主席苏洪珊就香港问题的由来、党和国家对香港问题的战略决策、在香港实行“一国两制”的意义和以实际行动迎接庆祝香港回归发表重要讲话。县政协原主席刘惠廷、傅振东和来自不同界别的 6 位委员都作了发言。县委副书记侯金来作总结讲话。

1998 年，县政协对海外联谊工作进行探索和研究，加强同各人民团体、各族各界代表人士的广泛联系与合作，在履行主要职能基础上，针对社会发展中出现的新问题、新情况，做好理顺情绪、化解矛盾、凝聚人心的工作，尽可能地调动积极因素，创造团结和谐局面。运用探亲访友、参观考察、学术交流、招商引资等方式，加强与海外新老朋友、“三胞”及其眷属的联系，加深了解，增进友谊，宣传“和平统一、一国两制”方针。组织好澳门回归祖国庆祝活动，以此为契机不断探索海外联谊的新途径。

1999年1月，召开全县200多名各界人士出席的迎春茶话会，共叙各条战线可喜成就，展望光辉前景，畅谈改革发展大计，增强与会人员光荣感和责任感。中秋节期间，召开台胞台属和部分政协委员参加的座谈会，并视察抚宁境内京沈高速公路及其沿线乡村农牧业发展和县淀粉厂生产建设情况，激发台胞台属热爱祖国、热爱家乡、盼望两岸统一的真挚感情。9月20日，召开全体县政协委员参加的纪念人民政协成立50周年大会，回顾人民政协走过的光辉历程，总结县政协成立17年来的主要工作和经验，提出面向新世纪的奋斗目标。12月初，举行迎澳门回归报告会，与会人员对澳门的历史和现状有更深刻的认识，受到爱国主义教育。1999年，继续在台属侨胞中开展写一封家信、办一件好事、联系一个项目的“三个一”活动，引导他们参与支持祖国大陆建设，为发展两岸关系作出不懈的努力。组织部分政协委员和台属台胞参加声讨以美国为首的北约轰炸中国驻南斯拉夫大使馆、批驳李登辉的所谓“两国论”和揭批“法轮功”邪教组织的三场政治斗争。号召全体委员和各界人士同中共中央保持高度一致，捍卫国家主权和民族尊严，增强实现祖国统一大业的信心，维护社会稳定，为服务全县工作大局奠定坚实的政治基础。

2000年，县政协通过举行台湾问题与两岸关系报告会、召开台属中秋座谈会、组织台胞接待活动，宣传“和平统一、一国两制”方针，反对分裂祖国阴谋，扩大同海内外人士的交往。是年底，县政协副主席侯玉璋和有关委员随市政协组团去台湾考察，台胞张维桢先生接待了考察团一行。

2001年，海外联谊工作组听取县招商局工作汇报，实地考察县淀粉有限公司、农业科技示范园和南戴河养殖场等重点企业，召开台胞侨眷中秋座谈会。

2002年，在三胞眷属中开展写一封家信、办一件好事、联系一个项目的“三个一”活动，引导他们参与支持家乡经济建设。县政协和全体委员积极参加揭批“法轮功”等政治斗争，在维护国家主权、祖国统一和社会稳定中起到应有的作用。是年，秦皇岛市政协领导和抚宁县委书记田永生、县政协主席苏洪珊等接待了台胞张维桢先生。秦皇岛市政协副主席、市委统战部部长苏裴华和秦皇岛市黄埔同学会负责人专程来抚宁探望张维桢先生。

2003年中秋节期间，县政协会同县委统战部举行台属座谈会，畅谈两岸和平统一大业进程，对全县经济社会发展共献良策，并合影留念，受到台胞台属称赞。

2005年，县政协进一步加强与委员及各界人士的联系，扩大对内对外交往，交流思想，促进大团结、大联合。积极引导各界人士和人民群众以理性合法的形式表达利益诉求，解决利益矛盾，维护社会的安定团结。是年，张维桢先生回乡探亲，并与县政协领导王连成、苏洪珊等座谈，畅谈家乡变化，交流两岸关系的看法。

2006年，张维桢先生再次回乡，县委、县政协领导前去探望并赠送纪念品。

2007—2008年，县政协注重与各界别组织和人民团体的团结与合作，加强同社会各界人士的联系与沟通，最大限度地团结一切可以团结的力量，调动一切积极因素，在广泛联谊、牵线搭桥、内联外引、招商引资、纳贤聚才等方面多做工作。不断增强政协组织在社会各阶层和各界人士中的凝聚力、亲和力和影响力。

2009年，秦皇岛市委统战部、台湾工作办公室领导，中共抚宁县委、抚宁县政协领导分别接待了回乡探亲的张维桢夫妇。张维桢先生感恩图报，除积极搭建两岸联系的桥梁、热情接待家乡去台湾探亲的客人外，他和台湾抚宁同乡会的同胞为抚宁光荣院捐赠了日本丰田面包车一辆。

2010年7月，县政协与县委统战部共同编辑出版县台胞张维桢老先生的自传回忆录《长城那边是故乡》，此书的发行不仅增进了家乡人民与台胞间的感情和了解，而且具有收存史料的价值。

2012—2015年，县政协把对外联谊工作重点放在加强与不同阶层群众的联系，团结和协调不同阶层的群体，尽力扩大政协工作的社会开放度，更好地体现人民政协的代表性和包容性，进一步巩固和发展最广泛的爱国统一战线；鼓励委员加强对外联系，积极引进资金、项目。

2016—2021年，区政协紧紧围绕团结和民主两大主题，发挥政协组织广泛的代表性和巨大的包容性优势，加强与社会各界的团结合作。进一步增强政治意识、大局意识和责任意识，及时准确地把党委、政府的政策和主张传达到社会各个层面，多做协调关系、凝聚人心的工作，团结一切可以团结的力量，调动一切积极因素，聚集对外联系和开放的力量，为社会发展和谐稳定贡献力量。围绕实施抚宁二次创业新征程，真正做到一个委员影响一个群体、一个界别带动一个产业、一支力量推动一方发展。组织开展“我为京津冀协同发展献一计”活动，海外联谊组克服人员少、工作面窄等困难，广泛开展联谊活动，搭建平台引资引智，构建“亲”“清”融洽政商关系。重点是引导本土企业家积极走出去拓宽视野，破除固有陈旧的守摊观念，更新现代理念思维，尤其是组织一些传统产业行业的经营管理者到发达地区、先进地区，如山东、浙江、江苏、广东等地，有针对性地学习借鉴同行业发展取得成功的经验，从发展理念上实现自我更新。发挥企业主体作用，坚持“引进来”“走出去”相结合，找到真正有投资和研发能力、有诚意的合作伙伴，着力推进科技创新。通过“引老乡、回故乡、建家乡”，促成一批新发展项目落户抚宁。发挥委员联谊作用，加强与域外战略投资者对接，广泛推介抚宁资源。

对内联谊

县（区）政协着眼大局，服务大局，把联谊活动与履行职责紧密结合，通过与友好单位就农业科技、农村改革、企业发展、产业结构调整、文教卫生、城市管理、社会治安综合管理和政协本职工作等进行了广泛的联谊交流。随着形势的发展变化，县（区）政协加强与不同阶层的联系，把政协工作向新的社会阶层延伸，向各类社会组织延伸，丰富扩大了内联内涵，有效扩大内联覆盖面，延伸内联触角。

1982年抚宁县政协建立之初，为充分发挥委员在各自岗位上的作用，县政协与委员之间采取多种联系方式，互通情况。当年共召开各种会议50多次，与委员来往信件近1000人次，向委员寄发文件达30多种。常务委员会对工作在基层或各种岗位上的委员普遍走访一遍，接待委员来访100多人次，倾听他们的呼声和反映。县政协印发《会讯》，作为上下沟通情况、交流思想和工作经验的内部阅读文件。通过各种联系，增强与委员的联系，激发委员们的工作热情。1982年7月，由县政协副主席带队先后到遵化县、山海关区学习考察开展政协工作情况。12月，县政协委员苏兰茹出席“河北省各界人士为四化服务经验交流大会”，并在大会上发言。

1983年5月26—6月3日，县政协组织中级知识分子委员到北京、承德参观学习，进一步解放知识分子委员的思想，充分发挥知识分子委员在政协组织中的重要作用。是年，郑淑云、苏兰茹、杜志仁等10名政协委员和各界人士代表出席秦皇岛市为两个文明建设服务经验交流会。

1985年5月，县政协组织部分政协常委去大连市、北镇市学习考察落实知识分子政策工作。12月，县政协委员王景曜、杜志仁、潘义川、倪倩华参加秦皇岛市“各界人士为改革开放服务经验交流会”，并在会上发言交流经验。

1986年，县政协接待辽宁省锦西、新民、建昌，内蒙古咯喇沁旗，河北省蠡县、遵化县、卢龙县、秦皇岛市海港区等县区政协客人来抚宁县学习、交流政协工作。

1987年，县政协主席张浩成，副主席赵国栋、赵振基、李广明、杜志仁、王匡时等先后带领部分委员和有关科室负责人到北戴河区学习考察旅游服务和乡镇企业发展情况，到山海关区政协学习考察政协专门工作组开展活动的经验，到辽宁省锦西、新民县学习考察政协工作情况，到遵化县学习考察乡镇联络组工作经验。是年，县政协先后接待辽宁省锦州市、海城市，河北省保定市等市、县、区政协客人来抚宁县交流学习。

1988年，县政协有关工作组分别到卢龙、昌黎县、北戴河、海港区学习专门工作组开展工作的经验。县政协主席张浩成，副主席李广明、王匡时、杜志仁分别带领有关工作组、联络组到河北省宽城、平泉县、盐山县和山东省淄博市张店区学习考察。是年，县政协接待辽宁省绥中县、营口市站前区，山东省淄博市张店区，河北省盐山县、秦皇岛市北戴河区、山海关区政协客人来抚宁县学习交流政协全委会议先于人代会召开的做法和体会。

1989年，县政协还组织委员到迁安县学习考察“围山转”等山区开发建设的经验和去青龙县学习考察教育改革情况，并分别提出了具体的考察建议。是年，县政协接待锦州市古塔区、张家口市政协、河北省蠡县政协客人来抚宁县政协学习考察政协工作。

1990年，通过编发《政协会讯》，通报与各县区政协之间的工作交流，互通情况，取长补短，增强透明度和知名度，扩大社会影响。是年9月12—20日，县政协副主席杜志仁带领农业科技小组部分委员赴山东省淄博市临淄区西单庄村、莱西县花生研究所、莱州市玉米研究所等单位学习考察花生新品种和掖单玉米新品种。考察后，县政府采纳了县政协的建议，组织有关部门引进一万多斤“掖单十三号”玉米优种，在县内建立种植基地。10月，县政协部分委员赴玉田县考察中小学德育教育工作。11月，县政协和县委宣传部、统战部共同组织统战、政协知识竞赛活动，县委副书记侯金来，县政协副主席白润泉、杜志仁，党组顾问张浩成陪同市政协副主席赵瑞新等观看竞赛。共有9支代表队参加此次竞赛，党群代表队获得第一名。之后，该代表队代表抚宁县参加市政协组织的统战、政协知识竞赛，抚宁县代表队荣登榜首，有1名队员作为市代表队成员赴省参赛，获得全省第二名的好成绩。

1991年，县政协利用政协人才聚集和联系面广的优势，积极参与经济大合唱，为全县经济建设服务。研究印发了《政协抚宁县委员会关于为抚宁经济建设服务的意见》，明确指导思想及服务内容，确定主抓为经济服务的机构等。县政协副主席白润泉、杜志仁分别带领部分委员到北京市、天津市、河南省、山东省有关市、县学习科技兴农和农业社会化服务经验，广交朋友，收集信息，向县委汇报，取得县委、县政府的重视和支持。12月，召开了全县18个乡镇和县直经企单位、有关政协联络组组长80多人参加的经济信息发布会，邀请北京、天津及所辖区的教授、专家在会上发布信息，将收集的272条经济项目信息印发，有30多个项目达成洽谈意向，这次活动受到县委、县政府领导和市政协的肯定。市政协高度赞扬抚宁县政协为经济建设服务探索出新路子，在全市政协系统是独创。是年，县政协宣教文卫委员会针对全面提高教育质量问题，由王匡时副主席带领部分委员，邀请县教委有关负责人，6月3—5日赴锦州市锦州中学参观考察，认真总结锦州中学办学有特色、教学有特点、学生有特长、学校办得好的经验，并形成专题考察报告。经主席会议研究转送有关部门参考，对改进全县中学教育起到促进作用。

1992年4月，县政协副主席杜志仁带领部分委员赴江苏省无锡、浙江省萧山市学习考察农业社会化服务工作。6月，县政协副主席王匡时带领部分委员到辽宁省锦县学习考察城镇环境卫生管理经验。

1994年，由县政协领导带队分别到丰南市、霸州市、蠡县和苏州市吴县等地进行学习考察。形成县政协《关于在全县乡镇企业中推行股份合作制的建议》，提交县委后，县委常委会会议专门听取政协的汇报，对县政协的建议给予充分肯定，决定1995年把产权制度改革包括推行股份合作制作为实现经济强县的主要措施来抓。

1995年10月初，县政协主席苏洪珊带领部分委员、县委农工部和有关乡镇负责人到湖南省常德市，河北省鹿泉市、三河市学习考察有关加强农村合作基金会管理情况。考察后向县委提交《关于进一步加强乡镇农村合作基金会规范化管理的建议》。县委对此建议在常委会上进行认真研究，并决定在县委农工部内设立农村合作基金会监督管理办公室，从当年大中专毕业生中挑选了5名学习财政、金融专业的学生，充实到该监督管理办公室。由于加强了对各乡镇农村合作基金会的监管，较好地避免了基金会的放贷风险，为后来把乡镇农村合作基金会较顺利地划入金融机构奠定了基础。

1996年5月，县政协文教体育工作组组织部分委员，邀请县教育局负责人和部分中小学校长赴山东省龙口、蓬莱考察实施素质教育情况，并撰写考察报告，向县委、县政府提交《关于实施素质教育的考察报告》。8月，县政协召开素质教育研讨会，参照山东的经验，结合抚宁的实际情况，与会政协委员和教育界的负责人、教师分别发表意见。县政协主席苏洪珊，副主席侯玉璋、杨雨顺、郑庆魁出席会议。县委副书记胡纯惠，县委常委、宣传部部长李华文，副县长陆志飞等应邀出席会议。会后，县教育局将报告和研究意见转发各乡镇教育办公室和中小学校，要求在工作中予以参考和借鉴。县政协把去外地学习考察的成果转化为履职的实际行动，发挥政协参政议政的作用。

1998年10月，县政协主席苏洪珊，副主席李成岩、郑庆魁去福建闽侯县、浙江鄞县考察非公有制经济工作，并向县委、县政府提交考察报告。为更好地贯彻落实党在农村的基本政策，为二轮土地承包献计献策，6月，带领有关委员赴青龙、迁安等地学习考察，起草《关于进一步稳定完善农村土地、果树承包责任制的建议》，经六届二次常委会会议协商讨论修改后，报送县委、县政府。是年，县政协副主席侯玉璋带领党群政法组部分委员到张家港市考察精神文明建设情况，为协商全县的精神文明建设提供借鉴。

1999年4月，县政协组织农业科技组委员同大新寨镇领导和有关专业户赴山东济南、泰安考察无土栽培、板栗节水灌溉技术，向县政府送交《关于引进无土栽培技术和板栗节水技术的建议》，探索农业生产由粗放型经营向集约型经营转变的新途径。4月下旬，县政协主席苏洪珊和县政协常委、南戴河开发区党委副书记冯云祥，县政协常委、县旅游局副局长金永强到河南、陕西、江西考察旅游业。之后，根据外地经验，就旅游业产品开发、旅游市场促销、旅游行业管理等方面形成完整的考察报告，为推动全县旅游业发展提供建设性意见。10月下旬，县政协副主席侯玉璋、李成岩带领县政协党群政法组部分委员，对四川省大邑县社会治安综合治理情况进行学习考察。考察后，根据外地经验，结合本地实际，提出具体建议，形成完整的考察报告。

2000年3月，县政协副主席杨雨顺、李成岩带领农业科技组委员和县农业开发办的负责人，专程赴唐山市乐亭县、北戴河区农业科技示范园考察大棚菜、果发展情况。县政府根据县政协考察报告中的建议和科技兴农的需要，筹资100万元，在县城东钟庄村附近建起抚宁县第一个农业科技示范园。

2001年8月，对全县农业结构调整情况进行调研，组织农业科技工作组委员和农口县直部门负责人去唐山市乐亭县学习考察，在论证协商的基础上，形成《关于加快全县农业结构调整的建议》，正式提交给县委、县政府，作为决策和工作参考。

2002年，县委、县政府在谋划全县经济发展战略时，充分采纳了县政协建议的有关内容，制定了围绕全面建设小康社会的总目标，坚持以发展为主题，以结构调整为主线，全面实施“三线富民，八业强县”（三线：第一条线是建设北部山地丘陵地区生态经济林基地，第二条线是建设平原地区无公害蔬菜生产基地，第三条线是在全县范围内建设环保型生猪产业化基地。八业：水泥制造、造纸、煤炭开采、运输、农副产品加工、旅游、石油化工和钢铁八个大力发展的产业）发展战略。

2003年8月，对全县社会治安综合治理情况进行专题调研。组织部分委员听取县综治委、公安局、检察院、法院、司法局的情况汇报，并赴昌黎、卢龙两县进行学习考察，向县委、县政府提交《关于进一步加强全县社会治安综合治理工作的建议》。

2004年，县政协把联系政协委员作为联系工作的重点，领导带队，深入基层，走访全体委员，通报工作，征求意见，激发委员参政议政热情，增强政协组织的凝聚力。县政协领导分别参加项目建设、联系重点村、民主议政日、文明生态村建设等项工作，帮助协调解决各种问题，密切党群干群关系，深受基层干部群众的欢迎。

2005年，县政协扩大同委员及社会各界人士的联系与交往，做好宣传和文史资料工作。8月和10月份两次走访慰问政协委员，征求对政协工作和全县建设发展的建议。开展调研视察活动，尽可能多吸收不同界别委员参加，注重听取社会各阶层的意见建议。引导委员加强与本界别和其他界别群众的紧密联系，牢记使命，不负众望，在做好本职工作和履行委员职能中发挥应有作用。通过参加联谊会等活动，加强与秦皇岛市各县、区政协的联系，提高和改进县政协工作。

2008 年，加强联谊，不定期地走访全市其他县区政协，积极参加市政协组织的主席联谊会和秘书长联席会，开展面对面的交流活动。保持与辽宁省葫芦岛市连山区政协，天津市东丽区、北辰区政协，唐山市玉田县、迁西县、迁安市政协的联系，以文件交换的形式进行工作交流，达到取长补短、共同提高的目的。10 月，县政协主席顾昌和、副主席李英伟带领有关委员和县建设局、城管办负责人赴河北省霸州市和浙江省富阳市、桐庐县，学习考察城管综合执法工作，撰写《关于赴河北、浙江等省市学习考察城市管理领域综合行政执法工作的报告》报县委、县政府。围绕如何界定综合行政执法范围、调整相关部门职能、相对集中城市管理行政处罚权、组建城市管理综合行政执法局等提出具体建议。为建设“宜居、宜业、宜游”新抚宁提供参考。

2009 年，在联谊工作中，县政协积极加强与市政协的工作联系，配合市政协开展生态农业发展情况调研，积极参加市政协组织的主席联谊会和秘书长联席会。配合、协调大项目办与市台办招商网站的对接，帮助县侨联成立了抚宁华侨台商投资进出口贸易项目合作对接工作室，建立起侨联网站。积极做好各民主党派、工商联、知联会“服务三农、奉献社会”的协调服务工作。加强与党外人士的联谊，牵头组织 3 次党外干部“三下乡”活动，组织 28 名党外干部进行学习培训，进一步巩固统一战线团结奋斗的共同思想政治基础。继续加强与省内外各友好市县区政协的联系与交往，互通信息，取长补短。

2010 年，县政协配合市政协在全县开展生态农业、葡萄酒产业发展等调研活动，积极参加市政协组织的主席联谊会和秘书长联席会；加强与市其他县区政协的联系交往，完成外地政协来抚宁参观交流的接待任务，并组织政协委员和机关干部到兄弟市县政协考察学习。6 月份，县政协组织部分委员和县统筹办、城乡规划局、国土局、建设局等单位负责人一起，对县新民居建设情况进行调研后，又实地考察滦县响堂镇中心镇区（研山社区）和循环经济区、杨柳庄镇中赵庄村新民居建设情况，视察南戴河、大新寨镇中心社区、抚宁镇三里杨村、北街村新民居项目施工现场，召开座谈会，听取关于全县新民居建设情况的汇报。在充分讨论研究的基础上，提出调研报告，以此搭建多层交流、增进了解、促进发展的平台，为宣传抚宁、扩大开放创造有利条件。

2011 年，县政协注重与各界别组织和人民团体的团结与合作，加强同社会各界人士的联系与沟通，以团结保稳定，以团结促发展；注重同各地工商界人士的联络工作，在广泛联谊、牵线搭桥、内联外引、招商引资、纳贤聚才等方面多做工作；注重密切与人民群众的联系，积极做好协调关系、理顺情绪、化解矛盾的工作，维护社会大局稳定，不断增强政协组织在社会各阶层和各界人士中的凝聚力、亲和力和影响力。政协机关进一步完善政协领导走访委员、委员联系群众制度，强化以人为本、履职为民的理念，切实把社会的潜在矛盾、群众的意见情绪和民间的社情动态，尤其是群众最现实、最关心、最直接的问题，及时准确地予以反映，为党委、政府决策民主化、科学化提供有价值的意见和建议。

2012年，县政协积极做好各方面联谊工作，不断扩展政协工作的群众基础。加强与社会各界的联系，及时通报重要情况、传达重要会议精神，密切同各界人士的交流与合作。通过座谈、走访、交流的方式，不断把政协工作向新的社会阶层延伸，向各类社会组织延伸，更好地体现人民政协的代表性和包容性，进一步巩固和发展最广泛的爱国统一战线；加强与政协委员之间的联系，支持委员干事创业、兴办实体，鼓励委员引进资金、扩大生产，发挥政协委员的模范带头作用，做建功立业的表率，充分展现政协委员的时代风采。

2013—2014年，县政协加强与市政协及省内外各地政协的联系沟通，积极向外推介抚宁、宣传抚宁。组织市、县政协委员对全县农村道路建设情况进行联合视察。配合市政协完成县域经济发展与扶贫开发工作、农村面貌改造提升和抚宁乡村历史文化资源三项调研视察活动。坚持委员走访制度，由政协领导带队，两次分别深入委员所在的单位和企业，了解委员的工作生产生活情况，通报政协一年来的主要工作，倾听委员的意见建议，与委员们面对面地沟通和交流，增进政协组织与委员之间的情感，激发委员们的履职热情。

2015年，县（区）政协加强纵横联谊沟通，借智借力助推发展。认真做好与其他省市县政协的联谊工作，积极对外宣传推介抚宁。加强与市政协的联系，开展高层次视察调研活动，为抚宁发展建言。邀请市政协联谊会帮抚宁发展把脉，就撤县设区后遇到的相关问题进行专题调研，为抚宁改革发展和社会事业指路子、出点子、谋良策。

2016年，区政协充分利用政协的优势，围绕实施抚宁二次创业新征程，努力做好联系人、团结人、争取人的工作，围绕群众思想认识的困惑点、利益关注的聚焦点、利益关系的交织点、现实矛盾的易发点，协助区委、区政府多做统一思想、解疑释惑、凝聚共识的工作，努力为改革发展营造融洽和谐的社会氛围。县政协抓住民生领域的创业就业、教育医疗、社会保障、出行畅通、公平正义、文明城市创建、环境治理等重要问题资政建言，及时反映社会不同阶层、不同群体的愿望和要求，当好人民群众的“代言人”。打造“五个新抚宁”（实力新抚宁、宜居新抚宁、美丽新抚宁、和谐新抚宁、激情新抚宁）就是集中民智、集中民意的重要平台。政协委员立足本职，积极投身，一展身手，大展拳脚，彰显委员的职责与作用、智慧与力量。区政协领导班子成员主动深入界别组指导、督促参与相关活动；各位常委积极参与所在界别组相关活动，率先垂范。抓住影响打造“五个新抚宁”的突出问题，寻找切实有效的对策和办法，把献计献策与创新服务结合起来，把问计建言与多干实事结合起来，为区委、区政府科学决策提供重要依据。加强与政协常委、政协委员和基层群众的沟通，及时了解活动开展中存在的问题和困难，注意发现和培植一线委员在打造“五个新抚宁”活动中的先进典型。为打造“实力新抚宁、宜居新抚宁、美丽新抚宁、和谐新抚宁、激情新抚宁”作出应有贡献。

2017年3月30日，区政协二届一次常委会会议审议通过《政协秦皇岛市抚宁区委员会政协领导班子成员、秘书长联系常务委员、常务委员联系委员制度》，并制定走访制度、座谈制度、互访制度、电话联系制度、邮件联系制度和提出明确要求。区政协坚持扩大团结面，增强包容性，把各界人士“像石榴籽”那样团结凝聚在一起，更加协调一致地开展工作。加强与各阶层、各领域、各方面代表人士的联系，搭建交流合作的平台，促进共同发展。围绕群众思想的“困惑点”、社会矛盾的“易发点”，主动了解和反映社会不同阶层、不同群体的诉求与愿望，协助区委区政府做好问政于民、问需于民、问计于民的工作，把各界群众投身新时代抚宁二次创业新征程的积极性、主动性、创造性引导好，凝聚和释放正能量。为落实区委二届二次全会精神，区政协二届一次常委会会议审议通过，在全体委员中开展“讲学习、比素质，讲政治、比担当，讲奉献、比业绩”主题实践活动（以下简称“三讲三比”主题实践活动）。各委员组认真落实“三讲三比”活动安排，委员们积极投身到抚宁二次创业新征程的工作中，各尽其职，各显其能。11 月中旬，区政协主席张岐，副主席王海银、赵永红、徐秋阳，党组成员付强，分别带领政协机关各科室人员深入 7 个区直工作组和 8 个乡镇活动组，宣讲十九大精神，对“三讲三比”主题实践活动进行督导调研，并与政协委员亲切座谈，面对面交流，心与心沟通，加强联络，汇聚民意。委员们先后就全区经济发展、创建文明城市、旅游发展、非公经济发展、造纸产业园区、公共服务市场化改革和提高主城区功能品质等方面开展了调研视察活动，提出意见建议 80 余条。

2018 年，全面加强委员履职能力和政协机关服务能力建设，大力践行求真务实之风，区政协从制度建设切入，从严于管理入手。研究制定《关于建立党组成员联系常委、常委联系委员的制度》《关于加强政协常委会会议纪律的意见》《关于加强对政协委员履职绩效考核的实施办法》，明确规定每一名政协常委联系 4 ～ 5 名政协委员、政协常委参加常委会会议之前必须在调研基础上撰写书面建言资政发言材料、严格落实会议签到和书面请假备案、委员参加视察调研和提案督办座谈点评考核制度。充分利用全会召开前夕，召开常委会会议和区直工作组、乡镇活动组长会议，强化思想政治引领和业务知识培训，分别专门召开中共党员委员和非党委员会议，在会前统一思想，凝聚共识。大会期间充分发挥界别组长兼讨论会议召集人作用，严明政治纪律、组织纪律、会议纪律；全会闭会期间，发挥区直工作组和乡镇活动组组长作用，开展富有各自特色的委员活动。完善机关工作制度、学习制度，采取以会代训、以学促训的方式，着力在提升参谋服务、综合协调、以文辅政和工作效能上下功夫。

2019 年，区政协认真组织全体委员学习《习近平新时代中国特色社会主义思想三十讲》《习近平新时代中国特色社会主义思想学习纲要》《习近平关于“不忘初心、牢记使命”论述摘编》等文献，并创办内部学习刊物《理论学习文萃》，增强政协系统理论学习氛围。区政协领导班子成员深入各界别组讲授学习。结合庆祝人民政协成立 70 周年，组织发动全体委员开展“我与政协”征文活动。为了进一步加强与委员的沟通联系，及时听取意见建议。政协党组建立了党组成员联系党员委员、党员委员联系非党委员和党组成员联系民主党派成员制度。

2020—2021 年，区政协按照习近平总书记提出的“懂政协、会协商、善议政，严纪律、守规矩、重品行”的要求，认真贯彻中共中央《关于新时代加强和改进人民政协工作的意见》精神，全面打造站位新方位、适应新时代、担当新使命、展示新作为的具有政治性强、责任意识强、履职能力强的高素质基层委员队伍。继续落实好《关于建立党组成员联系常委、常委联系委员的制度》《关于加强政协常委会会议纪律的意见》《关于加强对政协委员履职绩效考核的实施办法》，加强政协委员的学习，密切与委员的沟通和联系，不断加强政协委员的队伍建设。继续加强与市政协的联系，积极配合市政协来抚调研视察“完善产业链条、打造企业集群”和“清洁能源发展”等重点项目活动，助力抚宁发展。

区政协密切与社会各界联系，广泛开展联谊活动，搭建平台引资引智，构建“亲”“清”融洽政商关系，促成一批新发展项目落户抚宁。发挥委员联谊作用，广泛推介抚宁资源，充分发挥政协联系面广、平台独特的优势。组织委员开展扶贫济困、志愿服务、帮企献策、捐资助教、送医下乡等活动，涌现出一批带头致富、带领致富、扎根教育一线、心系医疗事业、热忱志愿服务、领衔创新创业、发展民营经济的“最美基层政协委员”。特别是在2020—2021年抗击新冠疫情中，各界别委员闻风而动，主动请缨，逆行而上，执勤站岗，严防死守，复工复产，捐款捐物，在各条战线上都充分展示了新时代政协委员勇于担当的风采。

乡镇联络组工作

自1987年建立政协乡镇联络组以来，各政协联络组、活动组坚持服从、服务于新时期党的总任务、总目标，尽一切努力，巩固和发展爱国统一战线，调动一切积极因素，团结一切可以团结的力量，同心同德，群策群力，维护和发展当地安定团结的政治局面，为两个文明建设，为实现党的总任务、总目标和各族人民共同理想，围绕全县（区）两个文明建设，发挥参谋助手作用；为政协履行政治协商、民主监督的职能服务；积极为当地的生产、生活提出意见和建议；为密切党与委员、各界人士的关系，发挥桥梁纽带作用；为促进海外联谊做了大量工作；为扶贫致富奔小康，发挥了人才优势；为乡镇经济和社会发展作出积极贡献。实践证明，组建政协乡镇联络组（活动组），有利于基层政协委员及时知情明政，有利于活跃基层政协工作，有利于调动基层政协委员参政议政的积极性，有利于发挥基层政协委员接地气的优势，及时收集、反馈社情民意，促进具体问题的解决，成为政协的千里眼、顺风耳，更好地发挥政协“四个一线”的作用。

联络组制度

1987年4月27日，县政协三届一次常委会会议讨论通过《区（镇）政协联络组工作试行条例》。1990年11月27日，县政协四届四次常委会讨论通过《区（镇）政协联络组工作试行条例（讨论稿）》。1990年12月10日，县委转发政协抚宁县委员会《政协联络组工作试行条例》（以下简称《条例》）。1987年5月3日县委批转的《区（镇）政协联络组工作试行条例》即行废止。《条例》规定：为适应不断发展的新形势，充分发挥在乡镇政协委员的作用，更好地开展政协工作，在全县一定区域设立政协联络组，并配备专职人员。政协联络组在县政协和所在乡镇党委领导下进行工作，是联系当地政协委员和各民主党派、无党派人士、人民团体和各族、各界人士的爱国统一战线的活动组织。

政协联络组以服从、服务于新时期党的总任务、总目标为工作指导思想。政协联络组要尽一切努力，巩固和发展爱国统一战线，调动一切积极因素，团结一切可以团结的力量，同心同德，群策群力，维护和发展当地安定团结的政治局面，为两个文明建设，为实现党的总任务、总目标和各族人民共同理想作贡献。

政协联络组的主要职责：加强县政协与各委员之间、政协组织与各界人士之间的联系；组织政协委员与乡镇党政机关经常沟通情况，更好地知情出力；组织委员开展调查研究、学习以及做好海外统战工作；协助乡镇进行各项改革、落实各项统战政策；负责搜集反映委员、各界人士对国家大政方针、经济建设和社会生活中的重大问题的批评、意见和建议；组织政协委员和各界人士征集、整理文史资料。

政协联络组要认真积极地开展各种活动。组织活动既要紧密围绕“四化”建设的总目标，又要从本地实际情况出发，因地制宜做出几件有成效的事情。政协联络组可开展以下活动：组织学习活动，每季政协委员集中学习一次，可吸收各界知名人士自愿参加。学习内容以中共中央和各级党委的重大方针政策和中心工作为重点，学习时要注意联系实际，既要加强自我教育，又要对党和政府工作提出改进意见和建议。组织委员举办各种座谈会、意见听取会以及应邀参加乡镇、村召开的有关干部会议或其他有关重要会议，做到知情出力。联络组可以组织政协委员参加一些有意义的考察、调查、参观等活动，为当地企业和农村群众提建议、传信息、找门路、定规划、讲技术，改善经营管理，提高效益，为发展经济出谋献策。联络组要发挥人才聚集优势，采取举办科技培训班、登门技术指导和摆摊设点的形式，开展技术咨询服务，培养技术人才，提高人们的科学技术水平。开展精神文明建设服务活动，联络组根据实际情况，组织一些普法知识、理想纪律、社会道德等方面的宣传教育活动，以不断巩固和发展安定团结的政治局面。

联络组的工作、学习计划、活动情况和工作总结，要及时向乡镇党委和县政协报告。政协联络组由当地县政协委员组成。联络组设专职委员组长或副组长，选配有名望、有实际工作能力和热心于统战工作的原任乡级正、副职的人员担任。联络组的党员组长列席所在乡、镇单位有关会议以及乡镇党、政召开的其他有关重要会议。联络组组长或副组长应按照《条例》规定，组织协商组内的一切事宜；负责向县政协和乡、镇党委请示、报告工作，汇报活动情况。

政协联络组专职干部仍列为所在乡、镇编制，工资、经费纳入乡、镇包干经费之中，办公地址和设备由乡、镇调剂解决。联络组要在办公处挂“政协联络组”的牌子，并要刻制、启用印章。

联络组活动

1987 年 5 月 14—15 日，县政协召开首次政协联络组组长会议，全县八区一镇政协联络组组长参加会议并汇报县政协三届一次会议以来的工作情况，探讨、交流如何开展乡镇政协联络组工作。县政协主席张浩成，副主席赵国栋、赵振基、李广明、杜志仁和离任副主席刘志成出席会议。会议后，各乡镇政协联络组分别组织活动，学习政协文件，商讨如何开展联组工作。7 月 13—14 日，各区、镇政协联络组组长第一次参加县政协三届二次常委会（扩大）会议。7 月

29日，政协留守营区联络组召集14名委员参观考察镇内小谭庄村针织厂、樊各北村饲养鹌鹑专业户、樊各南村造纸厂、前朱建坨村联合体电缆电线厂，并听取全区上半年经济发展和精神文明建设的汇报。9月8日，政协海阳区联络组召开政协委员会议，听取区长高喜忠关于两个文明建设情况的通报，学习政协文件，讨论确定联络组调研课题。9月17日，政协城关镇联络组考察镇办罐头厂、开关厂和全镇“双增双节”活动开展情况。

1988年5月16日，政协海阳联络组部分委员和人大代表10人考察海阳卫生院，对存在的问题提出意见和建议。7月28日，政协曹东庄联络组组织委员讨论乡间公路维修、养护问题，并提出建议。8月20日，政协留守营联络组组织委员听取镇长周树功关于全镇经济形势和下半年工作设想的通报，并征求委员们的意见。到会各位委员踊跃发言，对全镇工作提出意见和建议。11月15—16日，秦皇岛市政协主席赵铭、秘书长于广渤到抚宁县政协检查指导工作，专门听取政协海阳、留守营、城关联络组和政协大新寨区联络组的工作汇报，并就政协乡镇联络组的建设和开展工作提出4点意见。县政协主席张浩成、副主席赵国栋、秘书长黄润忠陪同。

1989年1月26日，政协留守营联络组举办迎春座谈会，镇长周树功向委员们通报全年工作情况和下一年工作要点。委员们进行认真协商讨论，并提出具体建议。4月，该联络组组织委员们对该镇《二届三次人民代表大会的工作报告》进行协商讨论。7月7日，县政协借留守营政协联络组进行联组活动的机会，召开全县政协联络组组长会议。会上听取留守营镇党委书记张桂林关于镇党委、政府重视支持政协联络组工作的经验介绍，镇长周树功通报1989年全镇上半年工作情况，各乡镇政协联络组组长参加分组协商讨论。县政协主席张浩成，副主席赵国栋、李广明出席会议并分别讲话。8月中旬至下旬，县政协在全县开展农村思想政治工作和精神文明建设方面的调研活动，城关、海阳、留守营、石门寨、曹东庄政协联络组配合参与调研活动。9月7日，政协榆关联络组与镇人大主席团联合召开反腐蚀、促廉政座谈会。是年，政协乡镇联络组分别列席本乡镇人民代表大会，并就乡镇重要事项进行协商讨论。全年开展各类活动35次，形成专题报告6份，提出意见和建议60条。

1990年3月17日，县政协召开政协乡镇联络组组长会议，县政协主席张浩成、副主席赵国栋，县委统战部部长、县政协常委马山林出席。会议主要安排布置做好离任委员的工作程序和要求。4月26日，政协海阳联络组组织委员学习政协章程和《中共抚宁县委关于加强政治协商和民主监督的若干规定》，讨论通过政协海阳联络组年度活动计划。7月12日，牛头崖镇党委、政府召开政协牛头崖联络组委员和台属座谈会。听取镇政府关于经济发展情况的通报和招商引资的优惠政策。8月24日，县政协召开政协乡镇联络组组长会议，听取各乡镇联络组的工作汇报，部署下一步政协工作，县政协主席傅振东、副主席白润泉、李瑞林和秘书长张九龄出席。10月6日，县政协召开乡镇联络组组长、县直委员活动组组长会议，传达上级关于“加强廉政建设，纠正行业不正之风”会议精神，县政协主席傅振东在会议上作重要讲话。会议决定向全体政协委员印发“行业不正之风情况调查表”。是年，各政协联络组开展多种形式的联络组活动，政协大新寨联络组创造跨乡镇开展活动的新经验；政协海阳联络组会同海阳镇人大主席团对海阳四街道路进行考察，在向镇党政领导提出可行性建议的同时做好群众工作，募集修路资金，使海阳四街路面焕然一新。其他各联络组在参政议政、发挥职能作用上也做了大量工作，受到当地党政机关和群众的高度评价。

1991年，政协各乡镇联络组认真组织委员学习党的方针政策，听取和讨论乡镇十年规划和“八五”计划（草案），提出意见和建议。5月29—30日，县政协召开政协联络组工作座谈会，全县10个政协联络组组长参加，政协副主席白润泉主持会议，政协主席傅振东，副主席杜志仁、王匡时、李瑞林、郑庆魁出席会议，政协机关全体工作人员参加会议。市政协副主席赵瑞新、秘书长杨志国、副秘书长李学贵，县委副书记侯金来，县委统战部部长马山林到会指导。各政协联络组组长分别总结交流自1987年建立政协联络组以来，依照《政协联络组工作试行条例》开展工作的情况、经验、体会和问题。市政协副主席赵瑞新、秘书长杨志国在会上讲话，县政协主席傅振东作会议总结讲话。6月25—26日，政协海阳联络组组织委员考察海阳镇砂轮厂、抚宁县海阳电器安装队。县政协副主席王匡时和县政协社会法制联络科负责人参加考察活动。委员们实地参观后，对企业的经营管理情况提出意见和建议。10月，政协留守营联络组组织委员深入各村和有关单位对农民负担问题进行调研，对调研中发现的有关上级部门新增加的收费项目及时提出意见和建议。是年，其他联络组也都分别深入干部群众中专题调查、座谈农村宅基地和闲散地有偿使用、洋河口水污染、牛头崖街道（205国道）过往车辆安全隐患等问题，为常委会搞好协商提供大量的有真知灼见和建议，为提高例会质量、发挥整体功能作用奠定基础。

1992年7月15日，县政协召开政协联络组工作情况经验交流会，县政协主席傅振东，副主席白润泉、李瑞林出席会议。各政协联络组围绕全县两个文明建设，发挥参谋助手作用；为县政协履行政治协商、民主监督的职能服务；积极参与当地的生产、生活问题提出意见和建议；密切党与委员、各界人士的关系发挥桥梁纽带作用；为扶贫致富作贡献，发挥人才优势；促进海外联谊工作等方面进行了工作交流。政协主席傅振东作总结讲话，充分肯定各政协联络组的工作成绩和经验，并提出新的要求。是年，政协城关联络组组织委员学习邓小平视察深圳的重要讲话，并参观考察坟坨钢窗厂，委员们对企业的经营管理提出建议。政协曹东庄联络组就农业生产中出现的新问题，组织委员对17个村进行调查，形成《关于农业生产中几个问题的调查报告》，分别送交县政协和乡党委。政协大新寨联络组组织委员视察双岭乡敬老院，与老人们座谈，征求老人们的意见，并向乡党委反馈视察情况。政协驻操营联络组与驻操营镇人大代表联合对庄河、水门寺等8所中小学的危房、教育配套达标、教学质量以及校风、校貌进行视察。并对发现的问题提出意见和建议。各联络组积极参与当地党委的中心工作，主动当好参谋，发挥联络组的作用。工作在基层的政协委员，在各自的岗位上，务实争先，努力为政协添光彩，为全县的两个文明建设以及民主与法制建设发挥积极作用，部分委员受到省、市、县的表彰和奖励。

1993年，政协留守营联络组在视察镇办企业时，邀请行家对企业管理进行“诊断”，出谋划策。政协榆关、曹东庄、驻操营联络组利用教师节、老人节、中秋节等节日召开各种形式的座谈会，扩大同各界人士的交往，巩固爱国统一战线。各联络组还紧密围绕当地党委和政府的重点工作开展活动，提出100多条意见和建议，推动两个文明建设，提高人民政协在广大群众心目中的地位。

1994 年，政协石门寨联络组在视察镇属 5 家企业后，就解决资金短缺、效益滑坡、产品滞销、企业验资等 4 个方面的问题向镇党委和镇政府提出意见和建议。政协牛头崖联络组视察农业生产情况，针对发现的问题，向镇党委、政府提出《关于加强农业生产的建议》。政协驻操营联络组视察全镇煤矿安全生产情况后，针对一些小煤矿生产中的安全隐患问题，及时向镇党委、政府提出具体的意见和建议。11 月 16 日，县政协召开政协联络组、工作组组长会议，政协主席苏洪珊，副主席顾昌和、郑庆魁出席会议。会议学习全国政协主席李瑞环的重要讲话，听取各联络组组长的工作汇报，部署开展视察、调查活动和提案征集工作。

1995 年，政协乡镇联络组围绕经济建设和人民群众普遍关心的重点问题开展视察、考察、调研等活动。政协石门寨联络组围绕全镇小康建设开展视察活动，为单位、政府出谋划策，当好参谋。政协台营联络组组织委员到曹东庄乡学习发展养殖业经验，然后结合当地实际情况，向党委、政府提出关于发展养殖业的建议，台营镇党委、政府采纳委员们的建议，建立发展畜牧业领导小组，并筹措启动资金，为群众提供无息贷款，发展"双百工程"（百户庭院养殖、百户蔬菜大棚）。政协曹东庄联络组调查民办教师工资问题，向乡党委、政府提出关于提高民办教师待遇的建议，曹东庄乡党委、政府采纳委员们的建议，为每位民办教师月工资增加 30 元。政协驻操营联络组视察地方道路建设和扶贫工作，对存在问题及时向党委、政府提出建议。政协留守营联络组在考察中发现留守营中学教学楼的危楼问题，及时写出详细的文字报告，反馈给镇党委、政府和县政协。

1996 年 6 月 5 日，政协驻操营联络组组织委员听取镇司法部门的工作汇报。委员们对全镇司法工作，特别是开展的"严打"斗争所取得的成绩给予肯定，并对下一步工作提出建议。8 月 13 日，政协牛头崖联络组组织委员学习时事政治和政协理论，收看关于台湾形势的录像报告。深刻领会江泽民同志关于祖国统一问题的重要讲话，进一步认清李登辉分裂祖国的丑恶嘴脸。委员们表示一定为祖国统一多做有益的工作。9 月 2 日，县政协召开政协乡镇联络组组长会议，县政协主席苏洪珊，副主席侯玉璋、杨雨顺出席会议，县政协各科室负责人参加会议，县委农工部、小康办、民政局负责人应邀参加会议。听取县委农工部、小康办、民政局关于全县减轻农民负担、小康建设、扶贫等工作情况的汇报。县政协针对此 3 项工作作出具体调研、视察活动的安排。

1997 年，政协城关镇联络组组织委员视察农业产业化、镇办企业、养殖业等工作情况，对社会治安综合治理、农民负担情况进行调研。留守营联络组对文化、卫生和精神文明建设情况进行视察，并组织有关委员开展海外联谊活动。榆关联络组考察镇村办企业情况，调查全镇"两高一优"农业发展情况。石门寨联络组重点视察全镇小康建设情况。政协各联络组都根据乡镇实际情况开展视察、调研等活动。是年，为增强对提案工作的认识，提高委员的提案质量，县政协组织政协乡镇联络组组长到浙江省萧山市考察学习提案工作经验。

1998 年 9 月 24 日，县政协召开工作组、联络组组长会议，县政协主席苏洪珊主持会议，县政协副主席李成岩、杨雨顺，秘书长陈庆昆出席会议。政协乡镇联络组组长分别汇报各组的活动情况和委员们在两个文明建设中作贡献以及推行社情民意卡的情况。苏洪珊主席在总结讲话中对委员们在两个文明建设、搞好社情民意卡和提案准备工作方面提出具体要求。是年，政协深河乡联络组对税收征管工作进行调研，听取国税、地税两个分局的工作汇报。委员们对如何加强税收征管、改善服务、清理税源、堵塞漏洞、实行纳税公开等问题提出意见和建议。

1999年3月30日，政协驻操营联络组组织委员学习讨论县政协六届常委会工作报告、镇政府工作报告和镇党委开展“三讲”教育实施方案。委员们对两个“报告”进行认真讨论，并提出建议。对“三讲”实施方案提出补充意见。4月30日，政协牛头崖联络组组织委员考察西陆庄花卉种植业发展情况，县政协副主席李成岩参加考察活动。委员们实地查看大棚花卉生长情况，了解花卉产销形势后，对该村花卉种植业的发展前景及经济效益给予充分肯定，并鼓励种植专业户带领大家求规模、上档次，走共同富裕的道路。5月26日，榆关镇人大、政协榆关联络组联合视察防汛工作。人大代表、政协委员对辖区内36座大小水库、塘坝进行全面视察。针对其中的头顶库、放水闸故障、行洪河道狭窄等存在的问题提出4条建议，并会同镇政府及有关部门共同研究制定最佳解决方案。8月25—27日，县政协先后在石门寨、牛头崖、大新寨分片召开政协联络组组长座谈会，县政协副主席侯玉璋、李成岩、杨雨顺和有关科室人员出席会议。听取各联络组关于完成县政协交办工作，协助乡镇党委、政府做好各项工作，联系委员工作和迎接人民政协成立50周年及澳门回归活动准备工作等情况汇报。与会的各位副主席分别对座谈会作总结讲话。11月26日，县政协召开工作组、联络组组长会议。县政协主席苏洪珊，副主席李成岩、杨雨顺，秘书长王素霞出席会议，政协机关各科室负责人参加。会议主要听取各联络组、工作组的工作汇报，部署县政协六届三次全委会的各项准备工作。

2000年6月29日，政协深河联络组组织委员对深河集贸市场的建设、管理工作进行视察。委员们听取有关部门的工作汇报，实地察看集贸市场的状况后认为，集贸市场的摊位设置、道路状况有明显改善，但仍有私占乱建、管理不规范等问题。对此，委员们提出具体的建议。

2001年7月27日，县政协召开联络组组长、工作组组长会议，县政协主席苏洪珊，副主席杨雨顺、李成岩、李占义，秘书长王素霞出席会议，政协机关各科室负责人参加。会议主要传达全国政协九届十四次常委会会议精神，协商部署县政协关于社情民意反映工作。是年，留守营镇联络组对农村种养业进行调研，将典型事例录成专题片通过电视在全镇播放；牛头崖镇联络组利用4天时间，采取委员先分头调查走访、再协商讨论的方法，对全镇社会治安状况深入调研，镇党委主管领导、当地公安派出所和部队边防哨所负责人参加座谈讨论；石门寨镇联络组视察全镇农业结构调整进展情况；台营镇联络组考察旱作农业的现状和发展前景。是年，各政协联络组共组织开展调研视察活动46次。这些调研、视察、考察，都向镇党委政府提交相应的文字报告或建议，引起党政领导的重视，为联络组开展工作和活动积累成功的做法和经验。政协乡镇联络组针对当地经济和社会发展实际，开展调研视察活动，拓宽委员参政议政的渠道，提高政协的社会地位，发挥好桥梁纽带作用。

2002年4月，机构改革时政协乡镇联络组撤销。

2006年3月22日，县政协主席王连成主持召开七届十六次主席会议，协商恢复政协乡镇联络组等事宜。3月24日，县政协七届六次常委会会议履行民主协商程序，协商通过11个政协乡镇联络组组长名单。

2007年，各乡镇联络组结合本乡镇实际情况积极开展视察考察活动，大新寨镇、牛头崖镇和深河乡等联络组围绕肉鸡产业发展、文明生态村建设和新型农村合作医疗等问题进行视察。抚宁镇、茶棚乡围绕农业产业结构调整进行视察、调研。留守营镇、驻操营镇、杜庄乡围绕企业发展开展视察、调研。石门寨镇、台营镇围绕板栗等果树、养殖业发展和乡村旅游业进行视察、调研。各政协联络组分别向党委、政府提交相关意见和建议。

2008年，县政协注重政协基层组织，特别是乡镇联络组、县直工作组的建设。组织开展以党的十七大精神为主题的学习活动，在工作中，不定期地组织开展各种类型的工作会、座谈会，请县直工作组组长和乡镇联络组组长列席县政协常委会会议，参加县政协组织的一些调研、视察活动，努力为他们创造知情条件，提供履职平台。政协各基层单位坚持围绕中心，以服务发展为第一要务，根据各自的工作实际，精选调研课题，先后就文明生态村建设、农业产业结构调整、农民增收等方面进行视察调研，提出47条合理化意见建议。

2009年4月13—14日，县政协主席顾昌和，副主席李志佳、李英伟，秘书长刘秀才分别带领机关各科室负责人，深入乡镇联络组、县直工作组，督导检查“五个一”（献一策、联一业、扶一企、帮一户、践一诺）活动情况，并与各工作组、联络组共同商讨完善工作组、联络组的活动计划。各组每季度组织委员开展一次集中活动，指导委员认真撰写提案，积极反映社情民意，为委员知情明政创造条件，为委员参政议政搭建平台。大新寨镇政协委员针对村民委员会换届选举工作，提出“推行农村干部辞职承诺制度”和“规范村民委员会印章使用和管理”两条建议，得到镇党委和政府的采纳实施，为探索和建立不称职村干部的退出机制，增强村干部正确履行职责的自觉性和实效性，加强对农村干部管理和监督进行有益的尝试，收到良好的效果。台营、深河、茶棚等乡镇联络组分别就提升农业产业化水平、强化农业技术培训、棚菜生产等方面进行调查研究，向党委、政府提出合理化建议32条，为促进经济发展建言献策。

2010年，加强对基层政协组织的工作指导。4月8日，县政协召开政协乡镇联络组、县直工作组组长会议。县政协主席顾昌和主持会议，部署市政协关于在全市政协系统继续开展“五个一”活动的要求；听取各联络组、工作组关于2010年工作安排的汇报。9月10日，县政协召开各联络组组长、工作组组长会议，会议听取各组1—9月份工作及“五个一”活动开展情况。政协主席顾昌和、副主席李志佳、秘书长刘秀才及各科室负责人参加会议。会上，县直工作组和乡镇联络组组长分别汇报前三个季度的工作，包括委员上站、调研视察、外出考察和献一策、扶一村、帮一户、联一业、践一诺等活动的开展情况，并提交书面总结汇报材料。

2011年，落实乡镇（街道）联络组组长、县直工作组组长上站制度，从学习培训入手，强化基层政协组织作用的发挥，收到显著成效。大新寨镇联络组组长马爱华提出的“推行农村干部辞职承诺制度”“在农村党组织中推行五步工作法”的建议，得到镇党委和政府的采纳实施；深河乡政协联络组对深河工业园内的企业及企业周边的治安环境进行视察，乡政府积极采纳、落实委员提出的6条建议；牛头崖镇政协联络组就校园安全工作进行专题调研，所提出的5条意见建议，受到镇党委、政府的高度重视。此外，各乡镇政协联络组还分别围绕规范土地流转、劳务输出、园区配套设施建设等内容进行调研，向党委、政府提出意见建议61条，形成《规范土地流转　促进农村经济发展》《园区的配套设施建设和失地农民的生活保障问题》等7篇调研报告，为促进地区经济发展作出应有贡献。

2012年，政协乡镇联络组改为政协活动组。3月，县政协为更好地指导政协乡镇（街道）活动组、县直工作组的工作，印发《关于各乡镇（街道）活动组、县直工作组2012年工作计划的通知》，对年度工作提出具体任务、要求。政协各活动组、工作组认真履行职能，根据辖区的实际情况，分别深入厂矿、企业和农村，开展调研视察活动。4月19日，南戴河街道政协活动组组织本组委员到白玉庄村调研村两委换届选举工作和新民居建设情况。政协活动组委员们充分肯定白玉庄村新民居建设成果，并提出建议。6月20日，大新寨镇政协活动组组织委员对全镇的防汛工作进行视察，镇领导应邀参加视察活动。委员们先后到石家沟水库、程家沟水库、董各庄塘坝以及一、二村、张各庄河防等处实地察看。视察后，委员们对存在的问题和不足，提出4点建议。是年，各政协活动组撰写《加大安全生产监管》《建立完善失地农民保障体系》《近岸海域环境整治》等调研视察报告33篇，提出有针对性意见建议113条，为党委政府科学决策提供参考依据。

2013—2014年，各乡镇政协活动组按照县政协印发的年度活动安排，组织政协委员认真履行职责，开展了各项调研视察活动。抚宁镇政协活动组就农业产业结构调整情况进行专题调研活动，留守营镇活动组对造纸产业转产升级进行调研，茶棚乡活动组围绕设施蔬菜“快”发展、品牌农业“新”提升、畜牧养殖“低碳”化、农民收入“新”增长4项工作进行专题调研，大新寨镇活动组就如何发挥农村基层党组织的战斗堡垒作用进行调研。杜庄、榆关、台营、牛头崖等镇分别围绕招商引资、提高医疗服务水平、沟域经济、小城镇建设、地方道路建设、森林防火、防汛等工作开展视察活动。活动后分别提出意见和建议，为当地党委、政府的决策工作建言献策。

2015年，县政协印发《关于做好反映社情民意工作的通知》，要求各乡镇政协活动组围绕全县工作重点和人民群众关心的热点、难点问题，深入了解社情，充分反映民意，广泛集中民智，积极建言献策。各乡镇政协活动组根据各自乡镇的特点，选准切入点，坚持实事求是，深入开展调查研究，认真反映需要党委、政府和有关部门了解的有分量的、有价值的情况。年内，各乡镇活动组共收集反馈有关方面的信息29件，其中，县政协编发6件。

2016—2017年，区政协领导班子成员主动深入界别组、活动组指导、督促参与相关活动，各位常委积极参与所在界别组相关活动。各乡镇活动组、区直工作组从打造“五个新抚宁”大局出发，找准位置、选好角度，深入开展调查研究，如实反映社情民意，抓住影响打造“五个新抚宁”的突出问题，寻找切实有效的对策和办法，把献计献策与创新服务结合起来，把问计建言与多干实事结合起来，努力提出全局性的、建设性的和具有可操作性的建议。

骊城街道政协活动组按照区政协《关于在全体政协委员中开展“我为打造‘五个新抚宁’做贡献活动”开展情况进行调研》的通知要求，及时召开政协委员专题会议进行安排部署，结合街道实际，积极组织政协委员开展各种活动。加强理论学习，提高政协委员政治修养。系统学习习近平总书记系列重要讲话读本和有关文件精神，提升了政协委员的政治修养和理论水平，把思想和行动统一到中央和省市区委确定的目标任务上，并及时传达区政协下发的各种文件、信息和杂志，使每位政协委员了解掌握上级的各项工作部署及工作落实情况。结合街道实际工作，积极邀请政协委员参加综合治理、食品安全检查等活动。先后两次邀请4位政协委员参加街道综合治理、食品安全隐患督导检查工作，充分发挥民主监督作用。区政协委员、艾欣超市经理程云萍在广泛听取周边居民意见的基础上，提出了在迎宾路与东大街十字路口安装红绿灯、在城区红绿灯处全部设置时间提醒、加强宣传教育、加大惩戒力度、严肃法纪及对路口乱摆放现象加强管理、消除道路交通隐患的提案。为缓解社会就业压力，解决下岗职工及年龄偏大人员就业难的问题，她主动向这些人群开了绿灯，解决社会闲散人员就业80人，90%为下岗失业人员和大中专毕业生。陈国勤委员赞助20余名特种教育学校学生，为他们提供价值1000余元猪肉，改善了特种教育学校学生生活质量。区政协委员、骊城街道工委邱营社区党支部书记赵友礼，自1994年任社区党支部书记以来，全心全意为人民服务，他多方协调，邱营居民从低矮的土坯房住进宽敞的垂直楼房。带领班子成员为居民办实事、办好事，化解邻里纠纷，几年中共化解居民间矛盾30余起。茶棚乡按照区政协《关于在全体政协委员中开展“我为打造‘五个新抚宁’做贡献”活动的决定》要求，在活动中设立委员“大众创业先锋岗”“美丽乡村先锋岗”“环境整治先锋岗”“矛盾化解先锋岗”“奋发进取先锋岗”，由委员根据自身行业特点和工作实际自认1～2个先锋岗，有重点有侧重地开展活动。在开展“五个新抚宁”活动中，各位委员积极领岗认岗，王益仙委员认领了“大众创业先锋岗”，她成立的益仙巾帼养猪专业合作社实施节能减排综合利用现代化生态循环养殖项目，建设了有机肥厂，并带领周边妇女姐妹缝制虎头鞋帽、斗篷、百家衣被等，打造纯手工宝宝衣服礼盒，解决周边妇女的劳动就业问题，进一步增加农民收入。王明委员和安丙富委员认领了“环境整治先锋岗”和“矛盾化解先锋岗”，两位委员充分发挥自己在群众中有较高威信的优势，积极协调各种关系，化解2件重点信访案件，调解各类邻里纠纷、土地纠纷10余起。殷佐海委员认领了“大众创业先锋岗”和“矛盾化解先锋岗”。他在北京市新发地农产品中心批发市场租用180平方米门市一处，专营“茶棚牌”蔬菜（西红柿、苦苣、茼蒿、油麦菜等），日销4～5吨，大大解决了农民卖菜难的后顾之忧，带动了农民种植的积极性，有力地促进了“品牌”农业的发展。肖春义委员认领了“美丽乡村先锋岗”和“大众创业先锋岗”，他先后投资8万余元对原西石河村小学进行装修，将原教室室内外粉刷一新，重新修建了广场及花园，维修了健身娱乐器材，同时新购置了电视、沙发、LED显示屏等设备，组织成立了西石河村火凤凰舞蹈队，为村民提供了健身娱乐的场所，丰富了广大村民的文化生活。深河乡政协委员活动组按照区政协的统一部署，积极投身建设“实力新抚宁、宜居新抚宁、美丽新抚宁、和谐新抚宁、激情新抚宁”的活动。召开政协委员专题会议进行安排部署，组织委员学习、研究，重点围绕如何发展适合农村的发展路子，重点调研，突出重点，发挥委员的带头作用，为农民增收献计献策。政协委员张俊奎利用多年积累的果树管理经验，带领果农去外地学习先进的管理技术，为本村及邻村的果农无偿提供嫁接新技术，为近半农户更新了品种，为板栗生产打下了良好基础。瑞华玻璃有限公司董事长王瑞新，是连任几届的政协委员，他带领100多名员工，不断钻研，力求发展，出口创汇又达到了一个新水平。加盟精密有限公司总经理刘大江，是本届新任委员，在他的“共同担当，共同致富”的理念下，引导职工狠抓内部管理，提高职工素质，精打细算，不断挖潜，提高了职工的创新积极性，降低了产品成本，同时也增加了职工收入，增强了企业自身竞争力，企业规模也得到了不断发展。

2018年9月6日，政协乡镇活动组组长参加区政协召开的理论研讨会。学习习近平总书记关于加强和改进人民政协工作的重要思想理论，结合各自思想工作实际，撰写理论研讨文章。会上，深河乡政协活动组代表乡镇活动组作研讨交流发言。2019年，区政协充分认识习近平总书记关于人民政协是国家治理体系的重要组成部分论述的新内涵，进一步探索政协协商同社会治理、基层治理相结合的有效形式，发挥好乡镇政协活动组、区直工作组的作用。积极参与投身全区重点工作，围绕创卫和农村人居环境整治、拆违等重点工作，积极开展志愿者服务、宣传解释、化解矛盾等工作；坚持把政协履职的触角和末梢延伸到人民群众中间，就农村厕所改造、洁净煤推广、棚户区改造等基层民众关心的话题，由街道、乡镇活动组组织基层委员“零距离”倾听意愿，为民代言。通过民情走访、民意恳谈、专项调查，向区委区政府报送“城区部分街路公益广告有错字讹误影响抚宁形象”“应加大对域外抚宁籍人士的联谊联络”“关于紫金山公园坟茔外迁的建议”“城区金山大街与迎宾路丁字路口行人过路难，易造成交通事故”等社情民意信息6条。

2020—2021年，各乡镇活动组积极组织疫情防控、卡点值守、巡查督导、推动春耕生产和企业复工复产。他们立足“一岗双责”，充分发挥组织协调作用，使各活动组的委员在抗击疫情中主动融入，自觉履职尽责。

抗击新冠疫情

2020年在抗击新冠疫情活动中，区政协坚持以习近平新时代中国特色社会主义思想为指导，贯彻区委二届四次全会精神，统筹做好“聚力量、防疫情、促发展”（以下简称“聚、防、促”）的各项工作，巩固深化“不忘初心、牢记使命”主题教育成果，把投身防控疫情第一线作为践行初心使命、体现责任担当的试金石和磨刀石。充分发挥党员干部、政协委员的先锋模范作用。切实把做好疫情防控作为最重要的政治任务和履职责任，以实际行动增强“四个意识”、坚定“四个自信”、做到“两个维护”。

政协倡议

2020年2月2日，经政协党组研究，区政协向全区各级政协组织、政协各参加单位、广大政协委员、机关全体干部印发《关于抚宁新型冠状病毒疫情防控工作的倡议书》。全区政协系统各级党组织和广大党员委员，要按照中共中央《关于切实加强党的领导充分发挥各级党组织和广大党员干部作用坚决打赢疫情防控阻击战的通知》要求，在疫情防控的战场上听从党指挥，全面履行党组织职责和党员义务，全力以赴，科学有效做好疫情防控工作，把党的政治优势、组织优势、密切联系群众优势转化为疫情防控的强大政治优势，把投身防控疫情第一线作为践行初心使命、体现责任担当的试金石和磨刀石。

坚持履职尽责与凝聚共识双向发力，发挥政协委员的专业优势和桥梁纽带作用，通过各种行之有效的方式和途径，围绕联防联控、患者救治等献计出力；切实做好解疑释惑、凝心聚力的工作，带头落实疫情防控各项措施，汇聚起团结一心、众志成城的强大力量，构筑起群防群治抵御疫情的严密防线。广大政协委员要积极投身到疫情防控和群防群治工作中去，充分发挥行业优势和岗位优势，踊跃捐款捐物、驰援防疫一线，展现政协委员的社会责任担当和良好形象。

“聚、防、促”活动

在全区政协系统开展“聚、防、促”活动。成立由区政协主席、党组书记张岐任组长的活动领导小组。以视频形式召开全区政协系统开展“聚、防、促”活动动员会，提出要为统筹推进常态化疫情防控和经济社会发展贡献全区政协系统智慧和力量。

区政协精心组织、明确任务、统一行动，24 小时轮流值守。对过往车辆人员进行排查监测，对包联小区进出人员进行全排全查，无死角，无遗漏，确保各项防控任务落细、落小、落实。区政协委员通过各种渠道纷纷向奋战在防疫一线的工作人员和武汉慈善总会等捐款捐物。政协机关和离退休老干部共捐款 5300 元，全区政协委员共捐款 424064.72 元，捐物价值 183628 元。

区政协主席张岐深入留守营活动组督导“聚、防、促”活动开展情况。走访华云纸业、凡南彩色包装有限公司等企业，并现场协调指导电力公司解决当前企业在扩大规模中遇到的电力供应缺口问题。区政协副主席王海银分别走访茶棚乡殷佐海委员和抚宁镇梁宝山委员，了解疫情防控常态化形势企业生产发展情况和医院经营情况。区政协副主席李维宝到太平洋财险、人保财险、邮储银行、民生银行进行走访调研；区政协副主席赵永红到秦皇岛东齐纸制品有限公司和振虹门窗有限公司走访调研；区政协副主席徐秋阳分别到郧大为、闫成东委员所在的企业走访调研，分别了解督导“聚、防、促”活动开展情况。各区直工作组、乡镇活动组充分发挥作用，党群政法组组长曹新成发挥总工会在助力抗疫和复工复产中的作用，先后组织购进 10.61 万元防护用品，支援全区抗疫；下拨本级专项经费 41 万元，筹集 22.64 万元慰问抗疫一线职工，助力复工复产。工建交组组长常虎在积极助力企业复工复产，奔波于省市行政审批部门，帮助企业协调解决有关问题，为新上项目开通绿色通道，主动登门服务小微企业。医药卫生组组长孙怀广亲临疫情防控第一线，一直坚守天马湖隔离点，组织疫情处置，开展核酸样本采集、大流调、协查调查、疫情排查等。税务系统委员刘树静、赵隽落实疫情防控期间税收优惠政策、服务举措，主动指导困难企业办理延期缴纳税款业务。政协委员、区信用联社董事长杨立群支持实体经济发展，累计对 8 家企业采取减免罚息、延后还款等措施，涉及金额 1.20 亿元；办理无还本续贷贷款 8.29 亿元；支持复产复工企业 91 家、授信金额 16.90 亿元，累计发放优惠利率涉农贷款4379万元。农业科技组委员潘宏义、潘雪组织企业先后捐赠防护服、消毒液和熟食产品及现金合计12万元。区政协委员、区中医医院残疾人康复中心专职副主任李惠颖及时起草了防控救治预案，分组督导预检分诊、发热门诊、中西医结合医疗救治等各项工作。抚宁区紧急启动天马湖“隔离医学观察处”后，她挺身而出，自驾车赶到隔离点，建立了调度、引导、培训、人员分工、接送隔离者等规范的工作流程，密切接触者被陆续接进隔离区进行医学观察。她一直坚持奋战在抗击疫情的前线。区政协委员、抚宁镇中心卫生院院长梁宝山，疫情暴发以来他亲临抗疫一线，带伤亲自上阵指挥；深夜接到群众报告有外地来抚人员，冒着可能传染的风险入户为外来人员检查身体，测量体温；多次前往一线慰问单位职工，解决生活、工作中遇到的困难。区政协委员，中国农工民主党党员，区中医医院脑病科主任、副主任医师，抚宁区疫情防控专家组成员祖述臣，疫情发生的危急时刻，他挺身而出，带领全科医护人员不惧风险，冲锋在前，带领全科人第一时间上交集体驰援武汉请战书。他连续坚守在高风险的发热病区30余天；针对疫情不断变化，积极组织院内医护人员解读每一版新冠肺炎诊疗方案，如何让中医在疾病的诊治中发挥它应有的作用。区政协委员、秦皇岛小江蔬菜专业合作社理事长郭大为，为确保疫情防控期间蔬菜供应，从大年初二开始便带领全体职工有序开工，他主动与上级主管部门联系，请示复工保供应工作，制定疫情防控应急预案。为确保疫情防控期间农产品不断档、不涨价、不哄抢，菜篮子供应稳定、有序，工人们连续作战30天，坚守各自岗位，每日出菜量达70～100吨，主要配送到秦皇岛各大批发市场和唐山地区，满足了当时的市场需求。并积极为疫情防控工作捐款、捐赠物资。区政协委员、秦皇岛市爱先行公益服务中心负责人刘洪涛，充分利用网络平台，宣传普及防控政策和疫情防控知识。带领河北省慈善联合会秦皇岛工作站的志愿者开展为战胜疫情的筹款活动，累计捐款、捐物折款8万余元。区政协委员、华云纸业集团董事长刘振华，疫情发生后主动请缨加入樊各南村检查站执勤队伍中。他千方百计帮助村里解决口罩、测温仪、消毒液等防疫物资短缺的问题，他本人为区抗击疫情捐款5万元，为留守营镇捐款3万元，为企业所在地樊各南村检查站捐款捐物。在刘振华的动员带动下，留守营镇政协委员、企业家纷纷献出爱心，累计为疫情捐款40余万元。各乡镇活动组充分发挥作用，各位组长同时也是各乡镇党委副书记，积极组织疫情防控、卡点值守、巡查督导、推动春耕生产和企业复工复产。他们立足“一岗双责”，充分发挥组织协调作用，根据各活动组特点与实际，制定活动方案，采取线上宣讲解读、宣传发动等方式，把各活动组委员的思想认识统一到省市区政协开展“聚防促”活动的决策部署上来，使各活动组的委员在“聚防促”活动中主动融入，充分发挥了政协委员自觉履职尽责、乐于奉献、勇于担当的模范作用。

政 协 提 案

提案是人民政协履行政治协商、民主监督和参政议政三大职能的重要渠道，是政协委员履行职责的主要形式，是政协制度设计的一种定型成熟体现。

自人民政协诞生之日起，政协提案工作即告产生。从 1949 年 9 月至 1954 年 12 月，人民政协代行人民代表大会职权。提案工作一经产生，便为恢复和发展国民经济、巩固新生的人民民主政权、推动各项社会改革发挥了特殊作用。从 1982 年抚宁县政协成立，到 2013 年 3 月，恰逢十一届三中全会召开以后，开启改革开放和社会主义现代化时期，既是抚宁县政协在探索中前进、在前进中探索的时期，也是提案工作不断探索、不断前进的过程，逐步实现制度化、规范化、程序化、信息化和科学化，提案质量、办理质量、服务质量不断提高，提案工作的政治效益、经济效益、社会效益和影响力不断提升，在促进拨乱反正、巩固和维护全县安定团结的政治局面、推进全县改革开放、县域经济跨越发展、促进社会和谐等方面发挥了重要作用。这一时期，从政协办公室承办提案收集、交办到组建提案工作科专门受理提案组织协调工作，再到成立提案审查委员会，提案承办的程序如提出、处理、催办等更加规范；提案工作开展更加经常化，提案数量与质量大幅提升。1982—2021 年，县（区）政协共收到提案 4279 件，立案 4175 件。特别是一批有影响力的 1 号提案如《关于拆除县大礼堂，拓宽一小门前至长征路路面、修建休闲活动场所和解决一小学生上放学出入难问题的建议》和重点提案的涌现和办理，有力助推了政府的施政和一些难点问题的破解；更加注重外出考察学习提案工作并总结交流经验，推动提案工作创新发展；提案工作作用与影响逐步扩大，政协提案进一步成为人民政协履行政治协商、民主监督、参政议政职能最广泛、最直接、最有效的一种方式。特别是通过年度表彰优秀政协提案、提案办理先进单位和先进个人，加大提案工作宣传力度，扩大了提案工作的社会影响。

中共十八大之后，中国特色社会主义进入新时代，人民政协和政协提案工作也进入新时代。在习近平总书记关于加强和改进人民政协工作的重要思想指引下，特别是中央政协工作会议召开后，提案工作在着力提高质量、健全工作机制、做好重点提案遴选和督办、促进经济社会发展、发挥提案在建言资政与凝聚共识双向发力中的作用等方面，不断加大工作力度，更加聚焦党委政府中心工作，紧扣和保障改善民生，在助推抚宁二次创业、振兴崛起的新征程中，更加彰显政协委员作为，更加彰显政协制度优势，更加彰显提案工作的独特作用。

县政协提案

1982 年 2 月县政协一届一次会议至 2015 年 8 月撤县设区，每届第一次全委会议预备会议决定成立县政协提案审查委员会，组成人员从本届政协委员中产生，全委会议主席团常务主席即县政协副主席兼任提案审查委员会主任。每届第一次全委会议闭幕后，提案审查委员会作为提案委员会，负责县政协提案工作。提案委员会组成人员需要调整时，由县政协常委会会议协商决定。

县政协全委会议听取和审议主席团常务主席或县政协副主席所作的提案工作情况报告，集中收取县政协委员、参加单位和专门委员会提案，审议通过县政协副主席或秘书长所作的提案审查情况报告，表彰奖励上次全委会议以来优秀提案。部分提案工作和审查情况报告为书面报告或由提案委员会副主任所作。自六届五次全委会议起，提案工作情况报告由县政协提案委员会升格为常务委员会委托报告人所作，体现了对提案工作的重视。三、四届全委会议听取县政府副县长所作的提案解答报告。

全委会议闭会期间，县政协向全体委员印发提案征集通知，组织新委员对提案知识学习培训，加强提案宣传报道工作，收取审查交办转办提案。选择事关全县大政方针的重点提案，报请县党政领导批办，县政协组织委员跟踪督办。县政协主席会议、常委会会议听取县政府提案办理情况报告，就解决相关难点问题提出建议。县政协乡镇、街道联络组、活动组，县直工作组，积极开展委员座谈调研考察等活动，以提高提案工作质量和水平。提案承办同办单位积极采纳提案建议意见，加快实现提案成果转化运用。提案工作在履行政治协商、民主协商、参政议政职能中发挥了重要作用，受到中共抚宁县委和省、市政协充分肯定。全委会议期间提案，一般在当年8月底前办复；闭会期间提案，自交办之日起3个月内办复；对提交时间较晚、难度较大不能如期办复的，可向提案人说明延迟到年底前办复；部分未立案提案转为反映社情民意办理。

县政协历经9届委员会，共召开38次全委会议，收到提案3501件，立案3418件。其中（因资料所限不含三、四、八、九届末次会议和闭会期间提案），所提问题和建议得到解决采纳的1937件，列入计划逐步解决落实的795件，因现行政策和财力等不予采纳的289件。表彰奖励优秀提案（含提案人）179件（名），提案办理先进单位27个。共收到社情民意556件，向县有关党政领导和部门编报发送327件。

县政协办公室、提案工作科先后负责提案日常工作。

县政协向市政协提交提案1件，出席市政协提案工作经验交流会议1次、省政协提案工作经验交流会议2次。荣获市政协表彰提案工作先进单位1个、先进个人5名。提案工作文稿获市政协新闻一等奖。

县政协第一届委员会提案

1982年2月11日，县政协一届一次会议预备会议决定成立县政协提案审查委员会，主席团执行主席刘志成兼任提案审查委员会主任，毕再昌任副主任。县政协办公室负责提案日常工作。

县政协从坚持和完善政治协商制度的高度出发，切实做好提案工作，协助党政领导部门实现决策民主化、科学化。县政协主席会议研究决定提案征集、立案、督办和答复工作，常委会会议听取审议提案处理情况报告。县政协主管领导会同相关部门确定提案承办单位并转交提案，对采纳落实提出具体要求。提案委员会定期召开会议，认真履行职责，务求工作实效。提案内容涉及活跃县城文化生活、建立县中医院、落实知识分子政策、重视推行科学种田等诸多领域，体现了民主监督和参政议政意识。提案承办单位精心组织，积极采纳落实提案建议，促进了县域经济社会发展进步。

县政协第一届委员会共召开4次全委会议（一届四次会议无提案工作议程），收到提案157件，立案154件。其中，所提问题和建议得到解决采纳的77件，占立案提案总数的50%；列入计划逐步解决落实的35件，占总数的22.73%；不予采纳的42件，占总数的27.27%。

一届一次会议提案工作 1982年2月12—14日，县政协一届一次会议审议通过了提案审查委员会一届一次会议提案审查情况报告（书面）。

县政协第一届委员会筹备办公室于一届一次会议前，致函新推选的63名首届县政协委员并附提案专用纸，要求委员不负全县人民重托，广泛收集各方面意见和反映，积极撰写提交提案。县政协一届一次会议期间，共收到提案109件。其中，涉及工交财贸方面的39件，科技农林水方面9件，文教卫方面29件，党群政法统战和落实政策方面32件。会议闭幕后，经提案审查委员会审查，立案107件。县政协主管领导会同县政府办公室、县委统战部确定25个承办单位并交付提案。经县政协主席会议认定，有74件答复相对规范满意，可书面回复提案人；33件答复或提案本身不够规范完善，由县政协办公室与承办单位和提案人沟通协商修订，直到规范满意为止。截至5月底，提案全部办复完毕。

为促使提案中提出的问题得到解决，县政协主席胡顺在县直单位负责人会议上对提案办理工作提出建议和要求，引起了与会人员重视。毕再昌委员《要大力推行农业技术联产责任制》的提案认为，参加责任制的脱产技术干部、工委农技推广站过少，阻碍了科学种田进程，建议有关部门尽快解决上述问题。县委农工部在办理提案时表示，要进一步推行农业技术联产责任制，强调县、工委农业技术干部和农民技术员要积极参与，适时召开相关汇报会和座谈会，交流经验，表彰先进，促使这项工作向深度广度扎实推进。陈希曾委员《关于开放县礼堂，活跃群众文化生活的建议》的提案认为，县礼堂一年除开几次大型会议外，基本上闲置不用，是很大的浪费和损失，建议县委、县政府领导考虑接待外地文艺团体演出，既可活跃县城文化生活，又能增加经济收入，减轻财政负担。县政府办公室认真研究办理，责成县文化主管部门联系接待外地剧团来县礼堂营业演出，满足人民群众精神文化生活需求，希望陈希曾委员今后对政府工作多提宝贵意见。陈希曾委员又一件提案是《要解决好商品不全和经销网点少问题》，反映一件普通商品跑遍县城内几个门市部都买不到，不知是货源紧张供不应求还是商业经销网点太少，建议县商业主管部门搞好调查研究，采取有力工作措施，满足人民群众生产生活商品需求。县政府财贸办公室认为，提案所称商品不全问题确实存在，原因包括货源不足、流通不畅、经营不善等诸多方面，要求县商业局、县供销社结合当前文明礼貌月活动，认真加以解决，并逐步增设商业经销网点。谷玉祥委员《恢复海阳回民饭店》的提案说，海阳镇毗邻秦皇岛市，时常有回民光顾，本镇也有回民定居，新中国成立以来海阳镇一直建有回民饭店且生意兴隆，“文化大革命”期间被迫关闭，建议恢复重建。县政府在提案办理答复中表示：两年前已研究决定恢复海阳回民饭店，但年老的回民厨师早已退休，年轻回民不愿做厨师，又不能由汉民代替，目前正在设法解决回民厨师问题，促使提案建议尽快落实。县社队企业局接到王景曜委员《关于制止海阳农机厂多名男职工私造火药、小手枪》的提案后，马上召开局务会议部署办理，由一名副局长带领内保人员前往彻查，收缴了9只小手枪并移交公安部门，同时加强对全厂职工遵纪守法教育，确保类似事件不再发生。王景曜委员提案还有《拆除东城墙马路中间电线杆的建议》，称县城东城墙道路加宽方便车辆行人是件大好事，但路中间仍留有一行电线杆，容易引发交通事故，建议予以撤除。提案承办单位县计委和有关部门协商决定，将电线杆移至路旁并设地下电缆。县委办公室、县财政局、县文教局、县供销社等部门办理提案积极主动，工作到位，效果显著。

是年，县政协明确由县政协办公室负责提案日常工作。

一届二次会议提案工作 1982 年 6 月 10—16 日，县政协一届二次会议听取和审议了县政协副主席刘志成所作的一届一次会议以来提案处理情况报告和一届二次会议提案审查情况报告。

县政协一届二次会议期间，共收到提案 27 件，经提案审查委员会逐件审查，立案 26 件，1 件转为信访处理。其中，涉及农林科技水电方面的 5 件，工交财贸和城镇建设方面 7 件，文教卫生方面 5 件，党群政法落实政策和其他方面 9 件。会议闭幕后，县政协会同县委统战部、县政府办公室确定提案转办意见，将提案交付承办单位。截至 11 月 18 日，提案全部办复并告知提案人。

县政协领导认为，一届二次会议提案反映了干部群众普遍关心的问题，体现了政协委员参政议政意识，必须抓好办理工作，解决落实提案反映的问题。毕再昌委员《尽量不要抽调科技人员做中心工作》的提案认为，县委、县政府从县直各单位抽调干部到基层帮助推行农业生产责任制非常必要，但其中有县科委、县农业局的科技人员，势必影响他们全身心从事科研工作，希望改变这种做法。县委组织部表示将对上述情况进行检查和纠正，确保专业技术干部有六分之五的时间从事科研工作。对于苏兰茹委员《建立中医医院培训中医中药人员》、李景尧委员的《建议建立县中医医院》的提案，承办单位县卫生局认为，二位委员的提案有利于名老中医传承学术思想和临床经验，培养造就青年中医药人才骨干，加强中西医结合医疗卫生服务体系建设。鉴于建立县中医医院涉及医疗机构增设、管理医护人员配置、建设资金来源等重大事项，县卫生局拟进行专题研究论证并形成可行性报告，呈请县委、县政府和唐山地区卫生局研究决定。王景曜委员的《关于县水利局两名干部评定专业技术职称的建议》交办后，县科委十分重视，表示将按规定程序尽快给予解决。刘玉洁委员《建议扩建县幼儿园房舍》的提案，反映因房舍不足导致 80 多名幼儿未能入托，中午孩子不能在园内休息，影响双职工工作和生活，建议县政府考虑解决。对此，县政府决定择新址重建县幼儿园，筹备工作已经启动。惠迎甲委员《解决农村双职工特别是教师住房难问题》的提案称，目前全县城镇双职工住房已基本解决，但农村公社级多数没有解决，其中大多为中小学双职工教师，无奈挤住自家房屋或租住民房且无租房补贴，有的要自己投资建房又不能批给房基地，希望县有关部门予以解决。近年来，县文教局对农村教师住房现状深表同情，多次向县政府请示解决以上问题，但只能待县财力好转后考虑逐年解决。县计委收到马自和委员《建议开设民用建材零售网点》的提案后表示，全县农村尤其是偏远山区购买水泥、角钢、玻璃等建材，确实存在数量有限、品种单一、交通不便等困难，但目前国家民用建材资源尚不能满足城乡市场需求，即使在有条件的大集镇开设零售网点，商品存量也会明显不足，有些建材还得到县城购买，故暂不考虑开设基层民用建材零售网点。

一届三次会议提案工作 1983年3月20—26日，县政协一届三次会议听取和审议了县政协副主席刘志成所作的一届二次会议以来提案处理情况报告，审议通过了一届三次会议提案审查情况报告（书面）。

针对一届二次会议提案明显减少的现象，县政协向委员提供提案学习资料，解答相关难点问题，走访委员时通报提案处理落实情况，引导支持委员克服畏难情绪，积极主动完成提案征集工作任务。县政协一届三次会议期间收到提案21件，经审查全部立案。其中，涉及农业科技水电方面的4件，工交财贸和城建方面4件，文教卫生方面6件，党群政法、落实政策和其他方面7件。县政协主席主持召开县委办公室、县政府办公室、县委统战部负责人会议，研究确定提案承办单位并转交提案。县政协召开主席会议，研究提案办理答复工作。截至9月底，提案全部办复完毕。

县城是县域经济、政治、文化和社会发展的名片，其道路通行状况关系到居民生活质量，备受社会各界关注。刘玉洁委员关于《维修南关至县医院路面的建议》的提案反映，这段路年久失修，坑洼不平，雨雪过后泥泞难行，给病人就医和行人带来很大不便，建议有关部门秋季之前修好。县政府接到提案后，主管领导召集县城建、交通等部门负责人专题研究办理，仅用一个月时间即完成路面平整硬化工程。惠迎甲委员《民办教师工资待遇应尽快定下来》的提案道，农村经济体制改革后，民办教师待遇由工分改为工资，全县大多公社开始筹款发放，但有些公社则徘徊观望等待县政府下达文件，还有的公社筹款遇到困难，如此下去必然影响民办教师情绪和教学质量，希望县教育主管部门给个说法。县文教局接到提案后表示，前不久召开的县教育工作会议明确，民办教师工资由所在公社统筹，并要求妥善处理好相关疑难问题。各公社主管副书记参加了会议，相信民办教师工资待遇很快即可落实。惠迎甲委员又一件提案是《教育系统应重视解决干部老化问题》，县委宣传部拟解放思想大胆提拔使用中青年知识分子，有计划地让老干部退居二线，责成县文教局加强青年干部培训，提高领导管理水平，逐步实现教育系统干部队伍革命化、年轻化、知识化、专业化。县林业局对王永秋委员《绿化应有规划并要加强管护》的提案办理作出答复，称早已制定全县绿化发展规划，将所有荒山、荒滩和闲散地段进行绿化。对于绿化管护工作，拟实行各种形式的责任制，做到谁栽谁管，责任到人，有利社员。毕再昌委员《农村实行生产责任制后，各大队应留一名驻队农业技术员》的提案，对于推行科学种田、促进农业增产增效具有重要参考价值。承办单位县委农工部就此深入乡村调查研究，集思广益，拟将根据上级文件规定和县实际提出落实意见和措施。李雨珍委员《关于知识青年从事教育工作后的教龄问题》的提案指出，部分知识青年担任国办教师后，教龄自参加教育工作之日算起，之前在农村插队年限不算作教龄，工资待遇受到较大影响，建议将其插队劳动经历视为并算作教龄。对此，县委宣传部作出答复：知青经历相对特殊，但按现行政策其插队年限还不能计算为教龄或工龄，有待积极向省、市教育和劳动部门争取，以提高知青教师工资待遇。

一届四次会议提案工作 1983年10月28—30日，县政协一届四次会议传达贯彻全国政协严厉打击刑事犯罪活动决议和市各界人士为两个文明建设服务经验交流会议精神，与会委员列席县七届人大五次会议。一届四次会议无提案工作议程，故不予记述。

县政协第二届委员会提案

1984年5月25日，县政协二届一次会议预备会议决定成立县政协提案审查委员会，主席团常务主席赵振基兼任提案审查委员会主任，毕再昌、张九龄任副主任。

县政协主席会议、常委会会议深刻领会提案工作性质和作用，协商确定提案承办单位，听取审议提案处理情况报告，提出采纳落实建议。县政协主要领导对提案工作负总责，主管领导谋划开展提案征集、交办、督办等工作。县委、县政府、县政协召开提案工作座谈会，传达贯彻省政协提案经验交流会议精神。县委统战政协工作会议要求各级各部门高度重视、认真办理政协提案，县政府专题会议交办提案并提出办复意见和时限。提案事实清楚、书写规范、一事一议，有利于审查立案和承办落实。《不能同意留守营地区建造纸厂》《关于建立县电视插转台的建议》《建议增加秦皇岛市医疗点》等重点提案，受到社会各界和人民群众充分肯定。

县政协第二届委员会共召开3次全委会议，收到提案248件，全部立案。其中，所提问题和建议得到解决采纳的200件，占立案提案总数的80.65%；列入计划逐步解决落实的33件，占总数的13.31%；不予采纳的15件，占总数的6.05%。

出席省、市政协提案工作经验交流会议各1次。

二届一次会议提案工作 1984年5月7—8日，县政协一届十四次常委会会议听取和审议了县政协副主席赵振基所作的一届三次会议以来提案处理情况报告。5月26—31日，县政协二届一次会议审议通过了县政协副主席赵振基所作的二届一次会议提案审查情况报告。

为开好二届一次会议，县政协向委员印发提案征集函和专用纸，对撰写提案提出明确具体要求。会议期间共收到提案74件，其中涉及工建交方面的13件，农林水电方面4件，财贸物资方面15件，科学技术方面3件，医药卫生方面9件，文化教育方面6件，党群政法方面15件，统战和落实政策方面9件。会议闭幕后，县政协会同县委办公室、县委统战部对提案逐件审查，决定全部立案并交付承办单位。截至9月底，提案全部办复。

县政协主席会议将提案转办列入重要日程，听取专题汇报，谋划制定工作措施。明确一名副主席主管提案工作，由随时了解过问变为定期研究部署，由注重提案数量变为强调提案质量办复效果。董树林委员《关于留守营采购站营业员殴打教师应尽快查处》的提案交办后，县公安局负责人首先会同相关人员，前往医院看望被打教师并了解案情，然后深入座谈走访和调查取证，依据治安处罚规定进行了处置。杜志仁委员提交的《建议提高蜂窝煤质量》提案称，自1982年以来，县城居民开始使用蜂窝煤，既节省原煤减少污染又方便生活。但是自去年入夏以来，蜂窝煤出现重量不足、硬度不够、搬运易碎和供不应求问题，希望改进提高。承办单位县物资局决定由燃料公司副经理带领技术人员专程赴昌黎县城学习考察，通过加入少量黄泥水浆，加大煤粉细度，延长闷拌时间和调整机械压力，确保了蜂窝煤质量，生产数量亦有增长，深受用户好评。李绍斯委员《应加强文化娱乐场所秩序管理》的提案称，前不久一外地评剧团来到牛头崖电影院营业演出时，少数社会青年寻衅滋事，肆意扰乱公共场所秩序，导致停演退票，电影放映活动受到严重影响。县公安局对该提案及时研究办理，会同牛头崖派出所迅速组织警力，依法严厉查处涉案人员，建立完善治安防控体系，实现了电影放映和文艺演出正常开展，增加了人民群众的安全感。祝玉勤委员的《关于建立县电视插转台的建议》交办后，县政府认为势在必行，待县财力好转时优先解决。该提案虽未被采纳，但为扩展抚宁电视转播覆盖区域提出了具有超前意识的建议，助推了城乡文化基础设施建设。葛树林委员《关于人才开发问题》的提案，建议县有关部门定期对自学成才人员进行考核，评定专业职称并安排相应工作，这样既可重视发掘基层人才潜力，又能激励广大青年学习掌握科学文化知识技能，形成尊重知识、尊重人才的浓厚社会氛围。县委组织部对提案建议作出答复：自学成才人员可按专业参加省自学成才统一考试，取得同等学力并参加职称评定。毕再昌、易阳坤委员《售予我县中级知识分子自行车一事应如期兑现》的提案反映，1983 年县领导决定，对在抚宁工作的农艺师、工程师、主治医师等中级知识分子，每人按市价售给一辆自行车，但后期兑现中断，知识分子们很有意见，建议县政府再安排部分自行车指标，继续予以兑现，体现对知识分子的关心照顾的连续性。承办单位县政府财贸办公室表示，此项优惠政策仍在执行过程中，但因自行车货源有限，离退休老干部等群体占用照顾指标，需分批分期售予知识分子自行车并将加快兑现进度，请提案人向相关人员说明上述原因。

二届二次会议提案工作　1985 年 4 月 22—25 日，县政协二届二次会议听取和审议了提案委员会副主任毕再昌所作的二届一次会议以来提案办理情况报告，审议通过了大会副秘书长李学勤所作的二届二次会议提案审查情况报告。

县政协对会议和闭会期间收到的提案同样给予重视，实现提案征集经常化，及时审查立案转办。二届二次全会期间收到提案 68 件，平时收到 6 件，共计 74 件，经审查全部立案并交付承办单位。其中，涉及经济体制改革和开放方面的 7 件，文化教育方面 13 件，农林水电方面 7 件，卫生体育方面 8 件，城镇建设方面 3 件，工业交通邮电方面 6 件，财贸物资方面 13 件，科学技术方面 2 件，落实知识分子政策方面 5 件，劳动人事方面 2 件，统战民族宗教和侨务方面 5 件，其他方面 3 件。截至 12 月 20 日，提案全部办复完毕。

县政协主席会议、常委会会议研究审议提案办理工作，提出采纳落实意见和措施，争取县党政领导部门和社会各界支持。县委召开全县统战政协工作会议，要求各级各部门认真对待、积极办理政协提案。县委、县政府、县政协召开政协提案工作座谈会，传达贯彻省政协提案经验交流会议精神，总结部署提案办理工作，县党政和政协领导出席会议并讲话，县直单位负责人参加会议。县政府主要领导主持召开提案承办单位负责人会议，要求明确专人负责办理答复，按规定程序送交县政协。对于承办难度大的提案，县党政领导亲自协调办理。县第二中学部分操场被海阳镇群众建房和企业建厂占用，严重影响学校开展体育活动并引发产权纠纷。齐凌云委员提交《请政府帮助解决县第二中学操场被占问题》提案后，县委、县政府主要和主管领导先后两次深入县二中座谈了解情况，召集有关人员现场办公，限期拆除违章建筑，使这一老大难问题得到解决。针对华北电业局拟投资在留守营地区建一个日产 50 吨黄板纸的造纸企业，葛树林委员提交了《不能同意在留守营地区建造纸厂》提案，理由是该地区现有大小造纸厂 7 家，原材料略有盈余，地下水勉强够用。如果再建大造纸厂，势必造成原材料短缺、地下水吃紧，故还是不建为好。县政府经调查研究并与华北电业局协商论证，决定采纳该提案意见，避免了盲目重复投资建设。刘玉洁委员的《县医院应更换供暖锅炉》和惠雅文等委员同一内容的提案，反映县医院供暖锅炉年久失修濒临报废，影响冬季正常供暖，建议尽快更换。在县财力紧张的情况下，经县政协主要领导与县委、县政府领导协调，于当年供暖前更换了供暖锅炉。侯秉贵委员《地方铁路扩轨占地群众有意见》的提案反映，秦皇岛地方铁路扩轨后路基加宽，占用沿线村民承包地不给任何补偿，群众意见很大。县政府咨询调研后给予答复：秦地方铁路拓宽路基所占土地已按政策规定付了款，近年有农民在这些土地上种了庄稼而误认为是新征要求补偿，铁路部门收回土地使用权合法有效，希望侯秉贵委员向相关群众做好解释工作。

是年（指本次全委会议至下次全委会议召开前，下同），县政协出席市政协提案工作座谈会议并介绍经验。县政协副主席李广明出席省政协提案工作经验交流会议，并作了《我们把办理和落实委员提案作为政协一项重要工作来抓》发言（《河北政协》刊发全文）。

二届三次会议提案工作 1986年3月20—22日，县政协二届三次会议听取和审议了县政协副主席赵振基所作的二届二次会议以来提案工作情况报告，审议通过了提案委员会副主任毕再昌所作的二届三次会议提案审查情况报告。

县政协认真贯彻落实省、市和全县政协提案工作交流座谈会精神，总结经验，查找差距，完善措施，促使提案征集和办理落实工作取得明显成效。县政协二届三次全会期间收到提案95件，闭会期间收到5件，共计收到提案100件，经审查全部立案。其中，涉及文化教育方面的14件，医药卫生体育方面11件，城镇建设和职工住房方面16件，交通运输方面8件，农林水方面19件，商贸财政方面的9件，统战宗教方面4件，人事劳动方面10件，领导作风方面3件，信访和落实政策方面4件，其他方面2件。95件提案于6月30前办复，其余5件提案年底前办复。

县政协主要领导对提案督办负总责，主管领导定期听取汇报、掌握进度、积极催办。主席会议、常委会会议和提案工作委员会对提案和答复函逐件审阅比照，不符合规定格式要求的、只说明情况而不采纳意见建议的退回承办单位重新办复。对持续关注同一问题的提案，给予特别关注，力求采纳落实。1984年5月县政协二届一次会议期间，祝玉勤委员曾就建立县电视插转台提交提案，但因县财力所限未能采纳修建。时隔两年，吕晓岚委员又向二届三次会议提交了《建议建立县电视插转台》提案，被确定为重点提案报送县政府得到采纳。县政府积极筹措资金建材，勘察选址施工，发动职工义务劳动，共投资35万元，在县城南紫金山东南峰建成县电视插转台，当年9月投入运行，标志着抚宁广播电视事业发展实现了新的飞跃。张东奎委员关于《农村乱挖土地拉砂子问题应及时制止》的提案指出，这个问题在农村相当严重且带有一定普遍性，导致大面积农田被毁，生态植被遭到破坏。县政府领导多次深入基层调研，出台相关法规措施，要求各乡镇领导和主管部门强化管控整治，彻查曝光违法案例，打击制止了农村挖地拉沙行为。刘玉舫委员《县幼儿园应安装暖气设施》的提案反映，用煤炉取暖既不卫生、影响幼儿发育，又容易造成烫伤，希望政府拨款安装供暖设备。该提案交办时，县财政年度预算已经安排就绪，破例拨款筹资安装了县幼儿园供暖设施。陈国权委员关于《街道翻修不能影响东风饭店正常营业》的提案称，按照县城道路规划，位于北街的东风饭店门市部要拆退

3～4米，导致营业面积严重不足，其隶属单位县饮食服务公司又无财力翻建搬迁，县城唯一国营饭店将无法继续生存下去，职工也不好安置。县政府办公室在办理答复函中表示，各部门各单位都要服从县城总体建设规划，对于东风饭店面临的困境，县政府已责县商业局妥善做好相关工作。陈国权委员对提案办理答复表示理解。于剑萍委员《建议各区所在地建立幼儿园托儿所》的提案指出，全县各区所在地均为大集镇，非农业人口较多，具有一定的商业服务和文教卫生等公共设施，但婴幼儿看护托管问题日益突出，建议县领导和有关部门考虑筹建区级幼儿园、托儿所。县政府办公室认为，该提案建议具有超前意识，体现了农村小城镇建设的必然要求，但由于国家财力所限，目前幼儿园、托儿所只能由集体和个人兴办，县政府给予支持协助，石门寨、牛头崖区所在地已经办起了幼儿园，其他大集镇多在小学附设学前班，基层婴幼儿托管教育正处于起步阶段。倪倩华委员《希望增拨教育经费》的提案称，全县中小学教学仪器缺乏，导致几十所乡办中学教材中有些实验不能做，甚至连演示实验也不能做，严重影响教学质量，建议县有关部门增拨教学仪器费。县政府经研究答复：1986年度县教育经费已经确定，从县机动财力中拨给教育部门的款项也已安排完毕，不可能再变更增加了，故决定1987年优先安排增拨教学仪器费。按现行医疗体制规定，抚宁县干部职工可到秦皇岛市人民医院、市第二医院（位于昌黎县）就医，但传染病患者不能去市传染病医院就医。齐凌云委员《建议增加秦皇岛市医疗点》的提案认为，应增加包括市传染病医院、海港医院、四零八医院在内的市定点医院，为东部海阳、石门寨、驻操营区患者就近就医提供方便。县政府提案办复结果是：增设市区定点医院尚有困难，经县卫生局批准，干部职工可到市传染病院就诊报销费用。

县政协第三届委员会提案

1987年4月16日，县政协三届一次会议预备会议决定成立县政协提案审查委员会，主席团常务主席赵振基兼任提案审查委员会主任，毕再昌、张九龄任副主任。

为切实提高提案数量和质量，县政协印发提案征集通知，多次召开会议安排部署，不再限制提案撰写人数、提交时间和案由内容。县政协全委会议听取县政府领导提案解答报告，以利于委员了解掌握提案总体情况，拓展提案涉及领域范畴，体现了县政府对提案工作的重视。提案委员会会同县委办公室等提出提案转办意见，筛选确定重点提案。县政府常务会议研究提案承办工作，主管领导参加督办重点提案。提案征集、立案、交办、督办规范有序，《关于加强全县河防维修的建议》《改善中小学办学条件的建议》《应加强对护城河的治理》《要恢复建立农业科技推广体系》等提案采纳效果良好。

县政协第三届委员会共召开3次全委会议，收到提案328件，全部立案。其中一、二次会议所提问题和建议得到解决采纳的86件，占立案提案总数的26.22%；列入计划逐步解决落实的106件，占总数的32.32%；不予采纳的40件，占总数的12.20%。

三届一次会议提案工作 1987年4月11日，县政协二届十四次常委会会议听取和审议了县政协副主席赵振基所作的二届三次会议以来提案工作情况报告。4月17—20日，县政协三届一次会议审议通过了提案审查委员会副主任张九龄所作的三届一次会议提案审查情况报告，听取了县政府常务副县长傅春奎所作的三届一次会议提案解答报告。

县政协于三届一次会议前印发征集提案通知并召开相关会议，要求委员认真履行职责，增强撰写提案的积极性和主动性。三届一次会议期间收到提案131件，全部立案。其中，涉及农林水电方面的50件，工建交方面23件，乡镇企业方面8件，医药卫生方面13件，劳动人事和领导作风方面的4件，财政金融商业供销方面15件，党群政法统战宗教方面10件，其他方面8件。平时收到立案交办提案13件。截至11月中旬，提案全部办复完毕。

县政协提案委员会会同县委办公室、县政府办公室、县委统战部对立案提案提出转办意见，筛选确定重点提案，强调落实效果。县政府召开县直单位提案交办会议，主管领导出席要求与会人员切实提高认识，做好提案办理工作，为政协委员履行职责创造有利条件。县政府领导对承办单位上交的提案答复函逐件审阅，亲自办理重点提案。王景曜委员《关于加强全县河防工程维修的建议》指出，河道防洪工程一旦出现问题，将直接威胁沿线乡村群众生命财产安全，政府和有关部门应居安思危，加大河防工程维修力度。县政府接到提案后认真研究部署，主管领导亲临危险地段现场办公，组织险情排查施工，共投资23万元，在汛期前加固维修河防御洪工程31处。刘长旭委员提交的《必须重视粮食生产》提案，事关农业发展走向、农民生活改善和农村社会稳定，引起县党政领导重视。县政府召开全县农业工作会议，明确方向目标任务，出台推进粮食生产的政策规定，统一干部群众的思想和行动，强调手中有粮，心里不慌。对于张九龄委员《切实解决残废军人公费医疗问题》的提案，县政府在广泛征求各方面意见、吸纳县内外好的做法和经验基础上，制定出台新的《公费医疗管理实施办法》，对二等乙级以上荣誉军人医疗药品费用全部实报实销。郭喜瑞委员《建议设立村级农业技术员》的提案，反映农村实行家庭联产承包责任制后，缺乏推广农业实用科技人才问题。承办单位县农业局召开局长办公会议，研究提案办理事项，组织人员到城关区曹东庄、前石河、西石河村专题调研，座谈了解农业技术员工作和待遇，总结科技兴农典型经验，切实加强农业技术推广队伍建设。年内全县已有4个区恢复建立村级农技组织，拥有农业技术员503人。县文教局对张彩霞委员《关于幼儿教师待遇问题》的提案办理答复是：幼儿园教师为学前教育发展作出了应有贡献，其部分人员身份待遇问题引起各级教育主管部门重视。但是，按照现行政策规定，幼儿教师不属于民办教师编制，除1981年年底以前任幼儿教师、现仍在幼儿教师岗位工作，1985年以来受过地、市级以上奖励的，可参加考试补充教师自然减员外，其余均不能转为民办教师。张彩霞委员对承办结果表示理解满意，该提案对落实幼儿教师待遇起到了积极促进作用。葛树林委员《要做到有计划停电》的提案反映，1986年以来留守营地区经常无规律频繁停电，尤其是1987年年初近一个月晚上不供电，给机关企事业单位和人民群众生活带来很大不便，希望电力部门重视并解决。县政府收到提案后，马上召见县供电局负责人听取相关情况汇报，研究采纳提案中计划用电、科学用电、停电提前通知、防止违规停电等建议，并作出答复：提案反映的情况属实，其他乡镇也有类似停电现象，县供电局力争做到有计划停电，因停不停电由市供电局根据华北电管局掌握的电网负荷决定，超负荷时可不通过县供电局直接停电，近年全县用电量持续超标，拉闸限电一时难以避免。秦皇岛北山电厂正在加速扩建中，1989年竣工投产后抚宁停电状况将有所缓解。国家拟在华北筹建大型电厂，届时可从根本上解决电力供需矛盾。希望葛树林委员向干部群众做好供电宣传解释工作，继续关注支持电力事业发展。吕晓岚《铁路抚宁站应停靠普通客运快车》的提案称，京秦铁路通车后，除铁路部门通勤慢车外，还有北京—长春、北京—沈阳往返4趟客运列车在抚宁站停车，深受广大乘客欢迎。但是，自1987年4月1日起，仅有的这4趟列车全部取消停车，令人遗憾，希望恢复抚宁站客运停车。县政府认为，随着国民经济社会和交通运输事业发展，抚宁站理应停靠客运列车，随后与抚宁站联系协商，建议解决客运业务问题，为乘客出行提供方便，得到了铁路站方重视。

三届二次会议提案工作　1988年2月7—9日，县政协三届二次会议听取和审议了县政协副主席赵振基所作的三届一次会议以来提案工作情况报告，审议通过了提案委员会三届二次会议提案审查情况报告（书面），听取了县政府常务副县长傅春奎所作的三届二次会议提案解答报告。

县政协在提案征集中坚持做到撰写人数、提交时间、案由内容“三不限”，不断扩展提案涉及的领域范畴。县政府领导在县政协三届一、二次会议上作提案解答报告，帮助政协委员了解提案总体情况，关注其监督议政职能作用，以利于委员撰写出有情况、有分析、有建议的高质量提案。三届二次会议期间收到提案77件，平时收到12件，共收到提案89件，全部立案。其中，涉及农林水方面的19件，工建交方面9件，文化教育方面23件，科教卫生方面13件，财贸金融方面11件，党群政法统战方面12件，其他方面2件。截至年底前，办复提案88件，1件转交三届三次全会办理。

县政协改变“一收二转三结案”的做法，对会议期间收到的提案及时分类梳理后，送交县委、县政府并提出承办建议。县政府召开常务会议研究提案办理工作，而后召开提案交办会，强调按规定程序优质高效办复提案。农村教育事业发展一直是社会各界人士关注的焦点，朱洪昌委员的《改善中小学办学条件的建议》，反映了农村学校办公经费紧张、教学设备老化、山区校舍存在安全隐患等问题。县政府对该提案积极采纳办理，共拨款60万元，调拨平价钢材75吨、木材62立方米，乡镇自筹180万元，全部用于改善农村办学条件。曹国伟委员《呼吁社会各界支持学校勤工俭学》的提案提到，不能只靠政府投资解决教育经费紧张问题，学校也要努力办工厂增加收入，但苦于一缺资金、二少技术、三无门路，不能取得预期经济效益，希望县领导和有关部门帮助出主意、上项目、荐人才，对学校勤工俭学给予支持帮助。县政府对曹国伟委员体谅国家财力困难、倡导校办企业补充经费的见解给予肯定，并就支持教育部门兴办工厂企业印发文件，制定奖励优惠政策，1987年全县教育工作会议作出专题部署。至于资金短缺问题，县财政确实无力帮扶，只能采取贷款等方式解决。学校可通过社会招聘、内部调剂、培训进修途径破解人才技术难题。对于投资少、见效快、效益高的项目，县政府将优先引进给校办企业。赵寿山委员《抚宁县卫生局卫生学校应改为抚宁县卫生学校》的提案称，县卫生局卫生学校建于1976年，县内承认其毕业生中专学历、医士职称。本市和外地县卫生学校都是正科级单位，而抚宁县卫校则是股级，给组织领导和招生工作带来困难。为此，县卫生局1987年就卫校升格提级向县政府提交请示报告，建议县党政领导再次研究考虑县卫校提级更名问题。县政府决定采纳提案建议，将县卫校更名为抚宁县卫生学校，并履行报批程序。县政府接到方桂兰委员《关于化肥、农药、种子供应问题》的提案后，调整充实县农业生产资料领导小组，加强对本县生产化肥供应和外地化肥采购工作，彻查经营销售劣质农药、种子等坑农害农不法行为，使这一问题得到缓解。李子贵委员《关于海阳镇规划建设》的提案称，海阳镇地处秦皇岛市近郊，曾为临榆县政府驻地，区位优越，商贸繁荣，遗憾的是镇容街貌建设明显滞后，1985 年以来政府每年向镇内企业征收城建费 6 万元左右，应该对海阳镇的旧镇改造作出规划安排并付诸实施。县政府对此提案给予高度重视，经研究决定由县土地规划管理局负责制定规划，县城乡建设局负责改造建设，并出资 5 万元，县交通局出资 5 万元，不足部分由海阳镇政府负责筹措，1989 年春启动主要道路改造工程，其他街区分布、功能定位、建筑设计等按规划逐年解决落实，为高标准城镇建设奠定基础。对于王云、刘占英等委员《要抓好生猪生产》的提案，县政府在责成督促县畜牧水产局、县商务局全力承办的同时，积极谋划鼓励生猪养殖的具体政策措施。赵占成委员《化肥价格为何高》的提案反映农民买不到平价化肥，导致土地经营成本大幅增加，伤害了发展农业的积极性。县政府办公室提案答复函称，去年以来，化肥价格上涨的原因是农用生产资料市场供应紧张，化肥采购渠道不同，生产厂家各异，进货价格普遍上涨，个别投机倒把现象哄抬销售价格。为此，县农业生产资料领导小组成员重新调整，县政府已责成县物价等部门严格监查，打击取缔违法经销活动，由县生产资料公司统一平价销售本县生产化肥，1988 年下半年化肥价格高的问题得到缓解。吕晓岚委员《建议成立全县造纸行业协作组织》的提案，受到县政府的肯定，拟尽快制定发展外向型经济规划纲要，于 1990 年前建立以县造纸厂、樊各南造纸厂为龙头的造纸企业集团，引领推进抚宁造纸工业做大做强。

三届三次会议提案工作 1989 年 3 月 2—5 日，县政协三届三次会议听取和审议了县政协副主席赵振基所作的三届二次会议以来提案工作情况报告，审议通过了提案委员会三届三次会议提案审查情况报告（书面），听取了县政府常务副县长傅春奎所作的三届三次会议提案解答报告。

县政协向全体委员印发提案征集通知和学习资料，通报县委、县政府年度工作安排部署，各联络组、工作组开展相关调研视察座谈活动，促使提案内容贴近县情乡情实际。县政协三届三次会议期间，共收到提案 91 件。其中，涉及农林水方面的 16 件，文化教育方面 10 件，科技卫生方面 14 件，工建交乡镇企业方面 11 件，城建环保方面 15 件，财政金融方面 11 件，统战政法劳动人事方面 14 件，经审查全部立案。平时收到并立案提案 4 件，三届二次会议结转提案 1 件，共计 96 件，均按规定程序和时限交付承办单位。截至 9 月中旬，提案全部办复书并面告知提案人。

吕晓岚委员《推荐高工徐建伟〈对抚宁经济发展的建议〉》的提案提交后，县委、县政府认为，该建议提出了以农业为基础、工业为支柱、人才为根本的指导思想和“以农养轻、以轻养重、以重支农”全方位综合开发抚宁经济理念，内容丰富，高屋建瓴，切实可行，遂以正式文件形式转发至各区、镇、乡和县直单位，要求深入学习领会借鉴，于适当时机召开研讨会，共商县域经济发展大计。天津理化分析中心高级工程师徐建伟系吕晓岚委员挚友，爱人原籍为县城关镇三里杨庄村，他关注了解抚宁的历史和现状，对实现抚宁又好又快发展具有独特见解，《建议》为应吕晓岚委员之邀本人亲自撰写并修订，全篇4000余字。刘玉洁委员《应加强对护城河的治理》的提案称，夏日里护城河黄绿色污水散发着难闻的臭气，对县城环境卫生造成很大负面影响，建议政府投资进行根治疏通，变臭水死水为清水活水。县政府决定，将治理护城河污染列为当年要办的10件大事之一，引洋河水入护城河。杜志仁委员《要恢复建立农业科技推广体系》的提案指出，抚宁是农业大县，振兴抚宁首先要振兴农业，新中国成立以来县委、县政府高一直重视农业技术推广工作，即使在“文革”时期也未中断，到1980年全县农业技术推广体系基本形成，共建有公社良种场14个，大队农业科技组521个、试验场220个，生产队科技组1813个，科学种田成为广大干部群众的高度共识。然而，农村实行家庭联产承包责任制后，部分村、生产队农业科技组织或不健全或不开展活动，农民科技兴农意识淡薄。希望各级党政领导部门切实加强农技推广体系建设，规范落实好乡镇农技推广人员的工资待遇，充分发挥村农业科技组、技术员、试验场和示范户的作用，为农业增产丰收提供重要科技支撑。针对提案提出的问题，县政府拟定学习借鉴山东等地经验，在各乡设科技助理，有条件的乡镇可建科委，各村委会设科技副主任。在原有科技示范村、户基础上，扩大示范带动面积和效果，普及推广农业技术知识。逐步提高并落实乡、村科技人员工资待遇，改善他们的工作和生活条件，支持鼓励他们肩负起振兴发展现代农业的职责使命。据赵寿山委员《要求解决县卫生学校农村户口住校生吃饭问题》的提案反映，县卫校有5个三年级长班，其中3个农村户口班粮库不予办理粮油关系，导致学生用餐困难，迫切希望政府帮助解决150余名农村户口学生的粮、油、煤问题。县政府接到提案后表示，县卫校农村户口住校生不属于国家供应周转粮油范围，应自带或吃议价粮油。考虑到县卫校的实际困难和政协委员提案建议，经请示上级主管部门同意，县政府决定暂由县粮库向卫校供应周转粮，油、煤由卫校自行解决。刘玉舫《建造一所适合幼儿特点的教学楼》的提案得到县政府采纳，决定全部由县财政拨款，修建1600平方米二类园标准幼儿教学楼一座，已着手施工前准备工作，力争翌年春幼儿搬进新楼。李宝林委员《关于县城楼房顶漏雨应引起重视》的提案称，近些年来县城一座座高楼拔地而起，极大改善了人们的工作和居住条件，提升了城市建设品位。但是，部分楼顶漏雨严重，维修困难且效果不佳。建议施工单位切实保证建筑质量，监管部门严格质检验收，确保新建楼房不再出现漏雨问题。县政府对提案办理提出意见要求，制定实施建筑工程质量监督暂行办法，对楼房顶部防水设计施工、所用材质、评估验收和保质期限作出明确具体规定。

县政协第四届委员会提案

1990年4月12日，县政协四届一次会议预备会议决定成立县政协提案审查委员会，主席团常务主席郑庆魁兼任提案审查委员会主任，金顺、倪倩华任副主任。是年8月，县政协副主席白润泉兼任提案委员会主任，郑庆魁不再兼任；王向春任副主任，倪倩华不再担任。1991年4月，陈庆昆任提案委员会副主任，王向春不再担任。

为进一步加强对提案工作的领导，县政协制定实施《提案工作条例（试行）》，坚持印发提案征集通知和相关资料，向委员通报全县大政方针和重要事项，为委员撰写提案创造有利条件。邀请县政府领导出席县政协主席会议，协商提案办理事宜。建立提案办复登记制度，对全委会议闭会期间提案及时立案交办。县政协向县委、县政府领导提交重点提案，争取批办重视支持，并提出办理建议。县委、县政府、县政协印发《关于表彰奖励优秀政协提案和提案办理先进单位、先进个人的暂行办法》，启动提案表彰工作。《应加强对农村合作基金会的管理》《尽快解决农民卖桃难问题》《建议为陈家沟修一条出山路》等提案建议得到采纳落实，成为提案成果转化的亮点。

县政协第四届委员会共召开 3 次全委会议，收到提案 324 件，立案 311 件。其中一、二次会议所提问题和建议得到解决采纳的 149 件，占立案提案总数的 47.91%；列入计划逐步解决落实的 44 件，占总数的 14.15%；不予采纳的 42 件，占总数的 13.50%。转交下届委员会办理提案 2 件。表彰奖励优秀提案人 22 名，提案办理先进单位 4 个。

出席省政协提案工作经验交流会议 1 次。

四届一次会议提案工作　1990 年 4 月 9 日，县政协三届十六次常委会会议审议通过了提案审查委员会副主任张九龄所作的三届三次会议以来提案处理情况报告。4 月 13—16 日，县政协四届一次会议审议通过了主席团常务主席郑庆魁所作的四届一次会议提案审查情况报告，听取了县政府副县长陈才所作的四届一次会议提案解答报告。

县政协向各联络组、工作组和全体委员印发《提高提案质量为社会主义现代化做贡献》等学习资料，引导委员关注县域经济社会发展中的主要问题，切实履行建言议政职责，积极撰写提交提案。四届一次会议期间共收到提案 120 件，立案 115 件。其中，涉及农林水方面的 15 件，城乡建设环境保护方面 7 件，科技卫生方面 6 件，工业交通方面 10 件，文化教育方面 33 件，财政金融方面 21 件，统战政法方面 23 件，均于全会闭幕后交付承办单位。平时收到提案 15 件，立案交办 12 件。未立案 8 件提案转为来信来访处理。截至年底，办复提案 126 件，未办复 1 件。

提案办理是实现提案成果转化的重要工作环节，县政协认真研究部署，全力抓紧抓好。对于重点提案，县政协领导亲自向县委、县政府领导交办，面陈相关事项，提出承办建议。各承办单位切实提高认识，加强组织协调，务求提案办理成效。曹国伟委员《抚宁一中学校建设》的提案称，教学楼、实验楼建设对于加强校园管理、提高教学质量、启发学生智力具有重要作用。县内已有多所中小学建有教学楼，市内各重点中学也都建有教学楼、实验楼，恳请县政府帮助抚宁一中解决无实验楼的问题。县政府办公室表示，因县财力连年处于低谷，导致国办中学改善办学条件欠账太多。为此，县政府决定在保证正常教育经费的同时，每年再从预算外资金中拨付 30 万～ 50 万元，用于改善国办中学特别是抚宁一中等省、市重点中学办学条件。由县教育委员会起草制定国办中学五年发展规划，经可行性论证后，提交县人大常委会审议通过后付诸实施，实现改善国办中学办学条件投入常态化。希望国办中学体谅国家和县财政困难，积极发展校园经济，强化增收节支，为改善办学条件作出应有贡献。赵平委员《应加强对农村合作基金会的管理》的提案反映，该集体资金管理机构部分贷款存在较大风险，建议县有关领导部门认真清理催收。县政协认为该提案提出的问题具有前瞻性、警示性，必须防患于未然，对提案进行跟踪督办。是年6、7月，县政协副主席杜志仁率财贸金融界委员，邀请县委农经部、县人行、县农行、县信用联社等单位负责人参加，深入全县已建立农村合作基金会的25个乡镇普遍调查和重点抽查，赴张家口市赤城、怀来县学习考察先进做法和经验，在此基础上组织相关人员反复座谈论证，广泛听取各方面意见，向县委、县政府提交了《关于进一步办好农村合作基金会的几点建议》。县委将该建议转发至各乡镇党委，并召开乡镇主管领导、基金会负责人参加的整顿完善农村合作基金会专题会议，成立县农村合作基金会联合会，县委、县政府出台《关于进一步办好农村合作基金会的意见》和《抚宁县农村合作基金会章程（试行）》，化解了可能出现的金融风险。赵秋香委员关于《加强警力是实现社会治安形势好转的重要措施》的提案，反映城乡治安案件居高不下、人民群众缺乏安全感、基层公安派出所人员不足和部分干警素质偏低等问题，希望尽快解决。县委、县政府及时研究办理，决定增加62名人员编制，充实基层一线警力。县公安局加强干警的思想政治教育和业务技能培训，对其中"不作为""乱作为"人员给予调整调离，全力打造一流公安队伍。刘玉舫委员《关于县幼儿园建楼问题》的提案，对新建教学楼的结构、外观、质量、投资等提出具体设想和建议，县政府将此工程列为当年要办好的10件民生实事之一，在财力紧张情况下拨款30万元，两次赴秦皇岛、唐山等地参观学习，要求精心设计施工，严格考核验收，保证了新建幼儿教学楼的品位和质量。张连弼委员《黄土营乡夕阳口自然村大银杏亟待抢救》的提案称，大银杏果实丰硕，味道鲜美，历史悠久，系当地名优特产，20世纪50年代远销东北三省和京津唐地区。然而，由于原有数千株大银杏树逐年老化，幼树培育未能持续跟进，该品种已濒临绝迹。县政府主管领导带领县农业办公室、县林业局负责人和技术干部到黄土营乡考察调研，广泛听取各方面意见，决定由乡林业站负责实地确认、妥善保护现有大银杏资源；黄土营乡启动夕阳口2000株围山转大银杏果园工程，两年内竣工，支持鼓励本乡村民在房前屋后庭院栽植大银杏树；县林业局利用两年时间在具备繁育条件的乡村，集中种植7000～1万株大银杏，发挥示范推广效能。对于张金玉委员《农民对在自留地口粮田上栽果树先交农业税再交特产税意见很大》的提案，县政府办公室责成县财政局调查处理，结果是：根据省征收农业税、农业特产税文件规定，农林特产品生产占用计税土地按粮田征收农业税的，应征收农业特产税。农林特产品取得收入之前，原农业税额不变；农林特产品取得收入之后，按其中收入较高品种征收一种农业税。为减轻农民负担，简化征收程序，全县大多数乡镇开征农林特产税后不再征收农业税，但仍存在两税同时征收的个别现象，县财政局已要求有关乡镇财政所核实纠正，并退还多征收的农业税款。为通报提案办理成效和进展情况，争取社会各界重视支持，县政协向全体委员和提案承办单位印发了《四届一次全会提案及办理情况选编》。王立群委员《建立县青少年活动中心》的提案认为，抚宁地理位置优越，系沿海开放县之一，在县城建立青少年活动中心有利于社会公共文化事业发展和青少年一代健康成长，可否请县委、县政府研究决定。县政府认为，青少年宫、科技馆，少年宫等统称青少年活动中心，是城市建设发展的重要标志，是加强青少年思想道德建设、推进素质教育的校外公共文化场所，在县城建立青少年活动中心非常必要，但只能待县财政状况好转后考虑建立，希望王立群委员理解并向干部群众做好解释工作。

四届二次会议提案工作 1991年4月2—6日，全县统战政协工作会议和县政协四届二次会议期间，县政协四届二次会议听取和审议了县政协副主席白润泉所作的四届一次会议以来提案办理情况报告，审议通过了提案委员会四届二次会议提案审查情况报告（书面），听取了县政府副县长王一鸣所作的四届二次会议提案解答报告。

县政协四届二次会议期间收到提案102件，立案100件，平时收到并立案提案10件，共收到提案112件，立案110件。其中，涉及农林水方面的23件，文化教育方面21件，城乡建设环境保护方面18件，工业交通方面4件，科技卫生方面15件，政法方面13件，其他方面16件。截至1992年1月底，办复提案108件，2件因收到时间晚转交四届三次全会办复。

县政协坚持确定、督办重点提案，建立提案办理登记制度，敦促承办单位解决好相关重点难点问题，尽快采纳落实提案建议。县政府对本系统的99件提案分析研究后，确定承办同办单位，及时召开提案交办工作会议，印发了《关于认真办理政协提案的通知》，县政府领导出席会议并提出具体要求。对于事关农时季节的提案，县政协和承办单位及时交付办理。得知鲜桃纳税外销难度加大，桃农心急如焚，单家璋委员马上提交了《尽快解决农民卖桃难问题》的提案，县政协领导当即与提案委员会成员沟通立案签批转办。县政府明确要求鲜桃销售期间各乡镇财政所不休节假日星期天，昼夜收缴农林特产税，销量大的村可委托村委会代行收缴，也可由协税员帮助收缴，对急需外运而未能到当地财政所换取外运单的，县农林特产税稽查站凭完税证或完税证明代办外运单即刻放行，实现了鲜桃纳税和外运外销一路绿灯。唐家君委员《县文物保护管理所日常业务经费应列入县财政预算》的提案称，县文保所于1982年成立，但至今日常经费仍未列入财政预算，致使开支出现一定困难。抚宁历史悠久、文化发达，有省级文物保护单位4处，市级9处，县级29处，上报国家绘制文物地图集文物60处。这些文物的保护管理和挖掘整理新的文物，必须有经费保证并列入县财政预算。提案承办单位县政府办公室表示，做好保护文物工作，弘扬中华优秀传统文化，是各级人民政府义不容辞的使命和职责。县文保所日常办公业务费已列入县财政年初文化事业费预算，只是按规定县文保所人员较少未单独开户，平时保护挖掘收购文物所需经费以临时预算形式予以追加，县政府将优先考虑保证县文保所各项业务经费开支。驻操营小学业余文艺宣传队自1975年建立以来，自编自演内容健康向上、脍炙人口的文艺节目，丰富了山区精神文化生活，培育造就了文艺骨干人才，但面临演奏器材匮乏、师资力量不足等困境，严重影响了正常演出活动。张连弼委员《建议县有关部门对驻操营小学业余文艺宣传队给予重视和支持》的提案提交后，县政府研究决定，由县教育委员会抓好此项工作并拨款2000元，加强驻操营镇教育办公室对文艺宣传队的领导，统筹协调解决存在的问题，县教委在中师文艺班招生时考虑优秀文艺宣传队员录取深造事宜。针对县域商品销售深受外地产品冲击、市场占有率日趋下降、影响企业发展和经济效益的问题，殷良生委员提交了《关于加强本县自产白酒销售工作》的提案。县政府领导几次召集县商业局、县工商局、县物价局和县供销联社等部门负责人论证研究，参照借鉴外地经验，制定了《关于在全县加强酒类商品销售管理的规定》。杨士儒委员《建议为陈家沟村修一条出山路》的提案称，陈家沟系台营镇大杨各庄村的一个自然村，抗战时期曾有3户村民冒死救护八路军伤员，并建有我战地卫生院，是远近闻名的敌后斗争堡垒村。眼下村民的生活好转了，但出行山路崎岖，村民外运粮果蔬菜等农副产品全靠人扛肩背驴驮，孩子们上放学要蹚水跑冰更是险象环生。县政府领导两次带领县交通、民政等部门负责人深入该村了解提案反映的问题，决定由县交通局负责勘测协助施工，县扶贫办拨款5000元，3个月修通了至大杨各庄村的1.35公里乡间公路，实现了陈家沟村民走出大山的夙愿。仇占华委员《关于完善县城自来水建设》的提案，提出供水压力不足、时常断水的原因和合理调整供水管网、加强对现有设施的维护利用、增加取水点等建议。县政府认为提案反映的情况属实，拨专款16万元开凿了第三眼深水源井，对原有水塔改造维修，调整部分管网布局，保证了昼夜供水和水压流量。陈国权委员《关于县城居民区排水问题》的提案说道，因受传统建筑观念和沙土路面高度不确定影响，县城多数居民区住宅基础相互无限攀高，既不利于日常通行和街道建筑协调美观，又导致夏季排水不畅甚至倒灌，机关企事业单位办公用房亦有类似问题，建议县城建等部门对建筑基础标高作出明确规定。县政府办公室赞赏该提案在规范县城居民住宅和公务用房建设、增强执行建设规划刚性方面的重要参考价值。据悉，县城建设总体规划明确建筑基础一般高于临近路面20～30厘米，但施工时有些个人单位总是觉得越高越好，加之职能部门监管不力，结果是基础超高了，路面也逐年越垫越高，随之出现了排水难现象。县政府拟由县建委、县土管局对县城建筑基础标高严格审批监管，责令在建违规者立即纠正或停止施工，避免新建工程基础超高继续蔓延。同时，责成县建委会同抚宁镇政府采取补救措施，解决好已建成居民住宅区和机关单位院内积水排水问题。

是年，县政协制定实施《提案工作条例（试行）》。县委、县政府、县政协印发《关于表彰奖励优秀政协提案和提案办理先进单位、先进个人的暂行办法》，县政协表彰12名优秀提案人：仇占华、王永秋、冯满、单家璋、孙杰、傅衍生、吕晓岚、齐凌云、陈彦荣、张连弼、董克强、殷良生；县委、县政府、县政协表彰4个提案办理先进单位：县委农工部、县政府办公室、县民政局、县环保局。

是年，县政协副主席白润泉出席省政协在唐山召开的（北片）提案工作经验交流会议，会上印发了县政协《努力做好提案工作，充分发挥政协的基本职能》经验材料。

四届三次会议提案工作 1992年2月23—25日，县政协四届三次会议听取和审议了县政协副主席白润泉所作的四届二次会议以来提案办理情况报告，审议通过了提案委员会四届三次会议提案审查情况报告（书面）。

县政协向全体委员印发提案征集函，对征集提案的内容、题目、数量等提出具体要求，明确对质量高效果好的优秀提案和办理先进单位给予表彰奖励。四届三次会议期间收到提案62件，全部立案。其中，涉及农林水方面的16件，宣传教育方面14件，经济科技方面3件，城乡建设环境保护方面5件，交通方面2件，文化卫生计划生育方面6件，基层政权方面2件，廉政建设方面2件，政法方面7件，统战政协方面2件，其他方面3件。平时收到提案15件，立案12件，随时交付办理。会议和闭会期间共收到提案77件，立案76件，（包括四届二次会议结转2件）。截至年底，74件提案分别在规定时限内办复，2件提案因收到时间晚转交五届一次全会办复。

县政协邀请县政府领导参加主席会议，协商解决提案办理过程中存在的突出问题，部署重点提案督办工作。陈彦荣委员《认真解决农村征订报刊过滥问题，抓好报刊利用工作》的提案，在深入调查研究基础上，列举了近年来乡（镇）村报刊征订中下达硬性指标、种类过多过滥、征订后无人阅览造成浪费、增加农民负担等问题。希望县委、县政府对报刊征订任务严格审查压减，引导农村干部群众学好用好所订报刊。县委领导对该提案批示办理意见，县委办公室、县政府办公室印发了《关于加强报刊发行管理工作的通知》，明确单位和个人订阅报刊必须坚持自愿的原则，对党报党刊以外的报刊有关部门一律不准下达征订指标、强行或变相摊派。除县委、县政府和县委宣传部外，其他部门和单位不得下发报刊发行征订的通知和文件。对违反规定硬性派订报刊的行为，各乡镇、各单位和个人有权拒绝和举报。由于领导重视，措施得力，报刊乱征订摊派之风得到遏制。同时，县委宣传部要求健全完善村级阅报栏（架），利用板报、广播、电视等载体转播报刊重要文章，增强报刊利用价值。为解决部分农民怕联产承包责任制政策变化，不愿栽植果树影响增收的问题，柳汉林委员提交了《关于确定村民自留果园使用权长期不变》的提案，县委副书记苏洪珊审阅后作出批示：此提案涉及农村土地承包政策，应慎重。请县委农工部派人了解情况，分析研究，权衡利弊，再确定这种方法的可行性。县委农工部深入有关乡村走访调研，专程赴本市卢龙县委农工部学习考察，起草了《关于完善我县家庭果园的意见（征求意见稿）》，经县委常委、县人大常委会主任、县政协主席、县政府主管副县长审阅，各乡镇和县直有关部门反复论证修订后，县委、县政府据此出台了《关于进一步完善村民在承包地内栽植果树责任制的补充意见》。该意见规定栽植果树后土地承包期由 10 年延长至 20 年，即从 1989 年到 2009 年，消除了农民建立家庭果园的后顾之忧。县委副书记苏洪珊对孙杰委员《台营、大新寨地区社会治安问题亟待解决》的提案批示指出，这件提案所提解决问题的办法切实可行，县委政法委要狠抓这个地区的重点治理，特别是公安部门，要从速对犯罪分子给予集中打击。县委政法委、县综治委立即研究部署，会同县公安局、县工商局、台营镇政府等部门和单位，召开台营集贸市场管理联席办公会，对横行乡里、破坏市场秩序的涉案人员从速集中拘捕，建立市场治安办公室维护正常交易，在集贸市场召开处理违法犯罪分子大会，实现了台营、大新寨地区治安形势明显好转。钱百萃委员《对农村小学留级率应严加控制》的提案反映，驻操营区义院口小学五年级共有 34 名学生，1991 年暑假考试 6 名未能升入六年级，留级率为 17.60%，其中 2 名因年龄较大而失学，这说明该校教学质量存在问题，挫伤了学生的积极性，不利于完成小学教育指标。县教育委员会接到提案后表示，按照上级教委规定，小学各年级留级率要控制在 5% 以内。对于义院口小学五年级留级率过高问题，县教委将深入该校查找原因，研究改进教学方法，力争 1992 年暑假全校各年级留级率不再超标。同时，继续组织多种形式的教师培训进修，切实加强教师队伍建设，全面提高教育教学质量，使全县小学留级率、入学率、巩固率、毕业率达到规定要求。留守营政协联络组《关于解决民办教师退休待遇问题》的提案称，全县民办教师在农村中小学教师中占相当大比重，是普及九年义务教育的重要力量，其中大部分已经陆续转为国办教师，工资和退休待遇有了保证。但是，年龄较大的民办教师基本上没有转为国办教师的机会了，建议根据教龄长短参照国办教师解决退休待遇问题。

县教委对提案作出明确答复：农村民办教师占教师总数的三分之一，他们对教育工作的奉献应给予高度肯定。县政府认真贯彻落实1988年6月省教委、省财政厅、省劳动人事厅印发的《河北省农村年老病残民办教师生活补助费实施办法》文件规定，对男满60周岁、女满55周岁或因身体条件完全丧失工作能力、连续教龄满15年不满20年的民办教师月发给本人基本工资的65%，满20年不满25年的发70%，满25年的发75%生活补助费，民办教师去世后发给400元以内丧葬费，有供养直系亲属的发给一次性抚恤金400～600元，解决了民办教师待遇问题。

是年，县政协表彰10名优秀提案人：孙杰、李占纯、杨逢时、武俊杰、赵万利、吕晓岚、齐凌云、陈彦荣、柳汉林、徐庆祥。

县政协第五届委员会提案

1993年2月14日，县政协五届一次会议预备会议决定成立县政协提案审查委员会，主席团常务主席郑庆魁兼任提案审查委员会主任，陈庆昆任副主任。1994年2月，王素霞、刘向华（聘）任提案委员会副主任，陈庆昆不再担任。1996年6月，县政协党组副书记杨雨顺兼任提案委员会主任，郑庆魁不再兼任；刘秀才（聘）任副主任，刘向华不再聘任。

县政协印发《关于进一步做好提案工作的意见》《提案工作实施细则》，注重发挥提案建言资政的主渠道作用。决定取消提案提交截止日期，对全委会议闭会期间提案给予重视，提交较晚或办理难度大的提案转交下次全委会议接续办复。提请县党政领导批办事关全县经济发展、民生改善的重点提案，县政协跟踪督办。切实提高提案质量，宣传报道提案工作，发挥典型示范作用。印发《关于试行社情民意反映卡的具体办法》，明确其性质、职能和工作程序，将部分未立案提案转为社情民意反映卡办理。《要解决好我县北部贫困山区群众的口粮问题》《关于翻建县人民医院病房楼的建议》等提案，《县磷肥厂排放有毒气体危害群众健康》社情民意办复进展快、效果好。

县政协第五届委员会共召开6次全委会议（五届五次会议无提案工作议程），收到提案481件，立案471件。其中，所提问题和建议得到解决采纳的282件，占立案提案总数的59.87%；列入计划逐步解决落实的104件，占总数的22.08%；不予采纳的85件，占总数的18.05%。接收办理四届三次全会结转提案2件（建议得到采纳），表彰奖励优秀提案38件，提案办理先进单位4个。收到社情民意7件，向县有关党政领导和部门编报发送1件。

县政协提交市政协提案件1件，荣获市政协表彰提案工作先进个人1名，提案工作文稿荣获市第三届政协新闻一等奖。

五届一次会议提案工作 1993年2月15—18日，县政协五届一次会议审议通过了县政协副主席郑庆魁所作的五届一次会议提案审查情况报告。

县政协坚持五届一次会议前向委员印发征集通知，将积极撰写提案、履行委员职责列为新委员培训班授课重要内容。五届一次会议期间，共收到提案65件，经审查立案62件，接收四届三次全会结转提案2件，会议闭幕后均及时交付承办单位，3件未立案提案转作信访处理。平时收到提案10件，立案7件，亦及时立案交付承办。71件立案提案中，涉及农林水方面的14件，科教文卫方面20件，城建环保、旅游开发和交通方面的21件，其他方面16件。截至1994年1月底，提案全部办复。

1990年，全市粮食流通体制改革放开粮、油购销价格后，全县有51个村不再享受返销粮供应，导致部分农民吃粮出现严重困难。孙杰委员提交的《要解决好我县北部贫困山区群众的口粮问题》的提案，通过具体翔实数据反映了这一民生大事。“据摸底，全县有27个村、4188户、15548口人，基本上处于无粮、无钱、无经济来源的‘三无’状态，这些村分布在麻姑营、台营、双岭、驻操营等人多地少、生产条件差、粮食产量低的北部山区乡镇，如不尽快解决村民就有吃不上饭的危险……”提案承办单位县民政局先后两次到上述乡镇，对近年来农民缺粮断粮问题进行调研座谈，并向县政府报告调研情况。县政府召开常务会议专题研究，由县财政拨付扶助资金7万元，县民政局拨付救灾款5万元，全部发送给吃粮困难户，缓解了农民吃粮难问题。县林业局收到孙维国委员《贫困山区发展紫穗槐是走出困境的出路》的提案后，大力宣传种植紫穗槐实现农民脱贫致富的好处，并列入全年林业生产种植规划狠抓落实，建议县政府拨付农业发展资金奖励扶持紫穗槐种植大户。为办理董克强委员《建议加强对坟坨鲜桃市场的管理，保护果农的合法权益》的提案，县财贸办公室与坟坨乡党委、乡政府协商完善果品市场管理和农林特产税征收规定，抽调乡直机关单位工作人员，在县工商、公安等部门支持下，加强对坟坨果品市场管理，打击不法商贩欺诈滋事行为，为果农营造公平稳定的市场交易环境。张弼廷委员《应随着经济不断发展相应提高民办和幼儿教师待遇》、倪倩华委员《从我县实际出发，制定切实可行的措施，改善民办教师待遇》的提案反映，全县民办教师和幼儿教师担负着与国办教师同等的教学工作量，而工资待遇却相差悬殊，国办教师平均月工资230～250元，民办教师只有90～120元，个别乡镇还有发放不及时或拖欠问题，幼儿教师工资更低，希望县政府提高民办和幼儿教师工资待遇。提案承办单位县教育委员会表示，此问题已经引起县委、县政府重视，全县民办教师人均月工资收入由1992年年底的110.20元增加到现在的126.10元，其中石门寨镇，卢王庄、拦马庄、上庄坨乡民办教师人均月工资已接近或达到国办教师人均月工资三分之二的标准。但就全县特别是少数贫困乡镇来讲，中小学民办教师和幼儿教师工资低的问题仍十分突出。县教委将继续向县委、县政府请示，与有关乡镇党委、政府协商沟通，促使中小学民办教师工资待遇尽快达到规定标准或有较大提高，富裕乡镇可与国办教师同工同酬，同时相应增加幼儿教师工资。党国生委员《对个体书刊摊点应加强管理》的提案交办后，县文化局对全县23个图书摊点从业人员集中进行职业道德和法制教育，与县公安局、县工商局联合行动，对文化书刊市场进行定期和经常性检查，依法打击取缔营销封建迷信、黄色淫秽书刊等违法行为。对于周天玺委员《为减轻农民负担村干部应身兼多职》的提案，县委组织部在答复函中表示，村干部职数多、开支大、人浮于事的现象确实存在，1992年县委组织部制定引发了《关于理顺农村驻村干部工资报酬问题的意见》，1993年又印发了《关于严格控制村干部职数及工资问题的补充意见》，对村干部工资实行结构工资和定编定额管理，超编不增加该村驻村干部年工资总额，有效控制了村干部职数，1993年全县共精简村干部426人，部分村特别是人口较少的村已实现了村干部一人兼多职，今后将继续推行这种做法，进一步减轻农民负担。李宪福委员《关于修建102国道榆关西大桥的建议》的提案称，该桥原为木架桥，1975年改建为混凝土结构漫水桥，长60米，宽7米，1986年被洪水冲毁，1987年春修复。因桥两侧没栏杆，桥面窄而不平，中间洼易积雨雪水结冰，机动车过桥时行人常遭泥水溅身或引发交通肇事，阻碍了102国道正常通行，近一年掉到桥下汽车1台、小拖车2台、畜力车3台、自行车4人次，造成车辆毁坏，人员受伤，损失严重，建议县政府和交通部门将漫水桥改建成和榆关东大桥一样的高标准榆关西大桥。县交通局接到提案后，马上召开局务会研究办理工作。鉴于当年已启动省交通厅投资500万元的北界双公路改建工程28公里，贷款修建京哈公路芦峰口至卢龙县界段8.70公里，县委县政府又决定投资250万元铺设乡间道路柏油路面30公里，故102国道新改建工程因投资巨大难以再投入未能实施，路经榆关西大桥只能暂缓修建。至于桥两侧栏杆问题，按公路技术规范要求，过水桥面不应设置栏杆柱，以免撞击发生危险，可设一定数量的警示柱。会后，县交通局很快组织人员对桥面进行平整，解决了中间积水结冰问题，做到雨雪过后及时清理保持桥面洁净，同时将积极争取于102国道新改建工程实施前修建榆关西大桥。刘勉委员《关于核实猪只五号病的建议》的提案反映，最近听到一些干部群众议论，有猪只因吃美国进口饲料得了五号病，人吃了这种病猪肉也会得病等等，导致猪肉和生猪销售价格下跌，影响了农民养猪积极性。建议县政府核实猪只五号病传言的真实性，如果真有，则尽快采取措施防控消除病患；如果没有，也要做好宣传工作澄清模糊认识。县政府办公室会同县畜牧水产局、县粮食局、县防疫站、县兽医站研究提案办理事宜，明确表示截至目前，全县境内从未发现猪只五号病，县畜牧、粮食等部门也没有从美国进口过饲料。根据省、市预防五号病领导小组文件要求，此疫防控应“内紧外松”不宜公开宣传，已责成基层兽医站解答相关咨询并第一时间向县畜牧水产局上报疫情。

是年，县政协表彰6件优秀提案：倪倩华委员的《从全县实际出发，制定切实可行的措施，改善民办教师待遇》、王永秋委员的《迎接入关应提高企业产品质量》、孙维国委员的《贫困山区发展紫穗槐是走出困境的出路》、王凤强委员的《抚宁镇社会治安综合治理措施需进一步落实》、孙杰委员的《要解决好我县北部贫困山区群众的口粮问题》、董克强委员的《建议加强对坟坨鲜桃市场的管理，保护果农合法权益》。县委、县政府、县政协表彰4个提案办理先进单位：县委农工部、县教委、县建委、县农委。

是年，县政协印发《关于进一步做好提案工作的意见》。

五届二次会议提案工作　1994年3月8—11日，县政协五届二次会议听取和审议了县政协副主席郑庆魁所作的五届一次会议以来提案工作情况报告，审议通过了提案委员会五届二次会议提案审查情况报告（书面），听取了县政府常务副县长郁和平所作的五届二次会议提案解答报告。

县政协印发《提高提案质量为社会主义物质文明和精神文明建设服务》等资料选编，引导帮助委员学习掌握提案工作知识，增强撰写提案的责任感和紧迫感。五届二次会议期间收到提案98件，经审查立案97件，会议闭幕后送交承办单位。其中，涉及农林水方面的18件，山区建设方面4件，工建交方面20件，科教文卫体方面30件，财贸金融方面12件，党群政法、统战和劳动人事方面13件。1件未立案提案转为来信来访处理。平时收到并立案提案9件，亦及时交付承办单位。截至8月底，办复提案104件，2件因提交时间晚于1995年2月15日前办复。

县政协五届二次会议闭幕后，县委、县政府、县政协召开提案交办会议，表彰1993年提案办理先进单位，安排部署1994年提案办理工作。县政协认真分析理解提案内容，确定重点提案并跟踪督办；将质量和承办效果好的提案，在县政协《五届二次会议提案及办理情况选编》中刊发，在县电视台《政协委员提案系列报道》栏目播放。少年强则国强，青少年是国家的未来和希望，教育培养好青少年是中华民族永葆生机与活力的根本大计。县委副书记侯金来对团县委《加强对青少年的革命传统教育应成为各级各界共同关注的问题》的提案批示后，县委宣传部很快作出一系列部署，县委党史研究室编撰《抚宁籍英烈传》，县民政局加强对全县烈士陵园、墓碑的管理，县教委、县文化局组织中小学在校生观看爱国主义教育影片，团县委加强中小学辅导员队伍建设，县文物保护管理所举办首次文物展览，这些工作和活动均收到预期效果。倪倩华委员多年来坚持撰写提交提案，积极参政议政，彰显了对教育事业的一片真情。五届二次会议上他提交的《抚宁县城内亟需增建一所小学》和赵秉谦委员《县城建实验小学势在必行》两件提案认为，抚宁县城人口近4万，而小学只有两所，致使班容量严重超员，给学校管理和教学带来困难，影响学生的身心健康。县政府主要领导和分管教育、城建的领导亲自走访提案人，随后召开县教委和抚宁镇政府负责人参加的专题会议，研究新建小学方案。县政府常务会议研究决定投资150万元，经过4个月紧张施工，在新城区西部建起一所总面积为1620平方米的小学（即抚宁镇第一小学东校），当年9月秋季开学前交付使用。《人民政协报》《河北日报》和《秦皇岛日报》分别对此予以报道。倪倩华委员上述提案采纳办理成效入编省政协《春华秋实》（“提案成果选粹”下册）。程会书委员《205国道牛头崖段排水沟堵塞问题应尽快解决》的提案称，此路段两侧边沟多处堵塞，每遇强降雨洪涝天气积水无法排泄，导致多户居民房屋进水，长此下去将严重影响群众生产生活和住宅安全。县交通局在提案办理答复函中表示，按设计要求205国道牛头崖村段两侧均设有50～60厘米宽、80～100厘米深的石砌边沟，基本上可满足公路排水问题，堵塞的原因是沿路居民倾倒垃圾，公路管理养护人员多次劝阻制止收效甚微，居民改建门店造成边沟水泥盖板损坏散落沟内。拟报请县政府在牛头崖镇召开一次205国道综合治理会议，协商建立牛头崖镇政府、村委会和县交通局协作管理机制，对边沟进行彻底清理和维修，严禁乱倒垃圾和随意侵占损毁，从源头上解决国道边沟堵塞问题。陈国权、王春璞委员针对县城南商业街市场萧条零落的现象，先后提交《关于南商业街兴市问题》和《关于南商业街建菜市场问题》提案。县政府领导召开有关部门协调会议，统一思想，明确责任，制定整改措施。会后，县工商局将原郭家胡同的肉食、蔬菜和水果等市场搬迁到南商业街，并着手启动夜市，深受附近居民和工商户好评。李述善委员《关于城关油库位置不安全问题》的提案反映，该油库1971年建于县城东关路北，选址远离学校、商场、医院等公众聚集场所，符合地面防爆防火规范要求，时隔20多年后油库附近已建有多家商铺、工厂和居民住宅，最近的只有二三十米，一旦出现重大安全事故后果不堪设想，故建议将油库搬迁到县城周边区域。提案承办单位县石油公司认为，城关油库所处位置确实对人民群众生命财产构成威胁，也不利于自身增加储量和扩展业务，已向市石油公司提交油库搬迁或报废的请示报告，并承诺全力做好事故隐患排查防范工作。陈亚萍委员《加强对县城东十字路口交通秩序管理》的提案交办后，县公安交警大队积极采纳落实，每天早上车流量高峰时加强警力，维持秩序，纠正违章，同时做好交通法规宣传工作，安装行人标识灯，有效减少了交通事故和安全隐患。

是年，县政协表彰9件优秀提案：团县委《加强对青少年的革命传统教育应成为各级各界共同关注的问题》、倪倩华委员《抚宁县城内亟需增建一所小学》、孙杰委员《要巩固发展我县的名牌土特产品》、赵秉谦委员《县城建实验小学势在必行》、王心境委员《进一步加强我县的精神文明建设》、陈国权委员《关于南商业街兴市问题》、王春璞委员《关于南商业街建菜市场问题》、陈亚萍委员《加强对县城东十字路口交通秩序管理》、李宪福委员《原榆关农业技术中学校舍改建国办高中的建议》。

是年，县政协向市政协八届二次会议提交了《关于建议市委、市政府采取积极措施帮助抚宁县部分地区解决用水难问题》的提案，承办单位市城市建设管理局表示，如实施“引洋入抚”水厂工程，将在设计、建设和管理等方面给予全力支持。

五届三次会议提案工作　1995年3月15—17日，县政协五届三次会议听取和审议了县政协副主席郑庆魁所作的五届二次会议以来提案工作情况报告，审议通过了提案委员会五届三次会议提案审查情况报告（书面）。

县政协将提案征集作为筹备全会的一项重要工作，由主管领导负责，各科室部署落实。五届三次会议期间收到提案113件，全部立案，平时收到并立案提案3件。交办的115件提案（不含提案人撤回1件）中，涉及科技、农林水方面的21件，城建环保方面21件，工业、乡镇企业和交通方面15件，宣教文卫体方面38件，财贸金融方面11件，党群政法、劳动人事方面9件。县政协会同县政府召开提案交办会议，将全会期间收到立案提案交付各承办单位，闭会期间收到提案随时审查立案交办。截至9月29日提案全部办复，满意和基本满意的110件，占总数的95.65%。

县政协主席会议研究提案督办工作，将13件内容相对重要、建议切实可行的重点提案报请县党政领导批示办理意见。孙杰委员《水稻面积应稳步发展，不能再减少了》的提案认为，水稻是旱涝保收、稳产高产农作物，多年来全县播种面积一直稳定在15万亩左右，在稳定提高粮食总产和改善人民生活方面功不可没。然而，近两年来大部分水田改为旱田，水稻面积锐减到8.80万亩。原稻田一般地势低洼，不适合于玉米、花生和豆类等生长，导致粮食大量减产。县委、县政府积极采纳提案建议，先后召开中片乡镇农业工作汇报会、水稻生产座谈会，强调全县农业发展重点是恢复水稻生产。县政府决定给予优惠扶持政策，拨付50万元贴息贷款，用于推广育秧抛秧技术、防治病虫灾害和修建水利配套工程，稻田水费仍按最低标准每亩每年40元收取，年内全县恢复水稻种植面积近3万亩。张弼廷委员《关于建立爱国主义教育基地的建议》的提案称，爱国主义教育是全民教育，重点是青少年；要充分利用现有条件和资源优势，在全县建立不同类型的爱国主义教育基地，为青少年健康成长创造有利条件，得到县委高度肯定。1994年年底，县委印发《关于贯彻〈爱国主义教育实施纲要〉的安排意见》，明确天马山景区、台营烈士陵园、万博文化城、南戴河旅游开发区、县文物保护管理所等首批9个爱国主义教育基地，全县中小学和有关单位陆续赴基地组织瞻仰、扫墓、参观和团队日等教育实践活动，保证中小学在校生每学期观看4部爱国主义教育影片。县委宣传部要求各基地于1995年暑期前悬挂统一规格的牌匾，筹建完善展览厅室，收集相关资料和实物，安排好导游讲解工作和专职人员。建立由县委宣传部牵头负责，团县委、县民政局、县妇联、县教育局、县文化局等部门参加的爱国主义教育联系协调结构，定期召开会议和检查考核，表彰奖励先进单位和个人，解决爱国主义教育基地建设和活动中存在的问题。随着九年义务教育发展和小学、初中在校生持续增加，县域高中如何应对入学高峰备受社会关注。为办理落实张仲青委员《高中入学问题亟待解决》的提案，县政府决定扩大高中规模，在秦皇岛、抚宁教育机构布局整合中，经全力争取将县第二中学（即海阳中学）留在抚宁并迁至县城。张金玉委员《解决好农药化肥问题》的提案反映，目前全县农药、化肥价格暴涨，假冒伪劣产品坑农害农，建议明确经销单位，加强质量监管检查。县工商局接到提案后，迅速组织明暗访，依法打击违法经营，共清理查处不具备经营生产资料资格企业26家、个体工商户75个，农药化肥市场经营秩序趋于好转。县人民医院病房楼建于1976年唐山大地震之前，预制板结构抗震能力差，面积床位严重不足，设施设备陈旧老化，与医疗卫生事业发展不相适应，县卫生局和有关方面曾多次提议呼吁翻建或重建，但因县城规划和财力不足等未能落实。王春璞、高腾辉委员《关于翻建县人民医院病房楼的建议》的提案，引起县党政领导高度重视，县政府在原有工作基础上，经过充分考察论证，拨款370万元实施病房楼翻建工程，使上述问题得到圆满解决。张振禄委员《切实加强我县矿业管理的建议》的提案交办后，县地矿局强化安全生产意识，狠抓特殊工种资格审查，全方位排除事故苗头隐患，促使全县矿业管理取得积极进展。针对李忠海委员《应加强对基层医务人员的管理》的提案中乡村医生业务能力偏低，多卖药、卖贵药维持工资收入等不良现象，县卫生局组织安排基层医务人员离岗进修，主动与乡镇政府协商解决其工资福利待遇，开展医德医风教育收效显著。

是年，县政协印发《提案工作实施细则》，表彰7件优秀提案：孙杰委员《水稻面积应稳步发展，不能再减少了》，王晓光委员《农村殡葬改革工作应进一步深化》，孙柳林委员《关于成立非公有制经济协调领导小组的建议》，张仲青委员《高中入学问题亟待解决》，程会书委员《205国道牛头崖镇段交通事故多，应引起有关部门重视》，王春璞、高腾辉委员《关于翻建县人民医院病房楼的建议》，郭喜瑞、杨喜林、孙树双委员《关于抚宁城区建立垃圾处理厂的建议》。

是年，县政协印发《关于试行委员社情民意反映卡的具体办法》，收到社情民意反映卡（以下简称社情民意）7件，向县有关党政领导编报《县磷肥厂排放有毒气体危害群众健康》社情民意1件，县政府主管领导带领县经贸局、县环保局负责人和科技人员到该厂调研指导整治，并邀请辽宁省葫芦岛市专家帮助攻坚克难，很快制止了有毒气体排放。

五届四次会议提案工作 1996年3月20—22日，县政协五届四次会议听取和审议了县政协副主席郑庆魁所作的五届三次会议以来提案工作情况报告，审议通过了提案委员会五届四次会议提案审查情况报告（书面）。

县政协取消提案征集截止期限，向委员通报提案征集数量和办理成效，以利于委员了解提案工作动态信息，撰写出凝聚共识、服务决策、助力发展的精品提案。五届四次会议期间收到提案106件，立案105件，平时收到提案8件，立案7件，共收到提案114件，立案112件，2件转为来信来访处理。立案提案中涉及农林水方面的16件，山区建设方面4件，工建交、环保和电力方面38件，科教文卫体方面26件，财贸金融方面10件，党群政法、劳动人事方面17件，其他方面1件，均按规定交付承办单位。截至10月22日，提案全部办复。

为促进做好提案办理工作，县政协从全部提案中筛选出9件重点提案，报请县党政领导批办。县委、县政府、县政协召开提案交办会议，对提案办理工作提出明确具体要求。经过近20年的改革，非公有制经济正在成为社会主义市场经济的重要组成部分，非公有制企业具有与公有制企业平等的法律地位，是县域经济发展的生力军，为农村富余劳动力和城镇居民提供了就业岗位，其正常生产经营活动应该受到社会各界尊重和保护。县工商联《关于在非公有制大户中实行“保护卡”和“登记卡”的建议》的提案，反映了有些部门和单位向个体民营企业乱罚款、乱摊派、乱收费问题，经县委领导批示后，县政府认真办理落实，成立县非公有制经济协调领导小组，印发《关于在非公有制大户中实行“保护卡”和“登记卡”制度的通知》，明确除国家法律法规有明确规定外，不经县政府同意，任何单位和个人不得到持卡企业执收、执罚、拉赞助，必需时填写在卡以备查询，维护了非公有制企业的合法权益。王凤强委员《关于紫金山自然环境保护和进一步绿化美化的建议》交办后，县政府召开抚宁镇政府和县直单位办公室主任会议研究部署，组织5000名干部职工和师生，两天内在紫金山植树1.10万株。为方便居民登山晨练观光，县建设局投资5万元修建一条上山石阶路。针对傅衍生委员《加强公费医疗管理，压缩医疗费用开支》提案提出的“小病大治”“一人公费全家吃药”和“开药方购非医疗商品”等问题，县卫生局组织人员到定点医院对公费医疗专用处方进行审查，纠正解决存在的问题，强调到非定点医院就诊医疗等费用不予核销，并会同县有关部门修订公费医疗费用管理办法。县交通局、大新寨镇政府将高国忠委员《修建董各庄、王各庄至大新寨村洋河大桥问题》的提案同“想民、爱民、为民”鱼水工程结合起来办理，县交通局投入5万元，大新寨镇集资35万元，大桥如期开工建成通车。马哨宇、郭喜瑞、孙树双委员《裁减农业技术推广人员，势必影响农业生产的发展》的提案称，全县撤乡扩镇后农技推广网络建设面临困境，乡镇一级尤为弱化，农业新技术新成果不能尽快引进普及，建议各级党委政府给予重视并切实解决。县政府专门召开县农业、林业、科技、财政和劳人等部门负责人会议，制定出台保证人员编制、工资待遇等加强农业科技队伍建设的意见措施，乡镇农业站、林业站、水利站、畜牧站、农经站逐步恢复重建。王瑞金委员《关于改造南商业局东西两端阻拦机动车通行设施的建议》反映，因设施就是路中间的水泥墩，无任何安全警示，常有行人或骑自行车者撞墩致伤，建议改用其他方式阻止机动车进入街内。据了解，水泥墩路障是1995年6月建立南商业街市场时设立，起到了禁止机动车通行、保证门店和人员安全的作用，同时也给行人带来不便，导致多起尤其是夜间人身伤害事故。提案承办单位县工商行政管理局表示，将尽快在水泥墩上设置红字白底警示牌，墩底座也涂成白色，做到标识明显规范，提醒行人车辆注意安全。王家骥委员《残疾人从事修理业工商部门应关照》的提案称，榆关集贸市场上有本镇河西村、沙河村下肢瘫痪、聋哑等 5 名残疾人摆地摊修鞋，历尽艰辛但收入微薄，与正常人业主一样办理营业执照，交纳管理费、储金会费和订阅《中国工商报》，加重了残疾人的经济负担，建议榆关工商所对残疾人就业给予热情扶助，减免收费项目，降低收费标准。县工商局表示，全县共有 230 余名残疾人从事修鞋、按摩、刻章等维修服务业，他们身残志坚，自谋生路，服务社会，为残疾人事业发展作出了表率。县工商部门在营业额评定、管理费收取、摊位安排方面给予他们适当照顾，不下达征订工商报刊、上人身保险和加入互助储金会指令，为残疾人就业创业排忧解难。残疾人工商户交纳营业执照费和管理费确有困难的，可凭残疾证到当地工商所提交书面申请，县工商局视情况给予减免。

是年，县政协表彰 10 件优秀提案：县工商联《关于在非公有制大户中实行“保护卡”和“登记卡”的建议》，胡建军委员《提高企业负责人的素质》，李永森委员《关于农业基本建设投入问题》，王凤强委员《关于紫金山自然环境保护和进一步绿化美化的建议》，李开友委员《关于加强深河法庭建设》，郭丽春委员《关于加强县城绿化美化工程的建议》，高国忠委员《修建董各庄、王各庄至大新寨村洋河大桥问题》，韩雪夫委员《加强县城的精神文明建设》，王瑞金委员《积极行动起来，向一切封建迷信作斗争》，马哨宇、郭喜瑞、孙树双委员《裁减农业技术推广人员，势必影响农业生产发展》。

五届五次会议提案工作　1996 年 7 月 2 日，县政协五届五次会议选举杨雨顺为县政协副主席，表彰为“两个文明”建设作出突出贡献的政协委员。五届五次会议无提案工作议程，故不予记述。

五届六次会议提案工作　1997 年 2 月 23—25 日，县政协五届六次会议听取和审议了县政协副主席杨雨顺所作的五届四次会议以来提案工作情况报告，审议通过了提案委员会五届六次会议提案审查情况报告（书面）。

县政协五届六次会议期间，共收到提案 69 件，立案 68 件，1 件转作信访处理。其中，涉及工建交方面的 11 件，农林牧水方面 14 件，城建环保方面 11 件，财贸金融方面 3 件，科教文卫体方面15件，党群政法方面10件，其他方面4件。上述立案提案于全会后及时交付承办单位。截至 10 月底，提案全部办复。

县政协坚持确定重点提案请县党政领导批办、县政协跟踪督办，约请承办单位说明未采纳提案建议原因等方式，促进提案办理取得实效。近年来遵照县委、县政府工作部署，农村水稻播种面积得到较快恢复和扩展。程会书、常泰金委员看到水稻抛秧省时、省力、省种又增产，但因缺少技术设备很多农民仍未运用，故提交了《应大力推广水稻抛秧技术》的提案，建议涉农部门积极回应农民需求，在即将开始的水稻插秧时节，认真推广这项新技术。承办单位县农业局印发宣传资料 1200 余份，准备 30 万张秧盘定向农民廉价销售，举办抛秧技术培训班、现场会，引导更多农民告别传统插秧，全县当年水稻抛秧面积增加到 1.50 万亩。张仲青、杨立华委员《采取措施保障沿公路两侧学生人身安全》的提案称，随着中小学在校生和机动车辆不断增加，道路交通事故对学生出行构成威胁，希望县有关部门强化对中小学生、机动车驾驶员的交通安全教育，在学校附近设置安全警示标志，要求过往车辆减速慢行，避免发生交通事故。近年来，县公安交警大队在县城迎宾路第一中学路口设置交通岗亭，实行中小学校上放学时段全员执勤制度，到城关和周边中小学举办交通安全法规常识讲座30余次，有效减少了交通事故，增强了学生和家长的安全感。县公安局接到提案后，在组织协调县交通局喷划县城道路标线、更新完善通行标志的同时，对农村中小学生交通安全防范进行部署，由基层公安派出所干警负责疏导学校附近交通秩序，引领陪护学生集中通过大集镇街道和车流量大的公路、国道路口。县教育局要求沿公路中小学加强与公安交管部门和学生家长的联系，以讲座、走访、座谈等形式教育学生遵守交通规则，建立长效联防联控网络，确保中小学生人身安全。倪倩华委员《北商业街垃圾应及时运走》的提案反映，该街中段有一堆垃圾常年无人运转清理，越积越多，臭气难闻，影响附近居民出行和县城容貌环境建设。县建设局首先协调县城管、环卫部门对垃圾进行清运，然后向县政府提议彻底解决此问题的办法。县政府主管领导随即召集县工商局、县建设局负责人了解情况，经协商决定此路段的垃圾清运和卫生保洁由县工商管理部门负责。王素霞委员《要加强对食品卫生监督与管理》的提案道，南北商业街的小商贩卖包子、馒头直接用手捡给顾客，太不卫生，希望职能部门监管纠正。县卫生局接到提案后举一反三，组织人员对县城沿街小吃、食品商贩进行全面检查，坚决取缔无证经营，加强对从业人员食品卫生法规教育培训，强调销售工具化，杜绝手拿把抓，让消费者满意放心。对于陈亚萍委员《县城居民生活用水压力过低停水过早问题亟待解决》的提案，承办单位县建设局表示，水压不足是县城供水存在的一个突出问题，主要原因一是水源压力偏低，特别是西大井水质较差，如多开泵供出的水质就更差，故西大井只能开一个泵；二是商品楼房供水管道普遍过细，致使水压受阻减弱；三是个别用户有意或因关龙头及管网故障大量长流水，降低了水压。解决措施：启动西大井水源改造工程，着手征地、设计工作，年内主体完工，投入使用后提升水质和供水水压。继续实行每天早6时至晚9时（7至9月延长至晚9时30分）限时供水，避免浪费水现象，保证水压，待西大井水源正常供水后恢复24小时供水。加强管理检测维修，责令无表户安装水表，严禁私接滥改管道，整治供水跑冒滴漏现象。孙汝财委员《加强检疫大力发展农村畜牧业》的提案认为，农村经济体制改革以来，家畜、家禽等养殖业快速发展，养殖大户购进售出畜禽量日益增长，检疫过程稍有忽略就可能导致疫病传播蔓延，给养殖业带来重大经济损失，建议县政府重视加强畜牧业检疫防疫工作。县畜牧水产局在提案办理答复函中，报告了畜禽疫病防控情况和将要采取的措施：遵照国务院《家畜家禽防疫条例》，建立畜禽检疫准许机制，由基层兽医站负责具体落实，畜禽及其产品进入流通领域、出县境必须经过严格检疫并开具合格证明，外地入县境的必须出示产地检疫合格证明，否则进行补检或重检。今后，将加大畜禽检疫防疫执法力度，培训乡村兽医提高业务技术水平，促进农村畜牧业向规模化、产业化发展。马文山委员《国有企业不应倒闭》的提案反映，受乡镇企业和个体商户的冲击，一些国有企业生存困难濒临倒闭，员工即将失业，其中县第二水泥厂生产效益连年下滑，工人已停发工资数月，恳请县领导帮助解决。县经贸局负责人针对上述问题，赴该厂与干部工人座谈调研，制定整改措施，积极应对企业发展面临的挑战，实现了复工复产，拖欠工资、集资款等有望补发和退还。

是年，县政协表彰6件优秀提案：马哨宇、杨晓文委员《加快我县农业产业化的几点建议》，程会书、常泰金委员《应大力推广水稻抛秧技术》，张志坚委员《加强我县煤炭市场管理、整治煤炭市场流通秩序》，魏广镇委员《关于充分利用有线广播阵地，加强社会主义精神文明建设》，温素清委员《加强医德医风建设，提高医疗服务质量》，于印满委员《关于移风易俗，破除封建迷信活动》。

是年，县政协王素霞荣获市政协提案工作先进个人称号。倪倩华委员《写高质量提案，积极参政议政》文稿在《秦皇岛日报》刊发，被评为市第三届政协新闻一等奖。

县政协第六届委员会提案

1998年2月14日，县政协六届一次会议预备会议决定成立县政协提案审查委员会，主席团常务主席杨雨顺兼任提案审查委员会主任，王素霞任副主任。2002年6月，李占义兼任提案委员会主任，杨雨顺不再兼任；刘秀才任副主任，王素霞不再担任。

在庆祝新中国和人民政协成立50周年活动中，县政协引导组织委员回顾县政协履职尽责、协商监督历程，增强做好提案工作的使命感和紧迫意识。坚持提案征集撰写、审查立案、交办督办等有效做法和规范程序，选择重点提案提交县党政领导批办。主持召开有关部门人员专题座谈会，探索提案涉及问题的深度和广度，力争案由与全县工作大局同频共振。县政协主席会议研究审议县政协《关于提案审查立案的实施办法》《关于跟踪督办提案的实施办法》，常委会会议听取县政府提案办理报告，优秀提案和提案办理先进单位表彰奖励扎实推进。印发《关于进一步推进委员社情民意反映卡制度意见》，明确应作出书面答复的社情民意转为提案办理，实现了社情民意与提案工作有机结合，互为补充。

县政协第六届委员会共召开5次全委会议，收到提案404件，立案401件。其中，所提问题和建议得到解决采纳的327件，占立案提案总数的81.55%；列入计划逐步解决落实的45件，占总数的11.22%；不予采纳的29件，占总数的7.23%。表彰奖励优秀提案34件，提案办理先进单位13个。共收到社情民意198件，向县有关党政领导和部门编报发送160件。

荣获市政协表彰提案工作先进个人1名。

六届一次会议提案工作 1998年2月15—18日，县政协六届一次会议听取和审议了主席团常务主席杨雨顺所作的五届一次会议以来提案工作情况报告，审议通过了提案审查委员会六届一次会议提案审查情况报告（书面）。

由于县政协在提案征集中未强调提案数量、新委员对提案工作不熟悉等原因，导致六届一次会议提案数量明显偏低。会议期间收到提案35件，平时收到5件，全部立案。其中，涉及党群政法方面的5件，农林水方面4件，工建交和财贸金融方面9件，城建环保方面10件，科教文卫方面9件，其他方面3件。六届一次会议闭幕后，县政协会同县委、县政府召开提案交办会，平时收到提案随时交付承办单位。截至10月27日，提案全部办复，满意率97.50%。

县政协围绕全县大政方针筛选确定重点提案，县委、县政府领导对重点提案批示办理意见，承办单位积极采纳落实提案建议。对于唐福利委员《应进一步加强农村思想政治工作》的提案，县委宣传部十分重视，在抓好《农民思想政治教育读本》学习基础上，深入开展文明村镇、文明户创建活动，扩大广播电视教育覆盖面，发挥县文化馆、乡镇文化站功能作用，丰富城乡文化生活，加强对广大农民的社会主义、爱国主义教育和革命传统教育，为农村小康建设提供坚强思想政治保障。县工商联《关于在规模私营企业建立党的组织》的提案指出，非公有制经济是社会主义市场经济的重要组成部分，加强非公企业党建工作，充分发挥党组织战斗堡垒作用，是保证党的路线方针政策在企业贯彻落实，切实维护职工群众合法权益、引导非公有制经济健康发展的必然要求。建议在具有一定规模、从业人员相对稳定、党员数量较多的非公有制企业中，建立党的基层组织，企业党员法人代表兼任党组织负责人，非党员法人代表可推荐党组织负责人。县委组织部对提案建议作出答复：1997 年，省委组织部、省工商行政管理局印发了《关于在个体私营企业中加强党的组织建设和党员教育管理工作的意见（试行）》（以下简称《意见》），根据《中国共产党章程》规定，对个体私营企业党组织的地位作用、工作职能、隶属关系等作出明确部署。县委组织部将遵照《意见》要求，会同县工商局就个体私营企业党组织建立和党员队伍状况进行一次专题调研，听取企业所在地党组织的建议，切实做好个体私营企业党的组织建设和党员教育管理培训工作。有些提案中的问题虽一时不能解决，但同样引起承办单位重视。韩蕴慧委员针对县老城东大街夜市路边随意大小便等问题，提交了《关于处理城区卫生死角的一点建议》的提案，希望在此路段修建公厕。县建设局认为提案反映的情况属实，但新建公厕、县招待所卫生间改建公厕困难大，一时无法解决。因此，决定加强这一路段环境卫生管理与设施建设，加大保洁和宣传力度，确保上述问题不再发生。李春明委员《全社会都来关心下岗职工的生活》等同内容提案交办后，县解困和再就业办公室对下岗职工进行全面登记管理，举办转岗业务技术培训班。县委、县政府制定了《关于实施城镇解困和再就业工程的意见》，筹措帮扶资金 129 万元，当年全县安置下岗职工 395 人，再就业率达 72%。邵耀庭委员《关于石门镇地区环境污染治理的建议》的提案指出，该地区是水泥生产企业排放粉尘污染环境的重灾区，人民群众深受其害，苦不堪言。1995 年 9 月，《河北工人报》以《抚宁何日见晴天》为题，曝光了石门寨地区由来已久的环境污染老大难问题，另有多家媒体批评报道。这种以牺牲环境为代价提高经济效益的理念和行为，有悖于国家可持续发展战略。县环保主管部门和当地政府要切实履行职能，依法下大力进行治理，还老百姓以蓝天碧水。县环境保护局对提案反映的问题和建议表示理解赞同，就有关情况及工作部署向提案人作出答复。1996 年 3 月，县政府召开全县水泥行业环境治理专题会议，会后印发了《关于水泥行业环境治理实施意见》，县环保局会同石门寨镇党委政府深入一线指挥调度，辖区内 7 家水泥厂新上、修复高压静电除尘设施共 15 台套，环境污染得到一定缓解。县环保局将继续加强对石门寨地区环境监测整治，要求水泥生产企业遵守环保法律法规，保证除尘设施规范设置正常运行，限期实现粉尘排放达标，否则给予停产整顿和经济处罚。对于李忠文、周天玺等委员《给台营镇陈庄、华庄等村安装程控电话》的提案，县邮电局积极采纳办理，投资 50 万元实施主干电缆及配套工程，很快为陈庄、华庄等 8 个村安装上程控电话。袁义铭委员《抚宁二中新校筹建实验楼》、留守营政协联络组《洋河水污染严重，群众要求治理》和榆关政协联络组《关于北界双公路榆关到聂口段修柏油路》等提案，因县财力所限等因素一时难以采纳，均列入计划逐步解决落实。

是年，县政协表彰7件优秀提案：唐福利委员《应进一步加强农村思想政治工作》，陈丽霞委员《积极稳妥地安排下岗职工再就业》，周兴亚委员《关于治理护城河污染的建议》，李春明委员《全社会都来关心下岗职工的生活》，傅仁华委员《治理护城河污染》，孙柳林委员《关于鼓励非公有制大户吸收安置下岗职工和实行劳动保险制度》，李忠文、周天玺等委员《给台营镇陈庄、华庄等村安装程控电话》。

是年，县政协印发《关于进一步推行委员社情民意反映卡制度的意见》，共收到社情民意41件，向县有关党政领导和部门编报发送《应加强对县城自来水的管理》《石门寨地区渴望看到抚宁电视台节目》和《农村土地承包后应允许必要的小调整》等29件，县委办公室《抚宁快报》刊发《县汽车站汽车入口处道路损坏严重》等3件。

六届二次会议提案工作 1999年3月4—6日，县政协六届二次会议审议了提案委员会六届一次会议以来提案工作情况报告（书面），审议通过了县政协副主席杨雨顺所作的六届二次会议提案审查情况报告。

县政协要求委员关注经济社会中的重要事项，积极撰写提交提案，切实履行委员职责，以实际行动迎接新中国和人民政协成立50周年。六届二次会议期间收到提案109件，会后收到1件，全部立案。其中，涉及工建交方面的12件，非公有制经济方面3件，农林水方面19件，城建环保方面25件，土地规划方面4件，财政金融方面12件，科教文卫体方面17件，党群政法和劳动人事方面13件，其他方面5件。截至6月20日，提案全部办复，满意率、按时办结率、答复函规范化率均达到100%。

县政协六届二次会议闭幕后，县委及时交办涉及县委部门的14件提案和平时收到的1件提案，并提出办理意见。县政协会同县政府召开提案交办表彰会议，将县政府系统95件政协提案交付承办单位，表彰奖励六届一次会议以来优秀提案，县政协、县政府领导出席会议并讲话。随后，县党政领导对重点提案办理作出批示，县政协六届九次常委会会议听取讨论县政府领导提案承办情况报告，县政协切实做好提案跟踪督办工作。农村第二轮土地承包事关农业发展、农民增收、农村稳定，成为县政协和委员关注的焦点。县委书记田永生对王素霞委员《关于加强我县第二轮土地承包工作》1号重点提案作出批示：第二轮土地承包是全县阶段性压倒一切的中心工作，不敢有一丝一毫的大意，要做好各方面准备，5、6月份将实施方案印发到乡镇、村，10月份开始实施。承办单位县委农工部在传达文件、宣传政策、深入调研基础上，广泛征求吸纳相关人士意见，对二轮土地承包实施方案（讨论稿）进一步修订完善并尽快印发，让基层有充分时间讨论制定具体实施办法，为全县二轮土地承包提供了坚强有力的组织领导工作。对于杨志委员《洋河水污染严重影响人民生活，应进行综合治理》的提案，县政府主要、主管领导分别签批办理意见，带领有关人员来到排污企业和受污染村调研走访，现场拍板解决问题，加快了治理进程。县环保局向提案人通报了近年洋河水系污染治理成果和下步工作设想，承诺翌年6月实现达标排放。县政协邀请县城建、环保、土管、林业等部门负责人，座谈了解李述善委员《关于加强紫金山建设与管理》的提案办理情况，向县政府提出了明确建设目标、细化管理措施、增加绿化面积、完善基础设施建议。县政府常务会议专题研究部署，成立县紫金山建设管理工作领导小组，拨专款5万元制定园区发展规划。县教育局、抚宁镇政府接到张仲青、杨立华委员《县城第二小学院内水沟应进行处理》的提案后，主动向县领导汇报情况，县政府决定由县水务局出资3.5万元，县教育局和抚宁镇政府各出资5万元，对水沟进行混凝土覆盖，消除了安全隐患和环境污染。县政协主席苏洪珊会同县政府领导和相关委员，到台营镇督办李忠文委员《关于恢复台营仔猪市场的几点建议》的提案，听取镇政府情况汇报，视察仔猪市场原址并座谈讨论。大家一致认为，恢复台营仔猪市场有利于促进台营地区经济发展，要组成由台营镇一名副镇长负责、县职能部门人员参加的筹建机构，谋划实施具体工作，在全镇张贴、县广播电视台播放恢复仔猪市场通告。要启动场地设施建设，配置市场管理人员，加强对经纪人的职业道德技能教育培训，做好防疫灭病工作，打击欺行霸市行为。县工商局、县畜牧水产局、县公安局负责人参加了提案督办活动。张建伟委员《关于县城自来水管网改造，提高水质水量，加强水资源管理》的提案，受到县水务局重视和采纳，县政府将此工程列入当年要办好的10件实事之一，确保所提问题得到解决。县林业局接到张廷宇、殷淑艳委员《加强酒葡萄种植的技术指导》的提案后，举办技术讲座3期、各类培训班28期，印发技术资料1000余份，组织带领重点村镇干部和农技人员、种植大户3次去山东龙口市学习考察，提高了基层干部和农民酒葡萄种植技术水平。常泰金委员《稻草深加工成本低收益好》的提案说道，近年来城市建设需要大量稻草帘，用于绿地保湿遮阳提高草籽出苗率，促进了稻草的深加工。购置一台小型草帘机需500元，妇女、老年人均可操作，每片草帘成本只有0.50元，每人每天可编30片左右，售纯收入30～50元，既增加了农民收入，又可解决稻草销售难、污染环境和火灾隐患问题，故恳请政府助力推广。县乡镇企业管理局对提案建议给予充分肯定，随即与有关乡镇政府、造纸企业联系沟通，协调做好宣传引导服务工作，为发展农村稻草编织业创造有利条件。

是年，县政协表彰8件优秀提案：王素霞委员《关于加强我县第二轮土地承包工作》，李述善委员《关于加强紫金山建设与管理》，李忠文委员《关于恢复台营仔猪市场的几点建议》，于印满委员《农村小康建设应常抓不懈》，杨志委员《洋河水污染严重影响人民生活，应经进行综合治理》，单满、田会春委员《加强市场经济形势下思想道德建设》，张仲青、杨立华委员《县城第二小学院内水沟应进行处理》，工建交工作组《关于整治秦燕化工厂的水污染问题》。

是年，县政协共收到社情民意39件，向县有关党政领导和部门编报发送29件。

六届三次会议提案工作　2000年2月15—17日，县政协六届三次会议审议了提案委员会六届二次会议以来提案工作情况报告（书面），审议通过了县政协副主席杨雨顺所作的六届三次会议提案审查情况报告。

1999年11月，县政协主席苏洪珊，副主席杨雨顺、李成岩，秘书长王素霞同部分县直单位负责人，就六届三次会议提案征集工作座谈协商，并提出意见和建议。县政协六届三次会议期间，共收到提案109件，平时收到提案3件，经审查立案110件，2件转作信访处理。其中，涉及农业和农村工作方面24件，城镇建设方面15件，文教卫生方面19件，工商管理方面9件，交通方面4件，党群政法和劳动人事方面8件，其他方面31件。3月下旬，县政协以提案交办会形式将会议期间提案交付36个承办单位，闭会期间收到提案亦及时立案交付承办。截至6月20日，提案全部办复，满意率、按时办结率、答复函规范化率均达到100%。

县政协筛选出6件重点提案跟踪督办，商请县委、县政府领导批办提案22件。县政协六届十三次常委会（扩大）会议听取了县政府领导提案办理情况报告，就解决落实提案所提问题建议进行民主协商。马哨宇、王瑞金委员《建议我县建设农业科技示范园区》的提案交办后，县委、县政府经研究论证，决定采纳提案和县政协赴外地考察相关报告建议，投资100万元，责成县农业开发办规划选址施工。到年底，一个占地83亩的综合性农业科技示范园区在县城东初具规模，园内建有10个高标准大棚，引进栽植10多个品种的花卉、蔬菜和新风景树。王晓光委员《关于建立农业信息网络的建议》的提案反映，多年以来，广大农民看到当地市场上什么值钱就种什么、养什么，结果是增产并不增效增收，根本原因就是信息不灵通、视野不开阔、没有摒弃传统落后生产经营观念，故建立农业信息网络平台刻不容缓。该提案受到县政府重视采纳，县农业信息网络建设领导小组成立不久，县综合农业信息网络服务中心入网运行，实现了全国农业科技和农产品供求信息联网。程会书委员《加强农村小城镇建设》的提案认为，小城镇介于城乡之间，交通方便，人口集中，商贸繁荣，是农村全面建设小康社会的重要标志，牛头崖、留守营、石门寨、曹东庄、深河等镇政府驻地和大集镇已具备小城镇建设雏形。建议县委、县政府强化组织领导，借鉴外地经验，采取有力措施，加快小城镇建设进程。县政府接到提案后及时办理答复，强调将小城镇建设作为抚宁振兴发展的大战略来抓，出台完善优惠政策，明确由县城乡建设规划局制定建设规划，乡镇有主管领导工作人员，相关部门单位齐抓共管，力促农村小城镇建设进入快车道。为办理张仲青、杨立华委员《关于修建县政府与职教中心之间南北连接路的建议》的提案，县政府筹资61万元，由县建设局修建如期竣工。对于常泰金委员《关于电费应让群众放心》的提案建议，县供电局积极办理落实，通过全县农村低压电网改造，安装距地面1.20～1.50米高度的可视用户电表集装箱，经考试考核择优录取并不再村村设电工，实行统一抄表、统一电费、统一发票、统一核算，杜绝了乱收多收电费现象，增加了电费收取管理透明度。1999年，罕见干旱天气使大新寨、台营、驻操营镇种植、养殖、林果业遭受重创，农民因灾返贫现象日渐突出。县政府在办理谷印祥委员《关于加大北部山区的救助和扶持，保障受灾群众生产生活》提案的过程中，紧急调拨8.60万元救灾款、22.70万斤粮食后，又于2000年5月拨付专项资金27万元，全部用于救助受灾群众，恢复发展生产，将旱灾损失减少到了最低程度。鉴于部分农村理想信念淡薄和水平能力有限导致干群关系紧张、不稳定因素增加、各项工作徘徊停滞不前的现象，牛头崖政协联络组提交了《强化农村基础工作，促进社会稳定和经济发展》的提案，受到县委高度重视。县委组织部制定《农村干部规范化管理办法》，对农村干部职数设置、选举办法、履职程序、培训考核、工资待遇、表彰奖励等方面都作出具体规定，征求乡镇党政相关部门意见后正式印发推行。县工商行政管理局对殷素艳委员《加强曹东庄集贸市场管理》提案中的建议作出解答：一是摆摊设点造成交通堵塞问题，拟对集贸市场秩序进行一次清理整顿，取缔无照经营，做到摊位排列整齐，商品摆放有序，禁止场外交易影响车辆通行。二是市场围墙向里挪以加宽道路的建议，该市场为曹东庄村办，基础建设维修费用由村负担，工商部门负责管理市场秩序，故拟与村委会协商拆建市场北大墙。三是统一管理进出市场车辆不得随意停放的建议，拟于近期与曹东庄村委会专题沟通协调，在市场内另辟场地作为车辆、自行车存放处，彻底改变场外停车致交通堵塞现象。四是市场重复收费问题，鉴于曹东庄村收取设施摊位费、存车费，工商部门只收取管理费，两家同时收费可能被业主认为重复收费，拟提高市场专管员、协管员业务服务水平，尽快将市场收费单位、项目和标准宣传公布于众，打消群众误解。

是年，县政协表彰6件优秀提案：马哨宇、王瑞金委员《建议我县建设农业科技示范园区》，王晓光委员《关于建立农业信息网络的建议》，谷印祥委员《加大北部山区的救助和扶持，保障受灾群众生产生活》，常泰金委员《关于电费应让群众放心》，赵辅忠委员《关于加强村医管理，树立新的医德医风》，张仲青、杨立华委员《关于修建县政府与职教中心之间南北连接路的建议》。

是年，县委、县政府、县政协表彰6个提案办理先进单位：县委农工部、县委组织部、县农业办公室、县建设局、县教育局、县交通局。

是年，县政协印发《关于进一步做好反映社情民意工作的意见》，共收到社情民意39件，向县有关党政领导和部门编报发送35件。

六届四次会议提案工作　2001年1月15—17日，县政协六届四次会议听取和审议了县政协副主席杨雨顺所作的六届三次会议以来提案工作情况报告，审议通过了提案委员会六届四次会议提案审查情况报告（书面）。

县政协于六届四次会议前向委员印发提案征集通知和参考题目，增强委员参政议政意识。会议期间收到提案77件，平时收到提案1件，经审查立案77件，1件转为信访处理。其中，涉及农业和农村工作的17件，科教文卫体方面16件，工业交通方面9件，城建环保方面9件，党群政法方面10件，社会治安方面6件，公益事业方面2件，其他方面8件。截至6月16日，提案全部办复，满意率、按时办结率、答复函规范化率均达100%。

是年2月，县政协主席苏洪珊会同县政府领导召开提案交办会，表彰上年度县委农工部、县建设局等提案办理先进单位。县政协提请县党政领导批办提案19件，主动与承办单位了解沟通提案办理情况，对5件重点提案全程跟踪督办。县建设局收到赵敬东委员《关于加强县城绿化美化管理的建议》提案后，先后投资170.50万元，完成了里杨小区道路改造、西街至抚昌黄公路硬化、长征路公园二期改造等多项硬件工程。同时，筹措资金106万元，对护城河入口加盖封闭，加强绿化美化基础设施建设。为办理傅中权委员《大力整顿音像市场，尽早取缔游戏厅》的提案，县文化局在县公安局、县工商局支持下，取缔城乡无证音像经营户15家，没收光盘6200盘、录像带2100盒，关闭游戏厅24家。县政协领导对提案办理成效表示满意，带领委员视察了县城音像市场整顿情况，希望县文化、公安、工商部门通力协作，密切配合，再搞几次规模较大的突击检查活动，反复抓、抓反复，持续严厉打击贩黄、制黄等不法经营活动。对金永强委员《关于加强报刊投递工作的意见》反映的问题，县邮政局专门进行调查核实。一是

《文史精华》短缺问题，因属于平函邮寄杂志并非在邮政部门订阅无法查询，相关邮递员也没收到过，一旦收到立即送达不会积压。二是《人民政协报》短缺问题，属于邮递员责任心不强，没有按址投递所致。县邮政局表示，将加强对投递人员的职业道德教育，不断提高服务能力水平，与客户商定准确投递地点，完善报刊订阅签收手续，耐心解答客户咨询，确保报刊及时稳妥投递到位。李占义、马利华委员《紫金山森林公园急需强化防火管理》的提案交办后，抚宁镇政府会同县建设局、县公安局和县民政局，建立紫金山护林防火组织和预警机制，配置专职护林防火人员，增设警示牌和宣传标语。在火灾易发的春季，专人专车昼夜巡视检查。加快园区 1100 余座坟墓搬迁进程，消除祭扫火灾隐患。县语言文字工作委员会认真研讨审议张仲青、杨立华、张进明委员《尽快在社会各界形成良好的语言文字环境》的提案，一致认为其思路主张明确，见解措施可行，对说普通话、写规范字、做文明抚宁人具有推进作用，必须认真采纳落实。拟随着《国家通用语言文字法》颁布实施，以中小学校为主阵地，率先提高广大师生的普通话水平；对县城 7 个党政机关、窗口单位工作人员进行普通话测试和培训，发挥示范带动作用；对县城、南戴河旅游区以及 102、205 国道两侧牌匾、广告、标语等文字，组织一次规模综合整治，消除不规范用字；在县电视台举办为期一周的语言文字法规讲座，县城和乡镇所在地开展相应宣传活动。县政协副主席杨雨顺带领部分委员督办李述善委员《龙虎庄公墓建设应加快步伐》的提案，对县民政局提案承办工作和公墓建设给予肯定。县公安局积极办理孙柳林委员《打击邪恶势力，使人民安居乐业，促进非公有制经济健康发展》的提案，抽调得力干警组成专业严打队伍，在全县加大打黑除恶力度，扫除恶势力团伙 9 个，破获相关刑事案件 125 起，为非公有制经济发展营造良好社会治安环境。杨余田、韩印昌、马洪顺委员《关于博榆干渠管理问题》，仇文仲委员《建议在洋河下游建一座城市生活污水和工业废水综合处理场》和李忠文、周天喜委员《帮助北部山区修建乡间公路》等提案，因政策和财力等因素未能采纳，为党政领导部门科学决策和承办单位推进工作提供了重要参考依据。

是年，县政协表彰 7 件优秀提案：赵敬东委员《关于加强县城绿化美化管理的建议》，赵辅忠委员《调整农业结构，改良种草，大力发展畜牧业》，傅中权委员《大力整顿音像市场，尽早取缔游戏厅》，李述善委员《龙虎庄公墓建设应加快步伐》，李占义、马利华委员《紫金山森林公园急需强化防火管理》，王佐礼委员《开发旅游事业，繁荣地方经济》，孙柳林委员《打击邪恶势力，使人民安居乐业，促进非公有制经济健康发展》。

是年，县委、县政府、县政协表彰 7 个提案办理先进单位：县委组织部、县委宣传部、县建设局、县交通局、县水务局、县教育局、县民政局。

是年，县政协共收到社情民意 42 件，向县有关党政领导和部门编报发送《牛头崖村路段应加强交通管理》《严格控制城镇建设挤占耕地》《机构改革应尽快实施》和《海水倒灌问题不容忽视》等 36 件。县工商局对台营政协联络组反映的《台营工商所乱罚款比较严重》问题，立即组织人员调查核实，向县政协通报办理结果。县农业局接到尹连才委员《劣质塑料给用户造成损失》的社情民意后，专程赴生产厂家协商赔偿消费者损失事宜。

六届五次会议提案工作 2002 年 3 月 12—14 日，县政协六届五次会议听取和审议了县政协副主席陆志飞所作的六届四次会议以来提案工作情况报告（受县政协常务委员会委托所作，下同），审议通过了县政协办公室主任刘秀才所作的六届五次会议提案审查情况报告。

县政协六届五次会议期间收到并立案提案58件，其中，涉及农业农村工作方面的17件，科教文卫体方面11件，工建交方面8件，城镇建设方面6件，环境保护方面5件，精神文明建设方面3件，社会治安方面2件，财贸金融方面2件，其他方面4件。闭会期间收到并立案交办提案6件。截至7月12日，提案全部办复，满意率、按时办结率、答复函规范化率均达到规定要求。

县政协会同县委、县政府召开提案交办会议，通报六届四次会议提案工作情况，对六届五次会议提案办理提出明确要求。尹连才委员《为农业增产农民增收推广日光温室无土栽培新技术》的提案认为，利用该技术种植蔬菜，不受土质因素制约，便于操作管理，低投入、高产出，是农民增收致富的有效途径。县农业局对该提案给予充分肯定，选派专业技术人员现场指导解决问题，发挥典型辐射引领作用，促使这项新技术得以推广。李占义、马利华、张建伟委员《关于县看守所选址问题的建议》提交后，县政府领导先后两次召开县公安局、县国土局、县水务局、县人劳社保局等部门负责人参加的专题会议，反复研究，集思广益，最终决定采纳提案建议，将县看守所新址选定在县城东5公里县水务局东库院落内。县公安局成立筹建领导小组，看守所新址规划设计、土地征用、赴外地考察等工作相继展开。李永森委员《关于九门口村河北省与辽宁省界碑挪位问题的建议》称，三年前，两省界碑被辽宁省绥中县李家乡擅自向抚宁县驻操营镇九门口村一方挪位100余米，令村民气愤和质疑，希望县政府向有关部门和辽宁方面联系交涉，将界碑移回原处。受承办单位县民政局委托，县勘界办公室第一时间赶赴九门口村实地勘查，明确指出19号界桩是冀辽线基本走向重要标志，已由河北、辽宁两省勘界办公室认定备案，具有法律效力，任何一方未经上级批准改变界桩位置都是非法的，并向县委县政府、市勘界办公室报告情况。在与绥中县民政局联系解决无望后，县勘界办公室将上述事件书面上报河北省勘界办公室，期待两省勘界部门磋商解决。周天玺委员《恳请有关部门伸出援手恢复供电线路》的提案反映，2001年12月一天深夜，台营镇干涧村一条3500米供电干线的电线全部被盗，致使村东数眼大口井失去电源，农业春播用电出现严重困难，村民心急如焚。台营镇政府接到提案后，即刻与台营供电所协商恢复供电，结果由供电所无偿施工架线，干涧村贷款支付材料费4000元并出义务工配合，很快圆满解决了上述问题。台营公安派出所对电线被盗案件展开侦破工作。为办理赵丽勇委员《解决筹建大新寨中学教学楼资金短缺问题》的提案，县政府主要领导亲自赴县外有关单位筹资30万元，破例由县危房改造资金中拨付40万元，加上大新寨镇出售镇办中学原址所得27万元，共筹措资金97万元，使大新寨中学教学楼资金问题得到圆满解决。于印満、李运强、殷素艳委员《关于原农村合作基金会股金和欠款问题》的提案称，根据上级文件要求，1999年全县23个合作基金会分别并入农村信用社，但股金一直没有还给农民，还有基金会客户的欠款如何回收，希望县有关部门给予解释。县委农工部对此作出回复：原农村合作基金会基础股金属于集体积累，只能用于发展农村经济和公益事业，不可退还给农民。原客户欠款呆账移交乡镇党委政府负责全力追缴，最大限度做到应收尽收。针对抚宁火车站客运车次少、乘客不理解问题，任玉荣委员提交了《铁路抚宁站有站无运，抚宁人外出十分不便》的提案，包括希望火车站与地方接通电话。县政府办公室有关人员到火车站走访调研，了解到车次少是根据客流量而定，不可能在短期内增加；建站时按设计要求服务处就无咨询电话，现在又苦于无资金安装。县政府向秦皇岛车务段发函通报提案办理工作，同时责成县电信局在火车站前安装一部IC电话。抚宁火车站拟向上级报告以上情况，力争早日增加客运车次和安装服务处电话。石金俭委员《修建乡间公路》的提案称，牛兰甸村至大新寨村的2.50公里土路年久失修、坑洼不平，与农村小康建设不相适应，希望县交通管理部门和当地政府投资铺建油漆路。县交通局认真研究提案后表示，当年修建旅游公路任务繁重，无力再谋划安排新的工程项目，待旅游公路竣工后与大新寨镇政府协商投资修建好这条乡间公路，提案人对此表示理解认同。

是年，县政协表彰6件优秀提案：尹连才委员《为农业增产农民增收推广高效日光温室无土栽培新技术》，冯云祥委员《应大力加强农业科技人员队伍建设》，邵耀庭委员《关于加强教育培训，提高农村基层干部素质》，李占义、马利华、张建伟委员《关于县看守所选址问题的建议》，张文举、何立生、刘贵杰委员《关于借助旅游公路，开发旅游产业》，何立生、刘永春、张静波委员《关于打黑除恶，净化社会环境》。

是年，县政协印发《关于进一步加强反映社情民意工作的意见》，共收到社情民意37件，向县有关党政领导和部门编报发送《县城建设不容忽视公厕问题》《建议加大村容村貌整治力度》《让抚宁火车站亮起来》等31件。

是年，县政协刘秀才荣获市政协提案工作先进个人称号。

县政协第七届委员会提案

2003年3月13日，县政协七届一次会议预备会议决定成立县政协提案审查委员会，主席团常务主席李占义兼任提案审查委员会主任，刘秀才任副主任。2003年9月，刘树林兼任提案委员会主任，李占义不再兼任。2005年12月，陆志飞兼任提案委员会主任，刘树林不再兼任。

在严格履行提案征集、交办、督办和表彰程序的同时，县政协克服通常观念，强化资政意识，不断开创提案工作新局面。原则上要求每位委员撰写一件提案，将个别全委会议上委员大会发言转为提案。常委会会议听取县政府提案承办工作报告，重点提案提交县党政领导批办。印发《关于认真做好提案承办工作的通知》，促进提案建议成果转化，提升提案采纳比重和督办承办实效。《关于拆除县大礼堂，拓宽一小门前至长征路路面、修建休闲活动场所和解决一小上放学出入难问题的建议》《实施引洋入抚工程，从根本上解决县城生产生活用水不足问题》《加快发展农民专业合作经济组织势在必行》等提案，经县政协跟踪督办后，得到县委、县政府重视采纳。社情民意数量增加，质量提高，编报办复趋于规范。

县政协第七届委员会共召开5次全委会议（七届五次会议无提案工作议程），收到提案370件，立案351件。其中，所提问题和建议得到解决采纳的245件，占立案提案总数的69.80%；列入计划逐步解决落实的91件，占总数的25.93%；不予采纳的15件，占总数的4.27%。表彰奖励优秀提案29件，提案办理先进单位6个。未立案转为社情民意办理提案19件，共收到社情民意102件，向县有关党政领导和部门编报发送46件。

荣获市政协表彰提案工作先进个人1名。

七届一次会议提案工作 2003年3月14—16日，县政协七届一次会议听取和审议了主席团常务主席陆志飞所作的六届一次会议以来提案工作情况报告，审议通过了县政协秘书长刘秀才所作的七届一次会议提案审查情况报告。

县政协面对六届一次会议提案数量下滑的现象，年终岁首走访委员时认真部署提案征集工作，支持委员应邀参与行风监督和评议，要求每位委员至少撰写一件提案，实现了七届一次会议提案预期目标。会议期间收到提案97件，平时收到提案6件，共计103件，经审查立案95件，8件未立案提案转为社情民意办理。立案提案中，涉及“三农”方面的30件，城建方面16件，科教文卫体方面29件，党群政法方面8件，其他方面12件。七届一次会议闭幕后，县政协会同县委、县政府召开提案交办会，将全会期间92件立案提案交付承办单位，平时3件立案提案随时交付承办。截至7月15日，提案全部办复，满意率、按时办结率和答复函规范化率均符合规定要求。

县政协从立案提案中筛选出9件重点提案，由主管领导负责，结合调研视察活动跟踪督办。县政协七届一次常委会会议听取县政府提案承办工作情况通报，就解决相关难点问题、加快提案办理进程提出建议。为发挥长城资源优势，振兴生态旅游产业，县政协将金永强、陈劲草委员《抓住省修建长城旅游公路契机，下大力保护开发我县长城资源》确定为1号重点提案。县政协副主席李占义率领学习文史委员会、提案委员会部分委员、提案人进行跟踪督办，听取县文体局、县交通局工作汇报，视察董家口、板厂峪长城旅游景区，然后座谈讨论。县政府主管领导应邀参加了这次提案督办活动。县政协向县委、县政府提交了《关于对我县长城保护与开发工作的视察报告》后，县长城保护与开发利用领导小组正式成立，县政府印发《关于进一步加强长城及附属建筑物保护工作的意见》。县政府主管领导对徐彦春委员《抚宁镇一小（西校）周边环境问题亟待解决》提案承办作出批示，县建设局会同公安、工商和城管部门集中统一行动，通过增加执勤警力、设立疏导警示牌、处罚影响交通的流商游贩、取缔乱堆乱放侵街占道行为，优化了一小周边环境。县政府领导带队检查提案办理落实情况，并提出意见要求。是年10月，县政协主席王连成，副主席李志佳、刘树林带领委员对提案进行督办，听取副县长赵宝义提案承办工作报告，对一小周边环境明显改善表示肯定，建议学校班级适当错时（下课）放学、对学生进行安全教育，建立长效工作机制。赵永红、林志义等委员《抚宁火车站铁路高压线路应改变走向的建议》称，该供电线路经过县煤管局、县审计局、县中医院和县北大街信用社等家属院，电压1万伏以上且为裸线，给居民生命财产安全带来极大隐患，建议县政府考虑改变该供电线路走向。承办单位县建设局经实地调查，认为提案反映问题属实，经与抚宁火车站和县供电局协商，投资8万元实施改线工程，使铁路高压供电线路彻底避开了上述居民区。金镇一委员《关于民族教育发展问题》的提案称道，留守营镇朝鲜族小学建于1962年，是全省唯一一所朝鲜族小学，为确保学生掌握使用国家通用语言文字作出了突出贡献。然而，随着城乡教育快速发展，朝鲜族小学师资力量、教学设施、运动场地、校园环境等方面的差距越来越大，而且不可能在短期内改变解决，所以建议另择新址建一所高标准、现代化的朝鲜族小学，以统领带动各项工作开展。县教育局认为，民族教育是整个教育事业的重要组成部分，朝鲜族小学修建新校毋庸置疑，但由于推行计划生育学龄儿童逐年递减，修建新校会导致教育资源闲置浪费，并非改善教学条件之必然，故暂缓考虑。同时，为发展观光旅游吸引外地客商，县委、县政府曾有朝鲜族村建成民族特色村的意向，届时可统筹规划新建或扩建朝鲜族小学。对于郑海波委员《建议加强县城区道路建设》的提案，县政府在深入调查研究基础上，共投资140万元，历时两个月完成县交通局公路管理站至抚宁镇中学道路拓宽硬化工程，消除了上放学期间交通堵塞和事故高发现象，县城区其余道路建设拟于翌年启动实施。县广电局接到尹秀清委员《关于普及有线电视问题》的提案后，会同有关部门积极采纳，将工作重心向基层倾斜，增设一条约4000延长米的主干线，使县城和周边乡村接收到了有线电视节目，同时全力推进农村有线电视普及工作。《保护水泥产业，打击假冒伪劣产品》《尽快实行县城集中供暖，减少锅炉对环境的污染》等提案也得到采纳办理落实。县教育局接到赵立勇委员《关于初中学生分好、中、差三类班的建议》后，认为提案人对于基层基础教育的关注探索应该理解，但分快慢班不符合教育部《关于积极推进中小学评价与考试制度改革的通知》等文件精神，不利于学生在学习成绩、思想品德、创新和实践能力等多方面进步发展，故不予采纳，并在提案答复函中作出解释说明。

是年，县政协表彰7件优秀提案：金永强、陈劲草委员《抓住省修建长城旅游公路契机，下大力保护开发我县长城资源》，徐彦春委员《抚宁镇一小（西校区）周边环境问题亟待解决》，赵敬东委员《我县基础教育面临的困难及应采取的对策》，郑海波委员《建议加强县城区道路建设》，殷国明委员《发展畜牧生产，优化农业产业结构》，孙树双委员《加强农技推广队伍建设，确保农村小康目标实现》，赵永红、林志义等委员《抚宁火车站铁路高压供电线路应改变走向的建议》。

是年，县委、县政府、县政协表彰6个提案办理先进单位：县委组织部、县教育局、县建设局、县交通局、县财政局、县文体局。

是年，县政协共收到社情民意30件，向县有关党政领导和部门编报发送《养殖业防病灭病必须引起高度重视》《建议尽快开通抚宁—南戴河国际娱乐中心公交车》《市场上缺斤短两现象又见抬头》等14件。

七届二次会议提案工作 2004年2月11—12日，县政协七届二次会议听取和审议了县政协副主席陆志飞所作的七届一次会议以来提案工作情况报告、县政协秘书长刘秀才所作的七届二次会议提案审查情况报告。

县政协七届二次会议期间收到提案72件，立案69件，闭会期间收到并立案提案10件，共立案79件。其中，涉及“三农”方面的24件，城镇建设方面20件，党群政法方面9件，科教文卫体方面17件，其他方面9件。3件未立案提案转为社情民意办理。截至9月底，提案全部办复，满意率、按时办结率、答复函规范化率均达到规定要求。

县政协会同县委、县政府召开提案交办会，表彰2003年度提案办理先进单位，并听取县建设局、县文体局提案办理经验介绍，要求各部门、各单位加强组织领导，依法依规办理政协提案。提案承办单位主要负责人参加会议。县大礼堂建于20世纪70年代初期，系县城标志性建筑，但由于年久失修设施功能有限、砖石结构防震性能差、供电线路老化曾引发火灾等原因，近年处于闲置状态。韩雪夫、赵敬东、陈劲草等委员《关于拆除县大礼堂，拓宽一小门前至长征路路面、修建休闲活动场所和解决一小学生上放学出入难问题的建议》1号重点提案提交后，县政府领导相继召集有关部门负责人研究办理。县建设局、县文体局和县财政局等随即展开具体工作，两个月顺利拆除了大礼堂，暂用石粉铺垫地面，缓解了第一小学门前交通拥挤现象。是年5月，县政协主席王连成，副主席李占义、刘树林、高金峰带领县直单位政协常委，提案委员会、文教体工作组部分委员、提案人视察大礼堂遗址，听取县政府领导提案办理会汇报并座谈评议。而后，县政协向县委、县政府提交了《关于跟踪督办1号提案落实情况的报告》，对拓宽相关路面、修建休闲场所、绿化美化环境等提出建议。是年年初，为解决县城供水能力不足、自备井增加导致地下水过量开采问题，县政府启动引洋入抚工程。7月，县政协副主席刘树林带领部分委员，对赵恩来委员《实施引洋入抚供水工程，从根本上解决县城生产生活用水不足问题》的提案跟踪督办，旨在保证工程质量，加快工程进度。按设计要求，引洋入抚工程自洋河水库东侧引青济秦2号洞引水至抚宁县城，全长8488米，总投资3080万元，已铺设管道2100米，预计2005年6月竣工。刘树林一行首先视察了施工现场，听取县水务局负责人和技术人员关于工程立项、筹资和进展情况汇报，然后座谈评议，对提案办理工作给予肯定，希望继续严格施工程序，强化质检监测，确保全线工程优质高效，善始善终。杨继平、孙海委员《关于公路建设中增设警示线的建议》的提案，经县政府主要领导批办后，县交通、城管、公安等部门认真组织落实，县财政投入专项基金23.50万元，完成了县城迎宾路、长征路、金山大街等路段的交通标识牌、警示牌喷涂设置工作。县工商联《关于建立非公有制经济统计分析系统的建议》的提案指出，改革开放以来，非公有制经济已成为县域经济的重要增长点，但对其统计分析还停留在分散、滞后、不完整的部门统计基础阶段，不利于其快速持续健康发展。县统计局在办理提案过程中，明确专人负责，精心组织谋划，制定印发了《抚宁县民营经济统计实施办法》，组建了县经贸局、县工商局、县税务局、县工商联等部门参加的非公有制经济统计分析系统，定期召开会议对统计调查资料分析测算，为加强宏观指导调控提供科学依据。7月。县政协主席王连成、副主席刘树林领导带领农业科技界委员，督办成和昌委员《对当前我县蔬菜产业发展的几点建议》的提案。王连成主席一行参观了牛头崖镇都寨、下庄管理区崔庄、坟坨管理区纸房3个无公害蔬菜生产达标村，听取了县农业局负责人提案办理工作汇报并进行座谈，对普及推广农业技术、培育扶持先进典型、加强农药市场监管等提出建议，受到县农业局和基层干部群众肯定和欢迎。是年，县政协跟踪督办的还有成和昌委员《关于对当前蔬菜产业发展的几点建议》，陈文、张晓华委员《我县烟草行业应彻底打破行业垄断》等提案。

是年，县政协表彰9件优秀提案：韩雪夫、赵敬东、陈劲草等委员《关于拆除县大礼堂，拓宽一小门前至长征路路面、修建休闲活动场所和解决一小学生上放学出入难问题的建议》，杨继平、孙海委员《关于公路建设中增设警示线的建议》，赵恩来委员《实施引洋入抚供水工程，从根本上解决县城生产生活用水不足问题》，成和昌委员《对当前我县蔬菜产业发展的几点建议》，何立生、张敬波、侯秉贵委员《加强对城乡网吧的管理，严厉打击不法活动》，王宝生委员《关于发展养殖业，建立化验室的建议》，孙柳林委员《加强农村两委班子建设，提高村级干部素质》，武士安委员《加强医德医风建设和医疗扶贫力度，提高人民健康水平》，县工商联《关于建立非公有制经济统计分析系统的建议》。

是年，县政协收到社情民意 6 件，向县有关领导和部门编报发送《建议做好引洋入抚供水工程宣传工作》《县中医院至金佳机械厂两处破损路面亟待修复》2 件。

七届三次会议提案工作 2005 年 1 月 25—26 日，县政协七届三次会议听取和审议了县政协副主席陆志飞所作的七届二次会议以来提案工作情况报告，审议通过了县政协秘书长刘秀才所作的七届三次会议提案审查情况报告。

县政协通过组织委员参加调研视察和行风评议等活动，广泛了解掌握相关情况和信息，增强委员参政议政意识，做好做实提案征集工作，同时将委员在七届三次会议上的大会发言转化为提案，实现了提案数量稳步增长、质量持续提高。七届三次全会期间收到提案 94 件，立案 91 件，未立案 3 件转为社情民意办理，闭会期间收到并立案提案 6 件，共立案 97 件。其中，涉及“三农”方面的 33 件，城镇建设方面 29 件，科教文卫体方面 18 件，其他方面 17 件，均按规定程序时限交付承办单位。截至 10 月底，提案全部办复，满意率、按时办结率和答复函规范化率达标。

县政协主席会议筛选确定 3 件重点提案，提请县政府主要领导作出批示，要求承办单位认真对待、积极采纳，县政协组织委员跟踪督办。县政协学习文史委员会、文教体工作组提交的《深掘紫金山文化内涵，重建魁星阁的建议》的提案称，相传魁星是中国古代神话中主宰文章兴衰的神，深受读书人崇拜，旧时大多城镇有魁星楼、阁等建筑物。清康熙十二年（1673 年），时任抚宁知县谭琳自捐俸禄修建魁星阁于县城南紫金山西南峰，旨在振兴科第、立德树人、鞭策乡民，其兴文强教之善举在民间广为传颂并载入史册。时隔 300 余年，在紫金山原址重建魁星阁，有利于提升县城文化功能品位，弘扬尊师重教传统美德，营造百年育人社会风尚，可谓功在当代，利在千秋。县政协将其列为 1 号重点提案，加大督办力度。是年 7 月，县政协主席王连成，副主席李占义、刘树林、李志佳、高金峰领会同县政府主管领导，率相关委员视察魁星阁遗址，听取承办单位县建设局、县文体局工作汇报，就建筑设计定位、确保工程质量、保护生态植被等进行座谈讨论评议。县政协根据这次督办情况，向县委、县政府提交了《关于督办 2005 年 1 号提案的报告》，县长办公会议专题研究部署提案办理事项，委托专业单位设计图纸，广泛听取社会各界和专家意见，指派县规划、城管和文物保护部门赴外地学习考察，制定魁星阁建设方案，计划 2006 年 5 月破土动工，10 月建成对游人开放。县政协副主席刘树林同有关委员和提案人，对杨继平、孙海委员《建议加快县城供热供沼气管网建设》的提案进行督办，肯定了县燃气热力公司 3 年来建设成绩和提案办理工作，与企业管理人员和一线职工讨论座谈，围绕确保管网运行效果质量、扩展供热供气覆盖区域、筹措设施维护改造资金、建立突发事故应急预案等问题提出建议，得到承办单位重视采纳。县科技局认真办理周天玺、王幼平、马术国委员关于《大力扶持沼气池建设》的提案，多次到省、市项目管理部门争取国债资金项目，按照总体布局向北部山区倾斜的原则，扩大全县沼气池建设发展规模。筹措资金1万元，用于组织11名技术骨干参加市沼气技术培训学习，并通过了沼气中级工认证考试。深入乡镇、村推广普及沼气技术，发放宣传资料1300余份。县科技局组建沼气物业服务站，各乡镇建立服务分站，沼气池集中村建有服务点，及时解决沼气建设管理使用中的问题。台营镇有5个村被明确为项目试点村，其中蝎家沟、石碑沟村各获得6万元资金支持，对全镇沼气池建设起到辐射示范作用。县建设局对贲景瑞委员《健康路东段路灯何时亮起来》的提案及时作出答复：此问题已经纳入县城路灯工程计划，近两年来未安装原因是考虑县城电网改造，拟届时与路灯统一安排施工。现该路段路灯即将随电网设计进行安装，预计年内竣工实现照明。朱国友委员《关于解决失地农民生活困难的建议》反映，近10年来农村土地面积锐减，主要原因是乡镇企业、旅游开发、公路铁路工程用地等等。部分农民廉价出让土地后，并未享受到城镇居民就业、医疗、低保尤其是养老等待遇，导致上访事件频发，影响农村社会稳定和经济发展，各级党委政府应解决好失地农民的生活困难问题。县人事劳动和社会保障局对提案积极办复，指出失地农民群体的生产生活养老问题已引起党和政府高度重视。2005年2月，省劳动和社会保障厅经过半年调查研究，会同省财政厅、省国土资源厅等，印发了《省政府转发省劳动和社会保障厅等五部门关于建立被征地农民养老保险制度意见的通知》。市劳动和社会保障局起草了被征地农民养老保险实施方案，待报请市政府批准下发后，县人劳社保局将制定出相应具体实施方案，以积极稳妥地解决好被征地农民的养老保险问题。张葆庆委员《太和寨铁路桥洞下积水严重》的提案反映，夏日积水深3米常致车辆被淹断交，冬天结冰路滑通行受阻，行人和学生只能横跨铁路极其危险，人民群众和过往司机怨声载道，必须采取有效措施，消除安全隐患。县政府同意县交通局拟在此修建立交桥的建议，恳请市政府协调北京铁路局给予全力支持，力争尽快彻底解决上述铁路桥下积水问题。赵英红委员《加强畜牧养殖业科技队伍建设》的提案称，2004年年底，全县生猪存栏42.60万头，同比增长18.01%；出栏83.20万头，同比增长23.60%；50头以上的规模养殖户2163个。县畜牧水产局有兽医专业技术干部23人；基层兽医站在职兽医95人，大多为民间兽医，后经过技术培训，大中专毕业生仅有8人。全县畜牧兽医队伍现状与养殖业快速发展不相适应。建议县政府改革用人机制，招聘对口院校毕业生到畜牧部门工作，以优化兽医整体机构，提高科技服务水平。县政府农业办公室表示，将组建县组织、人事和农口部门参加的专门班子，到大中院校选招农业方面人才来抚宁就业，其档案关系挂靠在县人才交流中心管理，适时逐步解决。要求县农牧水产局、乡镇政府继续抓好兽医和养殖技术培训，普及畜禽疫病防控技术常识。

是年，县政协表彰7件优秀提案：县政协学习文史委、文教体工作组《深掘紫金山文化内涵，重建魁星阁的建议》，赵英红委员《加强畜牧养殖科技队伍建设，保护畜牧养殖业生产》，杨继平、孙海委员《建议加快县城供热供沼气管网建设》，焦艳秋委员《建立人才引进“绿色通道”》，陈文委员《关于“村村通”道路养护的几点建议》，张廷宇、殷淑艳等委员《搞好农业产业结构调整，实现农民增收的几点建议》，郭树成委员《我县民营企业发展存在的问题和建议》。

是年，县政协共收到社情民意30件，向县有关党政领导和部门编报送发《县城交通乱闯红灯现象亟待解决》《建议修剪湾子至大新寨公路两侧火炬树》等10件。

是年，县政协李向光荣获市政协提案工作先进个人称号。

七届四次会议提案工作 2006年1月17—18日，县政协七届四次会议听取和审议了县政协副主席陆志飞所作的七届三次会议以来提案工作情况报告，审议通过了县政协秘书长刘秀才所作的七届四次会议提案审查情况报告。

县政协坚持向委员印发提案征集通知，《政协工作》简报刊发、县广播电视台播放典型提案办理稿件，激励委员撰写提交提案。七届四次会议期间收到提案79件，立案74件，未立案5件转为社情民意办理。立案提案中，涉及“三农”方面的19件，城镇建设方面16件，党群政法方面4件，科教文卫体方面15件，交通运输方面11件，商贸金融和民营企业方面6件，其他方面3件。平时收到并立案提案6件。上述立案提案均按规定程序时限交付承办单位。截至10月底，提案全部办复，提案人满意的77件，不满意的1件，拒签意见的2件。

县政协主席会议谋划部署提案工作，常委会会议听取提案办理情况报告，县委县政府领导批办、县政协督办重点提案，善于发现和解决问题，务求提案办复实效。县城建设是县域经济社会发展的重要标志和对外开放的窗口，县政协和委员高度关注县城建设。韩雪夫、孙海、赵敬东等委员《关于加强县城绿化工作的建议》56号提案提交后，县政协领导带领教科文卫体委员会部分委员和提案人，并邀请县政府办公室负责人进行督办，先后视察了迎宾路、天马大街、长征路和骊城大街等主干道和县财政局小区的绿化进展情况，希望县建设局等部门单位重视新建路段、老城区和各机关单位的绿化工作，对破坏花草树木行为依法依规严肃查处，力争尽快取得成效，县政协向县政府提交了《关于2006年56号提案跟踪督办情况的报告》。是年4月，鉴于七届四次会议《关于改善县城居民区公共设施和配套建设的建议》《加强县城长征路带状游园照明实施的管护工作》《关于对县城较大居民区实行封闭管理的建议》等多件提案均涉及县城建设与发展，需各承办单位协商办理，县政协主席王连成会同县政府副县长赵宝义主持召开县城建设提案联合督办座谈会，县政协副主席李占义、刘树林、高金峰，秘书长刘秀才出席会议，县建设、规划、国土、环保、文化、街道等部门负责人、政协委员参加会议。会议有利于县政协、县政府尽快掌握提案承办情况并作出部署，交流借鉴提案办理有益做法和经验，受到提案人和承办单位好评。马永杰、赵崇新委员《关于治理打击“办证”广告的建议》反映，这些小广告在街道两侧的建筑物、门窗、电线杆上随处可见，无孔不入，粉刷清理后又重新出现，严重影响县城容貌环境，导致一些急功近利者上当受骗，建议有关部门予以根治。提案承办单位县工商局对“办证”小广告进行大排查，共查出手机号码30余个，经逐一拨打询问，或无人接听或外地客户，经分析认定多为当地无业人员夜间喷写，查处困难大。随后向相关广州、福建等地工商部门发函，请求协查并反馈结果，拟与县公安、城管、电信等部门齐抓共管，联防联控，持续彻查整治。农村实行联产承包责任制以来，全县农业生产得到较快发展，农民生活改善提高。然而，近年来一家一户散兵游勇式的小生产与大市场不能有效对接，农产品销售难等矛盾日渐突出。为此，蘧恒彬、曹新成委员提交的《加快发展农民专业合作经济组织势在必行》

的提案指出，农民专业合作经济组织是农民自愿参加的，以某一产业或产品为纽带，在信息、技术、资金、营销、加工、储运等环节开展互助合作的经济技术实体，是加快农业增效、农民增收进程，建设社会主义新农村的必然要求。同时，就农民专业合作组织网络体系建设、培育龙头企业、加大资金投入扶持等提出建议。是年8月，县政协主席王连成，副主席顾昌和、刘树林，秘书长刘秀才带领农业科技界委员，对该提案进行跟踪督办，听取县委农工委、县供销社汇报并座谈讨论。县政府领导应邀参加了提案督办活动。大家一致认为，全县已建立农民专业协会、合作社63个，拥有会员3562人，带动农民26674户，成效应予肯定。但是，这项工作仍处于起步阶段，农民专业合作经济组织总量低、发展不平衡、服务领域单一、活动过于松散等现象依然存在，可考虑建立必要组织管理机构，做好引导推进工作。县政协向县政府提交了《关于组建农民专业合作经济组织联合会的意见和建议》：由县供销社牵头组建，进而带动全县相应网络体系建设，受到县党政领导重视。对于温守文委员《政府应增加对山区发展板栗产业基础建设的扶持力度》的提案，县政协领导同委员深入大新寨、台营和驻操营镇，与镇村干部、技术人员和板栗栽植大户座谈，听取征求大家的意见，建议县财政给予必要的扶助支持，加快集雨水窖建设，以解决板栗生长干旱缺水问题。县政府采纳了提案建议，拟视财力逐年落实板栗产业发展扶助资金。县交通局接到黄汝民委员《下庄村北街路面损坏严重》的提案后表示，近年来由于车流量加大，导致下庄—都寨乡级公路部分路面损毁，下庄村北街段尤为严重，已经到了无法正常通行的地步，小修小补显然无济于事。经研究决定，当年将下庄—都寨公路优先列入改造计划全线彻底翻修，届时下庄村北街路况问题即可解决。

是年，县政协办公室印发《关于认真做好提案承办工作的通知》。县政协表彰6件优秀提案：韩雪夫、孙海、赵敬东委员《关于加强县城绿化工作的建议》，侯春华、张学文委员《增加板栗产业后劲，提高本地区板栗市场竞争力，促进板栗产业良性发展》，蘧恒斌、曹新成委员《加快发展农民专业合作经济组织势在必行》，马永柱委员《加强对农民交通法规的宣传教育》，张立柱委员《建议加快我县农村医疗改革进程》，陈文委员《关于加快沼气池建设的建议》。

是年，县政协共收到社情民意36件，向县有关党政领导和部门编报送发《县城东斜街应增设路灯》《不让“黑作坊”有立足之地》等20件。

七届五次全会提案工作　2006年5月19日，县政协七届五次会议选举顾昌和为县政协副主席，确认七届六次常委会会议增补的马永杰、杨忠坡县政协常务委员资格。七届五次会议无提案工作议程，故不予记述。

县政协第八届委员会提案

2007年5月15日，县政协八届一次会议预备会议决定成立县政协提案审查委员会，主席团常务主席陆志飞兼任提案审查委员会主任（至2008年11月），陈文任副主任。2007年6月，陈文不再担任提案委员会副主任。2009年2月，李志佳兼任提案委员会主任。县政协提案工作科负责提案日常工作。

县政协继续坚持全委会议召开前印发提案征集通知和参考题目，乡镇政协联络组、县直政协工作组专题部署提案工作，实现了提案由保证数量向提高质量转变。县政协常委会会议听取提案承办工作报告，提请县党政领导批办重点提案，邀请县政府领导参加提案跟踪督办活动。将提案督办与调研视察、座谈评议、行风建设结合起来，让更多委员和部门单位关注支持提案工作。《关于在县城增建一所小学的建议》《增加财政投入，促进板栗园建设和集雨水窖快速发展》《建设多功能大新寨集贸市场》等优秀提案办理效果显著，荣获表彰奖励。县政协印发《关于进一步做好反映社情民意工作的通知》，《非物质文化遗产亟待保护与抢救》等社情民意得到有关部门重视采纳，

县政协第八届委员会共召开 5 次全委会议，收到提案 666 件，立案 637 件。其中，（不含八届五次会议和闭会期间提案）所提问题和建议得到解决采纳的 383 件，占立案提案总数的 60.13%；列入计划逐步解决落实的 133 件，占总数的 20.88%；不予采纳的 15 件，占总数的 2.35%。表彰奖励优秀提案 32 件。未立案转为社情民意办理提案 27 件，共收到社情民意 138 件，向县有关党政领导和部门编报发送 83 件。

荣获市政协表彰提案工作先进单位 1 个、先进个人 2 名。

八届一次会议提案工作 2007 年 5 月 16—18 日，县政协八届一次会议听取和审议了主席团常务主席陆志飞所作的七届一次会议以来提案工作情况报告，审议通过了县政协秘书长刘秀才所作的八届一次会议提案审查情况报告。

县政协八届一次会议期间，共收到提案 170 件，经审查立案 165 件；闭会期间收到提案 6 件，立案 4 件。共计收到提案 176 件，立案 169 件，7 件未立案提案转为社情民意办理。立案提案中，涉及“三农”方面的 45 件，科教文卫体方面 43 件，城镇建设方面 34 件，工建交方面 22 件，党群政法方面的 15 件，其他方面 10 件，均以提案交办会形式或随时交付承办单位。截至 11 月底，提案全部办复，满意率、按时办结率、答复函规范化率均达 100%。

鉴于八届一次会议提案数量和质量明显提高，县政协将重点提案增加到 12 件，提请县委、县政府领导作出批示后，组织委员跟踪督办。曹新成委员《关于加强农业生产技能培训，提高农民增收致富能力》的提案交办后，县农牧水产局成立农技培训领导小组，制定年度培训实施方案，组建专业技术人员和致富能手参加的农业技能演讲团，深入乡镇、村传授农技知识和致富经验，收到良好效果。徐彦春、李冬梅、周翠华等委员《关于在县城增建一所小学的建议》的提案，分析阐述了新建小学的必要性和紧迫性，就新校生源、选址、设计和建设提出意向。县政府主要领导召集县教育、城建、抚宁镇等部门负责人，对提案研究论证办理，力争年内完成新校选址。县政协主席顾昌和带领农业科技界委员，督办张文柱委员《关于建立健全农业保险的建议》的提案，深入基层了解农民参保情况和相关诉求，邀请县农业、保险等部门人员座谈学习外地经验，研究制定拓展农险参保范围、农业基础设施遭遇恶劣天气和突发事件的补偿细则，促进提案办复落实。杨立华、张进明委员《关于严格管理街头广告牌匾的建议》的提案认为，县城部分广告牌匾尺寸随意、遮挡窗户、破损严重、文字不规范，不仅影响县城容貌，也存在一定安全隐患，有关部门应该加强管理。提案承办单位县建设局印发张贴《抚宁县人民政府关于进行市容环境综合整治的通告》，利用 60 天时间对迎宾路、骊城大街等不符合标准的

210余块广告牌匾集中整治拆除，做到一店一牌并不得溢出建筑物。同时制定出台《抚宁县城区店招店牌设置管理规定》，对广告牌匾统一标准设置，规范语言文字，确保顾客行人安全。随着县城建设规模扩展和日常用水量加大，自来水压力不足、停水时间次数增加、跑冒滴漏等现象一直未能得到有效遏制，对居民生活质量产生了负面影响。是年9月，县政协督办刘稳、张志坚等委员《县城自来水管理中的问题亟待解决》的提案，县政协主席顾昌和、副主席李志佳、秘书长刘秀才率县直部分委员，对县自来水公司、新建水源地、输水管网等进行视察调研，听取县水务局承办情况汇报，赴秦皇岛市卢龙县自来水厂参观学习，剖析存在差距和原因。随后，县政协向县政府提交了《关于县城自来水建设与管理的调研报告》。11月初，针对提案涉及的自来水基础设施建设立项投资、工程占地指标申报审批、水费收取和调整标准等重要事项，县政协派员专程到唐山市迁安市水务局、自来水公司考察学习，协调破解提案办理中的难点问题。2008年3月，孙海委员在县政协八届二次会议上作《关于县城自来水建设的建议》大会发言，争取县委、县政府和职能部门的重视与支持，促进规划措施落实到位。刘庆斌委员《加强县城区电动三轮车的管理》的提案称，电动三轮出租车快捷方便，低碳环保，近年数量剧增，备受居民欢迎。但是，其驾驶员多为老年人和妇女，不认真遵守交通规则，处理紧急情况反应能力差，再加上车速过快，极易引发道路堵塞和安全事故。同时，电动三轮车无交强险，一旦出现交通肇事处理难度大，车主乘客利益得不到保障。建议有关部门完善政策法规，切实加强对电动三轮车管理工作。县建设局接到提案后，很快对县城电动三轮出租车进行摸底调查，并组织人员赴外地学习考察，制定实施了《抚宁县客运三轮车管理办法》，规定营业性三轮车特别是电动三轮车，必须持行驶证和营业执照运营，并办理第三者责任保险、乘坐保险；驾驶员应身体健康，年龄在18周岁以上、55周岁以下；在指定地点有序停车待客，严禁超速违章行驶，不得在党政机关、企事业单位门前，学校、医院、商城等公众聚集场所停车揽客。10月，县政协副主席李志佳同农业科技界委员，对《开展测土配方施肥，提高肥料利用率的建议》提案进行督办。县委县政府采纳杨忠坡、徐军等委员《对县造纸厂改制的建议》，决定委托拍卖公司发布公告，在继续发展工业特别是造纸项目、一年内恢复生产、抚宁籍人士优先的前提下，向社会公开拍卖县造纸厂厂址和设施设备，加快企业改制进程。

是年，县政协表彰9件优秀提案：曹新成委员《关于加强农业生产技能培训，提高农民增收致富能力》，刘稳、张志坚等委员《县城自来水管理中的问题亟待解决》，呼云凤委员《关于解决县城“城中村”问题的建议》，王海潮委员《部分学科教师短缺的思考》，徐彦春、李冬梅、周翠华等委员《关于在县城增建一所小学的建议》，杨忠坡、徐军等委员《对我县造纸厂改制的建议》，马凤侠委员《解决农村教师住房难问题的建议》，张文柱委员《关于建立健全农业保险的建议》，马永杰委员《关于开展测土配方施肥，提高肥料利用效率的建议》。

是年，县政协印发《关于进一步做好反映社情民意工作的通知》，收到社情民意21件，向县有关党政领导和部门编报送发《非物质文化遗产亟待保护与抢救》《建议尽快建立完善肉鸡养殖协会》等13件。县委、县政府主管领导对《分配到北部山区教师食宿问题值得关注》作出批示，要求妥善解决。

八届二次会议提案工作 2008年3月3—4日，县政协八届二次会议听取和审议了县政协副主席陆志飞所作的八届一次会议以来提案工作情况报告，审议通过了县政协秘书长刘秀才所作的八届二次会议提案审查情况报告。

县政协八届二次会议共收到提案122件，立案116件，6件未立案提案转为社情民意办理。县政协会同县政府召开提案交办会，将上述立案提案集中交付承办单位。闭会期间收到提案8件，立案7件及时交办。123件立案提案中，涉及“三农”方面的30件，科教文卫体方面22件，城建管理方面20件，工交财贸方面33件，政法劳动人事15件，其他方面3件。截至11月，提案全部办复，满意率、按时办结率、答复函规范化率均达到100%。

县政协围绕全县改革发展大局和群众关心的问题选择确定重点提案，县委领导对其中6件作出批示：这些提案很有价值，请有关部门认真对待、深入研究、积极采纳。县政协继续跟踪督办重点提案，助推建议成果转化落实。赵崇新、杨继平委员《增加财政投入，促进板栗园建设和集雨水窖快速发展》的提案交办后，县政府给予充分肯定，印发了《关于实施2008年集雨水窖建设工程有关问题的通知》，对年内新建集雨水窖每座补助200元，板栗整体推进项目村每座集雨水窖补助260元，着力破解板栗产业发展干旱缺雨难题，加速了集雨水窖建设进程，到年底全县建成2.55万座，大都分布在台营、大新寨镇水源条件差的丘陵山地。曹新成委员《关于大力发展品牌农业的建议》的提案得到采纳，县政府出台品牌农业发展规划和扶持政策，完善主要农产品标准化操作规程，建立品牌农业示范基地，提高了品牌知名度和市场竞争力，开辟了农民增收入的新途径。孙海委员《关于尽快出台招商引资奖励政策的建议》指出，发展县域经济的关键是项目建设，项目建设的关键是招商引资，为推动招商引资工作落实到位，有必要制定实施相应奖励政策。必须明确通过招商引资获得精神和物质奖励，是水平能力的价值体现，光明正大无可非议。对引进一定规模以上项目资金的个人不论职业、身份、籍贯，单位不分党政机关、企事业性质和所在区域，要一律按规定直接兑现奖金。县商务局对提案作出答复：进一步修改完善《关于中介人引进中外商投资及项目落地纳税奖励的暂行办法》（以下简称《暂行办法》），对奖励范围和标准、中介人奖金确认和颁发程序等作出具体规定，已上报县政府待正式批转实施。县商务局将根据《暂行办法》实行招商引资项目领办制，对选址备案、环评安评、工商审批等做到一条龙跟踪服务。县党政联席会议就蘧恒彬、刘稳等委员《关于尽快启动县城“城中村”改造的建议》的提案进行专题研究办理，县政府制定《关于加快老旧小区和“城中村”改造的实施意见》，将县老城四街、白果树、邱营和南望庄等7个村列入改造规划，实施新立街、金山居民区的改造工程。县交通局针对韩春生委员《优化公路环境，迎接百年奥运》的提案反映的公路沿线马路市场屡禁不止，进村镇路段脏、乱、差，公路两侧违法建筑有增无减，货运车辆超载运输、抛洒遗撒严重等问题，会同县相关部门制定了《关于公路环境治理的实施方案》（以下简称《实施方案》），县政府批转印发《实施方案》，成立了县公路环境治理领导小组，县交通、公安、交警、国土等职能部门，在乡镇政府的支持配合下联合执法，分阶段进行自查自纠和每月集中整治，严肃查处违法违规行为，农村交通环境建设取得积极进展。魏东兴委员《太和寨地道桥积水结冰问题》的提案称，桥下夏天积水、冬天结冰日趋严重，存在交通安全隐患，同时提出了相应建议。为此，曾有政协委员提交提案和人大代表提交议案，引起各级有关方面重视，但因当初铁路部门设计施工时未充分考虑低洼地势，排水问题一直未能有效解决。提案承办单位县交通局答复：年初，省安监局、市政府和县政府于北京铁路局召开联席协调会议，决定启动该地道桥路面改建工程，总投资130万元，为县政府筹资60万元，北京铁路局一次性补助50万元，省道口办出资20万元。工程于3月1日实施，将桥下路面抬高50厘米，桥下净高由4.50米降为4米，人行道两侧做防水混凝土止水处理，5月10日竣工通车，从根本上解决了太和寨铁路地道桥积水问题。魏东兴委员的提案在加快施工进度、确保工程质量方面起到了积极促进作用。魏凤芹、董素彬委员《关于对杜庄地区未来发展的几点建议》具有较强的前瞻性，引起县委、县政府高度重视，经多方积极协同推进，杜庄工业园区和小城镇建设规划初具雏形，新的税费返还、养老保险、医疗保险、最低生活保障等机制正在探索建立之中。

是年，县政协表彰8件优秀提案：赵崇新、杨继平委员《增加财政投入，促进板栗园建设和集雨水窖快速发展》，曹新成委员《关于大力发展品牌农业的建议》，蘧恒彬、刘稳等委员《关于尽快启动县城“城中村”改造的建议》，仇文仲委员《进一步改善发展环境，加快民营经济发展步伐》，王胜林委员《做好劳务输出工作，拓宽农村剩余劳动力就业渠道》，杨秀娟委员《关于全力推进我县城镇居民医疗保险工作的建议》，郑海波委员《关于加强县城自来水供应的建议》，魏凤芹、董素彬委员《关于对杜庄地区未来发展的几点建议》。

是年，县政协共收到社情民意30件，向县有关党政领导和部门编报发送《关于解决台营镇教师住房的建议》等24件。县委领导对《学校利用假期集中补课值得关注》作出批示，要求县教育主管部门认真解决，确保正常教学秩序，维护教师合法权益。

是年，县政协张玉敏荣获市政协提案工作先进个人称号。

八届三次会议提案工作　2009年2月11—12日，县政协八届三次会议听取和审议了县政协副主席李英伟所作的八届二次会议以来提案工作情况报告，审议通过了提案委员会八届三次会议提案审查情况报告（书面）。

县政协于八届三次会议前召开乡镇联络组、县直工作组会议，印发提案征集通知，安排部署委员撰写提案事宜。会议期间共收到提案116件，立案113件，3件转为社情民意办理，平时收到并立案提案11件。124件立案提案中，涉及“三农”方面的35件，城乡建设方面21件，财经方面19件，资源环保方面3件，社会事业方面41件，其他方面5件，均按规定及时交付承办单位。截至11月底，提案全部办复，满意率、按时办结率和答复函规范化率达标。

县政协认真做好提案征集、重点提案督办工作，促使提案办理取得积极进展和成效。县发改局收到王保民委员《关于促进中小企业发展的几点建议》的提案后，着力解决中小企业基础薄弱、融资困难、发展无后劲问题，县委出台《关于进一步优化经济社会发展环境的决定》，县政府印发《关于鼓励投资的若干规定（试行）》，成立了县中小企业培训中心和省中小企业职业技能鉴定分站。李家庚、高振国、赵国民委员《要认真考虑村级干部待遇问题》的提案指出，农村干部常年工作在基层第一线，是贯彻落实党在农村的方针政策、带领广大农民脱贫致富的骨干力量，为农村经济和各项事业发展作出了突出贡献。然而，村干部工资待遇普遍偏低且时有拖欠，连续任职30年以上享受长效待遇的门槛过高，影响了农村干部队伍建设和基层工作开展。建议上级党委、政府提高村干部工资标准并由财政支付，保证如期足额发放；降低和增加长效待遇门槛，让连续任职10年、20年的离任村干部可望可及。县委一直高度重视提案反映的农村干部待遇问题，以充分调动他们的积极性和创造性。自2007年起，按照省委组织部、省财政厅《关于实行村干部补贴集中统一发放制度的通知》要求，将全县农村党组织书记、村委会主任工资纳入财政预算，实行每月凭卡到信用联社领取，做到不拖不欠。2008年，按照省委《关于进一步加强农村基层组织建设的意见》和省委领导讲话精神，农村党组织书记、村委会主任报酬实行结构补贴制，基础职务补贴不低于当地农村劳动力人均收入，村书记、主任“一人兼”的，执行标准为村书记月基础职务补贴额的150%；其他两委成员的补贴为书记、主任的50%。根据市委组织部《关于解决连续任正职30年以上的村干部有关待遇的意见》，经严格履行审查考核程序，全县共有26名农村干部落实了相应待遇。遵照2008年市委组织部《落实农村干部经济补贴和特殊津贴制度实施细则》，对连续任村正职25年以上、不满30年且累计任村书记6年以上的离任干部，发放一次性离任补贴。随着时代发展和社会进步，居民区分散式小锅炉供暖已明显不适合县城建设和环保达标，同时存在着浪费资源、温度不稳定、维修管理开支过大等问题，实行县城统一供暖成为县党政领导部门积极谋划的重大民生工程。县政府在办理仇文仲委员《加快县城区集中供暖步伐势在必行》等同一内容提案中，投资1.3亿元，提前启动100万平方米集中供暖一期工程，实现了当年竣工供暖。二期工程拟于2012年供暖前完成，届时基本实现县城区供暖全覆盖。韩红兴委员《建议修通青山口、河口与青龙县交界公路》的提案反映，台营镇青山口、河口村通往青龙满族自治县官场乡公路，是1988年原台营区柳各庄政府与青龙满族自治县官场乡政府共同修建的乡间公路，由于资金所限施工质量差、常年无专人管护，现路基路况破坏严重，只能勉强通行山马车。2008年，青龙满族自治县将官场乡路段翻修为水泥路至县界处，而抚宁境内路段却无人问津，无疑让当地百姓为之汗颜。建议县委、县政府尽快决策修通这两条公路，以增进青龙、抚宁县域经济文化交流和民族团结互助。县交通局在提案办理答复中表示：2006年，河口村至官场乡公路曾列入农村公路改造计划，遗憾的是因地方配套资金不足、山高路陡开方量大最终没能施工建设。2008年，将青山口村至官场乡公路申报为2009年县农村公路改造计划，但省交通厅未予批准。县交通局将继续申报上述公路建设项目，与台营镇政府协商筹措资金，并寻求其他融资渠道，力争早日修通青山口村、河口村至青龙满族自治县官场乡公路。时荣环委员《关于增建公共娱乐场所，满足群众健身生活》的提案建议，已纳入县城建设规划，初定在紫金山东侧、县卫生局附近建一座包括电影院、篮球馆、图书馆、博物馆在内的多功能文体活动中心。是年9月，县政协领导和委员对王强委员《关于生猪养殖的建议》的提案进行督办，实地查看新农绿康种猪繁育有限公司、抚大自然养殖繁育种猪场，听取县农牧水产局提案承办工作汇报，对全县生猪养殖成效给予充分肯定，就种猪繁养、疫情防控、人工授精站和专业协会建设提出建议。李冬梅委员《关于规范农宅审批规划程序的建议》指出，由于多年来未按规定审批农用住宅建设用地指标，全县相当一部分村农民建房问题无法满足，只能在自家责任田内修建永久性住宅，打乱了乡村建设规划，导致村庄住宅无序外延耕地浪费严重，农民担心未经政府批准私建民宅被追责拆违，希望县政府和主管部门切实解决。县国土局认为，该提案真实反映了农村宅基地审批与需求之间的凸显矛盾，表示将尽快向市国土局报告上述情况，积极争取农用地转为建设用地指标，结合新民居建设统筹集约用地，实现农村宅基地一年一审批，及早恢复农民按规定审批程序放心施工建房。

是年，县政协表彰7件优秀提案：王强委员《关于生猪养殖的建议》，赵敬东委员《促进我县职业教育健康发展的建议》，仇文仲委员《加快县城区集中供暖步伐势在必行》，郑海波委员《关于在当前金融危机下加大对中小企业扶持力度的建议》，赵玉辉委员《关于规范住宅小区物业服务管理的建议》，纪立军、韩春生、杨立华委员《关于加强城市管理综合行政执法的建议》，苏春荣、常孟庚、李忠文委员《推进农村土地有序流转，发展适度规模经营》。

是年，县政协共收到社情民意38件，向县有关党政领导和部门编报发送22件。

是年，县政协设立提案工作科，负责提案日常工作，县政协办公室不再负责提案日常工作。

八届四次会议提案工作 2010年1月19—20日，县政协八届四次全会听取和审议了县政协副主席李志佳所作的八届三次会议以来提案工作情况报告，审议通过了提案委员会八届四次会议提案审查情况报告（书面）。

县政协要求各乡镇联络组、县直工作组和全体委员，切实做好八届四次会议提案征集工作，增强撰写提交提案的责任感。会议期间共收到提案117件，立案112件。其中，涉及“三农”方面的29件，经济建设方面9件，党群政法方面20件，城建交通方面27件，科教文卫体方面16件，社会保障方面5件，商贸金融方面6件。5件未立案提案转为社情民意办理。平时收到并立案提案3件，共立案115件，送交51个承办单位。截至年底，提案全部办复，满意率、答复函规范化率均达到100%。

县政协争取县党政领导对提案工作的重视支持，常委会会议听取县政府提案承办工作报告，从组织领导层面保证提案办复质量和效果。杨立华、张进明委员《保质加速推进县城自来水改造工程的建议》的提案交办后，县水务局积极研究部署，在确保质量的前提下加快管网改造施工进度，杜绝劣质工程隐患，切实解决自来水压力不足、限时供水、因故停水等问题，以适应县城建设发展需要，让广大居民用户满意放心。县政府特别关注梁春红委员《关于对板栗苹果储藏增值给予政策资金扶持的建议》提案，责成县农林、财政等部门抓紧敲定奖励扶助储藏项目，争取省、市有关部门资金支持。县林业局负责申报的《大新寨镇苹果高光效树体改造及新建苹果密植园项目》经省林业厅认证批准，荣获项目资金80万元。刘庆斌委员《关于加强县城交通秩序管理的建议》的提案，事关车辆行人安全，案情具体真实。是年11、12月，县公安交警大队在承办中严查酒后驾驶、违规停车、无牌假牌套牌和遮挡号牌等不法行为初见成效。杨洪武委员《关于建立县城第三小学的建议》的提案说道，随着县城常住人口持续增加，原有的第一小学、第二小学已不能满足适龄儿童入学的基本要求，班容量超员，达到六七十人、上放学送接孩子车辆堵塞交通、学生体育活动场地不达标等问题都相当突出，在县城增建第三小学是义务教育发展的必然要求，希望县政府给予高度重视，认真研究决策。县教育局提案办理答复函称，县城新小学建设已经启动，选址在金山大街东段县卫生局北侧，预计在校生1600人，建筑面积1.5万平方米，总投资1亿元。已委托秦皇岛广建工程项目管理有限公司完成新小学可研报告，省国土资源厅批准校址占地75亩。抚宁镇下庄管理区管委、黄庄村村委会相关群众工作进展顺利，开发商正在筹集资金，征地工作有序进行。张志坚、李维宝、韩少勇《关于做好商业银行网点服务的建议》等相似内容提案，受到县农行、建行、工商行等金融部门重视，通过加强员工业务技能培训、拓展网上银行服务、增设业务服务网点等一系列改进措施，使提案中提出的问题得到有效解决。孙海、夏雪玲委员《加强鱼类资源管理，培育休闲垂钓文化》的提案称，近年来，城乡难得一见的野生鸟类频繁出现，洋河水库鱼类资源日渐丰富，洋河水质优化鱼虾俱增，大自然美景陶冶着人们的情操，休闲垂钓者越来越多。然而与之相反的是，电船电鱼、下地笼等灭绝性捕捞现象五花八门，屡禁不止，使鱼虾等繁衍生态面临新的挑战。建议县政府责成渔业主管部门取缔非法捕捞行为，向洋河投放本地鱼种供游人观赏垂钓，责令对钓上之鱼留大放小、放生怀孕母鱼。县政府已了解掌握洋河水库、洋河渔业现状，正在与市引青局（引青龙河水经洋河水库入秦皇岛市区工程主管部门）组成环境治理小组，整治方案已呈报市政府，将根据调查结果出台新的渔业管理办法，加强渔政执法队伍建设，严厉打击电鱼、毒鱼、炸鱼活动，倡导文明垂钓方式，切实保护好洋河水库、洋河渔业资源环境。赵敬东委员《关于提升县城雕塑品位和数量的建议》的提案指出，城市雕塑主要用于城市的装饰和美化，多建立于公共场所，既可以单独存在，又可与建筑物结合在一起，对一座城市的建设发展具有纪念和象征意义，从不同侧面彰显着城市的文化精神世界。改革开放以来，县城先后建立天马县标、太平鼓舞等雕塑，使人们在生产工作之余得到艺术享受，但雕塑量少质低无亮点、标志功能差、分布不均衡、保护管理缺失问题显而易见，原因是有关领导部门重视程度不高，宣传报道工作不到位和缺乏资金保障。建议成立相应组织工作机构，加强领导，制定规划，解决问题，扎实推进县城雕塑建设。根据县政府领导要求，县城市管理办公室针对提案建议，强化精品意识，认真规划雕塑发展数量和布局，通过广播电视报刊加大宣传力度，依法整治损坏雕塑行为，2010年拟在县委门前广场、紫金山森林公园和西侧园分别建立高标准雕塑。

是年，县政协表彰4件优秀提案：刘庆斌委员《加强抚宁交通秩序管理的建议》，杨立华、张进明委员《保质加速推进县城自来水改造工程的建议》，王胜林委员《建议在三年大变样工作中抓好民生工程》，马爱华委员《建设多功能大新寨集贸市场》。

是年，县政协共收到社情民意42件，向县有关党政领导和部门编报发送24件。县政府主管领导对《县城自来水水源地保护工作亟待加强》作出批示后，县国土局、县水务局全力制止相关区域毁地挖沙，清除上游养殖场点，落实水源地保护措施。

是年，县政协荣获市政协提案工作先进单位称号、县政协刘伟荣获市政协提案工作先进个人称号。

八届五次会议提案工作 2011年4月7—8日，县政协八届五次会议听取和审议了县政协副主席李志佳所作的八届四次会议以来提案工作情况报告，审议通过了提案委员会八届五次会议提案审查情况报告（书面）。

县政协八届五次会议期间，共收到提案108件，经审查立案102件。其中，涉及“三农”方面的20件，经济建设方面21件，科教文卫体方面18件，城乡建设方面22件，社会事业方面13件，其他方面8件。6件未立案提案转为社情民意办理。平时收到提案5件，立案4件。106件立案提案按规定程序交付承办单位。截至年底，提案全部办复，满意率、答复函规范化率均达到100%。

县政协在注重提升提案数量质量基础上，强化提案办复落实理念，创新督办思维和形式；走访承办单位、提案人和相关委员，听取对提案办理的建议；将提案督办与专题调研、视察考察等活动结合起来，让更多委员和部门单位支持政协提案工作。县林业局在承办张文柱委员《发展板栗种植，增加农民收入》提案的过程中，针对部分乡镇板栗成龄树增产缓慢、种植大户担心销售难等现象，组建昌黎果树研究所资深专家参加的专家顾问组，对全县板栗发展规划提供技术指导咨询，培养板栗产业学科带头人和县、乡（镇）技术骨干，推进板栗示范村、示范园、示范户建设。县政府重视加强板栗生产合作社、龙头企业和经纪人队伍建设。在全国10个大中城市建立100个“抚宁板栗”销售网点和连锁店，出台支持鼓励板栗产业发展的奖励政策，实现板栗收储、加工、销售环节有效对接，解除了农民种植产销板栗的后顾之忧。对孟凡忠委员《关于治理学校及周边垃圾食品的建议》，承办单位县教育局成立专项整治领导小组，对教职员工特别是食堂管理工作人员进行食品安全教育，多次深入全县中小学、幼儿园和学前班明察暗访，对违章行为限期整改落实；会同县工商、卫生、质监和城管部门，对县城学校周边销售“垃圾食品”“过期食品”和“三无（无生产日期、无合格证、无生产厂家）食品”进行综合整治。县中医院创建于1981年，2010年2月申报5400平方米病房楼建设获准立项，征地、环评、设计等前期准备工作基本就绪，拟于2011年4月开始施工，年底竣工交付使用，基建预算造价918万元。同时，县领导决定1600平方米县急救中心与县中医院病房楼同步统一建设，因急救中心特殊功能要求基建造价高达544万元，病房楼与急救中心合计基建造价约1462万元。如此巨额资金投入，经县财政补贴、县中医院自筹和争取上级专项扶助后仍有很大缺口。为此，赵永红、郝向春、黄汝民等委员联名提交了《加大县中医院病房楼暨急救中心建设资金投入》的提案，指出中医药收费低廉，县中医院日常运营难以积累大量资金用于基础设施建设，得到县政府领导高度重视。县财政在2010年补贴县中医院事业资金83万元基础上，2011年初预算安排县中医院病房楼工程项目资金230万元，不足部分将视财力状况逐年预算考虑解决。杨忠坡、张大兴等委员《关于补充地下水的建议》，反映关系人民群众切身利益的生产生活用水问题。县水务局接到该提案后，在省水利设计院对留守营、牛头崖镇海水倒灌专题评估、洋河口橡胶坝有效补充地下水的同时，坚持实行严格审批取水许可项目，提高工业企业循环水利用率，扩大洋河灌区地表水灌溉面积，利用河道恢复地下水位等多项举措，使提案建议得到采纳落实。王海潮委员《关于加快迁建新一中建设速度》的提案指出，抚宁县一中始建于1952年，占地150亩，拥有教职员工244人，系省级示范高中，桃李满天下。然而，该校生均校舍面积、运动用地、教学实验设施、水暖电气等基础硬件建设，与上级教育主管部门和县城发展要求存在较大差距，应尽快解决。2010年县政府已决定投资2.48亿元迁建新校，回应社会各界和全县人民热切期盼，建议早日开工建成搬迁。县教育局在提案办理答复中称，抚宁新一中选址在县城东南部金山大街东段黄金庄村南，已征土地 200 亩，主体建筑设计为 3 栋教学楼、2 栋实验楼、1 栋图书馆和 1 座学生餐厅，为本县乃至全市一流学府和重点建设项目。垫资开发商已经确定，新校址内农房全部拆除，规划设计方案进一步完善，环评等报告相继通过，下半年有望开工建设。宋玉玲委员《教育系统 2008 年评上高级专业技术职称教师的聘用问题》的提案称，2009 年年初，市职称改革办公室转发了省职改办《关于做好全省事业单位专业技术岗位聘用工作的通知》，明确指出 2008 年年底以前在册并取得任职资格的专业技术人员，聘用审批和工资兑现于 2009 年 4 月底完成。然而，全县 2008 年已经被评为高级职称的教师聘用至今杳无音信，在各中小学引起强烈反响，挫伤了教师的工作积极性。由于实行定岗定编，高职教师不聘也影响了中职教师聘用和教学质量。为避免教师的不满情绪进一步蔓延，恳请县主管部门尽快做好高职教师聘用工作。县教育局根据县职改办 2010 年有关文件要求，结合教师职称聘任实际，制定了《首次专业技术岗位聘用实施方案》，于 2011 年 6 月召开专题会议安排部署，使 2008 年高职教师聘用问题得到解决。杨洪武、陈劲草委员《关于增补县文联〈天马〉文学季刊经费的建议》提案称，《天马》自 1989 年创刊以来，已成为丰富城乡文化生活、繁荣文学艺术创作的阵地和窗口，系全县唯一文学刊物，深受广大读者作者欢迎。《天马》每年出版 4 期，经费始终是 1 万元，因近年印刷费增加导致开支困难，不能支付作者稿费，2008 年勉强出版一期，2009、2010 两年停刊。周边县区文联年办刊费均为 4 万～ 6 万元，建议将《天马》经费提高到 5 万元。县财政局于 2011 年初预算安排 2 万元，7 月又增拨 2 万元，共 4 万元用于县文联《天马》复刊出版发行，待财政形势好转后逐年增加办刊经费。

是年，县政协表彰 4 件优秀提案：孟凡忠委员《关于治理学校及周边垃圾食品的建议》，王海银、邸锦华委员《关于新形势下水利工作的几点建议》，钟晓明委员《裸地菜生产存在问题及建议》，王强委员《加大扶持生猪养殖力度，确保可持续发展》。

是年，县政协收到社情民意 7 件。

县政协第九届委员会提案

2012 年 2 月 13 日，县政协九届一次会议预备会议决定成立县政协提案审查委员会，主席团常务主席马利华兼任提案审查委员会主任，刘秀才任副主任。2012 年 4 月，齐晓辉任提案委员会副主任（至 2013 年 12 月），刘秀才不再担任。

县政协坚持完善提案征集机制，总结提案交办、督办、表彰做法和经验，加强与承办单位的联系与沟通，实现了提案数量稳步增长、提案质量和办理质量明显提升。提案《关于加大农产品品牌工作力度的建议》，引导农村干部群众强化竞争意识、市场意识、品牌意识，扩大农产品生产销售规模，促进了农业增效农民增收。提案《加强农业基础设施建设的建议》，体现了委员对“三农”工作的高度关注，助推了水毁农田道路、排水系统和灌溉设施恢复重建，增强了农业抗风险能力。提案《关于加强石门寨小城镇建设》，建议实施城乡统筹发展战略，让广大农民群众共享改革发展成果，受到县委、县政府高度肯定，总体建设规划设计开始启动。县政协印发《关于做好反映社情民意工作的通知》，《失地农民社会保险问题亟需引起重视》等社情民意取得较好办复效果。

县政协第九届委员会共召开4次全委会议，收到提案523件，立案517件。其中，（不含九届四次会议和闭会期间提案）所提问题和建议得到解决采纳的188件，占立案提案总数的36.36%；列入计划逐步解决落实的204件，占总数的39.46%；不予采纳的6件，占总数的1.16%。表彰奖励优秀提案24件。未立案转为社情民意办理提案6件，共收到社情民意111件，向县有关党政领导和部门编报发送37件。

九届一次会议提案工作 2012年2月14—16日，县政协九届一次会议听取和审议了主席团常务主席高金峰所作的八届一次会议以来提案工作情况报告，审议通过了提案审查委员会九届一次会议提案审查情况报告（书面）。

县政协组织委员调研视察和民主评议活动，拓宽提案关注涉及领域，要求委员撰写出内容真实具体、建议切实可行、书写整洁规范的优质提案。九届一次会议期间共收到提案150件，立案147件。其中，涉及经济建设方面的19件，“三农”方面26件，科教文卫方面36件，城镇建设和交通方面27件，党群政法方面39件。3件未立案提案转为社情民意办理。县政协提案委员会同县委办公室、县政府办公室及时召开提案交办会，向承办单位明确办复程序、标准和时限。闭会期间收到并立案提案4件，随时交付办理。截至10月底，提案全部办复，满意率、答复函规范化率均达到100%。

县政协提请县党政领导批办重点提案6件，继续邀请县政府主管领导参加提案督办活动，主动了解掌握提案办理进度，促进所提问题建议解决采纳落实。王益仙委员提交的《关于发展生态循环养殖业的建议》提案称，目前生猪养殖正在成为农民增收致富的支柱产业，呈方兴未艾之势。但是，随着畜禽养殖业的规模化、集约化发展和畜产品产量的大幅提高，不少乡村出现了养殖畜产品污染日趋严重、养殖疫情跨区域蔓延防控难度费用加大、畜产品营养和食用品质下降等普遍性问题，受到社会各界和广大农民高度关注。解决这些问题的有效举措就是发展生态循环养殖业，利用自然界物质循环原理实现共生互补，节能降耗，减轻污染，在保护生态环境前提下提高经济效益。县、乡镇领导和主管部门要真抓实管，用超前的生态理念引导养殖业，用先进的科学技术装备养殖业，用严格的管理模式规范养殖业，尽快使养殖业走上生态循环发展之路。县农牧水产局积极采纳提案建议，充分发挥生猪养殖协会职能，采取举办培训班、印发宣传资料、科技下乡等形式助推生态循环养殖业发展。同时选派专业技术人员，指导帮助养殖大户学习掌握知识技能，改造畜禽圈舍修建沼气池，示范带动农民摒弃传统养殖观念，加速全县生态循环养殖业高质量全方位发展。张洪玲委员《关于设立校车的提案》反映，其供职的榆关小学系全镇中心小学，生源来自周边10个行政村，上、放学由家长雇用面包车送接。近年各地校车事故频发，该校学生所乘车辆超载等现象堪忧，希望职能部门及时制止。县教育局接到提案后，在加强对全县中小学负责人、学生家长安全教育的同时，协调公安交管等单位排查接送学生车辆事故隐患，向县政府汇报提案办理工作。县政府领导召开专题会议研究部署，成立县接送学生车辆交通安全集中整治领导小组，谋划建立统一规范的校车运行机制，确保学生交通安全万无一失。县农牧水产局接到李文忠委员《关于加大农产品品牌工作力度的建议》的提案后，采取扶持重点项目、组织技术培训、广辟营销渠道等系列措施，引导农村干部群众增强竞争意识，扩大品牌农产品生产销售规模并占领市场，实现农业增效。到年底，全县已有21家企业、54个农产品通过中国绿色食品中心认证。王胜林委员《关于进一步加强紫金山管理与保护》的提案，体现了多年来各界人士对紫金山森林公园建设的持续关注，引起县委、县政府领导重视。县建设局、县城管办规划修建了紫金山东、西两侧园及环山路，强化公园日常维护与管理，增设路标、环保提示牌和宣传标语。公园占地面积已达68公顷，绿化面积51.5公顷，绿化率75.74%，拟建成集休闲健身、游览观光、娱乐会友于一体的县城人文生态景区。周晓东委员《关于加大路域环境整治力度，建设整洁文明的社会主义新农村》的提案，经县政府领导批办后，县交通局为解决该提案和《加强县乡级公路维修管护的建议》《关于抚宁县农村道路改善的建议》等提案反映的问题，深入走访调研考察，与杜庄、牛头崖、台营等5个乡镇和1个村签订《进村路段垃圾清理保洁协议》，并提供乡村公路日常清洁费20余万元，根据上述乡镇、村所辖路段里程分配使用。针对刘凤波委员《加强综合整治提升南戴河旅游区城市形象》提案反映的马路市场屡禁不止、商业牌匾缺乏规范、私自搭设凉棚等问题，南戴河旅游度假区管委城管大队集中整治占道经营，并设置临时摊位200余个，为流动商贩提供了固定经营场所，马路市场已不见踪影。同时，全面清查商铺门店牌匾及户外广告，共拆除和更新尺寸不达标、破旧损坏、有错别字广告64条块，查扣违规落地灯箱广告32条（个），拆毁私设广告49处。对牌匾的规格、材质、字体、颜色等提出明确要求。公共场所、主要街道广告、标语、标识要做到语言通俗、文字规范、美观大方实用。已向私搭棚亭当事人下达限期拆除通知书。南戴河旅游度假区管委将刘彦保委员《加强整治南戴河国际娱乐中心周边环境秩序》提案的承办列为暑期重点工作，抽调得力管理服务人员和车辆，对相关粮油市场、餐饮行业、住宿宾馆等进行全面彻查，重点整治招手揽客、侵街占道等不正当经营行为，与县工商、公安、武警等部门对欺客宰客、强买强卖商贩予以严厉打击，维护了正常经营秩序和消费者权益。

是年，县政协表彰5件优秀提案：周晓东委员《关于加大路域环境整治力度，建设整洁文明的社会主义新农村》，马永杰委员《关于当前农业发展的建议》，徐彦春委员《在县城增建一所小学已迫在眉睫》，张志坚委员《关于在县城合理布局菜市场的建议》，王恒委员《关于加强抚宁留守儿童关爱工作的建议》。

是年，县政协收到社情民意29件，向县有关党政领导和部门编报发送18件。

九届二次会议提案工作 2013年3月30—31日，县政协九届二次会议听取和审议了县政协副主席赵永红所作的九届一次会议以来提案工作情况报告，审议通过了县政协秘书长刘秀才所作的九届二次会议提案审查情况报告。

县政协九届二次全会期间收到提案135件，立案133件，平时收到并立案6件，共收到提案141件，立案139件。其中，涉及“三农”方面的26件，经济建设方面17件，城建环保方面53件，社会事业方面39件，其他方面4件，均按规定程序交付承办单位。2件未立案提案转为社情民意办理。截至10月底，提案全部办复，满意率、答复函规范化率均达到100%。

县政协精准确定提案承办和同办单位，严格履行提案交办、督办和办复程序，尽可能避免转到下年度办理。倡导提案人与承办单位面对面沟通交流，磋商细化办理工作措施，促进成果转化落实。温守文委员提交的《农村土地应实行有偿承包，确保村集体依法受益》提案指出，实行家庭联产承包责任制后，由于土地承包经营权长期不变，农民家庭土地不均衡甚至有人无地、有地无人的情况愈发严重，相当一部分失地农民因不能去城里打工丧失生活来源，长此下去将会影响社会稳定。对此，农村党支部、村委会应主动认真加以解决。但是，全县大多数村集体无收入、无积累，连起码的办公费都难以支付，无力发展养殖、加工、旅游等项目促进农民脱贫致富，更不能进行农田水利设施建设。希望县委、县政府考虑变农村土地无偿承包为有偿承包，依法增强村集体经济实力，为村两委开展工作创造有利条件。县委农工委对提案的分析探索给予肯定并作出答复：按照现行法律政策规定，农民对自家承包土地享有无偿生产经营使用权，不交纳任何费用，就是为了减轻农民负担，与国家取消农业税发放良种等补贴一脉相承，故农村土地不可能实行有偿承包。集体经济薄弱的村兴办公益事业，可采取“一事一议”办法多渠道筹集资金。村集体不得截留农民土地流转所得收入。“五保户”等消亡家庭的土地，可收归村集体经营以增加收入积累，也可承包给新增人口。由于计划生育政策和人均预期寿命延长，人口老龄化、高龄化进程不断加速，老年医疗、保健、赡养和陪护成为全社会关注的焦点和共同义务。郝向春、李智苹委员《促进养老体系发展，打造中高端养老产业》的提案经县政府领导批示后，县政协组织委员进行督办，首先听取县民政局提案办理情况汇报，视察县特困人口供养中心和县民政事业服务中心，然后座谈讨论评议，就弘扬尊老敬老传统美德、建立完善城乡养老机构体系、丰富老年人文化娱乐生活等提出建议，受到提案承办单位重视采纳。殷佐海、安炳富等委员关于《加强农业基础设施建设的建议》和《关于进一步加大农业投入力度，促进经济转型步伐的建议》等提案，体现了政协委员对“三农”的高度关注。其中关于 2012 年水毁农业设施重建问题，遵照县政府主管领导意见，县农牧水产局、县财政局发放 100% 贴息贷款，扶助受灾农户恢复蔬菜大棚，加强农田道路、排水系统等设施建设，提高农业抗风险能力。到年底，全县农业基础设施恢复重建（含受益面积）1.74 万亩，总投资 5 万余元。同时，县政府决定每年再安排 1000 万元专项资金，实施奖励扶持政策，推动农业基础设施建设持续发展。高振国委员《关于加大石门寨镇水毁工程修复力度》的提案反映，2012 年，该镇遭受了历史上罕见的洪涝灾害，共冲毁桥梁 16 座、道路 2500 余米，致部分路段断交或限行，严重影响了人民群众生产生活和道路交通安全。鉴于桥梁道路修复投资大、技术性强，镇村难以承受和施工，建议县政府责成有关主管部门，资助该镇实施水毁桥梁道路复建工程。县交通运输局表示，2012 年特大洪灾冲毁全县农村公路 110 公里，桥梁 31 座，需灾后重建资金 9136 万元，上报省交通运输厅后只获批复 1/4 。面对修复资金缺口大的不利因素，县交通运输局在深入调研基础上，决定优先复建重点桥梁和主要公路，目前提案涉及的下花野、浅北、蟠桃峪、石河桥等全部复建完成，其他水毁桥梁道路将纳入路网改造升级项目逐一修复。徐彦春委员《加强县城基础设施管理与维护》的提案交办后，县城市管理办公室专题研究部署落实，维修更换迎宾路人行道花岗岩火烧板 800 多平方米，修复树池 25 个；实施城区大街小巷路面维修工程，重点对骊城大街两侧小街巷进行路面硬化，逐步启动其他小街背巷路面改造；成立紫金山森林公园管理处，明确细化工作职责并保证资金投入，安排专职管护人员；建议中小学校长加强对学生珍爱公物、保护环境教育，营造关心支持县城基础建设管理的社会氛围。县委、县政府积极采纳张晓宇、周亚梅等委员《关于整治城镇私搭乱占行为的建议》并作出办理部署，县城管、国土、环保等职能部门，组成专门整治防控队伍，不定期进行执法巡查，清理制止多起违法违规行为，对城镇私搭乱占起到警示震慑作用。刘英杰、赵友礼等委员《关于加强食品安全监督问题的建议》的提案，由县食品安全办公室负责承办，通过健全完善县、乡（镇）、村三级食品安全监管网络，明确落实监管职责，会同县工商、卫生、城管等部门开展联合执法检查，规范食品销售、加工、贮藏方式，打击取缔不法商贩营销活动，遏制了食品安全问题多发态势。

是年，县政协表彰6件优秀提案：宋建光委员《引导和规范民间融资行为，促进民间融资健康发展》，殷佐海、安炳富、周绍清委员《加强农业基础设施建设的建议》，刘英杰、赵友礼、程云平委员《关于加强食品安全监督问题的建议》，郝向春、李智苹委员《促进养老体系发展，打造中高端养老产业》，赵永红、王首军等委员《关于抚宁县骊城学区中心幼儿园校门整改的建议》，张晓宇、周亚梅、张永智委员《关于整治城镇私搭乱占行为的建议》。

是年，县政协收到社情民意27件，向县有关党政领导和部门编报发送4件。

九届三次会议提案工作　2014年2月19—20日，县政协九届三次会议听取审议了县政协副主席赵永红所作的九届二次会议以来提案办理情况报告，审议通过了县政协秘书长刘秀才所作的九届三次会议提案审查情况报告。

县政协组织开展委员提案知识学习培训活动，提高委员参政议政能力。对一些内容较好但建议不够具体的提案，要求帮助提案人修订完善提高。九届三次会议期间收到并立案提案101件，平时收到并立案提案7件，共计108件。其中，涉及经济建设和旅游发展方面的10件，“三农”方面27件，城市建设方面30件，社会进步和民生改善方面34件，其他方面7件，按规定程序交付52个提案承办单位。截至11月底，提案全部办复，答复函规范化率、按时办结率达100%，提案人满意的107件，不满意的1件。

中小企业是实施大众创业、万众创新的重要载体，在增加就业岗位、促进经济发展中具有独特优势，受到政协委员关注。县委、县政府制定的《进一步服务中小企业和民营经济成长的实施办法》文件中，采纳了杨秀娟委员《关于促进小微企业发展的几点建议》以及《关于优化中小企业发展环境》等提案的观点和意见，决定实行税收减免优惠，从政策和资金上给予扶助支持，缓解了中小企业在立项审批、征用土地和信贷融资中遇到的难题。徐彦春委员《关于抚宁县第四中学亟需改扩建的建议》的提案，反映生均占地和建筑面积严重不足、功能室明显短缺和校园管理难度大等问题，引起县政府领导重视，在听取各方面意见后决定科学利用盘活县城教育资源：县第一中学2015年迁入新校址后，将县第四中学和骊城学区初级中学合并迁入县一中原址，届时各项硬件指标均可达到标准化初级中学要求，同时骊城学区第二小学迁入县第四中学原址，节省了县第四中学改扩建、征地拆迁投资。县农牧水产局接到殷佐梅委员《关于加强农业技术指导，减少雾霾天气对设施蔬菜的影响》的提案后，在县电视台《农民之友》栏目举办专题讲座，组织农业科技大集发放致富明白纸，建立农村科技书屋和培训室，增强基层干部群众科技兴农意识。同时，结合雾霾、大风、强降雪等极端天气影响棚室蔬菜生产实际，有针对性地向农户传授专业防灾技能，做到未雨绸缪。王恒委员《关于开展县城区违法建设清理整顿的建议》，得到县建设局等部门采纳，强制拆除违法建筑7处，拆违面积910平方米，敦促6处违建所有人签订拆除保证书，警示制止了县城违法建设行为。县公安交警大队在承办张永奎委员《关于有效治理县城内交通堵塞的几点建议》提案的工作中，增设警力和车辆，加强巡视拍照纠违，严查车辆乱停乱放、逆向行驶、随意调头、超速飙车等交通违法违规行为。县城管局按照主要街道严禁、次要街道严控、小街道严管的要求，规范流动商贩经营区位，消除随意摆摊导致交通拥堵现象，巩固查处治理成效。刘忠民委员《关于提高农村公路通行质量》的提案，在谈及农村公路建设时说道，有相当部分的“村村通”道路水泥路面出现裂缝、断板、塌陷等比较严重的损坏，养护管理不到位、配套和防护设施不完备的问题未得到有效解决，大型超载车辆上路行驶屡见不鲜，农民群众的爱路护路意识有待增强，同时提出了相应整改建议。县交通局在办理提案时表示，根据2011年县政府办公室《农村公路养护管理实施细则》文件要求，目前，乡镇人民政府负责本辖区公路养护管理，县交通运输局负责全县农村公路修建和质量监督，将与乡镇政府协调解决上述问题。县政府拟出台新的农村公路建设养护管理实施办法，吸纳提案的主张和建议。县交通局将发挥主管职能和技术设备优势，力求增加农村路政管理人员编制，实施“村村通”破损路面修复和路肩加宽硬化肩工程，增设恢复加固乡村公路限驾行驶设施。同时，与相关部门单位积极配合，强化路政监管执法，禁止超限货运车辆行驶农村公路，做好典型案例宣传报道工作，共同打造农村公路建设管理的良好社会氛围。何立生委员《关于加大石门寨镇招商引资力度的建议》的提案称，石门寨镇矿产丰富、工业发达、交通方便，在县域经济建设中占有举足轻重的地位。然而，为实现节能减排保护生态环境，该镇已有10家煤矿停产面临整合，16家水泥厂、3家白灰窑全部关闭，33家石矿正在接受环评治理，严重影响了企业经济效益和农民就业增收致富。建议各级政府采取强有力措施，切实做好石门寨镇招商引资工作，在项目落地、资金投入、占地审批、人才引进方面给予优惠政策，推进石门寨地区经济恢复发展。县项目建设领导小组一直非常重视提案反映的问题，责成县项目办公室与中煤科工集团沟通洽谈，已有7家煤矿同其正式签署整合协议，老柳江、大槽沟等4个煤矿已进入资产清点和付款程序。中煤科工集团将尽快启动矿业生产，并新上以煤炭为原料的循环经济建设项目，届时可增加当地财政收入和就业岗位。经积极运作，河北保定英利集团、湖北日新科技两家公司的光伏发电项目，以及杏仁油生产项目已决定落户石门寨镇。大港油田就LNG加气站项目也在与该镇寻求合作，拟选址在秦青公路两侧。县项目办承诺，对该镇引进的投资较大项目给予更大优惠，尽快与县国土、规划部门协商解决好项目建设用地瓶颈问题。赵永红、王首军、张学志等委员《关于救治“三无”人员费用补偿》的提案指出，无条件救治急、伤、危病患者，是医护人员、医疗机构义不容辞的职责。县医院、县中医院每年都会收治不少“三无”（无钱、无家属、无证件）人员，践行了革命的人道主义精神，但医院为其垫付的医疗费、护理费、生活费却迟迟得不到支付补偿，年复一年可谓不堪重负。建议县政府将“三无”

人员救助费用列入财政预算保证支付，民政部门建立救助机制和救助基金，新闻媒体宣传报道救助典型事迹，社会各界人士关注支持救助工作。县民政局在提案办理答复中表示，“三无”人员收容地点设在县民政事业服务中心。2005年，市政府《城市生活无着的流浪乞讨人员病人医疗救治及救助办法》规定，定点医院救治流浪乞讨病人所发生的费用，要单独记账，单独核算，每季度末汇总后由市医疗保险基金管理中心审核支付，市财政局负责定期结算。县民政局向市民政局请示探讨“三无”人员医疗救助费用开支渠道，形成解决意向报县政府研究决定。同时与县卫生、财政、公安、城管等部门沟通协调，共同做好“三无”人员救助管理工作，提升县城区总体服务功能和环境容貌建设水平。

是年，县政协表彰6件优秀提案：杨秀娟委员《关于促进小微企业发展的几点建议》，周顺新委员《关于目前农民专业合作社所遇问题和发展思路》，赵英红委员《关于加强我县科技队伍建设的建议》，张晓宇委员《关于加强北部山区旅游开发的建议》，王恒委员《关于开展县城区违法建设清理整顿的建议》，侯春华、马树国委员《关于养殖小区和环境协调发展》。

是年，县政协共收到社情民意26件，向县有关党政领导和部门编报发送8件。

九届四次会议提案工作 2015年1月27—28日，县政协九届四次会议听取和审议了县政协秘书长刘秀才所作的九届三次会议以来提案工作情况报告，审议通过了提案委员会九届四次会议提案审查情况报告（书面）。

县政协九届四次会议期间，共收到提案115件，立案114件。其中，涉及经济建设方面的23件，“三农”方面26件，科教文卫体方面25件，城镇建设和社会保障方面34件，其他方面6件，1件未立案转为社情民意办理。平时收到并立案提案5件，共计收到提案120件，立案119件，均按规定程序时限交付承办单位。截至11月底，提案全部办复。

县政协在保证提案数量和质量的同时，继续跟踪督办重点提案，助推提案建议采纳落实落地。面对撤县设区的新情况、新机遇，谋划提案办理工作新思路，力争取得新突破。王亚东委员《关于打造品牌，大力发展抚宁经济的建议》的提案指出，必须增强品牌竞争意识，扩大特色优秀产品生产经营，主动面向市场需求和竞争，实现区域经济又好又快发展。区质监局在承办该提案过程中，筛选一批管理科学、质量稳定、信誉良好的工业和农牧企业，参加国家、省级名牌产品验证评选。全县14家企业的16种产品被评定为省名优产品，2家企业荣获服务名牌称号，8家企业获得省、市、区三级奖励扶持资金55万元。是年7月，县政协主席张岐、副主席马利华在县政府副县长李维宝陪同下，带领部分委员对张晓宇委员《关于鼓励民间投资兴办养老服务业的建议》的提案进行跟踪督办。张岐等一行听取了县民政局工作汇报，视察了县民政事业服务中心，然后座谈讨论提出建议：要积极面对人口老龄化现实，充分利用抚宁区位、环境、交通、文化等优势，吸引老年服务业发展基金和养老人员；政府和职能部门要制定养老行业标准，加强监管和对从业人员的教育培训，支持民间投资兴办养老机构；养老服务业要树立市场竞争意识，不断更新服务理念，提高服务水平，完善服务实施。侯春华委员《关于加强三抚公路北寨至平房店线违规超载运输管理的建议》的提案反映，由于北部山区采矿业发展和抚宁北高速出口与秦承高速石门寨连接线贯通，北寨—平房店线的大型运输、翻斗车辆与日俱增，堵车现象司空见惯，台营大集日堵车更加严重。这些车辆大多运载铁矿石、沙土、钢材、石灰等，少则七八十吨多则上百吨且时有沙石抛撒，对路面造成重度碾压破坏并威胁桥梁安全。一些车辆私装轮毂降温水箱，致使路面尤其是经村镇慢行时积水不断冬日结冰，降低了公路安全通行质量。大型渣土车改装后射强光灯，给后方车辆行驶带来不便，极易引发交通事故。建议上级有关部门切实解以上问题，依法维护交通运输秩序。接到提案后，县交通运输局会同县公安局就采纳办理达成共识。县交通运输局路政执法大队坚持24小时不间断巡视执法，发现疑似超载超限车辆严格按规定检测卸载处罚，同时积极争取增设检测站点，以加大该路段执法管理力度。县公安交警大队继续实行交通一线巡逻制度，及时纠正查处违法停车、逆向行驶、超速飙车等现象，加强大集日、节假日车辆疏导，避免交通拥堵，依法拆除大型车辆后射灯、轮毂喷洒降温水箱并处罚驾驶员，主动配合县交通局对大货车超载开展专项整理，打击警示了违规超载运输不法行为。刘铁银委员《关于加大小餐饮综合整治力度的建议》的提案交办后，区食药监局对城区和南戴河旅游度假区小餐饮企业进行全面监督检查，排除食品安全隐患，整治不法经营行为，取缔9家无证小餐饮。8月，区政协主席张岐同提案委员会成员及提案人对该提案跟踪督办，视察了城区老王小吃、昌黎饺子馆、川府麻辣烫，南戴河旅游区韩庭阁饭店等小餐饮单位，仔细查看原材料采购清单台账、从业人员健康和后厨管理等情况，然后听取区食药监局小餐饮综合整治情况汇报并座谈评议。张岐主席和委员们认为，小餐饮是行业是一个点多面散的大群体，从业人员复杂，监管工作难度大，区食药监局提案办理积极主动并取得成效，就下步依法依规加强小餐饮整治监管提出建议。张立柱委员《关于提高农民收入及发展农村经济的思考与建议》的提案，主张传统产业与特色产业并重，加快农业结构调整步伐，促进农民增收致富。对此，区委农工委认真采纳，深挖特色产业和重点企业潜能，推进主导产品研发、品牌创建和专业合作社建设。在板栗、苹果、蔬菜、生猪等种养领域，引进推广新产品、新技术、新设施，实现农村经济结构转型升级。区农牧水产局积极采纳张立君委员《进一步推进食用菌产业快速发展的建议》，优化棚室经营模式，选育优良品种，聘请专家指导，加强与科研院所和大专院校交往互动，促进了食用菌产业发展。尚颖慧委员《关于石门寨小城镇建设的建议》的提案称，石门寨为镇政府所在地，5个行政村，7个住宅小区，1.5万人，其中非农业人口占较大比重，已具备小城镇建设雏形，存在的主要问题是基础设施建设滞后，原有排污管道老化损坏，没有污水处理厂，环境卫生治理难度大，未使用天然气。解决这些问题需要投入大量资金，石门寨行政村、镇政府显然无能为力，建议县政府帮助制定石门寨小城镇建设规划并给予财力政策支持。县委、县政府积极采纳提案建议，决定加快石门寨小城镇和新农村建设进程。县城乡规划局帮助制定《石门寨镇控制性详细规划》，在市规划设计研究院指导下，规划了供水、污水处理、环卫、供电厂站和主要街道等基础设施，同时考虑镇区周边天然气站选址事宜。针对私家车日益增多、住宅小区停车难问题，陈劲草、吕立、刘树静委员提交了《关于小区增加车位配比》的提案。区规划和建设部门出台相关管理规定，结合房地产开发和旧城改造实际，明确小区车位配比具体标准，对新建居民住宅车位认真规划审批，保证小区停车有序，不再拥堵，出行方便。《关于农村交通道路管理》等类似内容提案，关系到农业发展和农民安全利益。承办单位抚宁公安分局强化对农村低速货车、三轮汽车、四轮农用机动车、接送学生校车等小型车辆注册登记，查处防控违法违规行为，增设交通安全警示设施，对农民和中小学生进行交通安全教育，加快农村交通管理规范化、常态化进程。

是年，县政协表彰7件优秀提案：王亚东委员《关于打造品牌，大力发展抚宁经济的建议》，王胜林、邸锦华委员《关于推进抚宁经济开发区污水管网建设的建议》，周顺新委员《农村环境治理长效管理问题的建议》，张立君委员《关于进一步推进食用菌产业快速发展的建议》，董素彬委员《加快推进农村土地使用权流转》，刘铁银委员《关于加大小餐饮综合整治力度的建议》，冯占和委员《关于县城社区居家养老服务问题的建议》。

是年，县政协印发《关于做好反映社情民意工作的通知》《反映社情民意信息工作规则》，共收到社情民意29件，向县有关党政领导和部门编报发送《失地农民社会保障问题亟需引起重视》《应进一步规范城乡居民健身活动开展》等7件。

区政协提案工作

2015年8月，抚宁撤县设区，区政协积极面对行政区划和委员结构重大调整，优先考虑提案征集、立案、办理、表彰有效衔接，认真落实原提案工作部署和具体要求，做到机构不变，标准不降，力度不减。划出委员的提案仍由区政协和承办单位做好办复工作，并履行相关程序。

区政协常委会会议协商决定提案审查委员会组成人员，二届一次会议预备会议决定成立提案审查委员会，区政协副主席、主席团常务主席兼任提案审查委员会主任。全委会议听取审议提案工作情况报告，审议通过提案审查情况报告。

在中共抚宁区委的坚强领导下，区政协团结带领全体委员，切实贯彻执行全国政协《提案工作条例》，将撰写提交提案作为政协委员和参加单位履职尽责的必然要求，在健全提案工作机构、不断提高提案质量、跟踪督办重点提案、加强提案宣传报道、转化运用提案成果上鼓真劲、建良言、求实效，为促进党政部门科学民主决策和工作开展，建设沿海强区、幸福骊城作出应有贡献，彰显了发挥人民政协制度优势，助力区域经济社会高质量发展的使命与担当。提案撰写格式更加规范，工作程序更加严谨，履职作用更加重要，特别是关于园区项目建设、文化教育发展、生态环境保护、城市公交运营、乡村振兴实施等提案成效显著，赢得社会各界和人民群众广泛赞誉，谱写了政协提案工作新的篇章。

区政协历经2届委员会，共召开6次全委会议，收到提案778件，立案757件，表彰奖励优秀提案59件。共收到社情民意24件，向区有关党政领导和部门编报发送19件。

区政协提案工作科更名为提案工作委员会。

向市政协提交提案1件，《河北省政协七十年记述》收录提案工作文稿。

区政协第一届委员会提案

2015年12月11日，区政协常委会会议决定，县政协提案委员会更名为区政协提案审查委员会，组成人员不予调整，区政协副主席马利华兼任提案审查委员会主任（至2015年12月），副主任缺职。

抚宁撤县设区后，区政协高度重视提案工作，切实加强领导，采取有力措施，遵守程序规则，将提案数量质量和办复效果提高到新的水平，在履行监督议政职能方面取得新的进展。区政协主席会议研究审议提案征集、交办、表彰工作，主要领导领衔督办重点提案，承办单位积极采纳提案建议。《尽快培育电商产业，助推区域经济发展》提案，增强了政协委员和有关部门发展电子商务的紧迫感，加速了城区电商服务中心和农村"云农商"服务网络建设。《建议给苹果上政策性农业保险》的提案主张，风、雹、洪涝等恶劣天气给果农造成的经济损失，应通过农业保险理赔，推进了苹果政策性保险的研讨与实施。《关于抚宁建区后加快公交通行进程》的社情民意，在抚宁—秦皇岛公交线路开通运营中发挥了积极作用。

区政协第一届委员会共召开1次全委会议，收到提案77件，立案73件，表彰奖励优秀提案7件。未立案转为社情民意办理提案2件，共收到社情民意9件，向区有关党政领导和部门编报发送7件。

区政协主席向市政协提交提案1件。

一届一次会议提案工作 2016年4月11—12日，区政协一届一次会议听取和审议了区政协副主席赵永红所作的2015年度提案工作情况报告，审议通过了区政协秘书长刘秀才所作的一届一次会议提案审查情况报告。

区政协将提质增效作为提案工作的初心使命，强调提案反映问题要真实，提出建议要具体，撰写格式要规范，预期数量要适当。一届一次会议期间，共收到提案70件，经审查立案68件。其中，涉及经济建设方面的15件，"三农"方面11件，民生保障方面23件，城镇建设方面18件，其他方面1件。区政协一届一次会议闭幕后，区政府召开提案交办会，将立案提案集中交付承办单位。2件未立案提案转为社情民意办理。平时收到提案7件，立案5件随时交付承办。截至年底，提案全部办复，满意率、答复函规范化率均达到100%。

区政协围绕区委、区政府关于产业调整、招商引资、农业农村、文化教育等工作部署，确定重点提案跟踪督办，促进提案建议转化为工作实效。是年7月，区政协主席张岐、副主席赵永红率提案委员会部分成员，在副区长李维宝陪同下，督办张晓宇、王恒委员《加快培育电商产业，助推区域经济发展》的提案。张岐主席一行视察了大新寨镇以商品批发、超市、电器销售商铺为依托建立的"云农商"村级服务站，然后到城区电子商务服务中心座谈了解运营情况，听取区商务局提案办理工作汇报，大家对全区培育互联网电子商务取得积极成效给予高度肯定，建议区政府通过政策支持、示范引导等举措，大力培育电子商务重点企业，牢固树立质量监管意识，推动农村电子商务快速健康应用和发展。李维宝副区长感谢政协委员对电子商务产业的关注，表示将尽快研究采纳委员建议。一年来，区商务局加快谋划建立政府、企业、市场之间的良性互动机制，全力拓展电子商务经营空间，城区2000平方米电子商务服务中心商品全、配送快、信誉好，当年年底全区363个行政村全部建有方便快捷的电子商务平台。是年9月，区政协副主席赵永红、副区长黄悦华同有关委员对徐彦春、宋玉玲委员《大力发展职业教育，夯实大众创业基础》的提案进行跟踪督办。赵永红副主席等一行视察了区职教中心实训楼、运动场、焊接实习室、餐厅等，观看了区职教中心工作汇报专题片，然后听取区教育局提案办理情况汇报，大家一致认为，多年来区职教中心立足于培养造就有一技之长的专门人才，为服务区域经济发展、缓解就业压力、促进社会和谐稳定作出了贡献，同时就解决师资力量不足、教学形式相对单一、课程设置较为陈旧等问题，向区教育局提出相应建议受到欢迎和肯定。徐彦春委员《关于完善城区店外经营，清理整顿乱堆乱放行为》的提案，列举了城区环境治理中的薄弱环节，提出了坚持规劝疏导、明确经营场所、规范停车秩序、查处违法行为的建议。区城管执法局对迎宾路、长征路、天马大街等主要街道，以及商铺摊点聚集路口街巷的店外经营、占道摆摊、流动摊贩、噪声扰民现象，进行人盯车巡集中整治，对不法商贩给予严管重罚。同时，注重增强城管人员自身素质服务能力，增加执法巡查和流动广播时间，增设固定市场宣传展牌12块。吕立委员提交的《加快经济开发区建设，打造抚宁产业兴区战略航母》的提案，着眼于撤县设区后抚宁经济振兴发展面临的难得机遇，阐述了开发区建设的目标任务和工作措施。区委、区政府通过体制机制创新、规模功能定位、资源重组整合，勾画了以开发区为核心、以城区为依托、以产业为支撑，产城一体的综合性、大手笔建设发展蓝图，其中北部工业园区建设率先推进初见成效。11月，区政协提案委员会会同区政府督查室对该提案进行督办，听取抚宁经济开发区管委工作汇报，结合加快制定机构人员编制，启动基础设施建设，提升产业支撑能力，完善招商引资、土地供应、规费减免、财政支持等政策，对入园项目资金给予优惠扶持等提出建议，受到开发区管委高度重视。周顺新委员《建议给苹果上政策性农业保险》的提案认为，目前水果生产销售已成为农民脱贫致富的主要途径，大新寨镇、榆关镇、坟坨管理区农民收入80%来源于水果种植业，其中苹果具有种植规模大、贮存时间长、产销收益好等优势。但是，2012、2015年冰雹等恶劣天气给果农造成了巨大经济损失，使苹果种植遭受前所未有的严峻挑战。为此，建议给苹果上政策性农业保险，以增强抵御自然灾害和不可预见风险的能力，迅速恢复灾后生产，维护农民合法权益和农村社会稳定。区林业局在深入上述等乡镇、管理区调查的基础上，向区政府提交了提案办理建议，待批复后拟定形成苹果保险实施办法，广泛听取乡村干部、苹果种植大户和金融保险部门的意见，借鉴吸纳玉米农业保险的成功做法经验，制定出台苹果政策性农业保险实施方案。区政协督办的还有《加大政策扶持力度，吸引客商来抚投资》《关于持续推进文化强区建设》等提案。王强委员《关于加强农村畜禽养殖管理的建议》、王幼平委员《解决人畜饮用水污染问题，搞好沼气建设》等提案交办后，区水务、环保等部门和有关乡镇、管理区，对洋河、戴河等主要河流两岸及河道内垃圾进行清理，推广生态清洁养殖技术，大力发展沼气池，降低了规模养殖业对水源的污染。区政府出台《关于洋河水库上游畜禽养殖污染整治工作实施方案》，区农牧水产局、区水务局、抚宁环保分局和台营、大新寨镇政府联合行动，彻底清除水库上游河流500米内养殖场点，停止所有排污行为，杜绝畜禽粪便、污水、废弃物直接或间接排入河流和库区。

是年，区政协表彰7件优秀提案：仇文仲委员《加大政策支持力度，吸引客商来抚宁投资》，徐彦春委员《关于完善城区店外经营，清理整顿乱堆乱放行为》，张晓宇、王恒委员《加快培育电商产业，助推区域经济发展》，郑海波委员《关于新常态下加强对中小企业扶持发展的建议》，范金茹、刘增志委员《围绕京津冀一体化，谋划抚宁区协同发展的建议》，于海艳委员《关于提高农村教育能力的建议》，王首军委员《政府和社会在解决医患紧张关系矛盾中应发挥作用》。

是年，县政协收到社情民意9件，向区有关党政领导和部门编报发送《关于抚宁建区后加快公交通行进程的建议》《北商业街东段市场一条街环境亟需治理》等7件。

是年，区政协主席张岐向市政协十二届四次全会提交了《关于加快推进抚宁撤县设区后相关遗留问题解决进程的建议》提案，市委督查室予以办理答复。

区政协第二届委员会提案

2017年2月24日，区政协二届一次会议预备会议决定成立区政协提案审查委员会，主席团常务主席徐秋阳兼任提案审查委员会主任，呼贵礼、刘伟任副主任。

区政协通过全委会议前印发通知，走访委员，召开乡镇联络组、县直工作组组长会议等形式，认真部署提案征集工作。印发《提案审查立案工作实施办法》《督办重点提案实施细则》，避免履行程序走过场、随意化，全力践行提案工作条例。听取区委、区政府提案办理情况报告，协商解决重点难点问题，争取区党政领导对提案工作的重视支持。跟踪督办《关于进一步推进城市公交运营发展的建议》的提案，建议区领导和交通运输主管部门，尽快做好公交站点选址、征地等后续工作，加快了抚宁—秦皇岛公交开通运营进程。《关于加强农村实用人才队伍管理的建议》的提案，经区委主要领导批办、区政协重点督办，所提建议得到采纳落实。关于强化流动闲散人员防疫管控的社情民意提交后，区疫情防控领导小组随即召开会议，研究落实相关防疫问题。

区政协第二届委员会共召开5次全委会议，共收到提案701件，立案684件，表彰奖励优秀提案52件。收到社情民意15件，向区有关党政领导和部门编报发送12件。

《河北省政协七十年记述》收录区政协委员提案工作文稿。

二届一次会议提案工作 2017年2月25—27日，区政协二届一次会议听取和审议了主席团常务主席徐秋阳所作的2012年九届一次会议以来提案工作情况报告，审议通过了提案审查委员会二届一次会议提案审查情况报告（会议工作人员宣读）。

区政协二届一次会议期间，共收到提案161件，立案157件，平时收到并立案提案3件，共收到提案164件，立案160件。其中，涉及经济建设和农业发展方面的39件，民生保障方面49件，城市建设方面39件，生态文明方面21件，党群政法方面12件。截至9月底，提案全部办复完毕，满意率达到100%。

区政协继续对重点提案跟踪督办，务求提案工作实效，促进科学民主决策和区域经济社会发展。谭绍波委员《关于加快推动产业优化升级，做强传统优势产业》的提案，针对经济结构调整中忽视传统产业的倾向，提出振兴传统优势产业与发展新兴主导产业同步、做强先进制造业与拓展现代服务业同步、引进科学技术与加快自主创新同步等建议，为区、乡（镇）党政领导部门推动传统产业转型升级提供了重要参考依据。朱立鹏委员《关于加大食品安全监管力度的建议》的提案交办后，区政协、区政府主管领导和有关委员进行督办，在肯定办理工作成效的同时，就食品安全宣传不够深入、监管队伍力量相对薄弱、检验检测缺乏专业技术支撑等问题进行讨论评议，提出相应整改意见，得到承办会办单位采纳。区市场监管局、区农牧水产局和区卫计局等部门负责人参加督办活动。对于楚春山委员《关于加强社会治安防控体系建设的意见》的提案，抚宁公安分局逐条逐项接受整改落实，通过健全完善重点场所安全防范治理机制，加快公共安全视频监控系统应用，筑牢织密城乡人防、物防、技防相配套的立体型、全方位社会治安防控网络等强有力措施，保持对违法犯罪活动的高压态势，为全面建成小康社会保驾护航。城市公共交通是满足人民群众日常出行的社会公益性事业，是撤县设区后城区经济社会发展的重要标志，是区政协高度关注的一项重大民生工程。是年6月，区政协副主席赵永红、徐秋阳，秘书长呼贵礼率部分委员和提案人，跟踪督办张志坚委员《关于进一步推进城市公交运营发展的建议》的提案，听取了区交通运输局提案办理汇报，视察了拟开通公交线路和站点，对一年多来各方面工作表示满意。市交通运输局领导曾来抚宁现场调研办公，将抚宁城区公交纳入全市公交总体规划体系，区政府将此事确定为当年承诺办好的10件大事之一。政协委员们希望区党政领导和交通运输等部门，继续加强组织协调工作，增加资金投入，尽快解决好公交线路站点占地、选址修建等具体问题，力争城区与市主城区公交早日对接通行。12月28日，抚宁—秦皇岛45路公交线路正式开通运营，票价4元，无人售票空调车，极大地方便了沿线居民出行，结束了抚宁城区不通公交车的历史。在办理程光委员《关于加快宜居宜业宜游城市建设的建议》提案的过程中，区城管局、区市场监管局、抚宁公安分局协调联动，以创建文明城市为契机，坚持集中整治与日常管理相结合，完善城区基础设施建设，清理保持公共区域环境卫生，规范户外经营广告和农贸市场秩序，促使城区面貌焕然一新。是年10月，区政协秘书长呼贵礼主持召开督办《关于加快培育农业产业化联合体等新型经济主体的建议》提案座谈会，区政协提案委员会成员、提案人潘雪委员参加会议，听取区委农工委、区农牧水产局提案承办情况汇报，对创新培育农业联合体、推进重点项目建设成绩给予肯定，围绕整合现有农业龙头企业、专业合作社和家庭农场，着力培养涉农管理和技术领军人才，制定出台相应财政、税收、信贷、用地等优惠政策，确保农资供应、信息服务和创新支持等问题，充分发表意见并达成共识，促进了提案建议采纳落实。11月，区政协秘书长呼贵礼同部分委员和区委农工委、区农牧水产局、区国土局等部门负责人，对何吉、郧大为委员《发展现代农业创新打造产业聚集园区》的提案跟踪督办，视察天马山现代农业产业园龙头企业仁轩酒庄有限公司，听取园区建设情况汇报，然后座谈讨论并提出建议：区委区政府产业发展领导小组增设农业产业园区日常办事机构，负责审定、批准园区建设发展规划，研究制定优惠扶持政策；明确园区主管部门职能，分解细化目标任务，确保工作措施落实到位；强化生态优先引领理念，实行山水林田路综合治理，大力发展休闲、观光、特色农业；加快引进新品种、新技术、新设施，培育打造现代优质高效品牌农业，增强园区产品市场竞争能力和优势。参加提案督办的职能部门负责人表示将认真采纳以上建议。

是年，区政协印发《提案审查立案工作实施细则》《督办重点提案实施细则》《优秀政协提案和先进承办单位及个人评比表彰办法》，表彰12件优秀提案：朱立鹏委员《关于加大食品安全监管力度的建议》，谭绍波委员《加快推动产业优化升级，做强传统优势产业》，程光委员《关于加快宜居宜业宜游城市建设的建议》，李兵兵委员《关于发展壮大农业传统产业，深度开发特色旅游资源的建议》，杨素梅委员《关于抚宁区旅游发展和文物保护利用的几点建议》，楚春山委员《关于加强社会治安防控体系建设的意见》，张志坚委员《关于进一步推进城市公交运营发展的建议》，苏艳敏委员《关于加大中小学生传统文化教育力度的建议》，常虎委员《关于加强区内道路规划建设的建议》，肖春义委员《关于加快乡村河流综合整治的建议》，张晶委员《以全省第二届旅发大会为契机，发展我区旅游产业的建议》，殷佐梅委员《关于在学校开设安全教育课程的建议》。

是年，区政协提案工作科更名为提案工作委员会，负责提案日常工作。

二届二次会议提案工作　2018年1月31—2月1日，区政协二届二次会议听取和审议了区政协副主席徐秋阳所作的二届一次会议以来提案工作情况报告，审议通过了区政协秘书长呼贵礼所作的二届二次会议提案审查情况报告。

区政协以召开乡镇活动组、区直工作组组长会议，走访委员和印发通知等形式，专题部署提案征集工作，切实加强指导，积极引导，定期督导，力争提案数量质量达到预期目标。二届二次会议期间共收到提案138件，立案136件，平时收到并立案提案11件。共收到提案149件，立案147件。其中，涉及农业发展方面的14件，项目园区建设方面20件，服务业方面12件，社会管理方面36件，民生事业方面40件，生态文明建设方面12件，其他方面13件。县政协提案委员会会同区委办公室、区政府办公室召开提案交办会，将会议期间提案集中交付各承办单位，闭会期间提案随时立案交办。截至年底，提案全部办复，满意率达到100%。

“小饭桌”是近年来学校周边区域出现的在家庭住宅开设的，为中小学或幼儿园学生提供餐饮、休息、学习的场所的新兴餐饮经营行为，给学龄儿童及家庭带来了便利。是年6月，区政协副主席徐秋阳同部分委员督办张旭冉委员的《关于加强我区“小饭桌”管理的提案》，先后视察城区彩金红小吃部、可爱拼图小吃部“小饭桌”经营情况，听取区市场监管局提案办理汇报，座谈剖析存在问题原因并建言献计。区政府副区长李维宝和区教育局、区卫计局、抚宁公安分局、消防大队等部门负责人参加了督办活动。区政协领导和委员认为，城区“小饭桌”尚处于起步阶段，不能满足于已经取得的成效，应本着逐步规范、加强监管的原则，做到政府负总则，各职能部门齐抓共管，由区市场监管局牵头，制定公布“小饭桌”软硬件标准，随时或定期检查经营情况，协调解决好卫生条件差、食品营养不均衡、从业者素质参差不齐、安全保障缺失等，引导支持“小饭桌”餐饮业健康有序发展。李维宝副区长表示，区政府和有关职能部门一定积极对待、认真采纳政协委员建议。7月，区政协副主席王海银、秘书长呼贵礼、区政府副区长王佐琴同部分政协委员，督办李新华委员《关于抚宁区人工增雨防雹减灾工作的建议》的提案，踏查了人工影响天气弹药库和作业点，听取了提案承办同办单位工作汇报，就减少恶劣天气造成损失座谈讨论并提出对策。据悉，全区共建有7个人影作业点，每个作业点影响天气半径为10公里，已实施增雨防雹作业17次，发射火箭弹70枚、炮弹173发，防止了干旱、冰雹天气影响农经作物生长，同时有利于护林防火。委员们肯定了提案办理取得的阶段性成效，指出人影设施设备老化、炮弹库存不足、人员老龄严重、经费保障困难等存在问题，建议区政府和主管部门提高对人影工作的认识，切实加强组织领导，建立人工增雨、防雹经费长效稳定投入机制；严格遵守人影法规制度纪律，确保作业期内严阵以待，设施装备运行状态良好；推进人影工作与护林防火相结合，强化专业技术培训演练，实现作业人员队伍年轻化；充分利用广播、电视、报刊等大众媒体和微信平台、手机短信、广场电子屏形式，大力宣传人影防灾知识，及时发布天气灾害预警信息。区气象局、区农牧水产局负责人和科技人员参加了提案督办活动。7月，区政协副主席赵永红、秘书长呼贵礼和医药卫生界委员，对孙怀广、张子学、于冰娇委员《关于加强妇幼保健能力建设，解决婴幼儿看病难问题》的提案进行督办。赵永红副主席一行视察了区妇幼保健院儿科楼，听取区卫计局提案承办汇报，建议区政府和相关部门对区妇幼保健院建设给予大力支持，确保婴幼儿及时方便就医，同时积极申报国家项目资金、增强地方资金配套能力，在引进专业人才、一线技术骨干职称评聘、稳定妇幼保健队伍等方面取得突破性进展。2017年12月抚宁—秦皇岛南线45路公交线路开通运营后，鉴于客流量加大，广大市民热切希望增开北线公交线路，让沿途乘客出行更方便更快捷，杨玉良、张晓宇委员《关于完善城区公共交通的建议》的提案，反映了市民这一意愿和要求。2018年10月，区政协秘书长呼贵礼主持召开有关委员和区交通运输局、区城管局、抚宁公安交警大队等部门负责人参加的提案督办座谈会，充分肯定开通北线公交的必要性和可行性，面对面协商解决疑难问题，加快了提案办理进程。在区委区政府和市、区交通运输等部门共同努力下，抚宁—秦皇岛102线49路北线公交于2019年1月25日正式开通运营，单程35.50公里，抚宁区共设站点9个，新能源气电混合动力无人售票空调车。农村实用人才是具有一定知识和技能，为农村经济和各项事业发展提供服务、作出贡献、起到示范和带动作用的农村专业型劳动者，深受广大农民欢迎。区委主要领导对何吉委员《关于加强农村实用人才队伍管理的建议》作出批示，要求区委组织部、区农牧水产局等部门认真办理落实。10月，区政协副主席徐秋阳带领部分委员对该提案跟踪督办，参观了城区秦皇岛小江蔬菜专业合作社桑园基地、抚宁晟博种植合作社，听取了区农牧水产局工作汇报，客观评价农村实用人才队伍建设成效，建议区委、区政府解决好人才管理机制不健全、储备规模数量不足、职能作用发挥不够问题。委员们在座谈时指出，要强化科技兴农意识，建立组织、人事、科技、农牧、教育、卫生等部门管理协作机制，促进实用人才队伍建设适应农村经济发展需求。要深化与涉农科研院所的联系合作，定期邀请专家教授进行实用人才培训，着力提高其科学文化素质和实践示范技能。要建立完善人才选拔、认定、考核、激励制度，引导支持他们在种植、养殖、加工业发展和专业合作社建设中率先垂范，表彰奖励农村优秀实用人才。区政府领导对政协委员发言表示感谢和赞同。区委组织部、区委农工委负责人参加了提案督办活动。

是年，区政协表彰10件优秀提案：张旭冉委员《关于加强我区“小饭桌”管理的提案》，郝立权委员《关于抚宁集贸市场环境整治的建议》，杨玉良、张晓宇委员《关于完善城区公共交通的建议》，杨素梅委员《关于增设公厕的建议》，何吉委员《关于加强农村实用人才队伍管理的建议》，张丽君委员《关于加强中小学师德教育的建议》，张建顺委员《关于巩固文明城市创建成果，建立常态化管理机制的建议》，冯春利委员《关于进一步加强农村生态环境治理的建议》，蔡红委员《关于加快城区断头路贯通进程，完善城区路网结构的建议》，孙怀广、张子学、于冰娇委员《关于加强妇幼保健能力建设，解决婴幼儿看病难问题》。

二届三次会议提案工作 2019 年 1 月 20—21 日，区政协二届三次会议听取和审议了区政协副主席徐秋阳所作的二届二次会议以来提案工作情况报告，审议通过了提案委员会二届三次会议提案审查情况报告（大会工作人员宣读）。

区政协认为提案征集是一项基础性、经常性工作，事关履行提案监督议政职能，始终坚持全力做好决不懈怠。二届三次会议期间，共收到提案 117 件，立案 115 件。其中，涉及经济建设和农业发展方面的 31 件，民生保障方面 34 件，城市建设方面 25 件，生态文明建设方面 12 件，党群政法方面 13 件。平时收到并立案提案 12 件，共收到 129 件，立案 127 件，均按规定程序交付承办单位。截至年底，提案全部办复，满意率达到 100%。

区政协主席会议听取区委办公室、区政府办公室提案办理情况报告，提请区党政领导批办、区政协督办重点提案，继续做好优秀提案宣传报道工作，促进了提案建议采纳落实到位。李家强委员提交了《关于农村乡医队伍建设的建议》的提案，区卫健局认真采纳办理。是年 5 月，区政协召开提案委员会成员、医药卫生界委员参加的提案督办座谈会，促使提案建议落实落地。区政协副主席赵永红出席座谈会，会议由区政协秘书长呼贵礼主持。与会人员听取区卫健局汇报后指出，乡村医生是医疗卫生服务队伍的重要组成部分，是最贴近亿万农民的健康“守护人”，是发展农村医疗卫生事业、保障农村居民健康的重要力量。区卫健局定期开展乡村医生职业技能培训，对乡镇卫生院、村卫生室实行统一管理，整合基层卫生资源，定向委培聘用大学生乡医，申请降低偏远山区乡医准入门槛，为推进农村公共医疗服务、加强乡医队伍建设履职尽责，作出了应有贡献。区政协领导和委员建议通过新闻媒体宣传报道乡医先进事迹，积极探索实施充实乡医队伍体制机制，继续组织开展乡医职业教育培训进修，制定医学专业大学生到村卫生室工作优惠政策，切实解决好农村乡医队伍人员匮乏、严重老龄化、资源配置不均衡、后备力量不足等现实问题。提案督办座谈会后，区卫健局经严格选拔培训、考试注册，录用中专以上医学学历乡医 36 名；拟对 28 名初中以上学历人员进行为期三年的定向培养，纳入乡医储备库；对 31 名已考取执业助理医师资格人员，换发医疗机构许可证。近些年来，随着社会经济发展，生活节奏加快，家庭小型化、人口老龄化以及人们对家庭生活质量追求越来越高，家政服务作为一种新兴业态，正在由大中城市向中小城市快速延伸，引起党政领导和各界人士广泛关注。周亚梅、程光委员《关于进一步规范家政服务行业管理的建议》的提案提交后，区政府主要领导作出批示，要求区人社局会同有关部门认真办理，形成意见报区政府研究采纳。区政府召开区妇联、人社、民政、市场监管等部门负责人会议，研究部署家政服务业管理工作，明确指导思想、职能范围和主管部门，草拟了《关于推进家政服务业发展的实施意见》。是年 7 月，县政协副主席徐秋阳主持召开该提案督办座谈会，区政协提案委员会成员、区政府办公室和有关区直单位负责人出席会议。区人社局汇报了提案办理成效和同办单位作出的努力，受到提案委员会成员肯定。与会人员认为，家政服务是指以家庭为主要服务对象，以家庭保洁、衣物洗涤、家庭护理、家电清洗、婴幼儿看护等家庭日常生活事务为主要内容，由家庭服务经营者提供的营利性服务活动，是城区建设发展的必然需求，同时为居民提供了就业岗位，其市场服务秩序不规范、从业人员素质不高、整体组织化程度偏低、法律维权难以保障等问题亟待解决。会议建议区政府对家政服务业进行一次全面深入调研，赴外地考察借鉴成功做法和经验，出台推进家政服务业发展的文件，组织开展从业人员资格认证培训，引进先进家政服务企业和经营理念，加强宣传报道推介引导，依法维护家政服务企业和消费者合法权益，实现家政服务业提质扩容，在规范管理中发展壮大。城市公共交通事业发展受到委员提案持续关注。8月，区政协主席张岐、副主席徐秋阳率领部分委员，以视察的方式对杨玉良、张晓宇委员《关于加快城市公交枢纽建设，建立智慧公交体系的建议》的提案跟踪督办。张岐主席一行首先踏查了市公交运营五公司、102国道沿线公交站点及城区东南片公交场站选址，然后听取区交通运输局城市公交事业发展情况汇报并座谈讨论。区政协领导和委员建议区政府发挥主导作用，建立规划、交通、建设、财政、公安、交管等部门协商机制，保障公交事业补偿投入；实现居民区与商业区、办公区、学校、医院等重点客流聚集场所的衔接，加快城区与农村乡镇公交路网络连通进程，减少公交运营盲区；高标准、高起点建设公交站点、场站等基础设施，推进“互联网＋公交”服务发展，健全完善公交线路、到站信息网上查询系统；组织开展司乘人员职业道德技能教育培训，提高运营效率和服务水平，建立公交安全突发事件应急预案；充分利用广播电视报刊、微信公众号，宣传倡导绿色、环保、低碳出行方式，加密公交运行频次。上述建议得到区政府和市、区交通运输等部门重视采纳。区政协督办的提案还有《关于将兔儿山片区打造成休闲旅游产业高地的建议》等提案。区城管局接到宋向军委员《关于加强迎宾路早市管理》的提案后，会同区发改局、抚宁公安分局对早市进行定期集中整治和长效常态管理，使占道经营、交通拥堵、噪声扰民等问题得到有效解决，受到广大居民和营销摊点业主好评。

是年，区政协表彰10件优秀提案：王凯委员《关于加强农村种养殖环境污染治理的建议》，周亚梅、程光委员《关于进一步规范家政服务行业管理的建议》，于海艳委员《关于加大城区优质教师资源向农村倾斜力度，全面提升农村教育能力》，李家强委员《关于农村乡医队伍建设的建议》，曹英委员《利用北戴河健康产业园溢出效益积极发展康养产业》，仇新华、陈洪峰、梁宝山委员《关于加强骊城大街综合整治力度的建议》，宋向军委员《关于加强迎宾路早市管理的建议》，胡秀英委员《关于加快推进我区新型城镇化进程的建议》，方宝华委员《关于加强农民专业合作社组织规范化建设的建议》，杨立群委员《关于破解民营企业融资难的建议》。

是年，县政协收到社情民意9件，向区有关党政领导和部门编报发送6件。区政府主要领导对《城区部分街路公益广告有错字影响抚宁形象》《应加大对域外抚宁籍人士的联谊联络》作出批示要求改正落实，区政府常务会议研究采纳《关于紫金山公园坟茔外迁的建议》。

二届四次会议提案工作　2020年1月17—18日，区政协二届四次会议听取和审议了区政协副主席徐秋阳所作的二届三次会议以来提案工作情况报告，审议通过了提案委员会二届四次会议提案审查情况报告（大会工作人员宣读）。

区政协主席会议谋划部署提案征集工作，全委会议前印发提案参考目录，区政协领导走访委员，对提案数量质量提出建议，要求政协乡镇活动组、区直工作组组长带头并组织委员撰写提案，及时反映社情民意，为党政领导部门科学民主决策提供参考和依据。区政协二届四次会议期间，共收到提案118件，立案114件，闭会期间收到并立案提案6件，共计收到124件，立案120件。其中，涉及社会民生方面的44件，农业农村方面24件，城乡建设管理方面21件，资源环保方面14件，党群政法等方面12件，财政经济方面5件。

进入21世纪以来，县（区）地方志编修工作扎实有序推进，《抚宁县志（2010年版）》《抚宁县人民代表大会志》《抚宁县财政志》《抚宁县交通运输志》《抚宁县文化志》等10余部志书相继编撰完成，多数乡镇（管理区、街道）基本完成镇级志资料综合整理工作，部分村志编修开始启动。吴玉薇委员了解到有的村志中没有开设抚宁方言、民间故事、地块名称章节，村民姓氏祖始、迁徙年代记述不详，认为村志不能忽略弱化这些内容，提交了《关于我区村志编写的意见》的提案。区政府办公室认真研究采纳，强调继续选配好镇村两级志书编纂人员，规范村志体例、篇目、内容和格式，加强对方言、地名、村落、姓氏等优秀传统文化记述，建立村志资料互联网查询系统，统筹指导推进村志编修具体工作，确保大事不漏、要项不缺、特色突出，著述经得起历史检验，力争年内基本完成村志初稿。是年6月，区政协副主席李维宝率部分委员，对吕学民委员《关于进一步加强农村文化建设的建议》的提案进行重点督办，先后到留守营镇张各前村、坟坨管理区杨庄头村、抚宁镇三里杨庄村视察农村文化建设情况，听取区旅游和文化广电局工作汇报。委员们在座谈讨论中认为，近年来全区农村文化建设成效显著，各行政村和社区均建有文化活动中心和文化广场，并配发活动设备设施，文化传播载体日益多样，文化活动丰富多采。但是，农村文化建设仍存在重视程度不高、管理激励机制缺失、发展不够均衡、文化产品供给不足等问题。委员们建议：区、乡（镇）党委政府必须加强对农村文化建设的领导，区文化主管部门要组织开展群众文化活动，整理挖掘民俗文化、长城文化、旅游文化、家庭文化……拓展丰富农村乡土文化内涵。要加强农村文化队伍建设，善于发现培育民间文化人才，广大农民要自觉成为乡村文化振兴的参与者、推动者、受益者、传承者。区政府办公室负责人参加了提案督办活动，听取了政协委员的发言和建议。是年区政协二届四次会议上，郭爱莲委员所作的《加快推进我区教育信息化迫在眉睫》大会发言指出，教育信息化是一个国家和地区教育发展水平的重要标志，是更新教育观念、改进教学模式、提高教育质量的有效手段。区教育信息化存在的装备陈旧、数量不足、应用平台不完善等问题必须尽快解决。发言站位高、立意新、数据实，在会上引起强烈反响，区政协将其转为重点提案跟踪督办。8月，区政协副主席李维宝、区政府副区长王佐琴和部分政协委员，视察区教体局网络中心机房，区教师发展中心专递课堂录播教室，区骊城学区第二小学、田各庄中学，听取区教体局提案办理工作汇报，围绕教育信息化建设民主评议，坦诚建言。委员们认为，在新冠疫情导致中小学停课期间，区教体局充分利用有限网络教育设施，及早部署，克服困难，抓好线上信息化教学，做到了“停课不停学”，成果应予肯定。要充分认识全区教育信息化与周边县、区和先进地区的差距，制定落实相应规划政策措施，加大经费筹措投入力度，申报争取上级项目资金，更新增加完善基础硬件设施，加速教育城域网建设进程。王佐琴副区长感谢区政协对教育工作的关注支持，表示将梳理采纳委员建议，发挥政府主导作用，推进教育信息化与区域经济社会同步发展。石中顺委员《关于加强乡镇卫生院建设》的提案反映，撤县设区以来，乡镇卫生院基本上满足了农民看病就医需求，但医务人员总体素质不高、设施设备老化、中青年医疗骨干匮乏等问题依然突出，建议区政府和主管部门切实予以解决。区卫生健康局接到提案后，总结了近年来积极争取并实施乡镇卫生院建设项目、责成县医院中医院对口支援帮扶、选派优秀专业技术干部到基层挂职、组织乡镇卫生院医护人员学习进修等工作和存在的差距，决定继续从人员、技术、资金、设备上向乡镇卫生院倾斜，确保基层医疗服务正常开展，医护人员工资补贴足额发放。9月，区政协副主席李维宝同部分委员，督办何吉、朱国民、郭大为委员《加强农村集贸市场规范化管理》的提案，视察了城区东街、吉瑞、城关农贸市场，听取了区发改局、区市场监管局提案办理情况汇报，就规范农贸市场管理座谈协商、交换意见并达成广泛共识。全区具有一定规模的农村集贸市场有8个，分别位于城关、榆关、台营、大新寨、坟坨、田各庄、曹东庄、留守营，另有一些自发形成的小集市，为农副产品、日用消费品等交易提供了固定场所。委员们表示，2017年全区乡镇集贸市场经营管理权划转到基层后，所在乡镇政府、管理区管委应制定行之有效的管理措施，依法监管打击无证经营、出售假冒伪劣商品、欺行霸市等违法营销活动；要改变重收费、轻管理、少服务现象，强化市场配套设施建设，规范供水供电、卫生防疫、交通运输、食品检测等行为，为经营业主商贩提供优质服务；市场建设管理要与一村一品、美丽乡村建设结合起来，设立品牌优势农产品专区专柜，做好宣传推介工作，提高特色农产品知名度和经济效益；各级政府要增加对集贸市场建设资金投入，加快市场地面、摊位、棚台、围墙等设施建设，改善优化经营环境，吸引外地客商参与购销交易。

是年，区政协表彰10件优秀提案：常虎委员《加大招商引资力度，做大做强园区经济》、仇文仲委员《对我区民营企业家队伍建设问题的思考》、吴玉薇委员《关于我区村志编写的意见》、张宏玉委员《提升农产品品牌，牢固树立质量意识品牌意识》、刘永生委员《完善疾病预防体系，建设健康抚宁》、宋向军委员《改善我区图书馆整体条件》、唐清杰委员《加强我区城市供水工作》、于海燕委员《关注青少年健康状况——健康教育待加强》、闫成东委员《加强城镇道路交通管理》、惠旭委员《以农业废弃物治理为抓手，推进农村人居环境整治进程》。

是年，区政协收到并报送区领导和部门社情民意6件。《关于适当延长五一节长假以拉动内需逐步恢复国内旅游经济》等2件，由市政协呈报全国政协研究采纳。区防控新冠疫情领导小组积极采纳区政协《关于加强出租房屋流动人口疫情排查》等3件，召开专题会议研究具体落实措施。区政府主管领导收到《关于充分利用国家支持政策，强力推进抚宁足球事业发展的建议》后，要求做好与省、市主管部门对接工作，加快了城区足球场地选址进程。

是年，省政协文化文史和学习委员会《河北省政协七十年记述》（下编）一书，收录了区政协委员徐明哲提案工作文稿《点滴回忆亦珍惜》。

二届五次会议提案工作　2021年2月5日，区政协二届五次会议听取和审议了区政协副主席李维宝所作的二届四次会议以来提案工作情况报告，审议通过了提案委员会二届五次会议提案审查情况报告（会议工作人员宣读）。

区政协围绕经济发展、民生改善、城市建设、乡村振兴等社会生活中的重要问题，切实做好提案征集工作，严格履行提案审查、交办、督办和表彰程序，充分发挥了提案民主监督、建言资政作用。二届五次会议和闭会期间，区政协共收到提案135件，立案130件，所提问题和建议得到解决采纳或列入计划逐步采纳的123件，不予采纳的7件。截至2021年10月底，提案全部办复，满意率100%。

区政协二届五次会议闭幕后，提案委员会专题研究明确提案承办单位，安排部署提案交办工作；区政协主席会议确定重点提案和负责督办主席、副主席，听取区政府提案办理情况报告；区政协与承办单位保持经常性联系，为提案办理提供咨询和服务。胡秀英委员《关于规范城区小区命名及门牌建设的建议》的提案指出，小区名称及门牌建设关系到城区供水供电、供气供暖、电话电视、卫生防疫等众多居民日常生活问题，是城市文明和管理进步的重要标志，希望引起有关部门重视。区政协副主席李维宝带领部分委员，对该提案进行跟踪督办。区政府副区长王佐琴应邀参加了提案跟踪督办活动。李维宝副主席一行视察了洋河左岸、翰邻苑、建银小区等新旧居民小区，听取了区民政局提案承办工作汇报并座谈评议。委员们在充分肯定成绩的同时，提出区委区政府尽快将街路门牌制作经费纳入区财政预算，增强广大居民关心、重视、爱护城市门牌意识，引导要求房地产开发商在小区建设初期先行办理命名审批手续，提示指导新建、改建建设单位、个人及时更换门牌号码等建议。王佐琴副区长表示，区政府将认真研究采纳政协委员建议，切实做好城区命名工作。区民政局、区骊城街道办事处负责人参加了提案跟踪督办活动。幼儿教育是基础教育的重要组成部分，是终身教育的起步阶段，越来越受到社会各界人士的关注和重视。区教育和体育局收到崔俊芳委员《关于加大公办幼儿园投入力度，稳步推进幼儿园教育事业发展的建议》提案后，逐条逐项研究采纳，认真部署办理工作并向提案人作出答复：近年来，我区不断加大学前教育资金支持保障力度，2021—2022年，区财政安排学前教育项目资金883万元，由于优化幼儿园布局，实施学前教育校舍改扩建工程，购置教学设施设备，改善幼儿园办园条件。将城区新建的小区配套景泰幼儿园回收改建为公办幼儿园，以扩大公办幼儿教育资源，2022年已投入国家专项基金200万元和省专项基金26万元到该项目中，力争早日投入使用。将定期组织幼儿教师参加基本功、优质课比赛和师资培训等活动，提升幼儿教育教学整体水平。切实做好幼儿园招生工作，对适龄幼儿要应收尽收，为城乡义务教育奠定坚实基础。强化幼儿园安全教育和措施，与公安、消防、卫键、社区等部门单位建立突发事件联防联控机制，确保入园幼儿绝对安全。徐晓静委员《农村“两委”换届选举工作存在的问题及建议》的提案，集中反映了村民认识不到位、选举程序不规范、家族宗派干扰、选举易引发群体上访等问题，建议强化组织领导工作，完善选举规定程序，加大选举宣传力度，提高新一届村干部素质。提案承办单位区委组织部表示，农村“两委”换届是加强党的执政能力建设的基础性工作，也是广大农民群众关注的热点问题，区委始终给予高度重视并认真安排部署。成立14个职能部门组成的联审小组，通过“乡镇初审、部门联审、区换届办抽审”的三级联审机制，共审查出参选人员 7462 人，列入“不参选”101 人。抽调农业农村、审计等部门业务骨干组成第三方公司，对全区所有行政村和 3 个村改居社区开展离任审计，杜绝村干部待“病”离岗、带“病”上岗。从现任村干部、后备干部、致富带头人、退伍军人和本土大学生中，选拔任用优秀中青年村干部，实现“优质换届”。严格把控工作程序，确保执行政策规定不走样，选举结果无争议。区、乡镇包联领导干部于选举前 2 日到村、选举当日到现场全程指导工作，换届结束后一周内回村了解新任村“两委”履职情况。截至 2021 年 4 月 12 日，全区 363 个行政村全部实现平稳换届，村干部“年龄变小、学历变高、面孔变新、机构变优”，为深入实施乡村振兴战略提供了坚强组织保证。《关于提升农产品精深加工能力的建议》《关于更大力度推进乡村振兴工作的建议》《关于实施乡村建设的建议》等提案经采纳办理后，促进了现代农业、生态农业、特色农业高质量发展，优化了农村居民生存环境，乡村振兴政策和配套措施相继出台，农村产业振兴、文化振兴、组织振兴、科技振兴、生态振兴协调发展，相得益彰，成果丰硕。《关于解决农村重病、残疾人看病负担重的问题》《加快骊城学区第一小学改扩建进程》《关于进一步抓好食品安全工作的建议》等提案交办后，承办单位认真研究，积极采纳，农村大病、残疾患者医疗救助问题逐步解决，第一小学改扩建工作如期推进，食品安全监管工作成效显著。

是年，区政协表彰 10 件优秀提案：胡秀英委员《关于规范城区小区命名及门牌建设的建议》，董国勇委员《关于提高区域旅游资源核心竞争力的建议》，梁宝山委员《关于加强农村卫生防疫工作、提高农民健康水平的建议》，董连吉委员《关于在旅游开发中保护与传承非物质文化遗产的建议》，赵建宏委员《关于加强校外教育辅导机构管理的建议》，崔俊芳委员《关于加大公办幼儿园投入力度、稳步推进幼儿教育事业发展的建议》，郝志猛委员《关于破解土地瓶颈、促进农村公路高质量发展的建议》，张博然委员《关于加强社区网格员队伍建设的建议》，郝立权委员《关于完善我区道路交通标志标线设置的建议》，曹英委员《关于充分发挥学校教育主渠道作用、扎实做好青少年法治宣传教育工作》。

政协文史

中华民族拥有五千多年的悠久历史、灿烂文明、接续文脉。中华文明之所以从未割断，永续传承，根本上是因为历代华夏子孙自创造文字以来便重视文字记载、史志研究、文史沿袭，使悠久历史成为中华文明的恒久记忆，使中华文化的种子代代播撒，持久赓续，文化根脉厚植历史的土壤而源远流长，文化自信成为中华民族始终自立自强的强大基因。

新中国成立以来，中国共产党人更加重视文化史学的挖掘整理、研究和建设工作，成立了多部门、多领域、多学科的系统研学、研修传承机制。人民政协成立伊始，因其具有的独特的广泛联系性和包容性，因其特有的智力密集与人才荟萃的功能，使人民政协在承担文史工作上具有了鲜明的独特优势，成为各级政协组织必须担负的一项重要使命。

1982 年抚宁政协成立以来，无论历届县政协还是区政协都十分重视政协文史工作，发挥了传承文化、以史鉴今、文辅资政的功能作用，特别是对抚宁地域历史、文化、人物、民族、旅游资源、名村名镇以及政治、经济、军事、地理等方面，通过征集史料、组织力量挖掘整理、编辑出版书籍等形式，集中系统地反映抚宁地域的文化历史，为记录抚宁历史、传承抚宁文化、找寻抚宁文明源头、概述抚宁文史风貌、打造抚宁文史名片发挥了存史资政的基础性、恒久性作用。

抚宁政协文史工作既是抚宁政协工作的一项重要内容，也是历届抚宁政协人在文史方面孜孜以求、不断创新、书写抚宁文史篇章的写照。40 年来，抚宁政协共整理出版了 5 辑《抚宁政协文史资料》，出版发行了集图片、文字于一体的《抚宁长城》《抚宁名胜》两本图书，配合上级政协，县（区）地方志部门以及通过开展纪念人民政协成立 70 周年等活动，收集整理了大量珍贵、有价值的文史资料，丰富了政协文史工作的内容。在整理的 5 辑《抚宁文史资料》中，共收集各类文稿 163 篇，累计文字 63.50 万字，收录了 80 多位抚宁名人，彰显了抚宁这块土地人杰地灵、钟灵毓秀。透过这些遍布全国各地、各行各业、各个领域抚宁名人所做出的成绩、突出贡献，既有力激发了后人自觉向他们学习的动力，也激发了抚宁游子热爱家乡的情感，还有效增强了抚宁人坚定地域文化自信的强烈自觉与自豪，也为今天进一步系统整理当今抚宁游子、挖掘提升抚宁人文历史积淀提供了借鉴。

《抚宁长城》《抚宁名胜》两部图书的编辑出版，不仅是抚宁政协文史工作上的一件大事，更是抚宁文化建设上的一件极具意义和价值的重大贡献。以摄影写实手法组织力量对抚宁境内 142.50 公里长城及境内各类自然人文旅游资源进行拍摄，查核浩繁史料予以记述论证，不仅表现了抚宁境内长城名胜之美、山川秀丽之美、人文生态之美，而且彰显了抚宁政协人求真求实、追求一流的品格品质，既为弘扬传承优秀长城文化提供了探索经验，也为长城文化研究、抚宁历史文化研究提供了珍贵摹本，更为抚宁发展文化旅游产业提供了难得的资源宝藏。既有极强的可读性，又具有极强的审美价值、史料价值。

为市政协编撰《秦皇岛名村名镇》一书供稿 13 篇，从中选择了抚宁镇、台营镇等 2 镇及界岭口、潘官营等村，予以收录，简要记述 2 镇、2 村的历史由来、区域地位、自然人文禀赋、经济社会发展、历史人物等，为今人乃至后人了解其历史文化底蕴、经济社会发展脉络提供了线索；从《十四个沿海开放城市对外开放史料·秦皇岛卷》收录了《秦皇岛骊骅淀粉股份有限公司》等3篇书稿予以转录，简要地记述了骊骅淀粉股份有限公司、南戴河旅游度假区和南戴河国际娱乐中心发展成长的历程、取得的经验及辉煌业绩。原抚宁县文联主席、河北省工艺美术大师、八届县政协委员杨洪武妙笔手工绘制的《南娱胜景图》等3幅画作和区政协秘书长呼贵礼撰写的《抚宁赋》等4篇文稿，以不同体裁描绘、讴歌抚宁的山川自然禀赋和近年来的发展变迁，展示了政协委员热爱家乡的文化情怀。

文以载道，史以鉴今。抚宁政协成立以来，文史工作经过历届政协人的努力，在整理、收集、挖掘历史资料，展示宣传抚宁地域各时期、各阶段、各领域历史人文方面，书写了具有政协特色的史志华章。

文史工作

征集和整理出版文史资料是人民政协的重要工作内容，是一项富有统一战线、政协特点的工作，是人民政协随着时代发展而不断延伸的长期任务。抚宁历届政协高度重视文史工作，县政协成立之初就设立学习委员会负责文史工作，二届政协委员会收集整理部分文史资料，三届政协委员会组织部分委员和社会人士撰写部分文史资料，四届政协委员会研究建立县政协文史资料征集委员会。1994年印发《抚宁县文史资料征集提纲》，明确文史资料征集范围，使文史资料征集工作逐步规范化。1982—2000年，县政协陆续编辑出版了5辑《抚宁文史资料》，2002—2010年，先后通过拍摄图片、编辑文字，出版发行了集图片、文字于一体的《抚宁长城》《抚宁名胜》两部书。与此同时，县（区）政协还收集、编辑、整理、上报了抚宁名村名镇、对外开放窗口单位、图画抚宁和走进抚宁等大量文史资料。特别是2019年，区政协以纪念、庆祝人民政协成立70周年为契机，组织政协委员编写了《我与人民政协》征文集和书画展，启动了《抚宁政协志》编纂工作，进一步丰富了政协文史工作的内容。

《抚宁文史资料》征编

文史资料征集目的和范围 1984年1月，县政协印发《文史资料工作宣传提纲》，明确征集文史资料目的、意义和范围。文史工作在爱国主义旗帜下，坚持实事求是的原则。文史工作的爱国主义主要表现在两个方面：通过组织广大爱国人士撰写资料，团结各阶层、各党派的代表人物，联系一大批各界朋友，进一步激发他们的爱国热情，调动他们的社会主义积极性。文史资料本身，它是各方面人士亲历、亲见、亲闻，具体生动地介绍中国近、现代史的各个侧面，记录中国人民反侵略、反压迫、争民主的斗争历程。周恩来总理对文史工作提出“要存真，要实事求是”的要求，是搞好文史工作必须遵守的原则。作为史料，掺不得半点假，忠于史实，才能忠于真理。文史资料唯有真实，才有历史价值，才能教育群众，教育后代。

文史资料征集内容：凡军事、政治、工商经济、文化教育、体育卫生、科学技术、革命史料、华侨、民族、宗教、社会习尚、三教九流等方面的重要历史事件、历史人物及知名人士的史料都属于征集范围。

军政史料，系军事、政治史料的合称，是特指除共产党以外的军政史料。军事主要指各种军队、各类战争、军事人物等；政治主要指各种政权机构、政治事件、政治人物及各类政权中有关经济、外交、文化、税收、教育等方面的施政措施。革命史料，主要征集中国共产党领导下的群众运动和统一战线的史料，如学生运动、工人运动、农民运动、土匪改编的抗日武装、受共产党领导的两面政权等史料。革命史与党史是有区别的，关于共产党的建设、政权、党的工作、军队、人物等属于党史或军史部门征集的内容。工商经济史料，包括商业、工业、手工业、农业、林业、渔业、交通业、厂矿史、发家史、财团史、企业厂矿的经营管理史、著名的工商业者及名牌产品、老字号等史料。文化教育史料，包括著名学校校史、教育家、文化社团、文化名人等史；文艺史料有音乐、舞蹈、美术、雕刻、绘画、摄影；各艺术流派的史料，指名艺人、名作家、名画家和知名人士史料；体育史料，主要指在各项体育活动中（包括武术）有所成就的运动员、教练及对体育事业发展作出贡献的人士的史料；科技史料，指有科技成就或发明创造的人物史料；卫生方面史料，主要有中西名医、重要医院的沿革等。社会史料，涉及面广泛，有宗教史料，如伊斯兰教、天主教、基督教、佛教等。重点征集各教派近代的传播、教史及代表人物，有名的教堂、寺庙等；华侨史料，有华侨史、爱国同胞、港澳同胞等史料；劳工史料，指劳工的血泪史回忆录等；民族史料，重点是县境内少数民族发展史等。社会史料还包括三教九流、社会习尚、名胜古迹（没有严格时限）等史料。

文史资料征集对象：首先是掌握第一手史料，有丰富阅历的老年人士，包括各民主党派、各界民主人士和知名人士，还有国民党起义将领、原军阀及国民党党政军警宪特人员及宽释人员等；其次是重要人物的亲友、后代、部属等，这些人往往掌握的是第二手史料，但能起到印证补充史料和提供线索的作用，有些甚至是有价值的实物史料，如照片、手迹、往来电文等；三是发动社会力量，组织热爱文史资料工作，有撰写能力的各方面人士帮助征集、整理、撰写文史资料。根据中共中央关于加强港、澳、台和海外统战工作的精神，还要积极而慎重地开展向港、澳、台及海外人士的征集工作。

征集编撰工作　1982年2月14日，县政协一届一次常委会协商决定首先成立学习委员会，其职责包括文史工作。12月8日，县政协一届六次常委会商定增设宣传教育科，具体负责宣传、教育、文史工作。随后，县政协向各工作组和全体委员发出通知，号召大家动手，做好文史资料的抢救征集工作，要求能说者说，能写者写，提供线索。县政协副主席刘伯华带头撰写革命回忆录2篇，毕再昌等政协委员积极撰稿。县政协文史资料工作铺开局面。

1983年4月22日，县政协召开主席会议，副主席刘伯华汇报在唐山市召开的传达省政协文史工作会议精神，并商议文史工作。1984年1月下旬，县政协编印《文史资料宣传提纲》。2月18日，县政协邀请各界知名人士为县政协征集文史资料献计献策，举人荐才。县政协党组副书记赵国栋主持会议，副主席刘伯华讲文史资料征集的意见。5月31日，县政协二届一次常委会决定由2名副主席主抓文史资料征集工作。10月，县政协印发《关于加强文史资料征集工作，健全组织机构的意见》，确定各工作组同时也是文史资料征集小组，着手组建文史资料通讯员队伍和史料通讯网络，为宣传教育科增配工作人员，专门从事文史资料工作。11月，印发《文史资料征集提纲》，通过召开专题座谈会、个别走访和利用各种会议等形式，动员各界人士动手撰写稿件，举荐线索，推荐人才。年末，共收到文史资料稿件30多篇，征集到大量史料线索。是年，县政协创办《抚宁文史资料》期刊，印发4期，刊登稿件6篇，15000余字。1987年，由县委副书记侯金来，县政协副主席赵国栋，县政协常委、县文化馆副馆长郑庆魁分别担任领导小组组长、副组长、主编的民间文学“抚宁县三套集成”（《抚宁民间故事卷》《抚宁民间歌谣谚语卷》）经秦皇岛市民研会审阅，出版印刷，并荣获河北省民间文学“集成三等长城奖”。11月15日，由抚宁县政协常委、县文化馆副馆长郑庆魁编写的《抚宁县鼓吹乐艺术特色》《三节唢呐》《大杆中音唢呐》《太平鼓》等8篇文稿编入国家重点科研项目《中国民族民间器乐曲集成•河北卷》。是年，县政协还重点整理了朝鲜族发展史和洋河水库建库史。1988年4月26日，县政协召开文史工作会议，县政协各工作组组长、联络组组长和特邀文史资料通讯员参加会议。会议首先学习全国政协第五次文史资料工作会议纪要，县政协副主席王匡时介绍全县文史工作情况，县政协副主席赵国栋就文史资料征集工作讲具体意见，县政协主席张浩成出席会议并讲话，指出做好政协文史资料工作的重要意义和要求。截至1988年年底，全县已有文史资料通讯员50人，征集政治、军事、文化、教育、卫生等方面的史料70篇，约20万字。《抚宁文史资料》期刊先后发表34篇。同时上报上级政协文史办，其中王永秋编写的《西安事变回忆》《我在东北军抗日战争时期的回忆》上报全国政协文史办。其间，王永秋委员于1986年应邀参加全国政协组织的“西安事变”50周年座谈会。

1990年8月16日，经请示县委同意，县政协四届三次常委会商定调整县政协文史资料征集委员会，主任：郑庆魁，副主任：王瑞东，委员：唐家君、张连弼、董玉瑾。8月24日，县政协文史委员会讨论通过《政协抚宁县委员会文史资料征集委员会工作简则》，进一步明确文史资料征集委员会工作任务是安排、组织对重大历史事件和历史人物资料的征集、整理、撰写、编辑、出版发行工作，发动委员和各界人士抢救挖掘有关史料。是年，县政协文史委召开2次委员会，10多次主任会，研究部署文史资料征集工作。年内《抚宁文史资料》期刊出版3期。离休的原县政协副主席刘伯华编写出2万余字的《回忆录》。县政协常委王永秋完成《西安事变》《我在解放战争时期的回忆》等4篇稿件。县政协副主席、县文化馆副馆长郑庆魁主编了河北省民间文学三套集成部分文稿。1991年12月，《抚宁县文史资料》专辑第一辑印刷出版。县委书记訾瑞亭为该书题词“搞好文史资料工作，为两个文明建设服务”。县政协主席傅振东题词“以史为鉴，振兴抚宁”。该辑编辑委员会主任傅振东，主编郑庆魁。

1992年4月27日，县政协四届二十次主席会议讨论通过《关于征集出版文史资料稿酬的暂行规定》。对所征集的稿件，以史料价值、是否“三亲”资料和写作水平三条标准衡量，按质付酬。稿酬分别为每千字1～4元、5～8元，并对封面设计、封面题字、照片、编辑费、编审费等都规定标准。7月9日，县政协四届二十二次主席会议，传达市政协文史资料工作会议精神，研究县政协下一步文史工作，并决定调整充实文史资料征集委员会。1993年7月2日，县政协五届四次主席会议，具体研究《抚宁文史资料》第二辑的组稿出版工作。7月12日，县政协五届三次常委会协商通过《关于文史资料征集工作及印刷出版〈抚宁文史资料〉第二辑的意见》。根据政协常委会会议的意见，县政协文史资料征集委员会召开会议，组织有关人员整理资料、组稿、审核稿件。1994年2月，《抚宁文史资料》第二辑印刷出版。1994年2月12日，为征集《抚宁文史资料》第三辑的资料，县政协文史资料征集委员会再次印发《抚宁县文史资料征集提纲》。该提纲进一步从军政史料、工商经济史料、文教卫体史料、民族宗教史料、其他史料等方面列出23条具体的征集内容。1995年，县政协文史资料征集委员会积极收集相关史料，整理、编辑、审核史料稿件，筹备印刷《抚宁文史资料》第三辑相关工作。1996年《抚宁文史资料》第三辑印刷出版。1997—1998年，县政协文史资料征集委员会按照《文史资料征集提纲》的要求，加大征集工作的力度。截至1998年年底，共征集文史资料稿件28篇，约8万字。经过认真编审，完成《抚宁文史资料》第四辑的编辑工作。1999年2月，《抚宁文史资料》第四辑印刷出版。是年，孙有杰被评为河北省政协系统文史工作先进个人。

1999年，继《抚宁文史资料》第四辑出版后，县政协文史资料征集委员会随即着手《抚宁文史资料》第五辑的征稿、组稿等工作。截至年底，征集稿件12篇，约8万字。同时，将《抚宁文史资料》第四辑赠送全国100多个政协友好单位和全县各中小学校。是年，县政协荣获1999年度全省政协系统文史资料先进单位二等奖和宣传工作先进单位称号。2000年，县政协文史资料征集委员会继续征集文史资料稿件20篇。经县政协文史资料征集委员会组稿、审核、编辑。2000年12月，《抚宁文史资料》第五辑印刷出版。第二至五辑编辑委员会主任苏洪珊，主编郑庆魁。

县政协自1982年12月启动文史资料征集工作，截至2000年年底，在历届县政协《抚宁文史资料》编辑委员会领导下，在县政协文史资料征集委员会的具体组织、指导下，通过编审人员和180多名文史资料供稿人的辛苦劳动和共同努力，把亲历、亲见、亲闻的史料，本着存真求实的精神，述诸笔端，完成60余万字的《抚宁文史资料》第一辑至第五辑的编撰工作。

《抚宁长城》编辑、摄影

2002年5月，经县政协主席会议研究，由县政协副主席李占义牵头，启动《抚宁长城》摄影工作，并于年内拍摄了一批有价值的图片，在《河北画报》第九期上刊登49幅，展示抚宁县境内长城的雄伟和壮观。是年，县政协在全省政协文史资料工作会议上获文史资料优秀成果二等奖，孙有杰被评为先进文史工作者。同时，县政协获省政协系统宣传工作二等奖，张玉敏被评为政协宣传工作先进个人。春节期间，县政协文史委、县文化局联合举办“抚宁长城摄影图片展览”，县教育局组织三年级以上小学生参观此次展览。

2003年1月21日，县政协六届三十四次主席会议正式确定抚宁长城摄影专辑画册名称为《抚宁长城》。4月8日，县政协七届一次主席会议研究，把《长城旅游资源保护与利用》列为县政协重点调研课题。7月3日，县政协文史资料征集委员会召开工作会议，县政协副主席李占义主持，部署文史工作，商定用3～4年时间编辑出版《抚宁长城》画册。是年，县政协文史资料征集委员会完成大量长城图片的拍摄及相关的文字编写工作。2004年，继续补充长城摄影图片资料，召开座谈会征求意见，组织图片、文字的编辑工作。

2005年，县政协成立由副主席李占义为主编的编委会。在历时近4年的拍摄、编撰过程中，主创人员不畏寒暑，不辞辛苦，拍摄近5000张长城图片；多次召开座谈会、论证会，虚心听取有关方面专家、学者的意见和建议；经几易其稿，编委会审定后，交付印刷，出版发行。该书共2.40万字，收录抚宁长城摄影图片222幅，以纪实手法，全面系统地展示抚宁县境内长城优美的自然风光，翔实准确地介绍长城深刻的文化内涵，是抚宁县境内长城的宝贵资料。

2007年，《抚宁长城》荣获河北省第九届政协文史资料工作优秀成果二等奖；2008年，《抚宁长城》被中国国家图书馆收藏；2009年，中国摄影家协会网从中选取40多张图片介绍《抚宁长城》；《中国国家地理》杂志2009年第二期以《抚宁野长城——建筑形态多样的长城博物馆》为题，用4000多字、12张图片介绍《抚宁长城》；2010年，李占义被批准为中国摄影家协会会员；2011年，《中华每日电讯报》以半个版面的篇幅介绍《抚宁长城》；2014年，经《中国长城志》专家委员会审阅，《抚宁长城》入选《中国长城志•文学艺术篇》；2016年，《抚宁长城》获河北省文学艺术联合会、河北省摄影家协会联合举办的第23届河北省摄影艺术展优秀奖；2016年，《抚宁长城》被日本国立国会图书馆收藏。

《抚宁名胜》编辑、摄影

2006年4月5日，县政协七届十七次主席会议研究决定，启动《抚宁名胜》一书的编撰工作。2007年，县政协成立《抚宁名胜》一书编委会，县政协主席顾昌和为主任，并成立以李占义为主编的编撰小组。编委会先后召开有文化、旅游、档案、广播电视、文联、地方志办公室等有关单位和文物学者、文史工作者参加的座谈会，广泛征求意见和建议。研究确定编辑该书的指导思想、结构设计和基本内容。

2007年，《抚宁名胜》编撰小组抓紧拍摄相关景点、文物古迹的图片，搜集、挖掘相关的史料，编写文字说明。2008年，继续做好《抚宁名胜》的编辑工作，组织有关人员对全县名胜古迹进行深入调查，搜集历史资料194份，完成18处名胜古迹的拍摄。2009年，县政协加大文史资料搜集整理工作力度，充实《抚宁名胜》编撰小组人员，加快编写进度；协调文化、旅游、档案管理、文联、地方志办公室等单位，参与对《抚宁名胜》一书的撰稿、联审等工作。截至2009年年底，基本完成《抚宁名胜》一书的摄影和文字组稿工作。

2010年年初，《抚宁名胜》编撰小组对该书的文字和图片进行补充、修改、完善。县政协联系国家、省市有关长城、文物、史学、摄影等方面的专家、学者，征求对《抚宁名胜》（征求意见稿）的意见和建议。经修改后，2010年6月，《抚宁名胜》出版发行。全书约10万字，收录摄影图片592幅，以摄影纪实的手法、图文并茂相结合的形式，完整地展示了抚宁境内的人文及自然景观和厚重的历史文化。2012年11月，《抚宁名胜》获省政协文史工作优秀成果三等奖，被中国国家图书馆收藏。

其他文史资料征集、整理

1986年1月，县政协组织力量，通过查阅县政协1982—1985年的文书档案和调查走访，为县地方志办公室编写《抚宁县志》提供县政协部分书稿，包括概述、大事记、全委会议、常委会会议、重要活动及事件、机构沿革、政协党组织等。

1991—1999年，县政协为市政协编写《秦皇岛市政协志》收集、整理、提供县政协例会、领导人员更迭及重要活动资料；为县委组织部编写《抚宁县组织史资料》提供县政协领导机构、工作机构及全委会工作报告等资料；为《抚宁年鉴》编辑委员会提供上述资料；编写1982—1998年《抚宁县政协大事记》。

2005—2010年，县政协为市政府编撰《秦皇岛长城》提供图片资料；为县委组织部编写《抚宁县组织史》和县地方志办公室提供所需资料；2010年，县政协组织有关人员编辑出版抚宁县台胞张维桢老先生的回忆录《长城那边是故乡》。

2011—2018年，县（区）政协为县（区）地方志办公室提供2003—2018年政协例会、机构设置、领导人员、重要活动等资料；为《河北文史资料全书·秦皇岛卷》提供书稿14篇，为《秦皇岛长城纪实》提供书稿9篇，为《秦皇岛名村名镇》提供书稿13篇；为市政协编撰《十四个沿海城市对外开放纪实·秦皇岛卷》征集整理稿件3篇。

2019年，为迎接庆祝人民政协成立70周年，区政协党组向广大政协委员发出倡议，号召全体委员以庆祝人民政协成立70周年为契机，撰写“我与人民政协”的征文。共有45名政协委员积极撰文，编辑了《我与人民政协》征文集。5月，区政协启动《抚宁政协志》的编纂工作，成立了《抚宁政协志》编纂委员会，由区政协主席、党组书记张岐任编委会主任，聘请了4位有一定编志经验和文字功底的退休老同志负责编写，区政协秘书长呼贵礼统稿、主修。9月，区政协在青少年活动中心举办“庆祝人民政协成立70周年”书画展，征集书画作品124幅，其中书法65幅、绘画59幅，编印《翰墨情深，同心筑梦》书画作品集，喜迎、庆祝新中国成立70周年暨人民政协成立70周年。

八届县政协委员杨洪武以手工绘制的形式绘制了《翟鹏》《金山岭伏击战》《庙岭忠魂》3本连环画，描绘了抚宁县历史名人、明朝兵部尚书翟鹏为官清廉，对官场陋习深恶痛绝，致力于举贤荐能、励精图治的故事和中国共产党领导抚宁军民抗击日本侵略者的英勇事迹。而后，又绘制了《南娱胜景图》《紫荆山新貌》《抚宁文化地图》3幅大型画卷，展示了抚宁县南戴河国际娱乐中心宏大的旅游场面，大气、逼真的城中山——紫荆山的优美胜景和抚宁县境内的文化旅游景区景点。

区政协秘书长呼贵礼先后撰写了《抚宁赋》《青春抚宁　逐梦前行》《走进抚宁》等文章，全方位地介绍了抚宁的历史、文化、自然、地理和经济社会的发展状况，讴歌了新中国成立以来抚宁发生的翻天覆地的巨大变化，把一个大美抚宁、青春抚宁展现给人们。

文史成果

抚宁政协文史工作成果显著，曾多次受到省、市政协的表彰。收集、整理、出版的各类文史资料内容广泛，丰富多彩，看点、亮点纷呈。《抚宁文史资料》第一至第五辑共计60余万字，既有县政协老委员对一些历史事件的亲历、亲见的回忆，也有整理的抚宁县不同历史时期政治、军事、经济、文化等方面状况的历史资料，深刻揭露了旧社会的腐朽、黑暗，讴歌了新中国成立以来的社会进步和人民安居乐业的幸福生活。《抚宁长城》《抚宁名胜》以摄影纪实的手法，把抚宁境内的长城和名胜古迹的现状如实地记录下来，既是真实的史志资料，也能让人们真切地感受到那已经遥远了的年代，从而唤起人们对长城等文物古迹的保护意识和对家乡的热爱。《图话抚宁掠记》中收录的诸篇文史资料，同样以饱满、精辟的语言和精致的手工绘画，真实地记录了抚宁这片热土上，在漫长的历史岁月中，所发生的故事以及先民祖辈和今天人们用汗水和智慧的丰富创造，从不同的侧面反映了中华民族的悠久历史，热情歌颂了在中国共产党领导下，新中国 70 年的快速发展和巨大变化。

《抚宁文史资料》专辑

专辑简介

第一辑

第二辑

第三辑

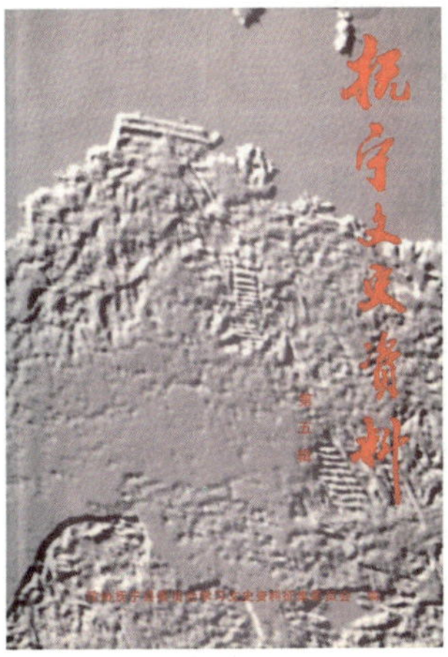

第四辑

第五辑

1982—2000年，县政协部分委员、县内在职和离退休的干部、职工以及在外地工作的抚宁籍人士，根据县政协印发的文史资料征集提纲的要求，积极参与，踊跃撰稿。本着存真求实的原则，把亲历、亲见、亲闻的史料述诸笔端。1991年12月，《抚宁文史资料》第一辑出版发行，全书共收录文史稿件41篇，约13.50万字。1994年，《抚宁文史资料》第二辑出版发行，全书共收录文史稿件33篇，约11万字。1996年，《抚宁文史资料》第三辑出版发行，全书共收录文史稿件18篇，约14万字。1999年，《抚宁文史资料》第四辑出版发行，全书共收录文史稿件38篇，约12万字。2000年，《抚宁文史资料》第五辑出版发行，全书共收录文史稿件32篇，约13万字。五辑合计收录文稿163篇，约63.50万字。《抚宁文史资料》第一至第五辑的出版发行是抚宁县政协文史工作的重要成果。

文稿名称及撰稿人

第一至第五辑《抚宁文史资料》刊载文稿情况一览表

专辑序号	所录文稿标题	撰稿人
第一辑	抚宁县历史沿革	王瑞东
	长城脚下的枪声	李彦明
	抗击侵略者　保卫抚宁城	孙印普、贾铁业
	杨姓三家护伤员	杨士儒、陈新民、杨永峰
	日本帝国主义霸占柳江煤矿始末	王荫生、肖　兵
	抗日战争时期柳江煤矿的地下党组织	刘忠厚
	东亚同盟军（老毛子队）进抚宁县城	卢建忠
	胜利属于正义斗争的民众	卢建忠
	西河南事件	卢建忠、李庆忠
	民国初期抚宁县捐资募款兴学录	殷泽普
	民国初期抚宁县几所私立小学简介	殷泽普
	乡土教育家王绍先	周允恭
	《抚宁报》始末	张连弼
	忆解放战争时期的小学教育	倪倩华
	抚宁县妇幼卫生今昔	刘玉洁
	名医杜万林	佟　涛
	丹青妙手许碧山	孙树峰
	河北省著名民间唢呐演奏家任启瑞	郑庆魁
	冀东民间唢呐演奏家孙俊元	郑庆魁
	抚宁鼓乐	郑庆魁
	隆庆丁卯之战	吴环露
	海洋考	康占忠
	我进冀东兴华火柴公司的前前后后	刘伯华
	周各庄冤案	惠黎民
	忍辱建奇功　沉冤三十年	李彦明
	兵部尚书翟鹏传略	佟　涛
	何柱国将军鼓励我参军抗日	王永秋
	国会议员汪铁松轶事	杨晓文、郭永春
	翟秉钧传略	周允恭
	抚宁县近代知名人士	惠黎民
	汉奸、匪首赵子恒罪行录	孙福祯
	解放前抚宁县商业兴衰情况	惠黎民、吴润林
	古老的台头营镇	赵慰庭
	台头营恒成号高香	惠黎民
	台头营杨文宝毛笔	杨焕章

（续表）

专辑序号	所录文稿标题	撰稿人
第一辑	抚宁腐乳	吕晓岚
	刘尊普与长城煤矿及铁路的创办	高恩铭
	天马山下话沧桑	李占亭
	洋河水库	王景曜
	雄伟险峻清奇秀丽的背牛顶	唐家君
	抚宁县大事记（一）	
第二辑	刘少奇主席视察我县试验田	毕再昌
	碧水情深　青山意长	周乃昌
	中国人民政治协商会议抚宁县委员会的筹建	王素霞
	怀念抗美援朝时期的朝鲜人民	向陟利
	燕山春雷	王荫生、刘忠厚、肖　兵
	解放战争时期抚宁县妇女组织的活动	县妇联
	切断铁路交通　阻止蒋军东进	周素芝
	雪地抢运军粮　支援平津战役	阎永丽
	上庄坨伪矿警缴械亲历记	于学谦、张连弼
	西安事变回忆	王永秋
	回忆骑兵学校生活	王永秋
	石门寨之战	张志刚
	张学良认师	高国平、于剑平
	唐山皮影雕刻家杨德生	郑庆魁、于剑平
	抚宁赵家鼓乐班	郑庆魁、于剑平
	杨岫岚	周允恭
	齐子风传略	周允恭
	民国时期抚宁县的中等教育	周允恭
	民国时期抚宁县的初等教育	殷泽普
	解放前抚宁县医药界简况	高景芳
	解放前抚宁县四大家族	惠黎民
	抚宁城内南街单家大院	吴润林
	解放前抚宁县城内庙宇	吴润林
	古诗文摘录	郑庆魁
	西河南乡朝鲜族村发展史	朴泰峰、杨晓文
	西河南乡朝鲜族村的民族风俗	朴泰峰
	日本投降前后台营镇商号	李运午
	抚宁县老髦肉	王殿昌、于剑平
	抚宁县夕阳口银杏	张连弼
	解放前抚宁县国民党机关组织情况	惠黎民
	日伪时期抚宁县伪政权组织情况	惠黎民
	抚宁县伪县长二、三事	翟露祥
	金山岭下“驸马”毙命	张连弼
	抚宁县大事记（二）	
第三辑	南戴河十年发展史	金永强
	南戴河各项事业的发展概略	金永强
	抗日烽火在抚宁	陈亚军
	中国驻印缅远征军在缅甸战场的最后一战回忆	单　斌
	参加二战欧洲战场战地考察的情况回忆	单　斌
	拦马墙战斗	深河乡
	朱家裕烈士墓碑文万古流芳	深河乡
	毋忘历史　振兴中华	倪倩华
	回忆何柱国将军与骑二军抗战	王永秋
	医术、药品献给革命　一切听从党的安排	卢建忠

（续表）

专辑序号	所录文稿标题	撰稿人
第三辑	日军侵占抚宁县城前后见闻	翟禄祥
	前进中的抚宁县第一中学	张弼廷
	伪满时期的小学教育	倪倩华
	抚宁境内长城	吴环露
	人造河	西河南乡
	孙显包子	于剑平
	抚宁出土东汉铜洗	吴克贤、袁秉成、赵子英
	抚宁县大事记	张澍林、王凤莲
第四辑	刘少奇主席视察卢王庄村农事试验田	陈桂芝、李金胜、王素霞
	农业部何康部长视察抚宁县粮油基地建设	毕再昌
	抚宁县社会和经济发展简史	徐殿桐
	抚宁高峰纸业有限公司发展简史	毕进仁
	抚宁县乡镇企业发展简史	孙有杰
	抚宁县果树发展概况	孙维国
	抚宁县水稻生产的发展和栽培技术的演变	郭喜瑞
	抚宁县的“四尺半带田”	毕再昌
	全国科技工作先进县纪实	陈树林
	抚宁县争创全国体育先进县始末	王龙印
	抚宁县宗教状况	任玉荣
	忆抚宁县评剧团	李开勋
	战斗在三千里江山	张治平、张弼廷
	抚宁解放	陈亚军
	日韩浪人在石门寨、台头营活动琐记	于剑平
	智取深河堡	孙福祯
	天齐庙夺枪记	李彦明
	守坟人刀劈鬼渡边	许长山
	赤手空拳夺武器	于学谦、张连弼
	日伪时期在驻操营设置海关一鳞半爪的情况	张连弼
	悼念打响长城抗战第一枪的何柱国将军	王永秋
	忆黄埔军校学习生活	单 斌
	抚宁县邮政开办小史	董文秀
	秦皇岛地方铁路修建始末	邵耀庭
	民国时期抚宁的业余教育	贺春和
	日伪时期抚宁县的教育概况	翟露祥、贺春和
	忆解放初期的农民“冬学”	倪倩华
	“伪乡长”刘永泉	杨 恒、杨士儒、陈新民
	名医张继龙	李仲文、赵克启
	明代万里长城九门口的归属问题	吴环露
	白云山庆福寺与自然碑	董宝瑞
	抚宁邴各庄发现汉墓	袁秉成
	抚宁发现旧石器遗址	袁秉成
	抚宁县文管所收藏的古代铜镜	吴克贤
	姜家切糕	姜治平
	抚宁县两次大水灾始末	王景曜
	抚宁县接收上山下乡知青简况	竭 鸿、罗文起
	抚宁县名人录（一）	宋辅盛、王凤莲
第五辑	抚宁县农业学大寨见闻	陈彦才
	多穗高粱“卫星上天”	毕再昌
	玻璃管引水上山	王景曜
	卢王庄的手工业组	李金胜

（续表）

专辑序号	所录文稿标题	撰稿人
第五辑	抚宁县台营艺术大学	陈职宏
	骊城之春音乐会今昔	董振斌、陈劲草
	特殊年代的特殊团体	李继臣
	特殊的文化产物　鲜明的生活写照	孙本荣
	卢王庄村的评剧团	李金胜
	教育沧桑五十年	张弼廷
	我县小学教育五十年回眸	倪倩华
	石铸九先生与牛头崖小学	杜士林
	曹东庄公社农民技术学校	于印满
	抚宁县业余体育学校	李淑君
	抚宁县“五·七”干校	史洪德
	“五·七”干校与党校合并后的概况	王向春
	云从书院初考	陈　晖
	黄将军墓志铭	袁秉成
	背牛顶太清观简介	赵子英
	抚宁县“老八景”	陈职宏
	从两张退补邮费收据引出的邮史	董文秀
	抚宁县电信通信史略考	董文秀
	集邮家陈博焕小记	董国贤
	集邮盛开友谊花	董国贤
	攻占柳江	史向荣
	一个日本宪兵中队的覆灭	史向荣
	解放上海回忆	王永秋
	黄埔军校二十一期回忆	向陟利
	抚宁县档案事业发展简况	张澍林
	秦皇岛市抚宁县淀粉葡萄糖厂发展简史	彭景春、李长江、李瑞林
	兵器材料学专家吕广庶教授	张弼廷
	抚宁县名人录（二）	宋辅盛、王凤莲

《抚宁长城》专辑

《抚宁长城》封面

《抚宁长城》全书摄影图片222幅，编辑文字2.40万字，主编为县政协副主席李占义，由五洲传媒出版社公开出版发行。时任中国长城学会副会长兼秘书长、著名长城专家董耀会为该书作序。该书以摄影图片为主，把一个县域的长城全面、完整地展现给读者，达到以小见大的效果，进而领悟中国长城的博大与精深。

抚宁明长城概况

抚宁位于河北省东北部，明代隶属京师永平府，今属秦皇岛市管辖，东临辽宁省绥中县，南临秦皇岛市区及渤海，有海岸线17公里，北临青龙满族自治县，西临昌黎、卢龙两县。其地北倚燕山，南临渤海，是华北东北之间的咽喉地带，京哈铁路、京秦铁路、大秦铁路、205国道、102国道、京秦高速公路横贯境内东西。

抚宁北部边境地带属燕山余脉，明代长城坐落其上，地理位置在东经119°7′至119°45′、北纬 40°6′ 至 40°14′ 范围内，沿线自东而西经驻操营、石门寨、大新寨、台营 4 个乡镇。

抚宁明代长城的修建年代在《明史》列传、《永平府志》、《临榆县志》等史料中有明确的记载。抚宁长城筑城纪事碑记载年代与史料记载相符。

在明代万里长城防御体系中，抚宁境内长城隶属长城九镇中的蓟镇管辖。在蓟镇东路协守处所辖燕河路、台头路、石门路、山海路中，抚宁有台头、石门二路，嘉靖年间（1522—1566 年）有戍边官兵 7000 余人，万历年间（1573—1619 年）可达万余。

抚宁长城东起九门口，南与山海关长城相连，西至干涧口与卢龙长城相连，总长为 142.50 公里。长城主线长 110 余公里，附线长 20 余公里，其余为山中无墙段落。其中，墙体现存状况完好和基本完好的、半毁的、全毁与无墙段落各占 1/3。有空心敌台 423 座，实心敌台、战台、墙台共 93 座，烽火台 57 座。空心敌台完好的 56 座，基本完好的 138 座，半毁的 72 座，其余全毁。烽火台大部完好。全线原有大小关口 27 座，现存 24 座。

抚宁境内长城有其显著的特点：

其一，气势雄伟，景色秀丽。抚宁南临渤海，地势低平，东、北部群山高度虽然只在 1000 米上下，由于相对高度大，却显山势壁立，耸入云霄，令人叹其“危呼高哉”！长城静卧于雄浑壮丽的大岭，如龙蛇之蛰，随峰陡起，则惊走云天。置身其间，或为磅礴大气所震撼，或为凛然浩气所折服。抚宁东部长城地处特殊的地质结构地带，致使山间奇峰林立、怪石丛生、绝壁刀削、巉岩垒卵，形态万千。台垣过处，各附其险，出现了石林长城、巨石长城、一线天长城、吊挂长城种种奇观。

倚山面海，势必多地形雨，得天独厚的抚宁自然是山川焕绮、草木贲华、钟灵毓秀之地。这里，繁茂的植被覆盖着连绵的山野，长城过处，3/4 以上地段森林覆盖率在 90% 以上。在抚宁中部，长城被淹没在响山一带方圆百里的原始森林之中，至今仍属无人涉足之地。山中有松、橡、榆、杨等针叶、阔叶树木 10 余种，或畴生，或混交，葱郁繁茂，遮天蔽日。林下灌木丛生，藤蔓纵横。春有山花烂漫，夏有百鸟争鸣，秋有硕果累累，冬有雪压青松。高山上的天女木兰花是花中的珍奇，为一方独秀。果中之王猕猴桃，在这里自生自落。

登临高山，睥睨四野，林海苍茫，碧涛迭起，长城蜿蜒其间，在雄强博大之中又增添了无限的秀美。

其二，现存状况良好。在 142.50 公里的长城上，有完好和基本完好的城墙近 40 公里，占全长的近 30%，完好和基本完好的敌台、烽火台占总数的 43%。董家口、平顶峪、板厂峪、拿子峪、苇子峪、柳观峪、梁家湾、箭杆岭等地段的长城，虽经 400 多年的风雨剥蚀，墙体、敌台、烽火台大多保存较完好，更有少量敌台、墙体面貌基本如初。究其原因，一是这里的长城大部分为戚继光任蓟镇总兵后于隆庆（1567—1572 年）至万历初期所修。万历年后期，由于我国东北后金崛起，对明朝构成威胁，抚宁长城东临辽西走廊地带，保卫京师首当其冲。为了加强防御能力，长城上不断补建敌台，加固墙体，建筑质量不断提高。二是长城地处崇山峻岭，远离村落居多，人为破坏较少。三是临近长城的村庄多从原有的关堡发展而来，村中居民多是守城人后代，对长城有较强的保护意识。四是距离历次地震中心较远，损坏相对轻微。

其三，建筑形制齐备。明代不同时期不同形式的长城建筑，在抚宁境内多有分布。有作为早期关隘的建筑遗存墩台，有作为屯住戍卒之所的关城口堡和后方机关的营城。城墙中有早期的石墙和中后期的砖墙，敌台中有早期的实心石台和中后期的空心砖台，关堡、城墙与敌台的建筑结构及长城主线内外附属建筑形式繁多，体现了因地制宜、以险制塞、重在防御的原则。

在长城建筑中，更有形式独特者，如九门口一片石城桥、子母台、大毛山长城小型箭楼、响山双楼、界岭口大型战台、黑龙沟战墙、长城内侧报警线上形式各异的19座烽火台等，均属少见，抚宁长城可称长城建筑的博物馆。

其四，内涵丰富。抚宁境内有数量众多的筑城记事碑、文字摩崖和砖石雕刻。其中，有筑城纪事碑29通，记录了建造敌台、城墙的时间、地址、规格、主修官员、施工单位、工匠姓名；碑刻中记载了敌台的结构名称；中层称铺房，上层小房称望亭；《边粮碑记》中严格规定了征收边粮的限额，禁止抑勒浮收；傍水崖古战场碑刻中记载了隆庆元年（1567年）的长城战事，反映了明王朝政治腐败、官兵战斗力差、人民深受战争之苦的事实，颂扬了张臣将军忠心报国、歼灭入犯之敌的卓越功勋。天马山、背牛顶等10余处摩崖题刻抒发了戚继光、张臣等当年戍边将领的广阔胸襟，《香山纪寿》石刻准确地记载了戚继光的生辰年月，敌台券门及射孔的石砖上有大量的雕刻造型及文饰，是宝贵的艺术遗产。

长城一线发现了大量的明代城防火器，有石炮、礌石、铁炮、铜火铳、弹丸、火药。其中，城子峪发现的胜字铜子母铳，反映出古代前装式火器向现代后装式火器发展的进程，为兵器发展史填补了实物空白，其中之一于1985年收藏于中国军事博物馆。

2002年，在板厂峪发现长城砖窑60余座，其中两座已发掘清理，为世人展示了长城砖的烧制技术。

此外，长城沿线的民间传说中，留下来许许多多有关长城的故事传说，为正史增添了人文色彩。

当年，蓟镇长城是万里长城的精华。400多年后的今天，抚宁长城是现存蓟镇长城的精华。抚宁境内长城以其长度长，台、墙数量大，建筑形式多样，状况良好，内涵丰富，景色壮丽，为我国古代文明留下了一颗璀璨的明珠。

《抚宁长城》图文选录

一、九门口至董家口长城

从九门口至董家口长城长25.60公里，有九门口、庙山口、夕阳口、黄土岭关、无名口、大青山口、小河口、大毛山关、董家口关口9座，敌台122座，营城1座（黄土营）。

九门口关城是由3座围城构成的，城南有过河城桥，东北有烽火台，西有大型墩台子母台，整体布局十分严密。

锥子山是蓟镇与辽东镇长城的分界。锥子山西连横向3公里的大青山，过大青山长城西北折，经小河口、大毛山关至董家口。这段长城多为戚继光主持修建，设计合理，选料精良，做工考究，高大坚固。大毛山东有100米障墙、单边墙、小型箭楼，均系长城上的特殊建筑。

董家口在大毛山西侧，长城东西走向。关口西侧有砖墙较完好，18 座敌台中 9 座完好，扁楼中有戚继光筑城纪事碑。董家口、大毛山城堡依在。长城外侧从破城子向西至平顶峪有明代早期长城。

从九门口西北，山间植被逐渐浓密，至董家口则有万亩山林遮天蔽日，长城景观雄强而秀美。九门口南山崖长城及过河城桥于 20 世纪 80 年代末由辽宁省集资修复，对游人开放。董家口长城以其原汁原味于 2002 年被辟为旅游风景区。

九门口，又名一片石关，誉称京东首关，位于抚宁县东部九门口村，是明代长城的重要关口。九门口长城与山海关长城相连，起自南山崖。长城从山崖降至山谷，建筑在用铁榫连接花岗岩方石铺就 7000 多平方米的河床上，石上筑 9 孔城桥与两岸敌台相接，九门口、一片石关均由此而得名（图 1）。长城主线内侧有关城。1644 年，李自成抵抗清兵入关，曾在这里进行过殊死争战。九门口长城已残破，1985 年辽宁省、锦州市、绥中县经与河北省、秦皇岛市、抚宁县三级协商，由绥中县重修过河城桥及南山崖长城，并辟为旅游景区。

图 1

黄土岭关与第二次直奉大战　黄土岭关（图 2）为明长城重要关口。1924 年，直、奉两系军阀调动了十几个省的数十万大军，展开了第二次直奉大战。战线蔓延数百里，历时 50 天，这是北洋军阀混战史上最为惨烈的一次战争，其主战场在山海关。9 月 18 日，彭寿莘部与张学良部在山海关外万家屯以西交火，第二次直奉大战爆发。张学良令奉军第一军军长姜登选直接指挥颇习山地攻坚战的第十九旅孙旭昌团。10 月 8 日早晨突袭九门口北侧的黄土岭关。防守该关的直军已于前夜撤走，奉军兵不血刃，包抄了九门口。驻九门口的冯玉荣部毫无准备，乱作一团，纷纷撤离，九门口遂于当日失守。

在北京的吴佩孚闻讯九门口失守亦大惊，于 10 月 12 日晨乘火车抵山海关。第二天，吴佩孚等乘小火车赶至石门寨附近的柳江站，随后视察了石门寨、赵家峪、沙河寨一带的直军阵地，并下死命令要彭寿莘一定拿下九门口。奉军在占领九门口后，一部顺九门口南侧山峦向西南推进，包抄山海关。一部沿北侧山峦向西推进，向石门寨方向发起猛攻。直奉两军在位于石门寨和九门口之间的沙河寨发生激战，奉军获胜，并攻下石门寨。

10 月 28 日，直军在山海关全线溃败，30 日，奉军占领山海关、秦皇岛，第二次直奉大战也随之结束。

奉军攻下石门寨后，前线指挥部移至沙河寨，张学良住进高家大院。房东高玉瑞是前清举人，时任临榆县学察。高老先生思想开朗，知识渊博，张学良与其相处甚好，临走时送给房东一块 6 尺长、2 尺宽的大匾，上有他手书的“一潭秋水半山房”7 个大字。当年张学良住过的房子保存完好（图 3）。

图 2

图 3

戚继光、义乌兵与董家口长城空心敌台　明隆庆元年（1567 年），抗倭名将戚继光调往蓟镇，后任总兵。他在巡视完蓟镇长城之后，发现该段长城单一简陋，守军纪律涣散，远不适应战争的需要，便向朝廷提出了建筑空心敌台和征调三千义乌兵北上的建议。

戚继光的建议很快得到朝廷的批准。戚继光把在台州修筑空心敌台、抗击倭寇的做法用在蓟镇长城的建筑上，一场大规模建造空心敌台的工程在蓟镇长城上全面展开。现存的董家口村西北小水门五十五号台筑城纪事碑就记录着董家口一带空心敌台是由戚继光等主持修建的。董家口长城脚下座座义乌兵及后裔坟茔和坟茔上的墓碑，亦证明了来自浙江的义乌兵参与了这段敌台的修筑。

这里长城敌台的台基全部由经过雕凿五面平整的条石垒砌而成。敌台之门，均为石质门套，做浅浮雕纹饰。可以说董家口长城空心敌台是明长城中质量极为优良、建筑极为精美、保存最为完好的空心敌台（图 4）。巍巍敌台，座座坟茔，块块石碑，记录着当年戚继光和义乌兵修筑长城、戍守边疆的功绩。

图 4

二、城子峪至拿子峪长城

城子峪至拿子峪长城长 22.70 公里，有城子峪关、水门寺口、平顶峪口、板厂峪口、义院口关、拿子峪关 6 座关口，敌台 88 座，营城 1 座（驻操营）。

城子峪有城堡，现存南门，明代是大毛山提调署驻地。长城从城子峪向西北沿着低矮的山岭筑石墙至平顶峪，长城上设水门寺、平顶峪两座关口。平顶峪北有明代早期长城，是城子峪旧关长城的西端。平顶峪向西，长城随山步步升高，至疆沟砬子山东 660 米高的山岭上。疆沟砬子山在板厂峪村北，东西长 4.50 公里，并列山峰 10 余座，主峰 837 米，长城东部多石墙，西部多砖墙，18 座敌台各踞山头。山下有 5 公里的明代早期长城，上筑实心敌台 6 座，首尾与疆沟砬子山长城相连。板厂峪村西长城敌台密集，其间多怪石，称怪石长城。

疆沟砬子山是一座非常典型的砬子山，山峰、坡梁、沟底到处是巨大的岩石。它们有的是孤石，或卧于坡梁，或立于沟底。长城从东而来，经过整个疆沟砬子山，长约 4 公里。这里的长城集奇、险于一身，很多难得一见的长城奇观都出现在这里，如石林长城、巨石长城、一线天长城等（图 5、6）。

图 5

图 6

板厂峪村西长城沿山岭向南延伸至村西南逼近义院口，长 700 米，外侧山坡平缓，极易被突破。为了增强防御功能，筑敌台 12 座，平均间距不足 60 米，是抚宁长城上敌台最为密集的段落之一（图 7）。

图 7

板厂峪窑址群遗址　该遗址于 2002 年发现，位于板厂峪村北 300 米。经市、县文物部门调查、勘探，目前已探明共有各类窑址 136 座，其中，砖窑遗址 127 座，瓦窑遗址 2 座，灰窑遗址 5 座，小铁作坊遗址 2 座，总占地面积 16 万余平方米。目前已发掘砖窑 2 座。2003 年公布为县级文物保护单位，2008 年公布为省级文物保护单位，2013 年国务院公布为第七批全国重点文物保护单位（图 8）。

图 8

三、花厂峪至背牛顶长城

从花厂峪至背牛顶是抚宁中部的高山地带，群峰多在1000米上下，面积约100平方公里，有苇子峪、平市庄2座国有林场。长城从山间原始森林中穿行而过，长约27公里，有花厂峪、苇子峪关口2座，敌台44座。

花厂峪是一座东西走向的峡谷，有石河干流，长城南北走向，河北岸有关口及明代早、中后两时期的长城并列。苇子峪是一座深谷，长城从青石山降至谷底再上响山，河两岸有9座较完好的敌台、石墙500米，台、墙之上多筑城纪事碑刻。苇子峪口东5公里有傍水崖古战场，是明隆庆元年（1567年）蒙古土蛮部入犯蓟州东部被击溃的地方。

响山东西长约8公里，长城过处有2.50公里在海拔1000米以上。山间长城无墙，有敌台27座，13座较完好。其中有两台并列称“双楼”，是抚宁长城的至高点。背牛顶在榆关北平市庄林场中，其峰如柱，耸入云霄，顶上有道庙，系明代镇守长城参将谷永所建。它是长城线上的一个重要环节，背牛顶西侧山势亦险，6公里长城线上间或有简陋石墙，筑敌台11座，形制皆巨大，多毁。

抚宁长城内侧东起花厂峪，经吴庄、苇子峪、柳观峪、孤石峪、温泉堡、方家河、马驿沟、大石窟至猩猩峪约25公里的弧形线路上建烽火台19座，各踞山头，构成长城报警线。石门寨居九门口至背牛顶长城内侧中心，是明代蓟镇石门路参将署驻地，领一片石、大毛山、义院口三提调，嘉靖年间志书记载统兵总计4298人。

花厂峪至柳观峪长城长约10公里，为青龙满族自治县祖山、响山和抚宁响山东部边缘，是高山向丘陵过渡地带，落差大，山体极为陡峭，犹如巨屏（图9）。

图9

图 10

温泉堡村西北烽火台，立于一孤峰之上，台基为 5 层花岗岩条石，上砌砖至顶，顶周围有垛口残迹，通高 9.20 米，底边长 9.20 米，宽 8.10 米。台南中部开券门，台东、西各有一窗，台内有南北向一车棚券室。室内北部东侧有砖阶通台顶，台顶原有望亭已毁（图 10）。

《创建张将军破虏碑记》详细记载了傍水崖战事，反映了明代中后期朝廷腐败，养兵不能卫国，致使少数民族入侵内地的现实状况；记述了 1567 年蒙古土蛮部落朵颜率众入犯界岭口，杀掠抚宁、卢龙、昌黎等蓟州东部地带，蓟镇、辽东镇官兵畏敌如虎不敢与之交战的事实；盛赞了张臣将军率部歼敌于石门寨傍水崖、救民于水火的英雄业绩。

四、梁家湾至干涧口长城

梁家湾至干涧口长城位于抚宁西北部，明代属蓟镇台头路管辖。台头路参将署驻台头营，领界岭口、青山口两提调。隆庆至万历年间，谢惟能、张爵两任参将建台头营房千余间，驻军 3000 人。长城从梁家湾北上经罗家沟西折至干涧口与卢龙长城接界。主线长 35 公里，附线长 7.50 公里，有猩猩峪关、中桑峪关、箭杆岭关、界岭口关、罗汉洞关、青山口关、干涧口关关口 7 座，敌台 204 座。长城从菜畦楼降至东峪河谷，内侧 300 米河北岸有香山纪寿石，再向西 1 公里为梁家湾城堡。关口北敌台以头道楼、二道楼为名顺延，至箭杆岭关，有敌台 16 座，均较完好，石墙宽厚高大。从梁家湾至罗家沟 28 座敌台中仅毁 3 座，是抚宁长城敌台保存最完好的段落之一。长城从罗家沟西折至界岭口 5.50 公里，有敌台 34 座，7 座较完好。靠近界岭口砖墙渐多，毁坏严重。界岭口是南北交通要冲，自古多战事。最大的两次战事是明隆庆元年蒙古土蛮部落入犯和崇祯十五年（1642 年）皇太极命阿巴泰率兵 10 余万攻入界岭口。

抚宁长城与东峪峡谷 东峪峡谷东起青龙满族自治县祖山南坡，西至抚宁梁家湾村东，长约 20 公里。其三分之二穿越祖山、背牛顶的原始森林，三分之一为深山峡谷。抚宁长城从背牛顶西行至梁家湾后北折，过峡谷上北山，奔向箭杆岭关。长城经过之处是东峪峡谷最精华部分，它集奇险长城、悬崖绝壁、奇峰怪石、蜿蜒溪河等自然奇观和名胜古迹于一处，是抚宁长城经过最美的地段。200 余米悬崖之上矗立的敌楼，从谷底望去，如空中楼阁。出该楼下行至沟底的长城，近乎垂直，形如吊挂，令人称奇叫绝。由此处上行 1000 余米的峡谷南侧，有一条沟叫冰塘峪，其上端（海拔约 700 米）有一石洞，洞内盛夏结寒冰，严冬吐热气，与常规颠倒，这一自然奇观至今仍为不解之谜。由此下行800余米的溪河北岸有块著名的“香山纪寿石”（图11），石上刻有为戚继光52岁生日祝寿的内容，是戚继光巡察此地的历史遗迹，弥足珍贵。

图11

旱水关与界岭口长城抗战　1933年，日本侵略者为了使热河成为伪满洲国的一部分，由关东军司令武藤信义指挥，集中了2个师团、3个混成旅和1个飞行队3万余人，沿山海关长城一线向热河进攻。中国国民政府在全国一致要求抗日的压力下，采取了“一面抵抗、一面交涉”的方针，任命何应钦担任军事委员会北平（今北京）分会代理委员长，指挥17个军约20万人，依托长城抗击日军，历史上称为“长城抗战”。其主要战场在喜峰口、古北口、冷口和界岭口一带。界岭口是由热河通往滦东地区的重要通道，因此也成为中日两军的必争之地，双方在此都投以重兵。日军由中村馨率混成第三十三旅团3000余人，并配以飞机、大炮。中国军队在界岭口担任守防任务的是五十三军第一一六师，兵力5000余人。战斗从3月14日开始，战场主要集中在界岭口为中心的箭杆岭至程家沟一带，以后一直延伸到东至梁家湾、西至青山口的沿长城一线，绵延20余公里。双方围绕长城你攻我防，反复争夺，战斗异常惨烈，均死伤惨重，战斗直至4月12日结束，历时整一个月。

这场战斗最为惨烈的地方是界岭口西约2公里的旱水关（图12），在这里中国军队一个连据险死守，全部为国捐躯，击毙日军300余人，给日本侵略军以沉重打击，表现了中国军队抵御外来侵略的英勇气概。

图 12

抚宁长城以九门口为龙头，经 142.50 公里的盘桓起伏，至干涧口随山势上翘，恰似龙尾。平楼西 400 米是明代台头路与燕河路，即今抚宁与卢龙长城的交界处。图 13 中长城外侧与长城走向相同的一条沟为护城沟（也称拦马沟）距长城 20 米，沟上宽 4 ～ 5 米，深 1.50 ～ 2 米，长约 300 米。

图 13

清政府及以后历代政府保护长城情况　清政府重视对长城的保护，从抚宁境内发现的史料和实物就可以证明：光绪五年（1879年）《永平府志》、光绪二十五年（1899年）《边粮碑记》和“光绪元年造”的长城砖等，表明了当时是由军队对长城全线分段巡防，军需粮秣由国家予以保证，并对损毁的长城重要关口进行修缮。清政府灭亡后，北洋政府时期军阀混战不断，政府根本无暇顾及长城的保护，长城无人管理。北洋政府之后的南京国民政府，先是各派军阀间的战争，继之“围剿”红军，之后又是抗日战争，接着是解放战争，这一时期也无暇对长城进行保护。

1949年，中华人民共和国成立，人民政府制定了一些保护长城的措施，这期间长城保护总体是好的。1966—1976年，“文化大革命”期间，长城遭到了严重的破坏，长城沿线农村大队和生产队扒长城砖石修大寨田，盖学校、饲养处，农民扒长城砖盖房子、垒猪圈。1978年中共十一届三中全会以后，特别是1984年邓小平“爱我中华，修我长城”题词发表以来，各级政府非常重视对长城的保护工作，建立组织，制定法律，加强宣传教育，长城保护工作得到了加强。

《抚宁名胜》专辑

2005年，县政协的文史工作继完成《抚宁长城》一书之后，随之启动《抚宁名胜》一书的摄影、编辑工作。主编李占义，撰文李占义、吴环露、李利锋、陈劲草、孙立志、崔贵云。至2010年完成全书的摄影图片592幅，编辑文字10万字。经过编审，由五洲传媒出版社公开出版发行。

该书以图文结合的形式，比较全面系统地记述了抚宁境内的自然景观和历史文化，力求使之成为一部别具风格的抚宁地理、历史志。同时，把抚宁美丽的自然风光和厚重的历史文化推向全国乃至全世界，让更多的中外人士了解抚宁、走进抚宁，有力助推旅游资源大县变成旅游经济强县。该书既是对青少年进行爱祖国、爱家乡教育的教材，也是把系统梳理的抚宁名胜古迹作为历史资料延留给后人。河北省人大常委会原副主任、摄影家、书法家、诗人王加林，河北师范大学历史文化学院教授、博士生导师郭贵儒为该书作序。

《抚宁名胜》与2005年出版的《抚宁长城》互为姊妹篇。《抚宁名胜》和《抚宁长城》同为抚宁县政协文史工作的重大成果。兹将该书主要文、图摘要选录。

精装《抚宁名胜》封面

简装《抚宁名胜》封面

抚宁名胜概况

抚宁县位于河北省东北隅，地处北纬 39°41′ 至 40°19′，东经 119°04′ 至 119°46′ 之间。东与辽宁省绥中县相连，北与青龙满族自治县毗邻，西与卢龙县接壤，西南邻昌黎县，东南环秦皇岛市区。总面积 1627.7 平方公里。全县设 9 个镇、2 个乡，613 个行政村，人口 52 万。

抚宁历史悠久，距今 1 万年前的旧石器时代已有人类生息繁衍。古属幽燕，秦属辽西郡，西汉时为骊城县，东汉时为临渝县，魏晋及南北朝时为平州阳乐县。唐武德二年（619 年）始称抚宁县。

抚宁北倚燕山，南临渤海。山海之间的狭长地带为辽西走廊，扼东北、华北之咽喉，历来为兵家必争之地。境内有河北秦皇岛柳江国家地质遗迹国家级自然保护区（河北秦皇岛柳江国家地质公园的核心部分）。地势北高南低，北部峰峦叠嶂，峡谷纵横，坐落着响山、背牛顶、黄牛顶、疆沟砬子山、鹰不落山、黑龙头山等千米左右的高山，其中最高峰响山海拔 1094 米。雄伟壮丽的长城横亘北境，像一条巨龙卧于高山峻岭之上、沟谷之中。山地面积 836.5 平方公里，占总面积的 51.4%；中部丘陵起伏，天马山、兔耳山、象山等低山散落其间，丘陵间分布着大小盆地，面积 459.6 平方公里，占总面积的 28.2%；南部较为平坦，有少数孤山、孤丘，如紫金山、缸山等，面积 331.6 平方公里，占总面积的 20.4%；海域面积 400 平方公里，海岸线长 17.1 公里，国家 4A 级景区“南戴河国际娱乐中心”坐落于南戴河海滨。境内集名山、大海、长城于一地。

一、峻拔、秀丽、林木葱郁的山岳

抚宁东北部群山荟萃，雄、奇、险、灵、秀，各具特色。响山，峰尖谷窄，沟深穴幽，悬崖绝壁，其主峰北面绝壁宽约 30 米，高 150 余米，从沟底直上云天，身临其境，摄人心魄。刚劲有力的山风回旋激荡其间，穿谷如口，入穴如笛，擦壁如钟，故称响山。背牛顶，海拔 956 米，山体高大，形象雄伟，山势陡峻。主峰突兀，四面临空，悬崖千丈，壁立如削，无路可上，只能从西侧主峰脚下，先攀爬 30 余米峭壁，再蹬 70 米近乎垂直的铁梯方可到达山门。“自古华山一条路”，而背牛顶根本无路，其主峰之险胜于华山。金刚岩，位于响山东侧，海拔 801 米，为一傲然兀立的孤峰，是一整体岩石，高 100 余米，像一巨型炮弹坐于山体之上，三面悬空，壁立千仞，直耸云峰，只能从西面顺着古人开凿的脚窝攀缘而上，走过独木桥后再过石门方可到达顶峰。传说峰顶是古代道士的炼丹台。

抚宁境内的山多有灵幻奇巧的怪石，其分布遍及峰壑巅坡，它们或兀立于峰顶，或横卧于山脊，或戏逗于坡缘；或与松为伴，或鹤立独行，或似人似物，或似鸟似兽。危者似坠，卧者似眠，立者似行，千姿百态，令人叫绝。县内怪石主要集中在大新寨镇小河峪、猩猩峪村附近，如乱刀峪、石坊沟、鹰峪，此外在板厂峪、兔耳山、九门口的沟壑和山脊处也有分布。位于驻操营镇六道河自然村西的石简峡，崖壁如雕凿打磨一般平整，直立峡谷南侧。岩壁上均匀排列着石缝，上下通天，把岩壁分割成整齐划一的石条，酷似古代竹简。石条宽约 2 米，高 50 米至 70 米不等，岩面长 1000 米以上，恰似摊开的巨大的竹简天书，其神奇和壮观在全国独一无二。

抚宁境内高山大多被国有林场所环抱，其植被受到良好的保护，加之气候温和，雨量充沛，因而林木茂密，草木葱茏。植被以落叶、阔叶林和松林为主，覆盖率在80%以上。在响山至背牛顶方圆百里的原始森林中，参天大树遮天蔽日，树下灌木丛生，藤蔓环绕。大山深处，草木发华，云蒸霞蔚，涵养着新鲜空气，沁人心脾。清雅宁静，超凡脱俗，凸显出山岳之灵气、仙气。

抚宁县内的高山都可见到云海，如背牛顶、黄牛顶、响山等。水气升腾，或雨后雾气未消，均会形成云海，缭绕于峰峦之间，使大山更显神奇、壮观、秀丽。文人用最美丽的词句描写云海，“牛顶兜绵”“兔耳笼云”早在明清时期，就成为抚宁胜景。

抚宁的山不仅有美丽的外表，还有丰富的内涵。抚宁美丽的山川更是吸引了大批的文人雅士、官绅，他们为其美景所倾倒、所震撼，写下了许多赞美抚宁山水的诗文，背牛顶、黄牛顶、兔耳山、紫金山、天马山等处留下诗词、散文、游记70余篇，作者上至皇帝，下至文人墨客和地方官吏。

历史上抚宁建有寺观100余处，如背牛顶的太清观、黄牛顶的望海红沙寺、天门山的双龙禅院、缸山的龙泉寺、白云山的庆福寺、宝石顶的宝峰禅寺等。在全县最著名的白云山庆福寺，因其方圆广袤、巍峨壮观、香火旺盛，被称为“京东第一寺”。宝石顶脚下的宝峰禅寺，地处深山老林之中，正殿保存完好，殿内墙壁镶嵌着27块青石线刻神像，栩栩如生，具有珍贵的历史和艺术价值，1982年被列为省级重点文物保护单位。

全县有摩崖石刻7处，其中，神像19幅、文字17幅。天马山、黄牛顶和宝峰禅寺山门最为集中，其中以天马山摩崖石刻最著名，有明代著名爱国将领戚继光的“天马山”，明代傍水崖之战大胜土蛮将领张臣的“海天在目”，明长城守将黄孝感的“山河一览”，林桐的“带砺山河”，傅光宅的“天马行空”，解一清《登天马山》诗共6幅，字迹清晰、保存完好。以上石刻于1982年被列为省级重点文物保护单位。

抚宁山岳的洞穴多为道士（也有僧人）所开发利用，如背牛顶的“金光洞”、天门山的“天门洞”、板厂峪的“天然洞”、猩猩峪的“鹦哥洞”等，这些洞穴留下了珍贵的碑记、诗文。历史上抚宁曾因地处边陲而战乱不断，先民们为躲避侵害选择易守难攻、顶部较为平坦的山峰，修建山寨（也称“避兵城”）。现存遗址10余处。抚宁的山是美丽的，它美就美在峰之险，山之秀，石之奇，树之郁，历史文化积淀之深厚。

二、灵秀之水与浩瀚之海

抚宁有洋河、石河、汤河、戴河4条较大河流，源头都在北部山区及与之相连的青龙、绥中县南部山区。这里的山峰海拔都在千米左右，水由此南下，流经低山、丘陵、平原后注入渤海。其流程短、落差大、水流急。如汤河，发源于响山，注入渤海，全程28.5公里，河源与河口落差1070米，平均坡度37‰。由于山势陡峭，落差巨大，形成众多的瀑布、池潭、溪河。三种水态紧密相连，其跌者为瀑，聚者为潭，行者为溪。全县有大的和较大的瀑布共27条。较为出名的有黄牛顶天泉瀑布、龙潭峡龙潭瀑布、九道缸瀑布群、九门口瀑布群等。池潭大的和较大的共32处，较为知名的有小河峪的老龙潭，龙潭峡的龙潭，九道缸的第5、第6缸。冬季寒冷，地处阴坡的瀑布又形成冰瀑。龙潭峡是县内最壮观的峡谷，峡谷北侧有名山黄牛顶。两侧高山对峙，林木青翠。峡谷上游大山连绵，森林郁蔽，面积宽广，为峡谷注入丰沛的水源。峡谷长约4公里，其最美之处是水，这里集瀑布、池潭、溪河、冰瀑为一处，多姿多彩，气象万千。

九道缸峡谷两侧极为窄陡险峻，峡谷垂直落差126米，水平距离约750米。山水进入峡谷之后向南流至六道河自然村西100米处与石简峡溪河相汇，流入石河支流。所谓“九道缸”，是一叠一瀑、一瀑一潭彼此相连的九道瀑布，因潭很像盛水的缸，故称“九道缸”。

抚宁人民从20世纪50年代至90年代共修建水库224座，拦洪蓄水，灌溉农田，发展养殖，同时也给抚宁增添了一道道亮丽的风景。洋河水库是一座库容3.86亿多立方米的大型水库，它坐落于天马山脚下，山水相依，成为秦皇岛地区的著名风景区。

抚宁县南戴河海滨驰名中外，它东邻著名避暑胜地北戴河，西连昌黎县黄金海岸，集大海、沙滩、湿地、森林、湖泊于一地，自然条件得天独厚。这里的大海远望天海相连，烟波浩渺，无边无际。近看白浪层层，拍击沙滩，海鸥翱翔。这片辽阔的大海不但有美丽的自然风景，更有深厚的文化底蕴，也是人文之海。从古至今，帝王、文人、边臣、武将，伟人、革命家在这里留下咏海诗词200多首，散文近百篇，还有大量的楹联、传说、歌曲。中国历史上第一次人与大海的对话就发生在这里，雄才大略的魏武帝曹操登碣石，观大海，感慨万千，写下了千古绝唱《观沧海》。

这里的海岸滩长且宽，沙软且颗粒细小、均匀，无礁石，无杂质。空气清新，阳光充足，是海浴、沙浴、日光浴的理想之所，是全国优质海岸之一，素有“碧海金沙”之美誉。

洋河、戴河携带着大量的泥水流入大海，年深日久，沉淀的泥沙突出海面，陆水相间，形成滩涂和潟湖。这里大片的湿地和北戴河湿地相连，是东北亚候鸟大迁徙的通道。每逢初春、深秋季节，大批候鸟停留于此。这时海天之间，白影点点，或翔或舞，百舌鸣啭，不绝于耳。据统计，南戴河地区有各种鸟类416种，其中有白天鹅、白鹳、黑嘴鸥等珍禽。这里是鸟类的天堂，观鸟者的乐园，每年都吸引大批的观鸟爱好者，已成为享誉世界的观鸟胜地。

南戴河不仅有浩瀚的大海、金色的沙滩、绿色的森林，空气质量也已达到国家一级质量标准，环境噪声质量达到国家0类标准，完全具备了当今世界海岸旅游的五大要素：海洋、沙滩、绿色、空气、阳光。优美的自然环境，加之有“南戴河国际娱乐中心”的完善设施和一流服务，这里已成为国内外游客云集的海岸旅游胜地之一。

三、奇险、雄伟、文化底蕴深厚的长城

抚宁县明长城东起驻操营镇九门口，与山海关长城相连。西至台营镇干涧口，与卢龙长城相接。地理位置在北纬40°6′至40°14′，东经119°7′至119°45′范围内，沿线自东而西经驻操营、石门寨、杜庄、大新寨、台营5镇，总长为142.5公里。长城主线长110余公里，附线长20余公里，其余为山中无墙段落。其中，墙体现存状况完好与基本完好的、半毁全毁的与无墙段落各占三分之一。有空心敌台423座，实心敌台、战台、墙台共93座，烽火台57座。空心敌台完好的56座，基本完好的138座，半毁的72座，其余全毁。烽火台大部完好。全线共有大小关口27座，现存19座。

抚宁境内长城的恢宏与壮观在明万里长城中极具代表性，具有奇险雄伟、景色秀丽，现存状况良好，长城原汁原味，建筑形制齐备，建筑式样奇特，文化内涵丰富，历史底蕴深厚等特点。

长城一线发现了大量的明代城防火器，有石炮、礌石、铁炮、铜火铳、弹丸、火药。其中，在城子峪发现的胜字铜子母铳，反映了古代前装式火器向现代后装式火器发展的进程，为兵器发展史填补了实物空白，其中之一于1985年收藏于中国军事博物馆。

2002年在板厂峪发现长城砖窑60余座，其中2座已发掘清理，为世人展示了长城砖的烧制技术。

抚宁县是全国唯一的山、海、长城聚于一地，样样俱佳的县；是全国长城资源最丰富的县；是全国明长城中最具原生态、现存状况最好的县；是全国长城中最具观赏价值的县份之一。抚宁南邻大海，北倚长城，自然景观与人文景观完美地结合在一起，是全国旅游资源最丰富的县份之一。

——摘自《抚宁名胜》李占义文

《抚宁名胜》图文选录

《抚宁名胜》专辑共收录县境内19处景点或文物古迹，分别是响山、背牛顶、兔耳山、紫金山、缸山、乱刀峪、三龙殿、白云山庆福寺、柳江盆地地质遗迹国家级自然保护区、南戴河海滨、天马湖、龙潭峡、九道缸、象山、天马山、九门口长城、董家口长城、板厂峪长城、傍水崖古战场。《抚宁名胜》的图片均为李占义拍摄，撰文作者分别是李占义、吴环露、李利锋、陈劲草、崔贵云、孙立志。选录其中部分图文记述。

响　山

响山景区，含石门寨镇柳观峪村周边的自然景观和文物古迹，面积约20平方公里。位于抚宁县城东北46公里，柳江国家地质公园西南边缘，南距秦皇岛市区15公里。响山在景区西部。特殊的地质构造，近海的湿润气候，厚重的历史文化底蕴，造就了一个美丽自然风光与丰富文化内涵融为一体，旅游资源极其丰富的自然人文景区。这里群峰峻拔、山色秀美、涧水灵秀、石洞幽深、长城雄伟、古迹众多，自古以来引得文人雅士纷至沓来，留下了浓郁的古韵遗风。

响山

响山景区是抚宁距秦皇岛市区最近的景区。京沈高速公路、102国道、承秦出海公路、大秦铁路、京山铁路及津秦高速铁路、承德通海高速公路距景区都在16公里以内，交通极为便捷。景区又集奇山、秀水、森林、溶洞、长城、古刹于一地，自然资源和人文资源得天独厚，地理位置优越，它必将成为旅游热点地区之一。

——摘自《抚宁名胜》中李占义文

背牛顶风光

背牛顶位于抚宁县北部边境中段，在县城东北37公里，榆关镇北25.5公里。地处燕山余脉，海拔高度956米，面积0.25平方公里。

世间有“华山自古一条路”之说，以状其险。险则险矣，尚且有路，而背牛顶则实属无路。不知哪朝哪代，何人何事第一个攀上背牛顶，此后架设了登山梯，建庙宇，住僧道，引来四方人士寻奇历险，进香朝拜，背牛顶遂为冀东一带以险著称的一座名山。

万里长城是世界上建筑宏伟之最，它在抚宁境内之中段从响山东来，过背牛顶西去至梁家湾，长约30公里，是万里长城中经由地势最高的段落之一。

背牛顶山门及柏木梯

（注：上图为美国人西德尼·甘博1926年6月拍摄）

燕山东麓雨量充沛，背牛顶一带尤多。由于原生态保持良好，林木密，土层厚，贮水条件好。这里可见处处泉涌，梁壑淋漓。万泉汇集成溪、成河，从山前、山后两路并入洋河，共注天马湖，是天马湖的主要水源之一。天马湖水质清澈，无污染，贮量大，是抚宁、秦皇岛数十万人口生产生活用水的可靠保障。

背牛顶与天地共生，有千载人文，至今尚在维持着自然与历史的原貌，以其优良的原生态造福于世人，是优化环境、保障持续发展的标本。

——摘自《抚宁名胜》中吴环露文

紫　金　山

紫金山，古称紫荆山，位于抚宁县城南端，因山上长满荆条，花开紫色而得名。又因土色皆紫，阳光下金光闪烁，耀眼生辉，并传说山中藏有金宝，后人遂改称其为紫金山，寄托了百姓企盼富足安康的美好愿望。

山峰海拔165.5米，面积1.25平方公里。山体由侏罗纪火山岩构成，由东峰、中峰、西峰组成。远观山体呈葫芦形，因而葫芦套宝的传说广播于民间。

紫金山横卧城南，犹如山水玉屏护佑着抚宁这块风水宝地，点缀得古城越发灵秀俊美。山上林木茂盛，植被葱郁，堪称城中“绿肺”。四时春花锦簇，夏木碧荫，秋叶红酣，冬雪练积，引来百鸟争鸣，故有“紫岫莺啼”之美称。游人至此如临人间仙境，流连忘返。

——摘自《抚宁名胜》中李利锋、陈劲草文

紫金山石婆

老龙潭　乱刀峪

老龙潭、乱刀峪景区位于大新寨镇小河峪村和猩猩峪村附近，由老龙潭、乱刀峪、石房沟、鹦哥洞四处景点组成，有深潭、瀑布、怪石、古洞等奇观，面积约 3 平方公里。景区中心老龙潭南距抚宁县城 32 公里，东与背牛顶景区相连。

老龙潭　旧称龙潭，位于大新寨镇小河峪村东，去背牛顶必经之地，是秦皇岛地区最著名的水潭。上游背牛顶原始森林中丰沛的山水，经猩猩峪峡谷流至龙潭上方时，河道骤然变窄，河水从数块房屋般的巨石缝隙之间穿过，然后跌入深潭，形成小截瀑布。潭水南北两侧石崖陡峭壁立，相距约 5 米，隔潭相对，崖顶至水面垂直距离 17 米。水潭南侧崖壁上镶嵌一块青石匾，刻有“龙泉”二字。潭水东西呈扇形，面积约 150 平方米，水深 12 米。从上方俯视，潭水犹如一块洁净的青玉，清澈透明，深不见底。

秦皇岛市范围内最著名的水潭——老龙潭

乱刀峪 1985年7月开发背牛顶时发现此处山石多呈竖立战刀状，故更名为乱刀峪。

乱刀峪东南、西北走向，长约1.50公里。山谷两侧的象形石丰富，怪石林立，鳞次栉比，造型独特，形态各异，或直立，或倾斜，或如人形，或如兽状，目不暇接，令人流连忘返。

乱刀峪内奇峰怪石，琳琅满目，数不胜数，苍松掩映，无风而声，奇花异草，不胜枚举。春时山花烂漫，琼英缤纷；盛夏满目苍翠，溪流潺潺；秋容如绘，层林尽染，漫山红叶，如火如荼；隆冬大地苍茫，树梢托起雪帽，枝条挂起冰凌，形成雾凇，别有一番韵味。林中百鸟栖息，鸣声不绝于耳。

乱刀峪东北坡峭壁上形象各异的象形石

乱刀峪不高亦不险，以奇石闻名，文人雅士络绎不绝，不惜笔墨加以赞美。当代秦皇岛作家刘学勇写道：“乱刀峪的山峰，峰峰是景，景随步移”，“需得慢步观赏，悠闲品味，才能咂出难描的韵味，才能品出难言的奥妙。”当代抚宁诗人李景林有诗曰：“峰峦锁雾乱刀旋，疑似天师下碧空。我欲呼之重布阵，恐伤玉帝巧排兵。”

——摘自《抚宁名胜》李利锋文

柳江盆地地质遗迹国家级自然保护区

柳江盆地地质遗迹国家级自然保护区位于抚宁县石门寨镇周围，主要集中在石门寨镇的黑山窑、欢喜岭、沙河寨、潮水峪、半壁店、山羊寨等村，以及亮甲山、鸡冠山，还有驻操营镇的张岩子、东不落、板厂峪、吴庄等村。其在较小的区域范围内完整地记录了新元古代至新生代中国华北地台在地球演化进程中的地壳运动、岩浆活动、沉积环境变化及生物进化等各种重要地质事件与地质现象，荟萃了中国北方20多亿年以来各个地质历史时期形成的24个组级地层单位、六大地壳运动不整合面和多种典型地质构造。地质遗迹资源集典型性、稀有性、自然性于一身，为国内独有、世界罕见，享有“天然实验室”和“地学研究自然博物馆”的美誉。优越的地理位置、丰富的地质遗迹资源、悠久的研究历史、80多年的实习基地历史、非凡的社会经济价值，成就了柳江盆地在中国乃至世界的重要地位。1999年经河北省人民政府批准建立省级自然保护区，2001年由国土资源部批准成为国家地质公园，2005年经国务院批准晋升为国家级自然保护区。

80多年近百所大学的实习基地，为国内唯一、世界罕见。1923年，地学前辈、中国著名的地质学家孙云铸先生带领北京大学地质系的学子来此进行教学实习，开辟柳江盆地教学实习之先河。新中国成立后前来实习的院校的数量、规模不断扩大，已成为全国近百所大专院校地质、地理等多个学科的教学实习基地，至今中国地质大学、吉林大学、西北大学、中国石油大学等知名院校及科研院所已将此地开辟为实习科研基地，其规模之大、层次之高，国内独有，世界罕见，从而被誉为“地学教育第二课堂”“哺育新一代地学人才的摇篮”。

为了更好地发挥国家级自然保护区和国家地质公园的各项功能，国家投入大量资金在柳江盆地中心区域建设了秦皇岛柳江盆地地学博览园项目。

秦皇岛柳江盆地地学博览园的建成，将极大促进环境保护与资源开发的统筹规划，使以柳江保护区为核心的集科普宣传、环保教育、旅游观光于一体的“秦皇岛国家地质公园”成为秦皇岛市一大新的亮点，为丰富城市内涵，提高城市文化品位奠定良好基础。

——摘自《抚宁名胜》中崔贵云文

柳江盆地最东侧驻操营镇张岩子村北山体，下部为距今 25 亿年形成的新太界变质花岗岩，为华北地台基底；上部为上元古界清白口系长龙山组砂岩，形成于滨浅海环境。二者之间的界面是吕梁运动不整合面，代表 16 亿年沉积间断

桑氏鬣狗右下颌骨化石

直隶狼上颌骨化石

系山西组煤系地层中的古鳞木化石

双角犀下颌骨化石

南戴河海滨

南戴河旅游度假区位于抚宁县最南端，濒临渤海湾，距抚宁县城27公里，东起戴河口，西至大米河口，海岸线长17.10公里。东与北戴河一桥相连，西与昌黎县黄金海岸接壤，辖区总面积20平方公里。

南戴河海滨集滨海旅游、休闲、度假于一体，集大海、沙滩、湿地、森林、湖泊于一地，自然条件得天独厚。春季阳光明媚，花团锦簇，赏花观鸟好时节；夏季清风阵阵，林木青翠，避暑休闲两相宜；秋季天高云淡，虾肥蟹美，品海养生最适宜；冬季典雅宁静，万物恬谧，独享休闲浪漫时光。改革开放以来的三十多年中，党和国家领导人江泽民、杨尚昆、李鹏、朱镕基、李瑞环、李岚清、刘华清、尉健行、吴邦国、乔石、薄一波等先后来此视察或旅游观光。

南戴河地处辽西走廊，南临大海，西临碣石，是古代帝王东征高丽，反击异族入侵，巡视疆土的必经之地。这里有美丽的自然风景，深厚的文化底蕴，是人文之海。从古至今，一代代帝王边臣，文人武将，伟人革命家于此登高望海，吟诗作赋，抒发情怀，留下大量诗篇、楹联、传说、歌曲等。

南戴河、北戴河最初皆为村名，分处于戴河南北而名，两村相距5公里，明代清初均属抚宁县。据清康熙五十年《永平府志》记载，明代山海卫辖有南大家河村。清光绪初年抚宁县王各庄堡辖有戴家河村，即今南戴河村。

南戴河国际娱乐中心位于省级森林公园渤海林场内，为国家AAAA级景区。1996年11月动工，先后兴建滑沙滑草、高山滑艇、三星飞旋、遨游太空、过山车等40多项高科技娱乐项目及中华荷园、牡丹园、梅园、槐花湖、雄狮广场等70多项生态观赏项目。

中华荷园坐落在金龙湾，是展示荷文化的主题公园。因其“含海”“吞湖”“衔山”之得天独厚的区域位置，被誉为“海上荷园”。该园总占地600亩，荷园水域占地260亩，栽植荷花

南戴河国际游乐中心金龙山及滑沙、滑草场

301种，睡莲35个品种，是环渤海地区规模最大、品种最多的荷花观赏园林。建有悦荷广场、雄狮镇园、悦荷楼、聚金池、福桥、禄桥、寿桥、华表、观荷长廊、百步问荷、荷香榭、九曲莲桥、泉音山影、荷风塔、颂荷碑林、江南水乡、槐花湖剧院等众多景观。自2003年举办“第十七届全国荷花展览会暨首届南戴河荷花艺术节”以来，中华荷园不断有热烈欢快的文化活动场景呈现，观荷景、享美食、品书画、看京剧、听吹歌、赏歌舞，为南戴河增添了新的魅力。

感受着丰富的地域特质，把脉滨海文化发展律动，南戴河抒写了回味无穷的篇章，潮起潮落，历经打磨，这颗明珠会更加妩媚、璀璨，流光溢彩。

——摘自《抚宁名胜》中李利锋、陈劲草文

天 马 湖

天马湖，即洋河水库，在抚宁城北10公里处的天马山脚下，湖水面积19500亩，是集拦洪、灌溉、发电、供水、养殖于一体的大型水利设施，同时也是风景秀丽的旅游景区。

水库主体工程于1960年8月竣工，1961年8月拦洪蓄水，总库容3.53亿立方米。1973年建成发电站，1977年完成唐山大地震造成损坏的修复工程。2000年6月完成除险加固工程后，总库容达3.86亿立方米。水库建成后，先后修建了总长115.50公里的7条干渠，使抚宁、昌黎两县的23万亩农田得到灌溉。抚宁县洋河下游的留守营、牛头崖的沥涝低产田改造成了高产良田。洋河水库的修建变水害为水利，不仅保障了下游40万人民生命财产的安全，京山、京沈铁路，102、205国道的畅通，也为后来兴建的南戴河旅游度假区提供了安全保障。

1989年10月至1991年6月，为解决城市供水不足的问题，秦皇岛市实施了引青济秦工程，引青龙河水至洋河水库，再引洋河水库水至秦皇岛市区，年输水量6000万立方米。

改革开放前后，这里是到北戴河避暑的中央首长和外宾游览的理想之地。朱德、赵紫阳、王任重、迟浩田等党和国家领导人以及刘少奇的夫人王光美，柬埔寨的西哈努克亲王夫人莫尼克公主，宾努亲王等，都曾到这里旅游观光。

——摘自《抚宁名胜》中李利锋、孙立志文

洋河水库（天马湖）大坝

黄牛顶　龙潭峡

黄牛顶、龙潭峡风景区，位于大新寨镇张各庄村东，南距抚宁县城38公里，东连背牛顶，北接梁家湾，山场面积22平方公里。景区内不仅有巉岩绝壁，峡谷瀑布，奇松怪石，潺潺溪河，神秘洞穴，还有寺庙道观，摩崖石刻，诡异文字，古老佛塔，这里秀美的自然景观与丰富的人文景观有机地融为一体，是探险猎奇、凭吊古迹的绝好去处。2002年春，辟为旅游风景区，建有天泉山庄。

黄牛顶　旧称黄崖山，又名西茶盆山，因山石色黄，故名。后又因山顶形如黄牛头顶而改称黄牛顶，海拔901米。它以巉岩绝壁、峭拔险峻著称于世，名列冀东“五顶”之一。

龙潭峡　位于观音寺东南，峡谷长约4公里，谷内山路蜿蜒曲折，峡谷深邃，峭壁峻拔。绝壁之间怪石嶙峋，树木奇形怪状，让人目不暇接。峡谷中乱石横卧，溪水潺湲，清澈透明，鱼游虾戏，水底石头清晰可辨。落差较大处，巨石叠加，河水奔流直泻。至峡谷尽处即为龙潭，三面绝壁，惟西北处有缺口，山水由38米高的崖顶飞流而下，似银河倒泄，跌落潭内，水花溅沫，瀑声如雷，在日光的照射下如烟如雾。

——摘自《抚宁名胜》中李利锋文

黄牛顶顶部中央的望海红沙寺遗址

九道缸　石筒峡

九道缸瀑布　驻操营镇北11公里山中有一座叫作六道河的小村庄，六道河村北有一座雄浑壮丽的大山，称作熊顶盖，巍巍峨峨耸入云天，海拔高度为1085.7米。大山之阳有三条溪流从峡谷密林中蜿蜒而出，汇集在海拔450米的一片台地上，成为季节河。

九道缸第六道瀑布

季节河向南流经台地，至村西500米处遇悬崖陡然跌落为瀑布。瀑布缘悬崖次第前伸递降九级，逐级落差自上而下分别为3米、3米、2米、3米、26米、40米、2米、4米、2米，加之瀑间斜坡落差之数，通高126米。由于水流自高而下冲刷撞击年深月久，瀑下成潭九处，被称作九道缸。

——摘自《抚宁名胜》中吴环露文

九门口长城

抚宁县北倚燕山，南临渤海。由此向东到辽宁西部，山与海之间的狭长地带被称作辽西走廊。抚宁东部边界上有一道南北走向的山岭，北起大青山东端的锥子山，经黄土岭、南山延伸至海，长30公里。这是辽西走廊上纵向阻隔的一道屏障，是华北与东北两大区域的分界。这道山岭南有山海关，北有九门口，均属咽喉要道，自古为兵家必争之地。曹操东征乌桓，唐太宗征高句丽，东北解放军入关，这里都是主要的通道。李自成抵抗清兵入关，直奉交战，抗日战争都曾在此激战。黄土岭与南山之间有东西走向的山谷，下宽约400米，九江河从中穿过，向东流经辽宁省绥中县入海。明代万里长城从山海关向北攀上南山，九门口长城从南山崖下继之，从山坡降至九江河谷，登北岸，筑关城，把这座山谷拦腰截断，有一夫当关、万夫莫开之势，为京东锁钥。

九门雄关 九门口的建筑在万里长城线上属绝无仅有的特例。九江河汇众山之水，每逢雨季迅猛异常，翻砂滚石势不可当。当年为了确保长城的坚固，在河床上铺设大块方石，石上凿槽，浇铸铁水成铆，使之联为一气，平展7000余平方米，作为长城墙基。墙基之上，以条石筑桥墩，上起砖拱券，加铁栅，拱券上砌城墙，建成九道水门并列的过水城桥，称九门城桥。两端桥头堡为大型敌台，称南敌楼、北敌楼。万里长城“九门口”“一片石关”均由九门城桥及河床基石而得名。

——摘自《抚宁名胜》中吴环露文

蓟镇长城与辽东镇长城的接合部——锥子山

董家口长城

秦皇岛市北40公里有钟秀山，长城从山峰下向东西两方向延伸。山之阳西有董家口，南有大毛山，东有破城子，均系由长城关堡演变而成的自然村。三个自然村组成一个行政村，称董家口村。村中有123户人家，439口人，土地面积12.22平方公里。

董家口长城始建于明代早期，隆庆年间重修，至万历年间后期尚有增补，全长8.9公里。现存完好的边墙3000余米，破损的1800余米，其余以山险为墙，当地称作空城子。现存敌台31座，其中19座完好，12座破损。是迄今保持原貌最好的一段长城，被人称之为长城博物馆。

长城从西部延伸而来，多在荒山秃岭间，至抚宁则如苍龙归海。这里山势险峻，林木葱郁，实属北方之奇秀，而董家口一带更是所谓林壑尤美，蔚然深秀。这里有山林15682亩，覆盖率达95%以上。其中有数千亩松林连片，松橡楸杨混交，青翠水绿，遮天蔽日。坡间岭上榛荆丛生，堆翠铺锦。藤蔓植物缠络于林下，匍匐于山石，垂拂于水边，加之芳草萋萋，鸟声啾啾，虫鸣唧唧，松涛飒飒，泉石激韵，构成一幅壮美和谐的大自然有声画卷。古老的长城沉浮其间，尤见其雄强博大之气。

——摘自《抚宁名胜》中吴环露文

董家口东高楼至苗城子长城

板厂峪长城

板厂峪村（古称长谷村）在驻操营镇西 7 公里，南北长 6 公里的山谷中。谷口在南，谷底在北，北面有疆沟砬子山。从疆沟砬子山两端向南延伸：山谷东侧有青龙山，向南至谷口而终止；山谷西侧有一道山岭南去，而后西折与义院口相连。此地山势险峻，奇石林立，洞府幽深，草木繁盛，有长城、长城砖窑群、古庙、古塔、古树、古生物化石、岩洞以及丰富的煤炭资源，堪称一处风水宝地。

板厂峪有明代两个时期的长城，中后期长城在疆沟砬子山上，早期长城在山下，横跨山谷。均系河北省重点文物保护单位。

疆沟砬子山是由群峰并列而成的一道大岭，东西长约 4.50 公里，其中 7 座山峰高度在海拔 700 米上下，最高峰为 837 米，山后有石简峡火山口。这道大岭即是在距今 1.10 亿年间燕山造山运动中形成的。诸峰均系方柱石拥簇，高高耸起，与石简峡山体一致，多悬崖峭壁，是火山口喷发之杰作。山峰之下，两坡亦属陡峻。其间柱石林立，峰岩赤裸，草木茂盛，青翠四合，至险至美是疆沟砬子山给人以强烈印象之所在。在万里长城一线中，板厂峪长城与金山岭长城、司马台长城、箭扣长城被当代摄影界称为最壮美的四大景观。

长城砖窑在板厂峪村北丘陵地带。该地土层较厚，2002 年发现 66 座，均埋于地下。2003 年，经河北省文物局发掘 2 座。此后，又发现砖窑百余座。

——摘自《抚宁名胜》中吴环露文

板厂峪长城云海

天　马　山

天马山，原名马头崖，位于抚宁县城北 12 公里处，天马湖东畔，海拔 295 米，面积约 3 平方公里。天马山麓得水土之利，果林环布，春华秋实，香飘四野。山间松林密布，青翠欲滴，轻风吹拂，涛声飒飒。主峰居北，从天马湖滩头拔地而起，峰岩毕裸，与松林、碧涛相映，集雄强秀美于一身。

天马山景区内有戚继光雕像、马骥墓、玄真观、天马山文字摩崖等景点。

戚继光雕像、戚公亭　雕像、戚公亭在旱船北。亭为六角，雕像是汉白玉质，戎装。

明代中后期，由于北方边患频繁，危及朝廷及民生，1567 年抗倭英雄戚继光被调北上，镇守蓟镇（山海关至居庸关一线）长城。在蓟镇十七年，戚继光创修长城空心敌台、加固墙体、训练兵马、改进战具、研究战略战术、著作兵书，有效地抵御了北方游牧民族的入侵，保障了京师的安全和人民生活的安定。雕像与戚公亭是为纪念这位民族英雄而建。

天马山文字摩崖　天马山以其壮丽的雄姿引来明万历年间一代镇边将领，龙的优秀子孙登临览胜，命笔抒怀，镌刻于山岩上，时隔四百余年，至今保存完好无损，是河北省重点文物保护单位。

玄真观门外南侧石上有“天马山”三个楷书大字，落款为“定远戚继光题，范阳张爵刻”。

太和宫后岩上刻“山河一览”　正楷条幅，上款为“万历十一年十一月上浣之吉”，下款为“分守副总兵睢阳黄孝敢书”。

“天马行空”　正楷条幅，位于“山河一览”西侧岩上，上款为“万历十四年冬十月”，下款为“蓟辽傅光宅书”。

“带砺山河”　在主峰西侧山岩上，正楷条幅，落款为“万历辛卯岁（十九年）游击将军孙仁提兵入关共副总兵官山西林桐□□暇兴登天马山眺览胜景慢（漫）评古今题此”。

“海天在目”　主峰顶部石上有“海天在目”楷书大字，横幅，上款为“万历十四年冬十月”，下款为“关中张臣书，上谷解一清刻”。

——摘自《抚宁名胜》中吴环露文

明代著名爱国将领戚继光石雕像

明戚继光书“天马山”

明孝感书“山河一览”

图话抚宁掠记

2012—2021年，县（区）政协为上级政协提供有关文史资料，组织政协委员以绘画和撰文形式记录抚宁、推介抚宁、宣传抚宁。全方位介绍了抚宁的历史、文化、自然、地理和经济社会的发展状况，讴歌了新中国成立以来翻天覆地的巨大变化。

名村名镇

在漫长的历史岁月中，村镇沿着各自不同的轨迹演变发展，展示出鲜明的地域特征和独特的人文个性，记录着先民祖辈用汗水和智慧的丰富创造。全方位介绍相关村镇的历史、文化、自然、地理和经济社会的发展状况，讴歌了新中国成立以来翻天覆地的巨大变化。

抚宁镇 位于抚宁区境西南部、抚宁城区中部，抚宁区政府驻地所在，全区的政治、经济、文化中心。坐落于洋河东岸，洋河流经镇域中部。京沈高速公路、102国道、京秦铁路、抚昌黄公路从镇域通过，构成四通八达的交通网络。

抚宁镇面积55.64平方公里，耕地面积24092亩，人口22976人，下辖鲁庄、细河、程各庄、大李官营、邴各庄、杨洛木等27个行政村。

抚宁镇所在地，西汉时为骊城县治，南北朝时为阳乐县治。明永乐三年（1405年）在此设抚宁卫。明成化三年（1467年），县、卫合为一城，进行大规模扩建，历清、民国至今始终为县治所在地。

解放前，抚宁城留有许多封建王朝时期的名人家宅建筑。其中，东街有杨家大院（后为县人大、县政协所在地）、翟阁老（翟鹏）府（曾为县医药公司所在地），西街有肖总兵府（曾为土产公司），南街南门里有王大人府，小西街路南有王提督府（曾为县粮食局）。规模最大的要属“单家大院”。院址位于南街中心路东，南起肖家胡同北侧，北至大街中心，西临街道，东到肖家胡同内。东西两面围房有78间（每面39间），正院正房加厢房共计99间。

新的时代的到来，以改革开放为标志，抚宁镇的社会、经济得到快速发展。乡镇（村）企业异军突起，出现了京岛汽车改装厂这样的代表性企业。京岛汽车改装厂曾出产过“京岛”牌皮卡，现在生产的汽车类型主要为“宫美”牌仓栅式运输半挂车、混凝土搅拌运输车、栏板半挂车、厢式半挂车、自卸车等。

进入21世纪，天马展翅腾飞，抚宁镇初步形成了以化工、制药、机械制造、汽车改装、建材五大行业为支撑的镇域经济主导产业。同时，农业方面，千亩无公害设施蔬菜示范园、千亩无公害中华圣桃园、千亩无公害大葱生产基地、环保型生猪养殖基地建设方兴未艾。

抚宁镇有多种地方风味名吃，主要有抚宁白腐乳（2012年，抚宁白腐乳被列入秦皇岛第二批非物质文化遗产）、老髦肉（创始于1871年，因其色鲜、味香、洁净、防腐等特点闻名冀东，是抚宁著名的地方熟食）、抚宁焖子、孙显包子等。

抚宁吹歌乐源远流长，据史料记载，距今至少已经有400余年的历史。2006年4月，抚宁县被中国民间艺术家协会命名为“中国吹歌之乡”。同年6月，“抚宁吹歌”被选为第一批国家级非物质文化遗产，单洪斌、任连义获“全国吹歌大王”称号。2008年12月，抚宁县被国家文化部命名为“中国民间文化艺术（吹歌）之乡。”

太平鼓形似芭蕉扇，鼓的正面有的绘有阴阳鱼，寓意和谐平安；有的绘有牡丹花、蝙蝠等，寓意富贵幸福。鼓的反面常书写“天下太平”四字，因此得名太平鼓。根据当地艺人的口碑和全县40多个村名的来历，可推断抚宁太平鼓舞于唐太宗东征高句丽时传入。经过明、清两朝的积累沉淀，到民国期间，抚宁太平鼓舞的地域特点形成。如今，这一“千年韵鼓，妇女绝学”

经抢救、挖掘，重新焕发了生机。2005年10月，太平鼓舞《颂太平》获得了第七届中国民间文艺山花奖鼓舞鼓乐大赛二等奖。2006年6月，抚宁太平鼓被列入河北省第一批非物质文化遗产名录。2007年6月，抚宁县被河北省文化厅命名为“河北民间文化艺术（太平鼓）”之乡。

抚宁镇范围内文物古迹较多，主要有骊城遗址、邴各庄战国遗址、阳乐侯墓 、紫金山魁星阁楼、椒园寺等。

台营镇 位于抚宁区西北部，西部是卢龙县，东部是大新寨镇。北部与青龙满族自治县接壤，南部是天马湖景区。大秦电气化铁路、三抚公路穿境而过。

全镇共有人口4.30万人，耕地面积3.90万亩，荒山、林地10.50万亩，行政区域160平方公里。

据史料及碑文记载：“汉武帝北征匈奴创建台头营。”汉武帝北伐匈奴，得胜归来，在北山（晒甲山）晒马时，面南抬头一观，手指原台头营处说：“可建营。”故树碑建营，得名“抬头营”。随后，陆续有人迁此地落户，仍沿用“抬头营”名称，又作“台头营”，后简为“台营”。明隆庆三年（1569年），在此设台头营路，并派有副将驻守，领界岭口、青山口二提调。明万历年间（1573—1619年），此地进行大规模的城池扩建工程，已现清朝时的格局。清顺治六年（1649年），台头营路改副将设都司，辖界岭口、青山口二守备，后又改设把总。民国时期建镇，名为台头营镇。抗日战争时期，成为日伪统治区。

1945年解放，建台营镇。1950年属台营区。1958年改称公社，同年划归秦皇岛市。1961年修建洋河水库，北迁1公里，同年复归抚宁县。1984年置乡，1990年复置镇。吕良峪乡、麻姑营乡先后并入，现辖台营一村至七村、李各庄、毛各庄、吴家庄、代家汀、演武营、七家寨等69个行政村。

台营镇在古代军事史上地理位置十分重要，早在汉代初年，为拒匈奴，这里就修城建堡，成为长城沿线的军事重镇。

台头营的集市是抚宁全区集市之首。每月的农历二、四、七、九日为台头营集日，特别是每逢四、九两个大集，跨县来赶集的远及百里之外。长城外的农民来这里主要是销售木炭、劈柴、水果、干果、山货等，来多少，即可销出多少，因此有“填不满的台头营”之说。

古老的台头营为抚宁的金融业、工商业及卫生事业奠定了基础。解放后，中国人民银行曾在台头营设支行，行址就在狮子口处欧式三层洋楼里，使这里成为冀东金融中心之一；抚宁县最早的供销合作社也是在台头营设立；台头营乾隆年间的老烧锅则是抚宁县酒厂的前身；抚宁县通用机械厂由台头营犁铧社演变而来；台头营英华大医院是抚宁县民国时期首家中外合办的中西医结合医院；台头营保元堂大药店是冀东驰名的中医院……此外，抚宁县早期服装加工、食品糕点加工和一些早期基础工业也都是由台头营引入。

台营天齐庙会颇有名气。“天齐庙”位于台营镇城东的七家寨村。庙宇建筑宏伟，雕绘精美，香火兴旺，远近闻名。殿堂共3层，庙南有戏台，庙西有沙河。每年的农历三月二十八，以其名字叫响的“天齐庙会”，被人们称为“京东第一盛会”。

庙会源远流长，延续百余年。每年的庙会持续20天左右，往往在庙会前3天，北京、天津、上海、山东等地的商贩就开始在沙河的河滩上择地搭棚。每天赶庙会的人都有四五万，但凡赶过庙会的人，无不津津乐道其盛况。庙会期间，有卖首饰珠宝、古董古玩的，有卖针织百货、布匹、绸缎、鞋帽的，有卖生产资料、农具、家具的，有卖水果副食、海产品、特色饮食的，有大席棚饭馆，有北京、上海的皮鞋门市部，有北京王麻子剪刀门市部，有山东齐鲁制针厂的钢针门市部，还有乐器门市部。文娱活动同样丰富多彩，最盛时大戏三台，有“河北梆子”、“莲花落”（评剧前身）、“京剧”，另外还有跑马戏的、唱驴皮影的、说大鼓书的、唱二人转的、拉洋片的，等等。人们大都提前几个月就做好了逛庙会的准备，而且家家都备足了酒菜，腾出房屋，准备招待外地来的亲朋好友。近年来，台营镇以历史文化为着眼点，重建了天齐庙。

特色物产丰富，干涧岭村盛产的红香椿已注册“干涧岭红香椿”品牌，销往全国各地。另外主要特色物产有前麻村、台营一村的生猪养殖，富裕庄村的杂果，袁家沟村的红梨，大、小杨各庄村的热杂果，鹿各庄村、北王各庄村的富士苹果等。

特色饮食有杨家切糕、鲍家油炸糕、汪家的叉子火烧和大饼裹肉。

台营八景是重要的旅游资源，包括天马湖、晾甲台、半劈山、南雕崖、滴水朝阳洞、罗汉洞长城、九顶青山渗水寺、百草洼双泉寺。

台营镇烈士陵园　为纪念1945年9月至1946年6月在解放战争中牺牲的300余名烈士，冀东军区第十二军分区司令部、政治部于1947年7月1日，在原台营镇大南门外一里处，建立了烈士纪念塔一座，将300多名革命烈士的遗骸安葬于此。1971年8月，因原烈士纪念塔处被洋河水库淹没，将烈士纪念塔迁到现址（台营镇镇政府对面），并加以扩建，建成烈士陵园。

走进烈士陵园，一座高高竖立的纪念塔首先映入眼帘，塔高约15米，下有基座，塔顶为四方形，正面有红色五角星一颗，下面写有“革命烈士永垂不朽”八个金光闪闪的大字。塔东、塔西两面都刻有毛主席语录。塔北面刻有“原烈士塔经冀东军分区政治部于一九四七年七月一日修建于台头营大南门外，因兴建洋河水库迁建于此。抚宁县台营区革命委员会重建。一九七一年八月一日。”

院内南端东西两侧各建一亭，中间竖一黑色石碑。西侧碑亭碑额刻有“万古流芳”字样，下有碑文：

自去年九月蒋贼向冀东区大举进犯，我分区进入爱国自卫战争以来，全分区军民为保卫和平独立民主之地而战，迄今已历时十个月。其间大小百余战，歼敌二千余，并收复迁安、抚宁等重要城镇，保持广大地区于人民之手，迫使蒋贼退守少数孤立之据点。在爱国自卫战争中，我干部战士英勇顽强，舍命忘身，不少可歌可泣的事迹，实可惊天地而泣鬼神。而为人民流尽热血，牺牲于自卫战场者，共三百十余人。其中有干部，有战士及若干战斗英雄、模范工作者，大都为人民优秀儿女。当此蒋贼迫近死亡，人民胜利在望之际，全分区军民对我先烈愈深哀痛追悼之忱，仅择吉日，建烈士塔于台营镇之西南隅，并勒石为纪，以期将念先烈丰功伟绩，传之不朽，并以鼓舞我全体军民继承先烈遗志，英勇杀敌，争取人民事业彻底胜利。

中华民国叁拾陆年柒月壹日

李道志、刘亦如、张书祥、王晓生

东侧碑刻有“永垂不朽”“烈士纪念塔”。两碑背面均刻有150余名烈士的姓名。

界岭口村 位于抚宁城区东北约30公里，洋河上游支流饮马河流经村庄。全村233户，共有人口770人，土地面积6605亩，大部分为山林，耕地面积仅450余亩，村中物产主要为苹果、板栗。

唐天祐年间（904—907年），董、乔、张、万等姓由山东迁此建村。因靠界岭山，位于长城关口处，故名界岭口。

界岭口村内仍存有“长城记事碑”和“边粮碑记”等7通石碑。“长城记事碑”记录了隆庆四年（1570年）指挥修筑界岭口一带长城的主要将领的姓名及官职称谓，记录了蓟镇总兵戚继光曾在此督建和巡视。“边粮碑记”则记载了长城边防向地方上征粮的相关规定。

作为秦皇岛市首个获批“河北省历史文化名村”（2012年第三批评选，年底获批）的村庄，界岭口村散发着历史文化馨香的壮美山水，吸引着许多人来此寻幽访古。界岭口村干部与村民也久有开发旅游的想法。在这种想法的促动下，村民们把散落在各处的文物收集到一起，并从家中拿出多年珍藏的宝贝，都交到了村委会。界岭口村委会于是变成了村庄的“博物馆”：院内摆满了石碑、石炮和长城上的铭文砖、箭孔石等，屋内则摆满明末清初及民国年间的各种瓷器、铁器、木器、灯具和地契、出入关凭证、古书等。

地处汉民族与蒙古等游牧民族分界，古老的边关界岭口，如今边关隘口古韵风存。仍大部保存尚好的古城墙，围留住了一个可向前追溯千余年的小山村。这里的东西月城，形制独特；这里的河边关城，古韵悠长。这个小山村2012年评为秦皇岛市首个省级“历史文化名村”。

潘官营村 位于抚宁区西南部，距城区8公里。留抚公路穿境而过，京哈铁路、京山公路和京沈高速公路均在附近，交通便利。

2010年年底，全村共有村民563户、1795人，耕地面积3121亩。

20世纪80年代初期，潘官营村借乡镇企业发展趋势，整合民间手工屠宰作坊，成立了现代化的大型屠宰企业，并成功注册肉类品牌，形成全国较大的肉类加工产业。潘官营村在改革开放前以农业种植为主，民间有生猪屠宰传统手工业，但一直没形成产业经济。进入20世纪80年代后，在发展乡镇企业的大潮中，潘官营村挖掘传统优势，开始发展生猪屠宰业。

2000年12月，全村将分散的小作坊进行整合，成立了秦皇岛潘官营机械化屠宰加工有限公司，购置了一条现代化的屠宰生产线。次年9月，为扩大生产能力，公司投资500万元兴建占地1000平方米的300吨冷库、600平方米的肉品分割车间和200平方米的排酸打冷车间各一座，形成年屠宰能力60万头的生产规模。

2002年4月，潘官营村成功注册“潘官营”牌放心肉商标，产品销往秦皇岛的各大超市，成为秦皇岛市政府唯一指定的排酸打冷放心肉生产厂家，占据秦皇岛猪肉市场95%的份额。同年9月，“潘官营”牌放心肉通过北京市肉菜“放心工程”领导小组的检查验收。潘官营机械化屠宰加工有限公司与大钟寺、大红门等6个市场签订购销合同，每天向北京市场供应生猪1000余头。同年10月，在第六届中国（廊坊）农产品暨优种交易会上，“潘官营”牌分割猪肉被评为“名优农产品”。

2004年6月，潘官营机械化屠宰加工有限公司为适应经济发展，吸纳怀安县宏都食品有限公司，组建以原有公司为主体的河北宏都实业集团，固定资产达到8000万元。河北宏都实业集团拥有3条机械化屠宰生产线，年屠宰能力260万头，分割猪肉2万吨，拥有冷库3座，储量1500吨。

2005年，河北宏都实业集团有限公司被河北省政府评为“省级重点龙头企业”，被商务部评为“全国畜禽屠宰加工优势企业”。公司的主要产品有白条猪肉及分割肉系列产品，熟食制品有高低温香肠、烟熏火腿、盐水火腿、小香肠等30多个品种。在中国（廊坊）第八届、第九届、第十届、第十一届农产品交易会上，公司产品连续被评为“名优农产品”。

2008年，抚宁县被农业部评为“中国生猪之乡”。抚宁县还连续6年被评为“全国生猪调出大县”。2013年，抚宁县生猪存栏55.95万头，出栏106.63万头，生猪行业产值达17亿元，10多万农民通过生猪养殖致富。

以该村手工屠宰作坊为基础发展起来的屠宰业，最终发展成为河北宏都实业集团。这里所生产的“潘官营”牌分割肉，被全国农产品优种交易会评为名优产品，成为国家经贸委认定的“安全放心肉”。

对外开放窗口

抚宁县政协征集整理《秦皇岛骊骅淀粉股份有限公司》《南戴河旅游度假区》《南戴河国际娱乐中心》3篇稿件，作为市政协编写《十四个沿海城市对外开放纪实•秦皇岛卷》资料。

秦皇岛骊骅淀粉股份有限公司

秦皇岛骊骅淀粉股份有限公司（以下简称骊骅公司）前身为1989年建成的秦皇岛市抚宁淀粉葡萄糖厂。1998年，由该厂为主发起人，成立了秦皇岛骊骅淀粉股份有限公司。2006年，企业由国有控股转为民营股份制企业。

截至2012年底，骊骅公司通过新上12万吨葡萄糖、20万吨淀粉乳、5万吨麦芽糊精（目前扩产至10万吨）、5万吨生物饲料酵母生产线，新建污水处理厂、热电三期、中央变电站、供水站，同时不断对原生产系统进行技改，使企业生产规模得到了进一步扩大。目前公司已有4个淀粉生产车间，年总产56万吨；3个葡萄糖车间，年总产22万吨；1个山梨醇车间，年总产7万吨；1个麦芽糊精车间，年总产10万吨；1个饲料车间，年总产10万吨（公司副产品总产量18万吨）；1个饲料酵母车间，年总产5万吨；1个热电联产电厂，年发电1.80亿度；1座污水处理厂，日处理污水1.20万吨；1座供水站，日供水能力2万吨。全公司年加工玉米能力达到90万吨，拥有总资产14亿元，员工3000人。2012年完成现价工业总产值24.24亿元，完成销售收入23.75亿元，完成利税总额0.86亿元。

近年来，骊骅公司在内强素质、外树形象方面取得了重大突破。ISO9001：2000质量管理体系国际认证、ISO14001环境管理体系国际认证、医药行业GMP认证、HACCP认证和食品安全QS认证陆续完成升级。继2005年“骊骅”牌玉米淀粉获得了中国名牌产品资质证书后，2007年，“骊骅”牌淀粉糖也获得了中国名牌产品资质证书，同年，“骊骅”商标被评为中国驰名商标。通过抓大户、抓好户、抓高端用户，积极开拓国内外市场，公司产品不仅畅销国内，还远销到世界100多个国家和地区，外贸出口额从“十一五”初期的2000万美元增长到了2012年的9555万美元。公司连续多年被评为农业产业化国家重点龙头企业，中国淀粉糖行业前20强企业、中国食品行业百强企业。

2013年1月1日，由秦皇岛骊骅淀粉股份有限公司作为核心子公司提出并申请组建了秦皇岛骊骅集团。集团成员单位有：秦皇岛骊骅淀粉股份有限公司、秦皇岛骊骅粮油有限公司、秦皇岛骊骅房地产开发有限公司、秦皇岛骊骅机械装备制造有限公司、抚宁骊骅贸易有限公司、抚宁骊骅石油经销有限公司、抚宁骊骅燃气有限公司。

——摘自秦皇岛骊骅淀粉股份有限公司上报材料

南戴河旅游度假区

与驰名中外的北戴河“一河之隔，一桥相连”的南戴河，自1984年以来，历经30余年的开发建设，已成为风光秀丽，景观锦簇，服务功能齐备，集休疗、度假、观光、娱乐于一体的新兴滨海旅游度假区，被人誉为“渤海明珠”。作为秦皇岛“扇形”旅游“链”中至关重要的“中轴”，以其鲜明的特色、绰约的身姿和神奇的魅力，展示在世人面前。接踵而至、纷至沓来的中外游客，在心旷神怡、流连忘返之际，盛赞南戴河不愧为旅游度假的乐园、投资兴业的宝地。

1984年，抚宁县委、县政府经过精心考察论证，作出了“开发南戴河，建设旅游区”的决策。凭借3万元的启动资金，按照“利用一线、开发一片、辐射延伸、滚动发展”的思路，通过招商引资，开展了轰轰烈烈的第一次创业。从1985年3月9日，南戴河旅游开发区引进第一家外地投资休疗单位——铁道部北京二七车厂休养所，南戴河抢抓机遇，快速出击，多方联系，主动争取，先后引入10省市88个单位进驻，累计引资6.80亿元，完成建设面积64.80万平方米，并逐步完善市政配套。1990年，南戴河的休疗旅游区已初具规模，新建10处人文景观和旅游设施，其中有4项为全国之最，即规模最大的“西游记宫”、创办最早的“环游世界宫”、参与性及刺激性最好的“戏水乐园”、艺术形式最新奇的“南戴河游乐城”，仅1993年就吸引游客380多万人次，实现旅游纯收入1730万元，并先后在海边兴建商业服务带，在区内开辟了2条商业街、5个购物市场，各种经济成分的商贸摊点已达1173个，各种出租车辆220台，饮食、照相、泳具出租摊点337个，具备住宿营业条件的床位1.85万张，10年累计创经济效益3.50亿元，在经营服务上迈出了较大的步伐。

在以建设精品项目为重点的“二次创业”，成为变资源优势为产业优势，再造滨海旅游优势的新阶段，1995至2005年，累计接待游客2444.60万人，年均222.20万人次，分别相当于前10年的1.96倍和1.50倍；旅游综合收入直线上升。这10年间，累计创收72155.16万元，年均收入6659.56万元，一跌飚升为省内各大景区之榜首；社会效益愈发彰显。这10年间，累计创经济效益45亿元。

着眼于构建“大南戴河”城市新格局，在辖区内全方位开展新民居建设，统筹城乡一体化发展，推进城镇化进程，使南戴河的整体面貌进一步提升。已实施的有南戴河村、白玉庄村、孟庄村新民居。

改造后戴河大街和环海路各自形成了整体的街景风格，不仅整洁、美观，更突显出了沿海小镇的风情和浪漫。整洁的道路、优雅的景观吸引了更多的中外游客，入区游客成倍增长，旅游收入年年攀升。2006 年 7524 万元，2007 年 9961 万元，2008 年 7642 万元，2009 年 10735 万元，2010 年 12500 万元，2011 年 13000 万元，2012 年 10500 万元。7 年累计收入 120224 万元。连续 7 年创全市八大旅游景区旅游收入第一的业绩，并在全省旅游收入排行榜中名列前茅。2011 年，南戴河旅游度假区成功通过国家卫生镇二次复合验收和优美城镇验收，南戴河旅游度假区是全省唯一一个“国家级卫生镇”。

如今的南戴河碧海金沙，蓝天白云；高楼林立，花团锦簇；道路宽阔，绿树葱郁。全国各地的游客、摄影爱好者慕名而来，省市县等电台广播、报刊多次对南戴河进行宣传报道。国家省市县领导多人次到南戴河进行考察指导，对南戴河的发展提出了建设性的意见和建议。

回顾南戴河 30 年的发展，油然而生的是对南戴河建设者崇高的敬意，油然而生的是对国家改革开放政策的赞叹，油然而生的是对现代社会快速发展的惊讶。相信有建设者的继往开来，有国家政策的大力支持，有社会和谐环境的保障，南戴河的明天将更加美好辉煌！

——摘自南戴河管委上报资料

南戴河国际娱乐中心

南戴河旅游发展集团有限公司隶属于抚宁县人民政府，属国有独资企业，是集参与娱乐、文化观赏、生态休闲、旅游度假为一体的综合旅游集团。下辖南戴河国际娱乐中心、仙螺岛、海上乐园、南戴河宾馆 4 个经营机构；2 个子公司，即抚宁县宁安建筑安装工程有限公司、抚宁县辉腾运输工程有限公司。公司先后荣获“国家服务业标准化试点单位”“全国首批旅游标准化示范单位”“全国巾帼文明示范岗”“全国青年文明号”“河北省文明风景旅游区”“河北省服务标准化示范单位”“河北省服务名牌”“河北省文明单位”“河北省著名商标”“河北最美 30 景”“河北旅游代表品牌十佳旅游风景区”等荣誉称号。2013 年，被评为“河北省十大文化产业集聚区”和“河北省五一奖状”。

良好的自然环境、惊险刺激的游乐项目吸引了大批中外游客旅游观光，受到了游客一致好评。自1997年以来，江泽民、李鹏、吴邦国等国家领导人莅临景区视察，并给予了高度的评价。2005 年 8 月 12 日，原国家主席江泽民视察南戴河国际娱乐中心并欣然为景区题字；2004 年 7 月 22 日，中共中央政治局原常委、国务院副总理李岚清视察景区并为中华荷园亲笔题词“叶美无须珠，花香不熏人”；2004 年 7 月 23 日，全国人大原副委员长田纪云视察南戴河国际娱乐中心，并为景区题字“中华荷园，名扬四海”；2004 年 7 月 27 日，全国政协原副主席周铁农视察南戴河国际娱乐中心，并为景区题字“荷花伴着浪花开”。2004 年著名书法家沈鹏题字：“海洋乐园”“中华荷园”“悦荷楼”。

南戴河国际娱乐中心位于南戴河旅游度假区，与著名避暑胜地北戴河东西并列，一桥相连。2002 年被评为国家 4A 级景区，陆地面积 2600 亩，海域面积 3100 亩，海岸线长 2100 米，中华荷园占地 600 亩。

南戴河国际娱乐中心景区规模宏大，内涵丰富，海滨浴场沙软潮平，滩宽水清，是进行海浴、沙浴、空气浴和日光浴的良好场所，素有“天下第一浴”之美称，也是全国首批健康海水浴场。

金龙山景区，1996 年投资兴建的滑沙、滑草、滑圈、滑艇主题项目，设置在海拔 37 米的金龙山和银龙山上，感受时速，领略自然，为国内首创。两山之间的百米悬索桥，将金龙山与银龙山相连接，为大型高空观光设施。

欢乐大世界景区，占地 300 亩，规模宏大，拥有 50 余项新颖刺激的高科技娱乐项目，兴建了悬挂式过山车、勇敢者转盘、急速风车、木星等大型机械娱乐项目和嘉年华娱乐项目，是感受刺激、挑战自我的理想之地。

中华荷园景区，2002 年投资 4745 万元兴建，占地 600 亩，建有悦荷广场、千荷湖、百步问荷、珍荷苑、湖心岛、江南水乡六大景观，将渤海之浩瀚、园林小品之雅致、江南水乡之清秀融于一体。水域占地 260 亩，拥有精品荷花 301 种，精品睡莲 35 种，是环渤海地区规模最大、品种最多、内涵最丰富的荷花观赏繁育基地。

碧海金沙景区，拥有海岸线 2100 延长米，滩宽水清，沙软潮平，是进行海浴、沙浴、空气浴和日光浴的理想之地，拥有海上快艇、水上自行车、沙滩摩托、海上游船等海上项目和沙滩排球、沙滩足球等运动休闲项目。

槐花湖景区占地 500 亩，1997 年开发建设，2007 年改建槐花湖，湖滨增设太湖红石，湖中小岛、亭台、风车、拱桥、假山错落有致，相映成趣。分为生态长廊、芙蓉茶坊、槐花湖广场、莲之韵广场等景区，是游人小憩、品茶、听涛的理想之地，也是远离世俗烦扰的世外桃源。同时，兴建一座槐花湖剧场，可容纳 1100 人观看丰富精彩的民族风情表演和格调高雅的音乐会。

佛文化园坐落于中华荷园内，湖心岛上，观音菩萨雕像高 20.07 米，身着透明薄衣，头戴宝冠，双目下垂凝视莲花，面部表情安详闲适，站在莲花台上，无上安宁，周围假山、瀑布、绿树环绕，百荷争艳，使游客充分感受到荷的崇高、圣洁、贞静、清秀洁净的本性与和谐、爱心、慈善、安宁、幸福的观音文化精髓，净化游客心灵。

坚持“文化＋旅游＋生态”融合发展的原则，用文化理念谋划项目，用文化元素打造景区，用文化精神塑造旅游精魂，先后开发建设了一批旅游文化景观设施和旅游文化休闲场所，打造了南戴河旅游文化品牌，探索出了一条独具南戴河特色的旅游文化产业发展之路，树立了良好的南戴河品牌形象。

自 2003 年起，在中华荷园连续举办了十届南戴河荷花艺术节，先后承办了全国荷花展览会、中华文化经典诵读、全国书画大展、全国首届吹歌展演、中国民间民族歌舞精品展演、河北省民俗文化节、蓝色•交响中国南戴河国际雕塑展、星光大道明星走进南戴河等全国性大型文化活动。2013 年，以“放飞梦想、情系抚宁”为主题举办第十届荷花艺术节，邀请河北省心连心艺术团走进南戴河，并在节日期间举办当代油画邀请联展、七夕中华爱情节、秦皇岛礼物巡展等系列文化活动。投资 3000 万元建设南戴河槐花湖大剧院，并与北京歌舞剧院合作推出大型情景剧《海誓•南戴河》，该剧荣获了 2012 年度省精神文明建设“五个一工程”奖。拍摄了数字电影“寻梦南戴河”，文化影视产业开始起步。2013 年 9 月，成功举办“南戴河沙滩音乐嘉年华”，吸引中外游客 1 万余人。

为进一步深挖景区文化内涵，传承荷文化，景区专门搜集整理了由古至今历代咏荷的诗词，出版《南戴河中华荷园荷文化丛书》《走进南戴河》《最美南戴河》《南戴河之窗》《南戴河旅游资讯》等宣传南戴河的图书及资料册 30 余种，录制宣传南戴河歌曲 10 余首。

截至 2013 年，南戴河国际娱乐中心已连续 8 年稳居河北省景区收入榜首，连续 5 年营业收入超亿元，连续 10 年接待人数超百万，总收入达 108571.80 万元，总接待人数达 1643.79 万人。

南戴河国际娱乐中心充分利用山、海、湖、林等资源优势，旅游项目开发在新、奇、特上做文章，旅游项目建设年年都上新项目并向规模化目标发展。

南戴河国际娱乐中心海岸湿地是著名的观鸟地，这里可以见到的鸟类有 405 种，占全国现存鸟类的 40%，观鸟声名早已远播，成为国内外鸟类专家从事观鸟和鸟类研究基地，被观鸟爱好者誉为“中国的麦加”。

——摘自南戴河旅游发展集团有限公司 侯振东撰文

手绘文化图画

县政协八届委员杨洪武以手工绘制的形式绘制了《南娱胜景图》《紫荆山新貌》《抚宁文化地图》3 幅大型画卷。

南娱胜景图

紫荆山新貌

抚宁文化地图

走进抚宁

区政协秘书长呼贵礼撰写的《抚宁赋》《青春抚宁 逐梦前行》《纪念人民政协成立七十周

年》《走进抚宁》等撰文，以赋、专题片解说词的形式，艺术地展示了抚宁的历史、文化、自然、地理和经济社会的发展状况。

抚　宁　赋

冀东形胜，洋戴岸畔。西汉置县，名曰骊城。隋属北平，唐置县治。地居边徼，故称抚宁。曾属平州，划归卢龙。辽设阳乐，隶属闰州。金置新安，复置抚宁，归辖瑞州。元废海阳，明属永平，清因袭之。民国初年，划属直隶。先隶渤海，又改津海，再归冀辖。共和新生，专属唐山。跃进之年，秦抚合并。三年灾害，复设抚宁。唐秦分野，划归秦辖。数轮变动，几番归属。区划调整，撤县建区。

北枕燕山，长城踞上。群山逶迤，峰峦叠嶂。怪石嶙峋，势形峻美。境内高峰，有石如牛，险胜华山，牛顶兜绵，疑似蓬莱仙境；黄崖比肩，望海红沙，云谷龙潭，冰瀑惊艳，恰如银练当空。天马秀峰，巨石嵯峨。一代良将，镌刻豪放。天马行空，浩荡寰宇。文字摩崖，百世流芳。城之西南，古有兔耳笼云胜景，康乾驻跸天台，阅武觅天马遗踪；今有"抚宁天路"迤逦，游人慕名而至，赏景寻九天之河。滨海"六山"，蛰卧樊葛。士彬石纹，尖山如龟；平山似虎，横山揽月；缸山倒扣，孤石兀立。元时古刹，龙泉清心。松峒别筑，天水凌海。城中紫金，东西横陈。山水玉屏，护佑风水宝地；植被葱郁，堪称城中"绿肺"。

境内洋河，别称阳河。发源界岭，纵贯南北。旧时阳河古渡，今日洋河秋涛，穿山岳、钻林莽，纳涓流、汇溪河，方圆流域千余，成潭漫塘聚湖，以"人间瑶池"为最；宝石渝水，今名戴河。宝峰清塔，居于上源。汇沙成河，蒲苇摇曳。境之内河，分为南北。一为胜地，一为明珠。声冠全国，享誉世界。母亲洋河，文化戴河，如同玉带，东西列布，南北铺展，滋润沃野，直入渤海。古人逐水而居，又避兵燹，选沟建寨，择要修营。营峪沟寨，文化地名。

美哉抚宁，人间胜境。灵山秀水，写意田园。自然造化，四季分明。春时繁花似锦，夏季碧野青翠。金秋果实飘香，冬天冰影雪韵。

俯察抚宁，钟灵毓秀。人文醇厚，质朴方正兼具。阅魅力史书，商周及夏，盘古万年，所山石器为凭；观文化长廊，齐鲁陕晋，相互激荡，地名渊薮为证。魏武隋炀，挥鞭东征，碣石遗篇作考；唐宗一世，三讨高丽，驸马捎弓为据。自明至清，文有翟鹏一代廉吏，武有鸿图马氏状元。吹歌之乡，闻名全国。民俗艺术，争艳河北。太平鼓舞祈太平，霸王鞭声逞豪放。

嗟哉！仁者乐山，智者乐水。山水抚宁，引人歆羡。帝王将相，军曹小吏，文人墨客，流连抚宁山水，咏之叹之；今居抚宁，既近山岳，又亲浩淼。朝饮兰露，暮听渔歌。抚我黎庶，宁我子妇，诚谓幸福骊城也。

2019年6月20日

青春抚宁　逐梦前行

——庆祝抚宁建置1400年专题片解说词

序　　篇

抚宁是古老的，她的名字起源于唐武德二年，公元619年，至今建置1400年整。抚宁又是年轻的，她于2015年8月撤县建区，至今刚刚四载，充满着无限生机与青春活力。

第一章　追溯历史

史载，在1万年前的大所庄三村东南2000米处的山坡下，一条季节河从此静静流过，而坡上正居住着先民。上世纪90年代发掘的楔形石核与船底形石核等旧石器，成为探源环渤海湾古代文化的指向标。

在距今1万年至4000年间发现的峪门口、英山河等20余处新石器人类遗址，证明了先民们在洋河、戴河沿岸择高地临河而居，从事渔业、采集、种植、制陶与纺织，为这片水草丰茂的沃土，拓现了文明的曙光。此后，从商周到战国，从秦汉到盛唐，从辽金到明清，那些考古发掘的遗址遗迹、众多山寨、古井驿站、寺庙古塔、长城碑刻，标注了抚宁这块土地上人类文明的渐进更替、消亡生存。

第二章　眺望文化

抚宁因扼辽西走廊，自古为中原地区与东北地区的交通咽喉，历来为兵家必争之地。从秦汉时期的碣石驰道，到清朝时期的两京御路；从秦皇入海求仙，到康熙、乾隆东巡过境；从东汉曹操征伐乌桓、隋唐讨高句丽，到明初徐达修筑长城、戚继光戍边、清廷问鼎中原、直奉交战，充分彰显了抚宁在中国历史上的重要价值，也让这块土地饱受了兵燹之苦，更使人口锐减。历代征战，生灵涂炭，民无宁岁，人心思定，故有“抚我黎庶，宁我子妇”之祈盼。自唐建置抚宁，全域人口不足5万。明洪武十四年始大量移民，特别是长城的修筑，带来了中原文化，形成了移民文化，促进了齐鲁陕晋及东北文化在此扎根融合。而长城带来的人心思定图安，又为这块土地上的子民们注入了深厚的长城文化情结，为保家园，奋起抗争。在抗日战争、解放战争中，有无数抚宁籍英烈血洒沃土，英名永存，诞生了红色文化。在革命、建设和改革开放时期，涵育了拼搏进取、一马当先、事争一流的天马文化，成为抚宁人的文化基因。

第三章　探寻密码

从先民们逐水而居，留下的大量人类遗址遗迹，揭示出抚宁这片土地物华天宝、生态优良的独特资禀。自然地理条件的优越，为生于斯长于斯的子民们遗传了内敛自强的性格基因。北部山岳阻滞了西北风的狂凛肆虐，带给人们内心的安定、宁静；南部大海送来了东南风的温柔和煦，带给人们内心的温馨、舒适。在烽火硝烟的年代，自然地理条件的优越又总受战略地位的影响，改变地域文化的走向；数轮变动，几番归属，让长城文化、辽东文化、骊城文化、碣石文化、孤竹文化在此汇合、交融；“营峪沟寨”的地名渊源，既折射出地处边徼的抚宁一度战乱频仍，也折射出抚宁人远兵避险的智慧，更折射出抚宁文化的不屈与抗争、包容与自信。齐鲁陕晋相互激荡，中原东北相互融合，山岳海洋相互浸染。

追溯历史，是为了记住源头；眺望文化，是为了传承文明；探寻密码，是为了凝炼精神。历史为文化增添注脚，文化为历史诠释渊源，密码为历史文化找到锁钥。在徜徉千百年的历史赓续中，我们发现了抚宁文明的足迹；在激荡千百年的文化演进中，我们发现了抚宁文脉的融合轨迹。梳理历史，悠悠千载积淀深沉；盘点文化，岁月万秋历久弥新；打开密码，时间隧道闪现光亮。

第四章　自然造化

著名旅行家李少文在游历抚宁后曾发出如此感慨：“抚宁三面环山，南濒渤海，景象万千，既有朴实雄壮的北国风光，又有如黄山一般秀丽险峻的山峦，还有目力无法穷达的海天一线，万里长城从东、北、西三面高山上蜿蜒而过，就其风光而言，真是连上帝路过此地也要特别垂青的地方。”

走出时光隧道，在感叹先民铸造历史、积累文明的同时，更感叹先民们为后人遴选了这块风水宝地、栖居佳所。抚宁处在黄金经纬，造就了天佑的暖温带季风气候，四季分明，冬无严寒，夏无酷暑；通达山海、联接一体的独特地域，造就了天赐的自然地理条件，北高南低，阶梯分布，山地、丘陵、平原、滩涂、大海要素俱全；大自然的鬼斧神工，独特优良的气候条件，造就了抚宁山清水秀、诗意田园的人间仙境。

山美、水美、人更美。古人云：“山之骨在石，山之趣在水，山之态在树，山之精神在峭、在秀、在高，具一于此，方足著称。”抚宁的山美在山体峻拔、怪石嶙峋、植被繁茂。境内第一峰背牛顶海拔956米，山体高大，形象雄伟，山势陡峭，主峰突兀，四面临空，悬崖万丈，壁立如削，险胜华山。乱刀峪、石房沟、兔耳山、天马山、后明山、缸山等名山奇石遍布、怪石林立，有的兀立于峰顶，有的横卧于山脊，有的逗趣于坡缘，或与松为伴，或鹤立独行，或似人似物，或似鸟似兽。境内高山多林木茂密、草木葱茏；绿海波涛，空气清新，著名的“牛顶兜绵”“兔耳笼云”为抚宁胜景。

灵秀之水与浩瀚之海水系连接、南北呼应。境内洋河、戴河发源于北部高山，形成众多瀑布、池潭、溪河，以黄牛顶天泉瀑布、龙云谷龙潭瀑布为最。又像两条铺展的玉带，自北向南一路欢腾，漫塘聚湖，天马湖、象山湖、鸽子塘、北庄河、滑石后、黄金山水库依山而建，水环山绕，湖光山色，波光潋滟，似颗颗珍珠散落玉盘。两河直入渤海，不仅造就了碧海金沙，形成蓝色海岸，更成为中外游人心仪的避暑胜地、度假滨海。

厚重的历史渊源和独特的地理区位，造就了抚宁人怡淡醇厚的品性，形成了抚宁人豪放旷达的个性和挺立潮头的习性。因为靠山面海，抚宁人民蕴含了山的朴实、正直和坚毅，不怕艰苦，直面困难，扎实苦干，默默耕耘；又浸润了水的灵透、圆润和睿智，具有开放、包容、豁达的襟怀。善于思考，抢抓机遇，顺势而为，敢闯敢干，从而积淀了抚宁人诚实守信的内在品质、务实肯干的内在品性、精明聪敏的内在品格。

第五章　青春抚宁

撤县设区，标志着抚宁告别了县治历史，成为秦皇岛市乃至河北省最年轻的城市区。但历史文脉不会割断，也不能割断。新中国成立70年间，抚宁大地发生了天翻地覆的变化，抚宁人民凭借优越的自然环境和区位条件，凭借改革开放的历史性机遇，更凭借团结拼搏、奋发向上的精神品格，创造了一个又一个辉煌。进入新时代，青春的抚宁逐梦而来。区委二届三次全会勾画了“沿海强区、幸福骊城”的壮美蓝图，确立了实施“生态优先、创新驱动、产业强区、城乡统筹”的发展战略，制定了“六大”攻坚行动的发展路径，吹响了强力推进“二次创业、振兴崛起”新征程的奋进号角。随着总投资80.59亿元的国家能源战略项目、河北省重点项目、秦皇岛市一号工程——抚宁抽水蓄能电站项目的落地开工，标志着抚宁新一轮振兴崛起的强势开局。29天完成梁家湾村123户移民整体搬迁安置，缔造了抚宁速度，凝炼了新时代抚宁干部敢打必胜的拼搏精神、众志成城的团结精神、夙夜在公的奉献精神和人民至上的为民精神；从创卫洗城、双违清零、“秋风行动”到农村人居环境整治大比武，全区各级各部门各单位紧急行动，步调一致，社会各界广泛参与，志愿服务积极投身，一场轰轰烈烈的革陋习、治顽疾、铲毒瘤的文明风暴，席卷抚宁的每一条街巷、每一个社区、每一处商场门店以及临路村庄、厂矿、学校，扮靓抚宁成为每一个市民的自觉行动；发挥、发掘、推介抚宁自然人文资源优势，以推出“荷花盛世夜南娱”、举办京津冀非遗展、打造兔耳山片区旅游高地数箭齐发，让旅游抚宁成为金字招牌，吸引各地游客走进抚宁绿水青山，发现抚宁之美，来一次深呼吸、深睡眠、深度游；情系百姓冷暖，关注民生福祉，以百件实事破题开篇，补短板、强弱项，攻坚克难，区委区政府正以“而今迈步从头越”的豪迈、“直挂云帆济沧海”的雄心、“敢教日月换新天”的胆魄，用实干担当托举抚宁二次辉煌的明天！

尾　声

打开全国地图，在环渤海湾畔东部隆起带上，在环京津崛起的城市群间，有一块灵秀山水、画境田园的福康寿地、宜居佳地、生态宝地。长城与大海对视，青山与绿水相拥，四季与繁华耳语，蓝天与候鸟结伴。四通八达的交通网络，承载怀抱青春梦想的人们拼搏奋斗；鳞次栉比的亭台楼宇，描绘追求美好希望的幸福生活；哺育抚宁文明的洋河戴河，滋养着这片热土钟灵毓秀、人杰地灵……试看青春的抚宁正站在新的历史起点上，在习近平新时代中国特色社会主义思想的指引下，按照既定思路，一路高歌，逐梦前行！

纪念人民政协成立七十周年

巍巍神州，五千载华夏文明辉映寰宇；悠悠赤县，四千年和合思想浸润心田。观宇宙，天人合一；观天下，协和万邦；观国家，和而不同；观家庭，琴瑟和鸣；观道德，人心和善。以和为贵，和而不同；与人为善，和睦和谐。渗透生活习俗，达成文化认同；体现兼容并蓄，倡导求同存异。探源协商民主，发轫尧舜时期。找寻精神寄托，构建灵魂家园。执两用中，辩证平衡；民为邦本，载舟覆舟；中庸之道，民本思想；大道之行，天下为公；绵绵延延，生生不息；内化定力，外化支撑。

回望来路，前瞻复兴。人民政协根植中国历史文化沃壤，诞于近代革命接续奋斗，凝结特色制度不懈探索，承载改革开放思想结晶……

难忘一九四九六月十五，庄重盛会举世瞩目。追忆“五一口号”“共同纲领”，重要决议铭刻史册。一代伟人，诗人情怀，庄严宣告，掷地有声。

成立人民政协，昭示民族独立，宣告人民站立。爱国统一战线广泛建立，人民团结组织完全形成，政治协商制度正式确立，专门协商机构明确定位，政治发展道路奠定基石，参政议政功能全面强化。

坚持党的领导，系于历史认知，系于合作共识，系于共同选择；强化党的领导，源于政治前提，源于根本保证，源于制度选择。环看当今世界，正值百年未有变局；瞻望中华民族，迎来复兴伟业前景。新思想引领新时代，新时代标注新方位。加强思想政治引领，推动制度安排定型。心向“圆心”，坚定一致性；拉长“半径”，化异多样性。聚焦关键，建言资政；增强

“五力”，正面发声；“四个一线”，全面发力；凝聚共识，汇聚力量。

七十载砥砺奋进，九万里风鹏正举。聚焦2019时间之窗，展示政协卓越风姿。为全面小康助力，为复兴宏图振臂！

写于己亥春日

走进抚宁

抚宁，渤海湾畔一座古老而又年轻的城市区，隶属河北省秦皇岛市。西汉时期设骊城县，唐武德二年（619年）取“抚宁黎庶，宁我子妇”之意，始称抚宁县。2015年8月，经国务院批准，区划调整、撤县设区，国土面积968平方公里，人口33万。

抚宁文化厚重。旧石器发现昭示史前文化；洋河、戴河两岸新石器时期人群集居遗迹、战国时期遗址考古发掘，见证悠久历史。汉风唐韵，天马图腾，携太平鼓舞传承弘扬；览明长城，行清御道，留燕塞文化生动演绎。抚宁钟灵毓秀，青山绿水，引历代帝王要员、僧侣文人题名、题榜、题刻，尤以天马山摩崖石刻、宝峰禅寺线刻闻名于世。齐鲁文化、晋陕文化在这里交汇激荡，移民文化、民俗文化在这里水乳交融；长城文化、海洋文化，在这里凝视对话。抚宁是中国吹歌之乡、中华诗词之乡、河北民间艺术之乡。

抚宁生态良好。原始森林蓊郁茂密，公路防护林纵横阡陌，沿海防护林东西横亘，河岸防护林护堤守卫，环城防护林绿掩城区，构成一道道生态屏障。林果丰富多元，桃、杏、李子、大枣、苹果、核桃、梨、板栗次第开花，四季花海，相继结果，馨香四溢，是远近闻名的“热杂果之乡”“花果之乡”。

抚宁气候宜人。冬无严寒，夏无酷暑，四季分明，年平均气温11.5℃，集绚丽之春、清凉之夏、金秋之约、冰影雪韵于一地。毗邻避暑胜地北戴河，紧邻北戴河新区国家级生命健康产业示范园区，是宜居佳地、健康宝地、长寿福地。

抚宁区位优越。位于环渤海、环京津“两环”交汇东部隆起带上，对接京津冀协同发展重要节点、河北沿海突破发力区域、秦皇岛城市拓展重要腹地。近邻京津唐，处华北、东北之要冲；环绕秦皇岛，位于中心地带。

抚宁交通发达。承秦、京哈、沿海高速贯通抚宁；102、205国道，261省道及承秦石门寨连接线，宁海大道通达全境；农村公路四通八达，是全国交通单位面积路网密度最大的城市区。距秦皇岛港35公里，距北戴河机场25公里，距北戴河高铁站15公里，距北京240公里。

抚宁胜境宜游。大自然随机塑造碧海金沙、灵山秀水、画境田园。南有华侨城欢乐谷，中华荷园驰名中外，乐享海洋尽在其中。北部峰峦叠嶂、峡谷幽深，既有60余公里的野长城蜿蜒横亘，又有胜过华山之险的背牛顶风景区、燕塞石林乱刀峪、北方小九寨沟国家4A级景区冰塘峪、奇绝冰瀑龙云谷，还有道教圣地天马山、“人间瑶池”天马湖、“画谷”象山、“天路”兔耳山。母亲河洋河、文化河戴河像两条玉带自北向南，从峡谷铺展至大海，更有百余座水库塘坝星罗棋布、散落玉盘，构成一卷经典山水画轴。城区坐拥紫金山，相依洋河水，镶嵌园林中。古人云：仁者乐山，智者乐水。在抚宁既可近山岳，又可亲浩渺，朝饮兰露，晚听渔歌。

抚宁潜力无限。立足区域协作、产城互动，凭借与秦皇岛经济技术开发区深度合作，抚宁经济开发区和城市区建设驶入快车道。1.5 万余亩的土地储备为项目“安家筑巢”，“九通一平”的基础设施为项目全面配套，简便快捷的审批服务为项目铺就绿色通道。区内坐落省级军民融合产业示范园、全国玉米淀粉加工领军企业骊骅淀粉、北方生猪电子交易中心宏都集团等龙头企业。以新型能源、先进制造、农副产品加工、医疗康养、现代农业、休闲旅游为主导的产业格局正加速形成，必将为抚宁实现高质量发展打造强力引擎！

进入新时代，年轻的抚宁区更加富有蓬勃朝气、青春活力，也必将秉承悠久历史文化、赓续天马驰骋精神，勇立创新发展潮头，围绕“二次创业、振兴崛起”目标，依托现有产业资源禀赋，着力培育壮大新兴制造、现代服务、休闲旅游、生态种植、精细加工五大支撑产业，奋力打造“实力之城、魅力之城、和谐之城”，以开放的胸襟、诚信的品格、合作的精神，诚揽天下英才，广纳四海宾朋，聚合发展资本，创造共赢机遇！

走进抚宁，你会有家的温馨！

选择抚宁，你必将收获成功的喜悦！

政 协 党 建

人民政协是中国共产党领导的多党派合作的政治协商机构和爱国统一战线组织，是具有中国特色的制度安排，是重要协商渠道和专门协商机构，是国家治理体系的重要组成部分。加强政协党的建设，是贯彻落实党对人民政协工作全面领导的重要要求，是确保人民政协制度优势充分发挥的根本保证。加强党对政协工作的全面领导，通过党在各级人民政协组织建立党的组织去实现，重点发挥政协党组“把方向、管大局、保落实”的作用，严把正确的政治方向，始终确保政协组织与党中央保持思想、政治、组织、行动上的高度一致，始终围绕党委政府中心工作这一大局开展政治协商、民主监督和参政议政等履职活动，确保党中央和各级党委的重大决策部署落到实处。加强党对政协工作的全面领导，必须加强政协系统党的建设；而加强政协系统党的建设，又必须加强各级政协党组织建设，重点加强政协系统党组织的思想、政治、组织、作风、纪律和廉洁建设，从而更好地实现党对政协工作的全面领导，更好地发挥好人民政协的独特制度优势。

1982—2021 年，历届抚宁县（区）委高度重视政协系统党的建设，选派具有丰富工作阅历，在党委政府担任过重要领导职务或在县（区）直、乡镇担任过主要领导职务，德高望重、团结联系群众且政治性强的同志到政协担任党组成员，发挥其政治统领能力强、大局意识强的优势，为加强党对政协工作的领导提供了强有力的组织保证。历届抚宁县（区）政协党组，始终都把政协系统党的建设作为一项政治责任，作为一项重要任务，作为一项首要课题，牢牢扛在肩上，紧紧抓在手上，时刻放在心上。通过加强理论学习，搞好理论武装，大力弘扬政协学习传统和优势；通过不断强化思想政治引领，切实打牢共同思想政治基础，锤炼政协委员和机关干部两支队伍；通过坚持不懈加强政协党组、政协机关党组和机关党支部建设，充分发挥政协党组“把方向、管大局、保落实”作用，党要管党、全面从严治党主体责任作用，党风廉政建设一岗双责作用和机关党组贯彻政协党组各项决策部署落实作用，机关党支部战斗堡垒作用；通过贯彻落实党中央和各级党委重大决策部署，开展各项活动，推动政协各项履职活动扎实开展。

40 年来，抚宁县（区）政协党组始终坚持把县（区）委对政协工作的领导作为第一遵循，始终坚持重大事项向县（区）委报告制度，始终坚持坚决响应并贯彻执行县（区）委的重大决策部署。

狠抓党组建设，突出政治建设，紧密结合整党、端正党风做合格党员、特色理论学习、“三讲”教育、“三个代表”重要思想学习教育、保持共产党员先进性教育、科学发展观学习教育、群众路线教育实践活动、“三严三实”专题教育、“两学一做”学习教育和“不忘初心、牢记使命”主题教育、党史学习教育等不同历史时期的教育活动，着力在思想上建党、政治上建党、组织上建党等方面下大力气，做实文章。通过学懂弄通做实党在不同历史时期确定的总任务、总目标、总体战略和重大方针政策，结合学习领会马列主义、毛泽东思想、邓小平理论、“三个代表”重要思想、科学发展观和习近平新时代中国特色社会主义思想，着力搞好理论武装；结合开展整党、纠正“四风”、贯彻中央八项规定、落实巡视巡查整改、加强党风廉政建设，以深入进行对照检查、认真剖析原因、明确整改方向与措施、制定整改方案与清单、强化督导与落实、开好专题民主生活会等方式，坚持联系思想工作实际，开展全面政治体检；将政协党组、机关党组和机关党支部的理论学习、理论武装、思想政治建设、各项学习教育活动融合贯通起来，一体研究、一体部署、一体推进。同时适应形势需要，不断建立和完善党组民主集中制、党组会议议事规则、贯彻落实中央关于党规党纪、尊崇践行党章、党内政治生活若干准则、中国共产党党组织条例等各项制度，严格落实开好民主生活会、专题组织生活会、“三会一课”、民主评议党员和发展党员等制度，创新理论学习、理论研讨、理论宣讲和开展主题党日、丰富组织生活等形式，县（区）政协机关党支部多次被县（区）委和县（区）直属党委评为先进党支部，41 人次被评为优秀共产党员。

党组织机构

县（区）政协党的组织有政协党组、政协机关党组、政协机关党支部。1982 年县政协成立之后立即建立了县政协党组和机关党支部。40 年来，县（区）政协党的组织始终保持机构完整、人员齐备、制度健全、政治生活正常。2019 年 3 月，为加强政协系统党建工作，根据中共中央办公厅《关于加强和改进新时代人民政协工作的意见》精神，经区委决定，在区政协设立了机关党组，确保政协系统党建工作全覆盖。健全的组织机构，充分体现了党的战斗力、凝聚力、吸引力，发挥了党组织的战斗堡垒作用和党员的先锋模范作用，并且保证了政协组织以政治建设为统领，全面加强政协系统党的各项建设，使政协更好地成为党领导的重要阵地。

政协党组　1982 年 3 月 25 日，经中共抚宁县委批准，建立县政协党组。2015 年 8 月撤县设区后，经中共秦皇岛市抚宁区委批准，建立区政协党组。

1982—2021 年县、区政协党组成员及顾问一览表

届次	职务	姓名	任职时间	备注
县政协第一届委员会党组	书记	胡　顺	1982.03—1984.01	
		刘惠廷	1984.01—1984.05	
	副书记	姚恩惠	1982.03—1984.01	
		刘志成	1983.05—1984.05	
		赵国栋	1984.01—1984.05	
	成员	刘志成	1982.03—1983.05	
		黑俊义	1982.03—1984.01	
		董国贤	1982.03—1984.05	
县政协第二届委员会党组	书记	刘惠廷	1984.05—1987.04	
	副书记	赵国栋	1984.05—1987.05	
		刘志成	1984.05—1987.04	
	成员	李广明	1984.05—1987.05	
		董国贤	1984.05—1987.04	
		黄润忠	1985.05—1987.05	
县政协第三届委员会党组	书记	张浩成	1987.05—1990.04	
	副书记	赵国栋	1987.05—1990.04	
	成员	李广明	1987.05—1990.04	
		黄润忠	1987.05—1990.04	
县政协第四届委员会党组	书记	傅振东	1990.04—1993.03	
	副书记	白润泉	1990.04—1993.03	
		苏洪珊	1992.12—1993.03	

（续表）

届次	职务	姓名	任职时间	备注
县政协第四届委员会党组	成员	张浩成	1990.04—1990.07	
		李瑞林	1990.04—1993.03	
		张九龄	1990.04—1991.04	
		王向春	1991.05—1993.03	
		顾昌和	1992.12—1993.03	
	顾问	张浩成	1990.07—1991.03	
县政协第五届委员会党组	书记	苏洪珊	1993.03—1998.03	
	副书记	顾昌和	1993.03—1995.01	
		侯玉璋	1996.03—1998.03	
		杨雨顺	1996.06—1998.03	
	成员	王向春	1993.03—1998.03	
	顾问	傅振东	1993.03—1998.03	
		李瑞林	1993.03—1998.03	
县政协第六届委员会党组	书记	苏洪珊	1998.03—2002.04	
		王连成	2002.04—2003.04	
	副书记	侯玉璋	1998.02—2002.03	
		杨雨顺	1998.02—2002.03	
		李占义	2002.03—2003.04	
		李志佳	2002.03—2003.04	
	成员	李占义	1998.02—2002.03	
		张宝森	2002.03—2003.04	
		陈庆昆	1998.02—1999.06	
		王素霞	1999.06—2002.03	
		刘秀才	2002.03—2003.04	
县政协第七届委员会党组	书记	王连成	2003.04—2007.05	
	副书记	顾昌和	2006.04—2007.05	
		李占义	2003.04—2007.05	
		李志佳	2003.04—2007.05	
	成员	刘树林	2003.03—2007.05	
		刘秀才	2003.04—2007.05	
县政协第八届委员会党组	书记	顾昌和	2007.05—2012.03	
	副书记	李志佳	2007.05—2011.09	
	成员	李英伟	2007.04—2012.03	
		马利华	2009.01—2012.03	
县政协第九届委员会党组	书记	顾昌和	2012.03—2015.01	
		张　岐	2015.01—2015.08	
	成员	李英伟	2012.03—2015.08	
		马利华	2012.03—2015.08	
		刘秀才	2012.03—2015.08	
		付　强	2014.02—2015.08	
区政协第一届委员会党组	书记	张　岐	2015.08—2017.02	
	成员	李英伟	2015.08—2016.07	
		马利华	2015.08—2016.04	
		付　强	2015.08—2017.02	
		刘秀才	2015.08—2016.06	
		呼贵礼	2016.06—2017.02	
区政协第二届委员会党组	书记	张　岐	2017.02—2021.06	
	副书记	王海银	2017.02—2021.07	
		刘大江	2019.12—2020.07	兼
		朱　颖	2020.08—2021.06	兼

（续表）

届次	职务	姓名	任职时间	备注
区政协第二届委员会党组	成员	徐秋阳	2017.02—2021.07	
		付　强	2017.02—2021.07	
		呼贵礼	2017.02—2021.07	
区政协第三届委员会党组	书记	关金一	2021.06—	
	副书记	刘　昕	2021.06—	兼
		徐秋阳	2021.07—	
	成员	王　华	2021.06—	
		马国成	2021.06—	

机关党组　2019 年 3 月，经区委批准，区政协成立机关党组。

2019—2021 年区政协机关党组成员一览表

职务	姓名	任职时间	备注
书记	呼贵礼	2019.03—2021.06	
	马国成	2021.06—2021.07	
成员	张玉敏	2019.03—2020.06	
	李向光	2019.03—2021.07	
	杨　杰	2020.06—2021.07	

机关党支部　1982 年 4 月 2 日，建立县政协机关党支部。2015 年 8 月，抚宁撤县设区，10 月 9 日召开支部党员大会，选举产生建区后新一届机关党支部。

1982—2021 年县、区政协机关党支部成员一览表

职务	姓名	任职时间	备注
书记	董国贤	1982.04—1986.05	
	黄润忠	1986.05—1989.12	
	张九龄	1990.04—1991.04	
	王向春	1991.04—1994.04	
	陈庆昆	1994.04—1999.08	
	王素霞	1999.08—2002.11	
	刘秀才	2002.11—2016.08	
	呼贵礼	2016.08—2021.07	兼
副书记	贾铁业	1984.04—1988.07	
	李瑞林	1986.05—1988.07	
	王向春	1988.07—1990.09	
	王素霞	1990.09—1999.08	
	李广明	1992.10—1994.04	
	付衍生	1994.04—1999.05	
	刘秀才	1999.05—2002.11	
	孙有杰	2002.11—2015.10	
	张玉敏	2015.10—2020.12	
	杨　杰	2020.12—2021.07	
委员	朱文久	1984.04—1986.05	
	黄润忠	1984.04—1986.05	
	李学勤	1984.04—1988.07	
	王瑞东	1986.05—1990.09	
	王向春	1986.05—1988.07	
	付衍生	1986.05—1990.09	
	王素霞	1988.07—1990.09	
	王晓光	1990.09—2007.06	

（续表）

职务	姓名	任职时间	备注
委员	杨晓文	1990.09—1996.04	
	李　全	1990.09—2002.11	
	陈庆昆	1992.10—1994.04	
	孙有杰	1996.04—2002.11	
	武玉安	2001.06—2002.11	
	张晓华	2002.11—2009.11	
	陈　文	2002.11—2011.05	
	张玉敏	2008.05—2015.10	
	茹学军	2009.11—2015.10	
	李向光	2011.06—2021.07	
	呼贵礼	2015.10—2016.08	
	郑海芹	2015.10—2021.07	
	刘　伟	2016.08—2021.07	

党建工作

县（区）政协始终把坚持中国共产党的领导放在各项工作的首位，政协党组充分发挥职能作用，认真贯彻执行党的路线、方针、政策，讨论和决定本系统的重大问题，做好干部管理工作，团结党内外干部群众，完成党和国家交给的任务，指导机关和直属单位党组织的工作，并努力建设好政协队伍。政协机关党支部自建立以来，始终坚持狠抓党的政治、思想、组织、纪律、廉洁和作风建设，根据历史发展不同时期，有针对性地抓好党员学习教育、理想信念教育、党性觉悟提高、党员队伍建设和管理。40 年来，先后培养发展党员 21 人，有 41 人次被评为优秀共产党员，政协机关党支部连续被县（区）委评为先进党支部。为充分发挥政协党组织的战斗堡垒作用，政协系统广大党员的发挥先锋模范作用，县（区）政协党组、党支部坚守初心，牢记使命担当，在 40 年政协工作历程中，先后组织党员、干部卓有成效地开展了学习宪法、法律，整党活动，邓小平理论，“三个代表”重要思想，科学发展观，习近平新时代中国特色社会主义思想等一系列学习教育活动，使政协系统的广大党员、干部不间断地接受党的思想理论教育、党性党风教育，思想觉悟不断提高，政治立场更加坚定，锻造出了一支经得起历史检验的高素质的人民政协队伍。

县政协党建工作

县政协党组和机关党支部认真履行党组、党支部的职责，在政协系统中坚持抓好党的建设工作，发挥党组的核心和机关党支部的战斗堡垒作用。1982—2015 年，县政协党组围绕加强党的建设各方面的工作，党组累计组织 110 余次党组活动。机关党支部围绕党的思想建设、组织建设、作风建设等方面的工作，累计组织 160 余次活动。

党组活动　1982 年 3 月 25 日，县政协设立党组，受同级党委领导。县政协的重要工作和活动，政协党组坚持向县委请示和报告。3 月 31 日，县政协党组召开第一次会议，传达唐山地委召开的政协工作座谈会议精神，研究县政协党组向县委的请示和汇报事宜。4 月，向县委报告建立县政协以来的主要工作和县政协一届一、二次常委会会议情况。9月，向县委报告去丰南、遵化县学习、考察政协工作情况和本会5个月的工作情况。10月，向县委报告召开农业科技人员献计献策座谈会情况。11月，向县委报告召开工业工程技术人员座谈会情况。

1983年8月，县政协党组书记胡顺主持召开党组（扩大）会议，总结建立县政协以来的工作，并由县政协党组向县委报告建立政协一年多的全面工作情况和今后工作意见。其中包括县政协、县委统战部为落实省政协、省委统战部关于贯彻全国政协常委会决定对各级政协委员的政策落实情况进行检查的通知精神，县政协通过深入调查、重点走访、召开座谈会等方法进行检查，努力为在“文革”运动中受到错误处理的11名委员落实政策等情况。

1984年，县政协党组先后召开9次党组会议，分别讨论研究人事干部提拔、党组生活会议制度、机关党支部建设和整党活动。4月初，按照上级有关整顿工作的要求，针对县政协成立2年来的工作，县政协党组研究制定《抚宁县政协党组整改方案》，从加强对党的统一战线理论和政策的学习和宣传工作；端正政协工作指导思想；继续做好落实知识分子政策和政协委员政策工作；加强机关建设，改善领导作风，建立健全机关各项工作制度和党内生活等四个方面进行总结，制定详尽的改进措施。8月23日，胡耀邦同志在省长张曙光陪同下视察抚宁。要求县委、县政府转变作风，改组农业，发展畜牧业、加工业，搞好城镇建设。是日晚，县委召开五套领导班子会议，传达胡耀邦同志视察抚宁县的讲话。会后，县政协利用半天时间进行学习讨论。8月25日，县政协党组以文字汇报的形式向县委报告县政协学习讨论情况。大家对胡耀邦亲临抚宁视察倍受鼓舞，对他的扎实作风，深感钦佩。对他的讲话一致认为符合抚宁的实际，决心从思想上提高认识，进一步清除“左”的影响，全面理解发展农业不单单是只抓粮食生产，要农、林、牧、渔全面发展。并要结合政协工作实际，转变作风，会同有关部门，深入基层，就农业、畜牧业、加工业等问题开展调研，抓好典型，为县委、县政府落实胡耀邦的讲话精神进言献策。10月25日，县政协党组书记刘惠廷主持召开党组会议，传达县委关于整党工作意见，研究县政协机关整党工作。11月，县政协党组根据县委的统一部署，对县政协机关整党活动作出具体安排。整党活动共分四步进行，包括学习文件、对照检查、集中整改、党员登记总结验收。大致安排10个月时间。其中各阶段党组和党员的学习内容安排五个专题。第一专题：明确整党的目的意义，认识整党的必要性和紧迫性。重点学习《中共中央关于整党的决定》《十一届三中全会以来重要文献简编》《毛泽东同志论党的作风和党的组织》等文献。第二个专题：统一思想，进一步实现全党思想上、政治上的高度一致。重点学习《实现四个现代化必须坚持四项基本原则》《关于建国以来党的若干历史问题的决议》《马克思主义伟大真理的光芒照耀我们前进》《改造我们的学习》等重要文献。第三个专题：整顿党的作风，发扬全心全意为人民服务的革命精神。学习《党和国家领导制度的改革》《关心群众生活，注意工作方法》《纪念白求恩》《为人民服务》《继续保持艰苦奋斗的作风》等文献。第四个专题：加强纪律，坚持民主集中制的组织原则。重点学习《关于党内政治生活的若干准则》《中国共产党章程》《党委会的工作方法》《反对自由主义》等重要文献。第五个专题：纯洁组织，保持党的先进性和纯洁性，提高党组织的战斗力。重点学习《中共中央关于整党的决定》《提拔培养中青年干部是当务之急》《毛泽东同志论党的作风和党的组织》等重要文献。

1985 年上半年，整党活动转入“对照检查”和“整改”阶段，县政协党组及时作出关于下一步整党的安排意见，明确提出，对照检查和边整边改是整党的重点阶段，要重点解决：端正业务指导思想，解决服从、服务于总任务、总目标问题；彻底否定“文化大革命”，真正清除派性，增强党性；进一步端正党风、严肃党纪，坚决刹住和纠正新形势下的不正之风。并认真开展“五查”活动，即对照检查个人是否在政治上和党中央保持一致，是否符合开创新局面的要求，是否树立为人民服务的思想，是否按照党员标准在工作上起先锋模范作用，是否坚信共产主义信念。6 月完成党员登记工作，机关 14 名党员全部合格予以登记。整党活动由党组把握全局，机关党支部具体组织党员活动，整党全过程平稳、顺利，收到了整党的预期效果。7 月 22 日，县政协党组向县委整党指导小组报告县政协整党工作总结，全面汇报县政协整党工作，总结了基本经验，查找出存在的问题。

1986 年 2 月，县政协党组组织机关全体党员认真学习中央领导关于实现党风和社会风气根本好转的重要讲话。结合县政协的实际，县政协党组书记刘惠廷主持召开党组会议，制定《关于加强党的建设端正党风的实施意见》。意见提出，进一步加强机关政治思想教育，建立健全机关工作制度，健全党内的民主生活制度，克服官僚主义，转变工作作风，加强对端正党风工作的领导等具体措施。5 月，按照上级统战部门的安排，针对县政协工作实际，县政协党组制定《关于政协领导干部及党支部成员在职学习统战理论政策的安排意见》，系统学习新时期的统战理论，进一步提高政协工作人员的业务素质。10 月，县政协党组根据县政协二届十二次常委会（扩大）会议关于学习贯彻《中共中央关于社会主义精神文明建设指导方针的决议》精神，就进一步加强全县青少年教育问题向县委专题报告，以便县委从全局考虑，制定实施意见。县委、县政府对县政协十二次常委会学习和会商的内容很重视，县委副书记李运午、县长王世祥等亲临会议并讲话。

1987 年 3 月 5 日，县政协召开党组会议，县委统战部负责人参加，讨论三届县政协委员会人事安排事宜。7 月 2 日，县政协党组召开换届后第一次党组生活会，党组成员认真总结检查换届以来工作及思想方面的情况，研究改革政协常委会开法，开创政协工作新局面等事宜。8 月 7 日，县政协党组书记张浩成主持召开党组会议，研究贯彻落实中共抚宁县委六届四次全委（扩大）会议的具体措施，并向县委报告。从整顿纪律、克服官僚主义、转变作风、围绕县委中心工作、结合政协工作实际等方面提出具体贯彻落实措施。

1988 年 1 月，县政协党组针对撤乡扩镇后，乡镇人员发生变化的实际情况，就县政协三届二次会议先于人代会召开，有关参会人员、乡镇联络组设置等具体问题向县委请示，以确保会议如期召开。10 月，县政协党组从县政协更好地服务于党委和政府的中心工作，在发展商品经济中充分发挥职能作用，请示县委将原“两科一室”改为宣教文卫科、经济技术联络科、社会法制科和办公室，并明确相关科室的职责。

1989 年 3 月，县政协党组针对县政协增设新科室的情况，及时向县委请示调整充实机关科室领导干部，随即县委予以批复，保障机关相关工作的顺利开展。7 月 5 日，召开党组（扩大）

会议，学习“七一”讲话，党组书记张浩成主持会议，并强调党的纪律，必须在思想上、政治上同党中央保持高度一致，必须从理论和实践的结合上坚持好四项基本原则。9月，县政协党组针对农村县政协委员原来误工补贴较低的问题，向县委提出增加补贴的请示，建议由原来农村委员每天误工补贴0.60元改为每人每年40元标准，由县政协按委员实际误工天数计发。9月，县政协党组根据市委关于县级人大、政府、政协换届工作的要求，经县政协主席会议商议后，以县政协党组的名义，对四届政协委员会的联络组、工作组的设置委员人数、委员调整等问题，向县委递交请示。县委研究后予以批转，确保县政协换届工作如期进行。

1990年4月，县政协四届一次全委会后，县政协党组立即向县委呈报会议选举主席、副主席、秘书长和常委的结果。7月，县政协党组根据上级政协的要求，向县委呈报拟设立经济科技委员会、宣教文卫委员会（含体育）、学习委员会、文史资料征集委员会、提案工作委员会和社会法制海外联谊6个委员会以及相应人员配备的请示。县委8月初研究后予以批复。10月，县政协主席、党组书记傅振东主持召开乡镇联络组和委员活动组组长会议，部署协助党委纠正行业不正之风工作。

1991年2月，县政协党组根据政协章程规定和市委统战工作会议的要求，与县委统战部联合向县委请示关于合并召开县委统战工作会议和政协四届二次全委会议。就两个会议的开法、时间、会议规模等具体问题作详细的说明。

1992年12月21日，县政协党组书记傅振东主持召开党组会议，围绕科室骨干科员的定级、政协乡镇联络组组长人选推荐和县政协换届的人事安排等事项，向县委呈报《关于机关骨干科员定为股级科员的请示》《关于增补委员和干部任免事项的报告》《关于县政协换届问题的请示》。上述报告及请示得到县委的批复、批准。

1993年，县政协党组先后3次就县政协机关人事和乡镇联络组组长人选事项向县委报告相关情况。召开党组扩大会议，学习江泽民同志在中纪委第二次全会上的讲话和中纪委二次全会公报。深刻认识形势，实事求是地估价反腐斗争的现状以及腐败现象产生的社会历史原因，重温邓小平关于端正党风、加强廉政建设、反对腐败的重要论述。在提高认识的基础上，党组召开民主生活会，对照党中央对县级以上领导干部提出的“五不准”和省委提出的“十不准”的要求，每个党组成员进行认真反思，提高自身廉洁自律的自觉性。“五不准”，即（1）不准经商办企业，不准从事有偿的中介活动，不准利用职权为配偶、子女和亲友经商办企业提供任何优惠条件。（2）不准在各类经济实体中兼职（包括名誉职务），个别经批准兼职的，不得领取任何报酬，不准到下属单位和其他企事业单位报销应由个人支付的各种费用。（3）不准买卖股票。（4）不准在公务活动中接受礼金和各种有价证券；不准接受下属单位和其他企事业单位赠送的信用卡，也不准把本单位用公款办理的信用卡归个人使用。（5）不准用公职获取各种形式的俱乐部会员资格，也不准用公款参与高消费的娱乐活动。会后，县政协党组向县纪委、县委组织部报告了党组学习和生活会的情况。

1994—1996年，县政协党组坚持贯彻落实中纪委二次全会精神，围绕党中央和省委提出反腐败的“五不准”和“十不准”的要求，县政协党组书记苏洪珊两次主持召开党组民主生活会，严肃认真地开展自查自纠活动，每位党组成员都从自身做起，对照要求，检查自己和身边发生的一些腐败现象。党组书记苏洪珊、党组顾问傅振东强调要从事关党和国家生死存亡的高度认识反腐败的重要性，要不断增强抵御腐败的能力。是年，按照党管干部的原则，县政协党组根据政协委员、乡镇联络组人员变化的情况，向县委报告相关情况，及时调整部分联络组组长。

1997年，县政协党组根据党委的安排部署，在政协机关开展干部在职学习活动。党组书记、副书记在动员大会上分别讲话，部署学习安排要求，强调在职学习的重要性。学习活动以邓小平理论为指导，贯彻党的十四届四中、五中、六中全会精神和党的十五大精神，紧密结合创“三讲”（讲学习、讲政治、讲正气）文明机关活动，以增强全心全意为人民服务宗旨意识为重点，结合个人实际，解决思想上、政治上、工作上存在的突出问题。通过连续系统的理论政策学习，使在职干部在政治理论水平和文化业务素质上都有不同程度提高。县政协机关历来重视干部的学习教育与培养，先后有7人在各级党校学习取得大学、大专、中专学历，5人正在接受党校学历教育。是年10月，县政协党组就下届县政协换届的任务，委员、常委的构成以及时间安排等具体问题向县委呈报请示。

1998年7月初，县政协党组召开廉洁自律专题民主生活会。在认真学习江泽民同志在中纪委二次全会上的重要讲话、中纪委二次全会公报基础上，党组成员对照中央制止奢侈浪费八条规定、省《实施细则》和《廉政准则》进行讨论、检查。针对提出的一些党政机关和党员领导干部存在的消极腐败现象，使大家充分认识到加强党风廉政建设和开展反腐败斗争是邓小平理论的重要内容，是建设有中国特色社会主义的必然要求。党组成员都表示要加强学习，互相监督。进一步加强机关干部队伍的素质，增强为人民服务的宗旨观念，树立做好政协工作的信心，建立健全机关各项制度。县政协专门制定《关于加强常委会建设的若干规定》和县政协机关11项制度。

2000年，县政协领导班子和领导干部开展为期两个月的“三讲”（讲学习、讲政治、讲正气）教育活动。县政协机关10名实职副科级以上干部、26名县政协常委、11名政协乡镇联络组组长和10名各界别的县政协委员参加县政协领导班子和领导干部“三讲”教育的相关活动。县政协党组书记、县政协主席苏洪珊作动员报告，强调了开展“三讲”教育的必要性和重要性。县政协领导班子成员紧紧围绕改革、发展、稳定的大局和全县的中心工作，以整风的精神，结合自身的思想、工作、纪律、作风各方面的实际，广泛听取各方面的批评意见，开好民主生活会，以胡长清、成克杰等为反面教材开展警示教育，进行认真严肃、全面系统的自我剖析，深挖思想根源，着力解决在党性党风方面存在的突出问题，并制定出具体的整改措施。

2001年2—10月，县政协机关根据党中央关于在全国县（市）部门、乡镇、村级领导班子和基层干部中开展“三个代表”重要思想学习教育活动的指示精神和中共抚宁县委关于这次学习教育活动的统一部署，县政协党组组织机关各科室开展“三个代表”重要思想学习教育活动。县政协成立学习教育活动领导小组，由1名党组副书记、副主席担任组长，下设活动办公室。制定学习教育活动的实施方案，分阶段、按步骤开展学习教育活动，使活动稳步推进，扎实开展，善始善终。

2002年，县政协党组召开4次党组会议，研究部署深入开展“三个代表”重要思想学习教育活动和机构改革等工作。

2003年3月县政协换届，3月17日，县政协党组向县委报告县政协七届一次会议协商选举情况。9月18日，县政协党组根据县政协七届三次主席会议协商提名，向县委呈报了《关于增补赵永红等5人为七届政协常务委员会委员的请示》。9月23日，县政协党组向县委报告七届一次常委会就赵永红等5人增补为县政协七届委员会常务委员会委员事宜进行民主协商的结果。

2005年2月，县政协党组根据县委的安排部署，制定《关于保持共产党员先进性教育活动的实施方案》，并成立先进性教育活动领导小组办公室。自2月上旬至6月中旬开展该项活动。在职和离退休的38名党员全部参加活动。在学习活动中党组书记王连成作动员讲话，强调开展共产党员先进性教育的重要性和目的要求，请老干部、优秀党员、党校老师专题辅导5次。重点学习《保持共产党员先进性教育读本》《中国共产党章程》。明确新时期保持共产党员先进性的基本要求。召开机关工作人员、老干部代表和政协委员座谈会，广泛听取征求对县政协每名党员及党组织的意见，并向党员本人如实反馈。然后对照党章规定的党员义务、党员领导干部的基本条件，全面总结个人近年来思想、工作和作风等方面的情况，进行自我剖析，并撰写党性分析材料。认真开展谈心活动和民主生活会，交流思想、互相帮助。党组专题民主生活会和党支部组织生活会严肃认真，自我剖析，查找个人存在的突出问题，分析其存在的根源。在党员评议过程中，党员个人讲评，党员之间互评，群众参评。在整改提高阶段，认真梳理思想工作、作风方面的突出问题，制定具体的改进措施。通过集中开展共产党员先进性教育，进一步增强全体党员干部的党性观念，明确努力方向，受到深刻的党性锻炼，增强了党组织的凝聚力和战斗力。

2008年4月，县政协党组根据县政协换届后人事变化等情况，向县委提交机关3名、乡镇2名工作人员分别拟任政协相关科室科长、副科长和政协乡镇联络组组长人选的请示。县委研究同意提名后，县政协常委会履行民主协商程序。

2009年，县政协党组按程序向县委推荐科级、副科级干部人选各1人，履行程序后分别被批准任命。是年，县政协党组在开展学习实践科学发展观和干部作风建设年活动中发挥核心主导作用，成立由县政协党组书记顾昌和为组长的领导小组，统筹制定《关于开展深入学习实践科学发展观的实施方案》《关于开展干部作风建设年活动的实施方案》。自3月初至12月底，按照《实施方案》规定的步骤要求，圆满完成开展学习实践科学发展观活动的各项内容。其中，学习阶段组织党员干部集中学习讨论9次，重点学习《科学发展观读本》，毛泽东、邓小平、江泽民论科学发展的论著，使党员干部认识到科学发展的第一要义是发展，科学发展观基本要求是全面协调可持续等内容。在深入调研阶段，县政协领导班子成员深入联系点，到基层干部群众中广泛调研，针对玻璃纤维产业发展、生猪养殖、新农村建设、城镇管理综合执法、县乡财政管理体制改革等问题，撰写5篇有价值的调研文章。在分析检查阶段，先后召开2次征求意见座谈会，发放征求意见表30份，个别走访11次，广泛征求社会各界意见建议。精心组织召开民主生活会和党员组织生活会，深刻剖析，找出思想上存在不符合科学发展观的认识和工作上不适应科学发展观的各种突出问题。活动还结合市政协提出的在全市政协系统践行科学发展观，服务工作大局，开展“五个一”即献一策、联一业（项）、扶一企（村）、帮一户、践一诺活动，把学习实践科学发展观活动引向深入。县政协利用山区的集日开展“送科技、送文化、送医药”下乡活动，发放科技等技术资料6000多份，免费赠送价值1000多元的药品。组织民营企业界、种植养殖业、行政与执法部门的部分政协委员，举行委员履行承诺签字仪式等，把“五个一”活动落到实处。县政协在学习实践科学发展观活动中，通过学习、剖析检查，找到影响和制约科学发展的突出问题，明确了整改、促发展的方向，使党员干部的理论水平、道德修养、工作能力和党风、作风都得到提高。是年，在学习实践科学发展观活动中，县政协共完成49项调研，确定52个联系点，开展技术服务帮扶434户，资金帮扶306户，协调资金186万元，扶贫资金220万元。并组织各界委员向四川汶川地区、青海玉树地区因地震等灾害捐款累计159万元，物折款151万元，较好地完成活动的各项内容和要求。

2010年4月，县政协党组根据县委的安排部署，组织领导县政协机关党支部开展创先争优活动。首先成立领导小组，制定实施方案，并按照方案的安排，从2010年4月至2012年，有计划、有组织、有步骤地开展创先争优活动，并取得较好效果。县政协机关党支部被县委、县直党委评为创先争优先进基层党组织，2名党员分别被县委、县直党委评为创先争优活动优秀共产党员。县政协被秦皇岛市政协评为开展“五个一”活动先进集体。

2011年3月，县政协党组向县委推荐政协机关3名干部为正、副科级干部人选，县委研究批准提名后履行了民主协商程序。是年6月，县政协党组召开严肃换届纪律专题民主生活会，为换届工作打下良好基础。是年，在继续开展的创先争优活动和“五个一”活动中，党员委员和非党员委员带头领办创办民营企业，主动为民服务，扶贫济困，带动周边群众共同致富，展示政协组织良好的团队精神和委员风采。特别是在抚宁县“4·12”森林火灾扑救会战中，各界政协委员主动参与，以各种方式支援扑救会战。民营企业界委员黄俊久、付仁华、罗兴平、马洪顺、刘江华等将价值50多万元的物资送往扑救现场；医药界政协委员孙志明、张建生、赵永红、郝向春等向救火官兵捐赠价值2万多元的药品，并出动10多台次救护用车；农业界政协委员马树国、肖春义、李新华、韩迎、梁春红、梁兴栋、徐东山、刘树林等向救灾一线提供矿泉水70多件，出动各种车辆50多台次；政协委员赵玉柱免费安置灾区村民105人。

2012年1月初，县政协党组就召开换届会议的指导思想、会议时间、会议议程、委员名额及调整原则等事项，向县委上报了《关于召开政协抚宁县第九届委员会第一次全体会议有关问题的请示》。2012年，县政协认真做好学习贯彻中共十八大精神的各项工作，按照县委部署和要求，把学习贯彻十八大精神作为首要的政治任务摆在突出位置，切实抓紧抓好。县政协党组、机关党支部、各乡镇政协活动组、各工作组制订学习计划，完善学习制度，力求学以致用，理论联系实际。领导班子成员积极参加县委中心组组织的集中学习，机关副科级以上干部按时参加县委组织的专题学习培训，坚持学在前、用在前、以身作则，为政协委员和机关干部作出表率。坚持集中培训与个人自学、通过文件与深入钻研结合起来，认真研读十八大文件，原原本本学习十八大报告和党章，做到学懂学精、会用管用。通过专题讲座、理论研讨、知识竞赛等形式，活跃学习气氛。政协委员充分发挥界别代表的作用，深入界别群众中去，宣讲十八大精神，解答群众疑惑。政协组织和委员坚持理论联系实际，把用十八大精神武装头脑、指导实践、推动工作作为学习的出发点和落脚点，提出加强和改进政协工作的新思路、新举措。

2013年，县政协党组结合政协工作实际，认真组织机关党员干部、政协委员学习贯彻中共十八届三中全会精神。政协党组带头学习，组织好机关的学习与自学，组织好委员开展专题学习。把学习中共十八届三中全会精神与学习十八大精神相结合、与党的群众路线教育实践活动相结合、与政协实际工作相结合，切实增强学习实效。从政协职能特点出发，为全面深化改革积极建言献策，广泛凝聚共识、凝聚力量、凝聚人心、凝聚智慧，推动全面深化改革各项措施的落实。

2014年，在县政协党组领导下认真开展党的群众路线教育实践活动。2月17日，召开县政协党组（扩大）会议，传达县委召开的党的群众路线教育实践活动动员大会精神，讨论研究县政协活动的具体部署安排。成立由县政协党组书记、政协主席顾昌和为组长的领导小组及领导小组办公室，制定县政协《关于开展党的群众路线教育实践活动实施方案》。开展党的群众路线教育实践活动坚持以党的十八大和十八届三中全会精神和习近平总书记系列重要讲话精神为指导，以为民务实清廉为主题，以“照镜子、正衣冠、洗洗澡、治治病”为总要求，以“党员干部转作风、人民群众得实惠、深化改革迈大步、经济发展上水平”为目标，以补精神之“钙”、除“四风”之害、祛行为之垢、立为民之制为重点，以机关科级以上领导干部为主体，进一步加强作风建设，着力解决形式主义、官僚主义、享乐主义和奢靡之风等“四风”突出问题。按照实施方案确定的方法步骤，进行学习教育，听取意见。通过活动实践专栏或媒体向社会和政协委员作出“四风”方面的公开承诺。然后通过“走出去”或“请进来”等多种方式，广泛征求相关部门、县政协委员、机关干部职工（含离退休）、基层群众对县政协机关、领导班子成员、科级干部的意见建议333条。6月15日，县政协党组专门召开党组（扩大）会议，具体研究此阶段开展查摆问题的方法、形式、批评与自我批评的要求及开展谈心活动等。每个党员领导干部都认真撰写自我剖析材料，达到出出汗、红红脸、互相帮助，照镜子、正衣冠、洗洗澡、治治病的效果。进行整改落实，县政协机关制定具体的整改方案，建立健全各种制度，重点抓存在突出问题的整改，清退了超标的办公用房，堵塞公款吃喝，杜绝公车私用，严格控制外出考察等。并运用民主评议、民意调查、投票等方式对领导班子成员、党员领导干部进行总体评议。9月，县政协形成《关于深入开展党的群众路线教育实践活动总结报告》，上报县教育实践活动领导小组办公室。

2015年3月20日，县政协党组书记张岐主持召开党组（扩大）会议，学习习近平总书记关于党风廉政建设和反腐败斗争论述，针对政协机关是清水衙门，精神懈怠、贪图享受、讲排场、信念动摇、安于现状等认识错误和不良表现，深刻进行反思，提高对反腐败、加强党风廉政建设重要性的认识。5月21日，召开党组会议，研究安排部署开展“三严三实”专题教育活动。党组会议强调，习近平总书记提出的“严以修身、严以用权、严以律己，谋事要实、创业要实、做人要实”的“三严三实”重要论述，是党的群众路线教育实践活动的进一步深入，必须引起高度重视。县政协机关按照县委的部署，搞好动员，作出具体活动安排。党组成员带头讲党课，理论联系实际谈体会。深刻领会“空谈误国，实干兴邦”的内涵，自我反省、查找自身存在的问题，为开好专题民主生活会作好准备，确保通过这次“三严三实”专题教育，加强党性修养，坚定理想信念，提升道德境界，强化责任担当。6月，县政协党组召开会议，向县委推荐2名政协科级干部人选和1名副科级干部人选 。

机关党支部活动 1982年4月2日，县委批准建立县政协机关党支部，共有党员7人。4月19日召开第一次支部党员大会，传达县委组织工作会议精神，选举董国贤为政协机关党支部第一任支部书记。11月，召开党支部委员会，制订发展党员的3年计划，并确定培养入党积极分子1人。

1983年4月，县政协机关党支部召开第一次组织生活会，首先学习党章，然后对照党章要求，每位党员认真联系个人思想和工作实际认真总结，开展“五查”。对照共产主义信念、全心全意为人民服务思想、党性观念、党员先锋模范作用、合格共产党员标准，查找不足，开展批评和自我批评。6月下旬，召开支部党员大会，评选王素霞为出席县委“七一”表彰大会的优秀共产党员。11月，全体党员集中学习《邓小平文选》，并召开民主生活会，使每个共产党员对《邓小平文选》的学习和应用都有新的认识，一致认为，坚持党的实事求是的思想路线是非常必要的。是月，党支部组织党员观看电影《不该发生的故事》，在组织观后讨论中，大家都深有感触，作为共产党员就要敢于开展批评和自我批评，要时刻坚持党的群众路线，不忘党和群众的鱼水关系。

1984年1月，经县政协党组研究，机关党支部大会选举并报县直党委批准，县政协机关党支部增补2名支部委员。4月召开机关党支部党员大会，进行机关党支部换届改选，新一届党支部委员会由5人组成，并研究制定党内学习和民主生活会制度。是年，朱文久被县委评为优秀共产党员。10月30日起，县政协机关开展整党活动，从学习讨论县委整党报告，到揭摆本单位“文革”遗风的表现，县政协机关党支部共组织召开15次党员大会。

1985年1—7月，县政协机关党支部按照上级整党活动安排，继续进行机关整党活动，党支部召开14次党员大会，传达学习整党文件文献，讨论县委、县政协班子的对照检查材料，听取机关支部每个党员的对照检查、党员个人整党总结收获，讨论通过机关党员登记，讨论通过县政协机关整党工作总结等。截至7月底，县政协机关党支部严格遵循上级党委的整党安排部署，顺利完成整党工作，并达到了预期目标。是年，崔振民被县委评为优秀共产党员。

1986年5月10日，召开全体党员大会，鉴于原任党支部书记离任，重新选举机关党支部委员会，并报县直党委批准。党支部制定“三会一课”具体活动制度。11月28日—12月13日，机关党支部按照上级党委的要求，对全体党员进行普训学习教育活动。是年，县政协机关党支部先后召开支部会议8次，发展预备党员2人，培养入党积极分子1人。付衍生被县委评为优秀共产党员。

1987年，县政协机关党支部召开10次党支部委员会和党员大会，传达上级会议精神、开展创先争优活动、讨论预备党员转正、发展预备党员和召开党内组织生活会议等。7月，政协机关党支部向县纪委汇报开展党风大检查情况，包括大检查的组织领导、时间安排和党组、党支部召开生活会以及端正党风的具体措施。是年，县政协机关党支部讨论通过预备党员转正 2 人，发展预备党员 2 人。刘士华被县委评为优秀共产党员。

1988 年，县政协机关党支部组织全体党员开展“端正党风，做合格党员”的大讨论，选举出席县直党代会代表，学习《关于党内政治生活的若干准则》，测评党员，党支部换届选举、预备党员转正和发展预备党员等活动。是年，党支部讨论通过预备党员转正 2 人，发展预备党员 1 人。王素霞被县委评为优秀共产党员。

1989 年，县政协机关党支部组织党员学习哲学、中央领导重要讲话，进行党课培训、讨论廉政建设、评议合格党员、讨论发展新党员、评选优秀党员。党支部认真坚持“三会一课”制度，扎实开展“党员评格”活动。10 月，经过一周时间的“党员评格”，认真开展批评与自我批评，全机关 25 名党员全部评为合格。特别是针对发生在北京的“六四”政治风波，机关全体党员认真学习中央领导的讲话，进一步提高和党中央在思想上、政治上高度一致的自觉性。是年，党支部召开支委会、党员大会 19 次，发展预备党员 1 人，培养入党积极分子 3 人。杨晓文被县委评为优秀共产党员。

1990 年，县政协机关党支部坚持“三会一课”制度，有序开展各项活动：制定全年党支部工作计划、评定 1989 年度模范工作者、补选机关党支部书记和机关党支部换届选举工作、讨论通过年逾 70 岁的县政协副主席赵振基和 2 名青年入党问题、讨论通过上届党支部确定的 1 名预备党员转正工作、研究制定县政协机关党支部《关于党员目标管理实施办法》等。其中，赵振基入党问题尤为引人关注。赵振基为县政协 1 ～ 3 届副主席，曾在国民党的宋哲元部队当医兵、军医主任，参加过抗战，1945 年 10 月随高树勋部队起义参加革命。40 多年来，多次申请加入中国共产党，其在亲身经历中深刻感到没有共产党就没有新中国，拥护共产党、热爱共产党、坚信社会主义制度、坚定地拥护党的十一届三中全会以来的路线方针政策，几十年来工作上严格要求自己，任劳任怨，顾全大局，努力从思想上先入党。经组织调查，其历史清楚，现实表现良好，党员大会一致通过其为中共预备党员。是年，先后召开支委会、党员大会 15 次。刘士华被县委评为优秀共产党员。

1991 年，县政协机关党支部认真坚持党的“三会一课”制度，组织学习上级文件、党章，开展“七一”党的生日纪念活动，研究通过预备党员转正，确定年度培养入党积极分子，评选优秀党员，按照党员目标管理办法对机关党员进行评格。成立由党组副书记任组长的 7 人领导小组，开展思想、作风、纪律教育整顿活动，调查了解党员思想作风方面的问题和表现，召开党员大会，对照检查思想作风存在的差距。此次整顿教育活动收到预期的效果。是年，讨论通过预备党员转正 3 人，培养入党积极分子 1 人，刘士华被县委评为优秀共产党员。

1992 年，县政协机关党支部组织党员认真传达学习县委关于加强机关党的建设的意见，结合政协机关党建的实际情况进行认真讨论，紧密联系机关党员目标管理的各项要求，并开展评议是否合格，逐人进行评议打分，公布评分结果。是年，机关党支部按照既定的相关制度，年内先后召开 12 次支委会议和党员大会。讨论通过发展预备党员 1 人，杨晓文被县委评为优秀共产党员。

1993年，县政协机关党支部组织机关党员认真学习《邓小平文选》第三卷，深刻理解邓小平建设有中国特色社会主义理论，努力提高全体党员的理论政策水平。认真组织机关党员（含离退休）学习中央、省委关于反腐败的有关领导讲话文件，特别是学习中央提出的“五不准”和省委提出的“十不准”要求，全体党员深刻地认识到，上级党委在新形势下提出反腐败的具体要求十分必要，表示一定严格要求，从我做起，廉洁奉公，不谋私利，全心全意为人民服务。机关党支部向县直党委汇报了学习和讨论情况。按照机关党支部既定的党员目标管理办法，对全体党员进行评格打分，坚持目标管理不放松。是年，机关党支部如期召开党员大会讨论通过预备党员转正1人。杨晓文被县委评为优秀共产党员。

1994年，县政协机关党支部书记、副书记因工作变动进行调整。党支部坚持“三会一课”制度，组织全体党员深入开展党内廉洁自律教育，严格落实上级提出的“五不准”和“十不准”要求，进一步提高全体党员廉洁自律的自觉性。是年，王立忠被县委评为优秀共产党员。

1995年，县政协机关党支部讨论通过发展预备党员1人。

1996年，机关党支部组织党员学习县委开展“三三三一”(即学理论、学党章、学孔繁森；查世界观、查人生观、查价值观；克服个人主义、拜金主义、享乐主义；坚持全心全意为人民服务的宗旨）活动的文件、县直党委关于发展党员的要求和老干部工作文件，坚持党员目标管理办法，开展党员评议活动。是年，王立忠被县委评为优秀共产党员，讨论通过预备党员转正1人，确定培养入党积极分子2人。

1997年，县政协机关党支部在全体党员中深入开展邓小平建设有中国特色社会主义理论的学习，认真开展江泽民同志提出的“讲学习、讲政治、讲正气”的“三讲”学习讨论活动。机关33名党员，其中离退休党员14名，每次党员活动大家都自觉参加，特别是离退休老党员带头参加、带头发言，成为年轻人的学习榜样。机关党支部坚持规定的党员目标管理办法和相关制度，继续开展对党员实行目标管理考核工作。年内讨论通过培养入党积极分子2人，王立忠、张玉敏被县直党委评为优秀共产党员。县政协机关党支部被县委评为先进党支部。

1998年，机关党支部坚持落实党员目标管理办法，对党员进行评议。35名党员参加评议，评为优秀的2人，合格的33人。做好党员发展工作，在2名入党积极分子中发展预备党员1人。机关党支部被县直党委评为先进党支部，张玉敏、李向光被评为优秀共产党员。

1999年，县政协机关党支部按照上级党委和县政协党组的安排，在全体党员中开展“三讲”教育活动，分别召开支委会和全体党员大会，开展对照检查，认真查找思想、工作和纪律作风方面的问题，进行批评和自我批评，使教育活动取得明显成效。坚持开展评议党员活动，评选出35名合格党员，其中陈文、李海波被县直党委评为优秀共产党员，李向光被县委评为优秀共产党员。机关党支部被县直党委评为先进党支部。是年，讨论通过预备党员转正1人，预备党员1人。

2000年5月，县政协党员领导干部集中参加“三讲”教育活动。机关党支部组织党员采取集中学习、分题辅导、组织座谈、听录音、看录像、参加视察、参加党的基本知识问答等方式，学习党的十五届三中全会以来的路线、方针、政策和人民政协理论、国家法律法规，并以胡长清、成克杰为反面教材，加强党性党风、反腐倡廉、革命人生观、价值观和“三个代表”重要思想教育，使全体党员进一步坚定共产主义理想信念。党支部继续加强目标管理，年终党员评议考核全部合格。张学前、李向光被县委评为优秀共产党员，机关党支部被评为先进党支部。是年，发展预备党员1人，培养入党积极分子1人。

2001年，认真组织党员学习邓小平理论和“三个代表”重要思想，继续加强对党员的教育、管理工作，在老党员和年轻党员中树立样板，激励大家兢兢业业做好工作，发挥共产党员的先锋模范作用。年内发展预备党员1人，培养入党积极分子1人，机关党支部如期完成换届，张玉敏、李海波被县直党委评为优秀共产党员。

2002年，在机构改革中，县政协机关党支部3名支委提前离岗，机关党支部召开全体党员大会，补选支部委员，并调整支委分工。是年，讨论通过预备党员转正1人，发展预备党员1人。

2003年，县政协机关党支部被县直党委评为先进党支部，杨有志被评为优秀共产党员，党员大会讨论通过预备党员转正1人。

2004年，刘秀才、李向光被县委评为优秀共产党员，党支部讨论通过培养入党积极分子1人。

2005年2—6月，县政协党组按照县委的统一安排部署，在县政协机关全体党员中开展“保持共产党员先进性教育”活动。机关党支部根据党组制定的实施方案认真组织全体党员进行学习讨论，撰写学习心得体会。开展“党员形象”大讨论和“我是共产党员”征文活动，评选模范共产党员。召开征求意见座谈会，开展党员谈心，组织党员撰写自我剖析材料和对党员进行评议，召开党支部组织生活会，通报评议党员情况，为县政协开展保持共产党员先进性教育较好地发挥基层党组织的作用。是年，政协机关党支部被县直党委评为优秀党支部，张晓华被评为优秀共产党员，发展预备党员1人。

2006年，继续深入开展保持共产党员先进性教育活动，县政协机关党支部被县直党委评为优秀党支部，李向光被评为优秀共产党员。茹学军被县委评为优秀共产党员。机关党支部讨论通过预备党员转正1人。

2007年，县政协机关党支部讨论通过预备党员转正1人，发展预备党员1人，培养入党积极分子2人。机关党支部被县直党委评为优秀党支部，刘伟被县委评为优秀共产党员。

2008年5月，机关党支部按规定进行换届选举，应到会42名党员，实到会有选举权党员37名，采取无记名投票方式，进行差额选举，产生新一届党支部。6月召开党员大会，讨论通过入党积极分子2人，讨论通过预备党员转正1人，是年，茹学军被县委评为优秀共产党员，机关党支部被县委评为先进党支部。

2009年，县政协机关党支部在深入开展学习实践科学发展观、干部作风建设年和“五个一”活动中，认真组织党员学习讨论，深入基层，开展调研，转变作风，紧贴科学发展实际，从思想上、组织上加强党的建设。6月，召开党员大会，讨论通过预备党员转正2人，并讨论通过预备党员1人。11月，召开党员大会，以投票选举的办法，补选党支部委员1人。是年，县政协机关党支部被县直党委评为优秀党支部，裴琳琳被评为优秀共产党员。刘伟被县委评为优秀共产党员。

2010年，县政协按照县委的统一部署，认真在基层党组织和委员中深入开展创先争优活动。在县政协党组领导下，成立了创先争优领导小组，制定实施方案，负责日常具体工作。组织机关党员认真学习实践科学发展观，开展争创“领导班子好、党员队伍好、工作机制好、工作业绩好、群众反映好”的“五个好”先进基层党组织和争做“自觉学习的模范、执行政策的模范、服务群众的模范、爱岗敬业的模范、遵纪守法的模范”的“五个模范”优秀共产党员的创先争优活动。4月，采取集中办班学、领导辅导、电教直观学，并邀请李家庚、温守文等优秀共产党员作报告，到李大钊纪念馆学习参观等，丰富学习内容，创新学习形式，提高学习效果。6月，进行广泛征求意见，查找党性党风党纪和工作作风方面存在的问题，召开党支部专题民主生活会，开展批评和自我批评，制定改进措施。同时组织政协委员进行评议，公布评议结果。活动中党支部组织全体党员紧密结合工作实际，党员认真撰写读书笔记，领导班子成员撰写学习心得，并开展“我为组织建一言”活动，积极向党组织提出合理性建议。开展“要求入党为什么、入党以后做什么、创先争优学什么”大讨论。并在“七一”前，组织全体党员进行集体宣誓，重温入党誓词。同时，开展岗位奉献和结对共建活动，围绕全县经济社会发展的难点、群众关心的热点问题，发挥政协联系面广、影响力大、代表性强的优势，协调关系、化解矛盾、维护社会稳定和为发展建言献策，做好向党政机关反映社情民意工作。在创先争优活动中，结合县委《关于在全体党员中实行星级管理的实施办法》的具体要求，认真组织全体党员对标定位，开展“星级目标”管理活动。根据县政协党员岗位特点，设置理论学习星、执行政策星、服务群众星、爱岗敬业星、遵纪守法星等10颗星及其标准。机关全体党员对照星级标准，在实际工作中找差距，在解决问题上下功夫，在创新求实中求发展，形成比、学、赶、帮、超的浓厚氛围。是年，机关党支部被县直党委评为先进党支部，赵媛媛、潘俊波被县委评为优秀共产党员，讨论通过预备党员转正1人。

2011年6月，召开党员大会，补选党支部委员1人。7月，机关党支部被县直党委评为先进党支部，刘伟被县委评为优秀共产党员。

2012年6月，县政协机关党支部分别被县委、县直党委评为创先争优先进基层党组织，张玉敏被县委评为创先争优优秀共产党员，赵媛媛被县直党委评为创先争优优秀共产党员。

2013年3月，为深入贯彻落实中共十八大精神，县政协机关党支部根据县委的统一安排，在县政协党组的领导下，机关党员干部认真开展“树正气、讲团结、聚合力、促发展”大讨论活动。党支部组织全体党员学习讨论党的十八大会议文件和上级领导的讲话，围绕“科学发展、实干兴县”的要求，开展大讨论，走访老干部和基层政协委员。结合党员自身思想、工作方面存在的问题，进行自查自纠，撰写自查报告，制定整改方案。4月，机关党支部组织开展党建工作品牌活动，积极推进品牌建设，努力把政协委员紧密团结在党组织周围，为抚宁大发展、快发展、科学发展贡献聪明才智。是年，讨论通过预备党员转正1人。

2014年，县政协机关党支部组织开展党的群众路线教育实践活动，以“照镜子、正衣冠、洗洗澡、治治病”为总要求，以补精神之“钙”、除“四风”之害、祛行为之垢、立为民之制为重点，进一步加强作风建设，着力解决形式主义、官僚主义、享乐主义和奢靡之风的“四风”突出问题，提高机关党员党性觉悟和廉洁自律的自觉性，促进党员干部的作风转变，增强新形势下党员干部做好统战工作和群众工作的能力，提高政协履职服务的工作水平。

2015年，县政协机关党支部在深入贯彻落实党的群众路线教育实践活动中，结合习近平总书记关于“严以修身、严以用权、严以律己，谋事要实、创业要实、做人要实”的“三严三实”重要讲话，开展专题教育，党组领导、党支部书记上党课，党员对照个人思想工作实际，查找不严不实的问题，进一步加强党性修养，坚定理想信念，提升道德素养，强化责任担当。

区政协党建工作

区政协党组、政协机关党组、机关党支部认真贯彻落实党的十八大以来习近平总书记关于加强党要管党、全面从严治党的一系列重要讲话精神，坚持以政治建设为统领，全面加强政协系统党的各项建设。2015年至2021年7月，区政协党组先后组织党的建设专题会议、活动80余次。机关党支部组织相关会议、活动90余次。

党组活动　2015年8月，抚宁县撤县设区。10月19日，区政协党组书记、主席张岐主持召开撤区后政协党组第一次会议。集中学习习近平总书记在中央政治局第二十六次集体学习时的讲话，重点研究党建工作。结合政协党组及政协机关的实际，按照《中国共产党党组工作条例（试行）》，制定《政协秦皇岛市抚宁区委员会党组工作制度》《政协秦皇岛市抚宁区委员会党组会议制度》《政协秦皇岛市抚宁区委员会党组学习制度》，修订《政协秦皇岛市抚宁区委员会党组议事规则》。会议根据政协机关党支部人员变动情况，根据党章规定，向区直党委书面报告了政协机关党支部委员和党小组组长换届选举情况。11月，按照“三严三实”专题教育的安排，进行广泛征求意见，区政协党组以“三查三看三对照”的方式，发放征求意见表，公布电子邮箱等形式征求政协委员的意见和建议。同时，对照习近平总书记指出的“七个有之”，结合市委提出的“不严不实”50种具体表现，进行个人问题查找。综合征求意见和个人查找的问题列出清单，为剖析整改找准方向和重点。12月，党组成员开展谈心谈话和撰写对照检查材料。党组主要领导与班子成员谈、党组成员之间谈，与科室负责人谈。谈心交心紧贴思想、工作、作风实际，聚焦“不严不实”问题，既谈表现，也谈原因，抓住实质问题，进行批评帮助。在此基础上，由党组书记撰写领导班子的对照检查材料，党组班子成员分别撰写各自的对照检查材料。

2016年2月2日，区政协党组主持召开政协领导班子“三严三实”专题民主生活会。会议通报政协“三严三实”专题民主生活会的准备情况后，政协党组书记代表领导班子进行对照检查发言，政协党组书记进行个人对照检查发言，其他党组成员依次进行批评发言，其他党组成员进行个人对照检查发言，发言后其他成员进行批评发言。之后进行民主测评，党组书记作总结表态发言。这次生活会以践行“三严三实”为主题，以对党忠诚、个人干净、敢于担当为根本，以解决“不严不实”问题为主线，生活会开出“辣味”，克服脸谱化、表面化、程式化问题，抓住要害，抛开面子，直截了当，直奔主题，不搞好人主义，坚持“知无不言，言无不尽”的原则，严肃开展了“三严三实”专题教育民主生活会。“三严三实”专题民主生活会后，区政协党组按照区委的要求，抓好主要问题整改措施的落实。4月22日，机关全体党员干部参加了区政协召开的“两学一做”学习教育动员大会，在县政协党员中深入开展“两学一做”活动。6月，区政协党组书记张岐为全体党员作题为《做一名对党绝对忠诚的合格党员》的专题党课，使每个党员明白绝对忠诚于党是党对党员的根本政治要求，是每个党员的最基本政治素养，从而提高党员干部的党性和理论政策水平。6月，区政协召开党组会议，按照协商程序，向县委推荐正科级干部人选1人。11月14日，区政协党组召开“营造风清气正政治生态、强化换届纪律风气”专题民主生活会。区政协党组书记张岐主持会议，会议传达中组部有关7起违反换届纪律问题的通报，以及中央的纪律要求，传达上级党委关于“营造风清气正政治生态，强化换届纪律风气”的要求。党组成员、班子成员分别作表态发言，表示一定以最坚决的态度和铁的纪律确保换届风清气正，严格执行换届各项纪律要求。11月25日，区政协党组主持召开党组（扩大）会议，主要议题是学习贯彻党的十八届六中全会精神。会议学习《六中全会公报》《关于新形势下党内政治生活的若干准则》和《中国共产党内监督条例（试行）》。党组书记张岐作专题辅导，强调要旗帜鲜明地拥戴核心，坚定自觉地维护核心，忠贞不渝地捍卫核心。增强“四个意识”，从灵魂深处牢固确立习近平总书记的核心地位，更加自觉地在思想上、政治上、行动上同以习近平同志为核心的党中央保持高度一致。《关于新形势下党内政治生活的若干准则》从12个方面对党内各项规章制度和各种政治活动作出具体规定。政协党组一条条对照，一条条落实，做到真正内化于心，外化于行。12月28日，区政协党组召开党组（扩大）会议，主要议题为：传达贯彻市委政协工作会议精神，传达区委十六次常委会会议精神，研究部署二届区政协委员会换届调整事宜，听取区政协二届一次会议筹备情况的汇报。

2017年1月24日，根据市纪委、市委组织部《关于开好2016年度县以上党和国家机关党员领导干部民主生活会的通知》和市委《关于提高县级党和国家党员领导干部民主生活会质量的实施意见》的有关规定，区政协党组召开民主生活会。会议由党组书记张岐主持，并代表区政协党组班子作对照检查。从政治合格、执行纪律、品德合格、发挥作用4个方面总结政协党组遵守政治纪律、政治规矩的情况。并对照《准则》《条例》查摆坚定理想信念、遵守政治纪律和政治规矩、作风建设、担当作为、组织生活、落实全面从严治党责任等6个方面的问题和不足，深刻剖析产生问题的思想根源。党组书记带头开展批评和自我批评，党组班子其他成员都分别进行对照检查，并开展批评和自我批评。4月，按照区委统一部署要求，区政协党组精心组织，在全体机关干部中开展“树牢‘四个意识’、坚定政治立场”，“学用党内法规、严守纪律规矩”，“强化使命担当、压实治党责任”活动（以下简称“三项活动”）。成立区政协“三项活动”领导小组和工作机构，制定开展“三项活动”的实施方案。聚焦理想信念、精神状态、对党忠诚、政治规矩、大局意识、艰苦奋斗等方面存在的问题分别开展加强“四个意识”专题教育和“学用党内法规、严守纪律规矩”“强化使命担当、压实治党责任”专项学习教育活动。4月19日，区政协党组印发《落实党风廉政建设主体责任工作安排》。5月19日，区政协党组印发《党风廉政建设责任制领导小组职责分工》《党风廉政建设主体责任和监督责任清单》。明确政协党组领导班子对本单位党风廉政建设主体责任的落实负全面领导责任共19项，主要负责人10项，其他班子成员责任9项；党风廉政建设责任领导小组对机关党风廉政建设监督责任的落实负全面领导责任共9项。是月，党组书记张岐和其他党组成员按照区纪委要求，分别在机关和各活动组、区直工作组讲廉政党课。主要是通过学习和交流，进一步深化认识，统一思想，使大家了解党在新形势下做好党风廉政建设的相关要求，做一名廉洁修身的政协干部。5月22日，区政协党组印发《中共秦皇岛市抚宁区政协党组理论学习中心组学习制度》。中心组由政协党组书记、副书记、党组成员、主席会议成员组成，必要时可扩大到政协常委、各科室负责人。政协党组书记任组长，党组副书记任副组长。并规定4个方面的学习内容和10条学习要求。同日，区政协党组印发《中共秦皇岛市抚宁区政协党组工作规则》共24条，其中明确党组工作应当遵循的原则4条，党组讨论和决定单位的重大问题7条，党组贯彻党管干部的原则6条，党组作出重大决策的程序3条，追究有关党组成员的责任8条，以及党建工作、党风廉政建设主体责任、统战工作、实行党组集体领导和民主集中制等具体规定。同时，区政协党组印发《中共秦皇岛市抚宁区政协党组关于艰苦奋斗、率先垂范的十条规定》。具体规定带头讲学习讲政治、认真履行政协职能、工作方法、转变作风等方面的内容。同日，区政协印发《“两学一做”学习教育常态化制度化实施方案》。明确“两学一做”的指导思想、目标要求、主要任务和关键环节以及组织推进落实的措施。是年，在区政协党组的组织领导下，区政协开展的“三项活动”圆满完成学习教育、检查剖析、整改提高、建章立制等各阶段的目标任务。12月4日，区政协印发《关于认真学习宣传贯彻中共十九大精神的通知》和《关于学习宣传贯彻党的十九大精神的实施方案》，明确学习宣传贯彻的指导思想、重点学习内容、学习方式及要求。区政协党组承担学习宣传贯彻党的十九大精神的政治责任，制定工作方案，精心组织实施。区政协党组书记全面负责、亲自抓，领导干部身先士卒，率先垂范，带头学习，带头研讨，带头讲党课，带头撰写学习体会和理论文章，为党员干部做表率。区政协上下形成学习宣传贯彻党的十九大精神的热潮。是年，经县政协党组研究，在全体委员中深入扎实地开展“讲学习、比素质，讲政治、比担当，讲奉献、比业绩”的“三讲三比”主题实践活动。其目的在于动员全体委员提高自身政治业务素质，增强参政议政的履职能力，打造学习型政协组织。以适应新形势，自觉讲政治，坚定维护中国共产党领导和中国特色社会主义的共同政治基础，树牢“四个意识”，坚定“四个自信”，与以习近平同志为核心的党中央保持高度一致。并坚决把区政协置于区委的领导下，围绕中心、服务大局，努力实现全体委员在抚宁二次创业新征程中所担负的历史使命和职责，立足自身岗位建功立业，为二次创业献计出力，增光添彩。在活动中，区政协党组班子成员以上率下，模范践行，制定学习制度，完善议事规则，强化制度建设，党组成员带头学习，带头讲党课，带头宣讲十九大精神，带头记学习笔记和工作日志。区政协党组班子成员每人分包重点项目、小区创城、信访维稳等工作，积极配合打击整治“双违”战役。全体委员积极投身到活动中，区直工作组和乡镇活动组精心组织，普遍建立微信群，及时沟通“三讲三比”活动情况。区政协紧盯区委决策重点，着眼全区规划体系建设、构建特色农业之区等7项大事开展专题性协商议政，着眼大气污染防治、生态文明建设、既有企业转型升级等中心工作开展专项视察，着眼社会治安防控体系建设、智慧城市建设、食品安全、物业管理、生活垃圾处理利用等10多项重大民生工程开展提案办理协商，累计提出合理化建议100多条。全体委员在活动中主动把自身建功立业与助力二次创业结合起来，发挥“一岗双责”作用。在打击整治“双违”行动中，区政协向全体委员发出倡议，并组织委员全部签订承诺书，多数委员还动员亲属配合行动。刘洪涛委员发动“爱先行”公益组织成员在全民创城、迎接中高考、旅发大会等重点工作中开展志愿者行动。刘华、杨宏玉委员自发搞起“以毛巾换烟头”活动，收集烟头10万多支，换出毛巾1000多条。刘大伟委员联系有关企业家在创城、迎接旅发大会期间为一线人员捐助价值5万元的物品。是年，区政协系统开展的“三讲三比”主题教育活动收到明显效果。是年，区政协党组组织党组理论中心组专题学习8次，召开党组或党组扩大会10次，召开党组专题民主生活会3次。

2018年，区政协党组坚持以习近平新时代中国特色社会主义思想和党的十九大精神为指引，以全面加强政协系统党的建设为统领，以深化学习贯彻习近平总书记关于加强和改进人民政协工作的重要思想为主线，围绕区委提出的“二次创业、振兴崛起”目标，发挥重要协商渠道和专门协商机构作用，着力加强政协党的建设。区政协党组把学习落实习近平总书记关于加强和改进人民政协工作的重要思想作为一项重大政治任务抓好抓实。7月20日，区政协召开党组会议专门学习传达习近平总书记关于加强和改进人民政协工作的重要思想，坚持先学一步，学深一层，党组努力在学思用贯通、知信行合一上做出学习表率；坚持用习近平新时代中国特色社会主义思想指导政协机关工作实践。会后印发了学习习近平总书记关于加强和改进人民政协工作的重要思想和组织相关课题调研活动的通知，各位主席亲赴各工作组、活动组学习传达交流。按照全国政协主席汪洋的讲话要求，一个专题一个专题地深入研读，一个重要观点一个重要观点地逐一理解；按照培养造就一支具有铁一般信仰、铁一般信念、铁一般纪律、铁一般担当干部队伍的要求，努力建设靠得住、跟得上、干得实、扛得起、行得正的高素质政协机关干部队伍。8月27日，政协常委和工作组组长、活动组组长全员参加全省政协系统学习习近平总书记关于加强和改进人民政协工作的重要思想专题辅导讲座会议，并将参加这次会议作为政协常委和工作组组长、活动组组长年终考核的一项重要指标，要求大家从思想上真正重视起来，认真学习，统一思想，深入研讨，切实用习近平总书记关于加强和改进人民政协工作的重要思想武装头脑、指导实践、推动工作。8月初，区政协分为四组，由主席、副主席分别带队，分赴各届别组学习宣讲习近平总书记关于加强和改进人民政协工作的重要思想，切实把习近平总书记关于加强和改进人民政协工作的重要思想贯彻落实到政协系统工作的全过程和各方面。通过学习宣讲，让委员学得明白、深得进去、用得起来，不忘初心、不辱使命，以恪尽职守诠释责任，以奋发有为回应期待，立足岗位作贡献。在学习贯彻习近平总书记关于加强和改进人民政协工作的重要思想过程中，首先，突出抓好党组建设。以学习贯彻《中国共产党党内政治生活若干准则》《中国共产党章程》为准绳，认真贯彻民主集中制原则。年内召开2次党组民主生活会，党组成员以普通党员身份参加机关党支部专题组织生活会和党小组会议，注重从思想上纯洁党性，加强党性修养；党组成员带头严格执行重大事项请示报告制度，凡党组研究决定召开的重要会议或活动，均提前向区委请示报告，活动结束后及时向区委进行专题报告；党组成员带头反对“四风”、抵制“四风”，反对一切形式的形式主义和官僚主义。区政协建立纠正“四风”和作风纪律专项整治领导小组及办公室，党组书记、主席张岐任组长；党组副书记、副主席王海银任执行副组长；副主席赵永红，党组成员、副主席徐秋阳任副组长。制定了纠正“四风”和作风纪律专项整治推进方案，明确了指导思想和10项整治重点及具体举措。力倡实事求是，大兴调研之风。2018年为政协调查研究年，每位党组成员领衔1～2个重大调研课题，赴基层调研；带头执行中央八项规定及《实施细则》，带头执行公务用车、办公用房及个人重大事项报告制度，认真开展谈心谈话活动，落实监督执纪有关要求。同时抓好政协常委会和机关党支部建设，发挥战斗堡垒作用。党组成员年内每人讲党课2次，党组书记讲党课5次。以洗城、开展志愿帮扶、学习沈汝波做好事等活动为载体，增强党支部组织力、引领力、凝聚力，强化党员党性锻炼。是年，区政协党组把学习贯彻习近平新时代中国特色社会主义思想和中共十九大精神作为统揽政协工作的主轴，作为一项重大政治责任和政治任务，持续推动学习做到“深实严细久”，努力在学懂弄通做实上下功夫。政协党组成员带头研读十九大报告和新修订的党章原文，以《习近平新时代中国特色社会主义思想三十讲》为权威读本，每周集中学习三讲。创新学习园地，每月更新一次；创新活跃学习载体，跟踪重大理论学习动态，创办《理论学习文萃》，已刊发19期。组织宣讲培训，深化学习成果。区政协党组成员分别带队深入8个乡镇活动组和7个界别组，利用一个多月时间集中宣讲。先后组织机关干部、政协常委、全体政协委员和驻抚市政协委员参加全省政协组织的3次理论学习专题辅导讲座和1次《中共中央办公厅关于全面加强新时代人民政协党的建设工作的若干意见》文件宣讲辅导视频会议，累计参训人员500余人次。与此同时，9月6日，区政协组织召开有政协党组成员、机关支部成员、民主党派负责人、区直工作组和乡镇活动组组长参加的学习贯彻习近平总书记关于加强和改进人民政协工作的重要思想理论研讨会。共有27人撰写理论研讨文章，区政协党组副书记、副主席王海银，党组成员、政协秘书长、办公室主任呼贵礼等6人分别代表区政协党组、区政协机关、区直工作组、乡镇活动组、统战部和民主党派作研讨交流发言。区委副书记冯宝珍应邀出席会议，并代表区委讲话。会后，编辑了《学习习近平总书记关于加强和改进人民政协工作的重要思想理论研讨文集》。是年，区政协党组组织党组理论中心组专题学习6次，召开党组或党组扩大会8次，召开党组专题民主生活会2次。

2019年，区政协党组坚持以习近平新时代中国特色社会主义思想为指引，以全面贯彻十九大及十九届二中、三中、四中全会精神为主轴，以迎接庆祝新中国成立70华诞暨人民政协成立70周年和学习贯彻中央、省委政协工作会议精神为主线，以加强政协系统党的建设为主责，以发挥专门协商机构作用、把握凝聚共识建言资政中心环节和贯彻落实区委二届三次全会精神为主业，统筹开展“不忘初心、牢记使命”主题教育、解放思想大讨论和深化调查研究年活动，为助力抚宁“二次创业、振兴崛起”新征程，贡献了政协力量。认真贯彻落实区委办印发的《关于加强新时代全区政协系统党的建设工作的实施意见》。区政协党组高度重视理论学习与理论武装，健全完善学习制度，坚持每周五固定学习日，整合党组理论中心组学习、党组班子学习、支部学习与机关学习，坚持每位领导领学辅导、带头讲党课，9月27日，区政协党组书记、政协主席张岐到台营六村讲授“不忘初心、牢记使命”党课。10月14日、25日，张岐以“不忘初心使命，擦亮忠诚本色”“不忘初心、牢记使命，为助推二次创业、振兴崛起提供政协智慧贡献政协力量”为题，分别为机关全体党员干部讲授2次专题党课。10月21日，区政协党组副书记、副主席王海银到茶棚乡大黄金山村，为村全体党员讲授“不忘初心、砥砺前行”专题党课。10月22日，党组成员、副主席徐秋阳到抚宁镇钱金庄村，为全体党员讲授“以初心坚定信仰，以使命筑牢担当”专题党课。确立党组会议和政协常委会会议第一议题是学习的有关制度。重点学习十九大和十九届二中、三中、四中全会精神，学习中央、省委政协会议精神。为丰富充实学习内容，在组织学习《习近平新时代中国特色社会主义思想三十讲》《习近平新时代中国特色社会主义思想学习纲要》《习近平关于“不忘初心、牢记使命”论述摘编》等规定篇目的同时，依托内部学习刊物《理论学习文萃》，增强理论学习的系统性，已刊发45期。为浓厚政协系统理论学习氛围，除组织全体委员收听收看省政协组织的辅导视频会议外，每位领导班子成员还深入各界别组讲授学习。结合庆祝人民政协成立70周年，组织发动全体委员开展“我与人民政协”征文活动，并辑印成册。组织开展了庆祝新中国成立70华诞暨人民政协成立70周年书画展，编印《翰墨情深同心筑梦》书画作品集，创办“抚宁历届政协全会掠影展”，启动编修《抚宁政协志》。是年，区政协党组始终坚持把党的领导作为第一遵循，严格执行重大事项向区委请示报告制度。充分发挥党组“统揽全局、协调各方”的作用，始终把党建主体责任扛在肩上，认真落实党建责任制，重点落实政治责任。为加强政协系统和机关党建工作，区政协成立了机关党组。全会召开期间，在各界别组设立临时党支部。为确保政协系统党建工作全覆盖，建立政协党组成员联系党员委员、党员委员联系非党委员和党组成员联系民主党派成员等制度，加强联系沟通，及时听取意见建议。以开展“不忘初心、牢记使命”主题教育、解放思想大讨论活动为载体，组织政协机关干部和广大政协委员开展党性教育、传统革命教育、改革开放专题教育等活动，从党组成员做起，引导带动机关党员干部、全体党员委员及非党委员，切实牢记政治责任，珍视政治荣誉，增强“四个意识”，坚定“四个自信”，做到“两个维护”，在政治立场、政治方向、政治原则、政治道路上与以习近平同志为核心的党中央保持高度一致。区政协党组高度重视机关党支部建设，定期听取支部工作汇报，党组成员带头参加机关支部“三会一课”，带头以普通党员名义参加支部大会、党小组会议。结合主题教育开展，带头参加党支部组织的缅怀革命先烈、接受传统教育、重温入党誓词等活动。指导召开组织生活会，带头点评支委工作，参加民主评议党员活动。经常与党支部委员开展谈心谈话活动。结合开展作风建设，搞好督导检查。指导机关党支部抓好理论学习，党组理论中心组学习吸收全体支委和党小组长列席。以贯彻落实习近平总书记在中央和国家机关党的建设会议上的讲话精神为契机，大力加强机关支部政治、思想、组织、作风建设，进一步完善党组织会议制度、会议审批制度、机关纪律各项规定和严格遵守中央八项规定及其《实施细则》，打造过硬政治机关和坚强政治堡垒。12月19日，区委召开常委会会议，听取区政协党组工作汇报，研究贯彻落实中央和省委政协工作会议精神，任命区委组织部部长、统战部部长刘大江兼任区政协党组副书记，决定区政协成立起草小组，代区委拟定《关于新时代加强和改进人民政协工作的落实措施》。是年，区政协党组共召开党组和党组（扩大）会议11次，其中围绕“不忘初心、牢记使命”主题教育、学习贯彻区委二届三次全委会议精神等专题会议4次，研究区政协全委会议筹备工作中有关人事推荐事宜2次，听取区政协全年工作要点和各委办工作汇报2次，研究区政协关于“精准找问题，实干破难题”班子整改措施和落实区委巡视工作的意见等3次。

2020年，区政协党组召开党组会议、党组扩大会议10多次。1月10日，召开党组会议，区委组织部负责人到会宣读区委决定，区委常委、组织部部长、统战部部长刘大江兼任区政协党组副书记。会议同时审议了区政协二届五次全会的筹备工作。4月2日，根据区委二届四次全会对2020年全区总体工作的部署要求，结合区政协职能定位，按照“讲政治、勇担当、抓落实、促发展”的工作导向，经广泛征求意见和充分讨论，就区政协2020年民主协商计划、视察监督计划和专题调研等工作，区政协党组印发《2020年民主协商、视察监督和专项调研计划安排》。4月27日，中共抚宁区委转发区政协党组的工作安排。4月27日，区政协党组制定《2020年抚宁区政协党组理论学习中心组专题学习安排》。该学习计划包括深入学习领会习近平总书记关于新冠疫情防控及统筹推进疫情防控和经济社会发展的重要讲话和指示批示精神；深入学习领会习近平总书记关于坚持和完善中国特色社会主义制度、推进国家治理体系和治理能力现代化的重要论述；深入学习领会习近平总书记关于百年未有之大变局的重要论述；深入学习领会习近平总书记关于历史特别是党史、新中国史、改革开放史的重要论述；深入学习领会习近平总书记关于全面从严治党的重要论述等12个专题内容。分别就学习制度、学习时间、学习方式、学习质量和效果提出具体要求，确保学习计划落实。5月6日，区政协党组向区委呈报《关于在全区政协系统启动开展“聚力量、防疫情、促发展”活动的报告》。按照省政协动员会安排部署，区政协成立以张岐主席为组长、各位副主席为副组长的活动领导小组，下设办公室，并组建了宣传、综合、督导三个小组。结合政协自身职能和特点优势，制定活动实施方案，重新调整完善并细化区政协领导班子成员工作分工。引导全区政协系统、全体委员紧密围绕区委、区政府确定的第二季度20项重点工作和区政协2020年度确定的30项重点工作安排，进一步增强政治意识，提高政治站位，从大局、全局角度看待审视疫情，保持高度思想清醒与政治自觉；强化自我加压意识，提升工作标准，摒弃“二线”思维，树立一线观念；压实责任，明确职责，明晰清单，确保与区委思维同频共振，实现全方位、无缝隙、无盲区工作对接，为助力抚宁二次创业、振兴崛起，为夺取常态化疫情防控和经济社会发展双胜利，献计献策。5月8日，召开党组会议，认真学习贯彻中共中央办公厅关于《党委（党组）落实全面从严治党主体责任规定》（以下简称《规定》)。5月13日，区政协党组结合实际制定具体工作安排，从政治上提高抓好全面从严治党认识，认真落实“四个坚持”原则，自觉做到将党建工作与业务工作同谋划同部署同推进同考核，切实加强对本单位本系统全面从严治党各项工作的领导。党组和班子成员坚持集体学习和个人自学相结合，带头遵守执行全面从严治党各项规定，将《规定》列入党组理论中心组年度学习安排，不断提升抓落实的能力水平。将《规定》学习纳入干部教育培训内容，利用河北干部网络学院开设的全面从严治党学习专栏，加强自学，进一步增强领导干部全面从严治党的责任意识和能力水平。组织参观警示教育展览、召开警示教育大会等方式，强化警示教育作用。5月29日，党组召开会议专题研究全面从严治党工作。就抓好机关党组、支部和党员委员学习教育，提高基层党组织书记履行全面从严治党责任的意识和能力水平，引导党支部通过“三会一课”以及座谈会、交流会等形式，打牢从严治党的思想基础作出具体安排。党组书记深入了解全面从严治党各项工作部署推进情况，注重听取党员干部、基层党组织和委员关于全面从严治党的意见建议。结合领导班子及其成员落实全面从严治党责任年度考核，通报有关情况。党组将落实全面从严治党责任情况作为年度民主生活会对照检查内容，通过谈心谈话、征求意见等方式发现问题和不足，深入查摆剖析，严肃认真开展批评与自我批评，抓好整改落实。9月5日，召开区委政协工作会议。区委书记孙志川在会议上作重要讲话，印发了中共秦皇岛市抚宁区委《关于新时代加强和改进人民政协工作的落实措施》（以下简称《措施》）。《措施》从全面贯彻党对新时代人民政协工作的总体要求，充分发挥人民政协专门协商机构作用，加强思想政治引领、广泛凝聚共识，加强政协自身建设，加强党对政协工作的领导5个方面提出了加强和改进区人民政协工作的总体要求和加强政协系统党的建设等17条措施。10月29日，召开党组扩大会议，区委副书记袁会民到会宣读区委决定，区委常委、统战部部长朱颖兼任区政协党组副书记，刘大江不再兼任区政协党组副书记。会议具体研究认真落实习近平总书记关于加强和改进人民政协工作的重要思想和落实省委政协工作会议的措施。

2021年1—7月，区政协党组召开党组会议8次。1月15日，召开党组（扩大）会议，传达区委二届六次全会精神和秦皇岛市委副书记、市长丁伟，副市长廉茹艳关于做好疫情防控工作的讲话。2月24日，召开党组会议，传达市委统战部关于县（区）政协、工商联换届时间调整的有关文件。3月8日，召开党组（扩大）会议，传达上级有关会议精神，研究安排党史学习教育活动，部署巡察迎检工作。3月12日，区政协党组印发《关于开展党史学习教育的实施方案》。3月22日，召开党组会议，专题学习习近平总书记在党史学习教育动员会上的重要讲话。4月1日，召开党组（扩大）会议，学习中央和省市区委有关换届纪律文件。4月7日，区政协党组（扩大）会议围绕严肃换届纪律召开专题会议，区政协主席、党组书记张岐主持会议。区政协领导班子成员分别进行表态发言。6月25日，召开区政协党组会议，区政协党组书记关金一主持会议。学习贯彻落实《中共中央关于加强对“一把手”和领导班子监督的意见》，学习习近平总书记在《求是》上发表的《用好红色资源，传承好红色基因，把红色江山世世代代传下去》重要文章，区政协领导班子成员分别作了学习发言，表示深刻认识和理解加强对“一把手”和领导班子这一关键少数的监督的重要意义，从自身做起，自觉接受监督，切实履行好管党治党政治责任。6月8日，区委决定区委常委、统战部部长刘昕兼任区政协党组副书记。

区政协党组坚持以习近平新时代中国特色社会主义思想为指导，贯彻落实中央和省、市委政协工作会议精神，增强“四个意识”、坚定“四个自信”、做到“两个维护”，把全区社会各界人士的智慧和力量凝聚起来。充分发挥把方向、管大局、保落实的领导作用，确保中央和省、市区委决策部署在政协组织中贯彻落实。按照“党的组织对党员委员的全覆盖、党的工作对政协委员的全覆盖”要求，建立健全政协系统党的建设制度体系。巩固“不忘初心、牢记使命”主题教育成果，大力推进政协机关党的建设。为决胜全面建成小康社会、建设沿海强区、幸福骊城作出贡献。

机关党组活动 2019年3月，为了加强政协系统党建工作，经区委批准成立区政协机关党组。机关党组是加强机关党的思想建设、作风建设、完成机关各项任务的重要保证。机关党组成员处于服务上级、承接下级的枢纽位置，既是政协党组成员的联络员，负责协助做好党组班子主题教育各项服务工作，又肩负带领机关全体党员搞好主题教育的责任。为确保政协系统党建工作全覆盖，落实政协党组成员联系党员委员、党员委员联系非党委员和党组成员联系民主党派成员等制度，加强联系沟通，及时听取反馈意见建议。是年，区政协机关党组以开展“不忘初心、牢记使命”主题教育、解放思想大讨论活动为载体，组织政协机关干部和全体政协委员开展系列党性教育、革命传统教育、改革开放主题教育等活动，从党组成员做起，引导带动机关党员干部、全体党员委员及非党委员，切实牢记政治责任，珍视政治荣誉，增强“四个意识”，坚定“四个自信”，做到“两个维护”，在政治立场、政治方向、政治原则、政治道路上与以习近平同志为核心的党中央保持高度一致。在主题教育中，机关党组坚持问题导向，带着问题学，重点学习领会习近平新时代中国特色社会主义思想、党的十九届四中全会精神、习近平总书记在“不忘初心、牢记使命”主题教育工作会议上讲话等，广泛征求各个界别中共党员和非中共党员委员的意见建议，梳理问题，自我剖析，形成班子和个人检视材料、检视问题清单、整改工作方案，为民主生活会打下良好的思想基础。12月9日，召开机关党组“不忘初心、牢记使命”主题教育专题民主生活会。聚焦思想、政治、作风、能力、廉政5个方面存在的问题，认真、深刻地开展批评和自我批评。机关党组坚持把整改贯穿主题教育始终，将其作为检视主题教育成效的重要标尺，坚持边查边改、立行立改。机关党组共查摆问题10个，整改完成9个，需要长期整改的1个，完成率90%。落实委员考评机制、走访联系委员、加强干部业务知识培训、搭建有效活动平台、落实主体责任和一岗双责。

2020年5月19日，区政协机关党组按照程序要求召开推荐一级主任科员会议，会议严格按照职级并行的文件要求，推荐2名机关科室干部为一级主任科员人选。6月，经区政协党组研究，报请区委同意区政协机关党组成员调整。是年，区政协机关党组不折不扣落实全面从严治党主体责任，切实增强“四个意识”、坚定“四个自信”、做到“两个维护”，坚持压实责任，制定责任清单，明确责任要求，推动党组成员承担全面从严治党责任。注重调查研究，研究解决落实全面从严治党主体责任中的新情况、新问题。专题研究全面从严治党工作，分析形势、总结经验、查找问题，提出加强和改进措施。10月21日，区政协机关党组按照程序召开机关党组会议，推荐区政协秘书长呼贵礼为三级调研员人选。

2021年3月12日，区政协机关党组、机关党支部印发《关于开展党史学习教育的实施方案》。从深刻理解党史学习教育的重点意义、准确把握学习教育重点内容、组织专题学习、开展学习教育活动实践、加强学习教育领导等方面进行全面部署。

机关党支部活动 2015年8月，抚宁撤县设区。根据区委和区直党委的要求，10月9日区政协机关党支部召开党员大会，选举产生新一届支部委员会。随后支部委员进行分工，并划分4个党小组。

2016年，区政协机关党支部按照区政协党组的安排，深入开展“三严三实”专题教育活动，组织机关党员认真开展学习、讨论。机关党支部从贯彻落实党的十八届六中全会精神、增强四个意识、落实八项规定等方面召开了专题民主生活会。4月22日，机关全体党员干部参加区政协召开“两学一做”学习教育动员大会。为纪念中国共产党成立95周年，扎实推进全区“两学一做”学习教育，6月30日，区政协机关全体党员干部在党旗下庄严宣誓，重温入党誓词，进一步坚定了机关全体党员对党忠诚的理想信念，增强全体党员的责任意识，激发政协全体员工立足本职岗位积极参与“两学一做”学习教育和创建活动的积极性。8月29日，召开机关全体党员大会，选举产生新一届机关党支部委员会。11月18日，区政协组织全体党员干部收看了由中组部、央视联合录制的反映全国“两优一先”典型事迹的专题节目《榜样》。专题节目以“不忘初心、继续前进”为主题，以“向榜样看齐、做合格党员”为主线，通过典型访谈、老党员现场讲述、先进事迹再现等形式，生动诠释了中国共产党人坚定理想信念、为民实干担当、勤勉敬业奉献的精神风貌。全体党员纷纷表示，把学习宣传《榜样》精神作为“两学一做”学习教育的一项重要内容，要学习发扬好他们身上的信念、奉献、坚守、作为、担当、责任和创新精神，要以先进为镜子，向榜样先锋看齐，牢记宗旨，不忘初心，勇于担当，敬业奉献，争做合格党员。是年，区政协机关党支部按照上级党委的要求，认真核实每名党员近年来党费的缴纳情况，并按规定全部如数补交。

2017年，着眼于建设学习型机关、效能型机关，结合区政协年度工作安排，年初制定全年学习计划，确立学习重点，组织全体党员系统学习党的十九大会议文件、党章、习近平新时代中国特色社会主义思想，扩展学习视野，丰富学习知识，适应新形势。坚定维护党的领导和中国特色社会主义的共同政治基础，树牢“四个意识”，坚定“四个自信”，与以习近平同志为核心的党中央保持高度一致。同时，在机关开展的“两学一做”“三讲三比”等活动中紧密结合政协业务，有计划、有步骤、有重点地推进学习制度化、规范化、常态化，每周五集中学习雷打不动，并把学习贯穿于调查研究、视察考察、提案督办业务活动中，以学促干，学以致用，促进党员干部学习的主动性，激发内在动力。落实主体责任，强化一岗双责，机关党支部自觉把党的建设扛在肩上。年内，召开支部委员会13次，党员大会10次，民主生活会3次，党课教育活动7次。组织党员、干部参加扫雪、植树造林、创建全国文明城市的洗城活动等8次。在“三讲三比”主题实践活动中，机关党员带动职工为大新寨四通中学困难学生谷龙捐款1700元和部分衣物。机关全体党员自觉讲学习、讲政治、讲奉献，比业绩、增强党性、坚定信念，坚定社会主义核心价值观，充分发挥党员的先锋模范作用。通过开展民主评议党员，7名党员被评为优秀，其余为合格。是年，发展预备党员1人。

2018年，按照区政协党组关于学习贯彻习近平新时代中国特色社会主义思想和中共十九大精神的安排部署，机关党支部制订详细计划，全年有安排、月季有重点、学习全覆盖。坚持将学习作为第一议题、周五集中学习雷打不动。党支部委员带头研读十九大报告和新修订的党章原文，以《习近平新时代中国特色社会主义思想三十讲》为权威读本，并先后征订《中国共产党第十九次全国代表大会文件汇编》《党的十九大报告辅导读本》等学习资料200册。按照学习计划，坚持每周集中学习三讲。创新学习园地，每月更新一次；创新活跃学习载体，跟踪重大理论学习动态，创办《理论学习文萃》，已刊发19期。区政协机关党支部开展纪念中国共产党建党97周年系列活动，6月29日，全体党员面对党旗重温入党誓词。7月6日，区政协党组书记、政协主席张岐为机关全体党员干部讲授《不忘初心、牢记使命，争做新时代合格共产党员》的专题党课。区政协党员干部开展“喜迎建党日，为民做好事”志愿服务活动，到分包小区、路段、洗城责任区，清除道路两侧的小广告和树叶、捡拾垃圾（烟头）等，积极弘扬“奉献、互助、友爱、进步”的志愿精神。是年，机关党支部认真落实《中国共产党支部工作条例》，召开4次组织生活会，开展批评与自我批评。健全完善机关党支部党建工作目标考核责任制，坚持定期召开支部党员大会、支部委员会、党小组会，充分利用党课对党员进行经常性教育，共组织党组成员讲党课11次。规范党费收缴工作，按时足额收缴38名党员党费。严格按照规定程序做好发展党员工作，按期转正预备党员1名。是年，李向光、张玉敏、裴琳琳被评为优秀共产党员。

2019年，按照中共中央关于在全党开展“不忘初心、牢记使命”主题教育的意见、第二批主题教育指导意见和省市区委统一部署，区政协机关党支部结合自身实际，扎实有序开展了“不忘初心、牢记使命”主题教育。从8月开始，将《习近平新时代中国特色社会主义思想学习纲要》作为重要学习内容，全体党员干部每周定期组织开展主题教育专题测试答题活动，营造了浓厚的学习氛围，为主题教育开展打下坚实的理论基础。9月12日，区委主题教育动员会后，区政协迅即召开“不忘初心、牢记使命”主题教育动员部署会议。会后集中7天时间，利用上午、下午和晚上满负荷安排，采取领导领学、个人自学、交流研讨等方式进行学习。围绕《习近平关于“不忘初心、牢记使命”重要论述选编》《习近平新时代中国特色社会主义思想学习纲要》等读本和中央省市文件精神进行集中学习；通过“学习强国”“河北干部网络学院”等学习平台开展自学。在读原著、学原文、悟原理的基础上，召开3次集中学习研讨会，联系各自工作实际作了研讨发言。在政协机关开辟“习近平新时代中国特色社会主义思想”“习近平关于加强和改进人民政协工作的重要思想”“全面从严治党”等5个学习专栏，进一步深化思想的认识，锤炼忠诚干净担当的政治品格，强化做好政协工作的使命感和责任感。依托“三会一课”组织开展形式多样的学习活动。相继组织机关党员学习了习近平总书记重要文章《推进党的建设新的伟大工程要一以贯之》、习近平总书记在黄河流域生态保护和高质量发展座谈会上的讲话、习近平“十一”讲话等重要精神和获得国家勋章和国家荣誉称号的模范人物事迹、黄文秀优秀共产党员英雄事迹，组织收看“十一”国庆阅兵开幕式、《榜样4》，激励党员干部对标先进、干事创业；对区委书记孙志川提出的“五对照、五检视、五提升”要求进行专题学习；开展送学上门、送书上门活动，为离退休老党员发送学习资料，使主题教育全覆盖、无盲区；领导干部带头党课。10月14日、25日，区政协主席张岐先后为机关全体党员干部讲专题党课2次。组织机关全体党员干部赴天马山马骧将军墓开展革命传统教育，举行敬献花篮仪式，追忆马骧将军生平事迹；赴乐亭参观李大钊纪念馆，重温入党誓词，接受党性教育；赴山海关甲申史鉴馆开展“以史为鉴、以案为例”警示教育；到抚宁区组织生活馆参观，感受共产党人敢于斗争、不怕牺牲、艰苦奋斗、不断前进的精神风范；组织收看《建党伟业》《周恩来的四个昼夜》《中国共产党历史》《丰碑》《初心永恒》等影片，回顾了党的光辉历程。激发广大党员干部热爱党、拥护党，坚定跟党走的信念。突出政协特点，打造亮点特色。组织机关党员积极参与庆祝新中国 70 华诞暨人民政协成立 70 周年征文征集等系列庆祝活动，丰富主题教育活动内容。对照党章党规找差距检视问题。机关党支部成员和科级党员对照《党章》《准则》《条例》，聚焦“18 个是否”，以正视问题的自觉和刀刃向内的勇气，把自己摆进去、把职责摆进去、把工作摆进去，一项一项进行检查，全面查找和列出各种有违初心和使命的问题，进行深刻剖析，制定具体整改措施，形成个人对照党章党规找差距交流发言材料。12 月 9 日，机关党支部召开专题组织生活会，对照党章党规进行认真检视反思。聚焦思想、政治、作风、能力、廉政 5 个方面存在的问题，结合思想和工作实际，认真、深刻地开展批评和自我批评。机关党支部坚持把整改贯穿主题教育的始终，将其作为检视主题教育成效的重要标尺，坚持边查边改、立行立改。是年，为全体党员上党课 9 次，召开组织生活会 3 次，发展预备党员 1 名。开展民主评议党员工作，6 名为优秀，其余为合格。38 名党员按时足额交纳了党费。

2020 年新年伊始，暴发新冠疫情。区政协全体党员干部在区政协党组的坚强领导下，按照区委统一部署，把人民群众生命健康安全放在第一位，把抗击疫情、服务发展作为践行守初心、担使命的“主战场”，主动参与、挺身而出。区政协和区人大的党员组成联合工作组，到所包联的城建局南北院和干休所家属院开展宣传、排查、防控工作，每天 24 小时不间断对过往车辆人员进行排查监测，对非本小区的车辆人员进行劝返，对进出人员进行全排全查，确保防控各项任务落实到位，无死角、无遗漏，积极投身抗击疫情“聚、防、促”活动之中。是年，机关党支部召开 5 次党员大会，进行了机关党支部换届选举，发展预备党员 1 名。

2021 年 1—7 月，区政协机关党支部召开 14 次会议，召开党员大会 2 次，集中上党课 2 次，党支部组织生活 1 次，民主评议党员 1 次，开展谈心活动 4 次，各党小组活动 13 次。1 月 27 日，召开支委会议，学习党章，研究召开党支部 2020 年度民主生活事宜。2 月 8 日，召开支委会议，研究部署在春节期间认真落实好中央八项规定、过清正廉洁文明的春节等事宜。3 月 21 日，召开党史学习教育动员大会，具体安排机关党支部开展党史学习教育活动。3 月 26 日，全体党员上党课，机关党支部书记呼贵礼讲解《习近平论中国共产党历史》。3 月 29 日，召开支委会议，总结区委巡察区政协办公室情况，研究机关党支部学习党史、迎“七一”具体活动安排，研究推荐先进基层党组织和优秀党员、优秀党务工作者。4 月 1 日，召开支委会议，专题学习党史学习教育文件，并进行研讨交流。4 月 20 日，机关党支部组织全体党员到榆关镇平市庄革命历史纪念馆开展党史学习教育活动，接受革命传统教育，传承红色基因，厚植家国情怀。区政协党组副书记、副主席王海银，副主席徐秋阳、赵永红和区政协秘书长呼贵礼等参加活动。4 月 25 日，全体党员上党课，区政协党组书记、政协主席张岐讲解《党史学习教育宣讲提纲》。4 月 28 日，机关党支部书记呼贵礼、副书记杨杰到抚宁镇下庄管区陆庄村开展“团结就是力量”党建促共建帮扶活动，与该村党支部负责人座谈共建帮扶具体措施。5 月 26 日，再次到该村开展共建帮扶活动，并带去米面油等生活物品慰问了困难老党员贾玉忠。6 月 22 日，召开支委会议，研究机关党支部换届和“七一”前党组织有关活动事宜。7 月 2 日，全体党员学习讨论习近平总书记在庆祝中国共产党建党100周年大会上的重要讲话，进一步坚定“不忘初心、牢记使命”的理想信念。

学习教育活动

1982—2021年，县（区）政协党组为了加强政协系统党的思想、组织、建设和党风廉政建设，根据上级党组织的安排部署，先后在县（区）政协系统开展了学习宪法活动，整党活动，端正党风、做合格党员活动，中国特色社会主义理论学习，“三讲”教育，“三个代表”重要思想学习教育，保持共产党员先进性教育，学习实践科学发展观，党的群众路线教育实践，“三严三实”专题教育，“不忘初心、牢记使命”主题教育，党史学习教育等一系列活动。

整党活动 1984年10月，根据中央整党决定的要求和市、县委的部署开展整党工作。整党工作以党的十二大精神和整党决定为指针，以新党章为准绳，通过学习，提高认识，开展批评与自我批评，增强执行党的纪律的自觉性，端正工作指导思想和工作方向，做到在政治上同党中央保持高度一致，自觉地服从服务于党的总任务、总目标，落实党的各项政策，大力促进各方面的改革和经济开发。从而把党的各级组织建设成为密切联系群众的坚强战斗堡垒，使党的各级领导班子成为带领广大群众进行社会主义现代化建设的坚强核心，使全体党员普遍受到一次马克思列宁主义和党性、党风、党纪的教育，提高党员的政治素质，人人做合格党员。县政协机关的整党工作在县政协党组的领导下，由县政协党支部召集全体党员开展学习、讨论等具体活动。11月初，重点学习《中共中央关于整党的决定》《中共中央关于经济体制改革的决定》。11月中旬，重点学习《党员必读》中《邓小平同志在中国共产党第十二次全国代表大会上的开幕词》《十一届三中全会以来重要文献汇编》《毛泽东同志论党的作风和党的组织》等重要文献。通过学习，明确整党的目的意义，认识整党的必要性和紧迫性。深入开展彻底否定“文化大革命”的教育，消除派性、增强党性，清除“左”的影响，从理论与实践的结合上加深对党的十一届三中全会以来的路线、方针、政策的理解。县政协党组、机关党支部制定全体党员参加整党活动出勤登记表，坚持每次活动点名制。机关14名党员（县委抽调1名）除公出因病外，无一人无故缺席。党员崔振民因病住院，接到整党学习通知后，病未痊愈就穿着棉大衣到礼堂听动员报告，坚持带病参加学习讨论。党员大会上做到领导带头，人人发言，讲认识，谈体会，结合个人思想实际，找差距，做到讲认识“像”自己，查问题“是”自己，不搞花架子，不走过场。党组认真分析每次会议的情况，整理出会议的成效和存在的问题，然后在下次党员大会上再讲出去，引导整党活动顺利开展，使机关全体党员进一步肃清“文革”的影响，明确整党的目的意义。12月，重点学习《中国共产党章程》《党和国家经济体制的改革》《关心群众生活，注意工作方法》《为人民服务》《纪念白求恩》《继续保持艰苦奋斗的作风》等重要文献。在对照检查过程中，本着先集体后个人、先领导后一般的顺序，每个党员围绕整党的总目标，对照党员标准和党员干部的条件，抓住集体和个人在执行党的路线、方针、政策和精神状态、工作作风等方面存在的问题，认真开展批评与自我批评。无论是党组会议还是党员大会，大家知无不言，直面问题，坦诚相待。即便是县政协主席、副主席工作、生活上的问题，一般党员同样在整党会议上直截了当地提出来。政协的老领导们从自身的经历，深入浅出地谈个人的学习体会，检查个人思想、工作方面的缺点。年轻的党员认真学习，深刻了解“文革”给党和国家带来的重大影响，进一步提高对整党的认识，明确努力方向，增强前进的信心。县政协领导班子重点围绕端正业务指导思想，从思想上政治上坚定地与党中央保持一致；彻底清除“左”的影响，坚持改革创新；纠正以权谋私、官僚主义、主观主义、一言堂；坚持党的实事求是的思想路线；改变软弱无力、提高战斗力等方面进行认真的对照检查。党员个人重点围绕党的十一届三中全会以来，坚持四项基本原则，执行党的路线方针政策有什么问题；为人民服务的思想树立的牢不牢；有无利用职权谋取私利；有哪些个人主义、自由主义、无政府主义的表现；工作中的中游思想、不坚持原则、不干党的工作；组织纪律上，不服从调动、私心严重、目无组织纪律等方面进行认真的对照检查。在对照检查过程中，普遍开展批评与自我批评和互相谈心活动，使一些党员放下思想包袱，党内生活气氛活跃、严肃、健康。

1985 年，县政协机关的整党活动进行集中整改和党员登记、总结验收工作。县政协领导班子制定整改措施，一般党员明确改正目标，制定切实可行的改正措施，进一步明确努力方向。对照整党的方针政策和党员标准，经过党支部、党组研究，党员大会表决通过，县政协机关 14 名党员全部合格，予以登记。

“三讲”教育活动 1997—2000 年，县政协党组认真组织机关党员干部开展“三讲”（讲学习、讲政治、讲团结）教育活动。1997 年 4 月，召开机关全体干部动员大会，传达县委副书记侯金来在创建“三讲”文明机关动员大会上的讲话。政协党组副书记杨雨顺作动员，党组书记苏洪珊讲话，提出：要用建设有中国特色社会主义理论武装头脑；要爱岗敬业，努力学习时事政治、业务知识；要讲学习、讲政治、讲团结，联系实际解决疲沓、散懒等问题，努力创建“三讲”文明机关。1999 年，开展江泽民同志提出的“讲学习、讲政治、讲正气”的“三讲”学习教育活动。机关 33 名党员，其中离退休党员 14 名。在学习讨论中，每个人都积极发言，讲学习的重要性、谈学习的体会，并把学习心得体会上墙展示。2000 年 3 月中旬至 5 月中旬，按照县委的安排部署，在县政协党组的领导下，县政协领导班子和领导干部开展为期两个月的“三讲”(讲学习、讲政治、讲正气）教育活动。县政协成立“三讲”教育活动办公室，县政协机关 10 名实职副科级以上干部、26 名县政协常委、11 名政协乡镇联络组组长和 10 名各界别的县政协委员参加县政协领导班子和领导干部“三讲”教育的相关活动。县政协党组书记、县政协主席苏洪珊作动员报告，强调开展“三讲”教育的必要性和重要性。“三讲”教育活动经过思想发动、学习提高，自我剖析、听取意见，交流思想、开展批评，认真整改、巩固成果 4 个阶段，18 个具体步骤，“三讲”学习教育活动收到明显效果。

“三个代表”重要思想学习教育活动 2001 年 2—10 月，在县政协机关开展“三个代表”（中国共产党始终代表中国先进生产力的发展要求、代表中国先进文化的前进方向、代表中国最广大人民的根本利益）重要思想学习教育活动。

2 月 24—3 月 11 日进行学习培训，把学习“三个代表”重要思想同党的十五届三中、五中全会精神，学习新时期统一战线和人民政协理论紧密结合起来，中央组织部选编的《农村干部学习“三个代表”重要思想文件汇编》作为必读教材，《邓小平理论学习纲要》《农村政策简明读本》和《农村基层干部读本》作为学习辅助教材。3月12—4月10日进行对照检查，在学习提高的基础上，各科室之间开展座谈，相互征求意见。对照“三个代表”重要思想的要求，检查党的十五届三中全会以来思想和工作方面存在的问题，进行分析反思，形成书面材料。认真开好民主生活会，科室负责人之间开展谈心活动，然后召开民主生活会，开展批评与自我批评，并通报了民主生活会的情况。4月11—24日制定整改方案，各科室及主要负责人针对对照检查的问题，研究制定科室整改方案和个人整改措施。对反映出来的问题，逐条列出，明确责任，落实到人，提出解决的时间，并公布于众。同时，按照边整边改的要求逐项落实。

通过开展“三个代表”重要思想的学习教育活动，各科室和机关党员干部在思想观念方面进一步增强开拓进取意识，激发政治热情，积极建言献策，提出真知灼见，发挥政协的优势。在思想和工作作风建设方面，重点解决党的宗旨意识和群众观念淡薄等问题，增强全心全意为人民服务的宗旨观念。转变工作作风，深入基层、农村搞好调查研究，了解社情民意，密切党群干群关系，维护社会安定团结，为全县经济社会发展创造有利条件。

保持共产党员先进性教育活动 2005年2月，县政协党组根据县委的安排部署，制定《关于保持共产党员先进性教育活动的实施方案》（以下简称《实施方案》），并成立先进性教育活动领导小组办公室。县政协机关在党组的领导下，自2月上旬至6月中旬开展该项活动。《实施方案》提出明确的指导思想、活动的目标要求、具体的方法步骤和组织领导。在职和离退休的38名党员全部参加活动。在学习动员阶段，党组书记王连成作动员讲话，强调开展共产党员先进性教育的重要性和目的要求。学习教育活动中，先后共组织45次学习讨论，其中请老干部、优秀党员、党校老师专题辅导5次。重点学习《保持共产党员先进性教育读本》《中国共产党章程》，使全体党员深化对邓小平理论和“三个代表”重要思想的理解，深化对党的十六大和十六届三中、四中全会精神，树立和落实科学发展观的理解，明确新时期保持共产党员先进性的基本要求。在分析评议阶段，分别召开机关工作人员、老干部代表和政协委员座谈会4次，广泛听取征求对县政协每名党员及党组织的意见，并向党员本人如实反馈。然后对照党章规定的党员义务、党员领导干部的基本条件，全面总结个人近年来思想、工作和作风等方面的情况，进行自我剖析，并撰写党性分析材料。同时，党组和机关党支部认真开展谈心活动和民主生活会，党组书记和党组成员、党组成员之间、党组成员同分管科室负责人、党支部委员与党员之间开展广泛谈心活动48人次，交流思想、互相帮助。党组专题民主生活会和党支部组织生活会做到严肃认真，自我剖析，查找个人存在的突出问题，分析其存在的根源。在党员评议过程中，党员个人讲评，党员之间互评，群众参评。在整改提高阶段，从党组书记到普通党员，都认真梳理思想工作、作风方面的突出问题，制定出具体的、有针对性的改进措施。通过集中开展共产党员先进性教育，进一步增强全体党员干部的党性观念和党组织的凝聚力和战斗力，使党群关系更加密切。

学习实践科学发展观活动 2009年3月，在县政协领导班子和党员领导干部、全体党员中深入开展学习实践科学发展观活动。3月初至4月下旬组织机关党员干部认真学习党的十七大以来的重要会议精神，学习《毛泽东邓小平江泽民论科学发展》和《科学发展观重要论述摘编》，县级领导干部还专题学习《深入学习实践科学发展观活动领导干部学习文件选编》。党员领导干部带头深入学习，撰写一篇心得体会；带头调查研究，形成一份有价值的调研报告。组织全体党员围绕科学发展开展以“认清形势再加压，科学发展争一流”为主题的解放思想大讨论活动，查摆思想不解放的表现，分析思想不解放的根源，明确解放思想的方向，提出解放思想的措施。4月下旬至5月底重点对照学习实践活动的目标任务，联系思想和工作实际，切实查找问题，深刻剖析原因。结合“干部作风建设年”活动，发放征求意见表征求广大党员特别是基层党员的意见；以召开座谈会、委员走访等有效形式，征求政协委员的意见和建议；发挥政协联系广泛的优势，广泛征求社会各界意见。全方位、多层面找出影响和制约经济社会发展速度、发展质量等方面存在的问题，影响社会和谐稳定的突出问题，党性党风党纪方面群众反映强烈的问题，工作作风方面存在的问题。在此基础上，召开县政协党组扩大会议，认真研究讨论所有问题，并形成《聚焦提炼问题报告》。召开民主生活会。县政协领导班子及领导干部紧扣党的十六大以来的工作实践，进行“五查五看”，即查思维理念，看思想观念是否更新、思维方式是否科学；查工作思路，看发展方向是否明确、工作重点是否突出；查落实措施，看目标责任是否靠实、工作推动是否有力；查推行机制，看制度体系是否完备、长效机制是否建立；查工作成效，看重点任务是否落实、广大群众是否满意。普通党员和党员干部联系思想、工作实际，进行“三查三看”，即查思想，看对科学发展观的理解是否准确、深刻，贯彻落实科学发展观是否自觉；查工作，看按照科学发展观的要求履行职责的能力是否足够，实绩是否明显；查作风，看践行科学发展观是否既扎扎实实又勇于创新，对待群众是否态度热情、主动服务。严肃认真地开展批评与自我批评，开诚布公谈问题、找原因、提建议、定措施。党组扩大会议充分讨论后，形成分析检查报告。分析检查报告形成后，组织机关党员群众、乡镇联络组组长、县直工作组组长及部分政协委员，着重从领导班子对科学发展观的认识深不深、问题查找准不准、原因分析透不透、改进措施可行不可行等方面进行评议，并公布评议结果。6月初至7月底，领导班子对查摆出的问题和需要完善的制度进行系统分析、梳理和归类，按照轻重缓急和难易程度，分门别类提出可操作性的整改意见，落实整改项目、措施和责任，并向党员、群众公布，自觉接受监督。

党的群众路线教育实践活动 党的群众路线教育实践活动坚持以党的十八大和十八届三中全会精神和习近平总书记系列重要讲话精神为指导，以为民务实清廉为主题，以“照镜子、正衣冠、洗洗澡、治治病”为总要求，以“党员干部转作风、人民群众得实惠、深化改革迈大步、经济发展上水平”为目标，以补精神之“钙”、除“四风”之害、祛行为之垢、立为民之制为重点，以机关科级以上领导干部为主体，进一步加强作风建设，着力解决形式主义、官僚主义、享乐主义和奢靡之风“四风”突出问题。

按照县委《关于全县开展党的群众路线教育实践活动实施方案》的统一部署和要求，2014年2月至9月，县政协机关开展党的群众路线教育实践活动。县政协党组成立由党组书记、政协主席顾昌和为组长的教育实践活动领导小组。2月下旬，县政协召开党的群众路线教育实践活动动员大会，进行全面安排部署。围绕克服“四风”问题，通过政协党的群众路线教育实践活动专栏或媒体报刊形式向社会和政协委员作出公开承诺。3月上旬，集中7天时间重点组织党员干部学习党的十八大、十八届三中全会精神和习近平总书记系列重要讲话精神，学习《党的群众路线教育实践活动学习文件选编》《同呼吸才能心相印》等必读书目，组织观看《周恩来的四个昼夜》等党的群众路线教育专题片。学习过程中坚持集中学习、个人自学和实践教育相结合，做到集中学习有记录、个人学习有笔记、党员干部有学习体会文章。组织党员干部围绕如何为委员更好服务开展专题讨论。4月，确定调研主题，明确调研重点，深入基层、深入群众、深入委员，重点收集群众反映强烈的突出问题，梳理群众的意见建议，为查摆问题、整改落实打好基础。通过民主评议、公布征求意见电子邮箱、热线电话、发放征求意见函和设立征求意见箱等形式，征求相关部门、县政协委员、机关干部职工（含离退休人员）、基层群众对政协机关、领导班子成员、科级干部的意见建议累计333条。县政协经认真梳理、汇总所征求的意见建议27条，及时向班子成员、党员干部反馈，作为整改的重要内容，并报县委督导组。5—6月，查摆问题、开展批评。县政协领导班子及科级干部通过收集到的意见建议认真查摆和剖析在形式主义、官僚主义、享乐主义和奢靡之风等方面存在的突出问题。在认真查摆和剖析后进行“一对一，面对面”的谈心。6月上旬，县政协领导班子及科级干部对照为民务实清廉要求，认真进行反思，找出突出问题，自己动手撰写对照检查材料，包括个人作风建设基本情况，存在的主要问题，原因分析、努力方向和改进措施等。6月下旬，集中时间召开专题民主生活会，班子成员带头查摆问题，既有深刻的自我批评，也有诚恳的相互批评，发言紧扣主题，开门见山，突出重点，正视矛盾和问题，讲真话，把问题说透、把原因弄清，面对干部群众所提意见，提出明确具体、便于实施的整改意见。专题民主生活会后，通报会议情况，并进行满意度测评。7月上旬，县政协机关及领导班子抓住重点问题，制定整改方案、时间表，并在一定范围内公示通报。班子整改方案由政协主席负责组织制定，经督导组审核把关后，报县教育实践活动领导小组办公室备案。7月下旬，根据征求意见情况和政协机关整改落实方案安排，进行集中梳理，重点健全完善加强政协机关作风建设方面的工作制度，建立政协机关落实党的群众路线的长效机制。8月上旬，政协机关领导班子和科级干部的整改方案实行主席负责制，切实做到及时整改、逐项落实。8月下旬，综合运用民主评议、民意调查、投票等形式，对活动开展情况及整改效果进行民主评议。把评议结果作为检验教育实践活动成效的重要依据，作为评价领导班子、党员干部的重要内容。 9月，形成县政协深入开展党的群众路线教育实践活动总结报告，报县委教育实践活动领导小组办公室。通过开展教育实践活动，县政协机关认真清退了超标办公用房，堵塞了公款吃喝、公车私用的漏洞，严控一般性外出考察学习，“三公”经费支出比上年大幅下降。

“三严三实”专题教育 2015年，县政协开展“三严三实”（严以修身、严以用权、严以律己，谋事要实、创业要实、做人要实）专题教育，制定《县政协机关县级领导干部深入开展“三严三实”专题教育实施方案》，按照县委“不再单独召开动员会，以党组书记讲党课开局”的要求，5月21日，县政协党组书记张岐紧扣“三严三实”主题，联系政协及党员干部思想、工作、生活和作风实际，以《践行“三严三实”要求，争当百姓喜爱好官，推进政协工作创新发展》为题，为机关22名党员干部讲党课，并为县政协县级领导干部开展好“三严三实”专题教育提出具体要求。按照县委要求，县政协4名县级党员领导干部本着讲清“三严三实”的重大意义和丰富内涵，讲清“不严不实”的具体表现和严重危害，讲清落实“三严三实”的实践要求原则，分别到联系点或主管联系部门讲党课。通过讲党课，使党员、干部受到一次良好“专题党课”的洗礼。6月4日重点学习《习近平总书记系列重要讲话读本》，6月12日重点学习《习近平谈治国理政》，6月19日重点学习《刘云山、赵乐际同志在“三严三实”专题教育工作座谈会上的讲话》。结合所学内容和“三严三实”“堂堂正正做好官、踏踏实实干正事”要求撰写心得体会。6月30日，县政协开展以“堂堂正正做好官、踏踏实实干正事”为主题的学习研讨会。学习研讨中，政协县级领导班子成员围绕“严以修身”这一主题，以“加强党性修养、坚定理想信念、把牢思想和行动‘总开关’”为目标，紧密联系思想、工作、生活和作风实际，以“堂堂正正做好官、踏踏实实干正事”为主题，谈认识和体会，并对自身存在的问题和不足进行深入剖析。将“三严三实”内化于心、外化于行，切实加强作风建设，认真抓好工作落实，真正做到做好官、干正事，助推政协事业发展。7月1日原原本本学习党章，7月3日学习《领导干部违纪违法典型案例警示录》，7月10日学习《习近平关于党风廉政建设和反腐败斗争论述摘编》，8月学习《优秀领导干部先进事迹选编》。政协领导领导班子成员以“争当百姓喜爱好官”为题，认真撰写体会文章并报县委。8月下旬举办“争当百姓喜爱好官”主题学习研讨会。政协制定《县政协县级领导干部“三严三实”专题教育蹲点调研工作方案》，开展蹲点调研工作。政协领导干部对照“三严三实”要求，对照习近平总书记指出的“七个有之”，对照50种“不严不实”问题具体表现，对上年群众路线教育实践活动的问题整改进行一次回头看，深入查找自身不严不实的表现清单，建立了整改台账。坚持立查立改，从小问题和具体问题改起，改一件销一件。

“两学一做”学习教育 2016年，按照中央和省市区委部署，区政协开展“学党章党规、学系列讲话，做合格党员”（以下简称“两学一做”）学习教育。

在“两学一做”学习教育中，着力解决一些党员存在的理想信念动摇、党的意识淡化、宗旨观念淡薄、思想陈旧保守、精神萎靡不振、道德行为不端等6个方面的突出问题，持之以恒纠正“四风”。认真学习以习近平同志为核心的党中央治国理政新理念新思想新战略，引导党员深入领会系列重要讲话的丰富内涵和核心要义，坚定中国特色社会主义道路自信、理论自信、制度自信、文化自信。

在学习教育中，党小组每月组织党员进行一次集中学习，时间不少于半天；党支部每季度召开一次全体党员会议，分别围绕“坚定信仰信念，保持党员本色”“强化看齐意识、严守纪律规矩”“勇于担当作为，发挥党员作用”3个专题组织讨论。每位党员干部结合专题学习，联系本人思想实际、岗位职责，撰写一篇心得体会文章。领导班子成员结合工作分工，听取分管部门和单位专题学习讨论情况汇报，并进行点评。党员领导干部在机关为全体党员讲党课，注重运用身边事例、现身说法，强化互动交流、答疑释惑，增强党课的吸引力和感染力。“七一”前，党支部结合开展纪念建党95周年活动，集中讲党课。年底，机关党支部召开专题组织生活会，支部班子及其成员对照职能职责，进行党性分析，查摆在思想、组织、作风、纪律等方面存在的问题。组织全体党员对党支部的工作、作风等进行评议。同时对照党员标准，按照个人自评、党员互评、民主测评、组织评定的程序，对党员进行评议。推行党员“学习日志”制度，并对党员日常学习情况进行检查和考核，做到个人学习有笔记、集中学习有记录、专题学习有体会。结合“党员活动日”记好党员为民做好事服务日志，将党员为民服务做好事情况作为民主评议党员的重要依据，作为党内评先评优的重要条件。

在“两学一做”活动中，政协机关全体党员干部佩戴党徽，亮明党员身份，激励广大党员自觉对照党员标准规范言行，接受群众监督。开展党员联系服务群众活动，以“接力沈汝波为民做好事”活动为载体，开展党员志愿服务活动。利用每周五党员活动日，以开展“城市容貌环境争创一流”活动为契机，组织机关党员干部开展紫金山垃圾清理、打扫清洁区等活动。建立党员联系服务群众长效机制，以空巢老人、留守儿童、残疾人等特殊群体和老党员为服务重点，利用党员活动日、节假日、业余时间开展多种形式为民服务活动，充分发挥“抚宁区政协志愿服务队”服务群众的作用；领导班子成员建立基层联系点，开展与贫困户结对帮扶等活动，及时帮助解决群众生产生活中遇到的各种困难和问题；立足本职，深入基层，了解民情，反映民意，积极为基层群众办实事、做好事、解难事，反映群众的愿望和要求，促进活动成果的落实。

政协委员把“两学一做”学习教育与开展“我为打造‘五个新抚宁’做贡献”活动结合起来。刘振华、杨金沅委员抓住造纸行业有利发展机遇，力促企业提档升级。经多方市场调研和考察，樊南纸业新上 4.40 万吨高档生活用纸技改项目已开工建设，该项目增加就业岗位 130 个。华云纸业投资 1.20 亿元新上 11 万吨高强瓦楞纸技改项目已投产达效，新增就业岗位 50 个。政协委员傅仁华相继投资建设了占地 90 亩的紫金香苑经济适用住房及廉租房、占地约 300 亩的紫金湾景彩小区、紫金湾景逸小区工程、金山学校等工程，并投资1000余万元打造紫金山游乐场，为群众提供休闲娱乐的场所。3 月开工建设的宁海大道工程，已全线贯通，为促进市区一体发展作出突出贡献。郑海波委员努力筹集资金，修建村“两室”、进村路、广场，购置“两室”办公设备，硬化主街道等，全面实施村庄环境整治工作。张柏委员积极协助党委政府化解征地拆迁矛盾纠纷，有效防止了信访问题发生。赵友礼委员自 1994 年任抚宁区骊城街道工委邱营社区党支部书记以来，兢兢业业，无私奉献，在他多方协调下，邱营居民从低矮的土坯房住进宽敞的垂直楼房。在整治“双违”、维护稳定、创新创业、抗洪抢险、“三城同创”、助残养老、热心公益等活动中，委员们带着责任、带着使命，以极大的热情和干劲，积极投身其中，协助党委政府做了大量工作。在抗洪抢险中，委员们发挥主人翁责任感，为抢险共出动车辆 20 余台次，为受灾群众提供食品和住房，免费提供道路救援 80 次；在关爱弱势群体中，为学校建设、贫困儿童、空巢老人、老弱病残人员等提供物质和金钱等方面帮助，委员们累计捐款捐物合计约 20 万元，赢得了社会各界和人民群众的赞誉。

“树牢‘四个意识’、坚定政治立场”等三项活动 2017 年 4 月，在政协机关干部中开展“树牢‘四个意识’、坚定政治立场”“学用党内法规、严守纪律规矩”“强化使命担当、压实治党责任”活动（以下简称“三项活动”）。

“三项活动”活动中，认真学习党的十八届六中全会和中央纪委七次全会精神，深入领会习近平总书记系列重要讲话精神，跟进学习中央和省、市、区委重要会议精神，深化学思践悟，全面系统掌握，从思想上树牢“四个意识”，坚定政治立场，坚定理想信念，对党忠诚，增强宗旨观念、讲政治规矩和大局意识。学用党内法规、严守纪律规矩，着力解决对党内法规不了解、把纪律规矩不当一回事，无视中央八项规定精神；过党内政治生活讲关系、讲感情，搞无原则一团和气，红脸出汗不经常；批评与自我批评隔靴搔痒、蜻蜓点水；党内监督打“马虎眼”，不善于作斗争；建章立制只重数量、不重质量，制度的操作性、约束性、权威性不强等问题。强化使命担当、压实治党责任，着力解决使命意识不强，对管党治党信心不足，核心作用弱化；传导不够有力，责任落实虚化；责任考核定性多定量少，缺乏具体量化标准和指标体系；问责“避重就轻、点到为止、不痛不痒”，“板子”打不到负有主体责任和监督责任的人身上等问题。

区政协深入开展“三项活动”，围绕“讲政治坚定理想信念”“顾大局强化责任担当”“尊核心维护中央权威”“重看齐听从党的指挥”4个专题进行学习讨论，引导党员、干部牢固树立“四个意识”，坚决把拥戴、维护、捍卫核心作为最大的政治和首要的政治纪律，坚定政治立场，统一思想认识，自觉同以习近平同志为核心的党中央保持高度一致，坚决维护党中央权威。通过座谈走访、问卷调查等方式，广泛征求各方面意见和建议。强化自查自纠，紧紧围绕树牢“四个意识”、严守政治纪律和政治规矩、落实管党治党政治责任情况进行检查剖析，认真撰写对照检查剖析材料。开好专题会议、开展批评与自我批评。领导干部对干部群众反映、巡视巡察反馈、组织约谈函询的问题，纳入对照检查材料深刻剖析，在专题会议上说清楚，针对查找的问题，制定整改方案，建立整改台账；班子成员制定整改措施；普通党员干部制定个人整改清单。征求意见原件、整改方案、整改措施、整改清单统一建档。牢固树立问题导向，机关全体干部主动对号入座，认真抓好整改。针对查找的问题、征求的意见，逐条逐项分解责任，落实到人，按照整改台账，解决一个，销号一个。每名党员干部围绕遵守政治纪律、政治规矩，与机关党支部签订承诺书，定期汇报整改情况，主动接受组织监督。坚持开门整改，对整改措施、整改方案，采取媒体公布、醒目位置张贴等形式，面向社会和群众公开承诺，整改落实情况及时向社会公布。

区政协印发《党风廉政建设责任制领导小组职责分工》《党风廉政建设主体责任和监督责任清单》。明确政协党组领导班子对本单位党风廉政建设主体责任的落实负全面领导责任共19项，主要负责人10项，其他班子成员责任9项；党风廉政建设责任领导小组对机关党风廉政建设监督责任的落实负全面领导责任共9项，层层签字背书、约谈，督促领责、履责；建立落实责任纪实制度，实行痕迹化管理；完善“两报告”制度，每半年分别向区委、区纪委报告一次主体责任落实情况。按照“废改立”并举的原则，查漏补缺、细化完善，及时将活动中涌现的好做法固化为制度。重点建立健全党组织党内政治生活主体责任制、重大问题报告、热点问题发现处置等制度。把权力和行为全部关进制度的笼子里。

“不忘初心、牢记使命”主题教育 2019年9月，区政协部署开展“不忘初心、牢记使命”

主题教育。成立由区政协主席、党组书记张岐任组长的主题教育领导小组，设立办公室，并制定主题教育实施方案。不忘初心、牢记使命，是加强党的建设的永恒课题，是全体党员、干部的终身课题。紧紧围绕学习贯彻习近平新时代中国特色社会主义思想，紧扣习近平总书记关于“不忘初心、牢记使命”重要论述，制订学习计划，切实把学习教育贯穿主题教育全过程。党员领导干部认真读原著、学原文、悟原理，通读《习近平关于“不忘初心、牢记使命”论述摘编》《习近平新时代中国特色社会主义思想学习纲要》，深入学习习近平总书记在“不忘初心、牢记使命”主题教育工作会议上的重要讲话。组织党员干部学习党章、党史、新中国史和《中国共产党党内重要法规汇编》《做到“两个维护”》《坚决彻底反对形式主义、官僚主义——毛泽东同志等老一辈革命家的部分论述》《见证初心和使命的“十一书”》等主题教育的重要辅助材料。及时编印区政协《理论学习文萃》，力求学深悟透、真信笃行。区政协党组班子采取党组理论学习中心组学习、举办读书班等形式，集中 7 天学习，紧密结合解放思想大讨论学习成果和选题进行研讨交流。邀请与学习专题相关联的行业系统、基层单位负责人和专家学者共同学习研讨，依托五峰山李大钊纪念馆、天马山马骥将军墓、抚宁烈士陵园、区组织生活馆、党员活动室等场所，开展体验学习，教育引导党员干部铭记初心。组织收看警示教育片、参观廉政教育基地，以案为鉴，增强党性。运用“学习强国”“河北干部网络学院”“秦皇岛微学习”“抚宁干部学习微平台”等学习平台，增强主题教育的吸引力和感染力。开展“每周一测”学习测试系列活动，不断深化和检验学习效果。为庆祝共和国 70 华诞暨人民政协成立 70 周年，以“我与人民政协”为主题，在全体区政协委员中开展征文活动，编印征文集，刊登了 45 名委员的撰文；征集区政协委员，抚宁籍书法、美术爱好者书画作品，9 月 20 日举办“壮阔七十年•奋进新时代”书画展，编印“翰墨情深 同心筑梦”书画作品集。

有计划、针对性地开展调研。区政协研究制定《区政协党组、班子“不忘初心、牢记使命”主题教育调查研究工作方案》，每位党组、班子成员分别带领分管委室负责人，奔赴一线，采取召开座谈会、走访群众等方式进行调研。党组班子成员、科级干部梳理调研情况，提出解决问题、改进工作的思路举措，形成《进一步优化营商环境，为建设“沿海强区、幸福骊城”提供强力支撑》等 5 个关乎经济、民生、基层组织建设领域的调研成果。10 月中下旬，党组班子成员在学习调研基础上讲专题党课，党组书记带头讲，其他党组班子成员到区政协各工作组、活动组讲党课。10 月 28 日，区政协召开“不忘初心、牢记使命”主题教育调研成果交流会。

按照习近平总书记“四个对照”“四个找一找”要求，采取自己找、群众提、集体议的方式，认真查摆差距不足，一条一条列出问题，每位党组班子成员及副科级以上干部都形成《精准找问题、实干破难题》工作台账，按照干部管理权限报区委备案。党员领导干部对照党章党规，通过召开专题座谈会和书面征求意见，区政协党组共征求意见建议 14 条，党组成员分别征求 5 条意见和 15 条建议。党组班子召开对照党章党规找差距专题会议，在自己找、群众提的基础上，集体研究确定党组班子和领导干部个人的问题，确保实事求是、画像精准、问题确凿。检视问题不大而化之、隔靴搔痒，不避重就轻、避实就虚。党组班子和领导干部切实抓好自身的问题整改。11 月 4 日，区政协党组召开专题会议，对照《党章》《准则》《条例》，聚焦

“18 个是否”进行交流发言，相互之间提出具体建议。并分阶段将整改落实情况向党员干部、政协委员进行通报。重点深入开展对弄虚作假、形式主义、官僚主义、不担当不作为、以权谋私、侵害群众利益等 10 项专项整治。12 月 6 日和 9 日，分别召开区政协党组、机关党组“不忘初心、牢记使命”主题教育专题民主生活会。

找准机关党支部开展主题教育着力点。除副科级以上领导干部之外的党员，以党支部为单位参加主题教育，依托“三会一课”、主题党日抓好学习教育。组织党员原原本本通读《习近平关于“不忘初心、牢记使命”论述摘编》等文献和讲话。通过召开党员大会、支委会、党小组会等交流学习体会，相互启发提高。党支部书记讲专题党课，向支部党员报告学习体会。组织党员对照党章规定的党员条件和义务权利和《中国共产党廉洁自律准则》等，查找党员意识、担当作为、服务群众、遵守纪律、作用发挥等方面的差距和不足，一项一项整改到位。坚持“党员活动日”制度，开展“三会一课一服务”，组织党员结合自身实际，参加志愿服务，为身边群众至少办 1 件实事好事，以实际行动践行初心和使命。

区政协党组、机关党组、机关党支部把整改贯穿主题教育的始终，对梳理查找出的党组班子 15 个问题，已完成整改 13 个；党组成员 40 个问题，已完成整改 32 个。

区政协党组领导班子成员按照“一岗双责”落实领导责任，推动主题教育同政协工作紧密结合，以主题教育促进各项工作，以工作实绩检验主题教育成效，确保主题教育与日常工作“两不误”，党的建设和干部能力“两促进”，展示抚宁政协人的良好形象。

党史学习教育 为认真贯彻落实习近平总书记在党史学习教育动员大会上的讲话精神和上级党委关于开展党史学习教育的部署，组织引导机关全体党员从党的百年伟大奋斗历程中汲取继续前进的智慧和力量，坚持用习近平新时代中国特色社会主义思想武装头脑、指导实践、推动工作，激发全体党员干部满怀信心在加快建设现代化沿海强区、幸福骊城中尽职尽责，2021 年 3 月在区政协系统开展党史学习教育活动。

成立由区政协党组书记张岐为组长，党组副书记朱颖、王海银，党组成员徐秋阳、付强为副组长的领导小组。3 月 12 日，区政协党组、区政协机关党组、机关党支部分别制定《关于开展党史学习教育的实施方案》。3 月 21 日，区政协党组召开全体党员干部参加的党史学习教育活动动员大会。区政协系统党史学习教育活动从四个方面展开。

开展专题学习。3 月 22 日，区政协党组会议专题学习习近平总书记在党史学习教育动员会上的重要讲话。3 月 26 日，机关全体党员上党课，机关党支部书记呼贵礼讲解《习近平论中国共产党历史》。4 月 1 日，机关党支部委员会议专题学习《习近平论中国共产党历史》中关于如何认识改革开放前和改革开放后两个历史时期的论述，并进行研讨交流。4 月 25 日，机关全体党员上党课，区政协党组书记、政协主席张岐讲解《党史学习教育宣讲提纲》。6 月 25 日，召开区政协党组会议，区政协党组书记关金一主持会议。学习贯彻落实《中共中央关于加强对“一把手”和领导班子监督的意见》，学习习近平总书记在《求是》上发表的《用好红色资源，传承好红色基因，把红色江山世世代代传下去》的重要文章，区政协领导班子成员分别作了学习发言，深刻认识和理解加强对“一把手”和领导班子这一关键少数监督的重要意义，从自身做起，切实履行好管党治党政治责任。深刻领会充分用好红色资源、传承好红色基因的重大意义，把红色资源作为主题实践活动的重要内容，把红色基因传承好。7 月 2 日，机关全体党员学习讨论习近平总书记在庆祝中国共产党建党 100 周年大会上的重要讲话，激励大家坚持正确方向，传承红色基因，牢记初心使命。

加强宣传教育和专题培训。组织党员干部参加市党史图片档案文献展览。组织党组成员、机关党员干部到区内外革命传统教育基地、党史史料展馆、组织生活馆和革命烈士陵园等党建教育基地接受教育。4 月 20 日，机关党支部组织全体党员到榆关镇平市庄革命历史纪念馆开展党史学习教育活动，接受革命传统教育，传承红色基因，厚植家国情怀。区政协党组副书记、副主席王海银，副主席徐秋阳、赵永红和区政协秘书长呼贵礼等参加活动。党组成员和机关党员干部在自身学习教育的同时，深入委员界别组和联系单位，认真做好党史宣传教育、普及党史知识，推动党史学习教育深入基层。

开展“我为群众办实事”实践活动。4 月 7 日，区政协联合区农业农村局到抚宁大集开展“学党史、悟思想、办实事、开新局”送农业技术下乡宣传活动，发放宣传资料 5000 余份，解答咨询 100 多人次。4 月 14 日，区政协副主席赵永红带领医药卫生界政协委员到崔家庄村开展“送医药下乡”义诊活动，共诊治 100 余人，发放药品价值 2000 余元。4 月 28 日，机关党支部书记呼贵礼、副书记杨杰到抚宁镇下庄管区陆庄村开展“团结就是力量”党建促共建帮扶活动，与该村党支部负责人座谈共建帮扶具体措施。5 月 26 日，再次到该村开展共建帮扶活动，带去米面油等生活物品慰问了困难老党员贾玉忠。

召开专题组织生活会。党史学习教育活动结束前，区政协党组、区政协机关党组、机关党支部分别召开专题组织生活会，认真进行学习教育总结，对照标尺检视问题，开展批评与自我批评，进行党性分析，交流学习体会。党史学习教育活动收到“学史明理、学史增信、学史崇德、学史力行”的效果。

人　　物

政协委员是人民政协履行政治协商、民主监督、参政议政职能的主体，是发挥人民政协作为重要协商渠道和专门协商机构作用的主力军。政协委员是来自各民主党派、无党派、各人民团体、各参加单位、社会各阶层的优秀代表，既彰显了政协组织作为统一战线平台载体的独特政治功能优势，肩负着联系社会各界群众包括海内外爱国人士桥梁纽带的使命任务，又在社会主义革命与建设、改革开放和推进新时代中国特色社会主义伟业的奋斗征程中，围绕团结和民主两大主题，聚焦党和国家中心任务，紧扣改善和保障民生，立足“一岗双责”，扎实履职尽责，发挥了委员独特的作用。

自 1982 年抚宁县政协成立至 2021 年近 40 年来，在历届抚宁县（区）委坚强领导下，在上级政协指导下，历届政协委员根据不同时期党委、政府中心工作、人民群众关心的热点难点问题，既积极响应政协组织发出的各项倡议，听从政协组织的召唤，踊跃参加政协组织的各项活动，同时又充分发挥各自岗位优势、能力优势，围绕中心，服务大局，恪尽职守，履职尽责，不辱使命，勇于担当，涌现出许多活跃在各条战线、各个行业、各个领域的先进标兵、学习楷模，既有国家、省、市级先进工作者、劳动模范，又有行业专家、技术骨干，也有民营企业家、学术带头人、致富典范、小康建设领头羊及“两个文明”建设的先锋。他们无愧于时代，无愧于政协委员这一神圣的荣誉称号，在改革开放和新时代中国特色社会主义建设的各个历史时期，在建设抚宁、繁荣家乡、振兴经济、维护稳定、推动发展的不同阶段，身体力行，践行委员使命，踏实做事，履行委员职责，充分展示了政协委员的风采，体现了政协委员的担当，发挥了委员的作用。

人物传略

人物传略坚持“生不立传”原则，共收录 6 人。其中，记载的 3 名已故县政协主席，都是新中国成立前参加革命工作，为抚宁县人民政协事业的创建和发展作出积极贡献、深受全县广大干部群众尊敬和爱戴的领导。3 名政协委员分别来自农业科技、财贸金融、医药卫生战线，他们热爱自己的事业，执着追求，初心不改，谏忠言，献良策，为抚宁“两个文明”建设，为小康社会建设作出了积极贡献。

胡顺（1929.04—2018.07） 男，汉族，中共党员，天津市蓟县殷留乡礼明庄人，县政协第一届委员会主席。

1945—1960 年，胡顺在蓟县九区、七区和玉田县工作，任共青团玉田县委副书记，玉田县委宣传部副部长、部长；1960—1971 年任抚宁县渤海公社副社长，宋庄公社副社长，海阳区委第二书记、代理书记、书记、革委会主任；1971—1979 年任抚宁县革委会商业局局长、县革委会生产指挥部副主任、县革委会副主任；1979—1982 年任中共抚宁县委常委、县革委会副主任、副县长、副书记；1982—1983 年任抚宁县政协主席；1983—1985 年任中共抚宁县委书记；1986—1989 年任秦皇岛市政协委员、常委；1989 年离职休养；2018 年 7 月去世。

1980 年，作为常务副县长的胡顺分管林果业、多种经营和财贸工作。为贯彻落实县政府确定的农业结构调整思路和工作方针，深入基层，在不同地区分别抓了小所庄、袁家沟、俞各庄、李家堡子等典型村队，推广发展林果生产和多种经营的经验。为解决产销矛盾，他努力推动农、林科技部门与商业、供销部门对接，积极搞好技术和销售服务，切实发挥商业、供销主渠道作用，推动了全县林果生产和多种经营的发展。

1982 年 2 月，县政协一届一次会议召开，抚宁县人民政协组织成立，胡顺当选为第一届县政协主席。面对新机构、新人员、新任务，县政协的工作如何开展，既没有先例，也没有现成经验可资借鉴，可谓“万事开头难”。为此，胡顺带领县政协领导班子，紧紧依靠县委领导，坚持重要工作向县委及时请示汇报，充分发挥政协党组核心作用。首先在县政协机关和政协委员中建立了学习委员会和政协工作组，组织政协委员和机关工作人员认真学习宪法等法律法规，学习人民政协和统一战线的理论知识。安排两名副主席、两名常委到丰南县、遵化县学习考察如何开展政协工作。并把考察情况向县委作专题报告，把他们的经验运用到抚宁政协工作实际，为政协工作起步开展夯基垒台。

政协成立之初，政治协商和民主监督是政协的重要职责。为便于政治协商和民主监督，做到有理有据，胡顺组织政协委员直接到村队和工业企业，深入调查研究，视察、考察，取得第一手材料后，向县委提出在不放松粮食生产的同时，积极发展多种经营，大力发展商品生产，加强市场建设；对现有企业进行技术改造，加强企业管理，提高产品质量，增加经济效益；落实工程技术人员政策，调动科技人员积极性；建议成立县工业科技顾问组等意见建议，为县域经济发展出谋划策。为充分发挥政协委员界别工作组的作用，胡顺要求各界别组制订各组工作计划，积极开展界别组活动。1983 年科学技术工作组制订的计划中有 24 项科学攻关项目，其中两个农业增产项目获河北省奖励，并得到广大农民的认可。

胡顺十分重视知识分子工作和台胞台属工作。旗帜鲜明地提出要把落实知识分子政策、落实统一战线政策、做好台胞台属工作作为一项政治任务。1982 年，在县政协一届一次会议闭幕会讲话中强调，要对政协委员的政策落实情况进行一次检查，协助督促有关部门解决存在的问题；协助有关部门加强知识分子工作，调动知识分子的积极性，发挥他们在“四化”建设中的作用。并大力宣传、推广县交通局落实知识分子政策、促进各项工作的经验。1983 年，县政协认真落实省政协、省委统战部关于贯彻全国政协常委会决定对各级政协委员政策落实情况进行检查的通知精神，通过深入调查、重点走访、召开座谈会等方式，检查政策落实情况，为在历次运动中受到错误处理的 11 名委员落实了政策。他多次参加县政协与县委统战部举办的台属代表座谈会，关心台属的工作和生活，及时帮助他们解决实际困难。

胡顺十分重视“两个文明”建设，鼓励政协委员为“两个文明”建设作贡献。1982 年，县政协与县人大、县财办联合召开商业、供销、粮食系统职工“贯彻十二大精神，建设社会主义精神文明”座谈会。县政协以《抚宁县政协会讯》的形式印发政协委员刘玉洁带病坚持工作、为计划生育作贡献的事迹，苏兰茹委员坚持为子弟兵治病的事迹。苏兰茹的事迹在全县广为传颂，成为全县人民学习的榜样，他先后出席省、市、县召开的精神文明建设经验交流会，在“河北省各界人士为四化服务经验交流大会”上发言介绍经验。1983 年，抚宁县有苏兰茹、杜志仁、郑淑云、谷玉祥4名政协委员和其他6名各界人士代表出席秦皇岛市为“两个文明”建设服务经验交流会。

1983年12月至1985年11月，胡顺任中共抚宁县委书记。其间正值秦皇岛市被国务院确定为全国首批14个沿海对外开放城市之一。抚宁县作为秦皇岛市管辖县，拥有丰富的自然资源优势，为加快发展提供了得天独厚的条件。县委决定抢抓先机，打造发展高地。1984年7月，胡顺主持召开常委会，讨论通过《抚宁县经济技术开发设想（初案）》。确定抚宁火车站以南为工业开发试验区，在秦皇岛经济技术开发区内设商业服务区，南戴河—大泥河—洋河水库为旅游开发区。为抢抓政策机遇，加快方案落地生效，胡顺带领县委全体常委到南戴河徒步踏查开发现场，在海边召开现场办公会议，果断决策开发南戴河，建设开发区。这一具有前瞻性、决定性的重大决策，为后来南戴河的旅游开发奠定了坚实基础。1984年12月，县委召开全县农村商品生产经验交流会，有1034专业户、重点户、经济联合体和乡镇企业代表出席会议，会议规格之高、规模之大前所未有，极大地调动了专业户、重点户、经济联合体和乡镇企业代表大搞商品生产、大上乡镇企业的主动性，有力地促进了全县农村商品生产。到1985年，全县从事农村商品生产的“两户一体”达到21483户，占农户的20%，其中经济联合体1797个。全县改革、开放、搞活的步伐进一步加快，有力地带动了各项工作开展。

1985年11月，胡顺调市政协工作，任市政协常委，直至1990年离休。

刘惠廷（1926—2010） 男，汉族，中共党员，河北省卢龙县燕河营镇人，县政协第二届委员会主席。

1946年春，刘惠廷参加东北民主联军（1948年1月改称东北人民解放军），1947年5月在四平保卫战中左腿负伤，造成二等乙级残疾。新中国成立后，刘惠廷由唐山地区玉田县粮食局调回抚宁县供销社工作，1956年1月任县委办公室副主任，翌年初他和县委农工部部长陪同县委书记强华等3名县领导，每人肩扛一把大镐，带领30余名县直干部奔赴乡村同农民刨翻土地、挖堰（等高撩壕），推动全县干部作风转变和生产条件改善，成为抚宁县“五把大镐精神”的亲历者和成员之一。1958年11月至1961年6月抚宁县并入秦皇岛市，刘惠廷任市农委办公室主任。恢复抚宁县建制后，历任县计委副主任、县委办公室主任、县委代理常委、副县长。1966年5月“文化大革命”开始后受到冲击和批判，下放县“五七干校”劳动改造。1971年11月任县化肥厂革委会主任、党委书记，他顶着政治气候压力，紧紧依靠干部职工，全面恢复发展生产。1980年4月任县政府副县长，全身心做好分管的各项工作。他深入基层，转变作风，与农民工人同吃同住同劳动，面对面解决群众上访问题。他坚持原则，审慎决策建设项目，使有限资金得到科学合理利用。他清正廉洁，身体力行，从不利用手中权力谋取个人私利。

1984年1月，刘惠廷任县政协党组书记，主持全面工作，同年5月在县政协二届一次会议上当选为县政协主席。他始终保持奋发进取、担当作为的精神状态。到任后即进入角色，熟悉掌握各方面情况，在县政协常委会会议上报告一年多来的主要工作，提出新的目标任务，使二届县政协履职尽责有了良好开端。面对县政协建立初期的客观条件和不利因素，他亲自率领和组织人员赴承德、沈阳、大连、绥中等市、县学习政协工作经验，积极探索适合本县实际的协商议政方式和途径，争创一流业绩。

县政协二届一次全会后，刘惠廷提议围绕全县大政方针的贯彻执行和社会生活中的重要事项，组织安排县政协专题调研、视察考察活动，了解反映社情民意，就加快改革开放进程，调整农业生产结构，增加农民收入，繁荣文化、教育和科技等事业提出建议案，供县党政领导及相关部门决策和工作参考。农村实行家庭联产承包责任制后，部分乡村片面强调发展商品经济，忽视粮食生产的现象比较突出，导致企业滥占耕地、粮田面积逐年减少、农田水利设施破损严重，农民对农业的投入日趋弱化，引起县党政主要领导高度关注。刘惠廷主持召开农业科技界委员和涉农部门负责人座谈会，对全县粮食生产的历史、现状和存在问题进行剖析，商讨应对不利局面的措施。随后，县政协向县委、县政府提交了《关于全县粮食生产的建议》，得到认真研究采纳。县委召开全县三级干部会议，对坚决贯彻国家粮食政策、保护和调动农民种粮积极性、加大科技兴农力度、稳定粮田种植面积、加强农田水利基础设施建设等作出安排部署，出台了相应政策规定。

在政协工作实践中，刘惠廷认为县两会同时召开或县政协全委会议提前一两天召开，时间紧、日程多，与会委员虽列席县人大会议，但不能集中精力讨论协商“一府两院”、国民经济计划和财政预决算报告，县领导和列席人员也不能多接触委员听取意见接受咨询，因此有必要对县政协全委会议召开时间进行调整和改革。1986 年 3 月，县政协二届三次会议先于县人大会议 5 天召开，与会委员不再列席县人大会议，有充分的时间提前对原两会期间审议协商的“一府两院”等报告文件协商讨论提出意见和建议，与县领导和列席人员交流互动，切实做到了协商在决策之前。这项改革举措，三、四届县政协继续坚持和完善，受到全国政协、省市政协赞许和一些市、县政协效仿，《河北政协通讯》给予报道。

刘惠廷对政协工作精心组织，真抓实干，统筹安排，务求实效。在一年一度的县政协全会筹备过程中，他事必躬亲，靠前指挥，明确责任，强调落实到位。他逐字逐句修改审定或亲笔起草会议文件，要求打印装订规范整洁，不允许出现任何疏漏。他视提案工作为委员参政议政的重要快捷通道，强调抓好征集、督办和成果转化，听取提案办理情况汇报，力促所提问题和建议得到解决采纳。县委主要领导领衔办理重点提案，肯定支持提案工作。1985 年 9 月，县政协出席省政协提案工作经验交流会并作典型发言，《河北政协》刊登发言全文。同年 10 月，县政协出席市政协提案工作经验交流会介绍经验。他尊重知识，尊重人才，主动加强与全县各界人士交往，发挥政协委员智力密集、联系广泛的优势和主体作用。县政协会同县委统战部、对台办举行台属代表中秋国庆茶话会、教师节座谈会，17 名政协委员出席市各界人士为改革开放服务经验交流会。他重视文史资料征集工作，就健全组织机构、征集范围线索、经费来源支出等提出具体要求。县政协印发征集提纲，创办征集工作简报，动员知情人士、政协委员撰文投稿，收效明显。其中，西安事变亲历者王永秋委员撰写了《西安事变回忆》等 3 篇文稿，参加了全国政协纪念西安事变 50 周年座谈会。刘惠廷重视机关公文档案管理工作，强调对日常公文资料、重要事项活动应收尽收、应记尽记，做到对政协工作和历史负责。县政协接续编撰《大事记》《机构沿革》，档案管理设施完善，程序规范，工作达标升级。外地政协同行来访，不论人员多少、规格高低，他尽可能主持参加接待座谈，不放过向对方学习先进做法和经验的机会，表示热情友好诚意。

刘惠廷注重提高政协委员和机关工作人员整体素质，为切实履行协商议政职能提供组织保证。他主张县政协建立阅读公文日制度，规定了主席、副主席、常委和科室干部阅读公文的具体时间、地点和内容。他坚持德才兼备、任人唯贤的选人用人导向，在推定政协委员、常委，调整充实机关工作人员中，严格遵守政协章程和组织程序，杜绝请托说情，不搞论资排辈，做到公平、公正、公开。他强调抓好县政协机关干部队伍的思想、作风建设，打造崇贤尚德、爱岗敬业、团结协作、无私奉献的工作氛围，关心解决干部生活中存在的问题和困难。他文字功底扎实，以自己亲身经历要求叮嘱政协科室人员，一定要提高公文写作水平，增强驾驭语言文字的能力，负责文秘工作的同志必须做到，其他人员亦应如此。他特别要求中青年干部要立足本职，不负韶华，建功立业，自己愿甘当他们成长进步的伯乐。

1987 年 12 月刘惠廷离休后，积极参加党组织生活，继续为发展统一战线和人民政协事业奉献余光余热。2005 年年初，在县政协保持共产党员先进性教育中，他以 80 岁高龄撰写《共产党员离休后更应保持先进性》文稿参加征文活动，应邀向机关全体党员干部作革命传统教育报告。2010 年 4 月，刘惠廷病逝于抚宁。

张浩成（1931—2012） 男，汉族，中共党员，河北省玉田县东轩湖甸乡人，县政协第三届委员会主席。

张浩成 1948 年 10 月参加工作后，曾任冀东十五专署秘书室会计、唐山专署财政科办事员、唐山地区中级人民法院副科长等职。1965 年 9 月任抚宁县人民法院院长，1968—1969 年任县“五七干校”二连指导员、县卫生院革委会主任，1970—1974 年任抚宁县革委会生产指挥部副主任、主任，1974—1975 年任中共抚宁县委常委、副书记、革委会副主任，1978—1980 年任中共抚宁县委代理书记、县革委会主任，1980—1983 年任中共抚宁县委书记，1983 年任昌黎县委副书记、调研员，1986 年任抚宁县委调研员，1987 年任政协抚宁县第三届委员会主席，1990 年任县政协党组顾问，1991 年离休，2012 年 9 月因病逝世。

1970—1974 年，他在任县革委会生产指挥部副主任、主任时，带领干部上山，抡着镐修梯田，挽着裤腿骑自行车在田间地头检查指导农业生产的事迹成为美谈。他为抚宁县的农业学大寨、治山治水、改变农业生产条件作出重要贡献。1975—1983 年期间，是唐山大地震后恢复及全县农业生产从承包田间管理、联产计酬到逐步实施家庭联产承包责任制的关键时期。坚持思想引导、典型示范、逐步推广的原则，顺利完成了地震震坏的大批水利工程的复修，成为全省地震后水利建设恢复的典型，并在石家庄展览馆和北京农展馆展出修复成果。党的十一届三中全会前后，围绕农村稳定、农业发展、家庭联产承包责任制的推行等重大变革，他从全县实际情况出发，深入平原、山区不同类型的公社、大队调查研究，反复强调因地制宜，不搞“一刀切”。在全县积极稳妥地实现了全县由“两统一包”生产责任制向“大包干”家庭联产承包责任制的转型，使统分结合的双层经营体制得到落实。

1987—1990 年，他任政协抚宁县第三届委员会主席期间，热爱统一战线和人民政协工作。

依靠中共抚宁县委的领导，充分调动和发挥全体政协委员的作用，认真履职尽责，参政议政。他坚持并深化了县政协全委会议和常委会会议开法的改革，不仅把全委会提前于县人代会召开，而且针对换届的县人代会的人事安排问题拿到提前召开的县政协第一次常委会会议上进行充分的民主协商，广泛地听取政协委员的意见和建议。这项改革得到了县委的高度重视，收到较好的效果。此外还对县政协常委会会议、主席会议、调研视察等履职活动的方式进行了改革。他身先士卒，深入调查研究，解决实际问题。在调研中发现杜庄乡徐山口村小学校的危房问题严重，就陪同县委书记菅瑞亭、常务副县长傅春奎亲自到现场解决问题。他关心同志，特别是关心农村政协委员的工作和生活，得知农村政协委员的误工补贴较低，便亲自过问，并向县委、政府领导反映，使问题很快得到解决，调动了委员参政议政的积极性。他始终心系农业、农村、农民，当有的政协委员反映县内粮油合同定购“三挂钩”的化肥、柴油数量比省市规定的少，农民有意见的情况后，随即组织县政协的有关委员进行详细的调查，及时以县政协调研建议的形式转送县政府及有关部门。县政府高度重视，认真研究后出台了新的规定，广大农民群众十分满意。他始终坚持把政协工作置于县委的领导之下，县政协的重大事项及时向县委请示或汇报。充分发挥政协党组的核心作用，注重加强党的建设，认真执行党的纪律、制度，不断加强党的思想、组织建设。在他的任期内不但发展了年轻同志入党，而且培养、介绍了年逾七十的非中共人士副主席赵振基加入了中国共产党，实现了赵振基追求多年的夙愿。

1991 年离休后，他仍然十分关注抚宁县的经济建设和社会事业的发展。特别是在他担任县经济团体联合会（简称经团联）名誉会长期间，以其丰富的阅历和工作经验，在深入调研的基础上，他亲自给县委书记田永生、县长张学军就“如何发挥潘官营机械化屠宰有限公司的龙头作用，带动全县养猪业的快速发展”写了专题报告，提出具体建议。县委、县政府高度重视，经认真研讨后，县委、县政府把发展养猪业列为“三线富民”的第一条主线。他不顾年事已高，坚持参加县相关会议和县经团联的各项活动，在下庄管理区调研生姜生产后，向县委、县政府提出扩大生姜生产面积的意见及措施；在台营、大新寨镇调研板栗生产后，提出了抓紧板栗生产和深加工的具体建议。对推动全县“三线富民”战略落实起到了促进作用。

他自觉遵守党的纪律，严于律己，宽以待人，关心、爱护同志，勇于承担责任。他平易近人，艰苦朴素，关心普通群众的疾苦，努力帮助群众解决生产生活中的实际困难。他的思想品格和工作作风深受全县干部群众的尊敬和爱戴。

王景曜（1927—2004）　男，汉族，中共党员，抚宁县七里涧人，县水利局副股长、助理工程师。县政协第一届委员会委员，二、三届常务委员。

王景曜 1957 年投身于县水利事业，先后参加了洋河水库、鸽子塘水库、北庄河水库等水利工程的修建。1968 年，为了解决丘陵山地浇水问题，县委要求他抓好引水上山浇地试点工作，他在秦皇岛市工业技术玻璃厂等有关单位的支持下，在大新寨区狮子庄村试验成功玻璃管引水上山工程。1975 年，该村的山地梯田还出现了千斤地块。县革委在狮子庄召开现场会，在全县推广玻璃管引水上山。他还帮助昌黎县、三河县的一些村，修建玻璃管引水上山工程，并取得很好的效益。唐山地区和河北省先后在抚宁召开了现场会，推广抚宁县的经验。1978 年，抚宁县水利局的玻璃管引水上山项目获得全国科学大会科技成果奖。

他热心政协事业，积极参加县政协组织的调研、视察、考察活动，充分发挥自己的业务专长，围绕水利建设、水土保持、旅游事业等重要问题建言献策。1982—1984年，为搞好荒山治理，他三次徒步对洋河库区上千平方公里的山川进行实地勘察，并在吕良峪乡陈庄蹲点一年多，获取小流域治理第一手资料，提出了“搞好山区小流域治理，迎接农村产业结构改革”的建议。1985年3月，《抚宁政协会讯》刊登了这个建议，并得到县政府的重视和采纳。县政府在台营区吕良峪乡陈庄、华庄、大杨各庄、小杨各庄，柳各庄乡青山口等十来个偏僻山村进行试点。经过综合治理，四年左右大见成效，原来的荒山秃岭，已林果满坡，既保持了水土，又绿化了荒山，荒山植被率达80%～90%。在试点基础上，县委、县政府在洋河水库上游的山区，普遍推广了小流域综合治理经验。河北省在抚宁召开了小流域综合治理经验学术讨论会。1985年9月，他在水电部于内蒙古召开的“海河水土保持经济学术讨论会”上，介绍“开发山区进行小流域治理”的经验，获得一致好评。1987年8月，他专题撰文《坚持水利工作改革，帮助山区农民脱贫致富》，用从事水利工作的丰富实践和大量翔实数据，反映了“有收无收在于水，多收少收在于肥”，“水利是农业的命脉”。提出了加快农业发展，尽快让山区广大农民脱贫致富，搞好喷灌机的应用服务是一条重要途径的建议。该建议受到了县政府、县政协领导的高度重视，县长、副县长分别作出批示。之后，县政府采取了具体措施，使喷灌机的应用服务在全县得到大范围推广使用，有效促进了全县农业生产的发展。

王景曜是一位造诣颇深的业余摄影爱好者。他用照相机记录了20世纪50年代中期至20世纪末抚宁县40多年农田水利建设的历史、抚宁县一些重大历史事件和重要历史人物的活动，为后人留下了珍贵的影像资料。《抚宁县志》《抚宁县水利志》《抚宁县农业志》《抚宁县交通志》等书籍文献采用了他的大量图片资料。1989年，为了加强同港、澳、台同胞的联谊，宣传祖国、家乡的大好形势，他拍摄、编写了《骊城集锦》照片专集，印刷了200份，赠送给港、澳、台同胞。

他创造性的工作多次受到唐山地区行政公署和抚宁县政府的表彰和奖励，授予记大功2次，记功1次，单项奖励3次。1985年，国家水利电力部为其颁发“献身水利水保事业37年”荣誉证章和证书。

苏兰茹（1925—2008）　男，汉族，滦县人，宋庄公社卫生院主治中医师。县政协第一、二届委员会委员。

1972年，驻唐山解放军某部排长阎书生患横贯性脊髓炎病，基本全身瘫痪。部队为其千方百计寻医救治，经部队和地方几个医院治疗，病情均不见好转。后来听说抚宁县七里涧村半农半医苏兰茹曾治愈过几例瘫痪病人，便派专人来找苏兰茹。1974年年底，在村党支部鼓励下，怀着“为咱部队办事，为子弟兵治病”的热情，苏兰茹顶着巨大的思想压力，抱着试试看的想法，来到阎书生所在部队，开始为其治疗。一段时间后，病情有所好转。

1975年1月，苏兰茹为不影响村里半农半医工作，经村党支部与部队商量，决定把阎书生接到村里治疗。全村干部、群众像对待亲人一样关心照顾他。苏兰茹边治疗边学习《中国药典》

《黄帝内经》《伤寒论》等医疗书籍，请医院院长、内科主任会诊，制定了以中药为主，针灸、按摩为辅的治疗方案。坚持每天给他浑身按摩一次，并制作了牵引、导尿瓶、双杠、双拐等辅助器械，帮助康复治疗。苏兰茹有6个子女，他都没给端过屎尿，而对阎书生，只要他在场，从不让别人做，并把他身上身下、床铺都擦洗干净。1978年，苏兰茹家建新房，特意多建一间，留给阎书生住。此时，阎书生拄着双拐，已可以行走。

苏兰茹的事迹不仅感动附近的干部群众，也感动了在哈尔滨医药公司工作的本村王景星老人。听说为解放军治病，他不顾年老体弱，联系了哈尔滨市4个区、8个县的医疗单位，找药物，亲自配制、碾压，做成药丸，邮寄回来。还感动了北戴河草场村李春山医生父女二人，每隔一天来一次，为阎书生治疗，一直坚持两年多，并分文不取。

七年多时间，苏兰茹精心治疗，精心呵护，使阎书生站立起来。他的事迹感动了各级领导及广大群众。县政协印发了苏兰茹委员坚持为患横贯性脊髓炎的子弟兵排长阎书生精心治疗护理的先进事迹。他所在单位被评为省级先进单位，他本人多次出席中央、地、县召开的先进工作者会议，并介绍在“两个文明”建设中的先进经验。苏兰茹成为全县人民学习的榜样。1984年，国家民政部和解放军总政治部授予七里涧村“全国拥军模范村”称号。

苏兰茹1986年3月退休，2008年6月去世。

王云（1925—2017） 男，汉族，抚宁县抚宁镇王家湾村人，留守营粮站粮管员。县政协第一届委员会委员，二、三届常务委员。

1983年3月，王云在县政协一届三次全委会议上向大会提交两件委员提案。一件是关于建议粮食部门积极开展粮食议购议销提案，提出为支援农业生产，支援牲畜和猪只发展，粮食部门应积极开展粮食及副产品的议购议销业务。会后，县政府及粮食主管部门根据国务院有关文件规定及时答复，并采取具体措施。广大农民在完成国家粮油统购任务后，可以通过多种渠道经营粮油及副产品，调剂余缺，活跃粮油市场。另一件是关于调整粮食包干基数建议的提案。国家为平衡和稳定粮食征购任务，采取“粮食征购加包干基数一定五年不变”的办法，抚宁县从1975年至1983年已连续9年没有变动。王云根据基层工作实际，认为此种包干基数长期不调整，已出现了基数高的村队与基数低的村队征购加价部分不合理的问题。即基数高的加价部分少，基数低的加价部分多，造成产量高的加价收入少，反倒吃亏的情况。为此，王云建议调整粮食包干基数，农民所交粮食，一律按四、六开，即40%为任务，按平价；60%为加价部分。此建议得到地方政府和粮食部门认可，为后来粮食企业改革提供了参考。

1985年秋，全县粮食因灾减产，秋粮入库进度迟缓，粮食征购扫尾困难大。王云所包的西河南乡是全县重点产粮乡，全年入库任务占全县任务总数的近十分之一。为完成任务，为全县粮食入库多作贡献，在几个月时间里，他奔波全乡25个村，走访3400多户，逐地块观察近30000亩农作物长势，对有关情况做到心中有数。先后向乡里写了7次报告和建议，都被乡里采纳，有力推动全乡秋粮入库工作。县政协以《建议和意见》印发了他的《改革收购办法，加快入库进度的建议》，并送交县政府，得到政府重视，为解决全县粮食征购扫尾困难提供了良方。1987年，王云听到县内粮油合同订购“三挂钩”的化肥、柴油数量比省、市规定的少，农民有意见的反映。对此他进行详细调查，写出调查报告和建议，经县政协审阅后，报送县政府及有关部门。县政府召集有关部门认真研究后，给县政协书面答复，并决定废止关于“农民按照合同，每向国家交售100公斤小麦或大米，奖售优质化肥10公斤；交售100公斤玉米，奖售化肥5公斤”的规定。重新印发文件，执行“按照合同，农民每向国家交售100公斤贸易粮，奖售平价化肥12公斤，柴油6公斤”的规定。对此，广大农民群众十分满意。

1987年，王云在县政协三届一次会议上提交《关于预防稻蝗成灾》的提案。8月，他根据基层水稻发生稻蝗灾害的实际情况，再次向县政协反映，并向县政府提出“应进一步加强对灭蝗工作的领导”的建议。县政府接到建议的第二天，县长亲自深入基层座谈，到田间检查。第三天，县委、县政府召开紧急除蝗会议。全县出动1.10万人，6000多台（架）除虫药械，除治稻蝗69560亩，大大减轻了因蝗虫灾害造成的农业损失。

1988年5月，王云作为优秀粮管员参加河北省粮食厅在南宫市召开的优秀粮管员表彰大会，并在会上介绍了自己的先进事迹。

王云不仅关心农业、农民问题，还在基层调研中发现农村中小学冬季取暖煤少，教室温度低的问题。他以委员建议的形式逐级反映，县政府得知情况后，常务副县长傅春奎随即召开有关部门会议，研究决定为中小学校增拨冬季取暖用煤。王云还先后提交了《关于解决下庄乡造纸厂污水污染问题》《平原地区保粮限果问题》《关于尽快落实订购粮预购款问题》《西河南乡水稻产量变化情况》等建议和提案。

王云任政协委员期间，结合自己本职工作，进行深入细致的调查研究，通过走访、测算、掌握可靠资料，向县委、县政府撰写专题报告，提具体建议，为县党、政领导安排全县生产和人民生活起到重要参考，受到各级领导机关表彰。他三次被评为市先进工作者和劳动模范，四次出席省粮食系统先进工作者代表会议，1986年出席商业部召开的优秀粮管员表彰大会，并获奖。

王云1985年6月退休，2017年1月去世。

委员风采

政协委员是人民政协的主体。自1982年县政协成立以来，历届委员牢牢把握团结和民主两大主题，围绕党和政府工作中心，一面努力做好自己本职工作，争当本职工作的行家里手；一面积极建言献策，开展政治协商、民主监督、参政议政。他们在为“四化”建设、为“两个文明”建设服务中，在“树形象、展风采、做合格政协委员”和开展“五个一”活动中，在“不忘初心、牢记使命”主题教育及防控新冠疫情战役中，涌现了一批又一批表现突出、成绩优异的政协委员。他们思想解放，开拓创新，勤劳起家，艰苦创业，任劳任怨，无私奉献，成功之后不忘国家和人民，用自己的劳动成果回报社会、造福百姓，做到了为之有才，引之有德，做之有业，受到党委和政府、政协组织通过经验交流会、表彰会、电视台开办专题栏目等不同形式的宣传和表彰，赢得了广大群众的拥戴和社会的信任，为人民政协增添了光彩。

为更好地宣传政协委员事迹，展示政协委员风采，对从政协档案中收录到的不同时期部分优秀委员事迹，予以简要记述。

倪倩华 男，汉族，1929年生，中共党员，县教育局教研室研究员、副主任，县政府教育督导室督学，中学高级教师。县政协第一、二、三、四、五届委员会委员。

倪倩华任职期间，主要从事小学教学研究工作。他研究创立的“小学作文纵横双向结合教学法”，经过三年教学实验取得成功，并经秦皇岛市教委在抚宁召开现场会向全市推广。此教学法获准在中央教科所立项，并在抚宁县第一小学设“实验基地”，实验后成果显著，1990年在《河北教育》和《中国小学语文教学论坛》上发表，并向全省、全国推广。他先后被13个省邀请去讲学，举行了60多场报告会，听课教师约8万人。为全国10个省的特级教师作课进行评课，评课文章在各省教育杂志上发表。应国家侨联邀请，在北戴河举办的“世界华人小学生作文培训班”上讲课，讲课录像在中央电视台播放。他先后发表了《改革农村小学作文教学的新思考》《小学作文序列训练》《改革小学作文教学的实验报告》等论文，经专家评审鉴定，被评为优秀论文，在全国出版发行。其中《改革农村小学作文教学的新思考》发表在《中国农村小学作文教学》杂志上，获中央教科所特等奖。他撰写的专著《倪老师和小学生讲作文》由文心出版社出版，在全国各地新华书店销售。同时在全国27种小学生报刊上发表250多篇“作文讲评”和“写作指导”。

倪倩华先后受聘全国作文研究中心研究员、全国小学作文改革课题鉴定委员会常务委员、中国写作学会小学作文教学研究会常务理事、中央教科所小学作文教学课题组副组长、河北省小学作文教学研究会副会长、河北省《快乐作文》编委会编委。

县政协成立以来，倪倩华连续16年担任政协委员，文教组召集人、组长。他不仅兢兢业业做好本职工作，更以自身的品位影响力和才华吸引力，尽职尽责地当好政协委员，在参政议政、反映社情民意等方面做了大量工作。1986年，在县政协常委扩大会议上，围绕加强社会主义精神文明建设，他建议采取措施，加强对青少年的思想教育。在全委会上发言，建议重视和加强全县的教育教学工作。他先后撰写了《加强县城北商业街的垃圾管理问题》《关于杜庄乡徐山口小学的危房问题》《在县城增建小学问题》等32份提案。所提的提案均受到重视，件件有着落，收到实效，群众普遍反映很好。其中，关于在县城增建小学的提案入选省政协出版的《春华秋实》(河北提案成果选粹)。

倪倩华先后被秦皇岛市委、市政府授予“优秀共产党员”“优秀知识分子”“小学教育专家”“专业技术拔尖人才”“劳动模范”称号，河北省委、省政府授予“劳动模范”“小学名师”和“关心下一代先进个人”称号，国家教委、人事部、财政部联合授予“全国优秀教师”“全国教育系统劳动模范”称号，全国总工会授予“全国优秀教育工作者”“全国五一劳动奖章获得者”称号。

潘义川 男，汉族，1946年生，中共党员，县畜牧水产局副局长，工程师，市劳动模范。县政协第一、二、三、四、五、六届委员会委员。

潘义川长期从事畜牧水产事业，特别是海洋养殖、捕捞工作，并取得显著成绩。1986年担任副局长后，主抓水产业，为开创海水养殖新局面，牵头组织成立了水产养殖公司。为建造对虾、扇贝育苗室，他日夜操劳，筹措资金，设计施工，只用不到一年时间建成了占地 1000 平方米，总水体 340 立方米的对虾、扇贝综合育苗室。他和有关人员去大连市金县购买了 190 多斤的扇贝苗，为了争取时间，节省运费，确保贝苗安全，他们乘火车把扇贝苗从大连随身带回来。当年就繁育出 5700 万尾对虾和 1000 万尾扇贝苗，并全部售出。其总价值 46 万元，获利 23 万元。经省级鉴定，此次海湾扇贝人工育苗成功，并填补了河北省海水养殖的一项空白，受到了省、市、县及有关部门的表彰。截至 1990 年，全县海水养殖面积发展到 1500 亩。他主持开发的杜庄乡黑山嘴地热资源，利用温泉养鱼再获成功，为县内水产养殖业开辟了新的途径。1995 年，他又在曹东庄、后石河、小黄金山等村，利用日光温室蔬菜大棚的夏季空闲期养殖胡子鲶鱼。当年有 28 户农民进行试养成功，并取得较好的经济效益，为农民致富奔小康增添了一条新路径。

潘义川作为一名县政协老委员，始终认真履行自己的职责，积极参加县政协组织的视察、调研活动，建言献策。先后就全县畜牧业发展、水产养殖业发展、北戴河海滨向洋河口海域排污等问题，或以政协提案形式，或在全委会议上发言，指出存在的问题，提出具体的建议。所提的意见和建议分别得到重视和采纳，为促进全县的农业和农村经济发展发挥了积极作用。

1985 年、1987 年他两次以县政协委员的身份参加了秦皇岛市“各界人士为改革和开放服务经验交流会”，并在会上发言介绍经验。1987 年，全县开展“树新风、比贡献、学先进”活动中，中共抚宁县委作出决定，号召全县广大干部和科技人员向县畜牧水产局副局长、县政协委员潘义川学习。秦皇岛日报以《海干了，他才能闲下来》为题，报道了潘义川的事迹。由于他在“两个文明建设”中成绩突出，多次被评为先进科技工作者、先进工作者，获秦皇岛市劳动模范、全国农村科技推广先进个人称号。

聂庆平　男，汉族，1949 年生，牛头崖镇都寨养殖场场长，县政协第二、三、四、五、六、七届委员会委员，第八、九届常务委员。

聂庆平作为一名政协委员，充分结合自身所长，主动帮助周边的养鸡、生猪养殖户排忧解难，为推动本地养鸡、生猪产业的发展作出了积极贡献，被誉为“致富路上领头雁”。1985 年，聂庆平等 4 户农民投资 15 万元，办起了饲养万只蛋鸡的大型养鸡场（联合体），为当时全县最大的 3 个养鸡场之一。1989 年，兴建了全县第一个肉鸡饲养场，年出栏 30 万只。1996 年，依托秦皇岛正大集团，发展为全市最大的肉鸡饲养场。2002 年，他又投资 630 万元，建成全县第一个种猪繁育场，年创产值 1200 万元，纯收入 240 万元，带动周边规模生猪养殖户 923 户，实现社会效益 2000 余万元。2003 年，通过河北省无公害畜产品认定，被确定为河北省重点种猪场。2009 年，通过农业部无公害畜产品认证。2010 年，获省级生猪标准化养殖示范场称号。

面对想通过养猪致富的广大农户，聂庆平总是热情地鼓励他们，把自己所掌握的技术和摸索出来的经验，毫不保留地传授给他们，使他们养猪无后顾之忧。蒋营村闫洪波猪场就是在他的大力支持下建起来的。该猪场投入资金 50 万元，占地 4 亩，建猪舍 3 栋，母猪存栏 100 头，商品猪存栏 500 头，实现动物防疫检疫合格和无公害认证，达到绿色环保标准。

身为生猪养殖大镇中的领跑者，聂庆平总想为全镇的生猪养殖户以及生猪产业的发展多尽一份心，多出一份力。为了进一步提高当地农民群众的养殖效益，推动全镇生猪养殖规模不断扩大，2003 年，聂庆平牵头成立了牛头崖镇养猪协会，并亲自担任会长。他不仅提供仔猪，赠送饲养资料和饲料配方，还长期坚持开展病理诊断、设备制作、科学防疫等各种服务。他利用自己人脉广、门路多的优势，经常邀请生猪养殖专家来镇为养殖户们开展专题培训，邀请有丰富经验的美国辉瑞公司技术主任给全镇 120 多户养猪户进行饲养管理培训，联系北京亚卫畜牧的专家来镇开展母猪人工授精培训，使全镇 80% 以上的养猪户均掌握了科学规范的操作技术，并能熟练应用于生产实际。经过几年来的发展，生猪养殖协会吸纳会员 200 多户，带动联系户 60 户。在聂庆平的组织下，会员们定期进行生猪信息和养猪经验交流，随时通报疫情，及时解决生产和销售中遇到的难题。正是有了协会的服务和带动，促进了广大养殖户实现互惠互利、共同发展，使一些原先怕承担生猪市场风险的农户消除了顾虑，使原先只敢小打小闹的养猪户逐渐发展成养猪大户。

作为政协委员，聂庆平在两个文明建设中处处展示委员的风采。1991 年，刚刚富裕起来的他就主动关心农村教育事业，为了培养教育农业现代化建设者，向抚宁县农业中学捐资 15000 元，作为有突出成绩的教师和学生的奖金，同时，学校成立了“聂庆平奖励基金会”。他还在抢险救灾、物资捐赠等多次社会公益活动中慷慨解囊，作出奉献。

1987 年，聂庆平被评为市级劳动模范，1999 年被评为省级农业劳动模范。

公克勤 男，汉族，1962 年生，原秦皇岛京岛汽车改装厂副厂长。县政协第五届委员会委员。

20 世纪 80、90 年代，为了发展壮大集体经济，公克勤与其父公伯祥（原京岛汽车改装厂厂长，省政协委员）一起，在大力发展乡镇企业的大潮中，勇立潮头，锐意进取，全身心地投入村办企业的事业中。他作为主管生产的副厂长，在京岛汽车改装厂的发展壮大过程中，敢闯敢试，不断更新改造，提升产品质量，提高企业经济效益，为企业发展作出贡献。

1988 年 7 月，南望庄村在村办金山汽车总成修理厂的基础上，投资 540 万元兴建抚宁县京岛汽车改装厂。当年生产客货两用车 118 辆，完成产值 425 万元，实现利税 119 万元。该厂生产的“京岛”牌 JD1030 型双排座客货两用车通过省级鉴定和国家注册后，1990 年扩大厂区，增添了 45 台主要设备，年内生产客货两用汽车 669 辆，完成工业总产值 2775 万元，实现利税 599 万元。1991 年，生产的 JD6490 型厢式汽车通过省级鉴定。1992 年，生产的 JD1031 型单排载货汽车、JD6480 轻型客车通过省级鉴定。企业从业人员达到 920 人，生产 JD1030 双排汽车 2468 辆，完成工业产值 1.32 亿元，实现利税 4170 万元。秦皇岛市经济委员会公布 1992 年全市最大的 20 家工业企业时评价：“最引人注目的是一家乡镇企业，即京岛汽车改装厂，而且是位居销售收入超亿元的四强企业之一，在全省乡镇企业中排名第一，京岛汽车改装厂是全市乡镇企业异军突起的典型代表。”京岛汽车改装厂成为当时河北省乡镇企业百颗星之首。

在京岛厂经济效益最好时期，企业曾在秦皇岛、昌黎、武强设立分厂，在天津、石家庄设立经销公司，京岛汽车销售全国十几个省、自治区、直辖市，从北国边陲到江南水乡，从东部沿海到中原大地都留有京岛汽车的踪迹。京岛的兴起和发展，招收了南望庄及周边村镇一大批农民进厂做工，带动了周边汽车装饰、配件经销、汽车保养维修和餐饮、洗浴等行业的兴起和发展。京岛汽车改装厂还为抚宁镇中小学改善办学条件提供了支援和帮助。

公克勤作为主管生产的副厂长，根据市场需求，努力开发新产品，在实践中摸索，在失败中取得成功。在汽车销量较大的地区设立售后服务网点，在企业内部设置售后服务车间，根据客户反映，搞好售后服务，解除客户后顾之忧。他为企业的发展作出了自己的积极贡献，1993年被评为省政府重奖乡镇企业有突出贡献人员，获奖金3万元。

傅仁华 男，汉族，1964年生，秦皇岛市信发建筑工程有限公司董事长兼总经理、河北省建筑业协会常务理事、高级工程师。县政协第六、七届委员会常务委员；第八、九届委员会，区政协第一届委员会委员。

秦皇岛市信发建筑工程有限公司的前身是抚宁县建设建筑服务公司，经理傅仁华，注册资金520.70万元。公司于1996年12月改为股份制，2016年4月更名为秦皇岛市信发建筑工程有限公司，注册资金5000万元，固定资产3500万元，企业员工1658人，其中高级工程师3人，高级会计师1人，工程师21人，完成房地产工程80余项。主要有南戴河师范教学楼、学生宿舍楼，县人民医院病房楼、医技楼、肿瘤病房楼、放疗中心，抚宁二中教学楼、餐厅，县广电综合楼，抚宁一中教学楼、职工住宅楼、多功能厅，县财政局综合服务楼，首钢长白机械厂子弟学校教学楼、职工住宅楼，县迎宾小区经济适用住房，县农牧水产局办公楼，县政务服务中心工程等。完成的市政工程有县金山大街改造工程、县东南片区道路工程、全长24公里的宁海大道工程。

2007年7月，傅仁华成立秦皇岛市信发房地产开发有限公司，注册资金1.80亿元，总资产14亿元，系房地产开发销售资质三级企业。投资兴建了占地90亩的紫金香苑经济适用住房和廉租房，投资1000万元打造紫金山游乐场，开发建设了27万平方米的抚宁紫金湾景彩小区、20万平方米的紫金湾景逸小区等工程。紫金湾小区及所在抚宁东南片区风景秀丽，环境优美，依山傍水，南临宁海大道，北依金山大街，小区内有抚宁区一中、金山学校、区直属幼儿园，为抚宁城区最为宜居的小区。

2009年5月，傅仁华成立抚宁县骊城热力有限公司，注册资金6000万元，总资产1.66亿元，换热站34座，大型换热机组2套，员工50多人。实现供热入网覆盖面积约250万平方米，供热面积约为150万平方米，大大改善了抚宁城区居民的供热状况。

2013年6月，傅仁华成立了秦皇岛市精硕新型建筑材料有限公司，注册资金2000万元，总资产5000多万元。公司主要从事聚苯乙烯泡沫塑料生产，太阳能热水器制造，钢材、建材销售等。2014年12月又成立了秦皇岛市广硕安防设备有限公司，注册资金200万元，主要负责紫金湾片区内的电梯安装及维修防护。

傅仁华非常重视承建工程的工程质量和施工安全，他常说“百年大计，质量第一，质量抓上去了，企业的信誉才能提高，才能在当今如此激烈的社会竞争中立于不败之地”“我们的职工都要‘高高兴兴上班来，平平安安回家去’，一定要坚持安全生产，文明施工，做到便民不扰民”。

傅仁华始终认真执行国家的经济政策，遵守国家的法律法规，并建立健全企业财务等各项规章制度。年终决算时，他总是要亲自过问申报的收入是否准确，应缴纳税金是否按时入库，有没有漏税或脱税、逃税现象，企业留足发展基金后的利润分配他亲自征求工会的意见，充分考虑职工的利益和社会利益，以及社会公益捐赠事宜。他积极参加参加抗灾抢险、捐资助教活动，被抚宁县人民政府授予“捐资助教模范”称号。2020 年，区委、区政府决定在城区紫金山上重修魁星阁，傅仁华慷慨解囊，捐助修建，当年 11 月竣工。

徐彦春 男，汉族，1966 年生，中共党员，抚宁区教育局副局长、中学高级教师、省教育学会会员、市青联委员。县政协第七届委员会常务委员、第八届委员会委员，第九届委员会、区政协第一届委员会常务委员。

徐彦春师范学校毕业后，先后任小学语文教师、班主任，教导副主任、副校长、校长，区教师发展中心主任等职务。他撰写的《培养学生自学能力的两节好课》《纵横双向结合，促进作文教学》两篇论文，分别在《安徽教育》和全国小学语文会刊《百家作文指导》上发表。经他指导的学生作文有 19 篇在省级以上报刊发表，12 篇在市、省、国家作文竞赛中获奖。

多年以来，徐彦春的岗位在变，职务在变，但刻苦学习教学知识、潜心教学研究的作风没有变。为了写好粉笔字，他买来字帖利用业余时间反复练习提高，1990 年在全市小学语文青年教师硬笔书法比赛中荣获二等奖。他 2002 年主持的《教育对策性研究》,2004 年参与指导的“运用现代教育技术培养学生语言表达能力”“小学生自我意识的培养”等省级现代教育和心理教育课题通过验收。他在《中小学教育与管理》《中小学校长》《小学教学参考》《百家作文指导》等报刊上发表论文 20 篇，其中 4 篇获省、市教育科研成果奖。

1997 年 3 月，徐彦春任抚宁镇第一小学校长，面对拥有 100 多名教师、2000 多名学生的全县窗口小学，他感到前所未有的压力。2000 年 9 月，他参加了教育部举办的全国第五期小学骨干校长研修班学习，开阔了视野，拓宽了思路。他确立了“以人为本，发展至上”的办学理念，实行科学规范管理，促进了学校的建设和发展。他要求学校领导成员分别上好一门课，做好一流分管工作，带好一个年级组，参与一项教育科研，一年有一项创新，提高了学校业务管理水平；他践行民主科学的管理模式，做到校务公开、公平、公正，调动全体教师的积极性和创造性；他实施了“铸师魂、养师德、练师能”的新世纪园丁工程，造就了一批省、市级骨干教师；他多方筹措资金，推行学校教育设施现代化，建设教师电子备课室、多媒体教室、校园局域网并通联省远程教育中心及宽带网络；他重视用健康向上、丰富多彩的校园文化鼓舞师生士气，全方位营造良好的教书育人环境和氛围。抚宁镇一小先后被评为市文明单位标兵、市平安建设示范学校、市级示范校，省德育示范校、省依法治校示范校、省现代教育技术实验校。

2003 年 9 月，在创建市级示范校“校长办学思想”交流会上，徐彦春作的《以人为本，发展至上》的演讲，被市教育局收录于《示范校评估校长演讲文集》。《抢占制高点，构建学校教育现代化》一文被评为 2004 年全国教育信息化建设优秀论文，并获河北省教育科研成果奖，被收录于光明日报出版社出版的《中国当代教育思想文献》一书。他撰写的《感悟》在《中小学校长》2004年第7期上发表。

徐彦春提交的《抚宁镇一小西校周边环境亟待解决》提案，被评为优秀提案督办落实后，学校门前人多、车辆多、小商小贩多等问题得到有效解决。他在县政协八届一次会议上所作的《关于在县城增建一所小学的建议》的大会发言，受到县委、县政府和社会各界的高度重视。他荣获了县专业技术拔尖人才、十杰青年，市优秀青年、市高级人才库入选专家、职工劳动模范、先进校长，省优秀教师、优秀教育工作者等称号。

尹秀清 女，汉族，1956年生，秦皇岛京东调味食品厂厂长，省农业劳动模范，市文明标兵、诚实守信道德模范。县政协第七、八、九届委员会，区政协第一届委员会常务委员。

2000年，尹秀清在调味食品厂附近的村创办订单保护价农业项目，收购生姜、黄瓜、白菜、萝卜和圆白菜等，深加工后产品销往国内外，成为秦皇岛市第一个实施“公司＋农户”管理模式的企业，从而解决了农民卖菜难和上百名劳动力就业难问题。

2009年，在市政协开展的“五个一”活动中，尹秀清深入种植户听取建议和意见，采取保护价回收的形式，与下庄、田各庄管理区的农户签订了15000亩的甜玉米种植合同。她与高庄村马义军签订了帮扶协议，通过反租倒包方式为其提供了8000亩地的甜玉米种植基地，并进行种植技术指导，免费提供价值3000元的甜玉米种。下庄管理区陆庄村一养牛户资金存在缺口，尹秀清得知后为其低价提供饲料并帮扶部分资金。

尹秀清热心公益事业，坚守“企业来自社会和人民，就应该回报社会和人民”的理念。2001年春，高庄村老人杜兆平生重病，一家人陷入绝望中，尹秀清送去2000元，还多次买补品看望老人。尹秀清多次向基地村贫困户捐款捐物，她经常送衣服、米、面、鱼、肉给下庄管理区敬老院的十几位老人，逢年过节即去慰问。每逢六一等节日都要到学校进行慰问，为小朋友们带去学习用品等。曾有一位老母亲领着两个儿子到厂里，声泪俱下地请她收下这两个不争气的孩子，她得知两个孩子不好好读书，打架斗殴、偷偷摸摸，在哪儿也不好好干活，家里都快揭不开锅了，仍不悔改。但尹秀清也很犹豫，一是厂里不缺人，二是怕他俩在厂里捣乱，影响生产。但看到老母亲那可怜的样子，思前顾后，最终还是留下了他们。她给他俩买了新衣裳，安排了新宿舍，专门安排一个老职工带他俩学技术，工资也跟熟练工一样多，并要求其他职工不要歧视他俩，帮助他俩走上正道，尹秀清还拿出5万多元帮他们盖上了新房。在充满爱心的环境中，他俩受到感化，主动学技术，抢着干脏活累活，像变了一个人一样，双双成为厂里的先进工作者。尹秀清还给他俩牵线搭桥，介绍厂里两个姑娘分别与他俩成家。这两个孩子的母亲逢人就讲“是尹厂长救了我们全家，她是我家的‘活菩萨’”。几年来，尹秀清收留问题青年10多个，使他们成为社会上有用的人。

尹秀清在食品厂所在地刘庄村设立了文明和谐奖：孝顺父母的奖1万元，邻里和睦、婆媳关系密切、弟兄团结，她都奖励1万元。刘庄村在尹秀清的感召支持下，连续多年被评为市、县精神文明村、治安先进村。

尹秀清创办的京东酱菜厂被确定为全省农村妇女“双学双比”竞赛活动示范基地，被市政府定为农业产业化经营重点龙头企业、市食品安全管理先进单位，产品被评为省消费者信得过产品等；尹秀清本人被评为“全国双学双比先进能手”，省农业劳动模范、“三八”红旗手，市农村经济能人、第一届诚实守信道德模范。尹秀清是市十一届、十二届、十三届人大代表。

李家庚 男，汉族，1962年生，中共党员，石门寨镇副镇长、英武山村党支部书记，中共十七大代表。县政协第七、八、九届委员会委员。

李家庚任英武山村党支部书记后，从自己看病的钱中拿出2万多元还清村里的欠款，带领党员干部和村民将3.5公里坑坑洼洼的道路修成了通往外界的民心路，铺就了4公里长的引水管道，建成了年出栏1万多头的规模养猪场，创办了英武山泉水厂，使村民人均纯收入由1400元增加到了4000多元。两年间，李家庚为村集体和群众垫付资金8万多元。

2004年8月21日，胡锦涛同志作出“李家庚同志的事迹十分感人，他是千千万万农村基层干部的优秀代表”的重要批示。9月，省委授予李家庚“一心为民的好支书”荣誉称号，号召全省广大党员干部向李家庚学习。抚宁县政协授予李家庚“优秀政协委员”的荣誉称号，并号召全县政协委员向他学习。李家庚带头贯彻执行党的十七大精神，把履行政协委员职责与新农村建设结合起来，团结带领群众共同致富。汶川地震和玉树地震发生后，李家庚分别向地震灾区捐款13820元和10000元。他积极协调有关部门，投资30万元修通了4公里长的英武山至苇子峪乡村旅游绿色通道，并以个人名义借给苇子峪村2万元，赞助其文明生态村创建工作。他筹集130万元，利用广阔的山场资源和优美的生态环境建设拓展训练基地，平均每年为英武山村及周边村吸引游客2万人次。

李家庚身患疾病，怕累、怕凉、怕风，除了坚持服药外，必须坚持每天洗澡，并对伤口进行清洗消毒。2009年12月，为争取村里开发项目投资，他拖着饱受病痛折磨的身体陪同客人翻过一道道山梁对相关村庄进行实地考察，强打起精神和客人们谈笑风生。英武山村率先实行了党务公开、村务公开和民主管理制度，村里无论大事小事都严格按照“村务运作流程图”进行运作，切实维护群众利益，接受群众监督。他通过实行“走出去、引进来”的工作方法，马不停蹄地奔波于多座城市和相关部门，编织着庄园经济发展蓝图。在全镇农业发展总体规划的基础上，李家庚与镇党委、政府共同制定了英武山村庄园经济、乡村旅游和农副产品基地建设开发规划。英武山村完成了“抚宁县英武山旅游、农副产品开发有限公司”的注册登记工作，确定了以英武山村为中心、以周边各村为基地、以旅游和农副产品开发有限公司为龙头，加快庄园经济、旅游产业和农副产品基地建设，促进全镇农业、旅游业快速发展的思路，全力打造具有乡土气息的旅游、休闲基地。

李家庚始终牢记政协委员职责，把团结和民主贯穿于实际工作中，发挥政协委员联系群众的优良作风，勇于克服工作中的困难，时刻以党和人民的利益为重，千方百计为群众办好事、办实事，以个人利益服从全局利益，把全部精力投入为民谋利、带民致富的事业中，发挥政协委员联系各界的桥梁纽带作用。他撰写提交了《关于提高村级干部素质的建议》《加大对“法轮功”非法活动整治的力度》《建议政府有关部门及早整合资源，科学规划，进一步挖掘和利用现有旅游资源》等多件提案，积极为县域经济发展献计出力。

温守文 男，汉族，1950年生，中共党员，驻操营镇龙泉庄村党支部书记。县政协第七届委员会委员，第八、九届委员会常务委员。

1975 年，温守文被任命为黄土营公社党委副书记，就在他上任的前两天，脱粒机绞断了他的左臂，到公社任职已不可能。于是，组织上安排他当会计辅导员，每月记 300 工分、15 元补助。然而他却未接受如此“高薪”照顾，毅然回到本村任党支部书记。

龙泉庄村当时吃粮靠返销，花钱指望信用社，村民温饱问题一直未得到解决。然而，温守文知难而进，上任后作出一个惊人的决定——改河造田，种植水稻！他怀揣干粮、肩扛锹镐带头下地干活。一只手拿不住铁锹，就用残臂夹着锹把干，锹把将腋下的皮肉磨出了一层又一层血泡，混着汗水的鲜血浸透了锹把。每天晚上，温守文都要忍着剧痛将与血肉黏连在一起的衣服剥离下来，并用盐水为伤口消毒，一阵阵钻心的痛折磨着他，豆大的汗珠在额头上滚落，但他咬紧牙关不吭一声。乡亲们被感动了，个个轮起膀子跟他一起大干苦干！这一年，龙泉庄村第一次收获了金灿灿的稻谷，破天荒地告别了返销粮，实现了粮食自给自足。

1983 年，温守文在村里率先办起了小五金厂，生产矿山用抗磨材料，仅用三年时间即成为当地首富。他自掏腰包修通了龙泉庄到黄土营 3 里的乡间路，改变了村民出村走河滩的历史。温守文又选择了适合本村条件、经济效益好的板栗产业大量规模种植。面对大家的质疑，温守文率先承包了村里最差的 100 亩荒山试种板栗，同时逢会必谈栗子经，逢人必算经济账：“栽上板栗两千棵、十年楼房小轿车……”，鼓励大家承包荒山种板栗。就凭他这股“魔”劲儿，让村民的脑袋渐渐开了窍。一时间，龙泉庄男女老少齐上阵，漫山遍野开荒人。板栗是种上了，水和路又成了两大难题。为了修建好引水上山工程，温守文多次跑到县水务部门争取资金，先后打大口井 9 眼，建引水上山工程 8 座，实现了沟沟有水源。为了修进山路，温守文带着群众早上五六点钟起床、晚上七八点钟收工，风里来，雨里去，渴了就喝口冰凉的井水，饿了就吃口冷干饭。几年间，龙泉庄村共修进山路 70 多里，开发荒山 3600 亩，退耕还林 670 亩，共栽栗树 43 万棵，人均 1200 棵，龙泉庄板栗总产量达到 31 万公斤，成为脱贫致富的主导产业，农民人均年收入超过 1.5 万元。

为改善人居环境，龙泉庄村硬化村内 1200 延长米街道，修建了文化广场、人工湖。如今，温守文又启动新民居建设项目，打造“楼在山中，人在绿中”的生态庄园，让村民们住进了风格独特、干净整洁的现代化住宅楼，实现他们不是城镇、胜似城镇的家园梦想。

作为一名政协委员、一个村党支部书记，温守文风风雨雨四十载，在“中国梦”的支撑下乘风破浪昂首前行，巍巍青山洒满他辛勤的汗水，蜿蜒小路常见他劳碌的身影。不管经历怎样的挫折，改变龙泉庄面貌的信念始终坚定，追求梦想的脚步从未停留。他用一只独臂，规划着龙泉庄村更加美好的蓝图，谱写出自己富有传奇经历的人生价值。

张鹤珊　男，汉族，1955 年生，驻操营镇城子峪村村民、长城保护员，中国长城学会会员，全国优秀长城保护员。县政协第七、八、九届委员会委员。

张鹤珊是长城脚下城子峪村农民，1978 年当上长城保护员后，每天都会带着劈荆开路的镰刀和装垃圾的编织袋，在自己守护的近 10 公里的长城地段内巡视，防止有人在长城上挖药材、翻蝎子、放牧，收集散落在长城沿线的石碑，捡拾游人留下的“白色垃圾”。守护区内长城虽未被开发，但总有零散游客自发到这里观光。对此，张鹤珊总结出一套行之有效的工作方法，即先给游客讲述长城故事，让大家对长城产生感情，然后再告诉大家随意攀爬长城、在长城砖上乱刻乱画会对长城造成永久性的伤害，乱扔垃圾会污染长城环境，呼吁大家行动起来，共同宣传长城、保护长城。《长城保护条例》实施后，虽然有了执法权，但他觉得让大家受教育要比罚款的效果更好。在他的影响和带动下，当地村民纷纷自觉承担起保护长城的义务。他守护的从董家口到平顶峪的长城是秦皇岛市境内保存最为完好的原始明长城，他被国家文物局授予全国优秀长城保护员荣誉称号。

张鹤珊对长城历史、文物、考古等方面的知识如醉如痴。他不仅阅读了《永平府志》《抚宁县志校注》《长城百科全书》等文史书刊，搜集与长城有关的民间故事、风俗习惯，还通过互联网查阅交流相关信息。为准确掌握研究长城第一手资料，他和儿子用皮尺把守护的长城丈量了一遍，对每一座敌楼的建筑形式、材料、尺寸详细做了记录，修订了史书上的一些谬误。随着研究的深入和知识储备的增加，他整理出 20 多万字的长城考察笔记和故事传说，在《中国长城学会会刊》上发表 4 篇论文，受到长城研究界人士的一致好评。2002 年，他申请加入了中国长城学会，成为这个学术性组织中第一个农民会员。

张鹤珊数十年守护长城的事迹，先后被中央电视台、河北电视台及日、美、澳等国家新闻媒体报道，并和多家广播电台做过连线直播节目，促进了长城文化的宣传。如今，每年都有很多慕名而来的国内外游客，在他的引导下看长城、品长城、悟长城。他还利用自己义乌守城将士后裔的身份，策划了“义乌兵后裔游义乌”活动，受到了义乌市委、市政府的高度重视。张鹤珊说，宣传保护长城要从孩子抓起，他经常到附近学校给师生们讲授长城历史知识。

长城是世界文化遗产，张鹤珊主张在保护中科学开发利用，在北部山区开发长城旅游项目，修建长城沿线连村公路；对现有的长城资源统筹规划、成建制地开发，让人们领略董家口、城子峪堡城遗址，明长城的守护、屯垦、民俗等；根据长城带的特点，着力打造长城区域特色农业经济圈。

作为一名政协委员，张鹤珊在平凡的生活中，积极履行职责，为保护长城、研究长城、宣传长城、开发长城奉献着自己的智慧和力量。

祖素云 女，汉族，1968 年生，区人民医院内三科副主任，主任医师，河北省医疗机构体检主检医师，秦皇岛市医疗事故技术鉴定专家，秦皇岛市医学会心血管内科专业委员会委员，秦皇岛市心脏康复学会委员，区第二批专业技术拔尖人才，卫生部授予医疗服务标准推广项目讲师。县政协第七、八、九届，区政协第一、二届委员会委员。

祖素云 1992 年河北医学院毕业后参加工作，2003 年担任抚宁县医院心内科副主任，2004 年晋升内科副主任医师，专业从事心血管内科疾病治疗。多年来在为患者检查治疗、查房问诊过程中，坚持耐心为同业同人讲解病因，分析病理，剖析症候，示范医治，悉心传授技术，言传身教培养下级医师。在主持的相关科研项目中，不仅带头技术攻关，将观察所思、临床所得进行经验总结，撰写了大量临床笔记，并且不厌其烦地指导下级医师开展临床诊疗实践，相继培养了 100 余人。她还分期分批对乡镇医疗机构卫生技术人员进行专业技术指导，经常深入基层讲授各种诊疗规范、常见病重症处理、内科常见病诊治，以及多种慢性病诊疗知识。每年坚持带教 2 ～ 3 名基层卫生院进修人员，为区医疗内科人才培养作出了贡献，以精湛医术和良好医德，深受同行同业的尊重与爱戴。2018 年晋升为心血管内科主任医师。

在日常临床诊疗中，祖素云始终秉承治病救人的神圣使命，视病人为亲人，态度和蔼，善于疏导理顺病患情绪，做到问诊耐心、观察细心、诊治精心，善于与患者家属进行沟通，急病人所急，想病人所想，帮病人所需，妥善处理医患关系，用真情赢得了患者的信赖和尊敬。

祖素云担任政协委员以来，立足“一岗双责”，本职工作是行家里手，年度考核荣获三等功一次、优秀七次；在国家级核心期刊上发表论文 10 余篇，获得河北医学科技奖三等奖 1 项，并应用于临床，产生了良好的社会效益和经济效益。2007 年荣获抚宁县百名行业技术标兵称号，2013 年获卫生部授予医疗服务标准推广项目讲师资格，2014 年被河北省健康体检质量管理与控制中心聘为内科专业主检医师，2016 年被秦皇岛市医学会聘任为医疗事故技术鉴定专家，2019 年被评为抚宁区第二批专业技术拔尖人才，2020 年被聘为秦皇岛市医学会第八届心血管内科专业委员会委员，2020 年任秦皇岛市心脏康复学会委员。在社会工作中发挥委员联系群众的作用，情系民生疾苦，心连百姓安康，为公共卫生事业献计献策，为把抚宁建设成为健康强区作出自己应有的贡献。

韩迎　男，汉族，1959 年生，中共党员，大新寨镇小河峪村党支部书记、村主任，大新寨金富宁果品产销专业合作社理事长。县政协第八、九届委员会，区政协第一届委员会委员。

2004 年年初，韩迎等村干部到北京苹果批发市场和各大超市考察调研，看到市民对食品安全非常重视，争相购买绿色认证苹果，并不在意价格高低。回村后，他立即向两委成员通报了调研结果，召开全村党员、群众代表会，对本村生产绿色食品苹果进行讨论，并聘请河北省农科院昌黎果研所专家到村实地讲课，规划了绿色优质苹果标准化示范园，成立了绿色果品产销协会。村里还建起图书室，藏书近 2000 册，供村民学习查阅绿色果品资料。组织村民严格按照《绿色食品操作规程》进行管理，淘汰传统粗放管理果树的方法，多施有机肥，使用低毒低残留农药，铺设反光膜。全村联系猪、牛、羊粪 750 万公斤，统一从厂家购买玉米蛋白制成的绿色苹果专用生物肥 15 吨、生态农药 37 箱、防水反光膜 1.10 万延长米。科学规范化的管理，使小河峪的苹果具有口感细腻、基本无渣、酸甜适度的特点，在廊坊农产品交易会上夺得了“果王”称号，创下了一个苹果 30 元的“天价”，倍受各大媒体和客商的关注。2004 年，全村产苹果 15 万公斤，单果重量基本上在 300 克以上，部分单果重达 550 克。在北京第二届国际农产品博览会上，不少客商对小河峪村的“金富宁”牌红富士苹果非常青睐，首批 1 万公斤“金富宁”红富士苹果以每公斤 4.2 元的收购价销往北京超市，以后相继销售 10 万斤。市食品安全办公室通知“金富宁”牌红富士苹果为春节前名优农产品供应市场。

2007 年 7 月，韩迎率先在全县挂牌成立了果品专业合作社，带领村民走合作化之路，实现了产供销一条龙。他们修建占地 800 平方米的冷库一座，储藏量达 60 万公斤。小河峪村“金富宁”苹果在中国廊坊农产品交易会上连续四年获“果王”称号，在山东栖霞优质苹果评选中荣获中国优质苹果金奖。优质苹果换来良好的经济效益，15 枚装的一箱苹果售价 50 元，平均每公斤 12 元左右，全村年销售苹果收入达 60 多万元，平均每户纯收入 8000 多元。

韩迎不仅带领群众致富，还发动群众创建文明生态村。几年来修建花池 70 个，建水泥路 230 延长米，栽植金丝柳树 300 棵，修复残墙断壁 2000 延长米，刷涂料 5000 平方米，书写永久性标语 25 条，架设电线 1800 米，安装路灯 22 盏，清理垃圾 950 立方米，清理柴草 18 万公斤，购买羽毛球、乒乓球、锣鼓等文体器材 18 件套。

2011 年，抚宁县北部山区发生“4·12”森林大火，韩迎接到救火通知后，立即通知村两委干部、党员和村民代表，他火速率青壮劳力 100 多人带着镰刀、斧头、锯等防火工具和 5 台车辆，赶赴 10 公里外的火灾现场，一直战斗到晚上 10 多点钟。各地的救援部队纷纷来到火场后，他坚持留下来给部队当向导，和战士们一起砍伐出一条通往火场的路。见火势向小河峪村山场的方向冲过来，韩迎冒着小雨和生命危险又一次组织 70 多名村民赶往现场，在两座山之间的山沟里砍出了 3 公里长的隔离带，阻止了火势蔓延。

邬大为　男，汉族，1979 年生，中共党员，秦皇岛小江蔬菜专业合作社理事长兼总经理。县政协第九届、区政协第一届委员会委员，区政协第二届委员会常务委员。

1996 年，邬大为只身由故乡台营镇河口村邬家沟来到秦皇岛做起冰糕批发业务，后来又搞起了蔬菜采购、销售、加工、批发一条龙服务。2011 年，邬大为组建了秦皇岛小江蔬菜专业合作社，聚集了一批具有大专以上学历的懂经营、会管理、精营销，特别能吃苦的管理团队，主要从事胡萝卜、白萝卜、心里美、满堂红、青萝卜、水果萝卜等根类蔬菜的种植、收储、加工和销售业务。合作社占地 10 余亩，建有多条清洗加工生产线与包装流水线，生产包装一体化车间 800 平方米，年加工蔬菜能力约 5000 万斤，走出了一条以合作社为主体，通过合资、联营、订单等多种方式与农户合作，实现利益共享的经营模式。模式覆盖福建、江苏、浙江、山东、辽宁、内蒙古等 11 个省市约 6000 余亩的四季蔬菜供应基地，跨区域销售至京津唐等地农贸市场或超市。小江蔬菜合作社被评为秦皇岛市农业产业化经营重点龙头企业、市农民专业合作社市级示范社。邬大为在留守营镇建设了 200 亩绿色裸地蔬菜种植示范基地，推广北京世农、长春红冠三系配套杂交新品种，倒挂式喷淋微灌高效节水和实行机械化作业为农户示范，带动社员和农户由产量增收型向质量增收型转变，实现持续增收致富。目前基地面积扩大到 530 亩，“小江菜社”牌蔬菜连续被评为省优质产品，荣获“河北省著名商标”。

邬大为作为县、区政协委员，为促进域蔬菜产业发展建言献策，积极参政议政，得到了各级领导的重视和肯定。小江蔬菜合作社为帮助青年创业就业，积极搭建蔬菜信息交流平台、科技兴菜平台，为农民工提供了近 200 余个就业岗位，辐射带动农民 6500 余户。他热心公益事业，多次为县高庄中心敬老院送去新鲜蔬菜；为家乡的母校东胜寨中学赠送电脑；与抚宁县中学下庄分校签订资助贫困生计划，每年资助该校贫困生现金 5000 元和一部分学习生活物品。

邬大为作为小江蔬菜专业合作社党支部书记，积极组织开展非公企业党建工作，吸收业内优秀员工加入党组织，使支部由最初的 3 名党员发展到 8 名党员、4 名积极分子。他带领全体党员开展“两学一做”学习教育活动，参观抗日纪念馆、重温入党誓词、参与创城等多项活动；在企业内设立党员先锋岗，引导党员在工作中发挥先锋模范作用。2016 年，小江菜社党支部被确定为全市基层党建示范点。

郛大为用“小萝卜”成就了大产业，2014年荣获“抚宁县农村实用人才领富标兵”“秦皇岛市农村好青年”称号；2015年荣获“全国农村致富带头人”“河北省乡村好青年”“河北省第二批农村青年拔尖人才”称号；2016年荣获“河北青年五四奖章”；2017年荣获“全国五四青年”奖章，被评选为“全国向上向善好青年”；2018年小江菜社被评为“河北省十佳合作社”。他从一个地地道道的山里娃成长为当代青年农民的佼佼者，展示了新时代农村青年良好的精神风范和价值追求。

2020年1月，新冠疫情发生后，为确保疫情防控期间菜篮子供应稳定有序，郛大为带领员工从大年初二开始连续奋战，坚守岗位，舍小家、为大家、保供应，每日出货量达70～100吨，配送到秦皇岛各大批发市场和唐山地区，满足了市场需求。小江菜社先后为抚宁区红十字会捐赠10000元，为下庄管理区捐赠价值5000元的棉衣物资，为前杨家营村值班人员赠送1000余元的方便面、奶茶、火腿肠等物资……以实际行动践行政协委员的职责使命，为打赢新冠疫情防控战作出应有贡献。

委员荣誉

为了更全面地反映政协委员的风采，根据政协档案资料，将收集到的在政协履职活动中成绩突出、受到表彰和获得荣誉的委员列入荣誉一览表。

县政协第一届委员荣誉一览表

姓名	工作单位及职务	成绩及荣誉
苏兰茹	宋庄公社卫生院中医师	1982年出席省各界人士为“四化”服务经验交流大会并获表彰 1983年出席市各界人士为“两个文明”服务经验交流会并获表彰
郑淑云	县医院主治医师	1983年出席市各界人士为“两个文明”建设服务经验交流会并获表彰
杜志仁	县农业局农艺师	1983年出席市各界人士为“两个文明”建设服务经验交流会并获表彰
谷玉祥	海阳供销处干部	1983年出席市各界人士为“两个文明”建设服务经验交流会并获表彰

县政协第二届委员荣誉一览表

姓名	工作单位及职务	成绩及荣誉
王景曜	县水利局股长、助理工程师	1985年参加市各界人士为改革和开放服务经验交流会并获表彰
倪倩华	县文教局教研室副主任	1985年参加市各界人士为改革和开放服务经验交流会并获表彰
杜志仁	县政协副主席、农艺师	1985年参加市各界人士为改革和开放服务经验交流会并获表彰
潘玉川	县畜牧水产局副股长、助理工程师	1985年参加市各界人士为改革和开放服务经验交流会并获表彰

县政协第三届委员荣誉一览表

姓名	工作单位及职务	成绩及荣誉
郑庆魁	县文化馆副馆长、县政协常委	1987年出席市第三届各界人士为“两个文明”建设服务经验交流会并获表彰，市委、市政府授予劳动模范 1988年受县委、县政府表彰的优秀知识分子和专业技术拔尖人才 1989年作为典型代表出席市第四届各界人士为“两个文明”建设服务经验交流会并获表彰
王景曜	县水利局股长、助理工程师	1987年出席市第三届各界人士为“两个文明”建设服务经验交流会并获表彰
潘义川	县畜牧水产局副局长	1987年出席市第三届各界人士为“两个文明”建设服务经验交流会并获表彰，市委、市政府授予劳动模范
王　云	留守营粮站粮管员	1987年出席市第三届各界人士为“两个文明”建设服务经验交流会并获表彰，全国优秀粮管员
齐凌云	抚宁二中教导处副主任	1987年出席市第三届各界人士为“两个文明”建设服务经验交流会并获表彰
倪倩华	县文教局教研室副主任、小教三级	1987年出席市第三届各界人士为“两个文明”建设服务经验交流会并获表彰 1988年受县委、县政府表彰的优秀知识分子和专业技术拔尖人才
杜志仁	县政协副主席、农艺师	1987年出席市第三届各界人士为“两个文明”建设服务经验交流会并获表彰 1988年受县委、县政府表彰的优秀知识分子
单家璋	西河南乡东河南村养貂专业户	1987年出席市第三届各界人士为“两个文明”建设服务经验交流会并获表彰
董克强	马家峪乡中退休教师、台属	1987年出席市第三届各界人士为“两个文明”建设服务经验交流会并获表彰
董义勇	县工商联副主席	1987年出席市第三届各界人士为“两个文明”建设服务经验交流会并获表彰
惠寅甲	县百货公司副经理	1987年出席市第三届各界人士为“两个文明”建设服务经验交流会并获表彰
王正民	东新寨乡岚山村农民、包山专业户	1987年出席市第三届各界人士为“两个文明”建设服务经验交流会并获表彰
赵晓兰	田各庄乡中街村	1987年出席市第三届各界人士为“两个文明”建设服务经验交流会并获表彰，三八红旗手
郭志满	凡各南村造纸厂厂长	1987年市委、市政府授予劳动模范
聂庆平	枣园乡都寨村养鸡专业户	1987年市委、市政府授予劳动模范
郭喜瑞	县农业局技术站副站长、农艺师	1988年受县委、县政府表彰的优秀知识分子
王心镜	石门寨镇水泥厂副厂长	1988年受县委、县政府表彰的优秀知识分子
葛树林	县造纸厂科长、技术员	1988年受县委、县政府表彰的优秀知识分子
杨春杰	县水泥厂科长、技术员	1988年受县委、县政府表彰的优秀知识分子

县政协第四届委员荣誉一览表

姓名	工作单位及职务	成绩及荣誉
倪倩华	县文教局督导员、中教高级	市级优秀共产党员、劳动模范、优秀知识分子和专业技术拔尖人才、全国教育系统劳动模范 1990年获全国五一劳动奖章
崔占春	下庄乡万庄村农民、民间艺人	从事吹歌艺术60年，多次参加省、地、市比赛并获奖；1990年省文化厅授予河北省民间吹歌艺术家称号
郑庆魁	县政协副主席、县文化馆副馆长	1990年获省文化厅、省文联、省三套集成办公室颁发的“长城奖”，并获三等功奖励
王永秋	海阳小学离休教师	1991年获县政协表彰
张玉琴	县妇幼保健所所长	1991年获县政协表彰
王培堉	抚宁一中教师、中教高级	1990年省政府授予省级特级教师
刘佩霞	抚宁镇妇联主任	1985—1990年获省优秀妇女干部，全国“三八”红旗手称号
王正民	榆关镇岚山村农民、包山专业户	1991年获县政协表彰
聂庆平	牛头崖镇都寨村农民	1991年获县政协表彰
常泰金	牛头崖镇西陆庄村农民	1991年获县政协表彰
杨华堂	新华钢窗厂厂长	1991年获县政协表彰，市劳动模范

县政协第五届委员荣誉一览表

姓名	工作单位及职务	成绩及荣誉
倪倩华	县教委督导员、副主任、中教高级	1994 年获县政协表彰 1995 年“两个文明”建设成绩突出，获县政协表彰 1996 年“两个文明”建设成绩突出，获县政协表彰
常泰金	牛头崖镇西陆庄村农民	1994 年获县政协表彰 1996 年“两个文明”建设成绩突出，获县政协表彰
杨庆祝	县政协城关联络组组长	1993 年获县政协表彰
刘　勉	县政协曹东庄联络组组长	1993 年获县政协表彰
陈晓峰	抚宁县信峰加工纸厂厂长、经济师	1993 年案获县政协表彰，省政府奖励 1994 年获县政协表彰 1995 年“两个文明”建设成绩突出，获县政协表彰 1996 年“两个文明”建设成绩突出，获县政协表彰
刘　耀	秦皇岛秦燕化工总经理、高级经济师	1993 年获县政协表彰，省政府奖励
公克勤	京岛汽车改装厂副厂长	1993 年获县政协表彰，省政府奖励 1994 年获县政协表彰， 1995 年“两个文明”建设成绩突出，获县政协表彰
戴新武	兴秦实业有限公司经理、助理工程师	1993 年获县政协表彰
孙汝财	曹东庄乡西石河村兽医、技术员	1994 年获县政协表彰 1995 年“两个文明”建设成绩突出，获县政协表彰
张金玉	北寨乡南寨村农民、果树专业户	1994 年获县政协表彰
杨逢时	上徐各庄村村民、养殖专业户	1994 年获县政协表彰
高腾辉	县医院护士、护师	1994 年获县政协表彰
王正民	榆关镇岚山村农民、包山专业户	1993 年获县政协表彰 1994 年获县政协表彰
杨春杰	县第一水泥厂副厂长、工程师	1995 年“两个文明”建设成绩突出，获县政协表彰
王心镜	石门寨一水泥厂副厂长、工程师	1995 年“两个文明”建设成绩突出，获县政协表彰 1996 年“两个文明”建设成绩突出，获县政协表彰
赵长久	深河乡石矿矿长	1995 年“两个文明”建设成绩突出，获县政协表彰
郭喜瑞	县农业局技术站站长、农艺师	1995 年“两个文明”建设成绩突出，获县政协表彰
孙树双	县农业局干部	1995 年“两个文明”建设成绩突出，获县政协表彰
李述善	县邮电局职工、助理工程师	1995 年“两个文明”建设成绩突出，获县政协表彰
聂　林	都寨村农民	1995 年“两个文明”建设成绩突出，获县政协表彰
赵秉谦	抚宁镇一小校长	1995 年“两个文明”建设成绩突出，获县政协表彰
李东鹏	李家堡子团支部书记、助理农艺师	1995 年“两个文明”建设成绩突出，获县政协表彰
孙柳林	县工商联主任、助理经济师	1995 年“两个文明”建设成绩突出，获县政协表彰
杨立华	县教委教研室教师、中教一级	1995 年“两个文明”建设成绩突出，获县政协表彰
傅尚敏	抚宁镇中校长	1995 年“两个文明”建设成绩突出，获县政协表彰
李金胜	卢王庄小学教师	1995 年“两个文明”建设成绩突出，获县政协表彰；全国优秀教师；省优秀辅导员
王明复	上庄坨小学教导主任、小教高级	1995 年“两个文明”建设成绩突出，获县政协表彰
李忠海	县中医院内科主任、主治医师	1995 年“两个文明”建设成绩突出，获县政协表彰 1996 年“两个文明”建设成绩突出，获县政协表彰
王春璞	县医院医生、医师	1995 年“两个文明”建设成绩突出，获县政协表彰
肖明地	县交通局局长、助理工程师	1996 年“两个文明”建设成绩突出，获县政协表彰
程会书	县政协牛头崖联络组组长	1996 年“两个文明”建设成绩突出，获县政协表彰
马志英	县税务局副局长、助理经济师	1996 年“两个文明”建设成绩突出，获县政协表彰
冯利民	抚宁县畜禽有限公司董事长、畜牧师	1995 年全国农业劳动模范 1996 年“两个文明”建设成绩突出，获县政协表彰
杨秋华	深河泥刀厂厂长	1996 年“两个文明”建设成绩突出，获县政协表彰
杨　义	抚宁炼油厂厂长	1996 年“两个文明”建设成绩突出，获县政协表彰
张进明	县教委干部	1996 年“两个文明”建设成绩突出，获县政协表彰

（续表）

姓名	工作单位及职务	成绩及荣誉
黄润忠	县保险公司书记、经理，经济师	1996 年“两个文明”建设成绩突出，获县政协表彰
张大兴	张各庄中学食品厂厂长	1996 年“两个文明”建设成绩突出，获县政协表彰
潘义川	县畜牧水产局副局长	1996 年“两个文明”建设成绩突出，获县政协表彰
王素霞	县政协法制联络科科长	1996 年“两个文明”建设成绩突出，获县政协表彰
周天玺	麻姑营乡干涧村农民	1996 年“两个文明”建设成绩突出，获县政协表彰
孙维国	县林业局干部、农艺师	1996 年“两个文明”建设成绩突出，获县政协表彰
高云良	郈各庄村村民、 县基督教爱国会会长	1996 年“两个文明”建设成绩突出，获县政协表彰

县政协第六届委员荣誉一览表

姓名	工作单位及职务	成绩及荣誉
冯云祥	南戴河旅游度假区党委副书记	1998—2003 年，在六届政协开展的“各界人士为两个文明做贡献活动”中成绩突出，受到县政协奖励和表彰
苏志安	县土地规划管理局局长	1998—2003 年，在六届政协开展的“各界人士为两个文明做贡献活动”中成绩突出，受到县政协奖励和表彰
仇文仲	秦皇岛秦燕化工有限公司经理	1998—2003 年，在六届政协开展的“各界人士为两个文明做贡献活动”中成绩突出，受到县政协奖励和表彰
陈晓峰	秦皇岛豪峰企业集团总裁	1998—2003 年，在六届政协开展的“各界人士为两个文明做贡献活动”中成绩突出，受到县政协奖励和表彰
张大兴	留守营燕滨造纸厂厂长	1998—2003 年，在六届政协开展的“各界人士为两个文明做贡献活动”中成绩突出，受到县政协奖励和表彰
聂庆平	牛头崖镇都寨村养殖专业户	1998—2003 年，在六届政协开展的“各界人士为两个文明做贡献活动”中成绩突出，受到县政协奖励和表彰 1999 年获省农业劳模称号
常泰金	牛头崖镇西陆庄养花专业户	1998—2003 年，在六届政协开展的“各界人士为两个文明做贡献活动”中成绩突出，受到县政协奖励和表彰
殷淑艳	茶棚乡西石河村养猪专业户	1998—2003 年，在六届政协开展的“各界人士为两个文明做贡献活动”中成绩突出，受到县政协奖励和表彰 1999 年获省农业劳模称号
何立生	石门寨二水一分厂厂长	1998—2003 年，在六届政协开展的“各界人士为两个文明做贡献活动”中成绩突出，受到县政协奖励和表彰
王佐礼	驻操营唐苏煤矿矿长	1998—2003 年，在六届政协开展的“各界人士为两个文明做贡献活动”中成绩突出，受到县政协奖励和表彰
李维宝	县交通局副局长兼 养路费稽征站站长	1998—2003 年，在六届政协开展的“各界人士为两个文明做贡献活动”中成绩突出，受到县政协奖励和表彰
傅仁华	县房地产开发总公司总经理	1998—2003 年，在六届政协开展的“各界人士为两个文明做贡献活动”中成绩突出，受到县政协奖励和表彰
孙　海	县林业局副局长	1998—2003 年，在六届政协开展的“各界人士为两个文明做贡献活动”中成绩突出，受到县政协奖励和表彰
杨　义	县炼油厂厂长	1998—2003 年，在六届政协开展的“各界人士为两个文明做贡献活动”中成绩突出，受到县政协奖励和表彰
周铁石	县第二水泥厂厂长	1998—2003 年，在六届政协开展的“各界人士为两个文明做贡献活动”中成绩突出，受到县政协奖励和表彰
林志义	县中医院外科副主任	1998—2003 年，在六届政协开展的“各界人士为两个文明做贡献活动”中成绩突出，受到县政协奖励和表彰
赵恩来	县气象局局长	1998—2003 年，在六届政协开展的“各界人士为两个文明做贡献活动”中成绩突出，受到县政协奖励和表彰
韩蕴慧	县文化馆副馆长	1998—2003 年，在六届政协开展的“各界人士为两个文明做贡献活动”中成绩突出，受到县政协奖励和表彰
黄汝民	县卫生局副局长、 妇幼保健院院长	1998—2003 年，在六届政协开展的“各界人士为两个文明做贡献活动”中成绩突出，受到县政协奖励和表彰
杨立华	县教育局教研室主任	1998—2003 年，在六届政协开展的“各界人士为两个文明做贡献活动”中成绩突出，受到县政协奖励和表彰
张仲青	县教育局副局长	1998—2003 年，在六届政协开展的“各界人士为两个文明做贡献活动”中成绩突出，受到县政协奖励和表彰

（续表）

姓名	工作单位及职务	成绩及荣誉
赵敬东	县职教中心主任、中教一级	1998—2003年，在六届政协开展的“各界人士为两个文明做贡献活动”中成绩突出，受到县政协奖励和表彰
李述善	县邮电局职工	1998—2003年，在六届政协开展的“各界人士为两个文明做贡献活动”中成绩突出，受到县政协奖励和表彰
张进明	县教育局教研室副主任	1998—2003年，在六届政协开展的“各界人士为两个文明做贡献活动”中成绩突出，受到县政协奖励和表彰
刘玉环	台营镇吕良峪中学教师	1998—2003年，在六届政协开展的“各界人士为两个文明做贡献活动”中成绩突出，受到县政协奖励和表彰
冯利民	抚宁利民畜禽有限公司董事长	1999年获省农业劳模称号

县政协第七届委员荣誉一览表

姓名	工作单位及职务	成绩及荣誉
徐彦春	抚宁镇一小校长、小教高级	2003年县政协研究确定《政协委员风采》的委员 2006年县政协研究确定《政协委员风采》的委员
赵永红	县中医院副院长兼外科主任	2003年县政协研究确定《政协委员风采》的委员，市委召开的“为建设小康社会做贡献”大会上获表彰 2006年县政协研究确定《政协委员风采》的委员
尹秀清	京东调味品厂厂长	2003年县政协研究确定《政协委员风采》的委员，市委召开的“为建设小康社会做贡献”大会上获表彰
李家庚	石门寨镇英武山村党支部书记	2004年获县政协表彰 2005年县政协研究确定《政协委员风采》的委员
赵崇新	县农业局副局长、高级农艺师	2004年县政协研究确定《政协委员风采》的委员
杨立华	县教育局教研室主任	2004年县政协研究确定《政协委员风采》的委员
张子学	县医院副院长、主治医师	2004年县政协研究确定《政协委员风采》的委员
韩春生	县交通局公路站站长、助理经济师	2005年县政协研究确定《政协委员风采》的委员
焦艳秋	县四中教师、中教二级	2005年县政协研究确定《政协委员风采》的委员
杨玉良	县财政局股长、会计师	2006年县政协研究确定《政协委员风采》的委员
杨洪武	县广电局副局长、工艺美术师	2006年县政协研究确定《政协委员风采》的委员
杨忠坡	凡南彩色包装公司经理	2006年县政协研究确定《政协委员风采》的委员
马永柱	茶棚乡曹西庄村村民	2006年县政协研究确定《政协委员风采》的委员
王宝生	台营镇李各庄村民、养猪专业户	2006年县政协研究确定《政协委员风采》的委员，县十大杰出青年
冯志勇	抚宁镇鲁庄村村主任	2006年县政协研究确定《政协委员风采》的委员
尚颖慧	石门寨镇中学教师、中教一级	2006年县政协研究确定《政协委员风采》的委员
邹付军	县海洋局股长、助理工程师	2006年县政协研究确定《政协委员风采》的委员
李维宝	县交通局副局长	2003年市委召开的“为建设小康社会做贡献”大会上获表彰
傅仁华	县房地产开发总公司总经理	2003年市委召开的“为建设小康社会做贡献”大会上获表彰
张进明	县教育局教研室副主任	2003年市委召开的“为建设小康社会做贡献”大会上获表彰

注：1. 2003年县电视台《政协委员风采》栏目播放徐彦春等10名优秀政协委员的事迹；

2.2004年县电视台《政协委员风采》栏目播放赵崇新等8名优秀政协委员的事迹；

3.2005年县电视台《政协委员风采》栏目播放李家庚等8名优秀政协委员的事迹。

在县政协第七届委员荣誉一览表中只查找到部分委员名单，其余委员名单尚未查找到。

县政协第八届委员荣誉一览表

姓名	工作单位及职务	成绩及荣誉
孟凡忠	县第二中学校长	2007年县政协研究确定《政协委员风采》的委员 2008年在“树形象、展风采、做合格政协委员”实践活动中，受县政协表彰的优秀政协委员
韩春生	县交通局公路站站长	2007年县政协研究确定《政协委员风采》的委员 2008年在“树形象、展风采、做合格政协委员”实践活动中，受县政协表彰的优秀政协委员 2010年县政协研究确定《政协委员风采》的委员

（续表）

姓名	工作单位及职务	成绩及荣誉
武士安	县中医院副院长	2007 年县政协研究确定《政协委员风采》的委员 2010 年县政协研究确定《政协委员风采》的委员
孙志华	桑园村农业试验场场长	2007 年县政协研究确定《政协委员风采》的委员 2008 年县政协研究确定《政协委员风采》的委员
赵玉柱	杜庄镇蓝图实业公司董事长	2007 年县政协研究确定《政协委员风采》的委员 2008 年在“树形象、展风采、做合格政协委员”实践活动中，受县政协表彰的优秀政协委员 2009 年县电视台《政协委员风采》栏目播放其事迹；市政协表彰的“五个一”活动先进个人
赵崇新	县农牧水产局副局长	2008 年在“树形象、展风采、做合格政协委员”实践活动中，受县政协表彰的优秀政协委员
杨玉良	县财政局副局长	2008 年在“树形象、展风采、做合格政协委员”实践活动中，受县政协表彰的优秀政协委员
孙　海	县农办副主任	2008 年在“树形象、展风采、做合格政协委员”实践活动中，受县政协表彰的优秀政协委员 2009 年县政协研究确定《政协委员风采》的委员，市政协表彰的“五个一”活动先进个人 2010 年县政协研究确定《政协委员风采》的委员
王海银	县供销社主任	2008 年在“树形象、展风采、做合格政协委员”实践活动中，受县政协表彰的优秀政协委员
马文正	县紫荆山葡萄酒厂厂长	2008 年在“树形象、展风采、做合格政协委员”实践活动中，受县政协表彰的优秀政协委员
李顺强	县城工业开发区欧路化工机械厂厂长	2008 年在“树形象、展风采、做合格政协委员”实践活动中，受县政协表彰的优秀政协委员
徐彦春	抚宁镇第一小学校长	2008 年在“树形象、展风采、做合格政协委员”实践活动中，受县政协表彰的优秀政协委员
尹秀清	抚宁镇京东调味品厂厂长	2008 年在“树形象、展风采、做合格政协委员”实践活动中，受县政协表彰的优秀政协委员 2009 年县政协研究确定《政协委员风采》的委员
郭树成	留守营镇张各前村党支部书记，康达食品、玻璃纤维有限公司董事长	2008 年在“树形象、展风采、做合格政协委员”实践活动中，受县政协表彰的优秀政协委员 2009 年市政协表彰的“五个一”活动先进个人
杨忠坡	留守营镇凡南彩包装公司总经理	2008 年在“树形象、展风采、做合格政协委员”实践活动中，受县政协表彰的优秀政协委员 2009 年市政协表彰的“五个一”活动先进个人
王志勇	大新寨镇王家沟村村民、农村经纪人	2008 年在“树形象、展风采、做合格政协委员”实践活动中，受县政协表彰的优秀政协委员
李新华	榆关镇平市北村村民、荒山承包大户	2008 年在“树形象、展风采、做合格政协委员”实践活动中，受县政协表彰的优秀政协委员 2009 年县政协研究确定《政协委员风采》的委员，市政协表彰的“五个一”活动先进个人 2010 年县政协研究确定《政协委员风采》的委员
张俊奎	深河乡朱家峪村主任、板栗种植户	2008 年在“树形象、展风采、做合格政协委员”实践活动中，受县政协表彰的优秀政协委员；县政协研究确定《政协委员风采》的委员
何立生	石门寨镇第二水泥厂厂长	2008 年在“树形象、展风采、做合格政协委员”实践活动中，受县政协表彰的优秀政协委员；县政协研究确定《政协委员风采》的委员 2011 年县政协研究确定《政协委员风采》的委员
刘江华	驻操营镇蔡庄煤矿矿长	2008 年在“树形象、展风采、做合格政协委员”实践活动中，受县政协表彰的优秀政协委员
温守文	驻操营镇龙泉庄村党支部书记	2008 年在“树形象、展风采、做合格政协委员”实践活动中，受县政协表彰的优秀政协委员 2009 年市政协表彰的“五个一”活动先进个人 2010 年县政协研究确定《政协委员风采》的委员

（续表）

姓名	工作单位及职务	成绩及荣誉
蘧恒彬	南戴河旅游度假区党委书记、管委主任	2008年在“树形象、展风采、做合格政协委员”实践活动中，受县政协表彰的优秀政协委员 2009年县政协研究确定《政协委员风采》的委员 2009年市政协表彰的“五个一”活动先进个人
聂庆平	牛头崖镇都寨养殖场场长	2008年在“树形象、展风采、做合格政协委员”实践活动中，受县政协表彰的优秀政协委员 2010年县政协研究确定《政协委员风采》的委员
钟晓明	茶棚乡上官营村村民、棚室蔬菜种植户	2008年在“树形象、展风采、做合格政协委员”实践活动中，受县政协表彰的优秀政协委员；县政协研究确定《政协委员风采》的委员
王宝生	台营镇李各庄村村民，生猪品种改良专业合作社理事长	2008年在“树形象、展风采、做合格政协委员”实践活动中，受县政协表彰的优秀政协委员
韩　迎	大新寨镇小河峪村党支部书记，绿色果品产销协会理事长	2008年在“树形象、展风采、做合格政协委员”实践活动中，受县政协表彰的优秀政协委员；县政协研究确定《政协委员风采》的委员 2011年县政协研究确定《政协委员风采》的委员
刘　稳	县城关街道办事处工委书记、主任	2008年在“树形象、展风采、做合格政协委员”实践活动中，受县政协表彰的优秀政协委员
郝向春	县妇幼保健院院长	2008年在“树形象、展风采、做合格政协委员”实践活动中，受县政协表彰的优秀政协委员 2010年县政协研究确定《政协委员风采》的委员
黄汝民	县卫生局副科级干部	2008年在“树形象、展风采、做合格政协委员”实践活动中，受县政协表彰的优秀政协委员
杨继平	县农办主任	2008年在“树形象、展风采、做合格政协委员”实践活动中，受县政协表彰的优秀政协委员
韩雪夫	县文化局局长	2008年在“树形象、展风采、做合格政协委员”实践活动中，受县政协表彰的优秀政协委员 2009年市政协表彰的“五个一”活动先进个人
杨立华	县教育局教研室主任	2008年在“树形象、展风采、做合格政协委员”实践活动中，受县政协表彰的优秀政协委员
马洪顺	秦皇岛市顺驰房地产开发有限公司总经理	2008年县政协研究确定《政协委员风采》的委员 2009年县政协研究确定《政协委员风采》的委员 2009年市政协表彰的“五个一”活动先进个人
夏雪岭	县农牧水产局水产技术推广站站长、高级工程师	2008年县政协研究确定《政协委员风采》的委员
马凤侠	麻姑营中学教师、中教一级	2008年县政协研究确定《政协委员风采》的委员
郭贺明	留守营镇北街村养猪协会会长	2008年县政协研究确定《政协委员风采》的委员
张鹤珊	驻操营镇城子峪村村民	2008年县政协研究确定《政协委员风采》的委员
梁兴栋	大新寨镇郭家场村村民、板栗种植大户	2009年县政协研究确定《政协委员风采》的委员 2009年市政协表彰的“五个一”活动先进个人
郑海波	光宇玻璃纤维有限公司总经理、高级工程师	2009年县政协研究确定《政协委员风采》的委员 2009年市政协表彰的“五个一”活动先进个人 2010年县政协研究确定《政协委员风采》的委员
李文忠	老鸦窝村浪淘沙贝壳工艺制品厂厂长	2009年县政协研究确定《政协委员风采》的委员 2010年县政协研究确定《政协委员风采》的委员
常孟庚	牛头崖镇西陆庄村村民、养花专业户	2009年县政协研究确定《政协委员风采》的委员
仇文仲	秦燕化工厂总经理、高级经济师	2009年市政协表彰的“五个一”活动先进个人
纪立军	县规划处设计室主任	2010年县政协研究确定《政协委员风采》的委员
李家庚	石门寨镇英武山村党支部书记	2010年县政协研究确定《政协委员风采》的委员
孙志明	石门寨柳江医院院长	2010年县政协研究确定《政协委员风采》的委员
王家骥	榆关镇沙河村村民、业余报道员	2010年县政协研究确定《政协委员风采》的委员
王益仙	茶棚乡大所二村农民、养猪大户	2010年县政协研究确定《政协委员风采》的委员
王幼平	台营镇牛角峪村村民	2010年县政协研究确定《政协委员风采》的委员
赵春燕	杜庄乡杨家山村海燕工艺品厂	2010年县政协研究确定《政协委员风采》的委员
赵永红	县中医院副院长、副主任医师	2010年县政协研究确定《政协委员风采》的委员

县政协第九届委员荣誉一览表

姓名	工作单位及职务	成绩及荣誉
郝向春	县中医院院长、主任医师	2012 年县政协研究确定《政协委员风采》的委员
郑海波	光宇玻璃纤维制品有限责任公司董事长、高级工程师	2012 年县政协研究确定《政协委员风采》的委员
韩红兴	台营镇城里村党支部书记	2012 年县政协研究确定《政协委员风采》的委员
魏　娜	骊城学区第一小学校长	2012 年县政协研究确定《政协委员风采》的委员
赵玉生	兴龙仓储物流有限责任公司董事长	2012 年县政协研究确定《政协委员风采》的委员
张俊奎	深河乡朱家峪村主任	2013 年县政协研究确定《政协委员风采》的委员
邬大为	小江蔬菜专业合作社理事长兼总经理	2013 年县政协研究确定《政协委员风采》的委员 2014 年县政协研究确定《政协委员风采》的委员
张　柏	大新寨镇宣各寨村党支部书记	2013 年县政协研究确定《政协委员风采》的委员
董占武	石门寨镇山羊寨夏都食用菌生产基地经理	2013 年县政协研究确定《政协委员风采》的委员 2014 年县政协研究确定《政协委员风采》的委员
马凤侠	台营学区初级中学副校长	2013 年县政协研究确定《政协委员风采》的委员
张立柱	聚顺德餐饮有限公司经理	2013 年县政协研究确定《政协委员风采》的委员 2014 年县政协研究确定《政协委员风采》的委员
李智苹	县中医院副院长	2013 年县政协研究确定《政协委员风采》的委员 2014 年县政协研究确定《政协委员风采》的委员
韩　迎	大新寨镇小河峪村党支部书记	2013 年县政协研究确定《政协委员风采》的委员
孙志明	石门寨柳江医院院长	2013 年县政协研究确定《政协委员风采》的委员
刘铁银	县食药监局局长	2014 年县政协研究确定《政协委员风采》的委员
刘红涛	洪涛汽修厂负责人	2015 年县政协研究确定《政协委员风采》的委员
冯占和	县公安局警务保障室主任	2015 年县政协研究确定《政协委员风采》的委员
殷佐海	茶棚日昌升农作物种植合作社理事长	2015 年县政协研究确定《政协委员风采》的委员
张克信	信发畜牧有限公司董事长	2015 年县政协研究确定《政协委员风采》的委员
温守文	驻操营镇龙泉庄村党支部书记	2015 年县政协研究确定《政协委员风采》的委员
孟凡忠	县第二中学校长	2015 年县政协研究确定《政协委员风采》的委员
郝向春	县中医院院长、主任医师	2012 年县政协研究确定《政协委员风采》的委员
郑海波	光宇玻璃纤维制品有限责任公司董事长、高级工程师	2012 年县政协研究确定《政协委员风采》的委员

区政协第二届委员荣誉一览表

姓名	工作单位及职务	成绩及荣誉
刘振华	华云纸业有限公司总经理	2018 年区政协研究确定《政协委员风采》的委员 2020 年区政协研究确定《政协委员风采》的委员
罗佳祥	壮业建筑安装工程有限公司总经理	2018 年区政协研究确定《政协委员风采》的委员
方宝华	和美养殖股份有限公司总经理	2018 年区政协研究确定《政协委员风采》的委员
邬大为	小江蔬菜专业合作社理事长	2018 年区政协研究确定《政协委员风采》的委员 2020 年区政协研究确定《政协委员风采》的委员
赵建宏	榆关学区东新寨小学聂口校区负责人	2018 年区政协研究确定《政协委员风采》的委员 2020 年区政协研究确定《政协委员风采》的委员
祖素云	区人民医院内三科副主任、副主任医师	2018 年区政协研究确定《政协委员风采》的委员
张子学	区妇幼保健院院长	2019 年区政协研究确定《政协委员风采》的委员
何　吉	区农工委副书记	2019 年区政协研究确定《政协委员风采》的委员
肖长江	茶棚乡卫生院院长	2019 年区政协研究确定《政协委员风采》的委员
刘树静	区税务局副局长	2019 年区政协研究确定《政协委员风采》的委员
张　晶	区政府教育督导室主任	2019 年区政协研究确定《政协委员风采》的委员
刘中强	区第二中学教师	2020 年区政协研究确定《政协委员风采》的委员
董连吉	乡土文化传播有限公司总经理	2020 年区政协研究确定《政协委员风采》的委员
韩忠丽	留守营镇官庄中学主任	2020 年区政协研究确定《政协委员风采》的委员
李惠颖	区中医院康复中心副主任	2020 年区政协研究确定《政协委员风采》的委员
刘红涛	洪涛汽修厂负责人	2020 年区政协研究确定《政协委员风采》的委员

（续表）

姓名	工作单位及职务	成绩及荣誉
马　英	顶好众创空间科技发展有限公司董事长	2020年区政协研究确定《政协委员风采》的委员
王友军	榆关镇中心卫生院副院长	2020年区政协研究确定《政协委员风采》的委员
梁宝山	抚宁镇中心卫生院院长	2020年区政协研究确定《政协委员风采》的委员
祖述臣	区中医院脑病科主任	2020年区政协研究确定《政协委员风采》的委员
李爱红	区教师发展中心教研员、中教一级	2020年区政协研究确定《政协委员风采》的委员
刘　伟	骊城街道办事处东街社区主任	2020年区政协研究确定《政协委员风采》的委员
郭丽萍	秦皇岛凡南纸业有限公司财务总监	2021年区政协研究确定《政协委员风采》的委员
刘　金	抚宁经济开发区经济发展服务局局长	2021年区政协研究确定《政协委员风采》的委员
王　帅	区防贫中心副主任	2021年区政协研究确定《政协委员风采》的委员
谢　健	共青团抚宁区委副书记	2021年区政协研究确定《政协委员风采》的委员

附　　录

为更好地体现中共抚宁县（区）委对政协工作的关心和重视，县（区）政协紧紧依靠党委领导，认真行使政治协商、民主监督、参政议政职能，不断加强自身思想、作风和制度建设，选取一些具有代表性的县（区）委关于政协工作的文件，县（区）政协的有关文件、调研报告，政协领导人员的工作经验和体会，以文件和文存的形式在附录中予以收集和记述。

文　件

文件部分选录中共抚宁县委1986年的文件1份、县政协1990年的文件1份，中共秦皇岛市抚宁区委2020年的文件1份、区政协2019年的文件1份，予以刊载。

中共抚宁县委
抚宁县人民政府
关于建立健全政治协商制度的意见

抚发〔1986〕8号

（1986年1月21日）

为进一步贯彻执行党的“长期共存，互相监督”“肝胆相照，荣辱与共”的统一战线方针，发扬统一战线的“政治协商，民主监督，合作共事，广交朋友和自我教育”的优良传统和作风，更好地调动各界人士的社会主义积极性，大力推进全县改革、开发和两个文明建设事业，对建立健全政治协商、民主监督有关制度提出如下具体意见：

一、坚持民主协商制度。县委、县政府在对全县有关的大政方针和重大事项作出决定和决策之前，由县委召集并主持召开民主协商会。参加人员一般为县人大、县政府、县政协的非党领导成员、无党派爱国人士、有关人民团体负责人或县政协常委等。每次协商会的范围大小，可根据需要临时确定。由县委统战部提供名单，县委或县政府办公室负责通知。

二、县政协常委或常委中的专业人员，可列席县人大有关常委会会议；县政协委员可列席县人民代表大会。具体事宜由县人大、县政协共同协商确定。

三、县委、县政府和有关部门召开的经济建设、科学技术、文教卫生等工作会议，要邀请或通知县政协有关领导或有关科、室负责人出席会议。

四、县委、县政府有关工作部门的有关文件、资料，在报送县委、县政府的同时，要送给县政协参阅。县政协的有关文件、资料亦应送县委、县政府有关工作部门参阅。

五、县人大、县政府有关部门组织的调查研究和视察活动，可吸收县政协有关人员参加。县政协组织的调查研究和考察参观活动，政府各部门及各单位应认真接待，热情欢迎，实事求是地提供情况，虚心听取批评意见，努力改进工作。

六、全县性的重大纪念、庆祝等活动，要邀请县政协主席或常委及部分委员出席。

七、各级党委和政府有关部门，应重视县政协委员的提案，对提案应根据政策规定认真办理，及时给予答复。

八、乡以上各级党组织要不定期地同党外人士举行座谈会。座谈会要本着开诚布公、肝胆相照的精神，就党政工作的重大决策、应兴应革的重大事项进行协商，就两个文明建设、各项改革和人民生活的重要情况，向党外人士通报，听取意见。

九、县委常委和县人大、政府、政协、纪检会等领导部门的党员正、副职，要带头与党外同志搞好合作共事，每个人至少要自找一两个对象，交好知心朋友，同时要把实行政治协商、民主监督作为自己的重要职责，积极出席政协有关会议，并负责报告工作或介绍情况，发扬主动协商、自觉接受监督的优良作风。

十、建立县政治协商协调小组，由县委主管书记任组长，县委统战部部长任副组长，县委办公室主任、县政府办公室主任、县政协办公室主任为成员。协调小组的任务是，根据县委、县政府的工作安排及领导意图，确定政治协商、民主监督的内容、规模、方式、日期等，并责成专人负责具体筹备有关事宜。

以上意见，望认真研究，贯彻执行。

1986 年 2 月 25 日

政协抚宁县委员会常务委员会工作规则

抚政协〔1990〕15 号

（1990 年 7 月 23 日县政协四届常委会第二次会议通过）

为了健全和完善本会的工作制度，依据《政协全国委员会常务委员会工作规则》，结合本会实际，特制定本规则。

一、职权

根据中国人民政治协商会议章程的规定，行使以下职权：

（一）决定召集并主持政协抚宁县委员会全体会议（每届第一次会议由主席团主持），审议提交全体会议的文件。

（二）组织委员视察、参观和调查等重要活动，实现人民政协章程规定的任务和全体会议决议。

（三）讨论并通过向中共抚宁县委、抚宁县人民代表大会常务委员会、抚宁县人民政府提出的重要建议案。

（四）协商决定本届政协参加单位、委员名额和人选的变更及下界政协参加单位、委员名额和人选。

（五）决定本会专门委员会、科、室、工作组、联络组等有关工作机构的设置和变动，并任免其领导成员。

二、会议

（一）常务委员会会议

常务委员会会议由主席、副主席、秘书长、常务委员组成，一般每季度举行一次。

1．会议的日期、议程由主席会议决定，会议日期一般在每季首月中旬左右，并于会前一周发出通知。

2．会议由主席主持，也可由主席委托的副主席主持。

3．会议的任务：

（1）讨论决定常务委员会会务工作中的重大问题。

（2）听取并协商讨论中共抚宁县委、抚宁县人民政府及其所属部门有关全县贯彻上级党委和政府大政方针的重大部署和措施；有关全县重大改革和开放的方针、政策、方案的制定和实施；有关全县国民经济和社会发展规划、年度计划、年度总结；有关全县重大的行政规定、决定、办法的制定；有关全县法制建设的重大措施和政法工作的重要情况；有关全县政治生活、群众生活中普遍关心的重大问题；有关全县重要人事安排，提出建议和意见。

（3）确定全年调研题目，审议通过政协的建议案。

（4）本会机关办公室和各科负责人，以及与议程有关的其他人员列席常务委员会会议。

（5）根据常委会的内容，请县委、县政府机关有关领导到会听取意见。

（二）主席会议

主席会议由主席、副主席、秘书长组成。会议一般每月一次，在月初五日左右举行；必要时，可临时召集。

1．会议的议程由主席提出，或由秘书长提出报主席决定。

2．会议由主席主持，也可由主席委托的副主席主持。

3．会议的任务：

（1）常务委员会会议闭会期间，讨论处理常务委员会的重要的会务工作。

（2）协商讨论中共抚宁县委和县政府的大政方针以及群众生活中普遍关心的重大问题，提出建议和意见。

（3）协商讨论以政协名义向中共抚宁县委、抚宁县人民代表大会常务委员会、抚宁县人民政府提出的重要建议案。

（4）决定常务委员会召开会议的日期、议程，审议提交常务委员会会议的文件。

（5）审议专门委员会、科室、工作组、联络组年度计划。

4．本会机关办公室和各科室主要负责人，以及与议程有关的其他负责人列席主席会议。

三、文件审批

（一）凡属本会全局性的问题，由主席审批或者经主席会议讨论决定。属于已经确定的方针、原则范围内的问题，按分工由副主席、秘书长负责处理。

（二）以抚宁县政协名义发出的文件，由主席、主管副主席或秘书长签发；涉及其他副主席主管的工作，须经有关副主席审阅后再签发。

（三）已经常务委员会会议或主席会议通过的向中共抚宁县委、抚宁县人民代表大会常务委员会、抚宁县人民政府提出的建议案，转送有关部门的视察、专题调查报告，由秘书长签发。

四、本工作规则经常务委员会议通过后施行。

1990 年 7 月 26 日

政协秦皇岛市抚宁区委员会
关于编纂《抚宁政协志》有关事项的通知

抚政协〔2019〕13号

区政协各委室，各乡镇、管理区，骊城街道办事处，区直有关单位：

经区委、区政府同意，区政协主席会议研究决定，自2019年5月起，全面启动《抚宁政协志》编纂工作。为确保志书编纂工作顺利进行，现将有关事项通知如下：

一、提高认识。今年是人民政协成立70周年。人民政协是统一战线组织，是多党合作的重要协商渠道和专门协商机构，是我国政治制度中的一项特殊制度安排，是国家治理现代化体系的重要组成部分。编纂《抚宁政协志》是一项传承历史、总结经验、推动发展的一件大事，它能较为系统、完整地记述抚宁70多年来人民政协的主要工作，能够准确、科学地记录人民政协事业发展的光辉历程，及时总结、推广加强和改进人民政协工作的经验，推动社会主义政治文明建设，发挥志书存史资政功能，为党委决策和政府施政提供决策咨询和资政参考。各相关单位要充分认识到参与编纂志书工作是应尽的历史责任，要以高度的责任感和饱满的热情投入编纂工作。

二、加强领导。区政协成立《抚宁政协志》编纂委员会（见附件1），具体负责志书编撰工作的组织领导。各有关单位也要明确一位主管领导和1～2名业务人员，具体负责相关资料收集、审核、校对、上报等有关工作。具体名单请于2019年5月底前报区政协办公室（见附件2）。

三、强化责任。编纂《抚宁政协志》是一项任务重、要求高、时间紧的系统工程，需要各相关部门积极参与、通力协作。各相关部门要进一步强化责任意识、大局意识，确保志书编纂质量；要主动作为、密切配合、统筹兼顾，确保如期圆满完成编纂工作。

附件：

1.《抚宁政协志》编纂委员会名单（略）

2. 相关单位编志工作联系人员登记表（略）

2019年5月14日

中共秦皇岛市抚宁区委
印发《关于新时代加强和改进人民政协工作
的落实措施》的通知

抚字〔2020〕12号

各乡镇党委、各管理区工委、骊城街道工委、抚宁经济开发区党工委、区委各部委、区直各单位党组（党委）、各人民团体党组：

现将《关于新时代加强和改进人民政协工作的落实措施》印发给你们，请结合实际抓好贯彻落实。

中共秦皇岛市抚宁区委

2020年9月16日

关于新时代加强和改进人民政协工作的落实措施

为深入贯彻党的十九大和十九届四中全会精神，认真落实中央和省市委政协工作会议部署，充分发挥人民政协专门协商机构作用，切实把政协制度优势转化为国家治理效能，根据中共中央《关于新时代加强和改进人民政协工作的意见》、省委《实施意见》和市委《若干措施》，结合抚宁实际，制定如下落实措施。

一、全面贯彻党对新时代人民政协工作的总体要求

1．加强和改进我区人民政协工作的总体要求。以习近平新时代中国特色社会主义思想为指导，认真贯彻落实中央和省市委政协工作会议精神，增强“四个意识”、坚定“四个自信”、做到“两个维护”，把坚持和发展中国特色社会主义作为巩固共同思想政治基础的主轴，把服务实现“两个一百年”奋斗目标作为工作主线，把加强思想政治引领、广泛凝聚共识作为中心环节，坚持团结和民主两大主题，提高政治协商、民主监督、参政议政水平，更好凝聚共识，担负起把中央和省市区委决策部署和对人民政协工作要求落实下去、把全区社会各界人士的智慧和力量凝聚起来的政治责任，为决胜全面建成小康社会、建设沿海强区、幸福骊城作出贡献。

二、充分发挥人民政协专门协商机构作用

人民政协作为社会主义协商民主的重要渠道和专门协商机构，承载着政协的性质定位，要按照新时代赋予的职能定位充分发挥作用。

2．完善协商内容。聚焦党委、政府的工作重点、群众生产生活的难点、社会治理的焦点，组织开展协商活动。协商内容包括：国民经济和社会发展中长期规划，政府工作报告，涉及改革发展稳定的重要决策部署，重点建设项目和重要民生工程，有关爱国统一战线的重要问题，有关地方性法规等。在协商中，民主监督议题应有一定比例，主要是围绕党委、政府重要决策部署贯彻落实情况开展民主监督。

3．丰富协商形式。完善以全体会议为龙头、以专题议政性常委会会议和季度协商座谈会、专题协商会等为重点的协商议政格局。开好全体会议，发挥这一协商履职最高形式的作用。区政协一般每年召开 2 次专题议政性常委会，组织 2 ～ 3 次专题协商活动。同时更加及时有效地开展对口协商、界别协商和提案办理协商。探索政协协商同社会治理相结合的新形式，提倡和鼓励在乡镇和街道办事处设立委员工作站，搞好基层民主协商。

4．健全协商机制。坚持党委会同政府、政协制定年度协商计划制度，完善协商于决策之前和决策实施之中的落实机制，对明确规定需要政协协商的事项必须经协商后提交决策实施。将政协重点协商活动纳入党委、政府总体工作部署，实施情况列入督查事项和考核体系，促进协商成果的采纳、落实和反馈。制定政协协商工作规则，坚持调研于协商之前，把协商互动列为必须环节，对协商的参加范围、讨论原则、基本程序、交流方式等作出规定。建立有关部门重大情况通报和重要信息发布制度，为委员知情明政创造条件。

三、加强思想政治引领、广泛凝聚共识

人民政协要把加强思想政治引领、广泛凝聚共识作为履职的中心环节，切实把党的主张和党委的决策部署转化为各民主党派和社会各界的共识，增强思想认同感和行动自觉性。

5．加强政治理论学习，巩固共同思想政治基础。深入学习党的创新理论，以政协党组理论学习中心组学习为引领，主席会议集体学习、常委会会议集体学习、委员培训学习、机关干部轮训、政协系统学习辅导报告会为重点，完善覆盖全区政协系统的学习制度体系。建立区政协与区委重要会议学习跟进制度，区委全会和全区经济工作会议等重要会议召开后，区政协要及时召开常委会会议或其他重要会议进行传达学习，切实把思想统一到区委的决策部署上来。

6．做好凝聚共识工作。要把凝聚共识融入视察考察、调查研究、协商履职活动中。区政协主席会议成员要对所辖区政协委员进行看望走访，开展谈心谈话，听取意见建议，回应关心关切、交换看法、沟通思想、增进共识。开展以自我教育自我提高为主旨的委员学习座谈和党外委员专题视察。优化界别设置，增强界别代表性，更好反映社会各界愿望诉求。

7．面向社会传播共识。在社会各界群众中广泛宣传党的主张和党委决策部署，为提高社会治理效能厚植政治基础、社会基础。组织委员利用自身影响力主动发声，宣传阐释有关重大决策部署。以专门委员会为依托，建立委员联系界别群众制度，分析界别群众思想状况，协助党委、政府做好协调关系、理顺情绪、化解矛盾的工作。积极运用网络信息技术传播共识、凝聚人心。

8．广泛汇聚最大正能量。支持各民主党派和无党派人士在政协这个平台上参与重大决策讨论协商。对以本党派名义在政协发表意见、提出建议作出机制性安排。通过联合调研、共同举办协商活动等方式，为民主党派和无党派人士更好发挥作用创造条件。畅通党外知识分子、非公有制经济人士、新的社会阶层人士意见诉求表达渠道。做好少数民族界和宗教界委员专题学习考察、界别协商、反映社情民意信息等工作。加强与社会各界代表人士的团结联谊、交流交往。

四、加强政协自身建设

区政协要主动按照新方位新使命的时代要求，从适应作为国家治理体系重要组成部分要求的高度，切实抓好自身建设。

9．强化政协委员责任担当。政协委员要旗帜鲜明讲政治，增强“四个意识”、坚定“四个自信”、做到“两个维护”，在重大原则问题上立场坚定、敢于发声，在关键时刻靠得住、站出来；积极参加政协组织的各项履职活动，深入调查研究，高质量撰写提案、及时反映社情民意，踊跃提交大会发言，按要求参加委员培训；积极主动联系服务界别群众，宣传政策、解疑释惑、畅通渠道、反映诉求；严格遵守宪法法律和政协章程，模范遵守社会公德、职业道德、家庭美德，坚决反对腐败，构建亲清政商关系。要发挥中共党员委员的先锋模范作用，切实发挥在政治引领、发扬民主、凝聚共识、合作共事、廉洁奉公等方面的模范作用。

10．加强委员服务管理。完善联络服务委员制度，严格委员履职考核，建立健全委员履职档案、委员履职情况统计、常委提交履职报告等制度。对不履行职责的委员进行提醒或相应处理，对严重违反政协章程或不积极参加履职活动的委员，应当依据情节给予警告或撤销委员资格处分。

11．健全政协经常性工作机制。建立健全会议组织、履职活动等工作规则，推进履行职能制度化规范化程序化。完善党委、政府领导同志出席政协全体会议、常委会会议、听取大会发言、参加分组讨论协商等工作制度。健全政协办公室、专门委员会向主席会议报告工作，主席会议向常委会会议报告工作等制度。健全提案、视察、调研、反映社情民意、新闻宣传等经常性工作制度。建立健全委员履职经费保障制度。

12．加强专门委员会工作。专委会工作是政协履职的重要基础。要发挥团结、联系、服务委员作用，组织委员学习提高履职的专业能力。积极搭建界别协商平台，开展界别特色活动。建立委员联系界别群众制度，反映界别群众呼声。探索建立委员活动小组、委员活动室，为委员履职创造条件。

五、加强党对政协工作的领导

人民政协是党领导的政治组织和民主形式，人民政协工作是党的工作的重要组成部分，必须加强党对政协工作的领导。

13．党委要高度重视人民政协工作。要把政协工作纳入党委工作全局，作为重大工作任务进行研究部署。区委每半年听取政协党组工作、政协常务委员会工作情况汇报，对政协党组执行党的路线方针政策等情况进行督促检查，每届召开一次政协工作会议。建立党委领导同志联系政协委员机制。将区政协机关列为同级党委统战工作领导小组成员单位，党委统战部部长兼任同级政协党组副书记。安排政协组织中的党员领导干部和有关负责同志参加相关会议、阅读相关文件。党委主要负责同志要参加政协重要会议、重要活动，加强与政协委员的联系交流，广交朋友，凝聚共识。

14．政协党组要认真履行政治责任。政协党组要充分发挥把方向、管大局、保落实的领导作用，确保中央和省、市、区委决策部署在政协组织中贯彻落实。坚持请示报告制度，确保政协始终在党的领导下主动负责、协调一致地开展工作。要全面落实从严治党主体责任，严格执行中央八项规定，持之以恒反对“四风”，加强纪律教育、检查和监督，营造风清气正的政治生态。落实政协党组按程序对拟提名的政协委员人选提出意见的责任。

15．加强政协系统党的建设。按照“党的组织对党员委员的全覆盖、党的工作对政协委员的全覆盖”要求，建立健全政协系统党的建设制度体系。要落实区政协党组成员联系民主党派和界别、中共党员委员联系非中共党员委员的“双联系”制度；中共党员委员既参加所在单位党组织生活，又在履职活动中参加临时党支部组织生活的“过双重组织生活”制度；对中共党员常委进行年度述职考评、对中共党员委员进行年度履职考核的“双考核”制度。巩固“不忘初心、牢记使命”主题教育成果，大力推进政协机关党的建设。

16．重点解决区政协基础工作薄弱、人员力量薄弱的问题。区政协合理设置内设机构，增立政协机关党组织，配备相应工作人员和负责同志。各乡镇和街道办事处要按照不增编制增职能的原则，设立政协委员联络小组，明确同级党委副书记为小组召集人。完善政协委员推荐、协商、考察办法，在委员提名、留任、界别设置、届中调整等环节，有关部门要与政协党组进行充分协商，尊重政协党组意见。加强政协干部队伍建设，选优配强政协领导班子。把政协机关干部的配备、培养、选拔纳入党的干部队伍总体规划与年度工作计划，激励干部担当作为，推进政协机关与党政部门之间的干部定期交流，努力建设一支适应新时代要求的高素质干部队伍。

17. 进一步形成加强和改进人民政协工作的合力。纪检监察机关和组织、宣传、统战等部门，要在政协党的建设、委员队伍建设、干部队伍建设、新闻宣传等方面提供支持和保障。政府有关部门要密切同政协及其专门委员会的沟通协作，积极参加政协协商活动，并在知情明政、履职成果转化等方面提供支持和帮助。加强人民政协理论研究宣传，把人民政协理论纳入各级党校（行政学院）、社会主义学院等的教学内容。政协委员所在单位要支持其参加政协活动，保障其各项待遇不因参加政协活动而受到影响，努力营造全社会支持人民政协工作的良好氛围。

文　存

文存部分选录4位县（区）政协主席的工作经验和体会，县（区）政协3篇有代表性的，对党委、政府工作有一定影响的调研报告。县（区）政协在履职活动中多次组织政协委员对群众关注的民生问题进行调研和考察，并向县委、县政府，区委、区政府写出有事实、有分析、有建议的报告，作为领导决策的参考。

光辉的历程　深刻的体会

——在纪念人民政协成立50周年大会上的讲话

1999年9月20日

今天，全县政协委员欢聚一堂，热烈庆祝人民政协成立50周年。值此，我代表县政协向各位委员致以节日的祝贺和亲切的问候！向出席今天大会的党政领导和政协老同志表示热烈的欢迎和衷心的感谢！

今年是我们国家历史上具有特殊意义的一年，也是人民政协发展历史上具有特殊意义的一年。在中国共产党的领导下，人民政协与共和国一道走过了风风雨雨的50年，为新中国的建立和发展，为建设有中国特色的社会主义伟大事业，建立了不可磨灭的功勋。

1949年9月，毛泽东主席在中国人民政治协商会议第一届全体会议上庄严宣告：“占人类总数四分之一的中国人从此站起来了”，中国历史从此开辟了一个新的时代。经过50年的奋斗，伟大祖国发生了翻天覆地的变化，社会生产力和综合国力有了很大发展，主要工农业产品跃居世界前列；12亿人民基本解决了温饱问题，物质文化生活整体水平接近小康；社会主义精神文明建设取得丰硕成果，全民族的科学文化素质普遍提高；社会主义民主法制建设逐步健全，人民当家作主的国家政权日益巩固；爱国统一战线不断扩大，中华民族的大团结、大联合空前增强；“一国两制”的伟大构想深入人心，祖国统一大业取得历史性进展；我国国际地位显著提高，成为世界上维护和平与促进发展的重要力量。我们为此而欢欣鼓舞，无比自豪。

“让历史告诉未来”，人民政协始终与共和国一道成长，经过半个世纪的实践，在国内外产生了深远的影响。

一、人民政协的光辉历程

1948年，在中国人民即将取得解放战争全面胜利的前夕，中共中央在纪念“五一”劳动节的口号中，向各民主党派、各人民团体及社会贤达发出“迅速召开政治协商会议”“成立民主联合政府”的号召，这一号召，立即得到国内各界和海外华侨的赞成和响应。1949年9月21日至30日，中国人民政治协商会议第一届全体会议在北京召开。

回顾人民政协走过半个世纪的光辉历程，它的发展大体可分3个阶段：

第一阶段：从1949年9月到1954年9月。人民政协第一届全体会议代行全国人民代表大会职权，制定了具有临时宪法性质的《中国人民政治协商会议共同纲领》；通过了《中华人民共和国中央人民政府组织法》；决定了中华人民共和国定都于北京，中华人民共和国国旗为五星红旗，中华人民共和国代国歌为《义勇军进行曲》，中华人民共和国的纪年采用世界公元；选举了毛泽东为主席的中央人民政府委员会，宣告了中华人民共和国的成立。同时，会议还通过了《中国人民政治协商会议组织法》，选出了政协第一届全国委员会委员。在随后举行的政协第一届全国委员会第一次会议上又选举了以毛泽东同志为主席的政协第一届全国委员会常务委员会，通过了以10月1日为中华人民共和国国庆纪念日的建议案。1950年6月召开的政协一届二次会议上，讨论通过了《中华人民共和国土地改革法草案》，随后中央人民政府即公布实行。会议还通过了国徽图案，提请中央人民政府核准公布。1950年11月，各民主党派经过协商，发表了著名的《各民主党派联合宣言》《全力支持中国人民抗美援朝的斗争》。在1951年10月召开的政协一届三次会议上，通过了抗美援朝的决定。这一阶段，全国政协还执行统一战线组织的任务，协商讨论了《惩治反革命条例》；协助政府贯彻了对民族资本主义工商业利用、限制、改造的政策，推动了工商业者积极参加“五反”运动；推动各界民主人士进行了自我改造的活动。

第二阶段：从1954年9月到1978年。政协全国委员会历经二、三、四届参与国家大事的协商。在此期间，人民政协虽然不再行使人民代表大会的职权，但是，在以毛泽东、周恩来和历届政协领导班子及其常委会的领导下，根据政协章程，开展各项工作，认真参与国家大事的协商。例如，协商讨论了对民族资本主义工商业进行改造的方针政策、农业合作化示范条例、发行人民币、全国农业发展纲要、处理日本战犯问题等；协商关于知识分子方针政策等，提出了向现代化进军的号召；协商国际问题，签订了中法友好条约、中缅边界条约、支持埃及问题等；协商有关国家社会主义建设的重大问题。全国政协在1962年和1963年分别号召各族人民为贯彻执行国民经济调整、巩固、充实、提高的方针而努力，为把我国建设成为一个具有现代工业、现代农业、现代国防、现代科学文化的社会主义国家而奋斗。据统计，到1964年末，人民政协的各级地方组织已有1077个。但是，从50年代后期，人民政协工作受到“左”的错误影响，特别是在“文化大革命”的十年中，各级政协工作受到严重挫折，直至被迫停止活动。粉碎林彪江青反革命集团后，人民政协工作开始部分恢复。

第三阶段：从1978年至今。在1978年2月召开的全国政协五届一次会议上，邓小平当选为国家政协主席。中共十一届三中全会后，我们国家进入新的历史时期，人民政协也进入一个新的发展阶段。新时期我国阶级状况发生了根本性变化，统一战线发展成为包括全体社会主义劳动者、拥护社会主义的爱国者和拥护祖国统一的爱国者的广泛联盟，政治协商、民主监督、参政议政被明确规定为人民政协的主要职能。在五、六、七、八届期间，政协全国委员会每届均举行全体会议五次，九届已举行两次，在国家政治、经济、文化、社会生活和促进祖国统一、发展对外友好关系各个方面都发挥着重要作用。人民政协的性质、地位和作用载入国家宪法，政协工作逐步走上制度化、规范化的轨道，人民政协的自身建设也得到很大发展。现在，人民政协各级地方组织已经达到3046个。

中共十五大的召开，为人民政协事业的发展展示了美好的前景。

今天，回顾政协半个世纪的光辉历程，我们对先辈们无限敬仰和怀念。我们要学习他们的优秀品格，弘扬他们的崇高精神，把他们开创的人民政协事业继续推向前进。

二、对我县政协的简要回顾

我县政协从1982年2月12日创建到现在，已历经17年。17年来，历届政协在中共抚宁县委的领导和市政协的指导下，在县政府及其有关部门的大力支持下，认真坚持党的基本路线，不断解放思想，开拓进取，踏着民主政治的脚步，为建设和振兴抚宁作出了贡献。

（一）委员的阵容发生了新的变化

我县政协委员逐步增加，统一战线的性质更加突出，委员的代表性空前广泛，特别是近几届委员会的组成充分体现了大团结、大统一的精神。委员的人数由第一届政协的70人发展到六届的154人。一批在经济建设和改革开放中有影响、有贡献的新的代表人士进入政协，人民团体、无党派人士在政协中积极参政议政，日益发挥着重要作用；“三胞”委员和各领域的行家里手明显增加；非公有制经济代表人士进入政协，成为爱国统一战线的新成员。政协委员的知识结构有了很大改善。委员中知识分子比例提高，大中专文化程度以上的占委员的半数以上；具有中高级技术职称的委员逐年增多。本届政协154名委员中，大中专文化程度以上的委员92人，占委员总数的59.10%；有中高级技术职称的72人，占委员总数的46.60%，这些都充分体现了我县政协具有人才荟萃、代表广泛的优势。同时，大批年富力强、在两个文明建设中作出突出贡献的代表人物吸收参加政协，增添了政协的活力。委员良好的政治素质、高层次的知识结构，广泛的代表性，为政协更好地履行职能提供了可靠的保证。

（二）政治协商、民主监督、参政议政职能日益加强

在新的历史时期，宪法和政协章程赋予人民政协更加广泛和更加重要的职能作用。历届政协都以此认真探索履行政治协商、民主监督和参政议政的新路子，以求实创新、开拓进取的精神，采取多种方式，积极参与我县重大问题的协商讨论。仅五届政协以来，召开全体委员会议8次，常委会会议32次，主席会议54次，并以各种不同类型的座谈会、意见听取会，对全县的大政方针、发展战略、计划布局、重大举措、重要人事安排，如对2000年发展战略、《抚宁县国民经济和社会发展第九个五年计划和2010年长期规划》、《抚宁县强化改革、扩大开放加速发展的实施意见》、《关于我县第二轮土地承包的意见》等进行了认真的协商讨论。五届以来，我们先后组织了近百次视察和调研活动，先后就加强农业和农村工作、提高企业经济效益、依靠科技振兴经济、农村医疗卫生、减轻农民负担、文化市场、社会治安综合治理、教育“两基”

等，通过深入的调查论证，发表了意见和建议350多条。同时，历届政协加强提案工作，引导委员围绕经济建设、鱼水工程和事关全局的大事、百姓生活的难事，提出提案1640件，提案质量和办理质量逐年提高。例如关于调整产业结构、积极推进农业产业化、县城南商业街的繁荣、紫荆山的环境保护和发展、抚宁县城增建一所小学、翻建县医院病房楼、治理环境污染等提案体现了层次深、分量重、可操作性强的特点，得到了县委、县政府的重视和认真办理，产生了明显的经济效益和社会效益。

（三）政治协商、民主监督工作逐步向经常化、制度化发展

17年来，经过各方面的努力，推进了政协工作的规范化、制度化。县委从落实基本政治制度和加强政治协商的高度，多次召开政协工作会议，重视政协工作，1991年，我县在全省政协会议上介绍了党委重视政协工作的经验。县委继1986年以来下发了十几个文件，例如：《中共抚宁县委关于加强政治协商和民主监督的若干规定》《县委关于加强人民政协工作的决定》以及人民政府、县政协《关于加强县政府各工作部门与县政协各专门委员会互相联系的暂行办法》等，为政协行使职能创造了很好的环境和条件。县政协还制定了《政治协商、民主监督实施细则》《政协各专门委员会工作简则》以及包括提案的审查立案、跟踪督办等十几项制度，把政协工作逐步纳入了规范化和制度化的轨道，初步建立了一个内容具体、形式规范、操作有序、重点突出的运行机制，形成了党委重视、政府支持、政协主动的良好局面。

（四）加强自身建设，两个素质有了提高

为了适应新形势，开创政协工作新局面，历届政协都把提高委员素质和机关干部队伍素质放在重要位置。

抓学习着眼于提高政协委员参政议政的责任感和使命感。坚持利用各种形式深入学习邓小平建设有中国特色社会主义理论，学习关于统一战线、人民政协的理论、方针和政策，提高了委员的素质。近几年来，我们还在委员中广泛开展了为两个文明建设作贡献以及表彰优秀政协提案活动，先后表彰了39名作出突出贡献的县政协委员，表彰了46件优秀政协提案及57名政协委员。同时，我们还加强了对政协及政协委员的报道工作，以《政协委员风采》栏目在我县电视台及河北省《政协通讯》《人民政协报》《河北日报》《秦皇岛日报》宣传报道了近百名政协委员的事迹，在社会上产生了强烈的反响，扩大了政协的声望，调动了政协委员参政议政的积极性。

政协组织建设得到加强。1987年在“八区一镇”建立了政协联络组，得到了市政协的充分肯定。目前，全县11个乡镇都建立了政协联络组，选配了专兼职政协联络组组长，改变了政协全会“热热闹闹四五天，冷冷清清一大年”的局面。各联络组在政协和乡镇党委的领导下，积极组织委员活动，活跃了政协工作。按照全国政协的有关精神，建立并不断加强了政协专门委员会，现在，县政协设有5个专门委员会，下设7个工作组。政协5个专门委员会与政府有关部门开展对口联系，活动频率加大，发挥了政协履行职能的重要基础作用。

在县委的重视和支持下，我县政协干部队伍不断扩大，素质不断提高，而且有进有出，双向交流。政协在编人员由一届10人到目前25人。其中大中专文化程度占总人数的60%。机关

工作人员树立了团结、民主、服务的观念，保证了机关工作的正常开展。

17 年来，县政协高举爱国主义旗帜，为促进祖国和平统一大业积极工作。县政协海外联谊工作组，加强了对台宣传工作，并与县委统战部一起做好“三胞”探亲访友的接待工作，组织“三胞”眷属委员学习考察，开阔视野，积极开展联谊活动，激发了“三胞”热爱祖国、热爱家乡的热情。

17 年来，历届政协十分重视文史资料工作，到目前，我县政协共征集了 60 万字文史资料，已编辑出版 50 万字。这些资料在存史、资政、团结、育人方面发挥了重要作用，受到社会各界的好评。我们深深感到，我县政协所取得的一切成绩，是与各级党委的正确领导分不开的，是与政府各部门和社会各界的关心、支持分不开的，是与历届政协委员的共同努力分不开的。值此，我代表县政协向关心支持、帮助政协工作的各位领导和政协委员、各界人士表示衷心的感谢！同时，我们也不会忘记历届政协的各位主席、副主席及政协机关的老同志，是他们为我们今天政协工作顺利、健康发展打下了良好的基础、传下了好的工作作风、留下了宝贵的经验。借此机会，我代表本届政协向各位政协老领导及机关的老同志们表示崇高的敬意和由衷的感谢！

三、几点认识和体会

人民政协是马克思主义统一战线基本理论与我国具体实践相结合的产物，是中国共产党和各民主党派老一代领导人关于发展人民民主的智慧结晶；人民政协事业是中国共产党和各民主党派的共同事业，是建设有中国特色社会主义伟大事业的一个重要组成部分。17 年来，特别是近几年来，我县政协立足县情，不比不套，边实践、边探索，其认识和体会很多，主要有以下 5 个方面：

坚持中国共产党的领导，是做好政协工作的根本保证。党对政协的领导主要是政治领导，即政治原则、政治方向和方针政策的领导。只有主动自觉接受党的领导，善于把握党的中心工作，使政协工作服从和服务于改革、发展、稳定大局，在思想上、政治上、行动上同党中央保持高度一致，才能充分发挥优势，多角度、全方位地履行职能，扩大政协影响，为实现党提出的总目标贡献力量，保持爱国统一战线和人民政协的生机与活力。

不断探索和拓展履行职能的新思路，是提高政协工作质量的前提。随着改革的深化和社会的发展，政协必须在坚持和完善已有成功经验和做法、扎实推进现有工作的同时，不断拓宽工作思路，开辟参政议政的领域和渠道，改进工作方法和程序，努力开创各项工作的新局面。

保持良好的精神状态，是做好政协工作的关键。要履行好政治协商、民主监督、参政议政的主要职能，必须从坚持和完善我国基本政治制度、发展社会主义民主政治的战略高度出发，加强自身的思想、作风和组织建设，时刻保持实事求是、认真负责、甘于奉献的精神，选好角度，找准位置，积极主动地开展工作，做到尽职尽责。

深入开展调查研究，是提高政协工作成效的基础。实践证明，很多推动社会发展进步的经验来自基层，来自人民群众。政协只有深入实际，深入基层人民群众，开展深入细致的调查研究，掌握丰富的材料和可靠的依据，才能保证反映的情况真实准确，提出的意见切实可行，从而达到工作目的。调查研究是对政协委员最基本的要求，是履行职能的基础性工作。

发挥委员应有作用，是做好政协工作的优势。政协委员是人民政协的主体，是联系群众的桥梁和纽带。要发挥政协委员人才荟萃、联系广泛的优势，引导鼓励他们刻苦学习，勤奋工作，珍惜荣誉，为实现全县经济社会发展第二次跨越多作贡献。只要政协委员真正发挥应有作用，积极履行职能，政协工作就会生动活泼，富有成效。

各位委员，本届政协的5年，是全面贯彻落实中共十五大精神，高举邓小平理论伟大旗帜，把建设有中国特色社会主义事业全面推向21世纪的关键时期。县委从全面落实中共十五大精神出发，根据我县实际情况，遵照稳中求进的方针，对我县经济、政治、文化各方面建设提出了跨世纪的具体奋斗目标、任务和要求，号召全县人民团结一致、艰苦奋斗、抓住机遇、开拓进取，把我县现代化建设全面推向21世纪。这一切既是对政协工作提出的要求和新的课题，又为我们充分发挥作用提供了广阔天地。因此，本届政协要在今后几年里，按照六届一次会议提出的指导思想，进一步加强学习，坚持用邓小平理论和中共十五大精神武装头脑，指导工作，保持正确的政治方向；要紧密围绕全县具有全局性、战略性的宏观问题履行政协主要职能，就改革、发展、稳定中的重点、难点问题协商议政，建言献策，为党政领导科学决策当好参谋；要积极稳妥地开展民主监督，不断探索新的途径和方法，切实帮助有关部门改进工作；要重视和加强反映社情民意的工作，认真听取和反映委员和各界人士的意见、要求和呼声，结合重大改革措施的出台和利益的调整，做好理顺情绪、化解矛盾、维护社会稳定的工作，为党委、政府了解群众的意愿、体察民情，发挥桥梁纽带作用；要坚持和完善中国共产党领导的多党合作和政治协商制度，支持有关人民团体、政协委员积极参加政协的各项活动；要努力拓展海外联谊工作，特别是在迎接澳门回归的历史性时刻，广泛宣传“和平统一、一国两制”的方针，反对李登辉鼓吹的“两国论”，促进祖国统一大业。

总之，我们要始终把服从、服务于改革开放和经济建设大局贯穿于政协工作的全过程，把推动精神文明建设作为政协工作的一项重要任务，把促进团结、维护稳定作为政协工作的主题。

各位委员，我国宪法已载明：中国共产党领导的多党合作和政治协商制度将长期存在和发展。展望21世纪，人民政协任重道远、大有可为。从现在起到下世纪中叶，正是我国人民为实现社会主义初级阶段基本纲领的重要历史时期。社会主义市场经济的发展，社会主义民主政治建设的推进，必将为人民政协事业增添新的生机和活力，同时，也必将对人民政协的组织构成、工作内容、活动方式带来新的变革和挑战。参加政协的各人民团体和各族各界人士，要在中共抚宁县委的领导下，同心协力，开拓前进，为把我县经济建设、社会发展的各项事业推向新世纪，为祖国和平统一的神圣目标，谱写更加辉煌灿烂的新篇章！

（县政协第五、六届主席苏洪珊）

调查研究是政协工作的基石

2005年7月11日

人民政协是中国共产党领导的多党合作和政治协商的重要机构，是我国政治体制的重要组成部分，是最广泛的爱国统一战线组织，主要通过政协例会、调研视察、建言立论、批评建议等方式，对国家和地方的大政方针和重要事项进行协商，对宪法、法律、法规的实施和国家机关及其工作人员的行为实行监督，积极参政议政，为党政领导部门科学决策提供参考和依据。政协的协商监督具有较高的权威性，所提意见建议不同于群众来信来访，均会得到同级党委政府的高度重视和研究采纳。

一、深入调查研究是新时期人民政协履行职能的必然要求

政协工作责任重大，使命光荣，前景广阔。政协委员和工作人员肩负着党和人民的重托，需要掌握的情况和知识日益增多，必须增强大局意识、责任意识、忧患意识。加强理论学习提高政治素质，坚持以邓小平理论和“三个代表”重要思想为指导，树立和落实科学发展观，发扬党的密切联系群众的优良传统和作风，大力弘扬求真务实精神，经常深入基层，贴近群众，切实搞好调查研究，广泛参与经济、政治、文化和社会生活，努力学习各方面知识，不断提高协商议政水平。开展调查研究，特别是专题调研，是政协委员了解党和国家方针政策法规贯彻落实情况、反映社情民意的重要方法和途径，是履行政治协商、民主监督、参政议政职能的必要准备，是社会主义民主政治建设的生动体现。要通过深入调查研究，转变思想作风和工作作风，加强机关正规化建设，使新时期政协工作体现时代性，把握规律性，富于创造性。

二、必须围绕经济社会发展中的重要事项组织开展调查研究活动

坚持以经济建设为中心，解放和发展生产力，加速经济社会发展进程，是当前最大的政治，也是人民政协的根本任务。发展是硬道理，是执政兴国的第一要务，更是人民政协履行职能的第一要务。新时期政协工作内容广泛，关系到人民群众的切身利益，关系到物质文明、政治文明、精神文明建设与和谐社会建设，关系到巩固发展爱国统一战线，调查研究的任务日趋繁重。因此，政协一定要审时度势，把促进发展作为调查研究的主旋律，服从服务于经济建设大局，在全面建设小康社会建设中找准位置，发挥优势，体现价值，谋发展良策，议发展大计，做到有为有位。近年来，抚宁县政协组织的宏观调研、工作调研、专题调研、抽样调研、对比调研，大多与经济建设和社会发展密切相关，为一心一意谋发展、聚精会神搞建设营造了良好的社会环境。

围绕中心，促进发展，必须始终坚持党对政协工作的领导，在调查研究中着力协调解决人民群众关注的热点难点问题，多做理顺情绪、凝聚人心、维护稳定的工作，充分调动积极因素，使履行政协职能与党政中心工作同频共振，形成整体合力。必须始终坚持发挥政协委员主体作用，在调查研究中突出人才荟萃、智力密集、联系广泛的特点优势，精选题目，认真组织，充分论证，力争使具体工作和建议落到实处。必须始终坚持宏观献策与微观服务相结合，在调查研究中善于发现全局性问题，既从谋划总体工作方针上为党委政府当好参谋助手，又要本着力所能及的精神，努力为百姓做好事、办实事、解难事，密切党群干群关系。必须始终坚持有所为有所不为，在调查研究中区分轻重缓急，抓大放小，统筹兼顾，合理安排，使调研机制更加健全，内容更加丰富，活动更加规范。

三、专题调查研究应注重质量和实效

专题调研是政协调查研究的重要内容，是政协的主要工作和活动，是履行职能、联系各界、

加强自身建设的有效途径。精选题目是专题调研的关键环节，一定要充分酝酿，慎重决定，不能轻易调整和变更。要根据中央政策精神和当地实际，选择那些群众要求解决、党委政府希望解决的问题，参照近年来的调研情况，经过反复论证，确定出少而精的调研课题。工作到位是专题调研取得实效的重要保证。要召集有关人员研究制订出具体调研内容和安排，组成相关政协委员参加的调研组，听取主管部门的情况介绍，实地视察考察，听取社情民意，增加感性认识。形成调研报告是转化专题调研成果的重要前提。对调研掌握的情况和问题，要及时认真梳理，邀请有关领导和专业人员论证协商，提出具有前瞻性、指导性、可操作性的意见和建议，据此形成书面报告，经常委会审议后报送党政领导部门研究落实。抚宁县政协组织开展的农村税费改革、增加农民收入、社会治安综合治理等专题调研均与全县改革、发展、稳定大局合拍，受到县委、县政府充分肯定，在社会上产生了较大反响。

在组织开展专题调查研究过程中，要特别注意工作方法，减少参加人员，做到轻车简从，不影响正常的生产生活秩序，尽量减轻基层负担。要邀请党政主管领导参加专题调研，以利于加强与政协委员联系沟通，面对面地回答委员提出的问题，接受咨询和监督。要扩大与各界群众的接触面，查找出存在的主要问题和内在原因，但切忌面面俱到，时间拖得过长，过多牵扯精力。抚宁县政协对铁矿开采和加工情况的专题调研只用了两天时间，向县政府提交专题报告后很快被采纳，在较短时间内使全县铁矿开采和加工中的违法行为得到有效遏制。

四、要把调查研究作为政协的经常性基础性工作常抓不懈

人民政协履行职能、开展工作的成效，在很大程度上取决于对调查研究是否做到常抓不懈。无论是协商对话、民主监督、建言立论，还是联系各界和自身建设，都必须使自己的立场、观点、行为与党中央保持高度一致，符合最广大人民群众的根本利益，体现大团结、大联合的精神。要做到这一点，不能只靠几次专题调查研究，而要从坚持和完善中国共产党领导的多党合作和政治协商制度，推进人民政协事业不断发展的战略高度出发，把政协调查研究工作摆到突出位置，加强领导，明确责任，改进方法，结合政协例会、视察考察、督办提案、走访委员等工作，有针对性地了解和体察社会生活中的重要问题，不断开阔视野，丰富知识、扩大交往、转化调查研究成果，为做好政协工作，促进经济和各项社会事业发展奠定坚实基础。

随着改革开放和社会前进步伐加快，一些新观念、新情况、新问题不断出现，人民政协参政议政领域进一步拓展，党政部门和各界人士对政协工作给予厚望。在挑战与机遇面前，政协委员应该解放思想，不辱使命，珍惜荣誉，在调查研究中积极探索，大胆实践，在履行职责、做好工作中展示委员风采。政协组织要把调查研究引向深入，逐步实现经常化和制度化，切实抓出成效。要通过调查研究，征求政协委员和人民群众的意见和要求，协调解决履行职能中出现的问题和困难，加快政协机关的思想和作风建设，畅通摸实情、听实话、办实事的渠道，发挥人民政协的桥梁和纽带作用，做好民族、宗教、侨务和海外联谊工作，推进祖国和平统一大业。

人民政协的调查研究活动多、范围广、工作量大，一定要认真总结积累成功的做法和经验，不断创新工作思路，在实践中探索，在探索中实践，使政协调查研究不断取得新的进展。

（县政协第六、七届主席王连成）

以科学发展观为统领
为构建社会主义和谐社会作出新贡献

——学习实践科学发展观心得体会

2009 年 4 月

科学发展观是中国特色社会主义理论体系的重要组成部分，是发展中国特色社会主义必须坚持和贯彻的重大战略思想。政协是推动中国特色社会主义事业的重要力量，政协工作是党全局工作的重要组成部分。因此，政协组织必须坚持以科学发展观统领工作，为实现全面建设小康社会宏伟目标、构建社会主义和谐社会作出新贡献。通过近期自学和参加集中学习，现结合自身工作，谈几点对学习实践科学发展观的认识和体会。

一、学习实践科学发展观，必须打牢实践科学发展观的思想基础

科学发展观是人民政协履行职能、开展工作的重要指导方针，必须坚持用科学发展观武装头脑、指导实践。要在真学、真懂、真用上下功夫，准确把握科学发展观的科学内涵和精神实质，把思想和行动统一到科学发展观的要求上来。坚持学用结合，按照科学发展观的要求来审视我们的工作，着力解决在思想观念、工作作风上不符合和不适用的问题，不断提高服务发展、服务全局的能力，提高增强团结、发展民主的能力，提高与时俱进、开拓创新的能力。

二、学习实践科学发展观，必须突出实践科学发展观的核心内容

科学发展观的核心是以人为本。以科学发展观统领政协工作，必须突出科学发展观核心，牢固树立履职为民的理念，把实现好、发展好、维护好最广大人民群众的根本利益作为政协工作的出发点和落脚点，把关注民生、保障民生、改善民生作为政协履职重点，组织政协委员深入实际、深入基层，体察民情，倾听群众呼声，关心群众疾苦，反映群众要求；同时把党和政府的主张、决策传递到社会各阶层，使政协履职的过程，成为倾听民声、反映民意的过程，成为加强与人民群众联系的过程，积极协助党和政府解决民生问题，促进社会和谐稳定。

三、学习实践科学发展观，必须为实践科学发展观凝聚力量

政协组织要把促进科学发展作为履行职能的第一要务。一是深入调研视察，助推科学发展。按照围绕中心、服务大局的要求，精心选择事关经济社会发展全局的重大问题和人民群众关心的热点难点问题，组织政协委员深入开展调研视察活动，积极为实现经济社会又好又快发展建言献策。二是广泛团结联谊，凝聚发展力量。注重发挥人民政协包容各界、联系广泛的独特优势，通过开展一系列形式多样、丰富多彩的团结联谊活动，最大限度地把各方面的智慧和力量凝聚到全面建设小康社会的奋斗目标上来。三是充分发挥优势，形成发展合力。政协组织人才荟萃、智力密集，委员既是开展政治协商、民主监督的主体，同时也是经济和社会建设的主力军。要积极引导他们自觉地投入经济社会建设中去，发挥自身独特优势，作出更大贡献。

四、学习实践科学发展观，必须建立实践科学发展观的工作机制

制度建设是政协工作有序开展的保障。要着眼于进一步提高政协履行职能制度化、规范化、程序化水平，建立健全各项工作制度。结合不断发展变化的新情况和政协工作中遇到的新问题，依据政协章程，修订完善已有的制度，制定与之相配套的实施细则，以适应政协工作开展的新

要求。要把实践中行之有效的好经验、好做法，及时总结提炼，形成制度，以制度指导工作。要注重把工作思路、工作制度与经常性工作的具体实践有机结合，探索高效能的工作机制，如提案办理工作机制、调研工作机制等。要坚持科学方法，找准工作着力点，做到“准确定位，把握适度”，更好地为促进经济社会又好又快发展服务。

五、学习实践科学发展观，必须创新实践科学发展观的有效载体

与时俱进，开拓创新是政协事业发展的不竭动力。用创新的方法开展工作，用创新的精神推动工作，是政协实践科学发展观的重要课题。一要创政协工作理念之新。理念是行动的先导，有什么样的理念，就有什么样的行动。就政协而言，要开创新局面，实现新跨越，首先要打开思想之门，解脱思想束缚，创新紧跟社会发展潮流、适合时代发展特征、符合政协发展规律的新理念。二要创政协工作标准之新。要创新政协工作，必须创新标准，以标准提质量，以标准求效率，以标准促落实。标准要细，无论是开展协商监督，还是组织视察、调研，都要有明确具体的工作标准和要求。标准要高，要高站位谋划工作、高起点推动工作、高标准规范工作、高质量完成工作。执行标准要严，部署工作要提出标准，开展工作要对照标准，指导、考核工作要依照标准。三要创政协工作形式和载体之新。在突出界别特色、发挥委员主体作用、重视机关建设等方面，积极探索新形式、新载体，为政协工作的深入开展搭建有效平台，推进政治协商由“虚”变实、民主监督由“弱”变强，参政议政由“浅”入深。

（县政协第八、九届主席顾昌和）

对基层政协委员队伍建设的一些思考

2020 年

政协委员是政协履行“政治协商、民主监督、参政议政”职能的主体，是发挥政治协商重要渠道和专门协商机构作用的主力军，是实现凝聚共识和建言资政双向发力的关键要素。基于此，抚宁区政协坚持从实际出发，按照习近平总书记提出的“懂政协、会协商、善议政，严纪律、守规矩、重品行”的要求，认真贯彻中发〔2019〕40 号《关于进一步加强和改进新时代人民政协工作的意见》精神，全面打造站位新方位、适应新时代、担当新使命、展示新作为的政治性强、责任意识强、履职能力强的高素质基层委员队伍。

一、始终加强党对政协工作的全面领导，确保基层委员队伍政治合格

本届政协于 2017 年 4 月换届。换届之前，为确保委员质量，抚宁区政协坚持把换届选举工作作为一项重大政治任务，多次召开党组会议，深入学习中央关于做好政协换届工作的一系列文件精神，把思想统一到中央和省市区委的决策部署上来，在第一时间向区委报告。尤其在委员酝酿提名、推荐考察过程中，主动配合组织、统战部门，严格按照中央有关规定，严格各项程序，无论是留任委员还是新提名委员，都经过区委常委会研究，逐人把关，特别是对民营经济组织成员，严格按照要求，由公、检、法、司、税务等 14 个部门联审，确保本届委员的政治性和纯洁性。为解决乡镇政协领导力量薄弱问题，区政协党组经请示区委同意，明确乡镇党委副书记提名政协委员并担任活动组组长，既确保了乡镇政协工作有人抓，又确保了乡镇政协工

作坚持党的领导。

二、始终坚持强化思想政治引领，提升基层政协委员队伍整体政治素养

基层政协委员大多数身处一线，来自方方面面，思想政治素养参差不齐，对政协的性质定位、职能特点了解不够深透，对政协委员的职责属性不很清楚，尤其是新任政协委员。为此，我们坚持把强化思想政治引领作为一项重大政治任务，作为一项经常性工作，不断创新形式与载体。通过狠抓委员政治学习与培训，反复向委员讲清楚政协是中国共产党领导的多党合作的政治组织，必须旗帜鲜明讲政治；政协是统一战线的重要平台，必须不断适应新形势，围绕团结和民主两大主题聚合力量；政协是重要协商渠道和专门协商机构，是政治协商，必须打牢共同思想政治基础，凝聚共识。在具体工作中，我们坚持围绕贯彻区二次党代会和区委二届三次、四次全会精神，围绕建设“沿海强区，幸福骊城”，实施“生态优先，创新驱动，产业强区，城乡统筹”发展战略和“六大攻坚行动”，统一思想，提高认识，凝聚共识。一是坚持区政协党组成员联系常委、常委联系委员、委员联系群众制度，通过开展走访委员活动进行宣讲；二是实行政协班子成员包区直工作组和乡镇活动组制度，利用宣讲中共十九大及十九届四中全会精神的机会，共同学习，提高认识；三是组织召开各民主党派抚宁支部负责人、区直工作组和乡镇活动组组长及机关干部参加的学习贯彻习近平总书记关于加强和改进人民政协工作重要思想理论研讨会，深化认识，凝聚共识；四是以庆祝新中国成立70华诞和人民政协成立70周年为契机，组织发动委员撰写纪念文章、召开座谈会、举办书画展等活动，提高委员对人民政协发展历程的认知，对自己肩负使命责任的认知；五是以开展“不忘初心、牢记使命”主题教育和学习中央、省政协工作会议精神为切入点，进一步提高委员的思想政治素质，切实增强“四个意识”，坚定“四个自信”，做到“两个维护”。

三、始终坚持发挥政协学习传统优势，夯实基层政协委员队伍能力基础

实践使我们体会到，基层政协组织由于各界别、各层次不同，每个人的知识水平、政策水平、业务能力以及眼界、视野不同，文化素养不同，看问题的角度不同，特别是新任委员不熟悉政协业务，因而在履职时存在差异，甚至一些委员虽有参加活动的积极性和热情，但因为对上级政策、区情实际、区委政府工作思路、发展战略、工作重点及举措、路径不很了解，导致发言时或文不对题，或议论空泛，言之无物，或缺乏针对性，说不到点子上。针对这些问题，我们采取了一系列措施。

一是在每次召开政协全会前，先召开各区直工作组和乡镇活动组组长会议，集中学习、研究、解读区委全会精神，由政协办公室及有关委室先将拟定的会议发言、讨论发言题目，就类别、内涵、角度进行分析，由各位组长再分别召开会议，向委员传达。并选择有一定文字基础和表达能力的委员，撰写发言材料，报区政协统一审核把关。主要把选题关、政治关、内容关、建议关，选题要求适中，突出主题；政治上绝不能出现硬伤；内容要经过调查研究，有分析、有问题、有对策。建议要中肯，说到点子上，具有操作性。几年来，凡政协全会上的大会发言，都引起委员们的共鸣和区委政府主要领导的高度重视，如关于开发区建设、教育布局调整、社区治理、农民专业合作组织建设、农业品牌建设、文化强区建设、发展全域旅游等发言，多数

建议得到区委政府及有关部门采纳。

二是规范开好政协常委会。新一届政协常委产生后，抚宁区政协先从健全完善常委会会议事规则入手，明确常委会的功能职责，加强常委会政治纪律建设，强化日常考核。坚持把学习作为常委会第一议题，及时跟进学习中央和省市区委重要决策部署，特别是习近平总书记发表的系列讲话精神，做到理论武装及时跟进，知情明政及时跟进。为增强常委会专题协商效果，在每次常委会召开前一周，将常委会协商议题及相关资料提前发给各位常委，要求每位常委认真研读准备，撰写发言材料，并辑印成册，改变以往发言比较随意的状况，增强了会议的严肃性，也增强了常委们的荣誉感和责任感，提升了常委会会议专题协商的质量。

三是加大视察调研和提案督办力度频次。为使政协视察调研和提案督办更加精准有效，每次开展活动时都把现场调研与座谈紧密结合，通过现场调研，互动面商，使视察活动与提案督办更增强了灵活性与有效性。同时，根据视察、督办内容选择界别委员，既照顾到代表性，又尽量安排新委员参加。在座谈讨论环节，为启发新委员发好言，先让有经验的老委员示范，再让新委员发言，最后由领衔主席总结讲话，进行点评，从而使新任委员得到实践锻炼，更加清楚如何参政议政，如何使自己的建议更有意义，更有建设性。

多年来的工作实践告诉我们，加强基层政协委员队伍建设，关键在加强党的领导，根本在于思想政治引领，基础在于强化学习培训与履职实践。让基层委员既要自觉履职尽责，又要更接地气，让政协话语更体现基层特色。

（县政协第九届，区政协第一、二届主席张岐在河北省政协基层工作经验交流会上的书面发言材料，2020 年在省政协机关刊物《乡音》杂志第 8 期上发表）

关于对我县山区教育的考察报告

县政协文教体育工作组对我县台营、大新寨和驻操营 3 个山区的中小学教育进行了一次考察。现将考察情况和建议报告如下。

一、我县山区中小学教育的现状

我县自改革开放以来，随着山区经济的发展，中小学教育也有所发展。目前，这 3 个山区共有乡办初中 14 所，教学班 74 个，初中学生 2606 人，初中教师 246 人（其中民办教师 51 人）。有小学 135 所，教学班 415 个，小学教师 536 人（其中民办教师 206 人）。几年来，由于县文教部门向山区增拨了修缮费，加之乡村自筹，集资办学，使山区中小学的办学条件有了一定改善。又由于县文教部门多向山区分配师范院校毕业生充实教师队伍，多给民办教师转公办教师指标，降低分数段优惠民办教师转正考试条件和报考县师条件，以及县进修学校组织山区教师进修学习等一系列优惠待遇，使山区教师的素质提高很快，学历达标率和骨干教师人数逐年增加，目前，本地教师基本能自给自足。由于教师素质的变化，教学质量也有显著提高，中小学的教学水平由前几年居全县下游上升到中上游。

全县山区中小学教育尽管取得了一定成绩，但是，由于山区经济条件所限，办学条件还很不理想，与我县平原地区比较还有很大差距，一些问题亟待解决，诸如：（1）办学条件差。3 个山区仍有危房68间，半数以上的桌凳老化，不堪再用，亟须翻修和更新；(2）教学设备短缺。由于国拨办学经费少，一些乡又无力自筹，图书、仪器、运动器材不能满足教学需要。(3）民办教师工资偏低。驻操营区民办教师平均工资64.90元，其中乡补助部分为37.40元。王家沟乡中小学民办教师乡补助部分每人每月20元，加上国家补助部分，小学教师每月47.50元，中学教师每月50.25元。不仅工资偏低，而且不能按月发放。有的乡在教师节前才能兑现工资，有的乡即使在教师节也不能兑现。(4）勤工俭学打不开门路。山区交通不便，信息不灵，条件不足，中小学勤工俭学创收受限制。(5）初中学生流动较多。部分农民急功近利，让子女辍学，参加劳动。柳各庄乡中就流动了47人，占学生总数的20.70%。

二、几点建议

1．各级领导对山区教育既要提高认识，更要加强领导。教育对发展山区经济有着十分重要的作用，各级领导对发展山区教育的认识要上个新台阶，把教育工作真正列入议事日程，下乡时顺便多进几所学校，听听看看，了解情况，帮助学校解决一些实际问题，为教师办些实事。建议建立乡村干部教育工作实绩考核责任制，把教育工作列入乡村干部工作考核内容，县委、县政府定期检查、考核、评比，并把这项成绩与他们的报酬、奖励联系起来，以鼓励乡村干部认真抓好教育。

2．制定发展山区教育的各项优惠政策。为了发展和切实办好山区教育，县政府要制定发展山区教育的各项优惠政策。(1）要充实和加强山区教师队伍建设。县文教部门派往山区的大中专师范院校毕业生时，各级领导要大力支持，不要说情与截留，使优秀的教师上山任教，尽量满足山区中小学教育的需要。(2）要适当增拨山区教育经费。地方财政最好拨出一笔专款用于山区教育，不得挪作他用。要抓住当前整顿经济秩序、治理经济环境的机会，把节约下来的钱用于山区教育。县直各部门扶贫，也要扶“贫校”，向山区学校提供资金、技术和信息，进一步放宽政策，特别是在财税、能源、原材料诸方面提供一定优惠，帮助学校搞好勤工俭学，增加学校收入，改善办学条件，以减轻县财政压力和群众负担。(3）要优先供应建校物资。县物资部门应优先并足量分配给山区学校木材、钢筋、水泥、玻璃等建校材料，保证改善办学条件。(4）县劳动部门应优先安排山区教师的子女就业。(5）县卫生部门应保证山区教师的就医。

3．调动社会力量集资办学。县、乡、村三级都要注重智力投资，把“办学校、兴教育、育人才、促经济”形成广大干部群众的自觉行动。县委、县政府要鼓励乡村干部在群众自愿量力的原则下，积极搞好集资办学，还要表彰那些挤出钱来办教育的乡村。学校要限期实现“一无两有”，逐步实现“九配套”。保证民办教师的报酬不低于或略低于同类国办教师的经济待遇。

4．要加强师资培训工作，充实和加强教师队伍建设，为实现九年义务教育打好基础。实施九年义务教育首先要有数量足够、质量合格的教师队伍。目前，我县山区教育的数量与质量，是实施九年义务教育中面临的最紧迫、最尖锐的问题，要解决这个根本问题，必须调动各方面的积极因素，首先也是最现实的是要加强县教师进修学校和县师范学校的建设。我县教师进修学校和县师范学校房舍紧张，图书、仪器设备也差，应大力改善办学条件。如：增建宿舍、饭厅，以便多招收山区教师参加短期培训，应配备面包车一部，运送教师进山讲课，以减轻山区教师到县城集中听课的经济负担。从人财物等方面改善办学条件，充分发挥教师进修学校和县师范学校在师资培训中的主渠道作用。

5．进一步树立尊师重教风气

在教育大计中，教师为本，因此，要进一步树立起尊师重教风气，为教师排忧解难，办实事。在可能条件下，鼓励教师“上山”任教，提高山区教师的福利待遇，改善他们的工作和生活条件，改善民办教师工资偏低状况并保证及时兑现。山区国办教师治病难的问题，也要引起各级领导的重视，要千方百计给予妥善解决。给教师办实事，解除他们的后顾之忧，既可极大地调动山区教师的积极性，使其安心于山区教育工作，对发展山区教育也是大有裨益的。

1989 年 1 月 9 日

关于我县农村土地流转情况的调查

加快农村土地流转，推进土地要素市场化，是统筹城乡改革发展的突破口和着力点，是促进农村土地规模经营、提高土地利用率和农业产业化水平的客观要求。为此，我们对全县土地流转情况展开了调研。

一、我县土地流转的现状及特点

我县现有乡村人口 41.6 万人，耕地面积 46.5 万亩，其中农户承包面积 45 万亩。截至 2014 年底，全县共流转土地面积 12.1 万亩，土地流转率达 27%，比 2013 年增加土地流转面积 0.9 万亩，土地流转率提高了 6 个百分点。经过调查分析可以看出，我县农村土地流转呈现以下特点：

1．流转形式多样化。流转形式已由过去农户间转包为主，逐渐转变为转包、互换、出租、转让等多种形式并存，流转形式多样化趋势明显。在全县流转的 12.1 万亩土地中，转包、出租、转让、互换等形式都有，其中转包、出租共 3.6 万亩，占 30%，成为我县土地流转的主要形式。

2．流转主体多元化。我县土地流转已不仅仅局限于农户之间，特别是近年来种养大户、龙头企业、农民专业合作组织和一些现代农业项目等新型农业经营主体全面参与进来，形成了主体的多元化发展。

3．流转面积规模化。2012—2014 三年共流转土地 6.2 万亩，其中规模流转 2.2 万亩，占流转面积的 35.5%，流转方向主要是农民专业合作社、种植大户、龙头企业和现代农业项目。截止到目前，全县土地流转面积在 100 亩以上的企业（大户）达到 39 家（户），流转面积超过 100 亩以上的村达到 33 个，零星分散流转已开始转向规模集中连片流转。

4．流转服务组织化。随着县、乡镇、村三级管理服务网络体系的建立，我县土地流转已经由自发口头形式向规范化、组织化发展。全县 14 个乡镇、管区建立了土地流转交易所，各村建立了流转服务站，配备了流转信息员，县农村产权交易中心已于近日挂牌成立。

二、存在的主要问题

1．规模化流转少。我县现有的土地流转形式虽然多样，但仍然以农户间自发的小型分散的转包为主，约占土地流转总面积的 8%，全县已流转的 12.1 万亩土地中，39 家流转大户仅占流转总量的 20.6%，而且大都集中在中南部的平原和丘陵地带。北部山区土地零散，难以连片形成规模；丘陵地区，土地整理前期投入大，机械化生产难以进行，流转成本高，规模效益不突出。有些农户对土地流转费期望值过高，直接影响了土地连片规模化流转，对此，土地流入方反映强烈。

2．土地流转意识差。一是受“土地是农民的命根子”的影响，农民对土地有天生的依赖感，有了土地就有了饭吃，生活就有了着落；二是农民对土地流转的政策法规和程序不了解，对土地的所有权、使用权、处置权、收益权的内涵缺乏应有的认知，心存疑虑，怕土地流转会失去承包权，影响自己的利益；三是农村社会保障体系还不健全，部分农民主要还是依靠土地收入解决看病、上学、养老等问题，土地是其最基本的生活来源渠道，对于流转土地存在后顾之忧；四是近年来因土地征用频繁，大多数农民担心土地被征用而得不到补偿款，宁可抛荒，也不愿将土地流转出去。

3．政策支持、服务体系尚不健全完善。农村土地流转是国家一项重大改革举措，中央、省市已制定了一系列明确的法律法规和指导性文件。我县于 2009 年出台了《推动全县农村土地流转发展适度规模经营的意见》，对土地流转作出了具体的规定，但在执行过程中尚需进一步完善。如在承包经营权流转中，对流转耕地的村集体、企业或大户有一定的补助和奖励，而对转出土地的农民没有财政激励政策；规定了金融部门要积极参与支持我县农村土地改革，但截至目前，还没有一家银行开展以农村土地承包经营权抵押贷款业务；提出要大力发展土地流转服务组织，但目前看还没有形成市场化运作的土地流转体系，致使土地流转信息不畅、服务不到位，有的农户想流转土地，苦于找不到合适的对象，一些种养大户需大面积流转土地，但信息不灵，没法如愿，制约了土地流转。

4．土地确权工作推进难。土地承包经营权确权工作从去年已经开始，根据以往的工作经验和我县的实际情况看，今后工作难点将持续加大。主要原因是我县农村土地现状复杂，所有权、承包权、经营权鉴定难，分离难。北部山区、丘陵地区，土地丈量、标记难度大。再加上三十多年来，土地被征占、剥蚀、流失、人口及环境的变化，人地矛盾问题十分突出。由于历史遗留土地纠纷较多，以及农民对土地的重视程度又在不断提高，一旦正式开始确权登记颁证，必定会增加新的不稳定因素。

5．流转监管不到位。部分乡村干部认为土地流转是农户之间及农户和企业的私人行为，没有严格按照土地承包经营权流转的要求管理，如一些流转合同不规范，有的流转价格形成不合理，有的流转期限超过了二轮土地承包期的剩余年限，有些流转合同没有经乡镇土地流转服务中心签证。特别是一部分流转大户为了眼前利益，搞一些“非农化”生产经营，甚至因为缺资金、缺技术等原因，土地流转后仍闲置、荒芜，违背了土地流转的终始目的。

6．农业龙头企业产业带动能力不强。我县现有省级以上农业龙头企业 11 家，除宏都肉食外，大多数均没有在县内建成自己的原料生产基地，辐射带动力弱、富民效果不突出，在我县尚缺乏对本地农业贡献率大、产业带动作用突出、资源利用效益好的农业生产型项目。各类农民专业合作社虽然数量多，但其业务也只停留在产前、产中、产后的服务上，缺少把土地集中起来搞规模经营的能力，一些经营模式的综合带动能力不强。

三、加快土地流转工作的意见建议

1．加强宣传，提高认识，引导土地流转。要采取多种形式加强宣传，破除群众思想障碍：把政策告诉群众，要大力宣传土地流转政策和法律法规，让群众充分认识到流转土地是以稳定和长久保持农村土地承包关系不变为基础，政府在推进土地流转中将坚持家庭承包经营制度不变、平等协商依法自愿有偿的原则，消除误解。把信息告诉群众，要加大对流转土地示范典型的宣传，确保土地流转需求和价格信息畅通，让基层干部群众认识到，土地不仅仅是农民就业和生存的手段，更是一笔庞大的资产，提高基层干部群众“以地生财”的意识。把方法告诉群众，要通过广播、电视、宣传单等多种方式把土地流转的程序、要求、方式方法告诉广大群众，使群众掌握土地流转的主动权，从而形成上下同力、积极参与土地流转的良好氛围。

2．以法为规，强化指导，助推土地流转。在严格执行《中华人民共和国农村土地承包法》《中华人民共和国土地改革法》等相关法律法规的基础上，进一步健全完善县、乡、村三级农村土地流转服务体系，使土地流转规范有序、依法进行。推行合同制，合同中明确流转双方的形式、数量、年限、条件及双方的权利、责任、义务等，维护土地流转秩序和农户的合法权益；建立土地流转申报、登记制度，土地流转前应向村民委员会提出书面申请，并报乡镇土地流转交易所登记，村民委员会应督促双方签订土地流转合同。加强指导服务，县土地流转服务中心要加强土地流转政策法律咨询、流转资信评估、流转合同签订等方面的指导、协调等功能，抓好农村土地流转信息服务平台建设；乡镇土地流转交易所要建立流转台账，做好土地流转的信息发布、流转合同签订、合同鉴证备案，对流转合同进行登记、立卷、归档，使流转管理工作正常化、规范化。完善纠纷调处制度，要健全协商、调解、仲裁为主要形式的土地承包和流转纠纷调处机制，依法开展对农村土地承包和流转纠纷的调处，为土地流转有序、健康发展保驾护航。打击违法违规行为，依法严厉打击变相改变土地用途、破坏土地资源和生态环境等行为，确保土地流转不走样，无后患。

3．政策支撑，创新机制，保障土地流转。要继续落实好已出台的奖补政策，各级涉农扶持项目，如小农水、农业综合开发、水土保持、扶贫等项目，应向土地流转规模大、产业发展好的地方倾斜；积极探索养老保险补贴和土地承包权换城镇社保政策，使得长期流出土地农户获得的利益不因土地流转而减少，解除土地流出者的后顾之忧；尝试土地流转收益保证贷款融资模式，重点对取得土地流转经营权证的各类经营主体给予信贷支持，提升金融服务；扩大农业保险范围，增加农业保险险种，特别是要增加对规模经营地面作物的保险；建立土地流转风险保障金制度，及时化解土地流转过程中出现的各类风险，维护社会稳定；按一定比例适当提取土地流转费，作为流转村公共服务费用，做到专款专用。

4．多措并举，加快确权，促进土地流转。要结合我县实际，本着因地制宜、循序渐进、先易后难的原则，分期分批开展农村集体土地确权登记颁证工作，不搞齐步走，也不强求百分之百，确保进度服从质量。土地确权登记颁证要以现有二轮土地承包权属证书和集体土地所有权确权登记成果为依据确认承包地归属，在确权登记过程中对个别村部分群众要求调地的，按照相关法律法规和政策规定，慎重把握、妥善处理。对权属争议未解决的、承包地改作他用的，暂不进行土地承包经营权确权登记颁证。要积极探索农村产权抵押贷款和农民永久退出收储机制，推进农村资源向资本方向转变，提升资源利用效率。特别要注重发挥老党员、老干部在其中的重要作用，要采取多种措施，确保我县农村集体土地确权登记颁证工作正常有序进行，为土地流转提供基础保障。

5. 加强监管，严格程序，保证土地流转。保护农民利益，建立严格的工商企业租赁农户承包土地的准入、监管和风险保障金制度，禁止不具备农业经营能力的单位或个人流转土地。乡镇土地流转交易所对流转大户的资信情况、经营能力、履约能力、财务状况、项目效益风险等进行审查。对单宗流转面积达到百亩以上的，要报乡镇土地流转交易所批准，报县土地流转服务中心备案。尊重农民意愿，是否流转、流转方式、流转期限、流转价格等具体条件均由农户自行确定。在规模流转过程中，对其中少数不愿流转的农户，可以在协商一致、农户自愿的基础上，用集体经济组织内其他愿意流转的农户承包地或集体经济组织的机动地进行调换，解决"插花地"问题。严禁以少数服从多数、包办代替等方式，侵犯农民土地承包经营权。规范运作程序，村集体经济组织作为中介组织流转的，须由转出土地农户出具规范有效的委托书，未经委托，不得代替农户转出土地。受让方将转包、租赁的土地进行再流转，必须取得原承包方的同意。

6. 壮大产业，建设基地，带动土地流转。通过调研发现，凡是有产业支撑的土地流转，双方主动性都很高，流转手续规范，责权利明确，矛盾纠纷也少。因此，要进一步加大蔬菜、板栗等我县农业支柱产业基地建设，以支柱产业的规模化发展，促进土地快速流转。建议借鉴小江蔬菜的经验，建立自己的原料基地，流转后反包给农户，由企业对基地建设进行投入，农户入基地打工，以"双赢效应"调动农户和企业双方的积极性。要大力发展我县农产品品牌建设，对每一个农业品牌进行合理规划布局，力争建设一批规模化、专业化程度高的品牌农产品生产基地，促进优势产业向优势区域集中，形成区域性明显的产业带。要鼓励市内外科研单位和大专院校租赁农民土地，建设产业生产基地和科研基地，积极推进土地有序流转。

7. 培育主体，做强龙头，加快土地流转。做大做强农业产业化龙头企业。这是加快土地流转、实现农业现代化的关键，要采取多种措施，积极引进农业生产经营企业，鼓励发展农产品精深加工，延伸产业链条，发展"企业 + 合作社 + 基地 + 农户"运作模式，壮大特色产业规模；加快培养新型职业农民，把对农民职业培训纳入中等免费职业教育范围，对符合条件的中高等学校毕业生、转业退伍军人、返乡农民工务农创业人员给予补助和贷款支持；大力培育专业大户和家庭农场，按照"生产有规模、产品有标准、经营有场地、设施有配套、管理有制度"的要求，实行以奖代补，对经营耕地、养殖畜禽达到一定规模的专业户、家庭农场予以重点扶持；发展农民专业合作社，推行示范社名录制度，以示范社带动整个合作组织向规范、制度化方向发展，带动农户发展产业化经营；加快培育经营型农业服务组织，鼓励集体经济组织、农民专业合作社、龙头企业、农民经纪人等参与农业社会化服务，大力总结推广多种服务模式，稳定发展土地规模经营。对流转土地达到一定规模以上的龙头企业、专业大户等选派专业对口的科技人员，实行"一帮一"的技术帮扶；对重点扶持培育的农业龙头企业、农民专业合作社等继续给予政策倾斜和资金奖补，推动农业经营主体不断发展壮大，促进农村经济健康发展，实现土地承包经营权有序规模流转。

2015 年 7 月 21 日

如何力促本土成长型企业破茧而生加速蝶变

——来自秦皇岛曼国化工机械有限公司的调查与思考

区委二届三次全会确立了产业强区发展战略。产业强区根本靠工业，靠实体经济发展壮大。秦皇岛曼国化工机械有限公司的创业起步、成长历程，既是抚宁区产业发展的缩影，也是抚宁区传统产业自我求变、自立图强的成功典范，更是区委区政府落实“三深化、三提升”要求务实帮扶的成果。

一、艰难的创业历程

秦皇岛曼国化工机械有限公司成立于 2007 年，现有职工 55 人。最初是一家利用郝各庄村委会院落兴办的家族式作坊小厂。时年 33 岁的邹志国凭借曾在原金佳机械有限公司等企业从事机械加工产品设计的经历、经验，靠勤钻善研，自学成才。由于他对机械加工行业深挚热爱，始终怀有独立办厂、一展拳脚的理想抱负，便筹资 20 万元创办了曼国化工机械有限公司。

建厂之初主打产品仍然是分散机、研磨机、砂磨机等传统化工机械产品。此时，全国生产同类产品的企业已达上万家，而曼国机械还是一家作坊小厂，利润空间极小，虽质量过硬，诚信服务，但因企业规模小，产品低端，一直在市场的夹缝中生存。其间，邹志国也曾一度在发展的十字路口犹豫、彷徨。但个性倔强的他始终对事业心有不甘，凭着一股坚毅、坚强，不服输、不气馁、不失望，咬牙坚持了 6 年。这段时间既是曼国机械艰难起步、苦苦煎熬的 6 年，也是邹志国经历矛盾、痛苦、重压的 6 年。严酷激烈的市场博弈，使他切身体会到，作坊式小厂在激烈的市场竞争中单靠孤军奋战、自我滚动发展根本难以立足。若想图生存、求发展，勇立潮头，做大做强，既要产品过硬、服务优质，也要有规模、有形象、有品牌，更要有人才、强管理、理念新。此时，在化工机械设备领域，不仅国际国内新兴产品、新兴技术不断更新，企业大鳄不断涌现，而且成熟型企业上下游产品链条完整，新型设备配套、齐全，管理科学规范。反观曼国机械，如不及时扩充规模，便只有死路一条。于是，邹志国经过多方奔走协调后，于 2013 年将村集体租借高速公路使用后的废弃料场租用过来，将企业搬迁至现址，占地面积 10 亩，新建厂房面积 1000 平方米，办公用房 350 平方米。

从 2013—2017 年，曼国机械开始尝试创新开发了一些新产品，但为了维持生存，仍以生产原有产品为主。但在这 5 年间，邹志国的思想观念、发展理念却发生了根本性转变。他改变以往只专注生产设计、坐等别人上门的抱残守缺的观念和做法，主动走出去参加国际国内各种产品交易会，与同行企业沟通交流，进行自我“脑洞”革命，如饥似渴地学习先进企业的经营管理模式、经营方式、发展理念。特别是山东临朐县一家从事铝合金门窗加工的小企业，由于适时转型生产硅胶产品，仅用两年多时间，企业顺势做大，成为北方最大的硅胶生产基地。不仅如此，该企业的发展壮大还带动了周边房地产业的崛起，房价由每平方米 3000 元飙升至万元以上，有力地刺激、带动了各项消费，对邹志国的启发震动极大。通过走出去解放思想，他顿感自己一下子头脑开了窍，“外面的世界真精彩”，不仅开阔了视野，而且更新了观念，打开了思路。受此启发，他发现锂电产品随着新能源汽车、电动车行业的快速发展，而且是国家鼓励支持的产业，市场空间巨大，发展潜力无限。而化工机械设备企业具有先天技术储存优势。经过长时间的思考、观察，邹志国选定了企业转型发展的路子，把生产产品的方向确定在发展锂电配套设备产品上。针对投料、配料、搅拌、粉碎、干燥、烧结、包覆等生产工序，邹志国把产品定位在生产干燥、包覆这两个核心环节设备上。

2017 年，为确保尝试成功，邹志国转变以往既抓产品设计，又抓经营管理的做法，花重金从南方某公司聘请高端设计及技术人才，又从秦皇岛市聘请了专门的管理人才，他本人则集中精力跑市场，从而使企业管理日趋规范、产品研发推陈出新、市场份额不断增大。目前，该企业专事产品研发设计的 3 人，每年研发经费 100 万～ 200 万元，已占企业收益的 70% ～ 80%，在全国同类行业同等规模企业中研发投入位居前列。到 2018 年企业效益开始初现端倪。由于此类产品（高镍线）位于锂电池产业的上游，为电池材料厂家提供配套服务，且产品价格仅为目前日本进口的同类产品的十分之一，在确保产品质量与服务的同时，具有明显的价格优势。从此，主动找曼国开展合作的企业日渐增多。其中当升科技、陕西红马等国内高科技锂电池材料十强企业也纷纷投来橄榄枝。2018 年曼国机械创产值 700 万元，其中锂电配套产品产值 200 多万元。2019 年 4 月，曼国机械已接订单 3 笔，计 2100 万元。预计全年可创产值近 5000 万元，实现利税 100 多万元，短短一年多时间一跃成为我区新增规上成长型企业。

二、无奈抉择后的重生

秦皇岛曼国化工机械有限公司从兴办作坊式小厂起步，到搬迁现址扩规增容，跟许多初始创业者一样，走了一段“先上车再买票”的路子。与其他企业不同的是，曼国公司的管理者由于一度专事产品设计，急于扩规发展，因而忽视了有关土地使用、环境评价等手续的及时办理，使企业成为“私生子”。特别是近年来国家加大环境保护力度，对于缺乏环评等手续的曼国而言，自然在治理取缔之列。此时的曼国公司刚刚开辟了新的发展领域，生产锂电配套产品，且由于产品质量高端、技术过硬、服务优质，受到北京当升、湖南百利等大集团、大公司等重量级客户的充分认可和信赖，一批批订单相继签订，企业迎来大发展的良机。而此时，上级环保督导部门下了一道道要求停产停业乃至关闭的令牌，企业如同被判“死刑”，曼国公司遭遇到发展中的存亡关口。面对要么外迁、要么关闭的无奈抉择，一向只顾埋头业务、不善言辞、不愿给政府及有关部门添“麻烦”的邹志国才“被迫”向区委政府及有关部门发出求救。区委书记孙志川亲自接待了邹志国，听取情况汇报后，当即给有关部门主要领导打电话，进行安排布置。区长付顺义获此信息后，随即带领主管副区长和开发区负责同志等驱车赶往曼国公司，此时已是上午 11 时多。在现场听取了曼国公司发展现状、发展前景及所遇问题的具体汇报后，敏锐地认识到该企业负责人想事、干事，而且产品市场前景广阔，有发展前途，遂现场办公，指示有关部门开展上门服务，积极协调上级有关部门完善相关手续。同时区委区政府主要领导一直高度关注问题的解决进展情况，及时进行督导。在区委区政府及有关部门的高度重视、切实关注和务实帮扶下，不仅解决了企业遇到的难题，使曼国吃了一颗定心丸，而且也为我区留住了一家规上企业，极大地增强坚定了企业更好更快发展的决心和信心，并使企业减少了可能发生的50余万元的外迁损失。

三、几点思考和启示

秦皇岛曼国化工机械有限公司历经近12年的发展，由一个作坊式企业发展成为一个规上企业，取决于企业创办人具有办厂兴企的理想抱负，取决于企业在遭逢困境时的倔强坚持，取决于在市场浪潮中的清醒坚定。但更重要的是，得益于区委区政府及有关部门在企业面临不得不外迁绝境的当口，主动而果断地伸出援手，深入企业，倾听企业的呼声建议和遇到的困难，采取有力措施，使一家成长型企业得以留住，使我区新增了一家规上企业。今天的邹志国不仅从内心感恩区委区政府和有关部门的及时帮助，而且以实际行动，决心甩开膀子大干一场，为产业强区、实业报区，作出自己的贡献。

透视秦皇岛曼国化工机械有限公司的发展历程和遭遇的困境，看似一个个案，实则具有普遍性。它折射出3个方面的问题：一是从本土企业自身看，一些企业之所以没有做大做强，有的还未发展起来就中途夭折；有的曾经"红极一时"却昙花一现、好景不长；有的在区域内规模较大，并有许多光环笼罩，但内在隐忧不容乐观，随时可能爆发，不仅将殃及企业自身，而且会殃及社会稳定；有的仍然处于小打小闹阶段，走一步看一步，勉强维持；有的虽然曾是传统支柱产业，小规模、大群体，但受市场及环保压力双重约束，既无能力走技术改造之路，又不愿整合资源、抱团取暖，对随时都将面临淘汰的厄运缺乏强烈自醒，个别企业甚至仍然在犹豫观望，仍然抱有侥幸心理，有的甚至已经成为"僵尸"企业。二是从政府及有关部门在处理与本土企业的关系上看，存在或只重视规上企业而忽视小微成长型企业；或只重视从外地招商引资，上大项目，引进战略投资者，却忽视如何研究扶植本土企业做大做强，促进成长型本土企业破茧而生加速蝶变的政策。对本土企业发展中遇到的瓶颈制约缺乏深入分析和研究，对本土企业的诉求尤其是发展方向、发展路径研究不够深透，缺乏破解之策，甚至简单从事。一些相关部门对本土企业反映的问题和困难只说不能办、办不了，不研究怎么办，在政策执行上"刚性有余，灵活不足"，存在一刀切现象。三是从社会环境看，营造"安商、亲商、富商"的氛围不浓。近年来，抚宁区有部分本土企业因为各种问题而被迫外迁；一些外地投资者因对抚宁营商环境存有疑虑和担忧，不愿来抚宁投资兴业。

分析上述问题，历史地看，特别是抚宁乡镇企业大发展时期，许多省字号乡镇企业如京岛、金佳机械乃至国有企业抚宁造纸厂、抚宁农机厂等本土企业，都曾创造过辉煌业绩。但在时代发展的大潮中，不仅早已辉煌不再，而且都已消亡。从企业层面分析，企业经营者自身文化素质仍较低，眼界狭隘，目光短浅，对发展大势缺乏科学前瞻、冷静判断，对产业政策缺乏研究，甚至麻木，导致企业发展"红火"时容易膨胀，"坐井观天""夜郎自大"，甚至胡作非为，从而不仅丧失发展机遇，而且亲手葬送了好端端的企业。而当企业遭受困境时又不能咬牙坚持，想办法突破瓶颈，坐以待毙。从政府及有关部门层面分析，对本土企业经营者的教育管理失之于宽，甚至对一些问题、现象闭目塞听、充耳不闻，采取"绥靖"政策，客观上纵容了一些本来很有发展前途的企业逐步滑落，尤其在适时转型的关键时机，没能帮助引导企业抓住机遇，乘势转型，缺乏战略眼光。对于一些国有企业在改革改制上没有从实际出发，而是盲目跟从，简单化，存在“一改了之”，致使这些企业错过了扩规技改或转型发展的黄金档期，却遗留许多问题包袱，直到今天仍没有得到彻底解决。现实地看，随着新发展理念的提出，特别是抚宁区近临城市区和北戴河，客观上环保压力更大。抚宁区的本土企业，尤其是一些传统产业要发展，必须走转型之路。而要实现成功转型，既需要企业经营者自身充分认识转型的必要性、紧迫性，奋力求变，主动转型，实现“浴火重生，凤凰涅槃”，更需要政府及有关部门主动加以引导，勇于善于担当，大力予以扶持。要做到这一点，不仅各级各部门要切实解放思想，严格落实“三深化、三提升”的具体举措，真正急企业之所急，帮企业之所需，转变作风，提高效率，而且需要企业经营者自觉解放思想，转换观念，主动走出去开阔眼界。当前，全区正在开展解放思想大讨论活动，解放思想是具体的，不仅各级各部门需要解放思想，在狠抓工作落实中解放思想，具体到本土企业，要把解放思想的成效落实到服务企业上，督导、引导本土企业解放思想，更新观念。与此同时，要大力加强企业家队伍建设，培育企业家精神，既要树立强烈的事业心和社会责任感，又要修身修德，强化诚信品行。要在全社会大力营造“亲商安商富商”的浓厚氛围，培树典型，广泛宣传。为此，提出以下具体建议：

一是政府及有关部门要切实深入企业，敢于、善于跟企业管理者交朋友，“走亲戚”，帮助有发展前途、有强烈发展愿望、产品市场预期好的成长型企业完善环评、土地、规划等相关手续，并创造条件，吸纳其进入园区发展。要注重借鉴先进地区帮扶企业发展的经验，加强企业信用体系建设，优化金融生态环境，搭建政银企对接平台，大胆实行企业贷款联保机制，破解企业融资难、融资贵。区委、区政府可建立企业帮扶热线，公开公布电话，直接了解企业在发展中的合理诉求。

二是政府及有关部门要深化对“产业强区”战略的理解，增强对发展实体经济重要性的认识。江苏、山东等发达省份都拥有地区生产总值超万亿的城市，其根本原因是拥有一批国内乃至国际500强企业。一定意义上说，一个企业、一个产业可以决定、带动一个地区、一个区域经济的发展。尤其是民营实体经济的强筋壮骨，对一个区域的带动作用至为关键。重视本土成长型企业的发展，不仅可以有效激发本土企业的内在动力、强烈的社会责任感，而且影响带动相关本土企业追求发展的信心、决心，吸纳带动本土劳动力就业和相关产业的快速集聚发展。因此，建议对全区所有企业特别是实体经济来一次大盘点，切实摸清家底，找准问题，有的放矢，对症施治。要拉出政策清单，制定相关配套措施，要素保障，重点突破，打通政策落实的“最后一公里”。

三是要加强企业家队伍的培训、教育与管理，引导培树企业家艰苦奋斗的创业精神、追求卓越的理想抱负、敢为人先的创新意识和开放包容的博大胸怀。要组织企业家有针对性地走出去学习，开阔视野，更新观念，鼓励其诚信担当，创新立足，以质取胜，勇当行业标杆、产业龙头。要采取有效措施，对想作为、有作为、会作为、能作为的企业家，进行重点引导和帮扶，以开展“三深化、三提升”活动为契机，加强营商环境建设。尤其对本土企业和企业管理者，更要厚爱有加，有关部门要给予切实关心、关爱和关注，帮助他们翻越转型的“火山”，力促成长型企业破茧成蝶，振翅高飞，为建设“沿海强区、幸福骊城”，推动抚宁“二次创业、振兴崛起”夯基垒台，奠定扎实基础。

2019年5月28日

编 后 记

为全面记述抚宁县（区）人民政协自1982年建立至2021年全面履职的历程，展现抚宁近40年经济社会发展的思路、战略和发展轨迹，彰显政协文史功能，存史资政，2019年5月，经区政协党组研究并报区委、区政府同意，决定启动编纂《抚宁政协志》工作。成立了志书编委会，聘请4位退休老同志组建了编辑部。

编辑部拟定《抚宁政协志》篇目呈报志书编委会研究确定后，编辑人员历时半年收集了以政协档案资料为主的相关资料。先后查阅了县（区）政协1982—2021年的全部馆存档案资料2000余册，翻阅参考了1990年版和2010年版的两部《抚宁县志》和近年来《抚宁年鉴》《抚宁时报》和《抚宁组织史》（1～7卷），参考了《秦皇岛市政协志》《抚宁县人民代表大会志》和山东省《莒南县政协志》等史志，采用了《抚宁县农业志》《抚宁县财政志》《抚宁县交通运输志》《抚宁县文化志》等地方志记述的有关史实资料，查阅了《抚宁文史资料》（1～5辑）和《抚宁长城》《抚宁名胜》《秦皇岛市名村名镇》《十四个沿海开放城市·秦皇岛卷》等文史资料。通过多渠道收集图片1000余幅，从中选用180余幅。经过一年半时间的编修，数易其稿，于2020年年底完成《抚宁政协志》征求意见稿。经广泛征求区委、区人大常委会、区政府、区纪委监委及有关部门意见和区政协在职主席、副主席、秘书长、各委室的审阅，并适时召开座谈会听取已退休的县（区）政协老领导的意见和建议。在此基础上，编辑人员对志稿进行再修改，形成评审稿。2022年7月，经区地方志办公室聘请市、县有关专家进行评审。根据评审意见，编辑人员又历时两个多月对志稿进行修改完善，定稿后交付印刷。

《抚宁政协志》是一部通志，不仅记述了抚宁政协的历程，还反映了抚宁经济社会发展的概况。为了编修好这部志书，区二、三届政协领导班子十分重视和关心志书的编纂工作，先后多次召开主席会议、编委会议、座谈会议，听取编写情况，解决存在问题，保障编纂质量。原县政协主席苏洪珊，原副主席侯玉璋、李占义、马利华等老领导通过参加征求意见座谈会和电话沟通方式，对志书的体例、结构和有关内容提出了十分宝贵的意见和建议。原县政协主席王连成审阅征求意见稿后，到政协机关与编辑人员交换意见。政协机关各委室随时提供资料，介绍有关情况，协助打印志稿，全力支持、帮助编写工作。编辑人员详细查阅档案资料、认真编纂，保证了编写质量。原县政协副主席李占义提供了《抚宁长城》《抚宁名胜》的全套影像资料和部分文字资料。原县档案馆馆长李利锋全力支持编写人员查阅馆存档案资料，并经常到编辑部指导编辑工作。区人社局张玲、区职教中心孙悦受邀帮助编辑整理图片资料，提高了志书的图片效果。

在志稿的编辑过程中，得到了市政协组织科、区委组织部、区委宣传部、区委新闻中心、区人大常委会办公室、区档案馆、区城建局、留守营镇政府等单位的大力支持；周乃昌、邵耀庭等老同志的帮助。书中部分图片由李占义、李利锋、贺俊英拍摄。《抚宁政协志》编辑部向对本志书提供支持、帮助的单位和个人致以诚挚的感谢。

由于编写人员水平所限，志书不妥之处难免，诚盼读者提出宝贵意见。

编　者

2022 年 10 月